民事诉讼法实务手册

CIVIL PROCEDURE LAW

马金风 郭帅 编著

第二版

中国法制出版社
CHINA LEGAL PUBLISHING HOUSE

读者高效学习、适用民事诉讼法及相关规定和案例提供便利，以节省反复检索和甄别的时间。因此，呈现给读者的是一本"自留款"的民事诉讼工具书。

本书以最新《民事诉讼法》法条为主干，将全国人大法工委和最高人民法院等立法、司法机关对法条的权威解读、相关法律规范、最高人民法院和最高人民检察院的指导性案例、司法裁判观点、法律文书范本等内容梳理整合之后汇集于相关法条之下，将纷繁复杂的内容层层筛选、条分缕析地梳理成一个有机整体，方便读者迅速掌握法条的精准含义，理清立法和司法的前因后果、来龙去脉、适用要点，实现对相关实务工作元素的全覆盖。具体来说，本书主要内容包括以下几个部分：

一是条文注解。 援引相关规定或者权威观点对法律条文进行注解，以明晰立法原意和司法适用要点。为保证注解的权威性，本部分观点援引全国人大法工委编写的《中华人民共和国民事诉讼法解读》、关于《中华人民共和国民事诉讼法（修正草案）》的说明、最高人民法院编写的司法解释理解与适用图书等权威资料。

二是相关规定。 按照法律规范的效力层级，收录与主条文相关的规范。主要包括"宪法""法律""行政法规及文件""部门规章及文件""司法解释及文件"几个部分："宪法"部分收录与主条文相关的宪法规定；"法律"部分收录与主条文相关的法律规定，既包括民事诉讼法本身其他条文的规定，也包括其他法律与主条文相关的规定；"行政法规与文件"部分收录与主条文相关的行政法规及规范性文件；"部门规章与文件"部分收录与主条文相关的部门规章及规范性文件；"司法解释与文件"部分收录最高人民法院发布的司法解释、规定、批复、对地方法院请示问题的答复、司法文件、会议纪要等。

三是最高院裁判观点。 为了保证案例的权威性和指导性，本书的案例全部来自于最高人民法院裁判的案例，包括最高人民法院发布的指导案例、公报案例，以充分展示最高人民法院的裁判观点。此外，出于注解和适用需要，还收录了部分最高人民检察院发布的指导性案例的观点。

四是文书范本。 收录民事诉讼常用的文书范本，格式与最高人民法院发布的文书样式保持一致，并对相关法律文书的制作要点进行提示和说明，便于读者随时取用。

为了内容更简明、实用，编者对细节斟酌后进行了一些格式上的统一："相关规定"栏目中，宪法和法律名称中的"中华人民共和国"统一

序 言

　　民事诉讼法是国家的基本法律,是规范民事诉讼程序的基本规则。随着立法的不断完善,我国民事诉讼程序体系逐步立体化、多层次、精细化,是否精通民事诉讼程序一定程度上成为检验法律工作者,尤其是法律实务工作者是否专业的试金石。

　　我国现行《中华人民共和国民事诉讼法》(以下简称"《民事诉讼法》")是1991年4月第七届全国人民代表大会第四次会议审议通过的。此后,历经2007年、2012年、2017年、2021年、2023年五次修正。随着经济社会的发展和信息化时代的到来,矛盾纠纷数量持续高速增长,且新类型、疑难复杂案件不断涌现。为满足人民群众对公正、高效、便捷解纷的司法需求,我国民事诉讼立法日益精进,同时司法解释、司法文件、指导性案例等也日益纷繁复杂。即便对于法律工作者,法律法规的学习和管理也不再是轻而易举之事。正确地理解和适用民事诉讼法,所需要的深度检索、研究和甄别的工作量随之越来越大。

　　有没有一本书能够实现民事诉讼知识的有效梳理,给法官、检察官、律师、法务等专业人士的日常工作节省一些检索查找的时间,给初入法门的法律工作者提供便捷的指引?

　　带着这样的期待,编者在相关的工具书中进行挑选,发现有的侧重于注解,有的侧重于配套司法文件梳理,有的侧重于相关案例,但是没有找到实务工作中所需各种元素齐全的"融合款"。于是,编者以"不如退而结网"的心态开始自行总结和梳理,将日常的工作经验及时总结沉淀,并动手持续整理法条关键词注解、相关法律规范、权威案例观点、相关文书范本等,逐渐形成了自己的法律知识库。当遇到民商事诉讼问题时,能够第一时间从知识库中调取出需要的内容去解决,从而节省现时检索、整合与研究的时间和精力,有效地提高了工作效率。

　　民事诉讼法修正案发布之际,编者收到中国法制出版社的书约。出版社编辑的图书策划思路与编者知识管理的理念不谋而合,故欣然接受书约,一来督促自己不断完善自己的民商事诉讼知识库,二来希望能为省略；条文序号统一使用阿码；法律文件后面备注文件发布日期，如经修改的，则备注修改后的最新发布日期；配套文件较多的，做了进一步的分类。另，**本书各部分中引用的条文如系法律修改前的，编者进行了梳理，用脚注提示了对应的修改后的条文序号。**

本书第一版出版后，深受读者的喜爱，曾入选京东"严谨诉讼法书籍榜单"。有读者在京东商城、当当网等电商平台评价本书"非常实用，推荐购买""物超所值，必备工具书""办案神器，颜值高"……有单位联系出版社批量采购作为办案工具书，有读者联系编者追更新版，更有读者给出了"一本好书，可以影响人的一生"的高度评价。这些肯定给了编著莫大的鼓励，也让编者在本次改版时压力倍增，故唯有进一步提升编纂技能，精准理解与适用相关规定，丰富完善本书内容，打造一本更加便捷实用的工具书，方能不辜负读者的认可和期待。

法律知识管理对于个人而言，是一项听起来很美、做起来很苦的事情。作为编者，在本书的编写过程中更有了切身的体会。但天下事有难易乎？为之，则难者亦易矣；不为，则易者亦难矣。希望编者的努力可以给读者带来一些学习和使用上的便利。时间仓促，本书难免有不足之处，还请各位同仁不吝指教。

编者

2023 年 9 月

扫码领取文件电子书

目 录

第一编 总 则 … 1
 第一章 任务、适用范围和基本原则 … 1
  第 一 条 立法依据 … 1
  第 二 条 立法目的 … 1
  第 三 条 适用范围 … 4
  第 四 条 空间效力 … 6
  第 五 条 同等原则和对等原则 … 7
  第 六 条 独立审判原则 … 8
  第 七 条 以事实为根据，以法律为准绳原则 … 9
  第 八 条 诉讼权利平等原则 … 9
  第 九 条 法院调解原则 … 9
  第 十 条 合议、回避、公开审判、两审终审制度 … 10
  第 十一 条 使用民族语言文字 … 18
  第 十二 条 辩论原则 … 18
  第 十三 条 诚信原则和处分原则 … 18
  第 十四 条 检察监督 … 19
  第 十五 条 支持起诉 … 21
  第 十六 条 在线诉讼的法律效力 … 23
  第 十七 条 民族自治地方的变通或者补充规定 … 34
 第二章 管 辖 … 35
  第一节 级别管辖 … 35
   第 十八 条 基层法院管辖 … 35
   第 十九 条 中级法院管辖 … 36
   第 二 十 条 高级法院管辖 … 47
   第二十一条 最高法院管辖 … 48
  第二节 地域管辖 … 54
   第二十二条 一般地域管辖 … 54
   第二十三条 原告住所地、经常居住地法院管辖 … 56

第二十四条　合同纠纷的地域管辖 …………………………… 58
　　第二十五条　保险合同纠纷的地域管辖 ………………………… 60
　　第二十六条　票据纠纷的地域管辖 ……………………………… 60
　　第二十七条　公司纠纷的地域管辖 ……………………………… 61
　　第二十八条　运输合同纠纷的地域管辖 ………………………… 62
　　第二十九条　侵权纠纷的地域管辖 ……………………………… 62
　　第 三 十 条　交通事故损害赔偿纠纷的地域管辖 ……………… 65
　　第三十一条　海事损害事故赔偿纠纷的地域管辖 ……………… 66
　　第三十二条　海难救助费用纠纷的地域管辖 …………………… 67
　　第三十三条　共同海损纠纷的地域管辖 ………………………… 67
　　第三十四条　专属管辖 …………………………………………… 67
　　第三十五条　协议管辖 …………………………………………… 68
　　第三十六条　共同管辖 …………………………………………… 70
　第三节　移送管辖和指定管辖 ………………………………………… 71
　　第三十七条　移送管辖 …………………………………………… 71
　　第三十八条　指定管辖 …………………………………………… 72
　　第三十九条　管辖权的转移 ……………………………………… 74
　　文书范本
　　　民事请示（下级人民法院报请提级管辖用） ………………… 78
第三章　审判组织 ………………………………………………………… 79
　　第 四 十 条　一审审判组织 ……………………………………… 79
　　第四十一条　二审和再审审判组织 ……………………………… 90
　　第四十二条　不得独任审理的案件 ……………………………… 92
　　第四十三条　独任审理向合议庭审理的转换 …………………… 94
　　第四十四条　合议庭审判长的产生 ……………………………… 96
　　第四十五条　合议庭的评议规则 ………………………………… 98
　　第四十六条　审判人员工作纪律 ………………………………… 99
第四章　回　　避 ………………………………………………………… 102
　　第四十七条　回避的对象、条件和方式 ………………………… 102
　　第四十八条　回避申请 …………………………………………… 106
　　文书范本
　　　申请书（申请回避用） ………………………………………… 106
　　第四十九条　回避决定的程序 …………………………………… 107

第五十条　回避决定的时限及效力 ··· 107

文书范本

复议申请书（申请对驳回回避申请决定复议用） ····················· 107

第五章　诉讼参加人 ··· 108

第一节　当 事 人 ··· 108

第五十一条　当事人范围 ·· 108

第五十二条　诉讼权利义务 ··· 116

第五十三条　自行和解 ··· 117

第五十四条　诉讼请求的处分及反诉 ···································· 117

文书范本

1. 申请书（申请变更诉讼请求用） ··································· 119
2. 民事反诉状（公民提起民事反诉用） ······························ 120

第五十五条　共同诉讼 ··· 120

第五十六条　当事人人数确定的代表人诉讼 ···························· 126

文书范本

共同诉讼代表人推选书（共同诉讼当事人推选代表人用） ········ 127

第五十七条　当事人人数不确定的代表人诉讼 ························· 128

第五十八条　公益诉讼 ··· 134

第五十九条　第三人 ·· 158

文书范本

1. 申请书（无独立请求权的第三人申请参加诉讼用） ············ 163
2. 民事起诉状（提起第三人撤销之诉用） ··························· 164

第二节　诉讼代理人 ·· 165

第六十条　法定诉讼代理人 ··· 165

第六十一条　委托诉讼代理人 ·· 166

文书范本

推荐函（推荐委托诉讼代理人用） ····································· 168

第六十二条　委托诉讼代理权的取得和权限 ···························· 169

文书范本

授权委托书（公民委托诉讼代理人用） ······························· 170

第六十三条　诉讼代理权的变更和解除 ································· 171

第六十四条　诉讼代理人的权利 …………………………………… 171
　　第六十五条　离婚诉讼代理的特别规定 ………………………… 172
第六章　证　　据 ……………………………………………………… 173
　　第六十六条　证据的种类 …………………………………………… 173
　　第六十七条　举证责任与查证 ……………………………………… 175
　　文书范本
　　　　申请书（申请人民法院调查收集证据用）………………………… 200
　　第六十八条　举证期限及逾期后果 ………………………………… 201
　　文书范本
　　　　申请书（申请延长举证期限用）…………………………………… 205
　　第六十九条　人民法院签收证据 …………………………………… 206
　　第 七 十 条　人民法院调查取证 …………………………………… 206
　　第七十一条　证据的公开与质证 …………………………………… 207
　　第七十二条　公证证据 ……………………………………………… 211
　　第七十三条　书证和物证 …………………………………………… 213
　　第七十四条　视听资料 ……………………………………………… 215
　　第七十五条　证人的义务 …………………………………………… 216
　　第七十六条　证人应出庭作证及例外情形 ………………………… 217
　　文书范本
　　　　申请书（申请通知证人出庭作证用）……………………………… 218
　　第七十七条　证人出庭作证费用的承担 …………………………… 219
　　第七十八条　当事人陈述 …………………………………………… 219
　　第七十九条　申请鉴定 ……………………………………………… 220
　　第 八 十 条　鉴定人的职责 ………………………………………… 229
　　第八十一条　鉴定人出庭作证的义务 ……………………………… 229
　　第八十二条　对鉴定意见的查证 …………………………………… 232
　　第八十三条　勘验笔录 ……………………………………………… 233
　　第八十四条　证据保全 ……………………………………………… 234
　　文书范本
　　　　1. 申请书（申请诉前证据保全用）………………………………… 236
　　　　2. 申请书（申请诉讼证据保全用）………………………………… 237
第七章　期间、送达 …………………………………………………… 238
　　第一节　期　　间 …………………………………………………… 238
　　　　第八十五条　期间的种类和计算 ………………………………… 238
　　　　第八十六条　期间的耽误和顺延 ………………………………… 239

第二节 送　　达 ······ 239
第八十七条　送达回证 ······ 239
第八十八条　直接送达 ······ 242
第八十九条　留置送达 ······ 243
第九十条　电子送达 ······ 244
第九十一条　委托送达与邮寄送达 ······ 248
第九十二条　军人的转交送达 ······ 250
第九十三条　被监禁人或被采取强制性教育措施人的转交送达 ······ 250
第九十四条　转交送达的送达日期 ······ 250
第九十五条　公告送达 ······ 250

第八章　调　　解 ······ 251
第九十六条　法院调解原则 ······ 251
第九十七条　法院调解的程序 ······ 254
文书范本
　　意见书（离婚案件当事人出具书面意见用） ······ 258
第九十八条　对法院调解的协助 ······ 258
第九十九条　调解协议的达成 ······ 263
第一百条　调解书的制作、送达和效力 ······ 264
文书范本
　　民事调解书（第一审普通程序用） ······ 266
第一百零一条　不需要制作调解书的案件 ······ 267
第一百零二条　调解不成或调解后反悔的处理 ······ 268

第九章　保全和先予执行 ······ 268
第一百零三条　诉讼保全 ······ 268
文书范本
　　1. 申请书（申请诉讼财产保全用） ······ 288
　　2. 申请书（申请诉讼行为保全用） ······ 289
第一百零四条　诉前保全 ······ 290
文书范本
　　1. 申请书（诉前或者仲裁前申请财产保全用） ······ 292
　　2. 申请书（诉前或者仲裁前申请行为保全用） ······ 293
第一百零五条　保全的范围 ······ 294
第一百零六条　财产保全的措施 ······ 294
第一百零七条　保全的解除 ······ 296
文书范本
　　1. 申请书（申请解除保全用） ······ 298

2. 申请书（申请变更保全标的物用） ……………………………… 298
　　第一百零八条　保全申请错误的处理 ……………………………… 299
　　第一百零九条　先予执行的适用范围 ……………………………… 301
　　第一百一十条　先予执行的条件 …………………………………… 301
　　第一百一十一条　对保全或先予执行不服的救济程序 …………… 302
第十章　对妨害民事诉讼的强制措施 …………………………………… 304
　　第一百一十二条　拘传的适用 ……………………………………… 304
　　第一百一十三条　违反法庭规则和秩序行为的强制措施 ………… 305
　　第一百一十四条　对妨害行为的强制措施 ………………………… 308
　　第一百一十五条　当事人恶意诉讼和调解 ………………………… 314
　　第一百一十六条　被执行人恶意诉讼、仲裁和调解 ……………… 316
　　第一百一十七条　对拒不履行协助义务的单位的强制措施 ……… 320
　　第一百一十八条　罚款金额和拘留期限 …………………………… 323
　　第一百一十九条　拘传、罚款、拘留的批准 ……………………… 323
　　第一百二十条　强制措施由法院决定 ……………………………… 324
第十一章　诉讼费用 ……………………………………………………… 325
　　第一百二十一条　诉讼费用 ………………………………………… 325
　　文书范本
　　申请书（申请缓交、减交或者免交诉讼费用） ……………………… 335
第二编　审判程序 ………………………………………………………… 336
第十二章　第一审普通程序 ……………………………………………… 336
　第一节　起诉和受理 …………………………………………………… 336
　　第一百二十二条　起诉的实质要件 ………………………………… 336
　　第一百二十三条　起诉的形式要件 ………………………………… 343
　　第一百二十四条　起诉状的内容 …………………………………… 343
　　文书范本
　　民事起诉状（公民提起民事诉讼用） ……………………………… 344
　　第一百二十五条　先行调解 ………………………………………… 345
　　第一百二十六条　起诉权和受理程序 ……………………………… 351
　　第一百二十七条　对特殊情形的处理 ……………………………… 361
　第二节　审理前的准备 ………………………………………………… 366
　　第一百二十八条　送达起诉状和答辩状 …………………………… 366
　　文书范本
　　民事答辩状（公民对民事起诉提出答辩用） ……………………… 367
　　第一百二十九条　诉讼权利义务的告知 …………………………… 367
　　第一百三十条　对管辖权异议的审查和处理 ……………………… 368

> **文书范本**
>
> 1. 异议书（对管辖权提出异议用） …………………… 369
> 2. 民事上诉状（对驳回管辖权异议裁定不服提起上诉用） …… 370

第一百三十一条　合议庭组成人员的告知 …………………… 371
第一百三十二条　审核取证 …………………………………… 371
第一百三十三条　调查取证的程序 …………………………… 371
第一百三十四条　委托调查 …………………………………… 372
第一百三十五条　当事人的追加 ……………………………… 372

> **文书范本**
>
> 申请书（申请追加必要的共同诉讼当事人用） ……………… 372

第一百三十六条　案件受理后的处理 ………………………… 373

第三节　开庭审理 ……………………………………………… 375

第一百三十七条　公开审理及例外 …………………………… 375
第一百三十八条　巡回审理 …………………………………… 376
第一百三十九条　开庭通知与公告 …………………………… 378
第一百四十条　宣布开庭 ……………………………………… 378
第一百四十一条　法庭调查顺序 ……………………………… 379
第一百四十二条　当事人庭审诉讼权利 ……………………… 379
第一百四十三条　合并审理 …………………………………… 381
第一百四十四条　法庭辩论 …………………………………… 383
第一百四十五条　法庭调解 …………………………………… 383
第一百四十六条　原告不到庭和中途退庭的处理 …………… 384
第一百四十七条　被告不到庭和中途退庭的处理 …………… 385
第一百四十八条　原告申请撤诉的处理 ……………………… 386

> **文书范本**
>
> 申请书（申请撤回起诉用） …………………………………… 388

第一百四十九条　延期审理 …………………………………… 388
第一百五十条　法庭笔录 ……………………………………… 389

> **文书范本**
>
> 法庭笔录 ……………………………………………………… 391

第一百五十一条　宣告判决 …………………………………… 394
第一百五十二条　一审审限 …………………………………… 394

第四节　诉讼中止和终结 ………………………………………… 396

第一百五十三条　诉讼中止 …………………………………… 396
第一百五十四条　诉讼终结 …………………………………… 398

第五节　判决和裁定 ⋯⋯⋯⋯⋯⋯⋯⋯⋯⋯⋯⋯⋯⋯⋯⋯⋯⋯ 398
　第一百五十五条　判决书的内容 ⋯⋯⋯⋯⋯⋯⋯⋯⋯⋯⋯ 398
　第一百五十六条　先行判决 ⋯⋯⋯⋯⋯⋯⋯⋯⋯⋯⋯⋯⋯ 402
　第一百五十七条　裁定 ⋯⋯⋯⋯⋯⋯⋯⋯⋯⋯⋯⋯⋯⋯⋯ 402
　第一百五十八条　一审裁判的生效 ⋯⋯⋯⋯⋯⋯⋯⋯⋯⋯ 403
　第一百五十九条　判决、裁定的公开 ⋯⋯⋯⋯⋯⋯⋯⋯⋯ 403

第十三章　简易程序 ⋯⋯⋯⋯⋯⋯⋯⋯⋯⋯⋯⋯⋯⋯⋯⋯⋯⋯ 406
　第一百六十条　简易程序的适用范围 ⋯⋯⋯⋯⋯⋯⋯⋯⋯ 406
　第一百六十一条　简易程序的起诉方式和受理程序 ⋯⋯⋯ 409
　第一百六十二条　简易程序的传唤方式 ⋯⋯⋯⋯⋯⋯⋯⋯ 410
　第一百六十三条　简易程序的独任审理 ⋯⋯⋯⋯⋯⋯⋯⋯ 410
　第一百六十四条　简易程序的审限 ⋯⋯⋯⋯⋯⋯⋯⋯⋯⋯ 412
　第一百六十五条　简易程序一审终审的适用条件 ⋯⋯⋯⋯ 412
　第一百六十六条　不得适用小额诉讼程序的案件 ⋯⋯⋯⋯ 413
　第一百六十七条　小额诉讼案件的审理方式 ⋯⋯⋯⋯⋯⋯ 414
　第一百六十八条　小额诉讼案件的审限 ⋯⋯⋯⋯⋯⋯⋯⋯ 414
　第一百六十九条　小额诉讼程序的转换 ⋯⋯⋯⋯⋯⋯⋯⋯ 414
　第一百七十条　简易程序转为普通程序 ⋯⋯⋯⋯⋯⋯⋯⋯ 415

第十四章　第二审程序 ⋯⋯⋯⋯⋯⋯⋯⋯⋯⋯⋯⋯⋯⋯⋯⋯⋯ 416
　第一百七十一条　上诉权 ⋯⋯⋯⋯⋯⋯⋯⋯⋯⋯⋯⋯⋯⋯ 416
　第一百七十二条　上诉状的内容 ⋯⋯⋯⋯⋯⋯⋯⋯⋯⋯⋯ 417
　　文书范本
　　　民事上诉状（当事人提起上诉用）⋯⋯⋯⋯⋯⋯⋯⋯ 417
　第一百七十三条　上诉的提起 ⋯⋯⋯⋯⋯⋯⋯⋯⋯⋯⋯⋯ 418
　第一百七十四条　上诉的受理 ⋯⋯⋯⋯⋯⋯⋯⋯⋯⋯⋯⋯ 418
　第一百七十五条　二审的审理范围 ⋯⋯⋯⋯⋯⋯⋯⋯⋯⋯ 419
　第一百七十六条　二审的审理方式和地点 ⋯⋯⋯⋯⋯⋯⋯ 420
　第一百七十七条　二审裁判 ⋯⋯⋯⋯⋯⋯⋯⋯⋯⋯⋯⋯⋯ 420
　第一百七十八条　对一审适用裁定的上诉案件的处理 ⋯⋯ 422
　第一百七十九条　上诉案件的调解 ⋯⋯⋯⋯⋯⋯⋯⋯⋯⋯ 422
　第一百八十条　上诉的撤回 ⋯⋯⋯⋯⋯⋯⋯⋯⋯⋯⋯⋯⋯ 423
　第一百八十一条　二审适用的程序 ⋯⋯⋯⋯⋯⋯⋯⋯⋯⋯ 424
　第一百八十二条　二审裁判的效力 ⋯⋯⋯⋯⋯⋯⋯⋯⋯⋯ 424
　第一百八十三条　二审审限 ⋯⋯⋯⋯⋯⋯⋯⋯⋯⋯⋯⋯⋯ 424

第十五章　特别程序 ⋯⋯⋯⋯⋯⋯⋯⋯⋯⋯⋯⋯⋯⋯⋯⋯⋯⋯ 425
第一节　一般规定 ⋯⋯⋯⋯⋯⋯⋯⋯⋯⋯⋯⋯⋯⋯⋯⋯⋯⋯ 425
　第一百八十四条　特别程序的适用范围 ⋯⋯⋯⋯⋯⋯⋯⋯ 425
　第一百八十五条　一审终审与独任审理 ⋯⋯⋯⋯⋯⋯⋯⋯ 425

第一百八十六条　特别程序的转换 ……………………………………… 426
　　第一百八十七条　特别程序的审限 ……………………………………… 426
　第二节　选民资格案件 …………………………………………………………… 426
　　第一百八十八条　起诉与管辖 …………………………………………… 426
　　第一百八十九条　审理、审限及判决 …………………………………… 426
　第三节　宣告失踪、宣告死亡案件 ……………………………………………… 427
　　第一百九十条　宣告失踪案件的提起 …………………………………… 427
　　第一百九十一条　宣告死亡案件的提起 ………………………………… 427
　　第一百九十二条　公告与判决 …………………………………………… 428
　　第一百九十三条　判决的撤销 …………………………………………… 430
　第四节　指定遗产管理人案件 …………………………………………………… 431
　　第一百九十四条　指定遗产管理人案件的管辖 ………………………… 431
　　第一百九十五条　指定遗产管理人的原则 ……………………………… 431
　　第一百九十六条　另行指定遗产管理人的情形 ………………………… 432
　　第一百九十七条　撤销遗产管理人资格的情形 ………………………… 433
　第五节　认定公民无民事行为能力、限制民事行为能力案件 ……………… 433
　　第一百九十八条　认定公民无民事行为能力、限制民事行为能力案件
　　　　　　　　　　的提起 ……………………………………………………… 433
　　第一百九十九条　民事行为能力鉴定 …………………………………… 434
　　第　二　百　条　审理及判决 …………………………………………… 434
　　第二百零一条　判决的撤销 ……………………………………………… 435
　第六节　认定财产无主案件 ……………………………………………………… 437
　　第二百零二条　财产无主案件的提起 …………………………………… 437
　　第二百零三条　公告及判决 ……………………………………………… 437
　　第二百零四条　判决的撤销 ……………………………………………… 437
　第七节　确认调解协议案件 ……………………………………………………… 438
　　第二百零五条　确认调解协议案件的提起 ……………………………… 438

　　文书范本

　　　申请书（申请司法确认调解协议用） …………………………………… 440
　　第二百零六条　审查及裁定 ……………………………………………… 441
　第八节　实现担保物权案件 ……………………………………………………… 442
　　第二百零七条　实现担保物权案件的提起 ……………………………… 442
　　第二百零八条　审查及裁定 ……………………………………………… 443
第十六章　审判监督程序 ……………………………………………………………… 444
　　第二百零九条　人民法院决定再审 ……………………………………… 444
　　第二百一十条　当事人申请再审 ………………………………………… 446

文书范本

  民事再审申请书（申请再审用） ·· 448
 第二百一十一条 再审事由 ·· 449
 第二百一十二条 调解书的再审 ·· 452
 第二百一十三条 不得申请再审的案件 ·· 452
 第二百一十四条 再审申请以及审查 ·· 453
 第二百一十五条 再审申请的审查期限以及再审案件管辖法院 ························· 457
 第二百一十六条 当事人申请再审的期限 ·· 461
 第二百一十七条 中止原判决的执行及例外 ·· 461
 第二百一十八条 再审案件的审理程序 ·· 462
 第二百一十九条 人民检察院提起抗诉 ·· 465
 第二百二十条 当事人申请再审检察建议及抗诉的条件 ································· 474
 第二百二十一条 抗诉案件的调查 ·· 475
 第二百二十二条 抗诉案件裁定再审的期限及审理法院 ································· 476
 第二百二十三条 抗诉书 ·· 476
 第二百二十四条 人民检察院派员出庭 ··· 476

第十七章 督促程序 ·· 477
 第二百二十五条 支付令的申请 ·· 477

文书范本

  申请书（申请支付令用） ··· 478
 第二百二十六条 支付令申请的受理 ·· 478
 第二百二十七条 审理 ·· 480
 第二百二十八条 支付令的异议及失效的处理 ·· 480

第十八章 公示催告程序 ··· 482
 第二百二十九条 公示催告程序的提起 ··· 482
 第二百三十条 受理、止付通知与公告 ··· 483
 第二百三十一条 止付通知和公告的效力 ·· 484
 第二百三十二条 利害关系人申报权利 ··· 485
 第二百三十三条 除权判决 ·· 485
 第二百三十四条 除权判决的撤销 ·· 486

第三编 执行程序 ·· 487

第十九章 一般规定 ··· 487
 第二百三十五条 执行依据及管辖 ·· 487
 第二百三十六条 对违法的执行行为的异议 ··· 489

文书范本

 1. 执行异议书（当事人、利害关系人提出异议用） ····························· 497
 2. 复议申请书（当事人、利害关系人申请复议用） ···························· 498

第二百三十七条　变更执行法院 …… 499
第二百三十八条　案外人异议 …… 499
文书范本
执行异议书（案外人提出异议用） …… 508
第二百三十九条　执行员与执行机构 …… 509
第二百四十条　委托执行 …… 510
第二百四十一条　执行和解 …… 512
第二百四十二条　执行担保 …… 515
文书范本
保证书（执行担保用） …… 517
第二百四十三条　被执行主体的变更 …… 517
第二百四十四条　执行回转 …… 521
第二百四十五条　法院调解书的执行 …… 522
第二百四十六条　对执行的法律监督 …… 523
第二十章　执行的申请和移送 …… 526
第二百四十七条　申请执行与移送执行 …… 526
文书范本
申请书（申请执行用） …… 527
第二百四十八条　仲裁裁决的申请执行 …… 528
第二百四十九条　公证债权文书的申请执行 …… 534
第二百五十条　申请执行期间 …… 539
第二百五十一条　执行通知 …… 539
第二十一章　执行措施 …… 540
第二百五十二条　被执行人报告财产情况 …… 540
第二百五十三条　被执行人存款等财产的执行 …… 545
第二百五十四条　被执行人收入的执行 …… 551
第二百五十五条　被执行人其他财产的执行 …… 553
第二百五十六条　查封、扣押 …… 558
第二百五十七条　被查封财产的保管 …… 564
第二百五十八条　拍卖、变卖 …… 564
第二百五十九条　搜查 …… 573
第二百六十条　指定交付 …… 574
第二百六十一条　强制迁出 …… 575
第二百六十二条　财产权证照转移 …… 576
第二百六十三条　行为的执行 …… 576
第二百六十四条　迟延履行的责任 …… 577
第二百六十五条　继续执行 …… 579

第二百六十六条　对被执行人的限制措施 …………………… 579
　第二十二章　执行中止和终结 ………………………………………… 584
　　第二百六十七条　中止执行 ………………………………………… 584
　　第二百六十八条　终结执行 ………………………………………… 584
　　第二百六十九条　执行中止、终结裁定的生效 …………………… 588
第四编　涉外民事诉讼程序的特别规定 …………………………………… 588
　第二十三章　一般原则 ………………………………………………… 588
　　第二百七十条　适用本法原则 ……………………………………… 588
　　第二百七十一条　信守国际条约原则 ……………………………… 589
　　第二百七十二条　司法豁免原则 …………………………………… 590
　　第二百七十三条　使用我国通用语言、文字原则 ………………… 592
　　第二百七十四条　委托中国律师代理诉讼原则 …………………… 592
　　第二百七十五条　委托授权书的公证与认证 ……………………… 593
　第二十四章　管　辖 …………………………………………………… 594
　　第二百七十六条　特殊地域管辖 …………………………………… 594
　　第二百七十七条　协议管辖 ………………………………………… 597
　　第二百七十八条　应诉管辖 ………………………………………… 598
　　第二百七十九条　专属管辖 ………………………………………… 598
　　第二百八十条　管辖权冲突的处理 ………………………………… 599
　　第二百八十一条　外国法院先于我国法院受理的处理 …………… 600
　　第二百八十二条　不方便管辖 ……………………………………… 600
　第二十五章　送达、调查取证、期间 ………………………………… 601
　　第二百八十三条　送达方式 ………………………………………… 601
　　第二百八十四条　域外调查取证 …………………………………… 606
　　第二百八十五条　答辩期间 ………………………………………… 606
　　第二百八十六条　上诉期间 ………………………………………… 606
　　第二百八十七条　审理期间 ………………………………………… 607
　第二十六章　仲　裁 …………………………………………………… 608
　　第二百八十八条　或裁或审原则 …………………………………… 608
　　第二百八十九条　仲裁程序中的保全 ……………………………… 610
　　第二百九十条　仲裁裁决的执行 …………………………………… 610
　　第二百九十一条　仲裁裁决不予执行的情形 ……………………… 611
　　第二百九十二条　仲裁裁决不予执行的法律后果 ………………… 617
　第二十七章　司法协助 ………………………………………………… 618
　　第二百九十三条　司法协助的原则 ………………………………… 618
　　第二百九十四条　司法协助的途径 ………………………………… 621
　　第二百九十五条　司法协助请求使用的文字 ……………………… 621
　　第二百九十六条　司法协助程序 …………………………………… 621

第二百九十七条　申请外国承认和执行 …………………………………… 621
第二百九十八条　外国申请承认和执行 …………………………………… 622

> 文书范本

　　申请书（当事人申请承认和执行外国法院生效判决、裁定或仲裁
　　裁决用） ……………………………………………………………… 623

第二百九十九条　外国法院裁判的承认与执行 …………………………… 624
第 三 百 条　不予承认和执行的情形 …………………………………… 640
第三百零一条　外国法院无管辖权的认定 ………………………………… 641
第三百零二条　同一纠纷的处理 …………………………………………… 641
第三百零三条　对裁定不服的救济 ………………………………………… 641
第三百零四条　外国仲裁裁决的承认和执行 ……………………………… 642
第三百零五条　涉及外国国家的民事诉讼 ………………………………… 654
第三百零六条　施行时间 …………………………………………………… 657

附录

　　基层人民法院管辖第一审知识产权民事、行政案件标准 ……………… 658

第一编 总 则

第一章 任务、适用范围和基本原则

第一条 立法依据[1]

中华人民共和国民事诉讼法以宪法为根据，结合我国民事审判工作的经验和实际情况制定。

条文注解

1. 民事诉讼法的历史沿革

我国现行《民事诉讼法》于1991年4月第七届全国人民代表大会第四次会议通过。并于2007年、2012年、2017年、2021年和2023年进行了五次修正。

2. 民事诉讼法的立法根据

民事诉讼法的立法根据有两个：一是法律根据，即以宪法为根据；二是事实根据，即立足于我国的实际情况，并结合民事审判工作的经验。

第二条 立法目的

中华人民共和国民事诉讼法的任务，是保护当事人行使诉讼权利，保证人民法院查明事实，分清是非，正确适用法律，及时审理民事案件，确认民事权利义务关系，制裁民事违法行为，保护当事人的合法权益，教育公民自觉遵守法律，维护社会秩序、经济秩序，保障社会主义建设事业顺利进行。

条文注解

民事诉讼法的立法任务体现在三个方面：一是保护当事人行使诉讼权利；二是保证人民法院查明事实，分清是非，正确适用法律，及时审理民事案件；三是确认民事权利义务关系，制裁民事违法行为，保护当事人的合法权益，教育公民自觉遵守法律，维护社会秩序、经济秩序，保障社会主义建设事业顺利进行。

民事诉讼法上述三项任务，互相联系，是同一问题不同侧面的反映，相辅相成，前项任务作为后项任务的前提，后一任务是前一任务的必然延伸，共同实现民事诉讼法的立法目的。

相关规定

◎法 律

《民法典》（2020年5月28日[2]）

第1条 为了保护民事主体的合法权益，调整民事关系，维护社会和经济秩序，适应中国特色社会主义发展要求，弘扬社会主义核心价值观，根据宪法，制定本法。

◎司法解释及文件

《最高人民法院统一法律适用工作实施办法》（法〔2021〕289号 2021年11月13日）

第1条 本办法所称统一法律适用工

---

〔1〕 此法条主旨为编者总结加注，下同。

〔2〕 此日期为法律文件的发布日期，如果法律文件经过修改的，则为修改后的最新发布日期，下同。

作,包括起草制定司法解释或其他规范性文件、发布案例、落实类案检索制度、召开专业法官会议讨论案件等推进法律统一正确实施的各项工作。

第 2 条 最高人民法院审判委员会(以下简称审委会)负责最高人民法院统一法律适用工作。

各部门根据职能分工,负责起草制定司法解释、发布案例等统一法律适用工作。

审判管理办公室(以下简称审管办)负责统一法律适用的统筹规划、统一推进、协调管理等工作。

第 6 条 办理案件具有下列情形之一的,承办法官应当进行类案检索:

(一)拟提交审委会、专业法官会议讨论的;

(二)缺乏明确裁判规则或者尚未形成统一裁判规则的;

(三)重大、疑难、复杂、敏感的;

(四)涉及群体性纠纷或者引发社会广泛关注,可能影响社会稳定的;

(五)与最高人民法院的类案裁判可能发生冲突的;

(六)有关单位或者个人反映法官有违法审判行为的;

(七)最高人民检察院抗诉的;

(八)审理过程中公诉机关、当事人及其辩护人、诉讼代理人提交指导性案例或者最高人民法院生效类案裁判支持其主张的;

(九)院庭长根据审判监督管理权限要求进行类案检索的。

类案检索可以只检索最高人民法院发布的指导性案例和最高人民法院的生效裁判。

《最高人民法院关于完善统一法律适用标准工作机制的意见》(法发〔2020〕35 号 2020 年 9 月 14 日)

8. 规范高级人民法院审判指导工作。各高级人民法院可以通过发布办案指导文件和参考性案例等方式总结审判经验、统一裁判标准。各高级人民法院发布的办案指导文件、参考性案例应当符合宪法、法律规定,不得与司法解释、指导性案例相冲突。各高级人民法院应当建立办案指导文件、参考性案例长效工作机制,定期组织清理,及时报送最高人民法院备案,切实解决不同地区法律适用、办案标准的不合理差异问题。

《关于统一法律适用加强类案检索的指导意见(试行)》(法发〔2020〕24 号 2020 年 7 月 15 日)

一、本意见所称类案,是指与待决案件在基本事实、争议焦点、法律适用问题等方面具有相似性,且已经人民法院裁判生效的案件。

二、人民法院办理案件具有下列情形之一,应当进行类案检索:

(一)拟提交专业(主审)法官会议或者审判委员会讨论的;

(二)缺乏明确裁判规则或者尚未形成统一裁判规则的;

(三)院长、庭长根据审判监督管理权限要求进行类案检索的;

(四)其他需要进行类案检索的。

三、承办法官依托中国裁判文书网、审判案例数据库等进行类案检索,并对检索的真实性、准确性负责。

四、类案检索范围一般包括:

(一)最高人民法院发布的指导性案例;

(二)最高人民法院发布的典型案例及裁判生效的案件;

(三)本省(自治区、直辖市)高级人民法院发布的参考性案例及裁判生效的案件;

(四)上一级人民法院及本院裁判生

效的案件。

除指导性案例以外，优先检索近三年的案例或者案件；已经在前一顺位中检索到类案的，可以不再进行检索。

《最高人民法院关于建立法律适用分歧解决机制的实施办法》（法发〔2019〕23号 2019年10月11日）

第1条 最高人民法院审判委员会（以下简称审委会）是最高人民法院法律适用分歧解决工作的领导和决策机构。

最高人民法院审判管理办公室（以下简称审管办）、最高人民法院各业务部门和中国应用法学研究所（以下简称法研所）根据法律适用分歧解决工作的需要，为审委会决策提供服务与决策参考，并负责贯彻审委会的决定。

第11条 审委会关于法律适用分歧作出的决定，最高人民法院各业务部门、地方各级人民法院、各专门人民法院在审判执行工作中应当参照执行。

《最高人民法院关于案例指导工作的规定》（法发〔2010〕51号 2010年11月26日）

第1条 对全国法院审判、执行工作具有指导作用的指导性案例，由最高人民法院确定并统一发布。

第2条 本规定所称指导性案例，是指裁判已经发生法律效力，并符合以下条件的案例：

（一）社会广泛关注的；
（二）法律规定比较原则的；
（三）具有典型性的；
（四）疑难复杂或者新类型的；
（五）其他具有指导作用的案例。

第7条 最高人民法院发布的指导性案例，各级人民法院审判类似案例时应当参照。

《〈最高人民法院关于案例指导工作的规定〉实施细则》（法〔2015〕130号 2015年5月13日）

第12条 指导性案例有下列情形之一的，不再具有指导作用：

（一）与新的法律、行政法规或者司法解释相冲突的；
（二）为新的指导性案例所取代的。

《最高人民法院关于法律适用问题请示答复的规定》（法〔2023〕88号 2023年5月26日）

第2条 具有下列情形之一的，高级人民法院可以向最高人民法院提出请示：

（一）法律、法规、司法解释、规范性文件等没有明确规定，适用法律存在重大争议的；
（二）对法律、法规、司法解释、规范性文件等规定具体含义的理解存在重大争议的；
（三）司法解释、规范性文件制定时所依据的客观情况发生重大变化，继续适用有关规定明显有违公平正义的；
（四）类似案件裁判规则明显不统一的；
（五）其他对法律适用存在重大争议的。

技术类知识产权和反垄断法律适用问题，具有前款规定情形之一的，第一审人民法院可以向最高人民法院提出请示。

最高人民法院认为必要时，可以要求下级人民法院报告有关情况。

第3条 不得就案件的事实认定问题提出请示。

第12条 最高人民法院应当分别按照以下情形作出处理：

（一）对请示的法律适用问题作出明确答复，并写明答复依据；
（二）不属于请示范围，或者违反请

示程序的，不予答复，并书面告知提出请示的人民法院；

（三）最高人民法院对相同或者类似法律适用问题作出过答复的，可以不予答复，并将有关情况告知提出请示的人民法院。

第 13 条 最高人民法院的答复应当以院名义作出。

答复一般采用书面形式。以电话答复等其他形式作出的，应当将底稿等材料留存备查。

答复作出后，承办部门应当及时将答复上传至查询数据库。

第 14 条 最高人民法院应当尽快办理请示，至迟在受理请示之日起二个月内办结。需要征求院外有关部门意见或者提请审判委员会讨论的，可以延长二个月。

因特殊原因不能在前款规定的期限内办结的，承办部门应当在报告分管院领导后，及时通知提出请示的人民法院，并抄送审判管理办公室。

对于涉及刑事法律适用问题的请示，必要时，可以提醒有关人民法院依法变更强制措施。

第 15 条 对最高人民法院的答复，提出请示的人民法院应当执行，但不得作为裁判依据援引。

第 16 条 可以公开的答复，最高人民法院应当通过适当方式向社会公布。

第 17 条 最高人民法院对办理请示答复编定案号，类型代字为"法复"。

第 23 条 基层、中级人民法院就法律适用问题提出请示，中级、高级人民法院对法律适用问题作出处理的，参照适用本规定。

第三条 适用范围

人民法院受理公民之间、法人之间、其他组织之间以及他们相互之间因财产关系和人身关系提起的民事诉讼，适用本法的规定。

条文注解

1. 财产关系

财产关系是指基于物质财富关系而形成的相互关系，包括基于债权、物权、知识产权而形成的相互关系等。

2. 人身关系

人身关系是指人们基于人格和身份而形成的相互关系，如姓名权、名誉权，以及有关婚姻、收养、继承等家庭关系。

相关规定

◎法 律

《民法典》（2020 年 5 月 28 日）

第 2 条 民法调整平等主体的自然人、法人和非法人组织之间的人身关系和财产关系。

《劳动法》（2018 年 12 月 29 日）

第 79 条 劳动争议发生后，当事人可以向本单位劳动争议调解委员会申请调解；调解不成，当事人一方要求仲裁的，可以向劳动争议仲裁委员会申请仲裁。当事人一方也可以直接向劳动争议仲裁委员会申请仲裁。对仲裁裁决不服的，可以向人民法院提起诉讼。

◎党内法规制度

《人事争议处理规定》（2011 年 8 月 15 日）

第 2 条 本规定适用于下列人事争议：

（一）实施公务员法的机关与聘任制公务员之间、参照《中华人民共和国公务员法》管理的机关（单位）与聘任工作人员之间因履行聘任合同发生的争议。

（二）事业单位与工作人员之间因解除人事关系、履行聘用合同发生的争议；

（三）社团组织与工作人员之间因解除人事关系、履行聘用合同发生的争议；

（四）军队聘用单位与文职人员之间因履行聘用合同发生的争议；

（五）依照法律、法规规定可以仲裁的其他人事争议。

第 3 条 人事争议发生后，当事人可以协商解决；不愿协商或者协商不成的，可以向主管部门申请调解，其中军队聘用单位与文职人员的人事争议，可以向聘用单位的上一级单位申请调解；不愿调解或调解不成的，可以向人事争议仲裁委员会申请仲裁。当事人也可以直接向人事争议仲裁委员会申请仲裁。当事人对仲裁裁决不服的，可以向人民法院提起诉讼。

◎司法解释及文件

《最高人民法院关于适用〈中华人民共和国民事诉讼法〉的解释》（法释〔2022〕11号 2022年4月1日修正）

第 52 条 民事诉讼法第五十一条规定的其他组织是指合法成立、有一定的组织机构和财产，但又不具备法人资格的组织，包括：

（一）依法登记领取营业执照的个人独资企业；

（二）依法登记领取营业执照的合伙企业；

（三）依法登记领取我国营业执照的中外合作经营企业、外资企业；

（四）依法成立的社会团体的分支机构、代表机构；

（五）依法设立并领取营业执照的法人的分支机构；

（六）依法设立并领取营业执照的商业银行、政策性银行和非银行金融机构的分支机构；

（七）经依法登记领取营业执照的乡镇企业、街道企业；

（八）其他符合本条规定条件的组织。

《最高人民法院关于审理与企业改制相关的民事纠纷案件若干问题的规定》（法释〔2003〕1号 2020年12月29日修正）

第一条 人民法院受理以下平等民事主体间在企业产权制度改造中发生的民事纠纷案件：

（一）企业公司制改造中发生的民事纠纷；

（二）企业股份合作制改造中发生的民事纠纷；

（三）企业分立中发生的民事纠纷；

（四）企业债权转股权纠纷；

（五）企业出售合同纠纷；

（六）企业兼并合同纠纷；

（七）与企业改制相关的其他民事纠纷。

第二条 当事人起诉符合本规定第一条所列情形，并符合民事诉讼法第一百一十九条规定的起诉条件的，人民法院应当予以受理。

第三条 政府主管部门在对企业国有资产进行行政性调整、划转过程中发生的纠纷，当事人向人民法院提起民事诉讼的，人民法院不予受理。

《最高人民法院关于依法审理和执行被风险处置证券公司相关案件的通知》（法发〔2009〕35号 2009年5月26日）

一、为统一、规范证券公司风险处置中个人债权的处理，保持证券市场运行的连续性和稳定性，中国人民银行、财政部、中国银行业监督管理委员会、中国证券监督管理委员会联合制定发布了《个人债权及客户证券交易结算资金收购意见》。国家对个人债权和客户交易结算资金的收购，是国家有关行政部门和金融监管机构采取的特殊行政手段。相关债权是否属于应当收购的个人债权或者客户交易结算资金范畴，系由中国人民银行、金融监管机构以及依据《个人债权及客户证券交易结算资金收购意见》成立的甄别确认小组予以确认的，不属人民法院审理的范畴。因此，有关当事人因上述执行机关在风险处置过程中甄别确认其债权不属于国家收购范围的个人债权或者客户证券交易结算资金，向人民法院提起诉讼，请求确认其债权应纳入国家收购范围的，人民法院不予受理。国家收购范围之外的债权，有关权利人可以在相关证券公司进入破产程序后向人民法院申报。

二、托管是相关监管部门对高风险证券公司的证券经纪业务等涉及公众客户的业务采取的行政措施，托管机构仅对被托管证券公司的经纪业务行使经营管理权，不因托管而承继被托管证券公司的债务。因此，有关权利人仅以托管为由向人民法院提起诉讼，请求判令托管机构承担被托管证券公司债务的，人民法院不予受理。

三、处置证券类资产是行政处置过程中的一个重要环节，行政清算组依照法律、行政法规及国家相关政策，对证券类资产采取市场交易方式予以处置，在合理估价的基础上转让证券类资产，受让人支付相应的对价。因此，证券公司的债权人向人民法院提起诉讼，请求判令买受人承担证券公司债务偿还责任的，人民法院对其诉讼请求不予支持。

《最高人民法院关于房地产案件受理问题的通知》（法发〔1992〕38号　1992年11月25日）

三、凡不符合民事诉讼法、行政诉讼法有关起诉条件的属于历史遗留的落实政策性质的房地产纠纷，因行政指令而调整划拨、机构撤并分合等引起的房地产纠纷，因单位内部建房、分房等而引起的占房、腾房等房地产纠纷，均不属于人民法院主管工作的范围，当事人为此而提起的诉讼，人民法院应依法不予受理或驳回起诉，可告知其找有关部门申请解决。

最高院裁判观点

国家能某集团某电力有限公司与永某煤业公司、能某投资公司股权转让纠纷案【（2020）最高法民再335号】

裁判要旨： 能某投资公司与永某煤业公司均属于具有独立民事权利能力和行为能力的企业法人，二者之间经平等协商签订的《股权转让及重组合同》及《关于股权转让价款的补充协议》是因小煤矿兼并重组的需要进行的股权转让，因此产生的纠纷属于因企业兼并重组过程中股权转让引起的民事纠纷。本案所涉河南省人民政府作出的〔2012〕20号省长办公会议纪要以及省国资委99号文，是对省煤层气公司在兼并重组的过程中进行的指导行为，并未对股权转让合同的签订、转让价款、支付方式等作出强制性命令。案涉股权转让行为属于市场主体间的民事法律行为的性质并未因此改变。由此产生的纠纷依法属于人民法院民事诉讼的受案范围。

> **第四条　空间效力**
> 凡在中华人民共和国领域内进行民事诉讼，必须遵守本法。

条文注解

本条是民事诉讼空间效力的一般规定，有两点需要注意：

第一，我国是统一的多民族国家，考虑到少数民族地区存在自己的特殊情况和特殊需要，本法第十七条规定，民族自治地方的人民代表大会根据宪法和本法的原则,结合当地民族的具体情况,可以制定变通或者补充规定并在当地适用。

第二,在实行"一国两制"的地区,根据特别法的规定而不适用我国的民事诉讼法。例如,根据香港特别行政区基本法第十八条规定,全国性法律除列于本法附件三者外,不在香港特别行政区实施。而《民事诉讼法》并未列入附件三,因此,在香港特别行政区内进行的民事诉讼活动,应当适用当地有关民事诉讼的法律。同样,根据澳门特别行政区基本法的规定,《民事诉讼法》也不在澳门特别行政区适用。

相关规定

◎ **法　律**

《香港特别行政区基本法》(1990年4月4日)

第18条　在香港特别行政区实行的法律为本法以及本法第八条规定的香港原有法律和香港特别行政区立法机关制定的法律。

全国性法律除列于本法附件三者外,不在香港特别行政区实施。凡列于本法附件三之法律,由香港特别行政区在当地公布或立法实施。

全国人民代表大会常务委员会在征询其所属的香港特别行政区基本法委员会和香港特别行政区政府的意见后,可对列于本法附件三的法律作出增减,任何列入附件三的法律,限于有关国防、外交和其他按本法规定不属于香港特别行政区自治范围的法律。

全国人民代表大会常务委员会决定宣布战争状态或因香港特别行政区内发生香港特别行政区政府不能控制的危及国家统一或安全的动乱而决定香港特别行政区进入紧急状态时,中央人民政府可发布命令将有关全国性法律在香港特别行政区实施。

《澳门特别行政区基本法》(1993年3月31日)

第18条　在澳门特别行政区实行的法律为本法以及本法第八条规定的澳门原有法律和澳门特别行政区立法机关制定的法律。

全国性法律除列于本法附件三者外,不在澳门特别行政区实施。凡列于本法附件三的法律,由澳门特别行政区在当地公布或立法实施。

全国人民代表大会常务委员会在征询其所属的澳门特别行政区基本法委员会和澳门特别行政区政府的意见后,可对列于本法附件三的法律作出增减。列入附件三的法律应限于有关国防、外交和其他依照本法规定不属于澳门特别行政区自治范围的法律。

在全国人民代表大会常务委员会决定宣布战争状态或因澳门特别行政区内发生澳门特别行政区政府不能控制的危及国家统一或安全的动乱而决定澳门特别行政区进入紧急状态时,中央人民政府可发布命令将有关全国性法律在澳门特别行政区实施。

第五条　同等原则和对等原则

外国人、无国籍人、外国企业和组织在人民法院起诉、应诉,同中华人民共和国公民、法人和其他组织有同等的诉讼权利义务。

外国法院对中华人民共和国公民、法人和其他组织的民事诉讼权利加以限制的,中华人民共和国人民法院对该国公民、企业和组织的民事诉讼权利,实行对等原则。

条文注解

涉外民事诉讼仅从诉讼主体来看,是

指原告、被告一方或者双方是外国人、无国籍人、外国企业和组织向人民法院提起的民事诉讼。涉外民事诉讼也适用我国民事诉讼法中规定的基本原则，但是，由于涉外民事诉讼的特殊性，本条也规定了适用涉外民事诉讼的特殊原则，即同等原则和对等原则。

第六条 独立审判原则
民事案件的审判权由人民法院行使。
人民法院依照法律规定对民事案件独立进行审判，不受行政机关、社会团体和个人的干涉。

◎条文注解

人民法院依法独立审判民事案件并不排除人民代表大会及其常务委员会、上级人民法院依法对人民法院的审判工作进行监督，这与干涉是性质截然不同的两回事。需要注意的是，人民法院虽然是独立行使审判权，但必须依照法律规定，并非任意活动，自由裁量。这里的法律，包括实体法和程序法。

◎相关规定

◎宪法
《宪法》（2018年3月11日）
第128条 中华人民共和国人民法院是国家的审判机关。
第131条 人民法院依照法律规定独立行使审判权，不受行政机关、社会团体和个人的干涉。

◎法律
《人民法院组织法》（2018年10月26日）
第4条 人民法院依照法律规定独立行使审判权，不受行政机关、社会团体和个人的干涉。

《各级人民代表大会常务委员会监督法》（2006年8月27日）
第5条 各级人民代表大会常务委员会对本级人民政府、人民法院和人民检察院的工作实施监督，促进依法行政、公正司法。

◎司法解释及文件
《关于规范上下级人民法院审判业务关系的若干意见》（法发〔2010〕61号 2010年12月28日）
第1条 最高人民法院监督指导地方各级人民法院和专门人民法院的审判业务工作。上级人民法院监督指导下级人民法院的审判业务工作。监督指导的范围、方式和程序应当符合法律规定。
第2条 各级人民法院在法律规定范围内履行各自职责，依法独立行使审判权。
第8条 最高人民法院通过审理案件、制定司法解释或者规范性文件、发布指导性案例、召开审判业务会议、组织法官培训等形式，对地方各级人民法院和专门人民法院的审判业务工作进行指导。
第9条 高级人民法院通过审理案件、制定审判业务文件、发布参考性案例、召开审判业务会议、组织法官培训等形式，对辖区内各级人民法院和专门人民法院的审判业务工作进行指导。
高级人民法院制定审判业务文件，应当经审判委员会讨论通过。最高人民法院发现高级人民法院制定的审判业务文件与现行法律、司法解释相抵触的，应当责令其纠正。
第10条 中级人民法院通过审理案件、总结审判经验、组织法官培训等形式，对基层人民法院的审判业务工作进行指导。
第11条 本意见自公布之日起施行。

第七条 以事实为根据,以法律为准绳原则

人民法院审理民事案件,必须以事实为根据,以法律为准绳。

条文注解

以事实为根据,就是要求人民法院在审理民事案件时,切忌主观片面性,依照法定程序认定案件的事实。以法律为准绳,就是要求人民法院在认定事实的基础上,以法律为客观尺度来分清是非,确认当事人的民事权利义务,不能以言代法、以权代法,也不能主观臆断,任意曲解法律为我所用。

相关规定

◎法　律

《民法典》(2020年5月28日)

第10条　处理民事纠纷,应当依照法律;法律没有规定的,可以适用习惯,但是不得违背公序良俗。

第八条 诉讼权利平等原则

民事诉讼当事人有平等的诉讼权利。人民法院审理民事案件,应当保障和便利当事人行使诉讼权利,对当事人在适用法律上一律平等。

相关规定

◎宪　法

《宪法》(2018年3月11日)

第33条第2款　中华人民共和国公民在法律面前一律平等。

◎法　律

《人民法院组织法》(2018年10月26日)

第5条　人民法院审判案件在适用法律上一律平等,不允许任何组织和个人有超越法律的特权,禁止任何形式的歧视。

第九条 法院调解原则

人民法院审理民事案件,应当根据自愿和合法的原则进行调解;调解不成的,应当及时判决。

条文注解

所谓"自愿",是指在调解过程中,必须是双方当事人完全自愿,不得勉强,包括是否要调解、调解的内容都由当事人双方自己决定,审判人员不得用任何强迫或者变相强迫的方法迫使当事人必须调解或者接受对方当事人、审判人员提出的条件,更不能用"以判压调",即你若不服从我审判人员的调解,就作出判决对你更不利的做法。

所谓"合法",是指调解也应以法律为准绳,调解程序调解方法和调解内容都不得违反法律,不得损害国家、集体和他人的权益。

相关规定

◎司法解释及文件

《最高人民法院关于适用〈中华人民共和国民事诉讼法〉的解释》(法释〔2022〕11号　2022年4月1日修正)

第142条　人民法院受理案件后,经审查,认为法律关系明确、事实清楚,在征得当事人双方同意后,可以径行调解。

第145条　人民法院审理民事案件,应当根据自愿、合法的原则进行调解。当事人一方或者双方坚持不愿调解的,应当及时裁判。

人民法院审理离婚案件,应当进行调解,但不应久调不决。

《最高人民法院关于适用简易程序审理民事案件的若干规定》（法释〔2003〕15号 2020年12月29日修正）

第14条 下列民事案件，人民法院在开庭审理时应当先行调解：

（一）婚姻家庭纠纷和继承纠纷；

（二）劳务合同纠纷；

（三）交通事故和工伤事故引起的权利义务关系较为明确的损害赔偿纠纷；

（四）宅基地和相邻关系纠纷；

（五）合伙合同纠纷；

（六）诉讼标的额较小的纠纷。

但是根据案件的性质和当事人的实际情况不能调解或者显然没有调解必要的除外。

【最高院裁判观点】

电某公司与徐某、达某公司申请执行人执行异议之诉案【（2020）最高法民申1615号】

裁判要旨：《民事诉讼法》第九条规定，人民法院审理民事案件，应当根据自愿和合法的原则进行调解；调解不成，应当及时判决。因此，人民法院主持民事调解应遵循两个原则，一个是自愿，另一个是合法。本案现有证据显示该调解协议的订立不存在违背当事人自愿原则的情形，双方在调解协议中就置换协议的补充约定也不存在违反法律、行政法规强制性规定的情形，该约定合法有效，电某公司关于调解内容无效的主张不成立。

第十条 合议、回避、公开审判、两审终审制度

人民法院审理民事案件，依照法律规定实行合议、回避、公开审判和两审终审制度。

【相关规定】

◎宪 法

《宪法》（2018年3月11日）

第130条 人民法院审理案件，除法律规定的特别情况外，一律公开进行。被告人有权获得辩护。

◎法 律

《人民法院组织法》（2018年10月26日）

第7条 人民法院实行司法公开，法律另有规定的除外。

第29条 人民法院审理案件，由合议庭或者法官一人独任审理。

合议庭和法官独任审理的案件范围由法律规定。

◎司法解释及文件

❶合议制度相关规定

《最高人民法院关于进一步加强合议庭职责的若干规定》（法释〔2010〕1号 2010年1月11日）

为了进一步加强合议庭的审判职责，充分发挥合议庭的职能作用，根据《中华人民共和国人民法院组织法》和有关法律规定，结合人民法院工作实际，制定本规定。

第1条 合议庭是人民法院的基本审判组织。合议庭全体成员平等参与案件的审理、评议和裁判，依法履行审判职责。

第2条 合议庭由审判员、助理审判员或者人民陪审员随机组成。合议庭成员相对固定的，应当定期交流。人民陪审员参加合议庭的，应当从人民陪审员名单中随机抽取确定。

第3条 承办法官履行下列职责：

（一）主持或者指导审判辅助人员进行庭前调解、证据交换等庭前准备工作；

（二）拟定庭审提纲，制作阅卷笔录；

（三）协助审判长组织法庭审理活动；

（四）在规定期限内及时制作审理报告；

（五）案件需要提交审判委员会讨论的，受审判长指派向审判委员会汇报案件；

（六）制作裁判文书提交合议庭审核；

（七）办理有关审判的其他事项。

第4条 依法不开庭审理的案件，合议庭全体成员均应当阅卷，必要时提交书面阅卷意见。

第5条 开庭审理时，合议庭全体成员应当共同参加，不得缺席、中途退庭或者从事与该庭审无关的活动。合议庭成员未参加庭审、中途退庭或者从事与该庭审无关的活动，当事人提出异议的，应当纠正。合议庭仍不纠正的，当事人可以要求休庭，并将有关情况记入庭审笔录。

第6条 合议庭全体成员均应当参加案件评议。评议案件时，合议庭成员应当针对案件的证据采信、事实认定、法律适用、裁判结果以及诉讼程序等问题充分发表意见。必要时，合议庭成员还可提交书面评议意见。

合议庭成员评议时发表意见不受追究。

第7条 除提交审判委员会讨论的案件外，合议庭对评议意见一致或者形成多数意见的案件，依法作出判决或者裁定。下列案件可以由审判长提请院长或者庭长决定组织相关审判人员共同讨论，合议庭成员应当参加：

（一）重大、疑难、复杂或者新类型的案件；

（二）合议庭在事实认定或法律适用上有重大分歧的案件；

（三）合议庭意见与本院或上级法院以往同类型案件的裁判有可能不一致的案件；

（四）当事人反映强烈的群体性纠纷案件；

（五）经审判长提请且院长或者庭长认为确有必要讨论的其他案件。

上述案件的讨论意见供合议庭参考，不影响合议庭依法作出裁判。

第8条 各级人民法院的院长、副院长、庭长、副庭长应当参加合议庭审理案件，并逐步增加审理案件的数量。

第9条 各级人民法院应当建立合议制落实情况的考评机制，并将考评结果纳入岗位绩效考评体系。考评可采取抽查卷宗、案件评查、检查庭审情况、回访当事人等方式。考评包括以下内容：

（一）合议庭全体成员参加庭审的情况；

（二）院长、庭长参加合议庭庭审的情况；

（三）审判委员会委员参加合议庭庭审的情况；

（四）承办法官制作阅卷笔录、审理报告以及裁判文书的情况；

（五）合议庭其他成员提交阅卷意见、发表评议意见的情况；

（六）其他应当考核的事项。

第10条 合议庭组成人员存在违法审判行为的，应当按照《人民法院审判人员违法审判责任追究办法（试行）》等规定追究相应责任。合议庭审理案件有下列情形之一的，合议庭成员不承担责任：

（一）因对法律理解和认识上的偏差而导致案件被改判或者发回重审的；

（二）因对案件事实和证据认识上的偏差而导致案件被改判或者发回重审的；

（三）因新的证据而导致案件被改判或者发回重审的；

（四）因法律修订或者政策调整而导致案件被改判或者发回重审的；

（五）因裁判所依据的其他法律文书被撤销或变更而导致案件被改判或者发回重审；

（六）其他依法履行审判职责不应当承担责任的情形。

第11条 执行工作中依法需要组成合议庭的，参照本规定执行。

第12条 本院以前发布的司法解释与本规定不一致的，以本规定为准。

❷ 公开审判制度相关规定

《最高人民法院关于人民法院通过互联网公开审判流程信息的规定》（法释〔2018〕7号 2018年3月4日）

为贯彻落实审判公开原则，保障当事人对审判活动的知情权，规范人民法院通过互联网公开审判流程信息工作，促进司法公正，提升司法公信，根据《中华人民共和国刑事诉讼法》《中华人民共和国民事诉讼法》《中华人民共和国行政诉讼法》《中华人民共和国国家赔偿法》等法律规定，结合人民法院工作实际，制定本规定。

第1条 人民法院审判刑事、民事、行政、国家赔偿案件的流程信息，应当通过互联网向参加诉讼的当事人及其法定代理人、诉讼代理人、辩护人公开。

人民法院审判具有重大社会影响案件的流程信息，可以通过互联网或者其他方式向公众公开。

第2条 人民法院通过互联网公开审判流程信息，应当依法、规范、及时、便民。

第3条 中国审判流程信息公开网是人民法院公开审判流程信息的统一平台。各级人民法院在本院门户网站以及司法公开平台设置中国审判流程信息公开网的链接。

有条件的人民法院可以通过手机、诉讼服务平台、电话语音系统、电子邮箱等辅助媒介，向当事人及其法定代理人、诉讼代理人、辩护人主动推送案件的审判流程信息，或者提供查询服务。

第4条 人民法院应当在受理案件通知书、应诉通知书、参加诉讼通知书、出庭通知书中，告知当事人及其法定代理人、诉讼代理人、辩护人通过互联网获取审判流程信息的方法和注意事项。

第5条 当事人、法定代理人、诉讼代理人、辩护人的身份证件号码、律师执业证号、组织机构代码、统一社会信用代码，是其获取审判流程信息的身份验证依据。

当事人及其法定代理人、诉讼代理人、辩护人应当配合受理案件的人民法院采集、核对身份信息，并预留有效的手机号码。

第6条 人民法院通知当事人应诉、参加诉讼，准许当事人参加诉讼，或者采用公告方式送达当事人的，自完成其身份信息采集、核对后，依照本规定公开审判流程信息。

当事人中途退出诉讼的，经人民法院依法确认后，不再向该当事人及其法定代理人、诉讼代理人、辩护人公开审判流程信息。

法定代理人、诉讼代理人、辩护人参加诉讼或者发生变更的，参照前两款规定处理。

第7条 下列程序性信息应当通过互联网向当事人及其法定代理人、诉讼代理人、辩护人公开：

（一）收案、立案信息，结案信息；

（二）检察机关、刑罚执行机关信息，当事人信息；

（三）审判组织信息；

（四）审判程序、审理期限、送达、

上诉、抗诉、移送等信息;

(五)庭审、质证、证据交换、庭前会议、询问、宣判等诉讼活动的时间和地点;

(六)裁判文书在中国裁判文书网的公布情况;

(七)法律、司法解释规定应当公开,或者人民法院认为可以公开的其他程序性信息。

第8条 回避、管辖争议、保全、先予执行、评估、鉴定等流程信息,应当通过互联网向当事人及其法定代理人、诉讼代理人、辩护人公开。

公开保全、先予执行等流程信息可能影响事项处理的,可以在事项处理完毕后公开。

第9条 下列诉讼文书应当于送达后通过互联网向当事人及其法定代理人、诉讼代理人、辩护人公开:

(一)起诉状、上诉状、再审申请书、申诉书、国家赔偿申请书、答辩状等诉讼文书;

(二)受理案件通知书、应诉通知书、参加诉讼通知书、出庭通知书、合议庭组成人员通知书、传票等诉讼文书;

(三)判决书、裁定书、决定书、调解书,以及其他有中止、终结诉讼程序作用,或者对当事人实体权利有影响、对当事人程序权利有重大影响的裁判文书;

(四)法律、司法解释规定应当公开,或者人民法院认为可以公开的其他诉讼文书。

第10条 庭审、质证、证据交换、庭前会议、调查取证、勘验、询问、宣判等诉讼活动的笔录,应当通过互联网向当事人及其法定代理人、诉讼代理人、辩护人公开。

第11条 当事人及其法定代理人、诉讼代理人、辩护人申请查阅庭审录音录像、电子卷宗的,人民法院可以通过中国审判流程信息公开网或者其他诉讼服务平台提供查阅,并设置必要的安全保护措施。

第12条 涉及国家秘密,以及法律、司法解释规定应当保密或者限制获取的审判流程信息,不得通过互联网向当事人及其法定代理人、诉讼代理人、辩护人公开。

第13条 已经公开的审判流程信息与实际情况不一致的,以实际情况为准,受理案件的人民法院应当及时更正。

已经公开的审判流程信息存在本规定第十二条列明情形的,受理案件的人民法院应当及时撤回。

第14条 经受送达人书面同意,人民法院可以通过中国审判流程信息公开网向民事、行政案件的当事人及其法定代理人、诉讼代理人电子送达除判决书、裁定书、调解书以外的诉讼文书。

采用前款方式送达的,人民法院应当按照本规定第五条采集、核对受送达人的身份信息,并为其开设个人专用的即时收悉系统。诉讼文书到达该系统的日期为送达日期,由系统自动记录并生成送达回证归入电子卷宗。

已经送达的诉讼文书需要更正的,应当重新送达。

第15条 最高人民法院监督指导全国法院审判流程信息公开工作。高级、中级人民法院监督指导辖区法院审判流程信息公开工作。

各级人民法院审判管理办公室或者承担审判管理职能的其他机构负责本院审判流程信息公开工作,履行以下职责:

(一)组织、监督审判流程信息公开工作;

（二）处理当事人及其法定代理人、诉讼代理人、辩护人对审判流程信息公开工作的投诉和意见建议；

（三）指导技术部门做好技术支持和服务保障；

（四）其他管理工作。

第 16 条 公开审判流程信息的业务规范和技术标准，由最高人民法院另行制定。

第 17 条 本规定自 2018 年 9 月 1 日起施行。最高人民法院以前发布的司法解释和规范性文件与本规定不一致的，以本规定为准。

《最高人民法院关于人民法院在互联网公布裁判文书的规定》（法释〔2016〕19 号 2016 年 8 月 29 日）

为贯彻落实审判公开原则，规范人民法院在互联网公布裁判文书工作，促进司法公正，提升司法公信力，根据《中华人民共和国刑事诉讼法》《中华人民共和国民事诉讼法》《中华人民共和国行政诉讼法》等相关规定，结合人民法院工作实际，制定本规定。

第 1 条 人民法院在互联网公布裁判文书，应当依法、全面、及时、规范。

第 2 条 中国裁判文书网是全国法院公布裁判文书的统一平台。各级人民法院在本院政务网站及司法公开平台设置中国裁判文书网的链接。

第 3 条 人民法院作出的下列裁判文书应当在互联网公布：

（一）刑事、民事、行政判决书；

（二）刑事、民事、行政、执行裁定书；

（三）支付令；

（四）刑事、民事、行政、执行驳回申诉通知书；

（五）国家赔偿决定书；

（六）强制医疗决定书或者驳回强制医疗申请的决定书；

（七）刑罚执行与变更决定书；

（八）对妨害诉讼行为、执行行为作出的拘留、罚款决定书，提前解除拘留决定书，因对不服拘留、罚款等制裁决定申请复议而作出的复议决定书；

（九）行政调解书、民事公益诉讼调解书；

（十）其他有中止、终结诉讼程序作用或者对当事人实体权益有影响、对当事人程序权益有重大影响的裁判文书。

第 4 条 人民法院作出的裁判文书有下列情形之一的，不在互联网公布：

（一）涉及国家秘密的；

（二）未成年人犯罪的；

（三）以调解方式结案或者确认人民调解协议效力的，但为保护国家利益、社会公共利益、他人合法权益确有必要公开的除外；

（四）离婚诉讼或者涉及未成年子女抚养、监护的；

（五）人民法院认为不宜在互联网公布的其他情形。

第 5 条 人民法院应当在受理案件通知书、应诉通知书中告知当事人在互联网公布裁判文书的范围，并通过政务网站、电子触摸屏、诉讼指南等多种方式，向公众告知人民法院在互联网公布裁判文书的相关规定。

第 6 条 不在互联网公布的裁判文书，应当公布案号、审理法院、裁判日期及不公开理由，但公布上述信息可能泄露国家秘密的除外。

第 7 条 发生法律效力的裁判文书，应当在裁判文书生效之日起七个工作日内在互联网公布。依法提起抗诉或者上诉的一审判决书、裁定书，应当在二审裁判生效后七个工作日内在互联网公布。

第8条 人民法院在互联网公布裁判文书时，应当对下列人员的姓名进行隐名处理：

（一）婚姻家庭、继承纠纷案件中的当事人及其法定代理人；

（二）刑事案件被害人及其法定代理人、附带民事诉讼原告人及其法定代理人、证人、鉴定人；

（三）未成年人及其法定代理人。

第9条 根据本规定第八条进行隐名处理时，应当按以下情形处理：

（一）保留姓氏，名字以"某"替代；

（二）对于少数民族姓名，保留第一个字，其余内容以"某"替代；

（三）对于外国人、无国籍人姓名的中文译文，保留第一个字，其余内容以"某"替代；对于外国人、无国籍人的英文姓名，保留第一个英文字母，删除其他内容。

对不同姓名隐名处理后发生重复的，通过在姓名后增加阿拉伯数字进行区分。

第10条 人民法院在互联网公布裁判文书时，应当删除下列信息：

（一）自然人的家庭住址、通讯方式、身份证号码、银行账号、健康状况、车牌号码、动产或不动产权属证书编号等个人信息；

（二）法人以及其他组织的银行账号、车牌号码、动产或不动产权属证书编号等信息；

（三）涉及商业秘密的信息；

（四）家事、人格权益等纠纷中涉及个人隐私的信息；

（五）涉及技术侦查措施的信息；

（六）人民法院认为不宜公开的其他信息。

按照本条第一款删除信息影响对裁判文书正确理解的，用符号"×"作部分替代。

第11条 人民法院在互联网公布裁判文书，应当保留当事人、法定代理人、委托代理人、辩护人的下列信息：

（一）除根据本规定第八条进行隐名处理的以外，当事人及其法定代理人是自然人的，保留姓名、出生日期、性别、住所地所属县、区；当事人及其法定代理人是法人或其他组织的，保留名称、住所地、组织机构代码，以及法定代表人或主要负责人的姓名、职务；

（二）委托代理人、辩护人是律师或者基层法律服务工作者的，保留姓名、执业证号和律师事务所、基层法律服务机构名称；委托代理人、辩护人是其他人员的，保留姓名、出生日期、性别、住所地所属县、区，以及与当事人的关系。

第12条 办案法官认为裁判文书具有本规定第四条第五项不宜在互联网公布情形的，应当提出书面意见及理由，由部门负责人审查后报主管副院长审定。

第13条 最高人民法院监督指导全国法院在互联网公布裁判文书的工作。高级、中级人民法院监督指导辖区法院在互联网公布裁判文书的工作。

各级人民法院审判管理办公室或者承担审判管理职能的其他机构负责本院在互联网公布裁判文书的管理工作，履行以下职责：

（一）组织、指导在互联网公布裁判文书；

（二）监督、考核在互联网公布裁判文书的工作；

（三）协调处理社会公众对裁判文书公开的投诉和意见；

（四）协调技术部门做好技术支持和保障；

（五）其他相关管理工作。

第 14 条 各级人民法院应当依托信息技术将裁判文书公开纳入审判流程管理，减轻裁判文书公开的工作量，实现裁判文书及时、全面、便捷公布。

第 15 条 在互联网公布的裁判文书，除依照本规定要求进行技术处理的以外，应当与裁判文书的原本一致。

人民法院对裁判文书中的笔误进行补正的，应当及时在互联网公布补正笔误的裁定书。

办案法官对在互联网公布的裁判文书与裁判文书原本的一致性，以及技术处理的规范性负责。

第 16 条 在互联网公布的裁判文书与裁判文书原本不一致或者技术处理不当的，应当及时撤回并在纠正后重新公布。

在互联网公布的裁判文书，经审查存在本规定第四条列明情形的，应当及时撤回，并按照本规定第六条处理。

第 17 条 人民法院信息技术服务中心负责中国裁判文书网的运行维护和升级完善，为社会各界合法利用在该网站公开的裁判文书提供便利。

中国裁判文书网根据案件适用不同审判程序的案号，实现裁判文书的相互关联。

第 18 条 本规定自 2016 年 10 月 1 日起施行。最高人民法院以前发布的司法解释和规范性文件与本规定不一致的，以本规定为准。

《关于司法公开的六项规定》（法发〔2009〕58 号　2009 年 12 月 8 日）

为进一步落实公开审判的宪法原则，扩大司法公开范围，拓宽司法公开渠道，保障人民群众对人民法院工作的知情权、参与权、表达权和监督权，维护当事人的合法权益，提高司法民主水平，规范司法行为，促进司法公正，根据有关诉讼法的规定和人民法院的工作实际，按照依法公开、及时公开、全面公开的原则，制定本规定。

一、立案公开

立案阶段的相关信息应当通过便捷、有效的方式向当事人公开。各类案件的立案条件、立案流程、法律文书样式、诉讼费用标准、缓减免交诉讼费程序、当事人重要权利义务、诉讼和执行风险提示以及可选择的诉讼外纠纷解决方式等内容，应当通过适当的形式向社会和当事人公开。人民法院应当及时将案件受理情况通知当事人。对于不予受理的，应当将不予受理裁定书、不予受理再审申请通知书、驳回再审申请裁定书等相关法律文件依法及时送达当事人，并说明理由，告知当事人诉讼权利。

二、庭审公开

建立健全有序开放、有效管理的旁听和报道庭审的规则，消除公众和媒体知情监督的障碍。依法公开审理的案件，旁听人员应当经过安全检查进入法庭旁听。因审判场所等客观因素所限，人民法院可以发放旁听证或者通过庭审视频、直播录播等方式满足公众和媒体了解庭审实况的需要。所有证据应当在法庭上公开，能够当庭认证的，应当当庭认证。除法律、司法解释规定可以不出庭的情形外，人民法院应当通知证人、鉴定人出庭作证。独任审判员、合议庭成员、审判委员会委员的基本情况应当公开，当事人依法有权申请回避。案件延长审限的情况应当告知当事人。人民法院对公开审理或者不公开审理的案件，一律在法庭内或者通过其他公开的方式公开宣告判决。

三、执行公开

执行的依据、标准、规范、程序以及

执行全过程应当向社会和当事人公开，但涉及国家秘密、商业秘密、个人隐私等法律禁止公开的信息除外。进一步健全和完善执行信息查询系统，扩大查询范围，为当事人查询执行案件信息提供方便。人民法院采取查封、扣押、冻结、划拨等执行措施后应及时告知双方当事人。人民法院选择鉴定、评估、拍卖等机构的过程和结果向当事人公开。执行款项的收取发放、执行标的物的保管、评估、拍卖、变卖的程序和结果等重点环节和重点事项应当及时告知当事人。执行中的重大进展应当通知当事人和利害关系人。

四、听证公开

人民法院对开庭审理程序之外的涉及当事人或者案外人重大权益的案件实行听证的，应当公开进行。人民法院对申请再审案件、涉法涉诉信访疑难案件、司法赔偿案件、执行异议案件以及对职务犯罪案件和有重大影响案件被告人的减刑、假释案件等，按照有关规定实行公开听证的，应当向社会发布听证公告。听证公开的范围、方式、程序等参照庭审公开的有关规定。

五、文书公开

裁判文书应当充分表述当事人的诉辩意见、证据的采信理由、事实的认定、适用法律的推理与解释过程，做到说理公开。人民法院可以根据法制宣传、法学研究、案例指导、统一裁判标准的需要，集中编印、刊登各类裁判文书。除涉及国家秘密、未成年人犯罪、个人隐私以及其他不适宜公开的案件和调解结案的案件外，人民法院的裁判文书可以在互联网上公开发布。当事人对于在互联网上公开裁判文书提出异议并有正当理由的，人民法院可以决定不在互联网上发布。为保护裁判文书所涉及到的公民、法人和其他组织的正当权利，可以对拟公开发布的裁判文书中的相关信息进行必要的技术处理。人民法院应当注意收集社会各界对裁判文书的意见和建议，作为改进工作的参考。

六、审务公开

人民法院的审判管理工作以及与审判工作有关的其他管理活动应当向社会公开。各级人民法院应当逐步建立和完善互联网站和其他信息公开平台。探索建立各类案件运转流程的网络查询系统，方便当事人及时查询案件进展情况。通过便捷、有效的方式及时向社会公开关于法院工作的方针政策、各种规范性文件和审判指导意见以及非涉密司法统计数据及分析报告，公开重大案件的审判情况、重要研究成果、活动部署等。建立健全过问案件登记、说情干扰警示、监督情况通报等制度，向社会和当事人公开违反规定程序过问案件的情况和人民法院接受监督的情况，切实保护公众的知情监督权和当事人的诉讼权利。

全国各级人民法院要切实解放思想，更新观念，大胆创新，把积极主动地采取公开透明的措施与不折不扣地实现当事人的诉讼权利结合起来，把司法公开的实现程度当作衡量司法民主水平、评价法院工作的重要指标。最高人民法院将进一步研究制定司法公开制度落实情况的考评标准，并将其纳入人民法院工作考评体系，完善司法公开的考核评价机制。上级人民法院要加强对下级人民法院司法公开工作的指导，定期组织专项检查，通报检查结果，完善司法公开的督促检查机制。各级人民法院要加大对司法公开工作在资金、设施、人力、技术方面的投入，建立司法公开的物质保障机制。要疏通渠道，设立平台，认真收集、听取和处理群众关于司法公开制度落实情况的举报投诉或意见建议，建立健全司法公开的情况反馈机制。

要细化和分解落实司法公开的职责，明确责任，对于在诉讼过程中违反审判公开原则或者在法院其他工作中违反司法公开相关规定的，要追究相应责任，同时要注意树立先进典型，表彰先进个人和单位，推广先进经验，建立健全司法公开的问责表彰机制。

本规定自公布之日起实施。本院以前发布的相关规定与本规定不一致的，以本规定为准。

> **第十一条 使用民族语言文字**
> 各民族公民都有用本民族语言、文字进行民事诉讼的权利。
> 在少数民族聚居或者多民族共同居住的地区，人民法院应当用当地民族通用的语言、文字进行审理和发布法律文书。
> 人民法院应当对不通晓当地民族通用的语言、文字的诉讼参与人提供翻译。

■ **相关规定**

◎ **法 律**

《民族区域自治法》（2001年2月28日）

第47条　民族自治地方的人民法院和人民检察院应当用当地通用的语言审理和检察案件，并合理配备通晓当地通用的少数民族语言文字的人员。对于不通晓当地通用的语言文字的诉讼参与人，应当为他们提供翻译。法律文书应当根据实际需要，使用当地通用的一种或者几种文字。保障各民族公民都有使用本民族语言文字进行诉讼的权利。

◎ **行政法规及文件**

《诉讼费用交纳办法》（2006年12月19日）

第12条第2款　人民法院依照民事诉讼法第十一条第三款规定提供当地民族通用语言、文字翻译的，不收取费用。

> **第十二条 辩论原则**
> 人民法院审理民事案件时，当事人有权进行辩论。

■ **条文注解**

辩论权的行使贯穿诉讼的整个过程而不仅限于法庭辩论。在第一审程序、第二审程序以及审判监督程序中，都允许当事人进行辩论。

辩论的形式既有口头形式，也有书面形式。

> **第十三条 诚信原则和处分原则**
> 民事诉讼应当遵循诚信原则。
> 当事人有权在法律规定的范围内处分自己的民事权利和诉讼权利。

■ **条文注解**

当事人有权在法律规定范围内处分自己的民事权利和诉讼权利，是民事诉讼同刑事诉讼、行政诉讼的一个重要区别。依照民事诉讼法规定，当事人在民事诉讼活动中，享有广泛的诉讼权利，包括起诉权、提出管辖异议权、委托代理权、查阅案件有关材料权、解决非讼案件的申请权、申请回避权、申请保全证据权、申请保全和先予执行权、辩论权、处分权、收集和提供证据权、放弃或者变更和承认或者反驳诉讼请求权、撤诉权、反诉权、上诉权、申请再审权、申请执行权等。对于上述权利，当事人都可以处分。

相关规定

◎ 司法解释及文件

《最高人民法院关于知识产权侵权诉讼中被告以原告滥用权利为由请求赔偿合理开支问题的批复》（法释〔2021〕11号 2021年6月3日）

在知识产权侵权诉讼中，被告提交证据证明原告的起诉构成法律规定的滥用权利损害其合法权益，依法请求原告赔偿其因该诉讼所支付的合理的律师费、交通费、食宿费等开支的，人民法院依法予以支持。被告也可以另行起诉请求原告赔偿上述合理开支。

《最高人民法院关于全面加强知识产权司法保护的意见》（法发〔2020〕11号 2020年4月15日）

13. 依法制止不诚信诉讼行为。妥善审理因恶意提起知识产权诉讼损害责任纠纷，依法支持包括律师费等合理支出在内的损害赔偿请求。强化知识产权管辖纠纷的规则指引，规制人为制造管辖连接点、滥用管辖权异议等恶意拖延诉讼的行为。研究将违反法院令状、伪造证据、恶意诉讼等不诚信的诉讼行为人纳入全国征信系统。

最高院裁判观点

1. 凯某公司与某融资担保有限公司等追偿权纠纷案【（2020）最高法民申7058号】

裁判要旨：当事人有权在法律规定的范围内处分自己的民事权利和诉讼权利。凯达公司虽主张一审判决存在错误，但在法定上诉期限内未提起上诉，亦未提供客观上导致其不能行使诉权的合理理由，其放弃法律规定的常规性救济途径，即应当承担该处分行为所致的失权后果。

2. 大某界公司与天津市某工贸有限公司、王某财产权属纠纷案【《最高人民法院公报》2013年第10期】

裁判要旨：根据《民事诉讼法》第十三条第一款的规定，民事诉讼应当遵循诚实信用原则。当事人提出诉讼请求并经人民法院作出生效判决后，又否认其据以提起诉讼请求的基本事实，并以此为由申请再审，违背诚实信用原则，人民法院不予支持。

3. 王某诉深圳某服饰股份有限公司、杭州某百货有限公司侵害商标权纠纷案【最高人民法院指导案例82号】

裁判要旨：当事人违反诚实信用原则，损害他人合法权益，扰乱市场正当竞争秩序，恶意取得、行使商标权并主张他人侵权的，人民法院应当以构成权利滥用为由，判决对其诉讼请求不予支持。

第十四条　检察监督

人民检察院有权对民事诉讼实行法律监督。

条文注解

根据《宪法》第一百三十四条规定，人民检察院是国家的法律监督机关。

相关规定

◎ 法　律

《人民检察院组织法》（2018年10月26日）

第20条　人民检察院行使下列职权：

……

（五）对诉讼活动实行法律监督；

（六）对判决、裁定等生效法律文书的执行工作实行法律监督；

……

（八）法律规定的其他职权。

◎ 司法解释及文件

《人民检察院民事诉讼监督规则》（高检发释字〔2021〕1号　2021年6月26日）

第一章　总　　则

第1条　为了保障和规范人民检察院

依法履行民事检察职责,根据《中华人民共和国民事诉讼法》《中华人民共和国人民检察院组织法》和其他有关规定,结合人民检察院工作实际,制定本规则。

第2条 人民检察院依法独立行使检察权,通过办理民事诉讼监督案件,维护司法公正和司法权威,维护国家利益和社会公共利益,维护自然人、法人和非法人组织的合法权益,保障国家法律的统一正确实施。

第3条 人民检察院通过抗诉、检察建议等方式,对民事诉讼活动实行法律监督。

第4条 人民检察院办理民事诉讼监督案件,应当以事实为根据,以法律为准绳,坚持公开、公平、公正和诚实信用原则,尊重和保障当事人的诉讼权利,监督和支持人民法院依法行使审判权和执行权。

第5条 负责控告申诉检察、民事检察、案件管理的部门分别承担民事诉讼监督案件的受理、办理、管理工作,各部门互相配合,互相制约。

第6条 人民检察院办理民事诉讼监督案件,实行检察官办案责任制,由检察官、检察长、检察委员会在各自职权范围内对办案事项作出决定,并依照规定承担相应司法责任。

第7条 人民检察院办理民事诉讼监督案件,根据案件情况,可以由一名检察官独任办理,也可以由两名以上检察官组成办案组办理。由检察官办案组办理的,检察长应当指定一名检察官担任主办检察官,组织、指挥办案组办理案件。

检察官办理案件,可以根据需要配备检察官助理、书记员、司法警察、检察技术人员等检察辅助人员。检察辅助人员依照有关规定承担相应的检察辅助事务。

第8条 最高人民检察院领导地方各级人民检察院和专门人民检察院的民事诉讼监督工作,上级人民检察院领导下级人民检察院的民事诉讼监督工作。

上级人民检察院认为下级人民检察院的决定错误的,有权指令下级人民检察院纠正,或者依法撤销、变更。上级人民检察院的决定,应当以书面形式作出,下级人民检察院应当执行。下级人民检察院对上级人民检察院的决定有不同意见的,可以在执行的同时向上级人民检察院报告。

上级人民检察院可以依法统一调用辖区的检察人员办理民事诉讼监督案件,调用的决定应当以书面形式作出。被调用的检察官可以代表办理案件的人民检察院履行相关检察职责。

第9条 人民检察院检察长或者检察长委托的副检察长在同级人民法院审判委员会讨论民事抗诉案件或者其他与民事诉讼监督工作有关的议题时,可以依照有关规定列席会议。

第10条 人民检察院办理民事诉讼监督案件,实行回避制度。

第11条 检察人员办理民事诉讼监督案件,应当秉持客观公正的立场,自觉接受监督。

检察人员不得接受当事人及其诉讼代理人、特定关系人、中介组织请客送礼或者其他利益,不得违反规定会见当事人及其委托的人。

检察人员有收受贿赂、徇私枉法等行为的,应当追究纪律责任和法律责任。

检察人员对过问或者干预、插手民事诉讼监督案件办理等重大事项的行为,应当按照有关规定全面、如实、及时记录、报告。

《最高人民法院、最高人民检察院关于民事执行活动法律监督若干问题的规定》

(法发〔2016〕30号 2016年11月2日)

第1条 人民检察院依法对民事执行

活动实行法律监督。人民法院依法接受人民检察院的法律监督。

第 4 条 对民事执行活动的监督案件，由执行法院所在地同级人民检察院管辖。

上级人民检察院认为确有必要的，可以办理下级人民检察院管辖的民事执行监督案件。下级人民检察院对有管辖权的民事执行监督案件，认为需要上级人民检察院办理的，可以报请上级人民检察院办理。

第 5 条 当事人、利害关系人、案外人认为人民法院的民事执行活动存在违法情形向人民检察院申请监督，应当提交监督申请书、身份证明、相关法律文书及证据材料。提交证据材料的，应当附证据清单。

申请监督材料不齐备的，人民检察院应当要求申请人限期补齐，并明确告知应补齐的全部材料。申请人逾期未补齐的，视为撤回监督申请。

第 7 条 具有下列情形之一的民事执行案件，人民检察院应当依职权进行监督：

（一）损害国家利益或者社会公共利益的；

（二）执行人员在执行该案时有贪污受贿、徇私舞弊、枉法执行等违法行为、司法机关已经立案的；

（三）造成重大社会影响的；

（四）需要跟进监督的。

第 19 条 人民检察院民事检察部门在办案中发现被执行人涉嫌构成拒不执行判决、裁定罪且公安机关不予立案侦查的，应当移送侦查监督部门处理。

最高检监督意见

广州某置业公司等骗取支付令执行虚假诉讼监督案【检例第 52 号】

监督意见：当事人恶意串通、虚构债务，骗取法院支付令，并在执行过程中通谋达成和解协议，通过以物抵债的方式侵占国有资产，损害司法秩序，构成虚假诉讼。检察机关对此类案件应当依法进行监督，充分发挥法律监督职能，维护司法秩序，保护国有资产。

第十五条　支持起诉

机关、社会团体、企业事业单位对损害国家、集体或者个人民事权益的行为，可以支持受损害的单位或者个人向人民法院起诉。

▎条文注解

机关、社会团体、企事业单位只能支持民事权益受到损害的单位和个人起诉，不能以自己的名义替代他们直接起诉。

▎相关规定

◎法　　律

《消费者权益保护法》（2013 年 10 月 25 日）

第 37 条 消费者协会履行下列公益性职责：

（一）向消费者提供消费信息和咨询服务，提高消费者维护自身合法权益的能力，引导文明、健康、节约资源和保护环境的消费方式；

（二）参与制定有关消费者权益的法律、法规、规章和强制性标准；

（三）参与有关行政部门对商品和服务的监督、检查；

（四）就有关消费者合法权益的问题，向有关部门反映、查询、提出建议；

（五）受理消费者的投诉，并对投诉事项进行调查、调解；

（六）投诉事项涉及商品和服务质量问题的，可以委托具备资格的鉴定人鉴定，鉴定人应当告知鉴定意见；

（七）就损害消费者合法权益的行为，支持受损害的消费者提起诉讼或者依照本法提起诉讼；

（八）对损害消费者合法权益的行为，通过大众传播媒介予以揭露、批评。

各级人民政府对消费者协会履行职责应当予以必要的经费等支持。

消费者协会应当认真履行保护消费者合法权益的职责，听取消费者的意见和建议，接受社会监督。

依法成立的其他消费者组织依照法律、法规及其章程的规定，开展保护消费者合法权益的活动。

《妇女权益保障法》（2022年10月30日）

第72条 对侵害妇女合法权益的行为，任何组织和个人都有权予以劝阻、制止或者向有关部门提出控告或者检举。有关部门接到控告或者检举后，应当依法及时处理，并为控告人、检举人保密。

妇女的合法权益受到侵害的，有权要求有关部门依法处理，或者依法申请调解、仲裁，或者向人民法院起诉。

对符合条件的妇女，当地法律援助机构或者司法机关应当给予帮助，依法为其提供法律援助或者司法救助。

第73条 妇女的合法权益受到侵害的，可以向妇女联合会等妇女组织求助。妇女联合会等妇女组织应当维护被侵害妇女的合法权益，有权要求并协助有关部门或者单位查处。有关部门或者单位应当依法查处，并予以答复；不予处理或者处理不当的，县级以上人民政府负责妇女儿童工作的机构、妇女联合会可以向其提出督促处理意见，必要时可以提请同级人民政府开展督查。

受害妇女进行诉讼需要帮助的，妇女联合会应当给予支持和帮助。

第77条 侵害妇女合法权益，导致社会公共利益受损的，检察机关可以发出检察建议；有下列情形之一的，检察机关可以依法提起公益诉讼：

（一）确认农村妇女集体经济组织成员身份时侵害妇女权益或者侵害妇女享有的农村土地承包和集体收益、土地征收征用补偿分配权益和宅基地使用权益；

（二）侵害妇女平等就业权益；

（三）相关单位未采取合理措施预防和制止性骚扰；

（四）通过大众传播媒介或者其他方式贬低损害妇女人格；

（五）其他严重侵害妇女权益的情形。

第78条 国家机关、社会团体、企业事业单位对侵害妇女权益的行为，可以支持受侵害的妇女向人民法院起诉。

《劳动法》（2018年12月29日）

第30条 用人单位解除劳动合同，工会认为不适当的，有权提出意见。如果用人单位违反法律、法规或者劳动合同，工会有权要求重新处理；劳动者申请仲裁或者提起诉讼的，工会应当依法给予支持和帮助。

《工会法》（2021年12月24日）

第22条 企业、事业单位、社会组织处分职工，工会认为不适当的，有权提出意见。

企业单方面解除职工劳动合同时，应当事先将理由通知工会，工会认为企业违反法律、法规和有关合同，要求重新研究处理时，企业应当研究工会的意见，并将处理结果书面通知工会。

职工认为企业侵犯其劳动权益而申请劳动争议仲裁或者向人民法院提起诉讼的，工会应当给予支持和帮助。

第30条 县级以上各级总工会依法为所属工会和职工提供法律援助等法律服务。

《环境保护法》（2014 年 4 月 24 日）

第 58 条　对污染环境、破坏生态，损害社会公共利益的行为，符合下列条件的社会组织可以向人民法院提起诉讼：

（一）依法在设区的市级以上人民政府民政部门登记；

（二）专门从事环境保护公益活动连续五年以上且无违法记录。

符合前款规定的社会组织向人民法院提起诉讼，人民法院应当依法受理。

提起诉讼的社会组织不得通过诉讼牟取经济利益。

《水污染防治法》（2017 年 6 月 27 日）

第 99 条　因水污染受到损害的当事人人数众多的，可以依法由当事人推选代表人进行共同诉讼。

环境保护主管部门和有关社会团体可以依法支持因水污染受到损害的当事人向人民法院提起诉讼。

国家鼓励法律服务机构和律师为水污染损害诉讼中的受害人提供法律援助。

◎司法解释及文件

《最高人民法院关于审理环境民事公益诉讼案件适用法律若干问题的解释》（法释〔2015〕1 号　2020 年 12 月 29 日修正）

第 11 条　检察机关、负有环境资源保护监督管理职责的部门及其他机关、社会组织、企业事业单位依据民事诉讼法第十五条的规定，可以通过提供法律咨询、提交书面意见、协助调查取证等方式支持社会组织依法提起环境民事公益诉讼。

第十六条　在线诉讼的法律效力

经当事人同意，民事诉讼活动可以通过信息网络平台在线进行。

民事诉讼活动通过信息网络平台在线进行的，与线下诉讼活动具有同等法律效力。

▎条文注解

本条为民事诉讼法 2021 年修改时新增条文，明确实行在线诉讼应当经当事人同意，明确在线诉讼与线下诉讼具有同等法律效力，推动民事诉讼方式与信息化时代相适应，为未来在线诉讼发展拓展制度空间。

▎相关规定

◎司法解释及文件

《最高人民法院关于适用〈中华人民共和国民事诉讼法〉的解释》（法释〔2022〕11 号　2022 年 4 月 1 日修正）

第 135 条　电子送达可以采用传真、电子邮件、移动通信等即时收悉的特定系统作为送达媒介。

民事诉讼法第九十条第二款规定的到达受送达人特定系统的日期，为人民法院对应系统显示发送成功的日期，但受送达人证明到达其特定系统的日期与人民法院对应系统显示发送成功的日期不一致的，以受送达人证明到达其特定系统的日期为准。

《人民法院在线诉讼规则》（法释〔2021〕12 号　2021 年 6 月 16 日）

为推进和规范在线诉讼活动，完善在线诉讼规则，依法保障当事人及其他诉讼参与人等诉讼主体的合法权利，确保公正高效审理案件，根据《中华人民共和国刑事诉讼法》《中华人民共和国民事诉讼法》

《中华人民共和国行政诉讼法》等相关法律规定,结合人民法院工作实际,制定本规则。

第1条 人民法院、当事人及其他诉讼参与人等可以依托电子诉讼平台(以下简称"诉讼平台"),通过互联网或者专用网络在线完成立案、调解、证据交换、询问、庭审、送达等全部或者部分诉讼环节。

在线诉讼活动与线下诉讼活动具有同等法律效力。

第2条 人民法院开展在线诉讼应当遵循以下原则:

(一)公正高效原则。严格依法开展在线诉讼活动,完善审判流程,健全工作机制,加强技术保障,提高司法效率,保障司法公正。

(二)合法自愿原则。尊重和保障当事人及其他诉讼参与人对诉讼方式的选择权,未经当事人及其他诉讼参与人同意,人民法院不得强制或者变相强制适用在线诉讼。

(三)权利保障原则。充分保障当事人各项诉讼权利,强化提示、说明、告知义务,不得随意减少诉讼环节和减损当事人诉讼权益。

(四)便民利民原则。优化在线诉讼服务,完善诉讼平台功能,加强信息技术应用,降低当事人诉讼成本,提升纠纷解决效率。统筹兼顾不同群体司法需求,对未成年人、老年人、残障人士等特殊群体加强诉讼引导,提供相应司法便利。

(五)安全可靠原则。依法维护国家安全,保护国家秘密、商业秘密、个人隐私和个人信息,有效保障在线诉讼数据信息安全。规范技术应用,确保技术中立和平台中立。

第3条 人民法院综合考虑案件情况、当事人意愿和技术条件等因素,可以对以下案件适用在线诉讼:

(一)民事、行政诉讼案件;

(二)刑事速裁程序案件,减刑、假释案件,以及因其他特殊原因不宜线下审理的刑事案件;

(三)民事特别程序、督促程序、破产程序和非诉执行审查案件;

(四)民事、行政执行案件和刑事附带民事诉讼执行案件;

(五)其他适宜采取在线方式审理的案件。

第4条 人民法院开展在线诉讼,应当征得当事人同意,并告知适用在线诉讼的具体环节、主要形式、权利义务、法律后果和操作方法等。

人民法院应当根据当事人对在线诉讼的相应意思表示,作出以下处理:

(一)当事人主动选择适用在线诉讼的,人民法院可以不再另行征得其同意,相应诉讼环节可以直接在线进行;

(二)各方当事人均同意适用在线诉讼的,相应诉讼环节可以在线进行;

(三)部分当事人同意适用在线诉讼,部分当事人不同意的,相应诉讼环节可以采取同意方当事人线上、不同意方当事人线下的方式进行;

(四)当事人仅主动选择或者同意对部分诉讼环节适用在线诉讼的,人民法院不得推定其对其他诉讼环节均同意适用在线诉讼。

对人民检察院参与的案件适用在线诉讼的,应当征得人民检察院同意。

第5条 在诉讼过程中,如存在当事人欠缺在线诉讼能力、不具备在线诉讼条件或者相应诉讼环节不宜在线办理等情形之一的,人民法院应当将相应诉讼环节转为线下进行。

当事人已同意对相应诉讼环节适用在线诉讼,但诉讼过程中又反悔的,应当在开展相应诉讼活动前的合理期限内提出。经审查,人民法院认为不存在故意拖延诉讼等不当情形的,相应诉讼环节可以转为线下进行。

在调解、证据交换、询问、听证、庭审等诉讼环节中,一方当事人要求其他当事人及诉讼参与人在线下参与诉讼的,应当提出具体理由。经审查,人民法院认为案件存在案情疑难复杂、需证人现场作证、有必要线下举证质证、陈述辩论等情形之一的,相应诉讼环节可以转为线下进行。

第6条 当事人已同意适用在线诉讼,但无正当理由不参与在线诉讼活动或者不作出相应诉讼行为,也未在合理期限内申请提出转为线下进行的,应当依照法律和司法解释的相关规定承担相应法律后果。

第7条 参与在线诉讼的诉讼主体应当先行在诉讼平台完成实名注册。人民法院应当通过证件证照在线比对、身份认证平台认证等方式,核实诉讼主体的实名手机号码、居民身份证件号码、护照号码、统一社会信用代码等信息,确认诉讼主体身份真实性。诉讼主体在线完成身份认证后,取得登录诉讼平台的专用账号。

参与在线诉讼的诉讼主体应当妥善保管诉讼平台专用账号和密码。除有证据证明存在账号被盗用或者系统错误的情形外,使用专用账号登录诉讼平台所作出的行为,视为被认证人本人行为。

人民法院在线开展调解、证据交换、庭审等诉讼活动,应当再次验证诉讼主体的身份;确有必要的,应当在线下进一步核实身份。

第8条 人民法院、特邀调解组织、特邀调解员可以通过诉讼平台、人民法院调解平台等开展在线调解活动。在线调解应当按照法律和司法解释相关规定进行,依法保护国家秘密、商业秘密、个人隐私和其他不宜公开的信息。

第9条 当事人采取在线方式提交起诉材料的,人民法院应当在收到材料后的法定期限内,在线作出以下处理:

(一)符合起诉条件的,登记立案并送达案件受理通知书、交纳诉讼费用通知书、举证通知书等诉讼文书;

(二)提交材料不符合要求的,及时通知其补正,并一次性告知补正内容和期限,案件受理时间自收到补正材料后次日重新起算;

(三)不符合起诉条件或者起诉材料经补正仍不符合要求,原告坚持起诉的,依法裁定不予受理或者不予立案;

当事人已在线提交符合要求的起诉状等材料的,人民法院不得要求当事人再提供纸质件。

上诉、申请再审、特别程序、执行等案件的在线受理规则,参照本条第一款、第二款规定办理。

第10条 案件适用在线诉讼的,人民法院应当通知被告、被上诉人或者其他诉讼参与人,询问其是否同意以在线方式参与诉讼。被通知人同意采用在线方式的,应当在收到通知的三日内通过诉讼平台验证身份、关联案件,并在后续诉讼活动中通过诉讼平台了解案件信息、接收和提交诉讼材料,以及实施其他诉讼行为。

被通知人未明确表示同意采用在线方式,且未在人民法院指定期限内注册登录诉讼平台的,针对被通知人的相关诉讼活动在线下进行。

第11条 当事人可以在诉讼平台直接填写录入起诉状、答辩状、反诉状、代理意见等诉讼文书材料。

当事人可以通过扫描、翻拍、转录等方式，将线下的诉讼文书材料或者证据材料作电子化处理后上传至诉讼平台。诉讼材料为电子数据，且诉讼平台与存储该电子数据的平台已实现对接的，当事人可以将电子数据直接提交至诉讼平台。

当事人提交电子化材料确有困难的，人民法院可以辅助当事人将线下材料作电子化处理后导入诉讼平台。

第 12 条 当事人提交的电子化材料，经人民法院审核通过后，可以直接在诉讼中使用。诉讼中存在下列情形之一的，人民法院应当要求当事人提供原件、原物：

（一）对方当事人认为电子化材料与原件、原物不一致，并提出合理理由和依据的；

（二）电子化材料呈现不完整、内容不清晰、格式不规范的；

（三）人民法院卷宗、档案管理相关规定要求提供原件、原物的；

（四）人民法院认为有必要提交原件、原物的。

第 13 条 当事人提交的电子化材料，符合下列情形之一的，人民法院可以认定符合原件、原物形式要求：

（一）对方当事人对电子化材料与原件、原物的一致性未提出异议的；

（二）电子化材料形成过程已经过公证机构公证的；

（三）电子化材料已在之前诉讼中提交并经人民法院确认的；

（四）电子化材料已通过在线或者线下方式与原件、原物比对一致的；

（五）有其他证据证明电子化材料与原件、原物一致的。

第 14 条 人民法院根据当事人选择和案件情况，可以组织当事人开展在线证据交换，通过同步或者非同步方式在线举证、质证。

各方当事人选择同步在线交换证据的，应当在人民法院指定的时间登录诉讼平台，通过在线视频或者其他方式，对已经导入诉讼平台的证据材料或者线下送达的证据材料副本，集中发表质证意见。

各方当事人选择非同步在线交换证据的，应当在人民法院确定的合理期限内，分别登录诉讼平台，查看已经导入诉讼平台的证据材料，并发表质证意见。

各方当事人均同意在线证据交换，但对具体方式无法达成一致意见的，适用同步在线证据交换。

第 15 条 当事人作为证据提交的电子化材料和电子数据，人民法院应当按照法律和司法解释的相关规定，经当事人举证质证后，依法认定其真实性、合法性和关联性。未经人民法院查证属实的证据，不得作为认定案件事实的根据。

第 16 条 当事人作为证据提交的电子数据系通过区块链技术存储，并经技术核验一致的，人民法院可以认定该电子数据上链后未经篡改，但有相反证据足以推翻的除外。

第 17 条 当事人对区块链技术存储的电子数据上链后的真实性提出异议，并有合理理由的，人民法院应当结合下列因素作出判断：

（一）存证平台是否符合国家有关部门关于提供区块链存证服务的相关规定；

（二）当事人与存证平台是否存在利害关系，并利用技术手段不当干预取证、存证过程；

（三）存证平台的信息系统是否符合清洁性、安全性、可靠性、可用性的国家标准或者行业标准；

（四）存证技术和过程是否符合相关

国家标准或者行业标准中关于系统环境、技术安全、加密方式、数据传输、信息验证等方面的要求。

第18条 当事人提出电子数据上链存储前已不具备真实性，并提供证据证明或者说明理由的，人民法院应当予以审查。

人民法院根据案件情况，可以要求提交区块链技术存储电子数据的一方当事人，提供证据证明上链存储前数据的真实性，并结合上链存储前数据的具体来源、生成机制、存储过程、公证机构公证、第三方见证、关联印证数据等情况作出综合判断。当事人不能提供证据证明或者作出合理说明，该电子数据也无法与其他证据相互印证的，人民法院不予确认其真实性。

第19条 当事人可以申请具有专门知识的人就区块链技术存储电子数据相关技术问题提出意见。人民法院可以根据当事人申请或者依职权，委托鉴定区块链技术存储电子数据的真实性，或者调取其他相关证据进行核对。

第20条 经各方当事人同意，人民法院可以指定当事人在一定期限内，分别登录诉讼平台，以非同步的方式开展调解、证据交换、调查询问、庭审等诉讼活动。

适用小额诉讼程序或者民事、行政简易程序审理的案件，同时符合下列情形的，人民法院和当事人可以在指定期限内，按照庭审程序环节分别录制参与庭审视频并上传至诉讼平台，非同步完成庭审活动：

（一）各方当事人同时在线参与庭审确有困难的；

（二）一方当事人提出书面申请，各方当事人均表示同意的；

（三）案件经过在线证据交换或者调查询问，各方当事人对案件主要事实和证据不存在争议的。

第21条 人民法院开庭审理的案件，应当根据当事人意愿、案件情况、社会影响、技术条件等因素，决定是否采取视频方式在线庭审，但具有下列情形之一的，不得适用在线庭审：

（一）各方当事人均明确表示不同意，或者一方当事人表示不同意且有正当理由的；

（二）各方当事人均不具备参与在线庭审的技术条件和能力的；

（三）需要通过庭审现场查明身份、核对原件、查验实物的；

（四）案件疑难复杂、证据繁多，适用在线庭审不利于查明事实和适用法律的；

（五）案件涉及国家安全、国家秘密的；

（六）案件具有重大社会影响，受到广泛关注的；

（七）人民法院认为存在其他不宜适用在线庭审情形的。

采取在线庭审方式审理的案件，审理过程中发现存在上述情形之一的，人民法院应当及时转为线下庭审。已完成的在线庭审活动具有法律效力。

在线询问的适用范围和条件参照在线庭审的相关规则。

第22条 适用在线庭审的案件，应当按照法律和司法解释的相关规定开展庭前准备、法庭调查、法庭辩论等庭审活动，保障当事人申请回避、举证、质证、陈述、辩论等诉讼权利。

第23条 需要公告送达的案件，人民法院可以在公告中明确线上或者线下参与庭审的具体方式，告知当事人选择在线庭审的权利。被公告方当事人未在开庭前向人民法院表示同意在线庭审的,被公告方当事人适用线下庭审。其他同意适用在线庭审的当事人,可以在线参与庭审。

第 24 条 在线开展庭审活动,人民法院应当设置环境要素齐全的在线法庭。在线法庭应当保持国徽在显著位置,审判人员及席位名称等在视频画面合理区域。因存在特殊情形,确需在在线法庭之外的其他场所组织在线庭审的,应当报请本院院长同意。

出庭人员参加在线庭审,应当选择安静、无干扰、光线适宜、网络信号良好、相对封闭的场所,不得在可能影响庭审音频视频效果或者有损庭审严肃性的场所参加庭审。必要时,人民法院可以要求出庭人员到指定场所参加在线庭审。

第 25 条 出庭人员参加在线庭审应当尊重司法礼仪,遵守法庭纪律。人民法院根据在线庭审的特点,适用《中华人民共和国人民法院法庭规则》相关规定。

除确属网络故障、设备损坏、电力中断或者不可抗力等原因外,当事人无正当理由不参加在线庭审,视为"拒不到庭";在庭审中擅自退出,经提示、警告后仍不改正的,视为"中途退庭",分别按照相关法律和司法解释的规定处理。

第 26 条 证人通过在线方式出庭的,人民法院应当通过指定在线出庭场所、设置在线作证室等方式,保证其不旁听案件审理和不受他人干扰。当事人对证人在线出庭提出异议且有合理理由的,或者人民法院认为确有必要的,应当要求证人线下出庭作证。

鉴定人、勘验人、具有专门知识的人在线出庭的,参照前款规定执行。

第 27 条 适用在线庭审的案件,应当按照法律和司法解释的相关规定公开庭审活动。

对涉及国家安全、国家秘密、个人隐私的案件,庭审过程不得在互联网上公开。对涉及未成年人、商业秘密、离婚等民事案件,当事人申请不公开审理的,在线庭审过程可以不在互联网上公开。

未经人民法院同意,任何人不得违法违规录制、截取、传播涉及在线庭审过程的音频视频、图文资料。

第 28 条 在线诉讼参与人故意违反本规则第八条、第二十四条、第二十五条、第二十六条、第二十七条的规定,实施妨害在线诉讼秩序行为的,人民法院可以根据法律和司法解释关于妨害诉讼的相关规定作出处理。

第 29 条 经受送达人同意,人民法院可以通过送达平台,向受送达人的电子邮箱、即时通讯账号、诉讼平台专用账号等电子地址,按照法律和司法解释的相关规定送达诉讼文书和证据材料。

具备下列情形之一的,人民法院可以确定受送达人同意电子送达:

(一)受送达人明确表示同意的;

(二)受送达人在诉讼前对适用电子送达已作出约定或者承诺的;

(三)受送达人在提交的起诉状、上诉状、申请书、答辩状中主动提供用于接收送达的电子地址的;

(四)受送达人通过回复收悉、参加诉讼等方式接受已经完成的电子送达,并且未明确表示不同意电子送达的。

第 30 条 人民法院可以通过电话确认、诉讼平台在线确认、线下发送电子送达确认书等方式,确认受送达人是否同意电子送达,以及受送达人接收电子送达的具体方式和地址,并告知电子送达的适用范围、效力、送达地址变更方式以及其他需告知的送达事项。

第 31 条 人民法院向受送达人主动提供或者确认的电子地址送达的,送达信息到达电子地址所在系统时,即为送达。

受送达人未提供或者未确认有效电子送达地址,人民法院向能够确认为受送达人本人的电子地址送达的,根据下列情形确定送达是否生效:

(一)受送达人回复已收悉,或者根据送达内容已作出相应诉讼行为的,即为完成有效送达;

(二)受送达人的电子地址所在系统反馈受送达人已阅知,或者有其他证据可以证明受送达人已经收悉的,推定完成有效送达,但受送达人能够证明存在系统错误、送达地址非本人使用或者非本人阅知等未收悉送达内容的情形除外。

人民法院开展电子送达,应当在系统中全程留痕,并制作电子送达凭证。电子送达凭证具有送达回证效力。

对同一内容的送达材料采取多种电子方式发送受送达人的,以最先完成的有效送达时间作为送达生效时间。

第 32 条 人民法院适用电子送达,可以同步通过短信、即时通讯工具、诉讼平台提示等方式,通知受送达人查阅、接收、下载相关送达材料。

第 33 条 适用在线诉讼的案件,各方诉讼主体可以通过在线确认、电子签章等方式,确认和签收调解协议、笔录、电子送达凭证及其他诉讼材料。

第 34 条 适用在线诉讼的案件,人民法院应当在调解、证据交换、庭审、合议等诉讼环节同步形成电子笔录。电子笔录以在线方式核对确认后,与书面笔录具有同等法律效力。

第 35 条 适用在线诉讼的案件,人民法院应当利用技术手段随案同步生成电子卷宗,形成电子档案。电子档案的立卷、归档、存储、利用等,按照档案管理相关法律法规的规定执行。

案件无纸质材料或者纸质材料已经全部转化为电子材料的,第一审人民法院可以采用电子卷宗代替纸质卷宗进行上诉移送。

适用在线诉讼的案件存在纸质卷宗材料的,应当按照档案管理相关法律法规立卷、归档和保存。

第 36 条 执行裁决案件的在线立案、电子材料提交、执行和解、询问当事人、电子送达等环节,适用本规则的相关规定办理。

人民法院可以通过财产查控系统、网络询价评估平台、网络拍卖平台、信用惩戒系统等,在线完成财产查明、查封、扣押、冻结、划扣、变价和惩戒等执行实施环节。

第 37 条 符合本规定第三条第二项规定的刑事案件,经公诉人、当事人、辩护人同意,可以根据案件情况,采取在线方式讯问被告人、开庭审理、宣判等。

案件采取在线方式审理的,按照以下情形分别处理:

(一)被告人、罪犯被羁押的,可以在看守所、监狱等羁押场所在线出庭;

(二)被告人、罪犯未被羁押的,因特殊原因确实无法到庭的,可以在人民法院指定的场所在线出庭;

(三)证人、鉴定人一般应当在线下出庭,但法律和司法解释另有规定的除外。

第 38 条 参与在线诉讼的相关主体应当遵守数据安全和个人信息保护的相关法律法规,履行数据安全和个人信息保护义务。除人民法院依法公开的以外,任何人不得违法违规披露、传播和使用在线诉讼数据信息。出现上述情形的,人民法院可以根据具体情况，依照法律和司法解释关于数据安全、个人信息保护以及妨害诉讼的规定追究相关单位和人员法律责任，构成犯罪的，依法追究刑事责任。

第 39 条 本规则自 2021 年 8 月 1 日起施行。最高人民法院之前发布的司法解释涉及在线诉讼的规定与本规则不一致的，以本规则为准。

《人民法院在线调解规则》（法释〔2021〕23 号 2021 年 12 月 30 日）

为方便当事人及时解决纠纷，规范依托人民法院调解平台开展的在线调解活动，提高多元化解纠纷效能，根据《中华人民共和国民事诉讼法》《中华人民共和国行政诉讼法》《中华人民共和国刑事诉讼法》等法律的规定，结合人民法院工作实际，制定本规则。

第 1 条 在立案前或者诉讼过程中依托人民法院调解平台开展在线调解的，适用本规则。

第 2 条 在线调解包括人民法院、当事人、调解组织或者调解员通过人民法院调解平台开展的在线申请、委派委托、音视频调解、制作调解协议、申请司法确认调解协议、制作调解书等全部或者部分调解活动。

第 3 条 民事、行政、执行、刑事自诉以及被告人、罪犯未被羁押的刑事附带民事诉讼等法律规定可以调解或者和解的纠纷，可以开展在线调解。

行政、刑事自诉和刑事附带民事诉讼案件的在线调解，法律和司法解释另有规定的，从其规定。

第 4 条 人民法院采用在线调解方式应当征得当事人同意，并综合考虑案件具体情况、技术条件等因素。

第 5 条 人民法院审判人员、专职或者兼职调解员、特邀调解组织和特邀调解员以及人民法院邀请的其他单位或者个人，可以开展在线调解。

在线调解组织和调解员的基本情况、纠纷受理范围、擅长领域、是否收费、作出邀请的人民法院等信息应当在人民法院调解平台进行公布，方便当事人选择。

第 6 条 人民法院可以邀请符合条件的外国人入驻人民法院调解平台，参与调解当事人一方或者双方为外国人、无国籍人、外国企业或者组织的民商事纠纷。

符合条件的港澳地区居民可以入驻人民法院调解平台，参与调解当事人一方或者双方为香港特别行政区、澳门特别行政区居民、法人或者非法人组织以及大陆港资澳资企业的民商事纠纷。

符合条件的台湾地区居民可以入驻人民法院调解平台，参与调解当事人一方或者双方为台湾地区居民、法人或者非法人组织以及大陆台资企业的民商事纠纷。

第 7 条 人民法院立案人员、审判人员在立案前或者诉讼过程中，认为纠纷适宜在线调解的，可以通过口头、书面、在线等方式充分释明在线调解的优势，告知在线调解的主要形式、权利义务、法律后果和操作方法等，引导当事人优先选择在线调解方式解决纠纷。

第 8 条 当事人同意在线调解的，应当在人民法院调解平台填写身份信息、纠纷简要情况、有效联系电话以及接收诉讼文书电子送达地址等，并上传电子化起诉申请材料。当事人在电子诉讼平台已经提交过电子化起诉申请材料的，不再重复提交。

当事人填写或者提交电子化起诉申请材料确有困难的，人民法院可以辅助当事人将纸质材料作电子化处理后导入人民法院调解平台。

第 9 条 当事人在立案前申请在线调

解，属于下列情形之一的，人民法院退回申请并分别予以处理：

（一）当事人申请调解的纠纷不属于人民法院受案范围，告知可以采用的其他纠纷解决方式；

（二）与当事人选择的在线调解组织或者调解员建立邀请关系的人民法院对该纠纷不具有管辖权，告知选择对纠纷有管辖权的人民法院邀请的调解组织或者调解员进行调解；

（三）当事人申请调解的纠纷不适宜在线调解，告知到人民法院诉讼服务大厅现场办理调解或者立案手续。

第10条 当事人一方在立案前同意在线调解的，由人民法院征求其意见后指定调解组织或者调解员。

当事人双方同意在线调解的，可以在案件管辖法院确认的在线调解组织和调解员中共同选择调解组织或者调解员。当事人同意由人民法院指定调解组织或者调解员，或者无法在同意在线调解后两个工作日内共同选择调解组织或者调解员的，由人民法院指定调解组织或者调解员。

人民法院应当在收到当事人在线调解申请后三个工作日内指定调解组织或者调解员。

第11条 在线调解一般由一名调解员进行，案件重大、疑难复杂或者具有较强专业性的，可以由两名以上调解员调解，并由当事人共同选定其中一人主持调解。无法共同选定的，由人民法院指定一名调解员主持。

第12条 调解组织或者调解员应当在收到人民法院委派委托调解信息或者当事人在线调解申请后三个工作日内，确认接受人民法院委派委托或者当事人调解申请。纠纷不符合调解组织章程规定的调解范围或者行业领域，明显超出调解员擅长

领域或者具有其他不适宜接受情形的，调解组织或者调解员可以写明理由后不予接受。

调解组织或者调解员不予接受或者超过规定期限未予确认的，人民法院、当事人可以重新指定或者选定。

第13条 主持或者参与在线调解的人员有下列情形之一，应当在接受调解前或者调解过程中进行披露：

（一）是纠纷当事人或者当事人、诉讼代理人近亲属的；

（二）与纠纷有利害关系的；

（三）与当事人、诉讼代理人有其他可能影响公正调解关系的。

当事人在调解组织或者调解员披露上述情形后或者明知其具有上述情形，仍同意调解的，由该调解组织或者调解员继续调解。

第14条 在线调解过程中，当事人可以申请更换调解组织或者调解员；更换后，当事人仍不同意调解且拒绝自行选择的，视为当事人拒绝调解。

第15条 人民法院对当事人一方立案前申请在线调解的，应当征询对方当事人的调解意愿。调解员可以在接受人民法院委派调解之日起三个工作日内协助人民法院通知对方当事人，询问是否同意调解。

对方当事人拒绝调解或者无法联系对方当事人的，调解员应当写明原因，终结在线调解程序，即时将相关材料退回人民法院，并告知当事人。

第16条 主持在线调解的人员应当在组织调解前确认当事人参与调解的方式，并按照下列情形作出处理：

（一）各方当事人均具备使用音视频技术条件的，指定在同一时间登录人民法院调解平台；无法在同一时间登录的，征

得各方当事人同意后，分别指定时间开展音视频调解；

（二）部分当事人不具备使用音视频技术条件的，在人民法院诉讼服务中心、调解组织所在地或者其他便利地点，为其参与在线调解提供场所和音视频设备。

各方当事人均不具备使用音视频技术条件或者拒绝通过音视频方式调解的，确定现场调解的时间、地点。

在线调解过程中，部分当事人提出不宜通过音视频方式调解的，调解员在征得其他当事人同意后，可以组织现场调解。

第17条 在线调解开始前，主持调解的人员应当通过证件证照在线比对等方式核实当事人和其他参与调解人员的身份，告知虚假调解法律后果。立案前调解的，调解员还应当指导当事人填写《送达地址确认书》等相关材料。

第18条 在线调解过程中，当事人可以通过语音、文字、视频等形式自主表达意愿，提出纠纷解决方案。除共同确认的无争议事实外，当事人为达成调解协议作出妥协而认可的事实、证据等，不得在诉讼程序中作为对其不利的依据或者证据，但法律另有规定或者当事人均同意的除外。

第19条 调解员组织当事人就所有或者部分调解请求达成一致意见的，应当在线制作或者上传调解协议，当事人和调解员应当在调解协议上进行电子签章；由调解组织主持达成调解协议的，还应当加盖调解组织电子印章，调解组织没有电子印章的，可以将加盖印章的调解协议上传至人民法院调解平台。

调解协议自各方当事人均完成电子签章之时起发生法律效力，并通过人民法院调解平台向当事人送达。调解协议有给付内容的，当事人应当按照调解协议约定内容主动履行。

第20条 各方当事人在立案前达成调解协议的，调解员应当记入调解笔录并按诉讼外调解结案，引导当事人自动履行。依照法律和司法解释规定可以申请司法确认调解协议的，当事人可以在线提出申请，人民法院经审查符合法律规定的，裁定调解协议有效。

各方当事人在立案后达成调解协议的，可以请求人民法院制作调解书或者申请撤诉。人民法院经审查符合法律规定的，可以制作调解书或者裁定书结案。

第21条 经在线调解达不成调解协议，调解组织或者调解员应当记录调解基本情况、调解不成的原因、导致其他当事人诉讼成本增加的行为以及需要向人民法院提示的其他情况。人民法院按照下列情形作出处理：

（一）当事人在立案前申请在线调解的，调解组织或者调解员可以建议通过在线立案或者其他途径解决纠纷，当事人选择在线立案的，调解组织或者调解员应当将电子化调解材料在线推送给人民法院，由人民法院在法定期限内依法登记立案；

（二）立案前委派调解的，调解不成后，人民法院应当依法登记立案；

（三）立案后委托调解的，调解不成后，人民法院应当恢复审理。

审判人员在诉讼过程中组织在线调解的，调解不成后，应当及时审判。

第22条 调解员在线调解过程中，同步形成电子笔录，并确认无争议事实。经当事人双方明确表示同意的，可以以调解录音录像代替电子笔录，但无争议事实应当以书面形式确认。

电子笔录以在线方式核对确认后，与书面笔录具有同等法律效力。

第23条 人民法院在审查司法确认

申请或者出具调解书过程中,发现当事人可能采取恶意串通、伪造证据、捏造事实、虚构法律关系等手段实施虚假调解行为,侵害他人合法权益的,可以要求当事人提供相关证据。当事人不提供相关证据的,人民法院不予确认调解协议效力或者出具调解书。

经审查认为构成虚假调解的,依照《中华人民共和国民事诉讼法》等相关法律规定处理。发现涉嫌刑事犯罪的,及时将线索和材料移送有管辖权的机关。

第24条 立案前在线调解期限为三十日。各方当事人同意延长的,不受此限。立案后在线调解,适用普通程序的调解期限为十五日,适用简易程序的调解期限为七日,各方当事人同意延长的,不受此限。立案后延长的调解期限不计入审理期限。

委派委托调解或者当事人申请调解的调解期限,自调解组织或者调解员在人民法院调解平台确认接受委派委托或者确认接受当事人申请之日起算。审判人员主持调解的,自各方当事人同意之日起算。

第25条 有下列情形之一的,在线调解程序终结:

(一)当事人达成调解协议;

(二)当事人自行和解,撤回调解申请;

(三)在调解期限内无法联系到当事人;

(四)当事人一方明确表示不愿意继续调解;

(五)当事人分歧较大且难以达成调解协议;

(六)调解期限届满,未达成调解协议,且各方当事人未达成延长调解期限的合意;

(七)当事人一方拒绝在调解协议上签章;

(八)其他导致调解无法进行的情形。

第26条 立案前调解需要鉴定评估的,人民法院工作人员、调解组织或者调解员可以告知当事人诉前委托鉴定程序,指导通过电子诉讼平台或者现场办理等方式提交诉前委托鉴定评估申请,鉴定评估期限不计入调解期限。

诉前委托鉴定评估经人民法院审查符合法律规定的,可以作为证据使用。

第27条 各级人民法院负责本级在线调解组织和调解员选任确认、业务培训、资质认证、指导入驻、权限设置、业绩评价等管理工作。上级人民法院选任的在线调解组织和调解员,下级人民法院在征得其同意后可以确认为本院在线调解组织和调解员。

第28条 人民法院可以建立婚姻家庭、劳动争议、道路交通、金融消费、证券期货、知识产权、海事海商、国际商事和涉港澳台侨纠纷等专业行业特邀调解名册,按照不同专业邀请具备相关专业能力的组织和人员加入。

最高人民法院建立全国性特邀调解名册,邀请全国人大代表、全国政协委员、知名专家学者、具有较高知名度的调解组织以及较强调解能力的人员加入,参与调解全国法院有重大影响、疑难复杂、适宜调解的案件。

高级人民法院、中级人民法院可以建立区域性特邀调解名册,参与本辖区法院案件的调解。

第29条 在线调解组织和调解员在调解过程中,存在下列行为之一的,当事人可以向作出邀请的人民法院投诉:

(一)强迫调解;

(二)无正当理由多次拒绝接受人民法院委派委托或者当事人调解申请;

（三）接受当事人请托或者收受财物；

（四）泄露调解过程、调解协议内容以及调解过程中获悉的国家秘密、商业秘密、个人隐私和其他不宜公开的信息，但法律和行政法规另有规定的除外；

（五）其他违反调解职业道德应当作出处理的行为。

人民法院经核查属实的，应当视情形作出解聘等相应处理，并告知有关主管部门。

第 30 条 本规则自 2022 年 1 月 1 日起施行。最高人民法院以前发布的司法解释与本规则不一致的，以本规则为准。

第十七条 民族自治地方的变通或者补充规定

民族自治地方的人民代表大会根据宪法和本法的原则，结合当地民族的具体情况，可以制定变通或者补充的规定。自治区的规定，报全国人民代表大会常务委员会批准。自治州、自治县的规定，报省或者自治区的人民代表大会常务委员会批准，并报全国人民代表大会常务委员会备案。

相关规定

◎宪 法

《宪法》（2018 年 3 月 11 日）

第 116 条 民族自治地方的人民代表大会有权依照当地民族的政治、经济和文化的特点，制定自治条例和单行条例。自治区的自治条例和单行条例，报全国人民代表大会常务委员会批准后生效。自治州、自治县的自治条例和单行条例，报省或者自治区的人民代表大会常务委员会批准后生效，并报全国人民代表大会常务委员会备案。

◎法 律

《立法法》（2023 年 3 月 13 日）

第 85 条 民族自治地方的人民代表大会有权依照当地民族的政治、经济和文化的特点，制定自治条例和单行条例。自治区的自治条例和单行条例，报全国人民代表大会常务委员会批准后生效。自治州、自治县的自治条例和单行条例，报省、自治区、直辖市的人民代表大会常务委员会批准后生效。

自治条例和单行条例可以依照当地民族的特点，对法律和行政法规的规定作出变通规定，但不得违背法律或者行政法规的基本原则，不得对宪法和民族区域自治法的规定以及其他有关法律、行政法规专门就民族自治地方所作的规定作出变通规定。

第二章 管　辖

第一节　级别管辖

第十八条　基层法院管辖

基层人民法院管辖第一审民事案件，但本法另有规定的除外。

条文注解

根据《人民法院组织法》第二十四条规定，基层人民法院包括：（一）县、自治县人民法院；（二）不设区的市人民法院；（三）市辖区人民法院。

相关规定

◎法　律

《人民法院组织法》（2018年10月26日）

第25条　基层人民法院审理第一审案件，法律另有规定的除外。

基层人民法院对人民调解委员会的调解工作进行业务指导。

第26条　基层人民法院根据地区、人口和案件情况，可以设立若干人民法庭。

人民法庭是基层人民法院的组成部分。人民法庭的判决和裁定即基层人民法院的判决和裁定。

◎司法解释及文件

《最高人民法院关于调整高级人民法院和中级人民法院管辖第一审民商事案件标准的通知》（法发〔2015〕7号　2015年4月30日）

四、婚姻、继承、家庭、物业服务、人身损害赔偿、名誉权、交通事故、劳动争议等案件，以及群体性纠纷案件，一般由基层人民法院管辖。

《最高人民法院关于审理企业破产案件若干问题的规定》（法释〔2002〕23号　2002年7月30日）

第1条　企业破产案件由债务人住所地人民法院管辖。债务人住所地指债务人的主要办事机构所在地。债务人无办事机构的，由其注册地人民法院管辖。

第2条　基层人民法院一般管辖县、县级市或者区的工商行政管理机关核准登记企业的破产案件；

中级人民法院一般管辖地区、地级市（含本级）以上的工商行政管理机关核准登记企业的破产案件；

纳入国家计划调整的企业破产案件，由中级人民法院管辖。

《最高人民法院关于涉外民商事案件管辖若干问题的规定》（法释〔2022〕18号　2022年11月14日）

第1条　基层人民法院管辖第一审涉外民商事案件，法律、司法解释另有规定的除外。

第4条　高级人民法院根据本辖区的实际情况，认为确有必要的，经报最高人民法院批准，可以指定一个或数个基层人民法院、中级人民法院分别对本规定第一条、第二条规定的第一审涉外民商事案件实行跨区域集中管辖。

依据前款规定实行跨区域集中管辖的，高级人民法院应及时向社会公布该基层人民法院、中级人民法院相应的管辖区域。

《最高人民法院关于第一审知识产权民事、行政案件管辖的若干规定》（法释〔2022〕13号　2022年4月20日）

第3条　本规定第一条、第二条规定之外的第一审知识产权民事、行政案件，由最高人民法院确定的基层人民法院管辖。

《最高人民法院关于印发基层人民法院管辖第一审知识产权民事、行政案件标准的通知》（法〔2022〕109号 2022年4月20日）

各省、自治区、直辖市高级人民法院，解放军军事法院，新疆维吾尔自治区高级人民法院生产建设兵团分院：

根据《最高人民法院关于第一审知识产权民事、行政案件管辖的若干规定》，最高人民法院确定了具有知识产权民事、行政案件管辖权的基层人民法院及其管辖区域、管辖第一审知识产权民事案件诉讼标的额的标准。现予以印发，自2022年5月1日起施行。本通知施行前已经受理的案件，仍按照原标准执行。

附：基层人民法院管辖第一审知识产权民事、行政案件标准（见本书附录）

第十九条　中级法院管辖

中级人民法院管辖下列第一审民事案件：

（一）重大涉外案件；

（二）在本辖区有重大影响的案件；

（三）最高人民法院确定由中级人民法院管辖的案件。

条文注解

1. 中级人民法院的范围

根据《人民法院组织法》第二十二条规定，中级人民法院包括：（一）省、自治区辖市的中级人民法院；（二）在直辖市内设立的中级人民法院；（三）自治州中级人民法院；（四）在省、自治区内按地区设立的中级人民法院。

2. 重大涉外案件

涉外民事案件是指民事法律关系的主体、内容、客体三者之一含有涉外因素的民事案件；重大涉外案件，主要指居住在国外的当事人人数众多，或者案情复杂、争议标的额较大的涉外民事案件。

3. 在本辖区有重大影响的案件

在本辖区有重大影响的案件，是指案情复杂、涉及范围广、诉讼标的的金额较大的案件。

相关规定

◎法　律

《人民法院组织法》（2018年10月26日）

第23条　中级人民法院审理下列案件：

（一）法律规定由其管辖的第一审案件；

（二）基层人民法院报请审理的第一审案件；

（三）上级人民法院指定管辖的第一审案件；

（四）对基层人民法院判决和裁定的上诉、抗诉案件；

（五）按照审判监督程序提起的再审案件。

《仲裁法》（2017年9月1日）

第58条　当事人提出证据证明裁决有下列情形之一的，可以向仲裁委员会所在地的中级人民法院申请撤销裁决：

（一）没有仲裁协议的；

（二）裁决的事项不属于仲裁协议的范围或者仲裁委员会无权仲裁的；

（三）仲裁庭的组成或者仲裁的程序违反法定程序的；

（四）裁决所根据的证据是伪造的；

（五）对方当事人隐瞒了足以影响公正裁决的证据的；

（六）仲裁员在仲裁该案时有索贿受

赇,徇私舞弊,枉法裁决行为的。

人民法院经组成合议庭审查核实裁决有前款规定情形之一的,应当裁定撤销。

人民法院认定该裁决违背社会公共利益的,应当裁定撤销。

◎司法解释及文件

❶ 一般规定

《最高人民法院关于适用〈中华人民共和国民事诉讼法〉的解释》(法释〔2022〕11号 2022年4月1日修正)

第1条 民事诉讼法第十九条第一项规定的重大涉外案件,包括争议标的额大的案件、案情复杂的案件,或者一方当事人人数众多等具有重大影响的案件。

第2条 专利纠纷案件由知识产权法院、最高人民法院确定的中级人民法院和基层人民法院管辖。

海事、海商案件由海事法院管辖。

《最高人民法院关于调整中级人民法院管辖第一审民事案件标准的通知》(法发〔2021〕27号 2021年9月17日)

为适应新时代经济社会发展和民事诉讼需要,准确适用民事诉讼法关于中级人民法院管辖第一审民事案件的规定,合理定位四级法院民事审判职能,现就调整中级人民法院管辖第一审民事案件标准问题,通知如下:

一、当事人住所地均在或者均不在受理法院所处省级行政辖区的,中级人民法院管辖诉讼标的额5亿元以上的第一审民事案件。

二、当事人一方住所地不在受理法院所处省级行政辖区的,中级人民法院管辖诉讼标的额1亿元以上的第一审民事案件。

三、战区军事法院、总直属军事法院管辖诉讼标的额1亿元以上的第一审民事案件。

四、对新类型、疑难复杂或者具有普遍法律适用指导意义的案件,可以依照民事诉讼法第三十八条[3]的规定,由上级人民法院决定由其审理,或者根据下级人民法院报请决定由其审理。

五、本通知调整的级别管辖标准不适用于知识产权案件、海事海商案件和涉外涉港澳台民商事案件。

六、最高人民法院以前发布的关于中级人民法院第一审民事案件级别管辖标准的规定,与本通知不一致的,不再适用。

《最高人民法院关于调整高级人民法院和中级人民法院管辖第一审民事案件标准的通知》(法发〔2019〕14号 2019年4月30日)

一、中级人民法院管辖第一审民事案件的诉讼标的额上限原则上为50亿元(人民币),诉讼标的额下限继续按照《最高人民法院关于调整地方各级人民法院管辖第一审知识产权民事案件的通知》(法发〔2010〕5号)、《最高人民法院关于调整高级人民法院和中级人民法院管辖第一审民商事案件标准的通知》(法发〔2015〕7号)、《最高人民法院关于明确第一审涉外民商事案件级别管辖标准以及归口办理有关问题的通知》(法〔2017〕359号)《最高人民法院关于调整部分高级人民法院和中级人民法院管辖第一审民商事案件标准的通知》(法发〔2018〕13号)[4]等文件执行。

二、高级人民法院管辖诉讼标的额50

---

[3]《民事诉讼法》(2023年修正)第39条。
[4] 该文件中关于诉讼标的额下限的规定被(法发〔2021〕27号)文件所更新。

亿元（人民币）以上（包含本数）或者其他在本辖区有重大影响的第一审民事案件。

三、海事海商案件、涉外民事案件的级别管辖标准按照本通知执行。

四、知识产权民事案件的级别管辖标准按照本通知执行，但《最高人民法院关于知识产权法庭若干问题的规定》第二条所涉案件类型除外。

五、最高人民法院以前发布的关于第一审民事案件级别管辖标准的规定与本通知不一致的，不再适用。

❷ 确认仲裁协议效力案件管辖的相关规定
《最高人民法院关于适用〈中华人民共和国仲裁法〉若干问题的解释》（法释〔2006〕7号 2008年12月16日调整）

第12条 当事人向人民法院申请确认仲裁协议效力的案件，由仲裁协议约定的仲裁机构所在地的中级人民法院管辖；仲裁协议约定的仲裁机构不明确的，由仲裁协议签订地或者被申请人住所地的中级人民法院管辖。

申请确认涉外仲裁协议效力的案件，由仲裁协议约定的仲裁机构所在地、仲裁协议签订地、申请人或者被申请人住所地的中级人民法院管辖。

涉及海事海商纠纷仲裁协议效力的案件，由仲裁协议约定的仲裁机构所在地、仲裁协议签订地、申请人或者被申请人住所地的海事法院管辖；上述地点没有海事法院的，由就近的海事法院管辖。

第29条 当事人申请执行仲裁裁决案件，由被执行人住所地或者被执行的财产所在地的中级人民法院管辖。

❸ 知识产权与不正当竞争纠纷案件管辖的相关规定
《最高人民法院关于调整地方各级人民法院管辖第一审知识产权民事案件标准的通知》（法发〔2010〕5号 2010年1月28日）

为进一步加强最高人民法院和高级人民法院的知识产权审判监督和业务指导职能，合理均衡各级人民法院的工作负担，根据人民法院在知识产权民事审判工作中贯彻执行修改后的民事诉讼法的实际情况，现就调整地方各级人民法院管辖第一审知识产权民事案件标准问题，通知如下：

一、高级人民法院管辖诉讼标的额在2亿元以上的第一审知识产权民事案件，以及诉讼标的额在1亿元以上且当事人一方住所地不在其辖区或者涉外、涉港澳台的第一审知识产权民事案件。

二、对于本通知第一项标准以下的第一审知识产权民事案件，除应当由经最高人民法院指定具有一般知识产权民事案件管辖权的基层人民法院管辖的以外，均由中级人民法院管辖。

三、经最高人民法院指定具有一般知识产权民事案件管辖权的基层人民法院，可以管辖诉讼标的额在500万元以下的第一审一般知识产权民事案件，以及诉讼标的额在500万元以上1000万元以下且当事人住所地均在其所属高级或中级人民法院辖区的第一审一般知识产权民事案件，具体标准由有关高级人民法院自行确定并报最高人民法院批准。

四、对重大疑难、新类型和在适用法律上有普遍意义的知识产权民事案件，可以依照民事诉讼法第三十九条的规定，由上级人民法院自行决定由其审理，或者根据下级人民法院报请决定由其审理。

五、对专利、植物新品种、集成电路

布图设计纠纷案件和涉及驰名商标认定的纠纷案件以及垄断纠纷案件等特殊类型的第一审知识产权民事案件,确定管辖时还应当符合最高人民法院有关上述案件管辖的特别规定。

六、军事法院管辖军内第一审知识产权民事案件的标准,参照当地同级地方人民法院的标准执行。

七、本通知下发后,需要新增指定具有一般知识产权民事案件管辖权的基层人民法院的,有关高级人民法院应将该基层人民法院管辖第一审一般知识产权民事案件的标准一并报最高人民法院批准。

八、本通知所称"以上"包括本数,"以下"不包括本数。

九、本通知自2010年2月1日起执行。之前已经受理的案件,仍按照各地原标准执行。

《最高人民法院关于第一审知识产权民事、行政案件管辖的若干规定》(法释〔2022〕13号 2022年4月20日)

第1条 发明专利、实用新型专利、植物新品种、集成电路布图设计、技术秘密、计算机软件的权属、侵权纠纷以及垄断纠纷第一审民事、行政案件由知识产权法院,省、自治区、直辖市人民政府所在地的中级人民法院和最高人民法院确定的中级人民法院管辖。

法律对知识产权法院的管辖有规定的,依照其规定。

第2条 外观设计专利的权属、侵权纠纷以及涉驰名商标认定第一审民事、行政案件由知识产权法院和中级人民法院管辖;经最高人民法院批准,也可以由基层人民法院管辖,但外观设计专利行政案件除外。

本规定第一条及本条第一款规定之外的第一审知识产权案件诉讼标的额在最高人民法院确定的数额以上的,以及涉及国务院部门、县级以上地方人民政府或者海关行政行为的,由中级人民法院管辖。

法律对知识产权法院的管辖有规定的,依照其规定。

《最高人民法院关于北京、上海、广州知识产权法院案件管辖的规定》(法释〔2014〕12号 2020年12月29日修订)

第1条 知识产权法院管辖所在市辖区内的下列第一审案件:

(一)专利、植物新品种、集成电路布图设计、技术秘密、计算机软件民事和行政案件;

(二)对国务院部门或者县级以上地方人民政府所作的涉及著作权、商标、不正当竞争等行政行为提起诉讼的行政案件;

(三)涉及驰名商标认定的民事案件。

第2条 广州知识产权法院对广东省内本规定第一条第(一)项和第(三)项规定的案件实行跨区域管辖。

第3条 北京市、上海市各中级人民法院和广州市中级人民法院不再受理知识产权民事和行政案件。

广东省其他中级人民法院不再受理本规定第一条第(一)项和第(三)项规定的案件。

北京市、上海市、广东省各基层人民法院不再受理本规定第一条第(一)项和第(三)项规定的案件。

第4条 案件标的既包含本规定第一条第(一)项和第(三)项规定的内容,又包含其他内容的,按本规定第一条和第二条的规定确定管辖。

第5条 下列第一审行政案件由北京知识产权法院管辖:

(一)不服国务院部门作出的有关专利、商标、植物新品种、集成电路布图设计等知识产权的授权确权裁定或者决定的；

（二）不服国务院部门作出的有关专利、植物新品种、集成电路布图设计的强制许可决定以及强制许可使用费或者报酬的裁决的；

（三）不服国务院部门作出的涉及知识产权授权确权的其他行政行为的。

第6条 当事人对知识产权法院所在市的基层人民法院作出的第一审著作权、商标、技术合同、不正当竞争等知识产权民事和行政判决、裁定提起的上诉案件，由知识产权法院审理。

第7条 当事人对知识产权法院作出的第一审判决、裁定提起的上诉案件和依法申请上一级法院复议的案件，由知识产权法院所在地的高级人民法院知识产权审判庭审理，但依法应由最高人民法院审理的除外。

第8条 知识产权法院所在省（直辖市）的基层人民法院在知识产权法院成立前已经受理但尚未审结的本规定第一条第（一）项和第（三）项规定的案件，由该基层人民法院继续审理。

除广州市中级人民法院以外，广东省其他中级人民法院在广州知识产权法院成立前已经受理但尚未审结的本规定第一条第（一）项和第（三）项规定的案件，由该中级人民法院继续审理。

《最高人民法院关于审理著作权民事纠纷案件适用法律若干问题的解释》（法释〔2002〕31号 2020年12月29日修正）

第2条 著作权民事纠纷案件，由中级以上人民法院管辖。

各高级人民法院根据本辖区的实际情况，可以报请最高人民法院批准，由若干基层人民法院管辖第一审著作权民事纠纷案件。

《最高人民法院关于商标法修改决定施行后商标案件管辖和法律适用问题的解释》（法释〔2014〕4号 2020年12月29日修正）

第3条 第一审商标民事案件，由中级以上人民法院及最高人民法院指定的基层人民法院管辖。

涉及对驰名商标保护的民事、行政案件，由省、自治区人民政府所在地市、计划单列市、直辖市辖区中级人民法院及最高人民法院指定的其他中级人民法院管辖。

《最高人民法院关于审理商标案件有关管辖和法律适用范围问题的解释》（法释〔2002〕1号 2020年12月29日修正）

第2条 本解释第一条所列第1项第一审案件，由北京市高级人民法院根据最高人民法院的授权确定其辖区内有关中级人民法院管辖。

本解释第一条所列第2项第一审案件，根据行政诉讼法的有关规定确定管辖。

商标民事纠纷第一审案件，由中级以上人民法院管辖。

各高级人民法院根据本辖区的实际情况，经最高人民法院批准，可以在较大城市确定1-2个基层人民法院受理第一审商标民事纠纷案件。

《最高人民法院关于涉及驰名商标认定的民事纠纷案件管辖问题的通知》（法〔2009〕1号 2009年1月5日）

为进一步加强人民法院对驰名商标的司法保护，完善司法保护制度，规范司法保护行为，增强司法保护的权威性和公信力，维护公平竞争的市场经济秩序，为国家经济发展大局服务，从本通知下发之日起，涉及驰名商标认定的民事纠纷案件，由省、自治区人民政府所在地的市、计划单列市中级人民法院，以及直辖市辖区内的中级人民法院管辖。其他中级人民法院管辖此类民事纠纷案件，需报经最高人民法院批准；未经批准的中级人民法院不再受理此类案件。

《最高人民法院关于审理申请注册的药品相关的专利权纠纷民事案件适用法律若干问题的规定》（法释〔2021〕13号 2021年7月4日）

第1条 当事人依据专利法第七十六条规定提起的确认是否落入专利权保护范围纠纷的第一审案件，由北京知识产权法院管辖。

《最高人民法院关于审理技术合同纠纷案件适用法律若干问题的解释》（法释〔2004〕4号 2020年12月29日修正）

第43条 技术合同纠纷案件一般由中级以上人民法院管辖。

各高级人民法院根据本辖区的实际情况并报经最高人民法院批准，可以指定若干基层人民法院管辖第一审技术合同纠纷案件。

其他司法解释对技术合同纠纷案件管辖另有规定的，从其规定。

合同中既有技术合同内容，又有其他合同内容，当事人就技术合同内容和其他合同内容均发生争议的，由具有技术合同纠纷案件管辖权的人民法院受理。

《最高人民法院关于审理涉及计算机网络域名民事纠纷案件适用法律若干问题的解释》（法释〔2001〕24号 2020年12月29日修正）

第2条 涉及域名的侵权纠纷案件，由侵权行为地或者被告住所地的中级人民法院管辖。对难以确定侵权行为地和被告住所地的，原告发现该域名的计算机终端等设备所在地可以视为侵权行为地。

涉外域名纠纷案件包括当事人一方或者双方是外国人、无国籍人、外国企业或组织、国际组织，或者域名注册地在外国的域名纠纷案件。在中华人民共和国领域内发生的涉外域名纠纷案件，依照民事诉讼法第四编的规定确定管辖。

《最高人民法院关于审理因垄断行为引发的民事纠纷案件应用法律若干问题的规定》（法释〔2012〕5号 2020年12月29日修正）

第3条 第一审垄断民事纠纷案件，由知识产权法院，省、自治区、直辖市人民政府所在地的市、计划单列市中级人民法院以及最高人民法院指定的中级人民法院管辖。

❹ 证券、期货纠纷等案件管辖的相关规定

《最高人民法院关于审理证券市场虚假陈述侵权民事赔偿案件的若干规定》（2022年1月21日 法释〔2022〕2号）

第3条 证券虚假陈述侵权民事赔偿案件，由发行人住所地的省、自治区、直辖市人民政府所在的市、计划单列市和经济特区中级人民法院或者专门人民法院管辖。《最高人民法院关于证券纠纷代表人诉讼若干问题的规定》等对管辖另有规定的，从其规定。

省、自治区、直辖市高级人民法院可以根据本辖区的实际情况，确定管辖第一审证券虚假陈述侵权民事赔偿案件的其他中级人民法院，报最高人民法院备案。

《最高人民法院关于审理期货纠纷案件若干问题的规定》（法释〔2003〕10号 2020年12月29日修正）

第7条 期货纠纷案件由中级人民法院管辖。

高级人民法院根据需要可以确定部分基层人民法院受理期货纠纷案件。

《最高人民法院关于审理期货纠纷案件若干问题的规定（二）》（法释〔2011〕1号 2020年12月29日修正）

第1条 以期货交易所为被告或者第三人的因期货交易所履行职责引起的商事案件，由期货交易所所在地的中级人民法院管辖。

《全国法院审理债券纠纷案件座谈会纪要》（法〔2020〕185号 2020年7月15日）

11. 欺诈发行和虚假陈述案件的管辖。 债券持有人、债券投资者以发行人、债券承销机构、债券服务机构等为被告提起的要求承担欺诈发行、虚假陈述民事责任的侵权纠纷案件，由省、直辖市、自治区人民政府所在的市、计划单列市和经济特区中级人民法院管辖。

多个被告中有发行人的，由发行人住所地有管辖权的人民法院管辖。

12. 破产案件的管辖。 受托管理人、债券持有人申请发行人重整、破产清算的破产案件，以及发行人申请重整、和解、破产清算的破产案件，由发行人住所地中级人民法院管辖。

《最高人民法院关于北京金融法院案件管辖的规定》（法释〔2021〕7号 2021年3月16日）

第1条 北京金融法院管辖北京市辖区内应由中级人民法院受理的下列第一审金融民商事案件：

（一）证券、期货交易、营业信托、保险、票据、信用证、独立保函、保理、金融借款合同、银行卡、融资租赁合同、委托理财合同、储蓄存款合同、典当、银行结算合同等金融民商事纠纷；

（二）资产管理业务、资产支持证券业务、私募基金业务、外汇业务、金融产品销售和适当性管理、征信业务、支付业务及经有权机关批准的其他金融业务引发的金融民商事纠纷；

（三）涉金融机构的与公司有关的纠纷；

（四）以金融机构为债务人的破产纠纷；

（五）金融民商事纠纷的仲裁司法审查案件；

（六）申请认可和执行香港特别行政区、澳门特别行政区、台湾地区法院金融民商事纠纷的判决、裁定案件，以及申请承认和执行外国法院金融民商事纠纷的判决、裁定案件。

《最高人民法院关于上海金融法院案件管辖的规定》（法释〔2021〕9号 2021年4月21日）

第1条 上海金融法院管辖上海市辖区内应由中级人民法院受理的下列第一审金融民商事案件：

（一）证券、期货交易、营业信托、保险、票据、信用证、独立保函、保理、金融借款合同、银行卡、融资租赁合同、委托理财合同、储蓄存款合同、典当、银行结算合同等金融民商事纠纷；

（二）资产管理业务、资产支持证券业务、私募基金业务、外汇业务、金融产品销售和适当性管理、征信业务、支付业务及经有权机关批准的其他金融业务引发的金融民商事纠纷；

（三）涉金融机构的与公司有关的纠纷；

（四）以金融机构为债务人的破产纠纷；

（五）金融民商事纠纷的仲裁司法审查案件；

（六）申请认可和执行香港特别行政区、澳门特别行政区、台湾地区法院金融民商事纠纷的判决、裁定案件，以及申请承认和执行外国法院金融民商事纠纷的判决、裁定案件。

《最高人民法院关于成渝金融法院案件管辖的规定》（2022年12月20日 法释〔2022〕20号）

第1条 成渝金融法院管辖重庆市以及四川省属于成渝地区双城经济圈范围内的应由中级人民法院受理的下列第一审金融民商事案件：

（一）证券、期货交易、营业信托、保险、票据、信用证、独立保函、保理、金融借款合同、银行卡、融资租赁合同、委托理财合同、储蓄存款合同、典当、银行结算合同等金融民商事纠纷；

（二）资产管理业务、资产支持证券业务、私募基金业务、外汇业务、金融产品销售和适当性管理、征信业务、支付业务及经有权机关批准的其他金融业务引发的金融民商事纠纷；

（三）涉金融机构的与公司有关的纠纷；

（四）以金融机构为债务人的破产纠纷；

（五）金融民商事纠纷的仲裁司法审查案件；

（六）申请认可和执行香港特别行政区、澳门特别行政区、台湾地区法院金融民商事纠纷的判决、裁定案件，以及申请承认和执行外国法院金融民商事纠纷的判决、裁定案件。

❺ 涉外、涉港澳台民商事案件管辖的相关规定

《最高人民法院关于涉外民商事案件管辖若干问题的规定》（法释〔2022〕18号 2022年11月14日）

第2条 中级人民法院管辖下列第一审涉外民商事案件：

（一）争议标的额大的涉外民商事案件。

北京、天津、上海、江苏、浙江、福建、山东、广东、重庆辖区中级人民法院，管辖诉讼标的额人民币4000万元以上（包括本数）的涉外民商事案件；

河北、山西、内蒙古、辽宁、吉林、黑龙江、安徽、江西、河南、湖北、湖南、广西、海南、四川、贵州、云南、西藏、陕西、甘肃、青海、宁夏、新疆辖区中级人民法院，解放军各战区、总直属军事法院，新疆维吾尔自治区高级人民法院生产建设兵团分院所辖各中级人民法院，管辖诉讼标的额人民币2000万元以上（包括本数）的涉外民商事案件。

（二）案情复杂或者一方当事人人数众多的涉外民商事案件。

（三）其他在本辖区有重大影响的涉外民商事案件。

法律、司法解释对中级人民法院管辖第一审涉外民商事案件另有规定的，依照相关规定办理。

第4条 高级人民法院根据本辖区的实际情况，认为确有必要的，经报最高人民法院批准，可以指定一个或数个基层人民法院、中级人民法院分别对本规定第一条、第二条规定的第一审涉外民商事案件实行跨区域集中管辖。

依据前款规定实行跨区域集中管辖的，高级人民法院应及时向社会公布该基层人民法院、中级人民法院相应的管辖区域。

《最高人民法院关于涉外民商事案件诉讼管辖若干问题的规定》（法释〔2002〕5号 2020年12月29日修正）

第1条 第一审涉外民商事案件由下列人民法院管辖：

（一）国务院批准设立的经济技术开发区人民法院；

（二）省会、自治区首府、直辖市所在地的中级人民法院；

（三）经济特区、计划单列市中级人民法院；

（四）最高人民法院指定的其他中级人民法院；

（五）高级人民法院。

上述中级人民法院的区域管辖范围由所在地的高级人民法院确定。

《最高人民法院关于明确第一审涉外民商事案件级别管辖标准以及归口办理有关问题的通知》（法〔2017〕359号 2017年12月7日）

为合理定位四级法院涉外民商事审判职能，统一裁判尺度，维护当事人的合法权益，保障开放型经济的发展，现就第一审涉外民商事案件级别管辖标准以及归口办理的有关问题，通知如下：

一、关于第一审涉外民商事案件的级别管辖标准

北京、上海、江苏、浙江、广东高级人民法院管辖诉讼标的额人民币2亿元以上的第一审涉外民商事案件；直辖市中级人民法院以及省会城市、计划单列市、经济特区所在地的市中级人民法院管辖诉讼标的额人民币2000万元以上的第一审涉外民商事案件，其他中级人民法院管辖诉讼标的额人民币1000万元以上的第一审涉外民商事案件。

天津、河北、山西、内蒙古、辽宁、安徽、福建、山东、河南、湖北、湖南、广西、海南、四川、重庆高级人民法院管辖诉讼标的额人民币8000万元以上的第一审涉外民商事案件；直辖市中级人民法院以及省会城市、计划单列市、经济特区所在地的市中级人民法院管辖诉讼标的额人民币1000万元以上的第一审涉外民商事案件，其他中级人民法院管辖诉讼标的额人民币500万元以上的第一审涉外民商事案件。

吉林、黑龙江、江西、云南、陕西、新疆高级人民法院和新疆生产建设兵团分院管辖诉讼标的额人民币4000万元以上的第一审涉外民商事案件；省会城市、计划单列市中级人民法院，管辖诉讼标的额人民币500万元以上的第一审涉外民商事案件，其他中级人民法院管辖诉讼标的额人民币200万元以上的第一审涉外民商事案件。

贵州、西藏、甘肃、青海、宁夏高级人民法院管辖诉讼标的额人民币2000万元以上的第一审涉外民商事案件；省会城市、计划单列市中级人民法院，管辖诉讼标的额人民币200万元以上的第一审涉外民商事案件，其他中级人民法院管辖诉讼标的额人民币100万元以上的第一审涉外民商事案件。

各高级人民法院发布的本辖区级别管辖标准，除于2011年1月后经我院批复同意的外，不再作为确定第一审涉外民商事案件级别管辖的依据。

二、下列案件由涉外审判庭或专门合议庭审理：

（一）当事人一方或者双方是外国人、无国籍人、外国企业或者组织，或者当事人一方或者双方的经常居所地在中华人民共和国领域外的民商事案件；

（二）产生、变更或者消灭民事关系的法律事实发生在中华人民共和国领域外，或者标的物在中华人民共和国领域外的民商事案件；

（三）外商投资企业设立、出资、确认股东资格、分配利润、合并、分立、解散等与该企业有关的民商事案件；

（四）一方当事人为外商独资企业的民商事案件；

（五）信用证、保函纠纷案件，包括申请止付保全案件；

（六）对第一项至第五项案件的管辖

权异议裁定提起上诉的案件；

（七）对第一项至第五项案件的生效裁判申请再审的案件，但当事人依法向原审人民法院申请再审的除外；

（八）跨境破产协助案件；

（九）民商事司法协助案件；

（十）最高人民法院《关于仲裁司法审查案件归口办理有关问题的通知》确定的仲裁司法审查案件。

前款规定的民商事案件不包括婚姻家庭纠纷、继承纠纷、劳动争议、人事争议、环境污染侵权纠纷及环境公益诉讼。

三、海事海商及知识产权纠纷案件，不适用本通知。

四、涉及香港、澳门特别行政区和台湾地区的民商事案件参照适用本通知。

五、本通知自2018年1月1日起执行。之前已经受理的案件不适用本通知。

《最高人民法院民事审判第四庭关于贯彻执行〈最高人民法院关于明确第一审涉外民商事案件级别管辖标准以及归口办理有关问题的通知〉应当注意的几个问题》
[2018年1月9日　法（民四）明传（2018）3号]

《最高人民法院关于明确第一审涉外民商事案件级别管辖标准以及归口办理有关问题的通知》（以下简称《通知》）已于2017年12月18日印发，于2018年1月1日实施。各级人民法院在贯彻执行《通知》过程中，应当注意以下几个问题：

一、《通知》是在党的十九大报告确立开放发展新理念、推动形成全面开放新格局的背景下，为合理定位四级法院涉外民商事审判职能、维护当事人合法权益、保障开放型经济发展而制定的。《通知》由两部分内容组成：一是明确第一审涉外民商事案件级别管辖标准；二是明确将部分与开放型经济密切相关的特定类型案件归口由涉外审判庭审理。《通知》对于健全涉外民商事案件的管辖制度、优化人民法院内设审判机构职能分工、保障国际民商事交往秩序，具有重大而深远的意义。各高级人民法院涉外审判庭负责人应当予以高度重视，及时向院党组汇报，并组织相关立案、审判人员认真学习，准确把握《通知》精神，全面贯彻落实。

二、《通知》第一条关于第一审涉外民商事案件的级别管辖标准的规定，是基于法发[2015]7号《最高人民法院关于调整高级人民法院和中级人民法院管辖第一审民事案件标准的通知》未规定涉外民商事案件的级别管辖标准，为统一全国涉外民商事案件的级别管辖秩序而制定的。该条根据《中华人民共和国民事诉讼法》第十八条[5]第一项关于第一审重大涉外案件由中级人民法院管辖的规定，在充分考虑各地法院第一审涉外民商事案件实际受理情况的基础上，确定了相应的级别管辖标准。

三、为保障级别管辖标准在全国范围内的统一性和透明度，各高级人民法院原发布的本辖区第一审涉外民商事案件级别管辖标准不再作为确定第一审涉外民商事案件级别管辖标准的依据。

根据《通知》第一条第五款的规定，最高人民法院于2011年1月21日和2015年9月17日分别作出的[2010]民四他字第80号《关于上海市高级人民法院就上海市所辖中级人民法院和基层人民法院管辖涉外、涉港澳台第一审民商事案件标准请示的批复》、[2015]民四他字第26号《关于调整深圳前海合作区人民法院管辖涉外、

---

[5]《民事诉讼法》（2023年修正）第19条。

涉港澳台商事案件标准的批复》继续有效。

四、《通知》对法释〔2002〕5号《最高人民法院关于涉外民商事案件诉讼管辖若干问题的规定》设立的涉外民商事案件集中管辖制度以及法〔2004〕265号《最高人民法院关于加强涉外商事案件诉讼管辖工作的通知》不作调整。部分地区的中级人民法院、基层人民法院如因上述文件无权受理实行集中管辖的涉外民商事案件的，该部分案件应当根据《中华人民共和国民事诉讼法》第十八条[6]第三项以及上述文件的要求，由经最高人民法院批复确定的具有集中管辖权的中级人民法院受理。条件成熟的地区，需要新增具有涉外民商事案件集中管辖权的中级人民法院、基层人民法院，或调整具有涉外民商事案件集中管辖权的中级人民法院、基层人民法院管辖区域范围的，可以由高级人民法院另行报最高人民法院批准。

五、《通知》第二条关于特定类型案件归口办理的规定，目的在于科学划分人民法院内设审判机构职能、优化审判资源配置、营造良好投资贸易法治环境。《通知》第二条第一款规定的十类案件中，包括了部分没有涉外因素但与开放型经济关系密切的国内民商事案件，例如一方当事人为外商独资企业的国内民商事案件等。该部分国内民商事案件的级别管辖标准仍应适用《最高人民法院关于调整高级人民法院和中级人民法院管辖第一审民商事案件标准的通知》的相关规定，不能因归口办理而作为涉外民商事案件处理。

六、各高级人民法院在转发《通知》的过程中，应指导下级法院正确理解《通知》内容，同时加强业务培训、配备足够的审判力量、确保审判质量。对于贯彻执行《通知》过程中遇到的问题，请及时报告我庭。

《最高人民法院关于内地与香港特别行政区法院相互认可和执行婚姻家庭民事案件判决的安排》（法释〔2022〕4号 2022年2月14日）

第4条 申请认可和执行本安排规定的判决：

（一）在内地向申请人住所地、经常居住地或者被申请人住所地、经常居住地、财产所在地的中级人民法院提出；

（二）在香港特别行政区向区域法院提出。

申请人应当向符合前款第一项规定的其中一个人民法院提出申请。向两个以上有管辖权的人民法院提出申请的，由最先立案的人民法院管辖。

《最高人民法院关于内地与澳门特别行政区就仲裁程序相互协助保全的安排》（法释〔2022〕7号 2022年2月24日）

第2条 按照澳门特别行政区仲裁法规向澳门特别行政区仲裁机构提起民商事仲裁程序的当事人，在仲裁裁决作出前，可以参照《中华人民共和国民事诉讼法》《中华人民共和国仲裁法》以及相关司法解释的规定，向被申请人住所地、财产所在地或者证据所在地的内地中级人民法院申请保全。被申请人住所地、财产所在地或者证据所在地在不同人民法院辖区的，应当选择向其中一个人民法院提出申请，不得分别向两个或者两个以上人民法院提出申请。

在仲裁机构受理仲裁案件前申请保全，内地人民法院采取保全措施后三十日内未收到仲裁机构已受理仲裁案件的证明函件的，内地人民法院应当解除保全。

---

[6]《民事诉讼法》（2023年修正）第19条。

最高院裁判观点

某牌公司与某物资公司横向垄断协议纠纷案【（2019）最高法知民辖终 46 号】

裁判要旨：本案涉及是否构成纵向垄断行为的认定，根据《最高人民法院关于审理因垄断行为引发的民事纠纷案件应用法律若干问题的规定》第三条和第四条的规定，应依照民事诉讼法及相关司法解释有关侵权纠纷、合同纠纷等的管辖规定确定管辖法院。《民事诉讼法》第二十三条[7]规定："因合同纠纷提起的诉讼，由被告住所地或者合同履行地人民法院管辖。"本案被诉垄断行为系壳牌公司实施的限制最低价格、固定产品销售价格的纵向垄断协议行为，根据双方当事人在《经销商协议》中的约定，涉案经销行为发生地在内蒙古中北部。原审法院作为内蒙古自治区人民政府所在地的中级人民法院，对本案具有管辖权。

第二十条　高级法院管辖

高级人民法院管辖在本辖区有重大影响的第一审民事案件。

条文注解

1. 高级人民法院的范围

根据《人民法院组织法》第二十条规定，高级人民法院包括：（一）省高级人民法院；（二）自治区高级人民法院；（三）直辖市高级人民法院。

2. 在本辖区有重大影响的案件

所谓在本辖区有重大影响的案件，概括地说是指案情重大、复杂、涉及面广、影响面大的案件。一个民事案件，不论发生在哪个基层人民法院或者中级人民法院的辖区内，只要高级人民法院认为该案件在本省、自治区、直辖市内有重大影响，就可以作为第一审管辖进行审判。

关联规定

◎ **法　律**

《人民法院组织法》（2018 年 10 月 26 日）

第 21 条　高级人民法院审理下列案件：

（一）法律规定由其管辖的第一审案件；

（二）下级人民法院报请审理的第一审案件；

（三）最高人民法院指定管辖的第一审案件；

（四）对中级人民法院判决和裁定的上诉、抗诉案件；

（五）按照审判监督程序提起的再审案件；

（六）中级人民法院报请复核的死刑案件。

◎ **司法解释及文件**

《最高人民法院关于调整高级人民法院和中级人民法院管辖第一审民事案件标准的通知》（法发〔2019〕14 号　2019 年 4 月 30 日）

二、高级人民法院管辖诉讼标的额 50 亿元（人民币）以上（包含本数）或者其他在本辖区有重大影响的第一审民事案件。

三、海事海商案件、涉外民事案件的级别管辖标准按照本通知执行。

四、知识产权民事案件的级别管辖标准按照本通知执行，但《最高人民法院关

---

[7]《民事诉讼法》（2023 年修正）第 24 条。

于知识产权法庭若干问题的规定》第二条所涉案件类型除外。

五、最高人民法院以前发布的关于第一审民事案件级别管辖标准的规定与本通知不一致的，不再适用。

《最高人民法院关于知识产权法庭若干问题的规定》（法释〔2018〕22号　2018年12月27日）

第1条　最高人民法院设立知识产权法庭，主要审理专利等专业技术性较强的知识产权上诉案件。

知识产权法庭是最高人民法院派出的常设审判机构，设在北京市。

知识产权法庭作出的判决、裁定、调解书和决定，是最高人民法院的判决、裁定、调解书和决定。

第2条　知识产权法庭审理下列案件：

（一）不服高级人民法院、知识产权法院、中级人民法院作出的发明专利、实用新型专利、植物新品种、集成电路布图设计、技术秘密、计算机软件、垄断第一审民事案件判决、裁定而提起上诉的案件；

（二）不服北京知识产权法院对发明专利、实用新型专利、外观设计专利、植物新品种、集成电路布图设计授权确权作出的第一审行政案件判决、裁定而提起上诉的案件；

（三）不服高级人民法院、知识产权法院、中级人民法院对发明专利、实用新型专利、外观设计专利、植物新品种、集成电路布图设计、技术秘密、计算机软件、垄断行政处罚等作出的第一审行政案件判决、裁定而提起上诉的案件；

（四）全国范围内重大、复杂的本条第一、二、三项所称第一审民事和行政案件；

（五）对本条第一、二、三项所称第一审案件已经发生法律效力的判决、裁定、调解书依法申请再审、抗诉、再审等适用审判监督程序的案件；

（六）本条第一、二、三项所称第一审案件管辖权争议，罚款、拘留决定申请复议，报请延长审限等案件；

（七）最高人民法院认为应当由知识产权法庭审理的其他案件。

《最高人民法院关于涉外民商事案件管辖若干问题的规定》（法释〔2022〕18号　2022年11月14日）

第3条　高级人民法院管辖诉讼标的额人民币50亿元以上（包含本数）或者其他在本辖区有重大影响的第一审涉外民商事案件。

最高院裁判观点

潘某诉浙江省人民政府、嘉兴市人民政府建设工程施工合同纠纷案【（2017）最高法民辖终120号】

裁判要旨：如原告诉请的标的额明显缺乏依据，经初步审查即可确认原告诉请的标的额存在虚高情形，且足以抬高案件级别管辖的，人民法院可以依法认定被告提出的级别管辖异议成立，裁定将案件移送有管辖权的人民法院审理。

第二十一条　最高法院管辖

最高人民法院管辖下列第一审民事案件：

（一）在全国有重大影响的案件；

（二）认为应当由本院审理的案件。

条文注解

最高人民法院是我国的最高审判机关。最高人民法院的主要任务是对全国地方各级人民法院和军事法院等专门人民法院实行审判监督；通过总结审判工作经验，作出有关适用法律、法规的批复、指示或者司法解释，对全国地方各级人民法院和军事法院等专门人民法院的审判工作进行指导；还要审判不服高级人民法院判决、裁定的上诉案件以及当事人申请再审的案件等。因此，最高人民法院管辖的第一审民事案件应当是极少数。

相关规定

◎**法　律**

《人民法院组织法》（2018年10月26日）

第16条　最高人民法院审理下列案件：

（一）法律规定由其管辖的和其认为应当由自己管辖的第一审案件；

（二）对高级人民法院判决和裁定的上诉、抗诉案件；

（三）按照全国人民代表大会常务委员会的规定提起的上诉、抗诉案件；

（四）按照审判监督程序提起的再审案件；

（五）高级人民法院报请核准的死刑案件。

第18条　最高人民法院可以对属于审判工作中具体应用法律的问题进行解释。

最高人民法院可以发布指导性案例。

第19条　最高人民法院可以设巡回法庭，审理最高人民法院依法确定的案件。

巡回法庭是最高人民法院的组成部分。巡回法庭的判决和裁定即最高人民法院的判决和裁定。

◎**司法解释及文件**

《最高人民法院关于巡回法庭审理案件若干问题的规定》（法释〔2016〕30号 2016年12月27日）

为依法及时公正审理跨行政区域重大行政和民商事等案件，推动审判工作重心下移、就地解决纠纷、方便当事人诉讼，根据《中华人民共和国人民法院组织法》《中华人民共和国行政诉讼法》《中华人民共和国民事诉讼法》《中华人民共和国刑事诉讼法》等法律以及有关司法解释，结合最高人民法院审判工作实际，就最高人民法院巡回法庭（简称巡回法庭）审理案件等问题规定如下：

第1条　最高人民法院设立巡回法庭，受理巡回区内相关案件。第一巡回法庭设在广东省深圳市，巡回区为广东、广西、海南、湖南四省区。第二巡回法庭设在辽宁省沈阳市，巡回区为辽宁、吉林、黑龙江三省。第三巡回法庭设在江苏省南京市，巡回区为江苏、上海、浙江、福建、江西五省市。第四巡回法庭设在河南省郑州市，巡回区为河南、山西、湖北、安徽四省。第五巡回法庭设在重庆市，巡回区为重庆、四川、贵州、云南、西藏五省区。第六巡回法庭设在陕西省西安市，巡回区为陕西、甘肃、青海、宁夏、新疆五省区。最高人民法院本部直接受理北京、天津、河北、山东、内蒙古五省区市有关案件。

最高人民法院根据有关规定和审判工作需要，可以增设巡回法庭，并调整巡回法庭的巡回区和案件受理范围。

第2条　巡回法庭是最高人民法院派出的常设审判机构。巡回法庭作出的判决、裁定和决定，是最高人民法院的判决、裁定和决定。

第3条　巡回法庭审理或者办理巡回

区内应当由最高人民法院受理的以下案件：

（一）全国范围内重大、复杂的第一审行政案件；

（二）在全国有重大影响的第一审民商事案件；

（三）不服高级人民法院作出的第一审行政或者民商事判决、裁定提起上诉的案件；

（四）对高级人民法院作出的已经发生法律效力的行政或者民商事判决、裁定、调解书申请再审的案件；

（五）刑事申诉案件；

（六）依法定职权提起再审的案件；

（七）不服高级人民法院作出的罚款、拘留决定申请复议的案件；

（八）高级人民法院因管辖权问题报请最高人民法院裁定或者决定的案件；

（九）高级人民法院报请批准延长审限的案件；

（十）涉港澳台民商事案件和司法协助案件；

（十一）最高人民法院认为应当由巡回法庭审理或者办理的其他案件。

巡回法庭依法办理巡回区内向最高人民法院提出的来信来访事项。

第 4 条 知识产权、涉外商事、海事海商、死刑复核、国家赔偿、执行案件和最高人民检察院抗诉的案件暂由最高人民法院本部审理或者办理。

第 5 条 巡回法庭设立诉讼服务中心，接受并登记属于巡回法庭受案范围的案件材料，为当事人提供诉讼服务。对于依照本规定应当由最高人民法院本部受理案件的材料，当事人要求巡回法庭转交的，巡回法庭应当转交。

巡回法庭对于符合立案条件的案件，应当在最高人民法院办案信息平台统一编号立案。

第 6 条 当事人不服巡回区内高级人民法院作出的第一审行政或者民商事判决、裁定提起上诉的，上诉状应当通过原审人民法院向巡回法庭提出。当事人直接向巡回法庭上诉的，巡回法庭应当在五日内将上诉状移交原审人民法院。原审人民法院收到上诉状、答辩状，应当在五日内连同全部案卷和证据，报送巡回法庭。

第 7 条 当事人对巡回区内高级人民法院作出的已经发生法律效力的判决、裁定申请再审或者申诉的，应当向巡回法庭提交再审申请书、申诉书等材料。

第 8 条 最高人民法院认为巡回法庭受理的案件对统一法律适用有重大指导意义的，可以决定由本部审理。

巡回法庭对于已经受理的案件，认为对统一法律适用有重大指导意义的，可以报请最高人民法院本部审理。

第 9 条 巡回法庭根据审判工作需要，可以在巡回区内巡回审理案件、接待来访。

第 10 条 巡回法庭按照让审理者裁判、由裁判者负责原则，实行主审法官、合议庭办案责任制。巡回法庭主审法官由最高人民法院从办案能力突出、审判经验丰富的审判人员中选派。巡回法庭的合议庭由主审法官组成。

第 11 条 巡回法庭庭长、副庭长应当参加合议庭审理案件。合议庭审理案件时，由承办案件的主审法官担任审判长。庭长或者副庭长参加合议庭审理案件时，自己担任审判长。巡回法庭作出的判决、裁定，经合议庭成员签署后，由审判长签发。

第 12 条 巡回法庭受理的案件，统一纳入最高人民法院审判信息综合管理平台进行管理，立案信息、审判流程、裁判文书面向当事人和社会依法公开。

第 13 条 巡回法庭设廉政监察员，负责巡回法庭的日常廉政监督工作。

最高人民法院监察局通过受理举报投诉、查处违纪案件、开展司法巡查和审务督察等方式，对巡回法庭及其工作人员进行廉政监督。

《最高人民法院关于设立国际商事法庭若干问题的规定》（法释〔2018〕11 号 2018 年 6 月 27 日）

为依法公正及时审理国际商事案件，平等保护中外当事人合法权益，营造稳定、公平、透明、便捷的法治化国际营商环境，服务和保障"一带一路"建设，依据《中华人民共和国人民法院组织法》《中华人民共和国民事诉讼法》等法律，结合审判工作实际，就设立最高人民法院国际商事法庭相关问题规定如下：

第 1 条 最高人民法院设立国际商事法庭。国际商事法庭是最高人民法院的常设审判机构。

第 2 条 国际商事法庭受理下列案件：

（一）当事人依照民事诉讼法第三十四条[8]的规定协议选择最高人民法院管辖且标的额为人民币 3 亿元以上的第一审国际商事案件；

（二）高级人民法院对其所管辖的第一审国际商事案件，认为需要由最高人民法院审理并获准许的；

（三）在全国有重大影响的第一审国际商事案件；

（四）依照本规定第十四条申请仲裁保全、申请撤销或者执行国际商事仲裁裁决的；

（五）最高人民法院认为应当由国际商事法庭审理的其他国际商事案件。

第 3 条 具有下列情形之一的商事案件，可以认定为本规定所称的国际商事案件：

（一）当事人一方或者双方是外国人、无国籍人、外国企业或者组织的；

（二）当事人一方或者双方的经常居所地在中华人民共和国领域外的；

（三）标的物在中华人民共和国领域外的；

（四）产生、变更或者消灭商事关系的法律事实发生在中华人民共和国领域外的。

第 4 条 国际商事法庭法官由最高人民法院在具有丰富审判工作经验，熟悉国际条约、国际惯例以及国际贸易投资实务，能够同时熟练运用中文和英文作为工作语言的资深法官中选任。

第 5 条 国际商事法庭审理案件，由三名或者三名以上法官组成合议庭。

合议庭评议案件，实行少数服从多数的原则。少数意见可以在裁判文书中载明。

第 6 条 国际商事法庭作出的保全裁定，可以指定下级人民法院执行。

第 7 条 国际商事法庭审理案件，依照《中华人民共和国涉外民事关系法律适用法》的规定确定争议适用的实体法律。

当事人依照法律规定选择适用法律的，应当适用当事人选择的法律。

第 8 条 国际商事法庭审理案件应当适用域外法律时，可以通过下列途径查明：

（一）由当事人提供；

---

[8]《民事诉讼法》（2023 年修正）第 35 条。

（二）由中外法律专家提供；
（三）由法律查明服务机构提供；
（四）由国际商事专家委员提供；
（五）由与我国订立司法协助协定的缔约对方的中央机关提供；
（六）由我国驻该国使领馆提供；
（七）由该国驻我国使馆提供；
（八）其他合理途径。

通过上述途径提供的域外法律资料以及专家意见，应当依照法律规定在法庭上出示，并充分听取各方当事人的意见。

第9条 当事人向国际商事法庭提交的证据材料系在中华人民共和国领域外形成的，不论是否已办理公证、认证或者其他证明手续，均应当在法庭上质证。

当事人提交的证据材料系英文且经对方当事人同意的，可以不提交中文翻译件。

第10条 国际商事法庭调查收集证据以及组织质证，可以采用视听传输技术及其他信息网络方式。

第11条 最高人民法院组建国际商事专家委员会，并选定符合条件的国际商事调解机构、国际商事仲裁机构与国际商事法庭共同构建调解、仲裁、诉讼有机衔接的纠纷解决平台，形成"一站式"国际商事纠纷解决机制。

国际商事法庭支持当事人通过调解、仲裁、诉讼有机衔接的纠纷解决平台，选择其认为适宜的方式解决国际商事纠纷。

第12条 国际商事法庭在受理案件后七日内，经当事人同意，可以委托国际商事专家委员会成员或者国际商事调解机构调解。

第13条 经国际商事专家委员会成员或者国际商事调解机构主持调解，当事人达成调解协议的，国际商事法庭可以依照法律规定制发调解书；当事人要求发给判决书的，可以依协议的内容制作判决书送达当事人。

第14条 当事人协议选择本规定第十一条第一款规定的国际商事仲裁机构仲裁的，可以在申请仲裁前或者仲裁程序开始后，向国际商事法庭申请证据、财产或者行为保全。

当事人向国际商事法庭申请撤销或者执行本规定第十一条第一款规定的国际商事仲裁机构作出的仲裁裁决的，国际商事法庭依照民事诉讼法等相关法律规定进行审查。

第15条 国际商事法庭作出的判决、裁定，是发生法律效力的判决、裁定。

国际商事法庭作出的调解书，经双方当事人签收后，即具有与判决同等的法律效力。

第16条 当事人对国际商事法庭作出的已经发生法律效力的判决、裁定和调解书，可以依照民事诉讼法的规定向最高人民法院本部申请再审。

最高人民法院本部受理前款规定的申请再审案件以及再审案件，均应当另行组成合议庭。

第17条 国际商事法庭作出的发生法律效力的判决、裁定和调解书，当事人可以向国际商事法庭申请执行。

第18条 国际商事法庭通过电子诉讼服务平台、审判流程信息公开平台以及其他诉讼服务平台为诉讼参与人提供诉讼便利，并支持通过网络方式立案、缴费、阅卷、证据交换、送达、开庭等。

第19条 本规定自2018年7月1日起施行。

《最高人民法院关于知识产权法庭若干问题的规定》（法释〔2018〕22号 2018年12月27日）

为进一步统一知识产权案件裁判标准，依法平等保护各类市场主体合法权益，加大知识产权司法保护力度，优化科技创新法治环境，加快实施创新驱动发展战略，根据《中华人民共和国人民法院组织法》《中华人民共和国民事诉讼法》《中华人民共和国行政诉讼法》《全国人民代表大会常务委员会关于专利等知识产权案件诉讼程序若干问题的决定》等法律规定，结合审判工作实际，就最高人民法院知识产权法庭相关问题规定如下：

第1条 最高人民法院设立知识产权法庭，主要审理专利等专业技术性较强的知识产权上诉案件。

知识产权法庭是最高人民法院派出的常设审判机构，设在北京市。

知识产权法庭作出的判决、裁定、调解书和决定，是最高人民法院的判决、裁定、调解书和决定。

第2条 知识产权法庭审理下列案件：

（一）不服高级人民法院、知识产权法院、中级人民法院作出的发明专利、实用新型专利、植物新品种、集成电路布图设计、技术秘密、计算机软件、垄断第一审民事案件判决、裁定而提起上诉的案件；

（二）不服北京知识产权法院对发明专利、实用新型专利、外观设计专利、植物新品种、集成电路布图设计授权确权作出的第一审行政案件判决、裁定而提起上诉的案件；

（三）不服高级人民法院、知识产权法院、中级人民法院对发明专利、实用新型、外观设计专利、植物新品种、集成电路布图设计、技术秘密、计算机软件、垄断行政处罚等作出的第一审行政案件判决、裁定而提起上诉的案件；

（四）全国范围内重大、复杂的本条第一、二、三项所称第一审民事和行政案件；

（五）对本条第一、二、三项所称第一审案件已经发生法律效力的判决、裁定、调解书依法申请再审、抗诉、再审等适用审判监督程序的案件；

（六）本条第一、二、三项所称第一审案件管辖权争议，罚款、拘留决定申请复议，报请延长审限等案件；

（七）最高人民法院认为应当由知识产权法庭审理的其他案件。

第3条 本规定第二条第一、二、三项所称第一审案件的审理法院应当按照规定及时向知识产权法庭移送纸质和电子卷宗。

第4条 经当事人同意，知识产权法庭可以通过电子诉讼平台、中国审判流程信息公开网以及传真、电子邮件等电子方式送达诉讼文件、证据材料及裁判文书等。

第5条 知识产权法庭可以通过电子诉讼平台或者采取在线视频等方式组织证据交换、召集庭前会议等。

第6条 知识产权法庭可以根据案件情况到实地或者原审人民法院所在地巡回审理案件。

第7条 知识产权法庭采取保全等措施，依照执行程序相关规定办理。

第8条 知识产权法庭审理的案件的立案信息、合议庭组成人员、审判流程、裁判文书等向当事人和社会依法公开，同时可以通过电子诉讼平台、中国审判流程信息公开网查询。

第9条 知识产权法庭法官会议由庭

长、副庭长和若干资深法官组成，讨论重大、疑难、复杂案件等。

第10条 知识产权法庭应当加强对有关案件审判工作的调研，及时总结裁判标准和审理规则，指导下级人民法院审判工作。

第11条 对知识产权法院、中级人民法院已经发生法律效力的本规定第二条第一、二、三项所称第一审案件判决、裁定、调解书，省级人民检察院向高级人民法院提出抗诉的，高级人民法院应当告知其由最高人民检察院依法向最高人民法院提出，并由知识产权法庭审理。

第12条 本规定第二条第一、二、三项所称第一审案件的判决、裁定或者决定，于2019年1月1日前作出，当事人依法提起上诉或者申请复议的，由原审人民法院的上一级人民法院审理。

第13条 本规定第二条第一、二、三项所称第一审案件已经发生法律效力的判决、裁定、调解书，于2019年1月1日前作出，对其依法申请再审、抗诉、再审的，适用《中华人民共和国民事诉讼法》《中华人民共和国行政诉讼法》有关规定。

第14条 本规定施行前经批准可以受理专利、技术秘密、计算机软件、垄断第一审民事和行政案件的基层人民法院，不再受理上述案件。

对于基层人民法院2019年1月1日尚未审结的前款规定的案件，当事人不服其判决、裁定依法提起上诉的，由其上一级人民法院审理。

第15条 本规定自2019年1月1日起施行。最高人民法院此前发布的司法解释与本规定不一致的，以本规定为准。

最高院裁判观点

益某公司与某房地产开发有限公司借款合同纠纷案【（2017）最高法民辖终9号】

裁判要旨："在全国有重大影响"是确定案件是否应当由最高人民法院一审的法定要件，而益某公司上诉所称的法律关系复杂、审理难度较大等因素并非独立的法定要件。而且，本案当事人虽系公司及其股东，但案由为借款合同纠纷，并非重大疑难或新类型案件，益某公司所称涉及外商投资、中外合作经营、房地产开发等诸多法律关系，均为案情的背景因素，并非本案法律关系。故益某公司提出的本案法律关系复杂、审理难度较大，宜由最高人民法院一审的上诉理由不能成立。

第二节 地域管辖

> **第二十二条 一般地域管辖**
>
> 对公民提起的民事诉讼，由被告住所地人民法院管辖；被告住所地与经常居住地不一致的，由经常居住地人民法院管辖。
>
> 对法人或者其他组织提起的民事诉讼，由被告住所地人民法院管辖。
>
> 同一诉讼的几个被告住所地、经常居住地在两个以上人民法院辖区的，各该人民法院都有管辖权。

相关规定

◎法 律

《民法典》（2020年5月28日）

第25条 自然人以户籍登记或者其他有效身份登记记载的居所为住所；经常居所与住所不一致的，经常居所视为住所。

第63条 法人以其主要办事机构所在地为住所。依法需要办理法人登记的，应当将主要办事机构所在地登记为住所。

◎司法解释及文件

《最高人民法院关于适用〈中华人民共和国民事诉讼法〉的解释》（法释〔2022〕11号 2022年4月1日修正）

第3条 公民的住所地是指公民的户籍所在地，法人或者其他组织的住所地是指法人或者其他组织的主要办事机构所在地。

法人或者其他组织的主要办事机构所在地不能确定的，法人或者其他组织的注册地或者登记地为住所地。

第4条 公民的经常居住地是指公民离开住所地至起诉时已连续居住一年以上的地方，但公民住院就医的地方除外。

第5条 对没有办事机构的个人合伙、合伙型联营体提起的诉讼，由被告注册登记地人民法院管辖。没有注册登记，几个被告又不在同一辖区的，被告住所地的人民法院都有管辖权。

第6条 被告被注销户籍的，依照民事诉讼法第二十三条规定确定管辖；原告、被告均被注销户籍的，由被告居住地人民法院管辖。

第7条 当事人的户籍迁出后尚未落户，有经常居住地的，由该地人民法院管辖；没有经常居住地的，由其原户籍所在地人民法院管辖。

第8条 双方当事人都被监禁或者被采取强制性教育措施的，由被告原住所地人民法院管辖。被告被监禁或者被采取强制性教育措施一年以上的，由被告被监禁地或者被采取强制性教育措施地人民法院管辖。

第9条 追索赡养费、扶养费、抚养费案件的几个被告住所地不在同一辖区的，可以由原告住所地人民法院管辖。

第10条 不服指定监护或者变更监护关系的案件，可以由被监护人住所地人民法院管辖。

第11条 双方当事人均为军人或者军队单位的民事案件由军事法院管辖。

第12条 夫妻一方离开住所地超过一年，另一方起诉离婚的案件，可以由原告住所地人民法院管辖。

夫妻双方离开住所地超过一年，一方起诉离婚的案件，由被告经常居住地人民法院管辖；没有经常居住地的，由原告起诉时被告居住地人民法院管辖。

第23条 债权人申请支付令，适用民事诉讼法第二十二条规定，由债务人住所地基层人民法院管辖。

《最高人民法院关于军事法院管辖民事案件若干问题的规定》（法释〔2012〕11号 2020年12月29日修正）

根据《中华人民共和国人民法院组织法》《中华人民共和国民事诉讼法》等法律规定，结合人民法院民事审判工作实际，对军事法院管辖民事案件有关问题作如下规定：

第1条 下列民事案件，由军事法院管辖：

（一）双方当事人均为军人或者军队单位的案件，但法律另有规定的除外；

（二）涉及机密级以上军事秘密的案件；

（三）军队设立选举委员会的选民资格案件；

（四）认定营区内无主财产案件。

第2条 下列民事案件，地方当事人向军事法院提起诉讼或者提出申请的，军事法院应当受理：

（一）军人或者军队单位执行职务过程中造成他人损害的侵权责任纠纷案件；

（二）当事人一方为军人或者军队单位，侵权行为发生在营区内的侵权责任纠纷案件；

（三）当事人一方为军人的婚姻家庭纠纷案件；

（四）民事诉讼法第三十三条[9]规定的不动产所在地、港口所在地、被继承人死亡时住所地或者主要遗产所在地在营区内，且当事人一方为军人或者军队单位的案件；

（五）申请宣告军人失踪或者死亡的案件；

（六）申请认定军人无民事行为能力或者限制民事行为能力的案件。

第3条 当事人一方是军人或者军队单位，且合同履行地或者标的物所在地在营区内的合同纠纷，当事人书面约定由军事法院管辖，不违反法律关于级别管辖、专属管辖和专门管辖规定的，可以由军事法院管辖。

第4条 军事法院受理第一审民事案件，应当参照民事诉讼法关于地域管辖、级别管辖的规定确定。

当事人住所地省级行政区划内没有可以受理案件的第一审军事法院，或者处于交通十分不便的边远地区，双方当事人同意由地方人民法院管辖的，地方人民法院可以管辖，但本规定第一条第（二）项规定的案件除外。

第5条 军事法院发现受理的民事案件属于地方人民法院管辖的，应当移送有管辖权的地方人民法院，受移送的地方人民法院应当受理。地方人民法院认为受移送的案件不属于本院管辖的，应当报请上级地方人民法院处理，不得再自行移送。

地方人民法院发现受理的民事案件属于军事法院管辖的，参照前款规定办理。

第6条 军事法院与地方人民法院之间因管辖权发生争议，由争议双方协商解决；协商不成的，报请各自的上级法院协商解决；仍然协商不成的，报请最高人民法院指定管辖。

第7条 军事法院受理案件后，当事人对管辖权有异议的，应当在提交答辩状期间提出。军事法院对当事人提出的异议，应当审查。异议成立的，裁定将案件移送有管辖权的军事法院或者地方人民法院；异议不成立的，裁定驳回。

第8条 本规定所称军人是指中国人民解放军的现役军官、文职干部、士兵及具有军籍的学员，中国人民武装警察部队的现役警官、文职干部、士兵及具有军籍的学员。军队中的文职人员、非现役公勤人员、正式职工，由军队管理的离退休人员，参照军人确定管辖。

军队单位是指中国人民解放军现役部队和预备役部队、中国人民武装警察部队及其编制内的企业事业单位。

营区是指由军队管理使用的区域，包括军事禁区、军事管理区。

第9条 本解释施行前本院公布的司法解释以及司法解释性文件与本解释不一致的，以本解释为准。

第二十三条　原告住所地、经常居住地法院管辖

下列民事诉讼，由原告住所地人民法院管辖；原告住所地与经常居住地不一致的，由原告经常居住地人民法院管辖：

（一）对不在中华人民共和国领域内居住的人提起的有关身份关系的诉讼；

---

[9]《民事诉讼法》（2023年修正）第34条。

（二）对下落不明或者宣告失踪的人提起的有关身份关系的诉讼；

（三）对被采取强制性教育措施的人提起的诉讼；

（四）对被监禁的人提起的诉讼。

> 条文注解

一般地域管辖的"原告就被告"原则，在某些特殊情况下无法适用或者适用后将对原告、对法院极为不便，应当由原告经常居住地的人民法院管辖更适宜。

> 相关规定

◎司法解释及文件

《最高人民法院关于适用〈中华人民共和国民事诉讼法〉的解释》（法释〔2022〕11号 2022年4月1日修正）

第6条 被告被注销户籍的，依照民事诉讼法第二十三条规定确定管辖；原告、被告均被注销户籍的，由被告居住地人民法院管辖。

第9条 追索赡养费、扶养费、抚养费案件的几个被告住所地不在同一辖区的，可以由原告住所地人民法院管辖。

第12条 夫妻一方离开住所地超过一年，另一方起诉离婚的案件，可以由原告住所地人民法院管辖。

夫妻双方离开住所地超过一年，一方起诉离婚的案件，由被告经常居住地人民法院管辖；没有经常居住地的，由原告起诉时被告居住地人民法院管辖。

第13条 在国内结婚并定居国外的华侨，如定居国法院以离婚诉讼须由婚姻缔结地法院管辖为由不予受理，当事人向人民法院提出离婚诉讼的，由婚姻缔结地或者一方在国内的最后居住地人民法院管辖。

第14条 在国外结婚并定居国外的华侨，如定居国法院以离婚诉讼须由国籍所属国法院管辖为由不予受理，当事人向人民法院提出离婚诉讼的，由一方原住所地或者在国内的最后居住地人民法院管辖。

第15条 中国公民一方居住在国外，一方居住在国内，不论哪一方向人民法院提起离婚诉讼，国内一方住所地人民法院都有权管辖。国外一方在居住国法院起诉，国内一方向人民法院起诉的，受诉人民法院有权管辖。

第16条 中国公民双方在国外但未定居，一方向人民法院起诉离婚的，应由原告或者被告原住所地人民法院管辖。

第17条 已经离婚的中国公民，双方均定居国外，仅就国内财产分割提起诉讼的，由主要财产所在地人民法院管辖。

> 最高院裁判观点

国电沽某化公司与中国某业银行某支行金融借款合同纠纷案【（2019）最高法民辖终254号】

裁判要旨：根据《民事诉讼法》的规定，对被采取强制性教育措施、被监禁的人提起的诉讼由原告住所地人民法院管辖。该条是对地域管辖作出的规定，不涉及级别管辖问题，山东省高级人民法院受理本案并不违反上述法律规定。国电沽某公司称一审被告之一郭某已被公安机关采取强制措施，羁押于看守所，本案应由山东省高级人民法院移送山东省滨州市中级人民法院审理的上诉主张，没有法律依据。

> **第二十四条　合同纠纷的地域管辖**
>
> 因合同纠纷提起的诉讼，由被告住所地或者合同履行地人民法院管辖。

条文注解

关于主从合同的管辖问题。根据《最高人民法院关于适用〈中华人民共和国民法典〉有关担保制度的解释》第二十一条的规定，主合同或者担保合同约定了仲裁条款的，人民法院对约定仲裁条款的合同当事人之间的纠纷无管辖权。债权人一并起诉债务人和担保人的，应当根据主合同确定管辖法院。债权人依法可以单独起诉担保人且仅起诉担保人的，应当根据担保合同确定管辖法院。

相关规定

◎司法解释及文件

《最高人民法院关于适用〈中华人民共和国民事诉讼法〉的解释》（法释〔2022〕11号　2022年4月1日修正）

第18条　合同约定履行地点的，以约定的履行地点为合同履行地。

合同对履行地点没有约定或者约定不明确，争议标的为给付货币的，接收货币一方所在地为合同履行地；交付不动产的，不动产所在地为合同履行地；其他标的，履行义务一方所在地为合同履行地。即时结清的合同，交易行为地为合同履行地。

合同没有实际履行，当事人双方住所地都不在合同约定的履行地的，由被告住所地人民法院管辖。

第19条　财产租赁合同、融资租赁合同以租赁物使用地为合同履行地。合同对履行地有约定的，从其约定。

第20条　以信息网络方式订立的买卖合同，通过信息网络交付标的的，以买受人住所地为合同履行地；通过其他方式交付标的的，收货地为合同履行地。合同对履行地有约定的，从其约定。

第21条　因财产保险合同纠纷提起的诉讼，如果保险标的物是运输工具或者运输中的货物，可以由运输工具登记注册地、运输目的地、保险事故发生地人民法院管辖。

因人身保险合同纠纷提起的诉讼，可以由被保险人住所地人民法院管辖。

《最高人民法院关于适用〈中华人民共和国民法典〉有关担保制度的解释》（法释〔2020〕28号　2020年12月31日）

第21条　主合同或者担保合同约定了仲裁条款的，人民法院对约定仲裁条款的合同当事人之间的纠纷无管辖权。

债权人一并起诉债务人和担保人的，应当根据主合同确定管辖法院。

债权人依法可以单独起诉担保人且仅起诉担保人的，应当根据担保合同确定管辖法院。

《最高人民法院关于审理存单纠纷案件的若干规定》（法释〔1997〕8号　2020年12月29日修正）

第1条　存单纠纷案件的范围

（一）存单持有人以存单为重要证据向人民法院提起诉讼的纠纷案件；

（二）当事人以进账单、对账单、存款合同等凭证为主要证据向人民法院提起诉讼的纠纷案件；

（三）金融机构向人民法院起诉要求确认存单、进账单、对账单、存款合同等凭证无效的纠纷案件；

（四）以存单为表现形式的借贷纠纷案件。

第4条　存单纠纷案件的管辖

依照《中华人民共和国民事诉讼法》第二十三条[10]的规定，存单纠纷案件由被告住所地人民法院或出具存单、进账单、对账单或与当事人签订存款合同的金融机构住所地人民法院管辖。住所地与经常居住地不一致的，由经常居住地人民法院管辖。

《最高人民法院关于审理期货纠纷案件若干问题的规定》（法释〔2003〕10号 2020年12月29日修正）

第4条 人民法院应当依据民事诉讼法第二十三条、第二十八条和第三十四条[11]的规定确定期货纠纷案件的管辖。

第5条 在期货公司的分公司、营业部等分支机构进行期货交易的，该分支机构住所地为合同履行地。

因实物交割发生纠纷的，期货交易所住所地为合同履行地。

第6条 侵权与违约竞合的期货纠纷案件，依当事人选择的诉由确定管辖。当事人既以违约又以侵权起诉的，以当事人起诉状中在先的诉讼请求确定管辖。

《最高人民法院关于如何确定加工承揽合同履行地问题的函》（〔1989〕法经〔函〕字第22号 1989年8月8日）

合同履行地应为合同规定义务履行的地点。加工承揽合同主要是以承揽方按照定作方的特定要求完成加工生产任务为履约内容的，承揽方履约又是以使用自己的设备、技术、人力为前提条件的。因此，加工承揽方所在地应为合同规定义务履行的地点，即合同履行地。但是，本案合同签订地在你市虹口区，合同承揽方所在地在你市松江县，松江县应为合同履行地。故，虹口区法院和松江县法院对本案均有管辖权。现两院在管辖上发生争议，根据民事诉讼法（试行）第三十三条[12]规定，应由上海市中级法院指定管辖。

《最高人民法院关于合同当事人仅给付了定金应当如何确定管辖问题的复函》（法经〔1994〕171号 1994年7月15日）

在合同当事人仅履行了合同中定金条款的约定，而未履行合同的其他条款的情况下，不能依据《最高人民法院关于适用〈中华人民共和国民事诉讼法〉若干问题的意见》（1992年7月14日 法发〔1992〕22号）（下称《意见》）第18条、第19条的规定认定为"实际履行"。《意见》中的"实际履行"，对于购销合同，是指合同当事人实际履行了交货义务。因此，合同当事人因仅给付了定金而产生合同纠纷，应按照《意见》第18条的规定确定管辖的人民法院。

最高院裁判观点

某建筑科技公司与上海某信息技术有限公司劳务派遣合同纠纷案【（2021）最高法知民辖终73号】

裁判要旨：《最高人民法院关于适用〈中华人民共和国民事诉讼法〉的解释》第十八条第二款规定："合同对履行地点没有约定或者约定不明确，争议标的为给付货币的，接收货币一方所在地为合同履行地。"该规定所称"争议标的"是指当事人诉讼请求所指向的具体合同义务。诉讼请求为给付金钱的，不应简单地以诉讼请求指向金钱给付义务而认定争议标的即为给付货币，而应根据合同具体内容明确

---

[10]《民事诉讼法》（2023年修正）第24条。
[11]《民事诉讼法》（2023年修正）第24条、第29条和第35条。
[12]《民事诉讼法》（2023年修正）第38条。

其所指向的合同义务。本案系劳务派遣合同纠纷，当事人在本案中诉请履行的义务是支付劳务派遣服务费，故可以此确定合同履行地为接收货币一方所在地。上海市为接收货币一方所在地的合同履行地，本案可由上海市相关有劳务派遣合同纠纷管辖权的基层法院审理。

第二十五条 保险合同纠纷的地域管辖

因保险合同纠纷提起的诉讼，由被告住所地或者保险标的物所在地人民法院管辖。

相关规定

◎司法解释及文件

《最高人民法院关于适用〈中华人民共和国民事诉讼法〉的解释》（法释〔2022〕11号 2022年4月1日修正）

第21条 因财产保险合同纠纷提起的诉讼，如果保险标的物是运输工具或者运输中的货物，可以由运输工具登记注册地、运输目的地、保险事故发生地人民法院管辖。

因人身保险合同纠纷提起的诉讼，可以由被保险人住所地人民法院管辖。

《最高人民法院关于适用〈中华人民共和国保险法〉若干问题的解释（四）》（法释〔2018〕13号 2020年12月29日修正）

第12条 保险人以造成保险事故的第三者为被告提起代位求偿权之诉的，以被保险人与第三者之间的法律关系确定管辖法院。

最高院裁判观点

某财产保险股份有限公司重庆分公司与帅某财产保险合同纠纷案【（2020）最高法民辖13号】

裁判要旨：根据《民事诉讼法》第二十四条[13]和《民诉法解释》第二十一条第一款规定，因保险合同纠纷提起的诉讼，由被告住所地或者保险标的物所在地人民法院管辖，如果保险标的物是运输工具或者运输中的货物，原告可以按照一般地域管辖原则，选择向被告住所地的人民法院起诉。同时，也可以选择特殊地域管辖，即向运输工具登记注册地、运输目的地、保险事故发生地的人民法院起诉。本案中，原告选择向运输工具登记注册地即机动车行驶证上载明的住址重庆市璧山区人民法院起诉，重庆市璧山区人民法院予以了登记立案。但立案后，重庆市璧山区人民法院在未核实案涉机动车登记注册地的情况下，即以被告帅某的户籍地在江苏省南京市鼓楼区为由，将该案移送南京市鼓楼区人民法院管辖不当。为便于查清案涉财产保险合同和被保险车辆的有关情况，由重庆法院管辖本案更适宜。

第二十六条 票据纠纷的地域管辖

因票据纠纷提起的诉讼，由票据支付地或者被告住所地人民法院管辖。

---

〔13〕《民事诉讼法》（2023年修正）第25条。

相关规定

◎法　律

《票据法》（2004年8月28日）

第23条　汇票上记载付款日期、付款地、出票地等事项的，应当清楚、明确。

汇票上未记载付款日期的，为见票即付。

汇票上未记载付款地的，付款人的营业场所、住所或者经常居住地为付款地。

汇票上未记载出票地的，出票人的营业场所、住所或者经常居住地为出票地。

◎司法解释及文件

《最高人民法院关于审理票据纠纷案件若干问题的规定》（法释〔2000〕32号　2020年12月29日修正）

第6条　因票据纠纷提起的诉讼，依法由票据支付地或者被告住所地人民法院管辖。

票据支付地是指票据上载明的付款地，票据上未载明付款地的，汇票付款人或者代理付款人的营业场所、住所或者经常居住地，本票出票人的营业场所，支票付款人或者代理付款人的营业场所所在地为票据付款地。代理付款人即付款人的委托代理人，是指根据付款人的委托代为支付票据金额的银行、信用合作社等金融机构。

第34条　票据丧失后，失票人在票据权利时效届满以前请求出票人补发票据，或者请求债务人付款，在提供相应担保的情况下因债务人拒绝付款或者出票人拒绝补发票据提起诉讼的，由被告住所地或者票据支付地人民法院管辖。

第二十七条　公司纠纷的地域管辖

因公司设立、确认股东资格、分配利润、解散等纠纷提起的诉讼，由公司住所地人民法院管辖。

◎司法解释及文件

《最高人民法院关于适用〈中华人民共和国民事诉讼法〉的解释》（法释〔2022〕11号　2022年4月1日修正）

第22条　因股东名册记载、请求变更公司登记、股东知情权、公司决议、公司合并、公司分立、公司减资、公司增资等纠纷提起的诉讼，依照民事诉讼法第二十七条规定确定管辖。

《最高人民法院关于适用〈中华人民共和国公司法〉若干问题的规定（二）》（法释〔2014〕2号　2020年12月29日修正）

第24条　解散公司诉讼案件和公司清算案件由公司住所地人民法院管辖。公司住所地是指公司主要办事机构所在地。公司办事机构所在地不明确的，由其注册地人民法院管辖。

基层人民法院管辖县、县级市或者区的公司登记机关核准登记公司的解散诉讼案件和公司清算案件；中级人民法院管辖地区、地级市以上的公司登记机关核准登记公司的解散诉讼案件和公司清算案件。

《最高人民法院关于审理企业破产案件若干问题的规定》（法释〔2002〕23号　2002年7月30日）

第1条　企业破产案件由债务人住所地人民法院管辖。债务人住所地指债务人的主要办事机构所在地。债务人无办事机构的，由其注册地人民法院管辖。

最高院裁判观点

广州某实业发展集团有限公司、恒大贵阳公司股权转让纠纷案【(2019)最高法民辖终103号】

裁判要旨：《最高人民法院关于适用〈中华人民共和国民事诉讼法〉的解释》第二十二条规定，"因股东名册记载、请求变更公司登记、股东知情权、公司决议、公司合并、公司分立、公司减资、公司增资等纠纷提起的诉讼，依照《民事诉讼法》第二十六条[14]的规定确定管辖。"《民事诉讼法》第二十六条[15]规定，"因公司设立、确认股东资格、分配利润、解散等纠纷提起的诉讼，由公司住所地人民法院管辖。"本案恒大贵阳公司的主要诉讼请求为要求广州滔记公司将遵义晟滔公司49%股权转移登记至恒大贵阳公司名下，属于"变更公司登记"的范畴，依据前述规定，本案应由目标公司即遵义晟滔公司所在地人民法院管辖。

第二十八条　运输合同纠纷的地域管辖

因铁路、公路、水上、航空运输和联合运输合同纠纷提起的诉讼，由运输始发地、目的地或者被告住所地人民法院管辖。

第二十九条　侵权纠纷的地域管辖

因侵权行为提起的诉讼，由侵权行为地或者被告住所地人民法院管辖。

相关规定

◎司法解释及文件

❶ 一般规定

《最高人民法院关于适用〈中华人民共和国民事诉讼法〉的解释》（法释〔2022〕11号　2022年4月1日修正）

第24条　民事诉讼法第二十九条规定的侵权行为地，包括侵权行为实施地、侵权结果发生地。

第25条　信息网络侵权行为实施地包括实施被诉侵权行为的计算机等信息设备所在地，侵权结果发生地包括被侵权人住所地。

第26条　因产品、服务质量不合格造成他人财产、人身损害提起的诉讼，产品制造地、产品销售地、服务提供地、侵权行为地和被告住所地人民法院都有管辖权。

❷ 知识产权侵权纠纷管辖的相关规定

《最高人民法院关于审理著作权民事纠纷案件适用法律若干问题的解释》（法释〔2002〕31号　2020年12月29日修正）

第4条　因侵害著作权行为提起的民事诉讼，由著作权法第四十七条、第四十八条所规定侵权行为的实施地、侵权复制品储藏地或者查封扣押地、被告住所地人民法院管辖。

前款规定的侵权复制品储藏地，是指大量或者经常性储存、隐匿侵权复制品所在地；查封扣押地，是指海关、版权等行政机关依法查封、扣押侵权复制品所在地。

第5条　对涉及不同侵权行为实施地的多个被告提起的共同诉讼，原告可以选

---

[14]《民事诉讼法》（2023年修正）第27条。
[15] 同上。

择向其中一个被告的侵权行为实施地人民法院提起诉讼；仅对其中某一被告提起的诉讼，该被告侵权行为实施地的人民法院有管辖权。

《最高人民法院关于审理侵害信息网络传播权民事纠纷案件适用法律若干问题的规定》（法释〔2012〕20号 2020年12月29日修正）

第15条 侵害信息网络传播权民事纠纷案件由侵权行为地或者被告住所地人民法院管辖。侵权行为地包括实施被诉侵权行为的网络服务器、计算机终端等设备所在地。侵权行为地和被告住所地均难以确定或者在境外的，原告发现侵权内容的计算机终端等设备所在地可以视为侵权行为地。

《最高人民法院关于适用〈中华人民共和国反不正当竞争法〉若干问题的解释》（法释〔2022〕9号 2022年3月16日）

第26条 因不正当竞争行为提起的民事诉讼，由侵权行为地或者被告住所地人民法院管辖。

当事人主张仅以网络购买者可以任意选择的收货地作为侵权行为地的，人民法院不予支持。

《最高人民法院关于审理商标民事纠纷案件适用法律若干问题的解释》（法释〔2002〕32号 2020年12月29日修正）

第6条 因侵犯注册商标专用权行为提起的民事诉讼，由商标法第十三条、第五十七条所规定侵权行为的实施地、侵权商品的储藏地或者查封扣押地、被告住所地人民法院管辖。

前款规定的侵权商品的储藏地，是指大量或者经常性储存、隐匿侵权商品所在地；查封扣押地，是指海关等行政机关依法查封、扣押侵权商品所在地。

《最高人民法院关于审理专利纠纷案件适用法律问题的若干规定》（法释〔2001〕21号 2020年12月29日修正）

第2条 因侵犯专利权行为提起的诉讼，由侵权行为地或者被告住所地人民法院管辖。

侵权行为地包括：被诉侵犯发明、实用新型专利权的产品的制造、使用、许诺销售、销售、进口等行为的实施地；专利方法使用行为的实施地，依照该专利方法直接获得的产品的使用、许诺销售、销售、进口等行为的实施地；外观设计专利产品的制造、许诺销售、销售、进口等行为的实施地；假冒他人专利的行为实施地。上述侵权行为的侵权结果发生地。

第3条 原告仅对侵权产品制造者提起诉讼，未起诉销售者，侵权产品制造地与销售地不一致的，制造地人民法院有管辖权；以制造者与销售者为共同被告起诉的，销售地人民法院有管辖权。

销售者是制造者分支机构，原告在销售地起诉侵权产品制造者制造、销售行为的，销售地人民法院有管辖权。

《最高人民法院关于审理植物新品种纠纷案件若干问题的解释》（法释〔2001〕5号 2020年12月29日修正）

第4条 以侵权行为地确定人民法院管辖的侵害植物新品种权的民事案件，其所称的侵权行为地，是指未经品种权所有人许可，生产、繁殖或者销售该授权植物新品种的繁殖材料的所在地，或者为商业目的将该授权品种的繁殖材料重复使用于生产另一品种的繁殖材料的所在地。

《最高人民法院关于审理涉及计算机网络域名民事纠纷案件适用法律若干问题的解释》（法释〔2001〕24号 2020年12月29日修正）

第2条 涉及域名的侵权纠纷案件，

由侵权行为地或者被告住所地的中级人民法院管辖。对难以确定侵权行为地和被告住所地的,原告发现该域名的计算机终端等设备所在地可以视为侵权行为地。

涉外域名纠纷案件包括当事人一方或者双方是外国人、无国籍人、外国企业或组织、国际组织,或者域名注册地在外国的域名纠纷案件。在中华人民共和国领域内发生的涉外域名纠纷案件,依照民事诉讼法第四编的规定确定管辖。

❸ 证券虚假陈述侵权纠纷管辖的相关规定
《最高人民法院关于审理证券市场虚假陈述侵权民事赔偿案件的若干规定》(法释〔2022〕2号 2022年1月21日)

第3条 证券虚假陈述侵权民事赔偿案件,由发行人住所地的省、自治区、直辖市人民政府所在的市、计划单列市和经济特区中级人民法院或者专门人民法院管辖。《最高人民法院关于证券纠纷代表人诉讼若干问题的规定》等对管辖另有规定的,从其规定。

省、自治区、直辖市高级人民法院可以根据本辖区的实际情况,确定管辖第一审证券虚假陈述侵权民事赔偿案件的其他中级人民法院,报最高人民法院备案。

❹ 铁路运输人身损害赔偿纠纷管辖的相关规定
《最高人民法院关于审理铁路运输人身损害赔偿纠纷案件适用法律若干问题的解释》(法释〔2021〕19号 2021年12月8日)

第3条 赔偿权利人要求对方当事人承担侵权责任的,由事故发生地、列车最先到达地或者被告住所地铁路运输法院管辖。

前款规定的地区没有铁路运输法院的,由高级人民法院指定的其他人民法院管辖。

❺ 环境民事公益诉讼管辖的相关规定
《最高人民法院关于审理环境民事公益诉讼案件适用法律若干问题的解释》(法释〔2015〕1号 2020年12月29日修正)

第6条 第一审环境民事公益诉讼案件由污染环境、破坏生态行为发生地、损害结果地或者被告住所地的中级以上人民法院管辖。

中级人民法院认为确有必要的,可以在报请高级人民法院批准后,裁定将本院管辖的第一审环境民事公益诉讼案件交由基层人民法院审理。

同一原告或者不同原告对同一污染环境、破坏生态行为分别向两个以上有管辖权的人民法院提起环境民事公益诉讼的,由最先立案的人民法院管辖,必要时由共同上级人民法院指定管辖。

最高院裁判观点

1. 华泰保险公司某分公司诉李某、天安保险公司某支公司保险人代位求偿权纠纷案
【最高人民法院指导案例25号】

根据《保险法》第六十条的规定,保险人的代位求偿权是指保险人依法享有的、代位行使被保险人向造成保险标的损害负有赔偿责任的第三者请求赔偿的权利。保险人代位求偿权源于法律的直接规定,属于保险人的法定权利,并非基于保险合同而产生的约定权利。因第三者对保险标的的损害造成保险事故,保险人向被保险人赔偿保险金后,代位行使被保险人对第三者请求赔偿的权利而提起诉讼的,应根据保险人所代位的被保险人与第三者之间的法律关系确定管辖法院。第三者侵害被保险人合法权益,因侵权行为提起的诉讼，依据《民事诉讼法》第二十八条[16]的规定，由侵权行为地或者被告住所地法院管辖，而不适用财产保险合同纠纷管辖的规定，不应以保险标的物所在地作为管辖依据。本案中，第三者实施了道路交通侵权行为，造成保险事故，被保险人对第三者有侵权损害赔偿请求权；保险人行使代位权起诉第三者的，应当由侵权行为地或者被告住所地法院管辖。

2. 北京市某环境研究所、中华环保联合会与中石油公司、中石油公司吉林分公司环境污染公益诉讼案【（2018）最高法民再177号】

《民事诉讼法》第二十八条[17]规定，"因侵权行为提起的诉讼，由侵权行为地或者被告住所地人民法院管辖。"《环境民事公益诉讼司法解释》第六条规定，"第一审环境民事公益诉讼案件由污染环境、破坏生态行为发生地、损害结果地或者被告住所地的中级以上人民法院管辖。"根据上述规定，中石油公司住所地北京市第四中级人民法院，中石油吉林分公司住所地及污染行为发生地、损害结果地吉林省松原市中级人民法院均享有本案的管辖权。

本案系环境民事公益诉讼案件。环境民事公益诉讼的核心目标是促进受损生态环境的修复，应当贯彻恢复性司法理念，遵循一定特殊审理规则。主要体现在，人民法院需要在受理案件后的第一时间到污染场地进行实地勘察，深入了解生态环境受到损害的事实，并就是否应采取证据保全、行为保全等相关措施做出初步判断，以避免污染的持续和扩大；需要向当地负有环境保护监督管理职责的相关部门通报案件受理信息，提供环境行政执法线索，推动行政执法及时启动；需要通过发布受理公告，与人民陪审员共同组成合议庭公开开庭审理案件等方式，保障社会公众，特别是污染场地周边群众对环境公益诉讼的知情权、参与权和监督权；需要就案件证据调取、损害评估、修复方案确定和第三方机构引入等工作与相关部门进行沟通衔接。裁判生效后，人民法院还需要对生态环境修复工作进行一定监督，以确保判决污染者承担的修复费用用于生态环境保护。鉴于环境公益诉讼案件的审理与所保护的生态环境具有紧密联系，由远离污染行为地、损害结果地的人民法院管辖不便于案件的审理，不利于受损生态环境得到及时、有效修复，难以实现环境公益诉讼促进生态环境修复的核心目标。本案北京市某环境研究所、中华环保联合会所诉污染行为系由住所地位于吉林省松原市的中石油吉林分公司实施，污染场地集中于吉林省松原市辖区，主要诉讼请求为清除污染、修复环境等。本院认为，根据环境民事公益诉讼的特殊性和本案实际情况，本案由吉林省松原市中级人民法院审理，便于人民法院审理和当事人诉讼，有利于准确查明案件事实、依法判定当事人责任、促进受损生态环境的有效修复。

第三十条　交通事故损害赔偿纠纷的地域管辖

因铁路、公路、水上和航空事故请求损害赔偿提起的诉讼，由事故发生地或者车辆、船舶最先到达

---

[16]《民事诉讼法》（2023年修正）第29条。
[17] 同上。

第三十一条 海事损害事故赔偿纠纷的地域管辖

因船舶碰撞或者其他海事损害事故请求损害赔偿提起的诉讼，由碰撞发生地、碰撞船舶最先到达地、加害船舶被扣留地或者被告住所地人民法院管辖。

相关规定

◎法　律

《海事诉讼特别程序法》（1999年12月25日）

第6条　海事诉讼的地域管辖，依照《中华人民共和国民事诉讼法》的有关规定。

下列海事诉讼的地域管辖，依照以下规定：

（一）因海事侵权行为提起的诉讼，除依照《中华人民共和国民事诉讼法》第二十九条至第三十一条的规定以外，还可以由船籍港所在地海事法院管辖；

（二）因海上运输合同纠纷提起的诉讼，除依照《中华人民共和国民事诉讼法》第二十八条的规定以外，还可以由转运港所在地海事法院管辖；

（三）因海船租用合同纠纷提起的诉讼，由交船港、还船港、船籍港所在地、被告住所地海事法院管辖；

（四）因海上保赔合同纠纷提起的诉讼，由保赔标的物所在地、事故发生地、被告住所地海事法院管辖；

（五）因海船的船员劳务合同纠纷提起的诉讼，由原告住所地、合同签订地、船员登船港或者离船港所在地、被告住所地海事法院管辖；

（六）因海事担保纠纷提起的诉讼，由担保物所在地、被告住所地海事法院管辖；因船舶抵押纠纷提起的诉讼，还可以由船籍港所在地海事法院管辖；

（七）因海船的船舶所有权、占有权、使用权、优先权纠纷提起的诉讼，由船舶所在地、船籍港所在地、被告住所地海事法院管辖。

◎司法解释及文件

《最高人民法院关于适用〈中华人民共和国海事诉讼特别程序法〉若干问题的解释》（法释〔2003〕3号　2008年12月16日调整）

第6条　海事诉讼特别程序法第六条第二款（四）项的保赔标的物所在地指保赔船舶的所在地。

《最高人民法院关于审理发生在我国管辖海域相关案件若干问题的规定（一）》（法释〔2016〕16号　2016年8月1日）

第5条　因在我国管辖海域内发生海损事故，请求损害赔偿提起的诉讼，由管辖该海域的海事法院、事故船舶最先到达地的海事法院、船舶被扣押地或者被告住所地海事法院管辖。

因在公海等我国管辖海域外发生海损事故，请求损害赔偿在我国法院提起的诉讼，由事故船舶最先到达地、船舶被扣押地或者被告住所地海事法院管辖。

事故船舶为中华人民共和国船舶的，还可以由船籍港所在地海事法院管辖。

第6条　在我国管辖海域内，因海上航运、渔业生产及其他海上作业造成污染，破坏海洋生态环境，请求损害赔偿提起的诉讼，由管辖该海域的海事法院管辖。

污染事故发生在我国管辖海域外，对我国管辖海域造成污染或污染威胁，请求损害赔偿或者预防措施费用提起的诉讼，由管辖该海域的海事法院或采取预防措施地的海事法院管辖。

第三十二条　海难救助费用纠纷的地域管辖

因海难救助费用提起的诉讼，由救助地或者被救助船舶最先到达地人民法院管辖。

▶ 相关规定

◎司法解释及文件

《最高人民法院关于适用〈中华人民共和国海事诉讼特别程序法〉若干问题的解释》（法释〔2003〕3号　2008年12月16日调整）

第9条　因海难救助费用提起的诉讼，除依照民事诉讼法第三十二条的规定确定管辖外，还可以由被救助的船舶以外的其他获救财产所在地的海事法院管辖。

第三十三条　共同海损纠纷的地域管辖

因共同海损提起的诉讼，由船舶最先到达地、共同海损理算地或者航程终止地的人民法院管辖。

▶ 条文注解

共同海损，是指海上运输中，船舶以及所载的货物遭遇海难等意外事故时，为了避免共同危险而有意地、合理地作出特殊的物质牺牲和支付的特殊费用。例如，为灭火而引海水入舱；为避免全船覆没而将全部或部分货物抛进大海；为进行船舶紧急修理而自动搁浅等。共同海损的牺牲和费用经过清算，由有关各方按比例分担。如果共同海损的全体受益人对共同海损的构成与否及分担比例等问题发生争议而诉诸法院，这就是共同海损诉讼。

▶ 相关规定

◎法　律

《海商法》（1992年11月7日）

第196条　提出共同海损分摊请求的一方应当负举证责任，证明其损失应当列入共同海损。

《海事诉讼特别程序法》（1999年12月25日）

第90条　当事人可以不受因同一海损事故提起的共同海损诉讼程序的影响，就非共同海损损失向责任人提起诉讼。

第三十四条　专属管辖

下列案件，由本条规定的人民法院专属管辖：

（一）因不动产纠纷提起的诉讼，由不动产所在地人民法院管辖；

（二）因港口作业中发生纠纷提起的诉讼，由港口所在地人民法院管辖；

（三）因继承遗产纠纷提起的诉讼，由被继承人死亡时住所地或者主要遗产所在地人民法院管辖。

▶ 条文注解

1. 专属管辖，是指对某些特定类型的案件，法律强制规定只能由特定的人民法院行使管辖权。专属管辖是排斥其他类型的法定管辖，也排斥协议管辖的管辖制度。

2. 如果主要遗产是不动产，应当按照遗产纠纷来确定管辖法院，即此类案件由被继承人死亡时住所地或者主要遗产所在地人民法院确定管辖法院，而不是作为不动产纠纷来确定管辖法院。

相关规定

◎法　律

《海事诉讼特别程序法》（1999 年 12 月 25 日）

第 7 条　下列海事诉讼，由本条规定的海事法院专属管辖：

（一）因沿海港口作业纠纷提起的诉讼，由港口所在地海事法院管辖；

（二）因船舶排放、泄漏、倾倒油类或者其他有害物质，海上生产、作业或者拆船、修船作业造成海域污染损害提起的诉讼，由污染发生地、损害结果地或者采取预防污染措施地海事法院管辖；

（三）因在中华人民共和国领域和有管辖权的海域履行的海洋勘探开发合同纠纷提起的诉讼，由合同履行地海事法院管辖。

◎司法解释及文件

《最高人民法院关于适用〈中华人民共和国民事诉讼法〉的解释》（法释〔2022〕11 号　2022 年 4 月 1 日修正）

第 28 条　民事诉讼法第三十四条第一项规定的不动产纠纷是指因不动产的权利确认、分割、相邻关系等引起的物权纠纷。

农村土地承包经营合同纠纷、房屋租赁合同纠纷、建设工程施工合同纠纷、政策性房屋买卖合同纠纷，按照不动产纠纷确定管辖。

不动产已登记的，以不动产登记簿记载的所在地为不动产所在地；不动产未登记的，以不动产实际所在地为不动产所在地。

最高院裁判观点

任某与汪某离婚后财产纠纷案【（2020）最高法民辖 14 号】

裁判要旨：本案系双方当事人协议离婚时达成财产分割协议，离婚后因履行财产分割协议发生纠纷，属于因离婚这一人身关系事项而引发的财产分配事宜的纠纷，为离婚后财产纠纷，属于婚姻家庭纠纷的范畴，应按照婚姻家庭纠纷管辖原则确定管辖法院，即依照《民事诉讼法》第二十一条[18]一般地域管辖的规定处理，对公民提起的民事诉讼，由被告住所地人民法院管辖。我国《民事诉讼法》第三十三条[19]规定的不动产纠纷是指因不动产的权利确认、分割、相邻关系等引起的物权纠纷。即使离婚后财产分配涉及不动产，由于离婚后财产纠纷不属于物权纠纷，不应适用不动产专属管辖。

第三十五条　协议管辖

合同或者其他财产权益纠纷的当事人可以书面协议选择被告住所地、合同履行地、合同签订地、原告住所地、标的物所在地等与争议有实际联系的地点的人民法院管辖，但不得违反本法对级别管辖和专属管辖的规定。

条文注解

当事人协议选择管辖法院应当符合以下条件：

1. 只有合同或者其他财产权益纠纷的双方当事人可以协议选择管辖法院，因身份关系产生的民事纠纷的当事人不能协议

---

[18]《民事诉讼法》（2023 年修正）第 22 条。
[19]《民事诉讼法》（2023 年修正）第 34 条。

选择管辖法院。

2. 可以协议选择的法院应当是被告住所地、合同履行地、合同签订地、原告住所地、标的物所在地等与争议有实际联系的地点的人民法院。在实践中，"与争议有实际联系的地点"除了被告住所地、合同履行地、合同签订地、原告住所地、标的物所在地外，还包括侵犯物权或者知识产权等财产权益的行为发生地等。

3. 协议选择管辖法院不得违反本法对级别管辖和专属管辖的规定。

4. 当事人协议管辖应当采用书面形式。

相关规定

◎法　律

《海事诉讼特别程序法》（2020年7月1日）

第8条　海事纠纷的当事人都是外国人、无国籍人、外国企业或者组织，当事人书面协议选择中华人民共和国海事法院管辖的，即使与纠纷有实际联系的地点不在中华人民共和国领域内，中华人民共和国海事法院对该纠纷也具有管辖权。

◎司法解释及文件

《最高人民法院关于适用〈中华人民共和国民事诉讼法〉的解释》（法释〔2022〕11号　2022年4月1日修正）

第29条　民事诉讼法第三十五条规定的书面协议，包括书面合同中的协议管辖条款或者诉讼前以书面形式达成的选择管辖的协议。

第30条　根据管辖协议，起诉时能够确定管辖法院的，从其约定；不能确定的，依照民事诉讼法的相关规定确定管辖。

管辖协议约定两个以上与争议有实际联系的地点的人民法院管辖，原告可以向其中一个人民法院起诉。

第31条　经营者使用格式条款与消费者订立管辖协议，未采取合理方式提请消费者注意，消费者主张管辖协议无效的，人民法院应予支持。

第32条　管辖协议约定由一方当事人住所地人民法院管辖，协议签订后当事人住所地变更的，由签订管辖协议时的住所地人民法院管辖，但当事人另有约定的除外。

第33条　合同转让的，合同的管辖协议对合同受让人有效，但转让时受让人不知道有管辖协议，或者转让协议另有约定且原合同相对人同意的除外。

第34条　当事人因同居或者在解除婚姻、收养关系后发生财产争议，约定管辖的，可以适用民事诉讼法第三十五条规定确定管辖。

《民事诉讼程序繁简分流改革试点问答口径（二）》（法〔2020〕272号　2020年10月23日）

八、当事人申请司法确认能否约定选择管辖法院？

答：协议管辖是一种诉讼管辖规则，不适用于特别程序案件。因此，司法确认案件不能协议约定管辖，当事人应当严格按照《实施办法》第四条的规定，向有管辖权的人民法院提出申请。

最高院裁判观点

1. 广州某网络科技有限公司与某游戏有限公司计算机软件著作权许可合同纠纷案【（2020）最高法知辖终190号】

裁判要旨： 合同纠纷的当事人违反专属管辖规定订立的协议管辖条款无效。原告因与计算机软件相关的知识产权合同纠纷提起的诉讼，合同在内地签订或履行，作为涉港一方当事人的被告在内地设有代表机构的，具有专属管辖权的合同签订地、合同履行地、代表机构住所地人民法院均具有管辖权，原告可择其一提起诉讼。程序法意义上的合同履行地是当事人根据合同约定或者法律规定履行合同义务的地点，该义务与合同本质特征相关。对计算机软件著作权许可使用合同而言，其合同本质特征是相关知识产权的对价实施，即便能够与合同相关的文件接收、寄送行为确定为实体法意义上的随附义务，该文件接收、寄送联系人所在地亦不能视为合同履行地。

2. 某集团有限公司与某发展有限公司等合同纠纷案【《最高人民法院公报》2022年第2期】

裁判要旨：当事人在合同中约定，双方发生与合同有关的争议，既可以向人民法院起诉，也可以向仲裁机构申请仲裁的，当事人关于仲裁的约定无效。但发生纠纷后，一方当事人向仲裁机构申请仲裁，另一方未提出异议并实际参加仲裁的，应视为双方就通过仲裁方式解决争议达成了合意。其后双方就同一合同有关争议又向人民法院起诉的，人民法院不予受理；已经受理的，应裁定驳回起诉。

第三十六条 共同管辖

两个以上人民法院都有管辖权的诉讼，原告可以向其中一个人民法院起诉；原告向两个以上有管辖权的人民法院起诉的，由最先立案的人民法院管辖。

条文注解

在几个人民法院对同一案件都有管辖权的情况下，就形成了管辖权的冲突。解决管辖权冲突的最主要的办法是赋予原告选择权，原告可以向其中任一法院起诉。如果原告向两个以上有管辖权的人民法院起诉，由最先立案的人民法院管辖。

相关规定

◎司法解释及文件

《最高人民法院关于适用〈中华人民共和国民事诉讼法〉的解释》（法释〔2022〕11号 2022年4月1日修正）

第36条 两个以上人民法院都有管辖权的诉讼，先立案的人民法院不得将案件移送给另一个有管辖权的人民法院。人民法院在立案前发现其他有管辖权的人民法院已先立案的，不得重复立案；立案后发现其他有管辖权的人民法院已先立案的，裁定将案件移送给先立案的人民法院。

《最高人民法院关于审理劳动争议案件适用法律问题的解释（一）》（法释〔2020〕26号 2020年12月29日）

第4条 劳动者与用人单位均不服劳动争议仲裁机构的同一裁决，向同一人民法院起诉的，人民法院应当并案审理，双方当事人互为原告和被告，对双方的诉讼请求，人民法院应当一并作出裁决。在诉讼过程中，一方当事人撤诉的，人民法院应当根据另一方当事人的诉讼请求继续审理。双方当事人就同一仲裁裁决分别向有管辖权的人民法院起诉的，后受理的人民法院应当将案件移送给先受理的人民法院。

最高院裁判观点

苏某诉中铁十五局某公司民间借贷纠纷案【（2018）最高法民辖终73号】

裁判要旨：民事案件的地域管辖根据当事人提起的诉讼确定，本案原告以合同纠纷提起诉讼，应适用《民事诉讼法》关于合同纠纷的相关规定确定管辖法院。原告苏某诉称其与被告中铁十五局某公司昆明分公司有民间借贷合同。另一被告中铁十五局某公司的住所地虽在上海市某区，但并不是只有其住所地人民法院对本案才有管辖权,根据《民事诉讼法》第三十五条[20]之规定,两个以上人民法院都有管辖权的诉讼,原告可以向其中一个人民法院起诉。

第三节 移送管辖和指定管辖

第三十七条 移送管辖

人民法院发现受理的案件不属于本院管辖的,应当移送有管辖权的人民法院,受移送的人民法院应当受理。受移送的人民法院认为受移送的案件依照规定不属于本院管辖的,应当报请上级人民法院指定管辖,不得再自行移送。

条文注解

移送管辖有两种:一是同级人民法院之间的移送管辖,它属于地域管辖的范围。二是上下级人民法院间的移送,它属于级别管辖方面的移送。

相关规定

◎司法解释及文件

《最高人民法院关于适用〈中华人民共和国民事诉讼法〉的解释》(法释〔2022〕11号 2022年4月1日修正)

第35条 当事人在答辩期间届满后未应诉答辩,人民法院在一审开庭前,发现案件不属于本院管辖的,应当裁定移送有管辖权的人民法院。

第36条 两个以上人民法院都有管辖权的诉讼,先立案的人民法院不得将案件移送给另一个有管辖权的人民法院。人民法院在立案前发现其他有管辖权的人民法院已先立案的,不得重复立案;立案后发现其他有管辖权的人民法院已先立案的,裁定将案件移送给先立案的人民法院。

第37条 案件受理后,受诉人民法院的管辖权不受当事人住所地、经常居住地变更的影响。

第38条 有管辖权的人民法院受理案件后,不得以行政区域变更为由,将案件移送给变更后有管辖权的人民法院。判决后的上诉案件和依审判监督程序提审的案件,由原审人民法院的上级人民法院进行审判;上级人民法院指令再审、发回重审的案件,由原审人民法院再审或者重审。

第39条 人民法院对管辖异议审查后确定有管辖权的,不因当事人提起反诉、增加或者变更诉讼请求等改变管辖,但违反级别管辖、专属管辖规定的除外。

人民法院发回重审或者按第一审程序再审的案件,当事人提出管辖异议的,人民法院不予审查。

第211条 对本院没有管辖权的案件,告知原告向有管辖权的人民法院起诉;原告坚持起诉的,裁定不予受理;立案后发现本院没有管辖权的,应当将案件移送有管辖权的人民法院。

第329条 人民法院依照第二审程序审理案件,认为第一审人民法院受理案件违反专属管辖规定的,应当裁定撤销原裁判并移送有管辖权的人民法院。

《关于规范上下级人民法院审判业务关系的若干意见》(法发〔2010〕61号 2010年12月28日)

第3条 基层人民法院和中级人民法院对于已经受理的下列第一审案件,必要

---

[20] 《民事诉讼法》(2023年修正)第36条。

时可以根据相关法律规定,书面报请上一级人民法院审理:

(一)重大、疑难、复杂案件;

(二)新类型案件;

(三)具有普遍法律适用意义的案件;

(四)有管辖权的人民法院不宜行使审判权的案件。

第4条 上级人民法院对下级人民法院提出的移送审理请求,应当及时决定是否自己审理,并下达同意移送决定书或者不同意移送决定书。

第5条 上级人民法院认为下级人民法院管辖的第一审案件,属于本意见第三条所列类型,有必要由自己审理的,可以决定提级管辖。

《最高人民法院关于审理因垄断行为引发的民事纠纷案件应用法律若干问题的规定》(法释〔2012〕5号 2020年12月29日修正)

第5条 民事纠纷案件立案时的案由并非垄断纠纷,被告以原告实施了垄断行为为由提出抗辩或者反诉且有证据支持,或者案件需要依据反垄断法作出裁判,但受诉人民法院没有垄断民事纠纷案件管辖权的,应当将案件移送有管辖权的人民法院。

《最高人民法院关于军事法院管辖民事案件若干问题的规定》(法释〔2012〕11号 2020年12月29日修正)

第5条 军事法院发现受理的民事案件属于地方人民法院管辖的,应当移送有管辖权的地方人民法院,受移送的地方人民法院应当受理。地方人民法院认为受移送的案件不属于本院管辖的,应当报请上级地方人民法院处理,不得再自行移送。

地方人民法院发现受理的民事案件属于军事法院管辖的,参照前款规定办理。

第三十八条 指定管辖

有管辖权的人民法院由于特殊原因,不能行使管辖权的,由上级人民法院指定管辖。

人民法院之间因管辖权发生争议,由争议双方协商解决;协商解决不了的,报请它们的共同上级人民法院指定管辖。

▎条文注解

指定管辖的三种主要情形:

1. 受移送的人民法院认为移送来的案件不属于本院管辖时,报请上级法院指定管辖。由上级人民法院指定本辖区内的其他法院管辖。

2. 有管辖权的人民法院由于特殊原因,不能行使管辖权的,由上级人民法院指定管辖。这里的"由于特殊原因,不能行使管辖权"是指由于法律上或者事实上的原因,致使按法律规定受诉的人民法院无法或者难以行使管辖权。

3. 人民法院之间因管辖权发生争议,由争议双方协商解决;协商解决不了的,报请它们的共同上级人民法院指定管辖。

▎相关规定

◎**法　律**

《海事诉讼特别程序法》(1999年12月25日)

第10条 海事法院与地方人民法院之间因管辖权发生争议,由争议双方协商解决;协商解决不了的,报请他们的共同上级人民法院指定管辖。

◎**司法解释及文件**

《最高人民法院关于适用〈中华人民共和国民事诉讼法〉的解释》(法释〔2022〕11号 2022年4月1日修正)

第40条 依照民事诉讼法第三十八

条第二款规定，发生管辖权争议的两个人民法院因协商不成报请它们的共同上级人民法院指定管辖时，双方同属一个地、市辖区的基层人民法院的，由该地、市的中级人民法院及时指定管辖；同属一个省、自治区、直辖市的两个人民法院的，由该省、自治区、直辖市的高级人民法院及时指定管辖；双方为跨省、自治区、直辖市的人民法院，高级人民法院协商不成的，由最高人民法院及时指定管辖。

依照前款规定报请上级人民法院指定管辖时，应当逐级进行。

第 41 条 人民法院依照民事诉讼法第三十八条第二款规定指定管辖的，应当作出裁定。

对报请上级人民法院指定管辖的案件，下级人民法院应当中止审理。指定管辖裁定作出前，下级人民法院对案件作出判决、裁定的，上级人民法院应当在裁定指定管辖的同时，一并撤销下级人民法院的判决、裁定。

《最高人民法院关于对与证券交易所监管职能相关的诉讼案件管辖与受理问题的规定》（法释〔2005〕1号　2020年12月29日修正）

一、根据《中华人民共和国民事诉讼法》第三十七条[21]和《中华人民共和国行政诉讼法》第二十三条的有关规定，指定上海证券交易所和深圳证券交易所所在地的中级人民法院分别管辖以上海证券交易所和深圳证券交易所为被告或第三人的与证券交易所监管职能相关的第一审民事和行政案件。

《最高人民法院关于适用〈中华人民共和国企业破产法〉若干问题的规定（二）》（法释〔2013〕22号　2020年12月29日修正）

第 47 条 人民法院受理破产申请后，当事人提起的有关债务人的民事诉讼案件，应当依据企业破产法第二十一条的规定，由受理破产申请的人民法院管辖。

受理破产申请的人民法院管辖的有关债务人的第一审民事案件，可以依据民事诉讼法第三十八条[22]的规定，由上级人民法院提审，或者报请上级人民法院批准后交下级人民法院审理。

受理破产申请的人民法院，如对有关债务人的海事纠纷、专利纠纷、证券市场因虚假陈述引发的民事赔偿纠纷等案件不能行使管辖权的，可以依据民事诉讼法第三十七条[23]的规定，由上级人民法院指定管辖。

《关于推进破产案件依法高效审理的意见》（法发〔2020〕14号　2020年4月15日）

4. 根据《全国法院破产审判工作会议纪要》第38条的规定，需要由一家人民法院集中管辖多个关联企业非实质合并破产案件，相关人民法院之间就管辖发生争议的，应当协商解决。协商不成的，由双方逐级报请上级人民法院协调处理，必要时报请共同的上级人民法院。请求上级人民法院协调处理的，应当提交已经进行协商的有关说明及材料。经过协商、协调，发生争议的人民法院达成一致意见的，应当形成书面纪要，双方遵照执行。其中有关事项依法需报请共同的上级人民法院作出裁定或者批准的，按照有关规定办理。

---

[21]《民事诉讼法》（2023年修正）第38条。
[22]《民事诉讼法》（2023年修正）第39条。
[23]《民事诉讼法》（2023年修正）第38条。

《最高人民法院关于审理铁路运输人身损害赔偿纠纷案件适用法律若干问题的解释》(法释〔2021〕19号 2021年12月8日)

第3条 赔偿权利人要求对方当事人承担侵权责任的,由事故发生地、列车最先到达地或者被告住所地铁路运输法院管辖。

前款规定的地区没有铁路运输法院的,由高级人民法院指定的其他人民法院管辖。

《最高人民法院关于军事法院管辖民事案件若干问题的规定》(法释〔2012〕11号 2020年12月29日修正)

第6条 军事法院与地方人民法院之间因管辖权发生争议,由争议双方协商解决;协商不成的,报请各自的上级法院协商解决;仍然协商不成的,报请最高人民法院指定管辖。

最高院裁判观点

首某集团公司、宝某实业公司申请首钢宝业公司强制清算案【(2018)最高法民辖164号】

裁判要旨:北京市石景山区人民法院在审理中得知河北省乐亭县人民法院于2017年11月22日受理了对首某宝某公司的强制清算案件后,根据《民事诉讼法》第三十七条[24]第二款的规定,向乐亭县法院发函协商,双方协商未果后,逐级报请上级法院指定管辖。最高人民法院经审理认为:《最高人民法院关于适用〈中华人民共和国公司法〉若干问题的规定(二)》第二十四条第一款规定,"解散公司诉讼案件和公司清算案件由公司住所地人民法院管辖。公司住所地是指公司主要办事机构所在地。公司办事机构所在地不明确的,由其注册地人民法院管辖。"根据现有事实,可以认定首某宝某公司的主要办事机构所在地位于北京市石景山区金顶街今时宾馆,故本案应由北京市石景山区人民法院受理。

第三十九条 管辖权的转移

上级人民法院有权审理下级人民法院管辖的第一审民事案件;确有必要将本院管辖的第一审民事案件交下级人民法院审理的,应当报请其上级人民法院批准。

下级人民法院对它所管辖的第一审民事案件,认为需要由上级人民法院审理的,可以报请上级人民法院审理。

相关规定

◎司法解释及文件

《最高人民法院关于适用〈中华人民共和国民事诉讼法〉的解释》(法释〔2022〕11号 2022年4月1日修正)

第42条 下列第一审民事案件,人民法院依照民事诉讼法第三十九条第一款规定,可以在开庭前交下级人民法院审理:

(一)破产程序中有关债务人的诉讼案件;

(二)当事人人数众多且不方便诉讼的案件;

(三)最高人民法院确定的其他类型案件。

人民法院交下级人民法院审理前,应当报请其上级人民法院批准。上级人民法院批准后,人民法院应当裁定将案件交下级人民法院审理。

---

[24]《民事诉讼法》(2023年修正)第38条。

《最高人民法院关于调整高级人民法院和中级人民法院管辖第一审民商事案件标准的通知》（法发〔2015〕7 号 2015 年 4 月 30 日）

五、对重大疑难、新类型和在适用法律上有普遍意义的案件，可以依照民事诉讼法第三十八条[25]的规定，由上级人民法院自行决定由其审理，或者根据下级人民法院报请决定由其审理。

《最高人民法院关于调整地方各级人民法院管辖第一审知识产权民事案件标准的通知》（法发〔2010〕5 号 2010 年 1 月 28 日）

四、对重大疑难、新类型和在适用法律上有普遍意义的知识产权民事案件，可以依照民事诉讼法第三十九条[26]的规定，由上级人民法院自行决定由其审理，或者根据下级人民法院报请决定由其审理。

《最高人民法院关于加强和规范案件提级管辖和再审提审工作的指导意见》（法发〔2023〕13 号 2023 年 7 月 28 日）

二、完善提级管辖机制

第 4 条 下级人民法院对已经受理的第一审刑事、民事、行政案件，认为属于下列情形之一，不宜由本院审理的，应当报请上一级人民法院审理：

（一）涉及重大国家利益、社会公共利益的；

（二）在辖区内属于新类型，且案情疑难复杂的；

（三）具有诉源治理效应，有助于形成示范性裁判，推动同类纠纷统一、高效、妥善化解的；

（四）具有法律适用指导意义的；

（五）上一级人民法院或者其辖区内人民法院之间近三年裁判生效的同类案件存在重大法律适用分歧的；

（六）由上一级人民法院一审更有利于公正审理的。

上级人民法院对辖区内人民法院已经受理的第一审刑事、民事、行政案件，认为属于上述情形之一，有必要由本院审理的，可以决定提级管辖。

第 5 条 "在辖区内属于新类型，且案情疑难复杂的"案件，主要指案件所涉领域、法律关系、规制范围等在辖区内具有首案效应或者相对少见，在法律适用上存在难点和争议。

"具有诉源治理效应，有助于形成示范性裁判，推动同类纠纷统一、高效、妥善化解的"案件，是指案件具有示范引领价值，通过确立典型案件的裁判规则，能够对处理类似纠纷形成规范指引，引导当事人作出理性选择，促进批量纠纷系统化解，实现纠纷源头治理。

"具有法律适用指导意义的"案件，是指法律、法规、司法解释、司法指导性文件等没有明确规定，需要通过典型案件裁判进一步明确法律适用；司法解释、司法指导性文件、指导性案例发布时所依据的客观情况发生重大变化，继续适用有关规则审理明显有违公平正义。

"由上一级人民法院一审更有利于公正审理的"案件，是指案件因所涉领域、主体、利益等因素，可能受地方因素影响或者外部干预，下级人民法院不宜行使管辖权。

第 6 条 下级人民法院报请上一级人民法院提级管辖的案件，应当经本院院长或者分管院领导批准，以书面形式请示。请示应当包含案件基本情况、报请提级管辖

---

[25]《民事诉讼法》（2023 年修正）第 38 条。
[26]《民事诉讼法》（2023 年修正）第 40 条。

的事实和理由等内容，并附必要的案件材料。

第 7 条　民事、行政第一审案件报请提级管辖的，应当在当事人答辩期届满后，至迟于案件法定审理期限届满三十日前向上一级人民法院报请。

刑事第一审案件报请提级管辖的，应当至迟于案件法定审理期限届满十五日前向上一级人民法院报请。

第 8 条　上一级人民法院收到案件报请提级管辖的请示和材料后，由立案庭编立"辖"字号，转相关审判庭组成合议庭审查。上一级人民法院应当在编立案号之日起三十日内完成审查，但法律和司法解释对审查时限另有规定的除外。

合议庭经审查并报本院院长或者分管院领导批准后，根据本意见所附诉讼文书样式，作出同意或者不同意提级管辖的法律文书。相关法律文书一经作出即生效。

第 9 条　上级人民法院根据本意见第二十一条规定的渠道，发现下级人民法院受理的第一审案件可能需要提级管辖的，可以及时与相关人民法院沟通，并书面通知提供必要的案件材料。

上级人民法院认为案件应当提级管辖的，经本院院长或者分管院领导批准后，根据本意见所附诉讼文书样式，作出提级管辖的法律文书。

第 10 条　上级人民法院作出的提级管辖法律文书，应当载明以下内容：

（一）案件基本信息；

（二）本院决定提级管辖的理由和分析意见。

上级人民法院不同意提级管辖的，应当在相关法律文书中载明理由和分析意见。

第 11 条　上级人民法院决定提级管辖的，应当在作出法律文书后五日内，将法律文书送原受诉人民法院。原受诉人民法院收到提级管辖的法律文书后，应当在五日内送达当事人，并在十日内将案卷材料移送上级人民法院。上级人民法院应当在收到案卷材料后五日内立案。对检察机关提起公诉的案件，上级人民法院决定提级管辖的，应当书面通知同级人民检察院，原受诉人民法院应当将案卷材料退回同级人民检察院，并书面通知当事人。

上级人民法院决定不予提级管辖的，应当在作出法律文书后五日内，将法律文书送原受诉人民法院并退回相关案卷材料。案件由原受诉人民法院继续审理。

第 12 条　上级人民法院决定提级管辖的案件，应当依法组成合议庭适用第一审普通程序审理。

原受诉人民法院已经依法完成的送达、保全、鉴定等程序性工作，上级人民法院可以不再重复开展。

第 13 条　中级人民法院、高级人民法院决定提级管辖的案件，应当报上一级人民法院立案庭备案。

第 14 条　按照本意见提级管辖的案件，审理期限自上级人民法院立案之日起重新计算。

下级人民法院向上级人民法院报送提级管辖请示的期间和上级人民法院审查处理期间，均不计入案件审理期限。

对依报请不同意提级管辖的案件，自原受诉人民法院收到相关法律文书之日起恢复案件审限计算。

三、规范民事、行政再审提审机制

第 15 条　上级人民法院对下级人民法院已经发生法律效力的民事、行政判决、裁定，认为符合再审条件的，一般应当提审。

对于符合再审条件的民事、行政判决、裁定，存在下列情形之一的，最高人民法院、高级人民法院可以指令原审人民法院再审，或者指定与原审人民法院同级的其他人民法院再审，但法律和司法解释另有规定的除外：

（一）原判决、裁定认定事实的主要证据未经质证的；

（二）对审理案件需要的主要证据，当事人因客观原因不能自行收集，书面申请人民法院调查收集，人民法院未调查收集的；

（三）违反法律规定，剥夺当事人辩论权利的；

（四）发生法律效力的判决、裁定是由第一审法院作出的；

（五）当事人一方人数众多或者当事人双方均为公民的民事案件；

（六）经审判委员会讨论决定的其他情形。

第16条　最高人民法院依法受理的民事、行政申请再审审查案件，除法律和司法解释规定应当提审的情形外，符合下列情形之一的，也应当裁定提审：

（一）在全国有重大影响的；

（二）具有普遍法律适用指导意义的；

（三）所涉法律适用问题在最高人民法院内部存在重大分歧的；

（四）所涉法律适用问题在不同高级人民法院之间裁判生效的同类案件存在重大分歧的；

（五）由最高人民法院提审更有利于案件公正审理的；

（六）最高人民法院认为应当提审的其他情形。

最高人民法院依职权主动发现地方各级人民法院已经发生法律效力的民事、行政判决、裁定确有错误，并且符合前款规定的，应当提审。

第17条　高级人民法院对于本院和辖区内人民法院作出的已经发生法律效力的民事、行政判决、裁定，认为适用法律确有错误，且属于本意见第十六条第一款第一项至第五项所列情形之一的，经本院审判委员会讨论决定后，可以报请最高人民法院提审。

第18条　高级人民法院报请最高人民法院再审提审的案件，应当向最高人民法院提交书面请示，请示应当包括以下内容：

（一）案件基本情况；

（二）本院再审申请审查情况；

（三）报请再审提审的理由；

（四）合议庭评议意见、审判委员会讨论意见；

（五）必要的案件材料。

第19条　最高人民法院收到高级人民法院报送的再审提审请示及材料后，由立案庭编立"监"字号，转相关审判庭组成合议庭审查，并在三个月以内作出下述处理：

（一）符合提审条件的，作出提审裁定；

（二）不符合提审条件的，作出不同意提审的批复。

最高人民法院不同意提审的，应当在批复中说明意见和理由。

第20条　案件报请最高人民法院再审提审的期间和最高人民法院审查处理期间，不计入申请再审审查案件办理期限。

对不同意再审提审的案件，自高级人民法院收到批复之日起，恢复申请再审审查案件的办理期限计算。

《最高人民法院关于第一审知识产权民事、行政案件管辖的若干规定》（法释〔2022〕13号　2022年4月20日）

第4条　对新类型、疑难复杂或者具有法律适用指导意义等知识产权民事、行政案件，上级人民法院可以依照诉讼法有关规定，根据下级人民法院报请或者自行决定提级审理。

确有必要将本院管辖的第一审知识产权民事案件交下级人民法院审理的，应当依照民事诉讼法第三十九条第一款的规定，逐案报请其上级人民法院批准。

第 5 条 依照本规定需要最高人民法院确定管辖或者调整管辖的诉讼标的额标准、区域范围的,应当层报最高人民法院批准。

最高院裁判观点

某建工集团有限公司诉呼和浩特市某村民委员会建设工程施工合同纠纷案【(2018)最高法民辖终 75 号】

裁判要旨:在内蒙古自治区高级人民法院对本案有管辖权的情况下,其应当根据《民事诉讼法》第三十八条[27]和《最高人民法院关于适用〈中华人民共和国民事诉讼法〉的解释》第四十二条的规定,报请其上级人民法院批准后,才能移送下级人民法院。其不能以该案应当与呼和浩特市中级人民法院受理案件合并审理为由,突破级别管辖的规定,未报请上级人民法院批准直接将案件交由下级人民法院审理。

文书范本

民事请示(下级人民法院报请提级管辖用)

关于……(写明当事人及案由)一案报请提级管辖的请示

(××××)……民初……号

××××人民法院:

原告×××与被告×××……(写明案由)一案,本院于××××年××月××日立案。

(基本案情,写明原告诉称、被告辩称等案件基本情况、已经开展的工作、查明的事实等内容以及开庭次数、审理期限、有无延长审限等事项。)

本院认为,……(写明报请提级管辖的事实和理由)。依照《中华人民共和国民事诉讼法》第三十九条第二款的规定,现报请你院提级管辖(××××)……民初……号(写明当事人及案由)一案。

以上请示,请复。

附件:案卷×宗

××××年××月××日
(院印)

文书制作要点提示:

①根据《最高人民法院关于加强和规范案件提级管辖和再审提审工作的指导意见》第 4-5 条,判断是否符合提级管辖的情形。

②请示应当包含案件基本情况、报请提级管辖的事实和理由等内容,并附必要的案件材料。

③民事、行政第一审案件报请提级管辖的,应当在当事人答辩期届满后,至迟于案件法定审理期限届满 30 日前向上一级人民法院报请。

---

[27]《民事诉讼法》(2023 年修正)第 39 条。

第三章 审判组织

第四十条 一审审判组织

人民法院审理第一审民事案件，由审判员、人民陪审员共同组成合议庭或者由审判员组成合议庭。合议庭的成员人数，必须是单数。

适用简易程序审理的民事案件，由审判员一人独任审理。基层人民法院审理的基本事实清楚、权利义务关系明确的第一审民事案件，可以由审判员一人适用普通程序独任审理。

人民陪审员在参加审判活动时，除法律另有规定外，与审判员有同等的权利义务。

条文注解

民事诉讼法 2021 年修正时增加规定了独任制普通程序审理模式。对于基层人民法院审理的"基本事实清楚、权利义务关系明确"的第一审民事案件，可以由审判员一人适用普通程序独任审理，解除独任制与简易程序的严格绑定，推动独任制形式与审判程序灵活精准匹配，适应基层人民法院案件类型多元的工作实际。

实践中，部分案件的核心和关键事实清楚，仅部分事实细节或者关联事实需进一步查实，查明需要经过当事人补充举证质证、评估、鉴定、审计、调查取证等程序环节，耗时较长，这类案件总体上仍为简单案件，并无组成合议庭审理的必要，适宜由独任法官适用普通程序审理。

相关规定

◎法　律

《人民法院组织法》（2018 年 10 月 26 日）

第 29 条　人民法院审理案件，由合议庭或者法官一人独任审理。

合议庭和法官独任审理的案件范围由法律规定。

第 30 条　合议庭由法官组成，或者由法官和人民陪审员组成，成员为三人以上单数。

合议庭由一名法官担任审判长。院长或者庭长参加审理案件时，由自己担任审判长。

审判长主持庭审、组织评议案件，评议案件时与合议庭其他成员权利平等。

第 31 条　合议庭评议案件应当按照多数人的意见作出决定，少数人的意见应当记入笔录。评议案件笔录由合议庭全体组成人员签名。

第 32 条　合议庭或者法官独任审理案件形成的裁判文书，经合议庭组成人员或者独任法官签署，由人民法院发布。

第 33 条　合议庭审理案件，法官对案件的事实认定和法律适用负责；法官独任审理案件，独任法官对案件的事实认定和法律适用负责。

人民法院应当加强内部监督，审判活动有违法情形的，应当及时调查核实，并根据违法情形依法处理。

第 34 条　人民陪审员依照法律规定参加合议庭审理案件。

第 39 条　合议庭认为案件需要提交审判委员会讨论决定的，由审判长提出申请，院长批准。

审判委员会讨论案件，合议庭对其汇

报的事实负责,审判委员会委员对本人发表的意见和表决负责。审判委员会的决定,合议庭应当执行。

审判委员会讨论案件的决定及其理由应当在裁判文书中公开,法律规定不公开的除外。

《人民陪审员法》(2018年4月27日)

第1条 为了保障公民依法参加审判活动,促进司法公正,提升司法公信,制定本法。

第2条 公民有依法担任人民陪审员的权利和义务。

人民陪审员依照本法产生,依法参加人民法院的审判活动,除法律另有规定外,同法官有同等权利。

第3条 人民陪审员依法享有参加审判活动、独立发表意见、获得履职保障等权利。

人民陪审员应当忠实履行审判职责,保守审判秘密,注重司法礼仪,维护司法形象。

第4条 人民陪审员依法参加审判活动,受法律保护。

人民法院应当依法保障人民陪审员履行审判职责。

人民陪审员所在单位、户籍所在地或者经常居住地的基层群众性自治组织应当依法保障人民陪审员参加审判活动。

第5条 公民担任人民陪审员,应当具备下列条件:

(一)拥护中华人民共和国宪法;
(二)年满二十八周岁;
(三)遵纪守法、品行良好、公道正派;
(四)具有正常履行职责的身体条件。

担任人民陪审员,一般应当具有高中以上文化程度。

第6条 下列人员不能担任人民陪审员:

(一)人民代表大会常务委员会的组成人员,监察委员会、人民法院、人民检察院、公安机关、国家安全机关、司法行政机关的工作人员;
(二)律师、公证员、仲裁员、基层法律服务工作者;
(三)其他因职务原因不适宜担任人民陪审员的人员。

第7条 有下列情形之一的,不得担任人民陪审员:

(一)受过刑事处罚的;
(二)被开除公职的;
(三)被吊销律师、公证员执业证书的;
(四)被纳入失信被执行人名单的;
(五)因受惩戒被免除人民陪审员职务的;
(六)其他有严重违法违纪行为,可能影响司法公信的。

第8条 人民陪审员的名额,由基层人民法院根据审判案件的需要,提请同级人民代表大会常务委员会确定。

人民陪审员的名额数不低于本院法官数的三倍。

第9条 司法行政机关会同基层人民法院、公安机关,从辖区内的常住居民名单中随机抽选拟任命人民陪审员数五倍以上的人员作为人民陪审员候选人,对人民陪审员候选人进行资格审查,征求候选人意见。

第10条 司法行政机关会同基层人民法院,从通过资格审查的人民陪审员候选人名单中随机抽选确定人民陪审员人选,由基层人民法院院长提请同级人民代表大会常务委员会任命。

第11条 因审判活动需要,可以通过个人申请和所在单位、户籍所在地或者经常居住地的基层群众性自治组织、人民团体推荐的方式产生人民陪审员候选人，经司法行政机关会同基层人民法院、公安机关进行资格审查，确定人民陪审员人选，由基层人民法院院长提请同级人民代表大会常务委员会任命。

依照前款规定产生的人民陪审员，不得超过人民陪审员名额数的五分之一。

第 12 条　人民陪审员经人民代表大会常务委员会任命后，应当公开进行就职宣誓。宣誓仪式由基层人民法院会同司法行政机关组织。

第 13 条　人民陪审员的任期为五年，一般不得连任。

第 14 条　人民陪审员和法官组成合议庭审判案件，由法官担任审判长，可以组成三人合议庭，也可以由法官三人与人民陪审员四人组成七人合议庭。

第 15 条　人民法院审判第一审刑事、民事、行政案件，有下列情形之一的，由人民陪审员和法官组成合议庭进行：

（一）涉及群体利益、公共利益的；

（二）人民群众广泛关注或者其他社会影响较大的；

（三）案情复杂或者有其他情形，需要由人民陪审员参加审判的。

人民法院审判前款规定的案件，法律规定由法官独任审理或者由法官组成合议庭审理的，从其规定。

第 16 条　人民法院审判下列第一审案件，由人民陪审员和法官组成七人合议庭进行：

（一）可能判处十年以上有期徒刑、无期徒刑、死刑，社会影响重大的刑事案件；

（二）根据民事诉讼法、行政诉讼法提起的公益诉讼案件；

（三）涉及征地拆迁、生态环境保护、食品药品安全，社会影响重大的案件；

（四）其他社会影响重大的案件。

第 17 条　第一审刑事案件被告人、民事案件原告或者被告、行政案件原告申请由人民陪审员参加合议庭审判的，人民法院可以决定由人民陪审员和法官组成合议庭审判。

第 18 条　人民陪审员的回避，适用审判人员回避的法律规定。

第 19 条　基层人民法院审判案件需要由人民陪审员参加合议庭审判的，应当在人民陪审员名单中随机抽取确定。

中级人民法院、高级人民法院审判案件需要由人民陪审员参加合议庭审判的，在其辖区内的基层人民法院的人民陪审员名单中随机抽取确定。

第 20 条　审判长应当履行与案件审判相关的指引、提示义务，但不得妨碍人民陪审员对案件的独立判断。

合议庭评议案件，审判长应当对本案中涉及的事实认定、证据规则、法律规定等事项及应当注意的问题，向人民陪审员进行必要的解释和说明。

第 21 条　人民陪审员参加三人合议庭审判案件，对事实认定、法律适用，独立发表意见，行使表决权。

第 22 条　人民陪审员参加七人合议庭审判案件，对事实认定，独立发表意见，并与法官共同表决；对法律适用，可以发表意见，但不参加表决。

第 23 条　合议庭评议案件，实行少数服从多数的原则。人民陪审员同合议庭其他组成人员意见分歧的，应当将其意见写入笔录。

合议庭组成人员意见有重大分歧的，人民陪审员或者法官可以要求合议庭将案件提请院长决定是否提交审判委员会讨论决定。

◎司法解释及文件

《最高人民法院关于人民法院合议庭工作的若干规定》（法释〔2002〕25号 2002年8月12日）

第1条 人民法院实行合议制审判第一审案件，由法官或者由法官和人民陪审员组成合议庭进行；人民法院实行合议制审判第二审案件和其他应当组成合议庭审判的案件，由法官组成合议庭进行。

人民陪审员在人民法院执行职务期间，除不能担任审判长外，同法官有同等的权利义务。

《最高人民法院关于进一步加强合议庭职责的若干规定》（法释〔2010〕1号 2010年1月11日）

第1条 合议庭是人民法院的基本审判组织。合议庭全体成员平等参与案件的审理、评议和裁判，依法履行审判职责。

第2条 合议庭由审判员、助理审判员或者人民陪审员随机组成。合议庭成员相对固定的，应当定期交流。人民陪审员参加合议庭的，应当从人民陪审员名单中随机抽取确定。

《最高人民法院关于规范合议庭运行机制的意见》（法发〔2022〕31号 2022年10月26日）

一、合议庭是人民法院的基本审判组织。合议庭全体成员平等参与案件的阅卷、庭审、评议、裁判等审判活动，对案件的证据采信、事实认定、法律适用、诉讼程序、裁判结果等问题独立发表意见并对此承担相应责任。

二、合议庭可以通过指定或者随机方式产生。因专业化审判或者案件繁简分流工作需要，合议庭成员相对固定的，应当定期轮换交流。属于"四类案件"或者参照"四类案件"监督管理的，院庭长可以按照其职权指定合议庭成员。以指定方式产生合议庭的，应当在办案平台全程留痕，或者形成书面记录入卷备查。

合议庭的审判长由院长指定。院庭长参加合议庭的，由院庭长担任审判长。

合议庭成员确定后，因回避、工作调动、身体健康、廉政风险等事由，确需调整成员的，由院庭长按照职权决定，调整结果应当及时通知当事人，并在办案平台标注原因，或者形成书面记录入卷备查。

法律、司法解释规定"另行组成合议庭"的案件，原合议庭成员及审判辅助人员均不得参与办理。

三、合议庭审理案件时，审判长除承担由合议庭成员共同承担的职责外，还应当履行以下职责：

（一）确定案件审理方案、庭审提纲，协调合议庭成员庭审分工，指导合议庭成员或者审判辅助人员做好其他必要的庭审准备工作；

（二）主持、指挥庭审活动；

（三）主持合议庭评议；

（四）建议将合议庭处理意见分歧较大的案件，依照有关规定和程序提交专业法官会议讨论或者审判委员会讨论决定；

（五）依法行使其他审判权力。

审判长承办案件时，应当同时履行承办法官的职责。

四、合议庭审理案件时，承办法官履行以下职责：

（一）主持或者指导审判辅助人员做好庭前会议、庭前调解、证据交换等庭前准备工作及其他审判辅助工作；

（二）就当事人提出的管辖权异议及保全、司法鉴定、证人出庭、非法证据排除申请等提请合议庭评议；

（三）全面审核涉案证据，提出审查意见；

（四）拟定案件审理方案、庭审提纲，

根据案件审理需要制作阅卷笔录；

（五）协助审判长开展庭审活动；

（六）参与案件评议，并先行提出处理意见；

（七）根据案件审理需要，制作或者指导审判辅助人员起草审理报告、类案检索报告等；

（八）根据合议庭评议意见或者审判委员会决定，制作裁判文书等；

（九）依法行使其他审判权力。

五、合议庭审理案件时，合议庭其他成员应当共同参与阅卷、庭审、评议等审判活动，根据审判长安排完成相应审判工作。

六、合议庭应当在庭审结束后及时评议。合议庭成员确有客观原因难以实现线下同场评议的，可以通过人民法院办案平台采取在线方式评议，但不得以提交书面意见的方式参加评议或者委托他人参加评议。合议庭评议过程不向未直接参加案件审理工作的人员公开。

合议庭评议案件时，先由承办法官对案件事实认定、证据采信以及适用法律等发表意见，其他合议庭成员依次发表意见。审判长应当根据评议情况总结合议庭评议的结论性意见。

审判长主持评议时，与合议庭其他成员权利平等。合议庭成员评议时，应当充分陈述意见，独立行使表决权，不得拒绝陈述意见；同意他人意见的，应当提供事实和法律根据并论证理由。

合议庭成员对评议结果的表决以口头形式进行。评议过程应当以书面形式完整记入笔录，评议笔录由审判辅助人员制作，由参加合议的人员和制作人签名。评议笔录属于审判秘密，非经法定程序和条件，不得对外公开。

七、合议庭评议时，如果意见存在分歧，应当按照多数意见作出决定，但是少数意见应当记入笔录。

合议庭可以根据案情或者院庭长提出的监督意见复议。合议庭无法形成多数意见时，审判长应当按照有关规定和程序建议院庭长将案件提交专业法官会议讨论，或者由院长将案件提交审判委员会讨论决定。专业法官会议讨论形成的意见，供合议庭复议时参考；审判委员会的决定，合议庭应当执行。

八、合议庭发现审理的案件属于"四类案件"或者有必要参照"四类案件"监督管理的，应当按照有关规定及时向院庭长报告。

对于"四类案件"或者参照"四类案件"监督管理的案件，院庭长可以按照职权要求合议庭报告案件审理进展和评议结果，就案件审理涉及的相关问题提出意见，视情建议合议庭复议。院庭长对审理过程或者评议、复议结果有异议的，可以决定将案件提交专业法官会议讨论，或者按照程序提交审判委员会讨论决定，但不得直接改变合议庭意见。院庭长监督管理的情况应当在办案平台全程留痕，或者形成书面记录入卷备查。

九、合议庭审理案件形成的裁判文书，由合议庭成员签署并共同负责。合议庭其他成员签署前，可以对裁判文书提出修改意见，并反馈承办法官。

十、由法官组成合议庭审理案件的，适用本意见。依法由法官和人民陪审员组成合议庭的运行机制另行规定。执行案件办理过程中需要组成合议庭评议或者审核的事项，参照适用本意见。

十一、本意见自 2022 年 11 月 1 日起施行。之前有关规定与本意见不一致的，按照本意见执行。

《最高人民法院关于健全完善人民法院审判委员会工作机制的意见》（法发〔2019〕20号 2019年8月2日）

5. 各级人民法院设审判委员会。审判委员会由院长、副院长和若干资深法官组成，成员应当为单数。

审判委员会可以设专职委员。

6. 审判委员会会议分为全体会议和专业委员会会议。

专业委员会会议是审判委员会的一种会议形式和工作方式。中级以上人民法院根据审判工作需要，可以召开刑事审判、民事行政审判等专业委员会会议。

专业委员会会议组成人员应当根据审判委员会委员的专业和工作分工确定。审判委员会委员可以参加不同的专业委员会会议。专业委员会会议全体组成人员应当超过审判委员会全体委员的二分之一。

10. 合议庭或者独任法官认为案件需要提交审判委员会讨论决定的，由其提出申请，层报院长批准；未提出申请，院长认为有必要的，可以提请审判委员会讨论决定。

其他事项提交审判委员会讨论决定的，参照案件提交程序执行。

《关于完善人民法院专业法官会议工作机制的指导意见》（法发〔2021〕2号 2021年1月6日）

一、专业法官会议是人民法院向审判组织和院庭长（含审判委员会专职委员，下同）履行法定职责提供咨询意见的内部工作机制。

四、专业法官会议讨论案件的法律适用问题或者与事实认定高度关联的证据规则适用问题，必要时也可以讨论其他事项。独任庭、合议庭办理案件时，存在下列情形之一的，应当建议院庭长提交专业法官会议讨论：

（一）独任庭认为需要提交讨论的；

（二）合议庭内部无法形成多数意见，或者持少数意见的法官认为需要提交讨论的；

（三）有必要在审判团队、审判庭、审判专业领域之间或者辖区法院内统一法律适用的；

（四）属于《最高人民法院关于完善人民法院司法责任制的若干意见》第24条规定的"四类案件"范围的；

（五）其他需要提交专业法官会议讨论的。

院庭长履行审判监督管理职责时，发现案件存在前款情形之一的，可以提交专业法官会议讨论；综合业务部门认为存在前款第（三）（四）项情形的，应当建议院庭长提交专业法官会议讨论。

各级人民法院应当结合审级职能定位、受理案件规模、内部职责分工、法官队伍状况等，进一步细化专业法官会议讨论范围。

《最高人民法院关于适用〈中华人民共和国人民陪审员法〉若干问题的解释》（法释〔2019〕5号 2019年4月24日）

第1条 根据人民陪审员法第十五条、第十六条的规定，人民法院决定由人民陪审员和法官组成合议庭审判的，合议庭成员确定后，应当及时告知当事人。

第2条 对于人民陪审员法第十五条、第十六条规定之外的第一审普通程序案件，人民法院应当告知刑事案件被告人、民事案件原告和被告、行政案件原告，在收到通知五日内有权申请由人民陪审员参加合议庭审判案件。

人民法院接到当事人在规定期限内提交的申请后，经审查决定由人民陪审员和法官组成合议庭审判的，合议庭成员确定后，应当及时告知当事人。

第3条 人民法院应当在开庭七日前从人民陪审员名单中随机抽取确定人民陪审员。

人民法院可以根据案件审判需要,从人民陪审员名单中随机抽取一定数量的候补人民陪审员,并确定递补顺序,一并告知当事人。

因案件类型需要具有相应专业知识的人民陪审员参加合议庭审判的,可以根据具体案情,在符合专业需求的人民陪审员名单中随机抽取确定。

第5条 人民陪审员不参加下列案件的审理:

(一)依照民事诉讼法适用特别程序、督促程序、公示催告程序审理的案件;

(二)申请承认外国法院离婚判决的案件;

(三)裁定不予受理或者不需要开庭审理的案件。

第6条 人民陪审员不得参与审理由其以人民调解员身份先行调解的案件。

第9条 七人合议庭开庭前,应当制作事实认定问题清单,根据案件具体情况,区分事实认定问题与法律适用问题,对争议事实问题逐项列举,供人民陪审员在庭审时参考。事实认定问题和法律适用问题难以区分的,视为事实认定问题。

第10条 案件审判过程中,人民陪审员依法有权参加案件调查和调解工作。

第11条 庭审过程中,人民陪审员依法有权向诉讼参加人发问,审判长应当提示人民陪审员围绕案件争议焦点进行发问。

第12条 合议庭评议案件时,先由承办法官介绍案件涉及的相关法律、证据规则,然后由人民陪审员和法官依次发表意见,审判长最后发表意见并总结合议庭意见。

第13条 七人合议庭评议时,审判长应当归纳和介绍需要通过评议讨论决定的案件事实认定问题,并列出案件事实问题清单。

人民陪审员全程参加合议庭评议,对于事实认定问题,由人民陪审员和法官在共同评议的基础上进行表决。对于法律适用问题,人民陪审员不参加表决,但可以发表意见,并记录在卷。

《〈中华人民共和国人民陪审员法〉实施中若干问题的答复》(法发〔2020〕29号 2020年8月11日)

在《中华人民共和国人民陪审员法》(以下简称《人民陪审员法》)及配套规范性文件实施过程中,部分地方就有关问题进行请示,经研究,现答复如下:

1. 新疆维吾尔自治区生产建设兵团法院如何选任人民陪审员?

答:没有对应同级人民代表大会的兵团基层人民法院人民陪审员的名额由兵团分院确定,经公示后确定的人民陪审员人选,由基层人民法院院长提请兵团分院任命。在未设立垦区司法局的垦区,可以由师(市)司法局会同垦区人民法院、公安机关组织开展人民陪审员选任工作。

2. 《人民陪审员法》第六条第一项所指的监察委员会、人民法院、人民检察院、公安机关、国家安全机关、司法行政机关的工作人员是否包括行政编制外人员?

答:上述工作人员包括占用行政编制和行政编制外的所有工作人员。

3. 乡镇人民代表大会主席团的成员能否担任人民陪审员?

答:符合担任人民陪审员条件的乡镇人民代表大会主席团成员,不是上级人民代表大会常务委员会组成人员的,可以担任人民陪审员,法律另有禁止性规定的除外。

4. 人民代表大会常务委员会的工作人员能否担任人民陪审员？

答：人民代表大会常务委员会的工作人员，符合担任人民陪审员条件的，可以担任人民陪审员，法律另有禁止性规定的除外。

5. 人民代表大会常务委员会的组成人员、法官、检察官，以及人民法院、人民检察院的其他工作人员，监察委员会、公安机关、国家安全机关、司法行政机关的工作人员离任后能否担任人民陪审员？

答：（1）人民代表大会常务委员会的组成人员，监察委员会、人民法院、人民检察院、公安机关、国家安全机关、司法行政机关的工作人员离任后，符合担任人民陪审员条件的，可以担任人民陪审员。上述人员担任人民陪审员的比例应当与其他人员的比例适当平衡。

（2）法官、检察官从人民法院、人民检察院离任后二年内，不得担任人民陪审员。

（3）法官从人民法院离任后，曾在基层人民法院工作的，不得在原任职的基层人民法院担任人民陪审员；检察官从人民检察院离任后，曾在基层人民检察院工作的，不得在与原任职的基层人民检察院同级、同辖区的人民法院担任人民陪审员。

（4）法官从人民法院离任后，担任人民陪审员的，不得参与原任职人民法院的审判活动；检察官从人民检察院离任后，担任人民陪审员的，不得参与原任职人民检察院同级、同辖区的人民法院的审判活动。

6. 劳动争议仲裁委员会的仲裁员能否担任人民陪审员？

答：劳动争议仲裁委员会的仲裁员不能担任人民陪审员。

7. 被纳入失信被执行人名单的公民能否担任人民陪审员？

答：公民被纳入失信被执行人名单期间，不得担任人民陪审员。人民法院撤销或者删除失信信息后，公民符合法定条件的，可以担任人民陪审员。

8. 公民担任人民陪审员不得超过两次，是否包括《人民陪审员法》实施前以及在不同人民法院任职的情形？

答：公民担任人民陪审员总共不得超过两次，包括《人民陪审员法》实施前任命以及在不同人民法院任职的情形。

9. 有独立请求权的第三人是否可以申请由人民陪审员参加合议庭审判案件？

答：有独立请求权的第三人可以依据《人民陪审员法》相关规定申请由人民陪审员参加合议庭审判案件。

10. 人民法院可否吸收人民陪审员参加减刑、假释案件的审理？

答：人民法院可以结合案件情况，吸收人民陪审员参加减刑、假释案件审理，但不需要开庭审理的除外。

11. 人民陪审员是否可以参加案件执行工作？

答：根据《人民陪审员法》，人民陪审员参加第一审刑事、民事、行政案件的审判。人民法院不得安排人民陪审员参加案件执行工作。

12. 人民法院可以根据案件审判需要，从人民陪审员名单中随机抽取一定数量的候补人民陪审员，并确定递补顺序，一并告知当事人。如果原定人民陪审员因故无法到庭，由候补人民陪审员参与案件审理，是否需要就变更合议庭成员另行告知双方当事人？候补人民陪审员的递补顺序，应如何确定？

答：人民法院已一并告知候补人民陪审员名单的，如变更由候补人民陪审员参加庭审的，无需另行告知当事人。确定候补人民陪审员的递补顺序，可按照姓氏笔画排序等方式确定。

13. 根据《最高人民法院关于适用〈中华人民共和国人民陪审员法〉若干问题的解释》，七人合议庭开庭前和评议时，应当制作事实认定问题清单。审判实践中，如何制作事实认定问题清单？

答：事实认定问题清单应当立足全部案件事实，重点针对案件难点和争议的焦点内容。刑事案件中，可以以犯罪构成要件事实为基础，主要包括构成犯罪的事实、不构成犯罪的事实，以及有关量刑情节的事实等。民事案件中，可以根据不同类型纠纷的请求权规范基础，归纳出当事人争议的要件事实。行政案件中，主要包括审查行政行为合法性所必须具备的事实。

14. 合议庭评议案件时，人民陪审员和法官可否分组分别进行评议、表决？

答：合议庭评议案件时，人民陪审员和法官应当共同评议、表决，不得分组进行。

15. 案件审结后，人民法院将裁判文书副本送交参加该案审判的人民陪审员时，能否要求人民陪审员在送达回证上签字？

答：人民陪审员不是受送达对象，不能要求人民陪审员在送达回证上签字。人民法院将裁判文书副本送交人民陪审员时，可以适当方式请人民陪审员签收后存档。

16. 如何把握人民陪审员年度参审数上限一般不超过30件的要求？对于人民陪审员参与审理批量系列案件的，如何计算案件数量？

答：个别案件量大的人民法院可以结合本院实际情况，提出参审数上限在30件以上设置的意见，层报高级人民法院备案后实施。高级人民法院应统筹辖区整体情况从严把握。

人民陪审员参加审理批量系列案件的，可以按一定比例折算案件数以核定是否超出参审数上限。具体折算比例，由高级人民法院确定。

17. 对于人民陪审员参审案件数占第一审案件数的比例即陪审率，是否可以设定考核指标？

答：《人民陪审员法》及相关司法解释规定了人民陪审员参审案件范围和年度参审数上限，要严格执行相关规定。人民法院不得对第一审案件总体陪审率设定考核指标，但要对第一审案件总体陪审率、人民陪审员参加七人合议庭等情况进行统计监测。

18. 人民陪审员是否适用法官法中法官任职回避的规定？

答：人民陪审员适用民事、刑事、行政诉讼法中诉讼回避的规定，不适用法官法中法官任职回避的规定。

19. 人民陪审员在参加庭审等履职过程中，着装有何要求？

答：人民陪审员在参加庭审等履职过程中，着装应当端庄、得体，但不得配发、穿着统一制服。

《最高人民法院关于具有专门知识的人民陪审员参加环境资源案件审理的若干规定》（法释〔2023〕4号 2023年7月26日）

第1条 人民法院审理的第一审环境资源刑事、民事、行政案件，符合人民陪审员法第十五条规定，且案件事实涉及复杂专门性问题的，由不少于一名具有专门知识的人民陪审员参加合议庭审理。

前款规定外的第一审环境资源案件，人民法院认为有必要的，可以由具有专门知识的人民陪审员参加合议庭审理。

第 2 条 符合下列条件的人民陪审员,为本规定所称具有专门知识的人民陪审员:

(一)具有环境资源领域专门知识;

(二)在环境资源行政主管部门、科研院所、高等院校、企业、社会组织等单位从业三年以上。

第 3 条 人民法院参与人民陪审员选任,可以根据环境资源审判活动需要,结合案件类型、数量等特点,协商司法行政机关确定一定数量具有专门知识的人民陪审员候选人。

第 4 条 具有专门知识的人民陪审员任期届满后,人民法院认为有必要的,可以商请本人同意后协商司法行政机关经法定程序再次选任。

第 5 条 需要具有专门知识的人民陪审员参加案件审理的,人民法院可以根据环境资源案件的特点和具有专门知识的人民陪审员选任情况,在符合专业需求的人民陪审员名单中随机抽取确定。

第 6 条 基层人民法院可以根据环境资源案件审理的需要,协商司法行政机关选任具有专门知识的人民陪审员。

设立环境资源审判专门机构的基层人民法院,应当协商司法行政机关选任具有专门知识的人民陪审员。

设立环境资源审判专门机构的中级人民法院,辖区内基层人民法院均未设立环境资源审判专门机构的,应当指定辖区内不少于一家基层人民法院协商司法行政机关选任具有专门知识的人民陪审员。

第 7 条 基层人民法院审理的环境资源案件,需要具有专门知识的人民陪审员参加合议庭审理的,组成不少于一名具有专门知识的人民陪审员参加的三人合议庭。

基层人民法院审理的可能判处十年以上有期徒刑且社会影响重大的环境资源刑事案件,以及环境行政公益诉讼案件,需要具有专门知识的人民陪审员参加合议庭审理的,组成不少于一名具有专门知识的人民陪审员参加的七人合议庭。

第 8 条 中级人民法院审理的环境民事公益诉讼案件、环境行政公益诉讼案件、生态环境损害赔偿诉讼案件以及其他具有重大社会影响的环境污染防治、生态保护、气候变化应对、资源开发利用、生态环境治理与服务等案件,需要具有专门知识的人民陪审员参加合议庭审理的,组成不少于一名具有专门知识的人民陪审员参加的七人合议庭。

第 9 条 实行环境资源案件跨区域集中管辖的中级人民法院审理第一审环境资源案件,需要具有专门知识的人民陪审员参加合议庭审理的,可以从环境资源案件集中管辖区域内基层人民法院具有专门知识的人民陪审员名单中随机抽取确定。

第 10 条 铁路运输法院等没有对应同级人民代表大会的法院审理第一审环境资源案件,需要具有专门知识的人民陪审员参加合议庭审理的,在其所在地级市辖区或案件管辖区域内基层人民法院具有专门知识的人民陪审员名单中随机抽取确定。

第 11 条 符合法律规定的审判人员应当回避的情形,或所在单位与案件有利害关系的,具有专门知识的人民陪审员应当自行回避。当事人也可以申请具有专门知识的人民陪审员回避。

第 12 条 审判长应当依照人民陪审员法第二十条的规定,对具有专门知识的人民陪审员参加的下列工作,重点进行指引和提示:

(一)专门性事实的调查;

(二)就是否进行证据保全、行为保

全提出意见；

（三）庭前会议、证据交换和勘验；

（四）就是否委托司法鉴定，以及鉴定事项、范围、目的和期限提出意见；

（五）生态环境修复方案的审查；

（六）环境民事公益诉讼案件、生态环境损害赔偿诉讼案件的调解、和解协议的审查。

第13条　具有专门知识的人民陪审员参加环境资源案件评议时，应当就案件事实涉及的专门性问题发表明确意见。

具有专门知识的人民陪审员就该专门性问题发表的意见与合议庭其他成员不一致的，合议庭可以将案件提请院长决定是否提交审判委员会讨论决定。有关情况应当记入评议笔录。

第14条　具有专门知识的人民陪审员可以参与监督生态环境修复、验收和修复效果评估。

第15条　具有专门知识的人民陪审员参加环境资源案件的审理，本规定没有规定的，适用《最高人民法院关于适用〈中华人民共和国人民陪审员法〉若干问题的解释》的规定。

第16条　本规定自2023年8月1日起施行。

《民事诉讼程序繁简分流改革试点实施办法》（法〔2020〕11号　2020年1月15日）

五、扩大独任制适用范围

第16条　基层人民法院适用小额诉讼程序、简易程序审理的案件，由法官一人独任审理。

基层人民法院审理的事实不易查明，但法律适用明确的案件，可以由法官一人适用普通程序独任审理。

第17条　基层人民法院审理的案件，具备下列情形之一的，应当依法组成合议庭，适用普通程序审理：

（一）涉及国家利益、公共利益的；

（二）涉及群体性纠纷，可能影响社会稳定的；

（三）产生较大社会影响，人民群众广泛关注的；

（四）新类型或者疑难复杂的；

（五）与本院或者上级人民法院已经生效的类案判决可能发生冲突的；

（六）发回重审的；

（七）适用审判监督程序的；

（八）第三人起诉请求改变或者撤销生效判决、裁定、调解书的；

（九）其他不宜采用独任制的案件。

第18条　第二审人民法院审理上诉案件应当组成合议庭审理。但事实清楚、法律适用明确的下列案件，可以由法官一人独任审理：

（一）第一审适用简易程序审理结案的；

（二）不服民事裁定的。

第19条　由法官一人独任审理的第一审或者第二审案件，审理过程中出现本办法第十七条第（一）至（五）项或者第（九）项所列情形之一的，人民法院应当裁定组成合议庭审理，并将合议庭组成人员及相关事项书面通知双方当事人。

由独任审理转为合议庭审理的案件，审理期限自人民法院立案之日起计算，已经作出的诉讼行为继续有效。双方当事人已确认的事实，可以不再举证、质证。

第20条　由法官一人独任审理的上诉案件，应当开庭审理。

没有提出新的事实、证据的案件，具备下列情形之一的，独任法官经过阅卷、调查或者询问当事人，认为不需要开庭的，可以不开庭审理：

（一）不服民事裁定的；

（二）上诉请求明显不能成立的；

（三）原判决认定事实清楚，但适用法律明显错误的；

（四）原判决严重违反法定程序，需要发回重审的。

《最高人民法院关于依法妥善审理高空抛物、坠物案件的意见》（法发〔2019〕25号 2019年10月21日）

13. 完善相关的审判程序机制。人民法院在审理疑难复杂或社会影响较大的高空抛物、坠物民事案件时，要充分运用人民陪审员、合议庭、主审法官会议等机制，充分发挥院、庭长的监督职责。涉及侵权责任法第八十七条[28]适用的，可以提交院审判委员会讨论决定。

第四十一条 二审和再审审判组织

人民法院审理第二审民事案件，由审判员组成合议庭。合议庭的成员人数，必须是单数。

中级人民法院对第一审适用简易程序审结或者不服裁定提起上诉的第二审民事案件，事实清楚、权利义务关系明确的，经双方当事人同意，可以由审判员一人独任审理。

发回重审的案件，原审人民法院应当按照第一审程序另行组成合议庭。

审理再审案件，原来是第一审的，按照第一审程序另行组成合议庭；原来是第二审的或者是上级人民法院提审的，按照第二审程序另行组成合议庭。

▍条文注解

1. 中级人民法院对一审以简易程序结案的上诉案件和裁定类上诉案件，满足"事实清楚，权利义务关系明确"条件，且经双方当事人同意的，可以采用独任制审理。

此处，"经双方当事人同意"中的"双方当事人"应仅指上诉人和被上诉人，依原审诉讼地位列明的当事人既非上诉人，也非被上诉人，与上诉无诉讼上的对抗关系，适用独任制无须取得其同意。

2. 独任制审判仅适用于中级人民法院的二审程序，高级人民法院和最高人民法院的二审程序不能适用独任制。

3. 审理再审案件，原来第一审是独任审判的，应当按照第一审程序组成合议庭，不能再由审判员一人独任审判，原独任审判员不得参加新合议庭。

▍相关规定

◎司法解释及文件

《最高人民法院关于适用〈中华人民共和国民事诉讼法〉的解释》（法释〔2022〕11号 2022年4月1日修正）

第45条 在一个审判程序中参与过本案审判工作的审判人员，不得再参与该案其他程序的审判。

发回重审的案件，在一审法院作出裁判后又进入第二审程序的，原第二审程序中审判人员不受前款规定的限制。

《最高人民法院关于适用〈中华人民共和国民事诉讼法〉审判监督程序若干问题的解释》（法释〔2008〕14号 2020年12月29日修正）

第7条 人民法院受理再审申请后，应当组成合议庭予以审查。

---

[28] 已废止，相关规定参见《民法典》第1254条。

《最高人民法院关于四级法院审级职能定位改革试点结束后相关工作要求的通知》

（法〔2023〕154号 2023年9月27日）

各省、自治区、直辖市高级人民法院，新疆维吾尔自治区高级人民法院生产建设兵团分院；本院各单位：

按照第十三届全国人大常委会第三十次会议作出的《关于授权最高人民法院组织开展四级法院审级职能定位改革试点工作的决定》（以下简称《授权决定》）确定的试点期限，四级法院审级职能定位改革试点工作将于2023年9月27日正式结束，现就试点结束后的相关工作要求通知如下。

一、自2023年9月28日起，不再执行《最高人民法院关于完善四级法院审级职能定位改革试点的实施办法》（法〔2021〕242号，以下简称《试点实施办法》）。最高人民法院、各高级人民法院恢复施行现行《中华人民共和国民事诉讼法》（以下简称《民事诉讼法》）第二百零六条（即《授权决定》中的《民事诉讼法》第一百九十九条）、《中华人民共和国行政诉讼法》（以下简称《行政诉讼法》）第九十条的规定。北京、天津、辽宁、上海、江苏、浙江、山东、河南、广东、重庆、四川、陕西省（市）辖区内的中级、基层人民法院恢复施行《行政诉讼法》第十五条的规定。

二、试点省（市）辖区内的基层人民法院在2023年9月28日前按照《试点实施办法》第二条受理的四类行政案件，尚未审结的，依法继续审理；已经收取材料但尚未登记立案的，告知当事人按照《行政诉讼法》第十五条的规定，向有管辖权的人民法院提起诉讼，并退回相关材料。

三、各高级人民法院在2023年9月28日前已经受理的不服本院民事、行政生效裁判的申请再审审查案件，依法继续办理。高级人民法院正在办理或已经办结的上述申请再审审查案件，再审申请人又向最高人民法院提出再审申请的，按照相关法律和司法解释的规定处理。

四、各高级人民法院应当科学研判试点结束后本院及辖区法院案件数量结构变化情况，及时健全相关工作程序、优化审判资源配置、完善审判机构职能划分，做好相关政策变化对外释明告知，确保各项工作平稳有序开展。

本通知自2023年9月27日起生效。最高人民法院各单位和各高级人民法院要严格按照本通知要求，结合实际认真抓好贯彻落实。

《民事诉讼程序繁简分流改革试点问答口径（一）》（法〔2020〕105号 2020年4月15日）

二十七、如何把握第二审案件适用独任制的条件？

答：第二审案件适用独任制，应当从以下两个方面把握：第一，关于适用案件范围。适用独任制审理的第二审案件仅限于"第一审适用简易程序审理结案的上诉案件"和"民事裁定类上诉案件"，实践中不得扩大。对一审独任法官适用普通程序审结的上诉案件、采取合议制审结的上诉案件、报请解决管辖权争议的案件等，均不得适用独任制。第二，关于适用标准。对于上述两类案件，并非一律适用独任制，还应当满足"事实清楚、法律适用明确"的标准，对事实待查明、法律适用难度大的案件不宜适用独任制。在独任审理过程中发现上述情形的，一般应当转换为合议制审理。独任法官认为原判事实错误或法律适用错误拟作出改判，以及因认定基本事实不清拟发回重审的，一般应当提交专业法官会议讨论。

最高院裁判观点

浙江某实业集团有限公司与郭某股权转让纠纷案【(2018)最高法民申4013号】

裁判要旨：依据《民事诉讼法》第四十条[29]的规定，发回重审的案件，原审人民法院应当按照第一审程序另行组成合议庭。本案郭某提起诉讼后，一审法院裁定驳回起诉，二审法院裁定指令渭南市中级人民法院审理，并非发回重审案件，无需另行组成合议庭。

第四十二条　不得独任审理的案件

人民法院审理下列民事案件，不得由审判员一人独任审理：

（一）涉及国家利益、社会公共利益的案件；

（二）涉及群体性纠纷，可能影响社会稳定的案件；

（三）人民群众广泛关注或者其他社会影响较大的案件；

（四）属于新类型或者疑难复杂的案件；

（五）法律规定应当组成合议庭审理的案件；

（六）其他不宜由审判员一人独任审理的案件。

条文注解

本条是2021年民事诉讼法修正时新增加的条款，以消极性的列举清单对不得由审判员一人独任审理的案件情形进行了规定。

相关规定

◎法　律

《人民法院组织法》（2018年10月26日）

第29条　人民法院审理案件，由合议庭或者法官一人独任审理。

合议庭和法官独任审理的案件范围由法律规定。

◎司法解释及文件

《关于进一步完善"四类案件"监督管理工作机制的指导意见》（法发〔2021〕30号　2021年11月4日）

一、各级人民法院监督管理"四类案件"，应当严格依照法律规定，遵循司法规律，落实"让审理者裁判，由裁判者负责"，在落实审判组织办案主体地位基础上，细化完善审判权力和责任清单，推动实现全过程监督、组织化行权，有效防控各类风险，不断提升审判质量、效率和司法公信力。

二、本意见所称"四类案件"，是指符合下列情形之一的案件：

（一）重大、疑难、复杂、敏感的；

（二）涉及群体性纠纷或者引发社会广泛关注，可能影响社会稳定的；

（三）与本院或者上级人民法院的类案裁判可能发生冲突的；

（四）有关单位或者个人反映法官有违法审判行为的。

三、"重大、疑难、复杂、敏感"的案件主要包括下列案件：涉及国家利益、社会公共利益的；对事实认定或者法律适用存在较大争议的；具有首案效应的新类型案件；具有普遍法律适用指导意义的；涉及国家安全、外交、民族、宗教等敏感案件。

---

[29]《民事诉讼法》（2023年修正）第41条。

四、"涉及群体性纠纷或者引发社会广泛关注,可能影响社会稳定"的案件主要包括下列案件:当事人或者被害人人数众多,可能引发群体性事件的;可能或者已经引发社会广泛关注,存在激化社会矛盾风险的;具有示范效应、可能引发后续批量诉讼的;可能对特定行业产业发展、特定群体利益、社会和谐稳定产生较大影响的。

五、"与本院或者上级人民法院的类案裁判可能发生冲突"的案件主要包括下列案件:与本院或者上级人民法院近三年类案生效裁判可能发生冲突的;与本院正在审理的类案裁判结果可能发生冲突,有必要统一法律适用的;本院近三年类案生效裁判存在重大法律适用分歧,截至案件审理时仍未解决的。

六、"有关单位或者个人反映法官有违法审判行为"的案件主要包括下列案件:当事人、诉讼代理人、辩护人、利害关系人实名反映参与本案审理的法官有违法审判行为,并提供具体线索的;当事人、诉讼代理人、辩护人实名反映案件久拖不决,经初步核实确属违反审判执行期限管理规定的;有关部门通过事务督察、司法巡查、案件评查、信访接待或者受理举报、投诉等方式,发现法官可能存在违法审判行为的;承办审判组织在"三个规定"记录报告平台反映存在违反规定干预过问案件情况,可能或者已经影响司法公正的。

有关单位或者个人反映审判辅助人员有违纪违法行为,可能或者已经影响司法公正的,参照上述情形监督管理。

九、立案阶段识别标注的"四类案件",可以指定分案。审理"四类案件",应当依法组成合议庭,一般由院庭长担任审判长,并根据案件所涉情形、复杂程度等因素,综合确定合议庭组成人员和人数。

案件进入审理阶段后被识别标注为"四类案件"的,院庭长可以根据案件所涉情形、进展情况,按权限决定作出下述调整,调整结果应当及时通知当事人,并在办案平台注明原因:

(一)由独任审理转为合议庭审理;
(二)调整承办法官;
(三)调整合议庭组成人员或者人数;
(四)决定由自己担任审判长。

《民事诉讼程序繁简分流改革试点实施办法》(法〔2020〕11号 2020年1月15日)

第17条 基层人民法院审理的案件,具备下列情形之一的,应当依法组成合议庭,适用普通程序审理:

(一)涉及国家利益、公共利益的;
(二)涉及群体性纠纷,可能影响社会稳定的;
(三)产生较大社会影响,人民群众广泛关注的;
(四)新类型或者疑难复杂的;
(五)与本院或者上级人民法院已经生效的类案判决可能发生冲突的;
(六)发回重审的;
(七)适用审判监督程序的;
(八)第三人起诉请求改变或者撤销生效判决、裁定、调解书的;
(九)其他不宜采用独任制的案件。

《民事诉讼程序繁简分流改革试点问答口径(一)》(法〔2020〕105号 2020年4月15日)

二十三、简易程序转换为普通程序后,能否采取独任制审理?

答:案件由简易程序转换为普通程序审理后,符合"事实不易查明,但法律适用明确"的标准,并且不属于《实施办法》第十七条规定的应当组成合议庭审理情形的,可以采取独任制审理。由简易程序转换为普通程序审理的,须按《民事诉讼法》第一百六十三条[30]的规定作出裁定，并通知当事人。试点法院应当将简易程序转换为独任制普通程序审理的案件情况纳入院庭长审判监督事项。

第四十三条　独任审理向合议庭审理的转换

人民法院在审理过程中，发现案件不宜由审判员一人独任审理的，应当裁定转由合议庭审理。

当事人认为案件由审判员一人独任审理违反法律规定的，可以向人民法院提出异议。人民法院对当事人提出的异议应当审查，异议成立的，裁定转由合议庭审理；异议不成立的，裁定驳回。

条文注解

1. 人民法院发现案件存在案情复杂、社会影响较大、法律适用疑难等情形，不宜由审判员一人独任审理的，以及当事人异议成立的，裁定转由合议庭审理。

2. 保障当事人异议权。当事人认为案件违反独任制适用标准、适用范围，不符合民事诉讼法、人民陪审员法等法律中关于应当适用合议制的有关规定的，可以向人民法院提出异议，强化当事人对独任制适用的制约监督。

3. 裁定的形式既可以是书面的，也可以是口头的。书面裁定是以书面形式作出的法律文书。口头裁定，是指人民法院不制作裁定书，而是将裁定的内容口头向当事人宣布，并记入法庭笔录。实践中，人民法院依据本条规定所作出的裁定一般并不复杂，使用口头裁定可以使案件尽快恢复审理，符合诉讼便利和诉讼经济原则。

相关规定

◎司法解释及文件

《民事诉讼程序繁简分流改革试点问答口径（一）》（法〔2020〕105号　2020年4月15日）

二十四、符合哪些情形，独任制应当转换为合议制审理？

答：独任制转换为合议制不受审理程序限制，独任制适用小额诉讼程序、简易程序、普通程序、第二审程序审理的案件，符合《实施办法》第十七条第一至五项或者第九项所列情形之一的，均应当转换为合议制审理。实践中，应当综合考虑《中华人民共和国人民陪审员法》第十五条、第十六条规定的需要人民陪审员参审的案件类型，以及《最高人民法院关于完善人民法院司法责任制的若干意见》第二十四条、《最高人民法院关于完善人民法院审判权力和责任清单的指导意见》第八条规定的应当纳入院庭长个案监督范围的"四类案件"类型。属于"四类案件"的，原则上都应当适用合议制审理。

二十五、独任制转换为合议制的裁定是否必须采用书面形式？之后能否再转回独任制？

答：独任制转换为合议制应当以裁定方式作出，可以采用书面或者口头形式，作出裁定后应当将合议庭组成人员及相关事项以书面形式通知双方当事人。对于之前适用小额诉讼程序或简易程序审理的，裁定中应当一并明确审理程序的转换。独任制转换为合议制后，即使审理过程中原有的审判组织转换情形消失，也应当继续由合议庭审理。

---

[30]《民事诉讼法》（2023年修正）第170条。

二十六、独任制转换为合议制的裁定应当由谁作出？

答：案件审理过程中出现需要转换审判组织的情形，转换可以由独任法官自行提出，也可以由院庭长依个案监督职权提出。经审查需要转换的，由合议庭作出转换裁定。试点法院可以结合案件情况和工作流程，自行确定审判组织转换的报批程序。

《民事诉讼程序繁简分流改革试点问答口径（二）》（法〔2020〕272号 2020年10月23日）

十九、当事人能否对一审普通程序适用独任制提出异议？如果可以，如何操作？

答：可以提出异议。《实施办法》第十六条规定，"基层人民法院审理的案件事实不易查明，但法律适用明确的案件，可以由法官一人适用普通程序独任审理"。独任制普通程序案件有确定的适用范围和条件，实践中是否依法合理适用，涉及当事人的重大程序利益，应当允许当事人提出异议。

第一，关于异议的请求。当事人的异议请求，仅限于案件是否应当适用独任制审理，而不包括是否应当适用普通程序。根据《民事诉讼法》及其司法解释的规定，对人民法院已经确定适用普通程序审理的案件，当事人不得就审理程序再提出异议。

第二，关于异议的事由。当事人提出异议的事由包括以下两个方面：一是案件符合《实施办法》第十七条规定的应当适用合议制的情形；二是案件不符合独任制普通程序案件"事实不易查明，但法律适用明确"的适用条件。

第三，关于异议的程序。人民法院应当在《一审普通程序独任审理通知书》中，或者在作出转为独任制普通程序审理的裁定时，告知当事人提出异议的权利。当事人应当在独任法官适用普通程序开庭审理前提出异议。异议由独任法官负责审查。经审查，异议成立的，由合议庭作出组成合议庭审理的裁定；异议不成立的，口头告知当事人，并记入笔录。

二十、当事人能否对二审独任制适用提出异议，如果可以，如何操作？

答：可以提出异议。根据《实施办法》第十九条的规定，二审独任制适用范围限于"事实清楚、法律适用明确"的"第一审适用简易程序审理结案"和"不服民事裁定"的案件。二审独任制是否依法合理适用，涉及审判组织形式是否合法，应当允许当事人提出异议。

第一，关于异议的事由。当事人提出异议的事由主要包括以下三个方面：一是案件符合《实施办法》第十九条的规定，应当适用合议制审理；二是案件不符合二审独任制"事实清楚、法律适用明确"的适用条件；三是案件不符合二审独任制适用范围，不属于"第一审适用简易程序审理结案"和"不服民事裁定"案件。

第二，关于异议的程序。人民法院应当在《二审案件独任审理通知书》中，告知当事人提出异议的权利。当事人应当在开庭审理前提出异议。异议由独任法官负责审查。经审查，异议成立的，由合议庭作出组成合议庭审理的裁定；异议不成立的，口头告知当事人，并记入笔录。

二十一、已经开庭审理的二审独任制案件，依法转为合议庭审理后，是否需要再次开庭？

答：已经开庭审理的二审独任制案件，依法转为合议庭审理后，并不要求一律再次开庭。案件是否需要再次开庭，应当由合议庭根据《民事诉讼法》第一百六十九条[31] 的规定,结合案件具体情况确定。

案件存在下列情形的,应当再次开庭:(一)开庭后,当事人又提出新的事实、证据和理由,申请再次开庭审理的;(二)案件审理过程中产生较大社会影响,人民群众广泛关注的;(三)案件属于新类型或者疑难复杂,合议庭认为有必要通过再次开庭查明相关案件事实的。

第四十四条 合议庭审判长的产生

合议庭的审判长由院长或者庭长指定审判员一人担任;院长或者庭长参加审判的,由院长或者庭长担任。

【条文注解】

需要说明的是,在审判员与陪审员组成的合议庭中,不能指定陪审员担任审判长。助理审判员可以临时代理审判员职务并成为合议庭成员,经院长或者庭长指定也可以担任合议庭审判长,但如果该合议庭中另有审判员时,仍应指定审判员担应审判长。

【相关规定】

◎司法解释及文件

《人民法院审判长选任办法(试行)》
(2000年7月11日)

二、审判长的配备

各级人民法院审判长的配备数额,应当根据审判工作的需要,参考本院合议庭的数量确定。最高人民法院审判长的配备数额,由最高人民法院确定。地方人民法院审判长的配备数额,由高级人民法院确定。

审判长一般由审判员担任。优秀的助理审判员被选为审判长的,应当依法提请任命为审判员。

院长、副院长、审判委员会委员、庭长、副庭长参加合议庭审理案件时,依照法律规定担任审判长。

三、审判长的条件

担任审判长,应当具备以下条件:

(一)遵守宪法和法律,严守审判纪律,秉公执法,清正廉洁,有良好的职业道德。

(二)身体健康,能够胜任审判工作。

(三)最高人民法院、高级人民法院的审判长应当具有高等院校法律本科以上学历;中级人民法院的审判长一般应当具有高等院校法律本科以上学历;基层人民法院的审判长应当具有高等院校法律专科以上学历。

(四)最高人民法院和高级人民法院的审判长必须担任法官职务从事审判工作5年以上;中级人民法院的审判长必须担任法官职务从事审判工作4年以上;基层人民法院的审判长必须担任法官职务从事审判工作3年以上。

(五)有比较丰富的审判实践经验,能够运用所掌握的法律专业知识解决审判工作中的实际问题;能够熟练主持庭审活动;并有较强的语言表达能力和文字表达能力,能够规范、熟练制作诉讼文书。

经济、文化欠发达地区的人民法院,经本院审判委员会研究决定并报上一级人民法院批准,可以适当放宽审判长的学历条件和从事审判工作年限。

---

[31]《民事诉讼法》(2023年修正)第176条。

《最高人民法院关于人民法院合议庭工作的若干规定》（法释〔2002〕25号 2002年8月12日）

第2条 合议庭的审判长由符合审判长任职条件的法官担任。

院长或者庭长参加合议庭审判案件的时候，自己担任审判长。

第6条 审判长履行下列职责：

（一）指导和安排审判辅助人员做好庭前调解、庭前准备及其他审判业务辅助性工作；

（二）确定案件审理方案、庭审提纲、协调合议庭成员的庭审分工以及做好其他必要的庭审准备工作；

（三）主持庭审活动；

（四）主持合议庭对案件进行评议；

（五）依照有关规定，提请院长决定将案件提交审判委员会讨论决定；

（六）制作裁判文书，审核合议庭其他成员制作的裁判文书；

（七）依照规定权限签发法律文书；

（八）根据院长或者庭长的建议主持合议庭对案件复议；

（九）对合议庭遵守案件审理期限制度的情况负责；

（十）办理有关审判的其他事项。

《最高人民法院关于完善院长、副院长、庭长、副庭长参加合议庭审理案件制度的若干意见》（法发〔2007〕14号 2007年3月30日）

为了使人民法院的院长、副院长、庭长、副庭长更好地履行审判职责，结合审判工作实际，特制定本意见。

第1条 各级人民法院院长、副院长、庭长、副庭长除参加审判委员会审理案件以外，每年都应当参加合议庭或者担任独任法官审理案件。

第2条 院长、副院长、庭长、副庭长参加合议庭审理下列案件：

（一）疑难、复杂、重大案件；

（二）新类型案件；

（三）在法律适用方面具有普遍意义的案件；

（四）认为应当由自己参加合议庭审理的案件。

第3条 最高人民法院的院长、副院长、庭长、副庭长办理案件的数量标准，由最高人民法院规定。

地方各级人民法院的院长、副院长、庭长、副庭长办理案件的数量标准，由本级人民法院根据本地实际情况规定。中级人民法院、基层人民法院规定的办案数量应当报高级人民法院备案。

院长、副院长、庭长、副庭长应当选择一定数量的案件，亲自担任承办人办理。

第4条 院长、副院长、庭长、副庭长办理案件，应当起到示范作用。同时注意总结审判工作经验，规范指导审判工作。

第5条 院长、副院长、庭长、副庭长参加合议庭审理案件，依法担任审判长，与其他合议庭成员享有平等的表决权。

院长、副院长参加合议庭评议时，多数人的意见与院长、副院长的意见不一致的，院长、副院长可以决定将案件提交审判委员会讨论。合议庭成员中的非审判委员会委员应当列席审判委员会。

第6条 院长、副院长、庭长、副庭长办理案件，开庭时间一经确定，不得随意变动。

第7条 院长、副院长、庭长、副庭长参加合议庭审理案件，应当作为履行审判职责的一项重要工作，纳入对其工作的考评和监督范围。

第8条 本意见自印发之日起施行。

第四十五条 合议庭的评议规则

合议庭评议案件,实行少数服从多数的原则。评议应当制作笔录,由合议庭成员签名。评议中的不同意见,必须如实记入笔录。

条文注解

合议庭评议案件是不公开的,合议庭成员应独立自主地评议案件,除书记员参加记录外,其他人员不得参加评议或旁听。评议笔录对外保密,不得向当事人或者其他诉讼参与人泄露。

相关规定

◎法　律

《人民法院组织法》(2018年10月26日)

第31条　合议庭评议案件应当按照多数人的意见作出决定,少数人的意见应当记入笔录。评议案件笔录由合议庭全体组成人员签名。

第32条　合议庭或者法官独任审理案件形成的裁判文书,经合议庭组成人员或者独任法官签署,由人民法院发布。

第33条　合议庭审理案件,法官对案件的事实认定和法律适用负责;法官独任审理案件,独任法官对案件的事实认定和法律适用负责。

人民法院应当加强内部监督,审判活动有违法情形的,应当及时调查核实,并根据违法情形依法处理。

◎司法解释及文件

《最高人民法院关于人民法院合议庭工作的若干规定》(法释〔2002〕25号　2002年8月12日)

第9条　合议庭评议案件应当在庭审结束后五个工作日内进行。

第10条　合议庭评议案件时,先由承办法官对认定案件事实、证据是否确实、充分以及适用法律等发表意见,审判长最后发表意见;审判长作为承办法官的,由审判长最后发表意见。对案件的裁判结果进行评议时,由审判长最后发表意见。审判长应当根据评议情况总结合议庭评议的结论性意见。

合议庭成员进行评议的时候,应当认真负责,充分陈述意见,独立行使表决权,不得拒绝陈述意见或者仅作同意与否的简单表态。同意他人意见的,也应当提出事实根据和法律依据,进行分析论证。

合议庭成员对评议结果的表决,以口头表决的形式进行。

第12条　合议庭应当依照规定的权限,及时对评议意见一致或者形成多数意见的案件直接作出判决或者裁定。但是对于下列案件,合议庭应当提请院长决定提交审判委员会讨论决定:

(一)拟判处死刑的;

(二)疑难、复杂、重大或者新类型的案件,合议庭认为有必要提交审判委员会讨论决定的;

(三)合议庭在适用法律方面有重大意见分歧的;

(四)合议庭认为需要提请审判委员会讨论决定的其他案件,或者本院审判委员会确定的应当由审判委员会讨论决定的案件。

第13条　合议庭对审判委员会的决定有异议,可以提请院长决定提交审判委员会复议一次。

第14条　合议庭一般应当在作出评议结论或者审判委员会作出决定后的五个工作日内制作出裁判文书。

第15条　裁判文书一般由审判长或者承办法官制作。但是审判长或者承办法官的评议意见与合议庭评议结论或者审判委员会的决定有明显分歧的，也可以由其他合议庭成员制作裁判文书。

对制作的裁判文书，合议庭成员应当共同审核，确认无误后签名。

第 16 条 院长、庭长可以对合议庭的评议意见和制作的裁判文书进行审核，但是不得改变合议庭的评议结论。

第 17 条 院长、庭长在审核合议庭的评议意见和裁判文书过程中，对评议结论有异议的，可以建议合议庭复议，同时应当对要求复议的问题及理由提出书面意见。

合议庭复议后，庭长仍有异议的，可以将案件提请院长审核，院长可以提交审判委员会讨论决定。

第 18 条 合议庭应当严格执行案件审理期限的有关规定。遇有特殊情况需要延长审理期限的，应当在审限届满前按规定的时限报请审批。

《最高人民法院司法责任制实施意见（试行）》（法发〔2017〕20 号　2017 年 7 月 25 日）

（六）评议

42. 承办法官应当将所有案件材料上传办案平台，确保其他合议庭成员在评议前通过办案平台查阅有关卷宗材料。

43. 承办法官对案件事实负主要责任，应当全面客观介绍案情，说明类案与关联案件检索情况，提出拟处理意见。

44. 所有合议庭成员均应对事实认定、法律适用发表意见，重点说明证据采信情况及拟作出裁判结果的理由。合议庭成员发表最终处理意见时，应当按法官资历由低到高的顺序进行。

45. 合议时，书记员应当全面、准确记录合议过程，合议笔录应由合议庭成员审核确认后上传办案平台。

第四十六条　审判人员工作纪律

审判人员应当依法秉公办案。

审判人员不得接受当事人及其诉讼代理人请客送礼。

审判人员有贪污受贿、徇私舞弊，枉法裁判行为的，应当追究法律责任；构成犯罪的，依法追究刑事责任。

相关规定

◎**法　律**

《刑法》（2020 年 12 月 26 日）

第 385 条　国家工作人员利用职务上的便利，索取他人财物的，或者非法收受他人财物，为他人谋取利益的，是受贿罪。

国家工作人员在经济往来中，违反国家规定，收受各种名义的回扣、手续费，归个人所有的，以受贿论处。

第 399 条　司法工作人员徇私枉法、徇情枉法，对明知是无罪的人而使他受追诉、对明知是有罪的人而故意包庇不使他受追诉，或者在刑事审判活动中故意违背事实和法律作枉法裁判的，处五年以下有期徒刑或者拘役；情节严重的，处五年以上十年以下有期徒刑；情节特别严重的，处十年以上有期徒刑。

在民事、行政审判活动中故意违背事实和法律作枉法裁判，情节严重的，处五年以下有期徒刑或者拘役；情节特别严重的，处五年以上十年以下有期徒刑。

在执行判决、裁定活动中，严重不负责任或者滥用职权，不依法采取诉讼保全措施、不履行法定执行职责，或者违法采取诉讼保全措施、强制执行措施，致使当事人或者其他人的利益遭受重大损失的，处五年以下有期徒刑或者拘役；致使当事人或者其他人的利益遭受特别重大损失的，处五年以上十年以下有期徒刑。

司法工作人员收受贿赂，有前三款行为的，同时又构成本法第三百八十五条规定之罪的，依照处罚较重的规定定罪处罚。

◎司法解释及文件

《人民法院审判人员违法审判责任追究办法（试行）》（1998年8月26日）

第一章 总则

第1条 为了保证审判人员依法行使职权，促进人民法院的廉政建设，维护司法公正，根据《中华人民共和国人民法院组织法》、《中华人民共和国法官法》及其他有关法律，制定本办法。

第2条 人民法院审判人员在审判、执行工作中，故意违反与审判工作有关的法律、法规，或者因过失违反与审判工作有关的法律、法规造成严重后果的，应当承担违法审判责任。

第3条 违法审判责任，应当依据违法事实、行为人的法定职责、主观过错以及违法行为所产生的后果确定。

第4条 追究违法审判责任，应当坚持实事求是、法律、纪律面前人人平等以及责任自负、罚当其过、处罚与教育相结合的原则。

第二章 追究范围

第5条 违反法律规定，擅自对应当受理的案件不予受理，或者对不应当受理的案件违法受理，或者私自受理案件的。

因过失致使依法应当受理的案件未予受理，或者对不应当受理的案件违法受理，造成严重后果的。

第6条 明知具有法定回避情形，故意不依法自行回避，或者对符合法定回避条件的申请，故意不作出回避决定，影响案件公正审理的。

第7条 审判人员擅自干涉下级人民法院审判工作的。

第8条 当事人及其诉讼代理人因客观原因不能自行收集影响案件主要事实认定的证据，请求人民法院调查收集，有关审判人员故意不予收集，导致裁判错误的。

第9条 依职权应当对影响案件主要事实认定的证据进行鉴定、勘验、查询、核对，或者应当采取证据保全措施而故意不进行，导致裁判错误的。

第10条 涂改、隐匿、伪造、偷换或者故意损毁证据材料，或者指使、支持、授意他人作伪证，或者以威胁、利诱方式收集证据的。

丢失或者因过失损毁证据材料，造成严重后果的。

第11条 篡改、伪造或者故意损毁庭审笔录、合议庭评议记录、审判委员会讨论记录的。

第12条 向合议庭、审判委员会报告案情故意隐瞒主要证据、重要情节，或者提供虚假材料的。

遗漏主要证据、重要情节，导致裁判错误，造成严重后果的。

第13条 拒不执行审判委员会决定，或者拒不执行上级人民法院裁判的。

第14条 故意违背事实和法律，作出错误裁判的。

因过失导致裁判错误，造成严重后果的。

第15条 故意违反法律规定采取或者解除财产保全措施，造成当事人财产损失的。

采取财产保全措施时有过失行为，造成严重后果的。

第16条 先予执行错误，造成当事人或者案外人财产损失的。

第17条 执行工作中有下列行为之一，造成当事人或者案外人财产损失的：

（一）故意违法执行第三人或者案外人财产；

（二）故意重复查封、扣押、冻结被执行财产；

（三）故意超标的查封、冻结、扣押、变卖被执行财产；

（四）鉴定、评估、变卖被执行财产时，指使有关部门压低或者抬高价格；

（五）故意违反法律规定，暂缓执行、中止执行、终结执行。

第18条 私自制作诉讼文书，或者在制作诉讼文书时，故意违背合议庭评议结果、审判委员会决定的。

因过失导致制作、送达诉讼文书错误，造成严重后果的。

第19条 故意违反法律规定采取强制措施的。

采取强制措施有过失行为，致人重伤或者死亡的。

第20条 故意拖延办案，或者因过失延误办案，造成严重后果的。

第21条 故意违反法律规定，对不符合减刑、假释条件的罪犯裁定减刑、假释的。

第22条 有下列情形之一的，审判人员不承担责任：

（一）因对法律、法规理解和认识上的偏差而导致裁判错误的；

（二）因对案件事实和证据认识上的偏差而导致裁判错误的；

（三）因出现新的证据而改变裁判的；

（四）因国家法律的修订或者政策调整而改变裁判的；

（五）其他不应当承担责任的情形。

第三章　违法责任

第23条 独任审判员违法审判的，由独任审判员承担责任。

第24条 合议庭成员评议案件时，故意违反法律规定或者歪曲事实、曲解法律，导致评议结论错误的，由导致错误结论的人员承担责任。

第25条 审判委员会委员讨论案件时，故意违反法律规定或者歪曲事实、曲解法律，导致决定错误的，由导致错误决定的人员承担责任。

审判委员会主持人违反民主集中制原则导致审判委员会决定错误的，由主持人承担责任。

第26条 院长、庭长故意违反法律规定或者严重不负责任，对独任审判员或者合议庭的错误不按照法定程序纠正，导致违法裁判的，院长、庭长、独任审判员或者合议庭有关人员均应当承担相应责任。

第四章　违法审判责任的确认和追究

第27条 人民法院的判决、裁定、决定是否错误，应当由人民法院审判组织确认。

第28条 各级人民法院监察部门是违法审判责任追究工作的职能部门，负责违法审判线索的收集、对违法审判责任进行调查以及对责任人员依照有关规定进行处理。

第29条 监察部门应当从二审、审判监督中发现审判人员违法审判的线索。

人民法院各审判组织和审判人员应当配合监察部门的工作，及时将在审判工作中发现的违法审判线索通知监察部门，并提供有关材料。

第30条 对涉及上级人民法院监察部门监察对象的违法审判线索，监察部门应当将有关材料报送上级人民法院监察部门处理。

第 31 条 上级人民法院监察部门认为下级人民法院应当追究有关审判人员责任而没有追究的,报告院长决定,责令下级人民法院追究责任,必要时可以直接调查处理。

第 32 条 对责任人的追究,应当根据违法行为的具体情况确定:

(一)情节轻微的,责令有关责任人作出检查或者通报批评;

(二)情节较重,应当给予纪律处分的,依照《人民法院审判纪律处分办法(试行)》给予相应的纪律处分;

(三)有犯罪嫌疑的,移送有关司法部门依法处理。

第 33 条 违法审判责任案件的立案、调查、处理、申诉,依照《人民法院监察部门调查处理案件暂行办法》规定的程序进行。

第五章 附 则

第 34 条 本办法所称审判人员是指各级人民法院的审判员、助理审判员。执行员、书记员、司法警察、司法鉴定人员参照本办法执行。

第 35 条 本办法自公布之日起施行。

第四章 回 避

第四十七条 回避的对象、条件和方式

审判人员有下列情形之一的,应当自行回避,当事人有权用口头或者书面方式申请他们回避:

(一)是本案当事人或者当事人、诉讼代理人近亲属的;

(二)与本案有利害关系的;

(三)与本案当事人、诉讼代理人有其他关系,可能影响对案件公正审理的。

审判人员接受当事人、诉讼代理人请客送礼,或者违反规定会见当事人、诉讼代理人的,当事人有权要求他们回避。

审判人员有前款规定的行为的,应当依法追究法律责任。

前三款规定,适用于法官助理、书记员、司法技术人员、翻译人员、鉴定人、勘验人。

■ 相关规定

◎**法 律**

《**法官法**》(2019 年 4 月 23 日)

第 24 条 法官的配偶、父母、子女有下列情形之一的,法官应当实行任职回避:

(一)担任该法官所任职人民法院辖区内律师事务所的合伙人或者设立人的;

(二)在该法官所任职人民法院辖区内以律师身份担任诉讼代理人、辩护人,或者为诉讼案件当事人提供其他有偿法律服务的。

第 36 条 法官从人民法院离任后两年内,不得以律师身份担任诉讼代理人或者辩护人。

法官从人民法院离任后,不得担任原任职法院办理案件的诉讼代理人或者辩护人,但是作为当事人的监护人或者近亲属代理诉讼或者进行辩护的除外。

法官被开除后,不得担任诉讼代理人或者辩护人,但是作为当事人的监护人或者近亲属代理诉讼或者进行辩护的除外。

◎司法解释及文件

《最高人民法院关于适用〈中华人民共和国民事诉讼法〉的解释》（法释〔2022〕11号 2022年4月1日修正）

第43条 审判人员有下列情形之一的，应当自行回避，当事人有权申请其回避：

（一）是本案当事人或者当事人近亲属的；

（二）本人或者其近亲属与本案有利害关系的；

（三）担任过本案的证人、鉴定人、辩护人、诉讼代理人、翻译人员的；

（四）是本案诉讼代理人近亲属的；

（五）本人或者其近亲属持有本案非上市公司当事人的股份或者股权的；

（六）与本案当事人或者诉讼代理人有其他利害关系，可能影响公正审理的。

第44条 审判人员有下列情形之一的，当事人有权申请其回避：

（一）接受本案当事人及其受托人宴请，或者参加由其支付费用的活动的；

（二）索取、接受本案当事人及其受托人财物或者其他利益的；

（三）违反规定会见本案当事人、诉讼代理人的；

（四）为本案当事人推荐、介绍诉讼代理人，或者为律师、其他人员介绍代理本案的；

（五）向本案当事人及其受托人借用款物的；

（六）有其他不正当行为，可能影响公正审理的。

第45条 在一个审判程序中参与过本案审判工作的审判人员，不得再参与该案其他程序的审判。

发回重审的案件，在一审法院作出裁判后又进入第二审程序的，原第二审程序中审判人员不受前款规定的限制。

第46条 审判人员有应当回避的情形，没有自行回避，当事人也没有申请其回避的，由院长或者审判委员会决定其回避。

第47条 人民法院应当依法告知当事人对合议庭组成人员、独任审判员和书记员等人员有申请回避的权利。

第48条 民事诉讼法第四十七条所称的审判人员，包括参与本案审理的人民法院院长、副院长、审判委员会委员、庭长、副庭长、审判员和人民陪审员。

第49条 书记员和执行员适用审判人员回避的有关规定。

《最高人民法院关于审判人员在诉讼活动中执行回避制度若干问题的规定》（法释〔2011〕12号 2011年6月10日）

为进一步规范审判人员的诉讼回避行为，维护司法公正，根据《中华人民共和国人民法院组织法》、《中华人民共和国法官法》、《中华人民共和国民事诉讼法》、《中华人民共和国刑事诉讼法》、《中华人民共和国行政诉讼法》等法律规定，结合人民法院审判工作实际，制定本规定。

第1条 审判人员具有下列情形之一的，应当自行回避，当事人及其法定代理人有权以口头或者书面形式申请其回避：

（一）是本案的当事人或者与当事人有近亲属关系的；

（二）本人或者其近亲属与本案有利害关系的；

（三）担任过本案的证人、翻译人员、鉴定人、勘验人、诉讼代理人、辩护人的；

（四）与本案的诉讼代理人、辩护人有夫妻、父母、子女或者兄弟姐妹关系的；

（五）与本案当事人之间存在其他利害关系，可能影响案件公正审理的。

本规定所称近亲属，包括与审判人员有夫妻、直系血亲、三代以内旁系血亲及近姻亲关系的亲属。

第2条 当事人及其法定代理人发现审判人员违反规定，具有下列情形之一的，有权申请其回避：

（一）私下会见本案一方当事人及其诉讼代理人、辩护人的；

（二）为本案当事人推荐、介绍诉讼代理人、辩护人，或者为律师、其他人员介绍办理该案件的；

（三）索取、接受本案当事人及其受托人的财物、其他利益，或者要求当事人及其受托人报销费用的；

（四）接受本案当事人及其受托人的宴请，或者参加由其支付费用的各项活动的；

（五）向本案当事人及其受托人借款，借用交通工具、通讯工具或者其他物品，或者索取、接受当事人及其受托人在购买商品、装修住房以及其他方面给予的好处的；

（六）有其他不正当行为，可能影响案件公正审理的。

第3条 凡在一个审判程序中参与过本案审判工作的审判人员，不得再参与该案其他程序的审判。但是，经过第二审程序发回重审的案件，在一审法院作出裁判后又进入第二审程序的，原第二审程序中合议庭组成人员不受本条规定的限制。

第4条 审判人员应当回避，本人没有自行回避，当事人及其法定代理人也没有申请其回避的，院长或者审判委员会应当决定其回避。

第5条 人民法院应当依法告知当事人及其法定代理人有申请回避的权利，以及合议庭组成人员、书记员的姓名、职务等相关信息。

第6条 人民法院依法调解案件，应当告知当事人及其法定代理人有申请回避的权利，以及主持调解工作的审判人员及其他参与调解工作的人员的姓名、职务等相关信息。

第7条 第二审人民法院认为第一审人民法院的审理有违反本规定第一条至第三条规定的，应当裁定撤销原判，发回原审人民法院重新审判。

第8条 审判人员及法院其他工作人员从人民法院离任后二年内，不得以律师身份担任诉讼代理人或者辩护人。

审判人员及法院其他工作人员从人民法院离任后，不得担任原任职法院所审理案件的诉讼代理人或者辩护人，但是作为当事人的监护人或者近亲属代理诉讼或者进行辩护的除外。

本条所规定的离任，包括退休、调离、解聘、辞职、辞退、开除等离开法院工作岗位的情形。

本条所规定的原任职法院，包括审判人员及法院其他工作人员曾任职的所有法院。

第9条 审判人员及法院其他工作人员的配偶、子女或者父母不得担任其所任职法院审理案件的诉讼代理人或者辩护人。

第10条 人民法院发现诉讼代理人或者辩护人违反本规定第八条、第九条的规定的，应当责令其停止相关诉讼代理或者辩护行为。

第11条 当事人及其法定代理人、诉讼代理人、辩护人认为审判人员有违反本规定行为的，可以向法院纪检、监察部门或者其他有关部门举报。受理举报的人民法院应当及时处理，并将相关意见反馈给举报人。

第 12 条 对明知具有本规定第一条至第三条规定情形不依法自行回避的审判人员，依照《人民法院工作人员处分条例》的规定予以处分。

对明知诉讼代理人、辩护人具有本规定第八条、第九条规定情形之一，未责令其停止相关诉讼代理或者辩护行为的审判人员，依照《人民法院工作人员处分条例》的规定予以处分。

第 13 条 本规定所称审判人员，包括各级人民法院院长、副院长、审判委员会委员、庭长、副庭长、审判员和助理审判员。

本规定所称法院其他工作人员，是指审判人员以外的在编工作人员。

第 14 条 人民陪审员、书记员和执行员适用审判人员回避的有关规定，但不属于本规定第十三条所规定人员的，不适用本规定第八条、第九条的规定。

第 15 条 自本规定施行之日起，《最高人民法院关于审判人员严格执行回避制度的若干规定》（法发〔2000〕5 号）即行废止；本规定施行前本院发布的司法解释与本规定不一致的，以本规定为准。

《最高人民法院、最高人民检察院、公安部等关于进一步规范司法人员与当事人、律师特殊关系人、中介组织接触交往行为的若干规定》（2015 年 9 月 6 日）

第 4 条 审判人员、检察人员、侦查人员在诉讼活动中，有法律规定的回避情形的，应当自行回避，当事人及其法定代理人也有权要求他们回避。

审判人员、检察人员、侦查人员的回避，应当依法按程序批准后执行。

第 5 条 严禁司法人员与当事人、律师、特殊关系人、中介组织有下列接触交往行为：

（一）泄露司法机关办案工作秘密或者其他依法依规不得泄露的情况；

（二）为当事人推荐、介绍诉讼代理人、辩护人，或者为律师、中介组织介绍案件，要求、建议或者暗示当事人更换符合代理条件的律师；

（三）接受当事人、律师、特殊关系人、中介组织请客送礼或者其他利益；

（四）向当事人、律师、特殊关系人、中介组织借款、租借房屋、借用交通工具、通讯工具或者其他物品；

（五）在委托评估、拍卖等活动中徇私舞弊，与相关中介组织和人员恶意串通、弄虚作假、违规操作等行为；

（六）司法人员与当事人、律师、特殊关系人、中介组织的其他不正当接触交往行为。

第 6 条 司法人员在案件办理过程中，应当在工作场所、工作时间接待当事人、律师、特殊关系人、中介组织。因办案需要，确需与当事人、律师、特殊关系人、中介组织在非工作场所、非工作时间接触的，应依照相关规定办理审批手续并获批准。

第 7 条 司法人员在案件办理过程中因不明情况或者其他原因在非工作时间或非工作场所接触当事人、律师、特殊关系人、中介组织的，应当在三日内向本单位纪检监察部门报告有关情况。

第 8 条 司法人员从司法机关离任后，不得担任原任职单位办理案件的诉讼代理人或者辩护人，但是作为当事人的监护人或者近亲属代理诉讼或者进行辩护的除外。

《人民法院工作人员处分条例》（法发〔2009〕61 号　2009 年 12 月 31 日）

第 30 条 违反规定应当回避而不回

避，造成不良后果的，给予警告、记过或者记大过处分；情节较重的，给予降级或者撤职处分；情节严重的，给予开除处分。

明知诉讼代理人、辩护人不符合担任代理人、辩护人的规定，仍准许其担任代理人、辩护人，造成不良后果的，给予警告、记过或者记大过处分；情节较重的，给予降级处分；情节严重的，给予撤职处分。

> **第四十八条　回避申请**
>
> 当事人提出回避申请，应当说明理由，在案件开始审理时提出；回避事由在案件开始审理后知道的，也可以在法庭辩论终结前提出。
>
> 被申请回避的人员在人民法院作出是否回避的决定前，应当暂停参与本案的工作，但案件需要采取紧急措施的除外。

文书范本

申请书（申请回避用）

申　请　书

申请人：×××，男/女，××××年××月××日出生，×族，……（写明工作单位和职务或者职业），住……。联系方式：……。

法定代理人/指定代理人：×××，……。

委托诉讼代理人：×××，……。

（以上写明申请人和其他诉讼参加人的姓名或者名称等基本信息）

请求事项：

申请你院（××××）……号……（写明当事人和案由）一案的……（写明被申请回避人的诉讼地位和姓名）回避。

事实和理由：

……（写明申请回避的事实和理由）。

此致

××××人民法院

申请人（签名或者盖章）

××××年××月××日

文书制作要点提示：

①结合《民事诉讼法》第四十七条的规定的情形，写明申请回避的具体理由。

②注意申请回避的时间要求。回避申请一般在案件开始审理时提出，回避事由在案件开始审理后知道的，也可以在法庭辩论终结前提出。

第四十九条　回避决定的程序

院长担任审判长或者独任审判员时的回避，由审判委员会决定；审判人员的回避，由院长决定；其他人员的回避，由审判长或者独任审判员决定。

▎条文注解

本条的"其他人员"主要指本法第四十七条规定的书记员、翻译人员、鉴定人、勘验人。

第五十条　回避决定的时限及效力

人民法院对当事人提出的回避申请，应当在申请提出的三日内，以口头或者书面形式作出决定。申请人对决定不服的，可以在接到决定时申请复议一次。复议期间，被申请回避的人员，不停止参与本案的工作。人民法院对复议申请，应当在三日内作出复议决定，并通知复议申请人。

▎条文注解

这里需要特别强调一点，根据本法第四十八条第二款的规定，除案件需要采取紧急措施的外，被申请回避的人员在人民法院作出是否回避的决定前，应当暂停参与本案的工作。但是，在复议期间，被申请回避的人员，不停止参与本案的工作。

▎文书范本

复议申请书（申请对驳回回避申请决定复议用）

复议申请书

复议申请人：×××，男/女，××××年××月××日出生，×族，……（写明工作单位和职务或者职业），住……。联系方式：……。

法定代理人/指定代理人：×××，……。

委托诉讼代理人：×××，……。

（以上写明复议申请人和其他诉讼参加人的姓名或者名称等基本信息）

请求事项：

请求对你院（××××）……号一案驳回回避申请的决定进行复议。

1. 撤销驳回回避申请决定；

2. 准许×××（写明被申请回避人员的诉讼地位和姓名）回避。

事实和理由：

复议申请人在你院（××××）……号……（写明当事人和案由）一案中，向你院申请……（写明被申请回避人员的诉讼地位和姓名）回避。你院（××××）……号决定书驳回回避申请。

……（写明申请复议的事实和理由）。

此致

```
┌─────────────────────────────────────────────┐
│ ××××人民法院                                  │
│                      复议申请人（签名或者盖章）  │
│                              ××××年××月××日   │
└─────────────────────────────────────────────┘
```

文书制作要点提示：

①申请人是法人或者其他组织的，写明名称、住所，另起一行写明法定代表人、主要负责人及其姓名、职务、联系方式。

②重点写明申请复议的事实和理由，理由要客观，并附有事实和法律依据。

第五章　诉讼参加人

第一节　当 事 人

> **第五十一条　当事人范围**
>
> 公民、法人和其他组织可以作为民事诉讼的当事人。
>
> 法人由其法定代表人进行诉讼。其他组织由其主要负责人进行诉讼。

相关规定

◎**法　律**

《民法典》（2020年5月28日）

第13条　自然人从出生时起到死亡时止，具有民事权利能力，依法享有民事权利，承担民事义务。

第16条　涉及遗产继承、接受赠与等胎儿利益保护的，胎儿视为具有民事权利能力。但是，胎儿娩出时为死体的，其民事权利能力自始不存在。

第59条　法人的民事权利能力和民事行为能力，从法人成立时产生，到法人终止时消灭。

第67条　法人合并的，其权利和义务由合并后的法人享有和承担。

法人分立的，其权利和义务由分立后的法人享有连带债权，承担连带债务，但是债权人和债务人另有约定的除外。

第74条　法人可以依法设立分支机构。法律、行政法规规定分支机构应当登记的，依照其规定。

分支机构以自己的名义从事民事活动，产生的民事责任由法人承担；也可以先以该分支机构管理的财产承担，不足以承担的，由法人承担。

第75条　设立人为设立法人从事的民事活动，其法律后果由法人承受；法人未成立的，其法律后果由设立人承受，设立人为二人以上的，享有连带债权，承担连带债务。

设立人为设立法人以自己的名义从事民事活动产生的民事责任，第三人有权选择请求法人或者设立人承担。

第102条　非法人组织是不具有法人资格，但是能够依法以自己的名义从事民事活动的组织。

非法人组织包括个人独资企业、合伙企业、不具有法人资格的专业服务机构等。

《劳动合同法》（2012年12月28日）

第56条　用人单位违反集体合同，侵犯职工劳动权益的，工会可以依法要求用人单位承担责任；因履行集体合同发生争议，经协商解决不成的，工会可以依法申请仲裁、提起诉讼。

《反家庭暴力法》（2015年12月27日）

第13条　家庭暴力受害人及其法定代理人、近亲属可以向加害人或者受害人所在单位、居民委员会、村民委员会、妇女联合会等单位投诉、反映或者求助。有关单位接到家庭暴力投诉、反映或者求助后，应当给予帮助、处理。

家庭暴力受害人及其法定代理人、近亲属也可以向公安机关报案或者依法向人民法院起诉。

单位、个人发现正在发生的家庭暴力行为，有权及时劝阻。

《著作权法》（2020年11月11日）

第8条第1款　著作权人和与著作权有关的权利人可以授权著作权集体管理组织行使著作权或者与著作权有关的权利。依法设立的著作权集体管理组织是非营利法人，被授权后可以以自己的名义为著作权人和与著作权有关的权利人主张权利，并可以作为当事人进行涉及著作权或者与著作权有关的权利的诉讼、仲裁、调解活动。

《公司法》（2018年10月26日）

第151条　董事、高级管理人员有本法第一百四十九条规定的情形的，有限责任公司的股东、股份有限公司连续一百八十日以上单独或者合计持有公司百分之一以上股份的股东，可以书面请求监事会或者不设监事会的有限责任公司的监事向人民法院提起诉讼；监事有本法第一百四十九条规定的情形的，前述股东可以书面请求董事会或不设董事会的有限责任公司的执行董事向人民法院提起诉讼。

监事会、不设监事会的有限责任公司的监事，或者董事会、执行董事收到前款规定的股东书面请求后拒绝提起诉讼，或者自收到请求之日起三十日内未提起诉讼，或者情况紧急、不立即提起诉讼将会使公司利益受到难以弥补的损害的，前款规定的股东有权为了公司的利益以自己的名义直接向人民法院提起诉讼。

他人侵犯公司合法权益，给公司造成损失的，本条第一款规定的股东可以依照前两款的规定向人民法院提起诉讼。

◎司法解释及文件

❶ 一般规定

《最高人民法院关于适用〈中华人民共和国民事诉讼法〉的解释》（法释〔2022〕11号　2022年4月1日修正）

第50条　法人的法定代表人以依法登记的为准，但法律另有规定的除外。依法不需要办理登记的法人，以其正职负责人为法定代表人；没有正职负责人的，以其主持工作的副职负责人为法定代表人。

法定代表人已经变更，但未完成登记，变更后的法定代表人要求代表法人参加诉讼的，人民法院可以准许。

其他组织，以其主要负责人为代表人。

第51条　在诉讼中，法人的法定代表人变更的，由新的法定代表人继续进行诉讼，并应向人民法院提交新的法定代表人身份证明书。原法定代表人进行的诉讼行为有效。

前款规定，适用于其他组织参加的诉讼。

第52条　民事诉讼法第五十一条规定的其他组织是指合法成立、有一定的组织机构和财产，但又不具备法人资格的组织，包括：

（一）依法登记领取营业执照的个人独资企业；

（二）依法登记领取营业执照的合伙企业；

（三）依法登记领取我国营业执照的

中外合作经营企业、外资企业；

（四）依法成立的社会团体的分支机构、代表机构；

（五）依法设立并领取营业执照的法人的分支机构；

（六）依法设立并领取营业执照的商业银行、政策性银行和非银行金融机构的分支机构；

（七）经依法登记领取营业执照的乡镇企业、街道企业；

（八）其他符合本条规定条件的组织。

第53条 法人非依法设立的分支机构，或者虽依法设立，但没有领取营业执照的分支机构，以设立该分支机构的法人为当事人。

第54条 以挂靠形式从事民事活动，当事人请求由挂靠人和被挂靠人依法承担民事责任的，该挂靠人和被挂靠人为共同诉讼人。

第55条 在诉讼中，一方当事人死亡，需要等待继承人表明是否参加诉讼的，裁定中止诉讼。人民法院应当及时通知继承人作为当事人承担诉讼，被继承人已经进行的诉讼行为对承担诉讼的继承人有效。

第56条 法人或者其他组织的工作人员执行工作任务造成他人损害的，该法人或者其他组织为当事人。

第57条 提供劳务一方因劳务造成他人损害，受害人提起诉讼的，以接受劳务一方为被告。

第58条 在劳务派遣期间，被派遣的工作人员因执行工作任务造成他人损害的，以接受劳务派遣的用工单位为当事人。当事人主张劳务派遣单位承担责任的，该劳务派遣单位为共同被告。

第59条 在诉讼中，个体工商户以营业执照上登记的经营者为当事人。有字号的，以营业执照上登记的字号为当事人，但应同时注明该字号经营者的基本信息。

营业执照上登记的经营者与实际经营者不一致的，以登记的经营者和实际经营者为共同诉讼人。

第60条 在诉讼中，未依法登记领取营业执照的个人合伙的全体合伙人为共同诉讼人。个人合伙有依法核准登记的字号的，应在法律文书中注明登记的字号。全体合伙人可以推选代表人；被推选的代表人，应由全体合伙人出具推选书。

第61条 当事人之间的纠纷经人民调解委员会或者其他依法设立的调解组织调解达成协议后，一方当事人不履行调解协议，另一方当事人向人民法院提起诉讼的，应以对方当事人为被告。

第62条 下列情形，以行为人为当事人：

（一）法人或者其他组织应登记而未登记，行为人即以该法人或者其他组织名义进行民事活动的；

（二）行为人没有代理权、超越代理权或者代理权终止后以被代理人名义进行民事活动的，但相对人有理由相信行为人有代理权的除外；

（三）法人或者其他组织依法终止后，行为人仍以其名义进行民事活动的。

第63条 企业法人合并的，因合并前的民事活动发生的纠纷，以合并后的企业为当事人；企业法人分立的，因分立前的民事活动发生的纠纷，以分立后的企业为共同诉讼人。

第64条 企业法人解散的，依法清算并注销前，以该企业法人为当事人；未依法清算即被注销的，以该企业法人的股东、发起人或者出资人为当事人。

第 65 条 借用业务介绍信、合同专用章、盖章的空白合同书或者银行账户的，出借单位和借用人为共同诉讼人。

第 66 条 因保证合同纠纷提起的诉讼，债权人向保证人和被保证人一并主张权利的，人民法院应当将保证人和被保证人列为共同被告。保证合同约定为一般保证，债权人仅起诉保证人的，人民法院应当通知被保证人作为共同被告参加诉讼；债权人仅起诉被保证人的，可以只列被保证人为被告。

第 67 条 无民事行为能力人、限制民事行为能力人造成他人损害的，无民事行为能力人、限制民事行为能力人和其监护人为共同被告。

第 68 条 居民委员会、村民委员会或者村民小组与他人发生民事纠纷的，居民委员会、村民委员会或者有独立财产的村民小组为当事人。

第 69 条 对侵害死者遗体、遗骨以及姓名、肖像、名誉、荣誉、隐私等行为提起诉讼的，死者的近亲属为当事人。

第 70 条 在继承遗产的诉讼中，部分继承人起诉的，人民法院应通知其他继承人作为共同原告参加诉讼；被通知的继承人不愿意参加诉讼又未明确表示放弃实体权利的，人民法院仍应将其列为共同原告。

第 71 条 原告起诉被代理人和代理人，要求承担连带责任的，被代理人和代理人为共同被告。

原告起诉代理人和相对人，要求承担连带责任的，代理人和相对人为共同被告。

第 72 条 共有财产权受到他人侵害，部分共有权人起诉的，其他共有权人为同诉讼人。

《最高人民法院关于适用〈中华人民共和国民事诉讼法〉审判监督程序若干问题的解释》（法释〔2008〕14 号 2020 年 12 月 29 日修正）

第 29 条 民事再审案件的当事人应为原审案件的当事人。原审案件当事人死亡或者终止的，其权利义务承受人可以申请再审并参加再审诉讼。

❷ **婚姻家庭纠纷当事人的相关规定**

《最高人民法院关于适用〈中华人民共和国民法典〉婚姻家庭编的解释（一）》（法释〔2020〕22 号 2020 年 12 月 29 日）

第 9 条 有权依据民法典第一千零五十一条规定向人民法院就已办理结婚登记的婚姻请求确认婚姻无效的主体，包括婚姻当事人及利害关系人。其中，利害关系人包括：

（一）以重婚为由的，为当事人的近亲属及基层组织；

（二）以未到法定婚龄为由的，为未到法定婚龄者的近亲属；

（三）以有禁止结婚的亲属关系为由的，为当事人的近亲属。

第 15 条 利害关系人依据民法典第一千零五十一条的规定，请求人民法院确认婚姻无效的，利害关系人为原告，婚姻关系当事人双方为被告。

夫妻一方死亡的，生存一方为被告。

第 18 条 行为人以给另一方当事人或者其近亲属的生命、身体、健康、名誉、财产等方面造成损害为要挟，迫使另一方当事人违背真实意愿结婚的，可以认定为民法典第一千零五十二条所称的"胁迫"。

因受胁迫而请求撤销婚姻的，只能是受胁迫一方的婚姻关系当事人本人。

《最高人民法院关于适用〈中华人民共和国民法典〉总则编若干问题的解释》（法释〔2022〕6号 2022年3月1日）

第4条 涉及遗产继承、接受赠与等胎儿利益保护，父母在胎儿娩出前作为法定代理人主张相应权利的，人民法院依法予以支持。

《最高人民法院关于确定民事侵权精神损害赔偿责任若干问题的解释》（法释〔2001〕7号 2020年12月29日修正）

第7条 自然人因侵权行为致死，或者自然人死亡后其人格或者遗体遭受侵害，死者的配偶、父母和子女向人民法院起诉请求赔偿精神损害的，列其配偶、父母和子女为原告；没有配偶、父母和子女的，可以由其他近亲属提起诉讼，列其他近亲属为原告。

❸ 劳动争议纠纷当事人的相关规定
《最高人民法院关于审理劳动争议案件适用法律问题的解释（一）》（法释〔2020〕26号 2020年12月29日）

第26条 用人单位与其它单位合并的，合并前发生的劳动争议，由合并后的单位为当事人；用人单位分立为若干单位的，其分立前发生的劳动争议，由分立后的实际用人单位为当事人。

用人单位分立为若干单位后，具体承受劳动权利义务的单位不明确的，分立后的单位均为当事人。

第27条 用人单位招用尚未解除劳动合同的劳动者，原用人单位与劳动者发生的劳动争议，可以列新的用人单位为第三人。

原用人单位以新的用人单位侵权为由提起诉讼的，可以列劳动者为第三人。

原用人单位以新的用人单位和劳动者共同侵权为由提起诉讼的，新的用人单位和劳动者列为共同被告。

第28条 劳动者在用人单位与其他平等主体之间的承包经营期间，与发包方和承包方双方或者一方发生劳动争议，依法提起诉讼的，应当将承包方和发包方作为当事人。

第29条 劳动者与未办理营业执照、营业执照被吊销或者营业期限届满仍继续经营的用人单位发生争议的，应当将用人单位或者其出资人列为当事人。

第30条 未办理营业执照、营业执照被吊销或者营业期限届满仍继续经营的用人单位，以挂靠等方式借用他人营业执照经营的，应当将用人单位和营业执照出借方列为当事人。

❹ 公司纠纷当事人的相关规定
《最高人民法院关于适用〈中华人民共和国公司法〉若干问题的规定（二）》（法释〔2014〕2号 2020年12月29日修正）

第4条 股东提起解散公司诉讼应当以公司为被告。

原告以其他股东为被告一并提起诉讼的，人民法院应当告知原告将其他股东变更为第三人；原告坚持不予变更的，人民法院应当驳回原告对其他股东的起诉。

原告提起解散公司诉讼应当告知其他股东，或者由人民法院通知其参加诉讼。其他股东或者有关利害关系人申请以共同原告或者第三人身份参加诉讼的，人民法院应予准许。

《最高人民法院关于适用〈中华人民共和国公司法〉若干问题的规定（四）》（法释〔2017〕16号 2020年12月29日修正）

第24条 符合公司法第一百五十一条第一款规定条件的股东，依据公司法第一百五十一条第二款、第三款规定，直接对董事、监事、高级管理人员或者他人提起诉讼的，应当列公司为第三人参加诉讼。

一审法庭辩论终结前,符合公司法第一百五十一条第一款规定条件的其他股东,以相同的诉讼请求申请参加诉讼的,应当列为共同原告。

❺ **证券纠纷当事人的相关规定**
《最高人民法院关于审理证券市场虚假陈述侵权民事赔偿案件的若干规定》(法释〔2022〕2号 2022年1月21日)

第20条 发行人的控股股东、实际控制人组织、指使发行人实施虚假陈述,致使原告在证券交易中遭受损失的,原告起诉请求直接判令该控股股东、实际控制人依照本规定赔偿损失的,人民法院应当予以支持。

控股股东、实际控制人组织、指使发行人实施虚假陈述,发行人在承担赔偿责任后要求该控股股东、实际控制人赔偿实际支付的赔偿款、合理的律师费、诉讼费用等损失的,人民法院应当予以支持。

第21条 公司重大资产重组的交易对方所提供的信息不符合真实、准确、完整的要求,导致公司披露的相关信息存在虚假陈述,原告起诉请求判令该交易对方与发行人等责任主体赔偿由此导致的损失的,人民法院应当予以支持。

第22条 有证据证明发行人的供应商、客户,以及为发行人提供服务的金融机构等明知发行人实施财务造假活动,仍然为其提供相关交易合同、发票、存款证明等予以配合,或者故意隐瞒重要事实致使发行人的信息披露文件存在虚假陈述,原告起诉请求判令其与发行人等责任主体赔偿由此导致的损失的,人民法院应当予以支持。

第23条 承担连带责任的当事人之间的责任分担与追偿,按照民法典第一百七十八条的规定处理,但本规定第二十条第二款规定的情形除外。

保荐机构、承销机构等责任主体以存在约定为由,请求发行人或者其控股股东、实际控制人补偿其因虚假陈述所承担的赔偿责任的,人民法院不予支持。

《全国法院审理债券纠纷案件座谈会纪要》(法〔2020〕185号 2020年7月15日)

二、关于诉讼主体资格的认定

会议认为,同期发行债券的持有人利益诉求高度同质化且往往人数众多,采用共同诉讼的方式能够切实降低债券持有人的维权成本,最大限度地保障债券持有人的利益,也有利于提高案件审理效率,节约司法资源,实现诉讼经济。案件审理中,人民法院应当根据当事人的协议约定或者债券持有人会议的决议,承认债券受托管理人或者债券持有人会议推选的代表人的法律地位,充分保障受托管理人、诉讼代表人履行统一行使诉权的职能。对于债券违约合同纠纷案件,应当以债券受托管理人或者债券持有人会议推选的代表人集中起诉为原则,以债券持有人个别起诉为补充。

5. 债券受托管理人的诉讼主体资格。债券发行人不能如约偿付债券本息或者出现债券募集文件约定的违约情形时,受托管理人根据债券募集文件、债券受托管理协议的约定或者债券持有人会议决议的授权,以自己的名义代表债券持有人提起、参加民事诉讼,或者申请发行人破产重整、破产清算的,人民法院应当依法予以受理。

受托管理人应当向人民法院提交符合债券募集文件、债券受托管理协议或者债券持有人会议规则的授权文件。

6. 债券持有人自行或者共同提起诉讼。在债券持有人会议决议授权受托管理人或者推选代表人代表部分债券持有人主张权利的情况下,其他债券持有人另行单独或者共同提起、参加民事诉讼，或者申请发行人破产重整、破产清算的，人民法院应当依法予以受理。

债券持有人会议以受托管理人怠于行使职责为由作出自行主张权利的有效决议后，债券持有人根据决议单独、共同或者代表其他债券持有人向人民法院提起诉讼、申请发行人破产重整或者破产清算的，人民法院应当依法予以受理。

7. 资产管理产品管理人的诉讼地位。通过各类资产管理产品投资债券的，资产管理产品的管理人根据相关规定或者资产管理文件的约定以自己的名义提起诉讼的，人民法院应当依法予以受理。

8. 债券交易对诉讼地位的影响。债券持有人以债券质押式回购、融资交易、债券收益权转让等不改变债券持有人身份的方式融资的，不影响其诉讼主体资格的认定。

❻ 知识产权纠纷当事人的相关规定

《最高人民法院关于审理著作权民事纠纷案件适用法律若干问题的解释》（法释〔2002〕31号 2020年12月29日修正）

第6条 依法成立的著作权集体管理组织，根据著作权人的书面授权，以自己的名义提起诉讼，人民法院应当受理。

《最高人民法院关于审理商标民事纠纷案件适用法律若干问题的解释》（法释〔2002〕32号 2020年12月29日修正）

第4条 商标法第六十条第一款规定的利害关系人，包括注册商标使用许可合同的被许可人、注册商标财产权利的合法继承人等。

在发生注册商标专用权被侵害时，独占使用许可合同的被许可人可以向人民法院提起诉讼；排他使用许可合同的被许可人可以和商标注册人共同起诉，也可以在商标注册人不起诉的情况下，自行提起诉讼；普通使用许可合同的被许可人经商标注册人明确授权，可以提起诉讼。

《最高人民法院关于审理植物新品种纠纷案件若干问题的解释》（法释〔2001〕5号 2020年12月29日修正）

第5条 关于植物新品种申请驳回复审行政纠纷案件、植物新品种权无效或者更名行政纠纷案件，应当以植物新品种审批机关为被告；关于植物新品种强制许可纠纷案件，应当以植物新品种审批机关为被告；关于实施强制许可使用费纠纷案件，应当根据原告所请求的事项和所起诉的当事人确定被告。

《最高人民法院关于审理侵害植物新品种权纠纷案件具体应用法律问题的若干规定》（法释〔2007〕1号 2020年12月29日修正）

第1条 植物新品种权所有人（以下称品种权人）或者利害关系人认为植物新品种权受到侵害的，可以依法向人民法院提起诉讼。

前款所称利害关系人，包括植物新品种实施许可合同的被许可人、品种权财产权利的合法继承人等。

独占实施许可合同的被许可人可以单独向人民法院提起诉讼；排他实施许可合同的被许可人可以和品种权人共同起诉，也可以在品种权人不起诉时，自行提起诉讼；普通实施许可合同的被许可人经品种权人明确授权，可以提起诉讼。

❼ 其他

《最高人民法院关于在民事审判工作中适用〈中华人民共和国工会法〉若干问题的解释》（法释〔2003〕11号 2020年12月29日修正）

第1条 人民法院审理涉及工会组织的有关案件时，应当认定依照工会法建立的工会组织的社团法人资格。具有法人资格的工会组织依法独立享有民事权利，承担民事义务。建立工会的企业、事业单位、机关与所建工会以及工会投资兴办的企业，根据法律和司法解释的规定，应当分别承担各自的民事责任。

《最高人民法院关于领取营业执照的证券公司营业部是否具有民事诉讼主体资格的复函》（法函〔1997〕98号 1997年8月22日）

证券公司营业部是经中国人民银行或其授权的分支机构依据《中华人民共和国银行法》的有关规定批准设立，专营证券交易等业务的机构。其领有《经营金融业务许可证》和《营业执照》，具有一定的运营资金和在核准的经营范围内开展证券交易等业务的行为能力。根据最高人民法院《关于适用〈中华人民共和国民事诉讼法〉若干问题的意见》第40条（5）项之规定，证券公司营业部可以作为民事诉讼当事人。

《最高人民法院关于产品侵权案件的受害人能否以产品的商标所有人为被告提起民事诉讼的批复》（法释〔2002〕22号 2020年12月29日修正）

任何将自己的姓名、名称、商标或者可资识别的其他标识体现在产品上，表示其为产品制造者的企业或个人，均属于《中华人民共和国民法典》和《中华人民共和国产品质量法》规定的"生产者"。本案中美国通用汽车公司为事故车的商标所有人，根据受害人的起诉和本案的实际情况，本案以通用汽车公司、通用汽车海外公司、通用汽车巴西公司为被告并无不当。

《最高人民法院关于适用〈中华人民共和国保险法〉若干问题的解释（二）》（法释〔2013〕14号 2020年12月29日修正）

第20条 保险公司依法设立并取得营业执照的分支机构属于《中华人民共和国民事诉讼法》第四十八条[32]规定的其他组织，可以作为保险合同纠纷案件的当事人参加诉讼。

《最高人民法院经济审判庭关于人民法院不宜以一方当事人公司营业执照被吊销，已丧失民事诉讼主体资格为由，裁定驳回起诉问题的复函》（法经〔2000〕23号函 2000年1月29日）

吊销企业法人营业执照，是工商行政管理局对实施违法行为的企业法人给予的一种行政处罚。根据《中华人民共和国民法通则》[33]第四十条、第四十六条和《中华人民共和国企业法人登记管理条例》第三十三条[34]的规定，企业法人营业执照被吊销后，应当由其开办单位（包括股东）或者企业组织清算组依法进行清算，停止清算范围外的活动。清算期间，企业民事诉讼主体资格依然存在。本案中人民法院不应以甘肃新科工贸有限责任公司（以下简称新科公司）被吊销企业法人营业执照，丧失民事诉讼主体资格为由，裁定驳回起诉。本案债务人新科公司在诉讼中被吊销企业法人营业执照后，至今未组织清算组依法进行清算，因此，债权人兰州岷山制药厂以新科公司为被告，后又要求追加该公司全体股东为被告，应当准许，追加该公司的股东为共同被告参加诉讼，承担清算责任。

---

[32]《民事诉讼法》（2023年修正）第51条。
[33] 已废止，相关规定参见《民法典》第70条。
[34]《企业登记管理条例》（2019年修订）第32条。

最高院裁判观点

1. 通某信用社与管某、彭某等金融借款合同纠纷案【（2021）最高法民申 4554 号】

裁判要旨：《民事诉讼法》第四十八条[35]第一款关于"公民、法人和其他组织可以作为民事诉讼的当事人"以及《最高人民法院关于适用〈中华人民共和国民事诉讼法〉的解释》第五十二条第六项关于"民事诉讼法第四十八条[36]规定的其他组织是指合法成立、有一定的组织机构和财产，但又不具备法人资格的组织，包括：……（六）依法设立并领取营业执照的商业银行、政策性银行和非银行金融机构的分支机构"的规定，赋予金融机构分支机构可以参加诉讼的权利，但并未限定只能由其提起诉讼。二审法院以通渭信用社营业部不具有独立的民事责任能力这一实体考虑认定可由其上级法人提起本案诉讼具有合理性，亦不违背前述程序性规定。

2. 某业主委员会诉徐州某房地产开发公司物业管理用房所有权确认纠纷案【《最高人民法院公报》2014 年第 6 期】

裁判要旨：业主委员会依照《物权法》第七十五条[37]第一款规定成立，具有一定目的、名称、组织机构与场所，管理相应财产，是《民事诉讼法》第四十九条[38]第一款规定的"其他组织"。业主委员会依据业主共同或业主大会决议，在授权范围内，以业主委员会名义从事法律行为，具备诉讼主体资格。

第五十二条　诉讼权利义务

当事人有权委托代理人，提出回避申请，收集、提供证据，进行辩论，请求调解，提起上诉，申请执行。

当事人可以查阅本案有关材料，并可以复制本案有关材料和法律文书。查阅、复制本案有关材料的范围和办法由最高人民法院规定。

当事人必须依法行使诉讼权利，遵守诉讼秩序，履行发生法律效力的判决书、裁定书和调解书。

最高院裁判观点

黄某与锦某实业公司合同纠纷案【（2019）最高法民申 683 号】

裁判要旨：《民事诉讼法》第五十二条规定，当事人有进行辩论的权利。根据《最高人民法院关于适用〈中华人民共和国民事诉讼法〉的解释》第三百二十五条[39]规定，违法剥夺当事人辩论权利属于严重违反法定程序的行为。根据本案查明的事实，一审法院在审理本案时没有进行法庭辩论，剥夺了当事人的辩论权利，明显违反了法定程序。但根据《民事诉讼

---

[35]《民事诉讼法》（2023 年修正）第 51 条。
[36] 同上。
[37]《民法典》第 277 条。
[38]《民事诉讼法》（2023 年修正）第 51 条。
[39]《民诉法司法解释》（2022 年修正）第 323 条。

法》第一百七十条[40]第二款的规定，原审人民法院对发回重审的案件作出判决后，当事人提起上诉的，第二审人民法院不得再次发回重审。鉴于本案二审庭审中，二审法院已充分保障了当事人辩论的权利，故二审法院不再将本案发回重审，并无不当。

第五十三条 自行和解
双方当事人可以自行和解。

▶ 条文注解

和解与调解不同，其区别主要在于：
1. 行为主体不同。和解是当事人自己协商，解决纠纷；调解是在人民法院审判人员主持下，通过深入细致的工作，使双方当事人达成调解协议。
2. 法律后果不同。和解协议靠当事人双方自觉履行，不能作为人民法院的执行根据；调解协议具有强制执行的法律效力。

第五十四条 诉讼请求的处分及反诉
原告可以放弃或者变更诉讼请求。被告可以承认或者反驳诉讼请求，有权提起反诉。

▶ 条文注解

反诉与本诉具有关联性，人民法院可以将反诉与本诉合并审理。同时，反诉又具有独立性，提起反诉的被告人不仅享有原告的诉讼权利，而且，反诉不因本诉的撤回而终结。同样，反诉的撤回也不影响原诉继续审理。

▶ 相关规定

◎ 行政法规及文件
《诉讼费用交纳办法》（2006年12月19日）
第21条 当事人在诉讼中变更诉讼请求数额，案件受理费依照下列规定处理：
（一）当事人增加诉讼请求数额的，按照增加后的诉讼请求数额计算补交；
（二）当事人在法庭调查终结前提出减少诉讼请求数额的，按照减少后的诉讼请求数额计算退还。

◎ 司法解释及文件
《最高人民法院关于适用〈中华人民共和国民事诉讼法〉的解释》（法释〔2022〕11号 2022年4月1日修正）
第232条 在案件受理后，法庭辩论结束前，原告增加诉讼请求，被告提出反诉，第三人提出与本案有关的诉讼请求，可以合并审理的，人民法院应当合并审理。

第233条 反诉的当事人应当限于本诉的当事人的范围。

反诉与本诉的诉讼请求基于相同法律关系、诉讼请求之间具有因果关系，或者反诉与本诉的诉讼请求基于相同事实的，人民法院应当合并审理。

反诉应由其他人民法院专属管辖，或者与本诉的诉讼标的及诉讼请求所依据的事实、理由无关联的，裁定不予受理，告知另行起诉。

第251条 二审裁定撤销一审判决发回重审的案件，当事人申请变更、增加诉讼请求或者提出反诉，第三人提出与本案有关的诉讼请求的，依照民事诉讼法第一

---

[40]《民事诉讼法》（2023年修正）第177条。

百四十三条规定处理。

第 252 条　再审裁定撤销原判决、裁定发回重审的案件，当事人申请变更、增加诉讼请求或者提出反诉，符合下列情形之一的，人民法院应当准许：

（一）原审未合法传唤缺席判决，影响当事人行使诉讼权利的；

（二）追加新的诉讼当事人的；

（三）诉讼标的物灭失或者发生变化致使原诉讼请求无法实现的；

（四）当事人申请变更、增加的诉讼请求或者提出的反诉，无法通过另诉解决的。

第 326 条　在第二审程序中，原审原告增加独立的诉讼请求或者原审被告提出反诉的，第二审人民法院可以根据当事人自愿的原则就新增加的诉讼请求或者反诉进行调解；调解不成的，告知当事人另行起诉。

双方当事人同意由第二审人民法院一并审理的，第二审人民法院可以一并裁判。

《最高人民法院关于人民法院立案、审判与执行工作协调运行的意见》（法发〔2018〕9 号　2018 年 5 月 28 日）

9. 审判部门在审理涉及交付特定物、恢复原状、排除妨碍等案件时，应当查明标的物的状态。特定标的物已经灭失或者不宜恢复原状、排除妨碍的，应告知当事人可申请变更诉讼请求。

10. 审判部门在审理再审裁定撤销原判决、裁定发回重审的案件时，应当注意审查诉讼标的物是否存在灭失或者发生变化致使原诉讼请求无法实现的情形。存在该情形的，应告知当事人可申请变更诉讼请求。

《全国法院民商事审判工作会议纪要》（法〔2019〕254 号　2019 年 11 月 8 日）

36. 在双务合同中，原告起诉请求确认合同有效并请求继续履行合同，被告主张合同无效的，或者原告起诉请求确认合同无效并返还财产，而被告主张合同有效的，都要防止机械适用"不告不理"原则，仅就当事人的诉讼请求进行审理，而应向原告释明变更或者增加诉讼请求，或者向被告释明提出同时履行抗辩，尽可能一次性解决纠纷。例如，基于合同有给付行为的原告请求确认合同无效，但并未提出返还原物或者折价补偿、赔偿损失等请求的，人民法院应当向其释明，告知其一并提出相应诉讼请求；原告请求确认合同无效并要求被告返还原物或者赔偿损失，被告基于合同也有给付行为的，人民法院同样应当向被告释明，告知其也可以提出返还请求；人民法院经审理认定合同无效的，除了要在判决书"本院认为"部分对同时返还作出认定外，还应当在判项中作出明确表述，避免因判令单方返还而出现不公平的结果。

第一审人民法院未予释明，第二审人民法院认为应当对合同不成立、无效或者被撤销的法律后果作出判决的，可以直接释明并改判。当然，如果返还财产或者赔偿损失的范围确实难以确定或者双方争议较大的，也可以告知当事人通过另行起诉等方式解决，并在裁判文书中予以明确。

当事人按照释明变更诉讼请求或者提出抗辩的，人民法院应当将其归纳为案件争议焦点，组织当事人充分举证、质证、辩论。

《最高人民法院关于审理消费民事公益诉讼案件适用法律若干问题的解释》（法释〔2016〕10 号　2020 年 12 月 29 日修正）

第 11 条　消费民事公益诉讼案件审理过程中，被告提出反诉的，人民法院不予受理。

《最高人民法院关于审理环境民事公益诉讼案件适用法律若干问题的解释》（法释〔2015〕1号 2020年12月29日修正）

第17条 环境民事公益诉讼案件审理过程中，被告以反诉方式提出诉讼请求的，人民法院不予受理。

《最高人民法院、最高人民检察院关于检察公益诉讼案件适用法律若干问题的解释》（法释〔2018〕6号 2020年12月29日修正）

第16条 人民检察院提起的民事公益诉讼案件中，被告以反诉方式提出诉讼请求的，人民法院不予受理。

文书范本

1. 申请书（申请变更诉讼请求用）

申 请 书

　　申请人：×××，男/女，××××年××月××日出生，×族，……（写明工作单位和职务或者职业），住……。联系方式：……。

　　法定代理人/指定代理人：×××，……。

　　委托诉讼代理人：×××，……。

　　（以上写明申请人和其他诉讼参加人的姓名或者名称等基本信息）

　　请求事项：

　　申请将你院（××××）……号……（写明当事人和案由）一案的诉讼请求……（写明原诉讼请求具体内容），变更为……（写明变更的诉讼请求具体内容）。

　　事实和理由：

　　……（写明变更诉讼请求的事实和理由）。

　　此致

××××人民法院

申请人（签名或者盖章）
××××年××月××日

文书制作要点提示：

①申请人是法人或者其他组织的，写明名称、住所，另起一行写明法定代表人、主要负责人及其姓名、职务、联系方式。

②注意写清楚变更后的诉讼请求，并简要说明变更诉讼请求的事实和理由。

③原告、反诉原告、有独立请求权的第三人可以申请变更诉讼请求。

④注意提出变更诉讼请求的时间限制。

2. 民事反诉状（公民提起民事反诉用）

民事反诉状

反诉原告（本诉被告）：×××，男/女，××××年××月××日生，×族，……（写明工作单位和职务或职业），住……。联系方式：……。

法定代理人/指定代理人：×××，……。

委托诉讼代理人：×××，……。

反诉被告（本诉原告）：×××，……。

……

（以上写明当事人和其他诉讼参加人的姓名或者名称等基本信息）

反诉请求：

……

事实和理由：

……

证据和证据来源，证人姓名和住所：

……

此致

××××人民法院

　　附：本反诉状副本×份

反诉人（签名）
××××年××月××日

文书制作要点提示：

①反诉状与起诉状的写作方法基本相同，反诉请求应具体明确，简要写明反诉请求所依据的事实和理由。

②申请人是法人或者其他组织的，写明名称、住所，另起一行写明法定代表人、主要负责人及其姓名、职务、联系方式。

③自然人提起反诉的，反诉状应当由本人签名；法人或其他组织提起反诉的，应当加盖单位印章，并由法定代表人或者主要负责人签名。

第五十五条　共同诉讼

当事人一方或者双方为二人以上，其诉讼标的是共同的，或者诉讼标的是同一种类、人民法院认为可以合并审理并经当事人同意的，为共同诉讼。

共同诉讼的一方当事人对诉讼标的有共同权利义务的，其中一人的诉讼行为经其他共同诉讼人承认，对其他共同诉讼人发生效力；对诉讼标的没有共同权利义务的，其中一人的诉讼行为对其他共同诉讼人不发生效力。

条文注解

普通的共同诉讼与必要的共同诉讼存在以下区别：

1. 诉讼标的的性质不同。普通的共同诉讼的诉讼标的是同一种类；必要的共同诉讼人对诉讼标的享有共同的权利或承担共同的义务，其诉讼标的是共同的或同一。

2. 共同诉讼人之间的相关性与独立性不同。在普通的共同诉讼中，每个共同诉讼人都处于独立的地位，其诉讼行为对其他共同诉讼人不发生效力，而只对自己发生效力；在必要的共同诉讼中，采取承认的原则，视全体共同诉讼人为一个整体，其中一人的诉讼行为经其他共同诉讼人同意，对其他共同诉讼人发生效力。

3. 审判方式和审判结果不同。普通的共同诉讼是一种可分之诉，因此共同诉讼人既可以一同起诉或者一同应诉，也可以分别起诉或应诉。法院既可以合并审理，也可以分开审理。合并审理时应经共同诉讼人同意，并分别作出判决，确认每个共同诉讼人与对方当事人之间的权利义务关系。必要的共同诉讼是一种不可分之诉，因此共同诉讼人必须一同起诉或者一同应诉，法院必须合并审理并作出合一判决，且判决内容不得相左。

相关规定

◎ 法 律

《民法典》（2020年5月28日）

第299条 共同共有人对共有的不动产或者动产共同享有所有权。

第310条 两个以上组织、个人共同享有用益物权、担保物权的，参照适用本章的有关规定。

第518条 债权人为二人以上，部分或者全部债权人均可以请求债务人履行债务的，为连带债权；债务人为二人以上，债权人可以请求部分或者全部债务人履行全部债务的，为连带债务。

连带债权或者连带债务，由法律规定或者当事人约定。

第1168条 二人以上共同实施侵权行为，造成他人损害的，应当承担连带责任。

◎ 司法解释及文件

❶ 一般规定

《最高人民法院关于适用〈中华人民共和国民事诉讼法〉的解释》（法释〔2022〕11号 2022年4月1日修正）

第54条 以挂靠形式从事民事活动，当事人请求由挂靠人和被挂靠人依法承担民事责任的，该挂靠人和被挂靠人为共同诉讼人。

第58条 在劳务派遣期间，被派遣的工作人员因执行工作任务造成他人损害的，以接受劳务派遣的用工单位为当事人。当事人主张劳务派遣单位承担责任的，该劳务派遣单位为共同被告。

第63条 企业法人合并的，因合并前的民事活动发生的纠纷，以合并后的企业为当事人；企业法人分立的，因分立前的民事活动发生的纠纷，以分立后的企业为共同诉讼人。

第65条 借用业务介绍信、合同专用章、盖章的空白合同书或者银行账户的，出借单位和借用人为共同诉讼人。

第66条 因保证合同纠纷提起的诉讼，债权人向保证人和被保证人一并主张权利的，人民法院应当将保证人和被保证人列为共同被告。保证合同约定为一般保证，债权人仅起诉保证人的，人民法院应当通知被保证人作为共同被告参加诉讼；债权人仅起诉被保证人的，可以只列被保证人为被告。

第67条 无民事行为能力人、限制民事行为能力人造成他人损害的，无民事行为能力人、限制民事行为能力人和其监护人为共同被告。

第70条 在继承遗产的诉讼中，部分继承人起诉的，人民法院应通知其他继承人作为共同原告参加诉讼；被通知的继承人不愿意参加诉讼又未明确表示放弃实体权利的，人民法院仍应将其列为共同原告。

第71条 原告起诉被代理人和代理人，要求承担连带责任的，被代理人和代理人为共同被告。

原告起诉代理人和相对人，要求承担连带责任的，代理人和相对人为共同被告。

第72条 共有财产权受到他人侵害，部分共有权人起诉的，其他共有权人为共同诉讼人。

第73条 必须共同进行诉讼的当事人没有参加诉讼的，人民法院应当依照民事诉讼法第一百三十五条的规定，通知其参加；当事人也可以向人民法院申请追加。人民法院对当事人提出的申请，应当进行审查，申请理由不成立的，裁定驳回；申请理由成立的，书面通知被追加的当事人参加诉讼。

第74条 人民法院追加共同诉讼的当事人时，应当通知其他当事人。应当追加的原告，已明确表示放弃实体权利的，可不予追加；既不愿意参加诉讼，又不放弃实体权利的，仍应追加为共同原告，其不参加诉讼，不影响人民法院对案件的审理和依法作出判决。

《最高人民法院关于人民法院受理共同诉讼案件问题的通知》（法〔2005〕270号 2005年12月30日）

一、当事人一方或双方人数众多的共同诉讼，依法由基层人民法院受理。受理法院认为不宜作为共同诉讼受理的，可分别受理。在高级人民法院辖区内有重大影响的上述案件，由中级人民法院受理。如情况特殊，确需高级人民法院作为一审民事案件审理的，应当在受理前报最高人民法院批准。法律、司法解释对知识产权、海事、海商、涉外等民事纠纷案件的级别管辖另有规定的，从其规定。

二、各级人民法院应当加强对共同诉讼案件涉及问题的调查研究，上级人民法院应当加强对下级人民法院审理此类案件的指导工作。本通知执行过程中有何问题及建议，请及时报告我院。本通知自2006年1月1日起执行。

❷ **证券纠纷共同诉讼的相关规定**

《最高人民法院关于审理证券市场虚假陈述侵权民事赔偿案件的若干规定》（法释〔2022〕2号 2022年1月21日）

第33条 在诉讼时效期间内，部分投资者向人民法院提起人数不确定的普通代表人诉讼的，人民法院应当认定该起诉行为对所有具有同类诉讼请求的权利人发生时效中断的效果。

在普通代表人诉讼中，未向人民法院登记权利的投资者，其诉讼时效自权利登记期间届满后重新开始计算。向人民法院登记权利后申请撤回权利登记的投资者，其诉讼时效自撤回权利登记之次日重新开始计算。

投资者保护机构依照证券法第九十五条第三款的规定作为代表人参加诉讼后，投资者声明退出诉讼的，其诉讼时效自声明退出之次日起重新开始计算。

《全国法院审理债券纠纷案件座谈会纪要》（法〔2020〕185号 2020年7月15日）

14. 案件的集中审理。 为节约司法资源，对于由债券持有人自行主张权利的债券违约纠纷案件，以及债券持有人、债券投资者依法提起的债券欺诈发行、虚假陈述侵权赔偿纠纷案件，受诉人民法院可以根据债券发行和交易的方式等案件具体情况，以民事诉讼法第五十二条、第五十三条、第五十四条[41]、证券法第九十五条和《最高人民法院关于适用〈中华人民共和国民事诉讼法〉若干问题的解释》的相关规定为依据，引导当事人选择适当的诉讼方式，对案件进行审理。

❸ **知识产权与不正当竞争纠纷共同诉讼的相关规定**

《最高人民法院关于审理不正当竞争民事案件应用法律若干问题的解释》（法释〔2007〕2号 2020年12月29日修正）

第15条 对于侵犯商业秘密行为，商业秘密独占使用许可合同的被许可人提起诉讼的，人民法院应当依法受理。

排他使用许可合同的被许可人和权利人共同提起诉讼，或者在权利人不起诉的情况下，自行提起诉讼，人民法院应当依法受理。

普通使用许可合同的被许可人和权利人共同提起诉讼，或者经权利人书面授权，单独提起诉讼的，人民法院应当依法受理。

《最高人民法院关于商标侵权纠纷中注册商标排他使用许可合同的被许可人是否有权单独提起诉讼问题的函》（〔2002〕民三他字第3号 2002年9月10日）

注册商标排他使用许可合同的被许可人与商标注册人可以提起共同诉讼，在商标注册人不起诉的情况下，可以自行向人民法院提起诉讼。商标注册人不起诉包括商标注册人明示放弃起诉的情形，也包括注册商标排他使用许可合同的被许可人有证据证明其已告知商标注册人或者商标注册人已知道有侵犯商标专用权行为发生而仍不起诉的情形。

❹ **侵害人身权益纠纷共同诉讼的相关规定**

《最高人民法院关于审理人身损害赔偿案件适用法律若干问题的解释》（法释〔2003〕20号 2020年12月29日修正）

第2条 赔偿权利人起诉部分共同侵权人的，人民法院应当追加其他共同侵权人作为共同被告。赔偿权利人在诉讼中放弃对部分共同侵权人的诉讼请求的，其他共同侵权人对被放弃诉讼请求的被告应当承担的赔偿份额不承担连带责任。责任范围难以确定的，推定各共同侵权人承担同等责任。

人民法院应当将放弃诉讼请求的法律后果告知赔偿权利人，并将放弃诉讼请求的情况在法律文书中叙明。

《最高人民法院关于审理利用信息网络侵害人身权益民事纠纷案件适用法律若干问题的规定》（法释〔2014〕11号 2020年12月29日修正）

第2条 原告依据民法典第一千一百九十五条、第一千一百九十七条的规定起诉网络用户或者网络服务提供者的，人民法院应予受理。

原告仅起诉网络用户，网络用户请求追加涉嫌侵权的网络服务提供者为共同被告或者第三人的，人民法院应予准许。

原告仅起诉网络服务提供者，网络服务提供者请求追加可以确定的网络用户为共同被告或者第三人的，人民法院应予准许。

《最高人民法院关于审理使用人脸识别技术处理个人信息相关民事案件适用法律若干问题的规定》（法释〔2021〕15号 2021年7月27日）

第13条 基于同一信息处理者处

---

[41]《民事诉讼法》（2023年修正）第55条、第56条、第57条。

人脸信息侵害自然人人格权益发生的纠纷，多个受害人分别向同一人民法院起诉的，经当事人同意，人民法院可以合并审理。

《最高人民法院关于审理食品药品纠纷案件适用法律若干问题的规定》（法释〔2021〕17号 2021年11月18日）

第2条 因食品、药品存在质量问题造成消费者损害，消费者可以分别起诉或者同时起诉销售者和生产者。

消费者仅起诉销售者或者生产者的，必要时人民法院可以追加相关当事人参加诉讼。

《最高人民法院关于审理食品安全民事纠纷案件适用法律若干问题的解释（一）》（法释〔2020〕14号 2020年12月8日）

第3条 电子商务平台经营者违反食品安全法第六十二条和第一百三十一条规定，未对平台内食品经营者进行实名登记、审查许可证，或者未履行报告、停止提供网络交易平台服务等义务，使消费者的合法权益受到损害，消费者主张电子商务平台经营者与平台内食品经营者承担连带责任的，人民法院应予支持。

《最高人民法院关于审理网络消费纠纷案件适用法律若干问题的规定（一）》（法释〔2022〕8号 2022年3月1日）

第15条 网络直播营销平台经营者对依法需取得食品经营许可的网络直播间的食品经营资质未尽到法定审核义务，使消费者的合法权益受到损害，消费者依据食品安全法第一百三十一条等规定主张网络直播营销平台经营者与直播间运营者承担连带责任的，人民法院应予支持。

第16条 网络直播营销平台经营者知道或者应当知道网络直播间销售的商品不符合保障人身、财产安全的要求，或者有其他侵害消费者合法权益行为，未采取必要措施，消费者依据电子商务法第三十八条等规定主张网络直播营销平台经营者与直播间运营者承担连带责任的，人民法院应予支持。

第17条 直播间运营者知道或者应当知道经营者提供的商品不符合保障人身、财产安全的要求，或者有其他侵害消费者合法权益行为，仍为其推广，给消费者造成损害，消费者依据民法典第一千一百六十八条等规定主张直播间运营者与提供该商品的经营者承担连带责任的，人民法院应予支持。

第18条 网络餐饮服务平台经营者违反食品安全法第六十二条和第一百三十一条规定，未对入网餐饮服务提供者进行实名登记、审查许可证，或者未履行报告、停止提供网络交易平台服务等义务，使消费者的合法权益受到损害，消费者主张网络餐饮服务平台经营者与入网餐饮服务提供者承担连带责任的，人民法院应予支持。

❺ 合同纠纷共同诉讼的相关规定

《最高人民法院关于审理民间借贷案件适用法律若干问题的规定》（法释〔2015〕18号 2020年12月29日修正）

第4条 保证人为借款人提供连带责任保证，出借人仅起诉借款人的，人民法院可以不追加保证人为共同被告；出借人仅起诉保证人的，人民法院可以追加借款人为共同被告。

保证人为借款人提供一般保证，出借人仅起诉保证人的，人民法院应当追加借款人为共同被告；出借人仅起诉借款人的，人民法院可以不追加保证人为共同被告。

《最高人民法院关于审理商品房买卖合同纠纷案件适用法律若干问题的解释》（法释〔2003〕7号 2020年12月29日修正）

第22条 买受人未按照商品房担保

贷款合同的约定偿还贷款，亦未与担保权人办理不动产抵押登记手续，担保权人起诉买受人，请求处分商品房买卖合同项下买受人合同权利的，应当通知出卖人参加诉讼；担保权人同时起诉出卖人时，如果出卖人为商品房担保贷款合同提供保证的，应当列为共同被告。

第23条　买受人未按照商品房担保贷款合同的约定偿还贷款，但是已经取得不动产权属证书并与担保权人办理了不动产抵押登记手续，抵押权人请求买受人偿还贷款或者就抵押的房屋优先受偿的，不应当追加出卖人为当事人，但出卖人提供保证的除外。

《最高人民法院关于审理建设工程施工合同纠纷案件适用法律问题的解释（一）》
（法释〔2020〕25号　2020年12月29日）

第15条　因建设工程质量发生争议的，发包人可以总承包人、分包人和实际施工人为共同被告提起诉讼。

❻ 其他

《最高人民法院关于适用〈中华人民共和国公司法〉若干问题的规定（四）》（法释〔2017〕16号　2020年12月29日修正）

第13条　股东请求公司分配利润案件，应当列公司为被告。

一审法庭辩论终结前，其他股东基于同一分配方案请求分配利润并申请参加诉讼的，应当列为共同原告。

《最高人民法院关于适用〈中华人民共和国民法典〉继承编的解释（一）》（法释〔2020〕23号　2020年12月29日）

第44条　继承诉讼开始后，如继承人、受遗赠人中有既不愿参加诉讼，又不表示放弃实体权利的，应当追加为共同原告；继承人已书面表示放弃继承、受遗赠人在知道受遗赠后六十日内表示放弃受遗赠或者到期没有表示的，不再列为当事人。

《最高人民法院关于审理生态环境侵权责任纠纷案件适用法律若干问题的解释》
（法释〔2023〕5号　2023年8月14日）

第5条　两个以上侵权人分别污染环境、破坏生态造成同一损害，每一个侵权人的行为都足以造成全部损害，被侵权人根据民法典第一千一百七十一条的规定请求侵权人承担连带责任的，人民法院应予支持。

第7条　两个以上侵权人分别污染环境、破坏生态，部分侵权人的行为足以造成全部损害，部分侵权人的行为只造成部分损害，被侵权人请求足以造成全部损害的侵权人对全部损害承担责任，并与其他侵权人就共同造成的损害部分承担连带责任的，人民法院应予支持。

被侵权人依照前款规定请求足以造成全部损害的侵权人与其他侵权人承担责任的，受偿范围应以侵权行为造成的全部损害为限。

第9条　两个以上侵权人分别排放的物质相互作用产生污染物造成他人损害，被侵权人请求侵权人承担连带责任的，人民法院应予支持。

第10条　为侵权人污染环境、破坏生态提供场地或者储存、运输等帮助，被侵权人根据民法典第一千一百六十九条的规定请求行为人与侵权人承担连带责任的，人民法院应予支持。

第14条　存在下列情形之一的，排污单位与第三方治理机构应当根据民法典第一千一百六十八条的规定承担连带责任：

（一）第三方治理机构按照排污单位的指示，违反污染防治相关规定排放污染物的；

（二）排污单位将明显存在缺陷的环保设施交由第三方治理机构运营，第三方治理机构利用该设施违反污染防治相关规定排放污染物的；

（三）排污单位以明显不合理的价格将污染物交由第三方治理机构处置，第三方治理机构违反污染防治相关规定排放污染物的。

（四）其他应当承担连带责任的情形。

第21条 环境影响评价机构、环境监测机构以及从事环境监测设备和防治污染设施维护、运营的机构存在下列情形之一，被侵权人请求其与造成环境污染、生态破坏的其他责任人根据环境保护法第六十五条的规定承担连带责任的，人民法院应予支持：

（一）故意出具失实评价文件的；

（二）隐瞒委托人超过污染物排放标准或者超过重点污染物排放总量控制指标的事实的；

（三）故意不运行或者不正常运行环境监测设备或者防治污染设施的；

（四）其他根据法律规定应当承担连带责任的情形。

最高院裁判观点

华某实业公司等与兰某银行等金融借款合同纠纷案【《最高人民法院公报》2021年第1期】

裁判要旨：当事人依据多个法律关系合并提出多项诉讼请求，虽各个法律关系之间具有一定事实上的关联性，但若并非基于同一事实或者诉讼标的并非同一或同类，经人民法院释明后，当事人仍不分别起诉的，可以裁定驳回起诉。

第五十六条 当事人人数确定的代表人诉讼

当事人一方人数众多的共同诉讼，可以由当事人推选代表人进行诉讼。代表人的诉讼行为对其所代表的当事人发生效力，但代表人变更、放弃诉讼请求或者承认对方当事人的诉讼请求，进行和解，必须经被代表的当事人同意。

条文注解

需要指出的是，当事人一方人数众多且确定的共同诉讼不是必须推选代表人进行诉讼，因为在这种诉讼中当事人的请求可能不完全一致，因此，如果某个或者某几个当事人不愿推选代表而想亲自诉讼，也应当允许。

相关规定

◎法 律

《水污染防治法》（2017年6月27日）

第99条 因水污染受到损害的当事人人数众多的，可以依法由当事人推选代表人进行共同诉讼。

环境保护主管部门和有关社会团体可以依法支持因水污染受到损害的当事人向人民法院提起诉讼。

国家鼓励法律服务机构和律师为水污染损害诉讼中的受害人提供法律援助。

◎司法解释及文件

《最高人民法院关于适用〈中华人民共和国民事诉讼法〉的解释》（法释〔2022〕11号 2022年4月1日修正）

第75条 民事诉讼法第五十六条、第五十七条和第二百零六条[42]规定的人数众多，一般指十人以上。

---

[42]《民事诉讼法》（2023年修正）第56条、第57条和第210条。

第 76 条 依照民事诉讼法第五十六条规定,当事人一方人数众多在起诉时确定的,可以由全体当事人推选共同的代表人,也可以由部分当事人推选自己的代表人;推选不出代表人的当事人,在必要的共同诉讼中可以自己参加诉讼,在普通的共同诉讼中可以另行起诉。

《最高人民法院关于审理涉及农村土地承包纠纷案件适用法律问题的解释》(法释〔2005〕6 号 2020 年 12 月 29 日修正)

第 4 条 农户成员为多人的,由其代表人进行诉讼。

农户代表人按照下列情形确定:

(一)土地承包经营权证等证书上记载的人;

(二)未依法登记取得土地承包经营权证等证书的,为在承包合同上签名的人;

(三)前两项规定的人死亡、丧失民事行为能力或者因其他原因无法进行诉讼的,为农户成员推选的人。

《最高人民法院关于证券纠纷代表人诉讼若干问题的规定》(法释〔2020〕5 号 2020 年 7 月 30 日)

第 1 条 本规定所指证券纠纷代表人诉讼包括因证券市场虚假陈述、内幕交易、操纵市场等行为引发的普通代表人诉讼和特别代表人诉讼。

普通代表人诉讼是依据民事诉讼法第五十三条、第五十四条[43]、证券法第九十五条第一款、第二款规定提起的诉讼;特别代表人诉讼是依据证券法第九十五条第三款规定提起的诉讼。

▍最高院裁判观点

陈某等 337 人等与吴某等合同纠纷案【(2017)最高法民终 653 号】

裁判要旨: 由于代表人诉讼制度是基于共同诉讼制度并吸收诉讼代理制度机能的一项诉讼制度,代表人诉讼以共同诉讼制度为基础,故诉讼代表人所进行的诉讼首先应符合共同诉讼基本条件,即如果所代表的当事人不能作为共同诉讼人,也就不存在诉讼中推选代表人代为实施诉讼行为的前提。

▍文书范本

共同诉讼代表人推选书(共同诉讼当事人推选代表人用)

共同诉讼代表人推选书

我们共同推选×××、×××为我方参加诉讼的代表人,其诉讼行为对全体推选人/单位发生效力。

特此证明。

附:代表人联系地址:联系电话:

推选人(签名或者盖章)
××××年××月××日

---

[43]《民事诉讼法》(2023 年修正)第 56 条、第 57 条。

文书制作要点提示：

①推选书需要推选人共同签名或者盖章。

②当事人一方人数众多在起诉时确定的，可以由全体当事人推选共同的代表人，也可以由部分当事人推选自己的代表人；推选不出代表人的当事人，在必要的共同诉讼中可以自己参加诉讼，在普通的共同诉讼中可以另行起诉。

③当事人一方人数众多在起诉时不确定的，由当事人推选代表人。当事人推选不出的，可以由人民法院提出人选与当事人协商；协商不成的，也可以由人民法院在起诉的当事人中指定代表人。

第五十七条 当事人人数不确定的代表人诉讼

诉讼标的是同一种类、当事人一方人数众多在起诉时人数尚未确定的，人民法院可以发出公告，说明案件情况和诉讼请求，通知权利人在一定期间向人民法院登记。

向人民法院登记的权利人可以推选代表人进行诉讼；推选不出代表人的，人民法院可以与参加登记的权利人商定代表人。

代表人的诉讼行为对其所代表的当事人发生效力，但代表人变更、放弃诉讼请求或者承认对方当事人的诉讼请求，进行和解，必须经被代表的当事人同意。

人民法院作出的判决、裁定，对参加登记的全体权利人发生效力。未参加登记的权利人在诉讼时效期间提起诉讼的，适用该判决、裁定。

相关规定

◎**法　律**

《证券法》（2019年12月28日）

第95条　投资者提起虚假陈述等证券民事赔偿诉讼时，诉讼标的是同一种类，且当事人一方人数众多的，可以依法推选代表人进行诉讼。

对按照前款规定提起的诉讼，可能存在有相同诉讼请求的其他众多投资者的，人民法院可以发出公告，说明该诉讼请求的案件情况，通知投资者在一定期间向人民法院登记。人民法院作出的判决、裁定，对参加登记的投资者发生效力。

投资者保护机构受五十名以上投资者委托，可以作为代表人参加诉讼，并为经证券登记结算机构确认的权利人依照前款规定向人民法院登记，但投资者明确表示不愿意参加该诉讼的除外。

◎**司法解释及文件**

《最高人民法院关于适用〈中华人民共和国民事诉讼法〉的解释》（法释〔2022〕11号　2022年4月1日修正）

第77条　根据民事诉讼法第五十七条规定，当事人一方人数众多在起诉时不确定的，由当事人推选代表人。当事人推选不出的，可以由人民法院提出人选与当事人协商；协商不成的，也可以由人民法院在起诉的当事人中指定代表人。

第78条　民事诉讼法第五十六条和第五十七条规定的代表人为二至五人，每位代表人可以委托一至二人作为诉讼代理人。

第79条　依照民事诉讼法第五十七条规定受理的案件，人民法院可以发出公告，通知权利人向人民法院登记。公告期间根据案件的具体情况确定，但不得少于三十日。

第80条 根据民事诉讼法第五十七条规定向人民法院登记的权利人，应当证明其与对方当事人的法律关系和所受到的损害。证明不了的，不予登记，权利人可以另行起诉。人民法院的裁判在登记的范围内执行。未参加登记的权利人提起诉讼，人民法院认定其请求成立的，裁定适用人民法院已作出的判决、裁定。

《最高人民法院关于证券纠纷代表人诉讼若干问题的规定》（法释〔2020〕5号 2020年7月30日）

一、一般规定

第1条 本规定所指证券纠纷代表人诉讼包括因证券市场虚假陈述、内幕交易、操纵市场等行为引发的普通代表人诉讼和特别代表人诉讼。

普通代表人诉讼是依据民事诉讼法第五十三条、第五十四条[44]、证券法第九十五条第一款、第二款规定提起的诉讼；特别代表人诉讼是依据证券法第九十五条第三款规定提起的诉讼。

第2条 证券纠纷代表人诉讼案件，由省、自治区、直辖市人民政府所在的市、计划单列市和经济特区中级人民法院或者专门人民法院管辖。

对多个被告提起的诉讼，由发行人住所地有管辖权的中级人民法院或者专门人民法院管辖；对发行人以外的主体提起的诉讼，由被告住所地有管辖权的中级人民法院或者专门人民法院管辖。

特别代表人诉讼案件，由涉诉证券集中交易的证券交易所、国务院批准的其他全国性证券交易场所所在地的中级人民法院或者专门人民法院管辖。

第3条 人民法院应当充分发挥多元解纷机制的功能，按照自愿、合法原则，引导和鼓励当事人通过行政调解、行业调解、专业调解等非诉讼方式解决证券纠纷。

当事人选择通过诉讼方式解决纠纷的，人民法院应当及时立案。案件审理过程中应当着重调解。

第4条 人民法院审理证券纠纷代表人诉讼案件，应当依托信息化技术手段开展立案登记、诉讼文书送达、公告和通知、权利登记、执行款项发放等工作，便利当事人行使诉讼权利、履行诉讼义务，提高审判执行的公正性、高效性和透明度。

二、普通代表人诉讼

第5条 符合以下条件的，人民法院应当适用普通代表人诉讼程序进行审理：

（一）原告一方人数十人以上，起诉符合民事诉讼法第一百一十九条[45]规定和共同诉讼条件；

（二）起诉书中确定二至五名拟任代表人且符合本规定第十二条规定的代表人条件；

（三）原告提交有关行政处罚决定、刑事裁判文书、被告自认材料、证券交易所和国务院批准的其他全国性证券交易场所等给予的纪律处分或者采取的自律管理措施等证明证券侵权事实的初步证据。

不符合前款规定的，人民法院应当适用非代表人诉讼程序进行审理。

第6条 对起诉时当事人人数尚未确定的代表人诉讼，在发出权利登记公告

---

[44]《民事诉讼法》2023年修正）第56条、第57条。
[45]《民事诉讼法》（2023年修正）第122条。

前，人民法院可以通过阅卷、调查、询问和听证等方式对被诉证券侵权行为的性质、侵权事实等进行审查，并在受理后三十日内以裁定的方式确定具有相同诉讼请求的权利人范围。

当事人对权利人范围有异议的，可以自裁定送达之日起十日内向上一级人民法院申请复议，上一级人民法院应当在十五日内作出复议裁定。

第 7 条 人民法院应当在权利人范围确定后五日内发出权利登记公告，通知相关权利人在指定期间登记。权利登记公告应当包括以下内容：

（一）案件情况和诉讼请求；

（二）被告的基本情况；

（三）权利人范围及登记期间；

（四）起诉书中确定的拟任代表人人选姓名或者名称、联系方式等基本信息；

（五）自愿担任代表人的权利人，向人民法院提交书面申请和相关材料的期限；

（六）人民法院认为必要的其他事项。

公告应当以醒目的方式提示，代表人的诉讼权限包括代表原告参加开庭审理，变更、放弃诉讼请求或者承认对方当事人的诉讼请求，与被告达成调解协议，提起或者放弃上诉，申请执行，委托诉讼代理人等，参加登记视为对代表人进行特别授权。

公告期间为三十日。

第 8 条 权利人应在公告确定的登记期间向人民法院登记。未按期登记的，可在一审开庭前向人民法院申请补充登记，补充登记前已经完成的诉讼程序对其发生效力。

权利登记可以依托电子信息平台进行。权利人进行登记时，应当按照权利登记公告要求填写诉讼请求金额、收款方式、电子送达地址等事项，并提供身份证明文件、交易记录及投资损失等证据材料。

第 9 条 人民法院在登记期间届满后十日内对登记的权利人进行审核。不符合权利人范围的投资者，人民法院不确认其原告资格。

第 10 条 权利登记公告前已就同一证券违法事实提起诉讼且符合权利人范围的投资者，申请撤诉并加入代表人诉讼的，人民法院应当予以准许。

投资者申请撤诉并加入代表人诉讼的，列为代表人诉讼的原告，已经收取的诉讼费予以退还；不申请撤诉的，人民法院不准许其加入代表人诉讼，原诉讼继续进行。

第 11 条 人民法院应当将审核通过的权利人列入代表人诉讼原告名单，并通知全体原告。

第 12 条 代表人应当符合以下条件：

（一）自愿担任代表人；

（二）拥有相当比例的利益诉求份额；

（三）本人或者其委托诉讼代理人具备一定的诉讼能力和专业经验；

（四）能忠实、勤勉地履行维护全体原告利益的职责。

依照法律、行政法规或者国务院证券监督管理机构的规定设立的投资者保护机构作为原告参与诉讼，或者接受投资者的委托指派工作人员或委派诉讼代理人参与案件审理活动的，人民法院可以指定该机构为代表人，或者在被代理的当事人中指定代表人。

申请担任代表人的原告存在与被告有关联关系等可能影响其履行职责情形的，人民法院对其申请不予准许。

第 13 条 在起诉时当事人人数确定的代表人诉讼，应当在起诉前确定获得特别授权的代表人，并在起诉书中就代表人的推选情况作出专项说明。

在起诉时当事人人数尚未确定的代表人诉讼，应当在起诉书中就拟任代表人人选及条件作出说明。在登记期间向人民法院登记的权利人对拟任代表人人选均没有提出异议，并且登记的权利人无人申请担任代表人的，人民法院可以认定由该二至五名人选作为代表人。

第14条　在登记期间向人民法院登记的权利人对拟任代表人的人选提出异议，或者申请担任代表人的，人民法院应当自原告范围审核完毕后十日内在自愿担任代表人的原告中组织推选。

代表人的推选实行一人一票，每位代表人的得票数应当不少于参与投票人数的50%。代表人人数为二至五名，按得票数排名确定，通过投票产生二名以上代表人的，为推选成功。首次推选不出的，人民法院应当即时组织原告在得票数前五名的候选人中进行二次推选。

第15条　依据前条规定推选不出代表人的，由人民法院指定。

人民法院指定代表人的，应当将投票情况、诉讼能力、利益诉求份额等作为考量因素，并征得被指定代表人的同意。

第16条　代表人确定后，人民法院应当进行公告。

原告可以自公告之日起十日内向人民法院申请撤回权利登记，并可以另行起诉。

第17条　代表人因丧失诉讼行为能力或者其他事由影响案件审理或者可能损害原告利益的，人民法院依原告申请，可以决定撤销代表人资格。代表人不足二人时，人民法院应当补充指定代表人。

第18条　代表人与被告达成调解协议草案的，应当向人民法院提交制作调解书的申请书及调解协议草案。申请书应当包括以下内容：

（一）原告的诉讼请求、案件事实以及审理进展等基本情况；

（二）代表人和委托诉讼代理人参加诉讼活动的情况；

（三）调解协议草案对原告的有利因素和不利影响；

（四）对诉讼费以及合理的公告费、通知费、律师费等费用的分摊及理由；

（五）需要特别说明的其他事项。

第19条　人民法院经初步审查，认为调解协议草案不存在违反法律、行政法规的强制性规定、违背公序良俗以及损害他人合法权益等情形的，应当自收到申请书后十日内向全体原告发出通知。通知应当包括以下内容：

（一）调解协议草案；

（二）代表人请求人民法院制作调解书的申请书；

（三）对调解协议草案发表意见的权利以及方式、程序和期限；

（四）原告有异议时，召开听证会的时间、地点及报名方式；

（五）人民法院认为需要通知的其他事项。

第20条　对调解协议草案有异议的原告，有权出席听证会或者以书面方式向人民法院提交异议的具体内容及理由。异议人未出席听证会的，人民法院应当在听证会上公开其异议的内容及理由，代表人及其委托诉讼代理人、被告应当进行解释。

代表人和被告可以根据听证会的情况，对调解协议草案进行修改。人民法院应当将修改后的调解协议草案通知所有原告，并对修改的内容作出重点提示。人民法院可以根据案件的具体情况，决定是否再次召开听证会。

第 21 条 人民法院应当综合考虑当事人赞成和反对意见、本案所涉法律和事实情况、调解协议草案的合法性、适当性和可行性等因素,决定是否制作调解书。

人民法院准备制作调解书的,应当通知提出异议的原告,告知其可以在收到通知后十日内向人民法院提交退出调解的申请。未在上述期间内提交退出申请的原告,视为接受。

申请退出的期间届满后,人民法院应当在十日内制作调解书。调解书经代表人和被告签收后,对被代表的原告发生效力。人民法院对申请退出原告的诉讼继续审理,并依法作出相应判决。

第 22 条 代表人变更或者放弃诉讼请求、承认对方当事人诉讼请求、决定撤诉的,应当向人民法院提交书面申请,并通知全体原告。人民法院收到申请后,应当根据原告所提异议情况,依法裁定是否准许。

对于代表人依据前款规定提交的书面申请,原告自收到通知之日起十日内未提出异议的,人民法院可以裁定准许。

第 23 条 除代表人诉讼案件外,人民法院还受理其他基于同一证券违法事实发生的非代表人诉讼案件的,原则上代表人诉讼案件先行审理,非代表人诉讼案件中止审理。但非代表人诉讼案件具有典型性且先行审理有利于及时解决纠纷的除外。

第 24 条 人民法院可以依当事人的申请,委托双方认可或者随机抽取的专业机构对投资损失数额、证券侵权行为以外其他风险因素导致的损失扣除比例等进行核定。当事人虽未申请但案件审理确有需要的,人民法院可以通过随机抽取的方式委托专业机构对有关事项进行核定。

对专业机构的核定意见,人民法院应当组织双方当事人质证。

第 25 条 代表人请求败诉的被告赔偿合理的公告费、通知费、律师费等费用的,人民法院应当予以支持。

第 26 条 判决被告承担民事赔偿责任的,可以在判决主文中确定赔偿总额和损害赔偿计算方法,并将每个原告的姓名、应获赔偿金额等以列表方式作为民事判决书的附件。

当事人对计算方法、赔偿金额等有异议的,可以向人民法院申请复核。确有错误的,人民法院裁定补正。

第 27 条 一审判决送达后,代表人决定放弃上诉的,应当在上诉期间届满前通知全体原告。

原告自收到通知之日起十五日内未上诉,被告在上诉期间内亦未上诉的,一审判决在全体原告与被告之间生效。

原告自收到通知之日起十五日内上诉的,应当同时提交上诉状,人民法院收到上诉状后,对上诉的原告按上诉处理。被告在上诉期间内未上诉的,一审判决在未上诉的原告与被告之间生效,二审裁判的效力不及于未上诉的原告。

第 28 条 一审判决送达后,代表人决定上诉的,应当在上诉期间届满前通知全体原告。

原告自收到通知之日起十五日内决定放弃上诉的,应当通知一审法院。被告在上诉期间内未上诉的,一审判决在放弃上诉的原告与被告之间生效,二审裁判的效力不及于放弃上诉的原告。

第 29 条 符合权利人范围但未参加登记的投资者提起诉讼,且主张的事实和理由与代表人诉讼生效判决、裁定所认定的案件基本事实和法律适用相同的,人民法院审查具体诉讼请求后,裁定适用已经生效的判决、裁定。适用已经生效裁判的裁定中应当明确被告赔偿的金额，裁定一经作出立即生效。

代表人诉讼调解结案的，人民法院对后续涉及同一证券违法事实的案件可以引导当事人先行调解。

第30条 履行或者执行生效法律文书所得财产，人民法院在进行分配时，可以通知证券登记结算机构等协助执行义务人依法协助执行。

人民法院应当编制分配方案并通知全体原告，分配方案应当包括原告范围、债权总额、扣除项目及金额、分配的基准及方法、分配金额的受领期间等内容。

第31条 原告对分配方案有异议的，可以依据民事诉讼法第二百二十五条[46]的规定提出执行异议。

三、特别代表人诉讼

第32条 人民法院已经根据民事诉讼法第五十四条[47]第一款、证券法第九十五条第二款的规定发布权利登记公告的，投资者保护机构在公告期间受五十名以上权利人的特别授权，可以作为代表人参加诉讼。先受理的人民法院不具有特别代表人诉讼管辖权的，应当将案件及时移送有管辖权的人民法院。

不同意加入特别代表人诉讼的权利人可以提交退出声明，原诉讼继续进行。

第33条 权利人范围确定后，人民法院应当发出权利登记公告。权利登记公告除本规定第七条的内容外，还应当包括投资者保护机构基本情况、对投资者保护机构的特别授权、投资者声明退出的权利及期间、未声明退出的法律后果等。

第34条 投资者明确表示不愿意参加诉讼的，应当在公告期间届满后十五日内向人民法院声明退出。未声明退出的，视为同意参加该代表人诉讼。

对于声明退出的投资者，人民法院不再将其登记为特别代表人诉讼的原告，该投资者可以另行起诉。

第35条 投资者保护机构依据公告确定的权利人范围向证券登记结算机构调取的权利人名单，人民法院应当予以登记，列入代表人诉讼原告名单，并通知全体原告。

第36条 诉讼过程中由于声明退出等原因导致明示授权投资者的数量不足五十名的，不影响投资者保护机构的代表人资格。

第37条 针对同一代表人诉讼，原则上应当由一个投资者保护机构作为代表人参加诉讼。两个以上的投资者保护机构分别受五十名以上投资者委托，且均决定作为代表人参加诉讼的，应当协商处理；协商不成的，由人民法院指定其中一个作为代表人参加诉讼。

第38条 投资者保护机构应当采取必要措施，保障被代表的投资者持续了解案件审理的进展情况，回应投资者的诉求。对投资者提出的意见和建议不予采纳的，应当对投资者做好解释工作。

第39条 特别代表人诉讼案件不预交案件受理费。败诉或者部分败诉的原告申请减交或者免交诉讼费的，人民法院应当依照《诉讼费用交纳办法》的规定，视原告的经济状况和案件的审理情况决定是否准许。

第40条 投资者保护机构作为代表人在诉讼中申请财产保全的，人民法院可

---

[46]《民事诉讼法》（2023年修正）第236条。
[47]《民事诉讼法》（2023年修正）第57条。

第 41 条　人民法院审理特别代表人诉讼案件,本部分没有规定的,适用普通代表人诉讼中关于起诉时当事人人数尚未确定的代表人诉讼的相关规定。

四、附则

第 42 条　本规定自 2020 年 7 月 31 日起施行。

> **第五十八条　公益诉讼**
>
> 对污染环境、侵害众多消费者合法权益等损害社会公共利益的行为,法律规定的机关和有关组织可以向人民法院提起诉讼。
>
> 人民检察院在履行职责中发现破坏生态环境和资源保护、食品药品安全领域侵害众多消费者合法权益等损害社会公共利益的行为,在没有前款规定的机关和组织或者前款规定的机关和组织不提起诉讼的情况下,可以向人民法院提起诉讼。前款规定的机关或者组织提起诉讼的,人民检察院可以支持起诉。

相关规定

◎法　律

《消费者权益保护法》(2013 年 10 月 25 日)

第 47 条　对侵害众多消费者合法权益的行为,中国消费者协会以及在省、自治区、直辖市设立的消费者协会,可以向人民法院提起诉讼。

《环境保护法》(2014 年 4 月 24 日)

第 58 条　对污染环境、破坏生态,损害社会公共利益的行为,符合下列条件的社会组织可以向人民法院提起诉讼:

(一)依法在设区的市级以上人民政府民政部门登记;

(二)专门从事环境保护公益活动连续五年以上且无违法记录。

符合前款规定的社会组织向人民法院提起诉讼,人民法院应当依法受理。

提起诉讼的社会组织不得通过诉讼牟取经济利益。

《个人信息保护法》(2021 年 8 月 20 日)

第 70 条　个人信息处理者违反本法规定处理个人信息,侵害众多个人的权益的,人民检察院、法律规定的消费者组织和由国家网信部门确定的组织可以依法向人民法院提起诉讼。

《军人地位和权益保障法》(2021 年 6 月 10 日)

第 62 条　侵害军人荣誉、名誉和其他相关合法权益,严重影响军人有效履行职责使命,致使社会公共利益受到损害的,人民检察院可以根据民事诉讼法、行政诉讼法的相关规定提起公益诉讼。

◎司法解释及文件

《最高人民法院关于适用〈中华人民共和国民事诉讼法〉的解释》(法释〔2022〕11 号　2022 年 4 月 1 日修正)

十三、公益诉讼

第 282 条　环境保护法、消费者权益保护法等法律规定的机关和有关组织对污染环境、侵害众多消费者合法权益等损害社会公共利益的行为,根据民事诉讼法第五十八条规定提起公益诉讼,符合下列条件的,人民法院应当受理:

(一)有明确的被告;

(二)有具体的诉讼请求;

(三)有社会公共利益受到损害的初步证据;

(四)属于人民法院受理民事诉讼的范围和受诉人民法院管辖。

第 283 条　公益诉讼案件由侵权行为

地或者被告住所地中级人民法院管辖,但法律、司法解释另有规定的除外。

因污染海洋环境提起的公益诉讼,由污染发生地、损害结果地或者采取预防污染措施地海事法院管辖。

对同一侵权行为分别向两个以上人民法院提起公益诉讼的,由最先立案的人民法院管辖,必要时由它们的共同上级人民法院指定管辖。

第284条 人民法院受理公益诉讼案件后,应当在十日内书面告知相关行政主管部门。

第285条 人民法院受理公益诉讼案件后,依法可以提起诉讼的其他机关和有关组织,可以在开庭前向人民法院申请参加诉讼。人民法院准许参加诉讼的,列为共同原告。

第286条 人民法院受理公益诉讼案件,不影响同一侵权行为的受害人根据民事诉讼法第一百二十二条规定提起诉讼。

第287条 对公益诉讼案件,当事人可以和解,人民法院可以调解。

当事人达成和解或者调解协议后,人民法院应当将和解或者调解协议进行公告。公告期间不得少于三十日。

公告期满后,人民法院经审查,和解或者调解协议不违反社会公共利益的,应当出具调解书;和解或者调解协议违反社会公共利益的,不予出具调解书,继续对案件进行审理并依法作出裁判。

第288条 公益诉讼案件的原告在法庭辩论终结后申请撤诉的,人民法院不予准许。

第289条 公益诉讼案件的裁判发生法律效力后,其他依法具有原告资格的机关和有关组织就同一侵权行为另行提起公益诉讼的,人民法院裁定不予受理,但法律、司法解释另有规定的除外。

《最高人民法院关于审理消费民事公益诉讼案件适用法律若干问题的解释》(法释〔2016〕10号 2020年12月29日修正)

为正确审理消费民事公益诉讼案件,根据《中华人民共和国民事诉讼法》《中华人民共和国民法典》《中华人民共和国消费者权益保护法》等法律规定,结合审判实践,制定本解释。

第1条 中国消费者协会以及在省、自治区、直辖市设立的消费者协会,对经营者侵害众多不特定消费者合法权益或者具有危及消费者人身、财产安全危险等损害社会公共利益的行为提起消费民事公益诉讼的,适用本解释。

法律规定或者全国人大及其常委会授权的机关和社会组织提起的消费民事公益诉讼,适用本解释。

第2条 经营者提供的商品或者服务具有下列情形之一的,适用消费者权益保护法第四十七条规定:

(一)提供的商品或者服务存在缺陷,侵害众多不特定消费者合法权益的;

(二)提供的商品或者服务可能危及消费者人身、财产安全,未作出真实的说明和明确的警示,未标明正确使用商品或者接受服务的方法以及防止危害发生方法的;对提供的商品或者服务质量、性能、用途、有效期限等信息作虚假或引人误解宣传的;

(三)宾馆、商场、餐馆、银行、机场、车站、港口、影剧院、景区、体育场馆、娱乐场所等经营场所存在危及消费者人身、财产安全危险的;

(四)以格式条款、通知、声明、店堂告示等方式,作出排除或者限制消费者权利、减轻或者免除经营者责任、加重消费者责任等对消费者不公平、不合理规定的;

（五）其他侵害众多不特定消费者合法权益或者具有危及消费者人身、财产安全危险等损害社会公共利益的行为。

第3条 消费民事公益诉讼案件管辖适用《最高人民法院关于适用〈中华人民共和国民事诉讼法〉的解释》第二百八十五条[48]的有关规定。

经最高人民法院批准，高级人民法院可以根据本辖区实际情况，在辖区内确定部分中级人民法院受理第一审消费民事公益诉讼案件。

第4条 提起消费民事公益诉讼应当提交下列材料：

（一）符合民事诉讼法第一百二十一条[49]规定的起诉状，并按照被告人数提交副本；

（二）被告的行为侵害众多不特定消费者合法权益或者具有危及消费者人身、财产安全危险等损害社会公共利益的初步证据；

（三）消费者组织就涉诉事项已按照消费者权益保护法第三十七条第四项或者第五项的规定履行公益性职责的证明材料。

第5条 人民法院认为原告提出的诉讼请求不足以保护社会公共利益的，可以向其释明变更或者增加停止侵害等诉讼请求。

第6条 人民法院受理消费民事公益诉讼案件后，应当公告案件受理情况，并在立案之日起十日内书面告知相关行政主管部门。

第7条 人民法院受理消费民事公益诉讼案件后，依法可以提起诉讼的其他机关或者社会组织，可以在一审开庭前向人民法院申请参加诉讼。

人民法院准许参加诉讼的，列为共同原告；逾期申请的，不予准许。

第8条 有权提起消费民事公益诉讼的机关或者社会组织，可以依据民事诉讼法第八十一条[50]规定申请保全证据。

第9条 人民法院受理消费民事公益诉讼案件后，因同一侵权行为受到损害的消费者申请参加诉讼的，人民法院应当告知其根据民事诉讼法第一百一十九条[51]规定主张权利。

第10条 消费民事公益诉讼案件受理后，因同一侵权行为受到损害的消费者请求对其根据民事诉讼法第一百一十九条[52]规定提起的诉讼予以中止，人民法院可以准许。

第11条 消费民事公益诉讼案件审理过程中，被告提出反诉的，人民法院不予受理。

第12条 原告在诉讼中承认对己方不利的事实，人民法院认为损害社会公共利益的，不予确认。

第13条 原告在消费民事公益诉讼案件中，请求被告承担停止侵害、排除妨碍、消除危险、赔礼道歉等民事责任的，人民法院可予支持。

经营者利用格式条款或者通知、声明、店堂告示等，排除或者限制消费者权利、减轻或者免除经营者责任、加重消费

---

[48]《民诉法司法解释》（2022年）第283条。
[49]《民事诉讼法》（2023年修正）第124条。
[50]《民事诉讼法》（2023年修正）第84条。
[51]《民事诉讼法》（2023年修正）第122条。
[52] 同上。

者责任,原告认为对消费者不公平、不合理主张无效的,人民法院应依法予以支持。

第14条 消费民事公益诉讼案件裁判生效后,人民法院应当在十日内书面告知相关行政主管部门,并可发出司法建议。

第15条 消费民事公益诉讼案件的裁判发生法律效力后,其他依法具有原告资格的机关或者社会组织就同一侵权行为另行提起消费民事公益诉讼的,人民法院不予受理。

第16条 已为消费民事公益诉讼生效裁判认定的事实,同一侵权行为受到损害的消费者根据民事诉讼法第一百一十九条[53]规定提起的诉讼,原告、被告均无需举证证明,但当事人对该事实有异议并有相反证据足以推翻的除外。

消费民事公益诉讼生效裁判认定经营者存在不法行为,因同一侵权行为受到损害的消费者根据民事诉讼法第一百一十九条[54]规定提起的诉讼,原告主张适用的,人民法院可予支持,但被告有相反证据足以推翻的除外。被告主张直接适用对其有利认定的,人民法院不予支持,被告仍应承担相应举证证明责任。

第17条 原告为停止侵害、排除妨碍、消除危险采取合理预防、处置措施而发生的费用,请求被告承担的,人民法院应依法予以支持。

第18条 原告及其诉讼代理人对侵权行为进行调查、取证的合理费用、鉴定费用、合理的律师代理费用,人民法院可根据实际情况予以相应支持。

第19条 本解释自2016年5月1日起施行。

本解释施行后人民法院新受理的一审案件,适用本解释。

本解释施行前人民法院已经受理、施行后尚未审结的一审、二审案件,以及本解释施行前已经终审、施行后当事人申请再审或者按照审判监督程序决定再审的案件,不适用本解释。

《最高人民法院关于审理环境民事公益诉讼案件适用法律若干问题的解释》(法释〔2015〕1号 2020年12月29日修正)

为正确审理环境民事公益诉讼案件,根据《中华人民共和国民法典》《中华人民共和国环境保护法》《中华人民共和国民事诉讼法》等法律的规定,结合审判实践,制定本解释。

第1条 法律规定的机关和有关组织依据民事诉讼法第五十五条[55]、环境保护法第五十八条等法律的规定,对已经损害社会公共利益或者具有损害社会公共利益重大风险的污染环境、破坏生态的行为提起诉讼,符合民事诉讼法第一百一十九条[56]第二项、第三项、第四项规定的,人民法院应予受理。

第2条 依照法律、法规的规定,在设区的市级以上人民政府民政部门登记的社会团体、基金会以及社会服务机构等,可以认定为环境保护法第五十八条规定的社会组织。

第3条 设区的市、自治州、盟、地区、不设区的地级市、直辖市的区以上人

---

[53]《民事诉讼法》(2023年修正)第122条。
[54]同上。
[55]《民事诉讼法》(2023年修正)第58条。
[56]《民事诉讼法》(2023年修正)第122条。

民政府民政部门，可以认定为环境保护法第五十八条规定的"设区的市级以上人民政府民政部门"。

第4条 社会组织章程确定的宗旨和主要业务范围是维护社会公共利益，且从事环境保护公益活动的，可以认定为环境保护法第五十八条规定的"专门从事环境保护公益活动"。

社会组织提起的诉讼所涉及的社会公共利益，应与其宗旨和业务范围具有关联性。

第5条 社会组织在提起诉讼前五年内未因从事业务活动违反法律、法规的规定受过行政、刑事处罚的，可以认定为环境保护法第五十八条规定的"无违法记录"。

第6条 第一审环境民事公益诉讼案件由污染环境、破坏生态行为发生地、损害结果地或者被告住所地的中级以上人民法院管辖。

中级人民法院认为确有必要的，可以在报请高级人民法院批准后，裁定将本院管辖的第一审环境民事公益诉讼案件交由基层人民法院审理。

同一原告或者不同原告对同一污染环境、破坏生态行为分别向两个以上有管辖权的人民法院提起环境民事公益诉讼的，由最先立案的人民法院管辖，必要时由共同上级人民法院指定管辖。

第7条 经最高人民法院批准，高级人民法院可以根据本辖区环境和生态保护的实际情况，在辖区内确定部分中级人民法院受理第一审环境民事公益诉讼案件。

中级人民法院管辖环境民事公益诉讼案件的区域由高级人民法院确定。

第8条 提起环境民事公益诉讼应当提交下列材料：

（一）符合民事诉讼法第一百二十一条[57]规定的起诉状，并按照被告人数提出副本；

（二）被告的行为已经损害社会公共利益或者具有损害社会公共利益重大风险的初步证明材料；

（三）社会组织提起诉讼的，应当提交社会组织登记证书、章程、起诉前连续五年的年度工作报告书或者年检报告书，以及由其法定代表人或者负责人签字并加盖公章的无违法记录的声明。

第9条 人民法院认为原告提出的诉讼请求不足以保护社会公共利益的，可以向其释明变更或者增加停止侵害、修复生态环境等诉讼请求。

第10条 人民法院受理环境民事公益诉讼后，应当在立案之日起五日内将起诉状副本发送被告，并公告案件受理情况。

有权提起诉讼的其他机关和社会组织在公告之日起三十日内申请参加诉讼，经审查符合法定条件的，人民法院应当将其列为共同原告；逾期申请的，不予准许。

公民、法人和其他组织以人身、财产受到损害为由申请参加诉讼的，告知其另行起诉。

第11条 检察机关、负有环境资源保护监督管理职责的部门及其他机关、社会组织、企业事业单位依据民事诉讼法第十五条的规定，可以通过提供法律咨询、提交书面意见、协助调查取证等方式支持社会组织依法提起环境民事公益诉讼。

第12条 人民法院受理环境民事公益诉讼后，应当在十日内告知对被告行为

---

[57]《民事诉讼法》（2023年修正）第124条。

负有环境资源保护监督管理职责的部门。

第 13 条 原告请求被告提供其排放的主要污染物名称、排放方式、排放浓度和总量、超标排放情况以及防治污染设施的建设和运行情况等环境信息，法律、法规、规章规定被告应当持有或者有证据证明被告持有而拒不提供，如果原告主张相关事实不利于被告的，人民法院可以推定该主张成立。

第 14 条 对于审理环境民事公益诉讼案件需要的证据，人民法院认为必要的，应当调查收集。

对于应当由原告承担举证责任且为维护社会公共利益所必要的专门性问题，人民法院可以委托具备资格的鉴定人进行鉴定。

第 15 条 当事人申请通知有专门知识的人出庭，就鉴定人作出的鉴定意见或者就因果关系、生态环境修复方式、生态环境修复费用以及生态环境受到损害至修复完成期间服务功能丧失导致的损失等专门性问题提出意见的，人民法院可以准许。

前款规定的专家意见经质证，可以作为认定事实的根据。

第 16 条 原告在诉讼过程中承认的对己方不利的事实和认可的证据，人民法院认为损害社会公共利益的，应当不予确认。

第 17 条 环境民事公益诉讼案件审理过程中，被告以反诉方式提出诉讼请求的，人民法院不予受理。

第 18 条 对污染环境、破坏生态，已经损害社会公共利益或者具有损害社会公共利益重大风险的行为，原告可以请求被告承担停止侵害、排除妨碍、消除危险、修复生态环境、赔偿损失、赔礼道歉等民事责任。

第 19 条 原告为防止生态环境损害的发生和扩大，请求被告停止侵害、排除妨碍、消除危险的，人民法院可以依法予以支持。

原告为停止侵害、排除妨碍、消除危险采取合理预防、处置措施而发生的费用，请求被告承担的，人民法院可以依法予以支持。

第 20 条 原告请求修复生态环境的，人民法院可以依法判决被告将生态环境修复到损害发生之前的状态和功能。无法完全修复的，可以准许采用替代性修复方式。

人民法院可以在判决被告修复生态环境的同时，确定被告不履行修复义务时应承担的生态环境修复费用；也可以直接判决被告承担生态环境修复费用。

生态环境修复费用包括制定、实施修复方案的费用，修复期间的监测、监管费用，以及修复完成后的验收费用、修复效果后评估费用等。

第 21 条 原告请求被告赔偿生态环境受到损害至修复完成期间服务功能丧失导致的损失、生态环境功能永久性损害造成的损失的，人民法院可以依法予以支持。

第 22 条 原告请求被告承担以下费用的，人民法院可以依法予以支持：

（一）生态环境损害调查、鉴定评估等费用；

（二）清除污染以及防止损害的发生和扩大所支出的合理费用；

（三）合理的律师费以及为诉讼支出的其他合理费用。

第 23 条 生态环境修复费用难以确定或者确定具体数额所需鉴定费用明显过高的，人民法院可以结合污染环境、破坏生态的范围和程度，生态环境的稀缺性，生态环境恢复的难易程度、防治污染设备的运行成本，被告因侵害行为所获得的利益以及过错程度等因素，并可以参考负有环境资源保护监督管理职责的部门的意见、专家意见等，予以合理确定。

第24条 人民法院判决被告承担的生态环境修复费用、生态环境受到损害至修复完成期间服务功能丧失导致的损失、生态环境功能永久性损害造成的损失等款项，应当用于修复被损害的生态环境。

其他环境民事公益诉讼中败诉原告所需承担的调查取证、专家咨询、检验、鉴定等必要费用，可以酌情从上述款项中支付。

第25条 环境民事公益诉讼当事人达成调解协议或者自行达成和解协议后，人民法院应当将协议内容公告，公告期间不少于三十日。

公告期满后，人民法院审查认为调解协议或者和解协议的内容不损害社会公共利益的，应当出具调解书。当事人以达成和解协议为由申请撤诉的，不予准许。

调解书应当写明诉讼请求、案件的基本事实和协议内容，并应当公开。

第26条 负有环境资源保护监督管理职责的部门依法履行监管职责而使原告诉讼请求全部实现，原告申请撤诉的，人民法院应予准许。

第27条 法庭辩论终结后，原告申请撤诉的，人民法院不予准许，但本解释第二十六条规定的情形除外。

第28条 环境民事公益诉讼案件的裁判生效后，有权提起诉讼的其他机关和社会组织就同一污染环境、破坏生态行为另行起诉，有下列情形之一的，人民法院应予受理：

（一）前案原告的起诉被裁定驳回的；

（二）前案原告申请撤诉被裁定准许的，但本解释第二十六条规定的情形除外。

环境民事公益诉讼案件的裁判生效后，有证据证明存在前案审理时未发现的损害，有权提起诉讼的机关和社会组织另行起诉的，人民法院应予受理。

第29条 法律规定的机关和社会组织提起环境民事公益诉讼的，不影响因同一污染环境、破坏生态行为受到人身、财产损害的公民、法人和其他组织依照民事诉讼法第一百一十九条[58]的规定提起诉讼。

第30条 已为环境民事公益诉讼生效裁判认定的事实，因同一污染环境、破坏生态行为依据民事诉讼法第一百一十九条[59]规定提起诉讼的原告、被告均无需举证证明，但原告对该事实有异议并有相反证据足以推翻的除外。

对于环境民事公益诉讼生效裁判就被告是否存在法律规定的不承担责任或者减轻责任的情形、行为与损害之间是否存在因果关系、被告承担责任的大小等所作的认定，因同一污染环境、破坏生态行为依据民事诉讼法第一百一十九条[60]规定提起诉讼的原告主张适用的，人民法院应予支持，但被告有相反证据足以推翻的除外。被告主张直接适用对其有利的认定的，人民法院不予支持，被告仍应举证证明。

第31条 被告因污染环境、破坏生

---

[58]《民事诉讼法》（2023年修正）第122条。
[59] 同上。
[60] 同上。

态在环境民事公益诉讼和其他民事诉讼中均承担责任，其财产不足以履行全部义务的，应当先履行其他民事诉讼生效裁判所确定的义务，但法律另有规定的除外。

第32条　发生法律效力的环境民事公益诉讼案件的裁判，需要采取强制执行措施的，应当移送执行。

第33条　原告交纳诉讼费用确有困难，依法申请缓交的，人民法院应予准许。

败诉或者部分败诉的原告申请减交或者免交诉讼费用的，人民法院应当依照《诉讼费用交纳办法》的规定，视原告的经济状况和案件的审理情况决定是否准许。

第34条　社会组织有通过诉讼违法收受财物等牟取经济利益行为的，人民法院可以根据情节轻重依法收缴其非法所得、予以罚款；涉嫌犯罪的，依法移送有关机关处理。

社会组织通过诉讼牟取经济利益的，人民法院应当向登记管理机关或者有关机关发送司法建议，由其依法处理。

第35条　本解释施行前最高人民法院发布的司法解释和规范性文件，与本解释不一致的，以本解释为准。

《最高人民法院、最高人民检察院关于办理海洋自然资源与生态环境公益诉讼案件若干问题的规定》（法释〔2022〕15号 2022年5月15日）

第1条　本规定适用于损害行为发生地、损害结果地或者采取预防措施地在海洋环境保护法第二条第一款规定的海域内，因破坏海洋生态、海洋水产资源、海洋保护区而提起的民事公益诉讼、刑事附带民事公益诉讼和行政公益诉讼。

第2条　依据海洋环境保护法第八十九条第二款规定，对破坏海洋生态、海洋水产资源、海洋保护区，给国家造成重大损失的，应当由依照海洋环境保护法规定行使海洋环境监督管理权的部门，在有管辖权的海事法院对侵权人提起海洋自然资源与生态环境损害赔偿诉讼。

有关部门根据职能分工提起海洋自然资源与生态环境损害赔偿诉讼的，人民检察院可以支持起诉。

第3条　人民检察院在履行职责中发现破坏海洋生态、海洋水产资源、海洋保护区的行为，可以告知行使海洋环境监督管理权的部门依据本规定第二条提起诉讼。在有关部门仍不提起诉讼的情况下，人民检察院就海洋自然资源与生态环境损害，向有管辖权的海事法院提起民事公益诉讼的，海事法院应予受理。

第4条　破坏海洋生态、海洋水产资源、海洋保护区，涉嫌犯罪的，在行使海洋环境监督管理权的部门没有另行提起海洋自然资源与生态环境损害赔偿诉讼的情况下，人民检察院可以在提起刑事公诉时一并提起附带民事公益诉讼，也可以单独提起民事公益诉讼。

第5条　人民检察院在履行职责中发现对破坏海洋生态、海洋水产资源、海洋保护区的行为负有监督管理职责的部门违法行使职权或者不作为，致使国家利益或者社会公共利益受到侵害的，应当向有关部门提出检察建议，督促其依法履行职责。

有关部门不依法履行职责的，人民检察院依法向被诉行政机关所在地的海事法院提起行政公益诉讼。

第6条　本规定自2022年5月15日起施行。

《最高人民法院、民政部、环境保护部关于贯彻实施环境民事公益诉讼制度的通知》（法〔2014〕352号 2014年12月26日）

各省、自治区、直辖市高级人民法院、民政厅（局）、环境保护厅（局）、新疆维吾尔自治区高级人民法院生产建设兵团分院、民政局、环境保护局：

为正确实施《中华人民共和国民事诉讼法》、《中华人民共和国环境保护法》、《最高人民法院关于审理环境民事公益诉讼案件适用法律若干问题的解释》，现就贯彻实施环境民事公益诉讼制度有关事项通知如下：

一、人民法院受理和审理社会组织提起的环境民事公益诉讼，可根据案件需要向社会组织的登记管理机关查询或者核实社会组织的基本信息，包括名称、住所、成立时间、宗旨、业务范围、法定代表人或者负责人、存续状态、年检信息、从事业务活动的情况以及登记管理机关掌握的违法记录等，有关登记管理机关应及时将相关信息向人民法院反馈。

二、社会组织存在通过诉讼牟取经济利益情形的，人民法院应向其登记管理机关发送司法建议，由登记管理机关依法对其进行查处，查处结果应向社会公布并通报人民法院。

三、人民法院受理环境民事公益诉讼后，应当在十日内通报对被告行为负有监督管理职责的环境保护主管部门。环境保护主管部门收到人民法院受理环境民事公益诉讼案件线索后，可以根据案件线索开展核查；发现被告行为构成环境行政违法的，应当依法予以处理，并将处理结果通报人民法院。

四、人民法院因审理案件需要，向负有监督管理职责的环境保护主管部门调取涉及被告的环境影响评价文件及其批复、环境许可和监管、污染物排放情况、行政处罚及处罚依据等证据材料的，相关部门应及时向人民法院提交，法律法规规定不得对外提供的材料除外。

五、环境民事公益诉讼当事人达成调解协议或者自行达成和解协议的，人民法院应当将协议内容告知负有监督管理职责的环境保护主管部门。相关部门对协议约定的修复费用、修复方式等内容有意见和建议的，应及时向人民法院提出。

六、人民法院可以判决被告自行组织修复生态环境，可以委托第三方修复生态环境，必要时也可以商请负有监督管理职责的环境保护主管部门共同组织修复生态环境。对生态环境损害修复结果，人民法院可以委托具有环境损害评估等相关资质的鉴定机构进行鉴定，必要时可以商请负有监督管理职责的环境保护主管部门协助审查。

七、人民法院判决被告承担的生态环境修复费用、生态环境受到损害至恢复原状期间服务功能损失等款项，应当用于修复被损害的生态环境。提起环境民事公益诉讼的原告在诉讼中所需的调查取证、专家咨询、检验、鉴定等必要费用，可以酌情从上述款项中支付。

八、人民法院应将判决执行情况及时告知提起环境民事公益诉讼的社会组织。

各级人民法院、民政部门、环境保护部门应认真遵照执行。对于实施工作中存在的问题和建议，请分别及时报告最高人民法院、民政部、环境保护部。

《最高人民法院、最高人民检察院关于检察公益诉讼案件适用法律若干问题的解释》（法释〔2018〕6号 2020年12月29日修正）

一、一般规定

第1条 为正确适用《中华人民共和

国民法典》《中华人民共和国民事诉讼法》《中华人民共和国行政诉讼法》关于人民检察院提起公益诉讼制度的规定，结合审判、检察工作实际，制定本解释。

第2条　人民法院、人民检察院办理公益诉讼案件主要任务是充分发挥司法审判、法律监督职能作用，维护宪法法律权威，维护社会公平正义，维护国家利益和社会公共利益，督促适格主体依法行使公益诉权，促进依法行政、严格执法。

第3条　人民法院、人民检察院办理公益诉讼案件，应当遵守宪法法律规定，遵循诉讼制度的原则，遵循审判权、检察权运行规律。

第4条　人民检察院以公益诉讼起诉人身份提起公益诉讼，依照民事诉讼法、行政诉讼法享有相应的诉讼权利，履行相应的诉讼义务，但法律、司法解释另有规定的除外。

第5条　市（分、州）人民检察院提起的第一审民事公益诉讼案件，由侵权行为地或者被告住所地中级人民法院管辖。

基层人民检察院提起的第一审行政公益诉讼案件，由被诉行政机关所在地基层人民法院管辖。

第6条　人民检察院办理公益诉讼案件，可以向有关行政机关以及其他组织、公民调查收集证据材料；有关行政机关以及其他组织、公民应当配合；需要采取证据保全措施的，依照民事诉讼法、行政诉讼法相关规定办理。

第7条　人民法院审理人民检察院提起的第一审公益诉讼案件，适用人民陪审制。

第8条　人民法院开庭审理人民检察院提起的公益诉讼案件，应当在开庭三日前向人民检察院送达出庭通知书。

人民检察院应当派员出庭，并应自收到人民法院出庭通知书之日起三日内向人民法院提交派员出庭通知书。派员出庭通知书应当写明出庭人员的姓名、法律职务以及出庭履行的具体职责。

第9条　出庭检察人员履行以下职责：

（一）宣读公益诉讼起诉书；

（二）对人民检察院调查收集的证据予以出示和说明，对相关证据进行质证；

（三）参加法庭调查，进行辩论并发表意见；

（四）依法从事其他诉讼活动。

第10条　人民检察院不服人民法院第一审判决、裁定的，可以向上一级人民法院提起上诉。

第11条　人民法院审理第二审案件，由提起公益诉讼的人民检察院派员出庭，上一级人民检察院也可以派员参加。

第12条　人民检察院提起公益诉讼案件判决、裁定发生法律效力，被告不履行的，人民法院应当移送执行。

二、民事公益诉讼

第13条　人民检察在履行职责中发现破坏生态环境和资源保护，食品药品安全领域侵害众多消费者合法权益，侵害英雄烈士等的姓名、肖像、名誉、荣誉等损害社会公共利益的行为，拟提起公益诉讼的，应当依法公告，公告期间为三十日。

公告期满，法律规定的机关和有关组织、英雄烈士等的近亲属不提起诉讼的，人民检察院可以向人民法院提起诉讼。

人民检察院办理侵害英雄烈士等的姓名、肖像、名誉、荣誉的民事公益诉讼案件，也可以直接征询英雄烈士等的近亲属的意见。

第14条　人民检察院提起民事公益诉讼应当提交下列材料：

（一）民事公益诉讼起诉书，并按照被告人数提出副本；

（二）被告的行为已经损害社会公共利益的初步证明材料；

（三）已经履行公告程序、征询英雄烈士等的近亲属意见的证明材料。

第15条 人民检察院依据民事诉讼法第五十五条[61]第二款的规定提起民事公益诉讼，符合民事诉讼法第一百一十九条[62]第二项、第三项、第四项及本解释规定的起诉条件的，人民法院应当登记立案。

第16条 人民检察院提起的民事公益诉讼案件中，被告以反诉方式提出诉讼请求的，人民法院不予受理。

第17条 人民法院受理人民检察院提起的民事公益诉讼案件后，应当在立案之日起五日内将起诉书副本送达被告。

人民检察院已履行诉前公告程序的，人民法院立案后不再进行公告。

第18条 人民法院认为人民检察院提出的诉讼请求不足以保护社会公共利益的，可以向其释明变更或者增加停止侵害、恢复原状等诉讼请求。

第19条 民事公益诉讼案件审理过程中，人民检察院诉讼请求全部实现而撤回起诉的，人民法院应予准许。

第20条 人民检察院对破坏生态环境和资源保护，食品药品安全领域侵害众多消费者合法权益，侵害英雄烈士等的姓名、肖像、名誉、荣誉等损害社会公共利益的犯罪行为提起刑事公诉时，可以向人民法院一并提起附带民事公益诉讼，由人民法院同一审判组织审理。

人民检察院提起的刑事附带民事公益诉讼案件由审理刑事案件的人民法院管辖。

三、行政公益诉讼

第21条 人民检察院在履行职责中发现生态环境和资源保护、食品药品安全、国有财产保护、国有土地使用权出让等领域负有监督管理职责的行政机关违法行使职权或者不作为，致使国家利益或者社会公共利益受到侵害的，应当向行政机关提出检察建议，督促其依法履行职责。

行政机关应当在收到检察建议书之日起两个月内依法履行职责，并书面回复人民检察院。出现国家利益或者社会公共利益损害继续扩大等紧急情形的，行政机关应当在十五日内书面回复。

行政机关不依法履行职责的，人民检察院依法向人民法院提起诉讼。

第22条 人民检察院提起行政公益诉讼应当提交下列材料：

（一）行政公益诉讼起诉书，并按照被告人数提出副本；

（二）被告违法行使职权或者不作为，致使国家利益或者社会公共利益受到侵害的证明材料；

（三）已经履行诉前程序，行政机关仍不依法履行职责或者纠正违法行为的证明材料。

第23条 人民检察院依据行政诉讼法第二十五条第四款的规定提起行政公益诉讼，符合行政诉讼法第四十九条第二项、第三项、第四项及本解释规定的起诉条件的，人民法院应当登记立案。

第24条 在行政公益诉讼案件审理过程中，被告纠正违法行为或者依法履行

---

[61] 《民事诉讼法》（2023年修正）第58条。
[62] 《民事诉讼法》（2023年修正）第122条。

职责而使人民检察院的诉讼请求全部实现，人民检察院撤回起诉的，人民法院应当裁定准许；人民检察院变更诉讼请求，请求确认原行政行为违法的，人民法院应当判决确认违法。

第 25 条　人民法院区分下列情形作出行政公益诉讼判决：

（一）被诉行政行为具有行政诉讼法第七十四条、第七十五条规定情形之一的，判决确认违法或者确认无效，并可以同时判决责令行政机关采取补救措施；

（二）被诉行政行为具有行政诉讼法第七十条规定情形之一的，判决撤销或者部分撤销，并可以判决被诉行政机关重新作出行政行为；

（三）被诉行政机关不履行法定职责的，判决在一定期限内履行；

（四）被诉行政机关作出的行政处罚明显不当，或者其他行政行为涉及对款额的确定、认定确有错误的，可以判决予以变更；

（五）被诉行政行为证据确凿，适用法律、法规正确，符合法定程序，未超越职权，未滥用职权，无明显不当，或者人民检察院请被诉行政机关履行法定职责理由不成立的，判决驳回诉讼请求。

人民法院可以将判决结果告知被诉行政机关所属的人民政府或者其他相关的职能部门。

四、附则

第 26 条　本解释未规定的其他事项，适用民事诉讼法、行政诉讼法以及相关司法解释的规定。

第 27 条　本解释自 2018 年 3 月 2 日起施行。

最高人民法院、最高人民检察院之前发布的司法解释和规范性文件与本解释不一致的，以本解释为准。

《人民检察院公益诉讼办案规则》（高检发释字〔2021〕2 号　2021 年 6 月 29 日）

第一章　总　　则

第一条　为了规范人民检察院履行公益诉讼检察职责，加强对国家利益和社会公共利益的保护，根据《中华人民共和国人民检察院组织法》《中华人民共和国民事诉讼法》《中华人民共和国行政诉讼法》等法律规定，结合人民检察院工作实际，制定本规则。

第二条　人民检察院办理公益诉讼案件的任务，是通过依法独立行使检察权，督促行政机关依法履行监督管理职责，支持适格主体依法行使公益诉权，维护国家利益和社会公共利益，维护社会公平正义，维护宪法和法律权威，促进国家治理体系和治理能力现代化。

第三条　人民检察院办理公益诉讼案件，应当遵守宪法、法律和相关法规，秉持客观公正立场，遵循相关诉讼制度的基本原则和程序规定，坚持司法公开。

第四条　人民检察院通过提出检察建议、提起诉讼和支持起诉等方式履行公益诉讼检察职责。

第五条　人民检察院办理公益诉讼案件，由检察官、检察长、检察委员会在各自职权范围内对办案事项作出决定，并依照规定承担相应司法责任。

检察官在检察长领导下开展工作。重大办案事项，由检察长决定。检察长可以根据案件情况，提交检察委员会讨论决定。其他办案事项，检察长可以自行决定，也可以授权检察官决定。

以人民检察院名义制发的法律文书，由检察长签发；属于检察官职权范围内决定事项的，检察长可以授权检察官签发。

第六条　人民检察院办理公益诉讼案件，根据案件情况，可以由一名检察官独任办理,也可以由两名以上检察官组成办案组办理。由检察官办案组办理的,检察长应当指定一名检察官担任主办检察官,组织、指挥办案组办理案件。

检察官办理案件,可以根据需要配备检察官助理、书记员、司法警察、检察技术人员等检察辅助人员。检察辅助人员依照法律规定承担相应的检察辅助事务。

第七条 负责公益诉讼检察的部门负责人对本部门的办案活动进行监督管理。需要报请检察长决定的事项,应当先由部门负责人审核。部门负责人可以主持召开检察官联席会议进行讨论,也可以直接报请检察长决定。

第八条 检察长不同意检察官处理意见的,可以要求检察官复核,也可以直接作出决定,或者提请检察委员会讨论决定。

检察官执行检察长决定时,认为决定错误的,应当书面提出意见。检察长不改变原决定的,检察官应当执行。

第九条 人民检察院提起诉讼或者支持起诉的民事、行政公益诉讼案件,由负责民事、行政检察的部门或者办案组织分别履行诉讼监督的职责。

第十条 最高人民检察院领导地方各级人民检察院和专门人民检察院的公益诉讼检察工作,上级人民检察院领导下级人民检察院的公益诉讼检察工作。

上级人民检察院对下级人民检察院作出的决定,有权予以撤销或者变更;发现下级人民检察院办理的案件有错误的,有权指令下级人民检察院予以纠正。

下级人民检察院对上级人民检察院的决定应当执行。如果认为有错误的,应当在执行的同时向上级人民检察院报告。

第十一条 人民检察院办理公益诉讼案件,实行一体化工作机制,上级人民检察院根据办案需要,可以交办、提办、督办、领办案件。

上级人民检察院可以依法统一调用辖区的检察人员办理案件,调用的决定应当以书面形式作出。被调用的检察官可以代表办理案件的人民检察院履行调查、出庭等职责。

第十二条 人民检察院办理公益诉讼案件,依照规定接受人民监督员监督。

第二章 一般规定
第一节 管 辖

第十三条 人民检察院办理行政公益诉讼案件,由行政机关对应的同级人民检察院立案管辖。

行政机关为人民政府,由上一级人民检察院管辖更为适宜的,也可以由上一级人民检察院立案管辖。

第十四条 人民检察院办理民事公益诉讼案件,由违法行为发生地、损害结果地或者违法行为人住所地基层人民检察院立案管辖。

刑事附带民事公益诉讼案件,由办理刑事案件的人民检察院立案管辖。

第十五条 设区的市级以上人民检察院管辖本辖区内重大、复杂的案件。公益损害范围涉及两个以上行政区划的公益诉讼案件,可以由共同的上一级人民检察院管辖。

第十六条 人民检察院立案管辖与人民法院诉讼管辖级别、地域不对应的,具有管辖权的人民检察院可以立案,需要提起诉讼的,应当将案件移送有管辖权人民法院对应的同级人民检察院。

第十七条 上级人民检察院可以根据办案需要,将下级人民检察院管辖的公益诉讼案件指定本辖区内其他人民检察院办理。

最高人民检察院、省级人民检察院和

设区的市级人民检察院可以根据跨区域协作工作机制规定,将案件指定或移送相关人民检察院跨行政区划管辖。基层人民检察院可以根据跨区域协作工作机制规定,将案件移送相关人民检察院跨行政区划管辖。

人民检察院对管辖权发生争议的,由争议双方协商解决。协商不成的,报共同的上级人民检察院指定管辖。

第十八条 上级人民检察院认为确有必要的,可以办理下级人民检察院管辖的案件,也可以将本院管辖的案件交下级人民检察院办理。

下级人民检察院认为需要由上级人民检察院办理的,可以报请上级人民检察院决定。

第二节 回 避

第十九条 检察人员具有下列情形之一的,应当自行回避,当事人、诉讼代理人有权申请其回避:

(一) 是行政公益诉讼行政机关法定代表人或者主要负责人、诉讼代理人近亲属,或者有其他关系,可能影响案件公正办理的;

(二) 是民事公益诉讼当事人、诉讼代理人近亲属,或者有其他关系,可能影响案件公正办理的。

应当回避的检察人员,本人没有自行回避,当事人及其诉讼代理人也没有申请其回避的,检察长或者检察委员会应当决定其回避。

前两款规定,适用于翻译人员、鉴定人、勘验人等。

第二十条 检察人员自行回避的,应当书面或者口头提出,并说明理由。口头提出的,应当记录在卷。

第二十一条 当事人及其诉讼代理人申请回避的,应当书面或者口头提出,并说明理由。口头提出的,应当记录在卷。

被申请回避的人员在人民检察院作出是否回避的决定前,不停止参与本案工作。

第二十二条 检察长的回避,由检察委员会讨论决定;检察人员和其他人员的回避,由检察长决定。检察委员会讨论检察长回避问题时,由副检察长主持。

第二十三条 人民检察院对当事人提出的回避申请,应当在收到申请后三日内作出决定,并通知申请人。申请人对决定不服的,可以在接到决定时向原决定机关申请复议一次。人民检察院应当在三日内作出复议决定,并通知复议申请人。复议期间,被申请回避的人员不停止参与本案工作。

第三节 立 案

第二十四条 公益诉讼案件线索的来源包括:

(一) 自然人、法人和非法人组织向人民检察院控告、举报的;

(二) 人民检察院在办案中发现的;

(三) 行政执法信息共享平台上发现的;

(四) 国家机关、社会团体和人大代表、政协委员等转交的;

(五) 新闻媒体、社会舆论等反映的;

(六) 其他在履行职责中发现的。

第二十五条 人民检察院对公益诉讼案件线索实行统一登记备案管理制度。重大案件线索应当向上一级人民检察院备案。

人民检察院其他部门发现公益诉讼案件线索的,应当将有关材料及时移送负责公益诉讼检察的部门。

第二十六条 人民检察院发现公益诉讼案件线索不属于本院管辖的,应当制作《移送案件线索通知书》,移送有管辖权的同级人民检察院,受移送的人民检察院应当受理。受移送的人民检察院认为不属于本院管辖的,应当报告上级人民检察院,不得自行退回原移送线索的人民检察院或者移送其他人民检察院。

人民检察院发现公益诉讼案件线索属于上级人民检察院管辖的,应当制作《报请移送案件线索意见书》,报请移送上级人民检察院。

第二十七条 人民检察院应当对公益诉讼案件线索的真实性、可查性等进行评估,必要时可以进行初步调查,并形成《初步调查报告》。

第二十八条 人民检察院经过评估,认为国家利益或者社会公共利益受到侵害,可能存在违法行为的,应当立案调查。

第二十九条 对于国家利益或者社会公共利益受到严重侵害,人民检察院经初步调查仍难以确定不依法履行监督管理职责的行政机关或者违法行为人的,也可以立案调查。

第三十条 检察官对案件线索进行评估后提出立案或者不立案意见的,应当制作《立案审批表》,经过初步调查的附《初步调查报告》,报请检察长决定后制作《立案决定书》或者《不立案决定书》。

第三十一条 负责公益诉讼检察的部门在办理公益诉讼案件过程中,发现涉嫌犯罪或者职务违法、违纪线索的,应当依照规定移送本院相关检察业务部门或者其他有管辖权的主管机关。

第四节 调 查

第三十二条 人民检察院办理公益诉讼案件,应当依法、客观、全面调查收集证据。

第三十三条 人民检察院在调查前应当制定调查方案,确定调查思路、方法、步骤以及拟收集的证据清单等。

第三十四条 人民检察院办理公益诉讼案件的证据包括书证、物证、视听资料、电子数据、证人证言、当事人陈述、鉴定意见、专家意见、勘验笔录等。

第三十五条 人民检察院办理公益诉讼案件,可以采取以下方式开展调查和收集证据:

(一)查阅、调取、复制有关执法、诉讼卷宗材料等;

(二)询问行政机关工作人员、违法行为人以及行政相对人、利害关系人、证人等;

(三)向有关单位和个人收集书证、物证、视听资料、电子数据等证据;

(四)咨询专业人员、相关部门或者行业协会等对专门问题的意见;

(五)委托鉴定、评估、审计、检验、检测、翻译;

(六)勘验物证、现场;

(七)其他必要的调查方式。

人民检察院开展调查和收集证据不得采取限制人身自由或者查封、扣押、冻结财产等强制性措施。

第三十六条 人民检察院开展调查和收集证据,应当由两名以上检察人员共同进行。检察官可以组织司法警察、检察技术人员参加,必要时可以指派或者聘请其他具有专门知识的人参与。根据案件实际情况,也可以商请相关单位协助进行。

在调查收集证据过程中,检察人员可以依照有关规定使用执法记录仪、自动检测仪等办案设备和无人机航拍、卫星遥感等技术手段。

第三十七条 询问应当个别进行。检察人员在询问前应当出示工作证,询问过程中应当制作《询问笔录》。被询问人确认无误后,签名或者盖章。被询问人拒绝

第三十八条 需要向有关单位或者个人调取物证、书证的,应当制作《调取证据通知书》和《调取证据清单》,持上述文书调取有关证据材料。

调取书证应当调取原件,调取原件确有困难或者因保密需要无法调取原件的,可以调取复制件。书证为复制件的,应当注明调取人、提供人、调取时间、证据出处和"本复制件与原件核对一致"等字样,并签字、盖章。书证页码较多的,加盖骑缝章。

调取物证应当调取原物,调取原物确有困难的,可以调取足以反映原物外形或者内容的照片、录像或者复制品等其他证据材料。

第三十九条 人民检察院应当收集提取视听资料、电子数据的原始存储介质,调取原始存储介质确有困难或者因保密需要无法调取的,可以调取复制件。调取复制件的,应当说明其来源和制作经过。

人民检察院自行收集提取视听资料、电子数据的,应当注明收集时间、地点、收集人员及其他需要说明的情况。

第四十条 人民检察院可以就专门性问题书面或者口头咨询有关专业人员、相关部门或者行业协会的意见。

口头咨询的,应当制作笔录,由接受咨询的专业人员签名或者盖章。书面咨询的,应当由出具咨询意见的专业人员或者单位签名、盖章。

第四十一条 人民检察院对专门性问题认为确有必要鉴定、评估、审计、检验、检测、翻译的,可以委托具备资格的机构进行鉴定、评估、审计、检验、检测、翻译,委托时应当制作《委托鉴定(评估、审计、检验、检测、翻译)函》。

第四十二条 人民检察院认为确有必要的,可以勘验物证或者现场。

勘验应当在检察官的主持下,由两名以上检察人员进行,可以邀请见证人参加。必要时,可以指派或者聘请有专门知识的人进行。勘验情况和结果应当制作笔录,由参加勘验的人员、见证人签名或者盖章。

检察技术人员可以依照相关规定在勘验过程中进行取样并进行快速检测。

第四十三条 人民检察院办理公益诉讼案件,需要异地调查收集证据的,可以自行调查或者委托当地同级人民检察院进行。委托时应当出具委托书,载明需要调查的对象、事项及要求。受委托人民检察院应当在收到委托书之日起三十日内完成调查,并将情况回复委托的人民检察院。

第四十四条 人民检察院可以依照规定组织听证,听取听证员、行政机关、违法行为人、行政相对人、受害人代表等相关各方意见,了解有关情况。

听证形成的书面材料是人民检察院依法办理公益诉讼案件的重要参考。

第四十五条 行政机关及其工作人员拒绝或者妨碍人民检察院调查收集证据的,人民检察院可以向同级人大常委会报告,向同级纪检监察机关通报,或者通过上级人民检察院向其上级主管机关通报。

第五节 提起诉讼

第四十六条 人民检察院对于符合起诉条件的公益诉讼案件,应当依法向人民法院提起诉讼。

人民检察院提起公益诉讼,应当向人民法院提交公益诉讼起诉书和相关证据材料。起诉书的主要内容包括:

(一)公益诉讼起诉人;

(二)被告的基本信息;

(三)诉讼请求及所依据的事实和理由;

公益诉讼起诉书应当自送达人民法院之日起五日内报上一级人民检察院备案。

第四十七条 人民检察院办理行政公益诉讼案件，审查起诉期限为一个月，自检察建议整改期满之日起计算。

人民检察院办理民事公益诉讼案件，审查起诉期限为三个月，自公告期满之日起计算。

移送其他人民检察院起诉的，受移送的人民检察院审查起诉期限自收到案件之日起计算。

重大、疑难、复杂案件需要延长审查起诉期限的，行政公益诉讼案件经检察长批准后可以延长一个月，还需要延长的，报上一级人民检察院批准，上一级人民检察院认为已经符合起诉条件的，可以依照本规则第十七条规定指定本辖区内其他人民检察院提起诉讼。民事公益诉讼案件经检察长批准后可以延长一个月，还需要延长的，报上一级人民检察院批准。

第四十八条 人民检察院办理公益诉讼案件，委托鉴定、评估、审计、检验、检测、翻译期间不计入审查起诉期限。

第六节 出席第一审法庭

第四十九条 人民检察院提起公益诉讼的案件，应当派员出庭履行职责，参加相关诉讼活动。

人民检察院应当自收到人民法院出庭通知书之日起三日内向人民法院提交《派员出庭通知书》。《派员出庭通知书》应当写明出庭人员的姓名、法律职务以及出庭履行的职责。

人民检察院应当指派检察官出席第一审法庭，检察官助理可以协助检察官出庭，并根据需要配备书记员担任记录及其他辅助工作。涉及专门性、技术性问题，可以指派或者聘请有专门知识的人协助检察官出庭。

第五十条 人民法院通知人民检察院派员参加证据交换、庭前会议的，由出席法庭的检察人员参加。人民检察院认为有必要的，可以商人民法院组织证据交换或者召开庭前会议。

第五十一条 出庭检察人员履行以下职责：

（一）宣读公益诉讼起诉书；

（二）对人民检察院调查收集的证据予以出示和说明，对相关证据进行质证；

（三）参加法庭调查、进行辩论，并发表出庭意见；

（四）依法从事其他诉讼活动。

第五十二条 出庭检察人员应当客观、全面地向法庭出示证据。根据庭审情况合理安排举证顺序，分组列举证据，可以使用多媒体等示证方式。质证应当围绕证据的真实性、合法性、关联性展开。

第五十三条 出庭检察人员向被告、证人、鉴定人、勘验人等发问应当遵循下列要求：

（一）围绕案件基本事实和争议焦点进行发问；

（二）与调查收集的证据相互支撑；

（三）不得使用带有人身攻击或者威胁性的语言和方式。

第五十四条 出庭检察人员可以申请人民法院通知证人、鉴定人、有专门知识的人出庭作证或者提出意见。

第五十五条 出庭检察人员在法庭审理期间，发现需要补充调查的，可以在法庭休庭后进行补充调查。

第五十六条 出庭检察人员参加法庭辩论，应结合法庭调查情况，围绕双方在事实、证据、法律适用等方面的争议焦点发表辩论意见。

第五十七条 出庭检察人员应当结合庭审情况，客观公正发表出庭意见。

第七节 上　诉

第五十八条　人民检察院应当在收到人民法院第一审公益诉讼判决书、裁定书后三日内报送上一级人民检察院备案。

人民检察院认为第一审公益诉讼判决、裁定确有错误的，应当提出上诉。

提出上诉的，由提起诉讼的人民检察院决定。上一级人民检察院应当同步审查进行指导。

第五十九条　人民检察院提出上诉的，应当制作公益诉讼上诉书。公益诉讼上诉书的主要内容包括：

（一）公益诉讼上诉人；

（二）被上诉人的基本情况；

（三）原审人民法院名称、案件编号和案由；

（四）上诉请求和事实理由。

第六十条　人民检察院应当在上诉期限内通过原审人民法院向上一级人民法院提交公益诉讼上诉书，并将副本连同相关证据材料报送上一级人民检察院。

第六十一条　上一级人民检察院认为上诉不当的，应当指令下级人民检察院撤回上诉。

上一级人民检察院在上诉期限内，发现下级人民检察院应当上诉而没有提出上诉的，应当指令下级人民检察院依法提出上诉。

第六十二条　被告不服第一审公益诉讼判决、裁定上诉的，人民检察院应当在收到上诉状副本后三日内报送上一级人民检察院，提起诉讼的人民检察院和上一级人民检察院应当全面审查案卷材料。

第六十三条　人民法院决定开庭审理的上诉案件，提起诉讼的人民检察院和上一级人民检察院应当共同派员出席第二审法庭。

人民检察院应当在出席第二审法庭之前向人民法院提交《派员出庭通知书》，载明人民检察院出庭检察人员的姓名、法律职务以及出庭履行的职责等。

第八节 诉讼监督

第六十四条　最高人民检察院发现各级人民法院、上级人民检察院发现下级人民法院已经发生法律效力的公益诉讼判决、裁定确有错误，损害国家利益或者社会公共利益的，应当依法提出抗诉。

第六十五条　人民法院决定开庭审理的公益诉讼再审案件，与人民法院对应的同级人民检察院应当派员出席法庭。

第六十六条　人民检察院发现人民法院公益诉讼审判程序违反法律规定，或者审判人员有《中华人民共和国法官法》第四十六条规定的违法行为，可能影响案件公正审判、执行的，或者人民法院在公益诉讼案件判决生效后不依法移送执行或者执行活动违反法律规定的，应当依法向同级人民法院提出检察建议。

第三章　行政公益诉讼

第一节　立案与调查

第六十七条　人民检察院经过对行政公益诉讼案件线索进行评估，认为同时存在以下情形的，应当立案：

（一）国家利益或者社会公共利益受到侵害；

（二）生态环境和资源保护、食品药品安全、国有财产保护、国有土地使用权出让、未成年人保护等领域对保护国家利益或者社会公共利益负有监督管理职责的行政机关可能违法行使职权或者不作为。

第六十八条　人民检察院对于符合本规则第六十七条规定的下列情形，应当立案：

（一）对于行政机关作出的行政决定，行政机关有强制执行权而怠于强制执行，或者没有强制执行权而怠于申请人民法院强制执行的；

（二）在人民法院强制执行过程中，行政机关违法处分执行标的的；

（三）根据地方裁执分离规定，人民法院将行政强制执行案件交由有强制执行权的行政机关执行，行政机关不依法履职的；

（四）其他行政强制执行中行政机关违法行使职权或者不作为的情形。

第六十九条 对于同一侵害国家利益或者社会公共利益的损害后果，数个负有不同监督管理职责的行政机关均可能存在不依法履行职责情形的，人民检察院可以对数个行政机关分别立案。

人民检察院在立案前发现同一行政机关对多个同一性质的违法行为可能存在不依法履行职责情形的，应当作为一个案件立案。在发出检察建议前发现其他同一性质的违法行为的，应当与已立案案件一并处理。

第七十条 人民检察院决定立案的，应当在七日内将《立案决定书》送达行政机关，并可以就其是否存在违法行使职权或者不作为、国家利益或者社会公共利益受到侵害的后果、整改方案等事项进行磋商。

磋商可以采取召开磋商座谈会、向行政机关发送事实确认书等方式进行，并形成会议记录或者纪要等书面材料。

第七十一条 人民检察院办理行政公益诉讼案件，围绕以下事项进行调查：

（一）国家利益或者社会公共利益受到侵害的事实；

（二）行政机关的监督管理职责；

（三）行政机关不依法履行职责的行为；

（四）行政机关不依法履行职责的行为与国家利益或者社会公共利益受到侵害的关联性；

（五）其他需要查明的事项。

第七十二条 人民检察院认定行政机关监督管理职责的依据为法律法规规章，可以参考行政机关的"三定"方案、权力清单和责任清单等。

第七十三条 调查结束，检察官应当制作《调查终结报告》，区分情况提出以下处理意见：

（一）终结案件；

（二）提出检察建议。

第七十四条 经调查，人民检察院认为存在下列情形之一的，应当作出终结案件决定：

（一）行政机关未违法行使职权或者不作为的；

（二）国家利益或者社会公共利益已经得到有效保护的；

（三）行政机关已经全面采取整改措施依法履行职责的；

（四）其他应当终结案件的情形。

终结案件的，应当报检察长决定，并制作《终结案件决定书》送达行政机关。

第二节 检察建议

第七十五条 经调查，人民检察院认为行政机关不依法履行职责，致使国家利益或者社会公共利益受到侵害的，应当报检察长决定向行政机关提出检察建议，并于《检察建议书》送达之日起五日内向上一级人民检察院备案。

《检察建议书》应当包括以下内容：

（一）行政机关的名称；

（二）案件来源；

（三）国家利益或者社会公共利益受到侵害的事实；

（四）认定行政机关不依法履行职责的事实和理由；

（五）提出检察建议的法律依据；

（六）建议的具体内容；
（七）行政机关整改期限；
（八）其他需要说明的事项。

《检察建议书》的建议内容应当与可能提起的行政公益诉讼请求相衔接。

第七十六条 人民检察院决定提出检察建议的，应当在三日内将《检察建议书》送达行政机关。

行政机关拒绝签收的，应当在送达回证上记录，把《检察建议书》留在其住所地，并可以采用拍照、录像等方式记录送达过程。

人民检察院可以采取宣告方式向行政机关送达《检察建议书》，必要时，可以邀请人大代表、政协委员、人民监督员等参加。

第七十七条 提出检察建议后，人民检察院应当对行政机关履行职责的情况和国家利益或者社会公共利益受到侵害的情况跟进调查，收集相关证据材料。

第七十八条 行政机关在法律、司法解释规定的整改期限内已依法作出行政决定或者制定整改方案，但因突发事件等客观原因不能全部整改到位，且没有怠于履行监督管理职责情形的，人民检察院可以中止审查。

中止审查的，应当经经察长批准，制作《中止审查决定书》，并报送上一级人民检察院备案。中止审查的原因消除后，应当恢复审查并制作《恢复审查决定书》。

第七十九条 经过跟进调查，检察官应当制作《审查终结报告》，区分情况提出以下处理意见：
（一）终结案件；
（二）提起行政公益诉讼；
（三）移送其他人民检察院处理。

第八十条 经审查，人民检察院发现有本规则第七十四条第一款规定情形之一的，应当终结案件。

第三节　提起诉讼

第八十一条 行政机关经检察建议督促仍然没有依法履行职责，国家利益或者社会公共利益处于受侵害状态的，人民检察院应当依法提起行政公益诉讼。

第八十二条 有下列情形之一的，人民检察院可以认定行政机关未依法履行职责：
（一）逾期不回复检察建议，也没有采取有效整改措施的；
（二）已经制定整改措施，但没有实质性执行的；
（三）虽按期回复，但未采取整改措施或者仅采取部分整改措施的；
（四）违法行为人已经被追究刑事责任或者案件已经移送刑事司法机关处理，但行政机关仍应当继续依法履行职责的；
（五）因客观障碍导致整改方案难以按期执行，但客观障碍消除后未及时恢复整改的；
（六）整改措施违反法律法规规定的；
（七）其他没有依法履行职责的情形。

第八十三条 人民检察院可以根据行政机关的不同违法情形，向人民法院提出确认行政行为违法或者无效、撤销或者部分撤销违法行政行为、依法履行法定职责、变更行政行为等诉讼请求。

依法履行法定职责的诉讼请求中不予载明行政相对人承担具体义务或者减损具体权益的事项。

第八十四条 在行政公益诉讼案件审理过程中，行政机关已经依法履行职责而全部实现诉讼请求的，人民检察院可以撤回起诉。确有必要的，人民检察院可以变更诉讼请求，请求判决确认行政行为违法。

人民检察院决定撤回起诉或者变更诉

讼请求的,应当经检察长决定后制作《撤回起诉决定书》或者《变更诉讼请求决定书》,并在三日内提交人民法院。

第四章　民事公益诉讼
第一节　立案与调查

第八十五条　人民检察院经过对民事公益诉讼线索进行评估,认为同时存在以下情形的,应当立案:

(一)社会公共利益受到损害;

(二)可能存在破坏生态环境和资源保护,食品药品安全领域侵害众多消费者合法权益,侵犯未成年人合法权益,侵害英雄烈士等的姓名、肖像、名誉、荣誉等损害社会公共利益的违法行为。

第八十六条　人民检察院立案后,应当调查以下事项:

(一)违法行为人的基本情况;

(二)违法行为人实施的损害社会公共利益的行为;

(三)社会公共利益受到损害的类型、具体数额或者修复费用等;

(四)违法行为与损害后果之间的因果关系;

(五)违法行为人的主观过错情况;

(六)违法行为人是否存在免除或者减轻责任的相关事实;

(七)其他需要查明的事项。

对于污染环境、破坏生态等应当由违法行为人依法就其不承担责任或者减轻责任,及其行为与损害后果之间不存在因果关系承担举证责任的案件,可以重点调查(一)(二)(三)项以及违法行为与损害后果之间的关联性。

第八十七条　人民检察院办理涉及刑事犯罪的民事公益诉讼案件,在刑事案件的委托鉴定评估中,可以同步提出公益诉讼案件办理的鉴定评估需求。

第八十八条　刑事侦查中依法收集的证据材料,可以在基于同一违法事实提起的民事公益诉讼案件中作为证据使用。

第八十九条　调查结束,检察官应当制作《调查终结报告》,区分情况提出以下处理意见:

(一)终结案件;

(二)发布公告。

第九十条　经调查,人民检察院发现存在以下情形之一的,应当终结案件:

(一)不存在违法行为的;

(二)生态环境损害赔偿权利人与赔偿义务人经磋商达成赔偿协议,或者已经提起生态环境损害赔偿诉讼的;

(三)英雄烈士等的近亲属不同意人民检察院提起公益诉讼的;

(四)其他适格主体依法向人民法院提起诉讼的;

(五)社会公共利益已经得到有效保护的;

(六)其他应当终结案件的情形。

有前款(二)(三)(四)项情形之一,人民检察院支持起诉的除外。

终结案件的,应当报请检察长决定,并制作《终结案件决定书》。

第二节　公　告

第九十一条　经调查,人民检察院认为社会公共利益受到损害,存在违法行为的,应当依法发布公告。公告应当包括以下内容:

(一)社会公共利益受到损害的事实;

(二)告知适格主体可以向人民法院提起诉讼,符合启动生态环境损害赔偿程序条件的案件,告知赔偿权利人启动生态环境损害赔偿程序;

(三)公告期限;

(四)联系人、联系电话;

(五)公告单位、日期。

公告应当在具有全国影响的媒体发

布，公告期间为三十日。

第九十二条 人民检察院办理侵害英雄烈士等的姓名、肖像、名誉、荣誉的民事公益诉讼案件，可以直接征询英雄烈士等的近亲属的意见。被侵害的英雄烈士等人数众多、难以确定近亲属，或者直接征询近亲属意见确有困难的，也可以通过公告的方式征询英雄烈士等的近亲属的意见。

第九十三条 发布公告后，人民检察院应当对赔偿权利人启动生态环境损害赔偿程序情况、适格主体起诉情况、英雄烈士等的近亲属提起民事诉讼情况，以及社会公共利益受到损害的情况跟进调查，收集相关证据材料。

第九十四条 经过跟进调查，检察官应当制作《审查终结报告》，区分情况提出以下处理意见：

（一）终结案件；

（二）提起民事公益诉讼；

（三）移送其他人民检察院处理。

第九十五条 经审查，人民检察院发现有本规则第九十条规定情形之一的，应当终结案件。

第三节 提起诉讼

第九十六条 有下列情形之一，社会公共利益仍然处于受损害状态的，人民检察院应当提起民事公益诉讼：

（一）生态环境损害赔偿权利人未启动生态环境损害赔偿程序，或者经过磋商未达成一致，赔偿权利人又不提起诉讼的；

（二）没有适格主体，或者公告期满后适格主体不提起诉讼的；

（三）英雄烈士等没有近亲属，或者近亲属不提起诉讼的。

第九十七条 人民检察院在刑事案件提起公诉时，对破坏生态环境和资源保护，食品药品安全领域侵害众多消费者合法权益，侵犯未成年人合法权益，侵害英雄烈士等的姓名、肖像、名誉、荣誉等损害社会公共利益的违法行为，可以向人民法院提起刑事附带民事公益诉讼。

第九十八条 人民检察院可以向人民法院提出要求被告停止侵害、排除妨碍、消除危险、恢复原状、赔偿损失等诉讼请求。

针对不同领域案件，还可以提出以下诉讼请求：

（一）破坏生态环境和资源保护领域案件，可以提出要求被告以补植复绿、增殖放流、土地复垦等方式修复生态环境的诉讼请求，或者支付生态环境修复费用，赔偿生态环境受到损害至修复完成期间服务功能丧失造成的损失、生态环境功能永久性损害造成的损失等诉讼请求，被告违反法律规定故意污染环境、破坏生态造成严重后果的，可以提出惩罚性赔偿等诉讼请求；

（二）食品药品安全领域案件，可以提出要求被告召回并依法处置相关食品药品以及承担相关费用和惩罚性赔偿等诉讼请求；

（三）英雄烈士等的姓名、肖像、名誉、荣誉保护案件，可以提出要求被告消除影响、恢复名誉、赔礼道歉等诉讼请求。

人民检察院为诉讼支出的鉴定评估、专家咨询等费用，可以在起诉时一并提出由被告承担的诉讼请求。

第九十九条 民事公益诉讼案件可以依法在人民法院主持下进行调解。调解协议不得免诉讼请求载明的民事责任，不得损害社会公共利益。

诉讼请求全部实现的，人民检察院可以撤回起诉。人民检察院决定撤回起诉的,应当经检察长决定后制作《撤回起诉决定书》,并在三日内提交人民法院。

第四节 支持起诉

第一百条 下列案件,人民检察院可以支持起诉:

(一)生态环境损害赔偿权利人提起的生态环境损害赔偿诉讼案件;

(二)适格主体提起的民事公益诉讼案件;

(三)英雄烈士等的近亲属提起的维护英雄烈士等的姓名、肖像、名誉、荣誉的民事诉讼案件;

(四)军人和因公牺牲军人、病故军人遗属提起的侵害军人荣誉、名誉和其他相关合法权益的民事诉讼案件;

(五)其他依法可以支持起诉的公益诉讼案件。

第一百零一条 人民检察院可以采取提供法律咨询、向人民法院提交支持起诉意见书、协助调查取证、出席法庭等方式支持起诉。

第一百零二条 人民检察院在向人民法院提交支持起诉意见书后,发现有以下不适合支持起诉情形的,可以撤回支持起诉:

(一)原告无正当理由变更、撤回部分诉讼请求,致使社会公共利益不能得到有效保护的;

(二)原告撤回起诉或者与被告达成和解协议,致使社会公共利益不能得到有效保护的;

(三)原告请求被告承担的律师费以及为诉讼支出的其他费用过高,对社会公共利益保护产生明显不利影响的;

(四)其他不适合支持起诉的情形。

人民检察院撤回支持起诉的,应当制作《撤回支持起诉决定书》,在三日内提交人民法院,并发送原告。

第一百零三条 人民检察院撤回支持起诉后,认为适格主体提出的诉讼请求不足以保护社会公共利益,符合立案条件的,可以另行立案。

第五章 其他规定

第一百零四条 办理公益诉讼案件的人民检察院对涉及法律适用、办案程序、司法政策等问题,可以依照有关规定向上级人民检察院请示。

第一百零五条 本规则所涉及的法律文书格式,由最高人民检察院统一制定。

第一百零六条 各级人民检察院办理公益诉讼案件,应当依照有关规定及时归档。

第一百零七条 人民检察院提起公益诉讼,不需要交纳诉讼费用。

第六章 附 则

第一百零八条 军事检察院等专门人民检察院办理公益诉讼案件,适用本规则和其他有关规定。

第一百零九条 本规则所称检察官,包括检察长、副检察长、检察委员会委员、检察员。

本规则所称检察人员,包括检察官和检察辅助人员。

第一百一十条 《中华人民共和国军人地位和权益保障法》《中华人民共和国安全生产法(2021修正)》等法律施行后,人民检察院办理公益诉讼案件的范围相应调整。

第一百一十一条 本规则未规定的其他事项,适用民事诉讼法、行政诉讼法及相关司法解释的规定。

第一百一十二条 本规则自2021年7月1日起施行。

最高人民检察院以前发布的司法解释和规范性文件与本规则不一致的,以本规则为准。

《最高人民法院关于审理使用人脸识别技术处理个人信息相关民事案件适用法律若干问题的规定》（法释〔2021〕15号 2021年7月27日）

第14条 信息处理者处理人脸信息的行为符合民事诉讼法第五十五条[63]、消费者权益保护法第四十七条或者其他法律关于民事公益诉讼的相关规定，法律规定的机关和有关组织提起民事公益诉讼的，人民法院应予受理。

《最高人民法院关于审理食品安全民事纠纷案件适用法律若干问题的解释（一）》（法释〔2020〕14号 2020年12月8日）

第13条 生产经营不符合食品安全标准的食品，侵害众多消费者合法权益，损害社会公共利益，民事诉讼法、消费者权益保护法等法律规定的机关和有关组织依法提起公益诉讼的，人民法院应予受理。

最高院裁判观点

1. 中华环保联合会诉振某公司大气污染责任民事公益诉讼案【最高人民法院指导案例131号】

裁判要旨：企业事业单位和其他生产经营者多次超过污染物排放标准或者重点污染物排放总量控制指标排放污染物，环境保护行政管理部门作出行政处罚后仍未改正，原告依据《最高人民法院关于审理环境民事公益诉讼案件适用法律若干问题的解释》第一条规定的"具有损害社会公共利益重大风险的污染环境、破坏生态的行为"对其提起环境民事公益诉讼的，人民法院应予受理。

2. 盛某水务公司污染环境刑事附带民事公益诉讼案【检例第86号】

裁判要旨：检察机关办理环境污染民事公益诉讼案件，可以在查清事实明确责任的基础上，遵循自愿、合法和最大限度保护公共利益的原则，积极参与调解。造成环境污染公司的控股股东自愿加入诉讼，愿意承担连带责任并提供担保的，检察机关可以依申请将其列为第三人，让其作为共同赔偿主体，督促其运用现金赔偿、替代性修复等方式，承担生态损害赔偿的连带责任。对办案中发现的带有普遍性的问题，检察机关可以通过提出检察建议、立法建议等方式，促进社会治理创新。

3. 中国某基金会诉宁夏某科技股份有限公司环境污染公益诉讼案【最高人民法院指导案例75号】

裁判要旨：（1）社会组织的章程虽未载明维护环境公共利益，但工作内容属于保护环境要素及生态系统的，应认定符合《最高人民法院关于审理环境民事公益诉讼案件适用法律若干问题的解释》（以下简称《解释》）第四条关于"社会组织章程确定的宗旨和主要业务范围是维护社会公共利益"的规定。（2）《解释》第四条规定的"环境保护公益活动"，既包括直接改善生态环境的行为，也包括与环境保护相关的有利于完善环境治理体系、提高环境治理能力、促进全社会形成环境保护广泛共识的活动。（3）社会组织起诉的事项与其宗旨和业务范围具有对应关系，或者与其所保护的环境要素及生态系统具有一定联系的，应认定符合《解释》第四条关于"与其宗旨和业务范围具有关联性"的规定。

---

[63]《民事诉讼法》（2023年修正）第58条。

4. 江苏省消费者权益保护委员会诉某公司消费民事公益诉讼案【《最高人民法院公报》2022年第8期】

裁判要旨：智能电视开启时开机广告自动播放，如果智能电视生产者同时也是开机广告的经营者，其有义务明确提示消费者产品含有开机广告内容，并告知能否一键关闭。智能电视生产者对其生产销售的智能电视未提供即时一键关闭功能，消费者权益保护组织为维护众多不特定消费者合法权益，提起民事公益诉讼要求智能电视生产者提供开机广告一键关闭功能的，人民法院应予支持。

第五十九条　第三人

对当事人双方的诉讼标的，第三人认为有独立请求权的，有权提起诉讼。

对当事人双方的诉讼标的，第三人虽然没有独立请求权，但案件处理结果同他有法律上的利害关系的，可以申请参加诉讼，或者由人民法院通知他参加诉讼。人民法院判决承担民事责任的第三人，有当事人的诉讼权利义务。

前两款规定的第三人，因不能归责于本人的事由未参加诉讼，但有证据证明发生法律效力的判决、裁定、调解书的部分或者全部内容错误，损害其民事权益的，可以自知道或者应当知道其民事权益受到损害之日起六个月内，向作出该判决、裁定、调解书的人民法院提起诉讼。人民法院经审理，诉讼请求成立的，应当改变或者撤销原判决、裁定、调解书；诉讼请求不成立的，驳回诉讼请求。

条文注解

关于第三人撤销之诉，这里需要说明两点：第一，第三人提起的撤销之诉是依据新事实提起的新诉，对新诉的裁判，第三人和原诉的当事人可以提起上诉。第二，在执行过程中，第三人发现原裁判损害自己利益的，既可以按照本条第三款的规定提起第三人撤销之诉，也可以按照本法第二百三十四条的规定以案外人身份提起执行异议，若对执行法院所作的执行异议裁定不服，认为原裁判错误的，可以依照审判监督程序提起再审。执行标的与原裁判无关的，该案外人只能依照本法第二百三十四条的规定，自执行法院作出的执行异议裁定送达之日起十五日内向人民法院提起诉讼。

相关规定

◎司法解释及文件

❶ 一般规定

《最高人民法院关于适用〈中华人民共和国民事诉讼法〉的解释》（法释〔2022〕11号　2022年4月1日修正）

第81条　根据民事诉讼法第五十九条的规定，有独立请求权的第三人有权向人民法院提出诉讼请求和事实、理由，成为当事人；无独立请求权的第三人，可以申请或者由人民法院通知参加诉讼。

第一审程序中未参加诉讼的第三人，申请参加第二审程序的，人民法院可以准许。

第82条　在一审诉讼中，无独立请求权的第三人无权提出管辖异议，无权放弃、变更诉讼请求或者申请撤诉，被判决承担民事责任的，有权提起上诉。

第127条　民事诉讼法第五十九条第三款、第二百一十二条以及本解释第三百七十二条、第三百八十二条、第三百九十九条、第四百二十条、第四百二十一条规定的六个月,民事诉讼法第二百三十条规定的一年,为不变期间,不适用诉讼时效中止、中断、延长的规定。

第150条 人民法院调解民事案件,需由无独立请求权的第三人承担责任的,应当经其同意。该第三人在调解书送达前反悔,人民法院应当及时裁判。

第190条 民事诉讼法第一百一十五条规定的他人合法权益,包括案外人的合法权益、国家利益、社会公共利益。

第三人根据民事诉讼法第五十九条第三款规定提起撤销之诉,经审查,原案当事人之间恶意串通进行虚假诉讼的,适用民事诉讼法第一百一十五条规定处理。

第236条 有独立请求权的第三人经人民法院传票传唤,无正当理由拒不到庭的,或者未经法庭许可中途退庭的,比照民事诉讼法第一百四十六条的规定,按撤诉处理。

第240条 无独立请求权的第三人经人民法院传票传唤,无正当理由拒不到庭的,或者未经法庭许可中途退庭的,不影响案件的审理。

第290条 第三人对已经发生法律效力的判决、裁定、调解书提起撤销之诉的,应当自知道或者应当知道其民事权益受到损害之日起六个月内,向作出生效判决、裁定、调解书的人民法院提出,并应当提供存在下列情形的证据材料:

(一)因不能归责于本人的事由未参加诉讼;

(二)发生法律效力的判决、裁定、调解书的全部或者部分内容错误;

(三)发生法律效力的判决、裁定、调解书内容错误损害其民事权益。

第291条 人民法院应当在收到起诉状和证据材料之日起五日内送交对方当事人,对方当事人可以自收到起诉状之日起十日内提出书面意见。

人民法院应当对第三人提交的起诉状、证据材料以及对方当事人的书面意见进行审查。必要时,可以询问双方当事人。

经审查,符合起诉条件的,人民法院应当在收到起诉状之日起三十日内立案。不符合起诉条件的,应当在收到起诉状之日起三十日内裁定不予受理。

第292条 人民法院对第三人撤销之诉案件,应当组成合议庭开庭审理。

第293条 民事诉讼法第五十九条第三款规定的因不能归责于本人的事由未参加诉讼,是指没有被列为生效判决、裁定、调解书当事人,且无过错或者无明显过错的情形。包括:

(一)不知道诉讼而未参加的;

(二)申请参加未获准许的;

(三)知道诉讼,但因客观原因无法参加的;

(四)因其他不能归责于本人的事由未参加诉讼的。

第294条 民事诉讼法第五十九条第三款规定的判决、裁定、调解书的部分或者全部内容,是指判决、裁定的主文,调解书中处理当事人民事权利义务的结果。

第295条 对下列情形提起第三人撤销之诉的,人民法院不予受理:

(一)适用特别程序、督促程序、公示催告程序、破产程序等非讼程序处理的案件;

(二)婚姻无效、撤销或者解除婚姻关系等判决、裁定、调解书中涉及身份关系的内容;

(三)民事诉讼法第五十七条规定的未参加登记的权利人对代表人诉讼案件的生效裁判;

（四）民事诉讼法第五十八条规定的损害社会公共利益行为的受害人对公益诉讼案件的生效裁判。

第 296 条 第三人提起撤销之诉，人民法院应当将该第三人列为原告，生效判决、裁定、调解书的当事人列为被告，但生效判决、裁定、调解书中没有承担责任的无独立请求权的第三人列为第三人。

第 297 条 受理第三人撤销之诉案件后，原告提供相应担保，请求中止执行的，人民法院可以准许。

第 298 条 对第三人撤销或者部分撤销发生法律效力的判决、裁定、调解书内容的请求，人民法院经审理，按下列情形分别处理：

（一）请求成立且确认其民事权利的主张全部或部分成立的，改变原判决、裁定、调解书内容的错误部分；

（二）请求成立，但确认其全部或部分民事权利的主张不成立，或者未提出确认其民事权利请求的，撤销原判决、裁定、调解书内容的错误部分；

（三）请求不成立的，驳回诉讼请求。

对前款规定裁判不服的，当事人可以上诉。

原判决、裁定、调解书的内容未改变或者未撤销的部分继续有效。

第 299 条 第三人撤销之诉案件审理期间，人民法院对生效判决、裁定、调解书裁定再审的，受理第三人撤销之诉的人民法院应当裁定将第三人的诉讼请求并入再审程序。但有证据证明原审当事人之间恶意串通损害第三人合法权益的，人民法院应当先行审理第三人撤销之诉案件，裁定中止再审诉讼。

第 300 条 第三人诉讼请求并入再审程序审理的，按照下列情形分别处理：

（一）按照第一审程序审理的，人民法院应当对第三人的诉讼请求一并审理，所作的判决可以上诉；

（二）按照第二审程序审理的，人民法院可以调解，调解达不成协议的，应当裁定撤销原判决、裁定、调解书，发回一审法院重审，重审时应当列明第三人。

第 301 条 第三人提起撤销之诉后，未中止生效判决、裁定、调解书执行的，执行法院对第三人依照民事诉讼法第二百三十四条规定提出的执行异议，应予审查。第三人不服驳回执行异议裁定，申请对原判决、裁定、调解书再审的，人民法院不予受理。

案外人对人民法院驳回其执行异议裁定不服，认为原判决、裁定、调解书内容错误损害其合法权益的，应当根据民事诉讼法第二百三十四条规定申请再审，提起第三人撤销之诉的，人民法院不予受理。

❷ **公司纠纷第三人的相关规定**

《最高人民法院关于适用〈中华人民共和国公司法〉若干问题的规定（二）》（法释〔2014〕2 号　2020 年 12 月 29 日修正）

第 4 条 股东提起解散公司诉讼应当以公司为被告。

原告以其他股东为被告一并提起诉讼的，人民法院应当告知原告将其他股东变更为第三人；原告坚持不予变更的，人民法院应当驳回原告对其他股东的起诉。

原告提起解散公司诉讼应当告知其他股东，或者由人民法院通知其参加诉讼。其他股东或者有关利害关系人申请以共同原告或者第三人身份参加诉讼的，人民法院应予准许。

《最高人民法院关于适用〈中华人民共和国公司法〉若干问题的规定（四）》（法释〔2017〕16 号　2020 年 12 月 29 日修正）

第 3 条 原告请求确认股东会或者股

东大会、董事会决议不成立、无效或者撤销决议的案件,应当列公司为被告。对决议涉及的其他利害关系人,可以依法列为第三人。

一审法庭辩论终结前,其他有原告资格的人以相同的诉讼请求申请参加前款规定诉讼的,可以列为共同原告。

第24条 符合公司法第一百五十一条第一款规定条件的股东,依据公司法第一百五十一条第二款、第三款规定,直接对董事、监事、高级管理人员或者他人提起诉讼的,应当列公司为第三人参加诉讼。

一审法庭辩论终结前,符合公司法第一百五十一条第一款规定条件的其他股东,以相同的诉讼请求申请参加诉讼的,应当列为共同原告。

❸ 合同纠纷第三人的相关规定
《最高人民法院关于审理民间借贷案件适用法律若干问题的规定》(法释〔2015〕18号 2020年12月29日修正)

第22条 法人的法定代表人或者非法人组织的负责人以单位名义与出借人签订民间借贷合同,有证据证明所借款项系法定代表人或者负责人个人使用,出借人请求将法定代表人或者负责人列为共同被告或者第三人的,人民法院应予准许。

法人的法定代表人或者非法人组织的负责人以个人名义与出借人订立民间借贷合同,所借款项用于单位生产经营,出借人请求单位与个人共同承担责任的,人民法院应予支持。

《最高人民法院关于审理存单纠纷案件的若干规定》(法释〔1997〕8号 2020年12月29日修正)

第6条 对以存单为表现形式的借贷纠纷案件的认定和处理
……

(三)当事人的确定
出资人起诉金融机构的,人民法院应通知用资人作为第三人参加诉讼;出资人起诉用资人的,人民法院应通知金融机构作为第三人参加诉讼;公款私存的,人民法院在查明款项的真实所有人基础上,应通知款项的真实所有人为权利人参加诉讼,与存单记载的个人为共同诉讼人。该个人申请退出诉讼的,人民法院可予准许。

《最高人民法院关于审理融资租赁合同纠纷案件适用法律问题的解释》(法释〔2014〕3号 2020年12月29日修正)

第13条 出卖人与买受人因买卖合同发生纠纷,或者出租人与承租人因融资租赁合同发生纠纷,当事人仅对其中一个合同关系提起诉讼,人民法院经审查后认为另一合同关系的当事人与案件处理结果有法律上的利害关系的,可以通知其作为第三人参加诉讼。

承租人与租赁物的实际使用人不一致,融资租赁合同当事人未对租赁物的实际使用人提起诉讼,人民法院经审查后认为租赁物的实际使用人与案件处理结果有法律上的利害关系的,可以通知其作为第三人参加诉讼。

承租人基于买卖合同和融资租赁合同直接向出卖人主张受领租赁物、索赔等买卖合同权利的,人民法院应通知出租人作为第三人参加诉讼。

《最高人民法院关于审理商品房买卖合同纠纷案件适用法律若干问题的解释》(法释〔2003〕7号 2020年12月29日修正)

第21条 以担保贷款为付款方式的商品房买卖合同的当事人一方请求确认商品房买卖合同无效或者撤销、解除合同的,如果担保权人作为有独立请求权第三人提出诉讼请求,应当与商品房担保贷款合同纠纷合并审理;未提出诉讼请求的,仅处理商品房买卖合同纠纷。担保权人就商品房担保贷款合同纠纷另行起诉的,可以与商品房买卖合同纠纷合并审理。

商品房买卖合同被确认无效或者被撤销、解除后,商品房担保贷款合同也被解除的、出卖人应当将收受的购房贷款和购房款的本金及利息分别返还担保权人和买受人。

《最高人民法院关于审理建设工程施工合同纠纷案件适用法律问题的解释（一）》（法释〔2020〕25号 2020年12月29日）

第43条 实际施工人以转包人、违法分包人为被告起诉的,人民法院应当依法受理。

实际施工人以发包人为被告主张权利的,人民法院应当追加转包人或者违法分包人为本案第三人,在查明发包人欠付转包人或者违法分包人建设工程价款的数额后,判决发包人在欠付建设工程价款范围内对实际施工人承担责任。

❹ 其他

《最高人民法院关于适用〈中华人民共和国民法典〉婚姻家庭编的解释（一）》（法释〔2020〕22号 2020年12月29日）

第16条 人民法院审理重婚导致的无效婚姻案件时,涉及财产处理的,应当准许合法婚姻当事人作为有独立请求权的第三人参加诉讼。

《最高人民法院关于审理医疗损害责任纠纷案件适用法律若干问题的解释》（法释〔2017〕20号 2020年12月29日修正）

第2条 患者因同一伤病在多个医疗机构接受诊疗受到损害,起诉部分或者全部就诊的医疗机构的,应予受理。

患者起诉部分就诊的医疗机构后,当事人依法申请追加其他就诊的医疗机构为共同被告或者第三人的,应予准许。必要时,人民法院可以依法追加相关当事人参加诉讼。

第3条 患者因缺陷医疗产品受到损害,起诉部分或者全部医疗产品的生产者、销售者、药品上市许可持有人和医疗机构的,应予受理。

患者仅起诉医疗产品的生产者、销售者、药品上市许可持有人、医疗机构中部分主体,当事人依法申请追加其他主体为共同被告或者第三人的,应予准许。必要时,人民法院可以依法追加相关当事人参加诉讼。

患者因输入不合格的血液受到损害提起侵权诉讼的,参照适用前两款规定。

《最高人民法院关于审理劳动争议案件适用法律问题的解释（一）》（法释〔2020〕26号 2020年12月29日）

第27条 用人单位招用尚未解除劳动合同的劳动者,原用人单位与劳动者发生的劳动争议,可以列新的用人单位为第三人。

原用人单位以新的用人单位侵权为由提起诉讼的,可以列劳动者为第三人。

原用人单位以新的用人单位和劳动者共同侵权为由提起诉讼的,新的用人单位和劳动者列为共同被告。

最高院裁判观点

1. 高某诉天某酒店公司、博某房地产公司等第三人撤销之诉案【最高人民法院指导案例148号】

裁判要旨：公司股东对公司法人与他人之间的民事诉讼生效裁判不具有直接的利益关系,不符合《民事诉讼法》第五十六条[64]规定的第三人条件,其以股东身份

---

[64]《民事诉讼法》（2023年修正）第59条。

提起第三人撤销之诉的,人民法院不予受理。

2. 广大公司诉工某银行广州粤秀支行、林某、广某公司某分公司等第三人撤销之诉案【最高人民法院指导案例 149 号】

裁判要旨:公司法人的分支机构以自己的名义从事民事活动,并独立参加民事诉讼,人民法院判决分支机构对外承担民事责任,公司法人对该生效裁判提起第三人撤销之诉的,其不符合《民事诉讼法》第五十六条[65]规定的第三人条件,人民法院不予受理。

3. 民某银行温州分行诉某建筑工程公司、某鞋业公司第三人撤销之诉案【最高人民法院指导案例 150 号】

裁判要旨:建设工程价款优先受偿权与抵押权指向同一标的物,抵押权的实现因建设工程价款优先受偿权的有无以及范围大小受到影响的,应当认定抵押权的实现同建设工程价款优先受偿权案件的处理结果有法律上的利害关系,抵押权人对确认建设工程价款优先受偿权的生效裁判具有提起第三人撤销之诉的原告主体资格。

4. 台州某汽车部件制造有限公司诉浙江某机械有限公司管理人浙江某律师事务所、光大银行台州某支行第三人撤销之诉案【最高人民法院指导案例 151 号】

裁判要旨:在银行承兑汇票的出票人进入破产程序后,对付款银行于法院受理破产申请前六个月内从出票人还款账户划扣票款的行为,破产管理人提起请求撤销个别清偿行为之诉,法院判决予以支持的,汇票的保证人与该生效判决具有法律上的利害关系,具有提起第三人撤销之诉的原告主体资格。

5. 某中小企业信用担保中心诉汪某、鲁某第三人撤销之诉案【最高人民法院指导案例 152 号】

裁判要旨:债权人申请强制执行后,被执行人与他人在另外的民事诉讼中达成调解协议,放弃其取回财产的权利,并大量减少债权,严重影响债权人债权实现,符合合同法第七十四条规定的债权人行使撤销权条件的,债权人对民事调解书具有提起第三人撤销之诉的原告主体资格。

6. 永安市某房地产开发有限公司诉郑某、远东某房地产发展有限公司等第三人撤销之诉案【最高人民法院指导案例 153 号】

裁判要旨:债权人对确认债务人处分财产行为的生效裁判提起第三人撤销之诉的,在出现债务人进入破产程序、无财产可供执行等影响债权人债权实现的情形时,应当认定债权人知道或者应当知道该生效裁判损害其民事权益,提起诉讼的六个月期间开始起算。

文书范本

1. 申请书(无独立请求权的第三人申请参加诉讼用)

申 请 书

　　申请人:×××,男/女,××××年××月××日出生,×族,……(写明工作单位和职务或者职业),住……。联系方式:……。
　　法定代理人/指定代理人:×××,……。

---

[65]《民事诉讼法》(2023 年修正)第 59 条。

```
    委托诉讼代理人：×××，……。
    （以上写明申请人和其他诉讼参加人的姓名或者名称等基本信息）
    请求事项：
    以无独立请求权的第三人参加你院（××××）……号……（写明当事人和案由）一
案的诉讼。
    事实和理由：
    ……（写明申请参加诉讼的事实和理由）。
    此致
××××人民法院
                                             申请人（签名或者公章）
                                                ××××年××月××日
```

文书制作要点提示：

①申请人是法人或者其他组织的，写明名称、住所，另起一行写明法定代表人、主要负责人及其姓名、职务、联系方式。

②根据《民事诉讼法》第五十九条的规定，重点写明申请参加诉讼的事实和理由。

③第一审程序中未参加诉讼的第三人，申请参加第二审程序的，人民法院可以准许。

2. 民事起诉状（提起第三人撤销之诉用）

```
                          民事起诉状
    原告：×××，男/女，××××年××月××日出生，×族，……（写明工作单位和职务或
者职业），住……。联系方式：……。
    法定代理人/指定代理人：×××，……。
    委托诉讼代理人：×××，……。
    被告（原审原告）：×××，……。
    ……
    被告（原审被告）：×××，……。
    ……
    第三人：×××，……。
    ……
    （以上写明当事人和其他诉讼参加人的姓名或者名称等基本信息）
    诉讼请求：
    1.（全部请求撤销的，写明:）撤销××××人民法院（××××）……号民事判决/民
事裁定/民事调解书；
    （部分请求撤销的，写明:）撤销××××人民法院（××××）……号民事判决/民事裁
定/民事调解书第×项；
```

（请求改变的，写明:）变更××××人民法院（××××）……号民事判决/民事裁定/民事调解书第×项为……（写明变更的具体内容）。

2.……（写明其他诉讼请求）。

事实和理由：

××××年××月××日，××××人民法院（××××）……号对……（写明当事人和案由）一案作出民事判决/民事裁定/民事调解书：……（写明判决结果）。

……（写明提起第三人撤销之诉的事实和理由）。

证据和证据来源，证人姓名和住所：

……

此致

××××人民法院

附：本起诉状副本×份

起诉人（签名或者盖章）

××××年××月××日

文书制作要点提示：

①当事人是法人或者其他组织的，写明名称住所，另起一行写明法定代表人、主要负责人及其姓名、职务、联系方式。

②第三人撤销之诉，应当将第三人列为原告，生效判决、裁定、调解书的当事人列为被告，生效判决、裁定、调解书中没有承担责任的无独立请求权的第三人列为第三人。

③诉讼请求中应当写明请求撤销的原生效判决、裁定的主文或者调解协议书中处理当事人权利义务的结果。

④提起第三人撤销之诉的，应当附请求人民法院撤销的发生法律效力的判决书/裁定书/调解书。

第二节　诉讼代理人

第六十条　法定诉讼代理人

无诉讼行为能力人由他的监护人作为法定代理人代为诉讼。法定代理人之间互相推诿代理责任的，由人民法院指定其中一人代为诉讼。

条文注解

根据民事诉讼法规定，以诉讼代理权发生的原因为标准，诉讼代理人可以分为法定代理人和委托代理人两种。法定代理人是基于法律确定的监护权而代理当事人的人，既不是基于当事人的意思表示，也不是基于他自己的意思表示，而是法律规定。

相关规定

◎**法　律**

《民法典》（2020年5月28日）

第27条　父母是未成年子女的监护人。

未成年人的父母已经死亡或者没有监

护能力的，由下列有监护能力的人按顺序担任监护人：

（一）祖父母、外祖父母；

（二）兄、姐；

（三）其他愿意担任监护人的个人或者组织，但是须经未成年人住所地的居民委员会、村民委员会或者民政部门同意。

第161条 民事主体可以通过代理人实施民事法律行为。

依照法律规定、当事人约定或者民事法律行为的性质，应当由本人亲自实施的民事法律行为，不得代理。

第162条 代理人在代理权限内，以被代理人名义实施的民事法律行为，对被代理人发生效力。

第163条 代理包括委托代理和法定代理。

委托代理人按照被代理人的委托行使代理权。法定代理人依照法律的规定行使代理权。

第164条 代理人不履行或者不完全履行职责，造成被代理人损害的，应当承担民事责任。

代理人和相对人恶意串通，损害被代理人合法权益的，代理人和相对人应当承担连带责任。

◎司法解释及文件

《最高人民法院关于适用〈中华人民共和国民事诉讼法〉的解释》（法释〔2022〕11号 2022年4月1日修正）

第83条 在诉讼中，无民事行为能力人、限制民事行为能力人的监护人是他的法定代理人。事先没有确定监护人的，可以由有监护资格的人协商确定；协商不成的，由人民法院在他们之中指定诉讼中的法定代理人。当事人没有民法典第二十七条、第二十八条规定的监护人的，可以指定民法典第三十二条规定的有关组织担任诉讼中的法定代理人。

第六十一条　委托诉讼代理人

当事人、法定代理人可以委托一至二人作为诉讼代理人。

下列人员可以被委托为诉讼代理人：

（一）律师、基层法律服务工作者；

（二）当事人的近亲属或者工作人员；

（三）当事人所在社区、单位以及有关社会团体推荐的公民。

▍条文注解

委托代理人，是指受当事人、法定代理人委托，代为诉讼行为的人。委托代理人具有以下三个特征：（1）代理权的发生是基于当事人、法定代理人的意思表示，而不是由法律规定。（2）代理事项及权限一般由当事人、法定代理人决定。（3）当事人、法定代理人委托他人代为诉讼，必须向受诉人民法院提交授权委托书。

▍相关规定

◎法　律

《民法典》（2020年5月28日）

第165条 委托代理授权采用书面形式的，授权委托书应当载明代理人的姓名或者名称、代理事项、权限和期限，并由被代理人签名或者盖章。

第166条 数人为同一代理事项的代理人的，应当共同行使代理权，但是当事人另有约定的除外。

第167条 代理人知道或者应当知道代理事项违法仍然实施代理行为，或者被代理人知道或者应当知道代理人的代理行为违法未作反对表示的，被代理人和代理人应当承担连带责任。

第 168 条 代理人不得以被代理人的名义与自己实施民事法律行为，但是被代理人同意或者追认的除外。

代理人不得以被代理人的名义与自己同时代理的其他人实施民事法律行为，但是被代理的双方同意或者追认的除外。

第 169 条 代理人需要转委托第三人代理的，应当取得被代理人的同意或者追认。

转委托代理经被代理人同意或者追认的，被代理人可以就代理事务直接指示转委托的第三人，代理人仅就第三人的选任以及对第三人的指示承担责任。

转委托代理未经被代理人同意或者追认的，代理人应当对转委托的第三人的行为承担责任；但是，在紧急情况下代理人为了维护被代理人的利益需要转委托第三人代理的除外。

第 170 条 执行法人或者非法人组织工作任务的人员，就其职权范围内的事项，以法人或者非法人组织的名义实施的民事法律行为，对法人或者非法人组织发生效力。

法人或者非法人组织对执行其工作任务的人员职权范围的限制，不得对抗善意相对人。

第 171 条 行为人没有代理权、超越代理权或者代理权终止后，仍然实施代理行为，未经被代理人追认的，对被代理人不发生效力。

相对人可以催告被代理人自收到通知之日起三十日内予以追认。被代理人未作表示的，视为拒绝追认。行为人实施的行为被追认前，善意相对人有撤销的权利。撤销应当以通知的方式作出。

行为人实施的行为未被追认的，善意相对人有权请求行为人履行债务或者就其受到的损害请求行为人赔偿。但是，赔偿的范围不得超过被代理人追认时相对人所能获得的利益。

相对人知道或者应当知道行为人无权代理的，相对人和行为人按照各自的过错承担责任。

第 172 条 行为人没有代理权、超越代理权或者代理权终止后，仍然实施代理行为，相对人有理由相信行为人有代理权的，代理行为有效。

◎司法解释及文件
《最高人民法院关于适用〈中华人民共和国民事诉讼法〉的解释》（法释〔2022〕11 号　2022 年 4 月 1 日修正）

第 84 条 无民事行为能力人、限制民事行为能力人以及其他依法不能作为诉讼代理人的，当事人不得委托其作为诉讼代理人。

第 85 条 根据民事诉讼法第六十一条第二款第二项规定，与当事人有夫妻、直系血亲、三代以内旁系血亲、近姻亲关系以及其他有抚养、赡养关系的亲属，可以当事人近亲属的名义作为诉讼代理人。

第 86 条 根据民事诉讼法第六十一条第二款第二项规定，与当事人有合法劳动人事关系的职工，可以当事人工作人员的名义作为诉讼代理人。

第 87 条 根据民事诉讼法第六十一条第二款第三项规定，有关社会团体推荐公民担任诉讼代理人的，应当符合下列条件：

（一）社会团体属于依法登记设立或者依法免予登记设立的非营利性法人组织；

（二）被代理人属于该社会团体的成员，或者当事人一方住所地位于该社会团体的活动地域；

（三）代理事务属于该社会团体章程载明的业务范围；

（四）被推荐的公民是该社会团体的负责人或者与该社会团体有合法劳动人事关系的工作人员。

专利代理人经中华全国专利代理人协会推荐,可以在专利纠纷案件中担任诉讼代理人。

《第八次全国法院民事商事审判工作会议(民事部分)纪要》(法〔2016〕399号 2016年11月21日)

36. 以当事人的工作人员身份参加诉讼活动,应当按照《最高人民法院关于适用〈中华人民共和国民事诉讼法〉的解释》第八十六条的规定,至少应当提交以下证据之一加以证明:

(1)缴纳社保记录凭证;
(2)领取工资凭证;
(3)其他能够证明其为当事人工作人员身份的证据。

最高院裁判观点

全高达公司与某塑胶电子公司侵害实用新型专利权纠纷案【(2021)最高法知民终930号】

裁判要旨:本案中,虽全高达公司向原审法院提交了《民事授权委托书》,委托伍某作为该案委托诉讼代理人,但其并未提交相应证据证明伍某属于民事诉讼法第五十八[66]条所列人员,故其授权并不符合《民事诉讼法》所规定的委托诉讼代理人的相应条件,伍某不能作为委托诉讼代理人参加原审诉讼。

文书范本

推荐函(推荐委托诉讼代理人用)

推 荐 函

××××人民法院:

……(写明当事人和案由)一案中,我单位推荐×××担任×××的委托诉讼代理人。

委托诉讼代理人×××的代理事项和权限:

……

推荐人(公章和签名)

××××年××月××日

文书制作要点提示:

①本文书供当事人所在社区、单位以及有关社会团体推荐符合条件的公民担任诉讼代理人用。

②有关社会团体推荐公民担任诉讼代理人的,应当符合下列条件:第一,社会团体属于依法登记设立或者依法免予登记设立的非营利性法人组织;第二,被代理人属于该社会团体的成员,或者当事人一方住所地位于该社会团体的活动地域;第三,代理事务属于该社会团体章程载明的业务范围;第四,被推荐的公民是该社会团体的主要负责人或者与该社会团体有合法劳动人事关系的工作人员。

③专利代理人经中华全国专利代理人协会推荐,可以在专利纠纷案件中担任诉讼代理人。

---

[66] 《民事诉讼法》(2023年修正)第61条。

第六十二条　委托诉讼代理权的取得和权限

委托他人代为诉讼，必须向人民法院提交由委托人签名或者盖章的授权委托书。

授权委托书必须记明委托事项和权限。诉讼代理人代为承认、放弃、变更诉讼请求，进行和解，提起反诉或者上诉，必须有委托人的特别授权。

侨居在国外的中华人民共和国公民从国外寄交或者托交的授权委托书，必须经中华人民共和国驻该国的使领馆证明；没有使领馆的，由与中华人民共和国有外交关系的第三国驻该国的使领馆证明，再转由中华人民共和国驻该第三国使领馆证明，或者由当地的爱国华侨团体证明。

相关规定

◎司法解释及文件

《最高人民法院关于适用〈中华人民共和国民事诉讼法〉的解释》（法释〔2022〕11号　2022年4月1日修正）

第88条　诉讼代理人除根据民事诉讼法第六十二条规定提交授权委托书外，还应当按照下列规定向人民法院提交相关材料：

（一）律师应当提交律师执业证、律师事务所证明材料；

（二）基层法律服务工作者应当提交法律服务工作者执业证、基层法律服务所出具的介绍信以及当事人一方位于本辖区内的证明材料；

（三）当事人的近亲属应当提交身份证件和与委托人有近亲属关系的证明材料；

（四）当事人的工作人员应当提交身份证件和与当事人有合法劳动人事关系的证明材料；

（五）当事人所在社区、单位推荐的公民应当提交身份证件、推荐材料和当事人属于该社区、单位的证明材料；

（六）有关社会团体推荐的公民应当提交身份证件和符合本解释第八十七条规定条件的证明材料。

第89条　当事人向人民法院提交的授权委托书，应当在开庭审理前送交人民法院。授权委托书仅为"全权代理"而无具体授权的，诉讼代理人无权代为承认、放弃、变更诉讼请求，进行和解，提出反诉或者提起上诉。

适用简易程序审理的案件，双方当事人同时到庭并径行开庭审理的，可以当场口头委托诉讼代理人，由人民法院记入笔录。

《最高人民法院关于知识产权民事诉讼证据的若干规定》（法释〔2020〕12号　2020年11月16日）

第10条　在一审程序中已经根据民事诉讼法第五十九条、第二百六十四条[67]的规定办理授权委托书公证、认证或者其他证明手续的，在后续诉讼程序中，人民法院可以不再要求办理该授权委托书的上述证明手续。

《最高人民法院关于民事诉讼委托代理人在执行程序中的代理权限问题的批复》（法复〔1997〕1号　1997年1月23日）

根据民事诉讼法的规定，当事人在民

---

[67]《民事诉讼法》（2023年修正）第62条、第275条。

事诉讼中有权委托代理人。当事人委托代理人时,应当依法向人民法院提交记明委托事项和代理人具体代理权限的授权委托书。如果当事人在授权委托书中没有写明代理人在执行程序中有代理权及具体的代理事项,代理人在执行程序中没有代理权,不能代理当事人直接领取或者处分标的物。

文书范本

授权委托书(公民委托诉讼代理人用)

授权委托书

　　委托人:×××,男/女,××××年××月××日出生,×族,……(写明工作单位和职务或者职业),住……。联系方式:……。

　　受委托人:×××,××律师事务所律师,联系方式:……。

　　受委托人:×××,男/女,××××年××月××日出生,×族,……(写明工作单位和职务或者职业),住……。联系方式:……。受托人系委托人的……(写明受托人与委托人的关系)。

　　现委托×××、×××在……(写明当事人和案由)一案中,作为我方参加诉讼的委托诉讼代理人。

　　委托事项与权限如下:

　　委托诉讼代理人×××的代理事项和权限:

　　……

　　委托诉讼代理人×××的代理事项和权限:

　　……

委托人(签名)
××××年××月××日

文书制作要点提示:

　　①申请人是法人或者其他组织的,写明名称、住所,另起一行写明法定代表人、主要负责人及其姓名、职务、联系方式。与当事人有合法劳动人事关系的职工,可以当事人工作人员的名义作为诉讼代理人。

　　②申请人是自然人的,与当事人有夫妻、直系血亲、三代以内旁系血亲、近姻亲关系以及其他有抚养、赡养关系的亲属,可以当事人近亲属的名义作为诉讼代理人。

　　③当事人、法定代理人、共同诉讼代表人可以委托一至二人作为诉讼代理人。

　　④下列人员可以被委托为诉讼代理人:律师、基层法律服务工作者;当事人的近亲属或者工作人员;当事人所在社区、单位及有关社会团体推荐的公民。

　　⑤授权委托书必须记明委托事项和权限。诉讼代理人代为承认、放弃、变更诉讼请求,进行和解,提起反诉或者上诉,必须有委托人的特别授权。

第六十三条 诉讼代理权的变更和解除

诉讼代理人的权限如果变更或者解除，当事人应当书面告知人民法院，并由人民法院通知对方当事人。

第六十四条 诉讼代理人的权利

代理诉讼的律师和其他诉讼代理人有权调查收集证据，可以查阅本案有关材料。查阅本案有关材料的范围和办法由最高人民法院规定。

■ **相关规定**

◎ 法　律

《律师法》（2017年9月1日）

第35条　受委托的律师根据案情的需要，可以申请人民检察院、人民法院收集、调取证据或者申请人民法院通知证人出庭作证。

律师自行调查取证的，凭律师执业证书和律师事务所证明，可以向有关单位或者个人调查与承办法律事务有关的情况。

◎ 司法解释及文件

《最高人民法院关于诉讼代理人查阅民事案件材料的规定》（法释〔2002〕39号2020年12月29日修正）

为保障代理民事诉讼的律师和其他诉讼代理人依法行使查阅所代理案件有关材料的权利，保证诉讼活动的顺利进行，根据《中华人民共和国民事诉讼法》第六十一条[68]的规定，现对诉讼代理人查阅代理案件有关材料的范围和办法作如下规定：

第1条　代理民事诉讼的律师和其他诉讼代理人有权查阅所代理案件的有关材料。但是，诉讼代理人查阅案件材料不得影响案件的审理。

诉讼代理人为了申请再审的需要，可以查阅已经审理终结的所代理案件有关材料。

第2条　人民法院应当为诉讼代理人阅卷提供便利条件，安排阅卷场所。必要时，该案件的书记员或者法院其他工作人员应当在场。

第3条　诉讼代理人在诉讼过程中需要查阅案件有关材料的，应当提前与该案件的书记员或者审判人员联系；查阅已经审理终结的案件有关材料的，应当与人民法院有关部门工作人员联系。

第4条　诉讼代理人查阅案件有关材料应当出示律师证或者身份证等有效证件。查阅案件有关材料应当填写查阅案件有关材料阅卷单。

第5条　诉讼代理人在诉讼中查阅案件材料限于案件审判卷和执行卷的正卷，包括起诉书、答辩书、庭审笔录及各种证据材料等。

案件审理终结后，可以查阅案件审判卷的正卷。

第6条　诉讼代理人查阅案件有关材料后，应当及时将查阅的全部案件材料交回书记员或者其他负责保管案卷的工作人员。

书记员或者法院其他工作人员对诉讼代理人交回的案件材料应当当面清查，认为无误后在阅卷单上签注。阅卷单应当附卷。

诉讼代理人不得将查阅的案件材料携出法院指定的阅卷场所。

第7条　诉讼代理人查阅案件材料可以摘抄或者复印。涉及国家秘密的案件材

---

[68]　《民事诉讼法》（2023年修正）第64条。

料，依照国家有关规定办理。

复印案件材料应当经案卷保管人员的同意。复印已经审理终结的案件有关材料，诉讼代理人可以要求案卷管理部门在复印材料上盖章确认。

复印案件材料可以收取必要的费用。

第8条 查阅案件材料中涉及国家秘密、商业秘密和个人隐私的，诉讼代理人应当保密。

第9条 诉讼代理人查阅案件材料时不得涂改、损毁、抽取案件材料。

人民法院对修改、损毁、抽取案卷材料的诉讼代理人，可以参照民事诉讼法第一百一十一条[69]第一款第（一）项的规定处理。

第10条 民事案件的当事人查阅案件有关材料的，参照本规定执行。

第11条 本规定自公布之日起施行。

《最高人民法院关于依法切实保障律师诉讼权利的规定》（法发〔2015〕16号 2015年12月29日）

二、依法保障律师阅卷权。对律师申请阅卷的，应当在合理时间内安排。案卷材料被其他诉讼主体查阅的，应当协调安排各方阅卷时间。律师依法查阅、摘抄、复制有关卷宗材料或者查看庭审录音录像的，应当提供场所和设施。有条件的法院，可提供网上卷宗查阅服务。

六、依法保障律师申请调取证据的权利。律师因客观原因无法自行收集证据的，可以依法向人民法院书面申请调取证据。律师申请调取证据符合法定条件的，法官应当准许。

《关于依法保障律师执业权利的规定》（司发〔2015〕14号 2015年9月16日）

第2条 人民法院、人民检察院、公安机关、国家安全机关、司法行政机关应当尊重律师，健全律师执业权利保障制度，依照刑事诉讼法、民事诉讼法、行政诉讼法及律师法的规定，在各自职责范围内依法保障律师知情权、申请权、申诉权，以及会见、阅卷、收集证据和发问、质证、辩论等方面的执业权利，不得阻碍律师依法履行辩护、代理职责，不得侵害律师合法权利。

第20条 在民事诉讼、行政诉讼过程中，律师因客观原因无法自行收集证据的，可以依法向人民法院申请调取。经审查符合规定的，人民法院应当予以调取。

第39条 律师申请查阅人民法院录制的庭审过程的录音、录像的，人民法院应当准许。

第六十五条　离婚诉讼代理的特别规定

离婚案件有诉讼代理人的，本人除不能表达意思的以外，仍应出庭；确因特殊情况无法出庭的，必须向人民法院提交书面意见。

条文注解

一般说来，诉讼当事人委托了代理人的，本人就可以不出庭参加诉讼活动了，但离婚案件不同于其他民事案件，离婚案件涉及的是身份关系，它直接关系到家庭的存废。因此，解除还是维持这种身份关系，应当十分慎重，必须由当事人本人表达意见，而不宜由诉讼代理人转达。

---

[69]《民事诉讼法》（2023年修正）第114条。

第六章 证 据

> **第六十六条 证据的种类**
> 证据包括：
> （一）当事人的陈述；
> （二）书证；
> （三）物证；
> （四）视听资料；
> （五）电子数据；
> （六）证人证言；
> （七）鉴定意见；
> （八）勘验笔录。
> 证据必须查证属实，才能作为认定事实的根据。

相关规定

◎ **法 律**

《**电子签名法**》（2019年4月23日）

第5条 符合下列条件的数据电文，视为满足法律、法规规定的原件形式要求：

（一）能够有效地表现所载内容并可供随时调取查用；

（二）能够可靠地保证自最终形成时起，内容保持完整、未经更改。但是，在数据电文上增加背书以及数据交换、储存和显示过程中发生的形式变化不影响数据电文的完整性。

第6条 符合下列条件的数据电文，视为满足法律、法规规定的文件保存要求：

（一）能够有效地表现所载内容并可供随时调取查用；

（二）数据电文的格式与其生成、发送或者接收时的格式相同，或者格式不相同但是能够准确表现原来生成、发送或者接收的内容；

（三）能够识别数据电文的发件人、收件人以及发送、接收的时间。

第7条 数据电文不得仅因为其是以电子、光学、磁或者类似手段生成、发送、接收或者储存的而被拒绝作为证据使用。

第8条 审查数据电文作为证据的真实性，应当考虑以下因素：

（一）生成、储存或者传递数据电文方法的可靠性；

（二）保持内容完整性方法的可靠性；

（三）用以鉴别发件人方法的可靠性；

（四）其他相关因素。

◎ **司法解释及文件**

《**最高人民法院关于适用〈中华人民共和国民事诉讼法〉的解释**》（法释〔2022〕11号 2022年4月1日修正）

第116条 视听资料包括录音资料和影像资料。

电子数据是指通过电子邮件、电子数据交换、网上聊天记录、博客、微博客、手机短信、电子签名、域名等形成或者存储在电子介质中的信息。

存储在电子介质中的录音资料和影像资料，适用电子数据的规定。

《**最高人民法院关于民事诉讼证据的若干规定**》（法释〔2019〕19号 2019年12月25日）

第11条 当事人向人民法院提供证据，应当提供原件或者原物。如需自己保存证据原件、原物或者提供原件、原物确有困难的，可以提供经人民法院核对无异的复制件或者复制品。

第12条 以动产作为证据的，应当

将原物提交人民法院。原物不宜搬移或者不宜保存的,当事人可以提供复制品、影像资料或者其他替代品。

人民法院在收到当事人提交的动产或者替代品后,应当及时通知双方当事人到人民法院或者保存现场查验。

第 13 条 当事人以不动产作为证据的,应当向人民法院提供该不动产的影像资料。

人民法院认为有必要的,应当通知双方当事人到场进行查验。

第 14 条 电子数据包括下列信息、电子文件:

(一)网页、博客、微博客等网络平台发布的信息;

(二)手机短信、电子邮件、即时通信、通讯群组等网络应用服务的通信信息;

(三)用户注册信息、身份认证信息、电子交易记录、通信记录、登录日志等信息;

(四)文档、图片、音频、视频、数字证书、计算机程序等电子文件;

(五)其他以数字化形式存储、处理、传输的能够证明案件事实的信息。

第 15 条 当事人以视听资料作为证据的,应当提供存储该视听资料的原始载体。

当事人以电子数据作为证据的,应当提供原件。电子数据的制作者制作的与原件一致的副本,或者直接来源于电子数据的打印件或其他可以显示、识别的输出介质,视为电子数据的原件。

第 93 条 人民法院对于电子数据的真实性,应当结合下列因素综合判断:

(一)电子数据的生成、存储、传输所依赖的计算机系统的硬件、软件环境是否完整、可靠;

(二)电子数据的生成、存储、传输所依赖的计算机系统的硬件、软件环境是否处于正常运行状态,或者不处于正常运行状态时对电子数据的生成、存储、传输是否有影响;

(三)电子数据的生成、存储、传输所依赖的计算机系统的硬件、软件环境是否具备有效的防止出错的监测、核查手段;

(四)电子数据是否被完整地保存、传输、提取,保存、传输、提取的方法是否可靠;

(五)电子数据是否在正常的往来活动中形成和存储;

(六)保存、传输、提取电子数据的主体是否适当;

(七)影响电子数据完整性和可靠性的其他因素。

人民法院认为有必要的,可以通过鉴定或者勘验等方法,审查判断电子数据的真实性。

第 94 条 电子数据存在下列情形的,人民法院可以确认其真实性,但有足以反驳的相反证据的除外:

(一)由当事人提交或者保管的于己不利的电子数据;

(二)由记录和保存电子数据的中立第三方平台提供或者确认的;

(三)在正常业务活动中形成的;

(四)以档案管理方式保管的;

(五)以当事人约定的方式保存、传输、提取的。

电子数据的内容经公证机关公证的,人民法院应当确认其真实性,但有相反证据足以推翻的除外。

《最高人民法院关于审理著作权民事纠纷案件适用法律若干问题的解释》 (法释〔2002〕31 号 2020 年 12 月 29 日修正)

第 7 条 当事人提供的涉及著作权的

底稿、原件、合法出版物、著作权登记证书、认证机构出具的证明、取得权利的合同等，可以作为证据。

在作品或者制品上署名的自然人、法人或者非法人组织视为著作权、与著作权有关权益的权利人，但有相反证明的除外。

《最高人民法院关于适用〈中华人民共和国保险法〉若干问题的解释（二）》（法释〔2013〕14号 2020年12月29日修正）

第18条 行政管理部门依据法律规定制作的交通事故认定书、火灾事故认定书等，人民法院应当依法审查并确认其相应的证明力，但有相反证据能够推翻的除外。

《最高人民法院关于审理道路交通事故损害赔偿案件适用法律若干问题的解释》（法释〔2012〕19号 2020年12月29日修正）

第24条 公安机关交通管理部门制作的交通事故认定书，人民法院应依法审查并确认其相应的证明力，但有相反证据推翻的除外。

《最高人民法院关于审理铁路运输人身损害赔偿纠纷案件适用法律若干问题的解释》（法释〔2021〕19号 2021年12月8日）

第11条 有权作出事故认定的组织依照《铁路交通事故应急救援和调查处理条例》等有关规定制作的事故认定书，经庭审质证，对于事故认定书所认定的事实，当事人没有相反证据和理由足以推翻的，人民法院应当作为认定事实的根据。

最高院裁判观点

1. 李某与广西某投资管理有限公司计算机软件开发合同纠纷案【（2020）最高法知民终767号】

裁判要旨：经审查，双方当事人均未提交关于本案项目交付、测试等合同履行的书面证据，开发过程主要体现在微信聊天记录的电子数据证据中。在案微信聊天电子数据证据系双方当事人履行涉案合同的正常业务活动中形成，时间前后连贯，内容基本完整，且与合同约定相互对应，能形成合乎逻辑的证据锁链，原审法院采信以微信聊天形式固定的电子数据证据作为本案定案证据并无不妥。

2. 洪某与昆明某房地产开发有限公司房屋买卖合同纠纷案【《最高人民法院公报》2016年第1期】

裁判要旨：合同在性质上属于原始证据、直接证据，应当重视其相对于传来证据、间接证据所具有的较高证明力，并将其作为确定当事人法律关系性质的逻辑起点和基本依据。若要否定书面证据所体现的法律关系，并确定当事人之间存在缺乏以书面证据为载体的其他民事法律关系，必须在证据审核方面给予更为审慎的分析研判。在两种解读结果具有同等合理性的场合，应朝着有利于书面证据所代表法律关系成立的方向作出判定，藉此传达和树立重诺守信的价值导向。

第六十七条 举证责任与查证

当事人对自己提出的主张，有责任提供证据。

当事人及其诉讼代理人因客观原因不能自行收集的证据，或者人民法院认为审理案件需要的证据，人民法院应当调查收集。

人民法院应当按照法定程序，全面地、客观地审查核实证据。

相关规定

◎法　律

《个人信息保护法》（2021年8月20日）

第69条 处理个人信息侵害个人信

息权益造成损害,个人信息处理者不能证明自己没有过错的,应当承担损害赔偿等侵权责任。

前款规定的损害赔偿责任按照个人因此受到的损失或者个人信息处理者因此获得的利益确定;个人因此受到的损失和个人信息处理者因此获得的利益难以确定的,根据实际情况确定赔偿数额。

《劳动争议调解仲裁法》(2007年12月29日)

第6条 发生劳动争议,当事人对自己提出的主张,有责任提供证据。与争议事项有关的证据属于用人单位掌握管理的,用人单位应当提供;用人单位不提供的,应当承担不利后果。

◎司法解释及文件

《最高人民法院关于适用〈中华人民共和国民事诉讼法〉的解释》(法释〔2022〕11号 2022年4月1日修正)

第90条 当事人对自己提出的诉讼请求所依据的事实或者反驳对方诉讼请求所依据的事实,应当提供证据加以证明,但法律另有规定的除外。

在作出判决前,当事人未能提供证据或者证据不足以证明其事实主张的,由负有举证证明责任的当事人承担不利的后果。

第91条 人民法院应当依照下列原则确定举证证明责任的承担,但法律另有规定的除外:

(一)主张法律关系存在的当事人,应当对产生该法律关系的基本事实承担举证证明责任;

(二)主张法律关系变更、消灭或者权利受到妨害的当事人,应当对该法律关系变更、消灭或者权利受到妨害的基本事实承担举证证明责任。

第92条 一方当事人在法庭审理中,或者在起诉状、答辩状、代理词等书面材料中,对于己不利的事实明确表示承认的,另一方当事人无需举证证明。

对于涉及身份关系、国家利益、社会公共利益等应当由人民法院依职权调查的事实,不适用前款自认的规定。

自认的事实与查明的事实不符的,人民法院不予确认。

第93条 下列事实,当事人无须举证证明:

(一)自然规律以及定理、定律;

(二)众所周知的事实;

(三)根据法律规定推定的事实;

(四)根据已知的事实和日常生活经验法则推定出的另一事实;

(五)已为人民法院发生法律效力的裁判所确认的事实;

(六)已为仲裁机构生效裁决所确认的事实;

(七)已为有效公证文书所证明的事实。

前款第二项至第四项规定的事实,当事人有相反证据足以反驳的除外;第五项至第七项规定的事实,当事人有相反证据足以推翻的除外。

第94条 民事诉讼法第六十七条第二款规定的当事人及其诉讼代理人因客观原因不能自行收集的证据包括:

(一)证据由国家有关部门保存,当事人及其诉讼代理人无权查阅调取的;

(二)涉及国家秘密、商业秘密或者个人隐私的;

(三)当事人及其诉讼代理人因客观原因不能自行收集的其他证据。

当事人及其诉讼代理人因客观原因不能自行收集的证据,可以在举证期限届满前书面申请人民法院调查收集。

第95条 当事人申请调查收集的证据,与待证事实无关联、对证明待证事实无意义或者其他无调查收集必要的，人民法院不予准许。

第 96 条　民事诉讼法第六十七条第二款规定的人民法院认为审理案件需要的证据包括：

（一）涉及可能损害国家利益、社会公共利益的；

（二）涉及身份关系的；

（三）涉及民事诉讼法第五十八条规定诉讼的；

（四）当事人有恶意串通损害他人合法权益可能的；

（五）涉及依职权追加当事人、中止诉讼、终结诉讼、回避等程序性事项的。

除前款规定外，人民法院调查收集证据，应当依照当事人的申请进行。

第 97 条　人民法院调查收集证据，应当由两人以上共同进行。调查材料要由调查人、被调查人、记录人签名、捺印或者盖章。

第 103 条　证据应当在法庭上出示，由当事人互相质证。未经当事人质证的证据，不得作为认定案件事实的根据。

当事人在审理前的准备阶段认可的证据，经审判人员在庭审中说明后，视为质证过的证据。

涉及国家秘密、商业秘密、个人隐私或者法律规定应当保密的证据，不得公开质证。

第 104 条　人民法院应当组织当事人围绕证据的真实性、合法性以及与待证事实的关联性进行质证，并针对证据有无证明力和证明力大小进行说明和辩论。

能够反映案件真实情况、与待证事实相关联、来源和形式符合法律规定的证据，应当作为认定案件事实的根据。

第 105 条　人民法院应当按照法定程序，全面、客观地审核证据，依照法律规定，运用逻辑推理和日常生活经验法则，对证据有无证明力和证明力大小进行判断，并公开判断的理由和结果。

第 106 条　对以严重侵害他人合法权益、违反法律禁止性规定或者严重违背公序良俗的方法形成或者获取的证据，不得作为认定案件事实的根据。

第 107 条　在诉讼中，当事人为达成调解协议或者和解协议作出妥协而认可的事实，不得在后续的诉讼中作为对其不利的根据，但法律另有规定或者当事人均同意的除外。

《最高人民法院关于民事诉讼证据的若干规定》（法释〔2019〕19 号　2019 年 12 月 25 日）

一、当事人举证

第 1 条　原告向人民法院起诉或者被告提出反诉，应当提供符合起诉条件的相应的证据。

第 2 条　人民法院应当向当事人说明举证的要求及法律后果，促使当事人在合理期限内积极、全面、正确、诚实地完成举证。

当事人因客观原因不能自行收集的证据，可申请人民法院调查收集。

第 3 条　在诉讼过程中，一方当事人陈述的于己不利的事实，或者对于己不利的事实明确表示承认的，另一方当事人无需举证证明。

在证据交换、询问、调查过程中，或者在起诉状、答辩状、代理词等书面材料中，当事人明确承认于己不利的事实的，适用前款规定。

第 4 条　一方当事人对于另一方当事人主张的于己不利的事实既不承认也不否认，经审判人员说明并询问后，其仍然不明确表示肯定或者否定的，视为对该事实的承认。

第 5 条　当事人委托诉讼代理人参加诉讼的,除授权委托书明确排除的事项外,诉讼代理人的自认视为当事人的自认。

当事人在场对诉讼代理人的自认明确否认的,不视为自认。

第 6 条　普通共同诉讼中,共同诉讼人中一人或者数人作出的自认,对作出自认的当事人发生效力。

必要共同诉讼中,共同诉讼人中一人或者数人作出自认而其他共同诉讼人予以否认的,不发生自认的效力。其他共同诉讼人既不承认也不否认,经审判人员说明并询问后仍然不明确表示意见的,视为全体共同诉讼人的自认。

第 7 条　一方当事人对于另一方当事人主张的于己不利的事实有所限制或者附加条件予以承认的,由人民法院综合案件情况决定是否构成自认。

第 8 条　《最高人民法院关于适用〈中华人民共和国民事诉讼法〉的解释》第九十六条第一款规定的事实,不适用有关自认的规定。

自认的事实与已经查明的事实不符的,人民法院不予确认。

第 9 条　有下列情形之一,当事人在法庭辩论终结前撤销自认的,人民法院应当准许:

(一) 经对方当事人同意的;

(二) 自认是在受胁迫或者重大误解情况下作出的。

人民法院准许当事人撤销自认的,应当作出口头或者书面裁定。

第 10 条　下列事实,当事人无须举证证明:

(一) 自然规律以及定理、定律;

(二) 众所周知的事实;

(三) 根据法律规定推定的事实;

(四) 根据已知的事实和日常生活经验法则推定出的另一事实;

(五) 已为仲裁机构的生效裁决所确认的事实;

(六) 已为人民法院发生法律效力的裁判所确认的基本事实;

(七) 已为有效公证文书所证明的事实。

前款第二项至第五项事实,当事人有相反证据足以反驳的除外;第六项、第七项事实,当事人有相反证据足以推翻的除外。

第 11 条　当事人向人民法院提供证据,应当提供原件或者原物。如需自己保存证据原件、原物或者提供原件、原物确有困难的,可以提供经人民法院核对无异的复制件或者复制品。

第 12 条　以动产作为证据的,应当将原物提交人民法院。原物不宜搬移或者不宜保存的,当事人可以提供复制品、影像资料或者其他替代品。

人民法院在收到当事人提交的动产或者替代品后,应当及时通知双方当事人到人民法院或者保存现场查验。

第 13 条　当事人以不动产作为证据的,应当向人民法院提供该不动产的影像资料。

人民法院认为有必要的,应当通知双方当事人到场进行查验。

第 14 条　电子数据包括下列信息、电子文件:

(一) 网页、博客、微博客等网络平台发布的信息;

(二) 手机短信、电子邮件、即时通信、通讯群组等网络应用服务的通信信息;

(三) 用户注册信息、身份认证信息、电子交易记录、通信记录、登录日志等

信息;

（四）文档、图片、音频、视频、数字证书、计算机程序等电子文件;

（五）其他以数字化形式存储、处理、传输的能够证明案件事实的信息。

第15条 当事人以视听资料作为证据的，应当提供存储该视听资料的原始载体。

当事人以电子数据作为证据的，应当提供原件。电子数据的制作者制作的与原件一致的副本，或者直接来源于电子数据的打印件或其他可以显示、识别的输出介质，视为电子数据的原件。

第16条 当事人提供的公文书证系在中华人民共和国领域外形成的，该证据应当经所在国公证机关证明，或者履行中华人民共和国与该所在国订立的有关条约中规定的证明手续。

中华人民共和国领域外形成的涉及身份关系的证据，应当经所在国公证机关证明并经中华人民共和国驻该国使领馆认证，或者履行中华人民共和国与该所在国订立的有关条约中规定的证明手续。

当事人向人民法院提供的证据是在香港、澳门、台湾地区形成的，应当履行相关的证明手续。

第17条 当事人向人民法院提供外文书证或者外文说明资料，应当附有中文译本。

第18条 双方当事人无争议的事实符合《最高人民法院关于适用〈中华人民共和国民事诉讼法〉的解释》第九十六条第一款规定情形的，人民法院可以责令当事人提供有关证据。

第19条 当事人应当对其提交的证据材料逐一分类编号，对证据材料的来源、证明对象和内容作简要说明，签名盖章，注明提交日期，并依照对方当事人人数提出副本。

人民法院收到当事人提交的证据材料，应当出具收据，注明证据的名称、份数和页数以及收到的时间，由经办人员签名或者盖章。

二、证据的调查收集和保全

第20条 当事人及其诉讼代理人申请人民法院调查收集证据，应当在举证期限届满前提交书面申请。

申请书应当载明被调查人的姓名或者单位名称、住所地等基本情况、所要调查收集的证据名称或者内容、需要由人民法院调查收集证据的原因及其要证明的事实以及明确的线索。

第21条 人民法院调查收集的书证，可以是原件，也可以是经核对无误的副本或者复制件。是副本或者复制件的，应当在调查笔录中说明来源和取证情况。

第22条 人民法院调查收集的物证应当是原物。被调查人提供原物确有困难的，可以提供复制品或者影像资料。提供复制品或者影像资料的，应当在调查笔录中说明取证情况。

第23条 人民法院调查收集视听资料、电子数据，应当要求被调查人提供原始载体。

提供原始载体确有困难的，可以提供复制件。提供复制件的，人民法院应当在调查笔录中说明其来源和制作经过。

人民法院对视听资料、电子数据采取证据保全措施的，适用前款规定。

第24条 人民法院调查收集可能需要鉴定的证据，应当遵守相关技术规范，确保证据不被污染。

第25条 当事人或者利害关系人根

据民事诉讼法第八十一条[70]的规定申请证据保全的，申请书应当载明需要保全的证据的基本情况、申请保全的理由以及采取何种保全措施等内容。

当事人根据民事诉讼法第八十一条[71]第一款的规定申请证据保全的，应当在举证期限届满前向人民法院提出。

法律、司法解释对诉前证据保全有规定的，依照其规定办理。

第 26 条 当事人或者利害关系人申请采取查封、扣押等限制保全标的物使用、流通等保全措施，或者保全可能对证据持有人造成损失的，人民法院应当责令申请人提供相应的担保。

担保方式或者数额由人民法院根据保全措施对证据持有人的影响、保全标的物的价值、当事人或者利害关系人争议的诉讼标的金额等因素综合确定。

第 27 条 人民法院进行证据保全，可以要求当事人或者诉讼代理人到场。

根据当事人的申请和具体情况，人民法院可以采取查封、扣押、录音、录像、复制、鉴定、勘验等方法进行证据保全，并制作笔录。

在符合证据保全目的的情况下，人民法院应当选择对证据持有人利益影响最小的保全措施。

第 28 条 申请证据保全错误造成财产损失，当事人请求申请人承担赔偿责任的，人民法院应予支持。

第 29 条 人民法院采取诉前证据保全措施后，当事人向其他有管辖权的人民法院提起诉讼的，采取保全措施的人民法院应当根据当事人的申请，将保全的证据及时移交受理案件的人民法院。

第 30 条 人民法院在审理案件过程中认为待证事实需要通过鉴定意见证明的，应当向当事人释明，并指定提出鉴定申请的期间。

符合《最高人民法院关于适用〈中华人民共和国民事诉讼法〉的解释》第九十六条第一款规定情形的，人民法院应当依职权委托鉴定。

第 31 条 当事人申请鉴定，应当在人民法院指定期间内提出，并预交鉴定费用。逾期不提出申请或者不预交鉴定费用的，视为放弃申请。

对需要鉴定的待证事实负有举证责任的当事人，在人民法院指定期间内无正当理由不提出鉴定申请或者不预交鉴定费用，或者拒不提供相关材料，致使待证事实无法查明的，应当承担举证不能的法律后果。

第 32 条 人民法院准许鉴定申请的，应当组织双方当事人协商确定具备相应资格的鉴定人。当事人协商不成的，由人民法院指定。

人民法院依职权委托鉴定的，可以在询问当事人的意见后，指定具备相应资格的鉴定人。

人民法院在确定鉴定人后应当出具委托书，委托书中应当载明鉴定事项、鉴定范围、鉴定目的和鉴定期限。

第 33 条 鉴定开始之前，人民法院应当要求鉴定人签署承诺书。承诺书中应当载明鉴定人保证客观、公正、诚实地进行鉴定，保证出庭作证，如作虚假鉴定应当承担法律责任等内容。

鉴定人故意作虚假鉴定的，人民法院

---

[70]《民事诉讼法》（2023年修正）第84条。
[71] 同上。

应当责令其退还鉴定费用,并根据情节,依照民事诉讼法第一百一十一条[72]的规定进行处罚。

第 34 条 人民法院应当组织当事人对鉴定材料进行质证。未经质证的材料,不得作为鉴定的根据。

经人民法院准许,鉴定人可以调取证据、勘验物证和现场、询问当事人或者证人。

第 35 条 鉴定人应当在人民法院确定的期限内完成鉴定,并提交鉴定书。

鉴定人无正当理由未按期提交鉴定书的,当事人可以申请人民法院另行委托鉴定人进行鉴定。人民法院准许的,原鉴定人已经收取的鉴定费用应当退还;拒不退还的,依照本规定第八十一条第二款的规定处理。

第 36 条 人民法院对鉴定人出具的鉴定书,应当审查是否具有下列内容:

(一)委托法院的名称;
(二)委托鉴定的内容、要求;
(三)鉴定材料;
(四)鉴定所依据的原理、方法;
(五)对鉴定过程的说明;
(六)鉴定意见;
(七)承诺书。

鉴定书应当由鉴定人签名或者盖章,并附鉴定人的相应资格证明。委托机构鉴定的,鉴定书应当由鉴定机构盖章,并由从事鉴定的人员签名。

第 37 条 人民法院收到鉴定书后,应当及时将副本送交当事人。

当事人对鉴定书的内容有异议的,应当在人民法院指定期间内以书面方式提出。

对于当事人的异议,人民法院应当要求鉴定人作出解释、说明或者补充。人民法院认为有必要的,可以要求鉴定人对当事人未提出异议的内容进行解释、说明或者补充。

第 38 条 当事人在收到鉴定人的书面答复后仍有异议的,人民法院应当根据《诉讼费用交纳办法》第十一条的规定,通知有异议的当事人预交鉴定人出庭费用,并通知鉴定人出庭。有异议的当事人不预交鉴定人出庭费用的,视为放弃异议。

双方当事人对鉴定意见均有异议的,分摊预交鉴定人出庭费用。

第 39 条 鉴定人出庭费用按照证人出庭作证费用的标准计算,由败诉的当事人负担。因鉴定意见不明确或者有瑕疵需要鉴定人出庭的,出庭费用由其自行负担。

人民法院委托鉴定时已经确定鉴定人出庭费用包含在鉴定费用中的,不再通知当事人预交。

第 40 条 当事人申请重新鉴定,存在下列情形之一的,人民法院应当准许:

(一)鉴定人不具备相应资格的;
(二)鉴定程序严重违法的;
(三)鉴定意见明显依据不足的;
(四)鉴定意见不能作为证据使用的其他情形。

存在前款第一项至第三项情形的,鉴定人已经收取的鉴定费用应当退还。拒不退还的,依照本规定第八十一条第二款的规定处理。

对鉴定意见的瑕疵,可以通过补正、补充鉴定或者补充质证、重新质证等方法解决的,人民法院不予准许重新鉴定的

---

[72]《民事诉讼法》(2023 年修正)第 114 条。

申请。

重新鉴定的，原鉴定意见不得作为认定案件事实的根据。

第41条 对于一方当事人就专门性问题自行委托有关机构或者人员出具的意见，另一方当事人有证据或者理由足以反驳并申请鉴定的，人民法院应予准许。

第42条 鉴定意见被采信后，鉴定人无正当理由撤销鉴定意见的，人民法院应当责令其退还鉴定费用，并可以根据情节，依照民事诉讼法第一百一十一条[73]的规定对鉴定人进行处罚。当事人主张鉴定人负担由此增加的合理费用的，人民法院应予支持。

人民法院采信鉴定意见后准许鉴定人撤销的，应当责令其退还鉴定费用。

第43条 人民法院应当在勘验前将勘验的时间和地点通知当事人。当事人不参加的，不影响勘验进行。

当事人可以就勘验事项向人民法院进行解释和说明，可以请求人民法院注意勘验中的重要事项。

人民法院勘验物证或者现场，应当制作笔录，记录勘验的时间、地点、勘验人、在场人、勘验的经过、结果，由勘验人、在场人签名或者盖章。对于绘制的现场图应当注明绘制的时间、方位、测绘人姓名、身份等内容。

第44条 摘录有关单位制作的与案件事实相关的文件、材料，应当注明出处，并加盖制作单位或者保管单位的印章，摘录人和其他调查人员应当在摘录件上签名或者盖章。

摘录文件、材料应当保持内容相应的完整性。

第45条 当事人根据《最高人民法院关于适用〈中华人民共和国民事诉讼法〉的解释》第一百一十二条的规定申请人民法院责令对方当事人提交书证的，申请书应当载明所申请提交的书证名称或者内容、需要以该书证证明的事实及事实的重要性、对方当事人控制该书证的根据以及应当提交该书证的理由。

对方当事人否认控制书证的，人民法院应当根据法律规定、习惯等因素，结合案件的事实、证据，对于书证是否在对方当事人控制之下的事实作出综合判断。

第46条 人民法院对当事人提交书证的申请进行审查时，应当听取对方当事人的意见，必要时可以要求双方当事人提供证据、进行辩论。

当事人申请提交的书证不明确、书证对于待证事实的证明无必要、待证事实对于裁判结果无实质性影响、书证未在对方当事人控制之下或者不符合本规定第四十七条情形的，人民法院不予准许。

当事人申请理由成立的，人民法院应当作出裁定，责令对方当事人提交书证；理由不成立的，通知申请人。

第47条 下列情形，控制书证的当事人应当提交书证：

（一）控制书证的当事人在诉讼中曾经引用过的书证；

（二）为对方当事人的利益制作的书证；

（三）对方当事人依照法律规定有权查阅、获取的书证；

（四）账簿、记账原始凭证；

（五）人民法院认为应当提交书证的其他情形。

前款所列书证，涉及国家秘密、商业

---

[73]《民事诉讼法》（2023年修正）第114条。

秘密、当事人或第三人的隐私，或者存在法律规定应当保密的情形的，提交后不得公开质证。

第 48 条 控制书证的当事人无正当理由拒不提交书证的，人民法院可以认定对方当事人所主张的书证内容为真实。

控制书证的当事人存在《最高人民法院关于适用〈中华人民共和国民事诉讼法〉的解释》第一百一十三条规定情形的，人民法院可以认定对方当事人主张以该书证证明的事实为真实。

三、举证时限与证据交换

第 49 条 被告应当在答辩期届满前提出书面答辩，阐明其对原告诉讼请求及所依据的事实和理由的意见。

第 50 条 人民法院应当在审理前的准备阶段向当事人送达举证通知书。

举证通知书应当载明举证责任的分配原则和要求、可以向人民法院申请调查收集证据的情形、人民法院根据案件情况指定的举证期限以及逾期提供证据的法律后果等内容。

第 51 条 举证期限可以由当事人协商，并经人民法院准许。

人民法院指定举证期限的，适用第一审普通程序审理的案件不得少于十五日，当事人提供新的证据的第二审案件不得少于十日。适用简易程序审理的案件不得超过十五日，小额诉讼案件的举证期限一般不得超过七日。

举证期限届满后，当事人提供反驳证据或者对已经提供的证据的来源、形式等方面的瑕疵进行补正的，人民法院可以酌情再次确定举证期限，该期限不受前款规定的期间限制。

第 52 条 当事人在举证期限内提供证据存在客观障碍，属于民事诉讼法第六十五条[74]第二款规定的"当事人在该期限内提供证据确有困难"的情形。

前款情形，人民法院应当根据当事人的举证能力、不能在举证期限内提供证据的原因等因素综合判断。必要时，可以听取对方当事人的意见。

第 53 条 诉讼过程中，当事人主张的法律关系性质或者民事行为效力与人民法院根据案件事实作出的认定不一致的，人民法院应当将法律关系性质或者民事行为效力作为焦点问题进行审理。但法律关系性质对裁判理由及结果没有影响，或者有关问题已经当事人充分辩论的除外。

存在前款情形，当事人根据法庭审理情况变更诉讼请求的，人民法院应当准许并可以根据案件的具体情况重新指定举证期限。

第 54 条 当事人申请延长举证期限的，应当在举证期限届满前向人民法院提出书面申请。

申请理由成立的，人民法院应当准许，适当延长举证期限，并通知其他当事人。延长的举证期限适用于其他当事人。

申请理由不成立的，人民法院不予准许，并通知申请人。

第 55 条 存在下列情形的，举证期限按照如下方式确定：

（一）当事人依照民事诉讼法第一百二十七条[75]规定提出管辖权异议的，举证期限中止，自驳回管辖权异议的裁定生效之日起恢复计算；

（二）追加当事人、有独立请求权的

---

[74]《民事诉讼法》（2023年修正）第68条。
[75]《民事诉讼法》（2023年修正）第130条。

第三人参加诉讼或者无独立请求权的第三人经人民法院通知参加诉讼的，人民法院应当依照本规定第五十一条的规定为新参加诉讼的当事人确定举证期限，该举证期限适用于其他当事人；

（三）发回重审的案件，第一审人民法院可以结合案件具体情况和发回重审的原因，酌情确定举证期限；

（四）当事人增加、变更诉讼请求或者提出反诉的，人民法院应当根据案件具体情况重新确定举证期限；

（五）公告送达的，举证期限自公告期届满之次日起计算。

第 56 条 人民法院依照民事诉讼法第一百三十三条[76]第四项的规定，通过组织证据交换进行审理前准备的，证据交换之日举证期限届满。

证据交换的时间可以由当事人协商一致并经人民法院认可，也可以由人民法院指定。当事人申请延期举证经人民法院准许的，证据交换日相应顺延。

第 57 条 证据交换应当在审判人员的主持下进行。

在证据交换的过程中，审判人员对当事人无异议的事实、证据应当记录在卷；对有异议的证据，按照需要证明的事实分类记录在卷，并记载异议的理由。通过证据交换，确定双方当事人争议的主要问题。

第 58 条 当事人收到对方的证据后有反驳证据需要提交的，人民法院应当再次组织证据交换。

第 59 条 人民法院对逾期提供证据的当事人处以罚款，可以结合当事人逾期提供证据的主观过错程度、导致诉讼迟延的情况、诉讼标的金额等因素，确定罚款数额。

四、质证

第 60 条 当事人在审理前的准备阶段或者人民法院调查、询问过程中发表过质证意见的证据，视为质证过的证据。

当事人要求以书面方式发表质证意见，人民法院在听取对方当事人意见后认为有必要的，可以准许。人民法院应当及时将书面质证意见送交对方当事人。

第 61 条 对书证、物证、视听资料进行质证时，当事人应当出示证据的原件或者原物。但有下列情形之一的除外：

（一）出示原件或者原物确有困难并经人民法院准许出示复制件或者复制品的；

（二）原件或者原物已不存在，但有证据证明复制件、复制品与原件或者原物一致的。

第 62 条 质证一般按下列顺序进行：

（一）原告出示证据，被告、第三人与原告进行质证；

（二）被告出示证据，原告、第三人与被告进行质证；

（三）第三人出示证据，原告、被告与第三人进行质证。

人民法院根据当事人申请调查收集的证据，审判人员对调查收集证据的情况进行说明后，由提出申请的当事人与对方当事人、第三人进行质证。

人民法院依职权调查收集的证据，由审判人员对调查收集证据的情况进行说明后，听取当事人的意见。

第 63 条 当事人应当就案件事实作真实、完整的陈述。

当事人的陈述与此前陈述不一致的，

---

[76]《民事诉讼法》（2023年修正）第136条。

人民法院应当责令其说明理由，并结合当事人的诉讼能力、证据和案件具体情况进行审查认定。

当事人故意作虚假陈述妨碍人民法院审理的，人民法院应当根据情节，依照民事诉讼法第一百一十一条[77]的规定进行处罚。

第64条 人民法院认为有必要的，可以要求当事人本人到场，就案件的有关事实接受询问。

人民法院要求当事人到场接受询问的，应当通知当事人询问的时间、地点、拒不到场的后果等内容。

第65条 人民法院应当在询问前责令当事人签署保证书并宣读保证书的内容。

保证书应当载明保证据实陈述，绝无隐瞒、歪曲、增减，如有虚假陈述应当接受处罚等内容。当事人应当在保证书上签名、捺印。

当事人有正当理由不能宣读保证书的，由书记员宣读并进行说明。

第66条 当事人无正当理由拒不到场、拒不签署或宣读保证书或者拒不接受询问的，人民法院应当综合案件情况，判断待证事实的真伪。待证事实无其他证据证明的，人民法院应当作出不利于该当事人的认定。

第67条 不能正确表达意思的人，不能作为证人。

待证事实与其年龄、智力状况或者精神健康状况相适应的无民事行为能力人和限制民事行为能力人，可以作为证人。

第68条 人民法院应当要求证人出庭作证，接受审判人员和当事人的询问。

证人在审理前的准备阶段或者人民法院调查、询问等双方当事人在场时陈述证言的，视为出庭作证。

双方当事人同意证人以其他方式作证并经人民法院准许的，证人可以不出庭作证。

无正当理由未出庭的证人以书面等方式提供的证言，不得作为认定案件事实的根据。

第69条 当事人申请证人出庭作证的，应当在举证期限届满前向人民法院提交申请书。

申请书应当载明证人的姓名、职业、住所、联系方式，作证的主要内容，作证内容与待证事实的关联性，以及证人出庭作证的必要性。

符合《最高人民法院关于适用〈中华人民共和国民事诉讼法〉的解释》第九十六条第一款规定情形的，人民法院应当依职权通知证人出庭作证。

第70条 人民法院准许证人出庭作证申请的，应当向证人送达通知书并告知双方当事人。通知书中应当载明证人作证的时间、地点，作证的事项、要求以及作伪证的法律后果等内容。

当事人申请证人出庭作证的事项与待证事实无关，或者没有通知证人出庭作证必要的，人民法院不予准许当事人的申请。

第71条 人民法院应当要求证人在作证之前签署保证书，并在法庭上宣读保证书的内容。但无民事行为能力人和限制民事行为能力人作为证人的除外。

证人确有正当理由不能宣读保证书的，由书记员代为宣读并进行说明。

证人拒绝签署或者宣读保证书的，不

---

[77]《民事诉讼法》（2023年修正）第114条。

得作证，并自行承担相关费用。

证人保证书的内容适用当事人保证书的规定。

第 72 条 证人应当客观陈述其亲身感知的事实，作证时不得使用猜测、推断或者评论性语言。

证人作证前不得旁听法庭审理，作证时不得以宣读事先准备的书面材料的方式陈述证言。

证人言辞表达有障碍的，可以通过其他表达方式作证。

第 73 条 证人应当就其作证的事项进行连续陈述。

当事人及其法定代理人、诉讼代理人或者旁听人员干扰证人陈述的，人民法院应当及时制止，必要时可以依照民事诉讼法第一百一十条[78]的规定进行处罚。

第 74 条 审判人员可以对证人进行询问。当事人及其诉讼代理人经审判人员许可后可以询问证人。

询问证人时其他证人不得在场。

人民法院认为有必要的，可以要求证人之间进行对质。

第 75 条 证人出庭作证后，可以向人民法院申请支付证人出庭作证费用。证人有困难需要预先支取出庭作证费用的，人民法院可以根据证人的申请在出庭作证前支付。

第 76 条 证人确有困难不能出庭作证，申请以书面证言、视听传输技术或者视听资料等方式作证的，应当向人民法院提交申请书。申请书中应当载明不能出庭的具体原因。

符合民事诉讼法第七十三条[79]规定情形的，人民法院应当准许。

第 77 条 证人经人民法院准许，以书面证言方式作证的，应当签署保证书；以视听传输技术或者视听资料方式作证的，应当签署保证书并宣读保证书的内容。

第 78 条 当事人及其诉讼代理人对证人的询问与待证事实无关，或者存在威胁、侮辱证人或不适当引导等情形的，审判人员应当及时制止。必要时可以依照民事诉讼法第一百一十条、第一百一十一条[80]的规定进行处罚。

证人故意作虚假陈述，诉讼参与人或者其他人以暴力、威胁、贿买等方法妨碍证人作证，或者在证人作证后以侮辱、诽谤、诬陷、恐吓、殴打等方式对证人打击报复的，人民法院应当根据情节，依照民事诉讼法第一百一十一条[81]的规定，对行为人进行处罚。

第 79 条 鉴定人依照民事诉讼法第七十八条[82]的规定出庭作证的，人民法院应当在开庭审理三日前将出庭的时间、地点及要求通知鉴定人。

委托机构鉴定的，应当由从事鉴定的人员代表机构出庭。

第 80 条 鉴定人应当就鉴定事项如实答复当事人的异议和审判人员的询问。当庭答复确有困难的，经人民法院准许，可以在庭审结束后书面答复。

人民法院应当及时将书面答复送交当

---

[78]《民事诉讼法》（2023 年修正）第 113 条。
[79]《民事诉讼法》（2023 年修正）第 76 条。
[80]《民事诉讼法》（2023 年修正）第 113 条、第 114 条。
[81]《民事诉讼法》（2023 年修正）第 114 条。
[82]《民事诉讼法》（2023 年修正）第 81 条。

事人,并听取当事人的意见。必要时,可以再次组织质证。

第81条 鉴定人拒不出庭作证的,鉴定意见不得作为认定案件事实的根据。人民法院应当建议有关主管部门或者组织对拒不出庭作证的鉴定人予以处罚。

当事人要求退还鉴定费用的,人民法院应当在三日内作出裁定,责令鉴定人退还;拒不退还的,由人民法院依法执行。

当事人因鉴定人拒不出庭作证申请重新鉴定的,人民法院应当准许。

第82条 经法庭许可,当事人可以询问鉴定人、勘验人。

询问鉴定人、勘验人不得使用威胁、侮辱等不适当的言语和方式。

第83条 当事人依照民事诉讼法第七十九条[83]和《最高人民法院关于适用〈中华人民共和国民事诉讼法〉的解释》第一百二十二条的规定,申请有专门知识的人出庭的,申请书中应当载明有专门知识的人的基本情况和申请的目的。

人民法院准许当事人申请的,应当通知双方当事人。

第84条 审判人员可以对有专门知识的人进行询问。经法庭准许,当事人可以对有专门知识的人进行询问,当事人各自申请的有专门知识的人可以就案件中的有关问题进行对质。

有专门知识的人不得参与对鉴定意见质证或者就专业问题发表意见之外的法庭审理活动。

五、证据的审核认定

第85条 人民法院应当以证据能够证明的案件事实为根据依法作出裁判。

审判人员应当依照法定程序,全面、客观地审核证据,依据法律的规定,遵循法官职业道德,运用逻辑推理和日常生活经验,对证据有无证明力和证明力大小独立进行判断,并公开判断的理由和结果。

第86条 当事人对于欺诈、胁迫、恶意串通事实的证明,以及对于口头遗嘱或赠与事实的证明,人民法院确信待证事实存在的可能性能够排除合理怀疑的,应当认定该事实存在。

与诉讼保全、回避等程序事项有关的事实,人民法院结合当事人的说明及相关证据,认为有关事实存在的可能性较大的,可以认定该事实存在。

第87条 审判人员对单一证据可以从下列方面进行审核认定:

(一)证据是否为原件、原物,复制件、复制品与原件、原物是否相符;

(二)证据与本案事实是否相关;

(三)证据的形式、来源是否符合法律规定;

(四)证据的内容是否真实;

(五)证人或者提供证据的人与当事人有无利害关系。

第88条 审判人员对案件的全部证据,应当从各证据与案件事实的关联程度、各证据之间的联系等方面进行综合审查判断。

第89条 当事人在诉讼过程中认可的证据,人民法院应当予以确认。但法律、司法解释另有规定的除外。

当事人对认可的证据反悔的,参照《最高人民法院关于适用〈中华人民共和国民事诉讼法〉的解释》第二百二十九条的规定处理。

第90条 下列证据不能单独作为认定案件事实的根据:

---

[83] 《民事诉讼法》(2023年修正)第82条。

（一）当事人的陈述；

（二）无民事行为能力人或者限制民事行为能力人所作的与其年龄、智力状况或者精神健康状况不相当的证言；

（三）与一方当事人或者其代理人有利害关系的证人陈述的证言；

（四）存有疑点的视听资料、电子数据；

（五）无法与原件、原物核对的复制件、复制品。

第91条 公文书证的制作者根据文书原件制作的载有部分或者全部内容的副本，与正本具有相同的证明力。

在国家机关存档的文件，其复制件、副本、节录本经档案部门或者制作原本的机关证明其内容与原本一致的，该复制件、副本、节录本具有与原本相同的证明力。

第92条 私文书证的真实性，由主张以私文书证证明案件事实的当事人承担举证责任。

私文书证由制作者或者其代理人签名、盖章或捺印的，推定为真实。

私文书证上有删除、涂改、增添或者其他形式瑕疵的，人民法院应当综合案件的具体情况判断其证明力。

第93条 人民法院对于电子数据的真实性，应当结合下列因素综合判断：

（一）电子数据的生成、存储、传输所依赖的计算机系统的硬件、软件环境是否完整、可靠；

（二）电子数据的生成、存储、传输所依赖的计算机系统的硬件、软件环境是否处于正常运行状态，或者不处于正常运行状态时对电子数据的生成、存储、传输是否有影响；

（三）电子数据的生成、存储、传输所依赖的计算机系统的硬件、软件环境是否具备有效的防止出错的监测、核查手段；

（四）电子数据是否被完整地保存、传输、提取，保存、传输、提取的方法是否可靠；

（五）电子数据是否在正常的往来活动中形成和存储；

（六）保存、传输、提取电子数据的主体是否适当；

（七）影响电子数据完整性和可靠性的其他因素。

人民法院认为有必要的，可以通过鉴定或者勘验等方法，审查判断电子数据的真实性。

第94条 电子数据存在下列情形的，人民法院可以确认其真实性，但有足以反驳的相反证据的除外：

（一）由当事人提交或者保管的于己不利的电子数据；

（二）由记录和保存电子数据的中立第三方平台提供或者确认的；

（三）在正常业务活动中形成的；

（四）以档案管理方式保管的；

（五）以当事人约定的方式保存、传输、提取的。

电子数据的内容经公证机关公证的，人民法院应当确认其真实性，但有相反证据足以推翻的除外。

第95条 一方当事人控制证据无正当理由拒不提交，对待证事实负有举证责任的当事人主张该证据的内容不利于控制人的，人民法院可以认定该主张成立。

第96条 人民法院认定证人证言，可以通过对证人的智力状况、品德、知识、经验、法律意识和专业技能等的综合分析作出判断。

《最高人民法院关于知识产权民事诉讼证据的若干规定》（法释〔2020〕12号 2020年11月16日）

为保障和便利当事人依法行使诉讼权利，保证人民法院公正、及时审理知识产权民事案件，根据《中华人民共和国民事诉讼法》等有关法律规定，结合知识产权民事审判实际，制定本规定。

第1条 知识产权民事诉讼当事人应当遵循诚信原则，依照法律及司法解释的规定，积极、全面、正确、诚实地提供证据。

第2条 当事人对自己提出的主张，应当提供证据加以证明。根据案件审理情况，人民法院可以适用民事诉讼法第六十五条[84]第二款的规定，根据当事人的主张及待证事实、当事人的证据持有情况、举证能力等，要求当事人提供有关证据。

第3条 专利方法制造的产品不属于新产品的，侵害专利权纠纷的原告应当举证证明下列事实：

（一）被告制造的产品与使用专利方法制造的产品属于相同产品；

（二）被告制造的产品经由专利方法制造的可能性较大；

（三）原告为证明被告使用了专利方法尽到合理努力。

原告完成前款举证后，人民法院可以要求被告举证证明其产品制造方法不同于专利方法。

第4条 被告依法主张合法来源抗辩的，应当举证证明合法取得被诉侵权产品、复制品的事实，包括合法的购货渠道、合理的价格和直接的供货方等。

被告提供的被诉侵权产品、复制品来源证据与其合理注意义务程度相当的，可以认定其完成前款所称举证，并推定其不知道被诉侵权产品、复制品侵害知识产权。被告的经营规模、专业程度、市场交易习惯等，可以作为确定其合理注意义务的证据。

第5条 提起确认不侵害知识产权之诉的原告应当举证证明下列事实：

（一）被告向原告发出侵权警告或者对原告进行侵权投诉；

（二）原告向被告发出诉权行使催告及催告时间、送达时间；

（三）被告未在合理期限内提起诉讼。

第6条 对于未在法定期限内提起行政诉讼的行政行为所认定的基本事实，或者行政行为认定的基本事实已为生效裁判所确认的部分，当事人在知识产权民事诉讼中无须再证明，但有相反证据足以推翻的除外。

第7条 权利人为发现或者证明知识产权侵权行为，自行或者委托他人以普通购买者的名义向被诉侵权人购买侵权物品所取得的实物、票据等可以作为起诉被诉侵权人侵权的证据。

被诉侵权人基于他人行为而实施侵害知识产权行为所形成的证据，可以作为权利人起诉其侵权的证据，但被诉侵权人仅基于权利人的取证行为而实施侵害知识产权行为的除外。

第8条 中华人民共和国领域外形成的下列证据，当事人仅以该证据未办理公证、认证等证明手续为由提出异议的，人民法院不予支持：

（一）已为发生法律效力的人民法院裁判所确认的；

（二）已为仲裁机构生效裁决所确

---

[84] 《民事诉讼法》（2023年修正）第68条。

认的；

（三）能够从官方或者公开渠道获得的公开出版物、专利文献等；

（四）有其他证据能够证明真实性的。

第9条　中华人民共和国领域外形成的证据，存在下列情形之一的，当事人仅以该证据未办理认证手续为由提出异议的，人民法院不予支持：

（一）提出异议的当事人对证据的真实性明确认可的；

（二）对方当事人提供证人证言对证据的真实性予以确认，且证人明确表示如作伪证愿意接受处罚的。

前款第二项所称证人作伪证，构成民事诉讼法第一百一十一条[85]规定情形的，人民法院依法处理。

第10条　在一审程序中已经根据民事诉讼法第五十九条、第二百六十四条[86]的规定办理授权委托书公证、认证或者其他证明手续的，在后续诉讼程序中，人民法院可以不再要求办理该授权委托书的上述证明手续。

第11条　人民法院对于当事人或者利害关系人的证据保全申请，应当结合下列因素进行审查：

（一）申请人是否已就其主张提供初步证据；

（二）证据是否可以由申请人自行收集；

（三）证据灭失或者以后难以取得的可能性及其对证明待证事实的影响；

（四）可能采取的保全措施对证据持有人的影响。

第12条　人民法院进行证据保全，应当以有效固定证据为限，尽量减少对保全标的物价值的损害和对证据持有人正常生产经营的影响。

证据保全涉及技术方案的，可以采取制作现场勘验笔录、绘图、拍照、录音、录像、复制设计和生产图纸等保全措施。

第13条　当事人无正当理由拒不配合或者妨害证据保全，致使无法保全证据的，人民法院可以确定由其承担不利后果。构成民事诉讼法第一百一十一条[87]规定情形的，人民法院依法处理。

第14条　对于人民法院已经采取保全措施的证据，当事人擅自拆装证据实物、篡改证据材料或者实施其他破坏证据的行为，致使证据不能使用的，人民法院可以确定由其承担不利后果。构成民事诉讼法第一百一十一条[88]规定情形的，人民法院依法处理。

第15条　人民法院进行证据保全，可以要求当事人或者诉讼代理人到场，必要时可以根据当事人的申请通知有专门知识的人到场，也可以指派技术调查官参与证据保全。

证据为案外人持有的，人民法院可以对其持有的证据采取保全措施。

第16条　人民法院进行证据保全，应当制作笔录、保全证据清单，记录保全时间、地点、实施人、在场人、保全经过、保全标的物状态，由实施人、在场人签名或者盖章。有关人员拒绝签名或者盖章的，不影响保全的效力，人民法院可以在笔录上记明并拍照、录像。

---

[85]　《民事诉讼法》（2023年修正）第114条。
[86]　《民事诉讼法》（2023年修正）第62条、第271条。
[87]　《民事诉讼法》（2023年修正）第114条。
[88]　同上。

第17条　被申请人对证据保全的范围、措施、必要性等提出异议并提供相关证据，人民法院经审查认为异议理由成立的，可以变更、终止、解除证据保全。

第18条　申请人放弃使用被保全证据，但被保全证据涉及案件基本事实查明或者其他当事人主张使用的，人民法院可以对该证据进行审查认定。

第19条　人民法院可以对下列待证事实的专门性问题委托鉴定：

（一）被诉侵权技术方案与专利技术方案、现有技术的对应技术特征在手段、功能、效果等方面的异同；

（二）被诉侵权作品与主张权利的作品的异同；

（三）当事人主张的商业秘密与所属领域已为公众所知悉的信息的异同、被诉侵权的信息与商业秘密的异同；

（四）被诉侵权物与授权品种在特征、特性方面的异同，其不同是否因非遗传变异所致；

（五）被诉侵权集成电路布图设计与请求保护的集成电路布图设计的异同；

（六）合同涉及的技术是否存在缺陷；

（七）电子数据的真实性、完整性；

（八）其他需要委托鉴定的专门性问题。

第20条　经人民法院准许或者双方当事人同意，鉴定人可以将鉴定所涉部分检测事项委托其他检测机构进行检测，鉴定人对根据检测结果出具的鉴定意见承担法律责任。

第21条　鉴定业务领域未实行鉴定人和鉴定机构统一登记管理制度的，人民法院可以依照《最高人民法院关于民事诉讼证据的若干规定》第三十二条规定的鉴定人选任程序，确定具有相应技术水平的专业机构、专业人员鉴定。

第22条　人民法院应当听取各方当事人意见，并结合当事人提出的证据确定鉴定范围。鉴定过程中，一方当事人申请变更鉴定范围，对方当事人无异议的，人民法院可以准许。

第23条　人民法院应当结合下列因素对鉴定意见进行审查：

（一）鉴定人是否具备相应资格；

（二）鉴定人是否具备解决相关专门性问题应有的知识、经验及技能；

（三）鉴定方法和鉴定程序是否规范，技术手段是否可靠；

（四）送检材料是否经过当事人质证且符合鉴定条件；

（五）鉴定意见的依据是否充分；

（六）鉴定人有无应当回避的法定事由；

（七）鉴定人在鉴定过程中有无徇私舞弊或者其他影响公正鉴定的情形。

第24条　承担举证责任的当事人书面申请人民法院责令控制证据的对方当事人提交证据，申请理由成立的，人民法院应当作出裁定，责令其提交。

第25条　人民法院依法要求当事人提交有关证据，其无正当理由拒不提交、提交虚假证据、毁灭证据或者实施其他致使证据不能使用行为的，人民法院可以推定对方当事人就该证据所涉证明事项的主张成立。

当事人实施前款所列行为，构成民事诉讼法第一百一十一条[89]规定情形的，人民法院依法处理。

第26条　证据涉及商业秘密或者其

---

[89]《民事诉讼法》（2023年修正）第114条。

他需要保密的商业信息的，人民法院应当在相关诉讼参与人接触该证据前，要求其签订保密协议、作出保密承诺，或者以裁定等法律文书责令其不得出于本案诉讼之外的任何目的披露、使用、允许他人使用在诉讼程序中接触到的秘密信息。

当事人申请对接触前款所称证据的人员范围作出限制，人民法院经审查认为确有必要的，应当准许。

第27条 证人应当出庭作证，接受审判人员及当事人的询问。

双方当事人同意并经人民法院准许，证人不出庭的，人民法院应当组织当事人对该证人证言进行质证。

第28条 当事人可以申请有专门知识的人出庭，就专业问题提出意见。经法庭准许，当事人可以对有专门知识的人进行询问。

第29条 人民法院指派技术调查官参与庭前会议、开庭审理的，技术调查官可以就案件所涉技术问题询问当事人、诉讼代理人、有专门知识的人、证人、鉴定人、勘验人等。

第30条 当事人对公证文书提出异议，并提供相反证据足以推翻的，人民法院对该公证文书不予采纳。

当事人对公证文书提出异议的理由成立的，人民法院可以要求公证机构出具说明或者补正，并结合其他相关证据对该公证文书进行审核认定。

第31条 当事人提供的财务账簿、会计凭证、销售合同、进出货单据、上市公司年报、招股说明书、网站或者宣传册等有关记载，设备系统存储的交易数据，第三方平台统计的商品流通数据，评估报告，知识产权许可使用合同以及市场监管、税务、金融部门的记录等，可以作为证据，用以证明当事人主张的侵害知识产权赔偿数额。

第32条 当事人主张参照知识产权许可使用费的合理倍数确定赔偿数额的，人民法院可以考量下列因素对许可使用费证据进行审核认定：

（一）许可使用费是否实际支付及支付方式，许可使用合同是否实际履行或者备案；

（二）许可使用的权利内容、方式、范围、期限；

（三）被许可人与许可人是否存在利害关系；

（四）行业许可的通常标准。

第33条 本规定自2020年11月18日起施行。本院以前发布的相关司法解释与本规定不一致的，以本规定为准。

《最高人民法院关于生态环境侵权民事诉讼证据的若干规定》（法释〔2023〕6号 2023年8月14日）

第1条 人民法院审理环境污染责任纠纷案件、生态破坏责任纠纷案件和生态环境保护民事公益诉讼案件，适用本规定。

生态环境保护民事公益诉讼案件，包括环境污染民事公益诉讼案件、生态破坏民事公益诉讼案件和生态环境损害赔偿诉讼案件。

第2条 环境污染责任纠纷案件、生态破坏责任纠纷案件的原告应当就以下事实承担举证责任：

（一）被告实施了污染环境或者破坏生态的行为；

（二）原告人身、财产受到损害或者有遭受损害的危险。

第3条 生态环境保护民事公益诉讼案件的原告应当就以下事实承担举证责任：

（一）被告实施了污染环境或者破坏

生态的行为,且该行为违反国家规定;

(二)生态环境受到损害或者有遭受损害的重大风险。

第4条 原告请求被告就其污染环境、破坏生态行为支付人身、财产损害赔偿费用,或者支付民法典第一千二百三十五条规定的损失、费用的,应当就其主张的损失、费用的数额承担举证责任。

第5条 原告起诉请求被告承担环境污染、生态破坏责任的,应当提供被告行为与损害之间具有关联性的证据。

人民法院应当根据当事人提交的证据,结合污染环境、破坏生态的行为方式、污染物的性质、环境介质的类型、生态因素的特征、时间顺序、空间距离等因素,综合判断被告行为与损害之间的关联性是否成立。

第6条 被告应当就其行为与损害之间不存在因果关系承担举证责任。

被告主张不承担责任或者减轻责任的,应当就法律规定的不承担责任或者减轻责任的情形承担举证责任。

第7条 被告证明其排放的污染物、释放的生态因素、产生的生态影响未到达损害发生地,或者其行为在损害发生后才实施且未加重损害后果,或者存在其行为不可能导致损害发生的其他情形的,人民法院应当认定被告行为与损害之间不存在因果关系。

第8条 对于发生法律效力的刑事裁判、行政裁判因未达到证明标准未予认定的事实,在因同一污染环境、破坏生态行为提起的生态环境侵权民事诉讼中,人民法院根据有关事实和证据确信待证事实的存在具有高度可能性的,应当认定该事实存在。

第9条 对于人民法院在生态环境保护民事公益诉讼生效裁判中确认的基本事实,当事人在因同一污染环境、破坏生态行为提起的人身、财产损害赔偿诉讼中无需举证证明,但有相反证据足以推翻的除外。

第10条 对于可能损害国家利益、社会公共利益的事实,双方当事人未主张或者无争议,人民法院认为可能影响裁判结果的,可以责令当事人提供有关证据。

前款规定的证据,当事人申请人民法院调查收集,符合《最高人民法院关于适用〈中华人民共和国民事诉讼法〉的解释》第九十四条规定情形的,人民法院应当准许;人民法院认为有必要的,可以依职权调查收集。

第11条 实行环境资源案件集中管辖的法院,可以委托侵权行为实施地、侵权结果发生地、被告住所地等人民法院调查收集证据。受委托法院应当在收到委托函次日起三十日内完成委托事项,并将调查收集的证据及有关笔录移送委托法院。

受委托法院未能完成委托事项的,应当向委托法院书面告知有关情况及未能完成的原因。

第12条 当事人或者利害关系人申请保全环境污染、生态破坏相关证据的,人民法院应当结合下列因素进行审查,确定是否采取保全措施:

(一)证据灭失或者以后难以取得的可能性;

(二)证据对证明待证事实有无必要;

(三)申请人自行收集证据是否存在困难;

(四)有必要采取证据保全措施的其他因素。

第13条 在符合证据保全目的的情况下,人民法院应当选择对证据持有人利益影响最小的保全措施,尽量减少对保全标的物价值的损害和对证据持有人生产、生活的影响。

确需采取查封、扣押等限制保全标的物使用的保全措施的,人民法院应当及时组织当事人对保全的证据进行质证。

第 14 条 人民法院调查收集、保全或者勘验涉及环境污染、生态破坏专门性问题的证据,应当遵守相关技术规范。必要时,可以通知鉴定人到场,或者邀请负有环境资源保护监督管理职责的部门派员协助。

第 15 条 当事人向人民法院提交证据后申请撤回该证据,或者声明不以该证据证明案件事实的,不影响其他当事人援引该证据证明案件事实以及人民法院对该证据进行审查认定。

当事人放弃使用人民法院依其申请调查收集或者保全的证据的,按照前款规定处理。

第 16 条 对于查明环境污染、生态破坏案件事实的专门性问题,人民法院经审查认为有必要的,应当根据当事人的申请或者依职权委托具有相应资格的机构、人员出具鉴定意见。

第 17 条 对于法律适用、当事人责任划分等非专门性问题,或者虽然属于专门性问题,但可以通过法庭调查、勘验等其他方式查明的,人民法院不予委托鉴定。

第 18 条 鉴定人需要邀请其他机构、人员完成部分鉴定事项的,应当向人民法院提出申请。

人民法院经审查认为确有必要的,在听取双方当事人意见后,可以准许,并告知鉴定人对最终鉴定意见承担法律责任;主要鉴定事项由其他机构、人员实施的,人民法院不予准许。

第 19 条 未经人民法院准许,鉴定人邀请其他机构、人员完成部分鉴定事项的,鉴定意见不得作为认定案件事实的根据。

前款情形,当事人申请退还鉴定费用的,人民法院应当在三日内作出裁定,责令鉴定人退还;拒不退还的,由人民法院依法执行。

第 20 条 鉴定人提供虚假鉴定意见的,该鉴定意见不得作为认定案件事实的根据。人民法院可以依照民事诉讼法第一百一十四条的规定进行处理。

鉴定事项由其他机构、人员完成,其他机构、人员提供虚假鉴定意见的,按照前款规定处理。

第 21 条 因没有鉴定标准、成熟的鉴定方法、相应资格的鉴定人等原因无法进行鉴定,或者鉴定周期过长、费用过高的,人民法院可以结合案件有关事实、当事人申请的有专门知识的人的意见和其他证据,对涉及专门性问题的事实作出认定。

第 22 条 当事人申请有专门知识的人出庭,就鉴定意见或者污染物认定、损害结果、因果关系、生态环境修复方案、生态环境修复费用、生态环境受到损害至修复完成期间服务功能丧失导致的损失、生态环境功能永久性损害造成的损失等专业问题提出意见的,人民法院可以准许。

对方当事人以有专门知识的人不具备相应资格为由提出异议的,人民法院对该异议不予支持。

第 23 条 当事人就环境污染、生态破坏的专门性问题自行委托有关机构、人员出具的意见,人民法院应当结合本案的其他证据,审查确定能否作为认定案件事实的根据。

对方当事人对该意见有异议的,人民法院应当告知提供意见的当事人可以申请出具意见的机构或者人员出庭陈述意见;

未出庭的，该意见不得作为认定案件事实的根据。

第 24 条 负有环境资源保护监督管理职责的部门在其职权范围内制作的处罚决定等文书所记载的事项推定为真实，但有相反证据足以推翻的除外。

人民法院认为有必要的，可以依职权对上述文书的真实性进行调查核实。

第 25 条 负有环境资源保护监督管理职责的部门及其所属或者委托的监测机构在行政执法过程中收集的监测数据、形成的事件调查报告、检验检测报告、评估报告等材料，以及公安机关单独或者会同负有环境资源保护监督管理职责的部门提取样品进行检测获取的数据，经当事人质证，可以作为认定案件事实的根据。

第 26 条 对于证明环境污染、生态破坏案件事实有重要意义的书面文件、数据信息或者录音、录像等证据在对方当事人控制之下的，承担举证责任的当事人可以根据《最高人民法院关于适用〈中华人民共和国民事诉讼法〉的解释》第一百一十二条的规定，书面申请人民法院责令对方当事人提交。

第 27 条 承担举证责任的当事人申请人民法院责令对方当事人提交证据的，应当提供有关证据的名称、主要内容、制作人、制作时间或者其他可以将有关证据特定化的信息。根据申请人提供的信息不能使证据特定化的，人民法院不予准许。

人民法院应当结合申请人是否参与证据形成过程、是否接触过该证据等因素，综合判断其提供的信息是否达到证据特定化的要求。

第 28 条 承担举证责任的当事人申请人民法院责令对方当事人提交证据的，应当提出证据由对方当事人控制的依据。对方当事人否认控制有关证据的，人民法院应当根据法律规定、当事人约定、交易习惯等因素，结合案件的事实、证据作出判断。

有关证据虽未由对方当事人直接持有，但在其控制范围之内，其获取不存在客观障碍的，人民法院应当认定有关证据由其控制。

第 29 条 法律、法规、规章规定当事人应当披露或者持有的关于其排放的主要污染物名称、排放方式、排放浓度和总量、超标排放情况、防治污染设施的建设和运行情况、生态环境开发利用情况、生态环境违法信息等环境信息，属于《最高人民法院关于民事诉讼证据的若干规定》第四十七条第一款第三项规定的"对方当事人依照法律规定有权查阅、获取的书证"。

第 30 条 在环境污染责任纠纷、生态破坏责任纠纷案件中，损害事实成立，但人身、财产损害赔偿数额难以确定的，人民法院可以结合侵权行为对原告造成损害的程度、被告因侵权行为获得的利益以及过错程度等因素，并可以参考负有环境资源保护监督管理职责的部门的意见等，合理确定。

第 31 条 在生态环境保护民事公益诉讼案件中，损害事实成立，但生态环境修复费用、生态环境受到损害至修复完成期间服务功能丧失导致的损失、生态环境功能永久性损害造成的损失等数额难以确定的，人民法院可以根据污染环境、破坏生态的范围和程度等已查明的案件事实，结合生态环境及其要素的稀缺性、生态环境恢复的难易程度、防治污染设备的运行成本、被告因侵权行为获得的利益以及过错程度等因素，并可以参考负有环境资源保护监督管理职责的部门的意见等，合理确定。

第 32 条 本规定未作规定的，适用《最高人民法院关于民事诉讼证据的若干规定》。

第 33 条 人民法院审理人民检察院提起的环境污染民事公益诉讼案件、生态破坏民事公益诉讼案件，参照适用本规定。

第 34 条 本规定自 2023 年 9 月 1 日起施行。

本规定公布施行后，最高人民法院以前发布的司法解释与本规定不一致的，不再适用。

《最高人民法院关于审理民间借贷案件适用法律若干问题的规定》（法释〔2015〕18 号 2020 年 12 月 29 日修正）

第 15 条 原告仅依据借据、收据、欠条等债权凭证提起民间借贷诉讼，被告抗辩已经偿还借款的，被告应当对其主张提供证据证明。被告提供相应证据证明其主张后，原告仍应就借贷关系的存续承担举证责任。

被告抗辩借贷行为尚未实际发生并能作出合理说明的，人民法院应当结合借贷金额、款项交付、当事人的经济能力、当地或者当事人之间的交易方式、交易习惯、当事人财产变动情况以及证人证言等事实和因素，综合判断查证借贷事实是否发生。

第 16 条 原告仅依据金融机构的转账凭证提起民间借贷诉讼，被告抗辩转账系偿还双方之前借款或者其他债务的，被告应当对其主张提供证据证明。被告提供相应证据证明其主张后，原告仍应就借贷关系的成立承担举证责任。

《最高人民法院关于审理建设工程施工合同纠纷案件适用法律问题的解释（一）》（法释〔2020〕25 号 2020 年 12 月 29 日）

第 6 条 建设工程施工合同无效，一方当事人请求对方赔偿损失的，应当就对方过错、损失大小、过错与损失之间的因果关系承担举证责任。

损失大小无法确定，一方当事人请求参照合同约定的质量标准、建设工期、工程价款支付时间等内容确定损失大小的，人民法院可以结合双方过错程度、过错与损失之间的因果关系等因素作出裁判。

第 32 条 当事人对工程造价、质量、修复费用等专门性问题有争议，人民法院认为需要鉴定的，应当向负有举证责任的当事人释明。当事人经释明未申请鉴定，虽申请鉴定但未支付鉴定费用或者拒不提供相关材料的，应当承担举证不能的法律后果。

一审诉讼中负有举证责任的当事人未申请鉴定，虽申请鉴定但未支付鉴定费用或者拒不提供相关材料，二审诉讼中申请鉴定，人民法院认为确有必要的，应当依照民事诉讼法第一百七十条[90]第一款第三项的规定处理。

《最高人民法院关于审理信用证纠纷案件若干问题的规定》（法释〔2005〕13 号 2020 年 12 月 29 日修正）

第 8 条 凡有下列情形之一的，应当认定存在信用证欺诈：

（一）受益人伪造单据或者提交记载内容虚假的单据；

（二）受益人恶意不交付货物或者交付的货物无价值；

（三）受益人和开证申请人或者其他

---

[90]《民事诉讼法》（2023 年修正）第 177 条。

第三方串通提交假单据，而没有真实的基础交易；

（四）其他进行信用证欺诈的情形。

《最高人民法院关于审理独立保函纠纷案件若干问题的规定》（法释〔2016〕24号 2020年12月29日修正）

第12条 具有下列情形之一的，人民法院应当认定构成独立保函欺诈：

（一）受益人与保函申请人或其他人串通，虚构基础交易的；

（二）受益人提交的第三方单据系伪造或内容虚假的；

（三）法院判决或仲裁裁决认定基础交易债务人没有付款或赔偿责任的；

（四）受益人确认基础交易债务已得到完全履行或者确认独立保函载明的付款到期事件并未发生的；

（五）受益人明知其没有付款请求权仍滥用该权利的其他情形。

《最高人民法院关于审理侵害知识产权民事案件适用惩罚性赔偿的解释》（法释〔2021〕4号 2021年3月2日）

第3条 对于侵害知识产权的故意的认定，人民法院应当综合考虑被侵害知识产权客体类型、权利状态和相关产品知名度、被告与原告或者利害关系人之间的关系等因素。

对于下列情形，人民法院可以初步认定被告具有侵害知识产权的故意：

（一）被告经原告或者利害关系人通知、警告后，仍继续实施侵权行为的；

（二）被告或其法定代表人、管理人是原告或者利害关系人的法定代表人、管理人、实际控制人的；

（三）被告与原告或者利害关系人之间存在劳动、劳务、合作、许可、经销、代理、代表等关系，且接触过被侵害的知识产权的；

（四）被告与原告或者利害关系人之间有业务往来或者为达成合同等进行过磋商，且接触过被侵害的知识产权的；

（五）被告实施盗版、假冒注册商标行为的；

（六）其他可以认定为故意的情形。

《最高人民法院关于审理侵犯商业秘密民事案件适用法律若干问题的规定》（法释〔2020〕7号 2020年9月10日）

第4条 具有下列情形之一的，人民法院可以认定有关信息为公众所知悉：

（一）该信息在所属领域属于一般常识或者行业惯例的；

（二）该信息仅涉及产品的尺寸、结构、材料、部件的简单组合等内容，所属领域的相关人员通过观察上市产品即可直接获得的；

（三）该信息已经在公开出版物或者其他媒体上公开披露的；

（四）该信息已通过公开的报告会、展览等方式公开的；

（五）所属领域的相关人员从其他公开渠道可以获得该信息的。

将为公众所知悉的信息进行整理、改进、加工后形成的新信息，符合本规定第三条规定的，应当认定该新信息不为公众所知悉。

《最高人民法院关于适用〈中华人民共和国反不正当竞争法〉若干问题的解释》（法释〔2022〕9号 2022年3月16日）

第17条 经营者具有下列行为之一，欺骗、误导相关公众的，人民法院可以认定为反不正当竞争法第八条第一款规定的"引人误解的商业宣传"：

（一）对商品作片面的宣传或者对比；

（二）将科学上未定论的观点、现象等当作定论的事实用于商品宣传；

（三）使用歧义性语言进行商业宣传；

（四）其他足以引人误解的商业宣传行为。

人民法院应当根据日常生活经验、相关公众一般注意力、发生误解的事实和被宣传对象的实际情况等因素，对引人误解的商业宣传行为进行认定。

《最高人民法院关于审理银行卡民事纠纷案件若干问题的规定》（法释〔2021〕10号 2021年5月24日）

第4条 持卡人主张争议交易为伪卡盗刷交易或者网络盗刷交易的，可以提供生效法律文书、银行卡交易时真卡所在地、交易行为地、账户交易明细、交易通知、报警记录、挂失记录等证据材料进行证明。

发卡行、非银行支付机构主张争议交易为持卡人本人交易或者其授权交易的，应当承担举证责任。发卡行、非银行支付机构可以提供交易单据、对账单、监控录像、交易身份识别信息、交易验证信息等证据材料进行证明。

第5条 在持卡人告知发卡行其账户发生非因本人交易或本人授权交易导致的资金或者透支数额变动后，发卡行未及时向持卡人核实银行卡的持有及使用情况，未及时提供或者保存交易单据、监控录像等证据材料，导致有关证据材料无法取得的，应承担举证不能的法律后果。

第6条 人民法院应当全面审查当事人提交的证据，结合银行卡交易行为地与真卡所在地距离、持卡人是否进行了基础交易、交易时间和报警时间、持卡人用卡习惯、银行卡被盗刷的次数及频率、交易系统、技术和设备是否具有安全性等事实，综合判断是否存在伪卡盗刷交易或者网络盗刷交易。

《最高人民法院关于适用〈中华人民共和国民法典〉物权编的解释（一）》（法释〔2020〕24号 2020月12月29日）

第14条 受让人受让不动产或者动产时，不知道转让人无处分权，且无重大过失的，应当认定受让人为善意。

真实权利人主张受让人不构成善意的，应当承担举证证明责任。

第15条 具有下列情形之一的，应当认定不动产受让人知道转让人无处分权：

（一）登记簿上存在有效的异议登记；

（二）预告登记有效期内，未经预告登记的权利人同意；

（三）登记簿上已经记载司法机关或者行政机关依法裁定、决定查封或者以其他形式限制不动产权利的有关事项；

（四）受让人知道登记簿上记载的权利主体错误；

（五）受让人知道他人已经依法享有不动产物权。

真实权利人有证据证明不动产受让人应当知道转让人无处分权的，应当认定受让人具有重大过失。

第16条 受让人受让动产时，交易的对象、场所或者时机等不符合交易习惯的，应当认定受让人具有重大过失。

《最高人民法院关于审理使用人脸识别技术处理个人信息相关民事案件适用法律若干问题的规定》（法释〔2021〕15号 2021年7月27日）

第6条 当事人请求信息处理者承担民事责任的，人民法院应当依据民事诉讼法第六十四条[91]及《最高人民法院关于适用〈中华人民共和国民事诉讼法〉的解

---

[91]《民事诉讼法》（2023年修正）第67条。

释》第九十条、第九十一条,《最高人民法院关于民事诉讼证据的若干规定》的相关规定确定双方当事人的举证责任。

信息处理者主张其行为符合民法典第一千零三十五条第一款规定情形的,应当就此所依据的事实承担举证责任。

信息处理者主张其不承担民事责任的,应当就其行为符合本规定第五条规定的情形承担举证责任。

《最高人民法院关于审理医疗损害责任纠纷案件适用法律若干问题的解释》(法释〔2017〕20号 2020年12月29日修正)

第4条 患者依据民法典第一千二百一十八条规定主张医疗机构承担赔偿责任的,应当提交到该医疗机构就诊、受到损害的证据。

患者无法提交医疗机构或者其医务人员有过错、诊疗行为与损害之间具有因果关系的证据,依法提出医疗损害鉴定申请的,人民法院应予准许。

医疗机构主张不承担责任的,应当就民法典第一千二百二十四条第一款规定情形等抗辩事由承担举证证明责任。

第5条 患者依据民法典第一千二百一十九条规定主张医疗机构承担赔偿责任的,应当按照前条第一款规定提交证据。

实施手术、特殊检查、特殊治疗的,医疗机构应当承担说明义务并取得患者或者患者近亲属明确同意,但属于民法典第一千二百二十条规定情形的除外。医疗机构提交患者或者患者近亲属明确同意证据的,人民法院可以认定医疗机构尽到说明义务,但患者有相反证据足以反驳的除外。

第6条 民法典第一千二百二十二条规定的病历资料包括医疗机构保管的门诊病历、住院志、体温单、医嘱单、检验报告、医学影像检查资料、特殊检查(治疗)同意书、手术同意书、手术及麻醉记录、病理资料、护理记录、出院记录以及国务院卫生行政主管部门规定的其他病历资料。

患者依法向人民法院申请医疗机构提交由其保管的与纠纷有关的病历资料等,医疗机构未在人民法院指定期限内提交的,人民法院可以依照民法典第一千二百二十二条第二项规定推定医疗机构有过错,但是因不可抗力等客观原因无法提交的除外。

第7条 患者依据民法典第一千二百二十三条规定请求赔偿的,应当提交使用医疗产品或者输入血液、受到损害的证据。

患者无法提交使用医疗产品或者输入血液与损害之间具有因果关系的证据,依法申请鉴定的,人民法院应予准许。

医疗机构,医疗产品的生产者、销售者、药品上市许可持有人或者血液提供机构主张不承担责任的,应当对医疗产品不存在缺陷或者血液合格等抗辩事由承担举证证明责任。

《最高人民法院关于适用〈中华人民共和国民法典〉婚姻家庭编的解释(一)》(法释〔2020〕22号 2020年12月29日)

第39条 父或者母向人民法院起诉请求否认亲子关系,并已提供必要证据予以证明,另一方没有相反证据又拒绝做亲子鉴定的,人民法院可以认定否认亲子关系一方的主张成立。

父或者母以及成年子女起诉请求确认亲子关系,并提供必要证据予以证明,另一方没有相反证据又拒绝做亲子鉴定的,人民法院可以认定确认亲子关系一方的主张成立。

最高院裁判观点

1. 盐城市某食品有限公司诉某自来水有限公司供用水合同纠纷案【《最高人民法院公报》2020年第3期】

裁判要旨：在供水合同关系中，供水方自来水公司承担的安装、更换、维修水表以及供水等义务是一种公共服务。用水方系被动接受水表和计量结果。水表更换前后，在用水方生产量基本不变且无管道跑水故障的情况下，水表显示用于生产的用水量却大幅增加，有悖常理。由此引发争议时，人民法院应当根据民事诉讼证明原则和日常经验法则，对案件事实作出综合判断并公平合理地确定计算方法和损失数额。

2. 赵某诉项某、何某民间借贷纠纷案【《最高人民法院公报》2014年第12期】

裁判要旨：（1）夫妻一方具有和第三人恶意串通、通过虚假诉讼虚构婚内债务嫌疑的，该夫妻一方单方自认债务，并不必然免除"出借人"对借贷关系成立并生效的事实应承担的举证责任。（2）借款人配偶未参加诉讼且出借人及借款人均未明确表示放弃该配偶可能承担的债务份额的，为查明案件事实，应依法追加与案件审理结果具有利害关系的借款人配偶作为第三人参加诉讼，以形成实质性的对抗。（3）出借人仅提供借据佐证借贷关系的，应深入调查辅助性事实以判断借贷合意的真实性，如举债的必要性、款项用途的合理性等。出借人无法提供证据证明借款交付事实的，应综合考虑出借人的经济状况、资金来源、交付方式、在场见证人等因素判断当事人陈述的可信度。对于大额借款仅有借据而无任何交付凭证、当事人陈述有重大疑点或矛盾之处的，应依据证据规则认定"出借人"未完成举证义务，判决驳回其诉讼请求。

文书范本

申请书（申请人民法院调查收集证据用）

申 请 书

申请人：×××，男/女，××××年××月××日出生，×族，……（写明工作单位和职务或者职业），住……。联系方式：……。

法定代理人/指定代理人：×××，……。

委托诉讼代理人：×××，……。

(以上写明申请人和其他诉讼参加人的姓名或者名称等基本信息)

请求事项：

申请你院调查收集……（写明证据名称）。

事实和理由：

你院（××××）……号……（写明当事人和案由）一案，……（写明申请人因客观原因不能自行收集，申请法院调查收集证据的理由。）

此致

××××人民法院

申请人（签名或者公章）
××××年××月××日

文书制作要点提示：

①当事人是法人或者其他组织的，写明名称住所，另起一行写明法定代表人、主要负责人及其姓名、职务、联系方式。

②需要法院收集的证据要具体明确，并写清楚不能自行收集的客观原因。

③当事人和其他诉讼参加人因客观原因不能自行收集的证据，可以在举证期限届满前书面申请人民法院调查收集。

第六十八条　举证期限及逾期后果

当事人对自己提出的主张应当及时提供证据。

人民法院根据当事人的主张和案件审理情况，确定当事人应当提供的证据及其期限。当事人在该期限内提供证据确有困难的，可以向人民法院申请延长期限，人民法院根据当事人的申请适当延长。当事人逾期提供证据的，人民法院应当责令其说明理由；拒不说明理由或者理由不成立的，人民法院根据不同情形可以不予采纳该证据，或者采纳该证据但予以训诫、罚款。

相关规定

◎司法解释及文件

《最高人民法院关于适用〈中华人民共和国民事诉讼法〉的解释》（法释〔2022〕11号　2022年4月1日修正）

第99条　人民法院应当在审理前的准备阶段确定当事人的举证期限。举证期限可以由当事人协商，并经人民法院准许。

人民法院确定举证期限，第一审普通程序案件不得少于十五日，当事人提供新的证据的第二审案件不得少于十日。

举证期限届满后，当事人对已经提供的证据，申请提供反驳证据或者对证据来源、形式等方面的瑕疵进行补正的，人民法院可以酌情再次确定举证期限，该期限不受前款规定的限制。

第100条　当事人申请延长举证期限的，应当在举证期限届满前向人民法院提出书面申请。

申请理由成立的，人民法院应当准许，适当延长举证期限，并通知其他当事人。延长的举证期限适用于其他当事人。

申请理由不成立的，人民法院不予准许，并通知申请人。

第101条　当事人逾期提供证据的，人民法院应当责令其说明理由，必要时可以要求其提供相应的证据。

当事人因客观原因逾期提供证据，或者对方当事人对逾期提供证据未提出异议的，视为未逾期。

第102条　当事人因故意或者重大过失逾期提供的证据，人民法院不予采纳。但该证据与案件基本事实有关的，人民法院应当采纳，并依照民事诉讼法第六十八条、第一百一十八条第一款的规定予以训诫、罚款。

当事人非因故意或者重大过失逾期提供的证据，人民法院应当采纳，并对当事人予以训诫。

当事人一方要求另一方赔偿因逾期提供证据致使其增加的交通、住宿、就餐、误工、证人出庭作证等必要费用的，人民法院可予支持。

第231条　当事人在法庭上提出新的

证据的,人民法院应当依照民事诉讼法第六十八条第二款规定和本解释相关规定处理。

第385条 再审申请人提供的新的证据,能够证明原判决、裁定认定基本事实或者裁判结果错误的,应当认定为民事诉讼法第二百零七条第一项规定的情形。

对于符合前款规定的证据,人民法院应当责令再审申请人说明其逾期提供该证据的理由;拒不说明理由或者理由不成立的,依照民事诉讼法第六十八条第二款和本解释第一百零二条的规定处理。

第386条 再审申请人证明其提交的新的证据符合下列情形之一的,可以认定逾期提供证据的理由成立:

(一)在原审庭审结束前已经存在,因客观原因于庭审结束后才发现的;

(二)在原审庭审结束前已经发现,但因客观原因无法取得或者在规定的期限内不能提供的;

(三)在原审庭审结束后形成,无法据此另行提起诉讼的。

再审申请人提交的证据在原审中已经提供,原审人民法院未组织质证且未作为裁判根据的,视为逾期提供证据的理由成立,但原审人民法院依照民事诉讼法第六十八条规定不予采纳的除外。

《最高人民法院关于民事诉讼证据的若干规定》(法释〔2019〕19号 2019年12月25日)

三、举证时限与证据交换

第49条 被告应当在答辩期届满前提出书面答辩,阐明其对原告诉讼请求及所依据的事实和理由的意见。

第50条 人民法院应当在审理前的准备阶段向当事人送达举证通知书。举证通知书应当载明举证责任的分配原则和要求、可以向人民法院申请调查收集证据的情形、人民法院根据案件情况指定的举证期限以及逾期提供证据的法律后果等内容。

第51条 举证期限可以由当事人协商,并经人民法院准许。

人民法院指定举证期限的,适用第一审普通程序审理的案件不得少于十五日,当事人提供新的证据的第二审案件不得少于十日。适用简易程序审理的案件不得超过十五日,小额诉讼案件的举证期限一般不得超过七日。

举证期限届满后,当事人提供反驳证据或者对已经提供的证据的来源、形式等方面的瑕疵进行补正的,人民法院可以酌情再次确定举证期限,该期限不受前款规定的期间限制。

第52条 当事人在举证期限内提供证据存在客观障碍,属于民事诉讼法第六十五条[92]第二款规定的"当事人在该期限内提供证据确有困难"的情形。

前款情形,人民法院应当根据当事人的举证能力、不能在举证期限内提供证据的原因等因素综合判断。必要时,可以听取对方当事人的意见。

第53条 诉讼过程中,当事人主张的法律关系性质或者民事行为效力与人民法院根据案件事实作出的认定不一致的,人民法院应当将法律关系性质或者民事行为效力作为焦点问题进行审理。但法律关系性质对裁判理由及结果没有影响,或者有关问题已经当事人充分辩论的除外。

存在前款情形,当事人根据法庭审理情况变更诉讼请求的,人民法院应当准许

---

[92]《民事诉讼法》(2023年修正)第68条。

并可以根据案件的具体情况重新指定举证期限。

第 54 条 当事人申请延长举证期限的，应当在举证期限届满前向人民法院提出书面申请。

申请理由成立的，人民法院应当准许，适当延长举证期限，并通知其他当事人。延长的举证期限适用于其他当事人。

申请理由不成立的，人民法院不予准许，并通知申请人。

第 55 条 存在下列情形的，举证期限按照如下方式确定：

（一）当事人依照民事诉讼法第一百二十七条[93]规定提出管辖权异议的，举证期限中止，自驳回管辖权异议的裁定生效之日起恢复计算；

（二）追加当事人、有独立请求权的第三人参加诉讼或者无独立请求权的第三人经人民法院通知参加诉讼的，人民法院应当依照本规定第五十一条的规定为新参加诉讼的当事人确定举证期限，该举证期限适用于其他当事人；

（三）发回重审的案件，第一审人民法院可以结合案件具体情况和发回重审的原因，酌情确定举证期限；

（四）当事人增加、变更诉讼请求或者提出反诉的，人民法院应当根据案件具体情况重新确定举证期限；

（五）公告送达的，举证期限自公告期届满之次日起计算。

第 56 条 人民法院依照民事诉讼法第一百三十三条[94]第四项的规定，通过组织证据交换进行审理前准备的，证据交换之日举证期限届满。

证据交换的时间可以由当事人协商一致并经人民法院认可，也可以由人民法院指定。当事人申请延期举证经人民法院准许的，证据交换日相应顺延。

第 57 条 证据交换应当在审判人员的主持下进行。

在证据交换的过程中，审判人员对当事人无异议的事实、证据应当记录在卷；对有异议的证据，按照需要证明的事实分类记录在卷，并记载异议的理由。通过证据交换，确定双方当事人争议的主要问题。

第 58 条 当事人收到对方的证据后有反驳证据需要提交的，人民法院应当再次组织证据交换。

第 59 条 人民法院对逾期提供证据的当事人处以罚款的，可以结合当事人逾期提供证据的主观过错程度、导致诉讼迟延的情况、诉讼标的金额等因素，确定罚款数额。

《最高人民法院关于适用〈关于民事诉讼证据的若干规定〉中有关举证时限规定的通知》（法发〔2008〕42号 2008年12月11日）

全国地方各级人民法院、各级军事法院、各铁路运输中级法院和基层法院、各海事法院，新疆生产建设兵团各级法院：

《最高人民法院关于民事诉讼证据的若干规定》（以下简称《证据规定》）自2002年4月1日施行以来，对于指导和规范人民法院的审判活动，提高诉讼当事人的证据意识，促进民事审判活动公正有序地开展，起到了积极的作用。但随着新情况、新问题的出现，一些地方对《证据规定》中的个别条款，特别是有关举证时限

---

[93]《民事诉讼法》（2023年修正）第130条。
[94]《民事诉讼法》（2023年修正）第136条。

的规定理解不统一。为切实保障当事人诉讼权利的充分行使,保障人民法院公正高效行使审判权,现将适用《证据规定》中举证时限规定等有关问题通知如下:

一、关于第三十三条第三款规定的举证期限问题。《证据规定》第三十三条第三款规定的举证期限是指在适用一审普通程序审理民事案件时,人民法院指定当事人提供证据证明其主张的基础事实的期限,该期限不得少于三十日。但是人民法院在征得双方当事人同意后,指定的举证期限可以少于三十日。前述规定的举证期限届满后,针对某一特定事实或特定证据或者基于特定原因,人民法院可以根据案件的具体情况,酌情指定当事人提供证据或者反证的期限,该期限不受"不得少于三十日"的限制。

二、关于适用简易程序审理案件的举证期限问题。适用简易程序审理的案件,人民法院指定的举证期限不受《证据规定》第三十三条第三款规定的限制,可以少于三十日。简易程序转为普通程序审理,人民法院指定的举证期限少于三十日的,人民法院应当为当事人补足不少于三十日的举证期限。但在征得当事人同意后,人民法院指定的举证期限可以少于三十日。

三、关于当事人提出管辖权异议后的举证期限问题。当事人在一审答辩期内提出管辖权异议的,人民法院应当在驳回当事人管辖权异议的裁定生效后,依照《证据规定》第三十三条第三款的规定,重新指定不少于三十日的举证期限。但在征得当事人同意后,人民法院可以指定少于三十日的举证期限。

四、关于对人民法院依职权调查收集的证据提出相反证据的举证期限问题。人民法院依照《证据规定》第十五条调查收集的证据在庭审中出示后,当事人要求提供相反证据的,人民法院可以酌情确定相应的举证期限。

五、关于增加当事人时的举证期限问题。人民法院在追加当事人或者有独立请求权的第三人参加诉讼的情况下,应当依照《证据规定》第三十三条第三款的规定,为新参加诉讼的当事人指定举证期限。该举证期限适用于其他当事人。

六、关于当事人申请延长举证期限的问题。当事人申请延长举证期限经人民法院准许的,为平等保护双方当事人的诉讼权利,延长的举证期限适用于其他当事人。

七、关于增加、变更诉讼请求以及提出反诉时的举证期限问题。当事人在一审举证期限内增加、变更诉讼请求或者提出反诉,或者人民法院依照《证据规定》第三十五条的规定告知当事人可以变更诉讼请求后,当事人变更诉讼请求的,人民法院应当根据案件的具体情况重新指定举证期限。当事人对举证期限有约定的,依照《证据规定》第三十三条第二款的规定处理。

八、关于二审新的证据举证期限的问题。在第二审人民法院审理中,当事人申请提供新的证据的,人民法院指定的举证期限,不受"不得少于三十日"的限制。

九、关于发回重审案件举证期限问题。发回重审的案件,第一审人民法院在重新审理时,可以结合案件的具体情况和发回重审的原因等情况,酌情确定举证期限。如果案件是因违反法定程序被发回重审的,人民法院在征求当事人的意见后,可以不再指定举证期限或者酌情指定举证期限。但案件因遗漏当事人被发回重审的,按照本通知第五条处理。如果案件是因认定事实不清、证据不足发回重审的,人民法院可以要求当事人协商确定举证期限，或者酌情指定举证期限。上述举证期限不受"不得少于三十日"的限制。

十、关于新的证据的认定问题。人民法院对于"新的证据"，应当依照《证据规定》第四十一条、第四十二条、第四十三条、第四十四条的规定，结合以下因素综合认定：

（一）证据是否在举证期限或者《证据规定》第四十一条、第四十四条规定的其他期限内已经客观存在；

（二）当事人未在举证期限或者司法解释规定的其他期限内提供证据，是否存在故意或者重大过失的情形。

最高院裁判观点

福某斯公司与天津市某供热服务中心占有物返还纠纷案【（2015）民一终字第105号】

裁判要旨： 本院认为，即使福某斯公司所述逾期提供证据的事由属实，但该情形显然不属于"客观原因"。此外，当事人之间重要协议文件的废止显属本案争议的极端重要事项。但本案事实却表明，福某斯公司在一审期间向法院提交了其现主张已经废止的相关协议等证据，明确提出华某公司基于该等协议享有案涉资产所有权且其已通过买卖合同等享有案涉供热资产的所有权等权利的诉讼理由，而没有向一审法院提及该重要事实。即便福某斯公司确因交接问题未能如期提交相关证据，但上述事实已使福某斯公司二审所述逾期提交相关"新证据"的理由欠缺起码的合理性。由于福某斯公司逾期提供该等证据不属于客观原因所致，其所持理由也明显不能成立，依照民事诉讼法及司法解释的规定，应认定其构成重大过失，本院均应不予采信。

文书范本

申请书（申请延长举证期限用）

申请书

申请人：×××，男/女，××××年××月××日出生，×族，……（写明工作单位和职务或者职业），住……。联系方式：……。

法定代理人/指定代理人：×××，……。

委托诉讼代理人：×××，……。

（以上写明申请人和其他诉讼参加人的姓名或者名称等基本信息）

请求事项：

申请延长你院（××××）……号……（写明当事人和案由）一案的举证期限至××××年××月××日。

事实和理由：

申请人×××与×××……（写明案由）一案，原定举证期限自××××年××月××日至××××年××月××日。……（写明申请延长举证期限的理由）。

此致

××××人民法院

申请人（签名或者公章）

××××年××月××日

文书制作要点提示：

①当事人是法人或者其他组织的，写明名称住所，另起一行写明法定代表人、主要负责人及其姓名、职务、联系方式。

②注意应当在举证期限届满前向法院提出申请，重点写明需要延长举证期限的客观原因。对是否存在客观困难，法院一般根据举证能力、不能提供证据的原因等案件具体情况综合判断。

第六十九条　人民法院签收证据

人民法院收到当事人提交的证据材料，应当出具收据，写明证据名称、页数、份数、原件或者复印件以及收到时间等，并由经办人员签名或者盖章。

■ 相关规定

◎ 司法解释及文件

《最高人民法院关于民事诉讼证据的若干规定》（法释〔2019〕19号　2019年12月25日）

第19条　当事人应当对其提交的证据材料逐一分类编号，对证据材料的来源、证明对象和内容作简要说明，签名盖章，注明提交日期，并依照对方当事人人数提出副本。

人民法院收到当事人提交的证据材料，应当出具收据，注明证据的名称、份数和页数以及收到的时间，由经办人员签名或者盖章。

第七十条　人民法院调查取证

人民法院有权向有关单位和个人调查取证，有关单位和个人不得拒绝。

人民法院对有关单位和个人提出的证明文书，应当辨别真伪，审查确定其效力。

■ 条文注解

对证明文书的审查主要从两方面进行。首先，应当对证明文书的形式证明力进行审查，即对书证的真伪作出确认。如果证明文书本身是伪造的，那么就根本谈不到证明力的问题。其次，应当从实质上看证明文书是否能证明待证的事实。只有形式和实质上符合要求的证明文书，人民法院才能确认其证明力。

■ 相关规定

◎ 司法解释及文件

《最高人民法院关于适用〈中华人民共和国民事诉讼法〉的解释》（法释〔2022〕11号　2022年4月1日修正）

第97条　人民法院调查收集证据，应当由两人以上共同进行。调查材料要由调查人、被调查人、记录人签名、捺印或者盖章。

第114条　国家机关或者其他依法具有社会管理职能的组织，在其职权范围内制作的文书所记载的事项推定为真实，但有相反证据足以推翻的除外。必要时，人民法院可以要求制作文书的机关或者组织对文书的真实性予以说明。

第115条　单位向人民法院提出的证明材料，应当由单位负责人及制作证明材料的人员签名或者盖章，并加盖单位印章。人民法院就单位出具的证明材料,可以向单位及制作证明材料的人员进行调查核实。必要时,可以要求制作证明材料的人员出庭作证。

单位及制作证明材料的人员拒绝人民法院调查核实,或者制作证明材料的人员无正当理由拒绝出庭作证的,该证明材料不得作为认定案件事实的根据。

《最高人民法院关于民事诉讼证据的若干规定》(法释〔2019〕19 号 2019 年 12 月 25 日)

第 21 条 人民法院调查收集的书证,可以是原件,也可以是经核对无误的副本或者复制件。是副本或复制件的,应当在调查笔录中说明来源和取证情况。

第 22 条 人民法院调查收集的物证应当是原物。被调查人提供原物确有困难的,可以提供复制品或者影像资料。提供复制品或者影像资料的,应当在调查笔录中说明取证情况。

第 23 条 人民法院调查收集视听资料、电子数据,应当要求被调查人提供原始载体。

提供原始载体确有困难的,可以提供复制件。提供复制件的,人民法院应当在调查笔录中说明其来源和制作经过。

人民法院对视听资料、电子数据采取证据保全措施的,适用前款规定。

第 24 条 人民法院调查收集可能需要鉴定的证据,应当遵守相关技术规范,确保证据不被污染。

第 43 条 人民法院应当在勘验前将勘验的时间和地点通知当事人。当事人不参加的,不影响勘验进行。

当事人可以就勘验事项向人民法院进行解释和说明,可以请求人民法院注意勘验中的重要事项。

人民法院勘验物证或者现场,应当制作笔录,记录勘验的时间、地点、勘验人、在场人、勘验的经过、结果,由勘验人、在场人签名或者盖章。对于绘制的现场图应当注明绘制的时间、方位、测绘人姓名、身份等内容。

第 44 条 摘录有关单位制作的与案件事实相关的文件、材料,应当注明出处,并加盖制作单位或者保管单位的印章,摘录人和其他调查人员应当在摘录件上签名或者盖章。

摘录文件、材料应当保持内容相应的完整性。

第七十一条 证据的公开与质证

证据应当在法庭上出示,并由当事人互相质证。对涉及国家秘密、商业秘密和个人隐私的证据应当保密,需要在法庭出示的,不得在公开开庭时出示。

▎相关规定

◎司法解释及文件

《最高人民法院关于适用〈中华人民共和国民事诉讼法〉的解释》(法释〔2022〕11 号 2022 年 4 月 1 日修正)

第 103 条 证据应当在法庭上出示,由当事人互相质证。未经当事人质证的证据,不得作为认定案件事实的根据。

当事人在审理前的准备阶段认可的证据,经审判人员在庭审中说明后,视为质证过的证据。

涉及国家秘密、商业秘密、个人隐私或者法律规定应当保密的证据,不得公开质证。

第 220 条 民事诉讼法第七十一条、第一百三十七条、第一百五十九条规定的商业秘密,是指生产工艺、配方、贸易联系、购销渠道等当事人不愿公开的技术秘密、商业情报及信息。

《最高人民法院、中国证券监督管理委员会关于适用〈最高人民法院关于审理证券市场虚假陈述侵权民事赔偿案件的若干规定〉有关问题的通知》(法〔2022〕23号 2022年1月21日)

二、当事人对自己的主张,应当提供证据加以证明。为了查明事实,人民法院可以依法向中国证监会有关部门或者派出机构调查收集有关证据。

人民法院和中国证监会有关部门或派出机构在调查收集证据时要加强协调配合,以有利于监管部门履行监管职责与人民法院查明民事案件事实为原则。在充分沟通的基础上,人民法院依照《中华人民共和国民事诉讼法》及相关司法解释等规定调查收集证据,中国证监会有关部门或者派出机构依法依规予以协助配合。

人民法院调查收集的证据,应当按照法定程序当庭出示并由各方当事人质证。但是涉及国家秘密、工作秘密、商业秘密和个人隐私或者法律规定其他应当保密的证据,不得公开质证。

《最高人民法院关于民事诉讼证据的若干规定》(法释〔2019〕19号 2019年12月25日)

第60条 当事人在审理前的准备阶段或者人民法院调查、询问过程中发表过质证意见的证据,视为质证过的证据。

当事人要求以书面方式发表质证意见,人民法院在听取对方当事人意见后认为有必要的,可以准许。人民法院应当及时将书面质证意见送交对方当事人。

第61条 对书证、物证、视听资料进行质证时,当事人应当出示证据的原件或者原物。但有下列情形之一的除外:

(一)出示原件或者原物确有困难并经人民法院准许出示复制件或者复制品的;

(二)原件或者原物已不存在,但有证据证明复制件、复制品与原件或者原物一致的。

第62条 质证一般按下列顺序进行:

(一)原告出示证据,被告、第三人与原告进行质证;

(二)被告出示证据,原告、第三人与被告进行质证;

(三)第三人出示证据,原告、被告与第三人进行质证。

人民法院根据当事人申请调查收集的证据,审判人员对调查收集证据的情况进行说明后,由提出申请的当事人与对方当事人、第三人进行质证。

人民法院依职权调查收集的证据,由审判人员对调查收集证据的情况进行说明后,听取当事人的意见。

第63条 当事人应当就案件事实作真实、完整的陈述。

当事人的陈述与此前陈述不一致的,人民法院应当责令其说明理由,并结合当事人的诉讼能力、证据和案件具体情况进行审查认定。

当事人故意作虚假陈述妨碍人民法院审理的,人民法院应当根据情节,依照民事诉讼法第一百一十一条[95]的规定进行处罚。

第64条 人民法院认为有必要的,可以要求当事人本人到场,就案件的有关事实接受询问。

---

[95]《民事诉讼法》(2023年修正)第114条。

人民法院要求当事人到场接受询问的,应当通知当事人询问的时间、地点、拒不到场的后果等内容。

第65条 人民法院应当在询问前责令当事人签署保证书并宣读保证书的内容。

保证书应当载明保证据实陈述,绝无隐瞒、歪曲、增减,如有虚假陈述应当接受处罚等内容。当事人应当在保证书上签名、捺印。

当事人有正当理由不能宣读保证书的,由书记员宣读并进行说明。

第66条 当事人无正当理由拒不到场、拒不签署或宣读保证书或者拒不接受询问的,人民法院应当综合案件情况,判断待证事实的真伪。待证事实无其他证据证明的,人民法院应当作出不利于该当事人的认定。

第67条 不能正确表达意思的人,不能作为证人。

待证事实与其年龄、智力状况或者精神健康状况相适应的无民事行为能力人和限制民事行为能力人,可以作为证人。

第68条 人民法院应当要求证人出庭作证,接受审判人员和当事人的询问。证人在审判前的准备阶段或者人民法院调查、询问等双方当事人在场时陈述证言的,视为出庭作证。

双方当事人同意证人以其他方式作证并经人民法院准许的,证人可以不出庭作证。

无正当理由未出庭的证人以书面等方式提供的证言,不得作为认定案件事实的根据。

第69条 当事人申请证人出庭作证的,应当在举证期限届满前向人民法院提交申请书。

申请书应当载明证人的姓名、职业、住所、联系方式,作证的主要内容,作证内容与待证事实的关联性,以及证人出庭作证的必要性。

符合《最高人民法院关于适用〈中华人民共和国民事诉讼法〉的解释》第九十六条第一款规定情形的,人民法院应当依职权通知证人出庭作证。

第70条 人民法院准许证人出庭作证申请的,应当向证人送达通知书并告知双方当事人。通知书中应当载明证人作证的时间、地点,作证的事项、要求以及作伪证的法律后果等内容。

当事人申请证人出庭作证的事项与待证事实无关,或者没有通知证人出庭作证必要的,人民法院不予准许当事人的申请。

第71条 人民法院应当要求证人在作证之前签署保证书,并在法庭上宣读保证书的内容。但无民事行为能力人和限制民事行为能力人作为证人的除外。

证人确有正当理由不能宣读保证书的,由书记员代为宣读并进行说明。

证人拒绝签署或者宣读保证书的,不得作证,并自行承担相关费用。

证人保证书的内容适用当事人保证书的规定。

第72条 证人应当客观陈述其亲身感知的事实,作证时不得使用猜测、推断或者评论性语言。

证人作证前不得旁听法庭审理,作证时不得以宣读事先准备的书面材料的方式陈述证言。

证人言辞表达有障碍的,可以通过其他表达方式作证。

第73条 证人应当就其作证的事项进行连续陈述。

当事人及其法定代理人、诉讼代理人或者旁听人员干扰证人陈述的,人民法院应当及时制止，必要时可以依照民事诉讼法第一百一十条[96]的规定进行处罚。

第 74 条 审判人员可以对证人进行询问。当事人及其诉讼代理人经审判人员许可后可以询问证人。

询问证人时其他证人不得在场。

人民法院认为有必要的，可以要求证人之间进行对质。

第 75 条 证人出庭作证后，可以向人民法院申请支付证人出庭作证费用。证人有困难需要预先支取出庭作证费用的，人民法院可以根据证人的申请在出庭作证前支付。

第 76 条 证人确有困难不能出庭作证，申请以书面证言、视听传输技术或者视听资料等方式作证的，应当向人民法院提交申请书。申请书中应当载明不能出庭的具体原因。

符合民事诉讼法第七十三条[97]规定情形的，人民法院应当准许。

第 77 条 证人经人民法院准许，以书面证言方式作证的，应当签署保证书；以视听传输技术或者视听资料方式作证的，应当签署保证书并宣读保证书的内容。

第 78 条 当事人及其诉讼代理人对证人的询问与待证事实无关，或者存在威胁、侮辱证人或不适当引导等情形的，审判人员应当及时制止。必要时可以依照民事诉讼法第一百一十条、第一百一十一条[98]的规定进行处罚。

证人故意作虚假陈述，诉讼参与人或者其他人以暴力、威胁、贿买等方法妨碍证人作证，或者在证人作证后以侮辱、诽谤、诬陷、恐吓、殴打等方式对证人打击报复的，人民法院应当根据情节，依照民事诉讼法第一百一十一条[99]的规定，对行为人进行处罚。

第 79 条 鉴定人依照民事诉讼法第七十八条[100]的规定出庭作证的，人民法院应当在开庭审理三日前将出庭的时间、地点及要求通知鉴定人。

委托机构鉴定的，应当由从事鉴定的人员代表机构出庭。

第 80 条 鉴定人应当就鉴定事项如实答复当事人的异议和审判人员的询问。当庭答复确有困难的，经人民法院准许，可以在庭审结束后书面答复。

人民法院应当及时将书面答复送交当事人，并听取当事人的意见。必要时，可以再次组织质证。

第 81 条 鉴定人拒不出庭作证的，鉴定意见不得作为认定案件事实的根据。人民法院应当建议有关主管部门或者组织对拒不出庭作证的鉴定人予以处罚。

当事人要求退还鉴定费用的，人民法院应当在三日内作出裁定，责令鉴定人退还；拒不退还的，由人民法院依法执行。

当事人因鉴定人拒不出庭作证申请重新鉴定的，人民法院应当准许。

第 82 条 经法庭许可，当事人可以询问鉴定人、勘验人。

询问鉴定人、勘验人不得使用威胁、侮辱等不适当的言语和方式。

第 83 条 当事人依照民事诉讼法第

---

[96]《民事诉讼法》（2023 年修正）第 113 条。
[97]《民事诉讼法》（2023 年修正）第 76 条。
[98]《民事诉讼法》（2023 年修正）第 113 条、第 114 条。
[99]《民事诉讼法》（2023 年修正）第 113 条。
[100]《民事诉讼法》（2023 年修正）第 81 条。

七十九条[101]和《最高人民法院关于适用〈中华人民共和国民事诉讼法〉的解释》第一百二十二条的规定，申请有专门知识的人出庭的，申请书中应当载明有专门知识的人的基本情况和申请的目的。

人民法院准许当事人申请的，应当通知双方当事人。

第84条 审判人员可以对有专门知识的人进行询问。经法庭准许，当事人可以对有专门知识的人进行询问，当事人各自申请的有专门知识的人可以就案件中的有关问题进行对质。

有专门知识的人不得参与对鉴定意见质证或者就专业问题发表意见之外的法庭审理活动。

《最高人民法院关于审理建设工程施工合同纠纷案件适用法律问题的解释（一）》（法释〔2020〕25号 2020年12月29日）

第34条 人民法院应当组织当事人对鉴定意见进行质证。鉴定人将当事人有争议且未经质证的材料作为鉴定依据的，人民法院应当组织当事人就该部分材料进行质证。经质证认为不能作为鉴定依据的，根据该材料作出的鉴定意见不得作为认定案件事实的依据。

第七十二条 公证证据

经过法定程序公证证明的法律事实和文书，人民法院应当作为认定事实的根据，但有相反证据足以推翻公证证明的除外。

◎ **条文注解**

根据《公证法》第二条规定，公证是公证机构根据自然人、法人或者其他组织的申请，依照法定程序对民事法律行为、有法律意义的事实和文书的真实性、合法性予以证明的活动。

◎ **相关规定**

◎ 法 律

《公证法》（2017年9月1日）

第36条 经公证的民事法律行为、有法律意义的事实和文书，应当作为认定事实的根据，但有相反证据足以推翻该项公证的除外。

◎ 司法解释及文件

《最高人民法院关于适用〈中华人民共和国民事诉讼法〉的解释》（法释〔2022〕11号 2022年4月1日修正）

第93条 下列事实，当事人无须举证证明：

（一）自然规律以及定理、定律；

（二）众所周知的事实；

（三）根据法律规定推定的事实；

（四）根据已知的事实和日常生活经验法则推定出的另一事实；

（五）已为人民法院发生法律效力的裁判所确认的事实；

（六）已为仲裁机构生效裁决所确认的事实；

（七）已为有效公证文书所证明的事实。

前款第二项至第四项规定的事实，当事人有相反证据足以反驳的除外；第五项至第七项规定的事实，当事人有相反证据足以推翻的除外。

《最高人民法院关于民事诉讼证据的若干规定》（法释〔2019〕19号 2019年12月25日）

第94条 电子数据存在下列情形的，

---

[101]《民事诉讼法》（2023年修正）第82条。

人民法院可以确认其真实性，但有足以反驳的相反证据的除外：

（一）由当事人提交或者保管的于己不利的电子数据；

（二）由记录和保存电子数据的中立第三方平台提供或者确认的；

（三）在正常业务活动中形成的；

（四）以档案管理方式保管的；

（五）以当事人约定的方式保存、传输、提取的。

电子数据的内容经公证机关公证的，人民法院应当确认其真实性，但有相反证据足以推翻的除外。

《最高人民法院关于知识产权民事诉讼证据的若干规定》（法释〔2020〕12号 2020年11月16日）

第30条 当事人对公证文书提出异议，并提供相反证据足以推翻的，人民法院对该公证文书不予采纳。

当事人对公证文书提出异议的理由成立的，人民法院可以要求公证机构出具说明或者补正，并结合其他相关证据对该公证文书进行审核认定。

《最高人民法院关于审理涉及公证活动相关民事案件的若干规定》（法释〔2014〕6号 2020年12月29日修正）

第1条 当事人、公证事项的利害关系人依照公证法第四十三条规定向人民法院起诉请求民事赔偿的，应当以公证机构为被告，人民法院应作为侵权责任纠纷案件受理。

第2条 当事人、公证事项的利害关系人起诉请求变更、撤销公证书或者确认公证书无效的，人民法院不予受理，告知其依照公证法第三十九条规定可以向出具公证书的公证机构提出复查。

第3条 当事人、公证事项的利害关系人对公证书所公证的民事权利义务有争议的，可以依照公证法第四十条规定就该争议向人民法院提起民事诉讼。

当事人、公证事项的利害关系人对具有强制执行效力的公证债权文书的民事权利义务有争议直接向人民法院提起民事诉讼的，人民法院依法不予受理。但是，公证债权文书被人民法院裁定不予执行的除外。

第4条 当事人、公证事项的利害关系人提供证据证明公证机构及其公证员在公证活动中具有下列情形之一的，人民法院应当认定公证机构有过错：

（一）为不真实、不合法的事项出具公证书的；

（二）毁损、篡改公证书或者公证档案的；

（三）泄露在执业活动中知悉的商业秘密或者个人隐私的；

（四）违反公证程序、办证规则以及国务院司法行政部门制定的行业规范出具公证书的；

（五）公证机构在公证过程中未尽到充分的审查、核实义务，致使公证书错误或者不真实的；

（六）对存在错误的公证书，经当事人、公证事项的利害关系人申请仍不予纠正或者补正的；

（七）其他违反法律、法规、国务院司法行政部门强制性规定的情形。

第5条 当事人提供虚假证明材料申请公证致使公证书错误造成他人损失的，当事人应当承担赔偿责任。公证机构依法尽到审查、核实义务的，不承担赔偿责任；未依法尽到审查、核实义务的，应当承担与其过错相应的补充赔偿责任；明知公证证明的材料虚假或者与当事人恶意串通的，承担连带赔偿责任。

第6条 当事人、公证事项的利害关系人明知公证机构所出具的公证书不真实、不合法而仍然使用造成自己损失，请求公证机构承担赔偿责任的，人民法院不予支持。

第7条 本规定施行后，涉及公证活动的民事案件尚未终审的，适用本规定；本规定施行前已经终审，当事人申请再审或者按照审判监督程序决定再审的，不适用本规定。

最高院裁判观点

正某公司与林某侵害发明专利权纠纷案【（2021）最高法知民终776号】

裁判要旨： 本案中，正某公司若对本案相关公证文书存疑，应当提供足以推翻公证文书的相反证据，或者提出充分的异议理由，由人民法院要求公证机关作出说明后进一步对公证文书进行审核。根据现有证据来看，正某公司并无充分理由对公证文书提出异议，也无相反证据足以推翻本案公证文书。因此，林某的委托诉讼代理人以普通消费者的名义进行取证，并未违反法律规定，所取得的相关证据可以作为本案依据。

第七十三条　书证和物证

书证应当提交原件。物证应当提交原物。提交原件或者原物确有困难的，可以提交复制品、照片、副本、节录本。

提交外文书证，必须附有中文译本。

相关规定

◎司法解释及文件

《最高人民法院关于适用〈中华人民共和国民事诉讼法〉的解释》（法释〔2022〕11号　2022年4月1日修正）

第111条　民事诉讼法第七十三条规定的提交书证原件确有困难，包括下列情形：

（一）书证原件遗失、灭失或者毁损的；

（二）原件在对方当事人控制之下，经合法通知提交而拒不提交的；

（三）原件在他人控制之下，而其有权不提交的；

（四）原件因篇幅或者体积过大而不便提交的；

（五）承担举证证明责任的当事人通过申请人民法院调查收集或者其他方式无法获得书证原件的。

前款规定情形，人民法院应当结合其他证据和案件具体情况，审查判断书证复制品等能否作为认定案件事实的根据。

第112条　书证在对方当事人控制之下的，承担举证证明责任的当事人可以在举证期限届满前书面申请人民法院责令对方当事人提交。

申请理由成立的，人民法院应当责令对方当事人提交，因提交书证所产生的费用，由申请人负担。对方当事人无正当理由拒不提交的，人民法院可以认定申请人所主张的书证内容为真实。

第113条　持有书证的当事人以妨碍对方当事人使用为目的，毁灭有关书证或者实施其他致使书证不能使用行为的，人民法院可以依照民事诉讼法第一百一十四条规定，对其处以罚款、拘留。

第114条　国家机关或者其他依法具有社会管理职能的组织，在其职权范围内制作的文书所记载的事项推定为真实，但有相反证据足以推翻的除外。必要时，人民法院可以要求制作文书的机关或者组织对文书的真实性予以说明。

第115条　单位向人民法院提出的证明材料，应当由单位负责人及制作证明材料的人员签名或者盖章，并加盖单位印章。人民法院就单位出具的证明材料，可以向单位及制作证明材料的人员进行调查核实。必要时，可以要求制作证明材料的人员出庭作证。

单位及制作证明材料的人员拒绝人民法院调查核实，或者制作证明材料的人员无正当理由拒绝出庭作证的，该证明材料不得作为认定案件事实的根据。

《最高人民法院关于民事诉讼证据的若干规定》（法释〔2019〕19号 2019年12月25日）

第11条 当事人向人民法院提供证据，应当提供原件或者原物。如需自己保存证据原件、原物或者提供原件、原物确有困难的，可以提供经人民法院核对无异的复制件或者复制品。

第12条 以动产作为证据的，应当将原物提交人民法院。原物不宜搬移或者不宜保存的，当事人可以提供复制品、影像资料或者其他替代品。

人民法院在收到当事人提交的动产或者替代品后，应当及时通知双方当事人到人民法院或者保存现场查验。

第13条 当事人以不动产作为证据的，应当向人民法院提供该不动产的影像资料。

人民法院认为有必要的，应当通知双方当事人到场进行查验。

第14条 电子数据包括下列信息、电子文件：

（一）网页、博客、微博客等网络平台发布的信息；

（二）手机短信、电子邮件、即时通信、通讯群组等网络应用服务的通信信息；

（三）用户注册信息、身份认证信息、电子交易记录、通信记录、登录日志等信息；

（四）文档、图片、音频、视频、数字证书、计算机程序等电子文件；

（五）其他以数字化形式存储、处理、传输的能够证明案件事实的信息。

第17条 当事人向人民法院提供外文书证或者外文说明资料，应当附有中文译本。

第21条 人民法院调查收集的书证，可以是原件，也可以是经核对无误的副本或者复制件。是副本或者复制件的，应当在调查笔录中说明来源和取证情况。

第22条 人民法院调查收集的物证应当是原物。被调查人提供原物确有困难的，可以提供复制品或者影像资料。提供复制品或者影像资料的，应当在调查笔录中说明取证情况。

第44条 摘录有关单位制作的与案件事实相关的文件、材料，应当注明出处，并加盖制作单位或者保管单位的印章，摘录人和其他调查人员应当在摘录件上签名或者盖章。

摘录文件、材料应当保持内容相应的完整性。

第45条 当事人根据《最高人民法院关于适用〈中华人民共和国民事诉讼法〉的解释》第一百一十二条的规定申请人民法院责令对方当事人提交书证的，申请书应当载明所申请提交的书证名称或者内容、需要以该书证证明的事实及事实的重要性、对方当事人控制该书证的根据以及应当提交该书证的理由。

对方当事人否认控制书证的，人民法院应当根据法律规定、习惯等因素，结合案件的事实、证据，对于书证是否在对方当事人控制之下的事实作出综合判断。

第46条 人民法院对当事人提交书证的申请进行审查时，应当听取对方当事人的意见,必要时可以要求双方当事人提供证据、进行辩论。

当事人申请提交的书证不明确、书证对于待证事实的证明无必要、待证事实对于裁判结果无实质性影响、书证未在对方当事人控制之下或者不符合本规定第四十七条情形的,人民法院不予准许。

当事人申请理由成立的,人民法院应当作出裁定,责令对方当事人提交书证;理由不成立的,通知申请人。

第47条 下列情形,控制书证的当事人应当提交书证:

(一)控制书证的当事人在诉讼中曾经引用过的书证;

(二)为对方当事人的利益制作的书证;

(三)对方当事人依照法律规定有权查阅、获取的书证;

(四)账簿、记账原始凭证;

(五)人民法院认为应当提交书证的其他情形。

前款所列书证,涉及国家秘密、商业秘密、当事人或第三人的隐私,或者存在法律规定应当保密的情形的,提交后不得公开质证。

第48条 控制书证的当事人无正当理由拒不提交书证的,人民法院可以认定对方当事人所主张的书证内容为真实。

控制书证的当事人存在《最高人民法院关于适用〈中华人民共和国民事诉讼法〉的解释》第一百一十三条规定情形的,人民法院可以认定对方当事人主张以该书证证明的事实为真实。

第61条 对书证、物证、视听资料进行质证时,当事人应当出示证据的原件或者原物。但下列情形之一的除外:

(一)出示原件或者原物确有困难并经人民法院准许出示复制件或者复制品的;

(二)原件或者原物已不存在,但有证据证明复制件、复制品与原件或者原物一致的。

第90条 下列证据不能单独作为认定案件事实的根据:

(一)当事人的陈述;

(二)无民事行为能力人或者限制民事行为能力人所作的与其年龄、智力状况或者精神健康状况不相当的证言;

(三)与一方当事人或者其代理人有利害关系的证人陈述的证言;

(四)存有疑点的视听资料、电子数据;

(五)无法与原件、原物核对的复制件、复制品。

第91条 公文书证的制作者根据文书原件制作的载有部分或者全部内容的副本,与正本具有相同的证明力。

在国家机关存档的文件,其复制件、副本、节录本经档案部门或者制作原本的机关证明其内容与原本一致的,该复制件、副本、节录本具有与原本相同的证明力。

第92条 私文书证的真实性,由主张以私文书证证明案件事实的当事人承担举证责任。

私文书证由制作者或者其代理人签名、盖章或捺印的,推定为真实。

私文书证上有删除、涂改、增添或者其他形式瑕疵的,人民法院应当综合案件的具体情况判断其证明力。

第七十四条 视听资料

人民法院对视听资料,应当辨别真伪,并结合本案的其他证据,审查确定能否作为认定事实的根据。

相关规定

◎司法解释及文件

《最高人民法院关于适用〈中华人民共和国民事诉讼法〉的解释》（法释〔2022〕11号 2022年4月1日修正）

第116条 视听资料包括录音资料和影像资料。

电子数据是指通过电子邮件、电子数据交换、网上聊天记录、博客、微博客、手机短信、电子签名、域名等形成或者存储在电子介质中的信息。

存储在电子介质中的录音资料和影像资料，适用电子数据的规定。

《最高人民法院关于民事诉讼证据的若干规定》（法释〔2019〕19号 2019年12月25日）

第15条 当事人以视听资料作为证据的，应当提供存储该视听资料的原始载体。

当事人以电子数据作为证据的，应当提供原件。电子数据的制作者制作的与原件一致的副本，或者直接来源于电子数据的打印件或其他可以显示、识别的输出介质，视为电子数据的原件。

第七十五条 证人的义务

凡是知道案件情况的单位和个人，都有义务出庭作证。有关单位的负责人应当支持证人作证。

不能正确表达意思的人，不能作证。

条文注解

应当指出的是，生理上有缺陷的人，只要这种缺陷不会成为其了解一定事实的障碍，仍可以作为证人。比如，聋哑人可以用文字表述其看到的事情，盲人可以证明他听到的事实。对事实有一定理解和表达能力的儿童，在某些情况下也可以作为证人。也就是说，待证事实与其年龄、智力状况或者精神健康状况相适应的无民事行为能力人和限制民事行为能力人，一般也可以作为证人。

◎司法解释及文件

《最高人民法院关于适用〈中华人民共和国民事诉讼法〉的解释》（法释〔2022〕11号 2022年4月1日修正）

第117条 当事人申请证人出庭作证的，应当在举证期限届满前提出。

符合本解释第九十六条第一款规定情形的，人民法院可以依职权通知证人出庭作证。

未经人民法院通知，证人不得出庭作证，但双方当事人同意并经人民法院准许的除外。

《最高人民法院关于民事诉讼证据的若干规定》（法释〔2019〕19号 2019年12月25日）

第67条 不能正确表达意思的人，不能作为证人。

待证事实与其年龄、智力状况或者精神健康状况相适应的无民事行为能力人和限制民事行为能力人，可以作为证人。

第68条 人民法院应当要求证人出庭作证，接受审判人员和当事人的询问。证人在审理前的准备阶段或者人民法院调查、询问等双方当事人在场时陈述证言的，视为出庭作证。

双方当事人同意证人以其他方式作证并经人民法院准许的，证人可以不出庭作证。

无正当理由未出庭的证人以书面等方式提供的证言，不得作为认定案件事实的根据。

第69条 当事人申请证人出庭作证

的，应当在举证期限届满前向人民法院提交申请书。

申请书应当载明证人的姓名、职业、住所、联系方式，作证的主要内容，作证内容与待证事实的关联性，以及证人出庭作证的必要性。

符合《最高人民法院关于适用〈中华人民共和国民事诉讼法〉的解释》第九十六条第一款规定情形的，人民法院应当依职权通知证人出庭作证。

第70条 人民法院准许证人出庭作证申请的，应当向证人送达通知书并告知双方当事人。通知书中应当载明证人作证的时间、地点，作证的事项、要求以及作伪证的法律后果等内容。

当事人申请证人出庭作证的事项与待证事实无关，或者没有通知证人出庭作证必要的，人民法院不予准许当事人的申请。

第71条 人民法院应当要求证人在作证之前签署保证书，并在法庭上宣读保证书的内容。但无民事行为能力人和限制民事行为能力人作为证人的除外。

证人确有正当理由不能宣读保证书的，由书记员代为宣读并进行说明。

证人拒绝签署或者宣读保证书的，不得作证，并自行承担相关费用。

证人保证书的内容适用当事人保证书的规定。

最高院裁判观点

张某与陕西某天然食品有限公司租赁合同纠纷案【（2021）最高法民申4564号】

根据《民事诉讼法》第七十二条[102]关于"凡是知道案件情况的单位和个人，都有义务出庭作证。有关单位的负责人应当支持证人作证。不能正确表达意思的

人，不能作证"以及第七十五条[103]第一款关于"人民法院对当事人的陈述，应当结合本案的其他证据，审查确定能否作为认定事实的根据"的规定，法律对可以出庭作证的证人的身份并无限制，亦未当然否定当事人陈述的证明效力，故张某关于陈某不能作为证人出庭作证、其作为当事人所陈述内容不应采信的主张因无法律依据而不能成立。

第七十六条 证人应出庭作证及例外情形

经人民法院通知，证人应当出庭作证。有下列情形之一的，经人民法院许可，可以通过书面证言、视听传输技术或者视听资料等方式作证：

（一）因健康原因不能出庭的；

（二）因路途遥远，交通不便不能出庭的；

（三）因自然灾害等不可抗力不能出庭的；

（四）其他有正当理由不能出庭的。

相关规定

◎**法　律**

《未成年人保护法》（2020年10月17日）

第110条 公安机关、人民检察院、人民法院讯问未成年犯罪嫌疑人、被告人，询问未成年被害人、证人，应当依法通知其法定代理人或者其成年亲属、所在学校的代表等合适成年人到场，并采取适

---

[102]《民事诉讼法》（2023年修正）第75条。
[103]《民事诉讼法》（2023年修正）第78条。

当方式,在适当场所进行,保障未成年人的名誉权、隐私权和其他合法权益。

人民法院开庭审理涉及未成年人案件,未成年被害人、证人一般不出庭作证;必须出庭的,应当采取保护其隐私的技术手段和心理干预等保护措施。

◎司法解释及文件

《最高人民法院关于适用〈中华人民共和国民事诉讼法〉的解释》(法释〔2022〕11号 2022年4月1日修正)

第119条 人民法院在证人出庭作证前应当告知其如实作证的义务以及作伪证的法律后果,并责令其签署保证书,但无民事行为能力人和限制民事行为能力人除外。

证人签署保证书适用本解释关于当事人签署保证书的规定。

第120条 证人拒绝签署保证书的,不得作证,并自行承担相关费用。

《最高人民法院关于民事诉讼证据的若干规定》(法释〔2019〕19号 2019年12月25日)

第76条 证人确有困难不能出庭作证,申请以书面证言、视听传输技术或者视听资料等方式作证的,应当向人民法院提交申请书。申请书中应当载明不能出庭的具体原因。

符合民事诉讼法第七十三条[104]规定情形的,人民法院应当准许。

第77条 证人经人民法院准许,以书面证言方式作证的,应当签署保证书;以视听传输技术或者视听资料方式作证的,应当签署保证书并宣读保证书的内容。

文书范本
申请书(申请通知证人出庭作证用)

申 请 书

申请人:×××,男/女,××××年××月××日出生,×族,……(写明工作单位和职务或者职业),住……。联系方式:……。

法定代理人/指定代理人:×××,……。

委托诉讼代理人:×××,……。

(以上写明申请人和其他诉讼参加人的姓名或者名称等基本信息)

请求事项:

因(××××)……号……(写明当事人和案由)一案,申请你院通知×××出庭作证,以证明……(写明待证事实)。

事实和理由:

……(写明申请证人出庭的事实和理由)。

此致

××××人民法院

申请人(签名或者公章)
××××年××月××日

---

[104] 《民事诉讼法》(2023年修正)第76条。

文书制作要点提示：

①申请人是法人或者其他组织的，写明名称住所，另起一行写明法定代表人、主要负责人及其姓名、职务、联系方式。

②当事人应在举证期限届满前向法院提出证人出庭的申请。

> **第七十七条　证人出庭作证费用的承担**
>
> 证人因履行出庭作证义务而支出的交通、住宿、就餐等必要费用以及误工损失，由败诉一方当事人负担。当事人申请证人作证的，由该当事人先行垫付；当事人没有申请，人民法院通知证人作证的，由人民法院先行垫付。

相关规定

◎司法解释及文件

《最高人民法院关于适用〈中华人民共和国民事诉讼法〉的解释》（法释〔2022〕11号　2022年4月1日修正）

第118条　民事诉讼法第七十七条规定的证人因履行出庭作证义务而支出的交通、住宿、就餐等必要费用，按照机关事业单位工作人员差旅费用和补贴标准计算；误工损失按照国家上年度职工日平均工资标准计算。

人民法院准许证人出庭作证申请的，应当通知申请人预缴证人出庭作证费用。

第122条　当事人可以依照民事诉讼法第八十二条的规定，在举证期限届满前申请一至二名具有专门知识的人出庭，代表当事人对鉴定意见进行质证，或者对案件事实所涉及的专业问题提出意见。

具有专门知识的人在法庭上就专业问题提出的意见，视为当事人的陈述。

人民法院准许当事人申请的，相关费用由提出申请的当事人负担。

《最高人民法院关于民事诉讼证据的若干规定》（法释〔2019〕19号　2019年12月25日）

第75条　证人出庭作证后，可以向人民法院申请支付证人出庭作证费用。证人有困难需要预先支取出庭作证费用的，人民法院可以根据证人的申请在出庭作证前支付。

> **第七十八条　当事人陈述**
>
> 人民法院对当事人的陈述，应当结合本案的其他证据，审查确定能否作为认定事实的根据。
>
> 当事人拒绝陈述的，不影响人民法院根据证据认定案件事实。

相关规定

◎司法解释及文件

《最高人民法院关于适用〈中华人民共和国民事诉讼法〉的解释》（法释〔2022〕11号　2022年4月1日修正）

第110条　人民法院认为有必要的，可以要求当事人本人到庭，就案件有关事实接受询问。在询问当事人之前，可以要求其签署保证书。

保证书应当载明据实陈述、如有虚假陈述愿意接受处罚等内容。当事人应当在保证书上签名或者捺印。

负有举证证明责任的当事人拒绝到庭、拒绝接受询问或者拒绝签署保证书，待证事实又欠缺其他证据证明的，人民法院对其主张的事实不予认定。

《最高人民法院关于民事诉讼证据的若干规定》（法释〔2019〕19号 2019年12月25日）

第3条 在诉讼过程中，一方当事人陈述的于己不利的事实，或者对于己不利的事实明确表示承认的，另一方当事人无需举证证明。

在证据交换、询问、调查过程中，或者在起诉状、答辩状、代理词等书面材料中，当事人明确承认于己不利的事实的，适用前款规定。

第七十九条　申请鉴定

当事人可以就查明事实的专门性问题向人民法院申请鉴定。当事人申请鉴定的，由双方当事人协商确定具备资格的鉴定人；协商不成的，由人民法院指定。

当事人未申请鉴定，人民法院对专门性问题认为需要鉴定的，应当委托具备资格的鉴定人进行鉴定。

条文注解

需要注意的是，虽然当事人可以协商选择鉴定人，但是决定和委托鉴定仍然是人民法院的工作，因此，双方当事人协商意见一致的，人民法院经审查同意后向双方当事人宣布并向鉴定人出具委托鉴定函。

相关规定

◎司法解释及文件

《最高人民法院关于适用〈中华人民共和国民事诉讼法〉的解释》（法释〔2022〕11号 2022年4月1日修正）

第121条 当事人申请鉴定，可以在举证期限届满前提出。申请鉴定的事项与待证事实无关联，或者对证明待证事实无意义的，人民法院不予准许。

人民法院准许当事人鉴定申请的，应当组织双方当事人协商确定具备相应资格的鉴定人。当事人协商不成的，由人民法院指定。

符合依职权调查收集证据条件的，人民法院应当依职权委托鉴定，在询问当事人的意见后，指定具备相应资格的鉴定人。

《最高人民法院关于民事诉讼证据的若干规定》（法释〔2019〕19号 2019年12月25日）

第31条 当事人申请鉴定，应当在人民法院指定期间内提出，并预交鉴定费用。逾期不提出申请或者不预交鉴定费用的，视为放弃申请。

对需要鉴定的待证事实负有举证责任的当事人，在人民法院指定期间内无正当理由不提出鉴定申请或者不预交鉴定费用，或者拒不提供相关材料，致使待证事实无法查明的，应当承担举证不能的法律后果。

第32条 人民法院准许鉴定申请的，应当组织双方当事人协商确定具备相应资格的鉴定人。当事人协商不成的，由人民法院指定。

人民法院依职权委托鉴定的，可以在询问当事人的意见后，指定具备相应资格的鉴定人。

人民法院在确定鉴定人后应当出具委托书，委托书中应当载明鉴定事项、鉴定范围、鉴定目的和鉴定期限。

第33条 鉴定开始之前，人民法院应当要求鉴定人签署承诺书。承诺书中应当载明鉴定人保证客观、公正、诚实地进行鉴定，保证出庭作证，如作虚假鉴定应当承担法律责任等内容。

鉴定人故意作虚假鉴定的，人民法院应当责令其退还鉴定费用，并根据情节，依照民事诉讼法第一百一十一条[105]的规定进行处罚。

第40条 当事人申请重新鉴定，存在下列情形之一的，人民法院应当准许：

（一）鉴定人不具备相应资格的；

（二）鉴定程序严重违法的；

（三）鉴定意见明显依据不足的；

（四）鉴定意见不能作为证据使用的其他情形。

存在前款第一项至第三项情形的，鉴定人已经收取的鉴定费用应当退还。拒不退还的，依照本规定第八十一条[106]第二款的规定处理。

对鉴定意见的瑕疵，可以通过补正、补充鉴定或者补充质证、重新质证等方法解决的，人民法院不予准许重新鉴定的申请。

重新鉴定的，原鉴定意见不得作为认定案件事实的根据。

第41条 对于一方当事人就专门性问题自行委托有关机构或者人员出具的意见，另一方当事人有证据或者理由足以反驳并申请鉴定的，人民法院应予准许。

《最高人民法院关于人民法院民事诉讼中委托鉴定审查工作若干问题的规定》（法〔2020〕202号 2020年7月31日）

为进一步规范民事诉讼中委托鉴定工作，促进司法公正，根据《民事诉讼法》《最高人民法院关于适用〈中华人民共和国民事诉讼法〉的解释》《最高人民法院关于民事诉讼证据的若干规定》等法律、司法解释的规定，结合人民法院工作实际，制定本规定。

一、对鉴定事项的审查

1. 严格审查拟鉴定事项是否属于查明案件事实的专门性问题，有下列情形之一的，人民法院不予委托鉴定：

（1）通过生活常识、经验法则可以推定的事实；

（2）与待证事实无关联的问题；

（3）对证明待证事实无意义的问题；

（4）应当由当事人举证的非专门性问题；

（5）通过法庭调查、勘验等方法可以查明的事实；

（6）对当事人责任划分的认定；

（7）法律适用问题；

（8）测谎；

（9）其他不适宜委托鉴定的情形。

2. 拟鉴定事项所涉鉴定技术和方法争议较大的，应当先对其鉴定技术和方法的科学可靠性进行审查。所涉鉴定技术和方法没有科学可靠性的，不予委托鉴定。

二、对鉴定材料的审查

3. 严格审查鉴定材料是否符合鉴定要求，人民法院应当告知当事人不提供符合要求鉴定材料的法律后果。

4. 未经法庭质证的材料（包括补充材料），不得作为鉴定材料。

当事人无法联系、公告送达或当事人放弃质证的，鉴定材料应当经合议庭确认。

5. 对当事人有争议的材料，应当由人民法院予以认定，不得直接交由鉴定机构、鉴定人选用。

三、对鉴定机构的审查

6. 人民法院选择鉴定机构，应当根据

---

[105] 《民事诉讼法》（2023年修正）第114条。
[106] 《民事诉讼法》（2023年修正）第84条。

法律、司法解释等规定,审查鉴定机构的资质、执业范围等事项。

7. 当事人协商一致选择鉴定机构的,人民法院应当审查协商选择的鉴定机构是否具备鉴定资质及符合法律、司法解释等规定。发现双方当事人的选择有可能损害国家利益、集体利益或第三方利益的,应当终止协商选择程序,采用随机方式选择。

8. 人民法院应当要求鉴定机构在接受委托后5个工作日内,提交鉴定方案、收费标准、鉴定人情况和鉴定人承诺书。

重大、疑难、复杂鉴定事项可适当延长提交期限。

鉴定人拒绝签署承诺书的,人民法院应当要求更换鉴定人或另行委托鉴定机构。

四、对鉴定人的审查

9. 人民法院委托鉴定机构指定鉴定人的,应当严格依照法律、司法解释等规定,对鉴定人的专业能力、从业经验、业内评价、执业范围、鉴定资格、资质证书有效期以及是否有依法回避的情形等进行审查。

特殊情形人民法院直接指定鉴定人的,依照前款规定进行审查。

五、对鉴定意见书的审查

10. 人民法院应当审查鉴定意见书是否具备《最高人民法院关于民事诉讼证据的若干规定》第三十六条规定的内容。

11. 鉴定意见书有下列情形之一的,视为未完成委托鉴定事项,人民法院应当要求鉴定人补充鉴定或重新鉴定:

(1) 鉴定意见和鉴定意见书的其他部分相互矛盾的;

(2) 同一认定意见使用不确定性表述的;

(3) 鉴定意见书有其他明显瑕疵的。

补充鉴定或重新鉴定仍不能完成委托鉴定事项的,人民法院应当责令鉴定人退回已经收取的鉴定费用。

六、加强对鉴定活动的监督

12. 人民法院应当向当事人释明不按期预交鉴定费用及鉴定人出庭费用的法律后果,并对鉴定机构、鉴定人收费情况进行监督。

公益诉讼可以申请暂缓交纳鉴定费用和鉴定人出庭费用。

符合法律援助条件的当事人可以申请暂缓或减免交纳鉴定费用和鉴定人出庭费用。

13. 人民法院委托鉴定应当根据鉴定事项的难易程度、鉴定材料准备情况,确定合理的鉴定期限,一般案件鉴定时限不超过30个工作日,重大、疑难、复杂案件鉴定时限不超过60个工作日。

鉴定机构、鉴定人因特殊情况需要延长鉴定期限的,应当提出书面申请,人民法院可以根据具体情况决定是否延长鉴定期限。

鉴定人未按期提交鉴定书的,人民法院应当审查鉴定人是否存在正当理由。如无正当理由且人民法院准许当事人申请另行委托鉴定的,应当责令原鉴定机构、鉴定人退回已经收取的鉴定费用。

14. 鉴定机构、鉴定人超范围鉴定、虚假鉴定、无正当理由拖延鉴定、拒不出庭作证、违规收费以及有其他违法违规情形的,人民法院可以根据情节轻重,对鉴定机构、鉴定人予以暂停委托、责令退还鉴定费用、从人民法院委托鉴定专业机构、专业人员备选名单中除名等惩戒,并向行政主管部门或者行业协会发出司法建议。鉴定机构、鉴定人存在违法犯罪情形的,人民法院应当将有关线索材料移送公安、检察机关处理。

人民法院建立鉴定人黑名单制度。鉴定机构、鉴定人有前款情形的，可列入鉴定人黑名单。鉴定机构、鉴定人被列入黑名单期间，不得进入人民法院委托鉴定专业机构、专业人员备选名单和相关信息平台。

15. 人民法院应当充分运用委托鉴定信息平台加强对委托鉴定工作的管理。

16. 行政诉讼中人民法院委托鉴定，参照适用本规定。

17. 本规定自 2020 年 9 月 1 日起施行。

《第八次全国法院民事商事审判工作会议（民事部分）纪要》（法〔2016〕399 号 2016 年 11 月 21 日）

35. 当事人对鉴定人作出的鉴定意见的一部分提出异议并申请重新鉴定的，应当着重审查异议是否成立；如异议成立，原则上仅针对异议部分重新鉴定或者补充鉴定，并尽量缩减鉴定的范围和次数。

《最高人民法院关于生态环境侵权民事诉讼证据的若干规定》（法释〔2023〕6 号 2023 年 8 月 14 日）

第 16 条 对于查明环境污染、生态破坏案件事实的专门性问题，人民法院经审查认为有必要的，应当根据当事人的申请或者依职权委托具有相应资格的机构、人员出具鉴定意见。

第 17 条 对于法律适用、当事人责任划分等非专门性问题，或者虽然属于专门性问题，但可以通过法庭调查、勘验等其他方式查明的，人民法院不予委托鉴定。

第 18 条 鉴定人需要邀请其他机构、人员完成部分鉴定事项的，应当向人民法院提出申请。

人民法院经审查认为确有必要的，在听取双方当事人意见后，可以准许，并告知鉴定人对最终鉴定意见承担法律责任；主要鉴定事项由其他机构、人员实施的，人民法院不予准许。

第 19 条 未经人民法院准许，鉴定人邀请其他机构、人员完成部分鉴定事项的，鉴定意见不得作为认定案件事实的根据。

前款情形，当事人申请退还鉴定费用的，人民法院应当在三日内作出裁定，责令鉴定人退还；拒不退还的，由人民法院依法执行。

《最高人民法院关于审理医疗损害责任纠纷案件适用法律若干问题的解释》（法释〔2017〕20 号 2020 年 12 月 29 日修正）

第 8 条 当事人依法申请对医疗损害责任纠纷中的专门性问题进行鉴定的，人民法院应予准许。

当事人未申请鉴定，人民法院对前款规定的专门性问题认为需要鉴定的，应当依职权委托鉴定。

第 9 条 当事人申请医疗损害鉴定的，由双方当事人协商确定鉴定人。

当事人就鉴定人无法达成一致意见，人民法院提出确定鉴定人的方法，当事人同意的，按照该方法确定；当事人不同意的，由人民法院指定。

鉴定人应当从具备相应鉴定能力、符合鉴定要求的专家中确定。

《最高人民法院关于审理建设工程施工合同纠纷案件适用法律问题的解释（一）》（法释〔2020〕25 号 2020 年 12 月 29 日）

第 30 条 当事人在诉讼前共同委托有关机构、人员对建设工程造价出具咨询意见，诉讼中一方当事人不认可该咨询意见申请鉴定的，人民法院应予准许，但双方当事人明确表示受该咨询意见约束的除外。

第 31 条 当事人对部分案件事实有

争议的，仅对有争议的事实进行鉴定，但争议事实范围不能确定，或者双方当事人请求对全部事实鉴定的除外。

第32条 当事人对工程造价、质量、修复费用等专门性问题有争议，人民法院认为需要鉴定的，应当向负有举证责任的当事人释明。当事人经释明未申请鉴定，虽申请鉴定但未支付鉴定费用或者拒不提供相关材料，应当承担举证不能的法律后果。

一审诉讼中负有举证责任的当事人未申请鉴定，虽申请鉴定但未支付鉴定费用或者拒不提供相关材料，二审诉讼中申请鉴定，人民法院认为确有必要的，应当依照民事诉讼法第一百七十条[107]第一款第三项的规定处理。

《最高人民法院关于审理侵害植物新品种权纠纷案件具体应用法律问题的若干规定（二）》（法释〔2021〕14号 2021年7月5日）

第20条 侵害品种权纠纷案件涉及的专门性问题需要鉴定的，由当事人在相关领域鉴定人名录或者国务院农业、林业主管部门向人民法院推荐的鉴定人中协商确定；协商不成的，由人民法院从中指定。

第22条 对鉴定意见有异议的一方当事人向人民法院申请复检、补充鉴定或者重新鉴定，但未提出合理理由和证据的，人民法院不予准许。

◎ 部门规章及文件

《司法鉴定程序通则》（2016年3月2日）

第一章 总 则

第1条 为了规范司法鉴定机构和司法鉴定人的司法鉴定活动，保障司法鉴定质量，保障诉讼活动的顺利进行，根据《全国人民代表大会常务委员会关于司法鉴定管理问题的决定》和有关法律、法规的规定，制定本通则。

第2条 司法鉴定是指在诉讼活动中鉴定人运用科学技术或者专门知识对诉讼涉及的专门性问题进行鉴别和判断并提供鉴定意见的活动。司法鉴定程序是指司法鉴定机构和司法鉴定人进行司法鉴定活动的方式、步骤以及相关规则的总称。

第3条 本通则适用于司法鉴定机构和司法鉴定人从事各类司法鉴定业务的活动。

第4条 司法鉴定机构和司法鉴定人进行司法鉴定活动，应当遵守法律、法规、规章，遵守职业道德和执业纪律，尊重科学，遵守技术操作规范。

第5条 司法鉴定实行鉴定人负责制度。司法鉴定人应当依法独立、客观、公正地进行鉴定，并对自己作出的鉴定意见负责。司法鉴定人不得违反规定会见诉讼当事人及其委托的人。

第6条 司法鉴定机构和司法鉴定人应当保守在执业活动中知悉的国家秘密、商业秘密，不得泄露个人隐私。

第7条 司法鉴定人在执业活动中应当依照有关诉讼法律和本通则规定实行回避。

第8条 司法鉴定收费执行国家有关规定。

第9条 司法鉴定机构和司法鉴定人进行司法鉴定活动应当依法接受监督。对于有违反有关法律、法规、规章规定行为的，由司法行政机关依法给予相应的行政处罚；对于有违反司法鉴定行业规范行为的，由司法鉴定协会给予相应的行业

---

[107]《民事诉讼法》（2023年修正）第177条。

处分。

第 10 条 司法鉴定机构应当加强对司法鉴定人执业活动的管理和监督。司法鉴定人违反本通则规定的，司法鉴定机构应当予以纠正。

第二章 司法鉴定的委托与受理

第 11 条 司法鉴定机构应当统一受理办案机关的司法鉴定委托。

第 12 条 委托人委托鉴定的，应当向司法鉴定机构提供真实、完整、充分的鉴定材料，并对鉴定材料的真实性、合法性负责。司法鉴定机构应当核对并记录鉴定材料的名称、种类、数量、性状、保存状况、收到时间等。

诉讼当事人对鉴定材料有异议的，应当向委托人提出。

本通则所称鉴定材料包括生物检材和非生物检材、比对样本材料以及其他与鉴定事项有关的鉴定资料。

第 13 条 司法鉴定机构应当自收到委托之日起七个工作日内作出是否受理的决定。对于复杂、疑难或者特殊鉴定事项的委托，司法鉴定机构可以与委托人协商决定受理的时间。

第 14 条 司法鉴定机构应当对委托鉴定事项、鉴定材料等进行审查。对属于本机构司法鉴定业务范围，鉴定用途合法，提供的鉴定材料能够满足鉴定需要的，应当受理。

对于鉴定材料不完整、不充分，不能满足鉴定需要的，司法鉴定机构可以要求委托人补充；经补充后能够满足鉴定需要的，应当受理。

第 15 条 具有下列情形之一的鉴定委托，司法鉴定机构不得受理：

（一）委托鉴定事项超出本机构司法鉴定业务范围的；

（二）发现鉴定材料不真实、不完整、不充分或者取得方式不合法的；

（三）鉴定用途不合法或者违背社会公德的；

（四）鉴定要求不符合司法鉴定执业规则或者相关鉴定技术规范的；

（五）鉴定要求超出本机构技术条件或者鉴定能力的；

（六）委托人就同一鉴定事项同时委托其他司法鉴定机构进行鉴定的；

（七）其他不符合法律、法规、规章规定的情形。

第 16 条 司法鉴定机构决定受理鉴定委托的，应当与委托人签订司法鉴定委托书。司法鉴定委托书应当载明委托人名称、司法鉴定机构名称、委托鉴定事项、是否属于重新鉴定、鉴定用途、与鉴定有关的基本案情、鉴定材料的提供和退还、鉴定风险，以及双方商定的鉴定时限、鉴定费用及收取方式、双方权利义务等其他需要载明的事项。

第 17 条 司法鉴定机构决定不予受理鉴定委托的，应当向委托人说明理由，退还鉴定材料。

第三章 司法鉴定的实施

第 18 条 司法鉴定机构受理鉴定委托后，应当指定本机构具有该鉴定事项执业资格的司法鉴定人进行鉴定。

委托人有特殊要求的，经双方协商一致，也可以从本机构中选择符合条件的司法鉴定人进行鉴定。

委托人不得要求或者暗示司法鉴定机构、司法鉴定人按其意图或者特定目的提供鉴定意见。

第 19 条 司法鉴定机构对同一鉴定事项，应当指定或者选择二名司法鉴定人进行鉴定；对复杂、疑难或者特殊鉴定事项，可以指定或者选择多名司法鉴定人进行鉴定。

第 20 条 司法鉴定人本人或者其近亲属与诉讼当事人、鉴定事项涉及的案件有利害关系,可能影响其独立、客观、公正进行鉴定的,应当回避。

司法鉴定人曾经参加过同一鉴定事项鉴定的,或者曾经作为专家提供过咨询意见的,或者曾被聘请为有专门知识的人参与过同一鉴定事项法庭质证的,应当回避。

第 21 条 司法鉴定人自行提出回避的,由其所属的司法鉴定机构决定;委托人要求司法鉴定人回避的,应当向该司法鉴定人所属的司法鉴定机构提出,由司法鉴定机构决定。

委托人对司法鉴定机构作出的司法鉴定人是否回避的决定有异议的,可以撤销鉴定委托。

第 22 条 司法鉴定机构应当建立鉴定材料管理制度,严格监控鉴定材料的接收、保管、使用和退还。

司法鉴定机构和司法鉴定人在鉴定过程中应当严格依照技术规范保管和使用鉴定材料,因严重不负责任造成鉴定材料损毁、遗失的,应当依法承担责任。

第 23 条 司法鉴定人进行鉴定,应当依下列顺序遵守和采用该专业领域的技术标准、技术规范和技术方法:

(一)国家标准;

(二)行业标准和技术规范;

(三)该专业领域多数专家认可的技术方法。

第 24 条 司法鉴定人有权了解进行鉴定所需要的案件材料,可以查阅、复制相关资料,必要时可以询问诉讼当事人、证人。

经委托人同意,司法鉴定机构可以派员到现场提取鉴定材料。现场提取鉴定材料应当由不少于二名司法鉴定机构的工作人员进行,其中至少一名应为该鉴定事项的司法鉴定人。现场提取鉴定材料时,应当有委托人指派或者委托的人员在场见证并在提取记录上签名。

第 25 条 鉴定过程中,需要对无民事行为能力人或者限制民事行为能力人进行身体检查的,应当通知其监护人或者近亲属到场见证;必要时,可以通知委托人到场见证。

对被鉴定人进行法医精神病鉴定的,应当通知委托人或者被鉴定人的近亲属或者监护人到场见证。

对需要进行尸体解剖的,应当通知委托人或者死者的近亲属或者监护人到场见证。

到场见证人员应当在鉴定记录上签名。见证人员未到场的,司法鉴定人不得开展相关鉴定活动,延误时间不计入鉴定时限。

第 26 条 鉴定过程中,需要对被鉴定人身体进行法医临床检查的,应当采取必要措施保护其隐私。

第 27 条 司法鉴定人应当对鉴定过程进行实时记录并签名。记录可以采取笔记、录音、录像、拍照等方式。记录应当载明主要的鉴定方法和过程,检查、检验、检测结果,以及仪器设备使用情况等。记录的内容应当真实、客观、准确、完整、清晰,记录的文本资料、音像资料等应当存入鉴定档案。

第 28 条 司法鉴定机构应当自司法鉴定委托书生效之日起三十个工作日内完成鉴定。

鉴定事项涉及复杂、疑难、特殊技术问题或者鉴定过程需要较长时间的,经本机构负责人批准,完成鉴定的时限可以延长,延长时限一般不得超过三十个工作日。鉴定时限延长的,应当及时告知委托人。

司法鉴定机构与委托人对鉴定时限另有约定的,从其约定。

在鉴定过程中补充或者重新提取鉴定材料所需的时间,不计入鉴定时限。

第29条 司法鉴定机构在鉴定过程中,有下列情形之一的,可以终止鉴定:

(一)发现有本通则第十五条第二项至第七项规定情形的;

(二)鉴定材料发生耗损,委托人不能补充提供的;

(三)委托人拒不履行司法鉴定委托书规定的义务、被鉴定人拒不配合或者鉴定活动受到严重干扰,致使鉴定无法继续进行的;

(四)委托人主动撤销鉴定委托,或者委托人、诉讼当事人拒绝支付鉴定费用的;

(五)因不可抗力致使鉴定无法继续进行的;

(六)其他需要终止鉴定的情形。

终止鉴定的,司法鉴定机构应当书面通知委托人,说明理由并退还鉴定材料。

第30条 有下列情形之一的,司法鉴定机构可以根据委托人的要求进行补充鉴定:

(一)原委托鉴定事项有遗漏的;

(二)委托人就原委托鉴定事项提供新的鉴定材料的;

(三)其他需要补充鉴定的情形。

补充鉴定是原委托鉴定的组成部分,应当由原司法鉴定人进行。

第31条 有下列情形之一的,司法鉴定机构可以接受办案机关委托进行重新鉴定:

(一)原司法鉴定人不具有从事委托鉴定事项执业资格的;

(二)原司法鉴定机构超出登记的业务范围组织鉴定的;

(三)原司法鉴定人应当回避没有回避的;

(四)办案机关认为需要重新鉴定的;

(五)法律规定的其他情形。

第32条 重新鉴定应当委托原司法鉴定机构以外的其他司法鉴定机构进行;因特殊原因,委托人也可以委托原司法鉴定机构进行,但原司法鉴定机构应当指定原司法鉴定人以外的其他符合条件的司法鉴定人进行。

接受重新鉴定委托的司法鉴定机构的资质条件应当不低于原司法鉴定机构,进行重新鉴定的司法鉴定人中应当至少有一名具有相关专业高级专业技术职称。

第33条 鉴定过程中,涉及复杂、疑难、特殊技术问题的,可以向本机构以外的相关专业领域的专家进行咨询,但最终的鉴定意见应当由本机构的司法鉴定人出具。

专家提供咨询意见应当签名,并存入鉴定档案。

第34条 对于涉及重大案件或者特别复杂、疑难、特殊技术问题或者多个鉴定类别的鉴定事项,办案机关可以委托司法鉴定行业协会组织协调多个司法鉴定机构进行鉴定。

第35条 司法鉴定人完成鉴定后,司法鉴定机构应当指定具有相应资质的人员对鉴定程序和鉴定意见进行复核;对于涉及复杂、疑难、特殊技术问题或者重新鉴定的鉴定事项,可以组织三名以上的专家进行复核。

复核人员完成复核后,应当提出复核意见并签名,存入鉴定档案。

第四章 司法鉴定意见书的出具

第36条 司法鉴定机构和司法鉴定人应当按照统一规定的文本格式制作司法

鉴定意见书。

第 37 条 司法鉴定意见书应当由司法鉴定人签名。多人参加的鉴定，对鉴定意见有不同意见的，应当注明。

第 38 条 司法鉴定意见书应当加盖司法鉴定机构的司法鉴定专用章。

第 39 条 司法鉴定意见书应当一式四份，三份交委托人收执，一份由司法鉴定机构存档。司法鉴定机构应当按照有关规定或者与委托人约定的方式，向委托人发送司法鉴定意见书。

第 40 条 委托人对鉴定过程、鉴定意见提出询问的，司法鉴定机构和司法鉴定人应当给予解释或者说明。

第 41 条 司法鉴定意见书出具后，发现有下列情形之一的，司法鉴定机构可以进行补正：

（一）图像、谱图、表格不清晰的；

（二）签名、盖章或者编号不符合制作要求的；

（三）文字表达有瑕疵或者错别字，但不影响司法鉴定意见的。

补正应当在原司法鉴定意见书上进行，由至少一名司法鉴定人在补正处签名。必要时，可以出具补正书。

对司法鉴定意见书进行补正，不得改变司法鉴定意见的原意。

第 42 条 司法鉴定机构应当按照规定将司法鉴定意见书以及有关资料整理立卷、归档保管。

第五章 司法鉴定人出庭作证

第 43 条 经人民法院依法通知，司法鉴定人应当出庭作证，回答与鉴定事项有关的问题。

第 44 条 司法鉴定机构接到出庭通知后，应当及时与人民法院确认司法鉴定人出庭的时间、地点、人数、费用、要求等。

第 45 条 司法鉴定机构应当支持司法鉴定人出庭作证，为司法鉴定人依法出庭提供必要条件。

第 46 条 司法鉴定人出庭作证，应当举止文明，遵守法庭纪律。

第六章 附　则

第 47 条 本通则是司法鉴定机构和司法鉴定人进行司法鉴定活动应当遵守和采用的一般程序规则，不同专业领域对鉴定程序有特殊要求的，可以依据本通则制定鉴定程序细则。

第 48 条 本通则所称办案机关，是指办理诉讼案件的侦查机关、审查起诉机关和审判机关。

第 49 条 在诉讼活动之外，司法鉴定机构和司法鉴定人依法开展相关鉴定业务的，参照本通则规定执行。

第 50 条 本通则自 2016 年 5 月 1 日起施行。司法部 2007 年 8 月 7 日发布的《司法鉴定程序通则》（司法部第 107 号令）同时废止。

最高院裁判观点

内蒙古某石业有限公司与陈某合同纠纷案
【《最高人民法院公报》2016 年第 3 期】

裁判要旨：当事人在案件审理中提出的人民法院另案审理中作出的鉴定意见，只宜作为一般书证，根据《民事诉讼法》第七十六条、第七十八条[108]的规定，鉴定意见只能在本案审理中依法申请、形成和使用。

---

[108] 《民事诉讼法》（2023 年修正）第 79 条、第 81 条。

第八十条　鉴定人的职责

鉴定人有权了解进行鉴定所需要的案件材料，必要时可以询问当事人、证人。

鉴定人应当提出书面鉴定意见，在鉴定书上签名或者盖章。

◆相关规定

◎司法解释及文件

《最高人民法院关于民事诉讼证据的若干规定》（法释〔2019〕19号　2019年12月25日）

第33条　鉴定开始之前，人民法院应当要求鉴定人签署承诺书。承诺书中应当载明鉴定人保证客观、公正、诚实地进行鉴定，保证出庭作证，如作虚假鉴定应当承担法律责任等内容。

鉴定人故意作虚假鉴定的，人民法院应当责令其退还鉴定费用，并根据情节，依照民事诉讼法第一百一十一条[109]的规定进行处罚。

第34条　人民法院应当组织当事人对鉴定材料进行质证。未经质证的材料，不得作为鉴定的根据。

经人民法院准许，鉴定人可以调取证据、勘验物证和现场、询问当事人或者证人。

第35条　鉴定人应当在人民法院确定的期限内完成鉴定，并提交鉴定书。

鉴定人无正当理由未按期提交鉴定书的，当事人可以申请人民法院另行委托鉴定人进行鉴定。人民法院准许的，原鉴定人已经收取的鉴定费用应当退还；拒不退还的，依照本规定第八十一条[110]第二款的规定处理。

第36条　人民法院对鉴定人出具的鉴定书，应当审查是否具有下列内容：

（一）委托法院的名称；

（二）委托鉴定的内容、要求；

（三）鉴定材料；

（四）鉴定所依据的原理、方法；

（五）对鉴定过程的说明；

（六）鉴定意见；

（七）承诺书。

鉴定书应当由鉴定人签名或者盖章，并附鉴定人的相应资格证明。委托机构鉴定的，鉴定书应当由鉴定机构盖章，并由从事鉴定的人员签名。

◆最高院裁判观点

金某盛典公司、某建工集团有限公司建设工程施工合同纠纷案【（2017）最高法民申4343号】

裁判要旨：鉴定人员虽未在《司法鉴定意见书》上签名，但已加盖印章。且在一审审理过程中，亦出庭接受双方当事人的质询，并对当事人的提问给予答复。根据《民事诉讼法》第七十七条[111]第二款"鉴定人应当提出书面鉴定意见，在鉴定书上签名或者盖章"的规定，金某盛典公司称《司法鉴定意见书》程序违法的再审理由亦不能成立。

第八十一条　鉴定人出庭作证的义务

当事人对鉴定意见有异议或者

---

[109]《民事诉讼法》（2023年修正）第114条。
[110]《民事诉讼法》（2023年修正）第84条。
[111]《民事诉讼法》（2023年修正）第80条。

人民法院认为鉴定人有必要出庭的，鉴定人应当出庭作证。经人民法院通知，鉴定人拒不出庭作证的，鉴定意见不得作为认定事实的根据；支付鉴定费用的当事人可以要求返还鉴定费用。

条文注解

根据《最高人民法院对关于〈中华人民共和国民事诉讼法〉第七十八条[112]理解问题的答复》，鉴定人需要出庭作证有两种情形：一是当事人对鉴定意见有异议；二是人民法院认为鉴定人有必要出庭的。只要属于两种情形之一的，鉴定人经人民法院依法通知，应当出庭作证。

相关规定

◎ 法　律

《全国人民代表大会常务委员会关于司法鉴定管理问题的决定》（2015年4月24日）

九、在诉讼中，对本决定第二条所规定的鉴定事项发生争议，需要鉴定的，应当委托列入鉴定人名册的鉴定人进行鉴定。鉴定人从事司法鉴定业务，由所在的鉴定机构统一接受委托。

鉴定人和鉴定机构应当在鉴定人和鉴定机构名册注明的业务范围内从事司法鉴定业务。

鉴定人应当依照诉讼法律规定实行回避。

十一、在诉讼中，当事人对鉴定意见有异议的，经人民法院依法通知，鉴定人应当出庭作证。

◎ 司法解释及文件

《最高人民法院关于适用〈中华人民共和国民事诉讼法〉的解释》（法释〔2022〕11号　2022年4月1日修正）

第122条　当事人可以依照民事诉讼法第八十二条的规定，在举证期限届满前申请一至二名具有专门知识的人出庭，代表当事人对鉴定意见进行质证，或者对案件事实所涉及的专业问题提出意见。

具有专门知识的人在法庭上就专业问题提出的意见，视为当事人的陈述。

人民法院准许当事人申请的，相关费用由提出申请的当事人负担。

《最高人民法院关于民事诉讼证据的若干规定》（法释〔2019〕19号　2019年12月25日）

第37条　人民法院收到鉴定书后，应当及时将副本送交当事人。

当事人对鉴定书的内容有异议的，应当在人民法院指定期间内以书面方式提出。

对于当事人的异议，人民法院应当要求鉴定人作出解释、说明或者补充。人民法院认为有必要的，可以要求鉴定人对当事人未提出异议的内容进行解释、说明或者补充。

第38条　当事人在收到鉴定人的书面答复后仍有异议的，人民法院应当根据《诉讼费用交纳办法》第十一条的规定，通知有异议的当事人预交鉴定人出庭费用，并通知鉴定人出庭。有异议的当事人不预交鉴定人出庭费用的，视为放弃异议。

双方当事人对鉴定意见均有异议的，分摊预交鉴定人出庭费用。

---

[112]《民事诉讼法》（2023年修正）第81条。

第39条 鉴定人出庭费用按照证人出庭作证费用的标准计算,由败诉的当事人负担。因鉴定意见不明确或者有瑕疵需要鉴定人出庭的,出庭费用由其自行负担。

人民法院委托鉴定时已经确定鉴定人出庭费用包含在鉴定费用中的,不再通知当事人预交。

第42条 鉴定意见被采信后,鉴定人无正当理由撤销鉴定意见的,人民法院应当责令其退还鉴定费用,并可以根据情节,依照民事诉讼法第一百一十一条[113]的规定对鉴定人进行处罚。当事人主张鉴定人负担由此增加的合理费用的,人民法院应予支持。

人民法院采信鉴定意见后准许鉴定人撤销的,应当责令其退还鉴定费用。

第79条 鉴定人依照民事诉讼法第七十八条[114]的规定出庭作证的,人民法院应当在开庭审理三日前将出庭的时间、地点及要求通知鉴定人。

委托机构鉴定的,应当由从事鉴定的人员代表机构出庭。

第80条 鉴定人应当就鉴定事项如实答复当事人的异议和审判人员的询问。当庭答复确有困难的,经人民法院准许,可以在庭审结束后书面答复。

人民法院应当及时将书面答复送交当事人,并听取当事人的意见。必要时,可以再次组织质证。

第81条 鉴定人拒不出庭作证的,鉴定意见不得作为认定案件事实的根据。人民法院应当建议有关主管部门或者组织对拒不出庭作证的鉴定人予以处罚。

当事人要求退还鉴定费用的,人民法院应当在三日内作出裁定,责令鉴定人退还;拒不退还的,由人民法院依法执行。

当事人因鉴定人拒不出庭作证申请重新鉴定的,人民法院应当准许。

第82条 经法庭许可,当事人可以询问鉴定人、勘验人。

询问鉴定人、勘验人不得使用威胁、侮辱等不适当的言语和方式。

《最高人民法院、司法部关于建立司法鉴定管理与使用衔接机制的意见》(司发通〔2016〕98号 2016年10月9日)

三、加强保障监督,确保鉴定人履行出庭作证义务

……

鉴定人在人民法院指定日期出庭发生的交通费、住宿费、生活费和误工补贴,按照国家有关规定应当由当事人承担的,由人民法院代为收取。

司法行政机关要监督、指导鉴定人依法履行出庭作证义务。对于无正当理由拒不出庭作证的,要依法严格查处,追究鉴定人和鉴定机构及机构代表人的责任。

◎ **部门规章及文件**

《司法鉴定程序通则》(2016年3月2日)

第五章 司法鉴定人出庭作证

第43条 经人民法院依法通知,司法鉴定人应当出庭作证,回答与鉴定事项有关的问题。

第44条 司法鉴定机构接到出庭通知后,应当及时与人民法院确认司法鉴定人出庭的时间、地点、人数、费用、要求等。

第45条 司法鉴定机构应当支持司法鉴定人出庭作证,为司法鉴定人依法出庭提供必要条件。

---

[113] 《民事诉讼法》(2023年修正)第114条。
[114] 《民事诉讼法》(2023年修正)第81条。

第 46 条　司法鉴定人出庭作证，应当举止文明，遵守法庭纪律。

最高院裁判观点

陈某与贵州某房地产有限公司合同纠纷案【（2019）最高法民终 687 号】

裁判要旨：一审法院认定案件事实的依据《南京东南司法鉴定中心司法鉴定意见书》及《贵阳市公安局刑事科学技术研究所文件检验鉴定书》系公安机关在刑事犯罪侦查中委托作出的阶段性鉴定意见，未经生效判决认定，鉴定检材、样材提取均无陈某的参与，且在陈某明确对鉴定意见提出异议的情况下鉴定人未出庭接受双方当事人的质询。《民事诉讼法》第七十八条[115]规定："当事人对鉴定意见有异议或者人民法院认为鉴定人有必要出庭的，鉴定人应当出庭作证。经人民法院通知，鉴定人拒不出庭作证的，鉴定意见不得作为认定事实的根据；支付鉴定费用的当事人可以要求返还鉴定费用。"一审判决直接以前述两份鉴定意见作为定案依据，剥夺了陈某的程序参与权。陈某关于一审程序违法的上诉主张，具有事实和法律依据，本院予以支持。

第八十二条　对鉴定意见的查证

当事人可以申请人民法院通知有专门知识的人出庭，就鉴定人作出的鉴定意见或者专业问题提出意见。

相关规定

◎司法解释及文件

《最高人民法院关于适用〈中华人民共和国民事诉讼法〉的解释》（法释〔2022〕11 号　2022 年 4 月 1 日修正）

第 122 条　当事人可以依照民事诉讼法第八十二条的规定，在举证期限届满前申请一至二名具有专门知识的人出庭，代表当事人对鉴定意见进行质证，或者对案件事实所涉及的专业问题提出意见。

具有专门知识的人在法庭上就专业问题提出的意见，视为当事人的陈述。

人民法院准许当事人申请的，相关费用由提出申请的当事人负担。

《最高人民法院关于民事诉讼证据的若干规定》（法释〔2019〕19 号　2019 年 12 月 25 日）

第 83 条　当事人依照民事诉讼法第七十九条[116]和《最高人民法院关于适用〈中华人民共和国民事诉讼法〉的解释》第一百二十二条的规定，申请有专门知识的人出庭的，申请书中应当载明有专门知识的人的基本情况和申请的目的。

人民法院准许当事人申请的，应当通知双方当事人。

《最高人民法院关于知识产权民事诉讼证据的若干规定》（法释〔2020〕12 号　2020 年 11 月 16 日）

第 28 条　当事人可以申请有专门知识的人出庭，就专业问题提出意见。经法庭准许，当事人可以对有专门知识的人进行询问。

---

[115]　《民事诉讼法》（2023 年修正）第 81 条。
[116]　《民事诉讼法》（2023 年修正）第 82 条。

《最高人民法院关于审理医疗损害责任纠纷案件适用法律若干问题的解释》（法释〔2017〕20号 2020年12月29日修正）

第14条 当事人申请通知一至二名具有医学专门知识的人出庭，对鉴定意见或者案件的其他专门性事实问题提出意见，人民法院准许的，应当通知具有医学专门知识的人出庭。

前款规定的具有医学专门知识的人提出的意见，视为当事人的陈述，经质证可以作为认定案件事实的根据。

《最高人民法院关于生态环境侵权民事诉讼证据的若干规定》（法释〔2023〕6号 2023年8月14日）

第21条 因没有鉴定标准、成熟的鉴定方法、相应资格的鉴定人等原因无法进行鉴定，或者鉴定周期过长、费用过高的，人民法院可以结合案件有关事实、当事人申请的有专门知识的人的意见和其他证据，对涉及专门性问题的事实作出认定。

第22条 当事人申请有专门知识的人出庭，就鉴定意见或者污染物认定、损害结果、因果关系、生态环境修复方案、生态环境修复费用、生态环境受到损害至修复完成期间服务功能丧失导致的损失、生态环境功能永久性损害造成的损失等专业问题提出意见的，人民法院可以准许。

对方当事人以有专门知识的人不具备相应资格为由提出异议的，人民法院对该异议不予支持。

第八十三条 勘验笔录

勘验物证或者现场，勘验人必须出示人民法院的证件，并邀请当地基层组织或者当事人所在单位派人参加。当事人或者当事人的成年家属应当到场，拒不到场的，不影响勘验的进行。

有关单位和个人根据人民法院的通知，有义务保护现场，协助勘验工作。

勘验人应当将勘验情况和结果制作笔录，由勘验人、当事人和被邀参加人签名或者盖章。

■ 相关规定

◎司法解释及文件

《最高人民法院关于适用〈中华人民共和国民事诉讼法〉的解释》（法释〔2022〕11号 2022年4月1日修正）

第124条 人民法院认为有必要的，可以根据当事人的申请或者依职权对物证或者现场进行勘验。勘验时应当保护他人的隐私和尊严。

人民法院可以要求鉴定人参与勘验。必要时，可以要求鉴定人在勘验中进行鉴定。

《最高人民法院关于民事诉讼证据的若干规定》（法释〔2019〕19号 2019年12月25日）

第43条 人民法院应当在勘验前将勘验的时间和地点通知当事人。当事人不参加的，不影响勘验进行。

当事人可以就勘验事项向人民法院进行解释和说明，可以请求人民法院注意勘验中的重要事项。

人民法院勘验物证或者现场，应当制作笔录，记录勘验的时间、地点、勘验人、在场人、勘验的经过、结果，由勘验人、在场人签名或者盖章。对于绘制的现场图应当注明绘制的时间、方位、测绘人姓名、身份等内容。

> **第八十四条　证据保全**
>
> 　　在证据可能灭失或者以后难以取得的情况下，当事人可以在诉讼过程中向人民法院申请保全证据，人民法院也可以主动采取保全措施。
>
> 　　因情况紧急，在证据可能灭失或者以后难以取得的情况下，利害关系人可以在提起诉讼或者申请仲裁前向证据所在地、被申请人住所地或者对案件有管辖权的人民法院申请保全证据。
>
> 　　证据保全的其他程序，参照适用本法第九章保全的有关规定。

相关规定

◎法　律

《仲裁法》（2017年9月1日）

　　第46条　在证据可能灭失或者以后难以取得的情况下，当事人可以申请证据保全。当事人申请证据保全的，仲裁委员会应当将当事人的申请提交证据所在地的基层人民法院。

《著作权法》（2020年11月11日）

　　第57条　为制止侵权行为，在证据可能灭失或者以后难以取得的情况下，著作权人或者与著作权有关的权利人可以在起诉前依法向人民法院申请保全证据。

《专利法》（2020年10月17日）

　　第72条　专利权人或者利害关系人有证据证明他人正在实施或者即将实施侵犯专利权、妨碍其实现权利的行为，如不及时制止将会使其合法权益受到难以弥补的损害的，可以在起诉前依法向人民法院申请采取财产保全、责令作出一定行为或者禁止作出一定行为的措施。

　　第73条　为了制止专利侵权行为，在证据可能灭失或者以后难以取得的情况下，专利权人或者利害关系人可以在起诉前依法向人民法院申请保全证据。

《商标法》（2019年4月23日）

　　第66条　为制止侵权行为，在证据可能灭失或者以后难以取得的情况下，商标注册人或者利害关系人可以依法在起诉前向人民法院申请保全证据。

◎司法解释及文件

《最高人民法院关于适用〈中华人民共和国民事诉讼法〉的解释》（法释〔2022〕11号　2022年4月1日修正）

　　第98条　当事人根据民事诉讼法第八十四条第一款规定申请证据保全的，可以在举证期限届满前书面提出。

　　证据保全可能对他人造成损失的，人民法院应当责令申请人提供相应的担保。

《最高人民法院关于民事诉讼证据的若干规定》（法释〔2019〕19号　2019年12月25日）

　　第25条　当事人或者利害关系人根据民事诉讼法第八十一条[117]的规定申请证据保全的，申请书应当载明需要保全的证据的基本情况、申请保全的理由以及采取何种保全措施等内容。

　　当事人根据民事诉讼法第八十一条[118]第一款的规定申请证据保全的，应当在举证期限届满前向人民法院提出。

　　法律、司法解释对诉前证据保全有规定的，依照其规定办理。

---

[117]《民事诉讼法》（2023年修正）第84条。
[118]同上。

第 26 条 当事人或者利害关系人申请采取查封、扣押等限制保全标的物使用、流通等保全措施，或者保全可能对证据持有人造成损失的，人民法院应当责令申请人提供相应的担保。

担保方式或者数额由人民法院根据保全措施对证据持有人的影响、保全标的物的价值、当事人或者利害关系人争议的诉讼标的金额等因素综合确定。

第 27 条 人民法院进行证据保全，可以要求当事人或者诉讼代理人到场。

根据当事人的申请和具体情况，人民法院可以采取查封、扣押、录音、录像、复制、鉴定、勘验等方法进行证据保全，并制作笔录。

在符合证据保全目的的情况下，人民法院应当选择对证据持有人利益影响最小的保全措施。

第 28 条 申请证据保全错误造成财产损失，当事人请求申请人承担赔偿责任的，人民法院应予支持。

第 29 条 人民法院采取诉前证据保全措施后，当事人向其他有管辖权的人民法院提起诉讼的，采取保全措施的人民法院应当根据当事人的申请，将保全的证据及时移交受理案件的人民法院。

《最高人民法院关于知识产权民事诉讼证据的若干规定》（法释〔2020〕12 号 2020 年 11 月 16 日）

第 12 条 人民法院进行证据保全，应当以有效固定证据为限，尽量减少对保全标的物价值的损害和对证据持有人正常生产经营的影响。

证据保全涉及技术方案的，可以采取制作现场勘验笔录、绘图、拍照、录音、录像、复制设计和生产图纸等保全措施。

第 13 条 当事人无正当理由拒不配合或者妨害证据保全，致使无法保全证据的，人民法院可以确定由其承担不利后果。构成民事诉讼法第一百一十一条[119]规定情形的，人民法院依法处理。

第 14 条 对于人民法院已经采取保全措施的证据，当事人擅自拆装证据实物、篡改证据材料或者实施其他破坏证据的行为，致使证据不能使用的，人民法院可以确定由其承担不利后果。构成民事诉讼法第一百一十一条[120]规定情形的，人民法院依法处理。

第 15 条 人民法院进行证据保全，可以要求当事人或者诉讼代理人到场，必要时可以根据当事人的申请通知有专门知识的人到场，也可以指派技术调查官参与证据保全。

证据为案外人持有的，人民法院可以对其持有的证据采取保全措施。

第 16 条 人民法院进行证据保全，应当制作笔录、保全证据清单，记录保全时间、地点、实施人、在场人、保全经过、保全标的物状态，由实施人、在场人签名或者盖章。有关人员拒绝签名或者盖章的，不影响保全的效力，人民法院可以在笔录上记明并拍照、录像。

第 17 条 被申请人对证据保全的范围、措施、必要性等提出异议并提供相关证据，人民法院经审查认为异议理由成立的，可以变更、终止、解除据保全。

第 18 条 申请人放弃使用被保全证据，但被保全证据涉及案件基本事实查明或者其他当事人主张使用的，人民法院可

---

[119] 《民事诉讼法》（2023 年修正）第 114 条。
[120] 同上。

《最高人民法院关于适用〈中华人民共和国公司法〉若干问题的规定（二）》（法释〔2014〕2号 2020年12月29日修正）

第3条 股东提起解散公司诉讼时，向人民法院申请财产保全或者证据保全的，在股东提供担保且不影响公司正常经营的情形下，人民法院可予以保全。

最高院裁判观点

赵某与五建公司侵害发明专利权纠纷案
【（2020）最高法知民终1850号】

裁判要旨：《民事诉讼法》第八十一条[121]第一款规定，在证据可能灭失或者以后难以取得的情况下，当事人可以在诉讼过程中向人民法院申请保全证据，人民法院也可以主动采取保全措施。本案中，赵某提起本案诉讼，主张五建公司使用了涉案专利方法，侵害了涉案专利权。对此，本院认为，赵某在本案中请求人民法院进行证据保全，至少应提供初步证据证明被诉侵权人有较大可能实施了被诉侵权行为，且属于证据可能灭失或者以后难以取得的情况，但赵某并未提供初步证据证明涉案建筑外墙彩绘图案系五建公司使用涉案专利方法制作完成，本案并不属于人民法院必须进行证据保全的情况，故对赵某的有关主张，本院不予支持。

文书范本

1. 申请书（申请诉前证据保全用）

申 请 书

申请人：×××，男/女，××××年××月××日出生，×族，……（写明工作单位和职务或者职业），住……。联系方式：……。

法定代理人/指定代理人：×××，……。

委托诉讼代理人：×××，……。

被申请人：×××，……。

……

(以上写明当事人和其他诉讼参加人的姓名或者名称等基本信息)

请求事项：

请求裁定……（写明证据保全措施）。

事实和理由：

……（写明诉前/仲裁前申请证据保全的事实和理由）。

申请人提供……（写明担保财产的名称、性质、数量或数额、所在地等）作为担保。

此致
××××人民法院

申请人（签名或者公章）
××××年××月××日

---

[121]《民事诉讼法》（2023年修正）第84条。

文书制作要点提示：

①当事人是法人或者其他组织的，写明名称住所，另起一行写明法定代表人、主要负责人及其姓名、职务、联系方式。

②写清楚需要保全的证据的类型、证据来源及获取途径等基本情况以及采取何种保全措施，证据保全的理由必须充分。

③利害关系人申请诉前证据保全，可以在提起诉讼或者申请仲裁前向证据所在地、被申请人住所地或者对案件有管辖权的人民法院提出。

2. 申请书（申请诉讼证据保全用）

申 请 书

申请人：×××，男/女，××××年××月××日出生，×族，……（写明工作单位和职务或者职业），住……。联系方式：……。

法定代理人/指定代理人：×××，……。

委托诉讼代理人：×××，……。

被申请人：×××，……。

……

（以上写明当事人和其他诉讼参加人的姓名或者名称等基本信息）

请求事项：

因（××××）……号……（写明当事人和案由）一案，请求裁定……（写明证据保全措施）。

事实和理由：

……（写明申请诉讼证据保全的事实和理由）。

此致

××××人民法院

申请人（签名或者公章）

××××年××月××日

文书制作要点提示：

①当事人是法人或者其他组织的，写明名称住所，另起一行写明法定代表人、主要负责人及其姓名、职务、联系方式。

②写清楚需要保全的证据的类型、证据来源及获取途径等基本情况以及采取何种保全措施，证据保全的理由必须充分。

第七章　期间、送达

第一节　期　间

第八十五条　期间的种类和计算

期间包括法定期间和人民法院指定的期间。

期间以时、日、月、年计算。期间开始的时和日，不计算在期间内。

期间届满的最后一日是法定休假日的，以法定休假日后的第一日为期间届满的日期。

期间不包括在途时间，诉讼文书在期满前交邮的，不算过期。

条文注解

期间，是指法院、诉讼参加人进行某种诉讼行为的期限。期日，是指法院指定的开始进行某一诉讼行为的具体时间，如开庭审理日期、宣判日期等。

期间和期日有以下几个区别：第一，期日是一个时间点，只规定开始的时间，不规定终止的时间；而期间有始期和终期，是一段期限。第二，期日被确定后，要求人民法院和当事人以及其他诉讼参与人，必须在该期日会合在一起进行某种诉讼行为；而期间自始至终则是各诉讼主体单独进行诉讼行为。第三，期日都是由人民法院指定的；而期间有的由法律规定，有的由人民法院指定。第四，期日因特殊情况的发生可以变更；而期间有的可以变更，有的不能变更。

相关规定

◎行政法规及文件

《全国年节及纪念日放假办法》（2013年12月11日）

第1条　为统一全国年节及纪念日的假期，制定本办法。

第2条　全体公民放假的节日：

（一）新年，放假1天（1月1日）；

（二）春节，放假3天（农历正月初一、初二、初三）；

（三）清明节，放假1天（农历清明当日）；

（四）劳动节，放假1天（5月1日）；

（五）端午节，放假1天（农历端午当日）；

（六）中秋节，放假1天（农历中秋当日）；

（七）国庆节，放假3天（10月1日、2日、3日）。

第3条　部分公民放假的节日及纪念日：

（一）妇女节（3月8日），妇女放假半天；

（二）青年节（5月4日），14周岁以上的青年放假半天；

（三）儿童节（6月1日），不满14周岁的少年儿童放假1天；

（四）中国人民解放军建军纪念日（8月1日），现役军人放假半天。

第4条　少数民族习惯的节日，由各少数民族聚居地区的地方人民政府，按照各该民族习惯，规定放假日期。

第5条　二七纪念日、五卅纪念日、七七抗战纪念日、九三抗战胜利纪念日、九一八纪念日、教师节、护士节、记者节、植树节等其他节日、纪念日，均不放假。

第 6 条 全体公民放假的假日，如果适逢星期六、星期日，应当在工作日补假。部分公民放假的假日，如果适逢星期六、星期日，则不补假。

第 7 条 本办法自公布之日起施行。

◎司法解释及文件

《最高人民法院关于适用〈中华人民共和国民事诉讼法〉的解释》（法释〔2022〕11 号 2022 年 4 月 1 日修正）

第 125 条 依照民事诉讼法第八十五条第二款规定，民事诉讼中以时起算的期间从次时起算；以日、月、年计算的期间从次日起算。

第八十六条 期间的耽误和顺延

当事人因不可抗拒的事由或者其他正当理由耽误期限的，在障碍消除后的十日内，可以申请顺延期限，是否准许，由人民法院决定。

■相关规定

◎司法解释及文件

《关于依法妥善审理涉新冠肺炎疫情民事案件若干问题的指导意见（一）》（法发〔2020〕12 号 2020 年 4 月 16 日）

七、依法顺延诉讼期间。因疫情或者疫情防控措施耽误法律规定或者人民法院指定的诉讼期限，当事人根据《中华人民共和国民事诉讼法》第八十三条[122]规定申请顺延期限的，人民法院应当根据疫情形势以及当事人提供的证据情况综合考虑是否准许，依法保护当事人诉讼权利。当事人系新冠肺炎确诊患者、疑似新冠肺炎患者、无症状感染者以及相关密切接触者，在被依法隔离期间诉讼期限届满，根据该条规定申请顺延期限的，人民法院应予准许。

第二节 送 达

第八十七条 送达回证

送达诉讼文书必须有送达回证，由受送达人在送达回证上记明收到日期，签名或者盖章。

受送达人在送达回证上的签收日期为送达日期。

■相关规定

◎司法解释及文件

《最高人民法院关于适用〈中华人民共和国民事诉讼法〉的解释》（法释〔2022〕11 号 2022 年 4 月 1 日修正）

第 137 条 当事人在提起上诉、申请再审、申请执行时未书面变更送达地址的，其在第一审程序中确认的送达地址可以作为第二审程序、审判监督程序、执行程序的送达地址。

第 141 条 人民法院在定期宣判时，当事人拒不签收判决书、裁定书的，应视为送达，并在宣判笔录中记明。

《关于进一步加强民事送达工作的若干意见》（法发〔2017〕19 号 2017 年 7 月 19 日）

送达是民事案件审理过程中的重要程序事项，是保障人民法院依法公正审理民事案件、及时维护当事人合法权益的基础。近年来，随着我国社会经济的发展和人民群众司法需求的提高，送达问题已经成为制约民事审判公正与效率的瓶颈之

---

[122]《民事诉讼法》（2023 年修正）第 86 条。

一。为此，各级人民法院要切实改进和加强送达工作，在法律和司法解释的框架内，创新工作机制和方法，全面推进当事人送达地址确认制度，统一送达地址确认书格式，规范送达地址确认书内容，提升民事送达的质量和效率，将司法为民切实落到实处。

一、送达地址确认书是当事人送达地址确认制度的基础。送达地址确认书应当包括当事人提供的送达地址、人民法院告知事项、当事人对送达地址的确认、送达地址确认书的适用范围和变更方式等内容。

二、当事人提供的送达地址应当包括邮政编码、详细地址以及受送达人的联系电话等。同意电子送达的，应当提供并确认接收民事诉讼文书的传真号、电子信箱、微信号等电子送达地址。当事人委托诉讼代理人的，诉讼代理人确认的送达地址视为当事人的送达地址。

三、为保障当事人的诉讼权利，人民法院应当告知送达地址确认书的填写要求和注意事项以及拒绝提供送达地址、提供虚假地址或者提供地址不准确的法律后果。

四、人民法院应当要求当事人对其填写的送达地址及法律后果等事项进行确认。当事人确认的内容应当包括当事人已知晓人民法院告知的事项及送达地址确认书的法律后果，保证送达地址准确、有效，同意人民法院通过其确认的地址送达诉讼文书等，并由当事人或者诉讼代理人签名、盖章或者捺印。

五、人民法院应当在登记立案时要求当事人确认送达地址。当事人拒绝确认送达地址的，依照《最高人民法院关于登记立案若干问题的规定》第七条的规定处理。

六、当事人在送达地址确认书中确认的送达地址，适用于第一审程序、第二审程序和执行程序。当事人变更送达地址，应当以书面方式告知人民法院。当事人未书面变更的，以其确认的地址为送达地址。

七、因当事人提供的送达地址不准确、拒不提供送达地址、送达地址变更未书面告知人民法院，导致民事诉讼文书未能被受送达人实际接收的，直接送达的，民事诉讼文书留在该地址之日为送达之日；邮寄送达的，文书被退回之日为送达之日。

八、当事人拒绝确认送达地址或以拒绝应诉、拒接电话、避而不见送达人员、搬离原住所等躲避、规避送达，人民法院不能或无法要求其确认送达地址的，可以分别以下列情形处理：

（一）当事人在诉讼所涉及的合同、往来函件中对送达地址有明确约定的，以约定的地址为送达地址；

（二）没有约定的，以当事人在诉讼中提交的书面材料中载明的自己的地址为送达地址；

（三）没有约定、当事人也未提交书面材料或者书面材料中未载明地址的，以一年内进行其他诉讼、仲裁案件中提供的地址为送达地址；

（四）无以上情形的，以当事人一年内进行民事活动时经常使用的地址为送达地址。

人民法院按照上述地址进行送达的，可以同时以电话、微信等方式通知受送达人。

九、依第八条规定仍不能确认送达地址的，自然人以其户籍登记的住所或者在经常居住地登记的住址为送达地址，法人或者其他组织以其工商登记或其他依法登记、备案的住所地为送达地址。

十、在严格遵守民事诉讼法和民事诉讼法司法解释关于电子送达适用条件的前提下,积极主动探索电子送达及送达凭证保全的有效方式、方法,有条件的法院可以建立专门的电子送达平台,或以诉讼服务平台为依托进行电子送达,或者采取与大型门户网站、通信运营商合作的方式,通过专门的电子邮箱、特定的通信号码、信息公众号等方式进行送达。

十一、采用传真、电子邮件方式送达的,送达人员应记录传真发送和接收号码、电子邮件发送和接收邮箱、发送时间、送达诉讼文书名称,并打印传真发送确认单、电子邮件发送成功网页,存卷备查。

十二、采用短信、微信等方式送达的,送达人员应记录收发手机号码、发送时间、送达诉讼文书名称,并将短信、微信等送达内容拍摄照片,存卷备查。

十三、可以根据实际情况,有针对性地探索提高送达质量和效率的工作机制,确定由专门的送达机构或者由各审判、执行部门进行送达。在不违反法律、司法解释规定的前提下,可以积极探索创新行之有效的工作方法。

十四、对于移动通信工具能够接通但无法直接送达、邮寄送达的,除判决书、裁定书、调解书外,可以采取电话送达的方式,由送达人员告知当事人诉讼文书内容,并记录拨打、接听电话号码、通话时间、送达诉讼文书内容,通话过程应当录音以存卷备查。

十五、要严格适用民事诉讼法关于公告送达的规定,加强对公告送达的管理,充分保障当事人的诉讼权利。只有在受送达人下落不明,或者用民事诉讼法第一编第七章第二节规定的其他方式无法送达的,才能适用公告送达。

十六、在送达工作中,可以借助基层组织的力量和社会力量,加强与基层组织和有关部门的沟通、协调,为做好送达工作创造良好的外部环境。有条件的地方可以要求基层组织协助送达,并可适当支付费用。

十七、要树立全国法院一盘棋意识,对于其他法院委托送达的诉讼文书,要认真、及时进行送达。鼓励法院之间建立委托送达协作机制,节约送达成本,提高送达效率。

《最高人民法院关于涉港澳民商事案件司法文书送达问题若干规定》(法释〔2009〕2号 2009年3月9日)

第7条 人民法院向受送达人送达司法文书,可以邮寄送达。

邮寄送达时应附有送达回证。受送达人未在送达回证上签收但在邮件回执上签收的,视为送达,签收日期为送达日期。

自邮寄之日起满三个月,虽未收到送达与否的证明文件,但存在本规定第十二条规定情形的,期间届满之日视为送达。

自邮寄之日起满三个月,如果未能收到送达与否的证明文件,且不存在本规定第十二条规定情形的,视为未送达。

《最高人民法院关于内地与澳门特别行政区法院就民商事案件相互委托送达司法文书和调取证据的安排》(法释〔2020〕1号 2020年1月14日)

第12条 完成司法文书送达事项后,内地人民法院应当出具送达回证;澳门特别行政区法院应当出具送达证明书。出具的送达回证和送达证明书,应当注明送达的方法、地点和日期以及司法文书接收人的身份,并加盖法院印章。

受委托方法院无法送达的,应当在送达回证或者送达证明书上注明妨碍送达的原因、拒收事由和日期,并及时书面回复委托方法院。

《最高人民法院关于人民法院办理海峡两岸送达文书和调查取证司法互助案件的规定》(法释〔2011〕15号　2011年6月14日)

第14条　具体办理送达文书司法互助案件的人民法院成功送达的,应当由送达人在《〈海峡两岸共同打击犯罪及司法互助协议〉送达回证》上签名或者盖章,并在成功送达之日起七个工作日内将送达回证送交高级人民法院;未能成功送达的,应当由送达人在《〈海峡两岸共同打击犯罪及司法互助协议〉送达回证》上注明未能成功送达的原因并签名或者盖章,在确认不能送达之日起七个工作日内,将该送达回证和未能成功送达的司法文书送交高级人民法院。

高级人民法院应当在收到前款所述送达回证之日起七个工作日内完成审查,由高级人民法院联络人在前述送达回证上签名或者盖章,同时出具《〈海峡两岸共同打击犯罪及司法互助协议〉送达文书回复书》,连同该送达回证和未能成功送达的司法文书,立即寄送台湾地区联络人。

《最高人民法院关于涉外民事或商事案件司法文书送达问题若干规定》(法释〔2006〕5号　2020年12月29日修正)

第8条　受送达人所在国允许邮寄送达的,人民法院可以邮寄送达。

邮寄送达时应附有送达回证。受送达人未在送达回证上签收但在邮件回执上签收的,视为送达,签收日期为送达日期。

自邮寄之日起满三个月,如果未能收到送达与否的证明文件,且根据各种情况不足以认定已经送达,视为不能用邮寄方式送达。

《最高人民法院关于依据国际公约和双边司法协助条约办理民商事案件司法文书送达和调查取证司法协助请求的规定》(法释〔2013〕6号　2020年12月29日修正)

第8条　人民法院应当建立国际司法协助档案制度。办理民商事案件司法文书送达的送达回证、送达证明在各个转递环节应当以适当方式保存。办理民商事案件调查取证的材料应当作为档案保存。

第八十八条　直接送达

送达诉讼文书,应当直接送交受送达人。受送达人是公民的,本人不在交他的同住成年家属签收;受送达人是法人或者其他组织的,应当由法人的法定代表人、其他组织的主要负责人或者该法人、组织负责收件的人签收;受送达人有诉讼代理人的,可以送交其代理人签收;受送达人已向人民法院指定代收人的,送交代收人签收。

受送达人的同住成年家属,法人或者其他组织的负责收件的人,诉讼代理人或者代收人在送达回证上签收的日期为送达日期。

相关规定

◎司法解释及文件

《最高人民法院关于适用〈中华人民共和国民事诉讼法〉的解释》(法释〔2022〕11号　2022年4月1日修正)

第130条　向法人或者其他组织送达诉讼文书,应当由法人的法定代表人、该组织的主要负责人或者办公室、收发室、值班室等负责收件的人签收或者盖章,拒绝签收或者盖章的,适用留置送达。

民事诉讼法第八十九条规定的有关基

层组织和所在单位的代表,可以是受送达人住所地的居民委员会、村民委员会的工作人员以及受送达人所在单位的工作人员。

第131条 人民法院直接送达诉讼文书的,可以通知当事人到人民法院领取。当事人到达人民法院,拒绝签署送达回证的,视为送达。审判人员、书记员应当在送达回证上注明送达情况并签名。

人民法院可以在当事人住所地以外向当事人直接送达诉讼文书。当事人拒绝签署送达回证的,采用拍照、录像等方式记录送达过程即视为送达。审判人员、书记员应当在送达回证上注明送达情况并签名。

第132条 受送达人有诉讼代理人的,人民法院既可以向受送达人送达,也可以向其诉讼代理人送达。受送达人指定诉讼代理人为代收人的,向诉讼代理人送达时,适用留置送达。

第133条 调解书应当直接送达当事人本人,不适用留置送达。当事人本人因故不能签收的,可由其指定的代收人签收。

> **第八十九条 留置送达**
>
> 受送达人或者他的同住成年家属拒绝接收诉讼文书的,送达人可以邀请有关基层组织或者所在单位的代表到场,说明情况,在送达回证上记明拒收事由和日期,由送达人、见证人签名或者盖章,把诉讼文书留在受送达人的住所;也可以把诉讼文书留在受送达人的住所,并采用拍照、录像等方式记录送达过程,即视为送达。

▎**条文注解**

根据《最高人民法院关于适用〈中华人民共和国民事诉讼法〉的解释》第一百三十条第二款规定,本条规定的有关基层组织和所在单位的代表,可以是受送达人住所地的居民委员会、村民委员会的工作人员以及受送达人所在单位的工作人员。

▎**相关规定**

◎司法解释及文件

《最高人民法院关于适用〈中华人民共和国民事诉讼法〉的解释》(法释〔2022〕11号 2022年4月1日修正)

第133条 调解书应当直接送达当事人本人,不适用留置送达。当事人本人因故不能签收的,可由其指定的代收人签收。

《最高人民法院关于适用简易程序审理民事案件的若干规定》(法释〔2003〕15号 2020年12月29日修正)

第11条 受送达的自然人以及他的同住成年家属拒绝签收诉讼文书的,或者法人、非法人组织负责收件的人拒绝签收诉讼文书的,送达人应当依据民事诉讼法第八十六条[123]的规定邀请有关基层组织或者所在单位的代表到场见证,被邀请的人不愿到场见证的,送达人应当在送达回证上记明拒收事由、时间和地点以及被邀请人不愿到场见证的情形,将诉讼文书留在受送达人的住所或者从业场所,即视为送达。

受送达人的同住成年家属或者法人、非法人组织负责收件的人是同一案件中另一方当事人的,不适用前款规定。

---

[123]《民事诉讼法》(2023年修正)第89条。

《最高人民法院关于涉外民事或商事案件司法文书送达问题若干规定》（法释〔2006〕5号 2020年12月29日修正）

第12条 人民法院向受送达人在中华人民共和国领域内的法定代表人、主要负责人、诉讼代理人、代表机构以及有权接受送达的分支机构、业务代办人送达司法文书，可以适用留置送达的方式。

最高院裁判观点

汉某钢铁公司与湖某银行股份有限公司某支行金融借款合同纠纷案【（2017）最高法民终523号】

裁判要旨：留置送达包括两种方式，一是邀请基层组织或所在单位的代表到场说明情况由送达人、见证人签名或盖章；第二种方式是把诉讼文书留在受送达人的住所，并采用拍照、录像等方式记录送达过程，即视为送达。

第九十条 电子送达

经受送达人同意，人民法院可以采用能够确认其收悉的电子方式送达诉讼文书。通过电子方式送达的判决书、裁定书、调解书，受送达人提出需要纸质文书的，人民法院应当提供。

采用前款方式送达的，以送达信息到达受送达人特定系统的日期为送达日期。

条文注解

在遵循当事人自愿原则的基础上，加大电子送达适用力度，允许对判决书、裁定书、调解书适用电子送达，优化送达方式，细化生效标准，进一步拓展电子送达适用范围，丰富送达渠道，提升电子送达有效性，切实保障当事人诉讼知情权。

相关规定

◎司法解释及文件

《最高人民法院关于适用〈中华人民共和国民事诉讼法〉的解释》（法释〔2022〕11号 2022年4月1日修正）

第135条 电子送达可以采用传真、电子邮件、移动通信等即时收悉的特定系统作为送达媒介。

民事诉讼法第九十条第二款规定的到达受送达人特定系统的日期，为人民法院对应系统显示发送成功的日期，但受送达人证明到达其特定系统的日期与人民法院对应系统显示发送成功的日期不一致的，以受送达人证明到达其特定系统的日期为准。

第136条 受送达人同意采用电子方式送达的，应当在送达地址确认书中予以确认。

《人民法院在线诉讼规则》（法释〔2021〕12号 2021年6月16日）

第29条 经受送达人同意，人民法院可以通过送达平台，向受送达人的电子邮箱、即时通讯账号、诉讼平台专用账号等电子地址，按照法律和司法解释的相关规定送达诉讼文书和证据材料。

具备下列情形之一的，人民法院可以确定受送达人同意电子送达：

（一）受送达人明确表示同意的；

（二）受送达人在诉讼前对适用电子送达已作出约定或者承诺的；

（三）受送达人在提交的起诉状、上诉状、申请书、答辩状中主动提供用于接收送达的电子地址的；

（四）受送达人通过回复收悉、参加诉讼等方式接受已经完成的电子送达，并且未明确表示不同意电子送达的。

第30条 人民法院可以通过电话确认、诉讼平台在线确认、线下发送电子送达确认书等方式，确认受送达人是否同意电子送达，以及受送达人接收电子送达的具体方式和地址，并告知电子送达的适用范围、效力、送达地址变更方式以及其他需告知的送达事项。

第 31 条 人民法院向受送达人主动提供或者确认的电子地址送达的，送达信息到达电子地址所在系统时，即为送达。

受送达人未提供或者未确认有效电子送达地址，人民法院向能够确认为受送达人本人的电子地址送达的，根据下列情形确定送达是否生效：

（一）受送达人回复已收悉，或者根据送达内容已作出相应诉讼行为的，即为完成有效送达；

（二）受送达人的电子地址所在系统反馈受送达人已阅知，或者有其他证据可以证明受送达人已经收悉的，推定完成有效送达，但受送达人能够证明存在系统错误、送达地址非本人使用或者非本人阅知等未收悉送达内容的情形除外。

人民法院开展电子送达，应当在系统中全程留痕，并制作电子送达凭证。电子送达凭证具有送达回证效力。

对同一内容的送达材料采取多种电子方式发送受送达人的，以最先完成的有效送达时间作为送达生效时间。

第 32 条 人民法院适用电子送达，可以同步通过短信、即时通讯工具、诉讼平台提示等方式，通知受送达人查阅、接收、下载相关送达材料。

《关于进一步加强民事送达工作的若干意见》（法发〔2017〕19号 2017年7月19日）

十、在严格遵守民事诉讼法和民事诉讼法司法解释关于电子送达适用条件的前提下，积极主动探索电子送达及送达凭证保全的有效方式、方法，有条件的法院可以建立专门的电子送达平台，或以诉讼服务平台为依托进行电子送达，或者采取与大型门户网站、通信运营商合作的方式，通过专门的电子邮箱、特定的通信号码、信息公众号等方式进行送达。

十一、采用传真、电子邮件方式送达的，送达人员应记录传真发送和接收号码、电子邮件发送和接收邮箱、发送时间、送达诉讼文书名称，并打印传真发送确认单、电子邮件发送成功网页，存卷备查。

十二、采用短信、微信等方式送达的，送达人员应记录收发手机号码、发送时间、送达诉讼文书名称，并将短信、微信等送达内容拍摄照片，存卷备查。

十三、可以根据实际情况，有针对性地探索提高送达质量和效率的工作机制，确定由专门的送达机构或者由各审判、执行部门进行送达。在不违反法律、司法解释规定的前提下，可以积极探索创新行之有效的工作方法。

十四、对于移动通信工具能够接通但无法直接送达、邮寄送达的，除判决书、裁定书、调解书外，可以采取电话送达的方式，由送达人员告知当事人诉讼文书内容，并记录拨打、接听电话号码、通话时间、送达诉讼文书内容，通话过程应当录音以存卷备查。

《最高人民法院关于互联网法院审理案件若干问题的规定》（法释〔2018〕16号 2018年9月6日）

第 15 条 经当事人同意，互联网法院应当通过中国审判流程信息公开网、诉讼平台、手机短信、传真、电子邮件、即时通讯账号等电子方式送达诉讼文书及当事人提交的证据材料等。

当事人未明确表示同意，但已经约定发生纠纷时在诉讼中适用电子送达的，或者通过回复收悉、作出相应诉讼行为等方式接受已经完成的电子送达，并且未明确表示不同意电子送达的，可以视为同意电子送达。

经告知当事人权利义务，并征得其同意，互联网法院可以电子送达裁判文书。当事人提出需要纸质版裁判文书的，互联网法院应当提供。

第 16 条 互联网法院进行电子送达，应当向当事人确认电子送达的具体方式和地址，并告知电子送达的适用范围、效力、送达地址变更方式以及其他需告知的送达事项。

受送达人未提供有效电子送达地址的，互联网法院可以将能够确认为受送达人本人的近三个月内处于日常活跃状态的手机号码、电子邮箱、即时通讯账号等常用电子地址作为优先送达地址。

第 17 条 互联网法院向受送达人主动提供或者确认的电子地址进行送达的，送达信息到达受送达人特定系统时，即为送达。

互联网法院向受送达人常用电子地址或者能够获取的其他电子地址进行送达的，根据下列情形确定是否完成送达：

（一）受送达人回复已收到送达材料，或者根据送达内容作出相应诉讼行为的，视为完成有效送达。

（二）受送达人的媒介系统反馈受送达人已阅知，或者有其他证据可以证明受送达人已经收悉的，推定完成有效送达，但受送达人能够证明存在媒介系统错误、送达地址非本人所有或者使用、非本人阅知等未收悉送达内容的情形除外。

完成有效送达的，互联网法院应当制作电子送达凭证。电子送达凭证具有送达回证效力。

第 19 条 互联网法院在线审理的案件，审判人员、法官助理、书记员、当事人及其他诉讼参与人等通过在线确认、电子签章等在线方式对调解协议、笔录、电子送达凭证及其他诉讼材料予以确认的，视为符合《中华人民共和国民事诉讼法》有关"签名"的要求。

《人民法院在线运行规则》（法发〔2022〕8 号 2022 年 1 月 26 日）

第 26 条 受送达人可以通过人民法院在线服务、人民法院送达平台、诉讼服务网和中国审判流程信息公开网等平台在线查阅、接收、下载和签收相关送达材料。

人民法院通过智慧审判、智慧执行系统，对接人民法院送达平台，记录各方参与主体的电子邮箱、即时通讯账号、诉讼平台专用账号等电子地址，按照有关规定进行在线送达、接受送达回执，实现在线送达所有环节信息全程留痕，记录并保存送达凭证。

《民事诉讼程序繁简分流改革试点实施办法》（法〔2020〕11 号 2020 年 1 月 15 日）

第 24 条 经受送达人同意，人民法院可以通过中国审判流程信息公开网、全国统一送达平台、传真、电子邮件、即时通讯账号等电子方式送达诉讼文书和当事人提交的证据材料。

具备下列情形之一的，人民法院可以确定受送达人同意电子送达：

（一）受送达人明确表示同意的；

（二）受送达人对在诉讼中适用电子送达已作出约定的；

（三）受送达人在提交的起诉状、答辩状中主动提供用于接收送达的电子地址的；

（四）受送达人通过回复收悉、参加诉讼等方式接受已经完成的电子送达，并且未明确表示不同意电子送达的。

第 25 条 经受送达人明确表示同意，人民法院可以电子送达判决书、裁定书、调解书等裁判文书。当事人提出需要纸质裁判文书的，人民法院应当提供。

第26条 人民法院向受送达人主动提供或者确认的电子地址进行送达的，送达信息到达电子地址所在系统时，即为送达。

受送达人同意电子送达但未主动提供或者确认电子地址，人民法院向能够获取的受送达人电子地址进行送达的，根据下列情形确定是否完成送达：

（一）受送达人回复已收到送达材料，或者根据送达内容作出相应诉讼行为的，视为完成有效送达；

（二）受送达人的电子地址所在系统反馈受送达人已阅知，或者有其他证据可以证明受送达人已经收悉的，推定完成有效送达，但受送达人能够证明存在系统错误、送达地址非本人使用或者非本人阅知等未收悉送达内容的情形除外。

完成有效送达的，人民法院应当制作电子送达凭证。电子送达凭证具有送达回证效力。

《民事诉讼程序繁简分流改革试点问答口径（一）》（法〔2020〕105号 2020年4月15日）

三十五、开展电子送达，如何认定"受送达人同意"？

答：电子送达以受送达人同意为前提条件，符合以下情形的，人民法院可以确认受送达人同意：第一，明确表示同意，即主动提出适用电子送达或者填写送达地址确认书。第二，作出事前约定，即纠纷发生前已对在诉讼中适用电子送达作出约定，但此时需考察送达条款是否属于格式条款，若提供制式合同一方未尽到提示说明义务，对方当事人可以要求确认该条款无效。第三，作出事中行为表示，即在起诉状、答辩状中提供了相关电子地址，但未明确是否用于接受电子送达。此时一般应向当事人作进一步确认，明确该地址用途和功能是用于联系还是接受送达。当事人仅登录使用电子诉讼平台，不宜直接认定为同意电子送达。第四，作出事后的认可，即受送达人通过回复收悉、参加诉讼等方式接受已经完成的电子送达。受送达人接受送达后，又表示不同意电子送达的，应当认定已完成的送达有效，但此后不宜再适用电子送达。

三十六、电子送达可以采取哪些具体方式？

答：电子送达可以通过中国审判流程信息公开网、全国统一送达平台、即时通讯工具等多种方式进行，但应当在统一规范的平台上进行。采取即时通讯工具送达的，应当通过人民法院的官方微信、微博等账号发出，并在审判系统中留痕确认，生成电子送达凭证。实践中要注意避免分散和多头送达，同一文书原则上只采取一种电子送达方式，如果送达后无法确认该种方式送达效力的，可以继续采取其他电子送达方式。

三十七、如何确定电子送达生效时间？

答：根据《实施办法》第二十六条规定，电子送达在不同情形下分别适用"到达生效"和"收悉生效"两种标准，对应生效时间有所不同。第一，对当事人主动提供或确认的电子地址，送达信息到达受送达人特定电子地址的时间为送达生效时间。第二，对向能够获取的受送达人电子地址进行送达的以"确认收悉"的时间点作为送达生效时间，具体包括：回复收悉时间、系统反馈已阅知时间等。上述时间点均存在时，应当以最先发生的时间作为送达生效时间。

《民事诉讼程序繁简分流改革试点问答口径（二）》（法〔2020〕272号 2020年10月23日）

二十二、《实施办法》中的电子诉讼规则，能否适用于执行案件？

答：可以。《实施办法》中明确的在线立案、电子化材料效力、电子送达等电子诉讼规则适用于执行案件。在办理执行实施案件或执行审查案件过程中，需要询问当事人的，可以参照《实施办法》第二十三条关于在线庭审的规定在线询问。

《最高人民法院关于审理申请注册的药品相关的专利权纠纷民事案件适用法律若干问题的规定》（法释〔2021〕13号 2021年7月4日）

第13条 人民法院依法向当事人在国务院有关行政部门依据衔接办法所设平台登载的联系人、通讯地址、电子邮件等进行的送达，视为有效送达。当事人向人民法院提交送达地址确认书后，人民法院也可以向该确认书载明的送达地址送达。

第九十一条　委托送达与邮寄送达

直接送达诉讼文书有困难的，可以委托其他人民法院代为送达，或者邮寄送达。邮寄送达的，以回执上注明的收件日期为送达日期。

▎**相关规定**

◎**司法解释及文件**

《最高人民法院关于适用〈中华人民共和国民事诉讼法〉的解释》（法释〔2022〕11号 2022年4月1日修正）

第134条 依照民事诉讼法第九十一条规定，委托其他人民法院代为送达的，委托法院应当出具委托函，并附需要送达的诉讼文书和送达回证，以受送达人在送达回证上签收的日期为送达日期。

委托送达的，受委托人民法院应当自收到委托函及相关诉讼文书之日起十日内代为送达。

《最高人民法院关于以法院专递方式邮寄送达民事诉讼文书的若干规定》（法释〔2004〕13号 2004年9月17日）

为保障和方便双方当事人依法行使诉讼权利，根据《中华人民共和国民事诉讼法》的有关规定，结合民事审判经验和各地的实际情况，制定本规定。

第1条 人民法院直接送达诉讼文书有困难的，可以交由国家邮政机构（以下简称邮政机构）以法院专递方式邮寄送达，但有下列情形之一的除外：

（一）受送达人或者其诉讼代理人、受送达人指定的代收人同意在指定的期间内到人民法院接受送达的；

（二）受送达人下落不明的；

（三）法律规定或者我国缔结或者参加的国际条约中约定有特别送达方式的。

第2条 以法院专递方式邮寄送达民事诉讼文书的，其送达与人民法院送达具有同等法律效力。

第3条 当事人起诉或者答辩时应当向人民法院提供或者确认自己准确的送达地址，并填写送达地址确认书。当事人拒绝提供的，人民法院应当告知其拒不提供送达地址的不利后果，并记入笔录。

第4条 送达地址确认书的内容应当包括送达地址的邮政编码、详细地址以及受送达人的联系电话等内容。

当事人要求对送达地址确认书中的内容保密的，人民法院应当为其保密。

当事人在第一审、第二审和执行终结前变更送达地址的，应当及时以书面方式告知人民法院。

第5条 当事人拒绝提供自己的送达地址,经人民法院告知后仍不提供的,自然人以其户籍登记中的住所地或者经常居住地为送达地址;法人或者其他组织以其工商登记或者其他依法登记、备案中的住所地为送达地址。

第6条 邮政机构按照当事人提供或者确认的送达地址送达的,应当在规定的日期内将回执退回人民法院。

邮政机构按照当事人提供或确认的送达地址在五日内投送三次以上未能送达,通过电话或者其他联系方式又无法告知受送达人的,应当将邮件在规定的日期内退回人民法院,并说明退回的理由。

第7条 受送达人指定代收人的,指定代收人的签收视为受送达人本人签收。

邮政机构在受送达人提供或确认的送达地址未能见到受送达人的,可以将邮件交给与受送达人同住的成年家属代收,但代收人是同一案件中另一方当事人的除外。

第8条 受送达人及其代收人应当在邮件回执上签名、盖章或者捺印。

受送达人及其代收人在签收时应当出示其有效身份证件并在回执上填写该证件的号码;受送达人及其代收人拒绝签收的,由邮政机构的投递员记明情况后将邮件退回人民法院。

第9条 有下列情形之一的,即为送达:

(一)受送达人在邮件回执上签名、盖章或者捺印的;

(二)受送达人是无民事行为能力或者限制民事行为能力的自然人,其法定代理人签收的;

(三)受送达人是法人或者其他组织,其法人的法定代表人、该组织的主要负责人或者办公室、收发室、值班室的工作人员签收的;

(四)受送达人的诉讼代理人签收的;

(五)受送达人指定的代收人签收的;

(六)受送达人的同住成年家属签收的。

第10条 签收人是受送达人本人或者是受送达人的法定代表人、主要负责人、法定代理人、诉讼代理人的,签收人应当当场核对邮件内容。签收人发现邮件内容与回执上的文书名称不一致的,应当当场向邮政机构的投递员提出,由投递员在回执上记明情况后将邮件退回人民法院。

签收人是受送达人办公室、收发室和值班室的工作人员或者是与受送达人同住成年家属,受送达人发现邮件内容与回执上的文书名称不一致的,应当在收到邮件后的三日内将该邮件退回人民法院,并以书面方式说明退回的理由。

第11条 因受送达人自己提供或者确认的送达地址不准确、拒不提供送达地址、送达地址变更未及时告知人民法院、受送达人本人或者受送达人指定的代收人拒绝签收,导致诉讼文书未能被受送达人实际接收的,文书退回之日视为送达之日。

受送达人能够证明自己在诉讼文书送达的过程中没有过错的,不适用前款规定。

第12条 本规定自2005年1月1日起实施。

我院以前的司法解释与本规定不一致的,以本规定为准。

《最高人民法院关于涉外民事或商事案件司法文书送达问题若干规定》(法释〔2006〕5号 2020年12月29日修正)

第8条 受送达人所在国允许邮寄送达的,人民法院可以邮寄送达。

邮寄送达时应附有送达回证。受送达人未在送达回证上签收但在邮件回执上签收的，视为送达，签收日期为送达日期。

自邮寄之日起满三个月，如果未能收到送达与否的证明文件，且根据各种情况不足以认定已经送达的，视为不能用邮寄方式送达。

第九十二条　军人的转交送达

受送达人是军人的，通过其所在部队团以上单位的政治机关转交。

条文注解

正确理解本条需要注意以下两点：一是本条所指的"军人"仅指现役军人，不包括退伍军人；二是必须通过部队团以上单位的政治机关转交。不得通过团以下的单位转交，也不得通过团以上单位的其他机关转交。

第九十三条　被监禁人或被采取强制性教育措施人的转交送达

受送达人被监禁的，通过其所在监所转交。

受送达人被采取强制性教育措施的，通过其所在强制性教育机构转交。

第九十四条　转交送达的送达日期

代为转交的机关、单位收到诉讼文书后，必须立即交受送达人签收，以在送达回证上的签收日期，为送达日期。

第九十五条　公告送达

受送达人下落不明，或者用本节规定的其他方式无法送达的，公告送达。自发出公告之日起，经过三十日，即视为送达。

公告送达，应当在案卷中记明原因和经过。

条文注解

根据经济社会发展变化，民事诉讼法2021年修正时将公告送达期限从60天缩短为30天，进一步缩短审理周期，降低诉讼成本、防止诉讼拖延。

相关规定

◎司法解释及文件

《最高人民法院关于适用〈中华人民共和国民事诉讼法〉的解释》（法释〔2022〕11号　2022年4月1日修正）

第138条　公告送达可以在法院的公告栏和受送达人住所地张贴公告，也可以在报纸、信息网络等媒体上刊登公告，发出公告日期以最后张贴或者刊登的日期为准。对公告送达方式有特殊要求的，应当按要求的方式进行。公告期满，即视为送达。

人民法院在受送达人住所地张贴公告的，应当采取拍照、录像等方式记录张贴过程。

第139条　公告送达应当说明公告送达的原因；公告送达起诉状或者上诉状副本的，应当说明起诉或者上诉要点，受送达人答辩期限及逾期不答辩的法律后果；公告送达传票，应当说明出庭的时间和地点及逾期不出庭的法律后果；公告送达判决书、裁定书的，应当说明裁判主要内容，当事人有权上诉的，还应当说明上诉权利、上诉期限和上诉的人民法院。

第140条 适用简易程序的案件,不适用公告送达。

《关于进一步加强民事送达工作的若干意见》(法发〔2017〕19号 2017年7月19日)

十五、要严格适用民事诉讼法关于公告送达的规定,加强对公告送达的管理,充分保障当事人的诉讼权利。只有在受送达人下落不明,或者用民事诉讼法第一编第七章第二节规定的其他方式无法送达的,才能适用公告送达。

《最高人民法院关于依据原告起诉时提供的被告住址无法送达应如何处理问题的批复》(法释〔2004〕17号 2004年11月25日)

人民法院依据原告起诉时所提供的被告住址无法直接送达或者留置送达,应当要求原告补充材料。原告因客观原因不能补充或者依据原告补充的材料仍不能确定被告住址的,人民法院应当依法向被告公告送达诉讼文书。人民法院不得仅以原告不能提供真实、准确的被告住址为由裁定驳回起诉或者裁定终结诉讼。

因有关部门不准许当事人自行查询其他当事人的住址信息,原告向人民法院申请查询的,人民法院应当依原告的申请予以查询。

《最高人民法院关于涉外民事或商事案件司法文书送达问题若干规定》(法释〔2006〕5号 2020年12月29日修正)

第11条 除公告送达方式外,人民法院可以同时采取多种方式向受送达人进行送达,但应根据最先实现送达的方式确定送达日期。

《民事诉讼程序繁简分流改革试点实施办法》(法〔2020〕11号 2020年1月15日)

第12条 事实清楚、权利义务关系明确的简单案件,需要公告送达的,可以适用简易程序审理。

最高院裁判观点

杜某与浙江某网络科技有限公司计算机软件开发合同纠纷案【(2020)最高法知民申6号】

裁判要旨:通过邮寄方式向受送达人送达起诉状、举证通知书、应诉通知书等材料被退回后,未采取过其他送达方式,直接公告送达前述应诉材料的,违反民事诉讼法"受送达人下落不明,或者用本节规定的其他方式无法送达的,公告送达"的规定。

第八章 调 解

第九十六条　法院调解原则

人民法院审理民事案件,根据当事人自愿的原则,在事实清楚的基础上,分清是非,进行调解。

条文注解

关于调解自愿原则,一方面,调解的提出和进行必须是双方当事人的意愿。当事人的真实意思表示的形式应当是明示行为而不能是默示行为。另一方面,调解达成的协议内容必须反映双方当事人的真实意思。调解协议的内容直接涉及双方当事人的民事权利义务,应当由当事人按自己的意愿进行处分。人民法院只能根据法律进行一定的说服教育工作,引导他们以和解的方式解决纠纷,不能将自己对案件的处理意见强加给当事人。

相关规定

◎司法解释及文件

❶ 一般规定

《最高人民法院关于适用〈中华人民共和国民事诉讼法〉的解释》（法释〔2022〕11号　2022年4月1日修正）

第142条　人民法院受理案件后，经审查，认为法律关系明确、事实清楚，在征得当事人双方同意后，可以径行调解。

第143条　适用特别程序、督促程序、公示催告程序的案件，婚姻等身份关系确认案件以及其他根据案件性质不能进行调解的案件，不得调解。

第144条　人民法院审理民事案件，发现当事人之间恶意串通，企图通过和解、调解方式侵害他人合法权益的，应当依照民事诉讼法第一百一十五条的规定处理。

第145条　人民法院审理民事案件，应当根据自愿、合法的原则进行调解。当事人一方或者双方坚持不愿调解的，应当及时裁判。

人民法院审理离婚案件，应当进行调解，但不应久调不决。

《最高人民法院关于人民法院民事调解工作若干问题的规定》（法释〔2004〕12号　2020年12月29日修正）

第1条　根据民事诉讼法第九十五条[124]的规定，人民法院可以邀请与当事人有特定关系或者与案件有一定联系的企业事业单位、社会团体或者其他组织，和具有专门知识、特定社会经验、与当事人有特定关系并有利于促成调解的个人协助调解工作。

经各方当事人同意，人民法院可以委托前款规定的单位或者个人对案件进行调解，达成调解协议后，人民法院应当依法予以确认。

第2条　当事人在诉讼过程中自行达成和解协议的，人民法院可以根据当事人的申请依法确认和解协议制作调解书。双方当事人申请庭外和解的期间，不计入审限。

当事人在和解过程中申请人民法院对和解活动进行协调的，人民法院可以委派审判辅助人员或者邀请、委托有关单位和个人从事协调活动。

第3条　人民法院应当在调解前告知当事人主持调解人员和书记员姓名以及是否申请回避等有关诉讼权利和诉讼义务。

第4条　在答辩期满前人民法院对案件进行调解，适用普通程序的案件在当事人同意调解之日起15天内，适用简易程序的案件在当事人同意调解之日7天内未达成调解协议的，经各方当事人同意，可以继续调解。延长的调解期间不计入审限。

第17条　人民法院对刑事附带民事诉讼案件进行调解，依照本规定执行。

《关于进一步完善委派调解机制的指导意见》（法发〔2020〕1号　2020年1月9日）

二、调解范围。对于涉及民生利益的纠纷，除依法不适宜调解的，人民法院可以委派特邀调解组织或者特邀调解员开展调解。对于物业管理、交通事故赔偿、消费者权益保护、医疗损害赔偿等类型化纠纷，人民法院要发挥委派调解的示范作用，促进批量、有效化解纠纷。

四、引导告知。对于当事人起诉到人民法院的纠纷，经当事人申请或者人民法院引导后当事人同意调解的，人民法院可

---

[124]　《民事诉讼法》（2023年修正）第98条。

以在登记立案前，委派特邀调解组织或者特邀调解员进行调解，并由当事人签署《委派调解告知书》。当事人不同意调解的，应在收到《委派调解告知书》时签署明确意见。人民法院收到当事人不同意委派调解的书面材料后，应当及时将案件转入诉讼程序。

五、立案管辖。委派调解案件，编立"诉前调"字号，在三日内将起诉材料转交特邀调解组织或者特邀调解员开展调解。涉及管辖权争议的，先立"诉前调"字号的法院视为最先立案的人民法院。

❷ 公司纠纷调解的相关规定
《最高人民法院关于适用〈中华人民共和国公司法〉若干问题的规定（二）》（法释〔2014〕2号 2020年12月29日修正）

第5条 人民法院审理解散公司诉讼案件，应当注重调解。当事人协商同意由公司或者股东收购股份，或者以减资等方式使公司存续，且不违反法律、行政法规强制性规定的，人民法院应予支持。当事人不能协商一致使公司存续的，人民法院应当及时判决。

经人民法院调解公司收购原告股份的，公司应当自调解书生效之日起六个月内将股份转让或者注销。股份转让或者注销之前，原告不得以公司收购其股份为由对抗公司债权人。

《最高人民法院关于适用〈中华人民共和国公司法〉若干问题的规定（五）》（法释〔2019〕7号 2020年12月29日修正）

第5条 人民法院审理涉及有限责任公司股东重大分歧案件时，应当注重调解。当事人协商一致以下列方式解决分歧，且不违反法律、行政法规的强制性规定的，人民法院应予支持：

（一）公司回购部分股东股份；
（二）其他股东受让部分股东股份；
（三）他人受让部分股东股份；
（四）公司减资；
（五）公司分立；
（六）其他能够解决分歧，恢复公司正常经营，避免公司解散的方式。

《全国法院民商事审判工作会议纪要》（法〔2019〕254号 2019年11月8日）

27. 公司是股东代表诉讼的最终受益人，为避免因原告股东与被告通过调解损害公司利益，人民法院应当审查调解协议是否为公司的意思。只有在调解协议经公司股东（大）会、董事会决议通过后，人民法院才能出具调解书予以确认。至于具体决议机关，取决于公司章程的规定。公司章程没有规定的，人民法院应当认定公司股东（大）会为决议机关。

❸ 价格争议纠纷调解的相关规定
《最高人民法院、国家发展和改革委员会、司法部关于深入开展价格争议纠纷调解工作的意见》（法发〔2019〕32号 2019年12月9日）

（二）基本原则。坚持依法调解。不违背法律、法规和国家政策，不得损害国家利益、社会公共利益或者他人合法权益。

坚持调解自愿。充分尊重当事人的意愿，积极引导当事人优先选择调解方式化解纠纷，促进双方当事人在平等自愿的基础上达成调解协议。

坚持便民高效。合理布设价格争议纠纷调解组织网络，灵活确定纠纷化解方式，提高调解工作效率，确保调解工作质量。

坚持创新发展。充分发挥基层首创精神，鼓励基层因地制宜、形式多样地开展工作。

（三）工作目标。深入开展价格争议

纠纷调解工作,及时有效化解价格争议纠纷,建立制度完善、组织健全、规范高效的价格争议纠纷调解体系,提供价格争议化解公共服务,构建调解和诉讼制度有机衔接的价格争议纠纷化解体系。

(四)明确调解范围。价格争议纠纷是平等民事主体之间因商品或者服务价格产生的纠纷。价格争议纠纷调解主要涉及交通事故赔偿、消费者权益保障、医疗服务、物业服务、旅游餐饮服务、工程建设造价、农业生产资料、保险理赔等民生领域的价格争议纠纷。以下情形不属于价格争议纠纷调解范围:
1. 属于政府定价、政府指导价的;2. 涉嫌价格违法、依法应当立案查处的;3. 价格争议事项涉及非法渠道购买商品或者接受服务的;4. 涉及违禁品及国家明令禁止生产、流通及销售物品的;5. 其他不适宜开展调解的价格争议纠纷。

(五)畅通调解渠道。发生价格争议纠纷,可以通过以下途径调解:1. 价格主管部门所属的价格认定机构调解;2. 相关人民调解组织调解;3. 依法设立的其他调解组织调解。

(六)创新调解方式。认真总结实践中行之有效的价格争议纠纷调解方式方法,引导当事人优先选择调解方式化解价格争议纠纷。积极探索在线调解等工作,满足人民群众多元、及时、便捷化解价格争议纠纷的新要求。

❹ 其他
《最高人民法院关于审理涉及农村土地承包纠纷案件适用法律问题的解释》(法释〔2005〕6号 2020年12月29日修正)
第24条 人民法院在审理涉及本解释第五条、第六条第一款第(二)项及第二款、第十五条的纠纷案件时,应当着重进行调解。必要时可以委托人民调解组织进行调解。

《最高人民法院关于审理环境民事公益诉讼案件适用法律若干问题的解释》(法释〔2015〕1号 2020年12月29日修正)
第25条 环境民事公益诉讼当事人达成调解协议或者自行达成和解协议后,人民法院应当将协议内容公告,公告期间不少于三十日。

公告期满后,人民法院审查认为调解协议或者和解协议的内容不损害社会公共利益的,应当出具调解书。当事人以达成和解协议为由申请撤诉的,不予准许。

调解书应当写明诉讼请求、案件的基本事实和协议内容,并应当公开。

最高院裁判观点
五建公司与孙某等建设工程施工合同纠纷案【(2019)最高法民申4919号】

裁判要旨:《民事诉讼法》第九十三条[125]规定:"人民法院审理民事案件,根据当事人自愿的原则,在事实清楚的基础上,分清是非,进行调解。"南京市中级人民法院在原一审审理中,对五建公司以第三人身份参与该案诉讼后所涉9000万元工程款债权转让的相关证据、事实,未进行具体的查核,对所转让债权是否实际存在等核心事实未予查清,即组织各方当事人进行调解,与上述规定不符。

第九十七条 法院调解的程序
人民法院进行调解,可以由审判员一人主持,也可以由合议庭主持,并尽可能就地进行。

---
[125]《民事诉讼法》(2023年修正)第96条。

人民法院进行调解，可以用简便方式通知当事人、证人到庭。

条文注解

法院调解无论在哪种程序和哪个阶段适用，调解的开始均包括两种方式：一是由当事人提出申请而开始，二是法院在征得当事人同意后依职权开始。审判人员在这一阶段的主要工作是，征求双方当事人是否愿意调解的意见，讲明调解的好处、要求和具体做法，并告知有关的诉讼权利和义务，通知当事人和证人到庭，为调解的进行做好准备。

相关规定

◎ 司法解释及文件

《最高人民法院关于适用〈中华人民共和国民事诉讼法〉的解释》（法释〔2022〕11号 2022年4月1日修正）

第146条 人民法院审理民事案件，调解过程不公开，但当事人同意公开的除外。

调解协议内容不公开，但为保护国家利益、社会公共利益、他人合法权益，人民法院认为确有必要公开的除外。

主持调解以及参与调解的人员，对调解过程以及调解过程中获悉的国家秘密、商业秘密、个人隐私和其他不宜公开的信息，应当保守秘密，但为保护国家利益、社会公共利益、他人合法权益的除外。

第147条 人民法院调解案件时，当事人不能出庭的，经其特别授权，可由其委托代理人参加调解，达成的调解协议，可由委托代理人签名。

离婚案件当事人确因特殊情况无法出庭参加调解的，除本人不能表达意志的以外，应当出具书面意见。

《最高人民法院关于人民法院民事调解工作若干问题的规定》（法释〔2004〕12号 2020年12月29日修正）

第5条 当事人申请不公开进行调解的，人民法院应当准许。

调解时当事人各方应当同时在场，根据需要也可以对当事人分别作调解工作。

《最高人民法院关于民商事案件繁简分流和调解速裁操作规程（试行）》（法发〔2017〕14号 2017年5月8日）

为贯彻落实最高人民法院《关于进一步推进案件繁简分流优化司法资源配置的若干意见》《关于人民法院进一步深化多元化纠纷解决机制改革的意见》，推动和规范人民法院民商事案件繁简分流、先行调解、速裁等工作，依法高效审理民商事案件，实现简案快审、繁案精审，切实减轻当事人诉累，根据《中华人民共和国民事诉讼法》及有关司法解释，结合人民法院审判工作实际，制定本规程。

第1条 民商事简易纠纷解决方式主要有先行调解、和解、速裁、简易程序、简易程序中的小额诉讼、督促程序等。

人民法院对当事人起诉的民商事纠纷，在依法登记立案后，应当告知双方当事人可供选择的简易纠纷解决方式，释明各项程序的特点。

先行调解包括人民法院调解和委托第三方调解。

第2条 人民法院应当指派专职或兼职程序分流员。

程序分流员负责以下工作：

（一）根据案件事实、法律适用、社会影响等因素，确定案件应当适用的程序；

（二）对系列性、群体性或者关联性案件等进行集中分流；

（三）对委托调解的案件进行跟踪、

提示、指导、督促；

（四）做好不同案件程序之间转换衔接工作；

（五）其他与案件分流、程序转换相关的工作。

第3条 人民法院登记立案后，程序分流员认为适宜调解的，在征求当事人意见后，转入调解程序；认为应当适用简易程序、速裁的，转入相应程序，进行快速审理；认为应当适用特别程序、普通程序的，根据业务分工确定承办部门。

登记立案前，需要制作诉前保全裁定书、司法确认裁定书、和解备案的，由程序分流员记录后转办。

第4条 案件程序分流一般应当在登记立案当日完成，最长不超过三日。

第5条 程序分流后，尚未进入调解或审理程序时，承办部门和法官认为程序分流不当的，应当及时提出，不得自行将案件退回或移送。

程序分流员认为异议成立的，可以将案件收回并重新分配。

第6条 在调解或审理中，由于出现或发现新情况，承办部门和法官决定转换程序的，向程序分流员备案。已经转换过一次程序的案件，原则上不得再次转换。

第7条 案件适宜调解的，应当出具先行调解告知书，引导当事人先行调解，当事人明确拒绝的除外。

第8条 先行调解告知书包括以下内容：

（一）先行调解特点；

（二）自愿调解原则；

（三）先行调解人员；

（四）先行调解程序；

（五）先行调解法律效力；

（六）诉讼费减免规定；

（七）其他相关事宜。

第9条 下列适宜调解的纠纷，应当引导当事人委托调解：

（一）家事纠纷；

（二）相邻关系纠纷；

（三）劳动争议纠纷；

（四）交通事故赔偿纠纷；

（五）医疗纠纷；

（六）物业纠纷；

（七）消费者权益纠纷；

（八）小额债务纠纷；

（九）申请撤销劳动争议仲裁裁决纠纷。

其他适宜调解的纠纷，也可以引导当事人委托调解。

第10条 人民法院指派法官担任专职调解员，负责以下工作：

（一）主持调解；

（二）对调解达成协议的，制作调解书；

（三）对调解不成适宜速裁的，径行裁判。

第11条 人民法院调解或者委托调解的，应当在十五日内完成。各方当事人同意的，可以适当延长，延长期限不超过十五日。调解期间不计入审理期限。

当事人选择委托调解的，人民法院应当在三日内移交相关材料。

第12条 委托调解达成协议的，调解人员应当在三日内将调解协议提交人民法院，由法官审查后制作调解书或者准许撤诉裁定书。

不能达成协议的，应当书面说明调解情况。

第13条 人民法院调解或者委托调解未能达成协议，需要转换程序的，调解人员应当在三日内将案件材料移送程序分流员，由程序分流员转入其他程序。

第14条 经委托调解达成协议后撤

诉，或者人民调解达成协议未经司法确认，当事人就调解协议的内容或者履行发生争议的，可以提起诉讼。

人民法院应当就当事人的诉讼请求进行审理，当事人的权利义务不受原调解协议的约束。

第 15 条 第二审人民法院在征得当事人同意后，可以在立案后移送审理前由专职调解员或者合议庭进行调解，法律规定不予调解的情形除外。

二审审理前的调解应当在十日内完成。各方当事人同意的，可以适当延长，延长期限不超过十日。调解期间不计入审理期限。

第 16 条 当事人同意先行调解的，暂缓预交诉讼费。委托调解达成协议的，诉讼费减半交纳。

第 17 条 人民法院先行调解可以在诉讼服务中心、调解组织所在地或者双方当事人选定的其他场所开展。

先行调解可以通过在线调解、视频调解、电话调解等远程方式开展。

第 18 条 人民法院建立诉调对接管理系统，对立案前第三方调解的纠纷进行统计分析，与审判管理系统信息共享。

诉调对接管理系统按照"诉前调"字号对第三方调解的纠纷逐案登记，采集当事人情况、案件类型、简要案情、调解组织或调解员、处理时间、处理结果等基本信息，形成纠纷调解信息档案。

第 19 条 基层人民法院可以设立专门速裁组织，对适宜速裁的民商事案件进行裁判。

第 20 条 基层人民法院对于离婚后财产纠纷、买卖合同纠纷、商品房预售合同纠纷、金融借款合同纠纷、民间借贷纠纷、银行卡纠纷、租赁合同纠纷等事实清楚、权利义务关系明确、争议不大的金钱给付纠纷，可以采用速裁方式审理。

但下列情形除外：

（一）新类型案件；

（二）重大疑难复杂案件；

（三）上级人民法院发回重审、指令立案受理、指定审理、指定管辖，或者其他人民法院移送管辖的案件；

（四）再审案件；

（五）其他不宜速裁的案件。

第 21 条 采用速裁方式审理民商事案件，一般只开庭一次，庭审直接围绕诉讼请求进行，不受法庭调查、法庭辩论等庭审程序限制，但应当告知当事人回避、上诉等基本诉讼权利，并听取当事人对案件事实的陈述意见。

第 22 条 采用速裁方式审理的民商事案件，可以使用令状式、要素式、表格式等简式裁判文书，应当当庭宣判并送达。

当庭即时履行的，经征得各方当事人同意，可以在法庭笔录中记录后不再出具裁判文书。

第 23 条 人民法院采用速裁方式审理民商事案件，一般应当在十日内审结，最长不超过十五日。

第 24 条 采用速裁方式审理案件出现下列情形之一的，应当及时将案件转为普通程序：

（一）原告增加诉讼请求致案情复杂；

（二）被告提出反诉；

（三）被告提出管辖权异议；

（四）追加当事人；

（五）当事人申请鉴定、评估；

（六）需要公告送达。

程序转换后，审限连续计算。

第 25 条 行政案件的繁简分流、先行调解和速裁，参照本规程执行。

本规程自发布之日起施行。

文书范本

意见书（离婚案件当事人出具书面意见用）

意 见 书

　　提交意见人：×××，男/女，××××年××月××日出生，×族，……（写明工作单位和职务或者职业），住……。联系方式：……。

　　你院××××年××月××日立案受理了（××××）……号原告×××与被告×××离婚纠纷一案。本人因……（写明理由），无法出庭参加××××年××月××日调解。

　　书面意见：

　　……

　　（以上写明对于离婚、子女抚养、财产处置等意见）

　　此致

××××人民法院

提交意见人（签名）

××××年××月××日

文书制作要点提示：

①本文书供离婚案件当事人确因特殊情况无法出庭参加调解时向人民法院出具书面意见用。

②意见要明确，避免模糊或产生歧义，同时避免对自己不利的陈述。

第九十八条　对法院调解的协助

人民法院进行调解，可以邀请有关单位和个人协助。被邀请的单位和个人，应当协助人民法院进行调解。

人有特定关系或者与案件有一定联系的企业事业单位、社会团体或者其他组织，和具有专门知识、特定社会经验、与当事人有特定关系并有利于促成调解的个人协助调解工作。

经各方当事人同意，人民法院可以委托前款规定的单位或者个人对案件进行调解，达成调解协议后，人民法院应当依法予以确认。

相关规定

◎司法解释及文件

《最高人民法院关于人民法院民事调解工作若干问题的规定》（法释〔2014〕12号　2020年12月29日修正）

第1条　根据民事诉讼法第九十五条[126]的规定，人民法院可以邀请与当事

《最高人民法院关于人民法院特邀调解的规定》（法释〔2016〕14号　2016年6月28日）

为健全多元化纠纷解决机制，加强诉讼与非诉讼纠纷解决方式的有效衔接，规

---

[126]　《民事诉讼法》（2023年修正）第98条。

范人民法院特邀调解工作，维护当事人合法权益，根据《中华人民共和国民事诉讼法》《中华人民共和国人民调解法》等法律及相关司法解释，结合人民法院工作实际，制定本规定。

第1条 特邀调解是指人民法院吸纳符合条件的人民调解、行政调解、商事调解、行业调解等调解组织或者个人成为特邀调解组织或者特邀调解员，接受人民法院立案前委派或者立案后委托依法进行调解，促使当事人在平等协商基础上达成调解协议、解决纠纷的一种调解活动。

第2条 特邀调解应当遵循以下原则：

（一）当事人平等自愿；

（二）尊重当事人诉讼权利；

（三）不违反法律、法规的禁止性规定；

（四）不损害国家利益、社会公共利益和他人合法权益；

（五）调解过程和调解协议内容不公开，但是法律另有规定的除外。

第3条 人民法院在特邀调解工作中，承担以下职责：

（一）对适宜调解的纠纷，指导当事人选择名册中的调解组织或者调解员先行调解；

（二）指导特邀调解组织和特邀调解员开展工作；

（三）管理特邀调解案件流程并统计相关数据；

（四）提供必要场所、办公设施等相关服务；

（五）组织特邀调解员进行业务培训；

（六）组织开展特邀调解业绩评估工作；

（七）承担其他与特邀调解有关的工作。

第4条 人民法院应当指定诉讼服务中心等部门具体负责指导特邀调解工作，并配备熟悉调解业务的工作人员。

人民法庭根据需要开展特邀调解工作。

第5条 人民法院开展特邀调解工作应当建立特邀调解组织和特邀调解员名册。建立名册的法院应当为入册的特邀调解组织或者特邀调解员颁发证书，并对名册进行管理。上级法院建立的名册，下级法院可以使用。

第6条 依法成立的人民调解、行政调解、商事调解、行业调解及其他具有调解职能的组织，可以申请加入特邀调解组织名册。品行良好、公道正派、热心调解工作并具有一定沟通协调能力的个人可以申请加入特邀调解员名册。

人民法院可以邀请符合条件的调解组织加入特邀调解组织名册，可以邀请人大代表、政协委员、人民陪审员、专家学者、律师、仲裁员、退休法律工作者等符合条件的个人加入特邀调解员名册。

特邀调解组织应当推荐本组织中适合从事特邀调解工作的调解员加入名册，并在名册中列明；在名册中列明的调解员，视为人民法院特邀调解员。

第7条 特邀调解员在入册前和任职期间，应当接受人民法院组织的业务培训。

第8条 人民法院应当在诉讼服务中心等场所提供特邀调解组织和特邀调解员名册，并在法院公示栏、官方网站等平台公开名册信息，方便当事人查询。

第9条 人民法院可以设立家事、交通事故、医疗纠纷等专业调解委员会，并根据特定专业领域的纠纷特点，设定专业调解委员会的入册条件，规范专业领域特邀调解程序。

第 10 条 人民法院应当建立特邀调解组织和特邀调解员业绩档案,定期组织开展特邀调解评估工作,并及时更新名册信息。

第 11 条 对适宜调解的纠纷,登记立案前,人民法院可以经当事人同意委派给特邀调解组织或者特邀调解员进行调解;登记立案后或者在审理过程中,可以委托给特邀调解组织或者特邀调解员进行调解。

当事人申请调解的,应当以口头或者书面方式向人民法院提出;当事人口头提出的,人民法院应当记入笔录。

第 12 条 双方当事人应当在名册中协商确定特邀调解员;协商不成的,由特邀调解组织或者人民法院指定。当事人不同意指定的,视为不同意调解。

第 13 条 特邀调解一般由一名调解员进行。对于重大、疑难、复杂或者当事人要求由两名以上调解员共同调解的案件,可以两名以上调解员调解,并由特邀调解组织或者人民法院指定一名调解员主持。当事人有正当理由的,可以申请更换特邀调解员。

第 14 条 调解一般应当在人民法院或者调解组织所在地进行,双方当事人也可以在征得人民法院同意的情况下选择其他地点进行调解。

特邀调解组织或者特邀调解员接受委派或者委托调解后,应当将调解时间、地点等相关事项及时通知双方当事人,也可以通知与纠纷有利害关系的案外人参加调解。

调解程序开始之前,特邀调解员应当告知双方当事人权利义务、调解规则、调解程序、调解协议效力、司法确认申请等事项。

第 15 条 特邀调解员有下列情形之一的,当事人有权申请回避:

(一)是一方当事人或者其代理人近亲属的;

(二)与纠纷有利害关系的;

(三)与纠纷当事人、代理人有其他关系,可能影响公正调解的。

特邀调解员有上述情形的,应当自行回避;但是双方当事人同意由该调解员调解的除外。

特邀调解员的回避由特邀调解组织或者人民法院决定。

第 16 条 特邀调解员不得在后续的诉讼程序中担任该案的人民陪审员、诉讼代理人、证人、鉴定人以及翻译人员等。

第 17 条 特邀调解员应当根据案件具体情况采用适当的方法进行调解,可以提出解决争议的方案建议。特邀调解员为促成当事人达成调解协议,可以邀请对达成调解协议有帮助的人员参与调解。

第 18 条 特邀调解员发现双方当事人存在虚假调解可能的,应当中止调解,并向人民法院或者特邀调解组织报告。

人民法院或者特邀调解组织接到报告后,应当及时审查,并依据相关规定作出处理。

第 19 条 委派调解达成调解协议,特邀调解员应当将调解协议送达双方当事人,并提交人民法院备案。

委派调解达成的调解协议,当事人可以依照民事诉讼法、人民调解法等法律申请司法确认。当事人申请司法确认的,由调解组织所在地或者委派调解的基层人民法院管辖。

第 20 条 委托调解达成调解协议,特邀调解员应当向人民法院提交调解协议,由人民法院审查并制作调解书结案。达成调解协议后,当事人申请撤诉的,人民法院应当依法作出裁定。

第 21 条 委派调解未达成调解协议的，特邀调解员应当将当事人的起诉状等材料移送人民法院；当事人坚持诉讼的，人民法院应当依法登记立案。

委托调解未达成调解协议的，转入审判程序审理。

第 22 条 在调解过程中，当事人为达成调解协议作出妥协而认可的事实，不得在诉讼程序中作为对其不利的根据，但是当事人均同意的除外。

第 23 条 经特邀调解组织或者特邀调解员调解达成调解协议的，可以制作调解协议书。当事人认为无需制作调解协议书的，可以采取口头协议方式，特邀调解员应当记录协议内容。

第 24 条 调解协议书应当记载以下内容：

（一）当事人的基本情况；

（二）纠纷的主要事实、争议事项；

（三）调解结果。

双方当事人和特邀调解员应当在调解协议书或者调解笔录上签名、盖章或者捺印；由特邀调解组织主持达成调解协议的，还应当加盖调解组织印章。

委派调解达成调解协议，自双方当事人签名、盖章或者捺印后生效。委托调解达成调解协议，根据相关法律规定确定生效时间。

第 25 条 委派调解达成调解协议后，当事人就调解协议的履行或者调解协议的内容发生争议的，可以向人民法院提起诉讼，人民法院应当受理。一方当事人以原纠纷向人民法院起诉，对方当事人以调解协议提出抗辩的，应当提供调解协议书。

经司法确认的调解协议，一方当事人拒绝履行或者未全部履行的，对方当事人可以向人民法院申请执行。

第 26 条 有下列情形之一的，特邀调解员应当终止调解：

（一）当事人达成调解协议的；

（二）一方当事人撤回调解请求或者明确表示不接受调解的；

（三）特邀调解员认为双方分歧较大且难以达成调解协议的；

（四）其他导致调解难以进行的情形。

特邀调解员终止调解的，应当向委派、委托的人民法院书面报告，并移送相关材料。

第 27 条 人民法院委派调解的案件，调解期限为 30 日。但是双方当事人同意延长调解期限的，不受此限。

人民法院委托调解的案件，适用普通程序的调解期限为 15 日，适用简易程序的调解期限为 7 日。但是双方当事人同意延长调解期限的，不受此限。延长的调解期限不计入审理期限。

委派调解和委托调解的期限自特邀调解组织或者特邀调解员签字接收法院移交材料之日起计算。

第 28 条 特邀调解员不得有下列行为：

（一）强迫调解；

（二）违法调解；

（三）接受当事人请托或收受财物；

（四）泄露调解过程或调解协议内容；

（五）其他违反调解员职业道德的行为。

当事人发现存在上述情形的，可以向人民法院投诉。经审查属实的，人民法院应当予以纠正并作出警告、通报、除名等相应处理。

第 29 条 人民法院应当根据实际情况向特邀调解员发放误工、交通等补贴，对表现突出的特邀调解组织和特邀调解员给予物质或者荣誉奖励。补贴经费应当纳入人民法院专项预算。

人民法院可以根据有关规定向有关部门申请特邀调解专项经费。

第30条 本规定自2016年7月1日起施行。

《最高人民法院办公厅、中国证券监督管理委员会办公厅关于建立"总对总"证券期货纠纷在线诉调对接机制的通知》（法办〔2021〕313号 2021年8月20日）

四、工作内容

（一）建立"总对总"在线诉调对接机制。最高人民法院与中国证监会共同建立"总对总"在线诉调对接机制，即"人民法院调解平台"（以下简称调解平台）与"中国投资者网证券期货纠纷在线调解平台"（以下简称投资者网平台），通过平台对接方式开展全流程在线调解、在线申请司法确认或出具调解书等诉调对接工作，全面提升证券期货纠纷调解工作的质量和效率。

……

（五）在线诉调对接业务流程。当事人向人民法院提交纠纷调解申请后，人民法院通过调解平台向调解组织委派、委托调解案件；调解组织及调解员登录投资者网平台接受委派、委托，开展调解工作；调解完成后将调解结果录入投资者网平台，由投资者网平台将案件信息回传至调解平台，并告知相关法院。当事人也可以直接通过投资者网平台向相关调解组织提交调解申请。

调解组织接受法院委派、委托调解或自行调解成功的案件，调解员组织双方当事人在线签订调解协议或上传调解协议。鼓励双方当事人自动履行。确有必要的，可就达成的调解协议共同申请在线司法确认或者出具调解书，人民法院将在线进行司法确认或者出具调解书；未调解成功的案件由人民法院依据法律规定进行立案或

者继续审理。经调解组织线下调解成功的案件，依法能够进行司法确认的，可通过调解平台进行在线司法确认。

人民法院在委派、委托案件前，应当征求当事人同意，并考虑调解组织的专业领域、规模能力、办理范围等因素。调解组织在收到法院委派、委托调解通知后，应在5个工作日内就是否接受委派、委托调解作出回复。

……

《最高人民法院办公厅、人力资源社会保障部办公厅关于建立劳动人事争议"总对总"在线诉调对接机制的通知》（法办〔2022〕3号 2022年1月19日）

三、"总对总"在线诉调对接工作流程

（一）人民法院委派委托案件处理流程。当事人向人民法院提交纠纷调解申请后，人民法院在征得当事人同意后，向调解组织委派委托案件。对于地方调解仲裁系统与人社调解平台实现系统对接的地区，人民法院通过法院调解平台将纠纷推送至人社调解平台，由调解组织及其调解员在地方调解仲裁系统开展在线调解工作。对于地方调解仲裁系统与人社调解平台未实现系统对接的地区，可采用机构、人员入驻方式，登录法院调解平台开展在线调解工作，并逐步过渡至系统对接方式。

（二）调解组织音视频调解流程。调解组织及其调解员应当积极使用法院调解平台音视频调解功能开展人民法院委派委托案件在线调解工作。对于调解组织自身受理的调解申请，地方调解仲裁系统不支持音视频调解功能的，调解组织及其调解员可以通知、指导当事人，使用法院调解平台的音视频调解功能开展在线调解。

（三）在线申请司法确认调解协议、

出具法院调解书流程。调解组织调解成功后，双方当事人可以依据法律和司法解释规定，就达成的调解协议共同向人民法院申请在线司法确认或者出具法院调解书。调解组织可以通过人社调解平台向法院调解平台提供案件办理情况，为人民法院开展司法确认或者出具法院调解书提供支持。

第九十九条　调解协议的达成

调解达成协议，必须双方自愿，不得强迫。调解协议的内容不得违反法律规定。

条文注解

1. 自愿原则

在法院调解的原则中，自愿原则居于核心地位，具有特殊的重要性。调解自愿原则包括两个方面：一是调解工作必须在双方当事人自愿的基础上进行，自愿一般表现为双方当事人申请调解或双方当事人自愿接受调解。如果有一方不愿调解解决纠纷，人民法院不能强迫其接受调解。二是调解达成协议必须双方自愿，即双方都是自愿接受协议的内容，不能用强制的办法要求当事人接受调解协议的内容。

2. 合法原则

在理解合法原则时，应当注意以下两个问题：第一，要正确处理自愿与合法的关系。调解必须当事人自愿，但当事人自愿的，不等于都合法。第二，调解协议合法性的要求与判决合法性的要求有程度上的不同。调解合法性原则中的合法性应是一种宽松的合法性，它不是指调解协议的内容必须严格遵照法律的规定，而是指协议内容不得与民事法律中的禁止性规定相冲突，不得违反公序良俗和损害第三人的合法权益。

相关规定

◎ 司法解释及文件

《最高人民法院关于适用〈中华人民共和国民事诉讼法〉的解释》（法释〔2022〕11号　2022年4月1日修正）

第144条　人民法院审理民事案件，发现当事人之间恶意串通，企图通过和解、调解方式侵害他人合法权益的，应当依照民事诉讼法第一百一十五条的规定处理。

《最高人民法院关于人民法院民事调解工作若干问题的规定》（法释〔2004〕12号　2020年12月29日修正）

第6条　当事人可以自行提出调解方案，主持调解的人员也可以提出调解方案供当事人协商时参考。

第7条　调解协议内容超出诉讼请求的，人民法院可以准许。

第8条　人民法院对于调解协议约定一方不履行协议应当承担民事责任的，应予准许。

调解协议约定一方不履行协议，另一方可以请求人民法院对案件作出裁判的条款，人民法院不予准许。

第9条　调解协议约定一方提供担保或者案外人同意为当事人提供担保的，人民法院应当准许。

案外人提供担保的，人民法院制作调解书应当列明担保人，并将调解书送交担保人。担保人不签收调解书的，不影响调解书生效。

当事人或者案外人提供的担保符合民法典规定的条件时生效。

第10条　调解协议具有下列情形之一的，人民法院不予确认：

（一）侵害国家利益、社会公共利益的；

（二）侵害案外人利益的；

（三）违背当事人真实意思的；
（四）违反法律、行政法规禁止性规定的。

《最高人民法院关于深入开展虚假诉讼整治工作的意见》（法〔2021〕281号 2021年11月4日）

八、慎查调解协议，确保真实合法。当事人对诉讼标的无实质性争议，主动达成调解协议并申请人民法院出具调解书的，应当审查协议内容是否符合案件基本事实、是否违反法律规定、是否涉及案外人利益、是否规避国家政策。调解协议涉及确权内容的，应当在查明权利归属的基础上决定是否出具调解书。不能仅以当事人可自愿处分民事权益为由，降低对调解协议所涉法律关系真实性、合法性的审查标准，尤其要注重审查调解协议是否损害国家利益、社会公共利益或者他人合法权益。当事人诉前达成调解协议，申请司法确认的，应当着重审查调解协议是否存在违反法律、行政法规强制性规定、违背公序良俗或者侵害国家利益、社会公共利益、他人合法权益等情形；诉前调解协议内容涉及物权、知识产权确权的，应当裁定不予受理，已经受理的，应当裁定驳回申请。

第一百条　调解书的制作、送达和效力

调解达成协议，人民法院应当制作调解书。调解书应当写明诉讼请求、案件的事实和调解结果。

调解书由审判人员、书记员署名，加盖人民法院印章，送达双方当事人。

调解书经双方当事人签收后，即具有法律效力。

相关规定

◎司法解释及文件

《最高人民法院关于适用〈中华人民共和国民事诉讼法〉的解释》（法释〔2022〕11号　2022年4月1日修正）

第148条　当事人自行和解或者调解达成协议后，请求人民法院按照和解协议或者调解协议的内容制作判决书的，人民法院不予准许。

无民事行为能力人的离婚案件，由其法定代理人进行诉讼。法定代理人与对方达成协议要求发给判决书的，可根据协议内容制作判决书。

第149条　调解书需经当事人签收后才发生法律效力的，应当以最后收到调解书的当事人签收的日期为调解书生效日期。

第150条　人民法院调解民事案件，需由无独立请求权的第三人承担责任的，应当经其同意。该第三人在调解书送达前反悔的，人民法院应当及时裁判。

《最高人民法院关于人民法院民事调解工作若干问题的规定》（法释〔2004〕12号 2020年12月29日修正）

第2条　当事人在诉讼过程中自行达成和解协议的，人民法院可以根据当事人的申请依法确认和解协议制作调解书。双方当事人申请庭外和解的期间，不计入审限。

当事人在和解过程中申请人民法院对和解活动进行协调的，人民法院可以委派审判辅助人员或者邀请、委托有关单位和个人从事协调活动。

第8条　人民法院对于调解协议约定一方不履行协议应当承担民事责任的，应予准许。

调解协议约定一方不履行协议，另一方可以请求人民法院对案件作出裁判的条款，人民法院不予准许。

第 11 条 当事人不能对诉讼费用如何承担达成协议的,不影响调解协议的效力。人民法院可以直接决定当事人承担诉讼费用的比例,并将决定记入调解书。

第 12 条 对调解书的内容既不享有权利又不承担义务的当事人不签收调解书的,不影响调解书的效力。

第 13 条 当事人以民事调解书与调解协议的原意不一致为由提出异议,人民法院审查后认为异议成立的,应当根据调解协议裁定补正民事调解书的相关内容。

第 14 条 当事人就部分诉讼请求达成调解协议的,人民法院可以就此先行确认并制作调解书。

当事人就主要诉讼请求达成调解协议,请求人民法院对未达成协议的诉讼请求提出处理意见并表示接受该处理结果的,人民法院的处理意见是调解协议的一部分内容,制作调解书的记入调解书。

第 15 条 调解书确定的担保条款条件或者承担民事责任的条件成就时,当事人申请执行的,人民法院应当依法执行。

不履行调解协议的当事人按照前款规定承担了调解书确定的民事责任后,对方当事人又要求其承担民事诉讼法第二百五十三条[127]规定的迟延履行责任的,人民法院不予支持。

《最高人民法院关于适用简易程序审理民事案件的若干规定》（法释〔2003〕15 号 2020 年 12 月 29 日修正）

第 15 条 调解达成协议并经审判人员审核后,双方当事人同意该调解协议经双方签名或者按指印生效的,该调解协议自双方签名或者按指印之日起发生法律效力。当事人要求摘录或者复制该调解协议的,应予准许。

调解协议符合前款规定,且不属于不需要制作调解书的,人民法院应当另行制作民事调解书。调解协议生效后一方拒不履行的,另一方可以持民事调解书申请强制执行。

《全国法院民商事审判工作会议纪要》（法〔2019〕254 号 2019 年 11 月 8 日）

27. 公司是股东代表诉讼的最终受益人,为避免因原告股东与被告通过调解损害公司利益,人民法院应当审查调解协议是否为公司的意思。只有在调解协议经公司股东（大）会、董事会决议通过后,人民法院才能出具调解书予以确认。至于具体决议机关,取决于公司章程的规定。公司章程没有规定的,人民法院应当认定公司股东（大）会为决议机关。

《最高人民法院关于审理环境民事公益诉讼案件适用法律若干问题的解释》（法释〔2015〕1 号 2020 年 12 月 29 日修正）

第 25 条 环境民事公益诉讼当事人达成调解协议或者自行达成和解协议后,人民法院应当将协议内容公告,公告期间不少于三十日。

公告期满后,人民法院审查认为调解协议或者和解协议的内容不损害社会公共利益的,应当出具调解书。当事人以达成和解协议为由申请撤诉的,不予准许。

调解书应当写明诉讼请求、案件的基本事实和协议内容,并应当公开。

▍最高院裁判观点

某银行南昌洪城支行与上海某公司等借款合同纠纷案【《最高人民法院公报》2022 年第 7 期】

裁判要旨：一、部分当事人对一审民事判决中的部分判项提起上诉的,人民法

---

[127] 《民事诉讼法》（2023 年修正）第 264 条。

院在二审程序中可以就当事人的上诉请求开展调解工作，对当事人达成的调解协议依法审查后，予以确认并制作调解书。调解书送达后，一审判决即视为撤销。

二、对于上诉请求和调解书中并未涉及的其余一审判项，经审查与调解书不相冲突也未损害各方当事人合法权益的，可以在二审判决中予以确认。

文书范本
民事调解书（第一审普通程序用）

××××人民法院
民事调解书

（××××）……民初……号

原告：×××，……。
法定代理人/指定代理人/法定代表人/主要负责人：×××，……。
委托诉讼代理人：×××，……。
被告：×××，……。
法定代理人/指定代理人/法定代表人/主要负责人：×××，……。
委托诉讼代理人：×××，……。
第三人：×××，……。
法定代理人/指定代理人/法定代表人/主要负责人：×××，……。
委托诉讼代理人：×××，……。
（以上写明当事人和其他诉讼参加人的姓名或者名称等基本信息）

原告×××与被告×××、第三人×××……（写明案由）一案，本院于××××年××月××日立案后，依法适用普通程序，公开/因涉及……（写明不公开开庭的理由）不公开开庭进行了审理（开庭前调解的，不写开庭情况）。

……（写明当事人的诉讼请求、事实和理由）。

本案审理过程中，经本院主持调解，当事人自愿达成如下协议/当事人自行和解成如下协议，请求人民法院确认/经本院委托……（写明受委托单位）主持调解，当事人自愿达成如下协议：

一、……；
二、……。
（分项写明调解协议内容）

上述协议，不违反法律规定，本院予以确认。

案件受理费……元，由……负担（写明当事人姓名或者名称、负担金额。调解协议包含诉讼费用负担的，则不写）。

本调解书经各方当事人签收后，即具有法律效力/本调解协议经各方当事人在笔录上签名或者盖章，本院予以确认后即具有法律效力（各方当事人同意在调解协议上签名或者盖章后发生法律效力的）。

```
                                          审  判  长  ×××
                                          审  判  员  ×××
                                          审  判  员  ×××
                                          ××××年××月××日
                                                   （院印）
                                          法 官 助 理  ×××
                                          书  记  员  ×××
```

文书制作要点提示：
①调解书应当写明诉讼请求、案件事实和调解结果。
②诉讼请求和案件事实部分的写法力求简洁、概括，可以不写审理过程及证据情况。
③调解协议的内容不得违反法律规定且清晰明确，具有可执行性。

第一百零一条　不需要制作调解书的案件

下列案件调解达成协议，人民法院可以不制作调解书：

（一）调解和好的离婚案件；

（二）调解维持收养关系的案件；

（三）能够即时履行的案件；

（四）其他不需要制作调解书的案件。

对不需要制作调解书的协议，应当记入笔录，由双方当事人、审判人员、书记员签名或者盖章后，即具有法律效力。

条文注解

调解笔录与调解书在法律上具有同等的效力，同是人民法院审结案件的一种法律形式。

相关规定

◎ 司法解释及文件

《最高人民法院关于适用〈中华人民共和国民事诉讼法〉的解释》（法释〔2022〕11号　2022年4月1日修正）

第151条　根据民事诉讼法第一百零一条第一款第四项规定，当事人各方同意在调解协议上签名或者盖章后即发生法律效力的，经人民法院审查确认后，应当记入笔录或者将调解协议附卷，并由当事人、审判人员、书记员签名或者盖章后即具有法律效力。

前款规定情形，当事人请求制作调解书的，人民法院审查确认后可以制作调解书送交当事人。当事人拒收调解书的，不影响调解协议的效力。

最高院裁判观点

刘某与长城资产公司某分公司金融不良债权追偿及担保合同纠纷案【（2020）最高法民终1173号】

裁判要旨：根据《民事诉讼法》第九

十八条[128]第一款第四项规定,当事各方同意在调解协议上签名或者盖章后即发生法律效力的,经人民法院审查确认后,应当记入笔录或者将调解协议附卷,并由当事人、审判人员、书记员签名或者盖章后即具有法律效力。长城资产公司某分公司诉贵州某房地产开发有限公司、某商厦公司、某中药厂公司、夏某等金融不良债权追偿及担保合同纠纷案件中,因其中一当事人未在案涉《和解协议》上签字,亦未签收(2016)黔民初78号民事调解书,根据上述规定,长城资产公司某分公司据以申请执行的(2016)黔民初78号民事调解书并未发生法律效力。

第一百零二条　调解不成或调解后反悔的处理

调解未达成协议或者调解书送达前一方反悔的,人民法院应当及时判决。

相关规定

◎司法解释及文件

《最高人民法院关于适用〈中华人民共和国民事诉讼法〉的解释》(法释〔2022〕11号　2022年4月1日修正)

第150条　人民法院调解民事案件,需由无独立请求权的第三人承担责任的,应当经其同意。该第三人在调解书送达前反悔的,人民法院应当及时裁判。

《最高人民法院关于民商事案件繁简分流和调解速裁操作规程(试行)》(法发〔2017〕14号　2017年5月8日)

第13条　人民法院调解或者委托调解未能达成协议,需要转换程序的,调解人员应当在三日内将案件材料移送程序分流员,由程序分流员转入其他程序。

第14条　经委托调解达成协议后撤诉,或者人民调解达成协议未经司法确认,当事人就调解协议的内容或者履行发生争议的,可以提起诉讼。

人民法院应当就当事人的诉讼请求进行审理,当事人的权利义务不受原调解协议的约束。

第九章　保全和先予执行

第一百零三条　诉讼保全

人民法院对于可能因当事人一方的行为或者其他原因,使判决难以执行或者造成当事人其他损害的案件,根据对方当事人的申请,可以裁定对其财产进行保全、责令其作出一定行为或者禁止其作出一定行为;当事人没有提出申请的,人民法院在必要时也可以裁定采取保全措施。

人民法院采取保全措施,可以责令申请人提供担保,申请人不提供担保的,裁定驳回申请。

人民法院接受申请后,对情况

---

[128]《民事诉讼法》(2023年修正)第101条。

紧急的,必须在四十八小时内作出裁定;裁定采取保全措施的,应当立即开始执行。

相关规定

◎法　律

《民法典》(2020年5月28日)

第997条　民事主体有证据证明行为人正在实施或者即将实施侵害其人格权的违法行为,不及时制止将使其合法权益受到难以弥补的损害的,有权依法向人民法院申请采取责令行为人停止有关行为的措施。

《反家庭暴力法》(2015年12月27日)

第23条　当事人因遭受家庭暴力或者面临家庭暴力的现实危险,向人民法院申请人身安全保护令的,人民法院应当受理。

当事人是无民事行为能力人、限制民事行为能力人,或者因受到强制、威吓等原因无法申请人身安全保护令的,其近亲属、公安机关、妇女联合会、居民委员会、村民委员会、救助管理机构可以代为申请。

第24条　申请人身安全保护令应当以书面方式提出;书面申请确有困难的,可以口头申请,由人民法院记入笔录。

第25条　人身安全保护令案件由申请人或者被申请人居住地、家庭暴力发生地的基层人民法院管辖。

第26条　人身安全保护令由人民法院以裁定形式作出。

第27条　作出人身安全保护令,应当具备下列条件:

(一)有明确的被申请人;

(二)有具体的请求;

(三)有遭受家庭暴力或者面临家庭暴力现实危险的情形。

第28条　人民法院受理申请后,应当在七十二小时内作出人身安全保护令或者驳回申请;情况紧急的,应当在二十四小时内作出。

第29条　人身安全保护令可以包括下列措施:

(一)禁止被申请人实施家庭暴力;

(二)禁止被申请人骚扰、跟踪、接触申请人及其相关近亲属;

(三)责令被申请人迁出申请人住所;

(四)保护申请人人身安全的其他措施。

第30条　人身安全保护令的有效期不超过六个月,自作出之日起生效。人身安全保护令失效前,人民法院可以根据申请人的申请撤销、变更或者延长。

第31条　申请人对驳回申请不服或者被申请人对人身安全保护令不服的,可以自裁定生效之日起五日内向作出裁定的人民法院申请复议一次。人民法院依法作出人身安全保护令的,复议期间不停止人身安全保护令的执行。

第32条　人民法院作出人身安全保护令后,应当送达申请人、被申请人、公安机关以及居民委员会、村民委员会等有关组织。人身安全保护令由人民法院执行,公安机关以及居民委员会、村民委员会等应当协助执行。

《著作权法》(2020年11月11日)

第56条　著作权人或者与著作权有关的权利人有证据证明他人正在实施或者即将实施侵犯其权利、妨碍其实现权利的行为,如不及时制止将会使其合法权益受到难以弥补的损害的,可以在起诉前依法向人民法院申请采取财产保全、责令作出一定行为或者禁止作出一定行为等措施。

《专利法》（2020 年 10 月 17 日）

第 72 条 专利权人或者利害关系人有证据证明他人正在实施或者即将实施侵犯专利权、妨碍其实现权利的行为，如不及时制止将会使其合法权益受到难以弥补的损害的，可以在起诉前依法向人民法院申请采取财产保全、责令作出一定行为或者禁止作出一定行为的措施。

◎军事规章

《军队银行帐户和存款管理规定》（总后勤部〔1992〕后财字第 205 号 1992 年 4 月 29 日）

第 19 条 军队一类保密单位开设的"特种预算存款"、"特种其他存款"和连队帐户的存款，原则上不得采取扣划或冻结等项诉讼保全措施。

◎司法解释及文件

❶ 一般规定

《最高人民法院关于适用〈中华人民共和国民事诉讼法〉的解释》（法释〔2022〕11 号 2022 年 4 月 1 日修正）

第 152 条 人民法院依照民事诉讼法第一百零三条、第一百零四条规定，在采取诉前保全、诉讼保全措施时，责令利害关系人或者当事人提供担保的，应当书面通知。

利害关系人申请诉前保全的，应当提供担保。申请诉前财产保全的，应当提供相当于请求保全数额的担保；情况特殊的，人民法院可以酌情处理。申请诉前行为保全的，担保的数额由人民法院根据案件的具体情况决定。

在诉讼中，人民法院依申请或者依职权采取保全措施的，应当根据案件的具体情况，决定当事人是否应当提供担保以及担保的数额。

第 153 条 人民法院对季节性商品、鲜活、易腐烂变质以及其他不宜长期保存的物品采取保全措施时，可以责令当事人及时处理，由人民法院保存价款；必要时，人民法院可予以变卖，保存价款。

第 154 条 人民法院在财产保全中采取查封、扣押、冻结财产措施时，应当妥善保管被查封、扣押、冻结的财产。不宜由人民法院保管的，人民法院可以指定被保全人负责保管；不宜由被保全人保管的，可以委托他人或者申请保全人保管。

查封、扣押、冻结担保物权人占有的担保财产，一般由担保物权人保管；由人民法院保管的，质权、留置权不因采取保全措施而消灭。

第 155 条 由人民法院指定被保全人保管的财产，如果继续使用对该财产的价值无重大影响，可以允许被保全人继续使用；由人民法院保管或者委托他人、申请保全人保管的财产，人民法院和其他保管人不得使用。

第 156 条 人民法院采取财产保全的方法和措施，依照执行程序相关规定办理。

第 157 条 人民法院对抵押物、质押物、留置物可以采取财产保全措施，但不影响抵押权人、质权人、留置权人的优先受偿权。

第 158 条 人民法院对债务人到期应得的收益，可以采取财产保全措施，限制其支取，通知有关单位协助执行。

第 159 条 债务人的财产不能满足保全请求，但对他人有到期债权的，人民法院可以依债权人的申请裁定该他人不得对本案债务人清偿。该他人要求偿付的，由人民法院提存财物或者价款。

第 160 条 当事人向采取诉前保全措施以外的其他有管辖权的人民法院起诉的，采取诉前保全措施的人民法院应当将保全手续移送受理案件的人民法院。诉前保全的裁定视为受移送人民法院作出的裁定。

第161条 对当事人不服一审判决提起上诉的案件,在第二审人民法院接到报送的案件之前,当事人有转移、隐匿、出卖或者毁损财产等行为,必须采取保全措施的,由第一审人民法院依当事人申请或者依职权采取。第一审人民法院的保全裁定,应当及时报送第二审人民法院。

第162条 第二审人民法院裁定对第一审人民法院采取的保全措施予以续保或者采取新的保全措施的,可以自行实施,也可以委托第一审人民法院实施。

再审人民法院裁定对原保全措施予以续保或采取新的保全措施的,可以自行实施,也可以委托原审人民法院或者执行法院实施。

第163条 法律文书生效后,进入执行程序前,债权人因对方当事人转移财产等紧急情况,不申请保全将可能导致生效法律文书不能执行或者难以执行的,可以向执行法院申请采取保全措施。债权人在法律文书指定的履行期间届满后五日内不申请执行的,人民法院应当解除保全。

第164条 对申请保全人或者他人提供的担保财产,人民法院应当依法办理查封、扣押、冻结等手续。

第165条 人民法院裁定采取保全措施后,除作出保全裁定的人民法院自行解除或者其上级人民法院决定解除外,在保全期限内,任何单位不得解除保全措施。

《最高人民法院关于人民法院办理财产保全案件若干问题的规定》(法释〔2016〕22号 2020年12月29日修正)

第1条 当事人、利害关系人申请财产保全,应当向人民法院提交申请书,并提供相关证据材料。

申请书应当载明下列事项:
(一)申请保全人与被保全人的身份、送达地址、联系方式;
(二)请求事项和所根据的事实与理由;
(三)请求保全数额或者争议标的;
(四)明确的被保全财产信息或者具体的被保全财产线索;
(五)为财产保全提供担保的财产信息或资信证明,或者不需要提供担保的理由;
(六)其他需要载明的事项。

法律文书生效后,进入执行程序前,债权人申请财产保全的,应当写明生效法律文书的制作机关、文号和主要内容,并附生效法律文书副本。

第2条 人民法院进行财产保全,由立案、审判机构作出裁定,一般应当移送执行机构实施。

第3条 仲裁过程中,当事人申请财产保全的,应当通过仲裁机构向人民法院提交申请书及仲裁案件受理通知书等相关材料。人民法院裁定采取保全措施或者裁定驳回申请的,应当将裁定书送达当事人,并通知仲裁机构。

第4条 人民法院接受财产保全申请后,应当在五日内作出裁定;需要提供担保的,应当在提供担保后五日内作出裁定;裁定采取保全措施的,应当在五日内开始执行。对情况紧急的,必须在四十八小时内作出裁定;裁定采取保全措施的,应当立即开始执行。

第5条 人民法院依照民事诉讼法第一百条[129]规定责令申请保全人提供财

---

[129] 《民事诉讼法》(2023年修正)第103条。

保全担保的,担保数额不超过请求保全数额的百分之三十;申请保全的财产系争议标的的,担保数额不超过争议标的价值的百分之三十。

利害关系人申请诉前财产保全的,应当提供相当于请求保全数额的担保;情况特殊的,人民法院可以酌情处理。

财产保全期间,申请保全人提供的担保不足以赔偿可能给被保全人造成的损失的,人民法院可以责令其追加相应的担保;拒不追加的,可以裁定解除或者部分解除保全。

第 6 条 申请保全人或第三人为财产保全提供财产担保的,应当向人民法院出具担保书。担保书应当载明担保人、担保方式、担保范围、担保财产及其价值、担保责任承担等内容,并附相关证据材料。

第三人为财产保全提供保证担保的,应当向人民法院提交保证书。保证书应当载明保证人、保证方式、保证范围、保证责任承担等内容,并附相关证据材料。

对财产保全担保,人民法院经审查,认为违反民法典、公司法等有关法律禁止性规定的,应当责令申请保全人在指定期限内提供其他担保;逾期未提供的,裁定驳回申请。

第 7 条 保险人以其与申请保全人签订财产保全责任险合同的方式为财产保全提供担保的,应当向人民法院出具担保书。

担保书应当载明,因申请财产保全错误,由保险人赔偿被保全人因保全所遭受的损失等内容,并附相关证据材料。

第 8 条 金融监管部门批准设立的金融机构以独立保函形式为财产保全提供担保的,人民法院应当依法准许。

第 9 条 当事人在诉讼中申请财产保全,有下列情形之一的,人民法院可以不要求提供担保:

(一)追索赡养费、扶养费、抚育费、抚恤金、医疗费用、劳动报酬、工伤赔偿、交通事故人身损害赔偿的;

(二)婚姻家庭纠纷案件中遭遇家庭暴力且经济困难的;

(三)人民检察院提起的公益诉讼涉及损害赔偿的;

(四)因见义勇为遭受侵害请求损害赔偿的;

(五)案件事实清楚、权利义务关系明确,发生保全错误可能性较小的;

(六)申请保全人为商业银行、保险公司等由金融监管部门批准设立的具有独立偿付债务能力的金融机构及其分支机构的。

法律文书生效后,进入执行程序前,债权人申请财产保全的,人民法院可以不要求提供担保。

第 10 条 当事人、利害关系人申请财产保全,应当向人民法院提供明确的被保全财产信息。

当事人在诉讼中申请财产保全,确因客观原因不能提供明确的被保全财产信息,但提供了具体财产线索的,人民法院可以依法裁定采取财产保全措施。

第 11 条 人民法院依照本规定第十条第二款规定作出保全裁定的,在该裁定执行过程中,申请保全人可以向已经建立网络执行查控系统的执行法院,书面申请通过该系统查询被保全人的财产。

申请保全人提出查询申请的,执行法院可以利用网络执行查控系统,对裁定保全的财产或者保全数额范围内的财产进行查询,并采取相应的查封、扣押、冻结措施。

人民法院利用网络执行查控系统未查询到可供保全财产的,应当书面告知申请保全人。

第12条　人民法院对查询到的被保全人财产信息，应当依法保密。除依法保全的财产外，不得泄露被保全人其他财产信息，也不得在财产保全、强制执行以外使用相关信息。

第13条　被保全人有多项财产可供保全的，在能够实现保全目的的情况下，人民法院应当选择对其生产经营活动影响较小的财产进行保全。

人民法院对厂房、机器设备等生产经营性财产进行保全时，指定被保全人保管的，应当允许其继续使用。

第14条　被保全财产系机动车、航空器等特殊动产的，除被保全人下落不明的以外，人民法院应当责令被保全人书面报告该动产的权属和占有、使用等情况，并予以核实。

第15条　人民法院应当依据财产保全裁定采取相应的查封、扣押、冻结措施。

可供保全的土地、房屋等不动产的整体价值明显高于保全裁定载明金额的，人民法院应当对该不动产的相应价值部分采取查封、扣押、冻结措施，但该不动产在使用上不可分或者分割会严重减损其价值的除外。

对银行账户内资金采取冻结措施的，人民法院应当明确具体的冻结数额。

第16条　人民法院在财产保全中采取查封、扣押、冻结措施，需要有关单位协助办理登记手续的，有关单位应当在裁定书和协助执行通知书送达后立即办理。针对同一财产有多个裁定书和协助执行通知书的，应当按照送达的时间先后办理登记手续。

第17条　利害关系人申请诉前财产保全，在人民法院采取保全措施后三十日内依法提起诉讼或者申请仲裁的，诉前财产保全措施自动转为诉讼或仲裁中的保全措施；进入执行程序后，保全措施自动转为执行中的查封、扣押、冻结措施。

依前款规定，自动转为诉讼、仲裁中的保全措施或者执行中的查封、扣押、冻结措施的，期限连续计算，人民法院无需重新制作裁定书。

第18条　申请保全人申请续行财产保全的，应当在保全期限届满七日前向人民法院提出；逾期申请或者不申请的，自行承担不能续行保全的法律后果。

人民法院进行财产保全时，应当书面告知申请保全人明确的保全期限届满日以及前款有关申请续行保全的事项。

第19条　再审审查期间，债务人申请保全生效法律文书确定给付的财产的，人民法院不予受理。

再审审理期间，原生效法律文书中止执行，当事人申请财产保全的，人民法院应当受理。

❷ 知识产权纠纷保全的相关规定

《最高人民法院关于审查知识产权纠纷行为保全案件适用法律若干问题的规定》
（法释〔2018〕21号　2018年12月12日）

为正确审查知识产权纠纷行为保全案件，及时有效保护当事人的合法权益，根据《中华人民共和国民事诉讼法》《中华人民共和国专利法》《中华人民共和国商标法》《中华人民共和国著作权法》等有关法律规定，结合审判、执行工作实际，制定本规定。

第1条　本规定中的知识产权纠纷是指《民事案件案由规定》中的知识产权与竞争纠纷。

第2条　知识产权纠纷的当事人在判决、裁定或者仲裁裁决生效前，依据民事诉讼法第一百条、第一百零一条[130]规定申请行为保全的，人民法院应当受理。

知识产权许可合同的被许可人申请诉前责令停止侵害知识产权行为的，独占许可合同的被许可人可以单独向人民法院提出申请；排他许可合同的被许可人在权利人不申请的情况下，可以单独提出申请；普通许可合同的被许可人经权利人明确授权以自己的名义起诉的，可以单独提出申请。

第3条 申请诉前行为保全，应当向被申请人住所地具有相应知识产权纠纷管辖权的人民法院或者对案件具有管辖权的人民法院提出。

当事人约定仲裁的，应当向前款规定的人民法院申请行为保全。

第4条 向人民法院申请行为保全，应当递交申请书和相应证据。申请书应当载明下列事项：

（一）申请人与被申请人的身份、送达地址、联系方式；

（二）申请采取行为保全措施的内容和期限；

（三）申请所依据的事实、理由，包括被申请人的行为将会使申请人的合法权益受到难以弥补的损害或者造成案件裁决难以执行等损害的具体说明；

（四）为行为保全提供担保的财产信息或资信证明，或者不需要提供担保的理由；

（五）其他需要载明的事项。

第5条 人民法院裁定采取行为保全措施前，应当询问申请人和被申请人，但因情况紧急或者询问可能影响保全措施执行等情形除外。

人民法院裁定采取行为保全措施或者裁定驳回申请的，应当向申请人、被申请人送达裁定书。向被申请人送达裁定书可能影响采取保全措施的，人民法院可以在采取保全措施后及时向被申请人送达裁定书，至迟不得超过五日。

当事人在仲裁过程中申请行为保全的，应当通过仲裁机构向人民法院提交申请书、仲裁案件受理通知书等相关材料。人民法院裁定采取行为保全措施或者裁定驳回申请的，应当将裁定书送达当事人，并通知仲裁机构。

第6条 有下列情况之一，不立即采取行为保全措施即足以损害申请人利益的，应当认定属于民事诉讼法第一百条、第一百零一条[131]规定的"情况紧急"：

（一）申请人的商业秘密即将被非法披露；

（二）申请人的发表权、隐私权等人身权利即将受到侵害；

（三）诉争的知识产权即将被非法处分；

（四）申请人的知识产权在展销会等时效性较强的场合正在或者即将受到侵害；

（五）时效性较强的热播节目正在或者即将受到侵害；

（六）其他需要立即采取行为保全措施的情况。

第7条 人民法院审查行为保全申请，应当综合考量下列因素：

（一）申请人的请求是否具有事实基础和法律依据，包括请求保护的知识产权效力是否稳定；

---

[130]《民事诉讼法》（2023年修正）第103条、第104条。

[131] 同上。

（二）不采取行为保全措施是否会使申请人的合法权益受到难以弥补的损害或者造成案件裁决难以执行等损害；

（三）不采取行为保全措施对申请人造成的损害是否超过采取行为保全措施对被申请人造成的损害；

（四）采取行为保全措施是否损害社会公共利益；

（五）其他应当考量的因素。

第8条　人民法院审查判断申请人请求保护的知识产权效力是否稳定，应当综合考量下列因素：

（一）所涉权利的类型或者属性；

（二）所涉权利是否经过实质审查；

（三）所涉权利是否处于宣告无效或者撤销程序中以及被宣告无效或者撤销的可能性；

（四）所涉权利是否存在权属争议；

（五）其他可能导致所涉权利效力不稳定的因素。

第9条　申请人以实用新型或者外观设计专利权为依据申请行为保全的，应当提交由国务院专利行政部门作出的检索报告、专利权评价报告或者专利复审委员会维持该专利权有效的决定。申请人无正当理由拒不提交的，人民法院应当裁定驳回其申请。

第10条　在知识产权与不正当竞争纠纷行为保全案件中，有下列情形之一的，应当认定属于民事诉讼法第一百零一条[132]规定的"难以弥补的损害"：

（一）被申请人的行为将会侵害申请人享有的商誉或者发表权、隐私权等人身性质的权利且造成无法挽回的损害；

（二）被申请人的行为将会导致侵权行为难以控制且显著增加申请人损害；

（三）被申请人的侵害行为将会导致申请人的相关市场份额明显减少；

（四）对申请人造成其他难以弥补的损害。

第11条　申请人申请行为保全的，应当依法提供担保。

申请人提供的担保数额，应当相当于被申请人可能因执行行为保全措施所遭受的损失，包括责令停止侵权行为所涉产品的销售收益、保管费用等合理损失。

在执行行为保全措施过程中，被申请人可能因此遭受的损失超过申请人担保数额的，人民法院可以责令申请人追加相应的担保。申请人拒不追加的，可以裁定解除或者部分解除保全措施。

第12条　人民法院采取的行为保全措施，一般不因被申请人提供担保而解除，但是申请人同意的除外。

第13条　人民法院裁定采取行为保全措施的，应当根据申请人的请求或者案件具体情况等因素合理确定保全措施的期限。

裁定停止侵害知识产权行为的效力，一般应当维持至案件裁判生效时止。

人民法院根据申请人的请求、追加担保等情况，可以裁定继续采取保全措施。申请人请求续行保全措施的，应当在期限届满前七日内提出。

第14条　当事人不服行为保全裁定申请复议的，人民法院应当在收到复议申请后十日内审查并作出裁定。

第15条　人民法院采取行为保全的方法和措施，依照执行程序相关规定处理。

第16条　有下列情形之一的，应当

---

[132]《民事诉讼法》（2023年修正）第104条。

认定属于民事诉讼法第一百零五条[133]规定的"申请有错误":

（一）申请人在采取行为保全措施后三十日内不依法提起诉讼或者申请仲裁；

（二）行为保全措施因请求保护的知识产权被宣告无效等原因自始不当；

（三）申请责令被申请人停止侵害知识产权或者不正当竞争，但生效裁判认定不构成侵权或者不正当竞争；

（四）其他属于申请有错误的情形。

第17条 当事人申请解除行为保全措施，人民法院收到申请后经审查符合《最高人民法院关于适用〈中华人民共和国民事诉讼法〉的解释》第一百六十六条规定的情形的，应当在五日内裁定解除。

申请人撤回行为保全申请或者申请解除行为保全措施的，不因此免除民事诉讼法第一百零五条[134]规定的赔偿责任。

第18条 被申请人依据民事诉讼法第一百零五条[135]规定提起赔偿诉讼，申请人申请诉前行为保全后没有起诉或者当事人约定仲裁的，由采取保全措施的人民法院管辖；申请人已经起诉的，由受理起诉的人民法院管辖。

第19条 申请人同时申请行为保全、财产保全或者证据保全的，人民法院应当依法分别审查不同类型保全申请是否符合条件，并作出裁定。

为避免被申请人实施转移财产、毁灭证据等行为致使保全目的无法实现，人民法院可以根据案件具体情况决定不同类型保全措施的执行顺序。

第20条 申请人申请行为保全，应当依照《诉讼费用交纳办法》关于申请采取行为保全措施的规定交纳申请费。

第21条 本规定自2019年1月1日起施行。最高人民法院以前发布的相关司法解释与本规定不一致的，以本规定为准。

《最高人民法院关于加强中医药知识产权司法保护的意见》（法发〔2022〕34号 2022年12月21日）

11. 加大对侵犯中医药知识产权行为惩治力度。依法采取行为保全、制裁妨害诉讼行为等措施，及时有效阻遏中医药领域侵权行为。积极适用证据保全、证据提供令、举证责任转移、证明妨碍规则，减轻中医药知识产权权利人举证负担。正确把握惩罚性赔偿构成要件，对于重复侵权、以侵权为业等侵权行为情节严重的，依法支持权利人惩罚性赔偿请求，有效提高侵权赔偿数额。加大刑事打击力度，依法惩治侵犯中医药知识产权犯罪行为，充分发挥刑罚威慑、预防和矫正功能。

《关于审理涉电子商务平台知识产权民事案件的指导意见》（法发〔2020〕32号 2020年9月10日）

九、因情况紧急，电子商务平台经营者不立即采取商品下架等措施将会使其合法利益受到难以弥补的损害的，知识产权权利人可以依据《中华人民共和国民事诉讼法》第一百条、第一百零一条[136]的规定，向人民法院申请采取保全措施。

因情况紧急，电子商务平台经营者不立即恢复商品链接、通知人不立即撤回通知或者停止发送通知等行为将会使其合法利益受到难以弥补的损害的，平台内经营

---

[133]《民事诉讼法》（2023年修正）第108条。

[134] 同上。

[135] 同上。

[136]《民事诉讼法》（2023年修正）第103条、第104条。

者可以依据前款所述法律规定，向人民法院申请采取保全措施。

知识产权权利人、平台内经营者的申请符合法律规定的，人民法院应当依法予以支持。

《最高人民法院关于审理专利纠纷案件适用法律问题的若干规定》（法释〔2001〕21号 2020年12月29日修正）

第8条 人民法院决定中止诉讼，专利权人或者利害关系人请求责令被告停止有关行为或者采取其他制止侵权损害继续扩大的措施，并提供了担保，人民法院经审查符合有关法律规定的，可以在裁定中止诉讼的同时一并作出有关裁定。

第9条 人民法院对专利权进行财产保全，应当向国务院专利行政部门发出协助执行通知书，载明要求协助执行的事项，以及对专利权保全的期限，并附人民法院作出的裁定书。

对专利权保全的期限一次不得超过六个月，自国务院专利行政部门收到协助执行通知书之日起计算。如果仍然需要对该专利权继续采取保全措施的，人民法院应当在保全期限届满前向国务院专利行政部门另行送达继续保全的协助执行通知书。保全期限届满前未送达的，视为自动解除对该专利权的财产保全。

人民法院对出质的专利权可以采取财产保全措施，质权人的优先受偿权不受保全措施的影响；专利权人与被许可人已经签订的独占实施许可合同，不影响人民法院对该专利权进行财产保全。

人民法院对已经进行保全的专利权，不得重复进行保全。

《最高人民法院民事审判第三庭对国家知识产权局〈关于征求对协助执行专利申请权财产保全裁定的意见的函〉的答复意见》（〔2000〕民三函字第1号 2001年10月25日）

一、专利申请权属于专利申请人的一项财产权利，可以作为人民法院财产保全的对象。人民法院根据《民事诉讼法》有关规定采取财产保全措施时，需要对专利申请权进行保全的，应当向国家知识产权局发出协助执行通知书，载明要求保全的专利申请的名称、申请人、申请号、保全期限以及协助执行保全的内容，包括禁止变更著录事项、中止审批程序等，并附人民法院作出的财产保全民事裁定书。

二、对专利申请权的保全期限一次不得超过6个月，自国家知识产权局收到协助执行通知书之日起计算。如果期限届满仍然需要对该专利申请权继续采取保全措施的，人民法院应当在保全期限届满前向国家知识产权局重新发出协助执行通知书，要求继续保全。否则，视为自动解除对该专利申请权的财产保全。

三、贵局收到人民法院发出的对专利申请权采取财产保全措施的协助执行通知书后，应当确保在财产保全期间专利申请权的法律状态不发生改变。因此，应当中止被保全的专利申请的有关程序。同意贵局提出的比照《专利法实施细则》第八十七条的规定处理的意见。

以上意见供参考。

《最高人民法院关于对注册商标专用权进行财产保全和执行等问题的复函》（〔2001〕民三函字第3号 2002年1月9日）

一、关于不同法院在同一天对同一注册商标进行保全的协助执行问题

根据民事诉讼法和我院有关司法解释的规定，你局在同一天内接到两份以上对

同一注册商标进行保全的协助执行通知书时，应当按照收到文书的先后顺序，协助执行在先收到的协助执行通知书；同时收到文书无法确认先后顺序时，可以告知有关法院按照《最高人民法院关于人民法院执行工作若干问题的规定（试行）》第125条关于"两个或两个以上人民法院在执行相关案件中发生争议的，应当协商解决。协商不成的，逐级报请上级法院，直至报请共同的上级法院协调处理"的规定进行协商以及报请协调处理。在有关法院协商以及报请协调处理期间，你局可以暂不办理协助执行事宜。

二、关于你局在依据法院的生效判决办理权利人变更手续过程中，另一法院要求协助保全注册商标的协助执行问题

《最高人民法院关于人民法院执行工作若干问题的规定（试行）》第88条第1款规定，各债权人对执行标的物均无担保物权的，按照执行法院采取执行措施的先后顺序受偿。根据这一规定，对于某一法院依据已经发生法律效力的裁判文书要求你局协助办理注册商标专用权权利人变更等手续后，另一法院对同一注册商标以保全原商标专用权人财产的名义再行保全，又无权利质押情形的，同意你局来函中提出的处理意见，即协助执行在先采取执行措施法院的裁判文书，并将协助执行的情况告知在后采取保全措施的法院。

三、关于法院已经保全注册商标后，另一法院宣告其注册人进入破产程序并要求你局再行协助保全该注册商标的问题

根据《中华人民共和国企业破产法（试行）》第11条的规定，人民法院受理破产案件后，对债务人财产的其他民事执行程序必须中止。人民法院应当按照这一规定办理相关案件。在具体处理问题上，你局可以告知审理破产案件的法院有关注册商标已被保全的情况，由该法院通知在先采取保全措施的法院自行解除保全措施。你局收到有关解除财产保全措施的通知后，应立即协助执行审理破产案件法院的裁定。你局也可以告知在先采取保全措施的法院有关商标注册人进入破产程序的情况，由其自行决定解除保全措施。

四、关于法院裁决将注册商标作为标的执行时应否适用商标法实施细则[137]第二十一条规定的问题

根据商标法实施细则第二十一条的规定，转让注册商标专用权的，商标注册人对其在同一种类或者类似商品上注册的相同或者近似的商标，必须一并办理。法院在执行注册商标专用权的过程中，应当根据上述规定的原则，对注册商标及相同或者类似商品上相同和近似的商标一并进行评估、拍卖、变卖等，并在采取执行措施时，裁定将相同或近似注册商标一并予以执行。商标局在接到法院有关转让注册商标的裁定时，如发现无上述内容，可以告知执行法院，由执行法院补充裁定后再协助执行。

来函中所涉及的具体案件，可按照上述意见处理。

❸ **关于特殊财产保全的相关规定**
《全国法院民商事审判工作会议纪要》（法〔2019〕254号　2019年11月8日）

95. 信托财产在信托存续期间独立于委托人、受托人、受益人各自的固有财产。委托人将其财产委托给受托人进行管理，在信托依法设立后，该信托财产即独立于委托人未设立信托的其他固有财产。

---

[137]　此规定已被《商标法实施条例》废止。

受托人因承诺信托而取得的信托财产，以及通过对信托财产的管理、运用、处分等方式取得的财产，均独立于受托人的固有财产。受益人对信托财产享有的权利表现为信托受益权，信托财产并非受益人的责任财产。因此，当事人因其与委托人、受托人或者受益人之间的纠纷申请对存管银行或者信托公司专门账户中的信托资金采取保全措施的，除符合《信托法》第17条规定的情形外，人民法院不应当准许。已经采取保全措施的，存管银行或者信托公司能够提供证据证明该账户为信托账户的，应当立即解除保全措施。对信托公司管理的其他信托财产的保全，也应当根据前述规则办理。

当事人申请对受益人的受益权采取保全措施的，人民法院应当根据《信托法》第47条的规定进行审查，决定是否采取保全措施。决定采取保全措施的，应当将保全裁定送达受托人和受益人。

96. 除信托公司作为被告外，原告申请对信托公司固有资金账户的资金采取保全措施的，人民法院不应准许。信托公司作为被告，确有必要对其固有财产采取诉讼保全措施的，必须强化善意执行理念，防范发生金融风险。要严格遵守相应的适用条件与法定程序，坚决杜绝超标的执行。在采取具体保全措施时，要尽量寻求依法平等保护各方利益的平衡点，优先采取方便执行且对信托公司正常经营影响最小的执行措施，能采取"活封""活扣"措施的，尽量不进行"死封""死扣"。在条件允许的情况下，可以为信托公司预留必要的流动资金和往来账户，最大限度降低对信托公司正常经营活动的不利影响。信托公司申请解除财产保全符合法律、司法解释规定情形的，应当在法定期限内及时解除保全措施。

《最高人民法院关于审理期货纠纷案件若干问题的规定》 （法释〔2003〕10号 2020年12月29日修正）

第58条 人民法院保全与会员资格相应的会员资格费或者交易席位，应当依法裁定不得转让该会员资格，但不得停止该会员交易席位的使用。人民法院在执行过程中，有权依法采取强制措施转让该交易席位。

第59条 期货交易所、期货公司为债务人的，人民法院不得冻结、划拨期货公司在期货交易所或者客户在期货公司保证金账户中的资金。

有证据证明该保证金账户中有超出期货公司、客户权益资金的部分，期货交易所、期货公司在人民法院指定的合理期限内不能提出相反证据的，人民法院可以依法冻结、划拨该账户中属于期货交易所、期货公司的自有资金。

第60条 期货公司为债务人的，人民法院不得冻结、划拨专用结算账户中未被期货合约占用的用于担保期货合约履行的最低限额的结算准备金；期货公司已经结清所有持仓并清偿客户资金的，人民法院可以对结算准备金依法予以冻结、划拨。

期货公司有其他财产的，人民法院应当依法先行冻结、查封、执行期货公司的其他财产。

第61条 客户、自营会员为债务人的，人民法院可以对其保证金、持仓依法采取保全和执行措施。

《最高人民法院关于审理期货纠纷案件若干问题的规定（二）》 （法释〔2011〕1号 2020年12月29日修正）

第3条 期货交易所为债务人，债权人请求冻结、划拨以下账户中资金或者有价证券的，人民法院不予支持：

（一）期货交易所会员在期货交易所保证金账户中的资金；

（二）期货交易所会员向期货交易所提交的用于充抵保证金的有价证券。

第4条 期货公司为债务人，债权人请求冻结、划拨以下账户中资金或者有价证券的，人民法院不予支持：

（一）客户在期货公司保证金账户中的资金；

（二）客户向期货公司提交的用于充抵保证金的有价证券。

第5条 实行会员分级结算制度的期货交易所的结算会员为债务人，债权人请求冻结、划拨结算会员以下资金或者有价证券的，人民法院不予支持：

（一）非结算会员在结算会员保证金账户中的资金；

（二）非结算会员向结算会员提交的用于充抵保证金的有价证券。

第6条 有证据证明保证金账户中有超过上述第三条、第四条、第五条规定的资金或者有价证券部分权益的，期货交易所、期货公司或者期货交易所结算会员在人民法院指定的合理期限内不能提出相反证据的，人民法院可以依法冻结、划拨超出部分的资金或者有价证券。

有证据证明期货交易所、期货公司、期货交易所结算会员自有资金与保证金发生混同，期货交易所、期货公司或者期货交易所结算会员在人民法院指定的合理期限内不能提出相反证据的，人民法院可以依法冻结、划拨相关账户内的资金或者有价证券。

第7条 实行会员分级结算制度的期货交易所或者其结算会员为债务人，债权人请求冻结、划拨期货交易所向其结算会员依法收取的结算担保金的，人民法院不予支持。

有证据证明结算会员在结算担保金专用账户中有超过交易所要求的结算担保金数额部分的，结算会员在人民法院指定的合理期限内不能提出相反证据的，人民法院可以依法冻结、划拨超出部分的资金。

《最高人民法院关于审理票据纠纷案件若干问题的规定》（法释〔2000〕32号 2020年12月29日修正）

第7条 人民法院在审理、执行票据纠纷案件时，对具有下列情形之一的票据，经当事人申请并提供担保，可以依法采取保全措施或者执行措施：

（一）不履行约定义务，与票据债务人有直接债权债务关系的票据当事人所持有的票据；

（二）持票人恶意取得的票据；

（三）应付对价而未付对价的持票人持有的票据；

（四）记载有"不得转让"字样而用于贴现的票据；

（五）记载有"不得转让"字样而用于质押的票据；

（六）法律或者司法解释规定有其他情形的票据。

《最高人民法院关于审理信用证纠纷案件若干问题的规定》（法释〔2005〕13号 2020年12月29日修正）

第9条 开证申请人、开证行或者其他利害关系人发现有本规定第八条的情形，并认为将会给其造成难以弥补的损害时，可以向有管辖权的人民法院申请中止支付信用证项下的款项。

《最高人民法院关于审理独立保函纠纷案件若干问题的规定》（法释〔2016〕24号 2020年12月29日修正）

第13条 独立保函的申请人、开立人或指示人发现有本规定第十二条情形的，可以在提起诉讼或申请仲裁前，向开立人住所地或其他对独立保函欺诈纠纷案件具有管辖权的人民法院申请中止支付独立保函项下的款项,也可以在诉讼或仲裁过程中提出申请。

第 14 条 人民法院裁定中止支付独立保函项下的款项,必须同时具备下列条件:

(一)止付申请人提交的证据材料证明本规定第十二条情形的存在具有高度可能性;

(二)情况紧急,不立即采取止付措施,将给止付申请人的合法权益造成难以弥补的损害;

(三)止付申请人提供了足以弥补被申请人因止付可能遭受损失的担保。

止付申请人以受益人在基础交易中违约为由请求止付的,人民法院不予支持。

开立人在依指示开立的独立保函项下已经善意付款的,对保障该开立人追偿权的独立保函,人民法院不得裁定止付。

《最高人民法院关于部分人民法院冻结、扣划被风险处置证券公司客户证券交易结算资金有关问题的通知》(〔2010〕民二他字第 21 号 2010 年 6 月 22 日)

一、关于涉及客户证券交易结算资金的冻结与扣划事项,应严格按照《中华人民共和国证券法》、《最高人民法院关于冻结、扣划证券交易结算资金有关问题的通知》(法〔2004〕239 号)、《最高人民法院、最高人民检察院、公安部、中国证券监督管理委员会关于查询、冻结、扣划证券和证券交易结算资金有关问题的通知》(法发〔2008〕4 号)、《最高人民法院关于依法审理和执行被风险处置证券公司相关案件的通知》(法发〔2009〕35 号)的相关规定进行。人民法院在保全、执行措施中违反上述规定冻结、扣划客户证券交易结算资金的,应坚决予以纠正。

二、在证券公司行政处置过程中,按照国家有关政策弥补客户证券交易结算资金缺口是中国证券投资者保护基金有限责任公司(以下简称保护基金公司)的重要职责,被风险处置证券公司的客户证券交易结算资金专用存款账户、结算备付金账户内资金均属于证券交易结算资金,保护基金公司对被风险处置证券公司因违法冻结、扣划的客户证券交易结算资金予以垫付弥补后,取得相应的代位权,其就此主张权利的,人民法院应予支持。被冻结、扣划的客户证券交易结算资金已经解冻并转入管理人账户的,经保护基金公司申请,相关破产案件审理法院应当监督管理人退回保护基金公司专用账户;仍处于冻结状态的,由保护基金公司向相关保全法院申请解冻,保全法院应将解冻资金返还保护基金公司专用账户;已经扣划的,由保护基金公司向相关执行法院申请执行回转,执行法院应将退回资金划入保护基金公司专用账户。此外,被冻结、扣划客户证券交易结算资金对应缺口尚未弥补的,由相关行政清理组申请保全或者执行法院解冻或退回。

《最高人民法院关于严格执行对证券或者期货交易机构的账号资金采取诉讼保全或者执行措施规定的通知》(法〔2001〕98 号 2001 年 7 月 17 日)

最近,国务院证券管理部门和一些地方政府有关部门向我院反映,已列入我院《关于清理整顿信托投资公司中有关问题的通知》公布名单中的信托投资公司和有关证券公司因债务纠纷,其下属一些证券营业部交易结算资金账户被部分法院冻结,投资者交易结算资金被扣划。关于对证券或者期货交易机构的账号、资金采取诉讼保全或者执行措施问题,我院曾下发了《关于冻结、划拨证券或期货交易所证券登记结算机构证券经营或期货经纪机构清算账号资金等问题的通知》(法发〔1997〕27 号)和《关于贯彻最高人民法院法发

〔1997〕27号通知应注意的几个问题的紧急通知》（法明传〔1998〕213号）。2001年5月28日，针对清理整顿信托投资公司中的有关问题，我院又下发了《最高人民法院关于发布延长部分停业整顿重组和撤销信托投资公司暂缓受理和中止执行期限名单的通知》。各级人民法院应当按照上述通知规定的精神，严格执行。对确属违反上述规定的，应当立即依法纠正。

《最高人民法院关于军队单位作为经济纠纷案件的当事人可否对其银行帐户上的存款采取诉讼保全和军队费用能否强行划拨偿还债务问题的批复》（法〔经〕复〔1990〕15号　1990年10月9日）

三、人民法院在审理经济纠纷案件过程中，如果发现军队机关或所属单位以不准用于从事经营性业务往来结算的帐户从事经营性业务往来结算和经营性借贷或者担保等违反国家政策、法律的，人民法院有权依法对其帐户动用的资金采取诉讼保全措施和执行措施。军队一方当事人的上级领导机关，应当协助人民法院共同查清其帐户的情况，依法予以冻结或者扣划。

❹ **关于保全担保的相关规定**

《全国法院审理债券纠纷案件座谈会纪要》（法〔2020〕185号　2020年7月15日）

13. 允许金融机构以自身信用提供财产保全担保。诉讼中，对证券公司、信托公司、基金公司、期货公司等由金融监管部门批准设立的具有独立偿付债务能力的金融机构及其分支机构以其自身财产作为信用担保的方式提出的财产保全申请，根据《最高人民法院关于人民法院办理财产保全案件若干问题的规定》（法释〔2016〕22号）第九条规定的精神，人民法院可以予以准许。

《最高人民法院关于审理劳动争议案件适用法律问题的解释（一）》（法释〔2020〕26号　2020年12月29日）

第49条　在诉讼过程中，劳动者向人民法院申请采取财产保全措施，人民法院经审查认为申请人经济确有困难，或者有证据证明用人单位存在欠薪逃匿可能的，应当减轻或者免除劳动者提供担保的义务，及时采取保全措施。

人民法院作出的财产保全裁定中，应当告知当事人在劳动争议仲裁机构的裁决书或者在人民法院的裁判文书生效后三个月内申请强制执行。逾期不申请的，人民法院应当裁定解除保全措施。

❺ **其他**

《最高人民法院关于民事执行中变更、追加当事人若干问题的规定》（法释〔2016〕21号　2020年12月29日修正）

第29条　执行法院审查变更、追加被执行人申请期间，申请人申请对被申请人的财产采取查封、扣押、冻结措施的，执行法院应当参照民事诉讼法第一百条[138]的规定办理。

申请执行人在申请变更、追加第三人前，向执行法院申请查封、扣押、冻结该第三人财产的，执行法院应当参照民事诉讼法第一百零一条[139]的规定办理。

《最高人民法院关于内地与澳门特别行政区就仲裁程序相互协助保全的安排》（法释〔2022〕7号　2022年2月24日）

第1条　本安排所称"保全"，在内地包括财产保全、证据保全、行为保全；在澳门特别行政区包括为确保受威胁的权利得以实现而采取的保存或者预行措施。

---

[138]　《民事诉讼法》（2023年修正）第103条。
[139]　《民事诉讼法》（2023年修正）第104条。

第2条 按照澳门特别行政区仲裁法规向澳门特别行政区仲裁机构提起民商事仲裁程序的当事人,在仲裁裁决作出前,可以参照《中华人民共和国民事诉讼法》《中华人民共和国仲裁法》以及相关司法解释的规定,向被申请人住所地、财产所在地或者证据所在地的内地中级人民法院申请保全。被申请人住所地、财产所在地或者证据所在地在不同人民法院辖区的,应当选择向其中一个人民法院提出申请,不得分别向两个或者两个以上人民法院提出申请。

在仲裁机构受理仲裁案件前申请保全,内地人民法院采取保全措施后三十日内未收到仲裁机构已受理仲裁案件的证明函件的,内地人民法院应当解除保全。

第3条 向内地人民法院申请保全的,应当提交下列材料:

(一)保全申请书;

(二)仲裁协议;

(三)身份证明材料:申请人为自然人的,应当提交身份证件复印件;申请人为法人或者非法人组织的,应当提交注册登记证书的复印件以及法定代表人或者负责人的身份证件复印件;

(四)在仲裁机构受理仲裁案件后申请保全的,应当提交包含主要仲裁请求和所根据的事实与理由的仲裁申请文件以及相关证据材料、仲裁机构出具的已受理有关仲裁案件的证明函件;

(五)内地人民法院要求的其他材料。

身份证明材料系在内地以外形成的,应当依据内地相关法律规定办理证明手续。

向内地人民法院提交的文件没有中文文本的,应当提交中文译本。

第4条 向内地人民法院提交的保全申请书应当载明下列事项:

(一)当事人的基本情况:当事人为自然人的,包括姓名、住所、身份证件信息、通讯方式等;当事人为法人或者非法人组织的,包括法人或者非法人组织的名称、住所以及法定代表人或者主要负责人的姓名、职务、住所、身份证件信息、通讯方式等;

(二)请求事项,包括申请保全财产的数额、申请行为保全的内容和期限等;

(三)请求所依据的事实、理由和相关证据,包括关于情况紧急,如不立即保全将会使申请人合法权益受到难以弥补的损害或者将使仲裁裁决难以执行的说明等;

(四)申请保全的财产、证据的明确信息或者具体线索;

(五)用于提供担保的内地财产信息或者资信证明;

(六)是否已提出其他保全申请以及保全情况;

(七)其他需要载明的事项。

第5条 依据《中华人民共和国仲裁法》向内地仲裁机构提起民商事仲裁程序的当事人,在仲裁裁决作出前,可以根据澳门特别行政区法律规定,向澳门特别行政区初级法院申请保全。

在仲裁机构受理仲裁案件前申请保全的,申请人应当在澳门特别行政区法律规定的期间内,采取开展仲裁程序的必要措施,否则该保全措施失效。申请人应当将已作出必要措施及作出日期的证明送交澳门特别行政区法院。

第6条 向澳门特别行政区法院申请保全的,须附同下列资料:

(一)仲裁协议;

(二)申请人或者被申请人为自然人的,应当载明其姓名以及住所;为法人或者非法人组织的,应当载明其名称、住所以及法定代表人或者主要负责人的姓名、职务和住所；

（三）请求的详细资料，尤其包括请求所依据的事实和法律理由、申请标的的情况、财产的详细资料、须保全的金额、申请行为保全的详细内容和期限以及附同相关证据，证明权利受威胁以及解释恐防受侵害的理由；

（四）在仲裁机构受理仲裁案件后申请保全的，应当提交该仲裁机构出具的已受理有关仲裁案件的证明；

（五）是否已提出其他保全申请以及保全情况；

（六）法院要求的其他资料。

如向法院提交的文件并非使用澳门特别行政区的其中一种正式语文，则申请人应当提交其中一种正式语文的译本。

第7条 被请求方法院应当尽快审查当事人的保全申请，可以按照被请求方法律规定要求申请人提供担保。

经审查，当事人的保全申请符合被请求方法律规定的，被请求方法院应当作出保全裁定。

第8条 当事人对被请求方法院的裁定不服，按被请求方相关法律规定处理。

第9条 当事人申请保全的，应当根据被请求方法律的规定交纳费用。

第10条 本安排不减损内地和澳门特别行政区的仲裁机构、仲裁庭、仲裁员、当事人依据对方法律享有的权利。

第11条 本安排在执行过程中遇有问题或者需要修改的，由最高人民法院和澳门特别行政区协商解决。

第12条 本安排自2022年3月25日起施行。

《最高人民法院关于办理人身安全保护令案件适用法律若干问题的规定》（法释〔2022〕17号 2022年7月14日）

第1条 当事人因遭受家庭暴力或者面临家庭暴力的现实危险，依照反家庭暴力法向人民法院申请人身安全保护令的，人民法院应当受理。

向人民法院申请人身安全保护令，不以提起离婚等民事诉讼为条件。

第6条 人身安全保护令案件中，人民法院根据相关证据，认为申请人遭受家庭暴力或者面临家庭暴力现实危险的事实存在较大可能性的，可以依法作出人身安全保护令。

前款所称"相关证据"包括：

（一）当事人的陈述；

（二）公安机关出具的家庭暴力告诫书、行政处罚决定书；

（三）公安机关的出警记录、讯问笔录、询问笔录、接警记录、报警回执等；

（四）被申请人曾出具的悔过书或者保证书等；

（五）记录家庭暴力发生或者解决过程等的视听资料；

（六）被申请人与申请人或者其近亲属之间的电话录音、短信、即时通讯信息、电子邮件等；

（七）医疗机构的诊疗记录；

（八）申请人或者被申请人所在单位、民政部门、居民委员会、村民委员会、妇女联合会、残疾人联合会、未成年人保护组织、依法设立的老年人组织、救助管理机构、反家暴社会公益机构等单位收到投诉、反映或者求助的记录；

（九）未成年子女提供的与其年龄、智力相适应的证言或者亲友、邻居等其他证人证言；

（十）伤情鉴定意见；

（十一）其他能够证明申请人遭受家庭暴力或者面临家庭暴力现实危险的证据。

《最高人民法院关于人身安全保护令案件相关程序问题的批复》（法释〔2016〕15号 2016年7月11日）

一、关于人身安全保护令案件是否收取诉讼费的问题。同意你院倾向性意见，即向人民法院申请人身安全保护令，不收取诉讼费用。

二、关于申请人身安全保护令是否需要提供担保的问题。同意你院倾向性意见，即根据《中华人民共和国反家庭暴力法》请求人民法院作出人身安全保护令的，申请人不需要提供担保。

三、关于人身安全保护令案件适用程序等问题。人身安全保护令案件适用何种程序，反家庭暴力法中没有作出直接规定。人民法院可以比照特别程序进行审理。家事纠纷案件中的当事人向人民法院申请人身安全保护令的，由审理该案的审判组织作出是否发出人身安全保护令的裁定；如果人身安全保护令的申请人在接受其申请的人民法院并无正在进行的家事案件诉讼，由法官以独任审理的方式审理。至于是否需要就发出人身安全保护令问题听取被申请人的意见，则由承办法官视案件的具体情况决定。

四、关于复议问题。对于人身安全保护令的被申请人提出的复议申请和人身安全保护令的申请人就驳回裁定提出的复议申请，可以由原审判组织进行复议；人民法院认为必要的，也可以另行指定审判组织进行复议。

《最高人民法院、最高人民检察院、公安部、民政部关于依法处理监护人侵害未成年人权益行为若干问题的意见》（法发〔2014〕24号 2014年12月18日）

22. 未成年人救助保护机构或者其他临时照料人可以根据需要，在诉讼前向未成年人住所地、监护人住所地或者侵害行为地人民法院申请人身安全保护裁定。

未成年人救助保护机构或者其他临时照料人也可以在诉讼中向人民法院申请人身安全保护裁定。

23. 人民法院接受人身安全保护裁定申请后，应当按照民事诉讼法第一百条、第一百零一条、第一百零二条[140]的规定作出裁定。经审查认为存在侵害未成年人人身安全危险的，应当作出人身安全保护裁定。

人民法院接受诉讼前人身安全保护裁定申请后，应当在四十八小时内作出裁定。接受诉讼中人身安全保护裁定申请，情况紧急的，也应当在四十八小时内作出裁定。人身安全保护裁定应当立即执行。

24. 人身安全保护裁定可以包括下列内容中的一项或者多项：

（一）禁止被申请人暴力伤害、威胁未成年人及其临时照料人；

（二）禁止被申请人跟踪、骚扰、接触未成年人及其临时照料人；

（三）责令被申请人迁出未成年人住所；

（四）保护未成年人及其临时照料人人身安全的其他措施。

25. 被申请人拒不履行人身安全保护裁定，危及未成年人及其临时照料人人身

---

[140]《民事诉讼法》（2023年修正）第103条、第104条、第105条。

安全或者扰乱未成年人救助保护机构工作秩序的，未成年人、未成年人救助保护机构或者其他临时照料人有权向公安机关报告，由公安机关依法处理。

被申请人有其他拒不履行人身安全保护裁定行为的，未成年人、未成年人救助保护机构或者其他临时照料人有权向人民法院报告，人民法院根据民事诉讼法第一百一十一条、第一百一十五条、第一百一十六条[141]的规定，视情节轻重处以罚款、拘留；构成犯罪的，依法追究刑事责任。

26. 当事人对人身安全保护裁定不服的，可以申请复议一次。复议期间不停止裁定的执行。

《最高人民法院关于生态环境侵权案件适用禁止令保全措施的若干规定》（法释〔2021〕22号 2021年12月27日）

为妥善审理生态环境侵权案件，及时有效保护生态环境，维护民事主体合法权益，落实保护优先、预防为主原则，根据《中华人民共和国民法典》《中华人民共和国环境保护法》《中华人民共和国民事诉讼法》等有关法律规定，结合审判实践，制定本规定。

第1条 申请人以被申请人正在实施或者即将实施污染环境、破坏生态行为，不及时制止将使申请人合法权益或者生态环境受到难以弥补的损害为由，依照民事诉讼法第一百条、第一百零一条[142]规定，向人民法院申请采取禁止令保全措施，责令被申请人立即停止一定行为的，人民法院应予受理。

第2条 因污染环境、破坏生态行为受到损害的自然人、法人或者非法人组织，以及民法典第一千二百三十四条、第一千二百三十五条规定的"国家规定的机关或者法律规定的组织"，可以向人民法院申请作出禁止令。

第3条 申请人提起生态环境侵权诉讼时或者诉讼过程中，向人民法院申请作出禁止令的，人民法院应当在接受申请后五日内裁定是否准予。情况紧急的，人民法院应当在接受申请后四十八小时内作出。

因情况紧急，申请人可在提起诉讼前向污染环境、破坏生态行为实施地、损害结果发生地或者被申请人住所地等对案件有管辖权的人民法院申请作出禁止令，人民法院应当在接受申请后四十八小时内裁定是否准予。

第4条 申请人向人民法院申请作出禁止令的，应当提交申请书和相应的证明材料。

申请书应当载明下列事项：

（一）申请人与被申请人的身份、送达地址、联系方式等基本情况；

（二）申请禁止的内容、范围；

（三）被申请人正在实施或者即将实施污染环境、破坏生态行为，以及如不及时制止将使申请人合法权益或者生态环境受到难以弥补损害的情形；

（四）提供担保的财产信息，或者不需要提供担保的理由。

第5条 被申请人污染环境、破坏生态行为具有现实而紧迫的重大风险，如不及时制止将对申请人合法权益或者生态环境造成难以弥补损害的，人民法院应当综合考量以下因素决定是否作出禁止令：

（一）被申请人污染环境、破坏生态

---

[141] 《民事诉讼法》（2023年修正）第114条、第118条、第119条。

[142] 《民事诉讼法》（2023年修正）第103条、第104条。

行为被行政主管机关依法处理后仍继续实施；

（二）被申请人污染环境、破坏生态行为对申请人合法权益或者生态环境造成的损害超过禁止被申请人一定行为对其合法权益造成的损害；

（三）禁止被申请人一定行为对国家利益、社会公共利益或者他人合法权益产生的不利影响；

（四）其他应当考量的因素。

第6条 人民法院审查申请人禁止令申请，应当听取被申请人的意见。必要时，可进行现场勘查。

情况紧急无法询问或者现场勘查的，人民法院应当在裁定准予申请人禁止令申请后四十八小时内听取被申请人的意见。被申请人意见成立的，人民法院应当裁定解除禁止令。

第7条 申请人在提起诉讼时或者诉讼过程中申请禁止令的，人民法院可以责令申请人提供担保，不提供担保的，裁定驳回申请。

申请人提起诉讼前申请禁止令的，人民法院应当责令申请人提供担保，不提供担保的，裁定驳回申请。

第8条 人民法院裁定准予申请人禁止令申请的，应当根据申请人的请求和案件具体情况确定禁止令的效力期间。

第9条 人民法院准予或者不准予申请人禁止令申请的，应当制作民事裁定书，并送达当事人，裁定书自送达之日起生效。

人民法院裁定准予申请人禁止令申请的，可以根据裁定内容制作禁止令张贴在被申请人住所地、污染环境、破坏生态行为实施地、损害结果发生地等相关场所，并可通过新闻媒体等方式向社会公开。

第10条 当事人、利害关系人对人民法院裁定准予或者不准予申请人禁止令申请不服的，可在收到裁定书之日起五日内向作出裁定的人民法院申请复议一次。人民法院应当在收到复议申请后十日内审查并作出裁定。复议期间不停止裁定的执行。

第11条 申请人在人民法院作出诉前禁止令后三十日内不依法提起诉讼的，人民法院应当在三十日届满后五日内裁定解除禁止令。

禁止令效力期间内，申请人、被申请人或者利害关系人以据以作出裁定的事由发生变化为由，申请解除禁止令的，人民法院应当在收到申请后五日内裁定是否解除。

第12条 被申请人不履行禁止令的，人民法院可依照民事诉讼法第一百一十一条[143]的规定追究其相应法律责任。

第13条 侵权行为实施地、损害结果发生地在中华人民共和国管辖海域内的海洋生态环境侵权案件中，申请人向人民法院申请责令被申请人立即停止一定行为的，适用海洋环境保护法、海事诉讼特别程序法等法律和司法解释的相关规定。

第14条 本规定自2022年1月1日起施行。

最高院裁判观点

1. 某清洗系统公司诉厦门某汽车配件有限公司等侵害发明专利权纠纷案【最高人民法院指导案例115号】

裁判要旨：在专利侵权诉讼程序中，责令停止被诉侵权行为的行为保全具有独立价值。当事人既申请责令停止被诉侵权

---

[143]《民事诉讼法》（2023年修正）第114条。

行为，又申请先行判决停止侵害，人民法院认为需要作出停止侵害先行判决的，应当同时对行为保全申请予以审查；符合行为保全条件的，应当及时作出裁定。

2. 某塑料制品有限公司与某工贸有限公司等侵害实用新型专利权纠纷案【《最高人民法院公报》2022年第3期】

裁判要旨：一、涉电子商务平台知识产权侵权纠纷中，平台内经营者向人民法院申请行为保全，请求责令电子商务平台经营者恢复链接和服务等，人民法院应当予以审查，并综合考虑平台内经营者的请求是否具有事实基础和法律依据，如果不恢复是否会对平台内经营者造成难以弥补的损害，如果恢复对知识产权人可能造成的损害是否会超过维持有关措施对平台内经营者造成的损害，如果恢复是否会损害社会公共利益，是否还存在不宜恢复的其他情形等因素，作出裁决。人民法院责令恢复的，电子商务平台经营者即应对原来采取的措施予以取消。

二、平台内经营者提出前款所称行为保全申请的，应当依法提供担保，人民法院可以责令平台经营者在终审判决作出之前，不得提取其通过电子商务平台销售被诉侵权产品的收款账户中一定数额款项作为担保。该数额可以是平台内经营者的侵权获利，即被诉侵权产品的单价、利润率、涉案专利对产品利润的贡献率以及电子商务平台取消有关措施后的被诉侵权产品销售数量之积。

文书范本

1. 申请书（申请诉讼财产保全用）

申 请 书

申请人：×××，男/女，××××年××月××日出生，×族，……（写明工作单位和职务或者职业），住……。联系方式：……。

法定代理人/指定代理人：×××，……。

委托诉讼代理人：×××，……。

被申请人：×××，……。

……

（以上写明当事人和其他诉讼参加人的姓名或者名称等基本信息）

请求事项：

查封/扣押/冻结被申请人×××的……（写明保全财产的名称、性质、数量、数额、所在地等），期限为……年/月/日（写明保全的期限）。

事实和理由：

（××××）……号……（写明当事人和案由）一案，……（写明申请诉讼财产保全的事实和理由）。

申请人提供……（写明担保财产的名称、性质、数量、数额、所在地等）作为担保。

此致

××××人民法院

申请人（签名或者盖章）
××××年××月××日

文书制作要点提示：

①当事人是法人或者其他组织的，写明名称住所，另起一行写明法定代表人、主要负责人及其姓名、职务、联系方式。

②申请保全的数额应当明确，且限于请求的范围，或者与本案有关的财物。

③申请人应提供明确、清晰的保全财产线索。

④当事人是否应当提供担保以及担保的数额，由人民法院根据案件的具体情况决定。

2. 申请书（申请诉讼行为保全用）

申 请 书

申请人：×××，男/女，××××年××月××日出生，×族，……（写明工作单位和职务或者职业），住……。联系方式：……。

法定代理人/指定代理人：×××，……。

委托诉讼代理人：×××，……。

被申请人：×××，……。

……

（以上写明当事人和其他诉讼参加人的姓名或者名称等基本信息）

请求事项：

（××××）……号……（写明当事人和案由）一案，请求××××人民法院……（写明行为保全事项）。

事实和理由：

……（写明申请诉讼行为保全的事实和理由）。

申请人提供……（写明担保财产的名称、性质、数量、数额、所在地等）作为担保。

此致

××××人民法院

申请人（签名或者公章）

××××年××月××日

文书制作要点提示：

①当事人是法人或者其他组织的，写明名称住所，另起一行写明法定代表人、主要负责人及其姓名、职务、联系方式。

②保全标的与争议有关，且限于请求的范围、包含可执行性内容；保全措施和方式需根据个案情况确定。

第一百零四条 诉前保全

利害关系人因情况紧急,不立即申请保全将会使其合法权益受到难以弥补的损害的,可以在提起诉讼或者申请仲裁前向被保全财产所在地、被申请人住所地或者对案件有管辖权的人民法院申请采取保全措施。申请人应当提供担保,不提供担保的,裁定驳回申请。

人民法院接受申请后,必须在四十八小时内作出裁定;裁定采取保全措施的,应当立即开始执行。

申请人在人民法院采取保全措施后三十日内不依法提起诉讼或者申请仲裁的,人民法院应当解除保全。

相关规定

◎司法解释及文件

《最高人民法院关于适用〈中华人民共和国民事诉讼法〉的解释》(法释〔2022〕11号 2022年4月1日修正)

第27条 当事人申请诉前保全后没有在法定期间起诉或者申请仲裁,给被申请人、利害关系人造成损失引起的诉讼,由采取保全措施的人民法院管辖。

当事人申请诉前保全后在法定期间内起诉或者申请仲裁,被申请人、利害关系人因保全受到损失提起的诉讼,由受理起诉的人民法院或者采取保全措施的人民法院管辖。

第152条 人民法院依照民事诉讼法第一百零三条、第一百零四条规定,在采取诉前保全、诉讼保全措施时,责令利害关系人或者当事人提供担保的,应当书面通知。

利害关系人申请诉前保全的,应当提供担保。申请诉前财产保全的,应当提供相当于请求保全数额的担保;情况特殊的,人民法院可以酌情处理。申请诉前行为保全的,担保的数额由人民法院根据案件的具体情况决定。

在诉讼中,人民法院依申请或者依职权采取保全措施的,应当根据案件的具体情况,决定当事人是否应当提供担保以及担保的数额。

第160条 当事人向采取诉前保全措施以外的其他有管辖权的人民法院起诉的,采取诉前保全措施的人民法院应当将保全手续移送受理案件的人民法院。诉前保全的裁定视为受移送人民法院作出的裁定。

第163条 法律文书生效后,进入执行程序前,债权人因对方当事人转移财产等紧急情况,不申请保全将可能导致生效法律文书不能执行或者难以执行的,可以向执行法院申请采取保全措施。债权人在法律文书指定的履行期间届满后五日内不申请执行的,人民法院应当解除保全。

第164条 对申请保全人或者他人提供的担保财产,人民法院应当依法办理查封、扣押、冻结等手续。

《最高人民法院关于人民法院办理财产保全案件若干问题的规定》(法释〔2016〕22号 2020年12月29日修正)

第5条 人民法院依照民事诉讼法第一百条[144]规定责令申请保全人提供财产保全担保的,担保数额不超过请求保全数额的百分之三十;申请保全的财产系争议标的的,担保数额不超过争议标的的价值的

---

[144] 《民事诉讼法》(2023年修正)第103条。

百分之三十。

利害关系人申请诉前财产保全的,应当提供相当于请求保全数额的担保;情况特殊的,人民法院可以酌情处理。

财产保全期间,申请保全人提供的担保不足以赔偿可能给被保全人造成的损失的,人民法院可以责令其追加相应的担保;拒不追加的,可以裁定解除或者部分解除保全。

第 17 条 利害关系人申请诉前财产保全,在人民法院采取保全措施后三十日内依法提起诉讼或者申请仲裁的,诉前财产保全措施自动转为诉讼或仲裁中的保全措施;进入执行程序后,保全措施自动转为执行中的查封、扣押、冻结措施。

依前款规定,自动转为诉讼、仲裁中的保全措施或者执行中的查封、扣押、冻结措施的,期限连续计算,人民法院无需重新制作裁定书。

第 23 条 人民法院采取财产保全措施后,有下列情形之一的,申请保全人应当及时申请解除保全:

(一)采取诉前财产保全措施后三十日内不依法提起诉讼或者申请仲裁的;

(二)仲裁机构不予受理仲裁申请、准许撤回仲裁申请或者按撤回仲裁申请处理的;

(三)仲裁申请或者请求被仲裁裁决驳回的;

(四)其他人民法院对起诉不予受理、准许撤诉或者按撤诉处理的;

(五)起诉或者诉讼请求被其他人民法院生效裁判驳回的;

(六)申请保全人应当申请解除保全的其他情形。

人民法院收到解除保全申请后,应当在五日内裁定解除保全;对情况紧急的,必须在四十八小时内裁定解除保全。

申请保全人未及时申请人民法院解除保全,应当赔偿被保全人因财产保全所遭受的损失。

被保全人申请解除保全,人民法院经审查认为符合法律规定的,应当在本条第二款规定的期间内裁定解除保全。

《最高人民法院关于民事执行中变更、追加当事人若干问题的规定》(法释〔2016〕21 号 2020 年 12 月 29 日修正)

第 29 条 执行法院审查变更、追加被执行人申请期间,申请人申请对被申请人的财产采取查封、扣押、冻结措施的,执行法院应当参照民事诉讼法第一百条[145]的规定办理。

申请执行人在申请变更、追加第三人前,向执行法院申请查封、扣押、冻结该第三人财产的,执行法院应当参照民事诉讼法第一百零一条[146]的规定办理。

《最高人民法院关于审查知识产权纠纷行为保全案件适用法律若干问题的规定》(法释〔2018〕21 号 2018 年 12 月 12 日)

第 3 条 申请诉前行为保全,应当向被申请人住所地具有相应知识产权纠纷管辖权的人民法院或者对案件具有管辖权的人民法院提出。

当事人约定仲裁的,应当向前款规定的人民法院申请行为保全。

第 6 条 有下列情况之一,不立即采取行为保全措施即足以损害申请人利益的,应当认定属于民事诉讼法第一百条、

---

[145]《民事诉讼法》(2023 年修正)第 103 条。
[146]《民事诉讼法》(2023 年修正)第 104 条。

第一百零一条[147]规定的"情况紧急":

（一）申请人的商业秘密即将被非法披露；

（二）申请人的发表权、隐私权等人身权利即将受到侵害；

（三）诉争的知识产权即将被非法处分；

（四）申请人的知识产权在展销会等时效性较强的场合正在或者即将受到侵害；

（五）时效性较强的热播节目正在或者即将受到侵害；

（六）其他需要立即采取行为保全措施的情况。

第 10 条 在知识产权与不正当竞争纠纷行为保全案件中，有下列情形之一的，应当认定属于民事诉讼法第一百零一条[148]规定的"难以弥补的损害"：

（一）被申请人的行为将会侵害申请人享有的商誉或者发表权、隐私权等人身性质的权利且造成无法挽回的损害；

（二）被申请人的行为将会导致侵权行为难以控制且显著增加申请人损害；

（三）被申请人的侵害行为将会导致申请人的相关市场份额明显减少；

（四）对申请人造成其他难以弥补的损害。

最高院裁判观点

阚某与华龙公司股票回购合同纠纷案【（2019）最高法民终 765 号】

裁判要旨：案涉股票质押的目的是为了保障华龙公司的债权得以实现，诉前财产保全是人民法院根据利害关系人的申请，对起诉前因情况紧急，不立即采取保全措施将会使利害关系人的合法权益受到难以弥补的损害，而对被申请人的财产采取的强制措施，是一种应急性的保护措施。质押权是当事人的财产权利，申请诉前财产保全是当事人的诉讼权利，二者并不冲突，法律没有规定已质押的财产不能申请诉前财产保全，故华龙公司对已经质押的股票申请诉前财产保全符合法律规定。

文书范本

1. 申请书（诉前或者仲裁前申请财产保全用）

申请书

申请人：×××，男/女，××××年××月××日出生，×族，……（写明工作单位和职务或者职业），住……。联系方式：……。

法定代理人/指定代理人：×××，……。

委托诉讼代理人：×××，……。

被申请人：×××，……。

……

（以上写明当事人和其他诉讼参加人的姓名或者名称等基本信息）

---

[147]《民事诉讼法》（2023 年修正）第 103 条、第 104 条。

[148]《民事诉讼法》（2023 年修正）第 104 条。

请求事项：

查封/扣押/冻结被申请人×××的……（写明保全财产的名称、性质、数量或数额、所在地等），期限为×年×月×日。

事实和理由：

……（写明诉前/仲裁前申请财产保全的事实和理由）。

申请人提供……（写明担保财产的名称、性质、数量或数额、所在地等）作为担保。

此致
××××人民法院

申请人（签名或盖章）
××××年××月××日

文书制作要点提示：

①当事人是法人或者其他组织的，写明名称住所，另起一行写明法定代表人、主要负责人及其姓名、职务、联系方式。

②重点写明采取诉前财产保全行为的理由，突出紧急情况及采取诉前财产保全措施的必要性，必要时可附相关证明材料。

③利害关系人申请诉前保全的，应当提供担保。申请诉前财产保全的，应当提供相当于请求保全数额的担保；情况特殊的，人民法院可以酌情处理。

2. 申请书（诉前或者仲裁前申请行为保全用）

申 请 书

申请人：×××，男/女，××××年××月××日出生，×族，……（写明工作单位和职务或者职业），住……。联系方式：……。

法定代理人/指定代理人：×××，……。

委托诉讼代理人：×××，……。

被申请人：×××，……。

……

（以上写明当事人和其他诉讼参加人的姓名或者名称等基本信息）

请求事项：

请求××××人民法院……（写明行为保全事项）。

事实和理由：

……（写明诉前/仲裁前申请行为保全的事实和理由）。

申请人提供……（写明担保财产的名称、性质、数量或数额、所在地等）作为担保。

此致

```
××××人民法院                   申请人（签名或者盖章）
                                    ××××年××月××日
```

文书制作要点提示：

①当事人是法人或者其他组织的，写明名称住所，另起一行写明法定代表人、主要负责人及其姓名、职务、联系方式。

②重点写明采取诉前行为保全行为的理由，突出紧急情况及采取诉前行为保全措施的必要性，必要时可附相关证明材料。

③利害关系人申请诉前保全的，应当提供担保，不提供担保的，人民法院裁定驳回申请。申请诉前行为保全的，担保的数额由人民法院根据案件的具体情况决定。

第一百零五条 保全的范围

保全限于请求的范围，或者与本案有关的财物。

条文注解

通常来看，所谓"限于请求的范围"，是指所保全的财产或者行为，应当在对象或者价值上与当事人所提诉讼请求的内容相符或者相等。所谓"与本案有关的财物"，是指本案的诉争标的，或者当事人在诉讼请求中没有直接涉及，但是与日后本案生效判决的强制执行相牵连的财物。

相关规定

◎司法解释及文件

《最高人民法院关于人民法院民事执行中查封、扣押、冻结财产的规定》（法释〔2004〕15号 2020年12月29日修正）

第19条 查封、扣押、冻结被执行人的财产，以其价额足以清偿法律文书确定的债权额及执行费用为限，不得明显超标的额查封、扣押、冻结。

发现超标的额查封、扣押、冻结的，人民法院应当根据被执行人的申请或者依职权，及时解除对超标的额部分财产的查封、扣押、冻结，但该财产为不可分物且被执行人无其他可供执行的财产或者其他财产不足以清偿债务的除外。

《最高人民法院关于在执行工作中进一步强化善意文明执行理念的意见》（法发〔2019〕35号 2019年12月16日）

4.严禁超标的查封。强制执行被执行人的财产，以其价值足以清偿生效法律文书确定的债权额为限，坚决杜绝明显超标的查封。冻结被执行人银行账户内存款的，应当明确具体冻结数额，不得影响冻结之外资金的流转和账户的使用。需要查封的不动产整体价值明显超出债权额的，应当对该不动产相应价值部分采取查封措施；相关部门以不动产登记在同一权利证书下为由提出不能办理分割查封的，人民法院在对不动产进行整体查封后，经被执行人申请，应当及时协调相关部门办理分割登记并解除对超标的部分的查封。相关部门无正当理由拒不协助办理分割登记和查封的，依照民事诉讼法第一百一十四条采取相应的处罚措施。

第一百零六条 财产保全的措施

财产保全采取查封、扣押、冻结或者法律规定的其他方法。人民

> 法院保全财产后，应当立即通知被保全财产的人。
>
> 财产已被查封、冻结的，不得重复查封、冻结。

◎条文注解

1. 法律规定的其他办法，是指法律规定的除查封、扣押、冻结以外的其他执行措施，例如，清点被保全的财产并责令被申请人保管，保管期间被申请人可以使用，但不得变卖、转移、毁损和隐匿；对不动产和特定的动产（如车辆、船舶等）进行财产保全，可以采用扣押有关财产权证照并通知有关产权登记部门不予办理该项财产的转移手续的财产保全措施；对债务人到期应得的收益，可以通知有关单位限制其支付；被申请人对第三人有到期债权的，人民法院可以通知该第三人不得向被申请人清偿；对季节性商品、鲜活、易腐烂变质以及其他不宜长期保存的物品采取保全措施时，可以责令当事人及时处理，由人民法院保存价款。

2. 本条规定的"不得重复查封、冻结"，不包括轮候查封、冻结制度，也就是说轮候查封、冻结，不属于重复查封、冻结。

◎相关规定

◎司法解释及文件

《最高人民法院关于适用〈中华人民共和国民事诉讼法〉的解释》（法释〔2022〕11号 2022年4月1日修正）

第153条 人民法院对季节性商品、鲜活、易腐烂变质以及其他不宜长期保存的物品采取保全措施时，可以责令当事人及时处理，由人民法院保存价款；必要时，人民法院可予以变卖，保存价款。

第154条 人民法院在财产保全中采取查封、扣押、冻结财产措施时，应当妥善保管被查封、扣押、冻结的财产。不宜由人民法院保管的，人民法院可以指定被保全人负责保管；不宜由被保全人保管的，可以委托他人或者申请保全人保管。

查封、扣押、冻结担保物权人占有的担保财产，一般由担保物权人保管；由人民法院保管的，质权、留置权不因采取保全措施而消灭。

第155条 由人民法院指定被保全人保管的财产，如果继续使用对该财产的价值无重大影响，可以允许被保全人继续使用；由人民法院保管或者委托他人、申请保全人保管的财产，人民法院和其他保管人不得使用。

第156条 人民法院采取财产保全的方法和措施，依照执行程序相关规定办理。

第157条 人民法院对抵押物、质押物、留置物可以采取财产保全措施，但不影响抵押权人、质权人、留置权人的优先受偿权。

第158条 人民法院对债务人到期应得的收益，可以采取财产保全措施，限制其支取，通知有关单位协助执行。

第159条 债务人的财产不能满足保全请求，但对他人有到期债权的，人民法院可以依债权人的申请裁定该他人不得对本案债务人清偿。该他人要求偿付的，由人民法院提存财物或者价款。

《最高人民法院关于人民法院对注册商标权进行财产保全的解释》（法释〔2001〕1号 2020年12月29日修正）

为了正确实施对注册商标权的财产保全措施，避免重复保全，现就人民法院对注册商标权进行财产保全有关问题解释如下：

第1条 人民法院根据民事诉讼法有

关规定采取财产保全措施时，需要对注册商标权进行保全的，应当向国家知识产权局商标局（以下简称商标局）发出协助执行通知书，载明要求商标局协助保全的注册商标的名称、注册人、注册证号码、保全期限以及协助执行保全的内容，包括禁止转让、注销注册商标、变更注册事项和办理商标权质押登记等事项。

第 2 条 对注册商标权保全的期限一次不得超过一年，自商标局收到协助执行通知书之日起计算。如果仍然需要对该注册商标权继续采取保全措施的，人民法院应当在保全期限届满前向商标局重新发出协助执行通知书，要求继续保全。否则，视为自动解除对该注册商标权的财产保全。

第 3 条 人民法院对已经进行保全的注册商标权，不得重复进行保全。

第一百零七条 保全的解除

财产纠纷案件，被申请人提供担保的，人民法院应当裁定解除保全。

条文注解

根据本条规定，只有财产纠纷案件，人民法院才可以根据被申请人提供的担保裁定解除保全。这里规定的财产纠纷案件并不完全等同于财产保全案件，一部分行为保全案件也涉及财产纠纷，如侵犯知识产权中的财产权案件、普通的侵权案件等，也属于本条的适用范围。在非财产纠纷案件中，即便被申请人提供了担保，也不能裁定解除保全。

相关规定

◎司法解释及文件

《**最高人民法院关于适用〈中华人民共和国民事诉讼法〉的解释**》（法释〔2022〕11 号 2022 年 4 月 1 日修正）

第 166 条 裁定采取保全措施后，有下列情形之一的，人民法院应当作出解除保全裁定：

（一）保全错误的；

（二）申请人撤回保全申请的；

（三）申请人的起诉或者诉讼请求被生效裁判驳回的；

（四）人民法院认为应当解除保全的其他情形。

解除以登记方式实施的保全措施的，应当向登记机关发出协助执行通知书。

第 167 条 财产保全的被保全人提供其他等值担保财产且有利于执行的，人民法院可以裁定变更保全标的物为被保全人提供的担保财产。

第 168 条 保全裁定未经人民法院依法撤销或者解除，进入执行程序后，自动转为执行中的查封、扣押、冻结措施，期限连续计算，执行法院无需重新制作裁定书，但查封、扣押、冻结期限届满的除外。

《**最高人民法院关于人民法院办理财产保全案件若干问题的规定**》（法释〔2016〕21 号 2020 年 12 月 29 日修正）

第 22 条 财产纠纷案件，被保全人或第三人提供充分有效担保请求解除保全，人民法院应当裁定准许。被保全人请求对作为争议标的的财产解除保全的，须经申请保全人同意。

第 23 条 人民法院采取财产保全措施后，有下列情形之一的，申请保全人应当及时申请解除保全：

（一）采取诉前财产保全措施后三十

（二）仲裁机构不予受理仲裁申请、准许撤回仲裁申请或者按撤回仲裁申请处理的；

（三）仲裁申请或者请求被仲裁裁决驳回的；

（四）其他人民法院对起诉不予受理、准许撤诉或者按撤诉处理的；

（五）起诉或者诉讼请求被其他人民法院生效裁判驳回的；

（六）申请保全人应当申请解除保全的其他情形。

人民法院收到解除保全申请后，应当在五日内裁定解除保全；对情况紧急的，必须在四十八小时内裁定解除保全。

申请保全人未及时申请人民法院解除保全，应当赔偿被保全人因财产保全所遭受的损失。

被保全人申请解除保全，人民法院经审查认为符合法律规定的，应当在本条第二款规定的期间内裁定解除保全。

《最高人民法院关于审查知识产权纠纷行为保全案件适用法律若干问题的规定》（法释〔2018〕21号 2018年12月12日）

第12条 人民法院采取的行为保全措施，一般不因被申请人提供担保而解除，但是申请人同意的除外。

第17条 当事人申请解除行为保全措施，人民法院收到申请后经审查符合《最高人民法院关于适用〈中华人民共和国民事诉讼法〉的解释》第一百六十六条规定的情形的，应当在五日内裁定解除。

申请人撤回行为保全申请或者申请解除行为保全措施的，不因此免除民事诉讼法第一百零五条[149]规定的赔偿责任。

最高院裁判观点

1. 鹤山市某房地产公司与泰某公司合资、合作开发房地产合同财产保全异议案【（2018）最高法执监105号】

裁判要旨：按照《最高人民法院关于人民法院办理财产保全案件若干问题的规定》第二十二条"财产纠纷案件，被保全人或第三人提供充分有效担保请求解除保全，人民法院应当裁定准许。被保全人请求对作为争议标的的财产解除保全的，须经申请保全人同意"的规定，当被保全人或第三人提供充分有效担保请求解除保全，人民法院应当裁定准许。只有在涉及本案争议标的的保全时，才须经申请保全人同意。

2. 王某与张某执行异议案【（2019）最高法执监326号】

裁判要旨：申请人在人民法院采取诉前财产保全措施后三十日内不依法提起诉讼或者申请仲裁的，应由申请人向人民法院申请解除保全而非由人民法院依职权解除保全。申请人未及时申请解除保全的，其应当承担赔偿被保全人因财产保全所遭受损害的责任，但不会因此导致保全效力自动失效的法律效果。

---

[149] 《民事诉讼法》（2023年修正）第108条。

文书范本

1. 申请书（申请解除保全用）

申 请 书

申请人（被保全人）：×××，男/女，××××年××月××日出生，×族，……（写明工作单位和职务或者职业），住……。联系方式：……。

法定代理人/指定代理人：×××，……。

委托诉讼代理人：×××，……。

被申请人（申请保全人）：×××，……。

……

（以上写明当事人和其他诉讼参加人的姓名或者名称等基本信息）

请求事项：

解除……（写明财产保全/行为保全/证据保全措施）。

事实和理由：

你院于××××年××月××日作出（××××）……号财产保全/行为保全民事裁定，……（写明保全内容）。

……（写明申请解除保全的事实和理由）。

此致

××××人民法院

附：××××人民法院（××××）……号财产保全/行为保全/证据保全民事裁定书

申请人（签名或者盖章）
××××年××月××日

文书制作要点提示：

①当事人是法人或者其他组织的，写明名称住所，另起一行写明法定代表人、主要负责人及其姓名、职务、联系方式。

②重点写清楚解除保全的理由及相关法律依据。

2. 申请书（申请变更保全标的物用）

申 请 书

申请人（被保全人）：×××，男/女，××××年××月××日出生，×族，……（写明工作单位和职务或者职业），住……。联系方式：……。

法定代理人/指定代理人：×××，……。委托诉讼代理人：×××，……。

（以上写明申请人和其他诉讼参加人的姓名或者名称等基本信息）

请求事项：

1. 解除……（写明财产保全措施）；

2. 对被保全人×××的……（写明其他等值担保财产名称）采取保全措施，期限为……年/月/日（写明保全的期限）。

事实和理由：

申请人×××与×××……（写明案由），你院于××××年××月××日作出（××××）……号保全民事裁定，……（写明保全内容）。

……（写明申请变更保全标的物的事实和理由）。

此致

××××人民法院

附：××××人民法院（××××）……号保全裁定书

院申请人（签名或者盖章）

××××年××月××日

文书制作要点提示：

①被保全人是法人或者其他组织的，写明名称住所，另起一行写明法定代表人、主要负责人及其姓名、职务、联系方式。

②诉讼中申请变更保全标的物的，事实和理由中应当写明案件当事人和案由。

③被保全人申请变更保全标的物，并提供其他等值担保财产且有利于执行的，人民法院可以裁定变更保全标的物为被保全人提供的其他等值担保财产。

第一百零八条　保全申请错误的处理

申请有错误的，申请人应当赔偿被申请人因保全所遭受的损失。

条文注解

需要说明的是，对于诉讼中保全，除了可以因当事人申请启动，法院也可以依职权采取保全措施。本条仅规定因申请人错误申请造成被申请人损失应予赔偿，因法院错误依职权保全造成被申请人损失的，应当根据国家赔偿法以及相关司法解释申请国家赔偿。

相关规定

◎**法　律**

《**国家赔偿法**》（2012年10月26日）

第38条　人民法院在民事诉讼、行政诉讼过程中，违法采取对妨害诉讼的强制措施、保全措施或者对判决、裁定及其他生效法律文书执行错误，造成损害的，赔偿请求人要求赔偿的程序，适用本法刑事赔偿程序的规定。

◎**司法解释及文件**

《**最高人民法院关于因申请诉中财产保全损害责任纠纷管辖问题的批复**》（法释〔2017〕14号　2017年8月1日）

为便于当事人诉讼，诉讼中财产保全的被申请人、利害关系人依照《中华人民共和国民事诉讼法》第一百零五条[150]规定提起的因申请诉中财产保全损害责任纠纷之诉，由作出诉中财产保全裁定的人民法院管辖。

《最高人民法院关于审查知识产权纠纷行为保全案件适用法律若干问题的规定》
（法释〔2018〕21号　2018年12月12日）

第16条　有下列情形之一的，应当认定属于民事诉讼法第一百零五条[151]规定的"申请有错误"：

（一）申请人在采取行为保全措施后三十日内不依法提起诉讼或者申请仲裁；

（二）行为保全措施因请求保护的知识产权被宣告无效等原因自始不当；

（三）申请责令被申请人停止侵害知识产权或者不正当竞争，但生效裁判认定不构成侵权或者不正当竞争；

（四）其他属于申请有错误的情形。

第17条　当事人申请解除行为保全措施，人民法院收到申请后经审查符合《最高人民法院关于适用〈中华人民共和国民事诉讼法〉的解释》第一百六十六条规定的情形的，应当在五日内裁定解除。

申请人撤回行为保全申请或者申请解除行为保全措施的，不因此免除民事诉讼法第一百零五条[152]规定的赔偿责任。

第18条　被申请人依据民事诉讼法第一百零五条[153]规定提起赔偿诉讼，申请人申请诉前行为保全后没有起诉或者当事人约定仲裁的，由采取保全措施的人民法院管辖；申请人已经起诉的，由受理起诉的人民法院管辖。

最高院裁判观点

1. 江苏某房地产开发有限公司诉陈某损害责任纠纷案【《最高人民法院公报》2016年第6期】

裁判要旨：因财产保全引起的损害赔偿纠纷，适用侵权责任法规定的过错责任归责原则。财产保全制度的目的在于保障将来生效判决的执行，只有在申请人对财产保全错误存在故意或重大过失的情况下，方可认定申请人的申请有错误，不能仅以申请保全标的额超出生效裁判支持结果作为判断标准。

2. 江苏某进出口贸易有限公司、某地毯有限公司诉许某因申请临时措施损害赔偿纠纷案【《最高人民法院公报》2009年第4期】

裁判要旨：《民事诉讼法》第九十六条[154]规定："申请有错误的，申请人应当赔偿被申请人因财产保全所遭受的损失。"最高人民法院《关于对诉前停止侵犯专利权行为适用法律问题的若干规定》第十三条规定："申请人不起诉或者申请错误造成被申请人损失的，被申请人可以向有管辖权的人民法院起诉请求申请人赔偿，也可以在专利权人或者利害关系人提起的专利权侵权诉讼中提出损害赔偿的请求，人民法院可以一并处理。"据此，专利权人的专利权最终被宣告无效，专利权人提出财产保全和停止侵犯专利权申请给被申请人造成损失的，属于上述法律、司法解释规定的"申请有错误"，被申请人据此请求申请人依法予以赔偿的，人民法院应予支持。

---

[150]　《民事诉讼法》（2023年修正）第108条。
[151]　同上。
[152]　同上。
[153]　同上。
[154]　同上。

第一百零九条　先予执行的适用范围

人民法院对下列案件，根据当事人的申请，可以裁定先予执行：

（一）追索赡养费、扶养费、抚养费、抚恤金、医疗费用的；

（二）追索劳动报酬的；

（三）因情况紧急需要先予执行的。

条文注解

先予执行是指人民法院在审理民事案件中，因当事人一方生活或生产的急需，在作出判决之前，根据当事人的申请，裁定一方当事人给付另一方当事人一定数额的款项或者特定物，或者停止或实施某些行为，并立即执行的法律制度。

相关规定

◎司法解释及文件

《最高人民法院关于适用〈中华人民共和国民事诉讼法〉的解释》（法释〔2022〕11号　2022年4月1日修正）

第169条　民事诉讼法规定的先予执行，人民法院应当在受理案件后终审判决作出前采取。先予执行应当限于当事人诉讼请求的范围，并以当事人的生活、生产经营的急需为限。

第170条　民事诉讼法第一百零九条第三项规定的情况紧急，包括：

（一）需要立即停止侵害、排除妨碍的；

（二）需要立即制止某项行为的；

（三）追索恢复生产、经营急需的保险理赔费的；

（四）需要立即返还社会保险金、社会救助资金的；

（五）不立即返还款项，将严重影响权利人生活和生产经营的。

最高院裁判观点

河南某建设集团有限公司与某农业发展投资有限公司建设工程施工合同纠纷案【（2019）最高法民终939号】

裁判要旨：根据《民事诉讼法》第一百零七条[155]的规定，先予执行系为解决申请人的客观困难而在符合一定条件下要求被申请人履行部分义务的执行行为，但该行为对诉讼过程本身以及裁判结果均不生实质影响。

第一百一十条　先予执行的条件

人民法院裁定先予执行的，应当符合下列条件：

（一）当事人之间权利义务关系明确，不先予执行将严重影响申请人的生活或者生产经营的；

（二）被申请人有履行能力。

人民法院可以责令申请人提供担保，申请人不提供担保的，驳回申请。申请人败诉的，应当赔偿被申请人因先予执行遭受的财产损失。

条文注解

1. 不先予执行将严重影响申请人的生活或者生产经营的，主要指两种情况：一是申请人是依靠被告履行义务而维持正常生活的，在法院作出生效判决前，如果不

---

[155]《民事诉讼法》（2023年修正）第110条。

裁定先予执行,原告将难以维持正常的生活。二是原告的生产经营活动,须依靠被告提供一定的条件或履行一定的义务才能进行,在法院作出生效判决前,如果不裁定先予执行,将严重影响原告的生产经营活动。如有的原告缺少生产经营资金,急需被告返还货款购置生产原料,如不先予执行将使原告停产甚至破产的,法院应根据申请及时裁定先予执行。

2. 提供担保的目的在于保护被申请人的合法权益,当因申请人申请错误使被申请人遭受损失时,对被申请人的赔偿有保障。但是申请人申请先予执行不是必须提供担保,是否应提供担保,由法院根据案件具体情况而确定,一旦法院责令申请人提供担保,申请人不提供担保的,驳回申请。

■ 相关规定

◎部门规章及文件

《关于民事诉讼法律援助工作的规定》(司发通〔2005〕77号 2005年9月22日)

第11条 法律援助案件的受援人依照民事诉讼法的规定申请先予执行,人民法院裁定先予执行的,可以不要求受援人提供相应的担保。

第一百一十一条 对保全或先予执行不服的救济程序

当事人对保全或者先予执行的裁定不服的,可以申请复议一次。复议期间不停止裁定的执行。

■ 条文注解

1. 本条中的"不服"应当包括两种情形:一是申请人申请保全或者先予执行,人民法院裁定不予保全或者不予执行的。申请人认为其申请保全、先予执行完全符合本法规定的要件,法院裁定不予保全、不予执行是不正确的。二是被申请人认为保全和先予执行裁定存在错误。这里的错误,包含不应当保全或者先予执行,以及保全或者先予执行的范围过大。保全裁定是法院根据一方当事人申请或者依职权作出的,先予执行裁定都是法院根据一方当事人申请作出的,这些可能存在错误,给被申请人造成不必要的损失,为保护被申请人的合法权益,有必要规定其获得救济的权利。

2. 本条中的"申请复议"指的是向作出裁定的人民法院申请,并不是向上一级人民法院申请。主要是考虑到,因保全和先予执行只是临时性救济措施,并不是对当事人权利义务关系的最终判决,由原审人民法院复议更为便利。当事人对原审人民法院的复议决定不服的,还可以依据审判监督程序申请再审。

■ 相关规定

◎司法解释及文件

《最高人民法院关于适用〈中华人民共和国民事诉讼法〉的解释》(法释〔2022〕11号 2022年4月1日修正)

第171条 当事人对保全或者先予执行裁定不服的,可以自收到裁定书之日起五日内向作出裁定的人民法院申请复议。人民法院应当在收到复议申请后十日内审查。裁定正确的,驳回当事人的申请;裁定不当的,变更或者撤销原裁定。

第172条 利害关系人对保全或者先予执行的裁定不服申请复议的,由作出裁定的人民法院依照民事诉讼法第一百一十一条规定处理。

《最高人民法院关于人民法院办理财产保全案件若干问题的规定》(法释〔2016〕22号 2020年12月29日修正)

第25条 申请保全人、被保全人对

保全裁定或者驳回申请裁定不服的,可以自裁定书送达之日起五日内向作出裁定的人民法院申请复议一次。人民法院应当自收到复议申请后十日内审查。

对保全裁定不服申请复议的,人民法院经审查,理由成立的,裁定撤销或变更;理由不成立的,裁定驳回。

对驳回申请裁定不服申请复议的,人民法院经审查,理由成立的,裁定撤销,并采取保全措施;理由不成立的,裁定驳回。

第 26 条 申请保全人、被保全人、利害关系人认为保全裁定实施过程中的执行行为违反法律规定提出书面异议的,人民法院应当依照民事诉讼法第二百二十五条[156]规定审查处理。

第 27 条 人民法院对诉讼争议标的以外的财产进行保全,案外人对保全裁定或者保全裁定实施过程中的执行行为不服,基于实体权利对被保全财产提出书面异议的,人民法院应当依照民事诉讼法第二百二十七条[157]规定审查处理并作出裁定。案外人、申请保全人对该裁定不服的,可以自裁定送达之日起十五日内向人民法院提起执行异议之诉。

人民法院裁定案外人异议成立后,申请保全人在法律规定的期间内未提起执行异议之诉的,人民法院应当自起诉期限届满之日起七日内对该被保全财产解除保全。

《关于执行权合理配置和科学运行的若干意见》(法发〔2011〕15 号 2011 年 10 月 19 日)

17. 当事人、案外人对财产保全、先予执行的裁定不服申请复议的,由作出裁定的立案机构或者审判机构按照民事诉讼法第九十九条[158]的规定进行审查。

当事人、案外人、利害关系人对财产保全、先予执行的实施行为提出异议的,由执行局根据异议事项的性质按照民事诉讼法第二百零二条或者第二百零四条[159]的规定进行审查。

当事人、案外人的异议既指向财产保全、先予执行的裁定,又指向实施行为的,一并由作出裁定的立案机构或者审判机构分别按照民事诉讼法第九十九条和第二百零二条或者第二百零四条[160]的规定审查。

---

[156] 《民事诉讼法》(2023 年修正)第 236 条。
[157] 《民事诉讼法》(2023 年修正)第 238 条。
[158] 《民事诉讼法》(2023 年修正)第 111 条。
[159] 《民事诉讼法》(2023 年修正)第 236 条或者第 238 条。
[160] 《民事诉讼法》(2023 年修正)第 111 条和第 236 条或者第 238 条。

第十章　对妨害民事诉讼的强制措施

> **第一百一十二条　拘传的适用**
> 人民法院对必须到庭的被告，经两次传票传唤，无正当理由拒不到庭的，可以拘传。

相关规定

◎司法解释及文件

《最高人民法院关于适用〈中华人民共和国民事诉讼法〉的解释》（法释〔2022〕11号　2022年4月1日修正）

第174条　民事诉讼法第一百一十二条规定的必须到庭的被告，是指负有赡养、抚育、扶养义务和不到庭就无法查清案情的被告。

人民法院对必须到庭才能查清案件基本事实的原告，经两次传票传唤，无正当理由拒不到庭的，可以拘传。

第175条　拘传必须用拘传票，并直接送达被拘传人；在拘传前，应当向被拘传人说明拒不到庭的后果，经批评教育仍拒不到庭的，可以拘传其到庭。

第484条　对必须接受调查询问的被执行人、被执行人的法定代表人、负责人或者实际控制人，经依法传唤无正当理由拒不到场的，人民法院可以拘传其到场。

人民法院应当及时对被拘传人进行调查询问，调查询问的时间不得超过八小时；情况复杂，依法可能采取拘留措施的，调查询问的时间不得超过二十四小时。

人民法院在本辖区以外采取拘传措施时，可以将被拘传人拘传到当地人民法院，当地人民法院应予协助。

《最高人民法院关于认真贯彻实施民事诉讼法及相关司法解释有关规定的通知》（法〔2017〕369号　2017年12月29日）

一、在审理案件中，应当依法审慎适用拘传措施。对必须到庭的被告，人民法院适用拘传的，应当符合民事诉讼法第一百零九条[161]和《民诉法解释》第一百七十四条规定，限于负有赡养、抚育、扶养义务或者是不到庭就无法查清案情的被告。有独立请求权的第三人参加的民事诉讼、被告提出反诉的诉讼，本诉原告相对于有独立请求权的第三人、反诉人处于被告地位，可以依照上述法律和司法解释规定适用拘传。

对于原告经传票传唤无正当理由拒不到庭或者未经法庭许可中途退庭的，应当依照民事诉讼法第一百四十三条[162]规定按撤诉处理。依照民事诉讼法第一百四十五条[163]、《民诉法解释》第二百三十八条规定，当事人有违反法律的行为需要依法处理，人民法院裁定不准撤诉或者不按撤诉处理的案件，原告经传票传唤无正当理由拒不到庭的，应当依照民事诉讼法第一百四十五条[164]第二款规定缺席判决。属于民事诉讼法第一百一十二条[165]规定的

---

[161]　《民事诉讼法》（2023年修正）第112条。
[162]　《民事诉讼法》（2023年修正）第146条。
[163]　《民事诉讼法》（2023年修正）第148条。
[164]　同上。
[165]　《民事诉讼法》（2023年修正）第115条。

虚假诉讼或者第五十五条[166]规定的公益诉讼案件,对不到庭就无法查明案件基本事实的原告,可以依照《民诉法解释》第一百七十四条第二款规定适用拘传。

对当事人适用拘传的,应当严格依照《民诉法解释》第一百七十五条规定的程序进行。

二、在执行程序中适用《民诉法解释》第四百八十四条[167]采取拘传措施的,应当严格遵守法定的条件与程序。拘传措施对于查明被执行财产、调查案件事实具有重要意义,同时也会严重影响被拘传人的人身自由。执行法院在采取拘传措施前必须经过依法传唤,对于无正当理由拒不到场的被执行人、被执行人的法定代表人、负责人或者实际控制人,应进行说服教育,经说服教育后仍拒不到场的,才能采取拘传措施。

对于已经控制被执行人的财产且财产权属清晰、没有必要调查询问的被执行人、被执行人的法定代表人、负责人或者实际控制人,不宜采取拘传措施。采取拘传措施必须严格遵守法定的时间期限,不能以连续拘传的形式变相羁押被拘传人。

第一百一十三条　违反法庭规则和秩序行为的强制措施

诉讼参与人和其他人应当遵守法庭规则。

人民法院对违反法庭规则的人,可以予以训诫,责令退出法庭或者予以罚款、拘留。

人民法院对哄闹、冲击法庭,侮辱、诽谤、威胁、殴打审判人员,严重扰乱法庭秩序的人,依法追究刑事责任;情节较轻的,予以罚款、拘留。

条文注解

诉讼参与人指在民事诉讼过程中参与诉讼活动的人,包括当事人(共同诉讼人)、诉讼代理人、诉讼中的第三人、证人、鉴定人、翻译人员。其他人指并未参与诉讼但关心诉讼活动进行的人,如法庭审理的旁听人。

相关规定

◎**法　律**

《刑法》(2020年12月26日)

第309条　有下列扰乱法庭秩序情形之一的,处三年以下有期徒刑、拘役、管制或者罚金:

(一)聚众哄闹、冲击法庭的;

(二)殴打司法工作人员或者诉讼参与人的;

(三)侮辱、诽谤、威胁司法工作人员或者诉讼参与人,不听法庭制止,严重扰乱法庭秩序的;

(四)有毁坏法庭设施,抢夺、损毁诉讼文书、证据等扰乱法庭秩序行为,情节严重的。

◎**司法解释及文件**

《最高人民法院关于适用〈中华人民共和国民事诉讼法〉的解释》(法释〔2022〕11号　2022年4月1日修正)

第176条　诉讼参与人或者其他人有

---

[166]　《民事诉讼法》(2023年修正)第58条。
[167]　《民诉法司法解释》(2022年修正)第482条。

下列行为之一的,人民法院可以适用民事诉讼法第一百一十三条规定处理:

(一) 未经准许进行录音、录像、摄影的;

(二) 未经准许以移动通信等方式现场传播审判活动的;

(三) 其他扰乱法庭秩序,妨害审判活动进行的。

有前款规定情形的,人民法院可以暂扣诉讼参与人或者其他人进行录音、录像、摄影、传播审判活动的器材,并责令其删除有关内容;拒不删除的,人民法院可以采取必要手段强制删除。

第177条 训诫、责令退出法庭由合议庭或者独任审判员决定。训诫的内容、被责令退出法庭者的违法事实应当记入庭审笔录。

第178条 人民法院依照民事诉讼法第一百一十三条至第一百一十七条的规定采取拘留措施的,应经院长批准,作出拘留决定书,由司法警察将被拘留人送交当地公安机关看管。

第179条 被拘留人不在本辖区的,作出拘留决定的人民法院应当派员到被拘留人所在地的人民法院,请该院协助执行,受委托的人民法院应当及时派员协助执行。被拘留人申请复议或者在拘留期间承认并改正错误,需要提前解除拘留的,受委托人民法院应当向委托人民法院转达或者提出建议,由委托人民法院审查决定。

第180条 人民法院对被拘留人采取拘留措施后,应当在二十四小时内通知其家属;确实无法按时通知或者通知不到的,应当记录在案。

《人民法院法庭规则》(法发〔2016〕7号 2016年4月13日)

第1条 为了维护法庭安全和秩序,保障庭审活动正常进行,保障诉讼参与人依法行使诉讼权利,方便公众旁听,促进司法公正,彰显司法权威,根据《中华人民共和国人民法院组织法》《中华人民共和国刑事诉讼法》《中华人民共和国民事诉讼法》《中华人民共和国行政诉讼法》等有关法律规定,制定本规则。

第2条 法庭是人民法院代表国家依法审判各类案件的专门场所。

法庭正面上方应当悬挂国徽。

第3条 法庭分设审判活动区和旁听区,两区以栏杆等进行隔离。

审理未成年人案件的法庭应当根据未成年人身心发展特点设置区域和席位。

有新闻媒体旁听或报道庭审活动时,旁听区可以设置专门的媒体记者席。

第4条 刑事法庭可以配置同步视频作证室,供依法应当保护或其他确有保护必要的证人、鉴定人、被害人在庭审作证时使用。

第5条 法庭应当设置残疾人无障碍设施;根据需要配备合议庭合议室,检察人员、律师及其他诉讼参与人休息室,被告人羁押室等附属场所。

第6条 进入法庭的人员应当出示有效身份证件,并接受人身及携带物品的安全检查。

持有效工作证件和出庭通知履行职务的检察人员、律师可以通过专门通道进入法庭。需要安全检查的,人民法院对检察人员和律师平等对待。

第7条 除经人民法院许可,需要在法庭上出示的证据外,下列物品不得携带进入法庭:

(一) 枪支、弹药、管制刀具以及其他具有杀伤力的器具;

(二) 易燃易爆物、疑似爆炸物;

(三) 放射性、毒害性、腐蚀性、强

气味性物质以及传染病原体；

（四）液体及胶状、粉末状物品；

（五）标语、条幅、传单；

（六）其他可能危害法庭安全或妨害法庭秩序的物品。

第 8 条　人民法院应当通过官方网站、电子显示屏、公告栏等向公众公开各法庭的编号、具体位置以及旁听席位数量等信息。

第 9 条　公开的庭审活动，公民可以旁听。

旁听席位不能满足需要时，人民法院可以根据申请的先后顺序或者通过抽签、摇号等方式发放旁听证，但应当优先安排当事人的近亲属或其他与案件有利害关系的人旁听。

下列人员不得旁听：

（一）证人、鉴定人以及准备出庭提出意见的有专门知识的人；

（二）未获得人民法院批准的未成年人；

（三）拒绝接受安全检查的人；

（四）醉酒的人、精神病人或其他精神状态异常的人；

（五）其他有可能危害法庭安全或妨害法庭秩序的人。

依法有可能封存犯罪记录的公开庭审活动，任何单位或个人不得组织人员旁听。

依法不公开的庭审活动，除法律另有规定外，任何人不得旁听。

第 10 条　人民法院应当对庭审活动进行全程录像或录音。

第 11 条　依法公开进行的庭审活动，具有下列情形之一的，人民法院可以通过电视、互联网或其他公共媒体进行图文、音频、视频直播或录播：

（一）公众关注度较高；

（二）社会影响较大；

（三）法治宣传教育意义较强。

第 12 条　出庭履行职务的人员，按照职业着装规定着装。但是，具有下列情形之一的，着正装：

（一）没有职业着装规定；

（二）侦查人员出庭作证；

（三）所在单位系案件当事人。

非履行职务的出庭人员及旁听人员，应当文明着装。

第 13 条　刑事在押被告人或上诉人出庭受审时，着正装或便装，不着监管机构的识别服。

人民法院在庭审活动中不得对被告人或上诉人使用戒具，但认为其人身危险性大，可能危害法庭安全的除外。

第 14 条　庭审活动开始前，书记员应当宣布本规则第十七条规定的法庭纪律。

第 15 条　审判人员进入法庭以及审判长或独任审判员宣告判决、裁定、决定时，全体人员应当起立。

第 16 条　人民法院开庭审判案件应当严格按照法律规定的诉讼程序进行。

审判人员在庭审活动中应当平等对待诉讼各方。

第 17 条　全体人员在庭审活动中应当服从审判长或独任审判员的指挥，尊重司法礼仪，遵守法庭纪律，不得实施下列行为：

（一）鼓掌、喧哗；

（二）吸烟、进食；

（三）拨打或接听电话；

（四）对庭审活动进行录音、录像、拍照或使用移动通信工具等传播庭审活动；

（五）其他危害法庭安全或妨害法庭秩序的行为。

检察人员、诉讼参与人发言或提问，

应当经审判长或独任审判员许可。

旁听人员不得进入审判活动区,不得随意站立、走动,不得发言和提问。

媒体记者经许可实施第一款第四项规定的行为,应当在指定的时间及区域进行,不得影响或干扰庭审活动。

第18条　审判长或独任审判员主持庭审活动时,依照规定使用法槌。

第19条　审判长或独任审判员对违反法庭纪律的人员应当予以警告;对不听警告的,予以训诫;对训诫无效的,责令其退出法庭;对拒不退出法庭的,指令司法警察将其强行带出法庭。

行为人违反本规则第十七条第一款第四项规定的,人民法院可以暂扣其使用的设备及存储介质,删除相关内容。

第20条　行为人实施下列行为之一,危及法庭安全或扰乱法庭秩序的,根据相关法律规定,予以罚款、拘留;构成犯罪的,依法追究其刑事责任:

（一）非法携带枪支、弹药、管制刀具或者爆炸性、易燃性、放射性、毒害性、腐蚀性物品以及传染病病原体进入法庭;

（二）哄闹、冲击法庭;

（三）侮辱、诽谤、威胁、殴打司法工作人员或诉讼参与人;

（四）毁坏法庭设施,抢夺、损毁诉讼文书、证据;

（五）其他危害法庭安全或扰乱法庭秩序的行为。

第21条　司法警察依照审判长或独任审判员的指令维持法庭秩序。

出现危及法庭内人员人身安全或者严重扰乱法庭秩序等紧急情况时,司法警察可以直接采取必要的处置措施。

人民法院依法对违反法庭纪律的人采取的扣押物品、强行带出法庭以及罚款、拘留等强制措施,由司法警察执行。

第22条　人民检察院认为审判人员违反本规则的,可以在庭审活动结束后向人民法院提出处理建议。

诉讼参与人、旁听人员认为审判人员、书记员、司法警察违反本规则的,可以在庭审活动结束后向人民法院反映。

第23条　检察人员违反本规则的,人民法院可以向人民检察院通报情况并提出处理建议。

第24条　律师违反本规则的,人民法院可以向司法行政机关及律师协会通报情况并提出处理建议。

第25条　人民法院进行案件听证、国家赔偿案件质证、网络视频远程审理以及在法院以外的场所巡回审判等,参照适用本规则。

第26条　外国人、无国籍人旁听庭审活动,外国媒体记者报道庭审活动,应当遵守本规则。

第27条　本规则自2016年5月1日起施行;最高人民法院此前发布的司法解释及规范性文件与本规则不一致的,以本规则为准。

第一百一十四条　对妨害行为的强制措施

诉讼参与人或者其他人有下列行为之一的,人民法院可以根据情节轻重予以罚款、拘留;构成犯罪的,依法追究刑事责任:

（一）伪造、毁灭重要证据,妨碍人民法院审理案件的;

（二）以暴力、威胁、贿买方法阻止证人作证或者指使、贿买、胁迫他人作伪证的;

（三）隐藏、转移、变卖、毁损已被查封、扣押的财产,或者已被清点并责令其保管的财产，转移已被冻结的财产的；

（四）对司法工作人员、诉讼参加人、证人、翻译人员、鉴定人、勘验人、协助执行的人，进行侮辱、诽谤、诬陷、殴打或者打击报复的；

（五）以暴力、威胁或者其他方法阻碍司法工作人员执行职务的；

（六）拒不履行人民法院已经发生法律效力的判决、裁定的。

人民法院对有前款规定的行为之一的单位，可以对其主要负责人或者直接责任人员予以罚款、拘留；构成犯罪的，依法追究刑事责任。

相关规定

◎法　律

《刑法》（2020年12月26日）

第306条　在刑事诉讼中，辩护人、诉讼代理人毁灭、伪造证据，帮助当事人毁灭、伪造证据，威胁、引诱证人违背事实改变证言或者作伪证的，处三年以下有期徒刑或者拘役；情节严重的，处三年以上七年以下有期徒刑。

辩护人、诉讼代理人提供、出示、引用的证人证言或者其他证据失实，不是有意伪造的，不属于伪造证据。

第307条　以暴力、威胁、贿买等方法阻止证人作证或者指使他人作伪证的，处三年以下有期徒刑或者拘役；情节严重的，处三年以上七年以下有期徒刑。

帮助当事人毁灭、伪造证据，情节严重的，处三年以下有期徒刑或者拘役。

司法工作人员犯前两款罪的，从重处罚。

第313条　对人民法院的判决、裁定有能力执行而拒不执行，情节严重的，处三年以下有期徒刑、拘役或者罚金；情节特别严重的，处三年以上七年以下有期徒刑，并处罚金。

单位犯前款罪的，对单位判处罚金，并对其直接负责的主管人员和其他直接责任人员，依照前款的规定处罚。

第314条　隐藏、转移、变卖、故意毁损已被司法机关查封、扣押、冻结的财产，情节严重的，处三年以下有期徒刑、拘役或者罚金。

◎司法解释及文件

❶ 一般规定

《最高人民法院关于适用〈中华人民共和国民事诉讼法〉的解释》（法释〔2022〕11号　2022年4月1日修正）

第113条　持有书证的当事人以妨碍对方当事人使用为目的，毁灭有关书证或者实施其他致使书证不能使用行为的，人民法院可以依照民事诉讼法第一百一十四条规定，对其处以罚款、拘留。

第187条　民事诉讼法第一百一十四条第一款第五项规定的以暴力、威胁或者其他方法阻碍司法工作人员执行职务的行为，包括：

（一）在人民法院哄闹、滞留，不听从司法工作人员劝阻的；

（二）故意毁损、抢夺人民法院法律文书、查封标志的；

（三）哄闹、冲击执行公务现场，围困、扣押执行或者协助执行公务人员的；

（四）毁损、抢夺、扣留案件材料、执行公务车辆、其他执行公务器械、执行公务人员服装和执行公务证件的；

（五）以暴力、威胁或者其他方法阻碍司法工作人员查询、查封、扣押、冻结、划拨、拍卖、变卖财产的；

（六）以暴力、威胁或者其他方法阻碍司法工作人员执行职务的其他行为。

第 188 条 民事诉讼法第一百一十四条第一款第六项规定的拒不履行人民法院已经发生法律效力的判决、裁定的行为，包括：

（一）在法律文书发生法律效力后隐藏、转移、变卖、毁损财产或者无偿转让财产、以明显不合理的价格交易财产、放弃到期债权、无偿为他人提供担保等，致使人民法院无法执行的；

（二）隐藏、转移、毁损或者未经人民法院允许处分已向人民法院提供担保的财产的；

（三）违反人民法院限制高消费令进行消费的；

（四）有履行能力而拒不按照人民法院执行通知履行生效法律文书确定的义务的；

（五）有义务协助执行的个人接到人民法院协助执行通知书后，拒不协助执行的。

第 189 条 诉讼参与人或者其他人有下列行为之一的，人民法院可以适用民事诉讼法第一百一十四条的规定处理：

（一）冒充他人提起诉讼或者参加诉讼的；

（二）证人签署保证书后作虚假证言，妨碍人民法院审理案件的；

（三）伪造、隐藏、毁灭或者拒绝交出有关被执行人履行能力的重要证据，妨碍人民法院查明被执行人财产状况的；

（四）擅自解冻已被人民法院冻结的财产的；

（五）接到人民法院协助执行通知书后，给当事人通风报信，协助其转移、隐匿财产的。

第 503 条 被执行人不履行法律文书指定的行为，且该项行为只能由被执行人完成的，人民法院可以依照民事诉讼法第一百一十四条第一款第六项规定处理。

被执行人在人民法院确定的履行期间内仍不履行的，人民法院可以依照民事诉讼法第一百一十四条第一款第六项规定再次处理。

《最高人民法院关于民事诉讼证据的若干规定》（法释〔2019〕19 号　2019 年 12 月 25 日）

第 98 条 对证人、鉴定人、勘验人的合法权益依法予以保护。

当事人或者其他诉讼参与人伪造、毁灭证据，提供虚假证据，阻止证人作证，指使、贿买、胁迫他人作伪证，或者对证人、鉴定人、勘验人打击报复的，依照民事诉讼法第一百一十条、第一百一十一条[168]的规定进行处罚。

❷ 执行案件妨害司法行为的相关规定

《最高人民法院关于人民法院执行工作若干问题的规定（试行）》（法释〔1988〕15 号　2020 年 12 月 29 日修正）

57. 被执行人或其他人有下列拒不履行生效法律文书或者妨害执行行为之一的，人民法院可以依照民事诉讼法第一百一十一条[169]的规定处理：

（1）隐藏、转移、变卖、毁损向人民法院提供执行担保的财产的；

（2）案外人与被执行人恶意串通转移被执行人财产的；

（3）故意撕毁人民法院执行公告、封

---

[168]　《民事诉讼法》（2023 年修正）第 113 条、第 114 条。
[169]　《民事诉讼法》（2023 年修正）第 114 条。

条的；

（4）伪造、隐藏、毁灭有关被执行人履行能力的重要证据，妨碍人民法院查明被执行人财产状况的；

（5）指使、贿买、胁迫他人对被执行人的财产状况和履行义务的能力问题作伪证的；

（6）妨碍人民法院依法搜查的；

（7）以暴力、威胁或其他方法妨碍或抗拒执行的；

（8）哄闹、冲击执行现场的；

（9）对人民法院执行人员或协助执行人员进行侮辱、诽谤、诬陷、围攻、威胁、殴打或者打击报复的；

（10）毁损、抢夺执行案件材料、执行公务车辆、其他执行器械、执行人员服装和执行公务证件的。

《关于依法制裁规避执行行为的若干意见》
（法〔2011〕195号 2011年5月27日）

三、依法防止恶意诉讼，保障民事审判和执行活动有序进行

9. 严格执行关于案外人异议之诉的管辖规定。在执行阶段，案外人对人民法院已经查封、扣押、冻结的财产提起异议之诉的，应当依照《中华人民共和国民事诉讼法》第二百零四条[170]和《最高人民法院关于适用民事诉讼法执行程序若干问题的解释》第十八条的规定，由执行法院受理。

案外人违反上述管辖规定，向执行法院之外的其他法院起诉，其他法院已经受理尚未作出裁判的，应当中止审理或者撤销案件，并告知案外人向作出查封、扣押、冻结裁定的执行法院起诉。

10. 加强对破产案件的监督。执行法院发现被执行人有虚假破产情形的，应当及时向受理破产案件的人民法院提出。申请执行人认为被执行人利用破产逃债的，可以向受理破产案件的人民法院或者其上级人民法院提出异议，受理异议的法院应当依法进行监督。

11. 对于当事人恶意诉讼取得的生效裁判应当依法再审。案外人违反上述管辖规定，向执行法院之外的其他法院起诉，并取得生效裁判文书将已被执行法院查封、扣押、冻结的财产确权或者分割给案外人，或者第三人与被执行人虚构事实取得人民法院生效裁判文书申请参与分配，执行法院认为该生效裁判文书系恶意串通规避执行损害执行债权人利益的，可以向作出该裁判文书的人民法院或者其上级人民法院提出书面建议，有关法院应当依照《中华人民共和国民事诉讼法》和有关司法解释的规定决定再审。

五、充分运用民事和刑事制裁手段，依法加强对规避执行行为的刑事处罚力度

15. 对规避执行行为加大民事强制措施的适用。被执行人既不履行义务又拒绝报告财产或者进行虚假报告、拒绝交出或者提供虚假财务会计凭证、协助执行义务人拒不协助执行或者妨碍执行、到期债务第三人提出异议后又擅自向被执行人清偿等，给申请执行人造成损失的，应当依法对相关责任人予以罚款、拘留。

16. 对构成犯罪的规避执行行为加大刑事制裁力度。被执行人隐匿财产、虚构债务或者以其他方法隐藏、转移、处分可供执行的财产，拒不交出或者隐匿、销毁、制作虚假财务会计凭证或资产负债表等相关资料，以虚假诉讼或者仲裁手段转移财产、虚构优先债权或者申请参与分

---

[170]《民事诉讼法》（2023年修正）第238条。

配，中介机构提供虚假证明文件或者提供的文件有重大失实，被执行人、担保人、协助义务人有能力执行而拒不执行或者拒不协助执行等，损害申请执行人或其他债权人利益，依照刑法的规定构成犯罪的，应当依法追究行为人的刑事责任。

17. 加强与公安、检察机关的沟通协调。各地法院应当加强与公安、检察机关的协调配合，建立快捷、便利、高效的协作机制，细化拒不执行判决裁定罪和妨害公务罪的适用条件。

18. 充分调查取证。各地法院在执行案件过程中，在行为人存在拒不执行判决裁定或者妨害公务行为的情况下，应当注意收集证据。认为构成犯罪的，应当及时将案件及相关证据材料移送犯罪行为发生地的公安机关立案查处。

19. 抓紧依法审理。对检察机关提起公诉的拒不执行判决裁定或者妨害公务案件，人民法院应当抓紧审理，依法审判，快速结案，加大判后宣传力度，充分发挥刑罚手段的威慑力。

《最高人民法院关于人民法院强制执行股权若干问题的规定》（法释〔2021〕20号 2021年12月20日）

第8条　人民法院冻结被执行人股权的，可以向股权所在公司送达协助执行通知书，要求其实施增资、减资、合并、分立等对被冻结股权所占比例、股权价值产生重大影响的行为前向人民法院书面报告有关情况。人民法院收到报告后，应当及时通知申请执行人，但是涉及国家秘密、商业秘密的除外。

股权所在公司未向人民法院报告即实施前款规定行为的，依照民事诉讼法第一百一十四条的规定处理。

股权所在公司或者公司董事、高级管理人员故意通过增资、减资、合并、分立、转让重大资产、对外提供担保等行为导致被冻结股权价值严重贬损，影响申请执行人债权实现的，申请执行人可以依法提起诉讼。

《最高人民法院关于限制被执行人高消费及有关消费的若干规定》（法释〔2015〕17号　2015年7月20日）

第11条　被执行人违反限制消费令进行消费的行为属于拒不履行人民法院已经发生法律效力的判决、裁定的行为，经查实属实的，依照《中华人民共和国民事诉讼法》第一百一十一条[171]的规定，予以拘留、罚款；情节严重，构成犯罪的，追究其刑事责任。

有关单位在收到人民法院协助执行通知书后，仍允许被执行人进行高消费及非生活或者经营必需的有关消费的，人民法院可以依照《中华人民共和国民事诉讼法》第一百一十四条[172]的规定，追究其法律责任。

❸ 知识产权纠纷妨害司法行为的相关规定

《最高人民法院关于知识产权民事诉讼证据的若干规定》（法释〔2020〕12号　2020年11月16日）

第9条　中华人民共和国领域外形成的证据，存在下列情形之一的，当事人仅以该证据未办理认证手续为由提出异议的，人民法院不予支持：

（一）提出异议的当事人对证据的真实性明确认可的；

（二）对方当事人提供证人证言对证

---

[171]　《民事诉讼法》（2023年修正）第114条。
[172]　《民事诉讼法》（2023年修正）第117条。

据的真实性予以确认,且证人明确表示如作伪证愿意接受处罚的。

前款第二项所称证人作伪证,构成民事诉讼法第一百一十一条[173]规定情形的,人民法院依法处理。

第13条 当事人无正当理由拒不配合或者妨害证据保全,致使无法保全证据的,人民法院可以确定由其承担不利后果。构成民事诉讼法第一百一十一条[174]规定情形的,人民法院依法处理。

第14条 对于人民法院已经采取保全措施的证据,当事人擅自拆装证据实物、篡改证据材料或者实施其他破坏证据的行为,致使证据不能使用的,人民法院可以确定由其承担不利后果。构成民事诉讼法第一百一十一条[175]规定情形的,人民法院依法处理。

第25条 人民法院依法要求当事人提交有关证据,其无正当理由拒不提交、提交虚假证据、毁灭证据或者实施其他致使证据不能使用行为的,人民法院可以推定对方当事人就该证据所涉证明事项的主张成立。

当事人实施前款所列行为,构成民事诉讼法第一百一十一条[176]规定情形的,人民法院依法处理。

《最高人民法院关于审理侵犯商业秘密民事案件适用法律若干问题的规定》(法释〔2020〕7号 2020年9月10日)

第21条 对于涉及当事人或者案外人的商业秘密的证据、材料,当事人或者案外人书面申请人民法院采取保密措施的,人民法院应当在保全、证据交换、质证、委托鉴定、询问、庭审等诉讼活动中采取必要的保密措施。

违反前款所称的保密措施的要求,擅自披露商业秘密或者在诉讼活动之外使用或者允许他人使用在诉讼中接触、获取的商业秘密的,应当依法承担民事责任。构成民事诉讼法第一百一十一条[177]规定情形的,人民法院可以依法采取强制措施。构成犯罪的,依法追究刑事责任。

《最高人民法院关于审理申请注册的药品相关的专利权纠纷民事案件适用法律若干问题的规定》(法释〔2021〕13号 2021年7月4日)

第8条 当事人对其在诉讼中获取的商业秘密或者其他需要保密的商业信息负有保密义务,擅自披露或者在该诉讼活动之外使用、允许他人使用的,应当依法承担民事责任。构成民事诉讼法第一百一十一条[178]规定情形的,人民法院应当依法处理。

第9条 药品上市许可申请人向人民法院提交的申请注册的药品相关技术方案,与其向国家药品审评机构申报的技术资料明显不符,妨碍人民法院审理案件的,人民法院依照民事诉讼法第一百一十一条[179]的规定处理。

---

[173] 《民事诉讼法》(2023年修正)第114条。
[174] 同上。
[175] 同上。
[176] 同上。
[177] 同上。
[178] 同上。
[179] 同上。

❹ **其他妨害司法行为的相关规定**

《最高人民法院关于审理民间借贷案件适用法律若干问题的规定》（法释〔2020〕17号 2020年12月29日）

第19条 经查明属于虚假民间借贷诉讼，原告申请撤诉的，人民法院不予准许，并应当依据民事诉讼法第一百一十二条[180]之规定，判决驳回其请求。

诉讼参与人或者其他人恶意制造、参与虚假诉讼，人民法院应当依据民事诉讼法第一百一十一条、第一百一十二条和第一百一十三条[181]之规定，依法予以罚款、拘留；构成犯罪的，应当移送有管辖权的司法机关追究刑事责任。

单位恶意制造、参与虚假诉讼的，人民法院应当对该单位进行罚款，并可以对其主要负责人或者直接责任人员予以罚款、拘留；构成犯罪的，应当移送有管辖权的司法机关追究刑事责任。

《最高人民法院关于审理票据纠纷案件若干问题的规定》（法释〔2020〕18号 2020年12月29日）

第38条 对于伪报票据丧失的当事人，人民法院在查明事实，裁定终结公示催告或者诉讼程序后，可以参照民事诉讼法第一百一十一条[182]的规定，追究伪报人的法律责任。

《关于推进破产案件依法高效审理的意见》（法发〔2020〕14号 2020年4月15日）

20. 债务人的有关人员或者其他人员有故意作虚假陈述，或者伪造、销毁债务人的账簿等重要证据材料，或者对管理人进行侮辱、诽谤、诬陷、殴打、打击报复等违法行为的，人民法院除依法适用企业破产法规定的强制措施外，可以依照民事诉讼法第一百一十一条[183]等规定予以处理。

《最高人民法院关于诉讼代理人查阅民事案件材料的规定》（法释〔2002〕39号 2020年12月29日修正）

第9条 诉讼代理人查阅案件材料时不得涂改、损毁、抽取案件材料。

人民法院对修改、损毁、抽取案卷材料的诉讼代理人，可以参照民事诉讼法第一百一十一条[184]第一款第（一）项的规定处理。

第一百一十五条 当事人恶意诉讼和调解

当事人之间恶意串通，企图通过诉讼、调解等方式侵害国家利益、社会公共利益或者他人合法权益的，人民法院应当驳回其请求，并根据情节轻重予以罚款、拘留；构成犯罪的，依法追究刑事责任。

当事人单方捏造民事案件基本事实，向人民法院提起诉讼，企图侵害国家利益、社会公共利益或者他人合法权益的，适用前款规定。

条文注解

虚假诉讼扰乱司法秩序，损害司法公信力和司法权威，需要从立法上进行严格规制。2023年民事诉讼法修改，在系统总

---

[180]《民事诉讼法》（2023年修正）第115条。
[181]《民事诉讼法》（2023年修正）第114条、第115条和第116条。
[182]《民事诉讼法》（2023年修正）第114条。
[183] 同上。
[184] 同上。

结司法实践经验的基础上，对于单方捏造民事案件基本事实形成的虚假诉讼，明确其应与当事人恶意串通形成的虚假诉讼适用同样的法律规则。这一修改使民事诉讼法对于虚假诉讼的法律规制更为全面，更好维护了司法秩序与司法权威，更好保障了国家利益、社会公共利益及他人合法权益。

相关规定

◎司法解释及文件

《最高人民法院关于适用〈中华人民共和国民事诉讼法〉的解释》（法释〔2022〕11号 2022年4月1日修正）

第144条 人民法院审理民事案件，发现当事人之间恶意串通，企图通过和解、调解方式侵害他人合法权益的，应当依照民事诉讼法第一百一十五条的规定处理。

第190条 民事诉讼法第一百一十五条规定的他人合法权益，包括案外人的合法权益、国家利益、社会公共利益。

第三人根据民事诉讼法第五十九条第三款规定提起撤销之诉，经审查，原案当事人之间恶意串通进行虚假诉讼的，适用民事诉讼法第一百一十五条规定处理。

第191条 单位有民事诉讼法第一百一十五条或者第一百一十六条规定行为的，人民法院应当对该单位进行罚款，并可以对其主要负责人或者直接责任人员予以罚款、拘留；构成犯罪的，依法追究刑事责任。

《最高人民法院关于深入开展虚假诉讼整治工作的意见》（法〔2021〕281号 2021年11月4日）

八、慎查调解协议，确保真实合法。当事人对诉讼标的无实质性争议，主动达成调解协议并申请人民法院出具调解书的，应当审查协议内容是否符合案件基本事实、是否违反法律规定、是否涉及案外人利益、是否规避国家政策。调解协议涉及确权内容的，应当在查明权利归属的基础上决定是否出具调解书。不能仅以当事人可自愿处分民事权益为由，降低对调解协议所涉法律关系真实性、合法性的审查标准，尤其要注重审查调解协议是否损害国家利益、社会公共利益或者他人合法权益。当事人诉前达成调解协议，申请司法确认的，应当着重审查调解协议是否存在违反法律、行政法规强制性规定、违背公序良俗或者侵害国家利益、社会公共利益、他人合法权益等情形；诉前调解协议内容涉及物权、知识产权确权的，应当裁定不予受理，已经受理的，应当裁定驳回申请。

《最高人民法院、最高人民检察院、公安部、司法部关于进一步加强虚假诉讼犯罪惩治工作的意见》（法发〔2021〕10号 2021年3月10日）

第22条 对于故意制造、参与虚假诉讼犯罪活动的民事诉讼当事人和其他诉讼参与人，人民法院应当加大罚款、拘留等对妨害民事诉讼的强制措施的适用力度。

民事诉讼当事人、其他诉讼参与人实施虚假诉讼，人民法院向公安机关移送案件有关材料前，可以依照民事诉讼法的规定先行予以罚款、拘留。

对虚假诉讼刑事案件被告人判处罚金、有期徒刑或者拘役的，人民法院已经依照民事诉讼法的规定给予的罚款、拘留，应当依法折抵相应罚金或者刑期。

第23条 人民检察院可以建议人民法院依照民事诉讼法的规定，对故意制造、参与虚假诉讼的民事诉讼当事人和其他诉讼参与人采取罚款、拘留等强制措施。

《最高人民法院关于审理民间借贷案件适用法律若干问题的规定》（法释〔2020〕17号　2020年12月29日）

第19条　经查明属于虚假民间借贷诉讼，原告申请撤诉的，人民法院不予准许，并应当依据民事诉讼法第一百一十二条[185]之规定，判决驳回其请求。

诉讼参与人或者其他人恶意制造、参与虚假诉讼，人民法院应当依据民事诉讼法第一百一十一条、第一百一十二条和第一百一十三条[186]之规定，依法予以罚款、拘留；构成犯罪的，应当移送有管辖权的司法机关追究刑事责任。

单位恶意制造、参与虚假诉讼的，人民法院应当对该单位进行罚款，并可以对其主要负责人或者直接责任人员予以罚款、拘留；构成犯罪的，应当移送有管辖权的司法机关追究刑事责任。

最高院裁判观点

上海某生物科技有限公司诉辽宁某置业发展有限公司企业借贷纠纷案【最高人民法院指导案例68号】

裁判要旨：人民法院审理民事案件中发现存在虚假诉讼可能时，应当依职权调取相关证据，详细询问当事人，全面严格审查诉讼请求与相关证据之间是否存在矛盾，以及当事人诉讼中言行是否违背常理。经综合审查判断，当事人存在虚构事实、恶意串通、规避法律或国家政策以谋取非法利益，进行虚假民事诉讼情形的，应当依法予以制裁。

最高检监督意见

武汉某投资公司等骗取调解书虚假诉讼监督案【检例第53号】

监督意见：伪造证据、虚构事实提起诉讼，骗取人民法院调解书，妨害司法秩序、损害司法权威，不仅可能损害他人合法权益，而且损害国家和社会公共利益的，构成虚假诉讼。检察机关办理此类虚假诉讼监督案件，应当从交易和诉讼中的异常现象出发，追踪利益流向，查明当事人之间的通谋行为，确认是否构成虚假诉讼，依法予以监督。

第一百一十六条　被执行人恶意诉讼、仲裁和调解

被执行人与他人恶意串通，通过诉讼、仲裁、调解等方式逃避履行法律文书确定的义务的，人民法院应当根据情节轻重予以罚款、拘留；构成犯罪的，依法追究刑事责任。

条文注解

需要说明的是，本条中的"法律文书"，泛指所有可以作为执行依据的法律文书，除法院制作的判决、裁定和调解书外，还包括刑事判决、裁定中的财产部分，仲裁裁决，公证债权文书，支付令以及法律规定由人民法院执行的其他法律文书。

相关规定

◎司法解释及文件

《最高人民法院关于适用〈中华人民共和国民事诉讼法〉的解释》（法释〔2022〕11号　2022年4月1日修正）

第191条　单位有民事诉讼法第一百一十五条或者第一百一十六条规定行为

---

[185]　《民事诉讼法》（2023年修正）第115条。
[186]　《民事诉讼法》（2023年修正）第114条、第115条、第116条。

第313条 案外人执行异议之诉审理期间，人民法院不得对执行标的进行处分。申请执行人请求人民法院继续执行并提供相应担保的，人民法院可以准许。

被执行人与案外人恶意串通，通过执行异议、执行异议之诉妨害执行的，人民法院应当依照民事诉讼法第一百一十六条规定处理。申请执行人因此受到损害的，可以提起诉讼要求被执行人、案外人赔偿。

《最高人民法院关于审理民间借贷案件适用法律若干问题的规定》（法释〔2020〕17号 2020年12月29日）

第19条 经查明属于虚假民间借贷诉讼，原告申请撤诉的，人民法院不予准许，并应当依据民事诉讼法第一百一十二条[187]之规定，判决驳回其请求。

诉讼参与人或者其他人恶意制造、参与虚假诉讼，人民法院应当依据民事诉讼法第一百一十一条、第一百一十二条和第一百一十三条[188]之规定，依法予以罚款、拘留；构成犯罪的，应当移送有管辖权的司法机关追究刑事责任。

单位恶意制造、参与虚假诉讼的，人民法院应当对该单位进行罚款，并可以对其主要负责人或者直接责任人员予以罚款、拘留；构成犯罪的，应当移送有管辖权的司法机关追究刑事责任。

《最高人民法院关于深入开展虚假诉讼整治工作的意见》（法〔2021〕281号 2021年11月4日）

九、严格依法执行，严防虚假诉讼。在执行异议、复议、参与分配等程序中应当加大对虚假诉讼的查处力度。对可能发生虚假诉讼的情形应当重点审查。从诉讼主体、证据与案件事实的关联程度、各证据之间的联系等方面，全面审查案件事实及法律关系的真实性，综合判断是否存在以捏造事实对执行标的提出异议、申请参与分配或者其他导致人民法院错误执行的行为。对涉嫌虚假诉讼的案件，应当传唤当事人、证人到庭，就相关案件事实当庭询问。主动向当事人释明参与虚假诉讼的法律后果，引导当事人诚信诉讼。认定为虚假诉讼的案件，应当裁定不予受理或者驳回申请；已经受理的，应当裁定驳回其请求。

十、加强执行审查，严查虚假非诉法律文书。重点防范依据虚假仲裁裁决、仲裁调解书、公证债权文书等非诉法律文书申请执行行为。在非诉法律文书执行中，当事人存在通过恶意串通、捏造事实等方式取得生效法律文书申请执行嫌疑的，应当依法进行严格实质审查。加大依职权调取证据力度，结合当事人关系、案件事实、仲裁和公证过程等多方面情况审查判断相关法律文书是否存在虚假情形，是否损害国家利益、社会公共利益或者他人合法权益。存在上述情形的，应当依法裁定不予执行，必要时可以向仲裁机构或者公证机关发出司法建议。

十一、加强证据审查，查处虚假执行异议之诉。执行异议之诉是当前虚假诉讼增长较快的领域，要高度重视执行异议之诉中防范和惩治虚假诉讼的重要性、紧迫性。正确分配举证责任，无论是案外人执

---

[187]《民事诉讼法》（2023年修正）第115条。
[188]《民事诉讼法》（2023年修正）第114条、第115条和第116条。

行异议之诉还是申请执行人执行异议之诉，均应当由案外人就其对执行标的享有足以排除强制执行的民事权益承担举证责任。严格审查全案证据的真实性、合法性、关联性，对涉嫌虚假诉讼的案件，可以通过传唤案外人到庭陈述、通知当事人提交原始证据、依职权调查核实等方式，严格审查案外人权益的真实性、合法性。

十二、厘清法律关系，防止恶意串通逃避执行。执行异议之诉涉及三方当事人之间多个法律关系，利益冲突主要发生在案外人与申请执行人之间，对于被执行人就涉案外人权益相关事实的自认，应当审慎认定。被执行人与案外人具有亲属关系、关联关系等利害关系，诉讼中相互支持，缺乏充分证据证明案外人享有足以排除强制执行的民事权益的，不应支持案外人主张。案外人依据执行标的被查封、扣押、冻结后作出的另案生效确权法律文书，提起执行异议之诉主张排除强制执行的，应当注意审查是否存在当事人恶意串通等事实。

十五、严审合同效力，整治虚假房屋买卖诉讼。为逃废债务、逃避执行、获取非法拆迁利益、规避宏观调控政策等非法目的，虚构房屋买卖合同关系提起诉讼的，应当认定合同无效。买受人虚构购房资格参与司法拍卖房产活动且竞拍成功，当事人、利害关系人以违背公序良俗为由主张该拍卖行为无效的，应予支持。买受人虚构购房资格导致拍卖行为无效的，应当依法承担赔偿责任。

《最高人民法院、最高人民检察院关于办理虚假诉讼刑事案件适用法律若干问题的解释》（法释〔2018〕17号　2018年9月26日）

第1条　采取伪造证据、虚假陈述等手段，实施下列行为之一，捏造民事法律关系，虚构民事纠纷，向人民法院提起民事诉讼的，应当认定为刑法第三百零七条之一第一款规定的"以捏造的事实提起民事诉讼"：

（一）与夫妻一方恶意串通，捏造夫妻共同债务的；

（二）与他人恶意串通，捏造债权债务关系和以物抵债协议的；

（三）与公司、企业的法定代表人、董事、监事、经理或者其他管理人员恶意串通，捏造公司、企业债务或者担保义务的；

（四）捏造知识产权侵权关系或者不正当竞争关系的；

（五）在破产案件审理过程中申报捏造的债权的；

（六）与被执行人恶意串通，捏造债权或者对查封、扣押、冻结财产的优先权、担保物权的；

（七）单方或者与他人恶意串通，捏造身份、合同、侵权、继承等民事法律关系的其他行为。

隐瞒债务已经全部清偿的事实，向人民法院提起民事诉讼，要求他人履行债务的，以"以捏造的事实提起民事诉讼"论。

向人民法院申请执行基于捏造的事实作出的仲裁裁决、公证债权文书，或者在民事执行过程中以捏造的事实对执行标的提出异议、申请参与执行财产分配的，属于刑法第三百零七条之一第一款规定的"以捏造的事实提起民事诉讼"。

第2条　以捏造的事实提起民事诉讼，有下列情形之一的，应当认定为刑法第三百零七条之一第一款规定的"妨害司法秩序或者严重侵害他人合法权益"：

（一）致使人民法院基于捏造的事实采取财产保全或者行为保全措施的；

（二）致使人民法院开庭审理，干扰正常司法活动的；

（三）致使人民法院基于捏造的事实作出裁判文书、制作财产分配方案，或者立案执行基于捏造的事实作出的仲裁裁决、公证债权文书的；

（四）多次以捏造的事实提起民事诉讼的；

（五）曾因以捏造的事实提起民事诉讼被采取民事诉讼强制措施或者受过刑事追究的；

（六）其他妨害司法秩序或者严重侵害他人合法权益的情形。

第3条 以捏造的事实提起民事诉讼，有下列情形之一的，应当认定为刑法第三百零七条之一第一款规定的"情节严重"：

（一）有本解释第二条第一项情形，造成他人经济损失一百万元以上的；

（二）有本解释第二条第二项至第四项情形之一，严重干扰正常司法活动或者严重损害司法公信力的；

（三）致使义务人自动履行生效裁判文书确定的财产给付义务或者人民法院强制执行财产权益，数额达到一百万元以上的；

（四）致使他人债权无法实现，数额达到一百万元以上的；

（五）非法占有他人财产，数额达到十万元以上的；

（六）致使他人因为不执行人民法院基于捏造的事实作出的判决、裁定，被采取刑事拘留、逮捕措施或者受到刑事追究的；

（七）其他情节严重的情形。

第4条 实施刑法第三百零七条之一第一款行为，非法占有他人财产或者逃避合法债务，又构成诈骗罪、职务侵占罪、拒不执行判决、裁定罪、贪污罪等犯罪的，依照处罚较重的规定定罪从重处罚。

第5条 司法工作人员利用职权，与他人共同实施刑法第三百零七条之一前三款行为的，从重处罚；同时构成滥用职权罪、民事枉法裁判罪、执行判决、裁定滥用职权罪等犯罪的，依照处罚较重的规定定罪从重处罚。

第6条 诉讼代理人、证人、鉴定人等诉讼参与人与他人通谋，代理提起虚假民事诉讼、故意作虚假证言或者出具虚假鉴定意见，共同实施刑法第三百零七条之一前三款行为的，依照共同犯罪的规定定罪处罚；同时构成妨害作证罪，帮助毁灭、伪造证据罪等犯罪的，依照处罚较重的规定定罪从重处罚。

第7条 采取伪造证据等手段篡改案件事实，骗取人民法院裁判文书，构成犯罪的，依照刑法第二百八十条、第三百零七条等规定追究刑事责任。

第8条 单位实施刑法第三百零七条之一第一款行为的，依照本解释规定的定罪量刑标准，对其直接负责的主管人员和其他直接责任人员定罪处罚，并对单位判处罚金。

第9条 实施刑法第三百零七条之一第一款行为，未达到情节严重的标准，行为人系初犯，在民事诉讼过程中自愿具结悔过，接受人民法院处理决定，积极退赃、退赔的，可以认定为犯罪情节轻微，不起诉或者免予刑事处罚；确有必要判处刑罚的，可以从宽处理。

司法工作人员利用职权，与他人共同实施刑法第三百零七条之一第一款行为的，对司法工作人员不适用本条第一款规定。

第10条 虚假诉讼刑事案件由虚假民事诉讼案件的受理法院所在地或者执行

法院所在地人民法院管辖。有刑法第三百零七条之一第四款情形的，上级人民法院可以指定下级人民法院将案件移送其他人民法院审判。

第11条 本解释所称裁判文书，是指人民法院依照民事诉讼法、企业破产法等民事法律作出的判决、裁定、调解书、支付令等文书。

第12条 本解释自2018年10月1日起施行。

《最高人民法院关于防范和制裁虚假诉讼的指导意见》（法发〔2016〕13号 2016年6月20日）

8. 在执行公证债权文书和仲裁裁决书、调解书等法律文书过程中，对可能存在双方恶意串通、虚构事实的，要加大实质审查力度，注重审查相关法律文书是否损害国家利益、社会公共利益或者案外人的合法权益。如果存在上述情形，应当裁定不予执行。必要时，可向仲裁机构或者公证机关发出司法建议。

10. 在第三人撤销之诉、案外人执行异议之诉、案外人申请再审等案件审理中，发现已经生效的裁判涉及虚假诉讼的，要及时予以纠正，保护案外人诉权和实体权利；同时也要防范有关人员利用上述法律制度，制造虚假诉讼，损害原诉讼中合法权利人利益。

12. 对虚假诉讼参与人，要适度加大罚款、拘留等妨碍民事诉讼强制措施的法律适用力度，虚假诉讼侵害他人民事权益的，虚假诉讼参与人应当承担赔偿责任；虚假诉讼违法行为涉嫌虚假诉讼罪、诈骗罪、合同诈骗罪等刑事犯罪的，民事审判部门应当依法将相关线索和有关案件材料移送侦查机关。

最高院裁判观点

上海某生物科技有限公司诉辽宁某置业发展有限公司企业借贷纠纷案【最高人民法院指导案例68号】

裁判要旨： 人民法院审理民事案件中发现存在虚假诉讼可能时，应当依职权调取相关证据，详细询问当事人，全面严格审查诉讼请求与相关证据之间是否存在矛盾，以及当事人诉讼中言行是否违背常理。经综合审查判断，当事人存在虚构事实、恶意串通、规避法律或国家政策以谋取非法利益，进行虚假民事诉讼情形的，应当依法予以制裁。

第一百一十七条 对拒不履行协助义务的单位的强制措施

有义务协助调查、执行的单位有下列行为之一的，人民法院除责令其履行协助义务外，并可以予以罚款：

（一）有关单位拒绝或者妨碍人民法院调查取证的；

（二）有关单位接到人民法院协助执行通知书后，拒不协助查询、扣押、冻结、划拨、变价财产的；

（三）有关单位接到人民法院协助执行通知书后，拒不协助扣留被执行人的收入、办理有关财产权证照转移手续、转交有关票证、证照或者其他财产的；

（四）其他拒绝协助执行的。

人民法院对有前款规定的行为之一的单位，可以对其主要负责人或者直接责任人员予以罚款；对仍不履行协助义务的，可以予以拘留；并可以向监察机关或者有关机关提出予以纪律处分的司法建议。

相关规定

◎司法解释及文件

《最高人民法院关于适用〈中华人民共和国民事诉讼法〉的解释》（法释〔2022〕11号 2022年4月1日修正）

第178条 人民法院依照民事诉讼法第一百一十三条至第一百一十七条的规定采取拘留措施的，应经院长批准，作出拘留决定书，由司法警察将被拘留人送交当地公安机关看管。

第192条 有关单位接到人民法院协助执行通知书后，有下列行为之一的，人民法院可以适用民事诉讼法第一百一十七条规定处理：

（一）允许被执行人高消费的；

（二）允许被执行人出境的；

（三）拒不停止办理有关财产权证照转移手续、权属变更登记、规划审批等手续的；

（四）以需要内部请示、内部审批，有内部规定等为由拖延办理的。

第454条 人民法院依照民事诉讼法第二百二十七条规定通知支付人停止支付，应当符合有关财产保全的规定。支付人收到停止支付通知后拒不止付的，除可依照民事诉讼法第一百一十四条、第一百一十七条规定采取强制措施外，在判决后，支付人仍应承担付款义务。

第483条 人民法院有权查询被执行人的身份信息与财产信息，掌握相关信息的单位和个人必须按照协助执行通知书办理。

第493条 他人持有法律文书指定交付的财物或者票证，人民法院依照民事诉讼法第二百五十六条第二款、第三款规定发出协助执行通知后，拒不转交的，可以强制执行，并可依照民事诉讼法第一百一十七条、第一百一十八条规定处理。

他人持有期间财物或者票证毁损、灭失的，参照本解释第四百九十二条规定处理。

他人主张合法持有财物或者票证的，可以根据民事诉讼法第二百三十四条规定提出执行异议。

《最高人民法院关于适用〈中华人民共和国民法典〉婚姻家庭编的解释（一）》（法释〔2020〕22号 2020年12月29日）

第68条 对于拒不协助另一方行使探望权的有关个人或者组织，可以由人民法院依法采取拘留、罚款等强制措施，但是不能对子女的人身、探望行为进行强制执行。

《最高人民法院关于审理利用信息网络侵害人身权益民事纠纷案件适用法律若干问题的规定》（法释〔2014〕11号 2020年12月29日修正）

第3条 原告起诉网络服务提供者，网络服务提供者以涉嫌侵权的信息系网络用户发布为由抗辩的，人民法院可以根据原告的请求及案件的具体情况，责令网络服务提供者向人民法院提供能够确定涉嫌侵权的网络用户的姓名（名称）、联系方式、网络地址等信息。

网络服务提供者无正当理由拒不提供的，人民法院可以依据民事诉讼法第一百一十四条[189]的规定对网络服务提供者采取处罚等措施。

原告根据网络服务提供者提供的信息请求追加网络用户为被告的，人民法院应予准许。

---

[189]《民事诉讼法》（2023年修正）第117条。

《最高人民法院关于审理期货纠纷案件若干问题的规定（二）》（法释〔2011〕1号　2020年12月29日修正）

第8条　人民法院在办理案件过程中，依法需要通过期货交易所、期货公司查询、冻结、划拨资金或者有价证券的，期货交易所、期货公司应当予以协助。应当协助而拒不协助的，按照《民事诉讼法》第一百一十四条[190]之规定办理。

《最高人民法院关于采取民事强制措施不得逐级变更由行为人的上级机构承担责任的通知》（法〔2004〕127号　2004年7月9日）

各省、自治区、直辖市高级人民法院，解放军军事法院，新疆维吾尔自治区高级人民法院生产建设兵团分院：

近一个时期，一些地方法院在执行银行和非银行金融机构（以下简称金融机构）作为被执行人或者协助执行人的案件中，在依法对该金融机构采取民事强制措施，作出罚款或者司法拘留决定后，又逐级对其上级金融机构直至总行、总公司采取民事强制措施，再次作出罚款或者司法拘留决定，造成不良影响。为纠正这一错误，特通知如下：

一、人民法院在执行程序中，对作为协助执行人的金融机构采取民事强制措施，应当严格依法决定，不得逐级变更由其上级金融机构负责。依据我院与中国人民银行于2000年9月4日会签下发的法发（2000）21号即《关于依法规范人民法院执行和金融机构协助执行的通知》第八条的规定，执行金融机构时逐级变更其上级金融机构为被执行人须具备五个条件：其一，该金融机构须为被执行人，其债务已由生效法律文书确认；其二，该金融机构收到执行法院对其限期十五日内履行偿债义务的通知；其三，该金融机构逾期未能自动履行偿债义务，并经过执行法院的强制执行；其四，该金融机构未能向执行法院提供其可供执行的财产；其五，该金融机构的上级金融机构对其负有民事连带清偿责任。金融机构作为协助执行人因其妨害执行行为而被采取民事强制措施，不同于金融机构为被执行人的情况，因此，司法处罚责任应由其自行承担；逐级变更由其上级金融机构承担此责任，属适用法律错误。

二、在执行程序中，经依法逐级变更由上级金融机构为被执行人的，如该上级金融机构在履行此项偿债义务时有妨害执行行为的，可以对该上级金融机构采取民事强制措施。但人民法院应当严格按照前述通知第八条的规定，及时向该上级金融机构发出允许其于十五日内自动履行偿债义务的通知，在其自动履行的期限内，不得对其采取民事强制措施。

三、采取民事强制措施应当坚持过错责任原则。金融机构的行为基于其主观上的故意并构成妨害执行的，才可以对其采取民事强制措施；其中构成犯罪的，也可以通过法定程序追究其刑事责任。这种民事强制措施和刑事惩罚手段只适用于有故意过错的金融机构行为人，以充分体现国家法律对违法行为的惩罚性。

四、金融机构对执行法院的民事强制措施即罚款和司法拘留的决定书不服的，可以依据《民事诉讼法》第105条[191]的规定，向上一级法院申请复议；当事人向

---

[190]　《民事诉讼法》（2023年修正）第117条。
[191]　《民事诉讼法》（2023年修正）第119条。

执行法院提出复议申请的，执行法院应当立即报送上一级法院，不得扣押或者延误转交；上一级法院受理复议申请后，应当及时审查处理；执行法院在上一级法院审查复议申请期间，可以继续执行处罚决定，但经上一级法院决定撤销处罚决定的，执行法院应当立即照办。

以上通知，希望各级人民法院认真贯彻执行。执行过程中有什么情况和问题，应当及时层报我院执行工作办公室。

第一百一十八条　罚款金额和拘留期限

对个人的罚款金额，为人民币十万元以下。对单位的罚款金额，为人民币五万元以上一百万元以下。

拘留的期限，为十五日以下。

被拘留的人，由人民法院交公安机关看管。在拘留期间，被拘留人承认并改正错误的，人民法院可以决定提前解除拘留。

相关规定

◎司法解释及文件

《最高人民法院关于适用〈中华人民共和国民事诉讼法〉的解释》（法释〔2022〕11号　2022年4月1日修正）

第102条　当事人因故意或者重大过失逾期提供的证据，人民法院不予采纳。但该证据与案件基本事实有关的，人民法院应当采纳，并依照民事诉讼法第六十八条、第一百一十八条第一款的规定予以训诫、罚款。

当事人非因故意或者重大过失逾期提供的证据，人民法院应当采纳，并对当事人予以训诫。

当事人一方要求另一方赔偿因逾期提供证据致使其增加的交通、住宿、就餐、误工、证人出庭作证等必要费用的，人民法院可予支持。

第193条　人民法院对个人或者单位采取罚款措施时，应当根据其实施妨害民事诉讼行为的性质、情节、后果，当地的经济发展水平，以及诉讼标的额等因素，在民事诉讼法第一百一十八条第一款规定的限额内确定相应的罚款金额。

第493条　他人持有法律文书指定交付的财物或者票证，人民法院依照民事诉讼法第二百五十六条第二款、第三款规定发出协助执行通知后，拒不转交的，可以强制执行，并可依照民事诉讼法第一百一十七条、第一百一十八条规定处理。

他人持有期间财物或者票证毁损、灭失的，参照本解释第四百九十二条规定处理。

他人主张合法持有财物或者票证的，可以根据民事诉讼法第二百三十四条规定提出执行异议。

第一百一十九条　拘传、罚款、拘留的批准

拘传、罚款、拘留必须经院长批准。

拘传应当发拘传票。

罚款、拘留应当用决定书。对决定不服的，可以向上一级人民法院申请复议一次。复议期间不停止执行。

相关规定

◎司法解释及文件

《最高人民法院关于适用〈中华人民共和国民事诉讼法〉的解释》（法释〔2022〕11号　2022年4月1日修正）

第175条　拘传必须用拘传票，并直

接送达被拘传人；在拘传前，应当向被拘传人说明拒不到庭的后果，经批评教育仍拒不到庭的，可以拘传其到庭。

第177条 训诫、责令退出法庭由合议庭或者独任审判员决定。训诫的内容、被责令退出法庭者的违法事实应当记入庭审笔录。

第178条 人民法院依照民事诉讼法第一百一十三条至第一百一十七条的规定采取拘留措施的，应经院长批准，作出拘留决定书，由司法警察将被拘留人送交当地公安机关看管。

第179条 被拘留人不在本辖区的，作出拘留决定的人民法院应当派员到被拘留人所在地的人民法院，请该院协助执行，受委托的人民法院应当及时派员协助执行。被拘留人申请复议或者在拘留期间承认并改正错误，需要提前解除拘留的，受委托人民法院应当向委托人民法院转达或者提出建议，由委托人民法院审查决定。

第180条 人民法院对被拘留人采取拘留措施后，应当在二十四小时内通知其家属；确实无法按时通知或者通知不到的，应当记录在案。

第181条 因哄闹、冲击法庭，用暴力、威胁等方法抗拒执行公务等紧急情况，必须立即采取拘留措施的，可在拘留后，立即报告院长补办批准手续。院长认为拘留不当的，应当解除拘留。

第182条 被拘留人在拘留期间认错悔改的，可以责令其具结悔过，提前解除拘留。提前解除拘留，应报经院长批准，并作出提前解除拘留决定书，交负责看管的公安机关执行。

第183条 民事诉讼法第一百一十三条至第一百一十六条规定的罚款、拘留可以单独适用，也可以合并适用。

第184条 对同一妨害民事诉讼行为的罚款、拘留不得连续适用。发生新的妨害民事诉讼行为的，人民法院可以重新予以罚款、拘留。

第185条 被罚款、拘留的人不服罚款、拘留决定申请复议的，应当自收到决定书之日起三日内提出。上级人民法院应当在收到复议申请后五日内作出决定，并将复议结果通知下级人民法院和当事人。

第186条 上级人民法院复议时认为强制措施不当的，应当制作决定书，撤销或者变更下级人民法院作出的拘留、罚款决定。情况紧急的，可以在口头通知后三日内发出决定书。

第一百二十条　强制措施由法院决定

采取对妨害民事诉讼的强制措施必须由人民法院决定。任何单位和个人采取非法拘禁他人或者非法私自扣押他人财产追索债务的，应当依法追究刑事责任，或者予以拘留、罚款。

相关规定

◎宪　　法

《**宪法**》（2018年3月11日）

第37条 中华人民共和国公民的人身自由不受侵犯。

任何公民，非经人民检察院批准或者决定或者人民法院决定，并由公安机关执行，不受逮捕。

禁止非法拘禁和以其他方法非法剥夺或者限制公民的人身自由，禁止非法搜查公民的身体。

◎司法解释及文件

《最高人民法院关于第二审人民法院发现原审人民法院已生效的民事制裁决定确有错误应如何纠正的复函》（法经〔1994〕308号 1994年11月21日）

同意你院审判委员会的意见。第二审人民法院纠正一审人民法院已生效的民事制裁决定，可比照我院1986年4月2日法（研）复〔1986〕14号批复的精神处理。即：上级人民法院发现下级人民法院已生效的民事制裁决定确有错误时，应及时予以纠正。纠正的方法，可以口头或者书面通知下级人民法院纠正，也可以使用决定书，撤销下级人民法院的决定。

第十一章 诉讼费用

第一百二十一条　诉讼费用

当事人进行民事诉讼，应当按照规定交纳案件受理费。财产案件除交纳案件受理费外，并按照规定交纳其他诉讼费用。

当事人交纳诉讼费用确有困难的，可以按照规定向人民法院申请缓交、减交或者免交。

收取诉讼费用的办法另行制定。

◎条文注解

1. 根据《诉讼费用交纳办法》第六条的规定，当事人应当向人民法院交纳的诉讼费用包括：（一）案件受理费；（二）申请费；（三）证人、鉴定人、翻译人员、理算人员在人民法院指定日期出庭发生的交通费、住宿费、生活费和误工补贴。

2. 诉讼费用的免交只适用于自然人。

◎相关规定

◎法　律

《法律援助法》（2021年8月20日）

第53条　人民法院应当根据情况对受援人缓收、减收或者免收诉讼费用；法律援助人员复制相关材料等费用予以免收或者减收。

公证机构、司法鉴定机构应当对受援人减收或者免收公证费、鉴定费。

◎行政法规及文件

《诉讼费用交纳办法》（2006年12月19日）

第一章　总　则

第1条　根据《中华人民共和国民事诉讼法》（以下简称民事诉讼法）和《中华人民共和国行政诉讼法》（以下简称行政诉讼法）的有关规定，制定本办法。

第2条　当事人进行民事诉讼、行政诉讼，应当依照本办法交纳诉讼费用。

本办法规定可以不交纳或者免予交纳诉讼费用的除外。

第3条　在诉讼过程中不得违反本办法规定的范围和标准向当事人收取费用。

第4条　国家对交纳诉讼费用确有困难的当事人提供司法救助，保障其依法行使诉讼权利，维护其合法权益。

第5条　外国人、无国籍人、外国企业或者组织在人民法院进行诉讼，适用本办法。

外国法院对中华人民共和国公民、法人或者其他组织，与其本国公民、法人或者其他组织在诉讼费用交纳上实行差别对待的，按照对等原则处理。

第二章　诉讼费用交纳范围

第6条　当事人应当向人民法院交纳的诉讼费用包括：

（一）案件受理费；
（二）申请费；
（三）证人、鉴定人、翻译人员、理算人员在人民法院指定日期出庭发生的交通费、住宿费、生活费和误工补贴。

第7条 案件受理费包括：
（一）第一审案件受理费；
（二）第二审案件受理费；
（三）再审案件中，依照本办法规定需要交纳的案件受理费。

第8条 下列案件不交纳案件受理费：
（一）依照民事诉讼法规定的特别程序审理的案件；
（二）裁定不予受理、驳回起诉、驳回上诉的案件；
（三）对不予受理、驳回起诉和管辖权异议裁定不服，提起上诉的案件；
（四）行政赔偿案件。

第9条 根据民事诉讼法和行政诉讼法规定的审判监督程序审理的案件，当事人不交纳案件受理费。但是，下列情形除外：
（一）当事人有新的证据，足以推翻原判决、裁定，向人民法院申请再审，人民法院经审查决定再审的案件；
（二）当事人对人民法院第一审判决或者裁定未提出上诉，第一审判决、裁定或者调解书发生法律效力后又申请再审，人民法院经审查决定再审的案件。

第10条 当事人依法向人民法院申请下列事项，应当交纳申请费：
（一）申请执行人民法院发生法律效力的判决、裁定、调解书，仲裁机构依法作出的裁决和调解书，公证机构依法赋予强制执行效力的债权文书；
（二）申请保全措施；
（三）申请支付令；

（四）申请公示催告；
（五）申请撤销仲裁裁决或者认定仲裁协议效力；
（六）申请破产；
（七）申请海事强制令、共同海损理算、设立海事赔偿责任限制基金、海事债权登记、船舶优先权催告；
（八）申请承认和执行外国法院判决、裁定和国外仲裁机构裁决。

第11条 证人、鉴定人、翻译人员、理算人员在人民法院指定日期出庭发生的交通费、住宿费、生活费和误工补贴，由人民法院按照国家规定标准代为收取。

当事人复制案件卷宗材料和法律文书应当按实际成本向人民法院交纳工本费。

第12条 诉讼过程中因鉴定、公告、勘验、翻译、评估、拍卖、变卖、仓储、保管、运输、船舶监管等发生的依法应当由当事人负担的费用，人民法院根据谁主张、谁负担的原则，决定由当事人直接支付给有关机构或者单位，人民法院不得代收代付。

人民法院依照民事诉讼法第十一条第三款规定提供当地民族通用语言、文字翻译的，不收取费用。

第三章 诉讼费用交纳标准

第13条 案件受理费分别按照下列标准交纳：
（一）财产案件根据诉讼请求的金额或者价额，按照下列比例分段累计交纳：
1. 不超过1万元的，每件交纳50元；
2. 超过1万元至10万元的部分，按照2.5%交纳；
3. 超过10万元至20万元的部分，按照2%交纳；
4. 超过20万元至50万元的部分，按照1.5%交纳；
5. 超过50万元至100万元的部分，

按照 1% 交纳；

6. 超过 100 万元至 200 万元的部分，按照 0.9% 交纳；

7. 超过 200 万元至 500 万元的部分，按照 0.8% 交纳；

8. 超过 500 万元至 1000 万元的部分，按照 0.7% 交纳；

9. 超过 1000 万元至 2000 万元的部分，按照 0.6% 交纳；

10. 超过 2000 万元的部分，按照 0.5% 交纳。

（二）非财产案件按照下列标准交纳：

1. 离婚案件每件交纳 50 元至 300 元。涉及财产分割，财产总额不超过 20 万元的，不另行交纳；超过 20 万元的部分，按照 0.5% 交纳。

2. 侵害姓名权、名称权、肖像权、名誉权、荣誉权以及其他人格权的案件，每件交纳 100 元至 500 元。涉及损害赔偿，赔偿金额不超过 5 万元的，不另行交纳；超过 5 万元至 10 万元的部分，按照 1% 交纳；超过 10 万元的部分，按照 0.5% 交纳。

3. 其他非财产案件每件交纳 50 元至 100 元。

（三）知识产权民事案件，没有争议金额或者价额的，每件交纳 500 元至 1000 元；有争议金额或者价额的，按照财产案件的标准交纳。

（四）劳动争议案件每件交纳 10 元。

（五）行政案件按照下列标准交纳：

1. 商标、专利、海事行政案件每件交纳 100 元；

2. 其他行政案件每件交纳 50 元。

（六）当事人提出案件管辖权异议，异议不成立的，每件交纳 50 元至 100 元。

省、自治区、直辖市人民政府可以结合本地实际情况在本条第（二）项、第（三）项、第（六）项规定的幅度内制定具体交纳标准。

第 14 条 申请费分别按照下列标准交纳：

（一）依法向人民法院申请执行人民法院发生法律效力的判决、裁定、调解书，仲裁机构依法作出的裁决和调解书，公证机关依法赋予强制执行效力的债权文书，申请承认和执行外国法院判决、裁定以及国外仲裁机构裁决的，按照下列标准交纳：

1. 没有执行金额或者价额的，每件交纳 50 元至 500 元。

2. 执行金额或者价额不超过 1 万元的，每件交纳 50 元；超过 1 万元至 50 万元的部分，按照 1.5% 交纳；超过 50 万元至 500 万元的部分，按照 1% 交纳；超过 500 万元至 1000 万元的部分，按照 0.5% 交纳；超过 1000 万元的部分，按照 0.1% 交纳。

3. 符合民事诉讼法第五十五条[192]第四款规定，未参加登记的权利人向人民法院提起诉讼的，按照本项规定的标准交纳申请费，不再交纳案件受理费。

（二）申请保全措施的，根据实际保全的财产数额按照下列标准交纳：

财产数额不超过 1000 元或者不涉及财产数额的，每件交纳 30 元；超过 1000 元至 10 万元的部分，按照 1% 交纳；超过 10 万元的部分，按照 0.5% 交纳。但是，当事人申请保全措施交纳的费用最多不超过 5000 元。

（三）依法申请支付令的，比照财产

---

[192]《民事诉讼法》（2023 年修正）第 57 条。

案件受理费标准的 1/3 交纳。

（四）依法申请公示催告的，每件交纳 100 元。

（五）申请撤销仲裁裁决或者认定仲裁协议效力的，每件交纳 400 元。

（六）破产案件依据破产财产总额计算，按照财产案件受理费标准减半交纳，但是，最高不超过 30 万元。

（七）海事案件的申请费按照下列标准交纳：

1. 申请设立海事赔偿责任限制基金的，每件交纳 1000 元至 1 万元；

2. 申请海事强制令的，每件交纳 1000 元至 5000 元；

3. 申请船舶优先权催告的，每件交纳 1000 元至 5000 元；

4. 申请海事债权登记的，每件交纳 1000 元；

5. 申请共同海损理算的，每件交纳 1000 元。

第 15 条 以调解方式结案或者当事人申请撤诉的，减半交纳案件受理费。

第 16 条 适用简易程序审理的案件减半交纳案件受理费。

第 17 条 对财产案件提起上诉的，按照不服一审判决部分的上诉请求数额交纳案件受理费。

第 18 条 被告提起反诉、有独立请求权的第三人提出与本案有关的诉讼请求，人民法院决定合并审理的，分别减半交纳案件受理费。

第 19 条 依照本办法第九条规定需要交纳案件受理费的再审案件，按照不服原判决部分的再审请求数额交纳案件受理费。

第四章 诉讼费用的交纳和退还

第 20 条 案件受理费由原告、有独立请求权的第三人、上诉人预交。被告提起反诉，依照本办法规定需要交纳案件受理费的，由被告预交。追索劳动报酬的案件可以不预交案件受理费。

申请费由申请人预交。但是，本办法第十条第（一）项、第（六）项规定的申请费不由申请人预交，执行申请费执行后交纳，破产申请费清算后交纳。

本办法第十一条规定的费用，待实际发生后交纳。

第 21 条 当事人在诉讼中变更诉讼请求数额，案件受理费依照下列规定处理：

（一）当事人增加诉讼请求数额的，按照增加后的诉讼请求数额计算补交；

（二）当事人在法庭调查终结前提出减少诉讼请求数额的，按照减少后的诉讼请求数额计算退还。

第 22 条 原告自接到人民法院交纳诉讼费用通知次日起 7 日内交纳案件受理费；反诉案件由提起反诉的当事人自提起反诉次日起 7 日内交纳案件受理费。

上诉案件的案件受理费由上诉人向人民法院提交上诉状时预交。双方当事人都提起上诉的，分别预交。上诉人在上诉期内未预交诉讼费用的，人民法院应当通知其在 7 日内预交。

申请费由申请人在提出申请时或者在人民法院指定的期限内预交。

当事人逾期不交纳诉讼费用又未提出司法救助申请，或者申请司法救助未获批准，在人民法院指定期限内仍未交纳诉讼费用的，由人民法院依照有关规定处理。

第 23 条 依照本办法第九条规定需要交纳案件受理费的再审案件，由申请再审的当事人预交。双方当事人都申请再审的，分别预交。

第 24 条 依照民事诉讼法第三十六

条、第三十七条、第三十八条、第三十九条[193]规定移送、移交的案件，原受理人民法院应当将当事人预交的诉讼费用随案移交接收案件的人民法院。

第 25 条 人民法院审理民事案件过程中发现涉嫌刑事犯罪并将案件移送有关部门处理的，当事人交纳的案件受理费予以退还；移送后民事案件需要继续审理的，当事人已交纳的案件受理费不予退还。

第 26 条 中止诉讼、中止执行的案件，已交纳的案件受理费、申请费不予退还。中止诉讼、中止执行的原因消除，恢复诉讼、执行的，不再交纳案件受理费、申请费。

第 27 条 第二审人民法院决定将案件发回重审的，应当退还上诉人已交纳的第二审案件受理费。

第一审人民法院裁定不予受理或者驳回起诉的，应当退还当事人已交纳的案件受理费；当事人对第一审人民法院不予受理、驳回起诉的裁定提起上诉，第二审人民法院维持第一审人民法院作出的裁定的，第一审人民法院应当退还当事人已交纳的案件受理费。

第 28 条 依照民事诉讼法第一百三十七条[194]规定终结诉讼的案件，依照本办法规定已交纳的案件受理费不予退还。

第五章 诉讼费用的负担

第 29 条 诉讼费用由败诉方负担，胜诉方自愿承担的除外。

部分胜诉、部分败诉的，人民法院根据案件的具体情况决定当事人各自负担的诉讼费用数额。

共同诉讼当事人败诉的，人民法院根据其对诉讼标的的利害关系，决定当事人各自负担的诉讼费用数额。

第 30 条 第二审人民法院改变第一审人民法院作出的判决、裁定的，应当相应变更第一审人民法院对诉讼费用负担的决定。

第 31 条 经人民法院调解达成协议的案件，诉讼费用的负担由双方当事人协商解决；协商不成的，由人民法院决定。

第 32 条 依照本办法第九条第（一）项、第（二）项的规定应当交纳案件受理费的再审案件，诉讼费用由申请再审的当事人负担；双方当事人都申请再审的，诉讼费用依照本办法第二十九条的规定负担。原审诉讼费用的负担由人民法院根据诉讼费用负担原则重新确定。

第 33 条 离婚案件诉讼费用的负担由双方当事人协商解决；协商不成的，由人民法院决定。

第 34 条 民事案件的原告或者上诉人申请撤诉，人民法院裁定准许的，案件受理费由原告或者上诉人负担。

行政案件的被告改变或者撤销具体行政行为，原告申请撤诉，人民法院裁定准许的，案件受理费由被告负担。

第 35 条 当事人在法庭调查终结后提出减少诉讼请求数额的，减少请求数额部分的案件受理费由变更诉讼请求的当事人负担。

第 36 条 债务人对督促程序未提出异议的，申请费由债务人负担。债务人对督促程序提出异议以使督促程序终结的，申请费由申请人负担；申请人另行起诉的，可以将申请费列入诉讼请求。

---

[193]《民事诉讼法》（2023年修正）第37条、第38条、第130条、39条。
[194]《民事诉讼法》（2023年修正）第154条。

第37条 公示催告的申请费由申请人负担。

第38条 本办法第十条第（一）项、第（八）项规定的申请费由被执行人负担。

执行中当事人达成和解协议的，申请费的负担由双方当事人协商解决；协商不成的，由人民法院决定。

本办法第十条第（二）项规定的申请费由申请人负担，申请人提起诉讼的，可以将该申请费列入诉讼请求。

本办法第十条第（五）项规定的申请费，由人民法院依照本办法第二十九条规定决定申请费的负担。

第39条 海事案件中的有关诉讼费用依照下列规定负担：

（一）诉前申请海事请求保全、海事强制令的，申请费由申请人负担；申请人就有关海事请求提起诉讼的，可将上述费用列入诉讼请求；

（二）诉前申请海事证据保全的，申请费由申请人负担；

（三）诉讼中拍卖、变卖被扣押船舶、船载货物、船用燃油、船用物料发生的合理费用，由申请人预付，从拍卖、变卖价款中先行扣除，退还申请人；

（四）申请设立海事赔偿责任限制基金、申请债权登记与受偿、申请船舶优先权催告案件的申请费，由申请人负担；

（五）设立海事赔偿责任限制基金、船舶优先权催告程序中的公告费用由申请人负担。

第40条 当事人因自身原因未能在举证期限内举证，在二审或者再审期间提出新的证据致使诉讼费用增加的，增加的诉讼费用由该当事人负担。

第41条 依照特别程序审理案件的公告费，由起诉人或者申请人负担。

第42条 依法向人民法院申请破产的，诉讼费用依照有关法律规定从破产财产中拨付。

第43条 当事人不得单独对人民法院关于诉讼费用的决定提起上诉。

当事人单独对人民法院关于诉讼费用的决定有异议的，可以向作出决定的人民法院院长申请复核。复核决定应当自收到当事人申请之日起15日内作出。

当事人对人民法院决定诉讼费用的计算有异议的，可以向作出决定的人民法院请求复核。计算确有错误的，作出决定的人民法院应当予以更正。

第六章 司法救助

第44条 当事人交纳诉讼费用确有困难的，可以依照本办法向人民法院申请缓交、减交或者免交诉讼费用的司法救助。

诉讼费用的免交只适用于自然人。

第45条 当事人申请司法救助，符合下列情形之一的，人民法院应当准予免交诉讼费用：

（一）残疾人无固定生活来源的；

（二）追索赡养费、扶养费、抚育费、抚恤金的；

（三）最低生活保障对象、农村特困定期救济对象、农村五保供养对象或者领取失业保险金人员，无其他收入的；

（四）因见义勇为或者为保护社会公共利益致使自身合法权益受到损害，本人或者其近亲属请求赔偿或者补偿的；

（五）确实需要免交的其他情形。

第46条 当事人申请司法救助，符合下列情形之一的，人民法院应当准予减交诉讼费用：

（一）因自然灾害等不可抗力造成生活困难，正在接受社会救济，或者家庭生产经营难以为继的；

（二）属于国家规定的优抚、安置对象的；

（三）社会福利机构和救助管理站；

（四）确实需要减交的其他情形。

人民法院准予减交诉讼费用的，减交比例不得低于30%。

第47条　当事人申请司法救助，符合下列情形之一的，人民法院应当准予缓交诉讼费用：

（一）追索社会保险金、经济补偿金的；

（二）海上事故、交通事故、医疗事故、工伤事故、产品质量事故或者其他人身伤害事故的受害人请求赔偿的；

（三）正在接受有关部门法律援助的；

（四）确实需要缓交的其他情形。

第48条　当事人申请司法救助，应当在起诉或者上诉时提交书面申请、足以证明其确有经济困难的证明材料以及其他相关证明材料。

因生活困难或者追索基本生活费用申请免交、减交诉讼费用的，还应当提供本人及其家庭经济状况符合当地民政、劳动保障等部门规定的公民经济困难标准的证明。

人民法院对当事人的司法救助申请不予批准的，应当向当事人书面说明理由。

第49条　当事人申请缓交诉讼费用经审查符合本办法第四十七条规定的，人民法院应当在决定立案之前作出准予缓交的决定。

第50条　人民法院对一方当事人提供司法救助，对方当事人败诉的，诉讼费用由对方当事人负担；对方当事人胜诉的，可以视申请司法救助的当事人的经济状况决定其减交、免交诉讼费用。

第51条　人民法院准予当事人减交、免交诉讼费用的，应当在法律文书中载明。

第七章　诉讼费用的管理和监督

第52条　诉讼费用的交纳和收取制度应当公示。人民法院收取诉讼费用按照其财务隶属关系使用国务院财政部门或者省级人民政府财政部门印制的财政票据。案件受理费、申请费全额上缴财政，纳入预算，实行收支两条线管理。

人民法院收取诉讼费用应当向当事人开具缴费凭证，当事人持缴费凭证到指定代理银行交费。依法应当向当事人退费的，人民法院应当按照国家有关规定办理。诉讼费用缴库和退费的具体办法由国务院财政部门商最高人民法院另行制定。

在边远、水上、交通不便地区，基层巡回法庭当场审理案件，当事人提出向指定代理银行交纳诉讼费用确有困难的，基层巡回法庭可以当场收取诉讼费用，并向当事人出具省级人民政府财政部门印制的财政票据；不出具省级人民政府财政部门印制的财政票据的，当事人有权拒绝交纳。

第53条　案件审结后，人民法院应当将诉讼费用的详细清单和当事人应当负担的数额书面通知当事人，同时在判决书、裁定书或者调解书中写明当事人各方应当负担的数额。

需要向当事人退还诉讼费用的，人民法院应当自法律文书生效之日起15日内退还有关当事人。

第54条　价格主管部门、财政部门按照收费管理的职责分工，对诉讼费用进行管理和监督；对违反本办法规定的乱收费行为，依照法律、法规和国务院相关规定予以查处。

第八章　附　则

第55条　诉讼费用以人民币为计算单位。以外币为计算单位的，依照人民法院决定受理案件之日国家公布的汇率换算成人民币计算交纳；上诉案件和申请再审案件的诉讼费用，按照第一审人民法院决定受理案件之日国家公布的汇率换算。

第 56 条 本办法自 2007 年 4 月 1 日起施行。

◎ 司法解释及文件
《最高人民法院关于适用〈中华人民共和国民事诉讼法〉的解释》（法释〔2022〕11 号 2022 年 4 月 1 日修正）

第 194 条 依照民事诉讼法第五十七条审理的案件不预交案件受理费，结案后按照诉讼标的额由败诉方交纳。

第 195 条 支付令失效后转入诉讼程序的，债权人应当按照《诉讼费用交纳办法》补交案件受理费。

支付令被撤销后，债权人另行起诉的，按照《诉讼费用交纳办法》交纳诉讼费用。

第 196 条 人民法院改变原判决、裁定、调解结果的，应当在裁判文书中对原审诉讼费用的负担一并作出处理。

第 197 条 诉讼标的物是证券的，按照证券交易规则并根据当事人起诉之日前最后一个交易日的收盘价、当日的市场价或者其载明的金额计算诉讼标的金额。

第 198 条 诉讼标的物是房屋、土地、林木、车辆、船舶、文物等特定物或者知识产权，起诉时价值难以确定的，人民法院应当向原告释明主张过高或者过低的诉讼风险，以原告主张的价值确定诉讼标的金额。

第 199 条 适用简易程序审理的案件转为普通程序的，原告自接到人民法院交纳诉讼费用通知之日起七日内补交案件受理费。

原告无正当理由未按期足额补交的，按撤诉处理，已经收取的诉讼费用退还一半。

第 200 条 破产程序中有关债务人的民事诉讼案件，按照财产案件标准交纳诉讼费，但劳动争议案件除外。

第 201 条 既有财产性诉讼请求，又有非财产性诉讼请求的，按照财产性诉讼请求的标准交纳诉讼费。

有多个财产性诉讼请求的，合并计算交纳诉讼费；诉讼请求中有多个非财产性诉讼请求的，按一件交纳诉讼费。

第 202 条 原告、被告、第三人分别上诉的，按照上诉请求分别预交二审案件受理费。

同一方多人共同上诉的，只预交一份二审案件受理费；分别上诉的，按照上诉请求分别预交二审案件受理费。

第 203 条 承担连带责任的当事人败诉的，应当共同负担诉讼费用。

第 204 条 实现担保物权案件，人民法院裁定拍卖、变卖担保财产的，申请费由债务人、担保人负担；人民法院裁定驳回申请的，申请费由申请人负担。

申请人另行起诉的，其已经交纳的申请费可以从案件受理费中扣除。

第 205 条 拍卖、变卖担保财产的裁定作出后，人民法院强制执行的，按照执行金额收取执行申请费。

第 206 条 人民法院决定减半收取案件受理费的，只能减半一次。

第 207 条 判决生效后，胜诉方预交但不应负担的诉讼费用，人民法院应当退还，由败诉方向人民法院交纳，但胜诉方自愿承担或者同意败诉方直接向其支付的除外。

当事人拒不交纳诉讼费用的，人民法院可以强制执行。

《最高人民法院关于适用〈诉讼费用交纳办法〉的通知》（法发〔2007〕16号 2007年4月20日）

《诉讼费用交纳办法》（以下简称《办法》）自2007年4月1日起施行，最高人民法院颁布的《人民法院诉讼收费办法》和《〈人民法院诉讼收费办法〉补充规定》同时不再适用。为了贯彻落实《办法》，规范诉讼费用的交纳和管理，现就有关事项通知如下：

一、关于《办法》实施后的收费衔接

2007年4月1日以后人民法院受理的诉讼案件和执行案件，适用《办法》的规定。

2007年4月1日以前人民法院受理的诉讼案件和执行案件，不适用《办法》的规定。

对2007年4月1日以前已经作出生效裁判的案件依法再审的，适用《办法》的规定。人民法院对再审案件依法改判的，原审诉讼费用的负担按照原审时诉讼费用负担的原则和标准重新予以确定。

二、关于当事人未按照规定交纳案件受理费或者申请费的后果

当事人逾期不按照《办法》第二十条规定交纳案件受理费或者申请费并且没有提出司法救助申请，或者申请司法救助未获批准，在人民法院指定期限内仍未交纳案件受理费或者申请费的，由人民法院依法按照当事人自动撤诉或者撤回申请处理。

三、关于诉讼费用的负担

《办法》第二十九条规定，诉讼费用由败诉方负担，胜诉方自愿承担的除外。对原告胜诉的案件，诉讼费用由被告负担，人民法院应当将预收的诉讼费用退还原告，再由人民法院直接向被告收取，但原告自愿承担或者同意被告直接向其支付的除外。

当事人拒不交纳诉讼费用的，人民法院应当依法强制执行。

四、关于执行申请费和破产申请费的收取

《办法》第二十条规定，执行申请费和破产申请费不由申请人预交，执行费执行后交纳，破产申请费清算后交纳。自2007年4月1日起，执行申请费由人民法院在执行生效法律文书确定的内容之外直接向被执行人收取，破产申请费由人民法院在破产清算后，从破产财产中优先拨付。

五、关于司法救助的申请和批准程序

《办法》对司法救助的原则、形式、程序等作出了规定，但对司法救助的申请和批准程序未作规定。为规范人民法院司法救助的操作程序，最高人民法院将于近期对《关于对经济确有困难的当事人提供司法救助的规定》进行修订，及时向全国法院颁布施行。

六、关于各省、自治区、直辖市案件受理费和申请费的具体交纳标准

《办法》授权各省、自治区、直辖市人民政府可以结合本地实际情况，在第十三条第（二）、（三）、（六）项和第十四条第（一）项规定的幅度范围内制定各地案件受理费和申请费的具体交纳标准。各高级人民法院要商同级人民政府，及时就上述条款制定本省、自治区、直辖市案件受理费和申请费的具体交纳标准，并尽快下发辖区法院执行。

《关于对经济确有困难的当事人提供司法救助的规定》（法发〔2005〕6号 2005年4月5日修订）

第1条 为了使经济确有困难的当事人能够依法行使诉讼权利，维护其合法权益，根据《中华人民共和国民事诉讼法》、

《中华人民共和国行政诉讼法》和《人民法院诉讼收费办法》[195]，制定本规定。

第2条 本规定所称司法救助，是指人民法院对于当事人为维护自己的合法权益，向人民法院提起民事、行政诉讼，但经济确有困难的，实行诉讼费用的缓交、减交、免交。

第3条 当事人符合本规定第二条并具有下列情形之一的，可以向人民法院申请司法救助：

（一）追索赡养费、扶养费、抚育费、抚恤金的；

（二）孤寡老人、孤儿和农村"五保户"；

（三）没有固定生活来源的残疾人、患有严重疾病的人；

（四）国家规定的优抚、安置对象；

（五）追索社会保险金、劳动报酬和经济补偿金的；

（六）交通事故、医疗事故、工伤事故、产品质量事故或者其他人身伤害事故的受害人，请求赔偿的；

（七）因见义勇为或为保护社会公共利益致使自己合法权益受到损害，本人或者近亲属请求赔偿或经济补偿的；

（八）进城务工人员追索劳动报酬或其他合法权益受到侵害而请求赔偿的；

（九）正在享受城市居民最低生活保障、农村特困户救济或者领取失业保险金，无其他收入的；

（十）因自然灾害等不可抗力造成生活困难，正在接受社会救济，或者家庭生产经营难以为继的；

（十一）起诉行政机关违法要求农民履行义务的；

（十二）正在接受有关部门法律援助的；

（十三）当事人为社会福利机构、敬老院、优抚医院、精神病院、SOS儿童村、社会救助站、特殊教育机构等社会公共福利单位的；

（十四）其他情形确实需要司法救助的。

第4条 当事人请求人民法院提供司法救助，应在起诉或上诉时提交书面申请和足以证明其确有经济困难的证明材料。其中因生活困难或者追索基本生活费用申请司法救助的，应当提供本人及其家庭经济状况符合当地民政、劳动和社会保障等部门规定的公民经济困难标准的证明。

第5条 人民法院对当事人司法救助的请求，经审查符合本规定第三条所列情形的，立案时应准许当事人缓交诉讼费用。

第6条 人民法院决定对一方当事人司法救助，对方当事人败诉的，诉讼费用由对方当事人交纳；拒不交纳的强制执行。

对方当事人胜诉的，可视申请司法救助当事人的经济状况决定其减交、免交诉讼费用。决定减交诉讼费用的，减交比例不得低于30%。符合本规定第三条第二项、第九项规定情形的，应免交诉讼费用。

第7条 对当事人请求缓交诉讼费用的，由承办案件的审判人员或合议庭提出意见，报庭长审批；对当事人请求减交、免交诉讼费用的，由承办案件的审判人员或合议庭提出意见，经庭长审核同意后，报院长审批。

第8条 人民法院决定对当事人减

---

[195] 此文件已失效。

交、免交诉讼费用的,应在法律文书中列明。

第9条 当事人骗取司法救助的,人民法院应当责令其补交诉讼费用;拒不补交的,以妨害诉讼行为论处。

第10条 本规定自公布之日起施行。

文书范本

申请书(申请缓交、减交或者免交诉讼费用)

申 请 书

　　申请人:×××,男/女,××××年××月××日出生,×族,……(写明工作单位和职务或者职业),住……。联系方式:……。
　　法定代理人/指定代理人:×××,……。
　　委托诉讼代理人:×××,……。
　　(以上写明申请人和其他诉讼参加人的姓名或者名称等基本信息)
　　请求事项:
　　缓交/减交/免交诉讼费用……元。
　　事实和理由:
　　……(写明案件当事人和案由)一案,……(写明申请缓交/减交/免交诉讼费用的事实和理由)
　　此致
××××人民法院

申请人(签名或者公章)
××××年××月××日

文书制作要点提示:

①当事人是法人或者其他组织的,写明名称住所,另起一行写明法定代表人、主要负责人及其姓名、职务、联系方式。

②诉讼费用的免交只适用于自然人。

③当事人申请司法救助,应当在起诉或者上诉时提交书面申请、足以证明其确有经济困难的证明材料以及其他相关证明材料。因生活困难或者追索基本生活费用申请免交、减交诉讼费用的,还应当提供本人及其家庭经济状况符合当地民政、劳动保障等部门规定的公民经济困难标准的证明。

第二编　审判程序

第十二章　第一审普通程序

第一节　起诉和受理

> **第一百二十二条　起诉的实质要件**
>
> 起诉必须符合下列条件：
> （一）原告是与本案有直接利害关系的公民、法人和其他组织；
> （二）有明确的被告；
> （三）有具体的诉讼请求和事实、理由；
> （四）属于人民法院受理民事诉讼的范围和受诉人民法院管辖。

相关规定

◎司法解释及文件

❶ 一般规定

《最高人民法院关于适用〈中华人民共和国民事诉讼法〉的解释》（法释〔2022〕11号　2022年4月1日修正）

第208条　人民法院接到当事人提交的民事起诉状时，对符合民事诉讼法第一百二十二条的规定，且不属于第一百二十七条规定情形的，应当登记立案；对当场不能判定是否符合起诉条件的，应当接收起诉材料，并出具注明收到日期的书面凭证。

需要补充必要相关材料的，人民法院应当及时告知当事人。在补齐相关材料后，应当在七日内决定是否立案。

立案后发现不符合起诉条件或者属于民事诉讼法第一百二十七条规定情形的，裁定驳回起诉。

第209条　原告提供被告的姓名或者名称、住所等信息具体明确，足以使被告与他人相区别的，可以认定为有明确的被告。

起诉状列写被告信息不足以认定明确的被告的，人民法院可以告知原告补正。原告补正后仍不能确定明确的被告的，人民法院裁定不予受理。

第277条　人民法院受理小额诉讼案件后，发现起诉不符合民事诉讼法第一百二十二条规定的起诉条件的，裁定驳回起诉。裁定一经作出即生效。

第286条　人民法院受理公益诉讼案件，不影响同一侵权行为的受害人根据民事诉讼法第一百二十二条规定提起诉讼。

第451条　判决公告之日起，公示催告申请人有权依据判决向付款人请求付款。

付款人拒绝付款，申请人向人民法院起诉，符合民事诉讼法第一百二十二条规定的起诉条件的，人民法院应予受理。

《最高人民法院关于人民法院登记立案若干问题的规定》（法释〔2015〕8号　2015年4月15日）

为保护公民、法人和其他组织依法行使诉权，实现人民法院依法、及时受理案件，根据《中华人民共和国民事诉讼法》《中华人民共和国行政诉讼法》《中华人民共和国刑事诉讼法》等法律规定，制定本规定。

第 1 条　人民法院对依法应该受理的一审民事起诉、行政起诉和刑事自诉,实行立案登记制。

第 2 条　对起诉、自诉,人民法院应当一律接收诉状,出具书面凭证并注明收到日期。

对符合法律规定的起诉、自诉,人民法院应当当场予以登记立案。

对不符合法律规定的起诉、自诉,人民法院应当予以释明。

第 3 条　人民法院应当提供诉状样本,为当事人书写诉状提供示范和指引。

当事人书写诉状确有困难的,可以口头提出,由人民法院记入笔录。符合法律规定的,予以登记立案。

第 4 条　民事起诉状应当记明以下事项:

(一)原告的姓名、性别、年龄、民族、职业、工作单位、住所、联系方式,法人或者其他组织的名称、住所和法定代表人或者主要负责人的姓名、职务、联系方式;

(二)被告的姓名、性别、工作单位、住所等信息,法人或者其他组织的名称、住所等信息;

(三)诉讼请求和所根据的事实与理由;

(四)证据和证据来源;

(五)有证人的,载明证人姓名和住所。

行政起诉状参照民事起诉状书写。

第 5 条　刑事自诉状应当记明以下事项:

(一)自诉人或者代为告诉人、被告人的姓名、性别、年龄、民族、文化程度、职业、工作单位、住址、联系方式;

(二)被告人实施犯罪的时间、地点、手段、情节和危害后果等;

(三)具体的诉讼请求;

(四)致送的人民法院和具状时间;

(五)证据的名称、来源等;

(六)有证人的,载明证人的姓名、住所、联系方式等。

第 6 条　当事人提出起诉、自诉的,应当提交以下材料:

(一)起诉人、自诉人是自然人的,提交身份证明复印件;起诉人、自诉人是法人或者其他组织的,提交营业执照或者组织机构代码证复印件、法定代表人或者主要负责人身份证明书;法人或者其他组织不能提供组织机构代码的,应当提供组织机构被注销的情况说明;

(二)委托起诉或者代为告诉的,应当提交授权委托书、代理人身份证明、代为告诉人身份证明等相关材料;

(三)具体明确的足以使被告或者被告人与他人相区别的姓名或者名称、住所等信息;

(四)起诉状原本和与被告或者被告人及其他当事人人数相符的副本;

(五)与诉请相关的证据或者证明材料。

第 7 条　当事人提交的诉状和材料不符合要求的,人民法院应当一次性书面告知在指定期限内补正。

当事人在指定期限内补正的,人民法院决定是否立案的期间,自收到补正材料之日起计算。

当事人在指定期限内没有补正的,退回诉状并记录在册;坚持起诉、自诉的,裁定或者决定不予受理、不予立案。

经补正仍不符合要求的,裁定或者决定不予受理、不予立案。

第 8 条　对当事人提出的起诉、自诉,人民法院当场不能判定是否符合法律规定的,应当作出以下处理:

（一）对民事、行政起诉，应当在收到起诉状之日起七日内决定是否立案；

（二）对刑事自诉，应当在收到自诉状次日起十五日内决定是否立案；

（三）对第三人撤销之诉，应当在收到起诉状之日起三十日内决定是否立案；

（四）对执行异议之诉，应当在收到起诉状之日起十五日内决定是否立案。

人民法院在法定期间内不能判定起诉、自诉是否符合法律规定的，应当先行立案。

第9条 人民法院对起诉、自诉不予受理或者不予立案的，应当出具书面裁定或者决定，并载明理由。

第10条 人民法院对下列起诉、自诉不予登记立案：

（一）违法起诉或者不符合法律规定的；

（二）涉及危害国家主权和领土完整的；

（三）危害国家安全的；

（四）破坏国家统一和民族团结的；

（五）破坏国家宗教政策的；

（六）所诉事项不属于人民法院主管的。

第11条 登记立案后，当事人未在法定期限内交纳诉讼费用的，按撤诉处理，但符合法律规定的缓、减、免交诉讼费条件的除外。

第12条 登记立案后，人民法院立案庭应当及时将案件移送审判庭审理。

第13条 对立案工作中存在的不接收诉状、接收诉状后不出具书面凭证，不一次性告知当事人补正诉状内容，以及有案不立、拖延立案、干扰立案、既不立案又不作出裁定或者决定等违法违纪情形，当事人可以向受诉人民法院或者上级人民法院投诉。

人民法院应当在受理投诉之日起十五日内，查明事实，并将情况反馈当事人。发现违法违纪行为的，依法依纪追究相关人员责任；构成犯罪的，依法追究刑事责任。

第14条 为方便当事人行使诉权，人民法院提供网上立案、预约立案、巡回立案等诉讼服务。

第15条 人民法院推动多元化纠纷解决机制建设，尊重当事人选择人民调解、行政调解、行业调解、仲裁等多种方式维护权益，化解纠纷。

第16条 人民法院依法维护登记立案秩序，推进诉讼诚信建设。对干扰立案秩序、虚假诉讼的，根据民事诉讼法、行政诉讼法有关规定予以罚款、拘留；构成犯罪的，依法追究刑事责任。

第17条 本规定的"起诉"，是指当事人提起民事、行政诉讼；"自诉"，是指当事人提起刑事自诉。

第18条 强制执行和国家赔偿申请登记立案工作，按照本规定执行。

上诉、申请再审、刑事申诉、执行复议和国家赔偿申诉案件立案工作，不适用本规定。

第19条 人民法庭登记立案工作，按照本规定执行。

第20条 本规定自2015年5月1日起施行。以前有关立案的规定与本规定不一致的，按照本规定执行。

《最高人民法院关于印发修改后的〈民事案件案由规定〉的通知》（法〔2020〕347号 2020年12月29日）

五、适用修改后的《案由规定》应当注意的问题

5. 正确认识民事案件案由的性质与功能。案由体系的编排制定是人民法院进行民事审判管理的手段。各级人民法院应当依法保障当事人依照法律规定享有的起诉权利，不得将修改后的《案由规定》等同于民事诉讼法第一百一十九条[196]规定的起诉条件，不得以当事人的诉请在修改后的《案由规定》中没有相应案由可以适用为由，裁定不予受理或者驳回起诉，损害当事人的诉讼权利。

❷ 公司、证券等纠纷起诉的相关规定

《最高人民法院关于适用〈中华人民共和国公司法〉若干问题的规定（二）》（法释〔2014〕2号 2020年12月29日修正）

第2条 股东提起解散公司诉讼，同时又申请人民法院对公司进行清算的，人民法院对其提出的清算申请不予受理。人民法院可以告知原告，在人民法院判决解散公司后，依据民法典第七十条、公司法第一百八十三条和本规定第七条的规定，自行组织清算或者另行申请人民法院对公司进行清算。

《最高人民法院关于适用〈中华人民共和国公司法〉若干问题的规定（四）》（法释〔2017〕16号 2020年12月29日修正）

第2条 依据民法典第八十五条、公司法第二十二条第二款请求撤销股东会或者股东大会、董事会决议的原告，应当在起诉时具有公司股东资格。

《最高人民法院关于适用〈中华人民共和国公司法〉若干问题的规定（五）》（法释〔2019〕7号 2020年12月29日修正）

第1条 关联交易损害公司利益，原告公司依据民法典第八十四条、公司法第二十一条规定请求控股股东、实际控制人、董事、监事、高级管理人员赔偿所造成的损失，被告仅以该交易已经履行了信息披露、经股东会或者股东大会同意等法律、行政法规或者公司章程规定的程序为由抗辩的，人民法院不予支持。

公司没有提起诉讼的，符合公司法第一百五十一条第一款规定条件的股东，可以依据公司法第一百五十一条第二款、第三款规定向人民法院提起诉讼。

第2条 关联交易合同存在无效、可撤销或者对公司不发生效力的情形，公司没有起诉合同相对方的，符合公司法第一百五十一条第一款规定条件的股东，可以依据公司法第一百五十一条第二款、第三款规定向人民法院提起诉讼。

《最高人民法院关于证券纠纷代表人诉讼若干问题的规定》（法释〔2020〕5号 2020年7月30日）

第5条 符合以下条件的，人民法院应当适用普通代表人诉讼程序进行审理：

（一）原告一方人数十人以上，起诉符合民事诉讼法第一百一十九条[197]规定和共同诉讼条件；

（二）起诉书中确定二至五名拟任代表人且符合本规定第十二条规定的代表人条件；

（三）原告提交有关行政处罚决定、刑事裁判文书、被告自认材料、证券交易所和国务院批准的其他全国性证券交易场所等给予的纪律处分或者采取的自律管理措施等证明证券侵权事实的初步证据。

不符合前款规定的，人民法院应当适用非代表人诉讼程序进行审理。

第32条 人民法院已经根据民事诉讼法第五十四条[198]第一款、证券法第九十五条第二款的规定发布权利登记公告

---

[196] 《民事诉讼法》（2023年修正）第122条。
[197] 同上。
[198] 《民事诉讼法》（2023年修正）第57条。

的，投资者保护机构在公告期间受五十名以上权利人的特别授权，可以作为代表人参加诉讼。先受理的人民法院不具有特别代表人诉讼管辖权的，应当将案件及时移送有管辖权的人民法院。

不同意加入特别代表人诉讼的权利人可以提交退出声明，原诉讼继续进行。

《全国法院审理债券纠纷案件座谈会纪要》（法〔2020〕185号 2020年7月15日）

二、关于诉讼主体资格的认定

会议认为，同期发行债券的持有人利益诉求高度同质化且往往人数众多，采用共同诉讼的方式能够切实降低债券持有人的维权成本，最大限度地保障债券持有人的利益，也有利于提高案件审理效率，节约司法资源，实现诉讼经济。案件审理中，人民法院应当根据当事人的协议约定或债券持有人会议的决议，承认债券受托管理人或者债券持有人会议推选的代表人的法律地位，充分保障受托管理人、诉讼代表人履行统一行使诉权的职能。对于债券违约合同纠纷案件，应当以债券受托管理人或者债券持有人会议推选的代表人集中起诉为原则，以债券持有人个别起诉为补充。

5. 债券受托管理人的诉讼主体资格。债券发行人不能如约偿付债券本息或者出现债券募集文件约定的违约情形时，受托管理人根据债券募集文件、债券受托管理协议的约定或者债券持有人会议决议的授权，以自己的名义代表债券持有人提起、参加民事诉讼，或者申请发行人破产重整、破产清算的，人民法院应当依法予以受理。

受托管理人应当向人民法院提交符合债券募集文件、债券受托管理协议或者债券持有人会议规则的授权文件。

6. 债券持有人自行或者共同提起诉讼。在债券持有人会议决议授权受托管理人或者推选代表人代表部分债券持有人主张权利的情况下，其他债券持有人另行单独或者共同提起、参加民事诉讼，或者申请发行人破产重整、破产清算的，人民法院应当依法予以受理。

债券持有人会议以受托管理人怠于行使职责为由作出自行主张权利的有效决议后，债券持有人根据决议单独、共同或者代表其他债券持有人向人民法院提起诉讼、申请发行人破产重整或者破产清算的，人民法院应当依法予以受理。

7. 资产管理产品管理人的诉讼地位。通过各类资产管理产品投资债券的，资产管理产品的管理人根据相关规定或者资产管理文件的约定以自己的名义提起诉讼的，人民法院应当依法予以受理。

8. 债券交易对诉讼地位的影响。债券持有人以债券质押式回购、融券交易、债券收益权转让等不改变债券持有人身份的方式融资的，不影响其诉讼主体资格的认定。

❸ 公益诉讼起诉的相关规定

《最高人民法院关于审理消费民事公益诉讼案件适用法律若干问题的解释》（法释〔2016〕10号 2020年12月29日修正）

第9条 人民法院受理消费民事公益诉讼案件后，因同一侵权行为受到损害的消费者申请参加诉讼的，人民法院应当告知其根据民事诉讼法第一百一十九条[199]规定主张权利。

第10条 消费民事公益诉讼案件受理后，因同一侵权行为受到损害的消费者

---

[199]《民事诉讼法》（2023年修正）第122条。

请求对其根据民事诉讼法第一百一十九条[200]规定提起的诉讼予以中止,人民法院可以准许。

第 16 条 已为消费民事公益诉讼生效裁判认定的事实,因同一侵权行为受到损害的消费者根据民事诉讼法第一百一十九条[201]规定提起的诉讼,原告、被告均无需举证证明,但当事人对该事实有异议并有相反证据足以推翻的除外。

消费民事公益诉讼生效裁判认定经营者存在不法行为,因同一侵权行为受到损害的消费者根据民事诉讼法第一百一十九条[202]规定提起的诉讼,原告主张适用的,人民法院可予支持,但被告有相反证据足以推翻的除外。被告主张直接适用对其有利认定的,人民法院不予支持,被告仍应承担相应举证证明责任。

《最高人民法院关于审理环境民事公益诉讼案件适用法律若干问题的解释》(法释〔2015〕1 号 2020 年 12 月 29 日修正)

第 29 条 法律规定的机关和社会组织提起环境民事公益诉讼的,不影响因同一污染环境、破坏生态行为受到人身、财产损害的公民、法人和其他组织依据民事诉讼法第一百一十九条[203]的规定提起诉讼。

第 30 条 已为环境民事公益诉讼生效裁判认定的事实,因同一污染环境、破坏生态行为依据民事诉讼法第一百一十九条[204]规定提起诉讼的原告、被告均无需举证证明,但原告对该事实有异议并有相反证据足以推翻的除外。

对于环境民事公益诉讼生效裁判就被告是否存在法律规定的不承担责任或者减轻责任的情形、行为与损害之间是否存在因果关系、被告承担责任的大小等所作的认定,因同一污染环境、破坏生态行为依据民事诉讼法第一百一十九条[205]规定提起诉讼的原告主张适用的,人民法院应予支持,但被告有相反证据足以推翻的除外。被告主张直接适用对其有利的认定的,人民法院不予支持,被告仍应举证证明。

《最高人民法院、最高人民检察院关于检察公益诉讼案件适用法律若干问题的解释》(法释〔2018〕6 号 2020 年 12 月 29 日修正)

第 15 条 人民检察院依据民事诉讼法第五十五条[206]第二款的规定提起民事公益诉讼,符合民事诉讼法第一百一十九条[207]第二项、第三项、第四项及本解释规定的起诉条件的,人民法院应当登记立案。

❹ 其他

《最高人民法院关于审理申请注册的药品相关的专利权纠纷民事案件适用法律若干问题的规定》(法释〔2021〕13 号 2021 年 7 月 4 日)

第 3 条 专利权人或者利害关系人依

---

[200] 《民事诉讼法》(2023 年修正)第 122 条。
[201] 同上。
[202] 同上。
[203] 同上。
[204] 同上。
[205] 同上。
[206] 《民事诉讼法》(2023 年修正)第 58 条。
[207] 《民事诉讼法》(2023 年修正)第 122 条。

据专利法第七十六条起诉的，应当按照民事诉讼法第一百一十九条[208]第三项的规定提交下列材料：

（一）国务院有关行政部门依据衔接办法所设平台中登记的相关专利信息，包括专利名称、专利号、相关的权利要求等；

（二）国务院有关行政部门依据衔接办法所设平台中公示的申请注册药品的相关信息，包括药品名称、药品类型、注册类别以及申请注册药品与所涉及的上市药品之间的对应关系等；

（三）药品上市许可申请人依据衔接办法作出的四类声明及声明依据。

药品上市许可申请人应当在一审答辩期内，向人民法院提交其向国家药品审评机构申报的、与认定是否落入相关专利权保护范围对应的必要技术资料副本。

《最高人民法院关于审理侵犯专利权纠纷案件应用法律若干问题的解释（二）》（法释〔2016〕1号 2020年12月29日修正）

第1条 权利要求书有两项以上权利要求的，权利人应当在起诉状中载明据以起诉被诉侵权人侵犯其专利权的权利要求。起诉状对此未记载或者记载不明的，人民法院应当要求权利人明确。经释明，权利人仍不予明确的，人民法院可以裁定驳回起诉。

《最高人民法院关于产品侵权案件的受害人能否以产品的商标所有人为被告提起民事诉讼的批复》（法释〔2002〕22号 2020年12月29日修正）

北京市高级人民法院：

你院京高法〔2001〕271号《关于荆其廉、张新荣等诉美国通用汽车公司、美国通用汽车海外公司损害赔偿案诉讼主体确立问题处理结果的请示报告》收悉。经研究，我们认为，任何将自己的姓名、名称、商标或者可资识别的其他标识体现在产品上，表示其为产品制造者的企业或个人，均属于《中华人民共和国民法通则》第一百二十二条规定的"产品制造者"[209]和《中华人民共和国产品质量法》规定的"生产者"。本案中美国通用汽车公司为事故车的商标所有人，根据受害人的起诉和本案的实际情况，本案以通用汽车公司、通用汽车海外公司、通用汽车巴西公司为被告并无不当。

最高院裁判观点

许某诉泉州某置业有限公司、林某与公司有关的纠纷案【《最高人民法院公报》2019年第7期】

裁判要旨：（1）人民法院应当根据公司法、公司法司法解释（四）以及民事诉讼法的规定审查提起确认公司决议无效之诉的当事人是否为适格原告。对于在起诉时已经不具有公司股东资格和董事、监事职务的当事人提起的确认公司决议无效之诉，人民法院应当依据民事诉讼法第一百一十九条[210]的规定审查其是否符合与案件有直接利害关系等起诉条件。（2）公司法意义上的董事会决议，是董事会根据法律或者公司章程规定的权限和表决程序，就审议事项经表决形成的反映董事会商业判断和独立意志的决议文件。中外合资经营企业的董事会对于合营一方根据法律规定委派和撤换董事之事项所作的记录性文

---

[208]《民事诉讼法》（2023年修正）第122条。
[209] 已废止，被《民法典》第1202条吸收。
[210]《民事诉讼法》（2023年修正）第122条。

件，不构成公司法意义上的董事会决议，亦不能成为确认公司决议无效之诉的对象。

第一百二十三条　起诉的形式要件

起诉应当向人民法院递交起诉状，并按照被告人数提出副本。

书写起诉状确有困难的，可以口头起诉，由人民法院记入笔录，并告知对方当事人。

▌相关规定

◎司法解释及文件

《最高人民法院关于人民法院登记立案若干问题的规定》（法释〔2015〕8号　2015年4月15日）

第3条　人民法院应当提供诉状样本，为当事人书写诉状提供示范和指引。

当事人书写诉状确有困难的，可以口头提出，由人民法院记入笔录。符合法律规定的，予以登记立案。

《最高人民法院关于审理侵犯专利权纠纷案件应用法律若干问题的解释（二）》（法释〔2016〕1号　2020年12月29日修正）

第1条　权利要求书有两项以上权利要求的，权利人应当在起诉状中载明据以起诉被诉侵权人侵犯其专利权的权利要求。起诉状对此未记载或者记载不明的，人民法院应当要求权利人明确。经释明，权利人仍不予明确的，人民法院可以裁定驳回起诉。

第一百二十四条　起诉状的内容

起诉状应当记明下列事项：

（一）原告的姓名、性别、年龄、民族、职业、工作单位、住所、联系方式，法人或者其他组织的名称、住所和法定代表人或者主要负责人的姓名、职务、联系方式；

（二）被告的姓名、性别、工作单位、住所等信息，法人或者其他组织的名称、住所等信息；

（三）诉讼请求和所根据的事实与理由；

（四）证据和证据来源，证人姓名和住所。

▌相关规定

◎司法解释及文件

《最高人民法院关于适用〈中华人民共和国民事诉讼法〉的解释》（法释〔2022〕11号　2022年4月1日修正）

第210条　原告在起诉状中有谩骂和人身攻击之辞的，人民法院应当告知其修改后提起诉讼。

《最高人民法院关于审理侵害知识产权民事案件适用惩罚性赔偿的解释》（法释〔2021〕4号　2021年3月2日）

第2条　原告请求惩罚性赔偿的，应当在起诉时明确赔偿数额、计算方式以及所依据的事实和理由。

原告在一审法庭辩论终结前增加惩罚性赔偿请求的，人民法院应当准许；在二审中增加惩罚性赔偿请求的，人民法院可以根据当事人自愿的原则进行调解，调解不成的，告知当事人另行起诉。

文书范本

民事起诉状（公民提起民事诉讼用）

民事起诉状

原告：×××，男/女，××××年××月××日生，×族，……（写明工作单位和职务或职业），住……。联系方式：……。

法定代理人/指定代理人：×××，……。

委托诉讼代理人：×××，……。

被告：×××，……。

……

（以上写明当事人和其他诉讼参加人的姓名或者名称等基本信息）

诉讼请求：

……

事实和理由：

……

证据和证据来源，证人姓名和住所：

……

此致

××××人民法院

附：本起诉状副本×份

起诉人（签名）
××××年××月××日

文书制作要点提示：

①原告是自然人的应当写明姓名、性别、出生日期、民族、职业、工作单位、住所、联系方式。原告是无民事行为能力或者限制民事行为能力人的，应当写明法定代理人姓名、性别、出生日期、民族、职业、工作单位、住所、联系方式，在诉讼地位后括注与原告的关系。原告是法人或者其他组织的，写明名称住所，另起一行写明法定代表人、主要负责人及其姓名、职务、联系方式。

②被告是自然人的，应当写明姓名、性别、工作单位、住所等信息；被告是法人或者其他组织的，应当写明名称、住所等信息。

③原告在起诉状中直接列写第三人的，视为其申请人民法院追加该第三人参加诉讼，是否通知第三人参加诉讼，由人民法院审查决定。

④诉讼请求要明确、清晰，事实和理由部分简要概括案件的基本事实、提起诉讼的主要理由和法律依据。

⑤原告为自然人的，起诉状应当由本人签名；原告为法人或其他组织的，起诉状应当加盖单位印章，并由法定代表人或者主要负责人签名。

> **第一百二十五条　先行调解**
>
> 当事人起诉到人民法院的民事纠纷,适宜调解的,先行调解,但当事人拒绝调解的除外。

条文注解

先行调解的适用条件,主要是两项,二者缺一不可:一是人民法院认为"适宜调解"。"适宜"的判断标准由人民法院根据案件的具体情况具体掌握。一般来说,家庭矛盾、邻里纠纷等民间纠纷适宜调解,其他案件如果事实基本清楚、当事人之间争议不大的也"适宜"调解。二是当事人不拒绝。调解的一项基本原则是当事人自愿,如果当事人明确表示不同意调解:尚未立案的,人民法院应当依法及时立案;已经受理立案的,应当依法及时判决。需要说明的是,当事人不拒绝不仅包括当事人明示的同意,还包括其默示同意。调解过程中,当事人未明确拒绝调解的,可以视为同意调解。

相关规定

◎**司法解释及文件**

《最高人民法院关于适用简易程序审理民事案件的若干规定》(法释〔2003〕15号 2020年12月29日修正)

第14条 下列民事案件,人民法院在开庭审理时应当先行调解:

(一) 婚姻家庭纠纷和继承纠纷;

(二) 劳务合同纠纷;

(三) 交通事故和工伤事故引起的权利义务关系较为明确的损害赔偿纠纷;

(四) 宅基地和相邻关系纠纷;

(五) 合伙合同纠纷;

(六) 诉讼标的额较小的纠纷。

但是根据案件的性质和当事人的实际情况不能调解或者显然没有调解必要的除外。

《最高人民法院关于民商事案件繁简分流和调解速裁操作规程(试行)》(法发〔2017〕14号 2017年5月8日)

为贯彻落实最高人民法院《关于进一步推进案件繁简分流优化司法资源配置的若干意见》《关于人民法院进一步深化多元化纠纷解决机制改革的意见》,推动和规范人民法院民商事案件繁简分流、先行调解、速裁等工作,依法高效审理民商事案件,实现简案快审、繁案精审,切实减轻当事人诉累,根据《中华人民共和国民事诉讼法》及有关司法解释,结合人民法院审判工作实际,制定本规程。

第1条 民商事简易纠纷解决方式主要有先行调解、和解、速裁、简易程序、简易程序中的小额诉讼、督促程序等。

人民法院对当事人起诉的民商事纠纷,在依法登记立案后,应当告知双方当事人可供选择的简易纠纷解决方式,释明各项程序的特点。

先行调解包括人民法院调解和委托第三方调解。

第2条 人民法院应当指派专职或兼职程序分流员。

程序分流员负责以下工作:

(一) 根据案件事实、法律适用、社会影响等因素,确定案件应当适用的程序;

(二) 对系列性、群体性或者关联性案件等进行集中分流;

(三) 对委托调解的案件进行跟踪、提示、指导、督促;

(四) 做好不同案件程序之间转换衔接工作;

(五) 其他与案件分流、程序转换相关的工作。

第3条 人民法院登记立案后,程序分流员认为适宜调解的,在征求当事人意见后,转入调解程序;认为应当适用简易程序、速裁的,转入相应程序,进行快速审;认为应当适用特别程序、普通程序的,根据业务分工确定承办部门。

登记立案前,需要制作诉前保全裁定书、司法确认裁定书、和解备案的,由程序分流员记录后转办。

第4条 案件程序分流一般应当在登记立案当日完成,最长不超过三日。

第5条 程序分流后,尚未进入调解或审理程序时,承办部门和法官认为程序分流不当的,应当及时提出,不得自行将案件退回或移送。

程序分流员认为异议成立的,可以将案件收回并重新分配。

第6条 在调解或审理中,由于出现或发现新情况,承办部门和法官决定转换程序的,向程序分流员备案。已经转换过一次程序的案件,原则上不得再次转换。

第7条 案件适宜调解的,应当出具先行调解告知书,引导当事人先行调解,当事人明确拒绝的除外。

第8条 先行调解告知书包括以下内容:

(一)先行调解特点;
(二)自愿调解原则;
(三)先行调解人员;
(四)先行调解程序;
(五)先行调解法律效力;
(六)诉讼费减免规定;
(七)其他相关事宜。

第9条 下列适宜调解的纠纷,应当引导当事人委托调解:

(一)家事纠纷;
(二)相邻关系纠纷;
(三)劳动争议纠纷;
(四)交通事故赔偿纠纷;
(五)医疗纠纷;
(六)物业纠纷;
(七)消费者权益纠纷;
(八)小额债务纠纷;
(九)申请撤销劳动争议仲裁裁决纠纷。

其他适宜调解的纠纷,也可以引导当事人委托调解。

第10条 人民法院指派法官担任专职调解员,负责以下工作:

(一)主持调解;
(二)对调解达成协议的,制作调解书;
(三)对调解不成适宜速裁的,径行裁判。

第11条 人民法院调解或者委托调解的,应当在十五日内完成。各方当事人同意的,可以适当延长,延长期限不超过十五日。调解期间不计入审理期限。

当事人选择委托调解的,人民法院应当在三日内移交相关材料。

第12条 委托调解达成协议的,调解人员应当在三日内将调解协议提交人民法院,由法官审查后制作调解书或者准许撤诉裁定书。

不能达成协议的,应当书面说明调解情况。

第13条 人民法院调解或者委托调解未能达成协议,需要转换程序的,调解人员应当在三日内将案件材料移送程序分流员,由程序分流员转入其他程序。

第14条 经委托调解达成协议后撤诉,或者人民调解达成协议未经司法确认,当事人就调解协议的内容或者履行发生争议的,可以提起诉讼。

人民法院应当就当事人的诉讼请求进行审理,当事人的权利义务不受原调解协议的约束。

第 15 条　第二审人民法院在征得当事人同意后，可以在立案后移送审理前由专职调解员或者合议庭进行调解，法律规定不予调解的情形除外。

二审审理前的调解应当在十日内完成。各方当事人同意的，可以适当延长，延长期限不超过十日。调解期间不计入审理期限。

第 16 条　当事人同意先行调解的，暂缓预交诉讼费。委托调解达成协议的，诉讼费减半交纳。

第 17 条　人民法院先行调解可以在诉讼服务中心、调解组织所在地或者双方当事人选定的其他场所开展。

先行调解可以通过在线调解、视频调解、电话调解等远程方式开展。

第 18 条　人民法院建立诉调对接管理系统，对立案前第三方调解的纠纷进行统计分析，与审判管理系统信息共享。

诉调对接管理系统按照"诉前调"字号对第三方调解的纠纷逐案登记，采集当事人情况、案件类型、简要案情、调解组织或调解员、处理时间、处理结果等基本信息，形成纠纷调解信息档案。

第 19 条　基层人民法院可以设立专门速裁组织，对适宜速裁的民商事案件进行裁判。

第 20 条　基层人民法院对于离婚后财产纠纷、买卖合同纠纷、商品房预售合同纠纷、金融借款合同纠纷、民间借贷纠纷、银行卡纠纷、租赁合同纠纷等事实清楚、权利义务关系明确、争议不大的金钱给付纠纷，可以采用速裁方式审理。

但下列情形除外：

（一）新类型案件；

（二）重大疑难复杂案件；

（三）上级人民法院发回重审、指令立案受理、指定审理、指定管辖，或者其他人民法院移送管辖的案件；

（四）再审案件；

（五）其他不宜速裁的案件。

第 21 条　采用速裁方式审理民商事案件，一般只开庭一次，庭审直接围绕诉讼请求进行，不受法庭调查、法庭辩论等庭审程序限制，但应当告知当事人回避、上诉等基本诉讼权利，并听取当事人对案件事实的陈述意见。

第 22 条　采用速裁方式审理的民商事案件，可以使用令状式、要素式、表格式等简式裁判文书，应当当庭宣判并送达。

当庭即时履行的，经征得各方当事人同意，可以在法庭笔录中记录后不再出具裁判文书。

第 23 条　人民法院采用速裁方式审理民商事案件，一般应当在十日内审结，最长不超过十五日。

第 24 条　采用速裁方式审理案件出现下列情形之一的，应当及时将案件转为普通程序：

（一）原告增加诉讼请求致案情复杂；

（二）被告提出反诉；

（三）被告提出管辖权异议；

（四）追加当事人；

（五）当事人申请鉴定、评估；

（六）需要公告送达。

程序转换后，审限连续计算。

第 25 条　行政案件的繁简分流、先行调解和速裁，参照本规程执行。

本规程自发布之日起施行。

《关于建立健全诉讼与非诉讼相衔接的矛盾纠纷解决机制的若干意见》（法发〔2009〕45 号　2009 年 7 月 24 日）

为发挥人民法院在建立健全诉讼与非诉讼相衔接的矛盾纠纷解决机制方面的积极作用，促进各种纠纷解决机制的发展，现制定以下意见。

一、明确主要目标和任务要求

1. 建立健全诉讼与非诉讼相衔接的矛盾纠纷解决机制的主要目标是：充分发挥人民法院、行政机关、社会组织、企事业单位以及其他各方面的力量，促进各种纠纷解决方式相互配合、相互协调和全面发展，做好诉讼与非诉讼渠道的相互衔接，为人民群众提供更多可供选择的纠纷解决方式，维护社会和谐稳定，促进经济社会又好又快发展。

2. 建立健全诉讼与非诉讼相衔接的矛盾纠纷解决机制的主要任务是：充分发挥审判权的规范、引导和监督作用，完善诉讼与仲裁、行政调处、人民调解、商事调解、行业调解以及其他非诉讼纠纷解决方式之间的衔接机制，推动各种纠纷解决机制的组织和程序制度建设，促使非诉讼纠纷解决方式更加便捷、灵活、高效，为矛盾纠纷解决机制的繁荣发展提供司法保障。

3. 在建立健全诉讼与非诉讼相衔接的矛盾纠纷解决机制的过程中，必须紧紧依靠党委领导，积极争取政府支持，鼓励社会各界参与，充分发挥司法的推动作用；必须充分保障当事人依法处分自己的民事权利和诉讼权利。

二、促进非诉讼纠纷解决机制的发展

4. 认真贯彻执行《中华人民共和国仲裁法》和相关司法解释，在仲裁协议效力、证据规则、仲裁程序、裁决依据、撤销裁决审查标准、不予执行裁决审查标准等方面，尊重和体现仲裁制度的特有规律，最大程度地发挥仲裁制度在纠纷解决方面的作用。对于仲裁过程中申请证据保全、财产保全的，人民法院应当依法及时办理。

5. 认真贯彻执行《中华人民共和国劳动争议调解仲裁法》和相关司法解释的规定，加强与劳动、人事争议等仲裁机构的沟通和协调，根据劳动、人事争议案件的特点采取适当的审理方式，支持和鼓励仲裁机制发挥作用。对劳动、人事争议仲裁机构不予受理或者逾期未作出决定的劳动、人事争议事项，申请人向人民法院提起诉讼的，人民法院应当依法受理。

6. 要进一步加强与农村土地承包仲裁机构的沟通和协调，妥善处理农村土地承包纠纷，努力为农村改革发展提供强有力的司法保障和法律服务。当事人对农村土地承包仲裁机构裁决不服而提起诉讼的，人民法院应当及时审理。当事人申请法院强制执行已经发生法律效力的裁决书和调解书的，人民法院应当依法及时执行。

7. 人民法院要大力支持、依法监督人民调解组织的调解工作，在审理涉及人民调解协议的民事案件时，应当适用有关法律规定。

8. 为有效化解行政管理活动中发生的各类矛盾纠纷，人民法院鼓励和支持行政机关依当事人申请或者依职权进行调解、裁决或者依法作出其他处理。调解、裁决或者依法作出的其他处理具有法律效力。当事人不服行政机关对平等主体之间民事争议所作的调解、裁决或者其他处理，以对方当事人为被告就原争议向人民法院起诉的，由人民法院作为民事案件受理。法律或司法解释明确规定作为行政案件受理的，人民法院在对行政行为进行审查时，可对其中的民事争议一并审理，并在作出行政判决的同时，依法对当事人之间的民事争议一并作出民事判决。

行政机关依法对民事纠纷进行调处后达成的有民事权利义务内容的调解协议或者作出的其他不属于可诉具体行政行为的处理，经双方当事人签字或者盖章后，具

9. 没有仲裁协议的当事人申请仲裁委员会对民事纠纷进行调解的，由该仲裁委员会专门设立的调解组织按照公平中立的调解规则进行调解后达成的有民事权利义务内容的调解协议，经双方当事人签字或者盖章后，具有民事合同性质。

10. 人民法院鼓励和支持行业协会、社会组织、企事业单位等建立健全调解相关纠纷的职能和机制。经商事调解组织、行业调解组织或者其他具有调解职能的组织调解后达成的具有民事权利义务内容的调解协议，经双方当事人签字或者盖章后，具有民事合同性质。

11. 经《中华人民共和国劳动争议调解仲裁法》规定的调解组织调解达成的劳动争议调解协议，由双方当事人签名或者盖章，经调解员签名并加盖调解组织印章后生效，对双方当事人具有合同约束力，当事人应当履行。双方当事人可以不经仲裁程序，根据本意见关于司法确认的规定直接向人民法院申请确认调解协议效力。人民法院不予确认的，当事人可以向劳动争议仲裁委员会申请仲裁。

12. 经行政机关、人民调解组织、商事调解组织、行业调解组织或者其他具有调解职能的组织对民事纠纷调解后达成的具有给付内容的协议，当事人可以按照《中华人民共和国公证法》的规定申请公证机关依法赋予强制执行效力。债务人不履行或者不适当履行具有强制执行效力的公证文书的，债权人可以依法向有管辖权的人民法院申请执行。

13. 对于具有合同效力和给付内容的调解协议，债权人可以根据《民事诉讼法》和相关司法解释的规定向有管辖权的基层人民法院申请支付令。申请书应当写明请求给付金钱或者有价证券的数量和所根据的事实、证据，并附调解协议原件。

因支付拖欠劳动报酬、工伤医疗费、经济补偿或者赔偿金事项达成调解协议，用人单位在协议约定期限内不履行的，劳动者可以持调解协议书依法向人民法院申请支付令。

三、完善诉讼活动中多方参与的调解机制

14. 对属于人民法院受理民事诉讼的范围和受诉人民法院管辖的案件，人民法院在收到起诉状或者口头起诉之后、正式立案之前，可以依职权或者经当事人申请后，委派行政机关、人民调解组织、商事调解组织、行业调解组织或者其他具有调解职能的组织进行调解。当事人不同意调解或者在商定、指定时间内不能达成调解协议的，人民法院应当依法及时立案。

15. 经双方当事人同意，或者人民法院认为确有必要的，人民法院可以在立案后将民事案件委托行政机关、人民调解组织、商事调解组织、行业调解组织或者其他具有调解职能的组织协助进行调解。当事人可以协商选定有关机关或者组织，也可商请人民法院确定。

调解结束后，有关机关或者组织应当将调解结果告知人民法院。达成调解协议的，当事人可以申请撤诉、申请司法确认，或者由人民法院经过审查后制作调解书。调解不成的，人民法院应当及时审判。

16. 对于已经立案的民事案件，人民法院可以按照有关规定邀请符合条件的组织或者人员与审判组织共同进行调解。调解应当在人民法院的法庭或者其他办公场所进行，经当事人同意也可以在法院以外的场所进行。达成调解协议的，可以允许当事人撤诉，或者由人民法院经过审查后制作调解书。调解不成的，人民法院应当

及时审判。

开庭前从事调解的法官原则上不参与同一案件的开庭审理，当事人同意的除外。

17. 有关组织调解案件时，在不违反法律、行政法规强制性规定的前提下，可以参考行业惯例、村规民约、社区公约和当地善良风俗等行为规范，引导当事人达成调解协议。

18. 在调解过程中当事人有隐瞒重要事实、提供虚假情况或者故意拖延时间等行为的，调解员可以给予警告或者终止调解，并将有关情况报告委派或委托人民法院。当事人的行为给其他当事人或者案外人造成损失的，应当承担相应的法律责任。

19. 调解过程不公开，但双方当事人要求或者同意公开调解的除外。

从事调解的机关、组织、调解员，以及负责调解事务管理的法院工作人员，不得披露调解过程的有关情况，不得在就相关案件进行的诉讼中作证，当事人不得在审判程序中将调解过程中制作的笔录、当事人为达成调解协议而作出的让步或者承诺、调解员或者当事人发表的任何意见或者建议等作为证据提出，但下列情形除外：

（一）双方当事人均同意的；

（二）法律有明确规定的；

（三）为保护国家利益、社会公共利益、案外人合法权益，人民法院认为确有必要的。

四、规范和完善司法确认程序

20. 经行政机关、人民调解组织、商事调解组织、行业调解组织或者其他具有调解职能的组织调解达成的具有民事合同性质的协议，经调解组织和调解员签字盖章后，当事人可以申请有管辖权的人民法院确认其效力。当事人请求履行调解协议、请求变更、撤销调解协议或者请求确认调解协议无效的，可以向人民法院提起诉讼。

21. 当事人可以在书面调解协议中选择当事人住所地、调解协议履行地、调解协议签订地、标的物所在地基层人民法院管辖，但不得违反法律对专属管辖的规定。当事人没有约定的，除《中华人民共和国民事诉讼法》第三十四条[211]规定的情形外，由当事人住所地或者调解协议履行地的基层人民法院管辖。经人民法院委派或委托有关机关或者组织调解达成的调解协议的申请确认案件，由委派或委托人民法院管辖。

22. 当事人应当共同向有管辖权的人民法院以书面形式或者口头形式提出确认申请。一方当事人提出申请，另一方表示同意的，视为共同提出申请。当事人提出申请时，应当向人民法院提交调解协议书、承诺书。人民法院在收到申请后应当及时审查，材料齐备的，及时向当事人送达受理通知书。双方当事人签署的承诺书应当明确载明以下内容：

（一）双方当事人出于解决纠纷的目的自愿达成协议，没有恶意串通、规避法律的行为；

（二）如果因为该协议内容而给他人造成损害的，愿意承担相应的民事责任和其他法律责任。

23. 人民法院审理申请确认调解协议案件，参照适用《中华人民共和国民事诉讼法》有关简易程序的规定。案件由审判

---

[211]《民事诉讼法》（2023年修正）第35条。

员一人独任审理，双方当事人应当同时到庭。人民法院应当面问询双方当事人是否理解所达成协议的内容，是否接受因此而产生的后果，是否愿意由人民法院通过司法确认程序赋予该协议强制执行的效力。

24. 有下列情形之一的，人民法院不予确认调解协议效力：

（一）违反法律、行政法规强制性规定的；

（二）侵害国家利益、社会公共利益的；

（三）侵害案外人合法权益的；

（四）涉及是否追究当事人刑事责任的；

（五）内容不明确，无法确认和执行的；

（六）调解组织、调解员强迫调解或者其他严重违反职业道德准则的行为的；

（七）其他情形不应当确认的。

当事人在违背真实意思的情况下签订调解协议，或者调解组织、调解员与案件有利害关系，调解显失公正的，人民法院对调解协议效力不予确认，但当事人明知存在上述情形，仍坚持申请确认的除外。

25. 人民法院依法审查后，决定是否确认调解协议的效力。确认调解协议效力的决定送达双方当事人后发生法律效力，一方当事人拒绝履行的，另一方当事人可以依法申请人民法院强制执行。

五、建立健全工作机制

26. 有条件的地方人民法院可以按照一定标准建立调解组织名册和调解员名册，以便于引导当事人选择合适的调解组织或者调解员调解纠纷。人民法院可以根据具体情况及时调整调解组织名册和调解员名册。

27. 调解员应当遵守调解员职业道德准则。人民法院在办理相关案件过程中发现调解员与参与调解的案件有利害关系，可能影响其保持中立、公平调解的，或者调解员有其他违反职业道德准则的行为的，应当告知调解员回避、更换调解员、终止调解或者采取其他适当措施。除非当事人另有约定，人民法院不允许调解员在参与调解后又在就同一纠纷或者相关纠纷进行的诉讼程序中作为一方当事人的代理人。

28. 根据工作需要，人民法院指定院内有关单位或者人员负责管理协调与调解组织、调解员的沟通联络、培训指导等工作。

29. 各级人民法院应当加强与其他国家机关、社会组织、企事业单位和相关组织的联系，鼓励各种非诉讼纠纷解决机制的创新，通过适当方式参与各种非诉讼纠纷解决机制的建设，理顺诉讼与非诉讼相衔接过程中出现的各种关系，积极推动各种非诉讼纠纷解决机制的建立和完善。

30. 地方各级人民法院应当根据实际情况，制定关于调解员条件、职业道德、调解费用、诉讼费用负担、调解管理、调解指导、衔接方式等规范。高级人民法院制定的相关工作规范应当报最高人民法院备案。基层人民法院和中级人民法院制定的相关工作规范应当报高级人民法院备案。

第一百二十六条　起诉权和受理程序

人民法院应当保障当事人依照法律规定享有的起诉权利。对符合本法第一百二十二条的起诉，必须受理。符合起诉条件的，应当在七日内立案，并通知当事人；不符合起诉条件的，应当在七日内作出裁

> 定书，不予受理；原告对裁定不服的，可以提起上诉。

相关规定

◎司法解释及文件

❶ 一般规定

《最高人民法院关于适用〈中华人民共和国民事诉讼法〉的解释》（法释〔2022〕11号 2022年4月1日修正）

第126条 民事诉讼法第一百二十六条规定的立案期限，因起诉状内容欠缺通知原告补正的，从补正后交人民法院的次日起算。由上级人民法院转交下级人民法院立案的案件，从受诉法院收到起诉状的次日起算。

第208条 人民法院接到当事人提交的民事起诉状时，对符合民事诉讼法第一百二十二条的规定，且不属于第一百二十七条规定情形的，应当登记立案；对当场不能判定是否符合起诉条件的，应当接收起诉材料，并出具注明收到日期的书面凭证。

需要补充必要相关材料的，人民法院应当及时告知当事人。在补齐相关材料后，应当在七日内决定是否立案。

立案后发现不符合起诉条件或者属于民事诉讼法第一百二十七条规定情形的，裁定驳回起诉。

第247条 当事人就已经提起诉讼的事项在诉讼过程中或者裁判生效后再次起诉，同时符合下列条件的，构成重复起诉：

（一）后诉与前诉的当事人相同；

（二）后诉与前诉的诉讼标的相同；

（三）后诉与前诉的诉讼请求相同，或者后诉的诉讼请求实质上否定前诉裁判结果。

当事人重复起诉的，裁定不予受理；已经受理的，裁定驳回起诉，但法律、司法解释另有规定的除外。

《最高人民法院关于严格执行案件审理期限制度的若干规定》（法释〔2000〕29号 2008年12月16日）

第6条 第一审人民法院收到起诉书（状）或者执行申请书后，经审查认为符合受理条件的应当在七日内立案；收到自诉人自诉状或者口头告诉的，经审查符合自诉案件受理条件的应当在十五日内立案。

改变管辖的刑事、民事、行政案件，应当在收到案卷材料后的三日内立案。

第二审人民法院应当在收到第一审人民法院移送的上（抗）诉材料及案卷材料后的五日内立案。

发回重审或指令再审的案件，应当在收到发回重审或指令再审裁定及案卷材料后的次日内立案。

按照审判监督程序重新审判的案件，应当在作出提审、再审裁定（决定）的次日立案。

第7条 立案机构应当在决定立案的三日内将案卷材料移送审判庭。

《最高人民法院关于人民法院登记立案若干问题的规定》（法释〔2015〕8号 2015年4月15日）

为保护公民、法人和其他组织依法行使诉权，实现人民法院依法、及时受理案件，根据《中华人民共和国民事诉讼法》《中华人民共和国行政诉讼法》《中华人民共和国刑事诉讼法》等法律规定，制定本规定。

第1条 人民法院对依法应该受理的一审民事起诉、行政起诉和刑事自诉，实行立案登记制。

第2条 对起诉、自诉，人民法院应当一律接收诉状，出具书面凭证并注明收到日期。

对符合法律规定的起诉、自诉，人民法院应当当场予以登记立案。

对不符合法律规定的起诉、自诉，人民法院应当予以释明。

第3条 人民法院应当提供诉状样本，为当事人书写诉状提供示范和指引。

当事人书写诉状确有困难的，可以口头提出，由人民法院记入笔录。符合法律规定的，予以登记立案。

第4条 民事起诉状应当记明以下事项：

（一）原告的姓名、性别、年龄、民族、职业、工作单位、住所、联系方式，法人或者其他组织的名称、住所和法定代表人或者主要负责人的姓名、职务、联系方式；

（二）被告的姓名、性别、工作单位、住所等信息，法人或者其他组织的名称、住所等信息；

（三）诉讼请求和所根据的事实与理由；

（四）证据和证据来源；

（五）有证人的，载明证人姓名和住所。

行政起诉状参照民事起诉状书写。

第5条 刑事自诉状应当记明以下事项：

（一）自诉人或者代为告诉人、被告人的姓名、性别、年龄、民族、文化程度、职业、工作单位、住址、联系方式；

（二）被告人实施犯罪的时间、地点、手段、情节和危害后果等；

（三）具体的诉讼请求；

（四）致送的人民法院和具状时间；

（五）证据的名称、来源等；

（六）有证人的，载明证人的姓名、住所、联系方式等。

第6条 当事人提出起诉、自诉的，应当提交以下材料：

（一）起诉人、自诉人是自然人的，提交身份证明复印件；起诉人、自诉人是法人或者其他组织的，提交营业执照或者组织机构代码证复印件、法定代表人或者主要负责人身份证明书；法人或者其他组织不能提供组织机构代码的，应当提供组织机构被注销的情况说明；

（二）委托起诉或者代为告诉的，应当提交授权委托书、代理人身份证明、代为告诉人身份证明等相关材料；

（三）具体明确的足以使被告或者被告人与他人相区别的姓名或者名称、住所等信息；

（四）起诉状原本和与被告或者被告人及其他当事人人数相符的副本；

（五）与诉请相关的证据或者证明材料。

第7条 当事人提交的诉状和材料不符合要求的，人民法院应当一次性书面告知在指定期限内补正。

当事人在指定期限内补正的，人民法院决定是否立案的期间，自收到补正材料之日起计算。

当事人在指定期限内没有补正的，退回诉状并记录在册；坚持起诉、自诉的，裁定或者决定不予受理、不予立案。

经补正仍不符合要求的，裁定或者决定不予受理、不予立案。

第8条 对当事人提出的起诉、自诉，人民法院当场不能判定是否符合法律规定的，应当作出以下处理：

（一）对民事、行政起诉，应当在收到起诉状之日起七日内决定是否立案；

（二）对刑事自诉，应当在收到自诉状次日起十五日内决定是否立案；

（三）对第三人撤销之诉，应当在收

到起诉状之日起三十日内决定是否立案；

（四）对执行异议之诉，应当在收到起诉状之日起十五日内决定是否立案。

人民法院在法定期间内不能判定起诉、自诉是否符合法律规定的，应当先行立案。

第9条 人民法院对起诉、自诉不予受理或者不予立案的，应当出具书面裁定或者决定，并载明理由。

第10条 人民法院对下列起诉、自诉不予登记立案：

（一）违法起诉或者不符合法律规定的；

（二）涉及危害国家主权和领土完整的；

（三）危害国家安全的；

（四）破坏国家统一和民族团结的；

（五）破坏国家宗教政策的；

（六）所诉事项不属于人民法院主管的。

第11条 登记立案后，当事人未在法定期限内交纳诉讼费的，按撤诉处理，但符合法律规定的缓、减、免交诉讼费条件的除外。

第12条 登记立案后，人民法院立案庭应当及时将案件移送审判庭审理。

第13条 对立案工作中存在的不接收诉状、接收诉状后不出具书面凭证、不一次性告知当事人补正诉状内容，以及有案不立、拖延立案、干扰立案、既不立案又不作出裁定或者决定等违法违纪情形，当事人可以向受诉人民法院或者上级人民法院投诉。

人民法院应当在受理投诉之日起十五日内，查明事实，并将情况反馈当事人。发现违法违纪行为的，依法依纪追究相关人员责任；构成犯罪的，依法追究刑事责任。

第14条 为方便当事人行使诉权，人民法院提供网上立案、预约立案、巡回立案等诉讼服务。

第15条 人民法院推动多元化纠纷解决机制建设，尊重当事人选择人民调解、行政调解、行业调解、仲裁等多种方式维护权益，化解纠纷。

第16条 人民法院依法维护登记立案秩序，推进诉讼诚信建设。对干扰立案秩序、虚假诉讼的，根据民事诉讼法、行政诉讼法有关规定予以罚款、拘留；构成犯罪的，依法追究刑事责任。

第17条 本规定的"起诉"，是指当事人提起民事、行政诉讼；"自诉"，是指当事人提起刑事自诉。

第18条 强制执行和国家赔偿申请登记立案工作，按照本规定执行。

上诉、申请再审、刑事申诉、执行复议和国家赔偿申诉案件立案工作，不适用本规定。

第19条 人民法庭登记立案工作，按照本规定执行。

第20条 本规定自2015年5月1日起施行。以前有关立案的规定与本规定不一致的，按照本规定执行。

《最高人民法院关于为跨境诉讼当事人提供网上立案服务的若干规定》（2021年2月3日）

为让中外当事人享受到同等便捷高效的立案服务，根据《中华人民共和国民事诉讼法》《最高人民法院关于人民法院登记立案若干问题的规定》等法律和司法解释，结合人民法院工作实际，制定本规定。

第1条 人民法院为跨境诉讼当事人提供网上立案指引、查询、委托代理视频见证、登记立案服务。

本规定所称跨境诉讼当事人，包括外

国人、香港特别行政区、澳门特别行政区（以下简称港澳特区）和台湾地区居民、经常居所地位于国外或者港澳台地区的我国内地公民以及在国外或者港澳台地区登记注册的企业和组织。

第2条 为跨境诉讼当事人提供网上立案服务的案件范围包括第一审民事、商事起诉。

第3条 人民法院通过中国移动微法院为跨境诉讼当事人提供网上立案服务。

第4条 跨境诉讼当事人首次申请网上立案的，应当由受诉法院先行开展身份验证。身份验证主要依托国家移民管理局出入境证件身份认证平台等进行线上验证；无法线上验证的，由受诉法院在线对当事人身份证件以及公证、认证、转递、寄送核验等身份证明材料进行人工验证。

身份验证结果应当在3个工作日内在线告知跨境诉讼当事人。

第5条 跨境诉讼当事人进行身份验证应当向受诉法院在线提交以下材料：

（一）外国人应当提交护照等用以证明自己身份的证件；企业和组织应当提交身份证明文件和代表该企业和组织参加诉讼的人有权作为代表人参加诉讼的证明文件，证明文件应当经所在国公证机关公证，并经我国驻该国使领馆认证。外国人、外国企业和组织所在国与我国没有建立外交关系的，可以经过该国公证机关公证，经与我国有外交关系的第三国驻该国使领馆认证，再转由我国驻第三国使领馆认证。如我国与外国人、外国企业和组织所在国订立、缔结或者参加的国际条约、公约中对证明手续有具体规定，从其规定，但我国声明保留的条款除外；

（二）港澳特区居民应当提交港澳特区身份证件或者港澳居民居住证、港澳居民来往内地通行证等用以证明自己身份的证件；企业和组织应当提交身份证明文件和代表该企业和组织参加诉讼的人有权作为代表人参加诉讼的证明文件，证明文件应当经过内地认可的公证人公证，并经中国法律服务（香港）有限公司或者中国法律服务（澳门）有限公司加章转递；

（三）台湾地区居民应当提交台湾地区身份证件或者台湾居民居住证、台湾居民来往大陆通行证等用以证明自己身份的证件；企业和组织应当提交身份证明文件和代表该企业和组织参加诉讼的人有权作为代表人参加诉讼的证明。证明文件应当通过两岸公证书使用查证渠道办理；

（四）经常居所地位于国外或者港澳台地区的我国内地公民应当提交我国公安机关制发的居民身份证、户口簿或者普通护照等用以证明自己身份的证件，并提供工作签证、常居证等证明其在国外或者港澳台地区合法连续居住超过一年的证明材料。

第6条 通过身份验证的跨境诉讼当事人委托我国内地律师代理诉讼，可以向受诉法院申请线上视频见证。

线上视频见证由法官在线发起，法官、跨境诉讼当事人和受委托律师三方同时视频在线。跨境诉讼当事人应当使用中华人民共和国通用语言或者配备翻译人员，法官应当确认受委托律师和其所在律师事务所以及委托行为是否确为跨境诉讼当事人真实意思表示。在法官视频见证下，跨境诉讼当事人、受委托律师签署有关委托代理文件，无需再办理公证、认证、转递等手续。线上视频见证后，受委托律师可以代为开展网上立案、网上交费等事项。

线上视频见证的过程将由系统自动保存。

第7条 跨境诉讼当事人申请网上立

案应当在线提交以下材料：

（一）起诉状；

（二）当事人的身份证明及相应的公证、认证、转递、寄送核验等材料；

（三）证据材料。

上述材料应当使用中华人民共和国通用文字或者有相应资质翻译公司翻译的译本。

第8条 跨境诉讼当事人委托代理人进行诉讼的授权委托材料包括：

（一）外国人、外国企业和组织的代表人在我国境外签署授权委托书，应当经所在国公证机关公证，并经我国驻该国使领馆认证；所在国与我国没有建立外交关系的，可以经过该国公证机关公证，经与我国有外交关系的第三国驻该国使领馆认证，再转由我国驻第三国使领馆认证；在我国境内签署授权委托书，应当在法官见证下签署或者经内地公证机构公证；如我国与外国人、外国企业和组织所在国订立、缔结或者参加的国际条约、公约中对证明手续有具体规定，从其规定，但我国声明保留的条款除外；

（二）港澳特区居民、港澳特区企业和组织的代表人在我国内地以外签署授权委托书，应当经过内地认可的公证人公证，并经中国法律服务（香港）有限公司或者中国法律服务（澳门）有限公司加章转递；在我国内地签署授权委托书，应当在法官见证下签署或者经内地公证机构公证；

（三）台湾地区居民在我国大陆以外签署授权委托书，应当通过两岸公证书使用查证渠道办理；在我国大陆签署授权委托书，应当在法官见证下签署或者经大陆公证机构公证；

（四）经常居所地位于国外的我国内地公民从国外寄交或者托交授权委托书，

必须经我国驻该国的使领馆证明；没有使领馆的，由与我国有外交关系的第三国驻该国的使领馆证明，再转由我国驻该第三国使领馆证明，或者由当地爱国华侨团体证明。

第9条 受诉法院收到网上立案申请后，应当作出以下处理：

（一）符合法律规定的，及时登记立案；

（二）提交诉状和材料不符合要求的，应当一次性告知当事人在15日内补正。当事人难以在15日内补正材料，可以向受诉法院申请延长补正期限至30日。当事人未在指定期限内按照要求补正，又未申请延长补正期限的，立案材料作退回处理；

（三）不符合法律规定的，可在线退回材料并释明具体理由；

（四）无法即时判定是否符合法律规定的，应当在7个工作日内决定是否立案。

跨境诉讼当事人可以在线查询处理进展以及立案结果。

第10条 跨境诉讼当事人提交的立案材料中包含以下内容的，受诉法院不予登记立案：

（一）危害国家主权、领土完整和安全；

（二）破坏国家统一、民族团结和宗教政策；

（三）违反法律法规，泄露国家秘密，损害国家利益；

（四）侮辱诽谤他人，进行人身攻击、谩骂、诋毁，经法院告知仍拒不修改；

（五）所诉事项不属于人民法院管辖范围；

（六）其他不符合法律规定的起诉。

第11条 其他诉讼事项，依据《中

华人民共和国民事诉讼法》的规定办理。

第12条 本规定自2021年2月3日起施行。

《最高人民法院、司法部关于为律师提供一站式诉讼服务的意见》（法发〔2021〕3号 2020年12月16日）

第8条 进一步完善网上立案工作，为律师提供一审民事、行政、刑事自诉、申请执行和国家赔偿案件的网上立案服务。对不符合要求的材料，做到一次性告知补正事项。对律师通过律师服务平台或者诉讼服务大厅提交电子化诉讼材料的，实行快速办理。

进一步畅通网上交退费渠道，支持通过网银、支付宝、微信等线上支付方式交纳诉讼费用。

❷ 公司、证券等纠纷受理的相关规定

《全国法院审理债券纠纷案件座谈会纪要》（法〔2020〕185号 2020年7月15日）

9. 欺诈发行、虚假陈述案件的受理。债券持有人、债券投资者以自己受到欺诈发行、虚假陈述侵害为由，对欺诈发行、虚假陈述行为人提起的民事赔偿诉讼，符合民事诉讼法第一百一十九条[212]规定的，人民法院应当予以受理。欺诈发行、虚假陈述行为人以债券持有人、债券投资者主张的欺诈发行、虚假陈述行为未经有关机关行政处罚或者生效刑事裁判文书认定为由请求不予受理或者驳回起诉的，人民法院不予支持。

《最高人民法院关于适用〈中华人民共和国公司法〉若干问题的规定（二）》（法释〔2014〕2号 2020年12月29日修正）

第1条 单独或者合计持有公司全部股东表决权百分之十以上的股东，以下列事由之一提起解散公司诉讼，并符合公司

法第一百八十二条规定的，人民法院应予受理：

（一）公司持续两年以上无法召开股东会或者股东大会，公司经营管理发生严重困难的；

（二）股东表决时无法达到法定或者公司章程规定的比例，持续两年以上不能做出有效的股东会或者股东大会决议，公司经营管理发生严重困难的；

（三）公司董事长期冲突，且无法通过股东会或者股东大会解决，公司经营管理发生严重困难的；

（四）经营管理发生其他严重困难，公司继续存续会使股东利益受到重大损失的情形。

股东以知情权、利润分配请求权等权益受到损害，或者公司亏损、财产不足以偿还全部债务，以及公司被吊销企业法人营业执照未进行清算等为由，提起解散公司诉讼的，人民法院不予受理。

第7条 公司应当依照民法典第七十条、公司法第一百八十三条的规定，在解散事由出现之日起十五日内成立清算组，开始自行清算。

有下列情形之一，债权人、公司股东、董事或其他利害关系人申请人民法院指定清算组进行清算的，人民法院应予受理：

（一）公司解散逾期不成立清算组进行清算的；

（二）虽然成立清算组但故意拖延清算的；

（三）违法清算可能严重损害债权人或者股东利益的。

第12条 公司清算时，债权人对清

---

[212] 《民事诉讼法》（2023年修正）第122条。

算组核定的债权有异议的，可以要求清算组重新核定。清算组不予重新核定，或者债权人对重新核定的债权仍有异议，债权人以公司为被告向人民法院提起诉讼请求确认的，人民法院应予受理。

第23条 清算组成员从事清算事务时，违反法律、行政法规或者公司章程给公司或者债权人造成损失，公司或者债权人主张其承担赔偿责任的，人民法院应依法予以支持。

有限责任公司的股东、股份有限公司连续一百八十日以上单独或者合计持有公司百分之一以上股份的股东，依据公司法第一百五十一条第三款的规定，以清算组成员有前款所述行为为由向人民法院提起诉讼的，人民法院应予受理。

公司已经清算完毕注销，上述股东参照公司法第一百五十一条第三款的规定，直接以清算组成员为被告、其他股东为第三人向人民法院提起诉讼的，人民法院应予受理。

《最高人民法院关于审理证券市场虚假陈述侵权民事赔偿案件的若干规定》（法释〔2022〕2号 2022年1月21日）

第2条 原告提起证券虚假陈述侵权民事赔偿诉讼，符合民事诉讼法第一百二十二条规定，并提交以下证据或者证明材料的，人民法院应当受理：

（一）证明原告身份的相关文件；

（二）信息披露义务人实施虚假陈述的相关证据；

（三）原告因虚假陈述进行交易的凭证及投资损失等相关证据。

人民法院不得仅以虚假陈述未经监管部门行政处罚或者人民法院生效刑事判决的认定为由裁定不予受理。

《最高人民法院关于受理证券市场因虚假陈述引发的民事侵权纠纷案件有关问题的通知》（法明传〔2001〕43号 2002年1月15日）

二、人民法院受理的虚假陈述民事赔偿案件，其虚假陈述行为，须经中国证券监督管理委员会及其派出机构调查并作出生效处罚决定。当事人依据查处结果作为提起民事诉讼事实依据的，人民法院方予依法受理。

三、虚假陈述民事赔偿案件的诉讼时效为2年，从中国证券监督管理委员会及其派出机构对虚假陈述行为作出处罚决定之日起计算。

四、对于虚假陈述民事赔偿案件，人民法院应当采取单独或者共同诉讼的形式予以受理，不宜以集团诉讼的形式受理。

❸ **知识产权纠纷受理的相关规定**
《最高人民法院关于审理商标案件有关管辖和法律适用范围问题的解释》（法释〔2002〕1号 2020年12月29日修正）

第3条 商标注册人或者利害关系人向国家知识产权局就侵犯商标权行为请求处理，又向人民法院提起侵害商标权诉讼请求损害赔偿的，人民法院应当受理。

第4条 国家知识产权局在商标法修改决定施行前受理的案件，于该决定施行后作出复审决定或裁定，当事人对复审决定或裁定不服向人民法院起诉的，人民法院应当受理。

《最高人民法院关于审理著作权民事纠纷案件适用法律若干问题的解释》（法释〔2002〕31号 2020年12月29日修正）

第1条 人民法院受理以下著作权民事纠纷案件：

（一）著作权及与著作权有关权益权属、侵权、合同纠纷案件；

（二）申请诉前停止侵害著作权、与

著作权有关权益行为，申请诉前财产保全、诉前证据保全案件；

（三）其他著作权、与著作权有关益纠纷案件。

第6条 依法成立的著作权集体管理组织，根据著作权人的书面授权，以自己的名义提起诉讼，人民法院应当受理。

《最高人民法院关于审理商标民事纠纷案件适用法律若干问题的解释》（法释〔2002〕32号 2020年12月29日修正）

第4条 商标法第六十条第一款规定的利害关系人，包括注册商标使用许可合同的被许可人、注册商标财产权利的合法继承人等。

在发生注册商标专用权被侵害时，独占使用许可合同的被许可人可以向人民法院提起诉讼；排他使用许可合同的被许可人可以和商标注册人共同起诉，也可以在商标注册人不起诉的情况下，自行提起诉讼；普通使用许可合同的被许可人经商标注册人明确授权，可以提起诉讼。

第5条 商标注册人或者利害关系人在注册商标续展宽展期内提出续展申请，未获核准前，以他人侵犯其注册商标专用权提起诉讼的，人民法院应当受理。

《最高人民法院关于审理植物新品种纠纷案件若干问题的解释》（法释〔2001〕5号 2020年12月29日修正）

第2条 人民法院在依法审查当事人涉及植物新品种权的起诉时，只要符合《民事诉讼法》第一百一十九条[213]、《中华人民共和国行政诉讼法》第四十九条规定的民事案件或行政案件的起诉条件，均应当依法予以受理。

《最高人民法院关于审理注册商标、企业名称与在先权利冲突的民事纠纷案件若干问题的规定》（法释〔2008〕3号 2020年12月29日修正）

第1条 原告以他人注册商标使用的文字、图形等侵犯其著作权、外观设计专利权、企业名称权等在先权利为由提起诉讼，符合民事诉讼法第一百一十九条[214]规定的，人民法院应当受理。

原告以他人使用在核定商品上的注册商标与其在先的注册商标相同或者近似为由提起诉讼的，人民法院应当根据民事诉讼法第一百二十四条[215]第（三）项的规定，告知原告向有关行政主管机关申请解决。但原告以他人超出核定商品的范围或者以改变显著特征、拆分、组合等方式使用的注册商标，与其注册商标相同或者近似为由提起诉讼的，人民法院应当受理。

第2条 原告以他人企业名称与其在先的企业名称相同或者近似，足以使相关公众对其商品的来源产生混淆，违反反不正当竞争法第六条第（二）项的规定为由提起诉讼，符合民事诉讼法第一百一十九条[216]规定的，人民法院应当受理。

《最高人民法院关于审理涉及计算机网络域名民事纠纷案件适用法律若干问题的解释》（法释〔2001〕24号 2020年12月29日修正）

第1条 对于涉及计算机网络域名注册、使用等行为的民事纠纷，当事人向人民法院提起诉讼，经审查符合民事诉讼法

---

[213]《民事诉讼法》（2023年修正）第122条。
[214] 同上。
[215]《民事诉讼法》（2023年修正）第127条。
[216]《民事诉讼法》（2023年修正）第122条。

第一百一十九条[217]规定的,人民法院应当受理。

❹ **其他**

《最高人民法院关于适用〈中华人民共和国民法典〉婚姻家庭编的解释（一）》（法释〔2020〕22号 2020年12月29日）

第3条 当事人提起诉讼仅请求解除同居关系的,人民法院不予受理；已经受理的,裁定驳回起诉。

当事人因同居期间财产分割或者子女抚养纠纷提起诉讼的,人民法院应当受理。

第4条 当事人仅以民法典第一千零四十三条为依据提起诉讼的,人民法院不予受理；已经受理的,裁定驳回起诉。

《最高人民法院关于审理环境民事公益诉讼案件适用法律若干问题的解释》（法释〔2005〕1号 2020年12月29日修正）

第1条 法律规定的机关和有关组织依据民事诉讼法第五十五条[218]、环境保护法第五十八条等法律的规定,对已经损害社会公共利益或者具有损害社会公共利益重大风险的污染环境、破坏生态的行为提起诉讼,符合民事诉讼法第一百一十九条[219]第二项、第三项、第四项规定的,人民法院应予受理。

《最高人民法院关于审理森林资源民事纠纷案件适用法律若干问题的解释》（法释〔2022〕16号 2022年6月13日）

第2条 当事人因下列行为,对林地、林木的物权归属、内容产生争议,依据民法典第二百三十四条的规定提起民事诉讼,请求确认权利的,人民法院应当依法受理：

（一）林地承包；
（二）林地承包经营权互换、转让；
（三）林地经营权流转；
（四）林木流转；
（五）林地、林木担保；
（六）林地、林木继承；
（七）其他引起林地、林木物权变动的行为。

当事人因对行政机关作出的林地、林木确权、登记行为产生争议,提起民事诉讼的,人民法院告知其依法通过行政复议、行政诉讼程序解决。

最高院裁判观点

1. 周某与某投资有限公司、李某、彭某及第三人湖南某房地产开发有限公司损害公司利益责任纠纷案【《最高人民法院公报》2020年第6期】

裁判要旨：在能够证明依法有权代表公司提起诉讼的公司机关基本不存在提起诉讼的可能性,由原告履行前置程序已无意义的情况下,不宜以股东未履行《公司法》第一百五十一条规定的前置程序为由驳回起诉。

2. 中国建设银行某分行诉中国华融资产管理股份有限公司某分公司等案外人执行异议之诉案【最高人民法院指导案例155号】

裁判要旨：在抵押权强制执行中,案外人以其在抵押登记之前购买了抵押房产,享有优先于抵押权的权利为由提起执行异议之诉,主张依据《最高人民法院关于人民法院办理执行异议和复议案件若干问题的规定》排除强制执行,但不否认抵押权人对抵押房产的优先受偿权的,属于

---

[217] 《民事诉讼法》（2023年修正）第122条。
[218] 《民事诉讼法》（2023年修正）第58条。
[219] 《民事诉讼法》（2023年修正）第122条。

《民事诉讼法》第二百二十七条[220]规定的"与原判决、裁定无关"的情形，人民法院应予依法受理。

第一百二十七条　对特殊情形的处理

人民法院对下列起诉，分别情形，予以处理：

（一）依照行政诉讼法的规定，属于行政诉讼受案范围的，告知原告提起行政诉讼；

（二）依照法律规定，双方当事人达成书面仲裁协议申请仲裁、不得向人民法院起诉的，告知原告向仲裁机构申请仲裁；

（三）依照法律规定，应当由其他机关处理的争议，告知原告向有关机关申请解决；

（四）对不属于本院管辖的案件，告知原告向有管辖权的人民法院起诉；

（五）对判决、裁定、调解书已经发生法律效力的案件，当事人又起诉的，告知原告申请再审，但人民法院准许撤诉的裁定除外；

（六）依照法律规定，在一定期限内不得起诉的案件，在不得起诉的期限内起诉的，不予受理；

（七）判决不准离婚和调解和好的离婚案件，判决、调解维持收养关系的案件，没有新情况、新理由，原告在六个月内又起诉的，不予受理。

相关规定

◎**法　律**

《民法典》（2020年5月28日）

第1082条　女方在怀孕期间、分娩后一年内或者终止妊娠后六个月内，男方不得提出离婚；但是，女方提出离婚或者人民法院认为确有必要受理男方离婚请求的除外。

◎**司法解释及文件**

《最高人民法院关于适用〈中华人民共和国民事诉讼法〉的解释》（法释〔2022〕11号　2022年4月1日修正）

第211条　对本院没有管辖权的案件，告知原告向有管辖权的人民法院起诉；原告坚持起诉的，裁定不予受理；立案后发现本院没有管辖权的，应当将案件移送有管辖权的人民法院。

第212条　裁定不予受理、驳回起诉的案件，原告再次起诉，符合起诉条件且不属于民事诉讼法第一百二十七条规定情形的，人民法院应予受理。

第213条　原告应当预交而未预交案件受理费，人民法院应当通知其预交，通知后仍不预交或者申请减、缓、免未获批准而仍不预交的，裁定按撤诉处理。

第214条　原告撤诉或者人民法院按撤诉处理后，原告以同一诉讼请求再次起诉的，人民法院应予受理。

原告撤诉或者按撤诉处理的离婚案件，没有新情况、新理由，六个月内又起诉的，比照民事诉讼法第一百二十七条第七项的规定不予受理。

第215条　依照民事诉讼法第一百二十七条第二项的规定，当事人在书面合同

---

[220]　《民事诉讼法》（2023年修正）第238条。

中订有仲裁条款，或者在发生纠纷后达成书面仲裁协议，一方向人民法院起诉的，人民法院应当告知原告向仲裁机构申请仲裁，其坚持起诉的，裁定不予受理，但仲裁条款或者仲裁协议不成立、无效、失效、内容不明确无法执行的除外。

第216条 在人民法院首次开庭前，被告以有书面仲裁协议为由对受理民事案件提出异议的，人民法院应当进行审查。

经审查符合下列情形之一的，人民法院应当裁定驳回起诉：

（一）仲裁机构或者人民法院已经确认仲裁协议有效的；

（二）当事人没有在仲裁庭首次开庭前对仲裁协议的效力提出异议的；

（三）仲裁协议符合仲裁法第十六条规定且不具有仲裁法第十七条规定情形的。

第217条 夫妻一方下落不明，另一方诉至人民法院，只要求离婚，不申请宣告下落不明人失踪或者死亡的案件，人民法院应当受理，对下落不明人公告送达诉讼文书。

第218条 赡养费、扶养费、抚养费案件，裁判发生法律效力后，因新情况、新理由，一方当事人再行起诉要求增加或者减少费用的，人民法院应作为新案受理。

第219条 当事人超过诉讼时效期间起诉的，人民法院应予受理。受理后对方当事人提出诉讼时效抗辩，人民法院经审理认为抗辩事由成立的，判决驳回原告的诉讼请求。

第247条 当事人就已经提起诉讼的事项在诉讼过程中或者裁判生效后再次起诉，同时符合下列条件的，构成重复起诉：

（一）后诉与前诉的当事人相同；

（二）后诉与前诉的诉讼标的相同；

（三）后诉与前诉的诉讼请求相同，或者后诉的诉讼请求实质上否定前诉裁判结果。

当事人重复起诉的，裁定不予受理；已经受理的，裁定驳回起诉，但法律、司法解释另有规定的除外。

第248条 裁判发生法律效力后，发生新的事实，当事人再次提起诉讼的，人民法院应当依法受理。

《民事诉讼程序繁简分流改革试点问答口径（二）》（法〔2020〕272号 2020年10月23日）

十一、下列纠纷，当事人经调解达成调解协议的，可否申请司法确认：（一）涉及抵押权的优先受偿等准物权纠纷的；（二）离婚后财产纠纷、分家析产纠纷中涉及房屋所有权分割问题及分割后需办理房屋过户手续的；（三）代持股权权属认定的；（四）合同纠纷中双方当事人约定仲裁的？

答：《民事诉讼法司法解释》第三百五十七条[221]规定：调解协议内容涉及适用其他特别程序、物权确权以及不属于人民法院受理范围等情形，当事人申请司法确认的，人民法院应当裁定不予受理或驳回申请。根据上述规定，对于第（一）类调解协议，当事人应当按照《中华人民共和国民事诉讼法》（以下简称《民诉法》）第一百九十六条、第一百九十七条[222]的规定，通过实现担保物权程序解

---

[221]《民诉法司法解释》（2022年修正）第355条。
[222]《民事诉讼法》（2023年修正）第203条、第204条。

决；对于第（二）（三）类调解协议，由于房屋所有权分割、代持股权权属认定属于确权类纠纷，不宜由司法确认程序处理，应当通过诉讼程序解决；对于第（四）类调解协议，根据《中华人民共和国仲裁法》第五条和《民事诉讼法》第一百二十四条[223]的规定，当事人已经达成书面仲裁协议，约定通过仲裁方式解决纠纷的，不属于人民法院主管范围，应当按照约定提起仲裁。总之，上述调解协议均不符合司法确认程序的适用条件，当事人不能申请司法确认。

《最高人民法院关于适用〈中华人民共和国民法典〉婚姻家庭编的解释（一）》（法释〔2020〕22号 2020年12月29日）

第4条 当事人仅以法典第一千零四十三条为依据提起诉讼的，人民法院不予受理；已经受理的，裁定驳回起诉。

《最高人民法院关于办理人身安全保护令案件适用法律若干问题的规定》（法释〔2022〕17号 2022年7月14日）

第11条 离婚案件中，判决不准离婚或者调解和好后，被申请人违反人身安全保护令实施家庭暴力的，可以认定为民事诉讼法第一百二十七条第七项规定的"新情况、新理由"。

《最高人民法院关于适用〈中华人民共和国民法典〉物权编的解释（一）》（法释〔2020〕24号 2020年12月29日）

第1条 因不动产物权的归属，以及作为不动产物权登记基础的买卖、赠与、抵押等产生争议，当事人提起民事诉讼的，应当依法受理。当事人已经在行政诉讼中申请一并解决上述民事争议，且人民法院一并审理的除外。

第3条 异议登记因民法典第二百二十条第二款规定的事由失效后，当事人提起民事诉讼，请求确认物权归属的，应当依法受理。异议登记失效不影响人民法院对案件的实体审理。

《最高人民法院关于审理证券市场虚假陈述侵权民事赔偿案件的若干规定》（法释〔2022〕2号 2022年1月21日）

第2条 原告提起证券虚假陈述侵权民事赔偿诉讼，符合民事诉讼法第一百二十二条规定，并提交以下证据或者证明材料的，人民法院应当受理：

（一）证明原告身份的相关文件；

（二）信息披露义务人实施虚假陈述的相关证据；

（三）原告因虚假陈述进行交易的凭证及投资损失等相关证据。

人民法院不得仅以虚假陈述未经监管部门行政处罚或者人民法院生效刑事判决的认定为由裁定不予受理。

《最高人民法院关于适用〈中华人民共和国民法典〉有关担保制度的解释》（法释〔2020〕28号 2020年12月31日）

第26条 一般保证中，债权人以债务人为被告提起诉讼的，人民法院应予受理。债权人未就主合同纠纷提起诉讼或者申请仲裁，仅起诉一般保证人的，人民法院应当驳回起诉。

一般保证中，债权人一并起诉债务人和保证人的，人民法院可以受理，但是在作出判决时，除有民法典第六百八十七条第二款但书规定的情形外，应当在判决书主文中明确，保证人仅对债务人财产依法强制执行后仍不能履行的部分承担保证责任。

债权人未对债务人的财产申请保全，

---

[223] 《民事诉讼法》（2023年修正）第127条。

或者保全的债务人的财产足以清偿债务,债权人申请对一般保证人的财产进行保全的,人民法院不予准许。

第66条第2款 在有追索权的保理中,保理人以应收账款债权人或者应收账款债务人为被告提起诉讼,人民法院应予受理;保理人一并起诉应收账款债权人和应收账款债务人的,人民法院可以受理。

《最高人民法院关于审理劳动争议案件适用法律问题的解释(一)》(法释〔2020〕26号 2020年12月29日)

第5条 劳动争议仲裁机构以无管辖权为由对劳动争议案件不予受理,当事人提起诉讼的,人民法院按照以下情形分别处理:

(一)经审查认为该劳动争议仲裁机构对案件确无管辖权的,应当告知当事人向有管辖权的劳动争议仲裁机构申请仲裁;

(二)经审查认为该劳动争议仲裁机构有管辖权的,应当告知当事人申请仲裁,并将审查意见书面通知该劳动争议仲裁机构;劳动争议仲裁机构仍不受理,当事人就该劳动争议事项提起诉讼的,人民法院应予受理。

第6条 劳动争议仲裁机构以当事人申请仲裁的事项不属于劳动争议为由,作出不予受理的书面裁决、决定或者通知,当事人不服依法提起诉讼的,人民法院应当分别情况予以处理:

(一)属于劳动争议案件的,应当受理;

(二)虽不属于劳动争议案件,但属于人民法院主管的其他案件,应当依法受理。

第7条 劳动争议仲裁机构以申请仲裁的主体不适格为由,作出不予受理的书面裁决、决定或者通知,当事人不服依法提起诉讼,经审查确属主体不适格的,人民法院不予受理;已经受理的,裁定驳回起诉。

第8条 劳动争议仲裁机构为纠正原仲裁裁决错误重新作出裁决,当事人不服依法提起诉讼的,人民法院应当受理。

第9条 劳动争议仲裁机构仲裁的事项不属于人民法院受理的案件范围,当事人不服依法提起诉讼的,人民法院不予受理;已经受理的,裁定驳回起诉。

第10条 当事人不服劳动争议仲裁机构作出的预先支付劳动者劳动报酬、工伤医疗费、经济补偿或者赔偿金的裁决,依法提起诉讼的,人民法院不予受理。

用人单位不履行上述裁决中的给付义务,劳动者依法申请强制执行的,人民法院应予受理。

《最高人民法院关于适用〈中华人民共和国公司法〉若干问题的规定(二)》(法释〔2014〕2号 2020年12月29日修正)

第2条 股东提起解散公司诉讼,同时又申请人民法院对公司进行清算的,人民法院对其提出的清算申请不予受理。人民法院可以告知原告,在人民法院判决解散公司后,依据民法典第七十条、公司法第一百八十三条和本规定第七条的规定,自行组织清算或者另行申请人民法院对公司进行清算。

第6条 人民法院关于解散公司诉讼作出的判决,对公司全体股东具有法律约束力。

人民法院判决驳回解散公司诉讼请求后,提起该诉讼的股东或者其他股东又以同一事实和理由提起解散公司诉讼的,人民法院不予受理。

第14条 债权人补充申报的债权,可以在公司尚未分配财产中依法清偿。公司尚未分配财产不能全额清偿,债权人主张股东以其在剩余财产分配中已经得的财产予以清偿的,人民法院应予支持;但债权人因重大过错未在规定期限内申报债权的除外。

债权人或者清算组,以公司尚未分配财产和股东在剩余财产分配中已经取得的财产,不能全额清偿补充申报的债权为由,向人民法院提出破产清算申请的,人民法院不予受理。

《最高人民法院关于审理与企业改制相关的民事纠纷案件若干问题的规定》(法释〔2003〕1号 2020年12月29日修正)

第1条 人民法院受理以下平等民事主体间在企业产权制度改造中发生的民事纠纷案件:

(一)企业公司制改造中发生的民事纠纷;

(二)企业股份合作制改造中发生的民事纠纷;

(三)企业分立中发生的民事纠纷;

(四)企业债权转股权纠纷;

(五)企业出售合同纠纷;

(六)企业兼并合同纠纷;

(七)与企业改制相关的其他民事纠纷。

第2条 当事人起诉符合本规定第一条所列情形,并符合民事诉讼法第一百一十九条[224]规定的起诉条件的,人民法院应当予以受理。

第3条 政府主管部门在对企业国有资产进行行政性调整、划转过程中发生的纠纷,当事人向人民法院提起民事诉讼的,人民法院不予受理。

《最高人民法院研究室关于人民法院是否受理涉及军队房地产腾退、拆迁安置纠纷案件的答复》 (法研〔2003〕123号 2003年8月18日)

根据最高人民法院1992年11月25日下发的《最高人民法院关于房地产案件受理问题的通知》的精神,因涉及军队房地产腾退、拆迁安置而引起的纠纷,不属于人民法院主管工作的范围,当事人为此而提起诉讼的,人民法院应当依法不予受理或驳回起诉,并可告知其向有关部门申请解决。

最高院裁判观点

1. 某银行股份有限公司、枣庄鼎某置业有限公司合同纠纷【(2020)最高法民申3954号】

裁判要旨:《最高人民法院关于在审理经济纠纷案件中涉及经济犯罪嫌疑若干问题的规定》第十条规定:"人民法院在审理经济纠纷案件中,发现与本案有牵连,但与本案不是同一法律关系的经济犯罪嫌疑线索、材料,应将犯罪嫌疑线索、材料移送有关公安机关或检察机关查处,经济纠纷案件继续审理。"第十一条规定:"人民法院作为经济纠纷受理的案件,经审理认为不属经济纠纷案件而有经济犯罪嫌疑的,应当裁定驳回起诉,将有关材料移送公安机关或检察机关。"根据上述规定,引发民事纠纷的法律事实与引发刑事纠纷的法律事实不是同一法律事实,原告提起的诉讼符合《民事诉讼法》第一百一十九条[225]规定的起诉条件,不属于《民事诉讼法》第一百二十四条[226]规定的不予受理情形,人民法院对于原告提起的民

---

[224]《民事诉讼法》(2023年修正)第122条。
[225] 同上。
[226]《民事诉讼法》(2023年修正)第127条。

事诉讼应予受理。

2. 某投资控股有限公司与某市交通运输局申请确认仲裁协议效力案【指导性案例197号】

裁判要旨： 当事人未在仲裁庭首次开庭前对仲裁协议的效力提出异议的，应当认定当事人接受仲裁庭对案件的管辖权。虽然案件重新进入仲裁程序，但仍是对同一纠纷进行的仲裁程序，当事人在重新仲裁开庭前对仲裁协议效力提出异议的，不属于《中华人民共和国仲裁法》第二十条第二款规定的"在仲裁庭首次开庭前提出"的情形。

第二节 审理前的准备

第一百二十八条　送达起诉状和答辩状

人民法院应当在立案之日起五日内将起诉状副本发送被告，被告应当在收到之日起十五日内提出答辩状。答辩状应当记明被告的姓名、性别、年龄、民族、职业、工作单位、住所、联系方式；法人或者其他组织的名称、住所和法定代表人或者主要负责人的姓名、职务、联系方式。人民法院应当在收到答辩状之日起五日内将答辩状副本发送原告。

被告不提出答辩状的，不影响人民法院审理。

条文注解

需要说明的是，如果被告不提出答辩状，或逾期不作出答辩的，不影响人民法院对案件的审理，即并不影响民事诉讼程序下一阶段的进行。

相关规定

◎司法解释及文件

《**最高人民法院关于民事诉讼证据的若干规定**》（法释〔2019〕19号 2019年12月25日）

第49条　被告应当在答辩期届满前提出书面答辩，阐明其对原告诉讼请求及所依据的事实和理由的意见。

《**最高人民法院关于审理民事案件适用诉讼时效制度若干问题的规定**》（法释〔2020〕17号 2020年12月29日）

第3条　当事人在一审期间未提出诉讼时效抗辩，在二审期间提出的，人民法院不予支持，但其基于新的证据能够证明对方当事人的请求权已过诉讼时效期间的情形除外。

当事人未按照前款规定提出诉讼时效抗辩，以诉讼时效期间届满为由申请再审或者提出再审抗辩的，人民法院不予支持。

《**民事诉讼程序繁简分流改革试点问答口径（一）**》（法〔2020〕105号 2020年4月15日）

十二、小额诉讼程序的答辩期间如何确定？

答：根据《实施办法》第七条第二款，在征得当事人同意的基础上，可以合理确定不超过七天的答辩期间；人民法院没有征询当事人意见或者当事人未明确放弃答辩期间，也未就答辩期间作出明确意思表示的，根据《民事诉讼法》第一百二十五条[227]之规定，答辩期间为十五日；人民法院可以通过电话、电子邮件、传真、手机短信等简便方式征询当事人意见。

---

[227]《民事诉讼法》（2023年修正）第128条。

文书范本

民事答辩状（公民对民事起诉提出答辩用）

民事答辩状

答辩人：×××，男/女，××××年××月××日生，×族，……（写明工作单位和职务或职业），住……。联系方式：……。

法定代理人/指定代理人：×××，……。

委托诉讼代理人：×××，……。

（以上写明答辩人和其他诉讼参加人的姓名或者名称等基本信息）

对××××人民法院（××××）……民初……号……（写明当事人和案由）一案的起诉，答辩如下：

……（写明答辩意见）。

证据和证据来源，证人姓名和住所：

……

此致

××××人民法院

附：本答辩状副本×份

答辩人（签名）
××××年××月××日

文书制作要点提示：

①答辩人是法人或者其他组织的，写明名称住所，另起一行写明法定代表人、主要负责人及其姓名、职务、联系方式。

②答辩状应当记明被告的姓名、性别、出生日期、民族、职业、工作单位、住所、联系方式。

③答辩状的内容应当围绕原告的起诉及诉讼请求是否成立或是否完全成立展开，尽量避免陈述对己方不利的事实。

④答辩人是自然人的，答辩状应当由本人签名；代表人是法人或其他组织的，答辩状应当加盖单位印章，并由法定代表人或者主要负责人签名。

第一百二十九条 诉讼权利义务的告知

人民法院对决定受理的案件，应当在受理案件通知书和应诉通知书中向当事人告知有关的诉讼权利义务，或者口头告知。

相关规定

《最高人民法院关于民事诉讼证据的若干规定》（法释〔2019〕19号 2019年12月25日）

第50条 人民法院应当在审理前的准备阶段向当事人送达举证通知书。

举证通知书应当载明举证责任的分配

原则和要求、可以向人民法院申请调查收集证据的情形、人民法院根据案件情况指定的举证期限以及逾期提供证据的法律后果等内容。

第一百三十条 对管辖权异议的审查和处理

人民法院受理案件后，当事人对管辖权有异议的，应当在提交答辩状期间提出。人民法院对当事人提出的异议，应当审查。异议成立的，裁定将案件移送有管辖权的人民法院；异议不成立的，裁定驳回。

人民法院审理选民资格案件、宣告失踪或者宣告死亡案件、指定遗产管理人案件、认定公民无民事行为能力或者限制民事行为能力案件、认定财产无主案件、确认调解协议案件和实现担保物权案件，适用本章规定。本章没有规定的，适用本法和其他法律的有关规定。

条文注解

根据本条的规定，当事人如果在答辩期间未提出管辖异议并应诉答辩的，视为受诉人民法院有管辖权，但是违反《民事诉讼法》有关级别管辖和专属管辖的除外。对于被告"应诉答辩"具体包括的情形，从各国及有关管辖权的国际公约（《国际有体动产买卖协议管辖权公约》）来看，应该包括被告出庭、被告就实体内容进行答辩和陈述、被告提出反诉等活动中未提出对管辖权的异议。

相关规定

◎ 司法解释及文件

《最高人民法院关于适用〈中华人民共和国民事诉讼法〉的解释》（法释〔2022〕11号 2022年4月1日修正）

第223条 当事人在提交答辩状期间提出管辖异议，又针对起诉状的内容进行答辩的，人民法院应当依照民事诉讼法第一百三十条第一款的规定，对管辖异议进行审查。

当事人未提出管辖异议，就案件实体内容进行答辩、陈述或者反诉的，可以认定为民事诉讼法第一百三十条第二款规定的应诉答辩。

《最高人民法院关于审理民事级别管辖异议案件若干问题的规定》（法释〔2009〕17号 2020年12月29日修正）

为正确审理民事级别管辖异议案件，依法维护诉讼秩序和当事人的合法权益，根据《中华人民共和国民事诉讼法》的规定，结合审判实践，制定本规定。

第1条 被告在提交答辩状期间提出管辖权异议，认为受诉人民法院违反级别管辖规定，案件应当由上级人民法院或者下级人民法院管辖的，受诉人民法院应当审查，并在受理异议之日起十五日内作出裁定：

（一）异议不成立的，裁定驳回；

（二）异议成立的，裁定移送有管辖权的人民法院。

第2条 在管辖权异议裁定作出前，原告申请撤回起诉，受诉人民法院作出准予撤回起诉裁定的，对管辖权异议不再审查，并在裁定书中一并写明。

第3条 提交答辩状期间届满后，原告增加诉讼请求金额致使案件标的额超过受诉人民法院级别管辖标准，被告提出管辖权异议，请求由上级人民法院管辖的，人民法院应当按照本规定第一条审查并作出裁定。

第4条 对于应由上级人民法院管辖的第一审民事案件，下级人民法院不得报请上级人民法院交其审理。

第5条 被告以受诉人民法院同时违反级别管辖和地域管辖规定为由提出管辖权异议的，受诉人民法院应当一并作出裁定。

第6条 当事人未依法提出管辖权异议，但受诉人民法院发现其没有级别管辖权的，应当将案件移送有管辖权的人民法院审理。

第7条 对人民法院就级别管辖异议作出的裁定，当事人不服提起上诉的，第二审人民法院应当依法审理并作出裁定。

第8条 对于将案件移送上级人民法院管辖的裁定，当事人未提出上诉，但受移送的上级人民法院认为确有错误的，可以依职权裁定撤销。

第9条 经最高人民法院批准的第一审民事案件级别管辖标准的规定，应当作为审理民事级别管辖异议案件的依据。

第10条 本规定施行前颁布的有关司法解释与本规定不一致的，以本规定为准。

最高院裁判观点

1. 韩某彬诉内蒙古九某药业有限责任公司等产品责任纠纷管辖权异议案【最高人民法院指导案例56号】

裁判要旨：当事人在一审提交答辩状期间未提出管辖权异议，在二审或者再审发回重审时提出管辖权异议的，人民法院不予审查。

2. 内蒙古某药业有限责任公司、上海某商厦有限公司与韩某彬、某广播电视台、大连某大药房有限公司产品质量损害赔偿纠纷管辖权异议申请再审案【《最高人民法院公报》2013年第7期】

裁判要旨：上级人民法院发回重审的案件，当事人能否再行提出管辖权异议，《民事诉讼法》对此并没有明确作出规定。但根据管辖恒定原则，发回重审的案件管辖权已经确定，当事人仍然提出管辖权异议的，人民法院不予支持。

文书范本

1. 异议书（对管辖权提出异议用）

<pre>
异 议 书

异议人（被告）：×××，男/女，××××年××月××日出生，×族，……（写明工作单位和职务或者职业），住……。联系方式：……。
法定代理人/指定代理人：×××，……。
委托诉讼代理人：×××，……。
（以上写明异议人和其他诉讼参加人的姓名或者名称等基本信息）
请求事项
将××××人民法院（××××）……号……（写明案件当事人和案由）一案移送××××人民法院管辖。
事实和理由：
</pre>

> ……（写明提出管辖权异议的事实和理由）。
>   此致
> ××××人民法院
>
> 异议人（签名或者盖章）
××××年××月××日

文书制作要点提示：

①当事人是法人或者其他组织的，写明名称住所，另起一行写明法定代表人、主要负责人及其姓名、职务、联系方式。

②重点写明提起管辖权异议的事实和法律依据。

③人民法院受理案件后，当事人对管辖权有异议的，应当在提交答辩状期间提出。

2. 民事上诉状（对驳回管辖权异议裁定不服提起上诉用）

> **民事上诉状**
>
> 上诉人（原审诉讼地位）：×××，男/女，××××年××月××日出生，×族，……（写明工作单位和职务或者职业），住……。联系方式：……。
> 法定代理人/指定代理人：×××，……。
> 委托诉讼代理人：×××，……。
> 被上诉人（原审诉讼地位）：×××，……。
> ……
> （以上写明当事人和其他诉讼参加人的姓名或者名称等基本信息）
> 上诉人×××因与被上诉人×××……（写明案由）一案，不服××××人民法院××××年××月××日作出的（××××）……民初……号驳回管辖权异议裁定，现提起上诉。
> 上诉请求：
> 1. 撤销××××人民法院（××××）……民初……号驳回管辖权异议民事裁定书；
> 2. 本案移送××××人民法院处理。
> 上诉理由：
> ……（写明不服驳回管辖权异议裁定的事实和理由）。
>   此致
> ××××人民法院
>
>   附：本上诉状副本×份
>
> 上诉人（签名或者盖章）
××××年××月××日

文书制作要点提示：

①当事人是法人或者其他组织的，写明名称住所，另起一行写明法定代表人、主要负责人及其姓名、职务、联系方式。

②当事人对驳回管辖权异议上诉的，有权在裁定书送达之日起十日内向上一级人民法院提起上诉。在中华人民共和国领域内没有住所的当事人不服第一审人民法院裁定的，有权在裁定书送达之日起三十日内提起上诉。

第一百三十一条　合议庭组成人员的告知

审判人员确定后，应当在三日内告知当事人。

条文注解

需要说明的是，人民法院在告知当事人后，可以根据需要对合议庭组成人员进行必要的调整，因情势变化，必须调整合议庭组成人员的，应当于调整后三日内告知当事人。在开庭前三日内决定调整合议庭组成人员的，原定的开庭日期应予顺延。

第一百三十二条　审核取证

审判人员必须认真审核诉讼材料，调查收集必要的证据。

条文注解

人民法院调查、收集证据分为两种情形：一是人民法院依职权主动调查、收集与案件有关的证据；二是人民法院依当事人的申请，调查、收集与案件有关的证据。

相关规定

◎司法解释及文件

《最高人民法院关于民事诉讼证据的若干规定》（法释〔2019〕19号　2019年12月25日）

第20条　当事人及其诉讼代理人申请人民法院调查收集证据，应当在举证期限届满前提交书面申请。

申请书应当载明被调查人的姓名或者单位名称、住所地等基本情况、所要调查收集的证据名称或者内容、需要由人民法院调查收集证据的原因及其要证明的事实以及明确的线索。

第21条　人民法院调查收集的书证，可以是原件，也可以是经核对无误的副本或者复制件。是副本或者复制件的，应当在调查笔录中说明来源和取证情况。

第22条　人民法院调查收集的物证应当是原物。被调查人提供原物确有困难的，可以提供复制品或者影像资料。提供复制品或者影像资料的，应当在调查笔录中说明取证情况。

第23条　人民法院调查收集视听资料、电子数据，应当要求被调查人提供原始载体。

提供原始载体确有困难的，可以提供复制件。提供复制件的，人民法院应当在调查笔录中说明其来源和制作经过。

人民法院对视听资料、电子数据采取证据保全措施的，适用前款规定。

第24条　人民法院调查收集可能需要鉴定的证据，应当遵守相关技术规范，确保证据不被污染。

第一百三十三条　调查取证的程序

人民法院派出人员进行调查时，应当向被调查人出示证件。

调查笔录经被调查人校阅后，由被调查人、调查人签名或者盖章。

第一百三十四条 委托调查

人民法院在必要时可以委托外地人民法院调查。

委托调查,必须提出明确的项目和要求。受委托人民法院可以主动补充调查。

受委托人民法院收到委托书后,应当在三十日内完成调查。因故不能完成的,应当在上述期限内函告委托人民法院。

第一百三十五条 当事人的追加

必须共同进行诉讼的当事人没有参加诉讼的,人民法院应当通知其参加诉讼。

条文注解

所谓必要的共同诉讼,必须具备两个条件:一是一方或双方当事人为二人以上,二是诉讼标的是共同的。例如,合伙关系中基于合伙财产的诉讼,共同继承人基于被继承财产的诉讼。在实体法律关系中,当事人存在着共同的利害关系,享有共同的权利或者承担共同的义务,这体现在诉讼法律关系中即是诉讼标的是共同的,它要求共同诉讼人必须一同起诉或应诉,未一同起诉或应诉的,应予以追加。对于必要的共同诉讼,法院应当合并审理,且作出合一判决,避免因分别审理和判决导致分割实体权利义务的内在联系,造成相互矛盾的判决。

相关规定

◎司法解释及文件

《最高人民法院关于适用〈中华人民共和国民事诉讼法〉的解释》(法释〔2022〕11号 2022年4月1日修正)

第73条 必须共同进行诉讼的当事人没有参加诉讼的,人民法院应当依照民事诉讼法第一百三十五条的规定,通知其参加;当事人也可以向人民法院申请追加。人民法院对当事人提出的申请,应当进行审查,申请理由不成立的,裁定驳回;申请理由成立的,书面通知被追加的当事人参加诉讼。

第74条 人民法院追加共同诉讼的当事人时,应当通知其他当事人。应当追加的原告,已明确表示放弃实体权利的,可不予追加;既不愿意参加诉讼,又不放弃实体权利的,仍应追加为共同原告,其不参加诉讼,不影响人民法院对案件的审理和依法作出判决。

文书范本

申请书(申请追加必要的共同诉讼当事人用)

申请书

申请人:×××,男/女,××××年××月××日出生,×族,……(写明工作单位和职务或者职业),住……。联系方式:……。

法定代理人/指定代理人:×××,……。

委托诉讼代理人:×××,……。

(以上写明申请人和其他诉讼参加人的姓名或者名称等基本信息)

请求事项：
追加×××作为你院（××××）……民初……号……（写明当事人和案由）一案共同原告/被告参加诉讼。
事实和理由：
……（写明申请追加的事实和理由）。
此致
××××人民法院

申请人（签名或者公章）
××××年××月××日

文书制作要点提示：
①申请人是法人或者其他组织的，写明名称住所，另起一行写明法定代表人、主要负责人及其姓名、职务、联系方式。
②被追加的当事人，可以是原告也可以是被告。
③重点写清楚申请追加的事实和主要理由。

第一百三十六条　案件受理后的处理

人民法院对受理的案件，分别情形，予以处理：
（一）当事人没有争议，符合督促程序规定条件的，可以转入督促程序；
（二）开庭前可以调解的，采取调解方式及时解决纠纷；
（三）根据案件情况，确定适用简易程序或者普通程序；
（四）需要开庭审理的，通过要求当事人交换证据等方式，明确争议焦点。

条文注解

需要说明的是，本条规定的开庭前准备程序，与两大法系其他国家规定的审前程序既有联系又有区别，尤其是与英美法系的审前程序相比。本条规定的开庭前准备程序是指以法院主导为原则，在正式开庭审理前按一定方式、程序实施的并由当事人及其他诉讼参与人参加的一系列诉讼活动的总和，具体包括法院根据案件的具体情形进行繁简分流：对于适宜通过特别程序或者非诉机制解决的纠纷，采取调解或者督促程序定分止争；对于必须通过诉讼机制解决的纠纷，法院根据案件性质，选择适宜的审理程序，指示当事人交换证据、明确争议焦点，为下一阶段的集中开庭审理做好准备。

相关规定

◎司法解释及文件

《最高人民法院关于适用〈中华人民共和国民事诉讼法〉的解释》（法释〔2022〕11号　2022年4月1日修正）

第224条　依照民事诉讼法第一百三十六条第四项规定，人民法院可以在答辩期届满后，通过组织证据交换、召集庭前会议等方式，作好审理前的准备。

第225条　根据案件具体情况，庭前会议可以包括下列内容：
（一）明确原告的诉讼请求和被告的

答辩意见；

（二）审查处理当事人增加、变更诉讼请求的申请和提出的反诉，以及第三人提出的与本案有关的诉讼请求；

（三）根据当事人的申请决定调查收集证据，委托鉴定，要求当事人提供证据，进行勘验，进行证据保全；

（四）组织交换证据；

（五）归纳争议焦点；

（六）进行调解。

第226条 人民法院应当根据当事人的诉讼请求、答辩意见以及证据交换的情况，归纳争议焦点，并就归纳的争议焦点征求当事人的意见。

《最高人民法院关于民事诉讼证据的若干规定》（法释〔2019〕19号 2019年12月25日）

第56条 人民法院依照民事诉讼法第一百三十三条[228]第四项的规定，通过组织证据交换进行审理前准备的，证据交换之日举证期限届满。

证据交换的时间可以由当事人协商一致并经人民法院认可，也可以由人民法院指定。当事人申请延期举证经人民法院准许的，证据交换日相应顺延。

第57条 证据交换应当在审判人员的主持下进行。

在证据交换的过程中，审判人员对当事人无异议的事实、证据应当记录在卷；对有异议的证据，按照需要证明的事实分类记录在卷，并记载异议的理由。通过证据交换，确定双方当事人争议的主要问题。

第58条 当事人收到对方的证据后有反驳证据需要提交的，人民法院应当再次组织证据交换。

《最高人民法院关于民商事案件繁简分流和调解速裁操作规程（试行）》（法发〔2017〕14号 2017年5月8日）

第1条 民商事简易纠纷解决方式主要有先行调解、和解、速裁、简易程序、简易程序中的小额诉讼、督促程序等。

人民法院对当事人起诉的民商事纠纷，在依法登记立案后，应当告知双方当事人可供选择的简易纠纷解决方式，释明各项程序的特点。

先行调解包括人民法院调解和委托第三方调解。

第2条 人民法院应当指派专职或兼职程序分流员。

程序分流员负责以下工作：

（一）根据案件事实、法律适用、社会影响等因素，确定案件应当适用的程序；

（二）对系列性、群体性或者关联性案件等进行集中分流；

（三）对委托调解的案件进行跟踪、提示、指导、督促；

（四）做好不同案件程序之间转换衔接工作；

（五）其他与案件分流、程序转换相关的工作。

第3条 人民法院登记立案后，程序分流员认为适宜调解的，在征求当事人意见后，转入调解程序；认为应当适用简易程序、速裁的，转入相应程序，进行快速审理；认为应当适用特别程序、普通程序的，根据业务分工确定承办部门。

登记立案前，需要制作诉前保全裁定书、司法确认裁定书、和解备案的，由程序分流员记录后转办。

---

[228] 《民事诉讼法》（2023年修正）第136条。

第 4 条　案件程序分流一般应当在登记立案当日完成，最长不超过三日。

第 5 条　程序分流后，尚未进入调解或审理程序时，承办部门和法官认为程序分流不当的，应当及时提出，不得自行将案件退回或移送。

程序分流员认为异议成立的，可以将案件收回并重新分配。

第 6 条　在调解或审理中，由于出现或发现新情况，承办部门和法官决定转换程序的，向程序分流员备案。已经转换过一次程序的案件，原则上不得再次转换。

第 7 条　案件适宜调解的，应当出具先行调解告知书，引导当事人先行调解，当事人明确拒绝的除外。

第 8 条　先行调解告知书包括以下内容：

（一）先行调解特点；

（二）自愿调解原则；

（三）先行调解人员；

（四）先行调解程序；

（五）先行调解法律效力；

（六）诉讼费减免规定；

（七）其他相关事宜。

第 9 条　下列适宜调解的纠纷，应当引导当事人委托调解：

（一）家事纠纷；

（二）相邻关系纠纷；

（三）劳动争议纠纷；

（四）交通事故赔偿纠纷；

（五）医疗纠纷；

（六）物业纠纷；

（七）消费者权益纠纷；

（八）小额债务纠纷；

（九）申请撤销劳动争议仲裁裁决纠纷。

其他适宜调解的纠纷，也可以引导当事人委托调解。

第 10 条　人民法院指派法官担任专职调解员，负责以下工作：

（一）主持调解；

（二）对调解达成协议的，制作调解书；

（三）对调解不成适宜速裁的，径行裁判。

第 11 条　人民法院调解或者委托调解的，应当在十五日内完成。各方当事人同意的，可以适当延长，延长期限不超过十五日。调解期间不计入审理期限。

当事人选择委托调解的，人民法院应当在三日内移交相关材料。

《最高人民法院关于进一步推进案件繁简分流优化司法资源配置的若干意见》（法发〔2016〕21 号　2016 年 9 月 12 日）

9. 发挥庭前会议功能。法官或者受法官指导的法官助理主持召开庭前会议，解决核对当事人身份、组织交换证据目录、启动非法证据排除等相关程序性事项。对于适宜调解的案件，积极通过庭前会议促成当事人和解或者达成调解协议。对于庭前会议已确认的无争议事实和证据，在庭审中作出说明后，可以简化庭审举证和质证；对于有争议的事实和证据，征求当事人意见后归纳争议焦点。

第三节　开庭审理

第一百三十七条　公开审理及例外

人民法院审理民事案件，除涉及国家秘密、个人隐私或者法律另有规定的以外，应当公开进行。

离婚案件，涉及商业秘密的案件，当事人申请不公开审理的，可以不公开审理。

条文注解

1. 公开审理是人民法院审判案件的一项基本原则，是开庭审理的主要形式，本条规定正是公开审判原则的具体实施。公开审理包括两个内容：一是对群众公开，指民事案件的审判过程，包括审理过程和宣告判决的过程都允许群众旁听，法院应当在开庭审理前将审理案件的日期予以公告，以便群众旁听；二是对社会公开，指允许新闻记者对庭审过程作采访，并允许其对审理过程作报道，将案件向社会披露。

2. 即便是依法不公开审理的，也必须传唤双方当事人并通知其他诉讼参与人到庭诉讼。不公开审理的案件，宣判应当公开进行。

相关规定

◎司法解释及文件

《最高人民法院关于适用〈中华人民共和国民事诉讼法〉的解释》（法释〔2022〕11号 2022年4月1日修正）

第220条 民事诉讼法第七十一条、第一百三十七条、第一百五十九条规定的商业秘密，是指生产工艺、配方、贸易联系、购销渠道等当事人不愿公开的技术秘密、商业情报及信息。

第一百三十八条 巡回审理

人民法院审理民事案件，根据需要进行巡回审理，就地办案。

条文注解

巡回审理、就地办案就是人民法院派出流动法庭，轮流到民事案件发生地就近审理简单的民事案件。根据本条规定，人民法院可以根据需要决定是否巡回审理、就地办案。此制度在审判实践中主要有以下几点积极意义：一是有利于人民法院查明案情、分清是非、正确及时处理纠纷。二是可以避免当事人和其他诉讼参与人因往返于住所和人民法院之间而延误正常的工作和学习，浪费时间、金钱，浪费诉讼资源。三是可以对当地群众进行法制宣传教育，特别是通过对在当地影响比较大，受群众关注比较多，而且反复发生的案件的审理，可以起到教育大多数群众的作用。

相关规定

◎司法解释及文件

《关于大力推广巡回审判方便人民群众诉讼的意见》（法发〔2010〕59号 2010年12月22日）

巡回审判是人民法院基层基础工作的重要组成部分，是立足现有司法资源充分发挥审判职能作用的重要途径。为全面提高巡回审判工作质效，现就大力推广巡回审判，方便人民群众诉讼有关问题，提出以下意见。

一、充分认识大力推广巡回审判方便人民群众诉讼的重要意义

1. 推广巡回审判是深入推进三项重点工作的重要举措。在大力推广巡回审判方便人民群众诉讼过程中，最大限度快捷有效处理当事人的矛盾纠纷，最大限度发现和解决社会管理中存在的问题，最大限度将人民法院特别是基层人民法院、人民法庭各项工作置于人民群众监督之下，对于深入推进社会矛盾化解、社会管理创新以及公正廉洁执法具有重要意义。

2. 推广巡回审判是坚持为大局服务的具体实践。服务党和国家工作大局，是人民法院的历史责任和实现自身发展的必然要求。大力推广巡回审判，无论是对于着力提高服务大局的针对性，切实解决经济社会发展过程中的突出问题，还是对于增强审判工作辐射效应,争取人民法院工作取得最佳的法律效果和社会效果,都将产生积极作用。

3. 推广巡回审判是深入开展"人民法官为人民"主题实践活动的重要切入点。以大力推广巡回审判方便人民群众诉讼为抓手,深入开展"人民法官为人民"主题实践活动,强化落实各项便民利民措施,可以最大程度上彰显人民司法的人文关怀,让广大人民群众切实感受到人民法院深入开展"人民法官为人民"主题实践活动的成果,同时也是新时期继承和发扬"马锡五审判方式"所蕴含的深入群众、方便群众和服务群众精神的具体体现。

二、立足本地实际,切实增强大力推广巡回审判方便人民群众诉讼的针对性

4. 西部边远地区、少数民族地区以及其他群众诉讼不便地区的基层人民法院,特别是人民法庭,应当逐步确立以巡回审判为主的工作机制。通过大力推广巡回审判,全面提高巡回审判工作质效,切实解决当前在一定程度上存在的司法权不能切实覆盖、人民群众日益增长的司法需求难以得到有效满足的问题。

5. 经济发达和较为发达地区的基层人民法院和人民法庭,要以着力化解经济社会发展中的矛盾纠纷,着力解决影响社会稳定的突出问题,着力提供更加便捷有效的司法服务为出发点开展巡回审判工作。通过大力推广巡回审判,力争做到审判工作优质高效开展与服务当地经济社会又好又快发展两不误、两促进。

三、明确原则目标,坚持制度化、规范化,努力追求巡回审判的高质量和高效率

6. 巡回审判要遵循"面向农村、面向基层、面向群众"和"方便人民群众诉讼,方便人民法院依法独立、公正、高效

行使审判权"原则,弘扬公正、廉洁、为民的司法核心价值观,以最大限度满足人民群众日益增长的司法服务需求和化解矛盾、定分止争为目的,实现法律效果和社会效果的有机统一。注重发挥以案施教、法制宣传的社会功能,凸显司法为民、司法效益的价值追求。

7. 注意发挥人民法庭在大力推广巡回审判工作中的重要作用,确有必要的,基层人民法院也可根据需要组织专门力量开展巡回审判工作。继续贯彻最高人民法院《关于全面加强人民法庭工作的决定》有关人民法庭可以直接立案的规定精神,切实解决人民群众"告状难"问题。按照有利于消除当事人对抗心理和充分实现巡回审判功能要求选择巡回审判地点,针对可能引发的突发事件,还应做好应急预案,维护巡回审判的顺利进行。

8. 建立基层人民法院特别是人民法庭与人民调解组织、村民自治组织、基层司法所等的联系网络,切实增强巡回审判的针对性,防止有限司法资源的浪费。进一步切实贯彻"调解优先、调判结合"司法原则,最大限度地实现诉讼与非诉讼纠纷解决方式的衔接。

9. 加大巡回审判点的建设力度,切实解决巡回审判场所不足的问题。根据当地具体情况,加强与公安、司法行政部门的沟通和联系,在派出人民法庭覆盖不到的地方,充分利用派出所、司法所等现有资源建立相对固定、规范的巡回审判点。

10. 科学合理地确定人员编制,争取编制管理部门的支持,利用新增政法专项编制,倾斜、充实基层一线,合理配置人力资源,为大力推广巡回审判新机制提供编制组织保障。在西部边远、少数民族地区,要立足当地,积极培养和录取精通双语的少数民族法官和工作人员,为适应西

部边远、少数民族地区巡回审判工作打下坚实基础。

11. 尽快解决人民法庭恢复或新建、物质装备和经费保障问题。做好边远地区、少数民族地区及其他群众诉讼不便地区人民法庭恢复或新建工作，解决巡回半径过大的实际问题。根据辖区或者覆盖区域的人口分布、交通条件等情况，配备能够满足巡回审判工作的特种车辆、活动板房（帐篷）、移动办公设备和通讯工具，构建信息共享的网络系统以及必要的网络终端工具，扩大电子签章的使用等，并将维修、养护、油料、巡回审判补助等费用以及折旧、报废等问题纳入法院预算经费范围，确保巡回审判工作的顺利开展。

四、加强监督指导和调查研究

12. 切实加强对本地区巡回审判工作的指导力度。各地要根据本意见要求尽快制定符合本地实际情况的具体指导意见和专门的庭审程序规范，着力做好有利于大力推广巡回审判工作的制度建设。

13. 尽快完善巡回审判工作量的统计工作，采取科学方法，客观反映大力推广巡回审判方便人民群众诉讼的实际情况。强化监督检查工作，避免脱离实际片面追求巡回审判案件数量的错误做法。

14. 对贯彻落实本意见过程中出现的新情况、新问题，要注意认真研究分析成因和对策。积极主动寻求当地党委的领导和人大的支持，加强与政府及相关部门的沟通联系，对本地区难以解决的问题和困难，要及时向上级人民法院报告，必要时应层报我院。

第一百三十九条　开庭通知与公告

人民法院审理民事案件，应当在开庭三日前通知当事人和其他诉讼参与人。公开审理的，应当公告当事人姓名、案由和开庭的时间、地点。

▎条文注解

应当说明的是，这一规定是要求人民法院将开庭通知书至迟在开庭三日以前送达到当事人和其他诉讼参与人，而不是开庭前三日内才送到，更不是开庭前三日才发出开庭通知。提前发出开庭通知主要目的是给当事人和其他诉讼参与人留有充裕的时间，按时参加庭审。

▎相关规定

◎司法解释及文件

《最高人民法院关于适用〈中华人民共和国民事诉讼法〉的解释》（法释〔2022〕11号　2022年4月1日修正）

第227条　人民法院适用普通程序审理案件，应当在开庭三日前用传票传唤当事人。对诉讼代理人、证人、鉴定人、勘验人、翻译人员应当用通知书通知其到庭。当事人或者其他诉讼参与人在外地的，应当留有必要的在途时间。

第一百四十条　宣布开庭

开庭审理前，书记员应当查明当事人和其他诉讼参与人是否到庭，宣布法庭纪律。

人民法院审理选民资格案件、宣告失踪或者宣告死亡案件、指定遗产管理人案件、认定公民无民事行为能力或者限制民事行为能力案件、认定财产无主案件、确认调解协议案件和实现担保物权案件，适用本章规定。本章没有规定的，适用本法和其他法律的有关规定。

开庭审理时，由审判长或者独任审判员核对当事人，宣布案由，宣布审判人员、法官助理、书记员等的名单，告知当事人有关的诉讼权利义务，询问当事人是否提出回避申请。

第一百四十一条　法庭调查顺序

法庭调查按照下列顺序进行：
（一）当事人陈述；
（二）告知证人的权利义务，证人作证，宣读未到庭的证人证言；
（三）出示书证、物证、视听资料和电子数据；
（四）宣读鉴定意见；
（五）宣读勘验笔录。

◆ **条文注解**

法庭调查是指人民法院依照法定程序，在法庭上对案件事实进行调查，对各种证据予以核实的诉讼活动。法庭调查是开庭审理的核心，是案件进入实体审理的主要阶段，主要任务是进一步明确当事人的诉讼请求，在当事人均在场的情况下，通过法院的直接审理，查明案件事实，审查核实证据，从而全面揭示案情，为认定案件事实、正确适用法律提供依据。

◆ **相关规定**

◎ 司法解释及文件

《最高人民法院关于适用〈中华人民共和国民事诉讼法〉的解释》（法释〔2022〕11号　2022年4月1日修正）

第228条　法庭审理应当围绕当事人争议的事实、证据和法律适用等焦点问题进行。

第229条　当事人在庭审中对其在审理前的准备阶段认可的事实和证据提出不同意见的，人民法院应当责令其说明理由。必要时，可以责令其提供相应证据。人民法院应当结合当事人的诉讼能力、证据和案件的具体情况进行审查。理由成立的，可以列入争议焦点进行审理。

第230条　人民法院根据案件具体情况并征得当事人同意，可以将法庭调查和法庭辩论合并进行。

第一百四十二条　当事人庭审诉讼权利

当事人在法庭上可以提出新的证据。

当事人经法庭许可，可以向证人、鉴定人、勘验人发问。

当事人要求重新进行调查、鉴定或者勘验的，是否准许，由人民法院决定。

◆ **条文注解**

在法庭辩论阶段，如果发现当事人提出了新的证据，应将辩论阶段转换为调查阶段，等到审判人员对所提出的新证据调查核实完毕，再重新恢复法庭辩论。

◎司法解释及文件

《最高人民法院关于适用〈中华人民共和国民事诉讼法〉的解释》（法释〔2022〕11 号　2022 年 4 月 1 日修正）

第 231 条　当事人在法庭上提出新的证据的，人民法院应当依照民事诉讼法第六十八条第二款规定和本解释相关规定处理。

《最高人民法院关于民事诉讼证据的若干规定》（法释〔2019〕19 号　2019 年 12 月 25 日）

第 51 条　举证期限可以由当事人协商，并经人民法院准许。

人民法院指定举证期限的，适用第一审普通程序审理的案件不得少于十五日，当事人提供新的证据的第二审案件不得少于十日。适用简易程序审理的案件不得超过十五日，小额诉讼案件的举证期限一般不得超过七日。

举证期限届满后，当事人提供反驳证据或者对已经提供的证据的来源、形式等方面的瑕疵进行补正的，人民法院可以酌情再次确定举证期限，该期限不受前款规定的期间限制。

第 52 条　当事人在举证期限内提供证据存在客观障碍，属于民事诉讼法第六十五条[229]第二款规定的"当事人在该期限内提供证据确有困难"的情形。

前款情形，人民法院应当根据当事人的举证能力、不能在举证期限内提供证据的原因等因素综合判断。必要时，可以听取对方当事人的意见。

第 53 条　诉讼过程中，当事人主张的法律关系性质或者民事行为效力与人民法院根据案件事实作出的认定不一致的，人民法院应当将法律关系性质或者民事行为效力作为焦点问题进行审理。但法律关系性质对裁判理由及结果没有影响，或者有关问题已经当事人充分辩论的除外。

存在前款情形，当事人根据法庭审理情况变更诉讼请求的，人民法院应当准许，并可以根据案件的具体情况重新指定举证期限。

第 54 条　当事人申请延长举证期限的，应当在举证期限届满前向人民法院提出书面申请。

申请理由成立的，人民法院应当准许，适当延长举证期限，并通知其他当事人。延长的举证期限适用于其他当事人。

申请理由不成立的，人民法院不予准许，并通知申请人。

最高院裁判观点

星奥公司与太原市某特色农业开发有限公司侵害实用新型专利权纠纷案【（2019）最高法民申 3185 号】

裁判要旨：《民事诉讼法》第一百三十九条[230]第一款规定，当事人在法庭上可以提出新的证据。《最高人民法院关于适用〈中华人民共和国民事诉讼法〉的解释》第一百零二条第二款规定，当事人非因故意或者重大过失逾期提供的证据，人民法院应当采纳，并对当事人予以训诫。鉴于据以主张现有技术抗辩的现有技术范围较为广泛，包括在先专利文献、在先公开使用的技术等。对于与被诉侵权人无关的现有技术而言，其在获取的途径、方式等方面存在一定的难度，故不宜对被诉侵权人以过高要求，轻易认定其故意或者存在重大过失逾期提供证据。

---

[229]　《民事诉讼法》（2023 年修正）第 68 条。
[230]　《民事诉讼法》（2023 年修正）第 142 条。

第一百四十三条 合并审理

原告增加诉讼请求，被告提出反诉，第三人提出与本案有关的诉讼请求，可以合并审理。

◎条文注解

1. 反诉有四个条件：（1）反诉是在本诉进行中提起的，如果本诉尚未提起，或者本诉已经审理终结，就不能提出反诉。（2）反诉的被告必须是本诉的原告。即反诉与本诉的当事人必须相同，只是他们之间的诉讼地位互换而已。（3）本诉与反诉的诉讼标的或者诉讼理由必须有联系。（4）提起反诉的目的是抵销或者吞并本诉的诉讼请求，或者使本诉的诉讼请求失去存在的意义。

2. 不管是原告、被告还是第三人提出新的诉讼请求，都应当由人民法院依据民事诉讼的基本理论和案件的实际情况决定是否合并审理。

◎相关规定

◎司法解释及文件

《最高人民法院关于适用〈中华人民共和国民事诉讼法〉的解释》（法释〔2022〕11号 2022年4月1日修正）

第81条 根据民事诉讼法第五十九条的规定，有独立请求权的第三人有权向人民法院提出诉讼请求和事实、理由，成为当事人；无独立请求权的第三人，可以申请或者由人民法院通知参加诉讼。

第一审程序中未参加诉讼的第三人，申请参加第二审程序的，人民法院可以准许。

第221条 基于同一事实发生的纠纷，当事人分别向同一人民法院起诉的，人民法院可以合并审理。

第232条 在案件受理后，法庭辩论结束前，原告增加诉讼请求，被告提出反诉，第三人提出与本案有关的诉讼请求，可以合并审理的，人民法院应当合并审理。

第233条 反诉的当事人应当限于本诉的当事人的范围。

反诉与本诉的诉讼请求基于相同法律关系、诉讼请求之间具有因果关系，或者反诉与本诉的诉讼请求基于相同事实的，人民法院应当合并审理。

反诉应由其他人民法院专属管辖，或者与本诉的诉讼标的及诉讼请求所依据的事实、理由无关联的，裁定不予受理，告知另行起诉。

第251条 二审裁定撤销一审判决发回重审的案件，当事人申请变更、增加诉讼请求或者提出反诉，第三人提出与本案有关的诉讼请求的，依照民事诉讼法第一百四十三条规定处理。

第326条 在第二审程序中，原审原告增加独立的诉讼请求或者原审被告提出反诉的，第二审人民法院可以根据当事人自愿的原则就新增加的诉讼请求或者反诉进行调解；调解不成的，告知当事人另行起诉。

双方当事人同意由第二审人民法院一并审理的，第二审人民法院可以一并裁判。

《最高人民法院关于审理劳动争议案件适用法律问题的解释（一）》（法释〔2020〕26号 2020年12月29日）

第14条 人民法院受理劳动争议案件后，当事人增加诉讼请求的，如该诉讼请求与讼争的劳动争议具有不可分性，应当合并审理；如属独立的劳动争议，应当告知当事人向劳动争议仲裁机构申请仲裁。

《最高人民法院关于审理建设工程施工合同纠纷案件适用法律问题的解释（一）》（法释〔2020〕25号 2020年12月29日）

第16条 发包人在承包人提起的建

设工程施工合同纠纷案件中,以建设工程质量不符合合同约定或者法律规定为由,就承包人支付违约金或者赔偿修理、返工、改建的合理费用等损失提出反诉的,人民法院可以合并审理。

《最高人民法院关于审理技术合同纠纷案件适用法律若干问题的解释》（法释〔2004〕20号 2020年12月29日修正）

第45条第1款 第三人向受理技术合同纠纷案件的人民法院就合同标的技术提出权属或者侵权请求时,受诉人民法院对此也有管辖权的,可以将权属或者侵权纠纷与合同纠纷合并审理;受诉人民法院对此没有管辖权的,应当告知其向有管辖权的人民法院另行起诉或者将已经受理的权属或者侵权纠纷案件移送有管辖权的人民法院。权属或者侵权纠纷另案受理后,合同纠纷应当中止诉讼。

《最高人民法院关于审理因垄断行为引发的民事纠纷案件应用法律若干问题的规定》（法释〔2012〕5号 2020年12月29日修正）

第6条 两个或者两个以上原告因同一垄断行为向有管辖权的同一法院分别提起诉讼的,人民法院可以合并审理。

两个或者两个以上原告因同一垄断行为向有管辖权的不同法院分别提起诉讼的,后立案的法院在得知有关法院先立案的情况后,应当在七日内裁定将案件移送先立案的法院;受移送的法院可以合并审理。被告应当在答辩阶段主动向受诉人民法院提供其因同一行为在其他法院涉诉的相关信息。

《最高人民法院关于适用〈中华人民共和国保险法〉若干问题的解释（四）》（法释〔2018〕13号 2020年12月29日修正）

第13条 保险人提起代位求偿权之诉时,被保险人已经向第三者提起诉讼的,人民法院可以依法合并审理。

保险人行使代位求偿权时,被保险人已经向第三者提起诉讼,保险人向受理该案的人民法院申请变更当事人,代位行使被保险人对第三者请求赔偿的权利,被保险人同意的,人民法院应予准许;被保险人不同意的,保险人可以作为共同原告参加诉讼。

《最高人民法院关于审理信用证纠纷案件若干问题的规定》（法释〔2005〕13号 2020年12月29日修正）

第14条 人民法院在审理信用证欺诈案件过程中,必要时可以将信用证纠纷与基础交易纠纷一并审理。

当事人以基础交易欺诈为由起诉的,可以将与案件有关的开证行、议付行或者其他信用证法律关系的利害关系人列为第三人;第三人可以申请参加诉讼,人民法院也可以通知第三人参加诉讼。

最高院裁判观点

1. 华某公司与北大某公司、某化工股份有限公司等金融借款合同纠纷案【（2020）最高法民申4646号】

裁判要旨:《最高人民法院关于适用〈中华人民共和国民事诉讼法〉的解释》第二百五十一条的规定,明确发回重审案件当事人申请变更、增加诉讼请求或者提出反诉,第三人提出与本案有关的诉讼请求的,依照《民事诉讼法》第一百四十条[231]的规定,可以合并审理,并非规定发回重审案件,原告不能追加被告。本案发回重审后,华某公司基于光大银行与北大某公司、神某生资公司签订的《商通赢协议》,将北大荒公司列为被告,并不违

---

[231]《民事诉讼法》（2023年修正）第143条。

反法律规定

2. 阜某新兴公司与某建设开发有限责任公司建设工程施工合同纠纷案【（2019）最高法民终 1466 号】

裁判要旨： 本案涉案金额达数亿元，利益影响巨大，工程鉴定周期漫长，阜某新兴公司在对方提出工程款鉴定申请时，本可就其抗辩意见及反诉主张一并申请工程质量鉴定，但其放弃反诉及申请鉴定的权利，在时隔三年后再次提出反诉及鉴定申请，明显拖延了诉讼进程，影响诉讼周期，浪费司法资源，影响对方正当权利行使。一审法院基于此，未予受理对阜新新兴公司的反诉请求，并释明其另诉解决的权利，属于正当行使人民法院审查权力，并无不当。

第一百四十四条　法庭辩论

法庭辩论按照下列顺序进行：

（一）原告及其诉讼代理人发言；

（二）被告及其诉讼代理人答辩；

（三）第三人及其诉讼代理人发言或者答辩；

（四）互相辩论。

法庭辩论终结，由审判长或者独任审判员按照原告、被告、第三人的先后顺序征询各方最后意见。

▶ 条文注解

在司法实践中，法庭辩论由各方当事人按照本条规定次序依次发言。一轮辩论结束后，审判长或者独任审判员会询问当事人是否还有补充意见。当事人要求继续辩论的，可以再次按照顺序进行下一轮辩论，但审判长或者独任审判员要提醒不可重复已经发表的意见。

▶ 相关规定

◎司法解释及文件

《最高人民法院关于适用〈中华人民共和国民事诉讼法〉的解释》（法释〔2022〕11 号　2022 年 4 月 1 日修正）

第 230 条　人民法院根据案件具体情况并征得当事人同意，可以将法庭调查和法庭辩论合并进行。

第一百四十五条　法庭调解

法庭辩论终结，应当依法作出判决。判决前能够调解的，还可以进行调解，调解不成的，应当及时判决。

▶ 条文注解

从诉讼开始，审判人员就应根据双方当事人的意愿，能够调解的，予以调解。法庭辩论终结后，当事人双方如果自愿调解，在判决宣告前，人民法院还可以进行调解。

▶ 相关规定

◎司法解释及文件

《最高人民法院关于适用〈中华人民共和国民法典〉婚姻家庭编的解释（一）》（法释〔2020〕22 号　2020 年 12 月 29 日）

第 11 条　人民法院受理请求确认婚姻无效案件后，原告申请撤诉的，不予准许。

对婚姻效力的审理不适用调解，应当依法作出判决。

涉及财产分割和子女抚养的，可以调解。调解达成协议的，另行制作调解书；未达成调解协议的，应当一并作出判决。

第一百四十六条 原告不到庭和中途退庭的处理

原告经传票传唤，无正当理由拒不到庭的，或者未经法庭许可中途退庭的，可以按撤诉处理；被告反诉的，可以缺席判决。

条文注解

需要注意的是，有独立请求权的第三人，也是独立起诉的主体，只是由于本诉的存在，他以第三人的身份参加到本诉的审理中。如果原告申请撤诉，人民法院在准许原告撤诉后，有独立请求权的第三人还可以作为另案原告，原案原告、被告作为另案被告，诉讼另行进行。第三人的诉讼权利和相关义务在他的请求范围内与原告相同，所以在司法实践中，对于经人民法院传票传唤，无正当理由拒不到庭的，或者未经法庭许可中途退庭的第三人，往往比照本条的规定，按撤诉处理。

相关规定

◎司法解释及文件

《最高人民法院关于适用〈中华人民共和国民事诉讼法〉的解释》（法释〔2022〕11号 2022年4月1日修正）

第214条 原告撤诉或者人民法院按撤诉处理后，原告以同一诉讼请求再次起诉的，人民法院应予受理。

原告撤诉或者按撤诉处理的离婚案件，没有新情况、新理由，六个月内又起诉的，比照民事诉讼法第一百二十七条第七项的规定不予受理。

第234条 无民事行为能力人的离婚诉讼，当事人的法定代理人应当到庭；法定代理人不能到庭的，人民法院应当在查清事实的基础上，依法作出判决。

第235条 无民事行为能力的当事人的法定代理人，经传票传唤无正当理由拒不到庭，属于原告方的，比照民事诉讼法第一百四十六条的规定，按撤诉处理；属于被告方的，比照民事诉讼法第一百四十七条的规定，缺席判决。必要时，人民法院可以拘传其到庭。

第236条 有独立请求权的第三人经人民法院传票传唤，无正当理由拒不到庭的，或者未经法庭许可中途退庭的，比照民事诉讼法第一百四十六条的规定，按撤诉处理。

第238条 当事人申请撤诉或者依法可以按撤诉处理的案件，如果当事人有违反法律的行为需要依法处理的，人民法院可以不准许撤诉或者不按撤诉处理。

法庭辩论终结后原告申请撤诉，被告不同意的，人民法院可以不予准许。

第240条 无独立请求权的第三人经人民法院传票传唤，无正当理由拒不到庭，或者未经法庭许可中途退庭的，不影响案件的审理。

第241条 被告经传票传唤无正当理由拒不到庭，或者未经法庭许可中途退庭的，人民法院应当按期开庭或者继续开庭审理，对到庭的当事人诉讼请求、双方的诉辩理由以及已经提交的证据及其他诉讼材料进行审理后，可以依法缺席判决。

最高院裁判观点

春某公司与北京兆某信息技术股份有限公司计算机软件开发合同纠纷案【（2021）最高法知民终350号】

裁判要旨：上诉人春某公司未提交与闫某之间存在劳动合同关系的证明材料，不能证明闫某系春华公司工作人员，且春某公司亦未主张闫某属于《民事诉讼法》规定的其他代理情形并提供证明，故在本院于2021年4月28日举行的公开开庭审理中，春某公司应被视为未到庭参加诉讼，本案按撤诉处理。

> **第一百四十七条 被告不到庭和中途退庭的处理**
>
> 被告经传票传唤，无正当理由拒不到庭的，或者未经法庭许可中途退庭的，可以缺席判决。

◢ 条文注解

对于必须到庭的被告，经人民法院两次传票传唤，无正当理由拒不到庭，人民法院可以根据民事诉讼法的有关规定，对其采取拘传的强制措施。必须到庭的被告，一般是指追索赡养费、扶养费、抚养费、抚恤金、劳动报酬案件和离婚案件的被告，以及其他不到庭就无法查清案情的被告。两次传票传唤，指人民法院送达传票，并由受送达人或者代收人在送达回证上签名或者盖章。无正当理由，一般指没有不可抗力、意外事件等使被告无法到庭的特殊情况。

◢ 相关规定

◎ 司法解释及文件

《最高人民法院关于适用〈中华人民共和国民事诉讼法〉的解释》（法释〔2022〕11号 2022年4月1日修正）

第234条 无民事行为能力人的离婚诉讼，当事人的法定代理人应当到庭；法定代理人不能到庭的，人民法院应当在查清事实的基础上，依法作出判决。

第235条 无民事行为能力的当事人的法定代理人，经传票传唤无正当理由拒不到庭，属于原告方的，比照民事诉讼法第一百四十六条的规定，按撤诉处理；属于被告方的，比照民事诉讼法第一百四十

七条的规定，缺席判决。必要时，人民法院可以拘传其到庭。

第241条 被告经传票传唤无正当理由拒不到庭，或者未经法庭许可中途退庭的，人民法院应当按期开庭或者继续开庭审理，对到庭的当事人诉讼请求、双方的诉辩理由以及已经提交的证据及其他诉讼材料进行审理后，可以依法缺席判决。

第261条 适用简易程序审理案件，人民法院可以依照民事诉讼法第九十条、第一百六十二条的规定采取捎口信、电话、短信、传真、电子邮件等简便方式传唤双方当事人、通知证人和送达诉讼文书。

以简便方式送达的开庭通知，未经当事人确认或者没有其他证据证明当事人已经收到的，人民法院不得缺席判决。

适用简易程序审理案件，由审判员独任审判，书记员担任记录。

《最高人民法院关于进一步深化家事审判方式和工作机制改革的意见（试行）》（法发〔2018〕12号 2018年7月18日）

37. 身份关系确认案件以及离婚案件，除本人不能表达意志以外，当事人应当亲自到庭参加诉讼。当事人为无民事行为能力人的，其法定代理人应当到庭。确因特殊情况无法出庭的，必须向人民法院提交书面意见，并委托诉讼代理人到庭参加诉讼。

应当到庭参加诉讼的当事人经传票传唤无正当理由拒不到庭的，属于原告方的，依照民事诉讼法第一百四十三条[232]的规定，可以按撤诉处理；属于被告方的，依照民事诉讼法第一百四十四条[233]

---

[232]《民事诉讼法》（2023年修正）第146条。
[233]《民事诉讼法》（2023年修正）第147条。

的规定，可以缺席判决。

无民事行为能力的当事人的法定代理人，经传票传唤无正当理由拒不到庭的，比照上述规定处理。必要时，人民法院可以拘传其到庭。

确因特殊情况无法出庭的当事人、证人和鉴定人，经人民法院准许后，可以声音或影像传输的形式，参加开庭审理及其他诉讼活动。

第一百四十八条　原告申请撤诉的处理

宣判前，原告申请撤诉的，是否准许，由人民法院裁定。

人民法院裁定不准许撤诉的，原告经传票传唤，无正当理由拒不到庭的，可以缺席判决。

◆ 条文注解

一般说来，原告撤诉仅处分自己的诉讼权利，没有处分自己的实体权利。在一定条件下，原告还可以起诉，再次要求通过司法程序保护自己的实体权利。比如，在诉讼过程中，由于证据不足，人民法院无法查清案情，原告也无法胜诉，而作为认定事实的证据，原告在短期内不可能提供，人民法院也不可能在短期内获取。为了避免案件久拖不决，造成人力、物力的浪费，原告可以向人民法院申请撤诉。原告在撤诉后，如果在诉讼时效期间获取了能够证明案件真实情况的新的证据，可以就同一诉讼请求向人民法院重新提起诉讼。

◆ 相关规定

◎司法解释及文件

《最高人民法院关于适用〈中华人民共和国民事诉讼法〉的解释》（法释〔2022〕11号　2022年4月1日修正）

第237条　有独立请求权的第三人参加诉讼后，原告申请撤诉，人民法院在准许原告撤诉后，有独立请求权的第三人作为另案原告，原案原告、被告作为另案被告，诉讼继续进行。

第238条　当事人申请撤诉或者依法可以按撤诉处理的案件，如果当事人有违反法律的行为需要依法处理的，人民法院可以不准许撤诉或者不按撤诉处理。

法庭辩论终结后原告申请撤诉，被告不同意的，人民法院可以不予准许。

第239条　人民法院准许本诉原告撤诉的，应当对反诉继续审理；被告申请撤回反诉的，人民法院应予准许。

第290条　公益诉讼案件的裁判发生法律效力后，其他依法具有原告资格的机关和有关组织就同一侵权行为另行提起公益诉讼的，人民法院裁定不予受理，但法律、司法解释另有规定的除外。

第335条　在第二审程序中，当事人申请撤回上诉，人民法院经审查认为一审判决确有错误，或者当事人之间恶意串通损害国家利益、社会公共利益、他人合法权益的，不应准许。

第336条　在第二审程序中，原审原告申请撤回起诉，经其他当事人同意，且不损害国家利益、社会公共利益、他人合法权益的，人民法院可以准许。准许撤诉的，应当一并裁定撤销一审裁判。

原审原告在第二审程序中撤回起诉后重复起诉的，人民法院不予受理。

第337条　当事人在第二审程序中达成和解协议的，人民法院可以根据当事人的请求，对双方达成的和解协议进行审查并制作调解书送达当事人；因和解而申请撤诉，经审查符合撤诉条件的，人民法院应予准许。

第408条　一审原告在再审审理程序

中申请撤回起诉，经其他当事人同意，且不损害国家利益、社会公共利益、他人合法权益的，人民法院可以准许。裁定准许撤诉的，应当一并撤销原判决。

一审原告在再审审理程序中撤回起诉后重复起诉的，人民法院不予受理。

《最高人民法院关于适用〈中华人民共和国民法典〉婚姻家庭编的解释（一）》（法释〔2020〕22号 2020年12月29日）

第11条 人民法院受理请求确认婚姻无效案件后，原告申请撤诉的，不予准许。

对婚姻效力的审理不适用调解，应当依法作出判决。

涉及财产分割和子女抚养的，可以调解。调解达成协议的，另行制作调解书；未达成调解协议的，应当一并作出判决。

《最高人民法院关于审理民间借贷案件适用法律若干问题的规定》（法释〔2015〕18号 2020年12月29日修正）

第19条 经查明属于虚假民间借贷诉讼，原告申请撤诉的，人民法院不予准许，并应当依据民事诉讼法第一百一十二条[234]之规定，判决驳回其请求。

诉讼参与人或者其他人恶意制造、参与虚假诉讼，人民法院应当依据民事诉讼法第一百一十一条、第一百一十二条和第一百一十三条[235]之规定，依法予以罚款、拘留；构成犯罪的，应当移送有管辖权的司法机关追究刑事责任。

单位恶意制造、参与虚假诉讼的，人民法院应当对该单位进行罚款，并可以对其主要负责人或者直接责任人员予以罚款、拘留；构成犯罪的，应当移送有管辖权的司法机关追究刑事责任。

《最高人民法院关于审理环境民事公益诉讼案件适用法律若干问题的解释》（法释〔2005〕1号 2020年12月29日修正）

第26条 负有环境资源保护监督管理职责的部门依法履行监管职责而使原告诉讼请求全部实现，原告申请撤诉的，人民法院应予准许。

第27条 法庭辩论终结后，原告申请撤诉的，人民法院不予准许，但本解释第二十六条规定的情形除外。

《最高人民法院、最高人民检察院关于检察公益诉讼案件适用法律若干问题的解释》（法释〔2018〕6号 2020年12月29日修正）

第19条 民事公益诉讼案件审理过程中，人民检察院诉讼请求全部实现而撤回起诉的，人民法院应予准许。

《最高人民法院关于防范和制裁虚假诉讼的指导意见》（法发〔2016〕13号 2016年6月20日）

11. 经查明属于虚假诉讼，原告申请撤诉的，不予准许，并应当根据民事诉讼法第一百一十二条[236]的规定，驳回其请求。

---

[234]《民事诉讼法》（2023年修正）第115条。
[235]《民事诉讼法》（2023年修正）第114条、第115条和第116条。
[236]《民事诉讼法》（2023年修正）第115条。

文书范本

申请书（申请撤回起诉用）

> **申 请 书**
>
> 　　申请人：×××，男/女，××××年××月××日出生，×族，……（写明工作单位和职务或者职业），住……。联系方式：……。
> 　　法定代理人/指定代理人：×××，……。
> 　　委托诉讼代理人：×××，……。
> （以上写明申请人和其他诉讼参加人的姓名或者名称等基本信息）
> 　　请求事项：
> 　　撤回你院（××××）……号……（写明当事人和案由）一案的起诉。
> 　　事实和理由：
> 　　……（写明申请撤回起诉的理由）。
> 　　此致
> ××××人民法院
>
> 　　　　　　　　　　　　　　　　　　　申请人（签名或者盖章）
> 　　　　　　　　　　　　　　　　　　　××××年××月××日

文书制作要点提示：

①申请人是法人或者其他组织的，写明名称、住所，另起一行写明法定代表人、主要负责人及其姓名、职务、联系方式。

②简要写明撤回起诉的事实和理由，供法院审查。

③作为申请人，撤诉理由尽量不要作出对自己不利的表述。

最高院裁判观点

上海某生物科技公司诉辽宁某置业公司企业借贷纠纷案【最高人民法院指导案例68号】

裁判要旨： 人民法院审理民事案件中发现存在虚假诉讼可能时，应当依职权调取相关证据，详细询问当事人，全面严格审查诉讼请求与相关证据之间是否存在矛盾，以及当事人诉讼中言行是否违背常理。经综合审查判断，当事人存在虚构事实、恶意串通、规避法律或国家政策以谋取非法利益，进行虚假民事诉讼情形的，应当依法予以制裁。

第一百四十九条　延期审理

有下列情形之一的，可以延期开庭审理：

（一）必须到庭的当事人和其他诉讼参与人有正当理由没有到庭的；

（二）当事人临时提出回避申请的；

（三）需要通知新的证人到庭，调取新的证据，重新鉴定、勘验，或者需要补充调查的；

（四）其他应当延期的情形。

条文注解

有下列情形之一的，可以延期审理：

1. 必须到庭的当事人和其他诉讼参与人有正当理由没有到庭。必须到庭的当事人和其他诉讼参与人，如果确因突然患病等正当理由没法到庭，人民法院就难以正常审查证据、认定事实等，在这种情况下，可以延期审理。

2. 当事人临时申请回避。根据民事诉讼法的规定，被申请回避的人员，在人民法院作出回避决定前，应当暂停参与本案的工作，如果被申请回避的人员不参加本案的工作，致使案件审理一时无法进行的，可以延期审理。

3. 需要通知新的证人到庭，调取新的证据，重新鉴定、勘验或者需要补充调查。

4. 其他应当延期审理的情形。例如，一方当事人在诉讼过程中因妨害民事诉讼而被拘留，不能按期或者继续开庭审理等。

相关规定

◎ 司法解释及文件

《最高人民法院关于严格规范民商事案件延长审限和延期开庭问题的规定》（法释〔2019〕4号　2019年3月27日）

第2条　民事诉讼法第一百四十六条[237]第四项规定的"其他应当延期的情形"，是指因不可抗力或者意外事件导致庭审无法正常进行的情形。

第3条　人民法院应当严格限制延期开庭审理次数。适用普通程序审理民商事案件，延期开庭审理次数不超过两次；适用简易程序以及小额速裁程序审理民商事案件，延期开庭审理次数不超过一次。

第5条　人民法院开庭审理民商事案件后，认为需要延期开庭审理的，应当依法告知当事人下次开庭的时间。两次开庭间隔时间不得超过一个月，但因不可抗力或当事人同意的除外。

第6条　独任审判员或者合议庭适用民事诉讼法第一百四十六条[238]第四项规定决定延期开庭的，应当报本院院长批准。

第一百五十条　法庭笔录

书记员应当将法庭审理的全部活动记入笔录，由审判人员和书记员签名。

法庭笔录应当当庭宣读，也可以告知当事人和其他诉讼参与人当庭或者在五日内阅读。当事人和其他诉讼参与人认为对自己的陈述记录有遗漏或者差错的，有权申请补正。如果不予补正，应当将申请记录在案。

法庭笔录由当事人和其他诉讼参与人签名或者盖章。拒绝签名盖章的，记明情况附卷。

条文注解

法庭笔录应当主要记明下列内容：

1. 笔录名称，如开庭笔录、宣判笔录等。

2. 案由，开庭时间和地点，审判人员、书记员的姓名。

3. 原告、被告、第三人、诉讼代理人

---

[237]《民事诉讼法》（2023年修正）第149条。
[238] 同上。

的姓名、性别、年龄等。若有未到庭的，应当记明未到庭的情况。

4. 审判长告知当事人的诉讼权利和义务，以及是否要求审判人员或者其他出庭人员回避的情况。

5. 当事人陈述。

6. 法庭调查的全部情况：法庭对所有证据进行的调查，当事人对各种证据的辨认和提出的意见和要求，在审理过程中提出的新证据。

7. 原告、被告、第三人、诉讼代理人法庭辩论的发言。

8. 原告提出增加、变更、撤回的诉讼请求，被告提出的反诉，第三人提出的诉讼请求等，以及审判人员对这些情况的处理。

9. 审判人员、书记员、当事人和其他诉讼参与人的签名或盖章，或者当事人和其他诉讼参与人拒绝签名或盖章的情况。

法庭笔录应当当庭宣读，也可以告知当事人和其他诉讼参与人当庭或者在五日内阅读。当事人和其他诉讼参与人认为法庭笔录对自己的陈述记录有遗漏或者差错的，有权申请补正。如果不予补正，应当将申请记录在案。

法庭笔录由当事人和其他诉讼参与人签名或者盖章。拒绝签名盖章的，记明情况附卷。

相关规定

◎司法解释及文件

《最高人民法院关于人民法院庭审录音录像的若干规定》（法释〔2017〕5号 2017年2月22日）

第1条　人民法院开庭审判案件，应当对庭审活动进行全程录音录像。

第2条　人民法院应当在法庭内配备固定或者移动的录音录像设备。

有条件的人民法院可以在法庭安装使用智能语音识别同步转换文字系统。

第6条　人民法院通过使用智能语音识别系统同步转换生成的庭审文字记录，经审判人员、书记员、诉讼参与人核对签字后，作为法庭笔录管理和使用。

第7条　诉讼参与人对法庭笔录有异议并申请补正的，书记员可以播放庭审录音录像进行核对、补正；不予补正的，应当将申请记录在案。

第8条　适用简易程序审理民事案件的庭审录音录像，经当事人同意的，可以替代法庭笔录。

第10条　人民法院应当通过审判流程信息公开平台、诉讼服务平台以及其他便民诉讼服务平台，为当事人、辩护律师、诉讼代理人等依法查阅庭审录音录像提供便利。

对提供查阅的录音录像，人民法院应当设置必要的安全防范措施。

文书范本
法庭笔录

法 庭 笔 录

时间：××××年××月××日××时××分至××时××分

地点：××××人民法院第×法庭

案号：（××××）……民×……号

案由：……（写明案由）

审判人员：……（写明职务和姓名）

书记员：×××

（开庭审理前，书记员应当查明当事人和其他诉讼参与人是否到庭，落座后宣布法庭纪律，请审判人员入庭就座）

审判人员：（敲击法槌）现在开庭。首先核对当事人和其他诉讼参加人的基本信息。

原告：×××，……。

被告：×××，……。

第三人：×××，……。

（以上写明当事人和其他诉讼参加人的基本信息，未到庭的括注未到庭，委托诉讼代理人括注代理权限）

审判人员：原告对出庭人员有无异议？

原告：……。

审判人员：被告对出庭人员有无异议？

被告：……。

审判人员：第三人对出庭人员有无异议？

第三人：……。

审判人员：经核对，各方当事人和其他诉讼参加人均符合法律规定，可以参加本案诉讼活动。

××××人民法院依照《民事诉讼法》第一百三十七条规定，今天依法适用普通程序，公开/不公开开庭审理（××××）……民×……号……（写明当事人及案由）一案。本案由审判×××、审判员/代理审判员/人民陪审员×××、审判员/代理审判员/人民陪审员×××组成合议庭，由审判员×××担任审判长，由书记员×××担任记录。

告知当事人有关的诉讼权利义务。

审判人员：当事人可以提出回避申请。原告是否申请回避？

原告：……。

审判人员：被告是否申请回避？

被告：……。

审判人员：第三人是否申请回避？

第三人：……。

审判人员：现在进行法庭调查。首先由原告陈述诉讼请求、事实和理由。

原告：诉讼请求：……。
事实与理由：……。
审判人员：现在由被告答辩。
被告：……。
审判人员：现在由第三人陈述。
第三人：……。
审判人员：根据各方当事人的诉讼请求、答辩意见以及证据交换情况，合议庭归纳本案庭审争议焦点如下：一、……；二……；三、……。各方当事人对合议庭归纳的争议焦点是否有异议？
原告：……。
被告：……。
第三人：……。
审判人员：下面围绕本案争议焦点涉及的事实问题展开调查。
问题一：……。
原告：……。
被告：……。
第三人：……。
问题二：……。
原告：……。
被告：……。
第三人：……。
……。
审判人员：现在进行法庭辩论。法庭辩论阶段需要当事人发表法律意见的问题是：一、……；二、……；三、……。首先由原告发言。
原告：……。
审判人员：现在由被告答辩。
被告：……。
审判人员：现在由第三人发言/答辩。
第三人：……。
审判人员：现在由当事人互相辩论。首先由原告发表辩论意见。
原告：……。
审判人员：现在由被告发表辩论意见。
被告：……。
审判人员：现在由第三人发表辩论意见。
第三人：……。
审判人员：法庭辩论终结。现在由当事人最后陈述。首先由原告陈述。
原告：……
审判人员：现在由被告陈述。

被告：……
审判人员：现在由第三人陈述。
第三人：……
审判人员：征询各方当事人的调解意向。原告是否愿意调解？
原告：……。
审判人员：被告是否愿意调解？
被告：……。
审判人员：第三人是否愿意调解？
第三人：……。
审判人员：现在闭庭。（敲击法槌）
原告（签名或者盖章）
被告（签名或者盖章）
第三人（签名或者盖章）
审判人员（签名）
书记员（签名）
（如当庭宣判的，按下列格式:)
审判人员：现在休庭×分钟，由合议庭进行评议。（敲击法槌）
审判人员：（敲击法槌）现在继续开庭。
审判人员：……（写明当事人及案由）一案，合议庭经过审理，并进行了评议。现在当庭宣告裁判内容如下：（敲击法槌）
书记员：全体起立。
审判人员：……（宣告判决主文）。
如不服本判决，可以在判决书送达之日起十五日内，向本院递交上诉状，并按对方当事人或者代表人的人数提出副本，上诉于××××人民法院。
如当事人不当庭要求邮寄发送本裁判文书，应在××××年××月××日到××××处领取裁判文书，否则承担相应后果。
审判人员：现在闭庭。（敲击法槌）

原告（签名或者盖章）
被告（签名或者盖章）
第三人（签名或者盖章）
审判人员（签名）
法官助理（签名）
书记员（签名）

文书制作要点提示：

①当事人应当仔细、认真通读笔录全文，审核笔录内容，尤其是自己一方的表述，并第一时间对发现的与庭审不符之处改错补漏。

②一旦签字确认，原则上不能进行修改。

第一百五十一条 宣告判决

人民法院对公开审理或者不公开审理的案件,一律公开宣告判决。

当庭宣判的,应当在十日内发送判决书;定期宣判的,宣判后立即发给判决书。

宣告判决时,必须告知当事人上诉权利、上诉期限和上诉的法院。

宣告离婚判决,必须告知当事人在判决发生法律效力前不得另行结婚。

条文注解

人民法院宣告判决,应当注意以下事项:(1)人民法院宣告一审判决时,必须告知当事人上诉权利、上诉期限和上诉审法院,即告知当事人如果不服本判决,可于接到判决书之日起十五日内,向本院提交上诉状及副本,上诉于第二审人民法院。当事人不清楚的,审判人员应当作出解释。人民法院在宣告第二审判决时,应当告知当事人本判决为终审判决,不准上诉,并说明判决在宣判后即发生法律效力,当事人必须按照判决的内容履行法律义务。(2)宣告一审离婚判决,必须告知当事人在判决发生法律效力前不得另行结婚。因为一审判决在上诉期限届满前是不发生法律效力的,只要有一方当事人上诉,就要进行二审,二审可能作出不准离婚的判决,因此,只有上诉期限届满当事人双方不上诉,离婚判决才能生效,当事人才可另行结婚。

相关规定

◎司法解释及文件

《最高人民法院关于适用〈中华人民共和国民事诉讼法〉的解释》(法释〔2022〕11号 2022年4月1日修正)

第253条 当庭宣判的案件,除当事人当庭要求邮寄发送裁判文书的外,人民法院应当告知当事人或者诉讼代理人领取裁判文书的时间和地点以及逾期不领取的法律后果。上述情况,应当记入笔录。

第一百五十二条 一审审限

人民法院适用普通程序审理的案件,应当在立案之日起六个月内审结。有特殊情况需要延长的,经本院院长批准,可以延长六个月;还需要延长的,报请上级人民法院批准。

条文注解

本条根据人民法院按一审普通程序审结民事案件所需时间的情况,规定人民法院适用普通程序审理案件的期限,为立案之日起六个月。由于民事案件范围广、种类多,不同种类案件的复杂程度不同,有的案件需要专门性知识,如专利、商标等知识产权侵权案件,有的需要作大量的调查取证与核实证据工作,如合同纠纷、知识产权纠纷等案件,还有各类案件中不少需要进行鉴定、公告等,有的案件可能在六个月内不能及时审结。因此,民事诉讼法作了可以延长期限的规定。为了避免任意延长期限,把本院院长批准延长期限的权限,限制在六个月内;还需要延长的,由上级人民法院批准。

> **相关规定**

◎司法解释及文件

《最高人民法院关于适用〈中华人民共和国民事诉讼法〉的解释》（法释〔2022〕11号　2022年4月1日修正）

第243条　民事诉讼法第一百五十二条规定的审限，是指从立案之日起至裁判宣告、调解书送达之日止的期间，但公告期间、鉴定期间、双方当事人和解期间、审理当事人提出的管辖异议以及处理人民法院之间的管辖争议期间不应计算在内。

《最高人民法院关于严格规范民商事案件延长审限和延期开庭问题的规定》（法释〔2019〕4号　2019年3月27日）

第1条　人民法院审理民商事案件时，应当严格遵守法律及司法解释有关审限的规定。适用普通程序审理的第一审案件，审限为6个月；适用简易程序审理的第一审案件，审限为3个月。审理对判决的上诉案件，审限为3个月；审理对裁定的上诉案件，审限为30日。

法律规定有特殊情况需要延长审限的，独任审判员或合议庭应当在期限届满15日前向本院院长提出申请，并说明详细情况和理由。院长应当在期限届满5日前作出决定。

经本院院长批准延长审限后尚不能结案，需要再次延长的，应当在期限届满15日前报请上级人民法院批准。上级人民法院应当在审限届满5日前作出决定。

《最高人民法院关于严格执行案件审理期限制度的若干规定》（法释〔2000〕29号　2008年12月16日）

第2条　适用普通程序审理的第一审民事案件，期限为六个月；有特殊情况需要延长的，经本院院长批准，可以延长六个月，还需延长的，报请上一级人民法院批准，可以再延长三个月。

适用简易程序审理的民事案件，期限为三个月。

适用特别程序审理的民事案件，期限为三十日；有特殊情况需要延长的，经本院院长批准，可以延长三十日，但审理选民资格案件必须在选举日前审结。

审理第一审船舶碰撞、共同海损案件的期限为一年；有特殊情况需要延长的，经本院院长批准，可以延长六个月。

审理对民事判决的上诉案件，审理期限为三个月；有特殊情况需要延长的，经本院院长批准，可以延长三个月。

审理对民事裁定的上诉案件，审理期限为三十日。

对罚款、拘留民事决定不服申请复议的，审理期限为五日。

审理涉外民事案件，根据民事诉讼法第二百四十八条[239]的规定，不受上述案件审理期限的限制。

第9条　下列期间不计入审理、执行期限：

（一）刑事案件对被告人作精神病鉴定的期间；

（二）刑事案件因另行委托、指定辩护人，法院决定延期审理的，自案件宣布延期审理之日起至第十日正准备辩护的时间；

（三）公诉人发现案件需要补充侦查，提出延期审理建议后，合议庭同意延期审理的期间；

（四）刑事案件二审期间，检察院查阅案卷超过七日后的时间；

（五）因当事人、诉讼代理人、辩护

---

[239]　《民事诉讼法》（2023年修正）第287条。

人申请通知新的证人到庭、调取新的证据、申请重新鉴定或者勘验，法院决定延期审理一个月之内的期间；

（六）民事、行政案件公告、鉴定的期间；

（七）审理当事人提出的管辖权异议和处理法院之间的管辖争议的期间；

（八）民事、行政、执行案件由有关专业机构进行审计、评估、资产清理的期间；

（九）中止诉讼（审理）或执行至恢复诉讼（审理）或执行的期间；

（十）当事人达成执行和解或者提供执行担保后，执行法院决定暂缓执行的期间；

（十一）上级人民法院通知暂缓执行的期间；

（十二）执行中拍卖、变卖被查封、扣押财产的期间。

第10条 人民法院判决书宣判、裁定书宣告或者调解书送达最后一名当事人的日期为结案时间。如需委托宣判、送达的，委托宣判、送达的人民法院应当在审限届满前将判决书、裁定书、调解书送达受托人民法院。受托人民法院应当在收到委托书后七日内送达。

人民法院判决书宣判、裁定书宣告或者调解书送达有下列情形之一的，结案时间遵守以下规定：

（一）留置送达的，以裁判文书留在受送达人的住所日为结案时间；

（二）公告送达的，以公告刊登之日为结案时间；

（三）邮寄送达的，以交邮日期为结案时间；

（四）通过有关单位转交送达的，以送达回证上当事人签收的日期为结案时间。

《最高人民法院案件审限管理规定》（法〔2001〕164号 2001年11月5日）

第11条 办理管辖争议案件的期限为两个月；有特殊情况需要延长的，经院长批准，可以延长两个月。

最高院裁判观点

某化工集团与云南某消防设备公司、广东某安全技术公司等侵害发明专利权纠纷案【（2020）最高法知民终159号】

裁判要旨：一审法院审理本案时间较长，超过了法定的审理期限，但超审限问题并不是本案应当改判或发回重审的法定事由。

第四节 诉讼中止和终结

第一百五十三条 诉讼中止

有下列情形之一的，中止诉讼：

（一）一方当事人死亡，需要等待继承人表明是否参加诉讼的；

（二）一方当事人丧失诉讼行为能力，尚未确定法定代理人的；

（三）作为一方当事人的法人或者其他组织终止，尚未确定权利义务承受人的；

（四）一方当事人因不可抗拒的事由，不能参加诉讼的；

（五）本案必须以另一案的审理结果为依据，而另一案尚未审结的；

（六）其他应当中止诉讼的情形。

中止诉讼的原因消除后，恢复诉讼。

条文注解

中止诉讼应当由人民法院以书面形式作出裁定,由审判人员、书记员署名并加盖人民法院印章。中止诉讼的裁定一经作出即发生法律效力,当事人不得上诉,不得申请复议。中止诉讼的裁定的效力体现为:除了已经作出的保全和先予执行的裁定需要继续执行以外,一切属于本案诉讼程序的活动一律暂停,但已经进行的一切诉讼行为继续有效。中止诉讼的原因消除后,应及时恢复诉讼程序,自诉讼程序恢复之日,中止诉讼的裁定自行失效。诉讼程序恢复后,诉讼程序中止前的状态继续前进,已经进行的诉讼行为对新出现的诉讼承担人具有约束力。

相关规定

◎ **法律**

《企业破产法》(2006 年 8 月 27 日)

第 20 条 人民法院受理破产申请后,已经开始而尚未终结的有关债务人的民事诉讼或者仲裁应当中止;在管理人接管债务人的财产后,该诉讼或者仲裁继续进行。

第 134 条 商业银行、证券公司、保险公司等金融机构有本法第二条规定情形的,国务院金融监督管理机构可以向人民法院提出对该金融机构进行重整或者破产清算的申请。国务院金融监督管理机构依法对出现重大经营风险的金融机构采取接管、托管等措施的,可以向人民法院申请中止以该金融机构为被告或者被执行人的民事诉讼程序或者执行程序。

◎ **司法解释及文件**

《最高人民法院关于适用〈中华人民共和国民事诉讼法〉的解释》(法释〔2022〕11 号 2022 年 4 月 1 日修正)

第 246 条 裁定中止诉讼的原因消除,恢复诉讼程序时,不必撤销原裁定,从人民法院通知或者准许当事人双方继续进行诉讼时起,中止诉讼的裁定即失去效力。

《最高人民法院关于审理民间借贷案件适用法律若干问题的规定》(法释〔2015〕18 号 2020 年 12 月 29 日修正)

第 7 条 民间借贷纠纷的基本案件事实必须以刑事案件的审理结果为依据,而该刑事案件尚未审结的,人民法院应当裁定中止诉讼。

《最高人民法院关于审理专利纠纷案件适用法律问题的若干规定》(法释〔2001〕21 号 2020 年 12 月 29 日修正)

第 5 条 人民法院受理的侵犯实用新型、外观设计专利权纠纷案件,被告在答辩期间内请求宣告该项专利权无效的,人民法院应当中止诉讼,但具备下列情形之一的,可以不中止诉讼:

(一)原告出具的检索报告或者专利权评价报告未发现导致实用新型或者外观设计专利权无效的事由的;

(二)被告提供的证据足以证明其使用的技术已经公知的;

(三)被告请求宣告该项专利权无效所提供的证据或者依据的理由明显不充分的;

(四)人民法院认为不应当中止诉讼的其他情形。

第 6 条 人民法院受理的侵犯实用新型、外观设计专利权纠纷案件,被告在答辩期间届满后请求宣告该项专利权无效的,人民法院不应当中止诉讼,但经审查认为有必要中止诉讼的除外。

第 7 条 人民法院受理的侵犯发明专利权纠纷案件或者经国务院专利行政部门审查维持专利权的侵犯实用新型、外观设计专利权纠纷案件,被告在答辩期间内请求宣告该项专利权无效的,人民法院可以不中止诉讼。

《最高人民法院关于审理侵犯专利权纠纷案件应用法律若干问题的解释（二）》（法释〔2016〕1号 2020年12月29日修正）

第3条 因明显违反专利法第二十六条第三款、第四款导致说明书无法用于解释权利要求，且不属于本解释第四条规定的情形，专利权因此被请求宣告无效的，审理侵犯专利权纠纷案件的人民法院一般应当裁定中止诉讼；在合理期限内专利权未被请求宣告无效的，人民法院可以根据权利要求的记载确定专利权的保护范围。

《最高人民法院关于审理植物新品种纠纷案件若干问题的解释》（法释〔2001〕5号 2020年12月29日修正）

第6条 人民法院审理侵害植物新品种权纠纷案件，被告在答辩期间内向植物新品种审批机关请求宣告该植物新品种权无效的，人民法院一般不中止诉讼。

最高院裁判观点

新疆某物流公司与新疆某典当公司等民间借贷纠纷再审案【（2019）最高法民申3796号】

裁判要旨：当地纪律检查委员向人民法院出具《中止审理函》，要求中止案件审理，并不构成民事案件应当中止审理的事由，原审法院未中止审理本案，处理并无不当。

第一百五十四条 诉讼终结

有下列情形之一的，终结诉讼：

（一）原告死亡，没有继承人，或者继承人放弃诉讼权利的；

（二）被告死亡，没有遗产，也没有应当承担义务的人的；

（三）离婚案件一方当事人死亡的；

（四）追索赡养费、扶养费、抚养费以及解除收养关系案件的一方当事人死亡的。

条文注解

诉讼终结将从法律上排除当事人诉讼权利的行使，适用必须严格限制，对于本条规定之外的情形，即便诉讼进行有严重障碍，也不得扩张适用诉讼终结。例如，民事案件的原告起诉时提供的被告住址不准确，往往导致诉讼文书无法送达，案件也无法进行，但是对于这种情况应当要求原告补充材料。因有关部门不准许当事人自行查询其他当事人的住址信息，原告向人民法院申请查询的，人民法院应当依原告的申请予以查询。因客观原因原告不能补充或者依原告补充的材料仍不能确定被告住址的，人民法院可以依法向被告公告送达诉讼文书。人民法院不能仅以原告不能提供真实、准确的被告住址为由裁定终结诉讼。

相关规定

◎司法解释及文件

《最高人民法院关于适用〈中华人民共和国民事诉讼法〉的解释》（法释〔2022〕11号 2022年4月1日修正）

第320条 上诉案件的当事人死亡或者终止的，人民法院依法通知其权利义务承继者参加诉讼。

需要终结诉讼的，适用民事诉讼法第一百五十四条规定。

第五节 判决和裁定

第一百五十五条 判决书的内容

判决书应当写明判决结果和作出该判决的理由。判决书内容包括：

（一）案由、诉讼请求、争议的事实和理由；

（二）判决认定的事实和理由、适用的法律和理由；

（三）判决结果和诉讼费用的负担；

（四）上诉期间和上诉的法院。

判决书由审判人员、书记员署名，加盖人民法院印章。

条文注解

民事判决是人民法院通过法定程序，行使国家审判权，对所受理的民事案件，经过审理，依法作出的解决当事人民事纠纷的判决。将判决的内容依规定的格式制成的法律文书，即判决书。判决发生效力后，就具有法律约束力和执行力，除了人民法院按照法律规定的程序撤销或者改判外，任何单位和个人不得否定判决的法律效力。当事人应当自觉履行判决确定的义务，有关单位和个人也有义务协助判决的执行。一方当事人不履行判决确定的义务的，人民法院可以根据对方当事人的申请或者依职权强制执行判决。

相关规定

◎司法解释及文件

《最高人民法院关于民事诉讼证据的若干规定》（法释〔2019〕19号　2019年12月25日）

第97条　人民法院应当在裁判文书中阐明证据是否采纳的理由。

对当事人无争议的证据，是否采纳的理由可以不在裁判文书中表述。

《最高人民法院关于裁判文书引用法律、法规等规范性法律文件的规定》（法释〔2009〕14号　2009年10月26日）

为进一步规范裁判文书引用法律、法规等规范性法律文件的工作，提高裁判质量，确保司法统一，维护法律权威，根据《中华人民共和国立法法》等法律规定，制定本规定。

第1条　人民法院的裁判文书应当依法引用相关法律、法规等规范性法律文件作为裁判依据。引用时应当准确完整写明规范性法律文件的名称、条款序号，需要引用具体条文的，应当整条引用。

第2条　并列引用多个规范性法律文件的，引用顺序如下：法律及法律解释、行政法规、地方性法规、自治条例或者单行条例、司法解释。同时引用两部以上法律的，应当先引用基本法律，后引用其他法律。引用包括实体法和程序法的，先引用实体法，后引用程序法。

第3条　刑事裁判文书应当引用法律、法律解释或者司法解释。刑事附带民事诉讼裁判文书引用规范性法律文件，同时适用本规定第四条规定。

第4条　民事裁判文书应当引用法律、法律解释或者司法解释。对于应当适用的行政法规、地方性法规或者自治条例和单行条例，可以直接引用。

第5条　行政裁判文书应当引用法律、法律解释、行政法规或者司法解释。对于应当适用的地方性法规、自治条例和单行条例、国务院或者国务院授权的部门公布的行政法规解释或者行政规章，可以直接引用。

第6条　对于本规定第三条、第四条、第五条规定之外的规范性文件，根据审理案件的需要，经审查认定为合法有效的，可以作为裁判说理的依据。

第7条　人民法院制作裁判文书确需引用的规范性法律文件之间存在冲突，根据立法法等有关法律规定无法选择适用的，应当依法提请有决定权的机关做出裁决，不得自行在裁判文书中认定相关规范性法律文件的效力。

《关于加强和规范裁判文书释法说理的指导意见》（法发〔2018〕10号 2018年6月1日）

为进一步加强和规范人民法院裁判文书释法说理工作，提高释法说理水平和裁判文书质量，结合审判工作实际，提出如下指导意见。

一、裁判文书释法说理的目的是通过阐明裁判结论的形成过程和正当性理由，提高裁判的可接受性，实现法律效果和社会效果的有机统一；其主要价值体现在增强裁判行为公正度、透明度，规范审判权行使，提升司法公信力和司法权威，发挥裁判的定分止争和价值引领作用，弘扬社会主义核心价值观，努力让人民群众在每一个司法案件中感受到公平正义，切实维护诉讼当事人合法权益，促进社会和谐稳定。

二、裁判文书释法说理，要阐明事理，说明裁判所认定的案件事实及其根据和理由，展示案件事实认定的客观性、公正性和准确性；要释明法理，说明裁判所依据的法律规范以及适用法律规范的理由；要讲明情理，体现法理情相协调，符合社会主流价值观；要讲究文理，语言规范，表达准确，逻辑清晰，合理运用说理技巧，增强说理效果。

三、裁判文书释法说理，要立场正确、内容合法、程序正当，符合社会主义核心价值观的精神和要求；要围绕证据审查判断、事实认定、法律适用进行说理，反映推理过程，做到层次分明；要针对诉讼主张和诉讼争点、结合庭审情况进行说理，做到有的放矢；要根据案件社会影响、审判程序、诉讼阶段等不同情况进行繁简适度的说理，简案略说，繁案精说，力求恰到好处。

四、裁判文书中对证据的认定，应当结合诉讼各方举证质证以及法庭调查核实证据等情况，根据证据规则，运用逻辑推理和经验法则，必要时使用推定和司法认知等方法，围绕证据的关联性、合法性和真实性进行全面、客观、公正的审查判断，阐明证据采纳和采信的理由。

五、刑事被告人及其辩护人提出排除非法证据申请的，裁判文书应当说明是否对证据收集的合法性进行调查、证据是否排除及其理由。民事、行政案件涉及举证责任分配或者证明标准争议的，裁判文书应当说明理由。

六、裁判文书应当结合庭审举证、质证、法庭辩论以及法庭调查核实证据等情况，重点针对裁判认定的事实或者事实争点进行释法说理。依据间接证据认定事实时，应当围绕间接证据之间是否存在印证关系、是否能够形成完整的证明体系等进行说理。采用推定方法认定事实时，应当说明推定启动的原因、反驳的事实和理由，阐释裁断的形成过程。

七、诉讼各方对案件法律适用无争议且法律含义不需要阐明的，裁判文书应当集中围绕裁判内容和尺度进行释法说理。诉讼各方对案件法律适用存有争议或者法律含义需要阐明的，法官应当逐项回应法律争议焦点并说明理由。法律适用存在法律规范竞合或者冲突的，裁判文书应当说明选择的理由。民事案件没有明确的法律规定作为裁判直接依据的，法官应当首先寻找最相类似的法律规定作出裁判；如果没有最相类似的法律规定，法官可以依据习惯、法律原则、立法目的等作出裁判，并合理运用法律方法对裁判依据进行充分论证和说理。法官行使自由裁量权处理案件时，应当坚持合法、合理、公正和审慎的原则，充分论证运用自由裁量权的依据，并阐明自由裁量所考虑的相关因素。

八、下列案件裁判文书，应当强化释法说理：疑难、复杂案件；诉讼各方争议较大的案件；社会关注度较高、影响较大的案件；宣告无罪、判处法定刑以下刑罚、判处死刑的案件；行政诉讼中对被诉行政行为所依据的规范性文件一并进行审查的案件；判决变更行政行为的案件；新类型或者可能成为指导性案例的案件；抗诉案件；二审改判或者发回重审的案件；重审案件；再审案件；其他需要强化说理的案件。

九、下列案件裁判文书，可以简化释法说理：适用民事简易程序、小额诉讼程序审理的案件；适用民事特别程序、督促程序及公示催告程序审理的案件；适用刑事速裁程序、简易程序审理的案件；当事人达成和解协议的轻微刑事案件；适用行政简易程序审理的案件；适用普通程序审理但是诉讼各方争议不大的案件；其他适宜简化说理的案件。

十、二审或者再审裁判文书应当针对上诉、抗诉、申请再审的主张和理由强化释法说理。二审或者再审裁判文书认定的事实与一审或者原审不同的，或者认为一审、原审认定事实不清、适用法律错误的，应当在查清事实、纠正法律适用错误的基础上进行有针对性的说理；针对一审或者原审已经详尽阐述理由且诉讼各方无争议或者无新证据、新理由的事项，可以简化释法说理。

十一、制作裁判文书应当遵循《人民法院民事裁判文书制作规范》《民事申请再审诉讼文书样式》《涉外商事海事裁判文书写作规范》《人民法院破产程序法律文书样式（试行）》《民事简易程序诉讼文书样式（试行）》《人民法院刑事诉讼文书样式》《行政诉讼文书样式（试行）》《人民法院国家赔偿案件文书样式》等规定的技术规范标准，但是可以根据案件情况合理调整事实认定和说理部分的体例结构。

十二、裁判文书引用规范性法律文件进行释法说理，应当适用《最高人民法院关于裁判文书引用法律、法规等规范性法律文件的规定》等相关规定，准确、完整地写明规范性法律文件的名称、条款项序号；需要加注引号引用条文内容的，应当表述准确和完整。

十三、除依据法律法规、司法解释的规定外，法官可以运用下列论据论证裁判理由，以提高裁判结论的正当性和可接受性：最高人民法院发布的指导性案例；最高人民法院发布的非司法解释类审判业务规范性文件；公理、情理、经验法则、交易惯例、民间规约、职业伦理；立法说明等立法材料；采取历史、体系、比较等法律解释方法时使用的材料；法理及通行学术观点；与法律、司法解释等规范性法律文件不相冲突的其他论据。

十四、为便于释法说理，裁判文书可以选择采用下列适当的表达方式：案情复杂的，采用列明裁判要点的方式；案件事实或数额计算复杂的，采用附表的方式；裁判内容用附图的方式更容易表达清楚的，采用附图的方式；证据过多的，采用附录的方式呈现构成证据链的全案证据或证据目录；采用其他附件方式。

十五、裁判文书行文应当规范、准确、清楚、朴实、庄重、凝炼，一般不得使用方言、俚语、土语、生僻词语、古旧词语、外语；特殊情形必须使用的，应当注明实际含义。裁判文书释法说理应当避免使用主观臆断的表达方式、不恰当的修辞方法和学术化的写作风格，不得使用贬损人格尊严、具有强烈感情色彩、明显有违常识常理常情的用语，不能未经分析论证而直接使用"没有事实及法律依据，本院不予支持"之类的表述作为结论性论断。

十六、各级人民法院应当定期收集、整理和汇编辖区内法院具有指导意义的优秀裁判文书，充分发挥典型案例释法说理的引导、规范和教育功能。

十七、人民法院应当将裁判文书的制作和释法说理作为考核法官业务能力和审判质效的必备内容，确立为法官业绩考核的重要指标，纳入法官业绩档案。

十八、最高人民法院建立符合裁判文书释法说理规律的统一裁判文书质量评估体系和评价机制，定期组织裁判文书释法说理评查活动，评选发布全国性的优秀裁判文书，通报批评瑕疵裁判文书，并作为监督指导地方各级人民法院审判工作的重要内容。

十九、地方各级人民法院应当将裁判文书释法说理作为裁判文书质量评查的重要内容，纳入年度常规性工作之中，推动建立第三方开展裁判文书质量评价活动。

二十、各级人民法院可以根据本指导意见，结合实际制定刑事、民事、行政、国家赔偿、执行等裁判文书释法说理的实施细则。

二十一、本指导意见自2018年6月13日起施行。

第一百五十六条　先行判决

人民法院审理案件，其中一部分事实已经清楚，可以就该部分先行判决。

条文注解

部分先行判决是为了及时保护当事人的民事权益。可以进行先行判决的部分，主要是指在诉讼请求中可以独立分出的部分，或者是几个合并审理的诉中的一个相对独立部分，而且先行判决部分事实必须已经清楚。如果该部分诉讼请求与整个诉讼请求不可分，对该部分先行判决将会使其余的诉讼请求难以确定，就不能对该部分先行判决。在就部分已查清的事实进行先行判决时，也要向当事人说明案件的其他部分仍然在审理中，以免发生误解，造成不必要的纠纷。

最高院裁判观点

安徽某投资置业公司、安徽省文化厅与浙江某建设集团公司建设工程合同纠纷二审民事判决书【（2019）最高法民申3796号）】

裁判要旨：人民法院审理案件，其中一部分事实已经清楚，可以就该部分先行判决。本案浙江某建设集团公司应履行配合竣工验收备案义务的事实已经查清，可以先行判决。本案中，竣工验收备案手续不能及时办理，已经影响到购房户办理产权证的权利。权衡各方利益，应判决办理公寓项目竣工综合验收及竣工验收备案的相关手续。

第一百五十七条　裁定

裁定适用于下列范围：

（一）不予受理；

（二）对管辖权有异议的；

（三）驳回起诉；

（四）保全和先予执行；

（五）准许或者不准许撤诉；

（六）中止或者终结诉讼；

（七）补正判决书中的笔误；

（八）中止或者终结执行；

（九）撤销或者不予执行仲裁裁决；

（十）不予执行公证机关赋予

强制执行效力的债权文书；

（十一）其他需要裁定解决的事项。

对前款第一项至第三项裁定，可以上诉。

裁定书应当写明裁定结果和作出该裁定的理由。裁定书由审判人员、书记员署名，加盖人民法院印章。口头裁定的，记入笔录。

■ 条文注解

关于其他需要裁定解决的事项。除上述十种情形外，为解决某些程序问题，对于其他需要裁定的事项人民法院也应当作出裁定。例如，依特别程序审理案件的过程中，发现本案存在民事权利义务争议，应当裁定终结特别程序。第二审人民法院对于不服第一审人民法院裁定的上诉案件的处理，一律使用裁定。人民法院对按照审判监督程序决定再审的，裁定中止原判决、调解书的执行。人民法院还可以依法裁定返还已被执行的财产等。

■ 相关规定

◎司法解释及文件

《最高人民法院关于适用〈中华人民共和国民事诉讼法〉的解释》（法释〔2022〕11号 2022年4月1日修正）

第245条 民事诉讼法第一百五十七条第一款第七项规定的笔误是指法律文书误写、误算，诉讼费用漏写、误算和其他笔误。

■ 最高院裁判观点

石某、翁某与黄某、成都某地产公司等股权转让纠纷再审案【（2019）最高法民申4216号】

裁判要旨：人民法院作出的民事判决虽遗漏了撤销原判的判项，但该民事判决主文中已明确阐明纠正一审判决的事实和理由，并据此对一审判决予以改判。故，二审法院以裁定的方式对二审判决的补正，并不属于程序违法。

第一百五十八条 一审裁判的生效

最高人民法院的判决、裁定，以及依法不准上诉或者超过上诉期没有上诉的判决、裁定，是发生法律效力的判决、裁定。

■ 条文注解

实行一审终审不准上诉的判决，一经宣告即发生法律效力。依法不准上诉的判决包括：依照特别程序审理的选民资格案件，宣告失踪、宣告死亡案件，认定公民无民事行为能力或者限制民事行为能力案件，认定财产无主案件，确认调解协议案件，实现担保物权案件。

不准上诉的裁定，一经宣布，即具有法律效力。依法不准上诉的裁定是指不予受理、决定管辖权异议、驳回起诉裁定之外的各种裁定，这些裁定有的可以复议，但复议不停止执行，裁定作出后就发生法律效力。

第一百五十九条 判决、裁定的公开

公众可以查阅发生法律效力的判决书、裁定书，但涉及国家秘密、商业秘密和个人隐私的内容除外。

相关规定

◎司法解释及文件

《最高人民法院关于适用〈中华人民共和国民事诉讼法〉的解释》（法释〔2022〕11号 2022年4月1日修正）

第254条 公民、法人或者其他组织申请查阅发生法律效力的判决书、裁定书的，应当向作出该生效裁判的人民法院提出。申请应当以书面形式提出，并提供具体的案号或者当事人姓名、名称。

第255条 对于查阅判决书、裁定书的申请，人民法院根据下列情形分别处理：

（一）判决书、裁定书已经通过信息网络向社会公开的，应当引导申请人自行查阅；

（二）判决书、裁定书未通过信息网络向社会公开，且申请符合要求的，应当及时提供便捷的查阅服务；

（三）判决书、裁定书尚未发生法律效力，或者已失去法律效力的，不提供查阅并告知申请人；

（四）发生法律效力的判决书、裁定书不是本院作出的，应当告知申请人向作出生效裁判的人民法院申请查阅；

（五）申请查阅的内容涉及国家秘密、商业秘密、个人隐私的，不予准许并告知申请人。

《最高人民法院关于人民法院在互联网公布裁判文书的规定》（法释〔2016〕19号 2016年8月29日）

第1条 人民法院在互联网公布裁判文书，应当依法、全面、及时、规范。

第2条 中国裁判文书网是全国法院公布裁判文书的统一平台。各级人民法院在本院政务网站及司法公开平台设置中国裁判文书网的链接。

第3条 人民法院作出的下列裁判文书应当在互联网公布：

（一）刑事、民事、行政判决书；

（二）刑事、民事、行政、执行裁定书；

（三）支付令；

（四）刑事、民事、行政、执行驳回申诉通知书；

（五）国家赔偿决定书；

（六）强制医疗决定书或者驳回强制医疗申请的决定书；

（七）刑罚执行与变更决定书；

（八）对妨害诉讼行为、执行行为作出的拘留、罚款决定书，提前解除拘留决定书，因对不服拘留、罚款等制裁决定申请复议而作出的复议决定书；

（九）行政调解书、民事公益诉讼调解书；

（十）其他有中止、终结诉讼程序作用或者对当事人实体权益有影响、对当事人程序权益有重大影响的裁判文书。

第4条 人民法院作出的裁判文书有下列情形之一的，不在互联网公布：

（一）涉及国家秘密的；

（二）未成年人犯罪的；

（三）以调解方式结案或者确认人民调解协议效力的，但为保护国家利益、社会公共利益、他人合法权益确有必要公开的除外；

（四）离婚诉讼或者涉及未成年子女抚养、监护的；

（五）人民法院认为不宜在互联网公布的其他情形。

第5条 人民法院应当在受理案件通知书、应诉通知书中告知当事人在互联网公布裁判文书的范围，并通过政务网站、电子触摸屏、诉讼指南等多种方式，向公众告知人民法院在互联网公布裁判文书的相关规定。

第6条 不在互联网公布的裁判文书，应当公布案号、审理法院、裁判日期及不公开理由，但公布上述信息可能泄露国家秘密的除外。

第7条 发生法律效力的裁判文书，应当在裁判文书生效之日起七个工作日内在互联网公布。依法提起抗诉或者上诉的一审判决书、裁定书，应当在二审裁判生效后七个工作日内在互联网公布。

第8条 人民法院在互联网公布裁判文书时，应当对下列人员的姓名进行隐名处理：

（一）婚姻家庭、继承纠纷案件中的当事人及其法定代理人；

（二）刑事案件被害人及其法定代理人、附带民事诉讼原告人及其法定代理人、证人、鉴定人；

（三）未成年人及其法定代理人。

第9条 根据本规定第八条进行隐名处理时，应当按以下情形处理：

（一）保留姓氏，名字以"某"替代；

（二）对于少数民族姓名，保留第一个字，其余内容以"某"替代；

（三）对于外国人、无国籍人姓名的中文译文，保留第一个字，其余内容以"某"替代；对于外国人、无国籍人的英文姓名，保留第一个英文字母，删除其他内容。

对不同姓名隐名处理后发生重复的，通过在姓名后增加阿拉伯数字进行区分。

第10条 人民法院在互联网公布裁判文书时，应当删除下列信息：

（一）自然人的家庭住址、通讯方式、身份证号码、银行账号、健康状况、车牌号码、动产或不动产权属证书编号等个人信息；

（二）法人以及其他组织的银行账号、车牌号码、动产或不动产权属证书编号等信息；

（三）涉及商业秘密的信息；

（四）家事、人格权益等纠纷中涉及个人隐私的信息；

（五）涉及技术侦查措施的信息；

（六）人民法院认为不宜公开的其他信息。

按照本条第一款删除信息影响对裁判文书正确理解的，用符号"×"作部分替代。

第11条 人民法院在互联网公布裁判文书，应当保留当事人、法定代理人、委托代理人、辩护人的下列信息：

（一）除根据本规定第八条进行隐名处理的以外，当事人及其法定代理人是自然人的，保留姓名、出生日期、性别、住所地所属县、区；当事人及其法定代理人是法人或其他组织的，保留名称、住所地、组织机构代码，以及法定代表人或主要负责人的姓名、职务；

（二）委托代理人、辩护人是律师或者基层法律服务工作者的，保留姓名、执业证号和律师事务所、基层法律服务机构名称；委托代理人、辩护人是其他人员的，保留姓名、出生日期、性别、住所地所属县、区，以及与当事人的关系。

第12条 办案法官认为裁判文书具有本规定第四条第五项不宜在互联网公布情形的，应当提出书面意见及理由，由部门负责人审查后报主管副院长审定。

第13条 最高人民法院监督指导全国法院在互联网公布裁判文书的工作。高级、中级人民法院监督指导辖区法院在互联网公布裁判文书的工作。

各级人民法院审判管理办公室或者承担审判管理职能的其他机构负责本院在互联网公布裁判文书的管理工作，履行以下职责：

（一）组织、指导在互联网公布裁判文书；

（二）监督、考核在互联网公布裁判文书的工作；

（三）协调处理社会公众对裁判文书公开的投诉和意见；

（四）协调技术部门做好技术支持和保障；

（五）其他相关管理工作。

第 14 条　各级人民法院应当依托信息技术将裁判文书公开纳入审判流程管理，减轻裁判文书公开的工作量，实现裁判文书及时、全面、便捷公布。

第 15 条　在互联网公布的裁判文书，除依照本规定要求进行技术处理的以外，应当与裁判文书的原本一致。

人民法院对裁判文书中的笔误进行补正的，应当及时在互联网公布补正笔误的裁定书。

办案法官对在互联网公布的裁判文书与裁判文书原本的一致性，以及技术处理的规范性负责。

第 16 条　在互联网公布的裁判文书与裁判文书原本不一致或者技术处理不当的，应当及时撤回并在纠正后重新公布。

在互联网公布的裁判文书，经审查存在本规定第四条列明情形的，应当及时撤回，并按照本规定第六条处理。

第 17 条　人民法院信息技术服务中心负责中国裁判文书网的运行维护和升级完善，为社会各界合法利用在该网站公开的裁判文书提供便利。

中国裁判文书网根据案件适用不同审判程序的案号，实现裁判文书的相互关联。

第 18 条　本规定自 2016 年 10 月 1 日起施行。最高人民法院以前发布的司法解释和规范性文件与本规定不一致的，以本规定为准。

第十三章　简易程序

> **第一百六十条　简易程序的适用范围**
>
> 基层人民法院和它派出的法庭审理事实清楚、权利义务关系明确、争议不大的简单的民事案件，适用本章规定。
>
> 基层人民法院和它派出的法庭审理前款规定以外的民事案件，当事人双方也可以约定适用简易程序。

条文注解

简易程序相对于普通程序，在起诉手续、传唤当事人方式、审理程序以及审限等方面都做了简化，可以说是一种简化了的普通程序。适用简易程序比适用普通程序的诉讼费用低，《诉讼费用交纳办法》第十六条规定，适用简易程序审理的案件减半交纳案件受理费。

相关规定

◎司法解释及文件

《最高人民法院关于适用〈中华人民共和国民事诉讼法〉的解释》（法释〔2022〕11 号　2022 年 4 月 1 日修正）

第 256 条　民事诉讼法第一百六十条规定的简单民事案件中的事实清楚，是指当事人对争议的事实陈述基本一致，并能提供相应的证据，无须人民法院调查收集证据即可查明事实；权利义务关系明确是指能明确区分谁是责任的承担者，谁是权利的享有者；争议不大是指当事人对案件的是非、责任承担以及诉讼标的争执无原则分歧。

第 257 条 下列案件，不适用简易程序：

（一）起诉时被告下落不明的；
（二）发回重审的；
（三）当事人一方人数众多的；
（四）适用审判监督程序的；
（五）涉及国家利益、社会公共利益的；
（六）第三人起诉请求改变或者撤销生效判决、裁定、调解书的；
（七）其他不宜适用简易程序的案件。

第 260 条 已经按照普通程序审理的案件，在开庭后不得转为简易程序审理。

第 261 条 适用简易程序审理案件，人民法院可以依照民事诉讼法第九十条、第一百六十二条的规定采取捎口信、电话、短信、传真、电子邮件等简便方式传唤双方当事人、通知证人和送达诉讼文书。

以简便方式送达的开庭通知，未经当事人确认或者没有其他证据证明当事人已经收到的，人民法院不得缺席判决。

适用简易程序审理案件，由审判员独任审判，书记员担任记录。

第 262 条 人民法庭制作的判决书、裁定书、调解书，必须加盖基层人民法院印章，不得用人民法庭的印章代替基层人民法院的印章。

第 263 条 适用简易程序审理案件，卷宗中应当具备以下材料：

（一）起诉状或者口头起诉笔录；
（二）答辩状或者口头答辩笔录；
（三）当事人身份证明材料；
（四）委托他人代理诉讼的授权委托书或者口头委托笔录；
（五）证据；
（六）询问当事人笔录；
（七）审理（包括调解）笔录；
（八）判决书、裁定书、调解书或者调解协议；
（九）送达和宣判笔录；
（十）执行情况；
（十一）诉讼费收据；
（十二）适用民事诉讼法第一百六十五条规定审理的，有关程序适用的书面告知。

第 264 条 当事人双方根据民事诉讼法第一百六十条第二款规定约定适用简易程序的，应当在开庭前提出。口头提出的，记入笔录，由双方当事人签名或者捺印确认。

本解释第二百五十七条规定的案件，当事人约定适用简易程序的，人民法院不予准许。

第 265 条 原告口头起诉的，人民法院应当将当事人的姓名、性别、工作单位、住所、联系方式等基本信息，诉讼请求，事实及理由等准确记入笔录，由原告核对无误后签名或者捺印。对当事人提交的证据材料，应当出具收据。

第 266 条 适用简易程序案件的举证期限由人民法院确定，也可以由当事人协商一致并经人民法院准许，但不得超过十五日。被告要求书面答辩的，人民法院可在征得其同意的基础上，合理确定答辩期间。

人民法院应当将举证期限和开庭日期告知双方当事人，并向当事人说明逾期举证以及拒不到庭的法律后果，由双方当事人在笔录和开庭传票的送达回证上签名或者捺印。

当事人双方均表示不需要举证期限、答辩期间的，人民法院可以立即开庭审理或者确定开庭日期。

第267条 适用简易程序审理案件，可以简便方式进行审理前的准备。

第268条 对没有委托律师、基层法律服务工作者代理诉讼的当事人，人民法院在庭审过程中可以对回避、自认、举证证明责任等相关内容向其作必要的解释或者说明，并在庭审过程中适当提示当事人正确行使诉讼权利、履行诉讼义务。

第269条 当事人就案件适用简易程序提出异议，人民法院经审查，异议成立的，裁定转为普通程序；异议不成立的，裁定驳回。裁定以口头方式作出的，应当记入笔录。

转为普通程序的，人民法院应当将审判人员及相关事项以书面形式通知双方当事人。

转为普通程序前，双方当事人已确认的事实，可以不再进行举证、质证。

第270条 适用简易程序审理的案件，有下列情形之一的，人民法院在制作判决书、裁定书、调解书时，对认定事实或者裁判理由部分可以适当简化：

（一）当事人达成调解协议并需要制作民事调解书的；

（二）一方当事人明确表示承认对方全部或者部分诉讼请求的；

（三）涉及商业秘密、个人隐私的案件，当事人一方要求简化裁判文书中的相关内容，人民法院认为理由正当的；

（四）当事人双方同意简化的。

《最高人民法院关于适用简易程序审理民事案件的若干规定》（法释〔2003〕15号 2020年12月29日修正）

第1条 基层人民法院根据民事诉讼法第一百五十七条[240]规定审理简单的民事案件，适用本规定，但有下列情形之一的案件除外：

（一）起诉时被告下落不明的；

（二）发回重审的；

（三）共同诉讼中一方或者双方当事人人数众多的；

（四）法律规定应当适用特别程序、审判监督程序、督促程序、公示催告程序和企业法人破产还债程序的；

（五）人民法院认为不宜适用简易程序进行审理的。

第2条 基层人民法院适用第一审普通程序审理的民事案件，当事人各方自愿选择适用简易程序，经人民法院审查同意的，可以适用简易程序进行审理。

人民法院不得违反当事人自愿原则，将普通程序转为简易程序。

第3条 当事人就适用简易程序提出异议，人民法院认为异议成立的，或者人民法院在审理过程中发现不宜适用简易程序的，应当将案件转入普通程序审理。

《最高人民法院关于严格规范民商事案件延长审限和延期开庭问题的规定》（法释〔2019〕4号 2019年3月27日）

第4条 基层人民法院及其派出的法庭审理事实清楚、权利义务关系明确、争议不大的简单民商事案件，适用简易程序。

---

[240] 《民事诉讼法》（2023年修正）第160条。

基层人民法院及其派出的法庭审理符合前款规定且标的额为各省、自治区、直辖市上年度就业人员年平均工资两倍以下的民商事案件，应当适用简易程序，法律及司法解释规定不适用简易程序的案件除外。

适用简易程序审理的民商事案件，证据交换、庭前会议等庭前准备程序与开庭程序一并进行，不再另行组织。

适用简易程序的案件，不适用公告送达。

第一百六十一条　简易程序的起诉方式和受理程序

对简单的民事案件，原告可以口头起诉。

当事人双方可以同时到基层人民法院或者它派出的法庭，请求解决纠纷。基层人民法院或者它派出的法庭可以当即审理，也可以另定日期审理。

相关规定

◎司法解释及文件

《最高人民法院关于适用〈中华人民共和国民事诉讼法〉的解释》（法释〔2022〕11号　2022年4月1日修正）

第264条　当事人双方根据民事诉讼法第一百六十条第二款规定约定适用简易程序的，应当在开庭前提出。口头提出的，记入笔录，由双方当事人签名或者捺印确认。

本解释第二百五十七条规定的案件，当事人约定适用简易程序的，人民法院不予准许。

第265条　原告口头起诉的，人民法院应当将当事人的姓名、性别、工作单位、住所、联系方式等基本信息，诉讼请求、事实及理由等准确记入笔录，由原告核对无误后签名或者捺印。对当事人提交的证据材料，应当出具收据。

《最高人民法院关于适用简易程序审理民事案件的若干规定》（法释〔2003〕15号　2020年12月29日修正）

第4条　原告本人不能书写起诉状，委托他人代写起诉状确有困难的，可以口头起诉。

原告口头起诉的，人民法院应当将当事人的基本情况、联系方式、诉讼请求、事实及理由予以准确记录，将相关证据予以登记。人民法院应当将上述记录和登记的内容向原告当面宣读，原告认为无误后应当签名或者按指印。

第5条　当事人应当在起诉或者答辩时向人民法院提供自己准确的送达地址、收件人、电话号码等其他联系方式，并签名或者按指印确认。

送达地址应当写明受送达人住所地的邮政编码和详细地址；受送达人是有固定职业的自然人的，其从业的场所可以视为送达地址。

第8条　人民法院按照原告提供的被告的送达地址或者其他联系方式无法通知被告应诉的，应当按以下情况分别处理：

（一）原告提供了被告准确的送达地址，但人民法院无法向被告直接送达或者留置送达应诉通知书的，应当将案件转入普通程序审理；

（二）原告不能提供被告准确的送达地址，人民法院经查证后仍不能确定被告送达地址的，可以被告不明确为由裁定驳回原告起诉。

第一百六十二条 简易程序的传唤方式

基层人民法院和它派出的法庭审理简单的民事案件，可以用简便方式传唤当事人和证人、送达诉讼文书、审理案件，但应当保障当事人陈述意见的权利。

条文注解

简便方式，是指可以用电话通知、口头通知、在农村还可用有线广播通知等灵活方式传唤当事人、证人。传唤的时间，可以根据审理案件的需要"随时"传唤，不受"应当在开庭三日前通知当事人和其他诉讼参与人"规定的限制。

相关规定

◎司法解释及文件

《最高人民法院关于适用〈中华人民共和国民事诉讼法〉的解释》（法释〔2022〕11号 2022年4月1日修正）

第261条 适用简易程序审理案件，人民法院可以依照民事诉讼法第九十条、第一百六十二条的规定采取捎口信、电话、短信、传真、电子邮件等简便方式传唤双方当事人、通知证人和送达诉讼文书。

以简便方式送达的开庭通知，未经当事人确认或者没有其他证据证明当事人已经收到的，人民法院不得缺席判决。

适用简易程序审理案件，由审判员独任审判，书记员担任记录。

《最高人民法院关于适用简易程序审理民事案件的若干规定》（法释〔2003〕15号 2020年12月29日修正）

第6条 原告起诉后，人民法院可以采取捎口信、电话、传真、电子邮件等简便方式随时传唤双方当事人、证人。

第一百六十三条 简易程序的独任审理

简单的民事案件由审判员一人独任审理，并不受本法第一百三十九条、第一百四十一条、第一百四十四条规定的限制。

条文注解

独任审判，是一名审判员独任审判，而不是书记员独任审判。独任审判是指审判组织的简化，同时也要遵守有关回避的规定。独任审判同样要告知当事人审判员、书记员的名单，询问当事人是否提出回避申请，当事人如果提出，应按民事诉讼法关于回避的有关规定办理。

相关规定

◎司法解释及文件

《最高人民法院关于适用〈中华人民共和国民事诉讼法〉的解释》（法释〔2022〕11号 2022年4月1日修正）

第259条 当事人双方可就开庭方式向人民法院提出申请，由人民法院决定是否准许。经当事人双方同意，可以采用视听传输技术等方式开庭。

第261条 适用简易程序审理案件，人民法院可以依照民事诉讼法第九十条、第一百六十二条的规定采取捎口信、电话、短信、传真、电子邮件等简便方式传唤双方当事人、通知证人和送达诉讼文书。

以简便方式送达的开庭通知，未经当事人确认或者没有其他证据证明当事人已经收到的，人民法院不得缺席判决。

适用简易程序审理案件，由审判员独任审判，书记员担任记录。

第263条 适用简易程序审理案件，卷宗中应当具备以下材料：

（一）起诉状或者口头起诉笔录；
（二）答辩状或者口头答辩笔录；
（三）当事人身份证明材料；
（四）委托他人代理诉讼的授权委托书或者口头委托笔录；
（五）证据；
（六）询问当事人笔录；
（七）审理（包括调解）笔录；
（八）判决书、裁定书、调解书或者调解协议；
（九）送达和宣判笔录；
（十）执行情况；
（十一）诉讼费收据；
（十二）适用民事诉讼法第一百六十五条规定审理的，有关程序适用的书面告知。

第 266 条 适用简易程序案件的举证期限由人民法院确定，也可以由当事人协商一致并经人民法院准许，但不得超过十五日。被告要求书面答辩的，人民法院可在征得其同意的基础上，合理确定答辩期间。

人民法院应当将举证期限和开庭日期告知双方当事人，并向当事人说明逾期举证以及拒不到庭的法律后果，由双方当事人在笔录和开庭传票的送达回证上签名或者捺印。

当事人双方均表示不需要举证期限、答辩期间的，人民法院可以立即开庭审理或者确定开庭日期。

第 267 条 适用简易程序审理案件，可以简便方式进行审理前的准备。

第 268 条 对没有委托律师、基层法律服务工作者代理诉讼的当事人，人民法院在庭审过程中可以对回避、自认、举证证明责任等相关内容向其作必要的解释或者说明，并在庭审过程中适当提示当事人正确行使诉讼权利、履行诉讼义务。

第 270 条 适用简易程序审理的案件，有下列情形之一的，人民法院在制作判决书、裁定书、调解书时，对认定事实或者裁判理由部分可以适当简化：

（一）当事人达成调解协议并需要制作民事调解书的；
（二）一方当事人明确表示承认对方全部或者部分诉讼请求的；
（三）涉及商业秘密、个人隐私的案件，当事人一方要求简化裁判文书中的相关内容，人民法院认为理由正当的；
（四）当事人双方同意简化的。

《最高人民法院关于适用简易程序审理民事案件的若干规定》（法释〔2003〕15 号 2020 年 12 月 29 日修正）

第 18 条 以捎口信、电话、传真、电子邮件等形式发送的开庭通知，未经当事人确认或者没有其他证据足以证明当事人已经收到的，人民法院不得将其作为按撤诉处理和缺席判决的根据。

第 19 条 开庭前已经书面或者口头告知当事人诉讼权利义务，或者当事人各方均委托律师代理诉讼的，审判人员除告知当事人申请回避的权利外，可以不再告知当事人其他的诉讼权利义务。

第 20 条 对没有委托律师代理诉讼的当事人，审判人员应当对回避、自认、举证责任等相关内容向其作必要的解释或者说明，并在庭审过程中适当提示当事人正确行使诉讼权利、履行诉讼义务，指导当事人进行正常的诉讼活动。

第 21 条 开庭时，审判人员可以根据当事人的诉讼请求和答辩意见归纳出争议焦点，经当事人确认后，由当事人围绕争议焦点举证、质证和辩论。

当事人对案件事实无争议的，审判人员可以在听取当事人就适用法律方面的辩论意见后迳行判决、裁定。

第22条　当事人双方同时到基层人民法院请求解决简单的民事纠纷，但未协商举证期限，或者被告一方经简便方式传唤到庭的，当事人在开庭审理时要求当庭举证的，应予准许；当事人当庭举证有困难的，举证的期限由当事人协商决定，但最长不得超过十五日；协商不成的，由人民法院决定。

第23条　适用简易程序审理的民事案件，应当一次开庭审结，但人民法院认为确有必要再次开庭的除外。

第24条　书记员应当将适用简易程序审理民事案件的全部活动记入笔录。对于下列事项，应当详细记载：

（一）审判人员关于当事人诉讼权利义务的告知、争议焦点的概括、证据的认定和裁判的宣告等重大事项；

（二）当事人申请回避、自认、撤诉、和解等重大事项；

（三）当事人当庭陈述的与其诉讼权利直接相关的其他事项。

第25条　庭审结束时，审判人员可以根据案件的审理情况对争议焦点和当事人各方举证、质证和辩论的情况进行简要总结，并就是否同意调解征询当事人的意见。

第26条　审判人员在审理过程中发现案情复杂需要转为普通程序的，应当在审限届满前及时作出决定，并书面通知当事人。

第一百六十四条　简易程序的审限

人民法院适用简易程序审理案件，应当在立案之日起三个月内审结。有特殊情况需要延长的，经本院院长批准，可以延长一个月。

相关规定

◎司法解释及文件

《最高人民法院关于适用〈中华人民共和国民事诉讼法〉的解释》（法释〔2022〕11号　2022年4月1日修正）

第258条　适用简易程序审理的案件，审理期限到期后，双方当事人同意继续适用简易程序的，由本院院长批准，可以延长审理期限。延长后的审理期限累计不得超过六个月。

人民法院发现案情复杂，需要转为普通程序审理的，应当在审理期限届满前作出裁定并将合议庭组成人员及相关事项书面通知双方当事人。

案件转为普通程序审理的，审理期限自人民法院立案之日计算。

第一百六十五条　简易程序一审终审的适用条件

基层人民法院和它派出的法庭审理事实清楚、权利义务关系明确、争议不大的简单金钱给付民事案件，标的额为各省、自治区、直辖市上年度就业人员年平均工资百分之五十以下的，适用小额诉讼的程序审理，实行一审终审。

基层人民法院和它派出的法庭审理前款规定的民事案件，标的额超过各省、自治区、直辖市上年度就业人员年平均工资百分之五十但在二倍以下的，当事人双方也可以约定适用小额诉讼的程序。

条文注解

本次民事诉讼法修改，完善了小额诉讼程序适用范围和方式。将适用案件类型限定为"金额给付"案件,适用标的额从原来的"各省、自治区、直辖市上年度就业人员年平均工资百分之三十以下"提升到"百分之五十以下",新增当事人合意选择适用模式。进一步降低小额诉讼程序适用门槛,加大适用力度,充分保障当事人程序选择权和利益处分权,有效发挥小额诉讼程序便捷、高效、一次性终局解纷的制度优势。

▋相关规定

◎司法解释及文件

《最高人民法院关于适用〈中华人民共和国民事诉讼法〉的解释》(法释〔2022〕11号 2022年4月1日修正)

第271条 人民法院审理小额诉讼案件,适用民事诉讼法第一百六十五条的规定,实行一审终审。

第272条 民事诉讼法第一百六十五条规定的各省、自治区、直辖市上年度就业人员年平均工资,是指已经公布的各省、自治区、直辖市上一年度就业人员年平均工资。在上一年度就业人员年平均工资公布前,以已经公布的最近年度就业人员年平均工资为准。

第273条 海事法院可以适用小额诉讼的程序审理海事、海商案件。案件标的额应当以实际受理案件的海事法院或者其派出法庭所在的省、自治区、直辖市上年度就业人员年平均工资为基数计算。

第274条 人民法院受理小额诉讼案件,应当向当事人告知该类案件的审判组织、一审终审、审理期限、诉讼费用交纳标准等相关事项。

第275条 小额诉讼案件的举证期限由人民法院确定,也可以由当事人协商一致并经人民法院准许,但一般不超过七日。

被告要求书面答辩的,人民法院可以在征得其同意的基础上合理确定答辩期间,但最长不得超过十五日。

当事人到庭后表示不需要举证期限和答辩期间的,人民法院可立即开庭审理。

第276条 当事人对小额诉讼案件提出管辖异议的,人民法院应当作出裁定。裁定一经作出即生效。

> **第一百六十六条 不得适用小额诉讼程序的案件**
>
> 人民法院审理下列民事案件,不适用小额诉讼的程序:
> (一)人身关系、财产确权案件;
> (二)涉外案件;
> (三)需要评估、鉴定或者对诉前评估、鉴定结果有异议的案件;
> (四)一方当事人下落不明的案件;
> (五)当事人提出反诉的案件;
> (六)其他不宜适用小额诉讼的程序审理的案件。

▋条文注解

本次民事诉讼法修改,明确了不得适用小额诉讼程序的案件。规定对确权类、涉外、需要评估鉴定、一方当事人下落不明、提出反诉等六种情形的纠纷不得适用小额诉讼程序,避免实践中的滥用或不当适用。

▋相关规定

◎司法解释及文件

《最高人民法院关于适用〈中华人民共和国民事诉讼法〉的解释》(法释〔2022〕11号 2022年4月1日修正)

第277条 人民法院受理小额诉讼案

件后，发现起诉不符合民事诉讼法第一百二十二条规定的起诉条件的，裁定驳回起诉。裁定一经作出即生效。

第一百六十七条 小额诉讼案件的审理方式

人民法院适用小额诉讼的程序审理案件，可以一次开庭审结并且当庭宣判。

▎条文注解

小额诉讼案件，审理方式上可以简化起诉、答辩、传唤、送达、庭审和裁判文书，一般应当一次开庭审结并当庭宣判。

▎相关规定

◎司法解释及文件

《最高人民法院关于适用〈中华人民共和国民事诉讼法〉的解释》（法释〔2022〕11号 2022年4月1日修正）

第280条 小额诉讼案件的裁判文书可以简化，主要记载当事人基本信息、诉讼请求、裁判主文等内容。

第281条 人民法院审理小额诉讼案件，本解释没有规定的，适用简易程序的其他规定。

第一百六十八条 小额诉讼案件的审限

人民法院适用小额诉讼的程序审理案件，应当在立案之日起两个月内审结。有特殊情况需要延长的，经本院院长批准，可以延长一个月。

▎条文注解

小额诉讼案件，审理期限从原来的3个月缩短为2个月，进一步降低当事人诉讼成本，提高审理效率，及时有效维护当事人的合法权益。

第一百六十九条 小额诉讼程序的转换

人民法院在审理过程中，发现案件不宜适用小额诉讼的程序的，应当适用简易程序的其他规定审理或者裁定转为普通程序。

当事人认为案件适用小额诉讼的程序审理违反法律规定的，可以向人民法院提出异议。人民法院对当事人提出的异议应当审查，异议成立的，应当适用简易程序的其他规定审理或者裁定转为普通程序；异议不成立的，裁定驳回。

▎条文注解

民事诉讼法2021年修改时，赋予了当事人程序异议权。当事人认为案件不符合适用小额诉讼程序条件的，可以向人民法院提出异议，经审查异议成立，应当转换审理程序，有效保障当事人的程序异议权，加强对程序适用的制约监督。

▎相关规定

◎司法解释及文件

《最高人民法院关于适用〈中华人民共和国民事诉讼法〉的解释》（法释〔2022〕11号 2022年4月1日修正）

第278条 因当事人申请增加或者变更诉讼请求、提出反诉、追加当事人等，致使案件不符合小额诉讼案件条件的，应当适用简易程序的其他规定审理。

前款规定案件，应当适用普通程序审理的，裁定转为普通程序。

适用简易程序的其他规定或者普通程序审理前，双方当事人已确认的事实，可以不再进行举证、质证。

第279条 当事人对按照小额诉讼案件审理有异议的，应当在开庭前提出。人民法院经审查，异议成立的，适用简易程序的其他规定审理或者裁定转为普通程序；异议不成立的，裁定驳回。裁定以口头方式作出的，应当记入笔录。

第一百七十条 简易程序转为普通程序

人民法院在审理过程中，发现案件不宜适用简易程序的，裁定转为普通程序。

■条文注解

司法实践中简易程序转为普通程序主要有以下几种情况：一是当事人改变或增加诉讼请求，导致案情复杂化；二是因当事人依法申请人民法院调取证据、申请证人出庭等原因致使案件在二个月内难以审结的；三是无法直接或者留置送达应诉通知书，须公告送达的；四是虽然案件较为简单，标的额不大，但代表一类案件，可能影响大量相同或类似案件审理的；五是案件较为简单，但关系到基本的生产生活，可能引发群体性事件的案件。

■相关规定

◎司法解释及文件

《最高人民法院关于适用〈中华人民共和国民事诉讼法〉的解释》（法释〔2022〕11号 2022年4月1日修正）

第269条 当事人就案件适用简易程序提出异议，人民法院经审查，异议成立的，裁定转为普通程序；异议不成立的，裁定驳回。裁定以口头方式作出的，应当

记入笔录。

转为普通程序的，人民法院应当将审判人员及相关事项以书面形式通知双方当事人。

转为普通程序前，双方当事人已确认的事实，可以不再进行举证、质证。

《最高人民法院关于民商事案件繁简分流和调解速裁操作规程（试行）》（法发〔2017〕14号 2017年5月8日）

第19条 基层人民法院可以设立专门速裁组织，对适宜速裁的民商事案件进行裁判。

第20条 基层人民法院对于离婚后财产纠纷、买卖合同纠纷、商品房预售合同纠纷、金融借款合同纠纷、民间借贷纠纷、银行卡纠纷、租赁合同纠纷等事实清楚、权利义务关系明确、争议不大的金钱给付纠纷，可以采用速裁方式审理。

但下列情形除外：

（一）新类型案件；

（二）重大疑难复杂案件；

（三）上级人民法院发回重审、指令立案受理、指定审理、指定管辖，或者其他人民法院移送管辖的案件；

（四）再审案件；

（五）其他不宜速裁的案件。

第21条 采用速裁方式审理民商事案件，一般只开庭一次，庭审直接围绕诉讼请求进行，不受法庭调查、法庭辩论等庭审程序限制，但应当告知当事人回避、上诉等基本诉讼权利，并听取当事人对案件事实的陈述意见。

第22条 采用速裁方式审理的民商事案件，可以使用令状式、要素式、表格式等简式裁判文书，应当当庭宣判并送达。

当庭即时履行的，经征得各方当事人同意，可以在法庭笔录中记录后不再出具

裁判文书。

第 23 条 人民法院采用速裁方式审理民商事案件，一般应当在十日内审结，最长不超过十五日。

第 24 条 采用速裁方式审理案件出现下列情形之一的，应当及时将案件转为普通程序：

（一）原告增加诉讼请求致案情复杂；
（二）被告提出反诉；
（三）被告提出管辖权异议；
（四）追加当事人；
（五）当事人申请鉴定、评估；
（六）需要公告送达。

程序转换后，审限连续计算。

第十四章　第二审程序

> **第一百七十一条　上诉权**
>
> 当事人不服地方人民法院第一审判决的，有权在判决书送达之日起十五日内向上一级人民法院提起上诉。
>
> 当事人不服地方人民法院第一审裁定的，有权在裁定书送达之日起十日内向上一级人民法院提起上诉。

条文注解

当事人在法定期限内未提起上诉，判决和裁定即发生法律效力。当事人如果认为生效的判决或者裁定有错误就只能申请再审。当事人如果在法定期限内提起上诉，则必然引起第二审程序。对判决、裁定不服的，上诉期限从送达之日起计算。

需要明确的是，上诉期限应以每个有上诉权的诉讼参加人各自收到判决书、裁定书后分别计算，任何一方均可在自己的上诉期内上诉，只有在所有有上诉权的诉讼参加人的上诉期限都届满且没有提起上诉的情况下，判决和裁定才发生法律效力。因此，在其他有上诉权的诉讼参加人的上诉期限未满之时，一方诉讼参加人的上诉期限虽已满，判决、裁定对其亦不生效。在共同诉讼中，有两种情况。其一，在必要的共同诉讼中共同诉讼人的上诉期限，以最后一个共同诉讼人的上诉期限为全体共同诉讼人的上诉期限。其二，普通共同诉讼中共同诉讼人的上诉期，以各自的起算日期计算。谁超过上诉期限便丧失上诉权，一审判决、裁定对其即发生法律效力，其他共同诉讼人上诉以后，二审法院的判决对其不发生效力。

相关规定

◎司法解释及文件

《最高人民法院关于适用〈中华人民共和国民事诉讼法〉的解释》（法释〔2022〕11号　2022年4月1日修正）

第 244 条 可以上诉的判决书、裁定书不能同时送达双方当事人的，上诉期从各自收到判决书、裁定书之日计算。

第 315 条 双方当事人和第三人都提起上诉的，均列为上诉人。人民法院可以依职权确定第二审程序中当事人的诉讼地位。

第 317 条 必要共同诉讼人的一人或者部分人提起上诉的，按下列情形分别处理：

（一）上诉仅对与对方当事人之间权利义务分担有意见，不涉及其他共同诉讼人利益的，对方当事人为被上诉人，未上诉的同一方当事人依原审诉讼地位列明；

（二）上诉仅对共同诉讼人之间权利

义务分担有意见，不涉及对方当事人利益的，未上诉的同一方当事人为被上诉人，对方当事人依原审诉讼地位列明；

（三）上诉对双方当事人之间以及共同诉讼人之间权利义务承担有意见的，未提起上诉的其他当事人均为被上诉人。

第319条 无民事行为能力人、限制民事行为能力人的法定代理人，可以代理当事人提起上诉。

第320条 上诉案件的当事人死亡或者终止的，人民法院依法通知其权利义务承继者参加诉讼。

需要终结诉讼的，适用民事诉讼法第一百五十四条规定。

第一百七十二条 上诉状的内容

上诉应当递交上诉状。上诉状的内容，应当包括当事人的姓名，法人的名称及其法定代表人的姓名或者其他组织的名称及其主要负责人的姓名；原审人民法院名称、案件的编号和案由；上诉的请求和理由。

条文注解

上诉人要提出上诉必须提出上诉状，不能口头提出。这与起诉不同，起诉可以口头提出。当事人在一审法院宣告判决、裁定时，当庭表示不服要上诉的，法庭应记入法庭笔录，承认其上诉的意思表示，但不能以此代替上诉状的提出，当事人仍应在法定上诉期内向人民法院提出上诉状，这样才能引起上诉审程序。即使当事人当庭声明不上诉，在法定上诉期内仍然有上诉权。

相关规定

◎司法解释及文件

《最高人民法院关于适用〈中华人民共和国民事诉讼法〉的解释》（法释〔2022〕11号 2022年4月1日修正）

第318条 一审宣判时或者判决书、裁定书送达时，当事人口头表示上诉的，人民法院应告知其必须在法定上诉期间内递交上诉状。未在法定上诉期间内递交上诉状的，视为未提起上诉。虽递交上诉状，但未在指定的期限内交纳上诉费的，按自动撤回上诉处理。

文书范本

民事上诉状（当事人提起上诉用）

民事上诉状

上诉人（原审诉讼地位）：×××，男/女，××××年××月××日出生，×族，……（写明工作单位和职务或者职业），住……。联系方式：……。

法定代理人/指定代理人：×××，……。

委托诉讼代理人：×××，……。

被上诉人（原审诉讼地位）×××，……。

……

（以上写明当事人和其他诉讼参加人的姓名或者名称等基本信息）

×××因与×××……（写明案由）一案，不服××××人民法院××××年××月××日作出的

> （××××）……号民事判决/裁定，现提起上诉。
> 　　上诉请求：
> 　　……
> 　　上诉理由：
> 　　……
> 　　此致
> ××××人民法院
>
> 　　　　　　　　　　　　　　　上诉人（签名或者盖章）
> 　　　　　　　　　　　　　　　　　××××年××月××日

文书制作要点提示：

①上诉人是法人或者其他组织的，写明名称、住所，另起一行写明法定代表人、主要负责人及其姓名、职务、联系方式。

②整体上要做到简洁明了、条理清晰。

③对一审判决事实认定和法律适用的质疑要突出重点，增强说服力。

④疑难复杂案件可考虑采取图表等可视化表达方式，并附上支持己方观点的典型案例。

第一百七十三条　上诉的提起

上诉状应当通过原审人民法院提出，并按照对方当事人或者代表人的人数提出副本。

当事人直接向第二审人民法院上诉的，第二审人民法院应当在五日内将上诉状移交原审人民法院。

条文注解

本条规定了两种上诉方式。一种是通过原审人民法院提出，另一种是直接向第二审人民法院提出。二种上诉方式都要按照对方当事人或者代表人的人数提出副本。当事人直接向第二审人民法院提出的，第二审人民法院应当在五日内将上诉状移交原审人民法院。

第一百七十四条　上诉的受理

原审人民法院收到上诉状，应当在五日内将上诉状副本送达对方当事人，对方当事人在收到之日起十五日内提出答辩状。人民法院应当在收到答辩状之日起五日内将副本送达上诉人。对方当事人不提出答辩状的，不影响人民法院审理。

原审人民法院收到上诉状、答辩状，应当在五日内连同全部案卷和证据，报送第二审人民法院。

条文注解

被上诉人提出答辩状为诉讼权利，即被上诉人可以提出，也可以不提出。可以将来口头答辩或者以后再提交书面材料。被上诉人提出答辩状的，人民法院应当在收到答辩状之日起五日内，将副本送达上诉人。十五日的规定是说，如果被上诉人愿意提出答辩状应在十五日内提出,十五日内不提出,原审人民法院就不再等待答辩状提交,而直接将案卷材料报送上级人民法院。

相关规定

◎司法解释及文件

《最高人民法院关于适用〈中华人民共和国民事诉讼法〉的解释》(法释〔2022〕11号 2022年4月1日修正)

第316条 民事诉讼法第一百七十三条、第一百七十四条规定的对方当事人包括被上诉人和原审其他当事人。

《最高人民法院关于严格执行案件审理期限制度的若干规定》(法释〔2000〕29号 2008年12月16日)

第18条 第二审人民法院立案时发现上诉案件材料不齐全的,应当在两日内通知第一审人民法院。第一审人民法院应当在接到第二审人民法院的通知后五日内补齐。

第19条 下级人民法院接到上级人民法院调卷通知后,应当在五日内将全部案卷和证据移送,至迟不超过十日。

第一百七十五条 二审的审理范围

第二审人民法院应当对上诉请求的有关事实和适用法律进行审查。

条文注解

这一规定要求,第二审人民法院在审理上诉案件时应当对如下两个方面进行审查:(1)上诉请求涉及的有关事实,即针对上诉人提出的原判决、裁定中需要撤销或者变更的部分,以及其主张的民事权利有无事实根据进行审查,如果上诉请求涉及整个案件事实的认定,即应当全面审查一审人民法院对案件的全部事实是否查明,证据是否充分,是非是否分清。当事人在二审中提出了新的事实和证据的,第二审人民法院应当一并审查核实。(2)对当事人提出上诉请求涉及的一审判决、裁定的内容在适用法律上是否正确,进行审查。如果上诉请求涉及一审判决、裁定的所有内容,则对一审判决、裁定所有适用法律的事项都要进行审查。

相关规定

◎司法解释及文件

《最高人民法院关于适用〈中华人民共和国民事诉讼法〉的解释》(法释〔2022〕11号 2022年4月1日修正)

第321条 第二审人民法院应当围绕当事人的上诉请求进行审理。

当事人没有提出请求的,不予审理,但一审判决违反法律禁止性规定,或者损害国家利益、社会公共利益、他人合法权益的除外。

最高院裁判观点

泸州市某建筑公司、云南某投资公司建设工程施工合同纠纷案【(2018)最高法民终753号】

裁判要旨:(1)上诉人所递交上诉状的内容应包括上诉的请求和理由,但不应将民事诉讼法关于上诉请求的规定理解为上诉状递交之时上诉请求即应固定而不得增加。十五日的上诉期限系规制当事人上诉权行使的期限,而非规制上诉人上诉请求具体内容的期限。(2)在当事人不存在诉讼偷袭不当诉讼目的的情况下,其当庭所增加诉请的内容并未超出其原审所提诉请的范围。当事人提起上诉后,一审判决并未发生法律效力,允许当事人在不超出原诉请的范围内于二审庭审辩论结束前增加上诉请求,并不会当然损害对方的实体权利,且有利于实质性解决全案纠纷。

第一百七十六条 二审的审理方式和地点

第二审人民法院对上诉案件应当开庭审理。经过阅卷、调查和询问当事人,对没有提出新的事实、证据或者理由,人民法院认为不需要开庭审理的,可以不开庭审理。

第二审人民法院审理上诉案件,可以在本院进行,也可以到案件发生地或者原审人民法院所在地进行。

条文注解

第二审人民法院对上诉案件,决定可以不开庭审理的,须以当事人没有提出新的事实、证据或者理由为前提,在此前提下,经过阅卷、调查和询问当事人,认为不需要开庭审理的,才可以不开庭审理。如果当事人上诉时提出了新的事实、证据或者理由,则第二审人民法院必须开庭审理,此是为了进一步保护当事人的诉讼权利和实体权利。

相关规定

◎司法解释及文件

《最高人民法院关于适用〈中华人民共和国民事诉讼法〉的解释》(法释〔2022〕11号 2022年4月1日修正)

第331条 第二审人民法院对下列上诉案件,依照民事诉讼法第一百七十六条规定可以不开庭审理:

(一)不服不予受理、管辖权异议和驳回起诉裁定的;

(二)当事人提出的上诉请求明显不能成立的;

(三)原判决、裁定认定事实清楚,但适用法律错误的;

(四)原判决严重违反法定程序,需要发回重审的。

最高院裁判观点

伍某、陈某与台山市某经济合作社等用益物权确认纠纷再审案【(2018)最高法民申2251号】

裁判要旨:法院对案件适用普通程序审理期间对当事人进行的调查询问,并非开庭审理,可以由审判员一人进行调查,并不违反法律规定。

第一百七十七条 二审裁判

第二审人民法院对上诉案件,经过审理,按照下列情形,分别处理:

(一)原判决、裁定认定事实清楚,适用法律正确的,以判决、裁定方式驳回上诉,维持原判决、裁定;

(二)原判决、裁定认定事实错误或者适用法律错误的,以判决、裁定方式依法改判、撤销或者变更;

(三)原判决认定基本事实不清的,裁定撤销原判决,发回原审人民法院重审,或者查清事实后改判;

(四)原判决遗漏当事人或者违法缺席判决等严重违反法定程序的,裁定撤销原判决,发回原审人民法院重审。

原审人民法院对发回重审的案件作出判决后,当事人提起上诉的,第二审人民法院不得再次发回重审。

条文注解

根据本条第一款第三项、第四项的规定，对于原判决认定基本事实不清的，可以发回原审人民法院重审，也可以查清事实后改判。对于原判决遗漏当事人或者违法缺席判决等严重违反法定程序的，裁定撤销原判决，发回原审人民法院重审。此外，本条第二款规定，原审人民法院对发回重审的案件作出判决后，当事人提起上诉的，第二审人民法院不得再次发回重审。重新审理不是对原判决的简单更正，而是要严格按照一审程序重新审一遍，并且要另行组成合议庭审理。这样规定的目的就是要人民法院严肃认真对待，保证合法、正确的审判。发回重审的，由于原审人民法院仍按一审程序进行审理，因此所作判决、裁定仍是第一审的判决、裁定，当事人对重审案件的判决、裁定，可以上诉，对此类案件，第二审人民法院不得以任何理由再次发回重审。

相关规定

◎司法解释及文件

《最高人民法院关于适用〈中华人民共和国民事诉讼法〉的解释》（法释〔2022〕11号 2022年4月1日修正）

第252条 再审裁定撤销原判决、裁定发回重审的案件，当事人申请变更、增加诉讼请求或者提出反诉，符合下列情形之一的，人民法院应当准许：

（一）原审未合法传唤缺席判决，影响当事人行使诉讼权利的；

（二）追加新的诉讼当事人的；

（三）诉讼标的物灭失或者发生变化致使原诉讼请求无法实现的；

（四）当事人申请变更、增加的诉讼请求或者提出的反诉，无法通过另诉解决的。

第323条 下列情形，可以认定为民事诉讼法第一百七十七条第一款第四项规定的严重违反法定程序：

（一）审判组织的组成不合法的；

（二）应当回避的审判人员未回避的；

（三）无诉讼行为能力人未经法定代理人代为诉讼的；

（四）违法剥夺当事人辩论权利的。

第328条 人民法院依照第二审程序审理案件，认为依法不应由人民法院受理的，可以由第二审人民法院直接裁定撤销原裁判，驳回起诉。

第329条 人民法院依照第二审程序审理案件，认为第一审人民法院受理案件违反专属管辖规定的，应当裁定撤销原裁判并移送有管辖权的人民法院。

第330条 第二审人民法院查明第一审人民法院作出的不予受理裁定有错误的，应当在撤销原裁定的同时，指令第一审人民法院立案受理；查明第一审人民法院作出的驳回起诉裁定有错误的，应当在撤销原裁定的同时，指令第一审人民法院审理。

第331条 第二审人民法院对下列上诉案件，依照民事诉讼法第一百七十六条规定可以不开庭审理：

（一）不服不予受理、管辖权异议和驳回起诉裁定的；

（二）当事人提出的上诉请求明显不能成立的；

（三）原判决、裁定认定事实清楚，但适用法律错误的；

（四）原判决严重违反法定程序，需要发回重审的。

第332条 原判决、裁定认定事实或者适用法律虽有瑕疵，但裁判结果正确的，第二审人民法院可以在判决、裁定中纠正瑕疵后，依照民事诉讼法第一百七十七条第一款第一项规定予以维持。

第333条 民事诉讼法第一百七十七条第一款第三项规定的基本事实,是指用以确定当事人主体资格、案件性质、民事权利义务等对原判决、裁定的结果有实质性影响的事实。

第334条 在第二审程序中,作为当事人的法人或者其他组织分立的,人民法院可以直接将分立后的法人或者其他组织列为共同诉讼人;合并的,将合并后的法人或者其他组织列为当事人。

《最高人民法院关于规范上下级人民法院审判业务关系的若干意见》(法发〔2010〕61号 2010年12月28日)

第6条 第一审人民法院已经查清事实的案件,第二审人民法院原则上不得以事实不清、证据不足为由发回重审。

第二审人民法院作出发回重审裁定时,应当在裁定书中详细阐明发回重审的理由及法律依据。

第7条 第二审人民法院因原审判决事实不清、证据不足将案件发回重审的,原则上只能发回重审一次。

第一百七十八条 对一审适用裁定的上诉案件的处理

第二审人民法院对不服第一人民法院裁定的上诉案件的处理,一律使用裁定。

▎条文注解

审查一审的裁定,二审法院可以不开庭审理,因为一审裁定的内容是关于程序上的决定,并非对实体权利义务的确认。二审人民法院在对不服一审裁定的上诉案件的审查中应当查明原审裁定所依据的事实,判断原审裁定是否正确。如果原审裁定根据的事实清楚,适用法律正确,裁定驳回上诉;原审裁定根据的事实不清,适用法律错误,应当撤销原审裁定,自行裁定。

第一百七十九条 上诉案件的调解

第二审人民法院审理上诉案件,可以进行调解。调解达成协议,应当制作调解书,由审判人员、书记员署名,加盖人民法院印章。调解书送达后,原审人民法院的判决即视为撤销。

▎相关规定

◎司法解释及文件

《最高人民法院关于适用〈中华人民共和国民事诉讼法〉的解释》(法释〔2022〕11号 2022年4月1日修正)

第324条 对当事人在第一审程序中已经提出的诉讼请求,原审人民法院未作审理、判决的,第二审人民法院可以根据当事人自愿的原则进行调解;调解不成的,发回重审。

第325条 必须参加诉讼的当事人或者有独立请求权的第三人,在第一审程序中未参加诉讼,第二审人民法院可以根据当事人自愿的原则予以调解;调解不成的,发回重审。

第326条 在第二审程序中,原审原告增加独立的诉讼请求或者原审被告提出反诉的,第二审人民法院可以根据当事人自愿的原则就新增加的诉讼请求或者反诉进行调解;调解不成的,告知当事人另行起诉。

双方当事人同意由第二审人民法院一并审理的,第二审人民法院可以一并裁判。

第327条　一审判决不准离婚的案件，上诉后，第二审人民法院认为应当判决离婚的，可以根据当事人自愿的原则，与子女抚养、财产问题一并调解；调解不成的，发回重审。

双方当事人同意由第二审人民法院一并审理的，第二审人民法院可以一并裁判。

最高院裁判观点

北京某贸易公司诉北京某城建公司合同纠纷案【最高人民法院指导案例166号】

裁判要旨：当事人双方就债务清偿达成和解协议，约定解除财产保全措施及违约责任。一方当事人依约申请人民法院解除了保全措施后，另一方当事人违反诚实信用原则不履行和解协议，并在和解协议违约金诉讼中请求减少违约金的，人民法院不予支持。

第一百八十条　上诉的撤回

第二审人民法院判决宣告前，上诉人申请撤回上诉的，是否准许，由第二审人民法院裁定。

条文注解

撤回上诉虽然是当事人的权利，但仍需经人民法院审查，是否准许，由人民法院裁定。这是因为，二审人民法院应当审查撤回上诉的行为是否违反法律的规定，是否因此而侵害国家、集体或者他人的利益。有人认为，撤回上诉既然是对权利的处分，而且撤回上诉使一审人民法院的判决、裁定产生法律效力，因此不存在违背法律的问题，所以也不用二审人民法院作出是否准许撤回上诉的裁定。但实际上，这里也可能存在如下不能准许撤回上诉的情况：(1) 经审查，一审的判决或者裁定在认定事实或者适用法律上有严重错误，必须予以纠正。(2) 上诉人撤回上诉，影响被上诉人的利益。(3) 上诉审提起后，原审对方当事人也表示要上诉的。(4) 上诉人撤回上诉是由于受被上诉人或者其他人胁迫。

相关规定

◎ 司法解释及文件

《最高人民法院关于适用〈中华人民共和国民事诉讼法〉的解释》（法释〔2022〕11号　2022年4月1日修正）

第335条　在第二审程序中，当事人申请撤回上诉，人民法院经查认为一审判决确有错误，或者当事人之间恶意串通损害国家利益、社会公共利益、他人合法权益的，不应准许。

第336条　在第二审程序中，原审原告申请撤回起诉，经其他当事人同意，且不损害国家利益、社会公共利益、他人合法权益的，人民法院可以准许。准许撤诉的，应当一并裁定撤销一审裁判。

原审原告在第二审程序中撤回起诉后重复起诉的，人民法院不予受理。

第337条　当事人在第二审程序中达成和解协议的，人民法院可以根据当事人的请求，对双方达成的和解协议进行审查并制作调解书送达当事人；因和解而申请撤诉，经审查符合撤诉条件的，人民法院应予准许。

最高院裁判观点

吴某诉眉山某纸业公司买卖合同纠纷案【最高人民法院指导案例2号】

裁判要旨：民事案件二审期间，双方当事人达成和解协议，人民法院准许撤回上诉，该和解协议未经人民法院依法制作调解书，属于诉讼外达成的协议。一方当事人不履行和解协议，另一方当事人申请执行一审判决的，人民法院应予支持。

第一百八十一条　二审适用的程序

第二审人民法院审理上诉案件，除依照本章规定外，适用第一审普通程序。

第一百八十二条　二审裁判的效力

第二审人民法院的判决、裁定，是终审的判决、裁定。

条文注解

第二审人民法院的判决、裁定，是终审的判决、裁定，可以申请强制执行。但是，如果判决、裁定确有错误，符合本法规定条件的，可以申请审判监督程序。

第一百八十三条　二审审限

人民法院审理对判决的上诉案件，应当在第二审立案之日起三个月内审结。有特殊情况需要延长的，由本院院长批准。

人民法院审理对裁定的上诉案件，应当在第二审立案之日起三十日内作出终审裁定。

相关规定

◎司法解释及文件

《最高人民法院关于适用〈中华人民共和国民事诉讼法〉的解释》（法释〔2022〕11号　2022年4月1日修正）

第128条　再审案件按照第一审程序或者第二审程序审理的，适用民事诉讼法第一百五十二条、第一百八十三条规定的审限。审限自再审立案的次日起算。

第339条　人民法院审理对裁定的上诉案件，应当在第二审立案之日起三十日内作出终审裁定。有特殊情况需要延长审限的，由本院院长批准。

第340条　当事人在第一审程序中实施的诉讼行为，在第二审程序中对该当事人仍具有拘束力。

当事人推翻其在第一审程序中实施的诉讼行为时，人民法院应当责令其说明理由。理由不成立的，不予支持。

《最高人民法院对"关于民事诉讼法第一百七十六条[241]延长期限"问题的答复》（2014年12月12日）

根据民事诉讼法第82条[242]"期间以时、日、月、年计算。期间开始的时和日，不计算在内。期间届满的最后一日是节假日的，以节假日后的第一日为期间届满的日期。"的规定，期间以月计算的，不分大月、小月，期间届满的日期，应当是届满那个月对应于开始月份的那一天，没有对应于开始月份的那一天的，应当为届满那个月的最后一天。例如二审立案之日为2014年5月28日，审限为三个月，人民法院审理期限届满日期在2014年8月28日。期间届满的最后一日是法定节假日的，如星期六、星期日、"五一"、"十一"、元旦、春节等，以节假日后的第一日为期间届满的日期。如果节假日在期间中间，则节假日不予。

---

[241]《民事诉讼法》（2023年修正）第183条。
[242]《民事诉讼法》（2023年修正）第85条。

第十五章 特 别 程 序

第一节 一般规定

> **第一百八十四条 特别程序的适用范围**
>
> 人民法院审理选民资格案件、宣告失踪或者宣告死亡案件、指定遗产管理人案件、认定公民无民事行为能力或者限制民事行为能力案件、认定财产无主案件、确认调解协议案件和实现担保物权案件，适用本章规定。本章没有规定的，适用本法和其他法律的有关规定。

条文注解

特别程序的案件不是由双方当事人之间发生了民事权利义务的争议而引起的，人民法院审理的对象不是解决双方当事人之间的民事权利义务争议，而是确认某种法律事实是否存在、确认某种权利的实际状态。

为与民法典规定的遗产管理人制度保持衔接、细化遗产管理人制度的程序法规则、回应司法实践需求，2023年民事诉讼法修改在本章新增一节"指定遗产管理人案件"，对申请指定遗产管理人的管辖法院、人民法院判决指定遗产管理人的原则、遗产管理人存在特殊情形下的处理等作出规定，为此类案件的审理提供明确的程序指引，有利于遗产管理人制度功能的充分发挥。

相关规定

◎法　律

《民法典》（2020年5月28日）

第386条　担保物权人在债务人不履行到期债务或者发生当事人约定的实现担保物权的情形，依法享有就担保财产优先受偿的权利，但是法律另有规定的除外。

《人民调解法》（2010年8月28日）

第33条　经人民调解委员会调解达成调解协议后，双方当事人认为有必要的，可以自调解协议生效之日起三十日内共同向人民法院申请司法确认，人民法院应当及时对调解协议进行审查，依法确认调解协议的效力。

人民法院依法确认调解协议有效，一方当事人拒绝履行或者未全部履行的，对方当事人可以向人民法院申请强制执行。

人民法院依法确认调解协议无效的，当事人可以通过人民调解方式变更原调解协议或者达成新的调解协议，也可以向人民法院提起诉讼。

> **第一百八十五条 一审终审与独任审理**
>
> 依照本章程序审理的案件，实行一审终审。选民资格案件或者重大、疑难的案件，由审判员组成合议庭审理；其他案件由审判员一人独任审理。

条文注解

特别程序在审级上实行一审终审制度，这一点与普通程序不同。人民法院对这类案件的审理所作的判决，自判决书送达之日起，立即发生法律效力，有关人员不得提起上诉。

第一百八十六条　特别程序的转换

人民法院在依照本章程序审理案件的过程中，发现本案属于民事权益争议的，应当裁定终结特别程序，并告知利害关系人可以另行起诉。

第一百八十七条　特别程序的审限

人民法院适用特别程序审理的案件，应当在立案之日起三十日内或者公告期满后三十日内审结。有特殊情况需要延长的，由本院院长批准。但审理选民资格的案件除外。

■条文注解

选民资格的案件与选举有关，不能耽误选举的进行，通常是非常紧急的，三十天内必须结案，因此规定不能延长期限。

第二节　选民资格案件

第一百八十八条　起诉与管辖

公民不服选举委员会对选民资格的申诉所作的处理决定，可以在选举日的五日以前向选区所在地基层人民法院起诉。

第一百八十九条　审理、审限及判决

人民法院受理选民资格案件后，必须在选举日前审结。

审理时，起诉人、选举委员会的代表和有关公民必须参加。

人民法院的判决书，应当在选举日前送达选举委员会和起诉人，并通知有关公民。

■条文注解

选民资格案件不适用调解。选民资格案件的审理，虽然有起诉人、选举委员会代表及有关公民参加，但不能适用调解，不得以调解的方式结案。因为某一公民是否具有选举权和被选举权，是否具有选民资格，只能依据法律的具体规定，不受有关主体意志的影响。

■相关规定

◎法　律

《全国人民代表大会和地方各级人民代表大会选举法》（2020 年 10 月 17 日）

第 27 条　选民登记按选区进行，经登记确认的选民资格长期有效。每次选举前对上次选民登记以后新满十八周岁的、被剥夺政治权利期满后恢复政治权利的选民，予以登记。对选民经登记后迁出原选区的，列入新迁入的选区的选民名单；对死亡的和依照法律被剥夺政治权利的人，从选民名单上除名。

精神病患者不能行使选举权利的，经选举委员会确认，不列入选民名单。

第 28 条　选民名单应在选举日的二十日以前公布，实行凭选民证参加投票选举的，并应当发给选民证。

第 29 条　对于公布的选民名单有不同意见的，可以在选民名单公布之日起五日内向选举委员会提出申诉。选举委员会对申诉意见，应在三日内作出处理决定。申诉人如果对处理决定不服，可以在选举日的五日以前向人民法院起诉，人民法院应在选举日以前作出判决。人民法院的判决为最后决定。

最高院裁判观点

吴某不服选民资格处理决定案【《最高人民法院公报》2003 年第 6 期】

裁判要旨：选举权与被选举权，是宪法规定公民享有的一项基本政治权利。我国《村民委员会组织法》第十二条及第十四条[243]规定，除被剥夺政治权利的人外，年满十八周岁的村民，不分民族、种族、性别、职业、家庭出身、宗教信仰、教育程度、财产状况、居住期限，都有选举权和被选举权。选举村民委员会的具体选举办法由省、自治区、直辖市的人民代表大会常务委员会规定。对于登记日后迁入本村的非农业户籍村民，只要其属于法律规定具有选举权与被选举权的公民，又不违背地方村民委员会选举办法之规定的，其迁入时间及户籍类型等均不能阻却其成为选民参加选举，从而应确认该村民具有选民资格。

第三节 宣告失踪、宣告死亡案件

第一百九十条 宣告失踪案件的提起

公民下落不明满二年，利害关系人申请宣告其失踪的，向下落不明人住所地基层人民法院提出。

申请书应当写明失踪的事实、时间和请求，并附有公安机关或者其他有关机关关于该公民下落不明的书面证明。

条文注解

下落不明是指公民离开住所地或者居所地去向不明，毫无音讯。

满二年是指下落不明状态持续不断地达到二年时间，而不是在音讯时有时无的情况下将下落不明的时间累计相加满二年。在通常情况下，下落不明的期间从公民离开住所或者居所之日起开始计算，但在战争期间失踪的，应当从战争结束之日起计算；在意外事故中失踪的，从事故发生之日起计算。

利害关系人是指与下落不明的公民在法律上有人身关系和财产关系的人。利害关系人包括下落不明人的配偶、父母、成年子女、祖父母、外祖父母、成年的兄弟姐妹、债权人、合伙人等。公民长期下落不明危及其利害关系人的利益，因而利害关系人有必要也有权利申请宣告失踪。

相关规定

◎法　律

《民法典》（2020 年 5 月 28 日）

第 40 条　自然人下落不明满二年的，利害关系人可以向人民法院申请宣告该自然人为失踪人。

第 41 条　自然人下落不明的时间自其失去音讯之日起计算。战争期间下落不明的，下落不明的时间自战争结束之日或者有关机关确定的下落不明之日起计算。

第一百九十一条 宣告死亡案件的提起

公民下落不明满四年，或者因意外事件下落不明满二年，或者因意外事件下落不明，经有关机关证明该公民不可能生存，利害关系人申请宣告其死亡的，向下落不明人住所地基层人民法院提出。

---

[243]《村民委员会组织法》（2018 年修正）第 13 条及第 15 条。

> 申请书应当写明下落不明的事实、时间和请求，并附有公安机关或者其他有关机关关于该公民下落不明的书面证明。

◎条文注解

宣告失踪制度虽然能够解决失踪人的财产代管和债务清偿等问题，但在公民长期失踪的情况下，并不能从根本上解决失踪人的财产归属和与失踪人有关的人身方面的法律关系问题，因此，有必要建立宣告死亡制度。

◎相关规定

◎法　律

《民法典》（2020年5月28日）

第46条　自然人有下列情形之一的，利害关系人可以向人民法院申请宣告该自然人死亡：

（一）下落不明满四年；

（二）因意外事件，下落不明满二年。

因意外事件下落不明，经有关机关证明该自然人不可能生存的，申请宣告死亡不受二年时间的限制。

第47条　对同一自然人，有的利害关系人申请宣告死亡，有的利害关系人申请宣告失踪，符合本法规定的宣告死亡条件的，人民法院应当宣告死亡。

◎司法解释及文件

《最高人民法院关于适用〈中华人民共和国民事诉讼法〉的解释》（法释〔2022〕11号　2022年4月1日修正）

第343条　人民法院判决宣告公民失踪后，利害关系人向人民法院申请宣告失踪人死亡，自失踪之日起满四年的，人民法院应当受理，宣告失踪的判决即是该公民失踪的证明，审理中仍应依照民事诉讼法第一百九十二条规定进行公告。

第344条　符合法律规定的多个利害关系人提出宣告失踪、宣告死亡申请的，列为共同申请人。

《全国法院贯彻实施民法典工作会议纪要》（法〔2021〕94号　2021年4月6日）

第1条　申请宣告失踪或宣告死亡的利害关系人，包括被申请宣告失踪或宣告死亡人的配偶、父母、子女、兄弟姐妹、祖父母、外祖父母、孙子女、外孙子女以及其他与被申请人有民事权利义务关系的民事主体。宣告失踪不是宣告死亡的必经程序，利害关系人可以不经申请宣告失踪而直接申请宣告死亡。但是，为了确保各方当事人权益的平衡保护，对于配偶、父母、子女以外的其他利害关系人申请宣告死亡，人民法院审查后认为申请人通过申请宣告失踪足以保护其权利，其申请宣告死亡违背民法典第一百三十二条关于不得滥用民事权利的规定的，不予支持。

第一百九十二条　公告与判决

人民法院受理宣告失踪、宣告死亡案件后，应当发出寻找下落不明人的公告。宣告失踪的公告期间为三个月，宣告死亡的公告期间为一年。因意外事件下落不明，经有关机关证明该公民不可能生存的，宣告死亡的公告期间为三个月。

公告期间届满，人民法院应当根据被宣告失踪、宣告死亡的事实是否得到确认，作出宣告失踪、宣告死亡的判决或者驳回申请的判决。

◎条文注解

公民被宣告死亡，其法律后果与自然死亡基本相同，但是宣告死亡与自然死亡毕竟不同，被宣告死亡的人仅仅是从法律上推定为死亡，并不一定是真正的死亡，因此，在宣告公民死亡后，如果被宣告死亡的人重新出现，或者有人明确知道他还健在，其法律后果就会出现比较复杂的情况。

1. 宣告死亡人的财产，在宣告期间被他人取得的，宣告死亡的判决被撤销后，该公民有权请求返还。利害关系人隐瞒真实情况使他人被宣告死亡而取得其财产的，除应当返还原物及孳息外，还应对造成的损失予以赔偿。

2. 宣告公民死亡的判决被撤销后，该公民因死亡宣告而消灭的人身关系，有条件恢复的，可以恢复。

3. 被宣告死亡人在被宣告死亡期间，其子女被他人依法收养，被宣告死亡的人在死亡宣告被撤销后，仅以未经本人同意而主张收养行为无效的，一般不应当准许，但收养人和被收养人同意解除收养关系和被收养关系的，不在此限。

4. 被宣告死亡和自然死亡的时间不一致的，被宣告死亡所引起的法律后果仍然有效，但自然死亡前实施的民事法律行为与被宣告死亡引起的法律后果相抵触的，则以其实施的民事法律行为为准。

5. 如果该公民在异地依然生存，并不影响其在那里的民事活动。

■ 相关规定

◎ 法　律

《民法典》（2020 年 5 月 28 日）

第 42 条　失踪人的财产由其配偶、成年子女、父母或者其他愿意担任财产代管人的人代管。

代管有争议，没有前款规定的人，或者前款规定的人无代管能力的，由人民法院指定的人代管。

第 43 条　财产代管人应当妥善管理失踪人的财产，维护其财产权益。

失踪人所欠税款、债务和应付的其他费用，由财产代管人从失踪人的财产中支付。

财产代管人因故意或者重大过失造成失踪人财产损失的，应当承担赔偿责任。

第 44 条　财产代管人不履行代管职责、侵害失踪人财产权益或者丧失代管能力的，失踪人的利害关系人可以向人民法院申请变更财产代管人。

财产代管人有正当理由的，可以向人民法院申请变更财产代管人。

人民法院变更财产代管人的，变更后的财产代管人有权请求原财产代管人及时移交有关财产并报告财产代管情况。

第 46 条　自然人有下列情形之一的，利害关系人可以向人民法院申请宣告该自然人死亡：

（一）下落不明满四年；

（二）因意外事件，下落不明满二年。

因意外事件下落不明，经有关机关证明该自然人不可能生存的，申请宣告死亡不受二年时间的限制。

第 47 条　对同一自然人，有的利害关系人申请宣告死亡，有的利害关系人申请宣告失踪，符合本法规定的宣告死亡条件的，人民法院应当宣告死亡。

第 48 条　被宣告死亡的人，人民法院宣告死亡的判决作出之日视为其死亡的日期；因意外事件下落不明宣告死亡的，意外事件发生之日视为其死亡的日期。

第 49 条　自然人被宣告死亡但是并未死亡的，不影响该自然人在被宣告死亡期间实施的民事法律行为的效力。

第 51 条　被宣告死亡的人的婚姻关系，自死亡宣告之日起消除。死亡宣告被撤销的，婚姻关系自撤销死亡宣告之日起自行恢复。但是，其配偶再婚或者向婚姻登记机关书面声明不愿意恢复的除外。

◎司法解释及文件

《最高人民法院关于适用〈中华人民共和国民事诉讼法〉的解释》（法释〔2022〕11号 2022年4月1日修正）

第345条 寻找下落不明人的公告应当记载下列内容：

（一）被申请人应当在规定期间内向受理法院申报其具体地址及其联系方式。否则，被申请人将被宣告失踪、宣告死亡；

（二）凡知悉被申请人生存现状的人，应当在公告期间内将其所知道情况向受理法院报告。

第346条 人民法院受理宣告失踪、宣告死亡案件后，作出判决前，申请人撤回申请的，人民法院应当裁定终结案件，但其他符合法律规定的利害关系人加入程序要求继续审理的除外。

第一百九十三条 判决的撤销

被宣告失踪、宣告死亡的公民重新出现，经本人或者利害关系人申请，人民法院应当作出新判决，撤销原判决。

◎条文注解

宣告失踪、死亡被撤销的后果：

1. 关于财产的处理。撤销失踪宣告后，取消财产代管。对于撤销死亡宣告的，被撤销死亡宣告的人有权请求返还财产。依照继承法取得其财产的公民或组织，应当返还原物，原物不存在，给予适当补偿。因此，在宣告死亡判决生效期间，国家、集体或者个人无偿取得的财产，应当予以返还。但是被撤销死亡宣告的公民请求返还财产的权利应有所限制。其只能要求返还原物，不能要求给付孳息；请求返还财产不能对抗善意第三人，如果原物已经由继承人转让给第三人的，则不能要求返还原物，只能要求补偿。发生争议的，另外起诉，由人民法院按照民事案件审理。

2. 关于婚姻的处理。在宣告失踪后，配偶已办理离婚尚未再婚的，被宣告失踪的人重新出现，按照婚姻法办理，双方自愿的可再办婚姻登记；配偶离婚后再婚的，原来的婚姻关系不能自然恢复。在宣告失踪后配偶未办理离婚，在宣告死亡后配偶未再婚，则婚姻关系自然存续，宣告死亡后配偶再婚的，原婚姻关系不能自然恢复。

◎相关规定

◎法　律

《民法典》（2020年5月28日）

第45条 失踪人重新出现，经本人或者利害关系人申请，人民法院应当撤销失踪宣告。

失踪人重新出现，有权请求财产代管人及时移交有关财产并报告财产代管情况。

第50条 被宣告死亡的人重新出现，经本人或者利害关系人申请，人民法院应当撤销死亡宣告。

第53条 被撤销死亡宣告的人有权请求依照本法第六编取得其财产的民事主体返还财产；无法返还的，应当给予适当补偿。

利害关系人隐瞒真实情况，致使他人被宣告死亡而取得其财产的，除应当返还财产外，还应当对由此造成的损失承担赔偿责任。

第四节 指定遗产管理人案件

第一百九十四条 指定遗产管理人案件的管辖

对遗产管理人的确定有争议，利害关系人申请指定遗产管理人的，向被继承人死亡时住所地或者主要遗产所在地基层人民法院提出。

申请书应当写明被继承人死亡的时间、申请事由和具体请求，并附有被继承人死亡的相关证据。

条文注解

本条为 2023 年民事诉讼法修改新增条款。遗产管理人是在继承开始后遗产分割前，负责处理涉及遗产有关事务的人。本条明确指定遗产管理人的案件由被继承人死亡时住所地或者主要遗产所在地基层人民法院专属管辖。由这两类法院管辖，主要是因为它们与遗产存在密切联系，便于了解案情，能够更便利地审理此类案件。

相关规定

◎法　律

《民法典》（2020 年 5 月 28 日）

第 25 条　自然人以户籍登记或者其他有效身份登记记载的居所为住所；经常居所与住所不一致的，经常居所视为住所。

第 1145 条　继承开始后，遗嘱执行人为遗产管理人；没有遗嘱执行人的，继承人应当及时推选遗产管理人；继承人未推选的，由继承人共同担任遗产管理人；没有继承人或者继承人均放弃继承的，由被继承人生前住所地的民政部门或者村民委员会担任遗产管理人。

第 1146 条　对遗产管理人的确定有争议的，利害关系人可以向人民法院申请指定遗产管理人。

高院裁判观点

刘某申请指定天津市河北区民政局为徐某遗产管理人案【2011 年天津市高级人民法院发布 7 起贯彻实施民法典家事审判典型案例之二】

裁判要旨：《民法典》第 1145 条、第 1146 条对于死者无继承人时遗产管理人的选任问题作出了新的规定，即死者没有继承人或者继承人均放弃继承的，由被继承人生前住所地的民政部门或者村民委员会担任遗产管理人。本案中，在徐某没有继承人的情况下，以法院指定的方式确定遗产管理人，解决权利人针对徐某遗产的争议，更有利于管理和维护徐某的遗产，同时能确保权利人利益得以顺利实现。法院判决指定徐某住所地的天津市河北区民政局作为徐某的遗产管理人。

第一百九十五条 指定遗产管理人的原则

人民法院受理申请后，应当审查核实，并按照有利于遗产管理的原则，判决指定遗产管理人。

条文注解

遗产管理人制度是保护遗产安全性和完整性的重要制度。继承开始后、遗产分割前，继承人不能真正地对遗产行使所有权，在此期间，遗产处于无人管理的状态，很容易被遗产占有人私分、转移或隐匿，容易产生纠纷，故由遗产管理人对遗产进行管理尤为重要。因此，法院将按照有利于遗产管理的原则，判决指定遗产管理人。

相关规定

◎法　律

《民法典》（2020年5月28日）

第1147条　遗产管理人应当履行下列职责：

（一）清理遗产并制作遗产清单；

（二）向继承人报告遗产情况；

（三）采取必要措施防止遗产毁损、灭失；

（四）处理被继承人的债权债务；

（五）按照遗嘱或者依照法律规定分割遗产；

（六）实施与管理遗产有关的其他必要行为。

最高院裁判观点

欧某士申请指定遗产管理人案【2022年最高人民法院发布的《人民法院贯彻实施民法典典型案例（第一批）》】

裁判要旨： 魏某氏遗产的多名继承人目前下落不明、信息不明，遗产房屋将在较长时间内不能明确所有权人，其管养维护责任可能长期无法得到有效落实，确有必要在析产分割条件成就前尽快依法确定管理责任人。而魏某氏生前未留有遗嘱，未指定其遗嘱执行人或遗产管理人，在案各继承人之间就遗产管理问题又分歧巨大、未能协商达成一致意见，故当秉承最有利于遗产保护、管理、债权债务清理的原则，在综合考虑被继承人内心意愿、各继承人与被继承人亲疏远近关系、各继承人管理保护遗产的能力水平等方面因素，确定案涉遗产房屋的合适管理人。由魏某静一支继承人跨市管理案涉遗产房屋暂不具备客观条件；魏某燕一支继承人能够协商支持由陈某萍、陈某芬共同管理案涉遗产房屋，符合遗产效用最大化原则。因此判决指定陈某萍、陈某芬为魏某氏房屋的遗产管理人。

第一百九十六条　另行指定遗产管理人的情形

被指定的遗产管理人死亡、终止、丧失民事行为能力或者存在其他无法继续履行遗产管理职责情形的，人民法院可以根据利害关系人或者本人的申请另行指定遗产管理人。

条文注解

遗产管理人制度的核心内容是遗产管理人的职责。如果遗产管理人出现死亡、终止、丧失民事行为能力等无法继续履行遗产管理职责情形的，利害关系人或者遗产管理人本人可以向法院申请另行指定遗产管理人。

相关规定

◎法　律

《民法典》（2020年5月28日）

第1147条　遗产管理人应当履行下列职责：

（一）清理遗产并制作遗产清单；

（二）向继承人报告遗产情况；

（三）采取必要措施防止遗产毁损、灭失；

（四）处理被继承人的债权债务；

（五）按照遗嘱或者依照法律规定分割遗产；

（六）实施与管理遗产有关的其他必要行为。

第一百九十七条 撤销遗产管理人资格的情形

遗产管理人违反遗产管理职责,严重侵害继承人、受遗赠人或者债权人合法权益的,人民法院可以根据利害关系人的申请,撤销其遗产管理人资格,并依法指定新的遗产管理人。

条文注解

遗产管理人行使职责的主要目的有三个:一是保护遗产的安全和完整,二是保护继承人的合法权益,三是保护债权人的合法权益。基于遗产管理人制度的设立目的,遗产管理人应当忠实、谨慎地履行遗产管理职责。

遗产管理人的职责既是权利也是义务。遗产管理人违反遗产管理职责,严重侵害继承人、受遗赠人或者债权人合法权益的,可以撤销其遗产管理人资格;因故意或者重大过失造成继承人、受遗赠人、债权人损害的,应当承担民事责任。

相关规定

◎法　律

《民法典》(2020年5月28日)

第936条　因受托人死亡、丧失民事行为能力或者被宣告破产、解散,致使委托合同终止的,受托人的继承人、遗产管理人、法定代理人或清算人应当及时通知委托人。因委托合同终止将损害委托人利益的,在委托人作出善后处理之前,受托人的继承人、遗产管理人、法定代理人或者清算人应当采取必要措施。

第1147条　遗产管理人应当履行下列职责:

(一)清理遗产并制作遗产清单;

(二)向继承人报告遗产情况;

(三)采取必要措施防止遗产毁损、灭失;

(四)处理被继承人的债权债务;

(五)按照遗嘱或者依照法律规定分割遗产;

(六)实施与管理遗产有关的其他必要行为。

第1148条　遗产管理人应当依法履行职责,因故意或者重大过失造成继承人、受遗赠人、债权人损害的,应当承担民事责任。

第五节　认定公民无民事行为能力、限制民事行为能力案件

第一百九十八条 认定公民无民事行为能力、限制民事行为能力案件的提起

申请认定公民无民事行为能力或者限制民事行为能力,由利害关系人或者有关组织向该公民住所地基层人民法院提出。

申请书应当写明该公民无民事行为能力或者限制民事行为能力的事实和根据。

相关规定

◎法　律

《民法典》(2020年5月28日)

第21条　不能辨认自己行为的成年人为无民事行为能力人,由其法定代理人代理实施民事法律行为。

八周岁以上的未成年人不能辨认自己行为的,适用前款规定。

第22条　不能完全辨认自己行为的成年人为限制民事行为能力人,实施民事法律行为由其法定代理人代理或者经其法定代理人同意、追认;但是,可以独立实

施纯获利益的民事法律行为或者与其智力、精神健康状况相适应的民事法律行为。

第23条　无民事行为能力人、限制民事行为能力人的监护人是其法定代理人。

第24条　不能辨认或者不能完全辨认自己行为的成年人，其利害关系人或者有关组织，可以向人民法院申请认定该成年人为无民事行为能力人或者限制民事行为能力人。

被人民法院认定为无民事行为能力人或者限制民事行为能力人的，经本人、利害关系人或者有关组织申请，人民法院可以根据其智力、精神健康恢复的状况，认定该成年人恢复为限制民事行为能力人或者完全民事行为能力人。

本条规定的有关组织包括：居民委员会、村民委员会、学校、医疗机构、妇女联合会、残疾人联合会、依法设立的老年人组织、民政部门等。

◎司法解释及文件
《最高人民法院关于适用〈中华人民共和国民事诉讼法〉的解释》（法释〔2022〕11号　2022年4月1日修正）

第347条　在诉讼中，当事人的利害关系人或者有关组织提出该当事人不能辨认或者不能完全辨认自己的行为，要求宣告该当事人无民事行为能力或者限制民事行为能力的，应由利害关系人或者有关组织向人民法院提出申请，由受诉人民法院按照特别程序立案审理，原诉讼中止。

第一百九十九条　民事行为能力鉴定

人民法院受理申请后，必要时应当对被请求认定为无民事行为能力或者限制民事行为能力的公民进行鉴定。申请人已提供鉴定意见的，应当对鉴定意见进行审查。

条文注解

被要求认定的无民事行为能力、限制民事行为能力的公民是否是精神病人，必须以医学鉴定为依据。如果该公民不是公认公知的精神病人时，人民法院认为有必要对其进行鉴定，应当对被请求认定为无民事行为能力或者限制民事行为能力的公民进行医学鉴定。如果申请人提出申请时，已经将有关医院出具的能确切表明被申请人系精神病人的鉴定意见作为证据提交人民法院的，审判人员对申请人提供的鉴定意见审查核实无疑问的，就不必再进行医学鉴定了；如果有怀疑，则应当由人民法院指定鉴定单位重新鉴定。

第二百条　审理及判决

人民法院审理认定公民无民事行为能力或者限制民事行为能力的案件，应当由该公民的近亲属为代理人，但申请人除外。近亲属互相推诿的，由人民法院指定其中一人为代理人。该公民健康情况许可的，还应当询问本人的意见。

人民法院经审理认定申请有事实根据的，判决该公民为无民事行为能力或者限制民事行为能力人；认定申请没有事实根据的，应当判决予以驳回。

> **相关规定**

◎司法解释及文件

《最高人民法院关于适用〈中华人民共和国民事诉讼法〉的解释》（法释〔2022〕11号 2022年4月1日修正）

第349条 被指定的监护人不服居民委员会、村民委员会或者民政部门指定，应当自接到通知之日起三十日内向人民法院提出异议。经审理，认为指定并无不当的，裁定驳回异议；指定不当的，判决撤销指定，同时另行指定监护人。判决书应当送达异议人、原指定单位及判决指定的监护人。

有关当事人依照民法典第三十一条第一款规定直接向人民法院申请指定监护人的，适用特别程序审理，判决指定监护人。判决书应当送达申请人、判决指定的监护人。

第350条 申请认定公民无民事行为能力或者限制民事行为能力的案件，被申请人没有近亲属的，人民法院可以指定经被申请人住所地的居民委员会、村民委员会或者民政部门同意，且愿意担任代理人的个人或者组织为代理人。

没有前款规定的代理人的，由被申请人住所地的居民委员会、村民委员会或者民政部门担任代理人。

代理人可以是一人，也可以是同一顺序中的两人。

第二百零一条 判决的撤销

人民法院根据被认定为无民事行为能力人、限制民事行为能力人本人、利害关系人或者有关组织的申请，证实该公民无民事行为能力或者限制民事行为能力的原因已经消除的，应当作出新判决，撤销原判决。

> **相关规定**

◎法 律

《民法典》（2020年5月28日）

第27条 父母是未成年子女的监护人。

未成年人的父母已经死亡或者没有监护能力的，由下列有监护能力的人按顺序担任监护人：

（一）祖父母、外祖父母；

（二）兄、姐；

（三）其他愿意担任监护人的个人或者组织，但是须经未成年人住所地的居民委员会、村民委员会或者民政部门同意。

第28条 无民事行为能力或者限制民事行为能力的成年人，由下列有监护能力的人按顺序担任监护人：

（一）配偶；

（二）父母、子女；

（三）其他近亲属；

（四）其他愿意担任监护人的个人或者组织，但是须经被监护人住所地的居民委员会、村民委员会或者民政部门同意。

第29条 被监护人的父母担任监护人的，可以通过遗嘱指定监护人。

第30条 依法具有监护资格的人之间可以协议确定监护人。协议确定监护人应当尊重被监护人的真实意愿。

第31条 对监护人的确定有争议的，由被监护人住所地的居民委员会、村民委员会或者民政部门指定监护人，有关当事人对指定不服的，可以向人民法院申请指定监护人；有关当事人也可以直接向人民法院申请指定监护人。

居民委员会、村民委员会、民政部门或者人民法院应当尊重被监护人的真实意愿，按照最有利于被监护人的原则在依法具有监护资格的人中指定监护人。

依据本条第一款规定指定监护人前，

被监护人的人身权利、财产权利以及其他合法权益处于无人保护状态的,由被监护人住所地的居民委员会、村民委员会、法律规定的有关组织或者民政部门担任临时监护人。

监护人被指定后,不得擅自变更;擅自变更的,不免除被指定的监护人的责任。

第32条 没有依法具有监护资格的人的,监护人由民政部门担任,也可以由具备履行监护职责条件的被监护人住所地的居民委员会、村民委员会担任。

第33条 具有完全民事行为能力的成年人,可以与其近亲属、其他愿意担任监护人的个人或者组织事先协商,以书面形式确定自己的监护人,在自己丧失或者部分丧失民事行为能力时,由该监护人履行监护职责。

第34条 监护人的职责是代理被监护人实施民事法律行为,保护被监护人的人身权利、财产权利以及其他合法权益等。

监护人依法履行监护职责产生的权利,受法律保护。

监护人不履行监护职责或者侵害被监护人合法权益的,应当承担法律责任。

因发生突发事件等紧急情况,监护人暂时无法履行监护职责,被监护人的生活处于无人照料状态的,被监护人住所地的居民委员会、村民委员会或者民政部门应当为被监护人安排必要的临时生活照料措施。

第35条 监护人应当按照最有利于被监护人的原则履行监护职责。监护人除为维护被监护人利益外,不得处分被监护人的财产。

未成年人的监护人履行监护职责,在作出与被监护人利益有关的决定时,应当根据被监护人的年龄和智力状况,尊重被监护人的真实意愿。

成年人的监护人履行监护职责,应当最大程度地尊重被监护人的真实意愿,保障并协助被监护人实施与其智力、精神健康状况相适应的民事法律行为。对被监护人有能力独立处理的事务,监护人不得干涉。

第36条 监护人有下列情形之一的,人民法院根据有关个人或者组织的申请,撤销其监护人资格,安排必要的临时监护措施,并按照最有利于被监护人的原则依法指定监护人:

(一)实施严重损害被监护人身心健康的行为;

(二)怠于履行监护职责,或者无法履行监护职责且拒绝将监护职责部分或者全部委托给他人,导致被监护人处于危困状态;

(三)实施严重侵害被监护人合法权益的其他行为。

本条规定的有关个人、组织包括:其他依法具有监护资格的人,居民委员会、村民委员会、学校、医疗机构、妇女联合会、残疾人联合会、未成年人保护组织、依法设立的老年人组织、民政部门等。

前款规定的个人和民政部门以外的组织未及时向人民法院申请撤销监护人资格的,民政部门应当向人民法院申请。

第37条 依法负担被监护人抚养费、赡养费、扶养费的父母、子女、配偶等,被人民法院撤销监护人资格后,应当继续履行负担的义务。

第38条 被监护人的父母或者子女被人民法院撤销监护人资格后,除对被监护人实施故意犯罪的外,确有悔改表现的,经其申请,人民法院可以在尊重被监护人真实意愿的前提下,视情况恢复其监护人资格，人民法院指定的监护人与被监护人的监护关系同时终止。

第39条　有下列情形之一的，监护关系终止：
（一）被监护人取得或者恢复完全民事行为能力；
（二）监护人丧失监护能力；
（三）被监护人或者监护人死亡；
（四）人民法院认定监护关系终止的其他情形。

监护关系终止后，被监护人仍然需要监护的，应当依法另行确定监护人。

第六节　认定财产无主案件

第二百零二条　财产无主案件的提起

申请认定财产无主，由公民、法人或者其他组织向财产所在地基层人民法院提出。

申请书应当写明财产的种类、数量以及要求认定财产无主的根据。

第二百零三条　公告及判决

人民法院受理申请后，经审查核实，应当发出财产认领公告。公告满一年无人认领的，判决认定财产无主，收归国家或者集体所有。

相关规定

◎法　律

《海事诉讼特别程序法》（1999年12月25日）

第9条　当事人申请认定海上财产无主的，向财产所在地海事法院提出；申请因海上事故宣告死亡的，向处理海事事故主管机关所在地或者受理相关海事案件的海事法院提出。

◎司法解释及文件

《最高人民法院关于适用〈中华人民共和国民事诉讼法〉的解释》（法释〔2022〕11号　2022年4月1日修正）

第348条　认定财产无主案件，公告期间有人对财产提出请求的，人民法院应当裁定终结特别程序，告知申请人另行起诉，适用普通程序审理。

第460条　发生法律效力的实现担保物权裁定、确认调解协议裁定、支付令，由作出裁定、支付令的人民法院或者与其同级的被执行财产所在地的人民法院执行。

认定财产无主的判决，由作出判决的人民法院将无主财产收归国家或者集体所有。

第二百零四条　判决的撤销

判决认定财产无主后，原财产所有人或者继承人出现，在民法典规定的诉讼时效期间可以对财产提出请求，人民法院审查属实后，应当作出新判决，撤销原判决。

条文注解

人民法院作出认定财产无主的判决并将财产收归国家或者集体所有之后，如果原财产所有人或者合法继承人出现了并在诉讼时效期间对财产提出请求的，人民法院不应以公告期满为由驳回申请，而应审查其是否属实。不属实的，驳回申请；属实的，应当作出新判决，撤销原判决。国家或者集体应将财产归还，如果已经损失，应当给予适当补偿；原财产已不复存在的，应按原财产的实际价值折价返还。

相关规定

◎法　律

《民法典》(2020年5月28日)

第314条　拾得遗失物,应当返还权利人。拾得人应当及时通知权利人领取,或者送交公安等有关部门。

第315条　有关部门收到遗失物,知道权利人的,应当及时通知其领取;不知道的,应当及时发布招领公告。

第316条　拾得人在遗失物送交有关部门前,有关部门在遗失物被领取前,应当妥善保管遗失物。因故意或者重大过失致使遗失物毁损、灭失的,应当承担民事责任。

第317条　权利人领取遗失物时,应当向拾得人或者有关部门支付保管遗失物等支出的必要费用。

权利人悬赏寻找遗失物的,领取遗失物时应当按照承诺履行义务。

拾得人侵占遗失物的,无权请求保管遗失物等支出的费用,也无权请求权利人按照承诺履行义务。

第318条　遗失物自发布招领公告之日起一年内无人认领的,归国家所有。

第319条　拾得漂流物、发现埋藏物或者隐藏物的,参照适用拾得遗失物的有关规定。法律另有规定的,依照其规定。

第七节　确认调解协议案件

第二百零五条　确认调解协议案件的提起

经依法设立的调解组织调解达成调解协议,申请司法确认的,由双方当事人自调解协议生效之日起三十日内,共同向下列人民法院提出:

(一)人民法院邀请调解组织开展先行调解的,向作出邀请的人民法院提出;

(二)调解组织自行开展调解的,向当事人住所地、标的物所在地、调解组织所在地的基层人民法院提出;调解协议所涉纠纷应当由中级人民法院管辖的,向相应的中级人民法院提出。

条文注解

民事诉讼法2021年修改时进一步优化司法确认程序。一是合理扩大司法确认程序适用范围。将司法确认程序适用范围从原来的仅限于"人民调解协议"扩展至"依法设立的调解组织主持达成的调解协议",允许中级人民法院和专门人民法院受理符合级别管辖和专门管辖标准的司法确认申请,进一步发挥司法确认制度对多元纠纷方式的促进保障作用,丰富人民群众解纷渠道,推动矛盾纠纷源头治理。二是优化司法确认案件管辖规则。根据调解主体和调解类型的不同,明确了不同情形下司法确认案件的管辖规则。既有利于完善诉调对接,便于审查和执行,又有效防控虚假调解和虚假确认的风险。

相关规定

◎法　律

《人民调解法》(2010年8月28日)

第33条　经人民调解委员会调解达成调解协议后,双方当事人认为有必要的,可以自调解协议生效之日起三十日内共同向人民法院申请司法确认,人民法院应当及时对调解协议进行审查,依法确认调解协议的效力。

人民法院依法确认调解协议有效,一方当事人拒绝履行或者未全部履行的,对方当事人可以向人民法院申请强制执行。

人民法院依法确认调解协议无效的，当事人可以通过人民调解方式变更原调解协议或者达成新的调解协议，也可以向人民法院提起诉讼。

◎司法解释及文件

《最高人民法院关于人民调解协议司法确认程序的若干规定》（法释〔2011〕5号 2011年3月23日）

为了规范经人民调解委员会调解达成的民事调解协议的司法确认程序，进一步建立健全诉讼与非诉讼相衔接的矛盾纠纷解决机制，依照《中华人民共和国民事诉讼法》和《中华人民共和国人民调解法》的规定，结合审判实际，制定本规定。

第1条　当事人根据《中华人民共和国人民调解法》第三十三条的规定共同向人民法院申请确认调解协议的，人民法院应当依法受理。

第2条　当事人申请确认调解协议的，由主持调解的人民调解委员会所在地基层人民法院或者它派出的法庭管辖。

人民法院在立案前委派人民调解委员会调解并达成调解协议，当事人申请司法确认的，由委派的人民法院管辖。

第3条　当事人申请确认调解协议，应当向人民法院提交司法确认申请书、调解协议和身份证明、资格证明，以及与调解协议相关的财产权利证明等证明材料，并提供双方当事人的送达地址、电话号码等联系方式。委托他人代为申请的，必须向人民法院提交由委托人签名或者盖章的授权委托书。

第4条　人民法院收到当事人司法确认申请，应当在三日内决定是否受理。人民法院决定受理的，应当编立"调确字"案号，并及时向当事人送达受理通知书。双方当事人同时到法院申请司法确认的，人民法院可以当即受理并作出是否确认的决定。

有下列情形之一的，人民法院不予受理：

（一）不属于人民法院受理民事案件的范围或者不属于接受申请的人民法院管辖的；

（二）确认身份关系的；

（三）确认收养关系的；

（四）确认婚姻关系的。

第5条　人民法院应当自受理司法确认申请之日起十五日内作出是否确认的决定。因特殊情况需要延长的，经本院院长批准，可以延长十日。

在人民法院作出是否确认的决定前，一方或者双方当事人撤回司法确认申请的，人民法院应当准许。

第6条　人民法院受理司法确认申请后，应当指定一名审判人员对调解协议进行审查。人民法院在必要时可以通知双方当事人同时到场，当面询问当事人。当事人应当向人民法院如实陈述申请确认的调解协议的有关情况，保证提交的证明材料真实、合法。人民法院在审查中，认为当事人的陈述或者提供的证明材料不充分、不完备或者有疑义的，可以要求当事人补充陈述或者补充证明材料。当事人无正当理由未按时补充或者拒不接受询问的，可以按撤回司法确认申请处理。

第7条　具有下列情形之一的，人民法院不予确认调解协议效力：

（一）违反法律、行政法规强制性规定的；

（二）侵害国家利益、社会公共利益的；

（三）侵害案外人合法权益的；

（四）损害社会公序良俗的；

（五）内容不明确，无法确认的；

（六）其他不能进行司法确认的情形。

第8条 人民法院经审查认为调解协议符合确认条件的，应当作出确认决定书；决定不予确认调解协议效力的，应当作出不予确认决定书。

第9条 人民法院依法作出确认决定后，一方当事人拒绝履行或者未全部履行的，对方当事人可以向作出确认决定的人民法院申请强制执行。

第10条 案外人认为经人民法院确认的调解协议侵害其合法权益的，可以自知道或者应当知道权益被侵害之日起一年内，向作出确认决定的人民法院申请撤销确认决定。

第11条 人民法院办理人民调解协议司法确认案件，不收取费用。

第12条 人民法院可以将调解协议不予确认的情况定期或者不定期通报同级司法行政机关和相关人民调解委员会。

第13条 经人民法院建立的调解员名册中的调解员调解达成协议后，当事人申请司法确认的，参照本规定办理。人民法院立案后委托他人调解达成的协议的司法确认，按照《最高人民法院关于人民法院民事调解工作若干问题的规定》（法释〔2004〕12号）的有关规定办理。

文书范本

申请书（申请司法确认调解协议用）

申 请 书

申请人：×××，男/女，××××年××月××日出生，×族，……（写明工作单位和职务或者职业），住……。联系方式：……。

法定代理人/指定代理人：×××，……。

委托诉讼代理人：×××，……。

申请人：×××，男/女，××××年××月××日出生，×族，……（写明工作单位和职务或者职业），住……。联系方式：……。

法定代理人/指定代理人：×××，……。

委托诉讼代理人：×××，……。

(以上写明申请人和其他诉讼参加人的姓名或者名称等基本信息)

请求事项：

确认申请人×××与×××于××××年××月××日达成的……（写明调解协议名称）有效。

事实和理由：

××××年××月××日，申请人×××与×××经……（写明调解组织名称）主持调解，达成了如下调解协议：……（写明调解协议内容）。

申请人出于解决纠纷的目的自愿达成协议，没有恶意串通、规避法律的行为；如果因为该协议内容而给国家、集体或他人造成损害，愿意承担相应的民事责任和其他法律责任。

此致

××××人民法院

```
       附：调解协议及调解组织主持调解的证明等材料
                                           申请人（签名或者盖章）
                                              ××××年××月××日
```

文书制作要点提示：

①申请人是法人或者其他组织的，写明名称、住所，另起一行写明法定代表人、主要负责人及其姓名、职务、联系方式。

②事实理由做到简明清晰。

③调解协议内容要明确、具体、可执行，避免歧义。

④涉及金额给付内容的要明确履行金额、履行期限、履行方式、违约责任等。

第二百零六条 审查及裁定

人民法院受理申请后，经审查，符合法律规定的，裁定调解协议有效，一方当事人拒绝履行或者未全部履行的，对方当事人可以向人民法院申请执行；不符合法律规定的，裁定驳回申请，当事人可以通过调解方式变更原调解协议或者达成新的调解协议，也可以向人民法院提起诉讼。

条文注解

审查调解协议是否符合法律规定，主要考虑以下情形：一是通过调解方式解决纠纷是否当事人自愿；二是调解协议的内容是否违反法律、法规的强制性规定或者社会公共利益；三是达成调解协议是否出于当事人自愿，是否有重大误解或者显失公平等严重违背其真实意思表示的情形。只有结论是肯定的，才应确认该调解协议有效，否则就要驳回申请。

相关规定

◎司法解释及文件

《最高人民法院关于适用〈中华人民共和国民事诉讼法〉的解释》（法释〔2022〕11号 2022年4月1日修正）

第351条 申请司法确认调解协议的，双方当事人应当本人或者由符合民事诉讼法第六十一条规定的代理人依照民事诉讼法第二百零一条[244]的规定提出申请。

第352条 调解组织自行开展的调解，有两个以上调解组织参与的，符合民事诉讼法第二百零一条[245]规定的各调解组织所在地人民法院均有管辖权。

双方当事人可以共同向符合民事诉讼法第二百零一条[246]规定的其中一个有管辖权的人民法院提出申请；双方当事人共同向两个以上有管辖权的人民法院提出申请的，由最先立案的人民法院管辖。

第353条 当事人申请司法确认调解协议，可以采用书面形式或者口头形式。当事人口头申请的，人民法院应当记入笔录，并由当事人签名、捺印或者盖章。

---

[244] 《民事诉讼法》（2023年修正）第205条。
[245] 同上。
[246] 同上。

第 354 条　当事人申请司法确认调解协议,应当向人民法院提交调解协议、调解组织主持调解的证明,以及与调解协议相关的财产权利证明等材料,并提供双方当事人的身份、住所、联系方式等基本信息。

当事人未提交上述材料的,人民法院应当要求当事人限期补交。

第 355 条　当事人申请司法确认调解协议,有下列情形之一的,人民法院裁定不予受理:

(一)不属于人民法院受理范围的;

(二)不属于收到申请的人民法院管辖的;

(三)申请确认婚姻关系、亲子关系、收养关系等身份关系无效、有效或者解除的;

(四)涉及适用其他特别程序、公示催告程序、破产程序审理的;

(五)调解协议内容涉及物权、知识产权确权的。

人民法院受理申请后,发现有上述不予受理情形的,应当裁定驳回当事人的申请。

第 356 条　人民法院审查相关情况时,应当通知双方当事人共同到场对案件进行核实。

人民法院经审查,认为当事人的陈述或者提供的证明材料不充分、不完备或者有疑义的,可以要求当事人限期补充陈述或者补充证明材料。必要时,人民法院可以向调解组织核实有关情况。

第 357 条　确认调解协议的裁定作出前,当事人撤回申请的,人民法院可以裁定准许。

当事人无正当理由未在限期内补充陈述、补充证明材料或者拒不接受询问的,人民法院可以按撤回申请处理。

第 358 条　经审查,调解协议有下列情形之一的,人民法院应当裁定驳回申请:

(一)违反法律强制性规定的;

(二)损害国家利益、社会公共利益、他人合法权益的;

(三)违背公序良俗的;

(四)违反自愿原则的;

(五)内容不明确的;

(六)其他不能进行司法确认的情形。

第八节　实现担保物权案件

第二百零七条　实现担保物权案件的提起

申请实现担保物权,由担保物权人以及其他有权请求实现担保物权的人依照民法典等法律,向担保财产所在地或者担保物权登记地基层人民法院提出。

▎条文注解

担保物权是以直接支配特定财产的交换价值为内容,以确保债权实现为目的而设定的物权。本条所称的申请担保物权包括抵押权、质权、留置权。担保物权人包括抵押权人、质权人和留置权人。

▎相关规定

◎司法解释及文件

《最高人民法院关于适用〈中华人民共和国民事诉讼法〉的解释》(法释〔2022〕11 号　2022 年 4 月 1 日修正)

第 359 条　民事诉讼法第二百零三条[247]规定的担保物权人,包括抵押权人、

---

[247] 《民事诉讼法》(2023 年修正)第 207 条。

质权人、留置权人；其他有权请求实现担保物权的人，包括抵押人、出质人、财产被留置的债务人或者所有权人等。

第360条 实现票据、仓单、提单等有权利凭证的权利质权案件，可以由权利凭证持有人住所地人民法院管辖；无权利凭证的权利质权，由出质登记地人民法院管辖。

第361条 实现担保物权案件属于海事法院等专门人民法院管辖的，由专门人民法院管辖。

第362条 同一债权的担保物有多个且所在地不同，申请人分别向有管辖权的人民法院申请实现担保物权的，人民法院应当依法受理。

第363条 依照民法典第三百九十二条的规定，被担保的债权既有物的担保又有人的担保，当事人对实现担保物权的顺序有约定，实现担保物权的申请违反约定的，人民法院裁定不予受理；没有约定或者约定不明的，人民法院应当受理。

第364条 同一财产上设立多个担保物权，登记在先的担保物权尚未实现的，不影响后顺位的担保物权人向人民法院申请实现担保物权。

第365条 申请实现担保物权，应当提交下列材料：

（一）申请书。申请书应当记明申请人、被申请人的姓名或者名称、联系方式等基本信息，具体的请求和事实、理由；

（二）证明担保物权存在的材料，包括主合同、担保合同、抵押登记证明或者他项权利证书，权利质权的权利凭证或者质权出质登记证明等；

（三）证明实现担保物权条件成就的材料；

（四）担保财产现状的说明；

（五）人民法院认为需要提交的其他材料。

> **第二百零八条 审查及裁定**
>
> 人民法院受理申请后，经审查，符合法律规定的，裁定拍卖、变卖担保财产，当事人依据该裁定可以向人民法院申请执行；不符合法律规定的，裁定驳回申请，当事人可以向人民法院提起诉讼。

条文注解

不符合法律规定的情况包括双方对债务是否履行存在争议，对抵押合同的有关条款或者抵押权的效力问题存在争议等。这些问题实际上是实现担保物权的前提条件尚不具备，如果双方对此类事情发生争议，就谈不上实现担保物权的问题。人民法院受理申请后，经审查，不符合法律规定的，裁定驳回申请，当事人可以向人民法院提起诉讼。

相关规定

◎司法解释及文件

《最高人民法院关于适用〈中华人民共和国民事诉讼法〉的解释》（法释〔2022〕11号 2022年4月1日修正）

第366条 人民法院受理申请后，应当在五日内向被申请人送达申请书副本、异议权利告知书等文书。

被申请人有异议的，应当在收到人民法院通知后的五日内向人民法院提出，同时说明理由并提供相应的证据材料。

第367条 实现担保物权案件可以由审判员一人独任审查。担保财产标的额超过基层人民法院管辖范围的，应当组成合议庭进行审查。

第368条 人民法院审查实现担保物权案件，可以询问申请人、被申请人、利害关系人，必要时可以依职权调查相关事实。

第369条 人民法院应当就主合同的

效力、期限、履行情况，担保物权是否有效设立、担保财产的范围、被担保的债权范围、被担保的债权是否已届清偿期等担保物权实现的条件，以及是否损害他人合法权益等内容进行审查。

被申请人或者利害关系人提出异议的，人民法院应当一并审查。

第370条 人民法院审查后，按下列情形分别处理：

（一）当事人对实现担保物权无实质性争议且实现担保物权条件成就的，裁定准许拍卖、变卖担保财产；

（二）当事人对实现担保物权有部分实质性争议的，可以就无争议部分裁定准许拍卖、变卖担保财产；

（三）当事人对实现担保物权有实质性争议的，裁定驳回申请，并告知申请人向人民法院提起诉讼。

第371条 人民法院受理申请后，申请人对担保财产提出保全申请的，可以按照民事诉讼法关于诉讼保全的规定办理。

最高院裁判观点

某农村信用社与牡丹江某房地产公司民间借贷纠纷【（2018）最高法民终562号】

裁判要旨： 在借款担保法律关系中的一方当事人已经通过非诉程序申请实现担保物权的情况下，只有其申请被人民法院裁定驳回，或者申请实现担保物权的非诉案件已经执行完毕，债权人还存在尚未清偿的债权的，当事人才可以就同一借款担保法律关系另行向人民法院提起诉讼。若申请实现担保物权非诉案件的生效民事裁定准许拍卖、变卖抵押财产优先偿还借款债务，且该非诉案件正在执行过程中，实现担保物权的范围尚未最终确定，则债权人不得就同一借款担保法律关系再行提起诉讼，主张对抵押物优先受偿。这一原则，体现了民事诉讼一事不再理的基本原则。

第十六章　审判监督程序

第二百零九条　人民法院决定再审

各级人民法院院长对本院已经发生法律效力的判决、裁定、调解书，发现确有错误，认为需要再审的，应当提交审判委员会讨论决定。

最高人民法院对地方各级人民法院已经发生法律效力的判决、裁定、调解书，上级人民法院对下级人民法院已经发生法律效力的判决、裁定、调解书，发现确有错误的，有权提审或者指令下级人民法院再审。

相关规定

◎司法解释及文件

《最高人民法院关于适用〈中华人民共和国民事诉讼法〉审判监督程序若干问题的解释》（法释〔2008〕14号　2020年12月29日修正）

第18条 上一级人民法院经审查认为申请再审事由成立的，一般由本院提审。最高人民法院、高级人民法院也可以指定与原审人民法院同级的其他人民法院再审，或者指令原审人民法院再审。

第19条 上一级人民法院可以根据案件的影响程度以及案件参与人等情况，决定是否指定再审。需要指定再审的，应当考虑便利当事人行使诉讼权利以及便利人民法院审理等因素。

接受指定再审的人民法院,应当按照民事诉讼法第二百零七条[248]第一款规定的程序审理。

第 20 条 有下列情形之一的,不得指令原审人民法院再审:

(一)原审人民法院对该案无管辖权的;

(二)审判人员在审理该案件时有贪污受贿、徇私舞弊、枉法裁判行为的;

(三)原判决、裁定系经原审人民法院审判委员会讨论作出的;

(四)其他不宜指令原审人民法院再审的。

第 21 条 当事人未申请再审、人民检察院未抗诉的案件,人民法院发现原判决、裁定、调解协议有损害国家利益、社会公共利益等确有错误情形的,应当依照民事诉讼法第一百九十八条[249]的规定提起再审。

《关于规范人民法院再审立案的若干意见(试行)》(法发〔2002〕13 号 2002 年 9 月 10 日)

第 1 条 各级人民法院、专门人民法院对本院或者上级人民法院对下级人民法院作出的终审裁判,经复查认为符合再审立案条件的,应当决定或裁定再审。

人民检察院依照法律规定对人民法院作出的终审裁判提出抗诉的,应当再审立案。

第 2 条 地方各级人民法院、专门人民法院负责下列案件的再审立案:

(一)本院作出的终审裁判,符合再审立案条件的;

(二)下一级人民法院复查驳回或者再审改判,符合再审立案条件的;

(三)上级人民法院指令再审的;

(四)人民检察院依法提出抗诉的。

第 3 条 最高人民法院负责下列案件的再审立案:

(一)本院作出的终审裁判,符合再审立案条件的;

(二)高级人民法院复查驳回或者再审改判,符合再审立案条件的;

(三)最高人民检察院依法提出抗诉的;

(四)最高人民法院认为应由自己再审的。

第 4 条 上级人民法院对下级人民法院作出的终审裁判,认为确有必要的,可以直接立案复查,经复查认为符合再审立案条件的,可以决定或裁定再审。

《最高人民法院关于正确适用〈关于人民法院对民事案件发回重审和指令再审有关问题的规定〉的通知》(法〔2003〕169 号 2003 年 11 月 13 日)

1. 各级人民法院对本院已经发生法律效力的民事判决、裁定,不论以何种方式启动审判监督程序的,一般只能再审一次。

2. 对于下级人民法院已经再审过的民事案件,上一级人民法院认为需要再审的,应当依法提审。提审的人民法院对该案件只能再审一次。

3. 人民检察院按照审判监督程序提起抗诉的民事案件,一般应当由作出生效裁判的人民法院再审;作出生效裁判的人民法院已经再审过的,由上一级人民法院提审,或者指令该法院的其他同级人民法院

---

[248] 《民事诉讼法》(2023 年修正)第 218 条。
[249] 《民事诉讼法》(2023 年修正)第 209 条。

再审。

4. 各级人民法院院长发现本院发生法律效力的再审裁判确有错误依法必须改判的，应当提出书面意见示上一级人民法院，并附全部案卷。上一级人民法院一般应当提审，也可以指令该法院的其他同级人民法院再审。

人民法院对行政案件进行再审的，参照上述原则执行。

第二百一十条　当事人申请再审

当事人对已经发生法律效力的判决、裁定，认为有错误的，可以向上一级人民法院申请再审；当事人一方人数众多或者当事人双方为公民的案件，也可以向原审人民法院申请再审。当事人申请再审的，不停止判决、裁定的执行。

条文注解

把握这一规定需要注意：第一，向上一级人民法院申请再审是一般原则，只要当事人向上一级法院提出再审申请，就是选择了上一级人民法院；第二，向原审人民法院申请再审是例外规定，只能在当事人一方人数众多和当事人双方为公民的案件中可以作为当事人的选择之一，其他案件还是要向上一级人民法院申请再审；第三，允许当事人在上一级人民法院和原审人民法院之中选择其一申请再审，并不意味着可以多头申诉、重复申请。如果当事人已经向原审人民法院提出再审申请，就不应当再向上一级人民法院提出，反之亦然。

相关规定

◎司法解释及文件

《最高人民法院关于适用〈中华人民共和国民事诉讼法〉的解释》（法释〔2022〕11号　2022年4月1日修正）

第373条　当事人死亡或者终止的，其权利义务承继者可以根据民事诉讼法第二百零六条[250]、第二百零八条[251]的规定申请再审。

判决、调解书生效后，当事人将判决、调解书确认的债权转让，债权受让人对该判决、调解书不服申请再审的，人民法院不予受理。

第374条　民事诉讼法第二百零六条[252]规定的人数众多的一方当事人，包括公民、法人和其他组织。

民事诉讼法第二百零六条[253]规定的当事人双方为公民的案件，是指原告和被告均为公民的案件。

第375条　当事人申请再审，应当提交下列材料：

（一）再审申请书，并按照被申请人和原审其他当事人的人数提交副本；

（二）再审申请人是自然人的，应当提交身份证明；再审申请人是法人或者其他组织的，应当提交营业执照、组织机构代码证书、法定代表人或者主要负责人身份证明书。委托他人代为申请的，应当提

---

[250]《民事诉讼法》（2023年修正）第210条。
[251]《民事诉讼法》（2023年修正）第212条。
[252]《民事诉讼法》（2023年修正）第210条。
[253]同上。

交授权委托书和代理人身份证明；

（三）原审判决书、裁定书、调解书；

（四）反映案件基本事实的主要证据及其他材料。

前款第二项、第三项、第四项规定的材料可以是与原件核对无异的复印件。

第376条 再审申请书应当记明下列事项：

（一）再审申请人与被申请人及原审其他当事人的基本信息；

（二）原人民法院的名称，原审裁判文书案号；

（三）具体的再审请求；

（四）申请再审的法定情形及具体事实、理由。

再审申请书应当明确申请再审的人民法院，并由再审申请人签名、捺印或者盖章。

第377条 当事人一方人数众多或者当事人双方为公民的案件，当事人分别向原审人民法院和上一级人民法院申请再审且不能协商一致的，由原审人民法院受理。

《最高人民法院关于适用〈中华人民共和国民事诉讼法〉审判监督程序若干问题的解释》（法释〔2008〕14号 2020年12月29日修正）

第1条 当事人在民事诉讼法第二百零五条[254]规定的期限内，以民事诉讼法第二百条[255]所列明的再审事由，向原审人民法院的上一级人民法院申请再审的，上一级人民法院应当依法受理。

《最高人民法院关于四级法院审级职能定位改革试点结束后相关工作要求的通知》

（法〔2023〕154号 2023年9月27日）

各省、自治区、直辖市高级人民法院，新疆维吾尔自治区高级人民法院生产建设兵团分院；本院各单位：

按照第十三届全国人大常委会第三十次会议作出的《关于授权最高人民法院组织开展四级法院审级职能定位改革试点工作的决定》（以下简称《授权决定》）确定的试点期限，四级法院审级职能定位改革试点工作将于2023年9月27日正式结束，现就试点结束后的相关工作要求通知如下：

一、自2023年9月28日起，不再执行《最高人民法院关于完善四级法院审级职能定位改革试点的实施办法》（法〔2021〕242号，以下简称《试点实施办法》）。最高人民法院、各高级人民法院恢复施行现行《中华人民共和国民事诉讼法》（以下简称《民事诉讼法》）第二百零六条（即《授权决定》中的《民事诉讼法》第一百九十九条）、《中华人民共和国行政诉讼法》（以下简称《行政诉讼法》）第九十条的规定。北京、天津、辽宁、上海、江苏、浙江、山东、河南、广东、重庆、四川、陕西省（市）辖区内的中级、基层人民法院恢复施行《行政诉讼法》第十五条的规定。

二、试点省（市）辖区内的基层人民法院在2023年9月28日前按照《试点实施办法》第二条受理的四类行政案件，尚未审结的，依法继续审理；已经收取材料但尚未登记立案的，告知当事人按照《行政诉讼法》第十五条的规定，向

---

[254]《民事诉讼法》（2023年修正）第216条。
[255]《民事诉讼法》（2023年修正）第211条。

有管辖权的人民法院提起诉讼，并退回相关材料。

三、各高级人民法院在 2023 年 9 月 28 日前已经受理的不服本院民事、行政生效裁判的申请再审审查案件，依法继续办理。高级人民法院正在办理或已经办结的上述申请再审审查案件，再审申请人又向最高人民法院提出再审申请的，按照相关法律和司法解释的规定处理。

四、各高级人民法院应当科学研判试点结束后本院及辖区法院案件数量结构变化情况，及时健全相关工作程序、优化审判资源配置、完善审判机构职能划分，做好相关政策变化对外释明告知，确保各项工作平稳有序开展。

本通知自 2023 年 9 月 27 日起生效。最高人民法院各单位和各高级人民法院要严格按照本通知要求，结合实际认真抓好贯彻落实。

《最高人民法院关于当事人对人民法院撤销仲裁裁决的裁定不服申请再审人民法院是否受理问题的批复》（法释〔1999〕6 号 1999 年 2 月 11 日）

根据《中华人民共和国仲裁法》第九条规定的精神，当事人对人民法院撤销仲裁裁决的裁定不服申请再审的，人民法院不予受理。

《最高人民法院关于当事人对驳回其申请撤销仲裁裁决的裁定不服而申请再审，人民法院不予受理问题的批复》（法释〔2004〕9 号 2004 年 7 月 26 日）

根据《中华人民共和国仲裁法》第九条规定的精神，当事人对人民法院驳回其申请撤销仲裁裁决的裁定不服而申请再审的，人民法院不予受理。

文书范本

民事再审申请书（申请再审用）

民事再审申请书

再审申请人（一、二审诉讼地位）：×××，男/女，××××年××月××日出生，×族，……（写明工作单位和职务或者职业），住……。联系方式：……。

法定代理人/指定代理人：×××，……。

委托诉讼代理人：×××，……。

被申请人（一、二审诉讼地位）：×××，……。

……

原审原告/被告/第三人（一审诉讼地位）：×××，……。

……

（以上写明当事人和其他诉讼参加人的姓名或者名称等基本信息）

再审申请人×××因与×××……（写明案由）一案，不服××××人民法院（写明原审人民法院的名称）××××年××月××日作出的（××××）……号民事判决/民事裁定/民事调解书，现提出再审申请。

再审请求：

……

事实和理由：
……（写明申请再审的法定情形及事实和理由）。此致
××××人民法院

再审申请人（签名或者盖章）
××××年××月××日

文书制作要点提示：

①申请人是法人或者其他组织的，写明名称、住所，另起一行写明法定代表人、主要负责人及其姓名、职务、联系方式。

②形式要件务必规范、齐全。《最高人民法院关于适用〈中华人民共和国民事诉讼法〉的解释》第376条对此有明确规定。

③聚焦申请再审的法定事由，需要明确具体指向《民事诉讼法》第211条再审事由的哪项或哪几项内容，并围绕再审法定事由进行针对性的论述。

④善于归纳争议焦点，并清晰论证己方在每个焦点问题上的具体事实依据和理由，条理清晰地指明对方和原审裁判的错误之处。

⑤避免长篇大论和脱离再审事由的模糊性论述。

第二百一十一条　再审事由

当事人的申请符合下列情形之一的，人民法院应当再审：

（一）有新的证据，足以推翻原判决、裁定的；

（二）原判决、裁定认定的基本事实缺乏证据证明的；

（三）原判决、裁定认定事实的主要证据是伪造的；

（四）原判决、裁定认定事实的主要证据未经质证的；

（五）对审理案件需要的主要证据，当事人因客观原因不能自行收集，书面申请人民法院调查收集，人民法院未调查收集的；

（六）原判决、裁定适用法律确有错误的；

（七）审判组织的组成不合法或者依法应当回避的审判人员没有回避的；

（八）无诉讼行为能力人未经法定代理人代为诉讼或者应当参加诉讼的当事人，因不能归责于本人或者其诉讼代理人的事由，未参加诉讼的；

（九）违反法律规定，剥夺当事人辩论权利的；

（十）未经传票传唤，缺席判决的；

（十一）原判决、裁定遗漏或者超出诉讼请求的；

（十二）据以作出原判决、裁定的法律文书被撤销或者变更的；

（十三）审判人员审理该案件时有贪污受贿，徇私舞弊，枉法裁判行为的。

条文注解

关于第一项，所谓新证据主要指在过

去诉讼过程中没有发现的证据,而该证据又足以推翻原判决、裁定,因此可以申请再审。

关于第四项,按照民事诉讼法的规定,无论是公开审理还是不公开审理的案件,证据都必须在法庭上出示,并由当事人互相质证。证据只有经过质证,才能查明证据的真伪,即只有经过质证,才能去伪存真。质证是对证据查证属实的必要手段,证据只有查证属实之后,才能作为认定事实的根据。

关于第五项,一个案件涉及的证据可能有许多,但对认定案件事实起决定性作用的证据可能只是其中的一部分。只有人民法院没有调查收集"主要证据",从而影响正确认定当事人权利义务的,才能作为应当再审的情形。

相关规定

◎司法解释及文件

《最高人民法院关于适用〈中华人民共和国民事诉讼法〉的解释》(法释〔2022〕11号 2022年4月1日修正)

第379条 当事人认为发生法律效力的不予受理、驳回起诉的裁定错误的,可以申请再审。

第385条 再审申请人提供的新的证据,能够证明原判决、裁定认定基本事实或者裁判结果错误的,应当认定为民事诉讼法第二百零七条[256]第一项规定的情形。

对于符合前款规定的证据,人民法院应当责令再审申请人说明其逾期提供该证据的理由;拒不说明理由或者理由不成立的,依照民事诉讼法第六十八条第二款和本解释第一百零二条的规定处理。

第386条 再审申请人证明其提交的新的证据符合下列情形之一的,可以认定逾期提供证据的理由成立:

(一)在原审庭审结束前已经存在,因客观原因于庭审结束后才发现的;

(二)在原审庭审结束前已经发现,但因客观原因无法取得或者在规定的期限内不能提供的;

(三)在原审庭审结束后形成,无法据此另行提起诉讼的。

再审申请人提交的证据在原审中已经提供,原审人民法院未组织质证且未作为裁判根据的,视为逾期提供证据的理由成立,但原审人民法院依照民事诉讼法第六十八条规定不予采纳的除外。

第387条 当事人对原判决、裁定认定事实的主要证据在原审中拒绝发表质证意见或者质证中未对证据发表质证意见的,不属于民事诉讼法第二百零七条[257]第四项规定的未经质证的情形。

第388条 有下列情形之一,导致判决、裁定结果错误的,应当认定为民事诉讼法第二百零七条[258]第六项规定的原判决、裁定适用法律确有错误:

(一)适用的法律与案件性质明显不符的;

(二)确定民事责任明显违背当事人约定或者法律规定的;

(三)适用已经失效或者尚未施行的法律的;

(四)违反法律溯及力规定的;

(五)违反法律适用规则的;

(六)明显违背立法原意的。

第389条 原审开庭过程中有下列情形之一的,应当认定为民事诉讼法第二百

---

[256] 《民事诉讼法》(2023年修正)第211条。
[257] 同上。
[258] 同上。

零七条[259]第九项规定的剥夺当事人辩论权利：

（一）不允许当事人发表辩论意见的；

（二）应当开庭审理而未开庭审理的；

（三）违反法律规定送达起诉状副本或者上诉状副本，致使当事人无法行使辩论权利的；

（四）违法剥夺当事人辩论权利的其他情形。

第390条 民事诉讼法第二百零七条[260]第十一项规定的诉讼请求，包括一审诉讼请求、二审上诉请求，但当事人未对一审判决、裁定遗漏或者超出诉讼请求提起上诉的除外。

第391条 民事诉讼法第二百零七条[261]第十二项规定的法律文书包括：

（一）发生法律效力的判决书、裁定书、调解书；

（二）发生法律效力的仲裁裁决书；

（三）具有强制执行效力的公证债权文书。

第392条 民事诉讼法第二百零七条[262]第十三项规定的审判人员审理该案件时有贪污受贿、徇私舞弊、枉法裁判行为，是指已经由生效刑事法律文书或者纪律处分决定所确认的行为。

《最高人民法院关于适用〈中华人民共和国民事诉讼法〉审判监督程序若干问题的解释》（法释〔2008〕14号 2020年12月29日修正）

第9条 民事诉讼法第二百条[263]第（五）项规定的"对审理案件需要的主要证据"，是指人民法院认定案件基本事实所必须的证据。

第10条 原判决、裁定对基本事实和案件性质的认定系根据其他法律文书作出，而上述其他法律文书被撤销或变更的，人民法院可以认定为民事诉讼法第二百条[264]第（十二）项规定的情形。

> **最高院裁判观点**

1. 沙河市某实业公司与某金融租赁公司、河北某钢板公司等合同纠纷案【（2019）最高法民申1172号】

裁判要旨： 再审审查程序中，当事人以新证据事由申请再审的，应当自行收集新证据。人民法院仅依据其提交的新证据进行审查，并作出是否再审的结论。当事人申请法院依职权调取新证据，法院一般不予准许。

2. 中国银行某分行与内蒙古某矿业公司第三人撤销之诉再审审查与审判监督案【（2020）最高法民申973号】

裁判要旨： 尽管程序问题在某些情形下也可被认为属于法律适用问题，但在上述法律明确将"适用法律确有错误"与七项程序类事由并列的情形下，该处的"法律"显然指向实体法，不应包括程序性法律问题。如果将原审"适用法律确有错误"理解为其后七项程序类事由的兜底条款，将导致对程序类事由的具体列举失去再审事由法定化、明晰化的意义。因此，作为再审事由的"适用法律确有错误"中的

---

[259]《民事诉讼法》（2023年修正）第211条。
[260]同上。
[261]同上。
[262]同上。
[263]同上。
[264]同上。

"法律"应指向实体法,而不应包括程序法,《最高人民法院关于适用〈中华人民共和国民事诉讼法〉的解释》第三百九十条[265]对该再审事由的解释也印证了这一点。

> **第二百一十二条　调解书的再审**
>
> 当事人对已经发生法律效力的调解书,提出证据证明调解违反自愿原则或者调解协议的内容违反法律的,可以申请再审。经人民法院审查属实的,应当再审。

相关规定

◎司法解释及文件

《最高人民法院关于适用〈中华人民共和国民事诉讼法〉的解释》（法释〔2022〕11号　2022年4月1日修正）

第373条　当事人死亡或者终止的,其权利义务承继者可以根据民事诉讼法第二百零六条[266]、第二百零八条[267]的规定申请再审。

判决、调解书生效后,当事人将判决、调解书确认的债权转让,债权受让人对该判决、调解书不服申请再审的,人民法院不予受理。

第382条　当事人对已经发生法律效力的调解书申请再审,应当在调解书发生法律效力后六个月内提出。

第407条　人民法院对调解书裁定再审后,按照下列情形分别处理:

(一)当事人提出的调解违反自愿原则的事由不成立,且调解书的内容不违反法律强制性规定的,裁定驳回再审申请;

(二)人民检察院抗诉或者再审检察建议所主张的损害国家利益、社会公共利益的理由不成立的,裁定终结再审程序。

前款规定情形,人民法院裁定中止执行的调解书需要继续执行的,自动恢复执行。

> **第二百一十三条　不得申请再审的案件**
>
> 当事人对已经发生法律效力的解除婚姻关系的判决、调解书,不得申请再审。

条文注解

人民法院作出解除婚姻关系的判决或者调解书,一旦发生法律效力,男或女任何一方都可以与他人再婚。如果一方与他人再婚,另一方以感情未破裂为由,申请对离婚案件进行再审已失去任何意义,因为一方与他人的婚姻不可能强行解除,所以法律不允许对已经发生法律效力的解除婚姻关系的判决或调解书申请再审。需要说明的是,当事人可以对离婚判决或者调解书中的财产分割问题申请再审。例如,离婚判决将一方的婚前财产作为夫妻共同财产进行了分割,该当事人可以就该部分判决申请再审。

相关规定

◎司法解释及文件

《最高人民法院关于适用〈中华人民共和国民事诉讼法〉的解释》（法释〔2022〕11号　2022年4月1日修正）

第378条　适用特别程序、督促程

---

[265]　《民诉法司法解释》(2022年修正)第388条。
[266]　《民事诉讼法》(2023年修正)第210条。
[267]　《民事诉讼法》(2023年修正)第212条。

序、公示催告程序、破产程序等非讼程序审理的案件，当事人不得申请再审。

第380条　当事人就离婚案件中的财产分割问题申请再审，如涉及判决中已分割的财产，人民法院应当依照民事诉讼法第二百零七条[268]的规定进行审查，符合再审条件的，应当裁定再审；如涉及判决中未作处理的夫妻共同财产，应当告知当事人另行起诉。

第二百一十四条　再审申请以及审查

当事人申请再审的，应当提交再审申请书等材料。人民法院应当自收到再审申请书之日起五日内将再审申请书副本发送对方当事人。对方当事人应当自收到再审申请书副本之日起十五日内提交书面意见；不提交书面意见的，不影响人民法院审查。人民法院可以要求申请人和对方当事人补充有关材料，询问有关事项。

条文注解

需要说明的是：第一，人民法院对再审申请的审查，是审查是否符合再审条件，是否应当再审，不是重新审理案件。这与起诉和上诉是有本质区别的。当事人起诉或者上诉后，人民法院正式立案审理，所以将起诉状副本或者上诉状副本发送被告或者被上诉人，由被告或者被上诉人提出答辩状。而对再审申请的审查还没有进入对案件的重新审理阶段，所以对方当事人提交的是"书面意见"，即表明是否同意对案件进行再审的态度及相应的事实和理由，而不是"答辩状"。第二，在人民法院对再审申请进行审查的阶段，被申请人可以提交书面意见，也可不提交书面意见。决定提出书面意见，或者不提出书面意见，都是当事人行使法律所赋予的辩论权利的体现。不提交书意见的，不影响人民法院对再审申请的审查。

相关规定

◎ 司法解释及文件

《最高人民法院关于适用〈中华人民共和国民事诉讼法〉的解释》（法释〔2022〕11号　2022年4月1日修正）

第375条　当事人申请再审，应当提交下列材料：

（一）再审申请书，并按照被申请人和原审其他当事人的人数提交副本；

（二）再审申请人是自然人的，应当提交身份证明；再审申请人是法人或者其他组织的，应当提交营业执照、组织机构代码证书、法定代表人或者主要负责人身份证明书。委托他人代为申请的，应当提交授权委托书和代理人身份证明；

（三）原审判决书、裁定书、调解书；

（四）反映案件基本事实的主要证据及其他材料。

前款第二项、第三项、第四项规定的材料可以是与原件核对无异的复印件。

第376条　再审申请书应当记明下列事项：

（一）再审申请人与被申请人及原审其他当事人的基本信息；

（二）原审人民法院的名称，原审裁判文书案号；

（三）具体的再审请求；

（四）申请再审的法定情形及具体事

---

[268]　《民事诉讼法》（2023年修正）第211条。

实、理由。

再审申请书应当明确申请再审的人民法院，并由再审申请人签名、捺印或者盖章。

第383条 人民法院应当自收到符合条件的再审申请书等材料之日起五日内向再审申请人发送受理通知书，并向被申请人及原审其他当事人发送应诉通知书、再审申请书副本等材料。

第395条 人民法院根据审查案件的需要决定是否询问当事人。新的证据可能推翻原判决、裁定的，人民法院应当询问当事人。

《最高人民法院关于受理审查民事申请再审案件的若干意见》（法发〔2009〕26号 2009年4月27日）

为依法保障当事人申请再审权利，规范人民法院受理审查民事申请再审案件工作，根据《中华人民共和国民事诉讼法》和《最高人民法院关于适用〈中华人民共和国民事诉讼法〉审判监督程序若干问题的解释》的有关规定，结合审判工作实际，现就受理审查民事申请再审案件工作提出以下意见：

一、民事申请再审案件的受理

第1条 当事人或案外人申请再审，应当提交再审申请书等材料，并按照被申请人及原审其他当事人人数提交再审申请书副本。

第2条 人民法院应当审查再审申请书是否载明下列事项：

（一）申请再审人、被申请人及原审其他当事人的基本情况。当事人是自然人的，应列明姓名、性别、年龄、民族、职业、工作单位、住所及有效联系电话、邮寄地址；当事人是法人或者其他组织的，应列明名称、住所和法定代表人或者主要负责人的姓名、职务及有效联系电话、邮寄地址；

（二）原审法院名称，原判决、裁定、调解文书案号；

（三）具体的再审请求；

（四）申请再审的法定事由及具体事实、理由；

（五）受理再审申请的法院名称；

（六）申请再审人的签名或者盖章。

第3条 申请再审人申请再审，除应提交符合前条规定的再审申请书外，还应当提交以下材料：

（一）申请再审人是自然人的，应提交身份证明复印件；申请再审人是法人或其他组织的，应提交营业执照复印件、法定代表人或主要负责人身份证明书。委托他人代为申请的，应提交授权委托书和代理人身份证明；

（二）申请再审的生效裁判文书原件，或者经核对无误的复印件；生效裁判系二审、再审裁判的，应同时提交一审、二审裁判文书原件，或者经核对无误的复印件；

（三）在原审诉讼过程中提交的主要证据复印件；

（四）支持申请再审事由和再审诉讼请求的证据材料。

第4条 申请再审人提交再审申请书等材料的同时，应提交材料清单一式两份，并可附申请再审材料的电子文本，同时填写送达地址确认书。

第5条 申请再审人提交的再审申请书等材料不符合上述要求，或者有人身攻击等内容，可能引起矛盾激化的，人民法院应将材料退回申请再审人并告知其补充或改正。

再审申请书等材料符合上述要求的，人民法院应在申请再审人提交的材料清单上注明收到日期，加盖收件章，并将其中一份清单返还申请再审人。

第6条 申请再审人提出的再审申请符合以下条件的，人民法院应当在5日内受理并向申请再审人发送受理通知书，同时向被申请人及原审其他当事人发送受理通知书、再审申请书副本及送达地址确认书：

（一）申请再审人是生效裁判文书列明的当事人，或者符合法律和司法解释规定的案外人；

（二）受理再审申请的法院是作出生效裁判法院的上一级法院；

（三）申请再审的裁判属于法律和司法解释允许申请再审的生效裁判；

（四）申请再审的事由属于民事诉讼法第一百七十九条[269]规定的情形。

再审申请不符合上述条件的，应及时告知申请再审人。

第7条 申请再审人向原审法院申请再审的，原审法院应针对申请再审事由并结合原裁判理由作好释明工作。申请再审人坚持申请再审的，告知其可以向上一级法院提出。

第8条 申请再审人越级申请再审的，有关上级法院应告知其向原审法院的上一级法院提出。

第9条 人民法院认为再审申请不符合民事诉讼法第一百八十四条[270]规定的期间要求的，应告知申请再审人。申请再审人认为未超过法定期间的，人民法院可以限期要求其提交生效裁判文书的送达回证复印件或其他能够证明裁判文书实际生效日期的相应证据材料。

二、民事申请再审案件的审查

第10条 人民法院受理申请再审案件后，应当组成合议庭进行审查。

第11条 人民法院审查申请再审案件，应当围绕申请再审事由是否成立进行，申请再审人未主张的事由不予审查。

第12条 人民法院审查申请再审案件，应当审查当事人诉讼主体资格的变化情况。

第13条 人民法院审查申请再审案件，采取以下方式：

（一）审查当事人提交的再审申请书、书面意见等材料；

（二）审阅原审卷宗；

（三）询问当事人；

（四）组织当事人听证。

第14条 人民法院经审查申请再审人提交的再审申请书、对方当事人提交的书面意见、原审裁判文书和证据等材料，足以确定申请再审事由不能成立的，可以径行裁定驳回再审申请。

第15条 对于以下列事由申请再审，且根据当事人提交的申请材料足以确定再审事由成立的案件，人民法院可以径行裁定再审：

（一）违反法律规定，管辖错误的；

（二）审判组织的组成不合法或者依法应当回避的审判人员没有回避的；

（三）无诉讼行为能力人未经法定代理人代为诉讼，或者应当参加诉讼的当事人因不能归责于本人或者其诉讼代理人的事由未参加诉讼的；

（四）据以作出原判决、裁定的法律文书被撤销或者变更的；

（五）审判人员在审理该案件时有贪污受贿、徇私舞弊、枉法裁判行为，并经

---

[269] 《民事诉讼法》（2023年修正）第211条。
[270] 《民事诉讼法》（2023年修正）第216条。

相关刑事法律文书或者纪律处分决定确认的。

第 16 条 人民法院决定调卷审查的，原审法院应当在收到调卷函后 15 日内按要求报送卷宗。

调取原审卷宗的范围可根据审查工作需要决定。必要时，在保证真实的前提下，可要求原审法院以传真件、复印件、电子文档等方式及时报送相关卷宗材料。

第 17 条 人民法院可根据审查工作需要询问一方或者双方当事人。

第 18 条 人民法院对以下列事由申请再审的案件，可以组织当事人进行听证：

（一）有新的证据，足以推翻原判决、裁定的；

（二）原判决、裁定认定的基本事实缺乏证据证明的；

（三）原判决、裁定认定事实的主要证据是伪造的；

（四）原判决、裁定适用法律确有错误的。

第 19 条 合议庭决定听证的案件，应在听证 5 日前通知当事人。

第 20 条 听证由审判长主持，围绕申请再审事由是否成立进行。

第 21 条 申请再审人经传票传唤，无正当理由拒不参加询问、听证或未经许可中途退出的，裁定按撤回再审申请处理。被申请人及原审其他当事人不参加询问、听证或未经许可中途退出的，视为放弃在询问、听证过程中陈述意见的权利。

第 22 条 人民法院在审查申请再审案件过程中，被申请人或者原审其他当事人提出符合条件的再审申请的，应当将其列为申请再审人，对于其申请再审事由一并审查，审查期限重新计算。经审查，其中一方申请再审人主张的再审事由成立的，人民法院即应裁定再审。各方申请再审人主张的再审事由均不成立的，一并裁定驳回。

第 23 条 申请再审人在审查过程中撤回再审申请的，是否准许，由人民法院裁定。

第 24 条 审查过程中，申请再审人、被申请人及原审其他当事人自愿达成和解协议，当事人申请人民法院出具调解书且能够确定申请再审事由成立的，人民法院应当裁定再审并制作调解书。

第 25 条 审查过程中，申请再审人或者被申请人死亡或者终止的，按下列情形分别处理：

（一）申请再审人有权利义务继受人且该权利义务继受人申请参加审查程序的，变更其为申请再审人；

（二）被申请人有权利义务继受人的，变更其权利义务继受人为被申请人；

（三）申请再审人无权利义务继受人或其权利义务继受人未申请参加审查程序的，裁定终结审查程序；

（四）被申请人无权利义务继受人且无可供执行财产的，裁定终结审查程序。

第 26 条 人民法院经查认为再审申请超过民事诉讼法第一百八十四条[271]规定期间的，裁定驳回申请。

第 27 条 人民法院经审查认为申请再审事由成立的，一般应由本院提审。

第 28 条 最高人民法院、高级人民法院审查的下列案件，可以指令原审法院再审：

---

[271]《民事诉讼法》（2023 年修正）第 216 条。

（一）依据民事诉讼法第一百七十九条[272]第一款第（八）至第（十三）项事由提起再审的；
（二）因违反法定程序可能影响案件正确判决、裁定提起再审的；
（三）上一级法院认为其他应当指令原审法院再审的。

第 29 条 提审和指令再审的裁定书应当包括以下内容：
（一）申请再审人、被申请人及原审其他当事人基本情况；
（二）原审法院名称、申请再审的生效裁判文书名称、案号；
（三）裁定再审的法律依据；
（四）裁定结果。
裁定书由院长署名，加盖人民法院印章。

第 30 条 驳回再审申请的裁定书，应当包括以下内容：
（一）申请再审人、被申请人及原审其他当事人基本情况；
（二）原审法院名称、申请再审的生效裁判文书名称、案号；
（三）申请再审人主张的再审事由、被申请人的意见；
（四）驳回再审申请的理由、法律依据；
（五）裁定结果。
裁定书由审判人员、书记员署名，加盖人民法院印章。

第 31 条 再审申请被裁定驳回后，申请再审人以相同理由再次申请再审的，不作为申请再审案件审查处理。
申请再审人不服驳回其再审申请的裁定，向作出驳回裁定法院的上一级法院申请再审的，不作为申请再审案件审查

处理。

第 32 条 人民法院应当自受理再审申请之日起 3 个月内审查完毕，但鉴定期间等不计入审查期限。有特殊情况需要延长的，报经本院院长批准。

第 33 条 2008 年 4 月 1 日之前受理，尚未审结的案件，符合申请再审条件的，由受理再审申请的人民法院继续审查处理并作出裁定。

第二百一十五条　再审申请的审查期限以及再审案件管辖法院

人民法院应当自收到再审申请书之日起三个月内审查，符合本法规定的，裁定再审；不符合本法规定的，裁定驳回申请。有特殊情况需要延长的，由本院院长批准。

因当事人申请裁定再审的案件由中级人民法院以上的人民法院审理，但当事人依照本法第二百零六条的规定选择向基层人民法院申请再审的除外。最高人民法院、高级人民法院裁定再审的案件，由本院再审或者交其他人民法院再审，也可以交原审人民法院再审。

■ **相关规定**

◎ 司法解释及文件

《最高人民法院关于适用〈中华人民共和国民事诉讼法〉的解释》（法释〔2022〕11 号　2022 年 4 月 1 日修正）

第 393 条 当事人主张的再审事由成立，且符合民事诉讼法和本解释规定的申请再审条件的，人民法院应当裁定再审。

---

[272]《民事诉讼法》（2023 年修正）第 211 条。

当事人主张的再审事由不成立,或者当事人申请再审超过法定申请再审期限、超出法定再审事由范围等不符合民事诉讼法和本解释规定的申请再审条件的,人民法院应当裁定驳回再审申请。

第396条 审查再审申请期间,被申请人及原审其他当事人依法提出再审申请的,人民法院应当将其列为再审申请人,对其再审事由一并审查,审查期限重新计算。经审查,其中一方再审申请人主张的再审事由成立的,应当裁定再审。各方再审申请人主张的再审事由均不成立的,一并裁定驳回再审申请。

《最高人民法院关于加强和规范案件提级管辖和再审提审工作的指导意见》(法发〔2023〕13号　2023年7月28日)

一、一般规定

第1条 健全完善案件提级管辖、再审提审工作机制,是完善四级法院审级职能定位改革的重要内容,有利于促进诉源治理、统一法律适用、维护群众权益。各级人民法院应当通过积极、规范、合理适用提级管辖,推动将具有指导意义、涉及重大利益、可能受到干预的案件交由较高层级人民法院审理,发挥典型案件裁判的示范引领作用,实现政治效果、社会效果、法律效果的有机统一。中级以上人民法院应当加大再审提审适用力度,精准履行审级监督和再审纠错职能。最高人民法院聚焦提审具有普遍法律适用指导意义、存在重大法律适用分歧的典型案件,充分发挥最高审判机关监督指导全国审判工作、确保法律正确统一适用的职能。

……

第3条 本意见所称"再审提审",是指根据《中华人民共和国民事诉讼法》第二百零五条[273]第二款、第二百一十一条[274]第二款,《中华人民共和国行政诉讼法》第九十一条、第九十二条第二款的规定,上级人民法院对下级人民法院已经发生法律效力的民事、行政判决、裁定,认为确有错误并有必要提审的,裁定由本院再审,包括上级人民法院依职权提审、上级人民法院依当事人再审申请提审、最高人民法院依高级人民法院报请提审。

……

三、规范民事、行政再审提审机制

第15条 上级人民法院对下级人民法院已经发生法律效力的民事、行政判决、裁定,认为符合再审条件的,一般应当提审。

对于符合再审条件的民事、行政判决、裁定,存在下列情形之一的,最高人民法院、高级人民法院可以指令原审人民法院再审,或者指定与原审人民法院同级的其他人民法院再审,但法律和司法解释另有规定的除外:

(一)原判决、裁定认定事实的主要证据未经质证的;

(二)对审理案件需要的主要证据,当事人因客观原因不能自行收集,书面申请人民法院调查收集,人民法院未调查收集的;

(三)违反法律规定,剥夺当事人辩论权利的;

(四)发生法律效力的判决、裁定是由第一审法院作出的;

(五)当事人一方人数众多或者当事人双方均为公民的民事案件;

---

[273]《民事诉讼法》(2023年修正)第209条。
[274]《民事诉讼法》(2023年修正)第215条。

(六) 经审判委员会讨论决定的其他情形。

第 16 条 最高人民法院依法受理的民事、行政申请再审审查案件,除法律和司法解释规定应当提审的情形外,符合下列情形之一的,也应当裁定提审:

(一) 在全国有重大影响的;

(二) 具有普遍法律适用指导意义的;

(三) 所涉法律适用问题在最高人民法院内部存在重大分歧的;

(四) 所涉法律适用问题在不同高级人民法院之间裁判生效的同类案件存在重大分歧的;

(五) 由最高人民法院提审更有利于案件公正审理的;

(六) 最高人民法院认为应当提审的其他情形。

最高人民法院依职权主动发现地方各级人民法院已经发生法律效力的民事、行政判决、裁定确有错误,并且符合前款规定的,应当提审。

第 17 条 高级人民法院对于本院和辖区内人民法院作出的已经发生法律效力的民事、行政判决、裁定,认为适用法律确有错误,且属于本意见第十六条第一款第一项至第五项所列情形之一的,经本院审判委员会讨论决定后,可以报请最高人民法院提审。

第 18 条 高级人民法院报请最高人民法院再审提审的案件,应当向最高人民法院提交书面请示,请示应当包括以下内容:

(一) 案件基本情况;

(二) 本院再审申请审查情况;

(三) 报请再审提审的理由;

(四) 合议庭评议意见、审判委员会讨论意见;

(五) 必要的案件材料。

第 19 条 最高人民法院收到高级人民法院报送的再审提审请示及材料后,由立案庭编立"监"字号,转相关审判庭组成合议庭审查,并在三个月以内作出下述处理:

(一) 符合提审条件的,作出提审裁定;

(二) 不符合提审条件的,作出不同意提审的批复。

最高人民法院不同意提审的,应当在批复中说明意见和理由。

第 20 条 案件报请最高人民法院再审提审的期间和最高人民法院审查处理期间,不计入申请再审审查案件办理期限。

对不同意再审提审的案件,自高级人民法院收到批复之日起,恢复申请再审审查案件的办理期限计算。

四、完善提级管辖、再审提审的保障机制

第 21 条 上级人民法院应当健全完善特殊类型案件的发现、监测、甄别机制,注重通过以下渠道,主动启动提级管辖或者再审提审程序:

(一) 办理下级人民法院关于法律适用问题的请示;

(二) 开展审务督察、司法巡查、案件评查;

(三) 办理检察监督意见;

(四) 办理人大代表、政协委员关注的事项或者问题;

(五) 办理涉及具体案件的群众来信来访;

(六) 处理当事人提出的提级管辖或者再审提审请求;

(七) 开展案件舆情监测;

(八) 办理有关国家机关、社会团体等移送的其他事项。

第 22 条 对于提级管辖、再审提审案件，相关人民法院应当加大监督管理力度，配套完善激励、考核机制，把提级管辖、再审提审案件的规则示范意义、对下指导效果、诉源治理成效、成果转化情况、社会各界反映等作为重要评价内容。

第23条　最高人民法院各审判庭应当强化对下监督指导，统筹做好本审判条线相关案件的提级管辖、再审提审工作，全面掌握案件情况，及时办理请示事项。各高级人民法院应当定期向最高人民法院报送提级管辖案件情况，加强辖区内人民法院各审判业务条线的沟通交流、问题反馈和业务指导，结合辖区审判工作实际，细化明确提级管辖、再审提审案件的范围、情形和程序。

第24条　最高人民法院、高级人民法院应当健全完善提级管辖、再审提审案件的裁判规则转化机制，将提级管辖案件的裁判统一纳入人民法院案例库，积极将具有法律适用指导意义的提级管辖、再审提审案件作为指导性案例、参考性案例培育，推动将具有规则确立意义、示范引领作用的裁判转化为司法解释、司法指导性文件、司法建议、调解指引等。加大对提级管辖、再审提审案件的宣传力度，将宣传重点聚焦到增强人民群众获得感、促进提升司法公信力、有力破除"诉讼主客场"现象上来，积极通过庭审公开、文书说理、案例发布、新闻报道、座谈交流等方式，充分展示相关审判工作成效，促进公众和社会法治意识的养成，为有序推进相关工作营造良好氛围。

五、附则

第25条　本意见由最高人民法院解释。各高级人民法院可以根据相关法律、司法解释和本意见，结合审判工作实际，制定或者修订本地区关于提级管辖、再审提审的实施细则，报最高人民法院备案。

第26条　本意见自2023年8月1日起施行。之前有关规定与本意见不一致的，按照本意见执行。

《最高人民法院关于适用〈中华人民共和国民事诉讼法〉审判监督程序若干问题的解释》（法释〔2008〕14号　2020年12月29日修正）

第7条　人民法院受理再审申请后，应当组成合议庭予以审查。

第8条　人民法院对再审申请的审查，应当围绕再审事由是否成立进行。

第11条　人民法院经审查再审申请书等材料，认为申请再审事由成立的，应当进行裁定再审。

当事人申请再审超过民事诉讼法第二百零五条[275]规定的期限，或者超出民事诉讼法第二百条[276]所列明的再审事由范围的，人民法院应当裁定驳回再审申请。

第12条　人民法院认为仅审查再审申请书等材料难以作出裁定的，应当调阅原审卷宗予以审查。

第13条　人民法院可以根据案情需要决定是否询问当事人。

以有新的证据足以推翻原判决、裁定为由申请再审的，人民法院应当询问当事人。

第14条　在审查再审申请过程中，对方当事人也申请再审的，人民法院应当将其列为申请再审人，对其提出的再审申请一并审查。

第15条　申请再审人在案件审查期

---

[275]　《民事诉讼法》（2023年修正）第216条。
[276]　《民事诉讼法》（2023年修正）第211条。

间申请撤回再审申请的，是否准许，由人民法院裁定。

申请再审人经传票传唤，无正当理由拒不接受询问，可以裁定按撤回再审申请处理。

> **第二百一十六条　当事人申请再审的期限**
>
> 当事人申请再审，应当在判决、裁定发生法律效力后六个月内提出；有本法第二百零七条第一项、第三项、第十二项、第十三项规定情形的，自知道或者应当知道之日起六个月内提出。

▎条文注解

需要注意的是：目前本条规定中，申请再审的六个月时间限制为不变期间，不存在中断或中止的情况。一般六个月的期限是从判决、裁定发生法律效力时才开始起算的。但在以下四种情况下，当事人在判决、裁定发生法律效力后，期间及其起算点是不同的：

1. 判决、裁定发生法律效力后，发现有新的证据，足以推翻原判决、裁定的，当事人应当自知道或者应当知道之日起六个月内申请再审。

2. 判决、裁定发生法律效力后，发现原判决、裁定认定事实的主要证据是伪造的，当事人应当自知道或者应当知道之日起六个月内申请再审。

3. 判决、裁定发生法律效力后，据以作出原判决、裁定的法律文书被撤销或者变更的，当事人应自知道或者应当知道之日起六个月内申请再审。

4. 判决、裁定发生法律效力后，发现审判人员在审理该案件时有贪污受贿、徇私舞弊、枉法裁判行为的，当事人应当自知道或者应当知道之日起六个月内申请再审。

▎相关规定

◎司法解释及文件

《最高人民法院关于适用〈中华人民共和国民事诉讼法〉审判监督程序若干问题的解释》（法释〔2008〕14号　2020年12月29日修正）

第2条　民事诉讼法第二百零五条[277]规定的申请再审期间不适用中止、中断和延长的规定。

第11条　人民法院经审查再审申请书等材料，认为申请再审事由成立的，应当进行裁定再审。

当事人申请再审超过民事诉讼法第二百零五条[278]规定的期限，或者超出民事诉讼法第二百条[279]所列明的再审事由范围的，人民法院应当裁定驳回再审申请。

> **第二百一十七条　中止原判决的执行及例外**
>
> 按照审判监督程序决定再审的案件，裁定中止原判决、裁定、调解书的执行，但追索赡养费、扶养费、抚养费、抚恤金、医疗费用、劳动报酬等案件，可以不中止执行。

▎条文注解

法院决定再审的案件，原则上都应当中止执行，否则不利于保护合法的民事权

---

[277]《民事诉讼法》（2023年修正）第216条。
[278] 同上。
[279]《民事诉讼法》（2023年修正）第211条。

益,但也存在例外情况:追索赡养费、扶养费、抚养费、抚恤金、医疗费用、劳动报酬等案件,可以不中止执行。人民法院在适用时可以根据上述案件的具体实际,客观判断是否中止执行,并且作出相应的裁定。

相关规定

◎司法解释及文件

《最高人民法院关于适用〈中华人民共和国民事诉讼法〉的解释》(法释〔2022〕11号 2022年4月1日修正)

第394条 人民法院对已经发生法律效力的判决、裁定、调解书依法决定再审,依照民事诉讼法第二百一十三条[280]规定,需要中止执行的,应当在再审裁定中同时写明中止原判决、裁定、调解书的执行;情况紧急的,可以将中止执行裁定口头通知负责执行的人民法院,并在通知后十日内发出裁定书。

第二百一十八条 再审案件的审理程序

人民法院按照审判监督程序再审的案件,发生法律效力的判决、裁定是由第一审法院作出的,按照第一审程序审理,所作的判决、裁定,当事人可以上诉;发生法律效力的判决、裁定是由第二审法院作出的,按照第二审程序审理,所作的判决、裁定,是发生法律效力的判决、裁定;上级人民法院按照审判监督程序提审的,按照第二审程序审理,所作的判决、裁定是发生法律效力的判决、裁定。

人民法院审理再审案件,应当另行组成合议庭。

相关规定

◎司法解释及文件

《最高人民法院关于适用〈中华人民共和国民事诉讼法〉的解释》(法释〔2022〕11号 2022年4月1日修正)

第401条 人民法院审理再审案件应当组成合议庭开庭审理,但按照第二审程序审理,有特殊情况或者双方当事人已经通过其他方式充分表达意见,且书面同意不开庭审理的除外。

符合缺席判决条件的,可以缺席判决。

第402条 人民法院开庭审理再审案件,应当按照下列情形分别进行:

(一)因当事人申请再审的,先由再审申请人陈述再审请求及理由,后由被申请人答辩、其他原审当事人发表意见;

(二)因抗诉再审的,先由抗诉机关宣读抗诉书,再由申请抗诉的当事人陈述,后由被申请人答辩、其他原审当事人发表意见;

(三)人民法院依职权再审,有申诉人的,先由申诉人陈述再审请求及理由,后由被申诉人答辩、其他原审当事人发表意见;

(四)人民法院依职权再审,没有申诉人的,先由原审原告或者原审上诉人陈述,后由原审其他当事人发表意见。

对前款第一项至第三项规定的情形,人民法院应当要求当事人明确其再审请求。

第403条 人民法院审理再审案件应

---

[280]《民事诉讼法》(2023年修正)第217条。

当围绕再审请求进行。当事人的再审请求超出原审诉讼请求的,不予审理;符合另案诉讼条件的,告知当事人可以另行起诉。

被申请人及原审其他当事人在庭审辩论结束前提出的再审请求,符合民事诉讼法第二百一十二条[281]规定的,人民法院应当一并审理。

人民法院经再审,发现已经发生法律效力的判决、裁定损害国家利益、社会公共利益、他人合法权益的,应当一并审理。

第404条 再审审理期间,有下列情形之一的,可以裁定终结再审程序:

(一)再审申请人在再审期间撤回再审请求,人民法院准许的;

(二)再审申请人经传票传唤,无正当理由拒不到庭的,或者未经法庭许可中途退庭的,按撤回再审请求处理的;

(三)人民检察院撤回抗诉的;

(四)有本解释第四百条第一项至第四项规定情形的。

因人民检察院提出抗诉裁定再审的案件,申请抗诉的当事人有前款规定的情形,且不损害国家利益、社会公共利益或者他人合法权益的,人民法院应当裁定终结再审程序。

再审程序终结后,人民法院裁定中止执行的原生效判决自动恢复执行。

第405条 人民法院经再审审理认为,原判决、裁定认定事实清楚、适用法律正确的,应予维持;原判决、裁定认定事实、适用法律虽有瑕疵,但裁判结果正确的,应当在再审判决、裁定中纠正瑕疵后予以维持。

原判决、裁定认定事实、适用法律错误,导致裁判结果错误的,应当依法改判、撤销或者变更。

第406条 按照第二审程序再审的案件,人民法院经审理认为不符合民事诉讼法规定的起诉条件或者符合民事诉讼法第一百二十七条规定不予受理情形的,应当裁定撤销一、二审判决,驳回起诉。

《最高人民法院关于适用〈中华人民共和国民事诉讼法〉审判监督程序若干问题的解释》(法释〔2008〕14号 2020年12月29日修正)

第16条 人民法院经审查认为申请再审事由不成立的,应当裁定驳回再审申请。

驳回再审申请的裁定一经送达,即发生法律效力。

第22条 人民法院应当依照民事诉讼法第二百零七条[282]的规定,按照第一审程序或者第二审程序审理再审案件。

人民法院审理再审案件应当开庭审理。但按照第二审程序审理的,双方当事人已经其他方式充分表达意见,且书面同意不开庭审理的除外。

第23条 申请再审人在再审期间撤回再审申请的,是否准许由人民法院裁定。裁定准许的,应终结再审程序。申请再审人经传票传唤,无正当理由拒不到庭的,或者未经法庭许可中途退庭的,可以裁定按自动撤回再审申请处理。

人民检察院抗诉再审的案件,申请抗诉的当事人有前款规定的情形,且不损害国家利益、社会公共利益或第三人利益的,人民法院应当裁定终结再审程序;人民检察院撤回抗诉的,应当准予。

---

[281]《民事诉讼法》(2023年修正)第218条。
[282] 同上。

终结再审程序的,恢复原判决的执行。

第 27 条 人民法院按照第二审程序审理再审案件,发现原判决认定事实错误或者认定事实不清的,应当在查清事实后改判。但原审人民法院便于查清事实、化解纠纷的,可以裁定撤销原判决,发回重审;原审程序遗漏必须参加诉讼的当事人且无法达成调解协议,以及其他违反法定程序不宜在再审程序中直接作出实体处理的,应当裁定撤销原判决,发回重审。

《最高人民法院关于民事审判监督程序严格依法适用指令再审和发回重审若干问题的规定》(法释〔2015〕7 号 2015 年 2 月 16 日)

第 1 条 上级人民法院应当严格依照民事诉讼法第二百条[283]等规定审查当事人的再审申请,符合法定条件的,裁定再审。不得因指令再审而降低再审启动标准,也不得因当事人反复申诉将依法不应当再审的案件指令下级人民法院再审。

第 2 条 因当事人申请裁定再审的案件一般应当由裁定再审的人民法院审理。有下列情形之一的,最高人民法院、高级人民法院可以指令原审人民法院再审:

(一)依据民事诉讼法第二百条[284]第(四)项、第(五)项或者第(九)项裁定再审的;

(二)发生法律效力的判决、裁定、调解书是由第一审法院作出的;

(三)当事人一方人数众多或者当事人双方为公民的;

(四)经审判委员会讨论决定的其他情形。

人民检察院提出抗诉的案件,由接受抗诉的人民法院审理,具有民事诉讼法第二百条[285]第(一)至第(五)项规定情形之一的,可以指令原审人民法院再审。

人民法院依据民事诉讼法第一百九十八条[286]第二款裁定再审的,应当提审。

第 3 条 虽然符合本规定第二条可以指令再审的条件,但有下列情形之一的,应当提审:

(一)原判决、裁定系经原审人民法院再审审理后作出的;

(二)原判决、裁定系经原审人民法院审判委员会讨论作出的;

(三)原审审判人员在审理该案件时有贪污受贿,徇私舞弊,枉法裁判行为的;

(四)原审人民法院对该案无再审管辖权的;

(五)需要统一法律适用或裁量权行使标准的;

(六)其他不宜指令原审人民法院再审的情形。

第 4 条 人民法院按照第二审程序审理再审案件,发现原判决认定基本事实不清的,一般应当通过庭审认定事实后依法作出判决。但原审人民法院未对基本事实进行过审理的,可以裁定撤销原判决,发回重审。原判决认定事实错误的,上级人民法院不得以基本事实不清为由裁定发回重审。

第 5 条 人民法院按照第二审程序审理再审案件,发现第一审人民法院有下列严重违反法定程序情形之一的,可以依照

---

[283]《民事诉讼法》(2023 年修正)第 211 条。
[284] 同上。
[285] 同上。
[286]《民事诉讼法》(2023 年修正)第 209 条。

民事诉讼法第一百七十条[287]第一款第（四）项的规定，裁定撤销原判决，发回第一审人民法院重审：

（一）原判决遗漏必须参加诉讼的当事人的；

（二）无诉讼行为能力人未经法定代理人代为诉讼，或者应当参加诉讼的当事人，因不能归责于本人或者其诉讼代理人的事由，未参加诉讼的；

（三）未经合法传唤缺席判决，或者违反法律规定剥夺当事人辩论权利的；

（四）审判组织的组成不合法或者依法应当回避的审判人员没有回避的；

（五）原判决、裁定遗漏诉讼请求的。

第6条 上级人民法院裁定指令再审、发回重审的，应当在裁定书中阐明指令再审或者发回重审的具体理由。

第7条 再审案件应当围绕申请人的再审请求进行审理和裁判。对方当事人在再审庭审辩论终结前也提出再审请求的，应一并审理和裁判。当事人的再审请求超出原审诉讼请求的不予审理，构成另案诉讼的应告知当事人可以提起新的诉讼。

第8条 再审发回重审的案件，应当围绕当事人原诉讼请求进行审理。当事人申请变更、增加诉讼请求和提出反诉的，按照《最高人民法院关于适用〈中华人民共和国民事诉讼法〉的解释》第二百五十二条的规定审查决定是否准许。当事人变更其在原审中的诉讼主张、质证及辩论意见的，应说明理由并提交相应的证据，理由不成立或证据不充分的，人民法院不予支持。

第9条 各级人民法院对民事案件指令再审和再审发回重审的审判行为，应当严格遵守本规定。违反本规定的，应当依照相关规定追究有关人员的责任。

> **第二百一十九条 人民检察院提起抗诉**
>
> 最高人民检察院对各级人民法院已经发生法律效力的判决、裁定，上级人民检察院对下级人民法院已经发生法律效力的判决、裁定，发现有本法第二百零七条规定情形之一的，或者发现调解书损害国家利益、社会公共利益的，应当提出抗诉。
>
> 地方各级人民检察院对同级人民法院已经发生法律效力的判决、裁定，发现有本法第二百零七条规定情形之一的，或者发现调解书损害国家利益、社会公共利益的，可以向同级人民法院提出检察建议，并报上级人民检察院备案；也可以提请上级人民检察院向同级人民法院提出抗诉。
>
> 各级人民检察院对审判监督程序以外的其他审判程序中审判人员的违法行为，有权向同级人民法院提出检察建议。

条文注解

关于抗诉的级别，本条第二款规定，对生效民事判决、裁定、调解书的抗诉原则上实行"上级抗"，即由上级人民检察院对下级人民法院生效的民事判决、裁定、调解书提出抗诉。地方各级人民检察院对同级人民法院的民事审判活动也有法

---

[287]《民事诉讼法》（2023年修正）第177条。

律监督权,但不能提起抗诉,即不能"同级抗",如果发现同级人民法院已经发生法律效力的判决、裁定有本法第二百一十一条规定情形之一的,以及调解书损害国家利益、社会公共利益的,可以向同级人民法院提出检察建议,并报上级人民检察院备案,也可以提请上级人民检察院提出抗诉。需要明确的是,最高人民检察院可以进行"同级抗",即最高人民检察院对最高人民法院已经发生法律效力的判决、裁定、调解书,发现确有错误的,即符合本法第二百零一十一条规定情形之一的,或者调解书损害国家利益、社会公共利益的,有权向最高人民法院提起抗诉。

相关规定

◎司法解释及文件

《最高人民法院关于适用〈中华人民共和国民事诉讼法〉的解释》(法释〔2022〕11号 2022年4月1日修正)

第407条 人民法院对调解书裁定再审后,按照下列情形分别处理:

(一)当事人提出的调解违反自愿原则的事由不成立,且调解书的内容不违反法律强制性规定的,裁定驳回再审申请;

(二)人民检察院抗诉或者再审检察建议所主张的损害国家利益、社会公共利益的理由不成立的,裁定终结再审程序。

前款规定情形,人民法院裁定中止执行的调解书需要继续执行的,自动恢复执行。

第408条 一审原告在再审审理程序中申请撤回起诉,经其他当事人同意,且不损害国家利益、社会公共利益、他人合法权益的,人民法院可以准许。裁定准许撤诉的,应当一并撤销原判决。

一审原告在再审审理程序中撤回起诉后重复起诉的,人民法院不予受理。

第409条 当事人提交新的证据致使再审改判,因再审申请人或者申请检察监督当事人的过错未能在原审程序中及时举证,被申请人等当事人请求补偿其增加的交通、住宿、就餐、误工等必要费用的,人民法院应予支持。

第410条 部分当事人到庭并达成调解协议,其他当事人未作出书面表示的,人民法院应当在判决中对该事实作出表述;调解协议内容不违反法律规定,且不损害其他当事人合法权益的,可以在判决主文中予以确认。

第411条 人民检察院依法对损害国家利益、社会公共利益的发生法律效力的判决、裁定、调解书提出抗诉,或者经人民检察院检察委员会讨论决定提出再审检察建议的,人民法院应予受理。

第412条 人民检察院对已经发生法律效力的判决以及不予受理、驳回起诉的裁定依法提出抗诉的,人民法院应予受理,但适用特别程序、督促程序、公示催告程序、破产程序以及解除婚姻关系的判决、裁定等不适用审判监督程序的判决、裁定除外。

第413条 人民检察院依照民事诉讼法第二百一十六条[288]第一款第三项规定对有明显错误的再审判决、裁定提出抗诉或者再审检察建议的,人民法院应予受理。

第414条 地方各级人民检察院依当事人的申请对生效判决、裁定向同级人民法院提出再审检察建议,符合下列条件的,应予受理:

(一)再审检察建议书和原审当事人

---

[288] 《民事诉讼法》(2023年修正)第220条。

申请书及相关证据材料已经提交；

（二）建议再审的对象为依照民事诉讼法和本解释规定可以进行再审的判决、裁定；

（三）再审检察建议书列明该判决、裁定有民事诉讼法第二百一十五条[289]第二款规定情形；

（四）符合民事诉讼法第二百一十六条[290]第一款第一项、第二项规定情形；

（五）再审检察建议经该人民检察院检察委员会讨论决定。

不符合前款规定的，人民法院可以建议人民检察院予以补正或者撤回；不予补正或者撤回的，应当函告人民检察院不予受理。

第415条 人民检察院依当事人的申请对生效判决、裁定提出抗诉，符合下列条件的，人民法院应当在三十日内裁定再审：

（一）抗诉书和原审当事人申请书及相关证据材料已经提交；

（二）抗诉对象为依照民事诉讼法和本解释规定可以进行再审的判决、裁定；

（三）抗诉书列明该判决、裁定有民事诉讼法第二百一十五条[291]第一款规定情形；

（四）符合民事诉讼法第二百一十六条[292]第一款第一项、第二项规定情形。

不符合前款规定的，人民法院可以建议人民检察院予以补正或者撤回；不予补正或者撤回的，人民法院可以裁定不予受理。

第416条 当事人的再审申请被上级人民法院裁定驳回后，人民检察院对原判决、裁定、调解书提出抗诉，抗诉事由符合民事诉讼法第二百零七条[293]第一项至第五项规定情形之一的，受理抗诉的人民法院可以交由下一级人民法院再审。

第417条 人民法院收到再审检察建议后，应当组成合议庭，在三个月内进行审查，发现原判决、裁定、调解书确有错误，需要再审的，依照民事诉讼法第二百零五条[294]规定裁定再审，并通知当事人；经审查，决定不予再审的，应当书面回复人民检察院。

第418条 人民法院审理因人民检察院抗诉或者检察建议裁定再审的案件，不受此前已经作出的驳回当事人再审申请裁定的影响。

《人民检察院民事诉讼监督规则》（2021年6月26日）

第18条 民事诉讼监督案件的来源包括：

（一）当事人向人民检察院申请监督；

（二）当事人以外的自然人、法人和非法人组织向人民检察院控告；

（三）人民检察院在履行职责中发现。

第19条 有下列情形之一的，当事人可以向人民检察院申请监督：

（一）已经发生法律效力的民事判决、裁定、调解书符合《中华人民共和国民事

---

[289]《民事诉讼法》（2023年修正）第219条。
[290]《民事诉讼法》（2023年修正）第220条。
[291]《民事诉讼法》（2023年修正）第219条。
[292]《民事诉讼法》（2023年修正）第220条。
[293]《民事诉讼法》（2023年修正）第211条。
[294]《民事诉讼法》（2023年修正）第209条。

诉讼法》第二百零九条[295]第一款规定的；

（二）认为民事审判程序中审判人员存在违法行为的；

（三）认为民事执行活动存在违法情形的。

第20条 当事人依照本规则第十九条第一项规定向人民检察院申请监督，应当在人民法院作出驳回再审申请裁定或者再审判决、裁定发生法律效力之日起两年内提出。

本条规定的期间为不变期间，不适用中止、中断、延长的规定。

人民检察院依职权启动监督程序的案件，不受本条第一款规定期限的限制。

第21条 当事人向人民检察院申请监督，应当提交监督申请书、身份证明、相关法律文书及证据材料。提交证据材料的，应当附证据清单。

申请监督材料不齐备的，人民检察院应当要求申请人限期补齐，并一次性明确告知应补齐的全部材料。申请人逾期未补齐的，视为撤回监督申请。

第24条 本规则第二十一条规定的相关法律文书是指人民法院在该案件诉讼过程中作出的全部判决书、裁定书、决定书、调解书等法律文书。

第26条 当事人申请监督符合下列条件的，人民检察院应当受理：

（一）符合本规则第十九条的规定；

（二）申请人提供的材料符合本规则第二十一条至第二十四条的规定；

（三）属于本院受理案件范围；

（四）不具有本规则规定的不予受理情形。

第27条 当事人根据《中华人民共和国民事诉讼法》第二百零九条[296]第一款的规定向人民检察院申请监督，有下列情形之一的，人民检察院不予受理：

（一）当事人未向人民法院申请再审的；

（二）当事人申请再审超过法律规定的期限的，但不可归责于其自身原因的除外；

（三）人民法院在法定期限内正在对民事再审申请进行审查的；

（四）人民法院已经裁定再审且尚未审结的；

（五）判决、调解解除婚姻关系的，但对财产分割部分不服的除外；

（六）人民检察院已经审查终结作出决定的；

（七）民事判决、裁定、调解书是人民法院根据人民检察院的抗诉或者再审检察建议再审后作出的；

（八）申请监督超过本规则第二十条规定的期限的；

（九）其他不应受理的情形。

第28条 当事人认为民事审判程序或者执行活动存在违法情形，向人民检察院申请监督，有下列情形之一的，人民检察院不予受理：

（一）法律规定可以提出异议、申请复议或者提起诉讼，当事人没有提出异议、申请复议或者提起诉讼的，但有正当理由的除外；

（二）当事人提出异议、申请复议或者提起诉讼后，人民法院已经受理并正在审查处理的，但超过法定期限未作出处理的除外；

---

[295]《民事诉讼法》（2023年修正）第220条。
[296] 同上。

（三）其他不应受理的情形。

当事人对审判、执行人员违法行为申请监督的，不受前款规定的限制。

第29条 当事人根据《中华人民共和国民事诉讼法》第二百零九条[297]第一款的规定向人民检察院申请检察建议或者抗诉，由作出生效民事判决、裁定、调解书的人民法院所在地同级人民检察院负责控告申诉检察的部门受理。

人民法院裁定驳回再审申请或者逾期未对再审申请作出裁定，当事人向人民检察院申请监督的，由作出原生效民事判决、裁定、调解书的人民法院所在地同级人民检察院受理。

第30条 当事人认为民事审判程序中审判人员存在违法行为或者民事执行活动存在违法情形，向人民检察院申请监督的，由审理、执行案件的人民法院所在地同级人民检察院负责控告申诉检察的部门受理。

当事人不服上级人民法院作出的复议裁定、决定等，提出监督申请的，由上级人民法院所在地同级人民检察院受理。人民检察院受理后，可以根据需要依照本规则有关规定将案件交由原审理、执行案件的人民法院所在地同级人民检察院办理。

第37条 人民检察院在履行职责中发现民事案件有下列情形之一的，应当依职权启动监督程序：

（一）损害国家利益或者社会公共利益的；

（二）审判、执行人员有贪污受贿，徇私舞弊，枉法裁判等违法行为的；

（三）当事人存在虚假诉讼等妨害司法秩序行为的；

（四）人民法院作出的已经发生法律效力的民事公益诉讼判决、裁定、调解书确有错误，审判程序中审判人员存在违法行为，或者执行活动存在违法情形的；

（五）依照有关规定需要人民检察院跟进监督的；

（六）具有重大社会影响等确有必要进行监督的情形。

人民检察院对民事案件依职权启动监督程序，不受当事人是否申请再审的限制。

第五章 对生效判决、裁定、调解书的监督
第一节 一般规定

第74条 人民检察院发现人民法院已经发生法律效力的民事判决、裁定有《中华人民共和国民事诉讼法》第二百条[298]规定情形之一的，依法向人民法院提出再审检察建议或者抗诉。

第75条 人民检察院发现民事调解书损害国家利益、社会公共利益的，依法向人民法院提出再审检察建议或者抗诉。

人民检察院对当事人通过虚假诉讼获得的民事调解书应当依照前款规定监督。

第76条 当事人因故意或者重大过失逾期提供的证据，人民检察院不予采纳。但该证据与案件基本事实有关并且能够证明原判决、裁定确有错误的，应当认定为《中华人民共和国民事诉讼法》第二百条[299]第一项规定的情形。

人民检察院依照本规则第六十三条、第六十四条规定调查取得的证据，与案件基本事实有关并且能够证明原判决、裁定确有错误的，应当认定为《中华人民共和

---

[297]《民事诉讼法》（2023年修正）第220条。
[298]《民事诉讼法》（2023年修正）第211条。
[299] 同上。

国民事诉讼法》第二百条[300]第一项规定的情形。

第77条 有下列情形之一的，应当认定为《中华人民共和国民事诉讼法》第二百条[301]第二项规定的"认定的基本事实缺乏证据证明"：

（一）认定的基本事实没有证据支持，或者认定的基本事实所依据的证据虚假、缺乏证明力的；

（二）认定的基本事实所依据的证据不合法的；

（三）对基本事实的认定违反逻辑推理或者日常生活法则的；

（四）认定的基本事实缺乏证据证明的其他情形。

第78条 有下列情形之一，导致原判决、裁定结果错误的，应当认定为《中华人民共和国民事诉讼法》第二百条[302]第六项规定的"适用法律确有错误"：

（一）适用的法律与案件性质明显不符的；

（二）确定民事责任明显违背当事人约定或者法律规定的；

（三）适用已经失效或者尚未施行的法律的；

（四）违反法律溯及力规定的；

（五）违反法律适用规则的；

（六）明显违背立法原意的；

（七）适用法律错误的其他情形。

第79条 有下列情形之一的，应当认定为《中华人民共和国民事诉讼法》第二百条[303]第七项规定的"审判组织的组成不合法"：

（一）应当组成合议庭审理的案件独任审判的；

（二）人民陪审员参与第二审案件审理的；

（三）再审、发回重审的案件没有另行组成合议庭的；

（四）审理案件的人员不具有审判资格的；

（五）审判组织或者人员不合法的其他情形。

第80条 有下列情形之一的，应当认定为《民事诉讼法》第二百条[304]第九项规定的"违反法律规定，剥夺当事人辩论权利"：

（一）不允许或者严重限制当事人行使辩论权利的；

（二）应当开庭审理而未开庭审理的；

（三）违反法律规定送达起诉状副本或者上诉状副本，致使当事人无法行使辩论权利的；

（四）违法剥夺当事人辩论权利的其他情形。

第二节 再审检察建议和提请抗诉

第81条 地方各级人民检察院发现同级人民法院已经发生法律效力的民事判决、裁定有下列情形之一的，可以向同级人民法院提出再审检察建议：

（一）有新的证据，足以推翻原判决、裁定的；

（二）原判决、裁定认定的基本事实缺乏证据证明的；

---

[300] 《民事诉讼法》（2023年修正）第211条。
[301] 同上。
[302] 同上。
[303] 同上。
[304] 同上。

（三）原判决、裁定认定事实的主要证据是伪造的；

（四）原判决、裁定认定事实的主要证据未经质证的；

（五）对审理案件需要的主要证据，当事人因客观原因不能自行收集，书面申请人民法院调查收集，人民法院未调查收集的；

（六）审判组织的组成不合法或者依法应当回避的审判人员没有回避的；

（七）无诉讼行为能力人未经法定代理人代为诉讼或者应当参加诉讼的当事人，因不能归责于本人或者其诉讼代理人的事由，未参加诉讼的；

（八）违反法律规定，剥夺当事人辩论权利的；

（九）未经传票传唤，缺席判决的；

（十）原判决、裁定遗漏或者超出诉讼请求的；

（十一）据以作出原判决、裁定的法律文书被撤销或者变更的。

第82条 符合本规则第八十一条规定的案件有下列情形之一的，地方各级人民检察院一般应当提请上一级人民检察院抗诉：

（一）判决、裁定是经同级人民法院再审后作出的；

（二）判决、裁定是经同级人民法院审判委员会讨论作出的。

第83条 地方各级人民检察院发现同级人民法院已经发生法律效力的民事判决、裁定有下列情形之一的，一般应当提请上一级人民检察院抗诉：

（一）原判决、裁定适用法律确有错误的；

（二）审判人员在审理该案件时有贪污受贿，徇私舞弊，枉法裁判行为的。

第84条 符合本规则第八十二条、第八十三条规定的案件，适宜由同级人民法院再审纠正的，地方各级人民检察院可以向同级人民法院提出再审检察建议。

第85条 地方各级人民检察院发现民事调解书损害国家利益、社会公共利益的，可以向同级人民法院提出再审检察建议，也可以提请上一级人民检察院抗诉。

第86条 对人民法院已经采纳再审检察建议进行再审的案件，提出再审检察建议的人民检察院一般不得再向上级人民检察院提请抗诉。

第87条 人民检察院提出再审检察建议，应当制作《再审检察建议书》，在决定提出再审检察建议之日起十五日内将《再审检察建议书》连同案件卷宗移送同级人民法院，并制作决定提出再审检察建议的《通知书》，发送当事人。

人民检察院提出再审检察建议，应当经本院检察委员会决定，并将《再审检察建议书》报上一级人民检察院备案。

第88条 人民检察院提请抗诉，应当制作《提请抗诉报告书》，在决定提请抗诉之日起十五日内将《提请抗诉报告书》连同案件卷宗报送上一级人民检察院，并制作决定提请抗诉的《通知书》，发送当事人。

第89条 人民检察院认为当事人的监督申请不符合提出再审检察建议或者提请抗诉条件的，应当作出不支持监督申请的决定，并在决定之日起十五日内制作《不支持监督申请决定书》，发送当事人。

第三节 抗　诉

第90条 最高人民检察院对各级人民法院已经发生法律效力的民事判决、裁定、调解书，上级人民检察院对下级人民法院已经发生法律效力的民事判决、裁定、调解书，发现有《中华人民共和国民事诉讼法》第二百条、第二百零八条[305]规定情形的，应当向同级人民法院提出抗诉。

第91条　人民检察院提出抗诉的案件，接受抗诉的人民法院将案件交下一级人民法院再审，下一级人民法院审理后作出的再审判决、裁定仍有明显错误的，原提出抗诉的人民检察院可以依职权再次提出抗诉。

第92条　人民检察院提出抗诉，应当制作《抗诉书》，在决定抗诉之日起十五日内将《抗诉书》连同案件卷宗移送同级人民法院，并由接受抗诉的人民法院向当事人送达再审裁定时一并送达《抗诉书》。

人民检察院应当制作决定抗诉的《通知书》，发送当事人。上级人民检察院可以委托提请抗诉的人民检察院将决定抗诉的《通知书》发送当事人。

第93条　人民检察院认为当事人的监督申请不符合抗诉条件的，应当作出不支持监督申请的决定，并在决定之日起十五日内制作《不支持监督申请决定书》，发送当事人。上级人民检察院可以委托提请抗诉的人民检察院将《不支持监督申请决定书》发送当事人。

第七章　对执行活动的监督

第104条　人民检察院对人民法院执行生效民事判决、裁定、调解书、支付令、仲裁裁决以及公证债权文书等法律文书的活动实行法律监督。

第105条　人民检察院认为人民法院在执行活动中可能存在怠于履行职责情形的，可以依照有关规定向人民法院发出《说明案件执行情况通知书》，要求说明案件的执行情况及理由。

第106条　人民检察院发现人民法院在执行活动中有下列情形之一的，应当向同级人民法院提出检察建议：

（一）决定是否受理、执行管辖权的移转以及审查和处理执行异议、复议、申诉等执行审查活动存在违法、错误情形的；

（二）实施财产调查、控制、处分、交付和分配以及罚款、拘留、信用惩戒措施等执行实施活动存在违法、错误情形的；

（三）存在消极执行、拖延执行等情形的；

（四）其他执行违法、错误情形。

第107条　人民检察院依照本规则第三十条第二款规定受理后交办的案件，下级人民检察院经审查认为人民法院作出的执行复议裁定、决定等存在违法、错误情形的，应当提请上级人民检察院监督；认为人民法院作出的执行复议裁定、决定等正确的，应当作出不支持监督申请的决定。

第108条　人民检察院对执行活动提出检察建议的，应当经检察长或者检察委员会决定，制作《检察建议书》，在决定之日起十五日内将《检察建议书》连同案件卷宗移送同级人民法院，并制作决定提出检察建议的《通知书》，发送当事人。

第109条　人民检察院认为当事人申请监督的人民法院执行活动不存在违法情形的，应当作出不支持监督申请的决定，并在决定之日起十五日内制作《不支持监督申请决定书》，发送申请人。

第110条　人民检察院发现同级人民法院执行活动中执行人员存在违法行为的，参照本规则第六章有关规定执行。

---

[305]　《民事诉讼法》（2023年修正）第211条、第219条。

《最高人民法院关于对执行程序中的裁定的抗诉不予受理的批复》（法复〔1995〕5号 1995年8月10日）

根据《中华人民共和国民事诉讼法》的有关规定，人民法院为了保证已发生法律效力的判决、裁定或者其他法律文书的执行而在执行程序中作出的裁定，不属于抗诉的范围。因此，人民检察院针对人民法院在执行程序中作出的查封财产裁定提出抗诉，于法无据，人民法院不予受理。

《最高人民法院关于人民检察院提出抗诉按照审判监督程序再审维持原裁判的民事、经济、行政案件，人民检察院再次提出抗诉应否受理的批复》（法复〔1995〕7号 1995年10月6日）

上级人民检察院对下级人民法院已经发生法律效力的民事、经济、行政案件提出抗诉的，无论是同级人民法院再审还是指令下级人民法院再审，凡作出维持原裁判的判决、裁定后，原提出抗诉的人民检察院再次提出抗诉的，人民法院不予受理；原提出抗诉的人民检察院的上级人民检察院提出抗诉的，人民法院应当受理。

《最高人民法院关于人民法院发现本院作出的诉前保全裁定和在执行程序中作出的裁定确有错误以及人民检察院对人民法院作出的诉前保全裁定提出抗诉人民法院应当如何处理的批复》（法释〔1998〕17号 1998年7月30日）

一、人民法院院长对本院已经发生法律效力的诉前保全裁定和在执行程序中作出的裁定，发现确有错误，认为需要撤销的，应当提交审判委员会讨论决定后，裁定撤销原裁定。

二、人民检察院对人民法院作出的诉前保全裁定提出抗诉，没有法律依据，人民法院应当通知其不予受理。

《最高人民法院关于人民法院不予受理人民检察院单独就诉讼费负担裁定提出抗诉问题的批复》（法释〔1998〕22号 1998年8月31日）

人民检察院对人民法院就诉讼费负担的裁定提出抗诉，没有法律依据，人民法院不予受理。

《最高人民法院关于人民检察院对撤销仲裁裁决的民事裁定提起抗诉，人民法院应如何处理问题的批复》（法释〔2000〕17号 2000年7月10日）

检察机关对发生法律效力的撤销仲裁裁决的民事裁定提起抗诉，没有法律依据，人民法院不予受理。依照《中华人民共和国仲裁法》第九条的规定，仲裁裁决被人民法院依法撤销后，当事人可以重新达成仲裁协议申请仲裁，也可以向人民法院提起诉讼。

《最高人民法院关于人民检察院对不撤销仲裁裁决的民事裁定提出抗诉人民法院应否受理问题的批复》（法释〔2000〕46号 2000年12月13日）

人民检察院对发生法律效力的不撤销仲裁裁决的民事裁定提出抗诉，没有法律依据，人民法院不予受理。

最高院裁判观点

1. 牡丹江市某建筑公司诉牡丹江市某房地产开发公司等建设工程施工合同纠纷案【最高人民法院指导案例7号】

裁判要旨：人民法院接到民事抗诉书后，经审查发现案件纠纷已经解决，当事人申请撤诉，且不损害国家利益、社会公共利益或第三人利益的，应当依法作出对抗诉案终结审查的裁定；如果已裁定再审，应当依法作出终结再审诉讼的裁定。

2. 武汉某投资公司等骗取调解书虚假诉讼监督案【检例第53号】

裁判要旨：伪造证据、虚构事实提起诉讼，骗取人民法院调解书，妨害司法秩序、损害司法权威，不仅可能损害他人合法权益，而且损害国家和社会公共利益的，构成虚假诉讼。检察机关办理此类虚假诉讼监督案件，应当从交易和诉讼中的异常现象出发，追踪利益流向，查明当事人之间的通谋行为，确认是否构成虚假诉讼，依法予以监督。

3. 陕西某实业公司等公证执行虚假诉讼监督案【检例第54号】

裁判要旨： 当事人恶意串通、捏造事实，骗取公证文书并申请法院强制执行，侵害他人合法权益，损害司法秩序和司法权威，构成虚假诉讼。检察机关对此类虚假诉讼应当依法监督，规范非诉执行行为，维护司法秩序和社会诚信。

4. 福建王某兴等人劳动仲裁执行虚假诉讼监督案【检例第55号】

裁判要旨： 为从执行款项中优先受偿，当事人伪造证据将普通债权债务关系虚构为劳动争议申请劳动仲裁，获取仲裁裁决或调解书，据此向人民法院申请强制执行，构成虚假诉讼。检察机关对此类虚假诉讼行为应当依法进行监督。

5. 江西熊某等交通事故保险理赔虚假诉讼监督案【检例第56号】

裁判要旨： 假冒原告名义提起诉讼，采取伪造证据、虚假陈述等手段，取得法院生效裁判文书，非法获取保险理赔款，构成虚假诉讼。检察机关在履行职责过程中发现虚假诉讼案件线索，应当强化线索发现和调查核实的能力，查明违法事实，纠正错误裁判。

第二百二十条　当事人申请再审检察建议及抗诉的条件

有下列情形之一的，当事人可以向人民检察院申请检察建议或者抗诉：

（一）人民法院驳回再审申请的；

（二）人民法院逾期未对再审申请作出裁定的；

（三）再审判决、裁定有明显错误的。

人民检察院对当事人的申请应当在三个月内进行审查，作出提出或者不予提出检察建议或者抗诉的决定。当事人不得再次向人民检察院申请检察建议或者抗诉。

相关规定

◎司法解释及文件

《最高人民法院关于适用〈中华人民共和国民事诉讼法〉的解释》（法释〔2022〕11号　2022年4月1日修正）

第381条　当事人申请再审，有下列情形之一的，人民法院不予受理：

（一）再审申请被驳回后再次提出申请的；

（二）对再审判决、裁定提出申请的；

（三）在人民检察院对当事人的申请作出不予提出再审检察建议或者抗诉决定后又提出申请的。

前款第一项、第二项规定情形，人民法院应当告知当事人可以向人民检察院申请再审检察建议或者抗诉，但因人民检察院提出再审检察建议或者抗诉而再审作出的判决、裁定除外。

第414条　地方各级人民检察院依当事人的申请对生效判决、裁定向同级人民法院提出再审检察建议，符合下列条件的，应予受理：

（一）再审检察建议书和原审当事人申请书及相关证据材料已经提交；

（二）建议再审的对象为依照民事诉讼法和本解释规定可以进行再审的判决、裁定；

（三）再审检察建议书列明该判决、裁定有民事诉讼法第二百一十五条[306]第二款规定情形；

（四）符合民事诉讼法第二百一十六条[307]第一款第一项、第二项规定情形；

（五）再审检察建议经过该人民检察院检察委员会讨论决定。

不符合前款规定的，人民法院可以建议人民检察院予以补正或者撤回；不予补正或者撤回的，应当函告人民检察院不予受理。

第 415 条　人民检察院依当事人的申请对生效判决、裁定提出抗诉，符合下列条件的，人民法院应当在三十日内裁定再审：

（一）抗诉书和原审当事人申请书及相关证据材料已经提交；

（二）抗诉对象为依照民事诉讼法和本解释规定可以进行再审的判决、裁定；

（三）抗诉书列明该判决、裁定有民事诉讼法第二百一十五条[308]第一款规定情形；

（四）符合民事诉讼法第二百一十六条[309]第一款第一项、第二项规定情形。

不符合前款规定的，人民法院可以建议人民检察院予以补正或者撤回；不予补正或者撤回的，人民法院可以裁定不予受理。

《最高人民检察院关于贯彻执行〈中华人民共和国民事诉讼法〉若干问题的通知》
（高检发民字〔2013〕1号　2013年1月9日）

第 5 条　人民检察院自 2013 年 1 月 1 日起受理的案件，应当在受理之日起三个月内进行审查，作出提出检察建议、抗诉的决定，或者作出不支持监督申请的决定。

第 6 条　人民检察院在受理后经审查，认为申请监督的理由和依据不能成立的，应当作出不支持监督申请的决定并制作决定书送达案件当事人。

第 7 条　人民检察院经审查决定提出检察建议或者抗诉，应当制作检察建议书或者抗诉书发送同级人民法院，并将提出检察建议或者抗诉的决定通知案件当事人。

提出再审检察建议应当经本院检察委员会决定，并报上一级人民检察院备案。

人民检察院经审查决定不提出检察建议或者抗诉的，应当制作不支持监督申请的决定书送达案件当事人。

第 8 条　人民检察院提请抗诉，应当制作提请抗诉报告书连同案件卷宗报送上一级人民检察院，并将提请抗诉的决定通知案件当事人。

人民检察院经审查决定不提请抗诉的，应当制作不支持监督申请的决定书并送达案件当事人。

第二百二十一条　抗诉案件的调查

人民检察院因履行法律监督职责提出检察建议或者抗诉的需要，可以向当事人或者案外人调查核实有关情况。

---

[306]　《民事诉讼法》（2023年修正）第219条。
[307]　《民事诉讼法》（2023年修正）第220条。
[308]　《民事诉讼法》（2023年修正）第219条。
[309]　《民事诉讼法》（2023年修正）第220条。

条文注解

人民检察院依照本条行使调查权主要是要了解与生效判决、裁定、调解书有关的特定信息，是为了决定是否提出检察建议或者抗诉。本条所规定的调查权，不应超出为了对生效判决、裁定、调解书提出检察建议或者抗诉而需要了解情况的具体范围，更不能理解为类似刑事诉讼中的侦查权。人民检察院行使相关职权、履行法律监督职责时，应当明确这一区分，尊重并保护民事诉讼当事人的合法权益。特别是对于涉及个人隐私、信息安全的问题，更要依法行使，严格遵守相关规定。

第二百二十二条　抗诉案件裁定再审的期限及审理法院

人民检察院提出抗诉的案件，接受抗诉的人民法院应当自收到抗诉书之日起三十日内作出再审的裁定；有本法第二百零七条第一项至第五项规定情形之一的，可以交下一级人民法院再审，但经该下一级人民法院再审的除外。

相关规定

◎司法解释及文件

《最高人民法院关于适用〈中华人民共和国民事诉讼法〉的解释》（法释〔2022〕11号　2022年4月1日修正）

第416条　当事人的再审申请被上级人民法院裁定驳回后，人民检察院对原判决、裁定、调解书提出抗诉，抗诉事由符合民事诉讼法第二百零七条[310]第一项至第五项规定情形之一的，受理抗诉的人民法院可以交由下一级人民法院再审。

第二百二十三条　抗诉书

人民检察院决定对人民法院的判决、裁定、调解书提出抗诉的，应当制作抗诉书。

第二百二十四条　人民检察院派员出庭

人民检察院提出抗诉的案件，人民法院再审时，应当通知人民检察院派员出席法庭。

条文注解

检察院派员出席法庭，检察员在法庭上既不处于原告的地位，也不处于被告的地位，即不影响原审当事人的诉讼地位，而是在法庭上陈述抗诉的请求和所依据的事实理由，并监督人民法院的审判活动是否合法。

---

[310]　《民事诉讼法》（2023年修正）第211条。

第十七章 督促程序

第二百二十五条 支付令的申请

债权人请求债务人给付金钱、有价证券，符合下列条件的，可以向有管辖权的基层人民法院申请支付令：

（一）债权人与债务人没有其他债务纠纷的；

（二）支付令能够送达债务人的。

申请书应当写明请求给付金钱或者有价证券的数量和所根据的事实、证据。

条文注解

申请支付令应当符合下列条件：

1. 债权人与债务人没有其他债务纠纷。这是指申请人对被申请人没有给付金钱等其他债务，如果申请人虽然对债务人有债权，但也有债务，就不能申请支付令。比如，甲和乙签订了购销钢材的合同，甲如约履行债务后，乙不按期给付价款，这时甲对乙没有对待给付义务，可以申请人民法院发布支付令。如果甲要求乙支付货款前还没有发货，其对乙还有对待给付义务，就不能申请支付命令。

2. 支付令能够送达债务人。能够送达，指能够通过审判人员、法警直接送达，或者通过邮寄送达、委托送达方式送达到受送达人手中。债务人不在我国境内，或者债务人下落不明需要公告送达的，不能申请支付令。

相关规定

◎司法解释及文件

《最高人民法院关于适用〈中华人民共和国民事诉讼法〉的解释》（法释〔2022〕11号 2022年4月1日修正）

第425条 两个以上人民法院都有管辖权的，债权人可以向其中一个基层人民法院申请支付令。

债权人向两个以上有管辖权的基层人民法院申请支付令的，由最先立案的人民法院管辖。

《最高人民法院关于审理劳动争议案件适用法律问题的解释（一）》（法释〔2020〕26号 2020年12月29日）

第13条 劳动者依据劳动合同法第三十条第二款和调解仲裁法第十六条规定向人民法院申请支付令，符合民事诉讼法第十七章督促程序规定的，人民法院应予受理。

依据劳动合同法第三十条第二款规定申请支付令被人民法院裁定终结督促程序后，劳动者就劳动争议事项直接提起诉讼的，人民法院应当告知其先向劳动争议仲裁机构申请仲裁。

依据调解仲裁法第十六条规定申请支付令被人民法院裁定终结督促程序后，劳动者依据调解协议直接提起诉讼的，人民法院应予受理。

最高院裁判观点

广州某置业公司等骗取支付令执行虚假诉讼监督案【检例第52号】

裁判要旨：当事人恶意串通、虚构债务，骗取法院支付令，并在执行过程中通谋达成和解协议，通过以物抵债的方式侵占国有资产,损害司法秩序,构成虚假诉讼。检察机关对此类案件应当依法进行监督,充分发挥法律监督职能,维护司法秩序,保护国有资产。

文书范本
申请书（申请支付令用）

申 请 书

申请人：×××，男/女，××××年××月××日出生，×族，……（写明工作单位和职务或者职业），住……。联系方式：……。

法定代理人/指定代理人：×××，……。

委托诉讼代理人：×××，……。

被申请人：×××，……。

……

(以上写明当事人和其他诉讼参加人的姓名或者名称等基本信息)

请求事项：

向被申请人×××发出支付令，督促被申请人×××给付申请人×××……（写明请求给付的金钱或者有价证券的名称和数量）。

事实和理由：

……（写明债权债务关系发生的事实、证据）。

此致

××××人民法院

申请人（签名或者公章）
××××年××月××日

文书制作要点提示：

①申请人是法人或者其他组织的，写明名称、住所，另起一行写明法定代表人、主要负责人及其姓名、职务、联系方式。

②注意是否符合申请支付令的条件。

③写明请求给付金钱或者有价证券的数量和所根据的事实、证据。

第二百二十六条　支付令申请的受理

债权人提出申请后，人民法院应当在五日内通知债权人是否受理。

相关规定
◎**司法解释及文件**

《最高人民法院关于适用〈中华人民共和国民事诉讼法〉的解释》（法释〔2022〕11号　2022年4月1日修正）

第426条　人民法院收到债权人的支付令申请书后，认为申请书不符合要求的，可以通知债权人限期补正。人民法院应当自收到补正材料之日起五日内通知债权人是否受理。

第 427 条 债权人申请支付令，符合下列条件的，基层人民法院应当受理，并在收到支付令申请书后五日内通知债权人：

（一）请求给付金钱或者汇票、本票、支票、股票、债券、国库券、可转让的存款单等有价证券；

（二）请求给付的金钱或者有价证券已到期且数额确定，并写明了请求所根据的事实、证据；

（三）债权人没有对待给付义务；

（四）债务人在我国境内且未下落不明；

（五）支付令能够送达债务人；

（六）收到申请书的人民法院有管辖权；

（七）债权人未向人民法院申请诉前保全。

不符合前款规定的，人民法院应当在收到支付令申请书后五日内通知债权人不予受理。

基层人民法院受理申请支付令案件，不受债权金额的限制。

《最高人民法院关于在民事审判工作中适用〈中华人民共和国工会法〉若干问题的解释》（法释〔2020〕17号 2020年12月29日）

第 3 条 基层工会或者上级工会依照工会法第四十三条规定向人民法院申请支付令的，由被申请人所在地的基层人民法院管辖。

第 4 条 人民法院根据工会法第四十三条的规定受理工会提出的拨缴工会经费的支付申请后，应当先行征询被申请人的意见。被申请人仅对应拨缴经费数额有异议的，人民法院应当就无异议部分的工会经费数额发出支付令。

人民法院在审理涉及工会经费的案件中，需要按照工会法第四十二条第一款第（二）项规定的"全部职工""工资总额"确定拨缴数额的，"全部职工""工资总额"的计算，应当按照国家有关部门规定的标准执行。

第 5 条 根据工会法第四十三条和民事诉讼法的有关规定，上级工会向人民法院申请支付令或者提起诉讼，要求企业、事业单位拨缴工会经费的，人民法院应当受理。基层工会要求参加诉讼的，人民法院可以准许其作为共同申请人或者共同原告参加诉讼。

第 6 条 根据工会法第五十二条规定，人民法院审理涉及职工和工会工作人员因参加工会活动或者履行工会法规定的职责而被解除劳动合同的劳动争议案件，可以根据当事人的请求裁判用人单位恢复其工作，并补发被解除劳动合同期间应得的报酬；或者根据当事人的请求裁判用人单位给予本人年收入二倍的赔偿，并根据劳动合同法第四十六条、第四十七条规定给予解除劳动合同时的经济补偿。

第 7 条 对于企业、事业单位无正当理由拖延或者拒不拨缴工会经费的，工会组织向人民法院请求保护其权利的诉讼时效期间，适用民法典第一百八十八条的规定。

第 8 条 工会组织就工会经费的拨缴向人民法院申请支付令的，应当按照《诉讼费用交纳办法》第十四条的规定交纳申请费；督促程序终结后，工会组织另行起诉的，按照《诉讼费用交纳办法》第十三条规定的财产案件受理费标准交纳诉讼费用。

第二百二十七条 审理

人民法院受理申请后,经审查债权人提供的事实、证据,对债权债务关系明确、合法的,应当在受理之日起十五日内向债务人发出支付令;申请不成立的,裁定予以驳回。

债务人应当自收到支付令之日起十五日内清偿债务,或者向人民法院提出书面异议。

债务人在前款规定的期间不提出异议又不履行支付令的,债权人可以向人民法院申请执行。

相关规定

◎司法解释及文件

《最高人民法院关于适用〈中华人民共和国民事诉讼法〉的解释》(法释〔2022〕11号 2022年4月1日修正)

第428条 人民法院受理申请后,由审判员一人进行审查。经审查,有下列情形之一的,裁定驳回申请:

(一)申请人不具备当事人资格的;

(二)给付金钱或者有价证券的证明文件没有约定逾期给付利息或者违约金、赔偿金,债权人坚持要求给付利息或者违约金、赔偿金的;

(三)要求给付的金钱或者有价证券属于违法所得的;

(四)要求给付的金钱或者有价证券尚未到期或者数额不确定的。

人民法院受理支付令申请后,发现不符合本解释规定的受理条件的,应当在受理之日起十五日内裁定驳回申请。

第429条 向债务人本人送达支付令,债务人拒绝接收的,人民法院可以留置送达。

第二百二十八条 支付令的异议及失效的处理

人民法院收到债务人提出的书面异议后,经审查,异议成立的,应当裁定终结督促程序,支付令自行失效。

支付令失效的,转入诉讼程序,但申请支付令的一方当事人不同意提起诉讼的除外。

条文注解

"转入诉讼程序",即申请支付令一方的当事人不需要另行起诉,而直接转入普通诉讼程序,这样就使督促程序较好地与诉讼程序对接,省去了当事人再去立案的麻烦。考虑到有些申请支付令的当事人不一定都会同意转入诉讼,是否诉讼的决定权在于当事人自己,选择督促程序是当事人自己决定的,如果申请支付令一方不同意,则不转入诉讼。

相关规定

◎司法解释及文件

《最高人民法院关于适用〈中华人民共和国民事诉讼法〉的解释》(法释〔2022〕11号 2022年4月1日修正)

第430条 有下列情形之一的,人民法院应当裁定终结督促程序,已发出支付令的,支付令自行失效:

(一)人民法院受理支付令申请后,债权人就同一债权债务关系又提起诉讼的;

(二)人民法院发出支付令之日起三十日内无法送达债务人的;

(三)债务人收到支付令前,债权人撤回申请的。

第431条 债务人在收到支付令后,未在法定期间提出书面异议,而向其他人民法院起诉的,不影响支付令的效力。

债务人超过法定期间提出异议的,视为未提出异议。

第432条 债权人基于同一债权债务关系,在同一支付令申请中向债务人提出多项支付请求,债务人仅就其中一项或者几项请求提出异议的,不影响其他各项请求的效力。

第433条 债权人基于同一债权债务关系,就可分之债向多个债务人提出支付请求,多个债务人中的一人或者几人提出异议的,不影响其他请求的效力。

第434条 对设有担保的债务的主债务人发出的支付令,对担保人没有拘束力。

债权人就担保关系单独提起诉讼的,支付令自人民法院受理案件之日起失效。

第435条 经形式审查,债务人提出的书面异议有下列情形之一的,应当认定异议成立,裁定终结督促程序,支付令自行失效:

(一)本解释规定的不予受理申请情形的;

(二)本解释规定的裁定驳回申请情形的;

(三)本解释规定的应当裁定终结督促程序情形的;

(四)人民法院对是否符合发出支付令条件产生合理怀疑的。

第436条 债务人对债务本身没有异议,只是提出缺乏清偿能力、延缓债务清偿期限、变更债务清偿方式等异议的,不影响支付令的效力。

人民法院经审查认为异议不成立的,裁定驳回。

债务人的口头异议无效。

第437条 人民法院作出终结督促程序或者驳回异议裁定前,债务人请求撤回异议的,应当裁定准许。

债务人对撤回异议反悔的,人民法院不予支持。

第438条 支付令失效后,申请支付令的一方当事人不同意提起诉讼的,应当自收到终结督促程序裁定之日起七日内向受理申请的人民法院提出。

申请支付令的一方当事人不同意提起诉讼的,不影响其向其他有管辖权的人民法院提起诉讼。

第439条 支付令失效后,申请支付令的一方当事人自收到终结督促程序裁定之日起七日内未向受理申请的人民法院表明不同意提起诉讼的,视为向受理申请的人民法院起诉。

债权人提出支付令申请的时间,即为向人民法院起诉的时间。

第440条 债权人向人民法院申请执行支付令的期间,适用民事诉讼法第二百四十六条的规定。

第441条 人民法院院长发现本院已经发生法律效力的支付令确有错误,认为需要撤销的,应当提交本院审判委员会讨论决定后,裁定撤销支付令,驳回债权人的申请。

《最高人民法院关于支付令生效后发现确有错误应当如何处理给山东省高级人民法院的复函》(法函〔1992〕98号 1992年7月13日)

一、债务人未在法定期间提出书面异议,支付令即发生法律效力,债务人不得申请再审;超过法定期间债务人提出的异议,不影响支付令的效力。

二、人民法院院长对本院已经发生法律效力的支付令,发现确有错误,认为需要撤销的,应当提交审判委员会讨论通过后,裁定撤销原支付令,驳回债权人的申请。

第十八章　公示催告程序

第二百二十九条　公示催告程序的提起

按照规定可以背书转让的票据持有人，因票据被盗、遗失或者灭失，可以向票据支付地的基层人民法院申请公示催告。依照法律规定可以申请公示催告的其他事项，适用本章规定。

申请人应当向人民法院递交申请书，写明票面金额、发票人、持票人、背书人等票据主要内容和申请的理由、事实。

【条文注解】

公示催告程序，在于宣告不明的利害关系人对公示催告事项的权利无效，在此程序中，没有特定的相对人，如果相对人是明确的，应当提起诉讼，不得适用公示催告程序。

【相关规定】

◎法　律

《公司法》（2018年10月26日）

第143条　记名股票被盗、遗失或者灭失，股东可以依照《中华人民共和国民事诉讼法》规定的公示催告程序，请求人民法院宣告该股票失效。人民法院宣告该股票失效后，股东可以向公司申请补发股票。

◎司法解释及文件

《最高人民法院关于适用〈中华人民共和国民事诉讼法〉的解释》（法释〔2022〕11号　2022年4月1日修正）

第442条　民事诉讼法第二百二十五条[311]规定的票据持有人，是指票据被盗、遗失或者灭失前的最后持有人。

《最高人民法院关于审理票据纠纷案件若干问题的规定》（法释〔2000〕32号　2020年12月29日修正）

第28条　失票人通知票据付款人挂失止付后三日内向人民法院申请公示催告的，公示催告申请书应当载明下列内容：

（一）票面金额；

（二）出票人、持票人、背书人；

（三）申请的理由、事实；

（四）通知票据付款人或者代理付款人挂失止付的时间；

（五）付款人或者代理付款人的名称、通信地址、电话号码等。

第29条　人民法院决定受理公示催告申请，应当同时通知付款人及代理付款人停止支付，并自立案之日起三日内发出公告。

第30条　付款人或者代理付款人收到人民法院发出的止付通知，应当立即停止支付，直至公示催告程序终结。非经发出止付通知的人民法院许可擅自解付的，不得免除票据责任。

第31条　公告应当在全国性报纸或

---

[311]《民事诉讼法》（2023年修正）第229条。

者其他媒体上刊登,并于同日公布于人民法院公告栏内。人民法院所在地有证券交易所的,还应当同日在该交易所公布。

第32条　依照《民事诉讼法》(以下简称民事诉讼法)第二百一十九条[312]的规定,公告期间不得少于六十日,且公示催告期间届满日不得早于票据付款日后十五日。

第33条　依照民事诉讼法第二百二十条[313]第二款的规定,在公示催告期间,以公示催告的票据质押、贴现,因质押、贴现而接受该票据的持票人主张票据权利的,人民法院不予支持,但公示催告期间届满以后人民法院作出除权判决以前取得该票据的除外。

第34条　票据丧失后,失票人在票据权利时效届满以前请求出票人补发票据,或者请求债务人付款,在提供相应担保的情况下因债务人拒绝付款或者出票人拒绝补发票据提起诉讼的,由被告住所地或者票据支付地人民法院管辖。

第35条　失票人因请求出票人补发票据或者请求债务人付款遭到拒绝而向人民法院提起诉讼的,被告应为与失票人具有票据债权债务关系的出票人、拒绝付款的票据付款人或者承兑人。

第36条　失票人为行使票据所有权,向非法持有票据人请求返还票据的,人民法院应当依法受理。

第37条　失票人向人民法院提起诉讼的,应向人民法院说明曾经持有票据及丧失票据的情形,人民法院应当根据案件的具体情况,决定当事人是否应当提供担保以及担保的数额。

第38条　对于伪报票据丧失的当事人,人民法院在查明事实,裁定终结公示催告或者诉讼程序后,可以参照民事诉讼法第一百一十一条[314]的规定,追究伪报人的法律责任。

第二百三十条　受理、止付通知与公告

人民法院决定受理申请,应当同时通知支付人停止支付,并在三日内发出公告,催促利害关系人申报权利。公示催告的期间,由人民法院根据情况决定,但不得少于六十日。

■相关规定

◎司法解释及文件

《最高人民法院关于适用〈中华人民共和国民事诉讼法〉的解释》(法释〔2022〕11号　2022年4月1日修正)

第443条　人民法院收到公示催告的申请后,应当立即审查,并决定是否受理。经审查认为符合受理条件的,通知予以受理,并同时通知支付人停止支付;认为不符合受理条件的,七日内裁定驳回申请。

第444条　因票据丧失,申请公示催告的,人民法院应结合票据存根、丧失票据的复印件、出票人关于签发票据的证明、申请人合法取得票据的证明、银行挂失止付通知书、报案证明等证据,决定是否受理。

---

[312]　《民事诉讼法》(2023年修正)第230条。
[313]　《民事诉讼法》(2023年修正)第231条。
[314]　《民事诉讼法》(2023年修正)第114条。

第445条　人民法院依照民事诉讼法第二百二十六条[315]规定发出的受理申请的公告，应当写明下列内容：

（一）公示催告申请人的姓名或者名称；

（二）票据的种类、号码、票面金额、出票人、背书人、持票人、付款期限等事项以及其他可以申请公示催告的权利凭证的种类、号码、权利范围、权利人、义务人、行权日期等事项；

（三）申报权利的期间；

（四）在公示催告期间转让票据等权利凭证，利害关系人不申报的法律后果。

第446条　公告应当在有关报纸或者其他媒体上刊登，并于同日公布于人民法院公告栏内。人民法院所在地有证券交易所的，还应当同日在该交易所公布。

第447条　公告期间不得少于六十日，且公示催告期间届满日不得早于票据付款日后十五日。

第448条　在申报期届满后、判决作出之前，利害关系人申报权利的，应当适用民事诉讼法第二百二十八条[316]第二款、第三款规定处理。

第449条　利害关系人申报权利，人民法院应当通知其向法院出示票据，并通知公示催告申请人在指定的期间查看该票据。公示催告申请人申请公示催告的票据与利害关系人出示的票据不一致的，应当裁定驳回利害关系人的申报。

第452条　适用公示催告程序审理案件，可由审判员一人独任审理；判决宣告票据无效的，应当组成合议庭审理。

第453条　公示催告申请人撤回申请，应在公示催告前提出；公示催告期间申请撤回的，人民法院可以径行裁定终结公示催告程序。

第二百三十一条　止付通知和公告的效力

支付人收到人民法院停止支付的通知，应当停止支付，至公示催告程序终结。

公示催告期间，转让票据权利的行为无效。

条文注解

支付人收到人民法院停止支付的通知后，应当停止向持有该票据的人支付票据所载款额，一直到公示催告程序终结。如果支付人接到通知后，支付了该票据，票据权利人的损失由支付人赔偿。

相关规定

◎司法解释及文件

《最高人民法院关于适用〈中华人民共和国民事诉讼法〉的解释》（法释〔2022〕11号　2022年4月1日修正）

第454条　人民法院依照民事诉讼法第二百二十七条[317]规定通知支付人停止支付，应当符合有关财产保全的规定。支付人收到停止支付通知后拒不止付的，除可依照民事诉讼法第一百一十四条、第一百一十七条规定采取强制措施外，在判决后，支付人仍应承担付款义务。

---

[315]　《民事诉讼法》（2023年修正）第230条。
[316]　《民事诉讼法》（2023年修正）第232条。
[317]　《民事诉讼法》（2023年修正）第231条。

第二百三十二条 利害关系人申报权利

利害关系人应当在公示催告期间向人民法院申报。

人民法院收到利害关系人的申报后，应当裁定终结公示催告程序，并通知申请人和支付人。

申请人或者申报人可以向人民法院起诉。

相关规定

◎司法解释及文件

《最高人民法院关于适用〈中华人民共和国民事诉讼法〉的解释》（法释〔2022〕11 号 2022 年 4 月 1 日修正）

第 448 条 在申报期届满后、判决作出之前，利害关系人申报权利的，应当适用民事诉讼法第二百二十八条[318]第二款、第三款规定处理。

第 449 条 利害关系人申报权利，人民法院应当通知其向法院出示票据，并通知公示催告申请人在指定的期间查看该票据。公示催告申请人申请公示催告的票据与利害关系人出示的票据不一致的，应当裁定驳回利害关系人的申报。

第 455 条 人民法院依照民事诉讼法第二百二十八条[319]规定终结公示催告程序后，公示催告申请人或者申报人向人民法院提起诉讼，因票据权利纠纷提起的，由票据支付地或者被告住所地人民法院管辖；因非票据权利纠纷提起的，由被告住所地人民法院管辖。

第 456 条 依照民事诉讼法第二百二

十八条[320]规定制作的终结公示催告程序的裁定书，由审判员、书记员署名，加盖人民法院印章。

第二百三十三条 除权判决

没有人申报的，人民法院应当根据申请人的申请，作出判决，宣告票据无效。判决应当公告，并通知支付人。自判决公告之日起，申请人有权向支付人请求支付。

条文注解

宣告票据无效的判决具有两方面的法律后果：第一，除申请人外，其他人失去了对票据的权利，今后其他任何持票人要求支付，票据支付人有权拒付；第二，自判决公告之日起，申请人可以向票据支付人主张权利，也就是说，申请人可以要求票据支付人付给其失去的票据上所载的金额。

相关规定

◎司法解释及文件

《最高人民法院关于适用〈中华人民共和国民事诉讼法〉的解释》（法释〔2022〕11 号 2022 年 4 月 1 日修正）

第 450 条 在申报权利的期间无人申报权利，或者申报被驳回的，申请人应当自公示催告期间届满之日起一个月内申请作出判决。逾期不申请判决的，终结公示催告程序。

裁定终结公示催告程序的，应当通知申请人和支付人。

---

[318]《民事诉讼法》（2023 年修正）第 232 条。
[319] 同上。
[320] 同上。

第 451 条 判决公告之日起，公示催告申请人有权依据判决向付款人请求付款。

付款人拒绝付款，申请人向人民法院起诉，符合民事诉讼法第一百二十二条规定的起诉条件的，人民法院应予受理。

> **第二百三十四条 除权判决的撤销**
>
> 利害关系人因正当理由不能在判决前向人民法院申报的，自知道或者应当知道判决公告之日起一年内，可以向作出判决的人民法院起诉。

条文注解

为了促使票据权利人及时主张权利，以利于经济关系的稳定，申请撤销公示催告判决的诉讼应当在知道或者应当知道判决公告之日起一年内提出，超过了一年，人民法院不予保护。

相关规定

◎司法解释及文件

《最高人民法院关于适用〈中华人民共和国民事诉讼法〉的解释》（法释〔2022〕11 号 2022 年 4 月 1 日修正）

第 457 条 依照民事诉讼法第二百三十条[321]的规定，利害关系人向人民法院起诉的，人民法院可按票据纠纷适用普通程序审理。

第 458 条 民事诉讼法第二百三十条[322]规定的正当理由，包括：

（一）因发生意外事件或者不可抗力致使利害关系人无法知道公告事实的；

（二）利害关系人因被限制人身自由而无法知道公告事实，或者虽然知道公告事实，但无法自己或者委托他人代为申报权利的；

（三）不属于法定申请公示催告情形的；

（四）未予公告或者未按法定方式公告的；

（五）其他导致利害关系人在判决作出前未能向人民法院申报权利的客观事由。

第 459 条 根据民事诉讼法第二百三十条[323]的规定，利害关系人请求人民法院撤销除权判决的，应当将申请人列为被告。

利害关系人仅诉请确认其为合法持票人的，人民法院应当在裁判文书中写明，确认利害关系人为票据权利人的判决作出后，除权判决即被撤销。

---

[321] 《民事诉讼法》（2023 年修正）第 234 条。
[322] 同上。
[323] 同上。

第三编 执行程序

第十九章 一般规定

第二百三十五条 执行依据及管辖

发生法律效力的民事判决、裁定,以及刑事判决、裁定中的财产部分,由第一审人民法院或者与第一审人民法院同级的被执行的财产所在地人民法院执行。

法律规定由人民法院执行的其他法律文书,由被执行人住所地或者被执行的财产所在地人民法院执行。

◎ 条文注解

本条第二款规定的"法律规定由人民法院执行的其他法律文书"主要指人民法院依督促程序发布的支付令、仲裁机构制作的生效的裁决书、公证机构制作的依法赋予强制执行效力的债权文书。

◎ 相关规定

◎ 法 律

《仲裁法》(2017年9月1日)

第62条 当事人应当履行裁决。一方当事人不履行的,另一方当事人可以依照民事诉讼法的有关规定向人民法院申请执行。受申请的人民法院应当执行。

《公证法》(2017年9月1日)

第37条 对经公证的以给付为内容并载明债务人愿意接受强制执行承诺的债权文书,债务人不履行或者履行不适当的,债权人可以依法向有管辖权的人民法院申请执行。

前款规定的债权文书确有错误的,人民法院裁定不予执行,并将裁定书送达双方当事人和公证机构。

◎ 司法解释及文件

《最高人民法院关于适用〈中华人民共和国民事诉讼法〉的解释》(法释〔2022〕11号 2022年4月1日修正)

第460条 发生法律效力的实现担保物权裁定、确认调解协议裁定、支付令,由作出裁定、支付令的人民法院或者与其同级的被执行财产所在地的人民法院执行。

认定财产无主的判决,由作出判决的人民法院将无主财产收归国家或者集体所有。

第461条 当事人申请人民法院执行的生效法律文书应当具备下列条件:

(一)权利义务主体明确;

(二)给付内容明确。

法律文书确定继续履行合同的,应当明确继续履行的具体内容。

《最高人民法院关于适用〈中华人民共和国民事诉讼法〉执行程序若干问题的解释》(法释〔2008〕13号 2020年12月29日修正)

第1条 申请执行人向被执行的财产所在地人民法院申请执行的,应当提供该人民法院辖区有可供执行财产的证明材料。

第2条 对两个以上人民法院都有管辖权的执行案件,人民法院在立案前发现其他有管辖权的人民法院已经立案的,不得重复立案。

立案后发现其他有管辖权的人民法院已经立案的,应当撤销案件;已经采取执行措施的,应当将控制的财产交先立案的执行法院处理。

第 3 条 人民法院受理执行申请后,当事人对管辖权有异议的,应当自收到执行通知书之日起十日内提出。

人民法院对当事人提出的异议,应当审查。异议成立的,应当撤销执行案件,并告知当事人向有管辖权的人民法院申请执行;异议不成立的,裁定驳回。当事人对裁定不服的,可以向上一级人民法院申请复议。

管辖权异议审查和复议期间,不停止执行。

《最高人民法院关于适用〈中华人民共和国仲裁法〉若干问题的解释》(法释〔2006〕7 号 2018 年 12 月 16 日)

第 29 条 当事人申请执行仲裁裁决案件,由被执行人住所地或者被执行的财产所在地的中级人民法院管辖。

《最高人民法院关于人民法院执行工作若干问题的规定(试行)》(法释〔1998〕15 号 2020 年 12 月 29 日修正)

2. 执行机构负责执行下列生效法律文书:

(1) 人民法院民事、行政判决、裁定、调解书,民事制裁决定、支付令,以及刑事附带民事判决、裁定、调解书,刑事裁判涉财产部分;

(2) 依法应由人民法院执行的行政处罚决定、行政处理决定;

(3) 我国仲裁机构作出的仲裁裁决和调解书,人民法院依据《中华人民共和国仲裁法》有关规定作出的财产保全和证据保全裁定;

(4) 公证机关依法赋予强制执行效力的债权文书;

(5) 经人民法院裁定承认其效力的外国法院作出的判决、裁定,以及国外仲裁机构作出的仲裁裁决;

(6) 法律规定由人民法院执行的其他法律文书。

9. 在国内仲裁过程中,当事人申请财产保全,经仲裁机构提交人民法院的,由被申请人住所地或被申请保全的财产所在地的基层人民法院裁定并执行;申请证据保全的,由证据所在地的基层人民法院裁定并执行。

10. 在涉外仲裁过程中,当事人申请财产保全,经仲裁机构提交人民法院的,由被申请人住所地或被申请保全的财产所在地的中级人民法院裁定并执行;申请证据保全的,由证据所在地的中级人民法院裁定并执行。

11. 专利管理机关依法作出的处理决定和处罚决定,由被执行人住所地或财产所在地的省、自治区、直辖市有权受理专利纠纷案件的中级人民法院执行。

12. 国务院各部门、各省、自治区、直辖市人民政府和海关依照法律、法规作出的处理决定和处罚决定,由被执行人住所地或财产所在地的中级人民法院执行。

13. 两个以上人民法院都有管辖权的,当事人可以向其中一个人民法院申请执行;当事人向两个以上人民法院申请执行的,由最先立案的人民法院管辖。

14. 人民法院之间因执行管辖权发生争议的,由双方协商解决;协商不成的,报请双方共同的上级人民法院指定管辖。

15. 基层人民法院和中级人民法院管辖的执行案件,因特殊情况需要由上级人民法院执行的,可以报请上级人民法院执行。

三、执行的申请和移送

16. 人民法院受理执行案件应当符合下列条件：

（1）申请或移送执行的法律文书已经生效；

（2）申请执行人是生效法律文书确定的权利人或其继承人、权利承受人；

（3）申请执行的法律文书有给付内容，且执行标的和被执行人明确；

（4）义务人在生效法律文书确定的期限内未履行义务；

（5）属于受申请执行的人民法院管辖。

人民法院对符合上述条件的申请，应当在七日内予以立案；不符合上述条件之一的，应当在七日内裁定不予受理。

最高院裁判观点

中投担保公司与海通公司等证券权益纠纷执行复议案【最高人民法院指导案例36号】

裁判要旨：被执行人在收到执行法院执行通知之前，收到另案执行法院要求其向申请执行人的债权人直接清偿已经法院生效法律文书确认的债务的通知，并清偿债务的，执行法院不能将该部分已清偿债务纳入执行范围。

第二百三十六条　对违法的执行行为的异议

当事人、利害关系人认为执行行为违反法律规定的，可以向负责执行的人民法院提出书面异议。当事人、利害关系人提出书面异议的，人民法院应当自收到书面异议之日起十五日内审查，理由成立的，裁定撤销或者改正；理由不成立的，裁定驳回。当事人、利害关系人对裁定不服的，可以自裁定送达之日起十日内向上一级人民法院申请复议。

相关规定

◎司法解释及文件

《最高人民法院关于审理涉执行司法赔偿案件适用法律若干问题的解释》（法释〔2022〕3号　2022年2月8日）

为正确审理涉执行司法赔偿案件，保障公民、法人和其他组织的合法权益，根据《中华人民共和国国家赔偿法》等法律规定，结合人民法院国家赔偿审判和执行工作实际，制定本解释。

第1条　人民法院在执行判决、裁定及其他生效法律文书过程中，错误采取财产调查、控制、处置、交付、分配等执行措施或者罚款、拘留等强制措施，侵犯公民、法人和其他组织合法权益并造成损害，受害人依照国家赔偿法第三十八条规定申请赔偿的，适用本解释。

第2条　公民、法人和其他组织认为有下列错误执行行为造成损害申请赔偿的，人民法院应当依法受理：

（一）执行未生效法律文书，或者明显超出生效法律文书确定的数额和范围执行的；

（二）发现被执行人有可供执行的财产，但故意拖延执行、不执行，或者应当依法恢复执行而不恢复的；

（三）违法执行案外人财产，或者违法将案件执行款物交付给其他当事人、案外人的；

（四）对抵押、质押、留置、保留所有权等财产采取执行措施，未依法保护上述权利人优先受偿权等合法权益的；

（五）对其他人民法院已经依法采取保全或者执行措施的财产违法执行的；

（六）对执行中查封、扣押、冻结的

财产故意不履行或者怠于履行监管职责的;

（七）对不宜长期保存或者易贬值的财产采取执行措施,未及时处理或者违法处理的;

（八）违法拍卖、变卖、以物抵债,或者依法应当评估而未评估,依法应当拍卖而未拍卖的;

（九）违法撤销拍卖、变卖或者以物抵债的;

（十）违法采取纳入失信被执行人名单、限制消费、限制出境等措施的;

（十一）因违法或者过错采取执行措施或者强制措施的其他行为。

第3条　原债权人转让债权的,其基于债权申请国家赔偿的权利随之转移,但根据债权性质、当事人约定或者法律规定不得转让的除外。

第4条　人民法院将查封、扣押、冻结等事项委托其他人民法院执行的,公民、法人和其他组织认为错误执行行为造成损害申请赔偿的,委托法院为赔偿义务机关。

第5条　公民、法人和其他组织申请错误执行赔偿,应当在执行程序终结后提出,终结前提出的不予受理。但有下列情形之一,且无法在相关诉讼或者执行程序中予以补救的除外：

（一）罚款、拘留等强制措施已被依法撤销,或者实施过程中造成人身损害的;

（二）被执行的财产经诉讼程序依法确认不属于被执行人,或者人民法院生效法律文书已确认执行行为违法的;

（三）自立案执行之日起超过五年,且已裁定终结本次执行程序,被执行人已无可供执行财产的;

（四）在执行程序终结前可以申请赔偿的其他情形。

赔偿请求人依据前款规定,在执行程序终结后申请赔偿的,该执行程序期间不计入赔偿请求时效。

第6条　公民、法人和其他组织在执行异议、复议或者执行监督程序审查期间,就相关执行措施或者强制措施申请赔偿的,人民法院不予受理,已经受理的予以驳回,并告知其在上述程序终结后可以依照本解释第五条的规定依法提出赔偿申请。

公民、法人和其他组织在执行程序中未就相关执行措施、强制措施提出异议、申请复议或者申请执行监督,不影响其依法申请赔偿的权利。

第7条　经执行异议、复议或者执行监督程序作出的生效法律文书,对执行行为是否合法已有认定的,该生效法律文书可以作为人民法院赔偿委员会认定执行行为合法性的根据。

赔偿请求人对执行行为的合法性提出相反主张,且提供相应证据予以证明的,人民法院赔偿委员会应当对执行行为进行合法性审查并作出认定。

第8条　根据当时有效的执行依据或者依法认定的基本事实作出的执行行为,不因下列情形而认定为错误执行：

（一）采取执行措施或者强制措施后,据以执行的判决、裁定及其他生效法律文书被撤销或者变更的;

（二）被执行人足以对抗执行的实体事由,系在执行措施完成后发生或者被依法确认的;

（三）案外人对执行标的享有足以排除执行的实体权利,系在执行措施完成后经法定程序确认的;

（四）人民法院作出准予执行行政行为的裁定并实施后,该行政行为被依法变

更、撤销、确认违法或者确认无效的;

(五)根据财产登记采取执行措施后,该登记被依法确认错误的;

(六)执行依据或者基本事实嗣后改变的其他情形。

第9条 赔偿请求人应当对其主张的损害负举证责任。但因人民法院未列清单、列举不详等过错致使赔偿请求人无法就损害举证的,应当由人民法院对上述事实承担举证责任。

双方主张损害的价值无法认定的,应当由负有举证责任的一方申请鉴定。负有举证责任的一方拒绝申请鉴定的,由其承担不利的法律后果;无法鉴定的,人民法院赔偿委员会应当结合双方的主张和在案证据,运用逻辑推理、日常生活经验等进行判断。

第10条 被执行人因财产权被侵犯依照本解释第五条第一款规定申请赔偿,其债务尚未清偿的,获得的赔偿金应当首先用于清偿其债务。

第11条 因错误执行取得不当利益且无法返还的,人民法院承担赔偿责任后,可以依据赔偿决定向取得不当利益的人追偿。

因错误执行致使生效法律文书无法执行,申请执行人获得国家赔偿后申请继续执行的,不予支持。人民法院承担赔偿责任后,可以依据赔偿决定向被执行人追偿。

第12条 在执行过程中,因保管人或者第三人的行为侵犯公民、法人和其他组织合法权益并造成损害的,应当由保管人或者第三人承担责任。但人民法院未尽监管职责的,应当在其能够防止或者制止损害发生、扩大的范围内承担相应的赔偿责任,并可以依据赔偿决定向保管人或者第三人追偿。

第13条 属于下列情形之一的,人民法院不承担赔偿责任:

(一)申请执行人提供财产线索错误的;

(二)执行措施系根据依法提供的担保而采取或者解除的;

(三)人民法院工作人员实施与行使职权无关的个人行为的;

(四)评估或者拍卖机构实施违法行为造成损害的;

(五)因不可抗力、正当防卫或者紧急避险造成损害的;

(六)依法不应由人民法院承担赔偿责任的其他情形。

前款情形中,人民法院有错误执行行为的,应当根据其在损害发生过程和结果中所起的作用承担相应的赔偿责任。

第14条 错误执行造成公民、法人和其他组织利息、租金等实际损失的,适用国家赔偿法第三十六条第八项的规定予以赔偿。

第15条 侵犯公民、法人和其他组织的财产权,按照错误执行行为发生时的市场价格不足以弥补受害人损失或者该价格无法确定的,可以采用下列方式计算损失:

(一)按照错误执行行为发生时的市场价格计算财产损失并支付利息,利息计算期间从错误执行行为实施之日起至赔偿决定作出之日止;

(二)错误执行行为发生时的市场价格无法确定,或者因时间跨度长、市场价格波动大等因素按照错误执行行为发生时的市场价格计算显失公平的,可以参照赔偿决定作出时同类财产市场价格计算;

(三)其他合理方式。

第16条 错误执行造成受害人停产停业的,下列损失属于停产停业期间必要的经常性费用开支：

（一）必要留守职工工资；

（二）必须缴纳的税款、社会保险费；

（三）应当缴纳的水电费、保管费、仓储费、承包费；

（四）合理的房屋场地租金、设备租金、设备折旧费；

（五）维系停产停业期间运营所需的其他基本开支。

错误执行生产设备、用于营运的运输工具，致使受害人丧失唯一生活来源的，按照其实际损失予以赔偿。

第17条 错误执行侵犯债权的，赔偿范围一般应当以债权标的额为限。债权受让人申请赔偿的，赔偿范围以其受让债权时支付的对价为限。

第18条 违法采取保全措施的案件进入执行程序后，公民、法人和其他组织申请赔偿的，应当作为错误执行案件予以立案审查。

第19条 审理违法采取妨害诉讼的强制措施、保全、先予执行赔偿案件，可以参照适用本解释。

第20条 本解释自2022年3月1日起施行。施行前本院公布的司法解释与本解释不一致的，以本解释为准。

《最高人民法院关于适用〈中华人民共和国民事诉讼法〉执行程序若干问题的解释》（法释〔2008〕13号 2020年12月29日修正）

第5条 执行过程中，当事人、利害关系人认为执行法院的执行行为违反法律规定的，可以依照民事诉讼法第二百二十五条[324]的规定提出异议。

执行法院审查处理执行异议，应当自收到书面异议之日起十五日内作出裁定。

第6条 当事人、利害关系人依照民事诉讼法第二百二十五条[325]规定申请复议的，应当采取书面形式。

第7条 当事人、利害关系人申请复议的书面材料，可以通过执行法院转交，也可以直接向执行法院的上一级人民法院提交。

执行法院收到复议申请后，应当在五日内将复议所需的案卷材料报送上一级人民法院；上一级人民法院收到复议申请后，应当通知执行法院在五日内报送复议所需的案卷材料。

第8条 当事人、利害关系人依照民事诉讼法第二百二十五条[326]规定申请复议的，上一级人民法院应当自收到复议申请之日起三十日内审查完毕，并作出裁定。有特殊情况需要延长的，经本院院长批准，可以延长，延长的期限不得超过三十日。

第9条 执行异议审查和复议期间，不停止执行。

被执行人、利害关系人提供充分、有效的担保请求停止相应处分措施的，人民法院可以准许；申请执行人提供充分、有效的担保请求继续执行的，应当继续执行。

第10条 依照民事诉讼法第二百二十六条[327]的规定，有下列情形之一的，上一级人民法院可以根据申请执行人的申请，责令执行法院限期执行或者变更执

---

[324] 《民事诉讼法》（2023年修正）第236条。

[325] 同上。

[326] 同上。

[327] 《民事诉讼法》（2023年修正）第237条。

法院：

（一）债权人申请执行时被执行人有可供执行的财产，执行法院自收到申请执行书之日起超过六个月对该财产未执行完结的；

（二）执行过程中发现被执行人可供执行的财产，执行法院自发现财产之日起超过六个月对该财产未执行完结的；

（三）对法律文书确定的行为义务的执行，执行法院自收到申请执行书之日起超过六个月未依法采取相应执行措施的；

（四）其他有条件执行超过六个月未执行的。

《最高人民法院关于人民法院办理财产保全案件若干问题的规定》（法释〔2016〕21号 2020年12月29日修正）

第20条 财产保全期间，被保全人请求对被保全财产自行处分，人民法院经审查，认为不损害申请保全人和其他执行债权人合法权益的，可以准许，但应当监督被保全人按照合理价格在指定期限内处分，并控制相应价款。

被保全人请求对作为争议标的的被保全财产自行处分的，须经申请保全人同意。

人民法院准许被保全人自行处分被保全财产的，应当通知申请保全人；申请保全人不同意的，可以依照民事诉讼法第二百二十五条[328]规定提出异议。

第26条 申请保全人、被保全人、利害关系人认为保全裁定实施过程中的执行行为违反法律规定提出书面异议的，人民法院应当依照民事诉讼法第二百二十五条[329]规定审查处理。

《最高人民法院关于执行和解若干问题的规定》（法释〔2018〕3号 2020年12月29日修正）

第12条 当事人、利害关系人认为恢复执行或者不予恢复执行违反法律规定的，可以依照民事诉讼法第二百二十五条[330]规定提出异议。

第17条 恢复执行后，执行和解协议已经履行部分应当依法扣除。当事人、利害关系人认为人民法院的扣除行为违反法律规定的，可以依照民事诉讼法第二百二十五条[331]规定提出异议。

第19条 执行过程中，被执行人根据当事人自行达成但未提交人民法院的和解协议，或者一方当事人提交人民法院但其他当事人不予认可的和解协议，依照民事诉讼法第二百二十五条[332]规定提出异议的，人民法院按照下列情形，分别处理：

（一）和解协议履行完毕的，裁定终结原生效法律文书的执行；

（二）和解协议约定的履行期限尚未届至或者履行条件尚未成就的，裁定中止执行，但符合民法典第五百七十八条规定情形的除外；

（三）被执行人一方正在按照和解协议约定履行义务的，裁定中止执行；

（四）被执行人不履行和解协议的，裁定驳回异议；

（五）和解协议不成立、未生效或者

---

[328]《民事诉讼法》（2023年修正）第236条。
[329] 同上。
[330] 同上。
[331] 同上。
[332] 同上。

无效的，裁定驳回异议。

《最高人民法院关于办理申请执行监督案件若干问题的意见》（法发〔2023〕4号 2023年1月19日）

第1条 当事人、利害关系人对于人民法院依照民事诉讼法第二百三十二条[333]规定作出的执行复议裁定不服，向上一级人民法院申请执行监督，人民法院应当立案，但法律、司法解释或者本意见另有规定的除外。

申请人依法应当提出执行异议而未提出，直接向异议法院的上一级人民法院申请执行监督的，人民法院应当告知其向异议法院提出执行异议或者申请执行监督；申请人依法应当申请复议而未申请，直接向复议法院的上一级人民法院申请执行监督的，人民法院应当告知其向复议法院申请复议或者申请执行监督。

人民法院在办理执行申诉信访过程中，发现信访诉求符合前两款规定情形的，按照前两款规定处理。

第2条 申请执行人认为人民法院应当采取执行措施而未采取，向执行法院请求采取执行措施的，人民法院应当及时审查处理，一般不立执行异议案件。

执行法院在法定期限内未执行，申请执行人依照民事诉讼法第二百三十三条[334]规定请求上一级人民法院提级执行、责令下级人民法院限期执行或者指令其他人民法院执行的，应当立案办理。

第3条 当事人对执行裁定不服，向人民法院申请复议或者申请执行监督，有下列情形之一的，人民法院应当以适当的方式向其释明法律规定或者法定救济途径，一般不作为执行复议或者执行监督案件受理：

（一）依照民事诉讼法第二百三十四条[335]规定，对案外人异议裁定不服，依照审判监督程序办理或者向人民法院提起诉讼的；

（二）依照《最高人民法院关于民事执行中变更、追加当事人若干问题的规定》第三十二条规定，对处理变更、追加当事人申请的裁定不服，可以向人民法院提起执行异议之诉的；

（三）依照民事诉讼法第二百四十四条[336]规定，仲裁裁决被人民法院裁定不予执行，当事人可以重新申请仲裁或者向人民法院起诉的；

（四）依照《最高人民法院关于公证债权文书执行若干问题的规定》第二十条规定，公证债权文书被裁定不予执行或者部分不予执行，当事人可以向人民法院提起诉讼的；

（五）法律或者司法解释规定不通过执行复议程序进行救济的其他情形。

第4条 申请人向人民法院申请执行监督，有下列情形之一的，不予受理：

（一）针对人民法院就复议裁定作出的执行监督裁定提出执行监督申请的；

（二）在人民检察院对申请人的申请作出不予提出检察建议后又提出执行监督申请的。

前款第一项规定情形，人民法院应当告知当事人可以向人民检察院申请检察建议，但因人民检察院提出检察建议而作出

---

[333]《民事诉讼法》（2023年修正）第236条。
[334]《民事诉讼法》（2023年修正）第237条。
[335]《民事诉讼法》（2023年修正）第238条。
[336]《民事诉讼法》（2023年修正）第248条。

执行监督裁定的除外。

第5条 申请人对执行复议裁定不服向人民法院申请执行监督的，参照民事诉讼法第二百一十二条[337]规定，应当在执行复议裁定发生法律效力后六个月内提出。

申请人因超过提出执行异议期限或者申请复议期限向人民法院申请执行监督的，应当在提出异议期限或者申请复议期限届满之日起六个月内提出。

申请人超过上述期限向人民法院申请执行监督的，人民法院不予受理；已经受理的，裁定终结审查。

第6条 申请人对高级人民法院作出的执行复议裁定不服的，应当向原审高级人民法院申请执行监督；申请人向最高人民法院申请执行监督，符合下列情形之一的，最高人民法院应当受理：

（一）申请人对执行复议裁定认定的基本事实和审查程序无异议，但认为适用法律有错误的；

（二）执行复议裁定经高级人民法院审判委员会讨论决定的。

第7条 向最高人民法院申请执行监督的，执行监督申请书除依法必须载明的事项外，还应当声明对原裁定认定的基本事实、适用的审查程序没有异议，同时载明案件所涉法律适用问题的争议焦点、论证裁定适用法律存在错误的理由和依据。

申请人提交的执行监督申请书不符合前款规定要求的，最高人民法院应当给予指导和释明，一次性全面告知其在十日内予以补正；申请人无正当理由逾期未予补正的，按撤回监督申请处理。

第8条 高级人民法院作出的执行复议裁定适用法律确有错误，且符合下列情形之一的，最高人民法院可以立执行监督案件：

（一）具有普遍法律适用指导意义的；

（二）最高人民法院或者不同高级人民法院之间近三年裁判生效的同类案件存在重大法律适用分歧，截至案件审查时仍未解决的；

（三）最高人民法院认为应当立执行监督案件的其他情形。

最高人民法院对地方各级人民法院、专门人民法院已经发生法律效力的执行裁定，发现确有错误，且符合前款所列情形之一的，可以立案监督。

第9条 向最高人民法院申请的执行监督案件符合下列情形之一的，最高人民法院可以决定由原审高级人民法院审查：

（一）案件可能存在基本事实不清、审查程序违法、遗漏异议请求情形的；

（二）原执行复议裁定适用法律可能存在错误，但不具有普遍法律适用指导意义的。

第10条 高级人民法院经审查，认为原裁定适用法律确有错误，且符合本意见第八条第一项、第二项规定情形之一，需要由最高人民法院审查的，经该院审判委员会讨论决定后，可以报请最高人民法院审查。

最高人民法院收到高级人民法院根据前款规定提出的报请后，认为有必要由本院审查的，应当立案审查；认为没有必要的，不予立案，并决定交高级人民法院立案审查。

第11条 最高人民法院应当自收到执行监督申请书之日起三十日内，决定由本院或者作出执行复议裁定的高级人民法

---

[337] 《民事诉讼法》（2023年修正）第216条。

院立案审查。

最高人民法院决定由原审高级人民法院审查的,应当在作出决定之日起十日内将执行监督申请书和相关材料交原审高级人民法院立案审查,并及时通知申请人。

第 12 条 除《最高人民法院关于执行案件立案、结案若干问题的意见》第二十六条规定的结案方式外,执行监督案件还可采用以下方式结案:

(一)撤销执行异议裁定和执行复议裁定,发回异议法院重新审查;或者撤销执行复议裁定,发回复议法院重新审查;

(二)按撤回执行监督申请处理;

(三)终结审查。

第 13 条 人民法院审查执行监督案件,一般应当作出执行裁定,但不支持申诉请求的,可以根据案件具体情况作出驳回通知书。

第 14 条 本意见自 2023 年 2 月 1 日起施行。本意见施行以后,最高人民法院之前有关意见的规定与本意见不一致的,按照本意见执行。

最高人民法院于本意见施行之前受理的申请执行监督案件,施行当日尚未审查完毕的,应当继续审查处理。

最高院裁判观点

1. 广东某投资公司与广东某拍卖行公司委托拍卖执行复议案【最高人民法院指导案例 35 号】

裁判要旨:拍卖行与买受人有关联关系,拍卖行为存在以下情形,损害与标的物相关权利人合法权益的,人民法院可以视为拍卖行与买受人恶意串通,依法裁定该拍卖无效:(1)拍卖过程中没有其他无关联关系的竞买人参与竞买,或者虽有其他竞买人参与竞买,但未进行充分竞价的;(2)拍卖标的物的评估价明显低于实际价格,仍以该评估价成交的。

2. 某证券股份有限公司海口证券营业部申请错误执行赔偿案(最高人民法院指导案例 43 号)

裁判要旨:(1)赔偿请求人以人民法院具有《国家赔偿法》第三十八条规定的违法侵权情形为由申请国家赔偿的,人民法院应就赔偿请求人诉称的司法行为是否违法,以及是否应当承担国家赔偿责任一并予以审查。(2)人民法院审理执行异议案件,因原执行行为所依据的当事人执行和解协议侵犯案外人合法权益,对原执行行为裁定予以撤销,并将被执行财产回复至执行之前状态的,该撤销裁定及执行回转行为不属于《国家赔偿法》第三十八条规定的执行错误。

3. 东北某电气公司与国家开发银行、沈阳某高压开关公司等执行复议案(最高人民法院指导案例 118 号)

裁判要旨:(1)债权人撤销权诉讼的生效判决撤销了债务人与受让人的财产转让合同,并判令受让人向债务人返还财产,受让人未履行返还义务的,债权人可以债务人、受让人为被执行人申请强制执行。(2)受让人未通知债权人,自行向债务人返还财产,债务人将返还的财产立即转移,致使债权人丧失申请法院采取查封、冻结等措施的机会,撤销权诉讼目的无法实现的,不能认定生效判决已经得到有效履行。债权人申请对受让人执行生效判决确定的财产返还义务的,人民法院应予支持。

4. 香港信诺投资有限公司申请执行复议案(《最高人民法院公报》2013 年第 12 期)

裁判要旨:(1)案外人对执行标的提出主张权属的异议,应当根据《民事诉法》第二百二十七条[338]规定的程序进行审查，案外人、当事人对执行裁定不服，应当通过诉讼程序进行救济。不能将案外人作为利害关系人，适用民事诉讼法第二百二十五条[339]规定的程序进行审查并赋予当事人申请复议的权利，否则即属适用法律错误，违反法定程序，应予纠正。(2) 案外人所提的程序异议如果与其对执行标的权属主张之异议并无联系，则可在符合条件的情况下以利害关系人的身份适用民事诉讼法第二百二十五条[340]规定的程序进行审查，与实体争议分别处理；如果案外人所提出的程序异议与实体异议关系密切，直接或间接地针对同一执行标的权属问题，在其同时提出实体异议的情况下，应当合并适用民事诉讼法第二百二十七条[341]规定的程序进行审查，以减轻当事人的诉累。(3) 被执行人单独提出的异议，应当按照民事诉讼法第二百二十五条[342]规定的程序进行审查。但如果被执行人所提异议实质是支持案外人对执行标的实体权利的主张，则对被执行人所提出的异议不应当单独审查，而应当在对案外人所提异议进行审查的过程中一并解决。

文书范本

1. 执行异议书（当事人、利害关系人提出异议用）

执行异议书

异议人（申请执行人/被执行人/利害关系人）：×××，男/女，××××年××月××日出生，×族，……（写明工作单位和职务或者职业），住……。联系方式：……。

法定代理人/指定代理人：×××，……。

委托诉讼代理人：×××，……。

（以上写明异议人和其他诉讼参加人的姓名或者名称等基本信息）

申请执行人×××与被执行人×××……（写明案由）一案，××××人民法院（或其他生效法律文书的作出机关）（××××）……号民事判决（或其他生效法律文书）已发生法律效力。××××人民法院在执行本案过程中，异议人对××××人民法院……（写明执行行为）不服，提出异议。

请求事项：

……

事实和理由：

……

此致

××××人民法院

---

[338]《民事诉讼法》（2023年修正）第238条。
[339]《民事诉讼法》（2023年修正）第236条。
[340] 同上。
[341]《民事诉讼法》（2023年修正）第238条。
[342]《民事诉讼法》（2023年修正）第236条。

>   附：1. 异议人或者复议申请人的身份证明
>   　　2. 相关证据材料
>   　　3. 送达地址和联系方式
>
>   　　　　　　　　　　　　　　　　　　　　异议人（签名或盖章）
>   　　　　　　　　　　　　　　　　　　　　××××年××月××日

文书制作要点提示：

①异议人是法人或者其他组织的，写明名称、住所，另起一行写明法定代表人、主要负责人及其姓名、职务、联系方式。

②写明具体的执行行为。

③条理清晰地阐述对执行行为有异议的事实和理由。

2. 复议申请书（当事人、利害关系人申请复议用）

>   **复议申请书**
>
>   　　复议申请人（申请执行人/被执行人/利害关系人）：×××，男/女，××××年××月××日出生，×族，……（写明工作单位和职务或者职业），住……。联系方式：……。
>   　　法定代理人/指定代理人：×××，……。
>   　　委托诉讼代理人：×××，……。
>   　　（以上写明复议申请人和其他诉讼参加人的姓名或者名称等基本信息）
>   　　申请执行人×××与被执行人×××……（写明案由）一案，复议申请人不服××××人民法院（××××）……执异……号执行裁定，申请复议。
>   　　请求事项：
>   　　……
>   　　事实和理由：
>   　　……
>   　　此致
>   ××××人民法院
>
>   　　附：1. 异议人或者复议申请人的身份证明
>   　　　　2. 相关证据材料
>   　　　　3. 送达地址和联系方式
>
>   　　　　　　　　　　　　　　　　　　　复议申请人（签名或盖章）
>   　　　　　　　　　　　　　　　　　　　××××年××月××日

文书制作要点提示：

①复议申请人是法人或者其他组织的，写明名称、住所，另起一行写明法定代表人、主要负责人及其姓名、职务、联系方式。

②善于归纳争议焦点，条理清晰地指明法院处理思路的错误之处。

③疑难复杂案件附上典型案例。

第二百三十七条　变更执行法院

人民法院自收到申请执行书之日起超过六个月未执行的，申请执行人可以向上一级人民法院申请执行。上一级人民法院经审查，可以责令原人民法院在一定期限内执行，也可以决定由本院执行或者指令其他人民法院执行。

相关规定

◎司法解释及文件

《最高人民法院关于适用〈中华人民共和国民事诉讼法〉执行程序若干问题的解释》（法释〔2008〕13号　2020年12月29日修正）

第10条　依照民事诉讼法第二百二十六条[343]的规定，有下列情形之一的，上一级人民法院可以根据申请执行人的申请，责令执行法院限期执行或者变更执行法院：

（一）债权人申请执行时被执行人有可供执行的财产，执行法院自收到申请执行书之日起超过六个月对该财产未执行完结的；

（二）执行过程中发现被执行人可供执行的财产，执行法院自发现财产之日起超过六个月对该财产未执行完结的；

（三）对法律文书确定的行为义务的执行，执行法院自收到申请执行书之日起超过六个月未依法采取相应执行措施的；

（四）其他有条件执行超过六个月未执行的。

第11条　上一级人民法院依照民事诉讼法第二百二十六条[344]规定责令执行法院限期执行的，应当向其发出督促执行令，并将有关情况书面通知申请执行人。

上一级人民法院决定由本院执行或者指令本辖区其他人民法院执行的，应当作出裁定，送达当事人并通知有关人民法院。

第12条　上一级人民法院责令执行法院限期执行，执行法院在指定期间内无正当理由仍未执行完结的，上一级人民法院应当裁定由本院执行或者指令本辖区其他人民法院执行。

第13条　民事诉讼法第二百二十六条[345]规定的六个月期间，不应当计算执行中的公告期间、鉴定评估期间、管辖争议处理期间、执行争议协调期间、暂缓执行期间以及中止执行期间。

第二百三十八条　案外人异议

执行过程中，案外人对执行标的提出书面异议的，人民法院应当自收到书面异议之日起十五日内审查，理由成立的，裁定中止对该标的的执行；理由不成立的，裁定驳回。案外人、当事人对裁定不服，认为原判决、裁定错误的，依照审判监督程序办理；与原判决、裁定无关的，可以自裁定送达之日起十五日内向人民法院提起诉讼。

条文注解

执行异议是指在执行过程中，案外人

---

[343]《民事诉讼法》（2023年修正）第237条。
[344] 同上。
[345] 同上。

对执行标的提出不同意见。"执行过程中",指执行程序开始后终结前。"案外人",指本案当事人之外的人。对执行标的提出不同意见,指对人民法院强制执行的标的主张权利。

相关规定

◎ 司法解释及文件

《最高人民法院关于适用〈中华人民共和国民事诉讼法〉的解释》(法释〔2022〕11号 2022年4月1日修正)

第 302 条 根据民事诉讼法第二百三十四条[346]规定,案外人、当事人对执行异议裁定不服,自裁定送达之日起十五日内向人民法院提起执行异议之诉的,由执行法院管辖。

第 303 条 案外人提起执行异议之诉,除符合民事诉讼法第一百二十二条规定外,还应当具备下列条件:

(一)案外人的执行异议申请已经被人民法院裁定驳回;

(二)有明确的排除对执行标的执行的诉讼请求,且诉讼请求与原判决、裁定无关;

(三)自执行异议裁定送达之日起十五日内提起。

人民法院应当在收到起诉状之日起十五日内决定是否立案。

第 304 条 申请执行人提起执行异议之诉,除符合民事诉讼法第一百二十二条规定外,还应当具备下列条件:

(一)依案外人执行异议申请,人民法院裁定中止执行;

(二)有明确的对执行标的继续执行的诉讼请求,且诉讼请求与原判决、裁定无关;

(三)自执行异议裁定送达之日起十五日内提起。

人民法院应当在收到起诉状之日起十五日内决定是否立案。

第 305 条 案外人提起执行异议之诉的,以申请执行人为被告。被执行人反对案外人异议的,被执行人为共同被告;被执行人不反对案外人异议的,可以列被执行人为第三人。

第 306 条 申请执行人提起执行异议之诉的,以案外人为被告。被执行人反对申请执行人主张的,以案外人和被执行人为共同被告;被执行人不反对申请执行人主张的,可以列被执行人为第三人。

第 307 条 申请执行人对中止执行裁定未提起执行异议之诉,被执行人提起执行异议之诉的,人民法院告知其另行起诉。

第 308 条 人民法院审理执行异议之诉案件,适用普通程序。

第 309 条 案外人或者申请执行人提起执行异议之诉的,案外人应当就其对执行标的享有足以排除强制执行的民事权益承担举证证明责任。

第 310 条 对案外人提起的执行异议之诉,人民法院经审理,按照下列情形分别处理:

(一)案外人就执行标的享有足以排除强制执行的民事权益的,判决不得执行该执行标的;

(二)案外人就执行标的不享有足以排除强制执行的民事权益的,判决驳回诉讼请求。

案外人同时提出确认其权利的诉讼请求的,人民法院可以在判决中一并作出裁判。

---

[346]《民事诉讼法》(2023年修正)第238条。

第311条 对申请执行人提起的执行异议之诉，人民法院经审理，按照下列情形分别处理：

（一）案外人就执行标的不享有足以排除强制执行的民事权益的，判决准许执行该执行标的；

（二）案外人就执行标的享有足以排除强制执行的民事权益的，判决驳回诉讼请求。

第312条 对案外人执行异议之诉，人民法院判决不得对执行标的执行的，执行异议裁定失效。

对申请执行人执行异议之诉，人民法院判决准许对该执行标的的执行的，执行异议裁定失效，执行法院可以根据申请执行人的申请或者依职权恢复执行。

第313条 案外人执行异议之诉审理期间，人民法院不得对执行标的进行处分。申请执行人请求人民法院继续执行并提供相应担保的，人民法院可以准许。

被执行人与案外人恶意串通，通过执行异议、执行异议之诉妨害执行的，人民法院应当依照民事诉讼法第一百一十六条规定处理。申请执行人因此受到损害的，可以提起诉讼要求被执行人、案外人赔偿。

第314条 人民法院对执行标的裁定中止执行后，申请执行人在法律规定的期间内未提起执行异议之诉的，人民法院应当自起诉期限届满之日起七日内解除对该执行标的采取的执行措施。

《最高人民法院关于适用〈中华人民共和国民事诉讼法〉执行程序若干问题的解释》（法释〔2008〕13号 2020年12月29日修正）

第14条 案外人对执行标的的主张所有权或者有其他足以阻止执行标的的转让、交付的实体权利的，可以依照民事诉讼法第二百二十七条[347]的规定，向执行法院提出异议。

第15条 案外人异议审查期间，人民法院不得对执行标的进行处分。

案外人向人民法院提供充分、有效的担保请求解除对异议标的的查封、扣押、冻结的，人民法院可以准许；申请执行人提供充分、有效的担保请求继续执行的，应当继续执行。

因案外人提供担保解除查封、扣押、冻结有错误，致使该标的无法执行的，人民法院可以直接执行担保财产；申请执行人提供担保请求继续执行有错误，给对方造成损失的，应当予以赔偿。

第16条 案外人执行异议之诉审理期间，人民法院不得对执行标的进行处分。申请执行人请求人民法院继续执行并提供相应担保的，人民法院可以准许。

案外人请求解除查封、扣押、冻结或者申请执行人请求继续执行有错误，给对方造成损失的，应当予以赔偿。

第17条 多个债权人对同一被执行人申请执行或者对执行财产申请参与分配的，执行法院应当制作财产分配方案，并送达各债权人和被执行人。债权人或者被执行人对分配方案有异议的，应当自收到分配方案之日起十五日内向执行法院提出书面异议。

第18条 债权人或者被执行人对分配方案提出书面异议的，执行法院应当通知未提出异议的债权人或被执行人。

未提出异议的债权人、被执行人收到通知之日起十五日内未提出反对意见的，

---

[347] 《民事诉讼法》（2023年修正）第238条。

执行法院依异议人的意见对分配方案审查修正后进行分配；提出反对意见的，应当通知异议人。异议人可以自收到通知之日起十五日内，以提出反对意见的债权人、被执行人为被告，向执行法院提起诉讼；异议人逾期未提起诉讼的，执行法院依原分配方案进行分配。

诉讼期间进行分配的，执行法院应当将与争议债权数额相应的款项予以提存。

第19条 在申请执行时效期间的最后六个月内，因不可抗力或者其他障碍不能行使请求权的，申请执行时效中止。从中止时效的原因消除之日起，申请执行时效期间继续计算。

第20条 申请执行时效因申请执行、当事人双方达成和解协议、当事人一方提出履行要求或者同意履行义务而中断。从中断时起，申请执行时效期间重新计算。

第21条 生效法律文书规定债务人负有不作为义务的，申请执行时效期间从债务人违反不作为义务之日起计算。

第22条 执行员依照民事诉讼法第二百四十条[348]规定立即采取强制执行措施的，可以同时或者自采取强制执行措施之日起三日内发送执行通知书。

第23条 依照民事诉讼法第二百五十五条[349]规定对被执行人限制出境的，应当由申请执行人向执行法院提出书面申请；必要时，执行法院可以依职权决定。

《最高人民法院关于人民法院办理财产保全案件若干问题的规定》（法释〔2016〕21号 2020年12月29日修正）

第27条 人民法院对诉讼争议标的以外的财产进行保全，案外人对保全裁定或者保全裁定实施过程中的执行行为不服，基于实体权利对被保全财产提出书面异议的，人民法院应当依照民事诉讼法第二百二十七条[350]规定审查处理并作出裁定。案外人、申请保全人对该裁定不服的，可以自裁定送达之日起十五日内向人民法院提起执行异议之诉。

人民法院裁定案外人异议成立后，申请保全人在法律规定的期间内未提起执行异议之诉的，人民法院应当自起诉期限届满之日起七日内对该被保全财产解除保全。

《最高人民法院关于人民法院民事执行中查封、扣押、冻结财产的规定》（法释〔2004〕15号 2020年12月29日修正）

第16条 被执行人购买第三人的财产，已经支付部分价款并实际占有该财产，第三人依合同约定保留所有权的，人民法院可以查封、扣押、冻结。保留所有权已办理登记的，第三人的剩余价款从财产变价款中优先支付；第三人主张取回该财产的，可以依据民事诉讼法第二百二十七条[351]规定提出异议。

《最高人民法院关于人民法院办理执行异议和复议案件若干问题的规定》（法释〔2015〕10号 2020年12月29日修正）

第1条 异议人提出执行异议或者复议申请人申请复议，应当向人民法院提交申请书。申请书应当载明具体的异议或者复议请求、事实、理由等内容，并附下列材料：

（一）异议人或者复议申请人的身份

---

[348]《民事诉讼法》（2023年修正）第251条。
[349]《民事诉讼法》（2023年修正）第266条。
[350]《民事诉讼法》（2023年修正）第238条。
[351] 同上。

证明；

（二）相关证据材料；

（三）送达地址和联系方式。

第2条 执行异议符合民事诉讼法第二百二十五条或者第二百二十七条[352]规定条件的，人民法院应当在三日内立案，并在立案后三日内通知异议人和相关当事人。不符合受理条件的，裁定不予受理；立案后发现不符合受理条件的，裁定驳回申请。

执行异议申请材料不齐备的，人民法院应当一次性告知异议人在三日内补足，逾期未补足的，不予受理。

异议人对不予受理或者驳回申请裁定不服的，可以自裁定送达之日起十日内向上一级人民法院申请复议。上一级人民法院审查后认为符合受理条件的，应当裁定撤销原裁定，指令执行法院立案或者对执行异议进行审查。

第3条 执行法院收到执行异议后三日内既不立案又不作出不予受理裁定，或者受理后无正当理由超过法定期限不作出异议裁定，异议人可以向上一级人民法院提出异议。上一级人民法院审查后认为理由成立的，应当指令执行法院在三日内立案或者在十五日内作出异议裁定。

第4条 执行案件被指定执行、提级执行、委托执行后，当事人、利害关系人对原执行法院的执行行为提出异议的，由提出异议时负责该案件执行的人民法院审查处理；受指定或者受委托的人民法院是原执行法院的下级人民法院的，仍由原执行法院审查处理。

执行案件被指定执行、提级执行、委托执行后，案外人对原执行法院的执行标的提出异议的，参照前款规定处理。

第5条 有下列情形之一的，当事人以外的自然人、法人和非法人组织，可以作为利害关系人提出执行行为异议：

（一）认为人民法院的执行行为违法，妨碍其轮候查封、扣押、冻结的债权受偿的；

（二）认为人民法院的拍卖措施违法，妨碍其参与公平竞价的；

（三）认为人民法院的拍卖、变卖或者以物抵债措施违法，侵害其对执行标的的优先购买权的；

（四）认为人民法院要求协助执行的事项超出其协助范围或者违反法律规定的；

（五）认为其他合法权益受到人民法院违法执行行为侵害的。

第6条 当事人、利害关系人依照民事诉讼法第二百二十五条[353]规定提出异议的，应当在执行程序终结之前提出，但对终结执行措施提出异议的除外。

案外人依照民事诉讼法第二百二十七条[354]规定提出异议的，应当在异议指向的执行标的执行终结之前提出；执行标的由当事人受让的，应当在执行程序终结之前提出。

第7条 当事人、利害关系人认为执行过程中或者执行保全、先予执行裁定过程中的下列行为违法提出异议的，人民法院应当依照民事诉讼法第二百二十五[355]条规定进行审查：

---

[352]《民事诉讼法》（2023年修正）第236条或者第238条。

[353]《民事诉讼法》（2023年修正）第236条。

[354]《民事诉讼法》（2023年修正）第238条。

[355]《民事诉讼法》（2023年修正）第236条。

（一）查封、扣押、冻结、拍卖、变卖、以物抵债、暂缓执行、中止执行、终结执行等执行措施；

（二）执行的期间、顺序等应当遵守的法定程序；

（三）人民法院作出的侵害当事人、利害关系人合法权益的其他行为。

被执行人以债权消灭、丧失强制执行效力等执行依据生效之后的实体事由提出排除执行异议的，人民法院应当参照民事诉讼法第二百二十五条[356]规定进行审查。

除本规定第十九条规定的情形外，被执行人以执行依据生效之前的实体事由提出排除执行异议的，人民法院应当告知其依法申请再审或者通过其他程序解决。

第8条 案外人基于实体权利既对执行标的提出排除执行异议又作为利害关系人提出执行行为异议的，人民法院应当依照民事诉讼法第二百二十七条[357]规定进行审查。

案外人既基于实体权利对执行标的提出排除执行异议又作为利害关系人提出与实体权利无关的执行行为异议的，人民法院应当分别依照民事诉讼法第二百二十七条和第二百二十五条[358]规定进行审查。

第9条 被限制出境的人认为对其限制出境错误的，可以自收到限制出境决定之日起十日内向上一级人民法院申请复议。上一级人民法院应当自收到复议申请之日起十五日内作出决定。复议期间，不停止原决定的执行。

第10条 当事人不服驳回不予执行公证债权文书申请的裁定的，可以自收到裁定之日起十日内向上一级人民法院申请复议。上一级人民法院应当自收到复议申请之日起三十日内审查，理由成立的，裁定撤销原裁定，不予执行该公证债权文书；理由不成立的，裁定驳回复议申请。复议期间，不停止执行。

第11条 人民法院审查执行异议或者复议案件，应当依法组成合议庭。

指令重新审查的执行异议案件，应当另行组成合议庭。

办理执行实施案件的人员不得参与相关执行异议和复议案件的审查。

第12条 人民法院对执行异议和复议案件实行书面审查。案情复杂、争议较大的，应当进行听证。

第13条 执行异议、复议案件审查期间，异议人、复议申请人申请撤回异议、复议申请的，是否准许由人民法院裁定。

第14条 异议人或者复议申请人经合法传唤，无正当理由拒不参加听证，或者未经法庭许可中途退出听证，致使人民法院无法查清相关事实的，由其自行承担不利后果。

第15条 当事人、利害关系人对同一执行行为有多个异议事由，但未在异议审查过程中一并提出，撤回异议或者被裁定驳回异议后，再次就该执行行为提出异议的，人民法院不予受理。

案外人撤回异议或者被裁定驳回异议后，再次就同一执行标的提出异议的，人民法院不予受理。

第16条 人民法院依照民事诉讼法

---

[356]《民事诉讼法》（2023年修正）第236条。
[357]《民事诉讼法》（2023年修正）第238条。
[358]《民事诉讼法》（2023年修正）第238条和第236条。

第二百二十五条[359]规定作出裁定时,应当告知相关权利人申请复议的权利和期限。

人民法院依照民事诉讼法第二百二十七条[360]规定作出裁定时,应当告知相关权利人提起执行异议之诉的权利和期限。

人民法院作出其他裁定和决定时,法律、司法解释规定了相关权利人申请复议的权利和期限的,应当进行告知。

第17条 人民法院对执行行为异议,应当按照下列情形,分别处理:

(一)异议不成立的,裁定驳回异议;

(二)异议成立的,裁定撤销相关执行行为;

(三)异议部分成立的,裁定变更相关执行行为;

(四)异议成立或者部分成立,但执行行为无撤销、变更内容的,裁定异议成立或者相应部分异议成立。

第18条 执行过程中,第三人因书面承诺自愿代被执行人偿还债务而被追加为被执行人后,无正当理由反悔并提出异议的,人民法院不予支持。

第19条 当事人互负到期债务,被执行人请求抵销,请求抵销的债务符合下列情形的,除依照法律规定或者按照债务性质不得抵销的以外,人民法院应予支持:

(一)已经生效法律文书确定或者经申请执行人认可;

(二)与被执行人所负债务的标的物种类、品质相同。

第20条 金钱债权执行中,符合下列情形之一,被执行人以执行标的系本人及所扶养家属维持生活必需的居住房屋为由提出异议的,人民法院不予支持:

(一)对被执行人有扶养义务的人名下有其他能够维持生活必需的居住房屋的;

(二)执行依据生效后,被执行人为逃避债务转让其名下其他房屋的;

(三)申请执行人按照当地廉租住房保障面积标准为被执行人及所扶养家属提供居住房屋,或者同意参照当地房屋租赁市场平均租金标准从该房屋的变价款中扣除五至八年租金的。

执行依据确定被执行人交付居住的房屋,自执行通知送达之日起,已经给予三个月的宽限期,被执行人以该房屋系本人及所扶养家属维持生活的必需品为由提出异议的,人民法院不予支持。

第21条 当事人、利害关系人提出异议请求撤销拍卖,符合下列情形之一的,人民法院应予支持:

(一)竞买人之间、竞买人与拍卖机构之间恶意串通,损害当事人或者其他竞买人利益的;

(二)买受人不具备法律规定的竞买资格的;

(三)违法限制竞买人参加竞买或者对不同的竞买人规定不同竞买条件的;

(四)未按照法律、司法解释的规定对拍卖标的物进行公告的;

(五)其他严重违反拍卖程序且损害当事人或者竞买人利益的情形。

当事人、利害关系人请求撤销变卖的,参照前款规定处理。

第22条 公证债权文书对主债务和担保债务同时赋予强制执行效力的,人民

---

[359]《民事诉讼法》(2023年修正)第236条。
[360]《民事诉讼法》(2023年修正)第238条。

法院应予执行；仅对主债务赋予强制执行效力未涉及担保债务的，对担保债务的执行申请不予受理；仅对担保债务赋予强制执行效力未涉及主债务的，对主债务的执行申请不予受理。

人民法院受理担保债务的执行申请后，被执行人仅以担保合同不属于赋予强制执行效力的公证债权文书范围为由申请不予执行的，不予支持。

第23条 上一级人民法院对不服异议裁定的复议申请审查后，应当按照下列情形，分别处理：

（一）异议裁定认定事实清楚，适用法律正确，结果应予维持的，裁定驳回复议申请，维持异议裁定；

（二）异议裁定认定事实错误，或者适用法律错误，结果应予纠正的，裁定撤销或者变更异议裁定；

（三）异议裁定认定基本事实不清、证据不足的，裁定撤销异议裁定，发回作出裁定的人民法院重新审查，或者查清事实后作出相应裁定；

（四）异议裁定遗漏异议请求或者存在其他严重违反法定程序的情形，裁定撤销异议裁定，发回作出裁定的人民法院重新审查；

（五）异议裁定对应当适用民事诉讼法第二百二十七条[361]规定审查处理的异议，错误适用民事诉讼法第二百二十五条[362]规定审查处理的，裁定撤销异议裁定，发回作出裁定的人民法院重新作出裁定。

除依照本条第一款第三、四、五项发回重新审查或者重新作出裁定的情形外，裁定撤销或者变更异议裁定且执行行为可撤销、变更的，应当同时撤销或者变更该裁定维持的执行行为。

人民法院对发回重新审查的案件作出裁定后，当事人、利害关系人申请复议的，上一级人民法院复议后不得再次发回重新审查。

第24条 对案外人提出的排除执行异议，人民法院应当审查下列内容：

（一）案外人是否系权利人；

（二）该权利的合法性与真实性；

（三）该权利能否排除执行。

第25条 对案外人的异议，人民法院应当按照下列标准判断其是否系权利人：

（一）已登记的不动产，按照不动产登记簿判断；未登记的建筑物、构筑物及其附属设施，按照土地使用权登记簿、建设工程规划许可、施工许可等相关证据判断；

（二）已登记的机动车、船舶、航空器等特定动产，按照相关管理部门的登记判断；未登记的特定动产和其他动产，按照实际占有情况判断；

（三）银行存款和存管在金融机构的有价证券，按照金融机构和登记结算机构登记的账户名称判断；有价证券由具备合法经营资质的托管机构名义持有的，按照该机构登记的实际出资人账户名称判断；

（四）股权按照工商行政管理机关的登记和企业信用信息公示系统公示的信息判断；

（五）其他财产和权利，有登记的，按照登记机构的登记判断；无登记的，按照合同等证明财产权属或者权利人的证据

---

[361] 《民事诉讼法》（2023年修正）第238条。
[362] 《民事诉讼法》（2023年修正）第236条。

判断。

案外人依据另案生效法律文书提出排除执行异议，该法律文书认定的执行标的权利人与依照前款规定得出的判断不一致的，依照本规定第二十六条规定处理。

第26条 金钱债权执行中，案外人依据执行标的被查封、扣押、冻结前作出的另案生效法律文书提出排除执行异议，人民法院应当按照下列情形，分别处理：

（一）该法律文书系就案外人与被执行人之间的权属纠纷以及租赁、借用、保管等不以转移财产权属为目的的合同纠纷，判决、裁决执行标的归属于案外人或者向其返还执行标的且其权利能够排除执行的，应予支持；

（二）该法律文书系就案外人与被执行人之间除前项所列合同之外的债权纠纷，判决、裁决执行标的归属于案外人或者向其交付、返还执行标的的，不予支持；

（三）该法律文书系案外人受让执行标的的拍卖、变卖成交裁定或者以物抵债裁定且其权利能够排除执行的，应予支持。

金钱债权执行中，案外人依据执行标的被查封、扣押、冻结后作出的另案生效法律文书提出排除执行异议的，人民法院不予支持。

非金钱债权执行中，案外人依据另案生效法律文书提出排除执行异议，该法律文书对执行标的的权属作出不同认定的，人民法院应当告知案外人依法申请再审或者通过其他程序解决。

申请执行人或者案外人不服人民法院依照本条第一、二款规定作出的裁定，可以依照民事诉讼法第二百二十七条[363]规定提起执行异议之诉。

第27条 申请执行人对执行标的依法享有对抗案外人的担保物权等优先受偿权，人民法院对案外人提出的排除执行异议不予支持，但法律、司法解释另有规定的除外。

第28条 金钱债权执行中，买受人对登记在被执行人名下的不动产提出异议，符合下列情形且其权利能够排除执行的，人民法院应予支持：

（一）在人民法院查封之前已签订合法有效的书面买卖合同；

（二）在人民法院查封之前已合法占有该不动产；

（三）已支付全部价款，或者已按照合同约定支付部分价款且将剩余价款按照人民法院的要求交付执行；

（四）非因买受人自身原因未办理过户登记。

第29条 金钱债权执行中，买受人对登记在被执行的房地产开发企业名下的商品房提出异议，符合下列情形且其权利能够排除执行的，人民法院应予支持：

（一）在人民法院查封之前已签订合法有效的书面买卖合同；

（二）所购商品房系用于居住且买受人名下无其他用于居住的房屋；

（三）已支付的价款超过合同约定总价款的百分之五十。

第30条 金钱债权执行中，对被查封的办理了受让物权预告登记的不动产，受让人提出停止处分异议的，人民法院应予支持；符合物权登记条件，受让人提出排除执行异议的，应予支持。

第31条 承租人请求在租赁期内阻

---

[363]《民事诉讼法》（2023年修正）第238条。

止向受让人移交占有被执行的不动产,在人民法院查封之前已签订合法有效的书面租赁合同并占有使用该不动产的,人民法院应予支持。

承租人与被执行人恶意串通,以明显不合理的低价承租被执行的不动产或者伪造交付租金证据的,对其提出的阻止移交占有的请求,人民法院不予支持。

第 32 条 本规定施行后尚未审查终结的执行异议和复议案件,适用本规定。本规定施行前已经审查终结的执行异议和复议案件,人民法院依法提起执行监督程序的,不适用本规定。

最高院裁判观点

1. 中国农某发展银行某分行诉张某、安徽某担保公司执行异议之诉纠纷案【最高人民法院指导案例 54 号】

裁判要旨: 当事人依约为出质的金钱开立保证金专门账户,且质权人取得对该专门账户的占有控制权,符合金钱特定化和移交占有的要求,即使该账户内资金余额发生浮动,也不影响该金钱质权的设立。

2. 王某诉某建设公司、某置业公司案外人执行异议之诉案(最高人民法院指导案例 154 号)

裁判要旨: 在建设工程价款强制执行过程中,房屋买受人对强制执行的房屋提起案外人执行异议之诉,请求确认其对案涉房屋享有可以排除强制执行的民事权益,但不否定原生效判决确认的债权人所享有的建设工程价款优先受偿权的,属于民事诉讼法第二百三十四条[364]规定的"与原判决、裁定无关"的情形,人民法院应予依法受理。

3. 中国建设银行某分行诉中国华某某分公司等案外人执行异议之诉案(最高人民法院指导案例 155 号)

裁判要旨: 在抵押权强制执行中,案外人以其在抵押登记之前购买了抵押房产,享有优先于抵押权的权利为由提起执行异议之诉,主张依据《最高人民法院关于人民法院办理执行异议和复议案件若干问题的规定》排除强制执行,但不否认抵押权人对抵押房产的优先受偿权的,属于民事诉讼法第二百三十四条[365]规定的"与原判决、裁定无关"的情形,人民法院应予依法受理。

文书范本

执行异议书(案外人提出异议用)

执行异议书

异议人(案外人):×××,男/女,××××年××月××日出生,×族,……(写明工作单位和职务或者职业),住……。联系方式:……。

法定代理人/指定代理人:×××,……。

委托诉讼代理人:×××,……。

(以上写明异议人和其他诉讼参加人的姓名或者名称等基本信息)

---

[364] 《民事诉讼法》(2023 年修正)第 238 条。
[365] 同上。

申请执行人×××与被执行人×××……（写明案由）一案，××××人民法院（或其他生效法律文书的作出机关）（××××）……号民事判决（或其他生效法律文书）已发生法律效力。异议人对××××人民法院执行……（写明执行标的）不服，提出异议。

请求事项：

……（写明异议请求）。

事实和理由：

……

此致

××××人民法院

附：生效法律文书×份

异议人（签名或盖章）

××××年××月××日

文书制作要点提示：

①申请人是法人或者其他组织的，写明名称、住所，另起一行写明法定代表人、主要负责人及其姓名、职务、联系方式。

②注意区分执行行为异议和执行标的异议。

③条理清晰地阐明己方就执行标的享有足以排除强制执行的民事权益，并附证据支持。

第二百三十九条　执行员与执行机构

执行工作由执行员进行。

采取强制执行措施时，执行员应当出示证件。执行完毕后，应当将执行情况制作笔录，由在场的有关人员签名或者盖章。

人民法院根据需要可以设立执行机构。

▆ **相关规定**

◎**司法解释及文件**

《最高人民法院关于人民法院执行工作若干问题的规定（试行）》（法释〔1998〕15号　2020年12月29日修正）

1. 人民法院根据需要，依据有关法律的规定，设立执行机构，专门负责执行工作。

2. 执行机构负责执行下列生效法律文书：

（1）人民法院民事、行政判决、裁定、调解书，民事制裁决定、支付令，以及刑事附带民事判决、裁定、调解书，刑事裁判涉财产部分；

（2）依法应由人民法院执行的行政处罚决定、行政处理决定；

（3）我国仲裁机构作出的仲裁裁决和调解书，人民法院依据《中华人民共和国仲裁法》有关规定作出的财产保全和证据保全裁定；

（4）公证机关依法赋予强制执行效力的债权文书；

（5）经人民法院裁定承认其效力的外国法院作出的判决、裁定，以及国外仲裁机构作出的仲裁裁决；

（6）法律规定由人民法院执行的其他法律文书。

3. 人民法院在审理民事、行政案件中作出的财产保全和先予执行裁定，一般应当移送执行机构实施。

4. 人民法庭审结的案件，由人民法庭负责执行。其中复杂、疑难或被执行人不在本法院辖区的案件，由执行机构负责执行。

5. 执行程序中重大事项的办理，应由三名以上执行员讨论，并报经院长批准。

6. 执行机构应配备必要的交通工具、通讯设备、音像设备和警械用具等，以保障及时有效地履行职责。

7. 执行人员执行公务时，应向有关人员出示工作证件，并按规定着装。必要时应由司法警察参加。

8. 上级人民法院执行机构负责本院对下级人民法院执行工作的监督、指导和协调。

第二百四十条　委托执行

被执行人或者被执行的财产在外地的，可以委托当地人民法院代为执行。受委托人民法院收到委托函件后，必须在十五日内开始执行，不得拒绝。执行完毕后，应当将执行结果及时函复委托人民法院；在三十日内如果还未执行完毕，也应当将执行情况函告委托人民法院。

受委托人民法院自收到委托函件之日起十五日内不执行的，委托人民法院可以请求受委托人民法院的上级人民法院指令受委托人民法院执行。

> **相关规定**
>
> ◎司法解释及文件
>
> **《最高人民法院关于委托执行若干问题的规定》**（法释〔2011〕11号　2020年12月29日修正）
>
> 为了规范委托执行工作，维护当事人的合法权益，根据《中华人民共和国民事诉讼法》的规定，结合司法实践，制定本规定。
>
> **第1条**　执行法院经调查发现被执行人在本辖区内已无财产可供执行，且在其他省、自治区、直辖市内有可供执行财产的，可以将案件委托异地的同级人民法院执行。
>
> 执行法院确需赴异地执行案件的，应当经其所在辖区高级人民法院批准。
>
> **第2条**　案件委托执行后，受托法院应当依法立案，委托法院应当在收到受托法院的立案通知书后作销案处理。
>
> 委托异地法院协助查询、冻结、查封、调查或者送达法律文书等有关事项的，受托法院不作为委托执行案件立案办理，但应当积极予以协助。
>
> **第3条**　委托执行应当以执行标的物所在地或者执行行为实施地的同级人民法院为受托执行法院。有两处以上财产在异地的，可以委托主要财产所在地的人民法院执行。
>
> 被执行人是现役军人或者军事单位的，可以委托对其有管辖权的军事法院执行。
>
> 执行标的物是船舶的，可以委托有管辖权的海事法院执行。
>
> **第4条**　委托执行案件应当由委托法院直接向受托法院办理委托手续，并层报各自所在的高级人民法院备案。
>
> 事项委托应当通过人民法院执行指挥中心综合管理平台办理委托事项的相关

手续。

第5条 案件委托执行时,委托法院应当提供下列材料:

(一)委托执行函;

(二)申请执行书和委托执行案件审批表;

(三)据以执行的生效法律文书副本;

(四)有关案件情况的材料或者说明,包括本辖区无财产的调查材料、财产保全情况、被执行人财产状况、生效法律文书的履行情况等;

(五)申请执行人地址、联系电话;

(六)被执行人身份证件或者营业执照复印件、地址、联系电话;

(七)委托法院执行员和联系电话;

(八)其他必要的案件材料等。

第6条 委托执行时,委托法院应当将已经查封、扣押、冻结的被执行人的异地财产,一并移交受托法院处理,并在委托执行函中说明。

委托执行后,委托法院对被执行人财产已经采取查封、扣押、冻结等措施的,视为受托法院的查封、扣押、冻结措施。受托法院需要继续查封、扣押、冻结,持委托执行函和立案通知书办理相关手续。续封续冻时,仍为原委托法院的查封冻结顺序。

查封、扣押、冻结等措施的有效期限在移交受托法院时不足1个月的,委托法院应当先行续封或者续冻,再移交受托法院。

第7条 受托法院收到委托执行函后,应当在7日内予以立案,并及时将立案通知书通过委托法院送达申请执行人,同时将指定的承办人、联系电话等书面告知委托法院。

委托法院收到上述通知书后,应当在7日内书面通知申请执行人案件已经委托执行,并告知申请执行人可以直接与受托法院联系执行相关事宜。

第8条 受托法院如发现委托执行的手续、材料不全,可以要求委托法院补办。委托法院应当在30日内完成补办事项,在上述期限内未完成的,应当作出书面说明。委托法院既不补办又不说明原因的,视为撤回委托,受托法院可以将委托材料退回委托法院。

第9条 受托法院退回委托的,应当层报所在辖区高级人民法院审批。高级人民法院同意退回后,受托法院应当在15日内将有关委托手续和案卷材料退回委托法院,并作出书面说明。

委托执行案件退回后,受托法院已立案的,应当作销案处理。委托法院在案件退回原因消除之后可以再行委托。确因委托不当被退回的,委托法院应当决定撤销委托并恢复案件执行,报所在的高级人民法院备案。

第10条 委托法院在案件委托执行后又发现有可供执行财产的,应当及时告知受托法院。受托法院发现被执行人在受托法院辖区外另有可供执行财产的,可以直接异地执行,一般不再行委托执行。根据情况确需再行委托的,应当按照委托执行案件的程序办理,并通知案件当事人。

第11条 受托法院未能在6个月内将受托案件执结的,申请执行人有权请求受托法院的上一级人民法院提级执行或者指定执行,上一级人民法院应当立案审查,发现受托法院无正当理由不予执行的,应当限期执行或者作出裁定提级执行或者指定执行。

第12条 异地执行时,可以根据案件具体情况,请求当地法院协助执行,当地法院应当积极配合,保证执行人员的人身安全和执行装备、执行标的物不受侵害。

第 13 条 高级人民法院应当对辖区内委托执行和异地执行工作实行统一管理和协调，履行以下职责：

（一）统一管理跨省、自治区、直辖市辖区的委托和受托执行案件；

（二）指导、检查、监督本辖区内的受托案件的执行情况；

（三）协调本辖区内跨省、自治区、直辖市辖区的委托和受托执行争议案件；

（四）承办需异地执行的有关案件的审批事项；

（五）对下级法院报送的有关委托和受托执行案件中的相关问题提出指导性处理意见；

（六）办理其他涉及委托执行工作的事项。

第 14 条 本规定所称的异地是指本省、自治区、直辖市以外的区域。各省、自治区、直辖市内的委托执行，由各高级人民法院参照本规定，结合实际情况，制定具体办法。

第 15 条 本规定施行之后，其他有关委托执行的司法解释不再适用。

第二百四十一条　执行和解

在执行中，双方当事人自行和解达成协议的，执行员应当将协议内容记入笔录，由双方当事人签名或者盖章。

申请执行人因受欺诈、胁迫与被执行人达成和解协议，或者当事人不履行和解协议的，人民法院可以根据当事人的申请，恢复对原生效法律文书的执行。

▎条文注解

本条"当事人"包括债权人和债务人，均应按照约定的内容履行和解协议。如果任何一方当事人不履行和解协议，法院均可以根据当事人的申请恢复对原生效法律文书的执行。比如，义务人不履行和解协议的，债权人可以申请法院恢复对原生效法律文书的执行。但如果义务人按照和解协议的内容全面履行了义务，法院即可作执行结案处理，债权人就不得申请法院恢复执行原生效法律文书。

▎相关规定

◎司法解释及文件

《最高人民法院关于适用〈中华人民共和国民事诉讼法〉的解释》（法释〔2022〕11 号　2022 年 4 月 1 日修正）

第 464 条　申请执行人与被执行人达成和解协议后请求中止执行或者撤回执行申请的，人民法院可以裁定中止执行或者终结执行。

第 465 条　一方当事人不履行或者不完全履行在执行中双方自愿达成的和解协议，对方当事人申请执行原生效法律文书的，人民法院应当恢复执行，但和解协议已履行的部分应当扣除。和解协议已经履行完毕的，人民法院不予恢复执行。

第 466 条　申请恢复执行原生效法律文书，适用民事诉讼法第二百四十六条[366]申请执行期间的规定。申请执行期间因达成执行中的和解协议而中断，其期间自和解协议约定履行期限的最后一日起重新计算。

---

[366]《民事诉讼法》（2023 年修正）第 250 条。

《最高人民法院关于执行和解若干问题的规定》（法释〔2018〕3号 2020年12月29日修正）

第1条 当事人可以自愿协商达成和解协议，依法变更生效法律文书确定的权利义务主体、履行标的、期限、地点和方式等内容。

和解协议一般采用书面形式。

第2条 和解协议达成后，有下列情形之一的，人民法院可以裁定中止执行：

（一）各方当事人共同向人民法院提交书面和解协议的；

（二）一方当事人向人民法院提交书面和解协议，其他当事人予以认可的；

（三）当事人达成口头和解协议，执行人员将和解协议内容记入笔录，由各方当事人签名或者盖章的。

第3条 中止执行后，申请执行人申请解除查封、扣押、冻结的，人民法院可以准许。

第4条 委托代理人代为执行和解，应当有委托人的特别授权。

第5条 当事人协商一致，可以变更执行和解协议，并向人民法院提交变更后的协议，或者由执行人员将变更后的内容记入笔录，并由各方当事人签名或者盖章。

第6条 当事人达成以物抵债执行和解协议的，人民法院不得依据该协议作出以物抵债裁定。

第7条 执行和解协议履行过程中，符合民法典第五百七十条规定情形的，债务人可以依法向有关机构申请提存；执行和解协议约定给付金钱的，债务人也可以向执行法院申请提存。

第8条 执行和解协议履行完毕的，人民法院作执行结案处理。

第9条 被执行人一方不履行执行和解协议的，申请执行人可以申请恢复执行原生效法律文书，也可以就履行执行和解协议向执行法院提起诉讼。

第10条 申请恢复执行原生效法律文书，适用民事诉讼法第二百三十九条[367]申请执行期间的规定。

当事人不履行执行和解协议的，申请恢复执行期间自执行和解协议约定履行期间的最后一日起计算。

第11条 申请执行人以被执行人一方不履行执行和解协议为由申请恢复执行，人民法院经审查，理由成立的，裁定恢复执行；有下列情形之一的，裁定不予恢复执行：

（一）执行和解协议履行完毕后申请恢复执行的；

（二）执行和解协议约定的履行期限尚未届至或者履行条件尚未成就的，但符合民法典第五百七十八条规定情形的除外；

（三）被执行人一方正在按照执行和解协议约定履行义务的；

（四）其他不符合恢复执行条件的情形。

第12条 当事人、利害关系人认为恢复执行或者不予恢复执行违反法律规定的，可以依照民事诉讼法第二百二十五条[368]规定提出异议。

第13条 恢复执行后，对申请执行人就履行执行和解协议提起的诉讼，人民法院不予受理。

---

[367]《民事诉讼法》（2023年修正）第250条。
[368]《民事诉讼法》（2023年修正）第236条。

第14条 申请执行人就履行执行和解协议提起诉讼，执行法院受理后，可以裁定终结原生效法律文书的执行。执行中的查封、扣押、冻结措施，自动转为诉讼中的保全措施。

第15条 执行和解协议履行完毕，申请执行人因被执行人迟延履行、瑕疵履行遭受损害的，可以向执行法院另行提起诉讼。

第16条 当事人、利害关系人认为执行和解协议无效或者应予撤销的，可以向执行法院提起诉讼。执行和解协议被确认无效或撤销后，申请执行人可以据此申请恢复执行。

被执行人以执行和解协议无效或者应予撤销为由提起诉讼的，不影响申请执行人申请恢复执行。

第17条 恢复执行后，执行和解协议已经履行部分应当依法扣除。当事人、利害关系人认为人民法院的扣除行为违反法律规定的，可以依照民事诉讼法第二百二十五条[369]规定提出异议。

第18条 执行和解协议中约定担保条款，且担保人向人民法院承诺在被执行人不履行执行和解协议时自愿接受直接强制执行的，恢复执行原生效法律文书后，人民法院可以依申请执行人申请及担保条款的约定，直接裁定执行担保财产或者保证人的财产。

第19条 执行过程中，被执行人根据当事人自行达成但未提交人民法院的和解协议，或者一方当事人提交人民法院但其他当事人不予认可的和解协议，依照民事诉讼法第二百二十五条[370]规定提出异议的，人民法院按照下列情形，分别处理：

（一）和解协议履行完毕的，裁定终结原生效法律文书的执行；

（二）和解协议约定的履行期限尚未届至或者履行条件尚未成就的，裁定中止执行，但符合民法典第五百七十八条规定情形的除外；

（三）被执行人一方正在按照和解协议约定履行义务的，裁定中止执行；

（四）被执行人不履行和解协议的，裁定驳回异议；

（五）和解协议不成立、未生效或者无效的，裁定驳回异议。

第20条 本规定自2018年3月1日起施行。

本规定施行前本院公布的司法解释与本规定不一致的，以本规定为准。

最高院裁判观点

1. 安徽省滁州市某建筑安装公司与湖北某电气股份公司执行复议案【最高人民法院指导案例119号】

裁判要旨：执行程序开始前，双方当事人自行达成和解协议并履行，一方当事人申请强制执行原生效法律文书的，人民法院应予受理。被执行人以已履行和解协议为由提出执行异议的，可以参照《最高人民法院关于执行和解若干问题的规定》第十九条的规定审查处理。

2. 某科技学院与某教育发展公司执行监督案【最高人民法院指导案例124号】

裁判要旨：申请执行人与被执行人对执行和解协议的内容产生争议，客观上已无法继续履行的，可以执行原生效法律文书。对执行和解协议中原执行依据未涉及的内容，以及履行过程中产生的争议，当

---

[369] 《民事诉讼法》（2023年修正）第236条。
[370] 同上。

事人可以通过其他救济程序解决。

3. 江苏某建设公司与无锡某房地产公司执行监督案【最高人民法院指导案例126号】

裁判要旨：在履行和解协议的过程中，申请执行人因被执行人迟延履行申请恢复执行的同时，又继续接受并积极配合被执行人的后续履行，直至和解协议全部履行完毕的，属于民事诉讼法及相关司法解释规定的和解协议已经履行完毕不再恢复执行原生效法律文书的情形。

第二百四十二条　执行担保

在执行中，被执行人向人民法院提供担保，并经申请执行人同意的，人民法院可以决定暂缓执行及暂缓执行的期限。被执行人逾期仍不履行的，人民法院有权执行被执行人的担保财产或者担保人的财产。

◆ **条文注解**

被执行人向人民法院提供担保，并经申请执行人同意的，人民法院可以决定暂缓执行和暂缓执行的期限。但是，如果超过了暂缓执行的期限，被执行人仍不履行义务，人民法院不必经过权利人申请，而直接依职权执行被执行人的担保财产或者担保人的财产。

◆ **相关规定**

◎ 司法解释及文件

《最高人民法院关于适用〈中华人民共和国民事诉讼法〉的解释》（法释〔2022〕11号　2022年4月1日修正）

第467条　人民法院依照民事诉讼法第二百三十八条[371]规定决定暂缓执行的，如果担保是有期限的，暂缓执行的期限应当与担保期限一致，但最长不得超过一年。被执行人或者担保人对担保的财产在暂缓执行期间有转移、隐藏、变卖、毁损等行为的，人民法院可以恢复强制执行。

第468条　根据民事诉讼法第二百三十八条[372]规定向人民法院提供执行担保的，可以由被执行人或者他人提供财产担保，也可以由他人提供保证。担保人应当具有代为履行或者代为承担赔偿责任的能力。

他人提供执行保证的，应当向执行法院出具保证书，并将保证书副本送交申请执行人。被执行人或者他人提供财产担保的，应当参照民法典的有关规定办理相应手续。

第469条　被执行人在人民法院决定暂缓执行的期限届满后仍不履行义务的，人民法院可以直接执行担保财产，或者裁定执行担保人的财产，但执行担保人的财产以担保人应当履行义务部分的财产为限。

《**最高人民法院关于执行担保若干问题的规定**》（法释〔2018〕4号　2020年12月29日修正）

第1条　本规定所称执行担保，是指担保人依照民事诉讼法第二百三十一条[373]规定，为担保被执行人履行生效法律文书确定的全部或者部分义务，向人民法院提供的担保。

第2条　执行担保可以由被执行人提供财产担保，也可以由他人提供财产担保或者保证。

---

[371]　《民事诉讼法》（2023年修正）第242条。
[372]　同上。
[373]　同上。

第3条　被执行人或者他人提供执行担保的,应当向人民法院提交担保书,并将担保书副本送交申请执行人。

第4条　担保书中应当载明担保人的基本信息、暂缓执行期限、担保期间、被担保的债权种类及数额、担保范围、担保方式、被执行人于暂缓执行期限届满后仍不履行时担保人自愿接受直接强制执行的承诺等内容。

提供财产担保的,担保书中还应当载明担保财产的名称、数量、质量、状况、所在地、所有权或者使用权归属等内容。

第5条　公司为被执行人提供执行担保的,应当提交符合公司法第十六条规定的公司章程、董事会或者股东会、股东大会决议。

第6条　被执行人或者他人提供执行担保,申请执行人同意的,应当向人民法院出具书面同意意见,也可以由执行人员将其同意的内容记入笔录,并由申请执行人签名或者盖章。

第7条　被执行人或者他人提供财产担保,可以依照民法典规定办理登记等担保物权公示手续;已经办理公示手续的,申请执行人可以依法主张优先受偿权。

申请执行人申请人民法院查封、扣押、冻结担保财产的,人民法院应当准许,但担保书另有约定的除外。

第8条　人民法院决定暂缓执行的,可以暂缓全部执行措施的实施,但担保书另有约定的除外。

第9条　担保书内容与事实不符,且对申请执行人合法权益产生实质影响的,人民法院可以依申请执行人的申请恢复执行。

第10条　暂缓执行的期限应当与担保书约定一致,但最长不得超过一年。

第11条　暂缓执行期限届满后被执行人仍不履行义务,或者暂缓执行期间担保人有转移、隐藏、变卖、毁损担保财产等行为的,人民法院可以依申请执行人的申请恢复执行,并直接裁定执行担保财产或者保证人的财产,不得将担保人变更、追加为被执行人。

执行担保财产或者保证人的财产,以担保人应当履行义务部分的财产为限。被执行人有便于执行的现金、银行存款的,应当优先执行该现金、银行存款。

第12条　担保期间自暂缓执行期限届满之日起计算。

担保书中没有记载担保期间或者记载不明的,担保期间为一年。

第13条　担保期间届满后,申请执行人申请执行担保财产或者保证人财产的,人民法院不予支持。他人提供财产担保的,人民法院可以依其申请解除对担保财产的查封、扣押、冻结。

第14条　担保人承担担保责任后,提起诉讼向被执行人追偿的,人民法院应予受理。

第15条　被执行人申请变更、解除全部或者部分执行措施,并担保履行生效法律文书确定义务的,参照适用本规定。

第16条　本规定自2018年3月1日起施行。

本规定施行前成立的执行担保,不适用本规定。

本规定施行前本院公布的司法解释与本规定不一致的,以本规定为准。

最高院裁判观点

青海某融资担保公司与上海某工程建设公司、青海某置业公司执行复议案【最高人民法院指导案例120号】

裁判要旨:在案件审理期间保证人为被执行人提供保证,承诺在被执行人无财产可供执行或者财产不足清偿债务时承担保证责任的,执行法院对保证人应当适用一般保证的执行规则。在被执行人虽有财产但严重不方便执行时,可以执行保证人在保证责任范围内的财产。

文书范本

保证书(执行担保用)

保 证 书

××××人民法院:

你院在执行……号……(写明当事人及案由)一案中,因……(写明申请暂缓执行的理由),被执行人向你院申请暂缓执行……(写明申请暂缓执行的期限)。本人/本单位自愿提供一般(连带责任)保证。如被执行人×××在你院决定暂缓执行的期限届满后仍不履行义务,你院可以直接执行本人/本单位的财产。

保证人(签名或者盖章)

××××年××月××日

文书制作要点提示:

根据实际情况写明承担保证的类型为一般保证还是连带责任保证,如未写明,则原则上推定为一般保证。

第二百四十三条 被执行主体的变更

作为被执行人的公民死亡的,以其遗产偿还债务。作为被执行人的法人或者其他组织终止的,由其权利义务承受人履行义务。

条文注解

依据本条规定,作为被执行人的公民死亡后,不论其遗产是否有人继承,也不论继承人是否承认被执行人生前的债务,人民法院均可以从其遗产中划出被执行人应当履行义务的债款。此种执行,仅限于遗产。如果被执行人的遗产不足以偿还全部债务,执行程序即告终结,所余债务也不再由继承人偿还。作为被执行人的法人被解散、被依法撤销、被依法宣告破产或者因其他原因终止后,只要有承受其权利义务的法人或者其他组织的,该法人或者其他组织就应当偿还终止的法人和其他组织的全部债务,不偿还的,人民法院可以强制执行。

相关规定

◎ **司法解释及文件**

《最高人民法院关于适用〈中华人民共和国民事诉讼法〉的解释》(法释〔2022〕11号 2022年4月1日修正)

第470条 依照民事诉讼法第二百三十九条[374]规定,执行中作为被执行人的法人或者其他组织分立、合并的,人民法院可以裁定变更后的法人或者其他组织为被执行人;被注销的,如果依照有关实体法的规定有权利义务承受人的,可以裁定

---

[374] 《民事诉讼法》(2023年修正)第243条。

该权利义务承受人为被执行人。

第471条 其他组织在执行中不能履行法律文书确定的义务的，人民法院可以裁定执行对该其他组织依法承担义务的法人或者公民个人的财产。

第472条 在执行中，作为被执行人的法人或者其他组织名称变更的，人民法院可以裁定变更后的法人或者其他组织为被执行人。

第473条 作为被执行人的公民死亡，其遗产继承人没有放弃继承的，人民法院可以裁定变更被执行人，由该继承人在遗产的范围内偿还债务。继承人放弃继承的，人民法院可以直接执行被执行人的遗产。

《最高人民法院关于民事执行中变更、追加当事人若干问题的规定》（法释〔2016〕21号 2020年12月29日修正）

第1条 执行过程中，申请执行人或其继承人、权利承受人可以向人民法院申请变更、追加当事人。申请符合法定条件的，人民法院应予支持。

第2条 作为申请执行人的自然人死亡或被宣告死亡，该自然人的遗产管理人、继承人、受遗赠人或其他因该自然人死亡或被宣告死亡依法承受生效法律文书确定权利的主体，申请变更、追加其为申请执行人的，人民法院应予支持。

作为申请执行人的自然人被宣告失踪，该自然人的财产代管人申请变更、追加其为申请执行人的，人民法院应予支持。

第3条 作为申请执行人的自然人离婚时，生效法律文书确定的权利全部或部分分割给其配偶，该配偶申请变更、追加其为申请执行人的，人民法院应予支持。

第4条 作为申请执行人的法人或非法人组织终止，因该法人或非法人组织终止依法承受生效法律文书确定权利的主体，申请变更、追加其为申请执行人的，人民法院应予支持。

第5条 作为申请执行人的法人或非法人组织因合并而终止，合并后存续或新设的法人、非法人组织申请变更其为申请执行人的，人民法院应予支持。

第6条 作为申请执行人的法人或非法人组织分立，依分立协议约定承受生效法律文书确定权利的新设法人或非法人组织，申请变更、追加其为申请执行人的，人民法院应予支持。

第7条 作为申请执行人的法人或非法人组织清算或破产时，生效法律文书确定的权利依法分配给第三人，该第三人申请变更、追加其为申请执行人的，人民法院应予支持。

第8条 作为申请执行人的机关法人被撤销，继续履行其职能的主体申请变更、追加其为申请执行人的，人民法院应予支持，但生效法律文书确定的权利依法应由其他主体承受的除外；没有继续履行其职能的主体，且生效法律文书确定权利的承受主体不明确，作出撤销决定的主体申请变更、追加其为申请执行人的，人民法院应予支持。

第9条 申请执行人将生效法律文书确定的债权依法转让给第三人，且书面认可第三人取得该债权，该第三人申请变更、追加其为申请执行人的，人民法院应予支持。

第10条 作为被执行人的自然人死亡或被宣告死亡，申请执行人申请变更、追加该自然人的遗产管理人、继承人、受遗赠人或其他因该自然人死亡或被宣告死亡取得遗产的主体为被执行人，在遗产范围内承担责任的，人民法院应予支持。

作为被执行人的自然人被宣告失踪，

申请执行人申请变更该自然人的财产代管人为被执行人，在代管的财产范围内承担责任的，人民法院应予支持。

第 11 条 作为被执行人的法人或非法人组织因合并而终止，申请执行人申请变更合并后存续或新设的法人、非法人组织为被执行人的，人民法院应予支持。

第 12 条 作为被执行人的法人或非法人组织分立，申请执行人申请变更、追加分立后新设的法人或非法人组织为被执行人，对生效法律文书确定的债务承担连带责任的，人民法院应予支持。但被执行人在分立前与申请执行人就债务清偿达成的书面协议另有约定的除外。

第 13 条 作为被执行人的个人独资企业，不能清偿生效法律文书确定的债务，申请执行人申请变更、追加其出资人为被执行人的，人民法院应予支持。个人独资企业出资人作为被执行人的，人民法院可以直接执行该个人独资企业的财产。

个体工商户的字号为被执行人的，人民法院可以直接执行该字号经营者的财产。

第 14 条 作为被执行人的合伙企业，不能清偿生效法律文书确定的债务，申请执行人申请变更、追加普通合伙人为被执行人的，人民法院应予支持。

作为被执行人的有限合伙企业，财产不足以清偿生效法律文书确定的债务，申请执行人申请变更、追加未按期足额缴纳出资的有限合伙人为被执行人，在未足额缴纳出资的范围内承担责任的，人民法院应予支持。

第 15 条 作为被执行人的法人分支机构，不能清偿生效法律文书确定的债务，申请执行人申请变更、追加该法人为被执行人的，人民法院应予支持。法人直接管理的责任财产仍不能清偿债务的，人民法院可以直接执行该法人其他分支机构的财产。

作为被执行人的法人，直接管理的责任财产不能清偿生效法律文书确定债务的，人民法院可以直接执行该法人分支机构的财产。

第 16 条 个人独资企业、合伙企业、法人分支机构以外的非法人组织作为被执行人，不能清偿生效法律文书确定的债务，申请执行人申请变更、追加依法对该非法人组织的债务承担责任的主体为被执行人的，人民法院应予支持。

第 17 条 作为被执行人的营利法人，财产不足以清偿生效法律文书确定的债务，申请执行人申请变更、追加未缴纳或未足额缴纳出资的股东、出资人或依公司法规定对该出资承担连带责任的发起人为被执行人，在尚未缴纳出资的范围内依法承担责任的，人民法院应予支持。

第 18 条 作为被执行人的营利法人，财产不足以清偿生效法律文书确定的债务，申请执行人申请变更、追加抽逃出资的股东、出资人为被执行人，在抽逃出资的范围内承担责任的，人民法院应予支持。

第 19 条 作为被执行人的公司，财产不足以清偿生效法律文书确定的债务，其股东未依法履行出资义务即转让股权，申请执行人申请变更、追加该原股东或依公司法规定对该出资承担连带责任的发起人为被执行人，在未依法出资的范围内承担责任的，人民法院应予支持。

第 20 条 作为被执行人的一人有限责任公司，财产不足以清偿生效法律文书确定的债务，股东不能证明公司财产独立于自己的财产，申请执行人申请变更、追加该股东为被执行人，对公司债务承担连带责任的，人民法院应予支持。

第 21 条 作为被执行人的公司，未经清算即办理注销登记，导致公司无法进行清算，申请执行人申请变更、追加有限责任公司的股东、股份有限公司的董事和控股股东为被执行人，对公司债务承担连带清偿责任的，人民法院应予支持。

第 22 条 作为被执行人的法人或非法人组织，被注销或出现被吊销营业执照、被撤销、被责令关闭、歇业等解散事由后，其股东、出资人或主管部门无偿接受其财产，致使该被执行人无遗留财产或遗留财产不足以清偿债务，申请执行人申请变更、追加该股东、出资人或主管部门为被执行人，在接受的财产范围内承担责任的，人民法院应予支持。

第 23 条 作为被执行人的法人或非法人组织，未经依法清算即办理注销登记，在登记机关办理注销登记时，第三人书面承诺对被执行人的债务承担清偿责任，申请执行人申请变更、追加该第三人为被执行人，在承诺范围内承担清偿责任的，人民法院应予支持。

第 24 条 执行过程中，第三人向执行法院书面承诺自愿代被执行人履行生效法律文书确定的债务，申请执行人申请变更、追加该第三人为被执行人，在承诺范围内承担责任的，人民法院应予支持。

第 25 条 作为被执行人的法人或非法人组织，财产依行政命令被无偿调拨、划转给第三人，致使该被执行人财产不足以清偿生效法律文书确定的债务，申请执行人申请变更、追加该第三人为被执行人，在接受的财产范围内承担责任的，人民法院应予支持。

第 26 条 被申请人在应承担责任范围内已承担相应责任的，人民法院不得责令其重复承担责任。

第 27 条 执行当事人的姓名或名称发生变更的，人民法院可以直接将姓名或名称变更后的主体作为执行当事人，并在法律文书中注明变更前的姓名或名称。

第 28 条 申请人申请变更、追加执行当事人，应当向执行法院提交书面申请及相关证据材料。

除事实清楚、权利义务关系明确、争议不大的案件外，执行法院应当组成合议庭审查并公开听证。经审查，理由成立的，裁定变更、追加；理由不成立的，裁定驳回。

执行法院应当自收到书面申请之日起六十日内作出裁定。有特殊情况需要延长的，由本院院长批准。

第 29 条 执行法院审查变更、追加被执行人申请期间，申请人申请对被申请人的财产采取查封、扣押、冻结措施的，执行法院应当参照民事诉讼法第一百条[375]的规定办理。

申请执行人在申请变更、追加第三人前，向执行法院申请查封、扣押、冻结该第三人财产的，执行法院应当参照民事诉讼法第一百零一条[376]的规定办理。

第 30 条 被申请人、申请人或其他执行当事人对执行法院作出的变更、追加裁定或驳回申请裁定不服的，可以自裁定书送达之日起十日内向上一级人民法院申请复议，但依本规定第三十二条的规定应当提起诉讼的除外。

第 31 条 上一级人民法院对复议申请应当组成合议庭审查，并自收到申请之

---

[375] 《民事诉讼法》（2023 年修正）第 103 条。
[376] 《民事诉讼法》（2023 年修正）第 104 条。

日起六十日内作出复议裁定。有特殊情况需要延长的，由本院院长批准。

被裁定变更、追加的被申请人申请复议的，复议期间，人民法院不得对其争议范围内的财产进行处分。申请人请求人民法院继续执行并提供相应担保的，人民法院可以准许。

第32条 被申请人或申请人对执行法院依据本规定第十四条第二款、第十七条至第二十一条规定作出的变更、追加裁定或驳回申请裁定不服的，可以自裁定书送达之日起十五日内，向执行法院提起执行异议之诉。

被申请人提起执行异议之诉的，以申请人为被告。申请人提起执行异议之诉的，以被申请人为被告。

第33条 被申请人提起的执行异议之诉，人民法院经审理，按照下列情形分别处理：

（一）理由成立的，判决不得变更、追加被申请人为被执行人或者判决变更责任范围；

（二）理由不成立的，判决驳回诉讼请求。

诉讼期间，人民法院不得对被申请人争议范围内的财产进行处分。申请人请求人民法院继续执行并提供相应担保的，人民法院可以准许。

第34条 申请人提起的执行异议之诉，人民法院经审理，按照下列情形分别处理：

（一）理由成立的，判决变更、追加被申请人为被执行人并承担相应责任或者判决变更责任范围；

（二）理由不成立的，判决驳回诉讼请求。

第35条 本规定自2016年12月1日起施行。

本规定施行后，本院以前公布的司法解释与本规定不一致的，以本规定为准。

最高院裁判观点

1. 黑龙江何某申请执行监督案【检例第110号】

裁判要旨：执行程序应当按照生效判决等确定的执行依据进行，变更、追加被执行人应当遵循法定原则和程序，不得在法律和司法解释规定之外或者未经依法改判的情况下变更、追加被执行人。对于执行程序中违法变更、追加被执行人的，人民检察院应当依法监督。

2. 吉林某房地产公司申诉案【《最高人民法院公报》2012年第2期】

裁判要旨：被执行人与其他人以复杂的出资组建新公司、收购股份及并购的名义，将债权人享有优先受偿权的工程及相关土地等主要资产变更至新组建的公司名下，而其他人控制新组建公司多数股权、新组建公司不承担工程价款的债务，该情形可以认定为被执行人和其他人及新组建的公司之间转移资产，侵犯工程价款优先债权人的合法权益，其他人和新组建公司应当作为被执行人的权利义务承受人对该优先债权人承担责任。执行法院有权裁定追加其他人和新组建的公司为被执行人。

第二百四十四条　执行回转

执行完毕后，据以执行的判决、裁定和其他法律文书确有错误，被人民法院撤销的，对已被执行的财产，人民法院应当作出裁定，责令取得财产的人返还；拒不返还的，强制执行。

相关规定

◎司法解释及文件

《最高人民法院关于适用〈中华人民共和国民事诉讼法〉的解释》（法释〔2022〕11号 2022年4月1日修正）

第474条 法律规定由人民法院执行的其他法律文书执行完毕后，该法律文书被有关机关或者组织依法撤销的，经当事人申请，适用民事诉讼法第二百四十条[377]规定。

《最高人民法院关于人民法院执行工作若干问题的规定（试行）》（法释〔1988〕15号 2020年12月29日修正）

65. 在执行中或执行完毕后，据以执行的法律文书被人民法院或其他有关机关撤销或变更的，原执行机构应当依照民事诉讼法第二百三十三条[378]的规定，依当事人申请或依职权，按照新的生效法律文书，作出执行回转的裁定，责令原申请执行人返还已取得的财产及其孳息。拒不返还的，强制执行。

执行回转应重新立案，适用执行程序的有关规定。

66. 执行回转时，已执行的标的物系特定物的，应当退还原物。不能退还原物的，经双方当事人同意，可以折价赔偿。

双方当事人对折价赔偿不能协商一致的，人民法院应当终结执行回转程序。申请执行人可以另行起诉。

最高院裁判观点

南通市某房建公司与南通某开发公司合资合作开发房地产合同纠纷执行审查案【（2016）最高法执监404号】

裁判要旨： 因为新的生效法律文书内容可能完全否定原法律文书，也可能部分推翻原法律文书的内容，维持原来的部分内容。因此执行回转的财产范围应限制在被新的法律文书撤销或推翻的内容，并不一定对所有已执行的财产一律执行回转。因此，执行回转应当等待后续法定救济程序作出新的生效法律文书后进行。

第二百四十五条 法院调解书的执行

人民法院制作的调解书的执行，适用本编的规定。

条文注解

调解书是人民法院主持达成调解协议后制作的法律文书，具有与生效判决书同等的法律效力，包括确定力和执行力。

最高院裁判观点

1. 中建某公司与某投资置业公司、安徽某置业公司执行复议案【最高人民法院指导案例117号】

裁判要旨： 根据民事调解书和调解笔录，第三人以债务承担方式加入债权债务关系的，执行法院可以在该第三人债务承担范围内对其强制执行。债务人用商业承兑汇票来履行执行依据确定的债务，虽然开具并向债权人交付了商业承兑汇票，但因汇票付款账户资金不足、被冻结等不能兑付的，不能认定实际履行了债务，债权人可以请求对债务人继续强制执行。

2. 伊宁市某建材公司不服新疆维吾尔自治区高级人民法院执行裁定案【《最高人民法院公报》2015年第12期】

裁判要旨：（1）依法生效的调解书不

---

[377]《民事诉讼法》（2023年修正）第244条。
[378] 同上。

仅是对当事人在自愿、合法基础上达成的权利义务协议内容的确定，而且也是具有强制执行效力的法律文书。(2)可采取强制执行措施的生效法律文书所确定的内容必须具有给付性，如果一方当事人不按照确定的给付内容履行，另一方当事人可以就该确定的给付内容向人民法院申请强制执行。因此，人民法院在受理执行案件时，首先应对申请人的债权请求权是否存在予以审查，即有权对调解书等法律文书是否具有可执行性进行审查，主要包括审查法律文书是否已经生效、义务人是否在法律文书确定的期限内履行义务、法律文书确定的强制执行条件是否明确等。(3)调解书等生效法律文书中所确定的基于双方违约责任而导致的给付义务，取决于未来发生的事实，即当事人双方在履行生效调解书过程中是否违约以及违约程度等，属于与案件审结后新发生事实相结合而形成的新的实体权利义务争议，并非简单的事实判断。在执行程序中直接加以认定，缺乏程序的正当性和必要的程序保障。为能够更加有效地保障各方当事人的合法权益，应允许当事人通过另行提起诉讼的方式予以解决。

第二百四十六条 对执行的法律监督

人民检察院有权对民事执行活动实行法律监督。

相关规定

◎司法解释及文件

《最高人民法院、最高人民检察院关于民事执行活动法律监督若干问题的规定》（法发〔2016〕30号 2016年11月2日）

第1条 人民检察院依法对民事执行活动实行法律监督。人民法院依法接受人民检察院的法律监督。

第2条 人民检察院办理民事执行监督案件，应当以事实为依据，以法律为准绳，坚持公开、公平、公正和诚实信用原则，尊重和保障当事人的诉讼权利，监督和支持人民法院依法行使执行权。

第3条 人民检察院对人民法院执行生效民事判决、裁定、调解书、支付令、仲裁裁决以及公证债权文书等法律文书的活动实施法律监督。

第4条 对民事执行活动的监督案件，由执行法院所在地同级人民检察院管辖。

上级人民检察院认为确有必要的，可以办理下级人民检察院管辖的民事执行监督案件。下级人民检察院对有管辖权的民事执行监督案件，认为需要上级人民检察院办理的，可以报请上级人民检察院办理。

第5条 当事人、利害关系人、案外人认为人民法院的民事执行活动存在违法情形向人民检察院申请监督，应当提交监督申请书、身份证明、相关法律文书及证据材料。提交证据材料的，应当附证据清单。

申请监督材料不齐备的，人民检察院应当要求申请人限期补齐，并明确告知应补齐的全部材料。申请人逾期未补齐的，视为撤回监督申请。

第6条 当事人、利害关系人、案外人认为民事执行活动存在违法情形，向人民检察院申请监督，法律规定可以提出异议、复议或者提起诉讼，当事人、利害关系人、案外人没有提出异议、申请复议或者提起诉讼的，人民检察院不予受理，但有正当理由的除外。

当事人、利害关系人、案外人已经向

人民法院提出执行异议或者申请复议,人民法院审查异议、复议期间,当事人、利害关系人、案外人又向人民检察院申请监督的,人民检察院不予受理,但申请对人民法院的异议、复议程序进行监督的除外。

第7条　具有下列情形之一的民事执行案件,人民检察院应当依职权进行监督:

(一) 损害国家利益或者社会公共利益的;

(二) 执行人员在执行该案时有贪污受贿、徇私舞弊、枉法执行等违法行为、司法机关已经立案的;

(三) 造成重大社会影响的;

(四) 需要跟进监督的。

第8条　人民检察院因办理监督案件的需要,依照有关规定可以调阅人民法院的执行卷宗,人民法院应当予以配合。

通过拷贝电子卷、查阅、复制、摘录等方式能够满足办案需要的,不调阅卷宗。

人民检察院调阅人民法院卷宗,由人民法院办公室(厅)负责办理,并在五日内提供,因特殊情况不能按时提供的,应当向人民检察院说明理由,并在情况消除后及时提供。

人民法院正在办理或者已结案尚未归档的案件,人民检察院办理民事执行监督案件时可以直接到办理部门查阅、复制、拷贝、摘录案件材料,不调阅卷宗。

第9条　人民检察院因履行法律监督职责的需要,可以向当事人或者案外人调查核实有关情况。

第10条　人民检察院认为人民法院在民事执行活动中可能存在怠于履行职责情形的,可以向人民法院书面了解相关情况,人民法院应当说明案件的执行情况及理由,并在十五日内书面回复人民检察院。

第11条　人民检察院向人民法院提出民事执行监督检察建议,应当经检察长批准或者检察委员会决定,制作检察建议书,在决定之日起十五日内将检察建议书连同案件卷宗移送同级人民法院。

检察建议书应当载明检察机关查明的事实、监督理由、依据以及建议内容等。

第12条　人民检察院提出的民事执行监督检察建议,统一由同级人民法院立案受理。

第13条　人民法院收到人民检察院的检察建议书后,应当在三个月内将审查处理情况以回复意见函的形式回复人民检察院,并附裁定、决定等相关法律文书。有特殊情况需要延长的,经本院院长批准,可以延长一个月。

回复意见函应当载明人民法院查明的事实、回复意见和理由并加盖院章。不采纳检察建议的,应当说明理由。

第14条　人民法院收到检察建议后逾期未回复或者处理结果不当的,提出检察建议的人民检察院可以依职权提请上一级人民检察院向其同级人民法院提出检察建议。上一级人民检察院认为应当跟进监督的,应当向其同级人民法院提出检察建议。人民法院应当在三个月内提出审查处理意见并以回复意见函的形式回复人民检察院,认为人民检察院的意见正确的,应当监督下级人民法院及时纠正。

第15条　当事人在人民检察院审查案件过程中达成和解协议且不违反法律规定的,人民检察院应当告知其将和解协议送交人民法院,由人民法院依照民事诉讼法第二百三十条[379]的规定进行处理。

第 16 条　当事人、利害关系人、案外人申请监督的案件，人民检察院认为人民法院民事执行活动不存在违法情形的，应当作出不支持监督申请的决定，在决定之日起十五日内制作不支持监督申请决定书，发送申请人，并做好释法说理工作。

人民检察院办理依职权监督的案件，认为人民法院民事执行活动不存在违法情形的，应当作出终结审查决定。

第 17 条　人民法院认为检察监督行为违反法律规定的，可以向人民检察院提出书面建议。人民检察应当在收到书面建议后三个月内作出处理并将处理情况书面回复人民法院；人民法院对于人民检察院的回复有异议的，可以通过上一级人民法院向上一级人民检察院提出。上一级人民检察院认为人民法院建议正确的，应当要求下级人民检察院及时纠正。

第 18 条　有关国家机关不依法履行生效法律文书确定的执行义务或者协助执行义务的，人民检察院可以向相关国家机关提出检察建议。

第 19 条　人民检察院民事检察部门在办案中发现被执行人涉嫌构成拒不执行判决、裁定罪且公安机关不予立案侦查的，应当移送侦查监督部门处理。

第 20 条　人民法院、人民检察院应当建立完善沟通联系机制，密切配合，互相支持，促进民事执行法律监督工作依法有序稳妥开展。

第 21 条　人民检察院对人民法院行政执行活动实施法律监督，行政诉讼法及有关司法解释没有规定的，参照本规定执行。

第 22 条　本规定自 2017 年 1 月 1 日起施行。

最高院裁判观点

1. 河南某实业公司与赵某、汝州某开发公司等执行监督案【最高人民法院指导案例 122 号】

裁判要旨： 执行法院将同一被执行人的几个案件合并执行的，应当按照申请执行人的各个债权的受偿顺序进行清偿，避免侵害顺位在先的其他债权人的利益。

2. 江苏某银行申请执行监督案【检例第 108 号】

裁判要旨： 质权人为实现约定债权申请执行法院解除对质物的冻结措施，向法院承诺对申请解除冻结错误造成的损失承担责任，该承诺不是对出质人债务的保证，人民法院不应裁定执行其财产。对人民法院错误裁定执行其财产的行为不服提出的异议是对执行行为的异议，对该异议裁定不服的救济途径为复议程序而非执行异议之诉。

---

[379]《民事诉讼法》（2023 年修正）第 241 条。

第二十章　执行的申请和移送

> **第二百四十七条　申请执行与移送执行**
>
> 发生法律效力的民事判决、裁定，当事人必须履行。一方拒绝履行的，对方当事人可以向人民法院申请执行，也可以由审判员移送执行员执行。
>
> 调解书和其他应当由人民法院执行的法律文书，当事人必须履行。一方拒绝履行的，对方当事人可以向人民法院申请执行。

相关规定

◎司法解释及文件

《最高人民法院关于适用〈中华人民共和国民事诉讼法〉的解释》（法释〔2022〕11号　2022年4月1日修正）

第511条　在执行中，作为被执行人的企业法人符合企业破产法第二条第一款规定情形的，执行法院经申请执行人之一或者被执行人同意，应当裁定中止对该被执行人的执行，将执行案件相关材料移送被执行人住所地人民法院。

第512条　被执行人住所地人民法院应当自收到执行案件相关材料之日起三十日内，将是否受理破产案件的裁定告知执行法院。不予受理的，应当将相关案件材料退回执行法院。

第513条　被执行人住所地人民法院裁定受理破产案件的，执行法院应当解除对被执行人财产的保全措施。被执行人住所地人民法院裁定宣告被执行人破产的，执行法院应当裁定终结对该被执行人的执行。

被执行人住所地人民法院不受理破产案件的，执行法院应当恢复执行。

第514条　当事人不同意移送破产或者被执行人住所地人民法院不受理破产案件的，执行法院就执行变价所得财产，在扣除执行费用及清偿优先受偿的债权后，对于普通债权，按照财产保全和执行中查封、扣押、冻结财产的先后顺序清偿。

《最高人民法院关于人民法院执行工作若干问题的规定（试行）》（法释〔1998〕15号　2020年12月29日修正）

16. 人民法院受理执行案件应当符合下列条件：

（1）申请或移送执行的法律文书已经生效；

（2）申请执行人是生效法律文书确定的权利人或其继承人、权利承受人；

（3）申请执行的法律文书有给付内容，且执行标的和被执行人明确；

（4）义务人在生效法律文书确定的期限内未履行义务；

（5）属于受申请执行的人民法院管辖。

人民法院对符合上述条件的申请，应当在七日内予以立案；不符合上述条件之一的，应当在七日内裁定不予受理。

17. 生效法律文书的执行，一般应当由当事人依法提出申请。

发生法律效力的具有给付赡养费、扶养费、抚育费内容的法律文书、民事制裁决定书，以及刑事附带民事判决、裁定、调解书，由审判庭移送执行机构执行。

18. 申请执行，应向人民法院提交下列文件和证件：

（1）申请执行书。申请执行书中应当

写明申请执行的理由、事项、执行标的，以及申请执行人所了解的被执行人的财产状况。

申请执行人书写申请执行书确有困难的，可以口头提出申请。人民法院接待人员对口头申请应当制作笔录，由申请执行人签字或盖章。

外国一方当事人申请执行的，应当提交中文申请执行书。当事人所在国与我国缔结或共同参加的司法协助条约有特别规定的，按照条约规定办理。

(2) 生效法律文书副本。

(3) 申请执行人的身份证明。自然人申请的，应当出示居民身份证；法人申请的，应当提交法人营业执照副本和法定代表人身份证明；非法人组织申请的，应当提交营业执照副本和主要负责人身份证明。

(4) 继承人或权利承受人申请执行的，应当提交继承或承受权利的证明文件。

(5) 其他应当提交的文件或证件。

19. 申请执行仲裁机构的仲裁裁决，应当向人民法院提交有仲裁条款的合同书或仲裁协议书。

申请执行国外仲裁机构的仲裁裁决的，应当提交经我国驻外使领馆认证或我国公证机关公证的仲裁裁决书中文本。

20. 申请执行人可以委托代理人代为申请执行。委托代理的，应当向人民法院提交经委托人签字或盖章的授权委托书，写明代理人的姓名或者名称、代理事项、权限和期限。

委托代理人代为放弃、变更民事权利，或代为进行执行和解，或代为收取执行款项的，应当有委托人的特别授权。

21. 执行申请费的收取按照《诉讼费用交纳办法》办理。

最高院裁判观点

李某玲、李某裕申请执行海洋公司、海洋总公司执行复议案【最高人民法院指导案例 34 号】

裁判要旨：生效法律文书确定的权利人在进入执行程序前合法转让债权的，债权受让人即权利承受人可以作为申请执行人直接申请执行，无需执行法院作出变更申请执行人的裁定。

文书范本

申请书（申请执行用）

申 请 书

申请执行人：×××，男/女，××××年××月××日出生，×族，……（写明工作单位和职务或者职业），住……。联系方式：……。

法定代理人/指定代理人：×××，……。

委托诉讼代理人：×××，……。

被执行人：×××，……。

……

（以上写明申请执行人、被执行人和其他诉讼参加人的姓名或者名称等基本信息）

申请执行人×××与被执行人×××……（写明案由）一案，××××人民法院（或其他生效法律文书的作出机关）（××××）……号民事判决（或其他生效法律文书）已发生法律效力。被执行人×××未履行/未全部履行生效法律文书确定的给付义务，特向你院申请强制执行。

请求事项

……（写明请求执行的内容）。

此致

××××人民法院

附：生效法律文书×份

申请执行人（签名或盖章）
××××年××月××日

文书制作要点提示：

①申请人是法人或者其他组织的，写明名称、住所，另起一行写明法定代表人、主要负责人及其姓名、职务、联系方式。

②形式要件完整、规范。

③执行的具体内容可参考生效法律文书的判项内容。

第二百四十八条　仲裁裁决的申请执行

对依法设立的仲裁机构的裁决，一方当事人不履行的，对方当事人可以向有管辖权的人民法院申请执行。受申请的人民法院应当执行。

被申请人提出证据证明仲裁裁决有下列情形之一的，经人民法院组成合议庭审查核实，裁定不予执行：

（一）当事人在合同中没有订有仲裁条款或者事后没有达成书面仲裁协议的；

（二）裁决的事项不属于仲裁协议的范围或者仲裁机构无权仲裁的；

（三）仲裁庭的组成或者仲裁的程序违反法定程序的；

（四）裁决所根据的证据是伪造的；

（五）对方当事人向仲裁机构隐瞒了足以影响公正裁决的证据的；

（六）仲裁员在仲裁该案时有贪污受贿，徇私舞弊，枉法裁决行为的。

人民法院认定执行该裁决违背社会公共利益的，裁定不予执行。

裁定书应当送达双方当事人和仲裁机构。

仲裁裁决被人民法院裁定不予执行的，当事人可以根据双方达成的书面仲裁协议重新申请仲裁，也可以向人民法院起诉。

条文注解

所谓"足以影响公正裁决的证据",是指直接关系到仲裁裁决的最后结论的证据,通常与仲裁案件所涉及的争议焦点或关键事实密切相关。为了维护仲裁裁决认定事实的正确性和裁决结果的公正性,对方当事人向仲裁机构隐瞒了足以影响公正裁决的证据,被申请人可以申请法院不予执行。被申请人需要证明两点:第一,对方当事人向仲裁机构隐瞒了相关证据;第二,该证据足以影响仲裁机构作出公正裁决。

相关规定

◎ **法　律**

《仲裁法》(2017 年 9 月 1 日)

第 62 条　当事人应当履行裁决。一方当事人不履行的,另一方当事人可以依照民事诉讼法的有关规定向人民法院申请执行。受申请的人民法院应当执行。

第 63 条　被申请人提出证据证明裁决有民事诉讼法第二百一十三条[380]第二款规定的情形之一的,经人民法院组成合议庭审查核实,裁定不予执行。

第 64 条　一方当事人申请执行裁决,另一方当事人申请撤销裁决的,人民法院应当裁定中止执行。

人民法院裁定撤销裁决的,应当裁定终结执行。撤销裁决的申请被裁定驳回的,人民法院应当裁定恢复执行。

◎ **司法解释及文件**

《最高人民法院关于适用〈中华人民共和国民事诉讼法〉的解释》(法释〔2022〕11 号　2022 年 4 月 1 日修正)

第 475 条　仲裁机构裁决的事项,部分有民事诉讼法第二百四十四条[381]第二款、第三款规定情形的,人民法院应当裁定对该部分不予执行。

应当不予执行部分与其他部分不可分的,人民法院应当裁定不予执行仲裁裁决。

第 476 条　依照民事诉讼法第二百四十四条[382]第二款、第三款规定,人民法院裁定不予执行仲裁裁决后,当事人对该裁定提出执行异议或者复议的,人民法院不予受理。当事人可以就该民事纠纷重新达成书面仲裁协议申请仲裁,也可以向人民法院起诉。

第 477 条　在执行中,被执行人通过仲裁程序将人民法院查封、扣押、冻结的财产确权或者分割给案外人的,不影响人民法院执行程序的进行。

案外人不服的,可以根据民事诉讼法第二百三十四条[383]规定提出异议。

《最高人民法院关于人民法院办理仲裁裁决执行案件若干问题的规定》(法释〔2018〕5 号　2018 年 2 月 22 日)

第 1 条　本规定所称的仲裁裁决执行案件,是指当事人申请人民法院执行仲裁机构依据仲裁法作出的仲裁裁决或者仲裁调解书的案件。

第 2 条　当事人对仲裁机构作出的仲裁裁决或者仲裁调解书申请执行的,由被执行人住所地或者被执行的财产所在地的中级人民法院管辖。

符合下列条件的,经上级人民法院批准,中级人民法院可以参照民事诉讼法第三十八条[384]的规定指定基层人民法院

---

[380]　《民事诉讼法》(2023 年修正) 第 248 条。
[381]　同上。
[382]　同上。
[383]　《民事诉讼法》(2023 年修正) 第 238 条。
[384]　《民事诉讼法》(2023 年修正) 第 39 条。

管辖：

（一）执行标的额符合基层人民法院一审民商事案件级别管辖受理范围；

（二）被执行人住所地或者被执行的财产所在地在被指定的基层人民法院辖区内。

被执行人、案外人对仲裁裁决执行案件申请不予执行的，负责执行的中级人民法院应当另行立案审查处理；执行案件已指定基层人民法院管辖的，应当于收到不予执行申请后三日内移送原执行法院另行立案审查处理。

第3条 仲裁裁决或者仲裁调解书执行内容具有下列情形之一导致无法执行的，人民法院可以裁定驳回执行申请；导致部分无法执行的，可以裁定驳回该部分的执行申请；导致部分无法执行且该部分与其他部分不可分的，可以裁定驳回执行申请。

（一）权利义务主体不明确；

（二）金钱给付具体数额不明确或者计算方法不明确导致无法计算出具体数额；

（三）交付的特定物不明确或无法确定；

（四）行为履行的标准、对象、范围不明确。

仲裁裁决或者仲裁调解书仅确定继续履行合同，但对继续履行的权利义务，以及履行的方式、期限等具体内容不明确，导致无法执行的，依照前款规定处理。

第4条 对仲裁裁决主文或者仲裁调解书中的文字、计算错误以及仲裁庭已经认定但在裁决主文中遗漏的事项，可以补正或说明的，人民法院应当书面告知仲裁庭补正或说明，或者向仲裁机构调阅仲裁案卷查明。仲裁庭不补正也不说明，且人民法院调阅仲裁案卷后执行内容仍然不明确具体无法执行的，可以裁定驳回执行申请。

第5条 申请执行人对人民法院依照本规定第三条、第四条作出的驳回执行申请裁定不服的，可以自裁定送达之日起十日内向上一级人民法院申请复议。

第6条 仲裁裁决或者仲裁调解书确定交付的特定物确已毁损或者灭失的，依照《最高人民法院关于适用〈中华人民共和国民事诉讼法〉的解释》第四百九十四条[385]的规定处理。

第7条 被执行人申请撤销仲裁裁决并已由人民法院受理的，或者被执行人、案外人对仲裁裁决执行案件提出不予执行申请并提供适当担保的，执行法院应当裁定中止执行。中止执行期间，人民法院应当停止处分性措施，但申请执行人提供充分、有效的担保请求继续执行的除外；执行标的查封、扣押、冻结期限届满前，人民法院可以根据当事人申请或者依职权办理续行查封、扣押、冻结手续。

申请撤销仲裁裁决、不予执行仲裁裁决案件司法审查期间，当事人、案外人申请对已查封、扣押、冻结之外的财产采取保全措施的，负责审查的人民法院参照民事诉讼法第一百条[386]的规定处理。司法审查后仍需继续执行的，保全措施自动转为执行中的查封、扣押、冻结措施；采取保全措施的人民法院与执行法院不一致的，应当将保全手续移送执行法院，保全裁定视为执行法院作出的裁定。

---

[385] 《民诉法司法解释》（2022年修正）第492条。

[386] 《民事诉讼法》（2023年修正）第103条。

第 8 条 被执行人向人民法院申请不予执行仲裁裁决的,应当在执行通知书送达之日起十五日内提出书面申请;有民事诉讼法第二百三十七条[387]第二款第四、六项规定情形且执行程序尚未终结的,应当自知道或者应当知道有关事实或案件之日起十五日内提出书面申请。

本条前款规定期限届满前,被执行人已向有管辖权的人民法院申请撤销仲裁裁决且已被受理的,自人民法院驳回撤销仲裁裁决申请的裁判文书生效之日起重新计算期限。

第 9 条 案外人向人民法院申请不予执行仲裁裁决或者仲裁调解书的,应当提交申请书以及证明其请求成立的证据材料,并符合下列条件:

(一)有证据证明仲裁案件当事人恶意申请仲裁或者虚假仲裁,损害其合法权益;

(二)案外人主张的合法权益所涉及的执行标的尚未执行终结;

(三)自知道或者应当知道人民法院对该标的采取执行措施之日起三十日内提出。

第 10 条 被执行人申请不予执行仲裁裁决,对同一仲裁裁决的多个不予执行事由应当一并提出。不予执行仲裁裁决申请被裁定驳回后,再次提出申请的,人民法院不予审查,但有新证据证明存在民事诉讼法第二百三十七条[388]第二款第四、六项规定情形的除外。

第 11 条 人民法院对不予执行仲裁裁决案件应当组成合议庭围绕被执行人申请的事由、案外人的申请进行审查;对被执行人没有申请的事由不予审查,但仲裁裁决可能违背社会公共利益的除外。

被执行人、案外人对仲裁裁决执行案件申请不予执行的,人民法院应当进行询问;被执行人在询问终结前提出其他不予执行事由的,应当一并审查。人民法院审查时,认为必要的,可以要求仲裁庭作出说明,或者向仲裁机构调阅仲裁案卷。

第 12 条 人民法院对不予执行仲裁裁决案件的审查,应当在立案之日起两个月内审查完毕并作出裁定;有特殊情况需要延长的,经本院院长批准,可以延长一个月。

第 13 条 下列情形经人民法院审查属实的,应当认定为民事诉讼法第二百三十七条[389]第二款第二项规定的"裁决的事项不属于仲裁协议的范围或者仲裁机构无权仲裁的"情形:

(一)裁决的事项超出仲裁协议约定的范围;

(二)裁决的事项属于依照法律规定或者当事人选择的仲裁规则规定的不可仲裁事项;

(三)裁决内容超出当事人仲裁请求的范围;

(四)作出裁决的仲裁机构非仲裁协议所约定。

第 14 条 违反仲裁法规定的仲裁程序、当事人选择的仲裁规则或者当事人对仲裁程序的特别约定,可能影响案件公正裁决,经人民法院审查属实的,应当认定为民事诉讼法第二百三十七条[390]第二款

---

[387] 《民事诉讼法》(2023 年修正)第 248 条。
[388] 同上。
[389] 同上。
[390] 同上。

第三项规定的"仲裁庭的组成或者仲裁的程序违反法定程序的"情形。

当事人主张未按照仲裁法或仲裁规则规定的方式送达法律文书导致其未能参与仲裁，或者仲裁员根据仲裁法或仲裁规则的规定应当回避而未回避，可能影响公正裁决，经审查属实的，人民法院应当支持；仲裁庭按照仲裁法或仲裁规则以及当事人约定的方式送达仲裁法律文书，当事人主张不符合民事诉讼法有关送达规定的，人民法院不予支持。

适用的仲裁程序或仲裁规则经特别提示，当事人知道或者应当知道法定仲裁程序或选择的仲裁规则未被遵守，但仍然参加或者继续参加仲裁程序且未提出异议，在仲裁裁决作出之后以违反法定程序为由申请不予执行仲裁裁决的，人民法院不予支持。

第15条 符合下列条件的，人民法院应当认定为民事诉讼法第二百三十七条[391]第二款第四项规定的"裁决所根据的证据是伪造的"情形：

（一）该证据已被仲裁裁决采信；

（二）该证据属于认定案件基本事实的主要证据；

（三）该证据经查明确属通过捏造、变造、提供虚假证明等非法方式形成或者获取，违反证据的客观性、关联性、合法性要求。

第16条 符合下列条件的，人民法院应当认定为民事诉讼法第二百三十七条[392]第二款第五项规定的"对方当事人向仲裁机构隐瞒了足以影响公正裁决的证据的"情形：

（一）该证据属于认定案件基本事实的主要证据；

（二）该证据仅为对方当事人掌握，但未向仲裁庭提交；

（三）仲裁过程中知悉存在该证据，且要求对方当事人出示或者请求仲裁庭责令其提交，但对方当事人无正当理由未予出示或者提交。

当事人一方在仲裁过程中隐瞒己方掌握的证据，仲裁裁决作出后以己方所隐瞒的证据足以影响公正裁决为由申请不予执行仲裁裁决的，人民法院不予支持。

第17条 被执行人申请不予执行仲裁调解书或者根据当事人之间的和解协议、调解协议作出的仲裁裁决，人民法院不予支持，但该仲裁调解书或者仲裁裁决违背社会公共利益的除外。

第18条 案外人根据本规定第九条申请不予执行仲裁裁决或者仲裁调解书，符合下列条件的，人民法院应当支持：

（一）案外人系权利或者利益的主体；

（二）案外人主张的权利或者利益合法、真实；

（三）仲裁案件当事人之间存在虚构法律关系，捏造案件事实的情形；

（四）仲裁裁决主文或者仲裁调解书处理当事人民事权利义务的结果部分或者全部错误，损害案外人合法权益。

第19条 被执行人、案外人对仲裁裁决执行案件逾期申请不予执行的，人民法院应当裁定不予受理；已经受理的，应当裁定驳回不予执行申请。

被执行人、案外人对仲裁裁决执行案件申请不予执行，经审查理由成立的，人民法院应当裁定不予执行；理由不成立

---

[391] 《民事诉讼法》（2023年修正）第248条。
[392] 同上。

的，应当裁定驳回不予执行申请。

第20条 当事人向人民法院申请撤销仲裁裁决被驳回后，又在执行程序中以相同事由提出不予执行申请的，人民法院不予支持；当事人向人民法院申请不予执行被驳回后，又以相同事由申请撤销仲裁裁决的，人民法院不予支持。

在不予执行仲裁裁决案件审查期间，当事人向有管辖权的人民法院提出撤销仲裁裁决申请并被受理的，人民法院应当裁定中止对不予执行申请的审查；仲裁裁决被撤销或者决定重新仲裁的，人民法院应当裁定终结执行，并终结对不予执行申请的审查；撤销仲裁裁决申请被驳回或者申请执行人撤回撤销仲裁裁决申请的，人民法院应当恢复对不予执行申请的审查；被执行人撤回撤销仲裁裁决申请的，人民法院应当裁定终结对不予执行申请的审查，但案外人申请不予执行仲裁裁决的除外。

第21条 人民法院裁定驳回撤销仲裁裁决申请或者驳回不予执行仲裁裁决、仲裁调解书申请的，执行法院应当恢复执行。

人民法院裁定撤销仲裁裁决或者基于被执行人申请裁定不予执行仲裁裁决，原被执行人申请执行回转或者解除强制执行措施的，人民法院应当支持。原申请执行人对已履行或者被人民法院强制执行的款物申请保全的，人民法院应当依法准许；原申请执行人在人民法院采取保全措施之日起三十日内，未根据双方达成的书面仲裁协议重新申请仲裁或者向人民法院起诉的，人民法院应当裁定解除保全。

人民法院基于案外人申请裁定不予执行仲裁裁决或者仲裁调解书，案外人申请执行回转或者解除强制执行措施的，人民法院应当支持。

第22条 人民法院裁定不予执行仲裁裁决、驳回或者不予受理不予执行仲裁裁决申请后，当事人对该裁定提出执行异议或者申请复议的，人民法院不予受理。

人民法院裁定不予执行仲裁裁决的，当事人可以根据双方达成的书面仲裁协议重新申请仲裁，也可以向人民法院起诉。

人民法院基于案外人申请裁定不予执行仲裁裁决或者仲裁调解书，当事人不服的，可以自裁定送达之日起十日内向上一级人民法院申请复议；人民法院裁定驳回或者不予受理案外人提出的不予执行仲裁裁决、仲裁调解书申请，案外人不服的，可以自裁定送达之日起十日内向上一级人民法院申请复议。

第23条 本规定第八条、第九条关于对仲裁裁决执行案件申请不予执行的期限自本规定施行之日起重新计算。

第24条 本规定自2018年3月1日起施行，本院以前发布的司法解释与本规定不一致的，以本规定为准。

本规定施行前已经执行终结的执行案件，不适用本规定；本规定施行后尚未执行终结的执行案件，适用本规定。

《最高人民法院关于人民法院执行工作若干问题的规定（试行）》（法释〔1988〕15号 2020年12月29日修正）

19. 申请执行仲裁机构的仲裁裁决，应当向人民法院提交有仲裁条款的合同书或仲裁协议书。

申请执行国外仲裁机构的仲裁裁决的，应当提交经我国驻外使领馆认证或我国公证机关公证的仲裁裁决书中文本。

《最高人民法院关于适用〈中华人民共和国仲裁法〉若干问题的解释》（法释〔2006〕7号 2008年12月16日）

第25条 人民法院受理当事人撤销仲裁裁决的申请后，另一方当事人申请执行同一仲裁裁决的，受理执行申请的人民法院应当在受理后裁定中止执行。

第 26 条 当事人向人民法院申请撤销仲裁裁决被驳回后，又在执行程序中以相同理由提出不予执行抗辩的，人民法院不予支持。

第 27 条 当事人在仲裁程序中未对仲裁协议的效力提出异议，在仲裁裁决作出后以仲裁协议无效为由主张撤销仲裁裁决或者提出不予执行抗辩的，人民法院不予支持。

当事人在仲裁程序中对仲裁协议的效力提出异议，在仲裁裁决作出后又以此为由主张撤销仲裁裁决或者提出不予执行抗辩，经审查符合仲裁法第五十八条或者民事诉讼法第二百一十三条、第二百五十八条[393]规定的，人民法院应予支持。

第 28 条 当事人请求不予执行仲裁调解书或者根据当事人之间的和解协议作出的仲裁裁决书的，人民法院不予支持。

第 29 条 当事人申请执行仲裁裁决案件，由被执行人住所地或者被执行的财产所在地的中级人民法院管辖。

最高院裁判观点

尉氏县某纺织公司与郑州某银行案外人执行异议之诉再审案【（2020）最高法民申5286 号】

裁判要旨： 案外人提起执行异议之诉，须有明确的排除对执行标的执行的诉讼请求，且诉讼请求与原判决、裁定无关。法院在审理本案原告诉讼请求是否成立的过程中，必然要对仲裁裁决认定的银行抵押权是否成立作出认定，而该认定与作为执行依据的仲裁裁决相关。因此，对于本案的执行问题，应当通过申请不予执行仲裁裁决程序进行，而非通过执行异议之诉。

第二百四十九条 公证债权文书的申请执行

对公证机关依法赋予强制执行效力的债权文书，一方当事人不履行的，对方当事人可以向有管辖权的人民法院申请执行，受申请的人民法院应当执行。

公证债权文书确有错误的，人民法院裁定不予执行，并将裁定书送达双方当事人和公证机关。

相关规定

◎司法解释及文件

《最高人民法院关于适用〈中华人民共和国民事诉讼法〉的解释》（法释〔2022〕11 号 2022 年 4 月 1 日修正）

第 478 条 有下列情形之一的，可以认定为民事诉讼法第二百四十五条[394]第二款规定的公证债权文书确有错误：

（一）公证债权文书属于不得赋予强制执行效力的债权文书的；

（二）被执行人一方未亲自或者未委托代理人到场公证等严重违反法律规定的公证程序的；

（三）公证债权文书的内容与事实不符或者违反法律强制性规定的；

（四）公证债权文书未载明被执行人不履行义务或者不完全履行义务时同意接受强制执行的。

人民法院认定执行该公证债权文书违

---

[393]《民事诉讼法》（2023 年修正）第 248 条、第 291 条。
[394]《民事诉讼法》（2023 年修正）第 249 条。

背社会公共利益的，裁定不予执行。

公证债权文书被裁定不予执行后，当事人、公证事项的利害关系人可以就债权争议提起诉讼。

第479条 当事人请求不予执行仲裁裁决或者公证债权文书的，应当在执行终结前向执行法院提出。

《最高人民法院、司法部关于公证机关赋予强制执行效力的债权文书执行有关问题的联合通知》（司发通〔2000〕107号 2000年9月1日）

为了贯彻《中华人民共和国民事诉讼法》、《中华人民共和国公证暂行条例》的有关规定，规范赋予强制执行效力债权文书的公证和执行行为，现就有关问题通知如下：

一、公证机关赋予强制执行效力的债权文书应当具备以下条件：

（一）债权文书具有给付货币、物品、有价证券的内容；

（二）债权债务关系明确，债权人和债务人对债权文书有关给付内容无疑义；

（三）债权文书中载明债务人不履行义务或不完全履行义务时，债务人愿意接受依法强制执行的承诺。

二、公证机关赋予强制执行效力的债权文书的范围：

（一）借款合同、借用合同、无财产担保的租赁合同；

（二）赊欠货物的债权文书；

（三）各种借据、欠单；

（四）还款（物）协议；

（五）以给付赡养费、扶养费、抚育费、学费、赔（补）偿金为内容的协议；

（六）符合赋予强制执行效力条件的其他债权文书。

三、公证机关在办理符合赋予强制执行的条件和范围的合同、协议、借据、欠单等债权文书公证时，应当依法赋予该债权文书具有强制执行效力。

未经公证的符合本通知第二条规定的合同、协议、借据、欠单等债权文书，在履行过程中，债权人申请公证机关赋予强制执行效力的，公证机关必须征求债务人的意见；如债务人同意公证并愿意接受强制执行的，公证机关可以依法赋予该债权文书强制执行效力。

四、债务人不履行或不完全履行公证机关赋予强制执行效力的债权文书的，债权人可以向原公证机关申请执行证书。

五、公证机关签发执行证书应当注意审查以下内容：

（一）不履行或不完全履行的事实确实发生；

（二）债权人履行合同义务的事实和证据，债务人依照债权文书已经部分履行的事实；

（三）债务人对债权文书规定的履行义务有无疑义。

六、公证机关签发执行证书应当注明被执行人、执行标的和申请执行的期限。债务人已经履行的部分，在执行证书中予以扣除。因债务人不履行或不完全履行而发生的违约金、利息、滞纳金等，可以列入执行标的。

七、债权人凭原公证书及执行证书可以向有管辖权的人民法院申请执行。

八、人民法院接到申请执行书，应当依法按规定程序办理。必要时，可以向公证机关调阅公证卷宗，公证机关应当提供。案件执行完毕后，由人民法院在十五日内将公证卷宗附结案通知退回公证机关。

九、最高人民法院、司法部《关于执行〈民事诉讼法（试行）〉中涉及公证条款的几个问题的通知》和《关于已公证的债权文书依法强制执行问题的答复》自本联合通知发布之日起废止。

《最高人民法院关于公证债权文书执行若干问题的规定》（法释〔2018〕18号 2018年9月30日）

为了进一步规范人民法院办理公证债权文书执行案件，确保公证债权文书依法执行，维护当事人、利害关系人的合法权益，根据《中华人民共和国民事诉讼法》《中华人民共和国公证法》等法律规定，结合执行实践，制定本规定。

第1条　本规定所称公证债权文书，是指根据公证法第三十七条第一款规定经公证赋予强制执行效力的债权文书。

第2条　公证债权文书执行案件，由被执行人住所地或者被执行的财产所在地人民法院管辖。

前款规定案件的级别管辖，参照人民法院受理第一审民商事案件级别管辖的规定确定。

第3条　债权人申请执行公证债权文书，除应当提交作为执行依据的公证债权文书等申请执行所需的材料外，还应当提交证明履行情况等内容的执行证书。

第4条　债权人申请执行的公证债权文书应当包括公证证词、被证明的债权文书等内容。权利义务主体、给付内容应当在公证证词中列明。

第5条　债权人申请执行公证债权文书，有下列情形之一的，人民法院应当裁定不予受理；已经受理的，裁定驳回执行申请：

（一）债权文书属于不得经公证赋予强制执行效力的文书；

（二）公证债权文书未载明债务人接受强制执行的承诺；

（三）公证证词载明的权利义务主体或者给付内容不明确；

（四）债权人未提交执行证书；

（五）其他不符合受理条件的情形。

第6条　公证债权文书赋予强制执行效力的范围同时包含主债务和担保债务的，人民法院应当依法予以执行；仅包含主债务的，对担保债务部分的执行申请不予受理；仅包含担保债务的，对主债务部分的执行申请不予受理。

第7条　债权人对不予受理、驳回执行申请裁定不服的，可以自裁定送达之日起十日内向上一级人民法院申请复议。

申请复议期满未申请复议，或者复议申请被驳回的，当事人可以就公证债权文书涉及的民事权利义务争议向人民法院提起诉讼。

第8条　公证机构决定不予出具执行证书的，当事人可以就公证债权文书涉及的民事权利义务争议直接向人民法院提起诉讼。

第9条　申请执行公证债权文书的期间自公证债权文书确定的履行期间的最后一日起计算；分期履行的，自公证债权文书确定的每次履行期间的最后一日起计算。

债权人向公证机构申请出具执行证书的，申请执行时效自债权人提出申请之日起中断。

第10条　人民法院在执行实施中，根据公证债权文书并结合申请执行人的申请依法确定给付内容。

第11条　因民间借贷形成的公证债权文书，文书中载明的利率超过人民法院依照法律、司法解释规定应予支持的上限的，对超过的利息部分不纳入执行范围；载明的利率未超过人民法院依照法律、司法解释规定应予支持的上限，被执行人主张实际超过的，可以依照本规定第二十二条第一款规定提起诉讼。

第12条　有下列情形之一的，被执

行人可以依照民事诉讼法第二百三十八条[395]第二款规定申请不予执行公证债权文书：

（一）被执行人未到场且未委托代理人到场办理公证的；

（二）无民事行为能力人或者限制民事行为能力人没有监护人代为办理公证的；

（三）公证员为本人、近亲属办理公证，或者办理与本人、近亲属有利害关系的公证的；

（四）公证员办理该项公证有贪污受贿、徇私舞弊行为，已经由生效刑事法律文书等确认的；

（五）其他严重违反法定公证程序的情形。

被执行人以公证债权文书的内容与事实不符或者违反法律强制性规定等实体事由申请不予执行的，人民法院应当告知其依照本规定第二十二条第一款规定提起诉讼。

第13条　被执行人申请不予执行公证债权文书，应当在执行通知书送达之日起十五日内向执行法院提出书面申请，并提交相关证据材料；有本规定第十二条第一款第三项、第四项规定情形且执行程序尚未终结的，应当自知道或者应当知道有关事实之日起十五日内提出。

公证债权文书执行案件被指定执行、提级执行、委托执行后，被执行人申请不予执行的，由提出申请时负责该案件执行的人民法院审查。

第14条　被执行人认为公证债权文书存在本规定第十二条第一款规定的多个不予执行事由的，应当在不予执行案件审查期间一并提出。

不予执行申请被裁定驳回后，同一被执行人再次提出申请，人民法院不予受理。但有证据证明不予执行事由在不予执行申请被裁定驳回后知道的，可以在执行程序终结前提出。

第15条　人民法院审查不予执行公证债权文书案件，案情复杂、争议较大的，应当进行听证。必要时可以向公证机构调阅公证案卷，要求公证机构作出书面说明，或者通知公证员到庭说明情况。

第16条　人民法院审查不予执行公证债权文书案件，应当在受理之日起六十日内审查完毕并作出裁定；有特殊情况需要延长的，经本院院长批准，可以延长三十日。

第17条　人民法院审查不予执行公证债权文书案件期间，不停止执行。

被执行人提供充分、有效的担保，请求停止相应处分措施的，人民法院可以准许；申请执行人提供充分、有效的担保，请求继续执行的，应当继续执行。

第18条　被执行人依照本规定第十二条第一款规定申请不予执行，人民法院经审查认为理由成立的，裁定不予执行；理由不成立的，裁定驳回不予执行申请。

公证债权文书部分内容具有本规定第十二条第一款规定情形的，人民法院应当裁定对该部分不予执行；应当不予执行部分与其他部分不可分的，裁定对该公证债权文书不予执行。

第19条　人民法院认定执行公证债权文书违背公序良俗的，裁定不予执行。

第20条　公证债权文书被裁定不予执行的，当事人可以就该公证债权文书涉及的民事权利义务争议向人民法院提起诉

---

[395]《民事诉讼法》（2023年修正）第249条。

讼；公证债权文书被裁定部分不予执行的，当事人可以就该部分争议提起诉讼。

当事人对不予执行裁定提出执行异议或者申请复议的，人民法院不予受理。

第 21 条 当事人不服驳回不予执行申请裁定的，可以自裁定送达之日起十日内向上一级人民法院申请复议。上一级人民法院应当自收到复议申请之日起三十日内审查。经审查，理由成立的，裁定撤销原裁定，不予执行该公证债权文书；理由不成立的，裁定驳回复议申请。复议期间，不停止执行。

第 22 条 有下列情形之一的，债务人可以在执行程序终结前，以债权人为被告，向执行法院提起诉讼，请求不予执行公证债权文书：

（一）公证债权文书载明的民事权利义务关系与事实不符；

（二）经公证的债权文书具有法律规定的无效、可撤销等情形；

（三）公证债权文书载明的债权因清偿、提存、抵销、免除等原因全部或者部分消灭。

债务人提起诉讼，不影响人民法院对公证债权文书的执行。债务人提供充分、有效的担保，请求停止相应处分措施的，人民法院可以准许；债权人提供充分、有效的担保，请求继续执行的，应当继续执行。

第 23 条 对债务人依照本规定第二十二条第一款规定提起的诉讼，人民法院经审理认为理由成立的，判决不予执行或者部分不予执行；理由不成立的，判决驳回诉讼请求。

当事人同时就公证债权文书涉及的民事权利义务争议提出诉讼请求的，人民法院可以在判决中一并作出裁判。

第 24 条 有下列情形之一的，债权人、利害关系人可以就公证债权文书涉及的民事权利义务争议直接向有管辖权的人民法院提起诉讼：

（一）公证债权文书载明的民事权利义务关系与事实不符；

（二）经公证的债权文书具有法律规定的无效、可撤销等情形。

债权人提起诉讼，诉讼案件受理后又申请执行公证债权文书的，人民法院不予受理。进入执行程序后债权人又提起诉讼的，诉讼案件受理后，人民法院可以裁定终结公证债权文书的执行；债权人请求继续执行其未提出争议部分的，人民法院可以准许。

利害关系人提起诉讼，不影响人民法院对公证债权文书的执行。利害关系人提供充分、有效的担保，请求停止相应处分措施的，人民法院可以准许；债权人提供充分、有效的担保，请求继续执行的，应当继续执行。

第 25 条 本规定自 2018 年 10 月 1 日起施行。

本规定施行前最高人民法院公布的司法解释与本规定不一致的，以本规定为准。

最高院裁判观点

重庆某房地产公司不服执行裁定复议案
《最高人民法院公报》2011 年第 11 期

裁判要旨：人民法院在审查处理不予执行公证债权文书的案件时，应当全面审查公证债权文书的内容是否确有错误，包括审查程序问题和实体问题。实体审查的对象原则上应限定于被赋予强制执行效力的公证债权文书本身，而不涉及公证债权文书形成的基础事实。

第二百五十条　申请执行期间

申请执行的期间为二年。申请执行时效的中止、中断，适用法律有关诉讼时效中止、中断的规定。

前款规定的期间，从法律文书规定履行期间的最后一日起计算；法律文书规定分期履行的，从最后一期履行期限届满之日起计算；法律文书未规定履行期间的，从法律文书生效之日起计算。

相关规定

◎ 司法解释及文件

《最高人民法院关于适用〈中华人民共和国民事诉讼法〉的解释》（法释〔2022〕11号　2022年4月1日修正）

第481条　申请执行人超过申请执行时效期间向人民法院申请强制执行的，人民法院应予受理。被执行人对申请执行时效期间提出异议，人民法院经审查异议成立的，裁定不予执行。

被执行人履行全部或者部分义务后，又以不知道申请执行时效期间届满为由请求执行回转的，人民法院不予支持。

《最高人民法院关于适用〈中华人民共和国民事诉讼法〉执行程序若干问题的解释》（法释〔2008〕13号　2020年12月29日修正）

第19条　在申请执行时效期间的最后六个月内，因不可抗力或者其他障碍不能行使请求权的，申请执行时效中止。从中止时效的原因消除之日起，申请执行时效期间继续计算。

第20条　申请执行时效因申请执行、当事人双方达成和解协议、当事人一方提出履行要求或者同意履行义务而中断。从中断时起，申请执行时效期间重新计算。

第21条　生效法律文书规定债务人负有不作为义务的，申请执行时效期间从债务人违反不作为义务之日起计算。

《最高人民法院关于执行和解若干问题的规定》（法释〔2018〕3号　2020年12月29日修正）

第10条　申请恢复执行原生效法律文书，适用民事诉讼法第二百三十九条[396]申请执行期间的规定。

当事人不履行执行和解协议的，申请恢复执行期间自执行和解协议约定履行期间的最后一日起计算。

最高院裁判观点

金纬公司与瑞士瑞泰克公司仲裁裁决执行复议案【最高人民法院指导案例37号】

裁判要旨：当事人向我国法院申请执行发生法律效力的涉外仲裁裁决，发现被申请执行人或者其财产在我国领域内的，我国法院即对该案具有执行管辖权。当事人申请法院强制执行的时效期间，应当自发现被申请执行人或者其财产在我国领域内之日起算。

第二百五十一条　执行通知

执行员接到申请执行书或者移交执行书，应当向被执行人发出执行通知，并可以立即采取强制执行措施。

---

[396]《民事诉讼法》（2023年修正）第250条。

相关规定

◎司法解释及文件

《最高人民法院关于适用〈中华人民共和国民事诉讼法〉执行程序若干问题的解释》（法释〔2008〕13号 2020年12月29日修正）

第22条 执行员依照民事诉讼法第二百四十条[397]规定立即采取强制执行措施的，可以同时或者自采取强制执行措施之日起三日内发送执行通知书。

第482条 人民法院应当在收到申请执行书或者移交执行书后十日内发出执行通知。

执行通知中除应责令被执行人履行法律文书确定的义务外，还应通知其承担民事诉讼法第二百五十三条[398]规定的迟延履行利息或者迟延履行金。

《最高人民法院关于人民法院执行工作若干问题的规定（试行）》（法释〔1988〕15号 2020年12月29日修正）

22. 人民法院应当在收到申请执行书或者移交执行书后十日内发出执行通知。

执行通知中除应责令被执行人履行法律文书确定的义务外，还应通知其承担民事诉讼法第二百五十三条[399]规定的迟延履行利息或者迟延履行金。

23. 执行通知书的送达，适用民事诉讼法关于送达的规定。

24. 被执行人未按执行通知书履行生效法律文书确定的义务的，应当及时采取执行措施。

人民法院采取执行措施，应当制作相应法律文书，送达被执行人。

第二十一章 执行措施

第二百五十二条 被执行人报告财产情况

被执行人未按执行通知履行法律文书确定的义务，应当报告当前以及收到执行通知之日前一年的财产情况。被执行人拒绝报告或者虚假报告的，人民法院可以根据情节轻重对被执行人或者其法定代理人、有关单位的主要负责人或者直接责任人员予以罚款、拘留。

相关规定

◎司法解释及文件

《最高人民法院关于适用〈中华人民共和国民事诉讼法〉的解释》（法释〔2022〕11号 2022年4月1日修正）

第482条 对必须接受调查询问的被执行人、被执行人的法定代表人、负责人或者实际控制人，经依法传唤无正当理由拒不到场的，人民法院可以拘传其到场。

人民法院应当及时对被拘传人进行调查询问，调查询问的时间不得超过八小时；情况复杂，依法可能采取拘留措施的，调查询问的时间不得超过二十四小时。

---

[397]《民事诉讼法》（2023年修正）第251条。
[398]《民事诉讼法》（2023年修正）第264条。
[399] 同上。

人民法院在本辖区以外采取拘传措施时，可以将被拘传人拘传到当地人民法院，当地人民法院应予协助。

《最高人民法院关于限制被执行人高消费及有关消费的若干规定》（法释〔2015〕17号 2015年7月20日）

第1条 被执行人未按执行通知书指定的期间履行生效法律文书确定的给付义务的，人民法院可以采取限制消费措施，限制其高消费及非生活或者经营必需的有关消费。

纳入失信被执行人名单的被执行人，人民法院应当对其采取限制消费措施。

第2条 人民法院决定采取限制消费措施时，应当考虑被执行人是否有消极履行、规避执行或者抗拒执行的行为以及被执行人的履行能力等因素。

第3条 被执行人为自然人的，被采取限制消费措施后，不得有以下高消费及非生活和工作必需的消费行为：

（一）乘坐交通工具时，选择飞机、列车软卧、轮船二等以上舱位；

（二）在星级以上宾馆、酒店、夜总会、高尔夫球场等场所进行高消费；

（三）购买不动产或者新建、扩建、高档装修房屋；

（四）租赁高档写字楼、宾馆、公寓等场所办公；

（五）购买非经营必需车辆；

（六）旅游、度假；

（七）子女就读高收费私立学校；

（八）支付高额保费购买保险理财产品；

（九）乘坐G字头动车组列车全部座位、其他动车组列车一等以上座位等其他非生活和工作必需的消费行为。

被执行人为单位的，被采取限制消费措施后，被执行人及其法定代表人、主要负责人、影响债务履行的直接责任人员、实际控制人不得实施前款规定的行为。因私消费以个人财产实施前款规定行为的，可以向执行法院提出申请。执行法院审查属实的，应予准许。

第4条 限制消费措施一般由申请执行人提出书面申请，经人民法院审查决定；必要时人民法院可以依职权决定。

第5条 人民法院决定采取限制消费措施的，应当向被执行人发出限制消费令。限制消费令由人民法院院长签发。限制消费令应当载明限制消费的期间、项目、法律后果等内容。

第6条 人民法院决定采取限制消费措施的，可以根据案件需要和被执行人的情况向有义务协助调查、执行的单位送达协助执行通知书，也可以在相关媒体上进行公告。

第7条 限制消费令的公告费用由被执行人负担；申请执行人申请在媒体公告的，应当垫付公告费用。

第8条 被限制消费的被执行人因生活或者经营必需而进行本规定禁止的消费活动的，应当向人民法院提出申请，获批准后方可进行。

第9条 在限制消费期间，被执行人提供确实有效的担保或者经申请执行人同意的，人民法院可以解除限制消费令；被执行人履行完毕生效法律文书确定的义务的，人民法院应当在本规定第六条通知或者公告的范围内及时通知或者公告解除限制消费令。

第10条 人民法院应当设置举报电话或者邮箱，接受申请执行人和社会公众对被限制消费的被执行人违反本规定第三条的举报，并进行审查认定。

第11条 被执行人违反限制消费令进行消费的行为属于拒不履行人民法院已

经发生法律效力的判决、裁定的行为，经查证属实的，依照《民事诉讼法》第一百一十一条[400]的规定，予以拘留、罚款；情节严重，构成犯罪的，追究其刑事责任。

有关单位在收到人民法院协助执行通知书后，仍允许被执行人进行高消费及非生活或者经营必需的有关消费的，人民法院可以依照《民事诉讼法》第一百一十四条[401]的规定，追究其法律责任。

《最高人民法院关于民事执行中财产调查若干问题的规定》（法释〔2017〕8号 2020年12月29日修正）

第1条 执行过程中，申请执行人应当提供被执行人的财产线索；被执行人应当如实报告财产；人民法院应当通过网络执行查控系统进行调查，根据案件需要应当通过其他方式进行调查的，同时采取其他调查方式。

第2条 申请执行人提供被执行人财产线索，应当填写财产调查表。财产线索明确、具体的，人民法院应当在七日内调查核实；情况紧急的，应当在三日内调查核实。财产线索确实的，人民法院应当及时采取相应的执行措施。

申请执行人确因客观原因无法自行查明财产的，可以申请人民法院调查。

第3条 人民法院依申请执行人的申请或依职权责令被执行人报告财产情况的，应当向其发出报告财产令。金钱债权执行中，报告财产令应当与执行通知同时发出。

人民法院根据案件需要再次责令被执行人报告财产情况的，应当重新向其发出报告财产令。

第4条 报告财产令应当载明下列事项：

（一）提交财产报告的期限；

（二）报告财产的范围、期间；

（三）补充报告财产的条件及期间；

（四）违反报告财产义务应承担的法律责任；

（五）人民法院认为有必要载明的其他事项。

报告财产令应附财产调查表，被执行人必须按照要求逐项填写。

第5条 被执行人应当在报告财产令载明的期限内向人民法院书面报告下列财产情况：

（一）收入、银行存款、现金、理财产品、有价证券；

（二）土地使用权、房屋等不动产；

（三）交通运输工具、机器设备、产品、原材料等动产；

（四）债权、股权、投资权益、基金份额、信托受益权、知识产权等财产性权利；

（五）其他应当报告的财产。

被执行人的财产已出租、已设立担保物权等权利负担，或者存在共有、权属争议等情形的，应当一并报告；被执行人的动产由第三人占有，被执行人的不动产、特定动产、其他财产权等登记在第三人名下的，也应当一并报告。

被执行人在报告财产令载明的期限内提交书面报告确有困难的，可以向人民法院书面申请延长期限；申请有正当理由的，人民法院可以适当延长。

第6条 被执行人自收到执行通知之

---

[400] 《民事诉讼法》（2023年修正）第114条。
[401] 《民事诉讼法》（2023年修正）第117条。

日前一年至提交书面财产报告之日,其财产情况发生下列变动的,应当将变动情况一并报告:

(一)转让、出租财产的;

(二)在财产上设立担保物权等权利负担的;

(三)放弃债权或延长债权清偿期的;

(四)支出大额资金的;

(五)其他影响生效法律文书确定债权实现的财产变动。

第7条 被执行人报告财产后,其财产情况发生变动,影响申请执行人债权实现的,应当自财产变动之日起十日内向人民法院补充报告。

第8条 对被执行人报告的财产情况,人民法院应当及时调查核实,必要时可以组织当事人进行听证。

申请执行人申请查询被执行人报告的财产情况的,人民法院应当准许。申请执行人及其代理人对查询过程中知悉的信息应当保密。

第9条 被执行人拒绝报告、虚假报告或者无正当理由逾期报告财产情况的,人民法院可以根据情节轻重对被执行人或者其法定代理人予以罚款、拘留;构成犯罪的,依法追究刑事责任。

人民法院对有前款规定行为之一的单位,可以对其主要负责人或者直接责任人员予以罚款、拘留;构成犯罪的,依法追究刑事责任。

第10条 被执行人拒绝报告、虚假报告或者无正当理由逾期报告财产情况的,人民法院应当依照相关规定将其纳入失信被执行人名单。

第11条 有下列情形之一的,财产报告程序终结:

(一)被执行人履行完毕生效法律文书确定义务的;

(二)人民法院裁定终结执行的;

(三)人民法院裁定不予执行的;

(四)人民法院认为财产报告程序应当终结的其他情形。

发出报告财产令后,人民法院裁定终结本次执行程序的,被执行人仍应依照本规定第七条的规定履行补充报告义务。

第12条 被执行人未按执行通知履行生效法律文书确定的义务,人民法院有权通过网络执行查控系统、现场调查等方式向被执行人、有关单位或个人调查被执行人的身份信息和财产信息,有关单位和个人应当依法协助办理。

人民法院对调查所需资料可以复制、打印、抄录、拍照或以其他方式进行提取、留存。

申请执行人申请查询人民法院调查的财产信息的,人民法院可以根据案件需要决定是否准许。申请执行人及其代理人对查询过程中知悉的信息应当保密。

第13条 人民法院通过网络执行查控系统进行调查,与现场调查具有同等法律效力。

人民法院调查过程中作出的电子法律文书与纸质法律文书具有同等法律效力;协助执行单位反馈的电子查询结果与纸质反馈结果具有同等法律效力。

第14条 被执行人隐匿财产、会计账簿等资料拒不交出的,人民法院可以依法采取搜查措施。

人民法院依法搜查时,对被执行人可能隐匿财产或者资料的处所、箱柜等,经责令被执行人开启而拒不配合的,可以强制开启。

第15条 为查明被执行人的财产情况和履行义务的能力,可以传唤被执行人或被执行人的法定代表人、负责人、实际控制人、直接责任人员到人民法院接受调查询问。

对必须接受调查询问的被执行人、被执行人的法定代表人、负责人或者实际控制人，经依法传唤无正当理由拒不到场的，人民法院可以拘传其到场；上述人员下落不明的，人民法院可以依照相关规定通知有关单位协助查找。

第16条　人民法院对已经办理查封登记手续的被执行人机动车、船舶、航空器等特定动产未能实际扣押的，可以依照相关规定通知有关单位协助查找。

第17条　作为被执行人的法人或非法人组织不履行生效法律文书确定的义务，申请执行人认为其有拒绝报告、虚假报告财产情况，隐匿、转移财产等逃避债务情形或者其股东、出资人有出资不实、抽逃出资等情形的，可以书面申请人民法院委托审计机构对该被执行人进行审计。人民法院应当自收到书面申请之日起十日内决定是否准许。

第18条　人民法院决定审计的，应当随机确定具备资格的审计机构，并责令被执行人提交会计凭证、会计账簿、财务会计报告等与审计事项有关的资料。

被执行人隐匿审计资料的，人民法院可以依法采取搜查措施。

第19条　被执行人拒不提供、转移、隐匿、伪造、篡改、毁弃审计资料，阻挠审计人员查看业务现场或者有其他妨碍审计调查行为的，人民法院可以根据情节轻重对被执行人或其主要负责人、直接责任人员予以罚款、拘留；构成犯罪的，依法追究刑事责任。

第20条　审计费用由提出审计申请的申请执行人预交。被执行人存在拒绝报告或虚假报告财产情况，隐匿、转移财产或者其他逃避债务情形的，审计费用由被执行人承担；未发现被执行人存在上述情形的，审计费用由申请执行人承担。

第21条　被执行人不履行生效法律文书确定的义务，申请执行人可以向人民法院书面申请发布悬赏公告查找可供执行的财产。申请书应当载明下列事项：

（一）悬赏金的数额或计算方法；

（二）有关人员提供人民法院尚未掌握的财产线索，使该申请执行人的债权得以全部或部分实现时，自愿支付悬赏金的承诺；

（三）悬赏公告的发布方式；

（四）其他需要载明的事项。

人民法院应当自收到书面申请之日起十日内决定是否准许。

第22条　人民法院决定悬赏查找财产的，应当制作悬赏公告。悬赏公告应当载明悬赏金的数额或计算方法、领取条件等内容。

悬赏公告应当在全国法院执行悬赏公告平台、法院微博或微信等媒体平台发布，也可以在执行法院公告栏或被执行人住所地、经常居住地等处张贴。申请执行人申请在其他媒体平台发布，并自愿承担发布费用的，人民法院应当准许。

第23条　悬赏公告发布后，有关人员向人民法院提供财产线索的，人民法院应当对有关人员的身份信息和财产线索进行登记；两人以上提供相同财产线索的，应当按照提供线索的先后顺序登记。

人民法院对有关人员的身份信息和财产线索应当保密，但为发放悬赏金需要告知申请执行人的除外。

第24条　有关人员提供人民法院尚未掌握的财产线索，使申请发布悬赏公告的申请执行人的债权得以全部或部分实现的，人民法院应当按照悬赏公告发放悬赏金。

悬赏金从前款规定的申请执行人应得

的执行款中予以扣减。特定物交付执行或者存在其他无法扣减情形的，悬赏金由该申请执行人另行支付。

有关人员为申请执行人的代理人、有义务向人民法院提供财产线索的人员或者存在其他不应发放悬赏金情形的，不予发放。

第25条 执行人员不得调查与执行案件无关的信息，对调查过程中知悉的国家秘密、商业秘密和个人隐私应当保密。

第26条 本规定自2017年5月1日起施行。

本规定施行后，本院以前公布的司法解释与本规定不一致的，以本规定为准。

> **第二百五十三条　被执行人存款等财产的执行**
>
> 被执行人未按执行通知履行法律文书确定的义务，人民法院有权向有关单位查询被执行人的存款、债券、股票、基金份额等财产情况。人民法院有权根据不同情形扣押、冻结、划拨、变价被执行人的财产。人民法院查询、扣押、冻结、划拨、变价的财产不得超出被执行人应当履行义务的范围。
>
> 人民法院决定扣押、冻结、划拨、变价财产，应当作出裁定，并发出协助执行通知书，有关单位必须办理。

相关规定

◎司法解释及文件

《最高人民法院关于适用〈中华人民共和国民事诉讼法〉的解释》（法释〔2022〕11号　2022年4月1日修正）

第483条 人民法院有权查询被执行人的身份信息与财产信息，掌握相关信息的单位和个人必须按照协助执行通知书办理。

第484条 对被执行的财产，人民法院非经查封、扣押、冻结不得处分。对银行存款等各类可以直接划拨的财产，人民法院的划拨裁定同时具有冻结的法律效力。

第485条 人民法院冻结被执行人的银行存款的期限不得超过一年，查封、扣押动产的期限不得超过两年，查封不动产、冻结其他财产权的期限不得超过三年。

申请执行人申请延长期限的，人民法院应当在查封、扣押、冻结期限届满前办理续行查封、扣押、冻结手续，续行期限不得超过前款规定的期限。

人民法院也可以依职权办理续行查封、扣押、冻结手续。

《最高人民法院关于人民法院执行工作若干问题的规定（试行）》（法释〔1988〕15号　2020年12月29日修正）

26. 金融机构擅自解冻被人民法院冻结的款项，致冻结款项被转移的，人民法院有权责令其限期追回已转移的款项。在限期内未能追回的，应当裁定该金融机构在转移的款项范围内以自己的财产向申请执行人承担责任。

27. 被执行人为金融机构的，对其交存在人民银行的存款准备金和备付金不得冻结和扣划，但对其在本机构、其他金融机构的存款，及其在人民银行的其他存款可以冻结、划拨，并可对被执行人的其他财产采取执行措施，但不得查封其营业场所。

《最高人民法院关于人民法院能否对信用证开证保证金采取冻结和扣划措施问题的规定》（法释〔1997〕4号　2020年12月29日修正）

信用证开证保证金属于有进出口经营

权的企业向银行申请对国外（境外）方开立信用证而备付的具有担保支付性质的资金。为了严肃执法和保护当事人的合法权益，现就有关冻结、扣划信用证开证保证金的问题规定如下：

一、人民法院在审理或执行案件时，依法可以对信用证开证保证金采取冻结措施，但不得扣划。如果当事人、开证银行认为人民法院冻结和扣划的某项资金属于信用证开证保证金的，应当依法提出异议并提供有关证据予以证明。人民法院审查后，可按以下原则处理：对于确系信用证开证保证金的，不得采取扣划措施；如果开证银行履行了对外支付义务，根据该银行的申请，人民法院应当立即解除对信用证开证保证金相应部分的冻结措施；如果申请开证人提供的开证保证金是外汇，当事人又举证证明信用证的受益人提供的单据与信用证条款相符时，人民法院应当立即解除冻结措施。

二、如果银行因信用证无效、过期，或者因单证不符而拒付信用证款项并且免除了对外支付义务，以及在正常付出了信用证款项而从信用证开证保证金中扣除相应款额后尚有剩余，即在信用证开证保证金账户存款已丧失保证金功能的情况下，人民法院可以依法采取扣划措施。

三、人民法院对于为逃避债务而提供虚假证据证明属信用证开证保证金的单位和个人，应当依照民事诉讼法的有关规定严肃处理。

《最高人民法院、最高人民检察院、公安部、中国证券监督管理委员会关于查询、冻结、扣划证券和证券交易结算资金有关问题的通知》（法发〔2008〕4号　2008年1月10日）

一、人民法院、人民检察院、公安机关在办理案件过程中，按照法定权限需要通过证券登记结算机构或者证券公司查询、冻结、扣划证券和证券交易结算资金的，证券登记结算机构或者证券公司应当依法予以协助。

二、人民法院要求证券登记结算机构或者证券公司协助查询、冻结、扣划证券和证券交易结算资金，人民检察院、公安机关要求证券登记结算机构或者证券公司协助查询、冻结证券和证券交易结算资金时，有关执法人员应当依法出具相关证件和有效法律文书。

执法人员证件齐全、手续完备的，证券登记结算机构或者证券公司应当签收有关法律文书并协助办理有关事项。

拒绝签收人民法院生效法律文书的，可以留置送达。

三、人民法院、人民检察院、公安机关可以依法向证券登记结算机构查询客户和证券公司的证券账户、证券交收账户和资金交收账户内已完成清算交收程序的余额、余额变动、开户资料等内容。

人民法院、人民检察院、公安机关可以依法向证券公司查询客户的证券账户和资金账户、证券交收账户和资金交收账户内的余额、余额变动、证券及资金流向、开户资料等内容。

查询自然人账户的，应当提供自然人姓名和身份证件号码；查询法人账户的，应当提供法人名称和营业执照或者法人注册登记证书号码。

证券登记结算机构或者证券公司应当出具书面查询结果并加盖业务专用章。查询机关对查询结果有疑问时，证券登记结算机构、证券公司在必要时应当进行书面解释并加盖业务专用章。

四、人民法院、人民检察院、公安机关按照法定权限冻结、扣划相关证券、资金时，应当明确冻结、扣划证券、资金所在的账户名称、账户号码、冻结期限，所冻结、扣划证券的名称、数量或者资金的数额。扣划时，还应当明确拟划入的账户名称、账号。

冻结证券和交易结算资金时，应当明确冻结的范围是否及于孳息。

本通知规定的以证券登记结算机构名义建立的各类专门清算交收账户不得整体冻结。

五、证券登记结算机构依法按照业务规则收取并存放于专门清算交收账户内的下列证券，不得冻结、扣划：

（一）证券登记结算机构设立的证券集中交收账户、专用清偿账户、专用处置账户内的证券。

（二）证券公司按照业务规则在证券登记结算机构开设的客户证券交收账户、自营证券交收账户和证券处置账户内的证券。

六、证券登记结算机构依法按照业务规则收取并存放于专门清算交收账户内的下列资金，不得冻结、扣划：

（一）证券登记结算机构设立的资金集中交收账户、专用清偿账户内的资金。

（二）证券登记结算机构依法收取的证券结算风险基金和结算互保金。

（三）证券登记结算机构在银行开设的结算备付金专用存款账户和新股发行验资专户内的资金，以及证券登记结算机构为新股发行网下申购配售对象开立的网下申购资金账户内的资金。

（四）证券公司在证券登记结算机构开设的客户资金交收账户内的资金。

（五）证券公司在证券登记结算机构开设的自营资金交收账户内最低限额自营结算备付金及根据成交结果确定的应付资金。

七、证券登记结算机构依法按照业务规则要求证券公司等结算参与人、投资者或者发行人提供的回购质押券、价差担保物、行权担保物、履约担保物，在交收完成之前，不得冻结、扣划。

八、证券公司在银行开立的自营资金账户内的资金可以冻结、扣划。

九、在证券公司托管的证券的冻结、扣划，既可以在托管的证券公司办理，也可以在证券登记结算机构办理。不同的执法机关同一交易日分别在证券公司、证券登记结算机构对同一笔证券办理冻结、扣划手续的，证券公司协助办理的为在先冻结、扣划。

冻结、扣划未在证券公司或者其他托管机构托管的证券或者证券公司自营证券的，由证券登记结算机构协助办理。

十、证券登记结算机构受理冻结、扣划要求后，应当在受理日对应的交收日交收程序完成后根据交收结果协助冻结、扣划。

证券公司受理冻结、扣划要求后，应当立即停止证券交易，冻结时已经下单但尚未撮合成功的应当采取撤单措施。冻结后，根据成交结果确定的用于交收的应付证券和应付资金可以进行正常交收。在交收程序完成后，对于剩余部分可以扣划。同时，证券公司应当根据成交结果计算出等额的应收资金或者应收证券交由执法机关冻结或者扣划。

十一、已被人民法院、人民检察院、公安机关冻结的证券或证券交易结算资金，其他人民法院、人民检察院、公安机关或者同一机关因不同案件可以进行轮候冻结。冻结解除的，登记在先的轮候冻结自动生效。

轮候冻结生效后，协助冻结的证券登记结算机构或者证券公司应当书面通知做出该轮候冻结的机关。

十二、冻结证券的期限不得超过二年，冻结交易结算资金的期限不得超过六个月。

需要延长冻结期限的，应当在冻结期限届满前办理续行冻结手续，每次续行冻结的期限不得超过前款规定的期限。

十三、不同的人民法院、人民检察院、公安机关对同一笔证券或者交易结算资金要求冻结、扣划或者轮候冻结时，证券登记结算机构或者证券公司应当按照送达协助冻结、扣划通知书的先后顺序办理协助事项。

十四、要求冻结、扣划的人民法院、人民检察院、公安机关之间，因冻结、扣划事项发生争议的，要求冻结、扣划的机关应当自行协商解决。协商不成的，由其共同上级机关决定；没有共同上级机关的，由其各自的上级机关协商解决。

在争议解决之前，协助冻结的证券登记结算机构或者证券公司应当按照争议机关所送达法律文书载明的最大标的范围对争议标的进行控制。

十五、依法应当予以协助而拒绝协助，或者向当事人通风报信，或者与当事人通谋转移、隐匿财产的，对有关的证券登记结算机构或者证券公司和直接责任人应当依法进行制裁。

十六、以前规定与本通知规定内容不一致的，以本通知为准。

十七、本通知中所规定的证券登记结算机构，是指中国证券登记结算有限责任公司及其分公司。

《最高人民法院关于网络查询、冻结被执行人存款的规定》（法释〔2013〕20号 2013年8月26日）

第1条 人民法院与金融机构已建立网络执行查控机制的，可以通过网络实施查询、冻结被执行人存款等措施。

网络执行查控机制的建立和运行应当具备以下条件：

（一）已建立网络执行查控系统，具有通过网络执行查控系统发送、传输、反馈查控信息的功能；

（二）授权特定的人员办理网络执行查控业务；

（三）具有符合安全规范的电子印章系统；

（四）已采取足以保障查控系统和信息安全的措施。

第2条 人民法院实施网络执行查控措施，应当事前统一向相应金融机构报备有权通过网络采取执行查控措施的特定执行人员的相关公务证件。办理具体业务时，不再另行向相应金融机构提供执行人员的相关公务证件。

人民法院办理网络执行查控业务的特定执行人员发生变更的，应当及时向相应金融机构报备人员变更信息及相关公务证件。

第3条 人民法院通过网络查询被执行人存款时，应当向金融机构传输电子协助查询存款通知书。多案集中查询的，可以附汇总的案件查询清单。

对查询到的被执行人存款需要冻结或者续行冻结的，人民法院应当及时向金融机构传输电子冻结裁定书和协助冻结存款通知书。

对冻结的被执行人存款需要解除冻结的，人民法院应当及时向金融机构传输电子解除冻结裁定书和协助解除冻结存款通知书。

第4条 人民法院向金融机构传输的法律文书，应当加盖电子印章。

作为协助执行人的金融机构完成查询、冻结等事项后，应当及时通过网络向人民法院回复加盖电子印章的查询、冻结等结果。

人民法院出具的电子法律文书、金融机构出具的电子查询、冻结等结果，与纸质法律文书及反馈结果具有同等效力。

第5条 人民法院通过网络查询、冻结、续冻、解冻被执行人存款，与执行人员赴金融机构营业场所查询、冻结、续冻、解冻被执行人存款具有同等效力。

第6条 金融机构认为人民法院通过网络执行查控系统采取的查控措施违反相关法律、行政法规规定的，应当向人民法院书面提出异议。人民法院应当在15日内审查完毕并书面回复。

《最高人民法院、最高人民检察院、公安部、中国证券监督管理委员会关于进一步规范人民法院冻结上市公司质押股票工作的意见》（法发〔2021〕9号 2021年3月1日）

第1条 人民法院要求证券登记结算机构或者证券公司协助冻结债务人持有的上市公司股票，该股票已设立质押且质权人非案件保全申请人或者申请执行人的，适用本意见。

人民法院对前款规定的股票进行轮候冻结的，不适用本意见。

第2条 人民法院冻结质押股票时，在协助执行通知书中应当明确案件债权额及执行费用，证券账户持有人名称（姓名）、账户号码，冻结股票的名称、证券代码，需要冻结的数量、冻结期限等信息。

前款规定的需要冻结的股票数量，以案件债权额及执行费用总额除以每股股票的价值计算。每股股票的价值以冻结前一交易日收盘价为基准，结合股票市场行情，一般在不超过20%的幅度内合理确定。

第3条 证券登记结算机构或者证券公司受理人民法院的协助冻结要求后，应当在系统中对质押股票进行标记，标记的期限与冻结的期限一致。

其他人民法院或者其他国家机关要求对已被标记的质押股票进行冻结的，证券登记结算机构或者证券公司按轮候冻结依次办理。

第4条 需要冻结的股票存在多笔质押的，人民法院可以指定某一笔或者某几笔质押股票进行标记。未指定的，证券登记结算机构或者证券公司对该只质押股票全部进行标记。

第5条 上市公司依照相关规定披露股票被冻结的情况时，应当如实披露人民法院案件债权额及执行费用、已在系统中被标记股票的数量，以及人民法院需要冻结的股票数量、冻结期限等信息。

第6条 质押股票在系统中被标记后，质权人持有证明其质押债权存在、实现质押债权条件成就等材料，向人民法院申请以证券交易所集中竞价、大宗交易方式在质押债权范围内变价股票的，应当准许，但是法律、司法解释等另有规定的除外。人民法院将债务人在证券公司开立的资金账户在质押债权、案件债权额及执行费用总额范围内进行冻结后，应当及时书面通知证券登记结算机构或者证券公司在系统中将相应质押股票调整为可售状态。

质权人申请通过协议转让方式变价股票的，人民法院经审查认为不损害案件当事人利益、国家利益、社会公共利益且在能控制相应价款的前提下，可以准许。

质权人依照前两款规定自行变价股票的，应当遵守证券交易、登记结算相关业务规则。

第7条 质权人自行变价股票且变价款进入债务人资金账户或者人民法院指定的账户后，向人民法院申请发放变价款实现质押债权的，应予准许，但是法律、司法解释等另有规定的除外。

第 8 条 在执行程序中，人民法院可以对在系统中被标记的质押股票采取强制变价措施。

第 9 条 在系统中被标记的任意一部分质押股票解除质押的，协助冻结的证券登记结算机构或者证券公司应当将该部分股票调整为冻结状态，并及时通知人民法院。

冻结股票的数量达到人民法院要求冻结的数量后，证券登记结算机构或者证券公司应当及时通知人民法院。人民法院经审查认为冻结的股票足以实现案件债权及执行费用的，应当书面通知证券登记结算机构或者证券公司解除对其他股票的标记和冻结。

第 10 条 轮候冻结转为正式冻结的，或者对在本意见实施前已经办理的正式冻结进行续冻的，依当事人或者质权人申请，人民法院可以通知证券登记结算机构或者证券公司依照本意见办理。

第 11 条 上市公司股票退市后，依照本意见办理的冻结按照相关司法冻结程序处理，冻结股票的数量为证券登记结算机构或者证券公司在系统中已标记的股票数量。

第 12 条 其他国家机关在办理刑事案件过程中，就质押股票处置变价等事项与负责执行的人民法院产生争议的，可以协商解决。协商不成的，报各自的上级机关协商解决。

第 13 条 本意见自 2021 年 7 月 1 日起实施。

《最高人民法院关于法院冻结财产的户名与账号不符银行能否自行解冻的请示的答复》（法释〔1997〕32 号 2020 年 12 月 29 日修正）

人民法院根据当事人申请，对财产采取冻结措施，是我国民事诉讼法赋予人民法院的职权，任何组织或者个人不得加以妨碍。人民法院在完成对财产冻结手续后，银行如发现被冻结的户名与账号不符时，应主动向法院提出存在的问题，由法院更正，而不能自行解冻；如因自行解冻不当造成损失，应视其过错程度承担相应的法律责任。

《最高人民法院关于产业工会、基层工会是否具备社会团体法人资格和工会经费集中户可否冻结划拨问题的批复》（法复〔1997〕6 号 2020 年 12 月 29 日修正）

各省、自治区、直辖市高级人民法院，解放军军事法院：

山东等省高级人民法院就审判工作中如何认定产业工会、基层工会的社会团体法人资格和对工会财产、经费查封、扣押、冻结、划拨的问题，向我院请示。经研究，批复如下：

一、根据《中华人民共和国工会法》（以下简称工会法）的规定，产业工会社会团体法人资格的取得是由工会法直接规定的，依法不需要办理法人登记。基层工会只要符合《中华人民共和国民法典》、工会法和《中国工会章程》规定的条件，报上一级工会批准成立，即具有社会团体法人资格。人民法院在审理案件中，应当严格按照法律规定的社会团体法人条件，审查基层工会社会团体法人的法律地位。产业工会、具有社会团体法人资格的基层工会与建立工会的营利法人是各自独立的法人主体。企业或企业工会对外发生的经济纠纷，各自承担民事责任。上级工会对基层工会是否具备法律规定的社会团体法人的条件审查不严或不实，应当承担与其过错相应的民事责任。

二、确定产业工会或者基层工会兴办企业的法人资格，原则上以工商登记为准;其上级工会依据有关规定进行审批是必经程序,人民法院不应以此为由冻结、划拨上级工会的经费并替欠债企业清偿债务。产业工会或基层工会投资兴办的具备法人资格的企业,如果投资不足或者抽逃资金的,应当补足投资或者在注册资金不实的范围内承担责任;如果投资全部到位,又无抽逃资金的行为,当企业负债时,应当以企业所有的或者经营管理的财产承担有限责任。

三、根据工会法的规定,工会经费包括工会会员缴纳的会费,建立工会组织的企业事业单位、机关按每月全部职工工资总额的百分之二的比例向工会拨交的经费,以及工会所属的企业、事业单位上缴的收入和人民政府的补助等。工会经费要按比例逐月向地方各级总工会和全国总工会拨交。工会的经费一经拨交,所有权随之转移。在银行独立开列的"工会经费集中户",与企业经营资金无关,专门用于工会经费的集中与分配,不能在此账户开支费用或挪用、转移资金。因此,人民法院在审理案件中,不应将工会经费视为所在企业的财产,在企业欠债的情况下,不应冻结、划拨工会经费及"工会经费集中户"的款项。

《最高人民法院关于对被执行人存在银行的凭证式国库券可否采取执行措施问题的批复》(法释〔1998〕2号 2020年12月29日修正)

被执行人存在银行的凭证式国库券是由被执行人交银行管理的到期偿还本息的有价证券,在性质上与银行的定期储蓄存款相似,属于被执行人的财产。依照《中华人民共和国民事诉讼法》第二百四十二条[402]规定的精神,人民法院有权冻结、划拨被执行人存在银行的凭证式国库券。有关银行应当按照人民法院的协助执行通知书将本息划归申请执行人。

最高院裁判观点

于某与锡林郭勒盟某矿业有限责任公司执行监督案【最高人民法院指导案例123号】

裁判要旨:生效判决认定采矿权转让合同依法成立但尚未生效,判令转让方按照合同约定办理采矿权转让手续,并非对采矿权归属的确定,执行法院依此向相关主管机关发出协助办理采矿权转让手续通知书,只具有启动主管机关审批采矿权转让手续的作用,采矿权能否转让应由相关主管机关依法决定。申请执行人请求变更采矿权受让人的,也应由相关主管机关依法判断。

第二百五十四条 被执行人收入的执行

被执行人未按执行通知履行法律文书确定的义务,人民法院有权扣留、提取被执行人应当履行义务部分的收入。但应当保留被执行人及其所扶养家属的生活必需费用。

人民法院扣留、提取收入时,应当作出裁定,并发出协助执行通知书,被执行人所在单位、银行、信用合作社和其他有储蓄业务的单位必须办理。

条文注解

扣留、提取被执行人的收入应当注意以下几点:

1. 必须是被执行人未按执行通知履行

---

[402] 《民事诉讼法》(2023年修正)第253条。

法律文书确定的义务。

2. 扣留、提取的收入应当与被执行人履行义务的款额相当。

3. 扣留、提取收入时，应当保留被执行人及其所供养家属的生活必需费用。我国的民事执行，贯彻全面保护当事人合法权益的原则，也就是说，既要依法保护权利人的权利得以实现，又要防止因执行工作使被执行人及其家属无法生活。劳动收入是被执行人的生活来源，关系到其本人及其所供养家属的切身利益，所以在扣留和提取时，必须为被执行人和其所供养家属保留维持生活的基本费用，而不能执行过多，给他们生活造成困难。

4. 人民法院扣留、提取收入时，应当作出裁定，并发出协助执行通知书，被执行人所在单位、银行、信用合作社和其他有储蓄业务的单位必须办理。

相关规定

◎ 司法解释及文件

《最高人民法院关于人民法院执行工作若干问题的规定（试行）》（法释〔1988〕15号 2020年12月29日修正）

28. 作为被执行人的自然人，其收入转为储蓄存款的，应当责令其交出存单。拒不交出的，人民法院应当作出提取其存款的裁定，向金融机构发出协助执行通知书，由金融机构提取被执行人的存款交人民法院或存入人民法院指定的账户。

29. 被执行人在有关单位的收入尚未支取的，人民法院应当作出裁定，向该单位发出协助执行通知书，由其协助扣留或提取。

30. 有关单位收到人民法院协助执行被执行人收入的通知后，擅自向被执行人或其他人支付的，人民法院有权责令其限期追回；逾期未追回的，应当裁定其在支付的数额内向申请执行人承担责任。

36. 对被执行人从有关企业中应得的已到期的股息或红利等收益，人民法院有权裁定禁止被执行人提取和有关企业向被执行人支付，并要求有关企业直接向申请执行人支付。

对被执行人预期从有关企业中应得的股息或红利等收益，人民法院可以采取冻结措施，禁止到期后被执行人提取和有关企业向被执行人支付。到期后人民法院可从有关企业中提取，并出具提取收据。

37. 对被执行人在其他股份有限公司中持有的股份凭证（股票），人民法院可以扣押，并强制被执行人按照公司法的有关规定转让，也可以直接采取拍卖、变卖的方式进行处分，或直接将股票抵偿给债权人，用于清偿被执行人的债务。

38. 对被执行人在有限责任公司、其他法人企业中的投资权益或股权，人民法院可以采取冻结措施。

冻结投资权益或股权的，应当通知有关企业不得办理被冻结投资权益或股权的转移手续，不得向被执行人支付股息或红利。被冻结的投资权益或股权，被执行人不得自行转让。

39. 被执行人在其独资开办的法人企业中拥有的投资权益被冻结后，人民法院可以直接裁定予以转让，以转让所得清偿其对申请执行人的债务。

对被执行人在有限责任公司中被冻结的投资权益或股权，人民法院可以依据《中华人民共和国公司法》第七十一条、第七十二条、第七十三条的规定，征得全体股东过半数同意后，予以拍卖、变卖或以其他方式转让。不同意转让的股东，应当购买该转让的投资权益或股权，不购买的，视为同意转让，不影响执行。

人民法院也可允许并监督被执行人自行转让其投资权益或股权，将转让所得收益用于清偿对申请执行人的债务。

40. 有关企业收到人民法院发出的协助冻结通知后，擅自向被执行人支付股息或红利，或擅自为被执行人办理已冻结股权的转移手续，造成已转移的财产无法追回的，应当在所支付的股息或红利或转移的股权价值范围内向申请执行人承担责任。

第二百五十五条　被执行人其他财产的执行

被执行人未按执行通知履行法律文书确定的义务，人民法院有权查封、扣押、冻结、拍卖、变卖被执行人应当履行义务部分的财产。但应当保留被执行人及其所扶养家属的生活必需品。

采取前款措施，人民法院应当作出裁定。

◆ 条文注解

"应当保留被执行人及其所扶养家属的生活必需品"是指在采取强制措施时，不要针对被执行人的锅、碗、灶、床等日常生活必需品，要保证被执行人及其所扶养家属的基本生活需要。

◆ 相关规定

◎ 司法解释及文件

《最高人民法院关于人民法院民事执行中查封、扣押、冻结财产的规定》（法释〔2004〕15号　2020年12月29日修正）

第3条　人民法院对被执行人下列的财产不得查封、扣押、冻结：

（一）被执行人及其所扶养家属生活所必需的衣服、家具、炊具、餐具及其他家庭生活必需的物品；

（二）被执行人及其所扶养家属所必需的生活费用。当地有最低生活保障标准的，必需的生活费用依照该标准确定；

（三）被执行人及其所扶养家属完成义务教育所必需的物品；

（四）未公开的发明或者未发表的著作；

（五）被执行人及其所扶养家属用于身体缺陷所必需的辅助工具、医疗物品；

（六）被执行人所得的勋章及其他荣誉表彰的物品；

（七）根据《中华人民共和国缔结条约程序法》，以中华人民共和国、中华人民共和国政府或者中华人民共和国政府部门名义同外国、国际组织缔结的条约、协定和其他具有条约、协定性质的文件中规定免于查封、扣押、冻结的财产；

（八）法律或者司法解释规定的其他不得查封、扣押、冻结的财产。

第5条　对于超过被执行人及其所扶养家属生活所必需的房屋和生活用品，人民法院根据申请执行人的申请，在保障被执行人及其所扶养家属最低生活标准所必需的居住房屋和普通生活必需品后，可予以执行。

《最高人民法院关于人民法院执行工作若干问题的规定（试行）》（法释〔1988〕15号　2020年12月29日修正）

31. 人民法院对被执行人所有的其他人享有抵押权、质押权或留置权的财产，可以采取查封、扣押措施。财产拍卖、变卖后所得价款，应当在抵押权人、质押权人或留置权人优先受偿后，其余额部分用于清偿申请执行人的债权。

32. 被执行人或其他人擅自处分已被查封、扣押、冻结财产的，人民法院有权责令责任人限期追回财产或承担相应的赔偿责任。

33. 被执行人申请对人民法院查封的

财产自行变卖的，人民法院可以准许，但应当监督其按照合理价格在指定的期限内进行，并控制变卖的价款。

34. 拍卖、变卖被执行人的财产成交后，必须即时钱物两清。

委托拍卖、组织变卖被执行人财产所发生的实际费用，从所得价款中优先扣除。所得价款超出执行标的数额和执行费用的部分，应当退还被执行人。

35. 被执行人不履行生效法律文书确定的义务，人民法院有权裁定禁止被执行人转让其专利权、注册商标专用权、著作权（财产权部分）等知识产权。上述权利有登记主管部门的，应当同时向有关部门发出协助执行通知书，要求其不得办理财产权转移手续，必要时可以责令被执行人将产权或使用权证照交人民法院保存。

对前款财产权，可以采取拍卖、变卖等执行措施。

《最高人民法院关于人民法院强制执行股权若干问题的规定》（法释〔2021〕20号 2021年12月20日）

第1条 本规定所称股权，包括有限责任公司股权、股份有限公司股份，但是在依法设立的证券交易所上市交易以及在国务院批准的其他全国性证券交易场所交易的股份有限公司股份除外。

第2条 被执行人是公司股东的，人民法院可以强制执行其在公司持有的股权，不得直接执行公司的财产。

第3条 依照民事诉讼法第二百二十四条[403]的规定以被执行股权所在地确定管辖法院的，股权所在地是指股权所在公司的住所地。

第4条 人民法院可以冻结下列资料或者信息之一载明的属于被执行人的股权：

（一）股权所在公司的章程、股东名册等资料；

（二）公司登记机关的登记、备案信息；

（三）国家企业信用信息公示系统的公示信息。

案外人基于实体权利对被冻结股权提出排除执行异议的，人民法院应当依照民事诉讼法第二百二十七条[404]的规定进行审查。

第5条 人民法院冻结被执行人的股权，以其价额足以清偿生效法律文书确定的债权额及执行费用为限，不得明显超标的额冻结。股权价额无法确定的，可以根据申请执行人申请冻结的比例或者数量进行冻结。

被执行人认为冻结明显超标的额的，可以依照民事诉讼法第二百二十五条[405]的规定提出书面异议，并附证明股权等查封、扣押、冻结财产价额的证据材料。人民法院审查后裁定异议成立的，应当自裁定生效之日起七日内解除对明显超标的额部分的冻结。

第6条 人民法院冻结被执行人的股权，应当向公司登记机关送达裁定书和协助执行通知书，要求其在国家企业信用信息公示系统进行公示。股权冻结自在公示系统公示时发生法律效力。多个人民法院冻结同一股权的，以在公示系统先办理公示的为在先冻结。

依照前款规定冻结被执行人股权的，

---

[403] 《民事诉讼法》（2023年修正）第235条。
[404] 《民事诉讼法》（2023年修正）第238条。
[405] 《民事诉讼法》（2023年修正）第236条。

应当及时向被执行人、申请执行人送达裁定书，并将股权冻结情况书面通知股权所在公司。

第 7 条 被执行人就被冻结股权所作的转让、出质或者其他有碍执行的行为，不得对抗申请执行人。

第 8 条 人民法院冻结被执行人股权的，可以向股权所在公司送达协助执行通知书，要求其在实施增资、减资、合并、分立等对被冻结股权所占比例、股权价值产生重大影响的行为前向人民法院书面报告有关情况。人民法院收到报告后，应当及时通知申请执行人，但是涉及国家秘密、商业秘密的除外。

股权所在公司未向人民法院报告即实施前款规定行为的，依照民事诉讼法第一百一十四[406]条的规定处理。

股权所在公司或者公司董事、高级管理人员故意通过增资、减资、合并、分立、转让重大资产、对外提供担保等行为导致被冻结股权价值严重贬损，影响申请执行人债权实现的，申请执行人可以依法提起诉讼。

第 9 条 人民法院冻结被执行人基于股权享有的股息、红利等收益，应当向股权所在公司送达裁定书，并要求其在该收益到期时通知人民法院。人民法院对到期的股息、红利等收益，可以书面通知股权所在公司向申请执行人或者人民法院履行。

股息、红利等收益被冻结后，股权所在公司擅自向被执行人支付或者变相支付的，不影响人民法院要求股权所在公司支付该收益。

第 10 条 被执行人申请自行变价被冻结股权，经申请执行人及其他已知执行债权人同意或者变价款足以清偿执行债务的，人民法院可以准许，但是应当在能够控制变价款的情况下监督其在指定期限内完成，最长不超过三个月。

第 11 条 拍卖被执行人的股权，人民法院应当依照《最高人民法院关于人民法院确定财产处置参考价若干问题的规定》规定的程序确定股权处置参考价，并参照参考价确定起拍价。

确定参考价需要相关材料的，人民法院可以向公司登记机关、税务机关等部门调取，也可以责令被执行人、股权所在公司以及控制相关材料的其他主体提供；拒不提供的，可以强制提取，并可以依照民事诉讼法第一百一十一条、第一百一十四条[407]的规定处理。

为确定股权处置参考价，经当事人书面申请，人民法院可以委托审计机构对股权所在公司进行审计。

第 12 条 委托评估被执行人的股权，评估机构因缺少评估所需完整材料无法进行评估或者认为影响评估结果，被执行人未能提供且人民法院无法调取补充材料的，人民法院应当通知评估机构根据现有材料进行评估，并告知当事人因缺乏材料可能产生的不利后果。

评估机构根据现有材料无法出具评估报告的，经申请执行人书面申请，人民法院可以根据具体情况以适当高于执行费用的金额确定起拍价，但是股权所在公司经营严重异常，股权明显没有价值的除外。

依照前款规定确定的起拍价拍卖的，竞买人应当预交的保证金数额由人民法院

---

[406]《民事诉讼法》（2023 年修正）第 117 条。
[407]《民事诉讼法》（2023 年修正）第 114 条、第 117 条。

根据实际情况酌定。

第13条 人民法院拍卖被执行人的股权，应当采取网络司法拍卖方式。

依据处置参考价并结合具体情况计算，拍卖被冻结股权所得价款可能明显高于债权额及执行费用的，人民法院应当对相应部分的股权进行拍卖。对相应部分的股权拍卖严重减损被冻结股权价值的，经被执行人书面申请，也可以对超出部分的被冻结股权一并拍卖。

第14条 被执行人、利害关系人以具有下列情形之一为由请求不得强制拍卖股权的，人民法院不予支持：

（一）被执行人未依法履行或者未依法全面履行出资义务；

（二）被执行人认缴的出资未届履行期限；

（三）法律、行政法规、部门规章等对该股权自行转让有限制；

（四）公司章程、股东协议等对该股权自行转让有限制。

人民法院对具有前款第一、二项情形的股权进行拍卖时，应当在拍卖公告中载明被执行人认缴出资额、实缴出资额、出资期限等信息。股权处置后，相关主体依照有关规定履行出资义务。

第15条 股权变更应当由相关部门批准的，人民法院应当在拍卖公告中载明法律、行政法规或者国务院决定规定的竞买人应当具备的资格或者条件。必要时，人民法院可以就竞买资格或者条件征询相关部门意见。

拍卖成交后，人民法院应当通知买受人持成交确认书向相关部门申请办理股权变更批准手续。买受人取得批准手续的，人民法院作出拍卖成交裁定书；买受人未在合理期限内取得批准手续的，应当重新对股权进行拍卖。重新拍卖的，原买受人不得参加竞买。

买受人明知不符合竞买资格或者条件依然参加竞买，且在成交后未能在合理期限内取得相关部门股权变更批准手续的，交纳的保证金不予退还。保证金不足以支付拍卖产生的费用损失、弥补重新拍卖价款低于原拍卖价款差价的，人民法院可以裁定原买受人补交；拒不补交的，强制执行。

第16条 生效法律文书确定被执行人交付股权，因股权所在公司在生效法律文书作出后增资或者减资导致被执行人实际持股比例降低或者升高的，人民法院应当按照下列情形分别处理：

（一）生效法律文书已经明确交付股权的出资额的，按照该出资额交付股权；

（二）生效法律文书仅明确交付一定比例的股权的，按照生效法律文书作出时该比例所对应出资额占当前公司注册资本总额的比例交付股权。

第17条 在审理股东资格确认纠纷案件中，当事人提出要求公司签发出资证明书、记载于股东名册并办理公司登记机关登记的诉讼请求且其主张成立的，人民法院应予以支持；当事人未提出前述诉讼请求的，可以根据案件具体情况向其释明。

生效法律文书仅确认股权属于当事人所有，当事人可以持该生效法律文书自行向股权所在公司、公司登记机关申请办理股权变更手续；向人民法院申请强制执行的，不予受理。

第18条 人民法院对被执行人在其他营利法人享有的投资权益强制执行的，参照适用本规定。

第19条 本规定自2022年1月1日起施行。

施行前本院公布的司法解释与本规定不一致的，以本规定为准。

《最高人民法院关于冻结、拍卖上市公司国有股和社会法人股若干问题的规定》

(法释〔2001〕28号 2001年9月21日)

第1条 人民法院在审理民事纠纷案件过程中,对股权采取冻结、评估、拍卖和办理股权过户等财产保全和执行措施,适用本规定。

第2条 本规定所指上市公司国有股,包括国家股和国有法人股。国家股指有权代表国家投资的机构或部门向股份有限公司出资或依据法定程序取得的股份;国有法人股指国有法人单位,包括国有资产比例超过50%的国有控股企业,以其依法占有的法人资产向股份有限公司出资形成或者依据法定程序取得的股份。

本规定所指社会法人股是指非国有法人资产投资于上市公司形成的股份。

第3条 人民法院对股权采取冻结、拍卖措施时,被保全人和被执行人应当是股权的持有人或者所有权人。被冻结、拍卖股权的上市公司非依据法定程序确定为案件当事人或者被执行人,人民法院不得对其采取保全或执行措施。

第4条 人民法院在审理案件过程中,股权持有人或者所有权人作为债务人,如有偿还能力的,人民法院一般不应对其股权采取冻结保全措施。

人民法院已对股权采取冻结保全措施的,股权持有人、所有权人或者第三人提供了有效担保,人民法院经审查符合法律规定的,可以解除对股权的冻结。

第5条 人民法院裁定冻结或者解除冻结股权,除应当将法律文书送达负有协助执行义务的单位以外,还应当在作出冻结或者解除冻结裁定后7日内,将法律文书送达股权持有人或者所有权人并书面通知上市公司。

人民法院裁定拍卖上市公司股权,应当于委托拍卖之前将法律文书送达股权持有人或者所有权人并书面通知上市公司。

被冻结或者拍卖股权的当事人是国有股份持有人的,人民法院在向该国有股份持有人送达冻结或者拍卖裁定时,应当告其于5日内报主管财政部门备案。

第6条 冻结股权的期限不超过一年。如申请人需要延长期限的,人民法院应当根据申请,在冻结期限届满前办理续冻手续,每次续冻期限不超过6个月。逾期不办理续冻手续的,视为自动撤销冻结。

第7条 人民法院采取保全措施,所冻结的股权价值不得超过股权持有人或者所有权人的债务总额。股权价值应当按照上市公司最近期报表每股资产净值计算。

股权冻结的效力及于股权产生的股息以及红利、红股等孳息,但股权持有人或者所有权人仍可享有因上市公司增发、配售新股而产生的权利。

第8条 人民法院采取强制执行措施时,如果股权持有人或者所有权人在限期内提供了方便执行的其他财产,应当首先执行其他财产。其他财产不足以清偿债务的,方可执行股权。

本规定所称可供方便执行的其他财产,是指存款、现金、成品和半成品、原材料、交通工具等。

人民法院执行股权,必须进行拍卖。

股权的持有人或者所有权人以股权向债权人质押的,人民法院执行时也应当通过拍卖方式进行,不得直接将股权执行给债权人。

第9条 拍卖股权之前,人民法院应当委托具有证券从业资格的资产评估机构对股权价值进行评估。资产评估机构由债权人和债务人协商选定。不能达成一致意见的,由人民法院召集债权人和债务人提出候选评估机构,以抽签方式决定。

第10条 人民法院委托资产评估机构评估时,应当要求资产评估机构严格依照国家规定的标准、程序和方法对股权价值进行评估,并说明其应当对所作出的评估报告依法承担相应责任。

人民法院还应当要求上市公司向接受人民法院委托的资产评估机构如实提供有关情况和资料;要求资产评估机构对上市公司提供的情况和资料保守秘密。

第11条 人民法院收到资产评估机构作出的评估报告后,须将评估报告分别送达债权人和债务人以及上市公司。债权人和债务人以及上市公司对评估报告有异议的,应当在收到评估报告后7日内书面提出。人民法院应当将异议书交资产评估机构,要求该机构在10日之内作出说明或者补正。

第12条 对股权拍卖,人民法院应当委托依法成立的拍卖机构进行。拍卖机构的选定,参照本规定第九条规定的方法进行。

第13条 股权拍卖保留价,应当按照评估值确定。

第一次拍卖最高应价未达到保留价时,应当继续进行拍卖,每次拍卖的保留价应当不低于前次保留价的90%。经三次拍卖仍不能成交时,人民法院应当将所拍卖的股权按第三次拍卖的保留价折价抵偿给债权人。

人民法院可以在每次拍卖未成交后主持调解,将所拍卖的股权参照该次拍卖保留价折价抵偿给债权人。

第14条 拍卖股权,人民法院应当委托拍卖机构于拍卖日前10天,在《中国证券报》、《证券时报》或者《上海证券报》上进行公告。

第15条 国有股竞买人应当具备依法受让国有股权的条件。

第16条 股权拍卖过程中,竞买人已经持有的该上市公司股份数额和其竞买的股份数额累计不得超过该上市公司已经发行股份数额的30%。如竞买人累计持有该上市公司股份数额已达到30%仍参与竞买的,须依照《中华人民共和国证券法》的相关规定办理,在此期间应当中止拍卖程序。

第17条 拍卖成交后,人民法院应当向证券交易市场和证券登记结算公司出具协助执行通知书,由买受人持拍卖机构出具的成交证明和财政主管部门对股权性质的界定等有关文件,向证券交易市场和证券登记结算公司办理股权变更登记。

> **最高院裁判观点**

邓某与兴铁某投资基金合伙企业财产份额转让纠纷执行案【(2020)最高法执复71号】

裁判要旨:人身保险产品虽然具有一定的人身保障功能,但其根本目的和功能是经济补偿,其本质上属于财产性权益,具有一定的储蓄性和有价性,不属于被执行人及其所扶养家属的生活必需品等豁免财产,人民法院有权对该项财产利益进行强制执行,通过解除保险合同,实现保单现金价值。

第二百五十六条 查封、扣押

人民法院查封、扣押财产时,被执行人是公民的,应当通知被执行人或者他的成年家属到场;被执行人是法人或者其他组织的,应当通知其法定代表人或者主要负责人到场。拒不到场的,不影响执行。被执行人是公民的,其工作单位或者财产所在地的基层组织应当派人参加。

对被查封、扣押的财产，执行员必须造具清单，由在场人签名或者盖章后，交被执行人一份。被执行人是公民的，也可以交他的成年家属一份。

相关规定

◎ 司法解释及文件

《最高人民法院关于人民法院民事执行中查封、扣押、冻结财产的规定》（法释〔2004〕15号 2020年12月29日修正）

为了进一步规范民事执行中的查封、扣押、冻结措施，维护当事人的合法权益，根据《中华人民共和国民事诉讼法》等法律的规定，结合人民法院民事执行工作的实践经验，制定本规定。

第1条 人民法院查封、扣押、冻结被执行人的动产、不动产及其他财产权，应当作出裁定，并送达被执行人和申请执行人。

采取查封、扣押、冻结措施需要有关单位或者个人协助的，人民法院应当制作协助执行通知书，连同裁定书副本一并送达协助执行人。查封、扣押、冻结裁定书和协助执行通知书送达时发生法律效力。

第2条 人民法院可以查封、扣押、冻结被执行人占有的动产、登记在被执行人名下的不动产、特定动产及其他财产权。

未登记的建筑物和土地使用权，依据土地使用权的审批文件和其他相关证据确定权属。

对于第三人占有的动产或者登记在第三人名下的不动产、特定动产及其他财产权，第三人书面确认该财产属于被执行人的，人民法院可以查封、扣押、冻结。

第3条 人民法院对被执行人下列财产不得查封、扣押、冻结：

（一）被执行人及其所扶养家属生活所必需的衣服、家具、炊具、餐具及其他家庭生活必需的物品；

（二）被执行人及其所扶养家属所必需的生活费用。当地有最低生活保障标准的，必需的生活费用依照该标准确定；

（三）被执行人及其所扶养家属完成义务教育所必需的物品；

（四）未公开的发明或者未发表的著作；

（五）被执行人及其所扶养家属用于身体缺陷所必需的辅助工具、医疗物品；

（六）被执行人所得的勋章及其他荣誉表彰的物品；

（七）根据《中华人民共和国缔结条约程序法》，以中华人民共和国、中华人民共和国政府或者中华人民共和国政府部门名义同外国、国际组织缔结的条约、协定和其他具有条约、协定性质的文件中规定免于查封、扣押、冻结的财产；

（八）法律或者司法解释规定的其他不得查封、扣押、冻结的财产。

第4条 对被执行人及其所扶养家属生活所必需的居住房屋，人民法院可以查封，但不得拍卖、变卖或者抵债。

第5条 对于超过被执行人及其所扶养家属生活所必需的房屋和生活用品，人民法院根据申请执行人的申请，在保障被执行人及其所扶养家属最低生活标准所必需的居住房屋和普通生活必需品后，可予以执行。

第6条 查封、扣押动产的，人民法院可以直接控制该项财产。人民法院将查封、扣押的动产交付其他人控制的，应当在该动产上加贴封条或者采取其他足以公示查封、扣押的适当方式。

第7条 查封不动产的，人民法院应当张贴封条或者公告，并可以提取保存有关财产权证照。

查封、扣押、冻结已登记的不动产、特定动产及其他财产权，应当通知有关登记机关办理登记手续。未办理登记手续的，不得对抗其他已经办理了登记手续的查封、扣押、冻结行为。

第 8 条 查封尚未进行权属登记的建筑物时，人民法院应当通知其管理人或者该建筑物的实际占有人，并在显著位置张贴公告。

第 9 条 扣押尚未进行权属登记的机动车辆时，人民法院应当在扣押清单上记载该机动车辆的发动机编号。该车辆在扣押期间权利人要求办理权属登记手续的，人民法院应当准许并及时办理相应的扣押登记手续。

第 10 条 查封、扣押的财产不宜由人民法院保管的，人民法院可以指定被执行人负责保管；不宜由被执行人保管的，可以委托第三人或者申请执行人保管。

由人民法院指定被执行人保管的财产，如果继续使用对该财产的价值无重大影响，可以允许被执行人继续使用；由人民法院保管或者委托第三人、申请执行人保管的，保管人不得使用。

第 11 条 查封、扣押、冻结担保物权人占有的担保财产，一般应当指定该担保物权人作为保管人；该财产由人民法院保管的，质权、留置权不因转移占有而消灭。

第 12 条 对被执行人与其他人共有的财产，人民法院可以查封、扣押、冻结，并及时通知共有人。

共有人协议分割共有财产，并经债权人认可的，人民法院可以认定有效。查封、扣押、冻结的效力及于协议分割后被执行人享有份额内的财产；对其他共有人享有份额内的财产的查封、扣押、冻结，人民法院应当裁定予以解除。

共有人提起析产诉讼或者申请执行人代位提起析产诉讼的，人民法院应当准许。诉讼期间中止对该财产的执行。

第 13 条 对第三人为被执行人的利益占有的被执行人的财产，人民法院可以查封、扣押、冻结；该财产被指定给第三人继续保管的，第三人不得将其交付给被执行人。

对第三人为自己的利益依法占有的被执行人的财产，人民法院可以查封、扣押、冻结，第三人可以继续占有和使用该财产，但不得将其交付给被执行人。

第三人无偿借用被执行人的财产的，不受前款规定的限制。

第 14 条 被执行人将其财产出卖给第三人，第三人已经支付部分价款并实际占有该财产，但根据合同约定被执行人保留所有权的，人民法院可以查封、扣押、冻结；第三人要求继续履行合同的，向人民法院交付全部余款后，裁定解除查封、扣押、冻结。

第 15 条 被执行人将其所有的需要办理过户登记的财产出卖给第三人，第三人已经支付部分或者全部价款并实际占有该财产，但尚未办理产权过户登记手续的，人民法院可以查封、扣押、冻结；第三人已经支付全部价款并实际占有，但未办理过户登记手续的，如果第三人对此没有过错，人民法院不得查封、扣押、冻结。

第 16 条 被执行人购买第三人的财产，已经支付部分价款并实际占有该财产，第三人依合同约定保留所有权的，人民法院可以查封、扣押、冻结。保留所有权已办理登记的，第三人的剩余价款从该财产变价款中优先支付；第三人主张取回该财产的，可以依据民事诉讼法第二百二十七条[408]规定提出异议。

第17条　被执行人购买需要办理过户登记的第三人的财产，已经支付部分或者全部价款并实际占有该财产，虽未办理产权过户登记手续，但申请执行人已向第三人支付剩余价款或者第三人同意剩余价款从该财产变价款中优先支付的，人民法院可以查封、扣押、冻结。

第18条　查封、扣押、冻结被执行人的财产时，执行人员应当制作笔录，载明下列内容：

（一）执行措施开始及完成的时间；
（二）财产的所在地、种类、数量；
（三）财产的保管人；
（四）其他应当记明的事项。

执行人员及保管人应当在笔录上签名，有民事诉讼法第二百四十五条[409]规定的人员到场的，到场人员也应当在笔录上签名。

第19条　查封、扣押、冻结被执行人的财产，以其价额足以清偿法律文书确定的债权额及执行费用为限，不得明显超标的额查封、扣押、冻结。

发现超标的额查封、扣押、冻结的，人民法院应当根据被执行人的申请或者依职权，及时解除对超标的额部分财产的查封、扣押、冻结，但该财产为不可分物且被执行人无其他可供执行的财产或者其他财产不足以清偿债务的除外。

第20条　查封、扣押的效力及于查封、扣押物的从物和天然孳息。

第21条　查封地上建筑物的效力及于该地上建筑物使用范围内的土地使用权，查封土地使用权的效力及于地上建筑物，但土地使用权与地上建筑物的所有权分属被执行人与他人的除外。

地上建筑物和土地使用权的登记机关不是同一机关的，应当分别办理查封登记。

第22条　查封、扣押、冻结的财产灭失或者毁损的，查封、扣押、冻结的效力及于该财产的替代物、赔偿款。人民法院应当及时作出查封、扣押、冻结该替代物、赔偿款的裁定。

第23条　查封、扣押、冻结协助执行通知书在送达登记机关时，登记机关已经受理被执行人转让不动产、特定动产及其他财产的过户登记申请，尚未完成登记的，应当协助人民法院执行。人民法院不得对登记机关已经完成登记的被执行人已转让的财产实施查封、扣押、冻结措施。

查封、扣押、冻结协助执行通知书在送达登记机关时，其他人民法院已向该登记机关送达了过户登记协助执行通知书的，应当优先办理过户登记。

第24条　被执行人就已经查封、扣押、冻结的财产所作的移转、设定权利负担或者其他有碍执行的行为，不得对抗申请执行人。

第三人未经人民法院准许占有查封、扣押、冻结的财产或者实施其他有碍执行的行为的，人民法院可以依据申请执行人的申请或者依职权解除其占有或者排除其妨害。

人民法院的查封、扣押、冻结没有公示的，其效力不得对抗善意第三人。

第25条　人民法院查封、扣押被执行人设定最高额抵押权的抵押物的，应当

---

[408]　《民事诉讼法》（2023年修正）第238条。
[409]　《民事诉讼法》（2023年修正）第256条。

通知抵押权人。抵押权人受抵押担保的债权数额自收到人民法院通知时起不再增加。

人民法院虽然没有通知抵押权人，但有证据证明抵押权人知道或者应当知道查封、扣押事实的，受抵押担保的债权数额从其知道或者应当知道该事实时起不再增加。

第26条　对已被人民法院查封、扣押、冻结的财产，其他人民法院可以进行轮候查封、扣押、冻结。查封、扣押、冻结解除的，登记在先的轮候查封、扣押、冻结即自动生效。

其他人民法院对已登记的财产进行轮候查封、扣押、冻结的，应当通知有关登记机关协助进行轮候登记，实施查封、扣押、冻结的人民法院应当允许其他人民法院查阅有关文书和记录。

其他人民法院对没有登记的财产进行轮候查封、扣押、冻结的，应当制作笔录，并经实施查封、扣押、冻结的人民法院执行人员及被执行人签字，或者书面通知实施查封、扣押、冻结的人民法院。

第27条　查封、扣押、冻结期限届满，人民法院未办理延期手续的，查封、扣押、冻结的效力消灭。

查封、扣押、冻结的财产已经被执行拍卖、变卖或者抵债的，查封、扣押、冻结的效力消灭。

第28条　有下列情形之一的，人民法院应当作出解除查封、扣押、冻结裁定，并送达申请执行人、被执行人或者案外人：

（一）查封、扣押、冻结案外人财产的；

（二）申请执行人撤回执行申请或者放弃债权的；

（三）查封、扣押、冻结的财产流拍或者变卖不成，申请执行人和其他执行债权人又不同意接受抵债，且对该财产又无法采取其他执行措施的；

（四）债务已经清偿的；

（五）被执行人提供担保且申请执行人同意解除查封、扣押、冻结的；

（六）人民法院认为应当解除查封、扣押、冻结的其他情形。

解除以登记方式实施的查封、扣押、冻结的，应当向登记机关发出协助执行通知书。

第29条　财产保全裁定和先予执行裁定的执行适用本规定。

第30条　本规定自2005年1月1日起施行。施行前本院公布的司法解释与本规定不一致的，以本规定为准。

《最高人民法院关于人民法院扣押铁路运输货物若干问题的规定》（法释〔1997〕8号　2020年12月29日修正）

一、人民法院依法可以裁定扣押铁路运输货物。铁路运输企业依法应当予以协助。

二、当事人申请人民法院扣押铁路运输货物，应当提供担保，申请人不提供担保的，驳回申请。申请人的申请应当写明：要求扣押货物的发货站、到货站，托运人、收货人的名称，货物的品名、数量、货票号码等。

三、人民法院扣押铁路运输货物，应当制作裁定书并附协助执行通知书。协助执行通知书中应当载明：扣押货物的发货站、到货站，托运人、收货人的名称，货物的品名、数量和货票号码。在货物发送前扣押的，人民法院应当将裁定书副本和协助执行通知书送达始发地的铁路运输企业由其协助执行；在货物发送后扣押的，应当将裁定书副本和协助执行通知书送达目的地或最近中转编组站的铁路运输企业由其协助执行。

人民法院一般不应在中途站、中转站扣押铁路运输货物。必要时，在不影响铁路正常运输秩序、不损害其他自然人、法人和非法人组织合法权益的情况下，可在最近中转编组站或有条件的车站扣押。

人民法院裁定扣押国际铁路联运货物，应当通知铁路运输企业、海关、边防、商检等有关部门协助执行。属于进口货物的，人民法院应当向我国进口国（边）境站、到货站或有关部门送达裁定书副本和协助执行通知书；属于出口货物的，在货物发送前应当向发货站或有关部门送达，在货物发送后未出我国国（边）境前，应当向我国出境站或有关部门送达。

四、经人民法院裁定扣押的铁路运输货物，该铁路运输企业与托运人之间签订的铁路运输合同中涉及被扣押货物部分合同终止履行的，铁路运输企业不承担责任。因扣押货物造成的损失，由有关责任人承担。

因申请人申请扣押错误所造成的损失，由申请人承担赔偿责任。

五、铁路运输企业及有关部门因协助执行扣押货物而产生的装卸、保管、检验、监护等费用，由有关责任人承担，但应先由申请人垫付。申请人不是责任人的，可以再向责任人追偿。

六、扣押后的进出口货物，因尚未办结海关手续，人民法院在对此类货物作出最终处理决定前，应当先责令有关当事人补交关税并办理海关其他手续。

《最高人民法院关于首先查封法院与优先债权执行法院处分查封财产有关问题的批复》（法释〔2016〕6号　2016年4月12日）

一、执行过程中，应当由首先查封、扣押、冻结（以下简称查封）法院负责处分查封财产。但已进入其他法院执行程序的债权人对查封财产有顺位在先的担保物权、优先权（该债权以下简称优先债权），自首先查封之日起已超过60日，且首先查封法院就该查封财产尚未发布拍卖公告或者进入变卖程序的，优先债权执行法院可以要求将该查封财产移送执行。

二、优先债权执行法院要求首先查封法院将查封财产移送执行的，应当出具商请移送执行函，并附确认优先债权的生效法律文书及案件情况说明。

首先查封法院应当在收到优先债权执行法院商请移送执行之日起15日内出具移送执行函，将查封财产移送优先债权执行法院执行，并告知当事人。

移送执行函应当载明将查封财产移送执行及首先查封债权的相关情况等内容。

三、财产移送执行后，优先债权执行法院在处分或继续查封该财产时，可以持首先查封法院移送执行函办理相关手续。

优先债权执行法院对移送的财产变价后，应当按照法律规定的清偿顺序分配，并将相关情况告知首先查封法院。

首先查封债权尚未经生效法律文书确认的，应当按照首先查封债权的清偿顺位，预留相应份额。

四、首先查封法院与优先债权执行法院就移送查封财产发生争议的，可以逐级报请双方共同的上级法院指定该财产的执行法院。

共同的上级法院根据首先查封债权所处的诉讼阶段、查封财产的种类及所在地、各债权数额与查封财产价值之间的关系等案件具体情况，认为由首先查封法院执行更为妥当的，也可以决定由首先查封法院继续执行，但应当督促其在指定期限内处分查封财产。

最高院裁判观点

1. 株洲某实业公司与中行某支行、湖南省某金属材料公司财产保全执行复议案【最高人民法院指导案例 121 号】

裁判要旨：财产保全执行案件的保全标的物系非金钱动产且被他人保管，该保管人依人民法院通知应当协助执行。当保管合同或者租赁合同到期后未续签，且被保全人不支付保管、租赁费用的，协助执行人无继续无偿保管的义务。保全标的物价值足以支付保管费用的，人民法院可以维持查封直至案件作出生效法律文书，执行保全标的物所得价款应当优先支付保管人的保管费用；保全标的物价值不足以支付保管费用，申请保全人支付保管费用的，可以继续采取查封措施，不支付保管费用的，可以处置保全标的物并继续保全变价款。

2. 南漳县某房地产开发有限责任公司被明显超标的额查封执行监督案【检例第 79 号】

裁判要旨：查封、扣押、冻结被执行人财产应与生效法律文书确定的被执行人的债务相当，不得明显超出被执行人应当履行义务的范围。检察机关对于明显超标的额查封的违法行为，应提出检察建议，督促执行法院予以纠正，以保护民营企业产权，优化营商环境。

第二百五十七条　被查封财产的保管

被查封的财产，执行员可以指定被执行人负责保管。因被执行人的过错造成的损失，由被执行人承担。

第二百五十八条　拍卖、变卖

财产被查封、扣押后，执行员应当责令被执行人在指定期间履行法律文书确定的义务。被执行人逾期不履行的，人民法院应当拍卖被查封、扣押的财产；不适于拍卖或者当事人双方同意不进行拍卖的，人民法院可以委托有关单位变卖或者自行变卖。国家禁止自由买卖的物品，交有关单位按照国家规定的价格收购。

相关规定

◎ 司法解释及文件

《最高人民法院关于适用〈中华人民共和国民事诉讼法〉的解释》（法释〔2022〕11 号　2022 年 4 月 1 日修正）

第 486 条　依照民事诉讼法第二百五十四条[410]规定，人民法院在执行中需要拍卖被执行人财产的，可以由人民法院自行组织拍卖，也可以交由具备相应资质的拍卖机构拍卖。

交拍卖机构拍卖的，人民法院应当对拍卖活动进行监督。

第 487 条　拍卖评估需要对现场进行检查、勘验的，人民法院应当责令被执行人、协助义务人予以配合。被执行人、协助义务人不予配合的，人民法院可以强制进行。

第 488 条　人民法院在执行中需要变卖被执行人财产的，可以交有关单位变卖，也可以由人民法院直接变卖。

---

[410]　《民事诉讼法》（2023 年修正）第 258 条。

对变卖的财产，人民法院或者其工作人员不得买受。

第489条 经申请执行人和被执行人同意，且不损害其他债权人合法权益和社会公共利益的，人民法院可以不经拍卖、变卖，直接将被执行人的财产作价交申请执行人抵偿债务。对剩余债务，被执行人应当继续清偿。

第490条 被执行人的财产无法拍卖或者变卖的，经申请执行人同意，且不损害其他债权人合法权益和社会公共利益的，人民法院可以将该项财产作价后交付申请执行人抵偿债务，或者交付申请执行人管理；申请执行人拒绝接收或者管理的，退回被执行人。

第491条 拍卖成交或者依法定程序裁定以物抵债的，标的物所有权自拍卖成交裁定或者抵债裁定送达买受人或者接受抵债物的债权人时转移。

《最高人民法院关于人民法院民事执行中拍卖、变卖财产的规定》（法释〔2004〕16号 2020年12月29日修正）

为了进一步规范民事执行中的拍卖、变卖措施，维护当事人的合法权益，根据《民事诉讼法》等法律的规定，结合人民法院民事执行工作的实践经验，制定本规定。

第1条 在执行程序中，被执行人的财产被查封、扣押、冻结后，人民法院应当及时进行拍卖、变卖或者采取其他执行措施。

第2条 人民法院对查封、扣押、冻结的财产进行变价处理时，应当首先采取拍卖的方式，但法律、司法解释另有规定的除外。

第3条 人民法院拍卖被执行人财产，应当委托具有相应资质的拍卖机构进行，并对拍卖机构的拍卖进行监督，但法律、司法解释另有规定的除外。

第4条 对拟拍卖的财产，人民法院可以委托具有相应资质的评估机构进行价格评估。对于财产价值较低或者价格依照通常方法容易确定的，可以不进行评估。

当事人双方及其他执行债权人申请不进行评估的，人民法院应当准许。

对被执行人的股权进行评估时，人民法院可以责令有关企业提供会计报表等资料；有关企业拒不提供的，可以强制提取。

第5条 拍卖应当确定保留价。

拍卖财产经过评估的，评估价即为第一次拍卖的保留价；未作评估的，保留价由人民法院参照市价确定，并应当征询有关当事人的意见。

如果出现流拍，再行拍卖时，可以酌情降低保留价，但每次降低的数额不得超过前次保留价的百分之二十。

第6条 保留价确定后，依据本次拍卖保留价计算，拍卖所得价款在清偿优先债权和强制执行费用后无剩余可能的，应当在实施拍卖前将有关情况通知申请执行人。申请执行人于收到通知后五日内申请继续拍卖的，人民法院应当准许，但应当重新确定保留价；重新确定的保留价应当大于该优先债权及强制执行费用的总额。

依照前款规定流拍的，拍卖费用由申请执行人负担。

第7条 执行人员应当对拍卖财产的权属状况、占有使用情况等进行必要的调查，制作拍卖财产现状的调查笔录或者收集其他有关资料。

第8条 拍卖应当先期公告。

拍卖动产的，应当在拍卖七日前公告；拍卖不动产或者其他财产权的，应当在拍卖十五日前公告。

第9条 拍卖公告的范围及媒体由当

事人双方协商确定;协商不成的,由人民法院确定。拍卖财产具有专业属性的,应当同时在专业性报纸上进行公告。

当事人申请在其他新闻媒体上公告或者要求扩大公告范围的,应当准许,但该部分的公告费用由其自行承担。

第10条 拍卖不动产、其他财产权或者价值较高的动产的,竞买人应当于拍卖前向人民法院预交保证金。申请执行人参加竞买的,可以不预交保证金。保证金的数额由人民法院确定,但不得低于评估价或者市价的百分之五。

应当预交保证金而未交纳的,不得参加竞买。拍卖成交后,买受人预交的保证金充抵价款,其他竞买人预交的保证金应当在三日内退还;拍卖未成交的,保证金应当于三日内退还买受人。

第11条 人民法院应当在拍卖五日前以书面或者其他能够确认收悉的适当方式,通知当事人和已知的担保物权人、优先购买权人或者其他优先权人于拍卖日到场。

优先购买权人经通知未到场的,视为放弃优先购买权。

第12条 法律、行政法规对买受人的资格或者条件有特殊规定的,竞买人应当具备规定的资格或者条件。

申请执行人、被执行人可以参加竞买。

第13条 拍卖过程中,有最高应价时,优先购买权人可以表示以该最高价买受,如无更高应价,则拍归优先购买权人;如有更高应价,而优先购买权人不作表示的,则拍归该应价最高的竞买人。

顺序相同的多个优先购买权人同时表示买受的,以抽签方式决定买受人。

第14条 拍卖多项财产时,其中部分财产卖得的价款足以清偿债务和支付被执行人应当负担的费用的,对剩余的财产应当停止拍卖,但被执行人同意全部拍卖的除外。

第15条 拍卖的多项财产在使用上不可分,或者分别拍卖可能严重减损其价值的,应当合并拍卖。

第16条 拍卖时无人竞买或者竞买人的最高应价低于保留价,到场的申请执行人或者其他执行债权人申请或者同意以该次拍卖所定的保留价接受拍卖财产的,应当将该财产交其抵债。

有两个以上执行债权人申请以拍卖财产抵债的,由法定受偿顺位在先的债权人优先承受;受偿顺位相同的,以抽签方式决定承受人。承受人应支付清偿的债权额低于抵债财产的价额的,人民法院应当责令其在指定的期间内补交差额。

第17条 在拍卖开始前,有下列情形之一的,人民法院应当撤回拍卖委托:

(一)据以执行的生效法律文书被撤销的;

(二)申请执行人及其他执行债权人撤回执行申请的;

(三)被执行人全部履行了法律文书确定的金钱债务的;

(四)当事人达成了执行和解协议,不需要拍卖财产的;

(五)案外人对拍卖财产提出确有理由的异议的;

(六)拍卖机构与竞买人恶意串通的;

(七)其他应当撤回拍卖委托的情形。

第18条 人民法院委托拍卖后,遇有依法应当暂缓执行或者中止执行的情形的,应当决定暂缓执行或者裁定中止执行,并及时通知拍卖机构和当事人。拍卖机构收到通知后,应当立即停止拍卖,并通知竞买人。

暂缓执行期限届满或者中止执行的事

由消失后，需要继续拍卖的，人民法院应当在十五日内通知拍卖机构恢复拍卖。

第 19 条 被执行人在拍卖日之前向人民法院提交足额金钱清偿债务，要求停止拍卖的，人民法院应当准许，但被执行人应当负担因拍卖支出的必要费用。

第 20 条 拍卖成交或者以流拍的财产抵债的，人民法院应当作出裁定，并于价款或者需要补交的差价全额交付后十日内，送达买受人或者承受人。

第 21 条 拍卖成交后，买受人应当在拍卖公告确定的期限或者人民法院指定的期限内将价款交付到人民法院或者汇入人民法院指定的账户。

第 22 条 拍卖成交或者以流拍的财产抵债后，买受人逾期未支付价款或者承受人逾期未补交差价而使拍卖、抵债的目的难以实现的，人民法院可以裁定重新拍卖。重新拍卖时，原买受人不得参加竞买。

重新拍卖的价款低于原拍卖价款造成的差价、费用损失及原拍卖中的佣金，由原买受人承担。人民法院可以直接从其预交的保证金中扣除。扣除后保证金有剩余的，应当退还原买受人；保证金数额不足的，可以责令原买受人补交；拒不补交的，强制执行。

第 23 条 拍卖时无人竞买或者竞买人的最高应价低于保留价，到场的申请执行人或者其他执行债权人不申请以该次拍卖所定的保留价抵债的，应当在六十日内再行拍卖。

第 24 条 对于第二次拍卖仍流拍的动产，人民法院可以依照本规定第十六条的规定将其作价交申请执行人或者其他执行债权人抵债。申请执行人或者其他执行债权人拒绝接受或者依法不能交付其抵债的，人民法院应当解除查封、扣押，并将该动产退还被执行人。

第 25 条 对于第二次拍卖仍流拍的不动产或者其他财产权，人民法院可以依照本规定第十六条的规定将其作价交申请执行人或者其他执行债权人抵债。申请执行人或者其他执行债权人拒绝接受或者依法不能交付其抵债的，应当在六十日内进行第三次拍卖。

第三次拍卖流拍且申请执行人或者其他执行债权人拒绝接受或者依法不能接受该不动产或者其他财产权抵债的，人民法院应当于第三次拍卖终结之日起七日内发出变卖公告。自公告之日起六十日内没有买受人愿意以第三次拍卖的保留价买受该财产，且申请执行人、其他执行债权人仍不表示接受该财产抵债的，应当解除查封、冻结，将该财产退还被执行人，但对该财产可以采取其他执行措施的除外。

第 26 条 不动产、动产或者其他财产权拍卖成交或者抵债后，该不动产、动产的所有权、其他财产权自拍卖成交或者抵债裁定送达买受人或者承受人时起转移。

第 27 条 人民法院裁定拍卖成交或者以流拍的财产抵债后，除有依法不能移交的情形外，应当于裁定送达后十五日内，将拍卖的财产移交买受人或者承受人。被执行人或者第三人占有拍卖财产应当移交而拒不移交的，强制执行。

第 28 条 拍卖财产上原有的担保物权及其他优先受偿权，因拍卖而消灭，拍卖所得价款，应当优先清偿担保物权人及其他优先受偿权人的债权，但当事人另有约定的除外。

拍卖财产上原有的租赁权及其他用益物权，不因拍卖而消灭，但该权利继续存在于拍卖财产上，对在先的担保物权或者其他优先受偿权的实现有影响的，人民法院应当依法将其除去后进行拍卖。

第29条　拍卖成交的，拍卖机构可以按照下列比例向买受人收取佣金：

拍卖成交价200万元以下的，收取佣金的比例不得超过5%；超过200万元至1000万元的部分，不得超过3%；超过1000万元至5000万元的部分，不得超过2%；超过5000万元至1亿元的部分，不得超过1%；超过1亿元的部分，不得超过0.5%。

采取公开招标方式确定拍卖机构的，按照中标方案确定的数额收取佣金。

拍卖未成交或者非因拍卖机构的原因撤回拍卖委托的，拍卖机构为本次拍卖已经支出的合理费用，应当由被执行人负担。

第30条　在执行程序中拍卖上市公司国有股和社会法人股的，适用最高人民法院《关于冻结、拍卖上市公司国有股和社会法人股若干问题的规定》。

第31条　对查封、扣押、冻结的财产，当事人双方及有关权利人同意变卖的，可以变卖。

金银及其制品、当地市场有公开交易价格的动产、易腐烂变质的物品、季节性商品、保管困难或者保管费用过高的物品，人民法院可以决定变卖。

第32条　当事人双方及有关权利人对变卖财产的价格有约定的，按照其约定价格变卖；无约定价格但有市价的，变卖价格不得低于市价；无市价但价值较大、价格不易确定的，应当委托评估机构进行评估，并按照评估价格进行变卖。

按照评估价格变卖不成的，可以降低价格变卖，但最低的变卖价不得低于评估价的二分之一。

变卖的财产无人应买的，适用本规定第十六条的规定将该财产交申请执行人或者其他执行债权人抵债；申请执行人或者其他执行债权人拒绝接受或者依法不能交付其抵债的，人民法院应当解除查封、扣押，并将该财产退还被执行人。

第33条　本规定自2005年1月1日起施行。施行前本院公布的司法解释与本规定不一致的，以本规定为准。

《最高人民法院关于人民法院网络司法拍卖若干问题的规定》（法释〔2016〕18号 2016年8月2日）

为了规范网络司法拍卖行为，保障网络司法拍卖公开、公平、公正、安全、高效，维护当事人的合法权益，根据《中华人民共和国民事诉讼法》等法律的规定，结合人民法院执行工作的实际，制定本规定。

第1条　本规定所称的网络司法拍卖，是指人民法院依法通过互联网拍卖平台，以网络电子竞价方式公开处置财产的行为。

第2条　人民法院以拍卖方式处置财产的，应当采取网络司法拍卖方式，但法律、行政法规和司法解释规定必须通过其他途径处置，或者不宜采用网络拍卖方式处置的除外。

第3条　网络司法拍卖应当在互联网拍卖平台上向社会全程公开，接受社会监督。

第4条　最高人民法院建立全国性网络服务提供者名单库。网络服务提供者申请纳入名单库的，其提供的网络司法拍卖平台应当符合下列条件：

（一）具备全面展示司法拍卖信息的界面；

（二）具备本规定要求的信息公示、网上报名、竞价、结算等功能；

（三）具有信息共享、功能齐全、技

术拓展等功能的独立系统；

（四）程序运作规范、系统安全高效、服务优质价廉；

（五）在全国具有较高的知名度和广泛的社会参与度。

最高人民法院组成专门的评审委员会，负责网络服务提供者的选定、评审和除名。最高人民法院每年引入第三方评估机构对已纳入和新申请纳入名单库的网络服务提供者予以评审并公布结果。

第5条 网络服务提供者由申请执行人从名单库中选择；未选择或者多个申请执行人的选择不一致的，由人民法院指定。

第6条 实施网络司法拍卖的，人民法院应当履行下列职责：

（一）制作、发布拍卖公告；

（二）查明拍卖财产现状、权利负担等内容，并予以说明；

（三）确定拍卖保留价、保证金的数额、税费负担等；

（四）确定保证金、拍卖款项等支付方式；

（五）通知当事人和优先购买权人；

（六）制作拍卖成交裁定；

（七）办理财产交付和出具财产权证照转移协助执行通知书；

（八）开设网络司法拍卖专用账户；

（九）其他依法由人民法院履行的职责。

第7条 实施网络司法拍卖的，人民法院可以将下列拍卖辅助工作委托社会机构或者组织承担：

（一）制作拍卖财产的文字说明及视频或者照片等资料；

（二）展示拍卖财产，接受咨询，引领查看，封存样品等；

（三）拍卖财产的鉴定、检验、评估、审计、仓储、保管、运输等；

（四）其他可以委托的拍卖辅助工作。

社会机构或者组织承担网络司法拍卖辅助工作所支出的必要费用由被执行人承担。

第8条 实施网络司法拍卖的，下列事项应当由网络服务提供者承担：

（一）提供符合法律、行政法规和司法解释规定的网络司法拍卖平台，并保障安全正常运行；

（二）提供安全便捷配套的电子支付对接系统；

（三）全面、及时展示人民法院及其委托的社会机构或者组织提供的拍卖信息；

（四）保证拍卖全程的信息数据真实、准确、完整和安全；

（五）其他应当由网络服务提供者承担的工作。

网络服务提供者不得在拍卖程序中设置阻碍适格竞买人报名、参拍、竞价以及监视竞买人信息等后台操控功能。

网络服务提供者提供的服务无正当理由不得中断。

第9条 网络司法拍卖服务提供者从事与网络司法拍卖相关的行为，应当接受人民法院的管理、监督和指导。

第10条 网络司法拍卖应当确定保留价，拍卖保留价即为起拍价。

起拍价由人民法院参照评估价确定；未作评估的，参照市价确定，并征询当事人意见。起拍价不得低于评估价或者市价的百分之七十。

第11条 网络司法拍卖不限制竞买人数量。一人参与竞拍，出价不低于起拍价的，拍卖成交。

第12条 网络司法拍卖应当先期公告，拍卖公告除通过法定途径发布外，还应同时在网络司法拍卖平台发布。拍卖动产的,应当在拍卖十五日前公告;拍卖不动产或者其他财产权的,应当在拍卖三十日前公告。

拍卖公告应当包括拍卖财产、价格、保证金、竞买人条件、拍卖财产已知瑕疵、相关权利义务、法律责任、拍卖时间、网络平台和拍卖法院等信息。

第13条 实施网络司法拍卖的,人民法院应当在拍卖公告发布当日通过网络司法拍卖平台公示下列信息:

(一)拍卖公告;

(二)执行所依据的法律文书,但法律规定不得公开的除外;

(三)评估报告副本,或者未经评估的定价依据;

(四)拍卖时间、起拍价以及竞价规则;

(五)拍卖财产权属、占有使用、附随义务等现状的文字说明、视频或者照片等;

(六)优先购买权主体以及权利性质;

(七)通知或者无法通知当事人、已知优先购买权人的情况;

(八)拍卖保证金、拍卖款项支付方式和账户;

(九)拍卖财产产权转移可能产生的税费及承担方式;

(十)执行法院名称、联系、监督方式等;

(十一)其他应当公示的信息。

第14条 实施网络司法拍卖的,人民法院应当在拍卖公告发布当日通过网络司法拍卖平台对下列事项予以特别提示:

(一)竞买人应当具备完全民事行为能力,法律、行政法规和司法解释对买受人资格或者条件有特殊规定的,竞买人应当具备规定的资格或者条件;

(二)委托他人代为竞买的,应当在竞价程序开始前经人民法院确认,并通知网络服务提供者;

(三)拍卖财产已知瑕疵和权利负担;

(四)拍卖财产以实物现状为准,竞买人可以申请实地看样;

(五)竞买人决定参与竞买的,视为对拍卖财产完全了解,并接受拍卖财产一切已知和未知瑕疵;

(六)载明买受人真实身份的拍卖成交确认书在网络司法拍卖平台上公示;

(七)买受人悔拍后保证金不予退还。

第15条 被执行人应当提供拍卖财产品质的有关资料和说明。

人民法院已按本规定第十三条、第十四条的要求予以公示和特别提示,且在拍卖公告中声明不能保证拍卖财产真伪或者品质的,不承担瑕疵担保责任。

第16条 网络司法拍卖的事项应当在拍卖公告发布三日前以书面或者其他能够确认收悉的合理方式,通知当事人、已知优先购买权人。权利人书面明确放弃权利的,可以不通知。无法通知的,应当在网络司法拍卖平台公示并说明无法通知的理由,公示满五日视为已经通知。

优先购买权人经通知未参与竞买的,视为放弃优先购买权。

第17条 保证金数额由人民法院在起拍价的百分之五至百分之二十范围内确定。

竞买人应当在参加拍卖前以实名交纳保证金,未交纳的,不得参加竞买。申请执行人参加竞买的,可以不交保证金;但债权数额小于保证金数额的按差额部分交纳。

交纳保证金,竞买人可以向人民法院指定的账户交纳,也可以由网络服务提供者在其提供的支付系统中对竞买人的相应款项予以冻结。

第18条　竞买人在拍卖竞价程序结束前交纳保证金经人民法院或者网络服务提供者确认后,取得竞买资格。网络服务提供者应当向取得资格的竞买人赋予竞买代码、参拍密码;竞买人以该代码参与竞买。

网络司法拍卖竞价程序结束前,人民法院及网络服务提供者对竞买人以及其他能够确认竞买人真实身份的信息、密码等,应当予以保密。

第19条　优先购买权人经人民法院确认后,取得优先竞买资格以及优先竞买代码、参拍密码,并以优先竞买代码参与竞买;未经确认的,不得以优先购买权人身份参与竞买。

顺序不同的优先购买权人申请参与竞买的,人民法院应当确认其顺序,赋予不同顺序的优先竞买代码。

第20条　网络司法拍卖从起拍价开始以递增出价方式竞价,增价幅度由人民法院确定。竞买人以低于起拍价出价的无效。

网络司法拍卖的竞价时间应当不少于二十四小时。竞价程序结束前五分钟内无人出价的,最后出价即为成交价;有出价的,竞价时间自该出价时点顺延五分钟。竞买人的出价时间以进入网络司法拍卖平台服务系统的时间为准。

竞买代码及其出价信息应当在网络竞买页面实时显示,并储存、显示竞价全程。

第21条　优先购买权人参与竞买的,可以与其他竞买人以相同的价格出价,没有更高出价的,拍卖财产由优先购买权人竞得。

顺序不同的优先购买权人以相同价格出价的,拍卖财产由顺序在先的优先购买权人竞得。

顺序相同的优先购买权人以相同价格出价的,拍卖财产由出价在先的优先购买权人竞得。

第22条　网络司法拍卖成交的,由网络司法拍卖平台以买受人的真实身份自动生成确认书并公示。

拍卖财产所有权自拍卖成交裁定送达买受人时转移。

第23条　拍卖成交后,买受人交纳的保证金可以充抵价款;其他竞买人交纳的保证金应当在竞价程序结束后二十四小时内退还或者解冻。拍卖未成交的,竞买人交纳的保证金应当在竞价程序结束后二十四小时内退还或者解冻。

第24条　拍卖成交后买受人悔拍的,交纳的保证金不予退还,依次用于支付拍卖产生的费用损失、弥补重新拍卖价款低于原拍卖价款的差价、冲抵本案被执行人的债务以及与拍卖财产相关的被执行人的债务。

悔拍后重新拍卖的,原买受人不得参加竞买。

第25条　拍卖成交后,买受人应当在拍卖公告确定的期限内将剩余价款交付人民法院指定账户。拍卖成交后二十四小时内,网络服务提供者应当将冻结的买受人交纳的保证金划入人民法院指定账户。

第26条　网络司法拍卖竞价期间无人出价的,本次拍卖流拍。流拍后应当在三十日内在同一网络司法拍卖平台再次拍卖,拍卖动产的应当在拍卖七日前公告;拍卖不动产或者其他财产权的应当在拍卖十五日前公告。再次拍卖的起拍价降价幅度不得超过前次起拍价的百分之二十。

再次拍卖流拍的,可以依法在同一网络司法拍卖平台变卖。

第27条　起拍价及其降价幅度、竞

价增价幅度、保证金数额和优先购买权人竞买资格及其顺序等事项，应当由人民法院依法组成合议庭评议确定。

第28条 网络司法拍卖竞价程序中，有依法应当暂缓、中止执行等情形的，人民法院应当决定暂缓或者裁定中止拍卖；人民法院可以自行或者通知网络服务提供者停止拍卖。

网络服务提供者发现系统故障、安全隐患等紧急情况的，可以先行暂缓拍卖，并立即报告人民法院。

暂缓或者中止拍卖的，应当及时在网络司法拍卖平台公告原因或者理由。

暂缓拍卖期限届满或者中止拍卖的事由消失后，需要继续拍卖的，应当在五日内恢复拍卖。

第29条 网络服务提供者对拍卖形成的电子数据，应当完整保存不少于十年，但法律、行政法规另有规定的除外。

第30条 因网络司法拍卖本身形成的税费，应当依照相关法律、行政法规的规定，由相应主体承担；没有规定或者规定不明的，人民法院可以根据法律原则和案件实际情况确定税费承担的相关主体、数额。

第31条 当事人、利害关系人提出异议请求撤销网络司法拍卖，符合下列情形之一的，人民法院应当支持：

（一）由于拍卖财产的文字说明、视频或者照片展示以及瑕疵说明严重失实，致使买受人产生重大误解，购买目的无法实现的，但拍卖时的技术水平不能发现或者已经就相关瑕疵以及责任承担予以公示说明的除外；

（二）由于系统故障、病毒入侵、黑客攻击、数据错误等原因致使拍卖结果错误，严重损害当事人或者其他竞买人利益的；

（三）竞买人之间，竞买人与网络司法拍卖服务提供者之间恶意串通，损害当事人或者其他竞买人利益的；

（四）买受人不具备法律、行政法规和司法解释规定的竞买资格的；

（五）违法限制竞买人参加竞买或者对享有同等权利的竞买人规定不同竞买条件的；

（六）其他严重违反网络司法拍卖程序且损害当事人或者竞买人利益的情形。

第32条 网络司法拍卖被人民法院撤销，当事人、利害关系人、案外人认为人民法院的拍卖行为违法致使其合法权益遭受损害的，可以依法申请国家赔偿；认为其他主体的行为违法致使其合法权益遭受损害的，可以另行提起诉讼。

第33条 当事人、利害关系人、案外人认为网络司法拍卖服务提供者的行为违法致使其合法权益遭受损害的，可以另行提起诉讼；理由成立的，人民法院应当支持，但具有法定免责事由的除外。

第34条 实施网络司法拍卖的，下列机构和人员不得竞买并不得委托他人代为竞买与其行为相关的拍卖财产：

（一）负责执行的人民法院；

（二）网络服务提供者；

（三）承担拍卖辅助工作的社会机构或者组织；

（四）第（一）至（三）项规定主体的工作人员及其近亲属。

第35条 网络服务提供者有下列情形之一的，应当将其从名单库中除名：

（一）存在违反本规定第八条第二款规定操控拍卖程序、修改拍卖信息等行为的；

（二）存在恶意串通、弄虚作假、泄漏保密信息等行为的；

（三）因违反法律、行政法规和司法

解释等规定受到处罚，不适于继续从事网络司法拍卖的；

（四）存在违反本规定第三十四条规定行为的；

（五）其他应当除名的情形。

网络服务提供者有前款规定情形之一，人民法院可以依照《中华人民共和国民事诉讼法》的相关规定予以处理。

第36条 当事人、利害关系人认为网络司法拍卖行为违法侵害其合法权益的，可以提出执行异议。异议、复议期间，人民法院可以决定暂缓或者裁定中止拍卖。

案外人对网络司法拍卖的标的提出异议，人民法院应当依据《中华人民共和国民事诉讼法》第二百二十七条[411]及相关司法解释的规定处理，并决定暂缓或者裁定中止拍卖。

第37条 人民法院通过互联网平台以变卖方式处置财产的，参照本规定执行。

执行程序中委托拍卖机构通过互联网平台实施网络拍卖的，参照本规定执行。

本规定对网络司法拍卖行为没有规定的，适用其他有关司法拍卖的规定。

第38条 本规定自2017年1月1日起施行。施行前最高人民法院公布的司法解释和规范性文件与本规定不一致的，以本规定为准。

最高院裁判观点

1. 陈某与刘某、广东省某渔业公司等申请撤销拍卖执行监督案【最高人民法院指导案例125号】

裁判要旨： 网络司法拍卖是人民法院通过互联网拍卖平台进行的司法拍卖，属于强制执行措施。人民法院对网络司法拍卖中产生的争议，应当适用民事诉讼法及相关司法解释的规定处理。

2. 湖北某房地产公司申请执行监督案【检例第109号】

裁判要旨： 对于民事执行监督中当事人有证据证明执行标的物评估结果失实问题，人民检察院应当依法受理并围绕影响评估结果的关键性因素进行调查核实。经过调查核实查明违法情形属实的，人民检察院应当依法监督纠正。对于发现的执行人员和相关人员违纪、违法犯罪线索应当及时移送有关单位或部门处理。

第二百五十九条 搜查

被执行人不履行法律文书确定的义务，并隐匿财产的，人民法院有权发出搜查令，对被执行人及其住所或者财产隐匿地进行搜查。

采取前款措施，由院长签发搜查令。

相关规定

◎ 司法解释及文件

《最高人民法院关于适用〈中华人民共和国民事诉讼法〉的解释》（法释〔2022〕11号 2022年4月1日修正）

第494条 在执行中，被执行人隐匿财产、会计账簿等资料的，人民法院除可依照民事诉讼法第一百一十四条第一款第六项规定对其处理外，还应责令被执行人交出隐匿的财产、会计账簿等资料。被执行人拒不交出的，人民法院可以采取搜查措施。

第495条 搜查人员应当按规定着装

---

[411]《民事诉讼法》（2023年修正）第238条。

并出示搜查令和工作证件。

第496条 人民法院搜查时禁止无关人员进入搜查现场；搜查对象是公民的，应当通知被执行人或者他的成年家属以及基层组织派员到场；搜查对象是法人或者其他组织的，应当通知法定代表人或者主要负责人到场。拒不到场的，不影响搜查。

搜查妇女身体，应当由女执行人员进行。

第497条 搜查中发现应当依法采取查封、扣押措施的财产，依照民事诉讼法第二百五十二条第二款和第二百五十四条[412]规定办理。

第498条 搜查应当制作搜查笔录，由搜查人员、被搜查人及其他在场人签名、捺印或者盖章。拒绝签名、捺印或者盖章的，应当记入搜查笔录。

第二百六十条 指定交付

法律文书指定交付的财物或者票证，由执行员传唤双方当事人当面交付，或者由执行员转交，并由被交付人签收。

有关单位持有该项财物或者票证的，应当根据人民法院的协助执行通知书转交，并由被交付人签收。

有关公民持有该项财物或者票证的，人民法院通知其交出。拒不交出的，强制执行。

相关规定

◎司法解释及文件

《最高人民法院关于适用〈中华人民共和国民事诉讼法〉的解释》（法释〔2022〕11号 2022年4月1日修正）

第492条 执行标的物为特定物的，应当执行原物。原物确已毁损或者灭失的，经双方当事人同意，可以折价赔偿。

双方当事人对折价赔偿不能协商一致的，人民法院应当终结执行程序。申请执行人可以另行起诉。

第493条 他人持有法律文书指定交付的财物或者票证，人民法院依照民事诉讼法第二百五十六条[413]第二款、第三款规定发出协助执行通知后，拒不转交的，可以强制执行，并可依照民事诉讼法第一百一十七条、第一百一十八条规定处理。

他人持有期间财物或者票证毁损、灭失的，参照本解释第四百九十二条规定处理。

他人主张合法持有财物或者票证的，可以根据民事诉讼法第二百三十四条[414]规定提出执行异议。

《最高人民法院关于人民法院执行工作若干问题的规定（试行）》（法释〔1988〕15号 2020年12月29日修正）

41. 生效法律文书确定被执行人交付特定标的物的，应当执行原物。原物被隐匿或非法转移的，人民法院有权责令其交出。原物确已毁损或灭失的，经双方当事人同意，可以折价赔偿。

双方当事人对折价赔偿不能协商一致的，人民法院应当终结执行程序。申请执

---

[412]《民事诉讼法》（2023年修正）第256条第2款和第258条。
[413]《民事诉讼法》（2023年修正）第260条。
[414]《民事诉讼法》（2023年修正）第238条。

行人可以另行起诉。

42. 有关组织或者个人持有法律文书指定交付的财物或票证,在接到人民法院协助执行通知书或通知书后,协同被执行人转移财物或票证的,人民法院有权责令其限期追回;逾期未追回的,应当裁定其承担赔偿责任。

43. 被执行人的财产经拍卖、变卖或裁定以物抵债后,需从现占有人处交付给买受人或申请执行人的,适用民事诉讼法第二百四十九条、第二百五十条[415]和本规定第41条、第42条的规定。

第二百六十一条　强制迁出

强制迁出房屋或者强制退出土地,由院长签发公告,责令被执行人在指定期间履行。被执行人逾期不履行的,由执行员强制执行。

强制执行时,被执行人是公民的,应当通知被执行人或者他的成年家属到场;被执行人是法人或者其他组织的,应当通知其法定代表人或者主要负责人到场。拒不到场的,不影响执行。被执行人是公民的,其工作单位或者房屋、土地所在地的基层组织应当派人参加。执行员应当将强制执行情况记入笔录,由在场人签名或者盖章。

强制迁出房屋被搬出的财物,由人民法院派人运至指定处所,交给被执行人。被执行人是公民的,也可以交给他的成年家属。因拒绝接收而造成的损失,由被执行人承担。

相关规定

◎ 司法解释及文件

《最高人民法院关于人民法院办理执行异议和复议案件若干问题的规定》(法释〔2015〕10号　2020年12月29日修正)

第20条　金钱债权执行中,符合下列情形之一,被执行人以执行标的系本人及所扶养家属维持生活必需的居住房屋为由提出异议的,人民法院不予支持:

(一)对被执行人有扶养义务的人名下有其他能够维持生活必需的居住房屋的;

(二)执行依据生效后,被执行人为逃避债务转让其名下其他房屋的;

(三)申请执行人按照当地廉租住房保障面积标准为被执行人及所扶养家属提供居住房屋,或者同意参照当地房屋租赁市场平均租金标准从该房屋的变价款中扣除五至八年租金的。

执行依据确定被执行人交付居住的房屋,自执行通知送达之日起,已经给予三个月的宽限期,被执行人以该房屋系本人及所扶养家属维持生活的必需品为由提出异议的,人民法院不予支持。

最高院裁判观点

中国农某银行某支行与吉林市某学校借款担保合同纠纷执行案【《最高人民法院公报》2016年第10期】

裁判要旨:(1)豁免执行必须有法律法规的明确规定,现行法律法规中没有规定对教育用地或教育设施豁免执行,学校应以学校的财产包括教育用地与教育设施负担其债务。(2)债权实现与维护社会公共利益之间应当保持平衡,法院采取的执行措施不能

---

[415]《民事诉讼法》(2023年修正)第260条、第261条。

影响社会公益设施的使用。为保障社会公益事业发展，保障公众受教育权等基本权益，对教育用地与教育设施的执行不能改变其公益性用途，不能影响实际使用。

> **第二百六十二条　财产权证照转移**
>
> 在执行中，需要办理有关财产权证照转移手续的，人民法院可以向有关单位发出协助执行通知书，有关单位必须办理。

相关规定

◎司法解释及文件

《最高人民法院关于适用〈中华人民共和国民事诉讼法〉的解释》（法释〔2022〕11号　2022年4月1日修正）

第500条　人民法院在执行中需要办理房产证、土地证、林权证、专利证书、商标证书、车船执照等有关财产权证照转移手续的，可以依照民事诉讼法第二百五十八条[416]规定办理。

> **第二百六十三条　行为的执行**
>
> 对判决、裁定和其他法律文书指定的行为，被执行人未按执行通知履行的，人民法院可以强制执行或者委托有关单位或者其他人完成，费用由被执行人承担。

条文注解

本条对行为的执行规定了本人实施和可替代实施两种。可替代行为，是指可以由他人代替行为人本人实施的行为。一般来说，可替代行为都是积极的作为，不作为一般不具有可替代性。可替代性行为原则上应当由被执行人自己履行，被执行人拒绝履行的，执行机构可以委托有关单位或者个人代为完成该行为，代为履行的费用由被执行人承担，如果被执行人不自动给付，法院可以强制执行。

相关规定

◎司法解释及文件

《最高人民法院关于适用〈中华人民共和国民事诉讼法〉的解释》（法释〔2022〕11号　2022年4月1日修正）

第501条　被执行人不履行生效法律文书确定的行为义务，该义务可由他人完成的，人民法院可以选定代履行人；法律、行政法规对履行该行为义务有资格限制的，应当从有资格的人中选定。必要时，可以通过招标的方式确定代履行人。

申请执行人可以在符合条件的人中推荐代履行人，也可以申请自己代为履行，是否准许，由人民法院决定。

第502条　代履行费用的数额由人民法院根据案件具体情况确定，并由被执行人在指定期限内预先支付。被执行人未预付的，人民法院可以对该费用强制执行。

代履行结束后，被执行人可以查阅、复制费用清单以及主要凭证。

第503条　被执行人不履行法律文书指定的行为，且该项行为只能由被执行人完成的，人民法院可以依照民事诉讼法第一百一十四条第一款第六项规定处理。

被执行人在人民法院确定的履行期间内仍不履行的，人民法院可以依照民事诉讼法第一百一十四条第一款第六项规定再次处理。

---

[416]　《民事诉讼法》（2023年修正）第262条。

第二百六十四条 迟延履行的责任

被执行人未按判决、裁定和其他法律文书指定的期间履行给付金钱义务的，应当加倍支付迟延履行期间的债务利息。被执行人未按判决、裁定和其他法律文书指定的期间履行其他义务的，应当支付迟延履行金。

条文注解

"债务利息"是指被执行人没有按期履行给付金钱义务而应当向债权人支付的除债务本金之外的一定费用；"延迟履行金"指被执行人因迟延履行生效法律文书确定的其他义务而应当向权利人支付的除原债务以外的款项，具有弥补权利人损失和对义务人惩罚的双重功能。

相关规定

◎司法解释及文件

《最高人民法院关于适用〈中华人民共和国民事诉讼法〉的解释》（法释〔2022〕11号 2022年4月1日修正）

第504条 被执行人迟延履行的，迟延履行期间的利息或者迟延履行金自判决、裁定和其他法律文书指定的履行期间届满之日起计算。

第505条 被执行人未按判决、裁定和其他法律文书指定的期间履行非金钱给付义务的，无论是否已给申请执行人造成损失，都应当支付迟延履行金。已经造成损失的，双倍补偿申请执行人已经受到的损失；没有造成损失的，迟延履行金可以由人民法院根据具体案件情况决定。

《最高人民法院关于执行程序中计算迟延履行期间的债务利息适用法律若干问题的解释》（法释〔2014〕8号 2014年7月7日）

第1条 根据民事诉讼法第二百五十三条[417]规定加倍计算之后的迟延履行期间的债务利息，包括迟延履行期间的一般债务利息和加倍部分债务利息。

迟延履行期间的一般债务利息，根据生效法律文书确定的方法计算；生效法律文书未确定给付该利息的，不予计算。

加倍部分债务利息的计算方法为：加倍部分债务利息＝债务人尚未清偿的生效法律文书确定的除一般债务利息之外的金钱债务×日万分之一点七五×迟延履行期间。

第2条 加倍部分债务利息自生效法律文书确定的履行期间届满之日起计算；生效法律文书确定分期履行的，自每次履行期间届满之日起计算；生效法律文书未确定履行期间的，自法律文书生效之日起计算。

第3条 加倍部分债务利息计算至被执行人履行完毕之日；被执行人分次履行的，相应部分的加倍部分债务利息计算至每次履行完毕之日。

人民法院划拨、提取被执行人的存款、收入、股息、红利等财产的，相应部分的加倍部分债务利息计算至划拨、提取之日；人民法院对被执行人财产拍卖、变卖或者以物抵债的，计算至成交裁定或者抵债裁定生效之日；人民法院对被执行人财产通过其他方式变价的，计算至财产变价完成之日。

非因被执行人的申请，对生效法律文书

---

[417]《民事诉讼法》（2023年修正）第264条。

审查而中止或者暂缓执行的期间及再审中止执行的期间，不计算加倍部分债务利息。

第 4 条　被执行人的财产不足以清偿全部债务的，应当先清偿生效法律文书确定的金钱债务，再清偿加倍部分债务利息，但当事人对清偿顺序另有约定的除外。

第 5 条　生效法律文书确定给付外币的，执行时以该种外币按日万分之一点七五计算加倍部分债务利息，但申请执行人主张以人民币计算的，人民法院应予准许。

以人民币计算加倍部分债务利息的，应当先将生效法律文书确定的外币折算或者套算为人民币后再进行计算。

外币折算或者套算为人民币的，按照加倍部分债务利息起算之日的中国外汇交易中心或者中国人民银行授权机构公布的人民币对该外币的中间价折合成人民币计算；中国外汇交易中心或者中国人民银行授权机构未公布汇率中间价的外币，按照该日境内银行人民币对该外币的中间价折算成人民币，或者该外币在境内银行、国际外汇市场对美元汇率，与人民币对美元汇率中间价进行套算。

第 6 条　执行回转程序中，原申请执行人迟延履行金钱给付义务的，应当按照本解释的规定承担加倍部分债务利息。

《最高人民法院关于在民事判决书中增加向当事人告知民事诉讼法第二百二十九条[418]规定内容的通知》（2008 年 12 月 16 日）

根据《中共中央关于构建社会主义和谐社会若干重大问题的决定》有关"落实当事人权利义务告知制度"的要求，为使胜诉的当事人及时获得诉讼成果，促使败诉的当事人及时履行义务，经研究决定，在具有金钱给付内容的民事判决书中增加向当事人告知民事诉讼法第二百二十九条[419]规定的内容。现将在民事判决书中具体表述方式通知如下：

一、一审判决中具有金钱给付义务的，应当在所有判项之后另起一行写明：如果未按本判决指定的期间履行给付金钱义务，应当依照《中华人民共和国民事诉讼法》第二百二十九条[420]之规定，加倍支付迟延履行期间的债务利息。

二、二审判决作出改判的案件，无论一审判决是否写入了上述告知内容，均应在所有判项之后另起一行写明第一条的告知内容。

三、如一审判决已经写明上述告知内容，二审维持原判的判决，可不再重复告知。

最高院裁判观点

合肥某服务公司与江西某科技公司破产债权确认纠纷案【（2018）最高法民再 25 号】

裁判要旨：被执行人未按判决、裁定和其他法律文书指定的期间履行给付金钱义务的，应当加倍支付迟延履行期间的债务利息。加倍计算之后的迟延履行期间的债务利息，包括迟延履行期间的一般债务利息和加倍部分债务利息。在没有得到执行时，被执行人进入破产程序，债权人要求债务人向其支付自生效裁判文书指定的债务履行期间届满之日起计算至破产申请受理时止的加倍部分的迟延履行期间的债务利息，应确认为普通债权。本规则针对的是被申请执行人进入破产程序时，作为

---

[418]　《民事诉讼法》（2023 年修正）第 264 条。
[419]　同上。
[420]　同上。

之前已为申请执行人的债权人可申报该部分债权。已取得生效法律文书，但未申请执行的申报债权不得适用。

> **第二百六十五条　继续执行**
>
> 人民法院采取本法第二百五十三条、第二百五十四条、第二百五十五条规定的执行措施后，被执行人仍不能偿还债务的，应当继续履行义务。债权人发现被执行人有其他财产的，可以随时请求人民法院执行。

相关规定

◎司法解释及文件

《最高人民法院关于适用〈中华人民共和国民事诉讼法〉的解释》（法释〔2022〕11号　2022年4月1日修正）

第489条　经申请执行人和被执行人同意，且不损害其他债权人合法权益和社会公共利益的，人民法院可以不经拍卖、变卖，直接将被执行人的财产作价交申请执行人抵偿债务。对剩余债务，被执行人应当继续清偿。

第499条　人民法院执行被执行人对他人的到期债权，可以作出冻结债权的裁定，并通知该他人向申请执行人履行。

该他人对到期债权有异议，申请执行人请求对异议部分强制执行的，人民法院不予支持。利害关系人对到期债权有异议的，人民法院应当按照民事诉讼法第二百三十四条[421]规定处理。

对生效法律文书确定的到期债权，该他人予以否认的，人民法院不予支持。

第515条　债权人根据民事诉讼法第二百六十一条[422]规定请求人民法院继续执行的，不受民事诉讼法第二百四十六条[423]规定申请执行时效期间的限制。

> **第二百六十六条　对被执行人的限制措施**
>
> 被执行人不履行法律文书确定的义务的，人民法院可以对其采取或者通知有关单位协助采取限制出境，在征信系统记录、通过媒体公布不履行义务信息以及法律规定的其他措施。

相关规定

◎司法解释及文件

《最高人民法院关于适用〈中华人民共和国民事诉讼法〉的解释》（法释〔2022〕11号　2022年4月1日修正）

第516条　被执行人不履行法律文书确定的义务的，人民法院除对被执行人予以处罚外，还可以根据情节将其纳入失信被执行人名单，将被执行人不履行或者不完全履行义务的信息向其所在单位、征信机构以及其他相关机构通报。

《最高人民法院关于适用〈中华人民共和国民事诉讼法〉执行程序若干问题的解释》（法释〔2008〕13号　2020年12月29日修正）

第23条　依照民事诉讼法第二百五

---

[421]　《民事诉讼法》（2023年修正）第238条。
[422]　《民事诉讼法》（2023年修正）第265条。
[423]　《民事诉讼法》（2023年修正）第250条。

十五条[424]规定对被执行人限制出境的,应当由申请执行人向执行法院提出书面申请;必要时,执行法院可以依职权决定。

第 24 条　被执行人为单位,可以对其法定代表人、主要负责人或者影响债务履行的直接责任人员限制出境。

被执行人为无民事行为能力人或者限制民事行为能力人的,可以对其法定代理人限制出境。

第 25 条　在限制出境期间,被执行人履行法律文书确定的全部债务的,执行法院应当及时解除限制出境措施;被执行人提供充分、有效的担保或者申请执行人同意的,可以解除限制出境措施。

第 26 条　依照民事诉讼法第二百五十五条[425]的规定,执行法院可以依职权或者依申请执行人的申请,将被执行人不履行法律文书确定义务的信息,通过报纸、广播、电视、互联网等媒体公布。

媒体公布的有关费用,由被执行人负担;申请执行人申请在媒体公布的,应当垫付有关费用。

《最高人民法院关于限制被执行人高消费及有关消费的若干规定》（法释〔2015〕17号　2015年7月20日）

第 1 条　被执行人未按执行通知书指定的期间履行生效法律文书确定的给付义务的,人民法院可以采取限制消费措施,限制其高消费及非生活或者经营必需的有关消费。

纳入失信被执行人名单的被执行人,人民法院应当对其采取限制消费措施。

第 2 条　人民法院决定采取限制消费措施时,应当考虑被执行人是否有消极履行、规避执行或者抗拒执行的行为以及被执行人的履行能力等因素。

第 3 条　被执行人为自然人的,被采取限制消费措施后,不得有以下高消费及非生活和工作必需的消费行为:

(一)乘坐交通工具时,选择飞机、列车软卧、轮船二等以上舱位;

(二)在星级以上宾馆、酒店、夜总会、高尔夫球场等场所进行高消费;

(三)购买不动产或者新建、扩建、高档装修房屋;

(四)租赁高档写字楼、宾馆、公寓等场所办公;

(五)购买非经营必需车辆;

(六)旅游、度假;

(七)子女就读高收费私立学校;

(八)支付高额保费购买保险理财产品;

(九)乘坐 G 字头动车组列车全部座位、其他动车组列车一等以上座位等其他非生活和工作必需的消费行为。

被执行人为单位的,被采取限制消费措施后,被执行人及其法定代表人、主要负责人、影响债务履行的直接责任人员、实际控制人不得实施前款规定的行为。因私消费以个人财产实施前款规定行为的,可以向执行法院提出申请。执行法院审查属实的,应予准许。

第 4 条　限制消费措施一般由申请执行人提出书面申请,经人民法院审查决定;必要时人民法院可以依职权决定。

第 5 条　人民法院决定采取限制消费措施的,应当向被执行人发出限制消费令。限制消费令由人民法院院长签发。限制消费令应当载明限制消费的期间、项

---

[424]　《民事诉讼法》(2023 年修正)第 266 条。
[425]　同上。

目、法律后果等内容。

第6条 人民法院决定采取限制消费措施的，可以根据案件需要和被执行人的情况向有义务协助调查、执行的单位送达协助执行通知书，也可以在相关媒体上进行公告。

第7条 限制消费令的公告费用由被执行人负担；申请执行人申请在媒体公告的，应当垫付公告费用。

第8条 被限制消费的被执行人因生活或者经营必需而进行本规定禁止的消费活动的，应当向人民法院提出申请，获批准后方可进行。

第9条 在限制消费期间，被执行人提供确实有效的担保或者经申请执行人同意的，人民法院可以解除限制消费令；被执行人履行完毕生效法律文书确定的义务的，人民法院应当在本规定第六条通知或者公告的范围内及时以通知或者公告解除限制消费令。

第10条 人民法院应当设置举报电话或者邮箱，接受申请执行人和社会公众对被限制消费的被执行人违反本规定第三条的举报，并进行审查认定。

第11条 被执行人违反限制消费令进行消费的行为属于拒不履行人民法院已经发生法律效力的判决、裁定的行为，经查证属实的，依照《民事诉讼法》第一百一十一条[426]的规定，予以拘留、罚款；情节严重，构成犯罪的，追究其刑事责任。

有关单位在收到人民法院协助执行通知书后，仍允许被执行人进行高消费及非生活或者经营必需的有关消费的，人民法院可以依照《民事诉讼法》第一百一十四条[427]的规定，追究其法律责任。

《最高人民法院关于公布失信被执行人名单信息的若干规定》（法释〔2017〕7号 2017年2月28日）

为促使被执行人自觉履行生效法律文书确定的义务，推进社会信用体系建设，根据《中华人民共和国民事诉讼法》的规定，结合人民法院工作实际，制定本规定。

第1条 被执行人未履行生效法律文书确定的义务，并具有下列情形之一的，人民法院应当将其纳入失信被执行人名单，依法对其进行信用惩戒：

（一）有履行能力而拒不履行生效法律文书确定义务的；

（二）以伪造证据、暴力、威胁等方法妨碍、抗拒执行的；

（三）以虚假诉讼、虚假仲裁或者以隐匿、转移财产等方法规避执行的；

（四）违反财产报告制度的；

（五）违反限制消费令的；

（六）无正当理由拒不履行执行和解协议的。

第2条 被执行人具有本规定第一条第二项至第六项规定情形的，纳入失信被执行人名单的期限为二年。被执行人以暴力、威胁方法妨碍、抗拒执行情节严重或具有多项失信行为的，可以延长一至三年。

失信被执行人积极履行生效法律文书确定义务或主动纠正失信行为的，人民法院可以决定提前删除失信信息。

第3条 具有下列情形之一的，人民法院不得依据本规定第一条第一项的规定

---

[426]《民事诉讼法》（2023年修正）第114条。
[427]《民事诉讼法》（2023年修正）第117条。

将被执行人纳入失信被执行人名单：

（一）提供了充分有效担保的；

（二）已被采取查封、扣押、冻结等措施的财产足以清偿生效法律文书确定债务的；

（三）被执行人履行顺序在后，对其依法不应强制执行的；

（四）其他不属于有履行能力而拒不履行生效法律文书确定义务的情形。

第4条 被执行人为未成年人的，人民法院不得将其纳入失信被执行人名单。

第5条 人民法院向被执行人发出的执行通知中，应当载明有关纳入失信被执行人名单的风险提示等内容。

申请执行人认为被执行人具有本规定第一条规定情形之一的，可以向人民法院申请将其纳入失信被执行人名单。人民法院应当自收到申请之日起十五日内审查并作出决定。人民法院认为被执行人具有本规定第一条规定情形之一的，也可以依职权决定将其纳入失信被执行人名单。

人民法院决定将被执行人纳入失信被执行人名单的，应当制作决定书，决定书应当写明纳入失信被执行人名单的理由，有纳入期限的，应当写明纳入期限。决定书由院长签发，自作出之日起生效。决定书应当按照民事诉讼法规定的法律文书送达方式送达当事人。

第6条 记载和公布的失信被执行人名单信息应当包括：

（一）作为被执行人的法人或者其他组织的名称、统一社会信用代码（或组织机构代码）、法定代表人或者负责人姓名；

（二）作为被执行人的自然人的姓名、性别、年龄、身份证号码；

（三）生效法律文书确定的义务和被执行人的履行情况；

（四）被执行人失信行为的具体情形；

（五）执行依据的制作单位和文号、执行案号、立案时间、执行法院；

（六）人民法院认为应当记载和公布的不涉及国家秘密、商业秘密、个人隐私的其他事项。

第7条 各级人民法院应当将失信被执行人名单信息录入最高人民法院失信被执行人名单库，并通过该名单库统一向社会公布。

各级人民法院可以根据各地实际情况，将失信被执行人名单通过报纸、广播、电视、网络、法院公告栏等其他方式予以公布，并可以采取新闻发布会或者其他方式对本院及辖区法院实施失信被执行人名单制度的情况定期向社会公布。

第8条 人民法院应当将失信被执行人名单信息，向政府相关部门、金融监管机构、金融机构、承担行政职能的事业单位及行业协会等通报，供相关单位依照法律、法规和有关规定，在政府采购、招标投标、行政审批、政府扶持、融资信贷、市场准入、资质认定等方面，对失信被执行人予以信用惩戒。

人民法院应当将失信被执行人名单信息向征信机构通报，并由征信机构在其征信系统中记录。

国家工作人员、人大代表、政协委员等被纳入失信被执行人名单的，人民法院应当将失信情况通报其所在单位和相关部门。

国家机关、事业单位、国有企业等被纳入失信被执行人名单的，人民法院应当将失信情况通报其上级单位、主管部门或者履行出资人职责的机构。

第9条 不应纳入失信被执行人名单的公民、法人或其他组织被纳入失信被执行人名单的，人民法院应当在三个工作日内撤销失信信息。

记载和公布的失信信息不准确的,人民法院应当在三个工作日内更正失信信息。

第10条 具有下列情形之一的,人民法院应当在三个工作日内删除失信信息:

(一)被执行人已履行生效法律文书确定的义务或人民法院已执行完毕的;

(二)当事人达成执行和解协议且已履行完毕的;

(三)申请执行人书面申请删除失信信息,人民法院审查同意的;

(四)终结本次执行程序后,通过网络执行查控系统查询被执行人财产两次以上,未发现有可供执行财产,且申请执行人或者其他人未提供有效财产线索的;

(五)因审判监督或破产程序,人民法院依法裁定对失信被执行人中止执行的;

(六)人民法院依法裁定不予执行的;

(七)人民法院依法裁定终结执行的。

有纳入期限的,不适用前款规定。纳入期限届满后三个工作日内,人民法院应当删除失信信息。

依照本条第一款规定删除失信信息后,被执行人具有本规定第一条规定情形之一的,人民法院可以重新将其纳入失信被执行人名单。

依照本条第一款第三项规定删除失信信息后六个月内,申请执行人申请将该被执行人纳入失信被执行人名单的,人民法院不予支持。

第11条 被纳入失信被执行人名单的公民、法人或其他组织认为有下列情形之一的,可以向执行法院申请纠正:

(一)不应将其纳入失信被执行人名单的;

(二)记载和公布的失信信息不准确的;

(三)失信信息应予删除的。

第12条 公民、法人或其他组织对被纳入失信被执行人名单申请纠正的,执行法院应当自收到书面纠正申请之日起十五日内审查,理由成立的,应当在三个工作日内纠正;理由不成立的,决定驳回。公民、法人或其他组织对驳回决定不服的,可以自决定书送达之日起十日内向上一级人民法院申请复议。上一级人民法院应当自收到复议申请之日起十五日内作出决定。

复议期间,不停止原决定的执行。

第13条 人民法院工作人员违反本规定公布、撤销、更正、删除失信信息的,参照有关规定追究责任。

最高院裁判观点

某牧业公司被错列失信被执行人名单执行监督案【检例第78号】

裁判要旨: 查封、扣押、冻结的财产足以清偿生效法律文书确定的债务的,执行法院不应将被执行人纳入失信被执行人名单。执行法院违法将被执行人纳入失信被执行人名单的,检察机关应当及时发出检察建议,监督法院纠正对被执行人违法采取的信用惩戒措施,以维护企业的正常经营秩序,优化营商环境。

第二十二章　执行中止和终结

第二百六十七条　中止执行

有下列情形之一的，人民法院应当裁定中止执行：

（一）申请人表示可以延期执行的；

（二）案外人对执行标的提出确有理由的异议的；

（三）作为一方当事人的公民死亡，需要等待继承人继承权利或者承担义务的；

（四）作为一方当事人的法人或者其他组织终止，尚未确定权利义务承受人的；

（五）人民法院认为应当中止执行的其他情形。

中止的情形消失后，恢复执行。

相关规定

◎司法解释及文件

《最高人民法院关于适用〈中华人民共和国民事诉讼法〉的解释》（法释〔2022〕11号　2022年4月1日修正）

第464条　申请执行人与被执行人达成和解协议后请求中止执行或者撤回执行申请的，人民法院可以裁定中止执行或者终结执行。

第511条　在执行中，作为被执行人的企业法人符合企业破产法第二条第一款规定情形的，执行法院经申请执行人之一或者被执行人同意，应当裁定中止对该被执行人的执行，将执行案件相关材料移送被执行人住所地人民法院。

第512条　被执行人住所地人民法院应当自收到执行案件相关材料之日起三十日内，将是否受理破产案件的裁定告知执行法院。不予受理的，应当将相关案件材料退回执行法院。

第二百六十八条　终结执行

有下列情形之一的，人民法院裁定终结执行：

（一）申请人撤销申请的；

（二）据以执行的法律文书被撤销的；

（三）作为被执行人的公民死亡，无遗产可供执行，又无义务承担人的；

（四）追索赡养费、扶养费、抚养费案件的权利人死亡的；

（五）作为被执行人的公民因生活困难无力偿还借款，无收入来源，又丧失劳动能力的；

（六）人民法院认为应当终结执行的其他情形。

相关规定

◎司法解释及文件

《最高人民法院关于适用〈中华人民共和国民事诉讼法〉的解释》（法释〔2022〕11号　2022年4月1日修正）

第513条　被执行人住所地人民法院裁定受理破产案件的，执行法院应当解除对被执行人财产的保全措施。被执行人住所地人民法院裁定宣告被执行人破产的，执行法院应当裁定终结对该被执行人的执行。

被执行人住所地人民法院不受理破产

案件的，执行法院应当恢复执行。

第514条 当事人不同意移送破产或者被执行人住所地人民法院不受理破产案件的，执行法院就执行变价所得财产，在扣除执行费用及清偿优先受偿的债权后，对于普通债权，按照财产保全和执行中查封、扣押、冻结财产的先后顺序清偿。

第515条 债权人根据民事诉讼法第二百六十一条[428]规定请求人民法院继续执行的，不受民事诉讼法第二百四十六条[429]规定申请执行时效期间的限制。

第516条 被执行人不履行法律文书确定的义务的，人民法院除对被执行人予以处罚外，还可以根据情节将其纳入失信被执行人名单，将被执行人不履行或者不完全履行义务的信息向其所在单位、征信机构以及其他相关机构通报。

第517条 经过财产调查未发现可供执行的财产，在申请执行人签字确认或者执行法院组成合议庭审查核实并经院长批准后，可以裁定终结本次执行程序。

依照前款规定终结执行后，申请执行人发现被执行人有可供执行财产的，可以再次申请执行。再次申请不受申请执行时效期间的限制。

第518条 因撤销申请而终结执行后，当事人在民事诉讼法第二百四十六条[430]规定的申请执行时效期间内再次申请执行的，人民法院应当受理。

第519条 在执行终结六个月内，被执行人或者其他人对已执行的标的有妨害行为的，人民法院可以依申请排除妨害，并可以依照民事诉讼法第一百一十四条规定进行处罚。因妨害行为给执行债权人或者其他人造成损失的，受害人可以另行起诉。

《最高人民法院关于人民法院执行工作若干问题的规定（试行）》（法释〔1988〕15号 2020年12月29日修正）

61. 在执行中，被执行人被人民法院裁定宣告破产的，执行法院应当依照民事诉讼法第二百五十七条[431]第六项的规定，裁定终结执行。

《最高人民法院关于严格规范终结本次执行程序的规定（试行）》（法〔2016〕373号 2016年10月29日）

为严格规范终结本次执行程序，维护当事人的合法权益，根据《中华人民共和国民事诉讼法》及有关司法解释的规定，结合人民法院执行工作实际，制定本规定。

第1条 人民法院终结本次执行程序，应当同时符合下列条件：

（一）已向被执行人发出执行通知、责令被执行人报告财产；

（二）已向被执行人发出限制消费令，并将符合条件的被执行人纳入失信被执行人名单；

（三）已穷尽财产调查措施，未发现被执行人有可供执行的财产或者发现的财产不能处置；

（四）自执行案件立案之日起已超过三个月；

（五）被执行人下落不明的，已依法予以查找；被执行人或者其他人妨害执行的，已依法采取罚款、拘留等强制措施，构成犯罪的，已依法启动刑事责任追究程序。

---

[428] 《民事诉讼法》（2023年修正）第265条。
[429] 《民事诉讼法》（2023年修正）第250条。
[430] 同上。
[431] 《民事诉讼法》（2023年修正）第268条。

第2条 本规定第一条第一项中的"责令被执行人报告财产",是指应当完成下列事项:

(一)向被执行人发出报告财产令;

(二)对被执行人报告的财产情况予以核查;

(三)对逾期报告、拒绝报告或者虚假报告的被执行人或者相关人员,依法采取罚款、拘留等强制措施,构成犯罪的,依法启动刑事责任追究程序。

人民法院应当将财产报告、核实及处罚的情况记录入卷。

第3条 本规定第一条第三项中的"已穷尽财产调查措施",是指应当完成下列调查事项:

(一)对申请执行人或者其他人提供的财产线索进行核查;

(二)通过网络执行查控系统对被执行人的存款、车辆及其他交通运输工具、不动产、有价证券等财产情况进行查询;

(三)无法通过网络执行查控系统查询本款第二项规定的财产情况的,在被执行人住所地或者可能隐匿、转移财产所在地进行必要调查;

(四)被执行人隐匿财产、会计账簿等资料且拒不交出的,依法采取搜查措施;

(五)经申请执行人申请,根据案件实际情况,依法采取审计调查、公告悬赏等调查措施;

(六)法律、司法解释规定的其他财产调查措施。

人民法院应当将财产调查情况记录入卷。

第4条 本规定第一条第三项中的"发现的财产不能处置",包括下列情形:

(一)被执行人的财产经法定程序拍卖、变卖未成交,申请执行人不接受抵债或者依法不能交付其抵债,又不能对该财产采取强制管理等其他执行措施的;

(二)人民法院在登记机关查封的被执行人车辆、船舶等财产,未能实际扣押的。

第5条 终结本次执行程序前,人民法院应当将案件执行情况、采取的财产调查措施、被执行人的财产情况、终结本次执行程序的依据及法律后果等信息告知申请执行人,并听取其对终结本次执行程序的意见。

人民法院应当将申请执行人的意见记录入卷。

第6条 终结本次执行程序应当制作裁定书,载明下列内容:

(一)申请执行的债权情况;

(二)执行经过及采取的执行措施、强制措施;

(三)查明的被执行人财产情况;

(四)实现的债权情况;

(五)申请执行人享有要求被执行人继续履行债务及依法向人民法院申请恢复执行的权利,被执行人负有继续向申请执行人履行债务的义务。

终结本次执行程序裁定书送达申请执行人后,执行案件可以作结案处理。人民法院进行相关统计时,应当对以终结本次执行程序方式结案的案件与其他方式结案的案件予以区分。

终结本次执行程序裁定书应当依法在互联网上公开。

第7条 当事人、利害关系人认为终结本次执行程序违反法律规定的,可以提出执行异议。人民法院应当依照民事诉讼法第二百二十五条[432]的规定进行审查。

第8条 终结本次执行程序后，被执行人应当继续履行生效法律文书确定的义务。被执行人自动履行完毕的，当事人应当及时告知执行法院。

第9条 终结本次执行程序后，申请执行人发现被执行人有可供执行财产的，可以向执行法院申请恢复执行。申请恢复执行不受申请执行时效期间的限制。执行法院核查属实的，应当恢复执行。

终结本次执行程序后的五年内，执行法院应当每六个月通过网络执行查控系统查询一次被执行人的财产，并将查询结果告知申请执行人。符合恢复执行条件的，执行法院应当及时恢复执行。

第10条 终结本次执行程序后，发现被执行人有可供执行财产，不立即采取执行措施可能导致财产被转移、隐匿、出卖或者毁损的，执行法院可以依申请执行人申请或依职权立即采取查封、扣押、冻结等控制性措施。

第11条 案件符合终结本次执行程序条件，又符合移送破产审查相关规定的，执行法院应当在作出终结本次执行程序裁定的同时，将执行案件相关材料移送被执行人住所地人民法院进行破产审查。

第12条 终结本次执行程序裁定书送达申请执行人以后，执行法院应当在七日内将相关案件信息录入最高人民法院建立的终结本次执行程序案件信息库，并通过该信息库统一向社会公布。

第13条 终结本次执行程序案件信息库记载的信息应当包括下列内容：

（一）作为被执行人的法人或者其他组织的名称、住所地、组织机构代码及其法定代表人或者负责人的姓名，作为被执行人的自然人的姓名、性别、年龄、身份证件号码和住址；

（二）生效法律文书的制作单位和文号，执行案号、立案时间、执行法院；

（三）生效法律文书确定的义务和被执行人的履行情况；

（四）人民法院认为应当记载的其他事项。

第14条 当事人、利害关系人认为公布的终结本次执行程序案件信息错误的，可以向执行法院申请更正。执行法院审查属实的，应当在三日内予以更正。

第15条 终结本次执行程序后，人民法院已对被执行人依法采取的执行措施和强制措施继续有效。

第16条 终结本次执行程序后，申请执行人申请延长查封、扣押、冻结期限的，人民法院应当依法办理续行查封、扣押、冻结手续。

终结本次执行程序后，当事人、利害关系人申请变更、追加执行当事人，符合法定情形的，人民法院应予支持。变更、追加被执行人后，申请执行人申请恢复执行的，人民法院应予支持。

第17条 终结本次执行程序后，被执行人或者其他人妨害执行的，人民法院可以依法予以罚款、拘留；构成犯罪的，依法追究刑事责任。

第18条 有下列情形之一的，人民法院应当在三日内将案件信息从终结本次执行程序案件信息库中屏蔽：

（一）生效法律文书确定的义务执行完毕的；

（二）依法裁定终结执行的；

（三）依法应予屏蔽的其他情形。

---

[432]《民事诉讼法》（2023年修正）第236条。

第 19 条　本规定自 2016 年 12 月 1 日起施行。

【最高院裁判观点】

北京某燃料公司诉山东某物流公司买卖合同纠纷案【最高人民法院指导案例 167 号】

裁判要旨：代位权诉讼执行中，因相对人无可供执行的财产而被终结本次执行程序，债权人就未实际获得清偿的债权另行向债务人主张权利的，人民法院应予支持。

第二百六十九条　执行中止、终结裁定的生效

中止和终结执行的裁定，送达当事人后立即生效。

【相关规定】

◎司法解释及文件

《最高人民法院关于对人民法院终结执行行为提出执行异议期限问题的批复》（法释〔2016〕3 号　2016 年 2 月 14 日）

当事人、利害关系人依照民事诉讼法第二百二十五条[433]规定对终结执行行为提出异议的，应当自收到终结执行法律文书之日起六十日内提出；未收到法律文书的，应当自知道或者应当知道人民法院终结执行之日起六十日内提出。批复发布前终结执行的，自批复发布之日起六十日内提出。超出该期限提出执行异议的，人民法院不予受理。

第四编　涉外民事诉讼程序的特别规定

第二十三章　一般原则

第二百七十条　适用本法原则

在中华人民共和国领域内进行涉外民事诉讼，适用本编规定。本编没有规定的，适用本法其他有关规定。

【相关规定】

◎司法解释及文件

《最高人民法院关于适用〈中华人民共和国民事诉讼法〉的解释》（法释〔2022〕11 号　2022 年 4 月 1 日修正）

第 520 条　有下列情形之一，人民法院可以认定为涉外民事案件：

（一）当事人一方或者双方是外国人、无国籍人、外国企业或者组织的；

（二）当事人一方或者双方的经常居所地在中华人民共和国领域外的；

（三）标的物在中华人民共和国领域外的；

（四）产生、变更或者消灭民事关系的法律事实发生在中华人民共和国领域外的；

（五）可以认定为涉外民事案件的其他情形。

第 549 条　人民法院审理涉及香港、

---

[433]《民事诉讼法》（2023 年修正）第 236 条。

澳门特别行政区和台湾地区的民事诉讼案件，可以参照适用涉外民事诉讼程序的特别规定。

《最高人民法院关于适用〈中华人民共和国涉外民事关系法律适用法〉若干问题的解释（一）》（法释〔2012〕24号 2020年12月29日修正）

第1条 民事关系具有下列情形之一的，人民法院可以认定为涉外民事关系：

（一）当事人一方或双方是外国公民、外国法人或者其他组织、无国籍人；

（二）当事人一方或双方的经常居所地在中华人民共和国领域外；

（三）标的物在中华人民共和国领域外；

（四）产生、变更或者消灭民事关系的法律事实发生在中华人民共和国领域外；

（五）可以认定为涉外民事关系的其他情形

第二百七十一条 信守国际条约原则

中华人民共和国缔结或者参加的国际条约同本法有不同规定的，适用该国际条约的规定，但中华人民共和国声明保留的条款除外。

◎ **条文注解**

适用国际条约的规定并不是绝对的，而是有条件的。首先，人民法院适用的国际条约必须是我国缔结或者参加的国际条约。如果不是我国缔结或者参加的，对我国无任何约束力，人民法院也不予适用。其次，即使是我国缔结或者参加的国际条约，但我国在缔结或者参加时声明保留的条款，即未予承认和接受的条款，对我国也不发生效力，人民法院在审理涉外案件时不予适用。比如，我国加入的《关于向国外送达民事或商事司法文书或司法外文书公约》，对采用邮寄方式在中国境内进行送达等条款作了保留。

◎ **相关规定**

◎ 司法解释及文件

《全国法院涉外商事海事审判工作座谈会会议纪要》（2022年1月24日）

18.【国际条约未规定事项和保留事项的法律适用】中华人民共和国缔结或者参加的国际条约对涉外民商事案件中的具体争议没有规定，或者案件的具体争议涉及保留事项的，人民法院根据涉外民事关系法律适用法等法律的规定确定应当适用的法律。

19.【《联合国国际货物销售合同公约》的适用】营业地位于《联合国国际货物销售合同公约》不同缔约国的当事人缔结的国际货物销售合同应当自动适用该公约的规定，但当事人明确约定排除适用该公约的除外。人民法院应当在法庭辩论终结前向当事人询问关于适用该公约的具体意见。

20.【法律与国际条约的一致解释】人民法院审理涉外商事案件所适用的中华人民共和国法律、行政法规的规定存在两种以上合理解释的，人民法院应当选择与中华人民共和国缔结或者参加的国际条约相一致的解释，但中华人民共和国声明保留的条款除外。

◎ **最高院裁判观点**

1. 某国际公司诉某冶金产品公司国际货物买卖合同纠纷案【最高人民法院指导案例107号】

裁判要旨：（1）国际货物买卖合同的当事各方所在国为《联合国国际货物销售合同公约》的缔约国，应优先适用公约的规定，公约没有规定的内容，适用合同中约定适用的法律。国际货物买卖合同中当事人明确排除适用《联合国国际货物销售合同公约》的，则不应适用该公约。（2）在国际货物买卖合同中，卖方交付的货物虽然存在缺陷，但只要买方经过合理努力就能使用货物或转售货物，不应视为构成《联合国国际货物销售合同公约》规定的根本违约的情形。

2. 交通运输某救助局诉某投资公司、香港某公司上海代表处海难救助合同纠纷案
【最高人民法院指导案例110号】

裁判要旨：（1）《1989年国际救助公约》和我国海商法规定救助合同"无效果无报酬"，但均允许当事人对救助报酬的确定可以另行约定。若当事人明确约定，无论救助是否成功，被救助方均应支付报酬，且以救助船舶每马力小时和人工投入等作为计算报酬的标准时，则该合同系雇佣救助合同，而非上述国际公约和我国海商法规定的救助合同。（2）在《1989年国际救助公约》和我国海商法对雇佣救助合同没有具体规定的情况下，可以适用我国合同法的相关规定确定当事人的权利义务。

第二百七十二条　司法豁免原则

对享有外交特权与豁免的外国人、外国组织或者国际组织提起的民事诉讼，应当依照中华人民共和国有关法律和中华人民共和国缔结或者参加的国际条约的规定办理。

【条文注解】

本条所指的享有外交特权与豁免的外国人，主要是外国驻在我国的外交代表（外国驻华使馆的馆长和具有外交官衔的使馆工作人员），还包括来中国访问的外国国家元首、政府首脑、外交部长及其他具有同等身份的官员。此外，与外交代表共同生活的配偶及未成年子女、使馆行政技术人员及与其共同生活的配偶和未成年子女、来我国参加有关国际组织（如联合国）召开的国际会议的代表、临时来我国的有关国际组织的官员和专家，以及途经我国的驻第三国的外交代表等，也在不同程度上享有司法管辖豁免。

本条所指的法律和国际公约，主要是指《中华人民共和国外交特权与豁免条例》、《中华人民共和国领事特权与豁免条例》、《维也纳外交关系公约》和《维也纳领事关系公约》等。

【相关规定】

◎法　律

《**外交特权与豁免条例**》（1986年9月5日）

第12条　外交代表人身不受侵犯，不受逮捕或者拘留。中国有关机关应当采取适当措施，防止外交代表的人身自由和尊严受到侵犯。

第13条　外交代表的寓所不受侵犯，并受保护。

外交代表的文书和信件不受侵犯。外交代表的财产不受侵犯，但第十四条另有规定的除外。

第14条　外交代表享有刑事管辖豁免。

外交代表享有民事管辖豁免和行政管辖豁免，但下列各项除外：

（一）外交代表以私人身份进行的遗产继承的诉讼；

（二）外交代表违反第二十五条第三项规定在中国境内从事公务范围以外的职业或者商业活动的诉讼。

外交代表免受强制执行，但对前款所列情况，强制执行对其人身和寓所不构成侵犯的，不在此限。

外交代表没有以证人身份作证的义务。

第15条 外交代表和第二十条规定享有豁免的人员的管辖豁免可以由派遣国政府明确表示放弃。

外交代表和第二十条规定享有豁免的人员如果主动提起诉讼，对与本诉直接有关的反诉，不得援用管辖豁免。

放弃民事管辖豁免或者行政管辖豁免，不包括对判决的执行也放弃豁免。放弃对判决执行的豁免须另作明确表示。

第20条 与外交代表共同生活的配偶及未成年子女，如果不是中国公民，享有第十二条至第十八条所规定的特权与豁免。

使馆行政技术人员和与其共同生活的配偶及未成年子女，如果不是中国公民并且不是在中国永久居留的，享有第十二条至第十七条所规定的特权与豁免，但民事管辖豁免和行政管辖豁免，仅限于执行公务的行为。使馆行政技术人员到任后半年内运进的安家物品享有第十八条第一款所规定的免税的特权。

使馆服务人员如果不是中国公民并且不是在中国永久居留的，其执行公务的行为享有豁免，其受雇所得报酬免纳所得税。其到任后半年内运进的安家物品享有第十八条第一款所规定的免税的特权。

使馆人员的私人服务员如果不是中国公民并且不是在中国永久居留的，其受雇所得的报酬免纳所得税。

《领事特权与豁免条例》(1990年10月30日)

第12条 领事官员人身不受侵犯。中国有关机关应当采取适当措施，防止领事官员的人身自由和尊严受到侵犯。

领事官员不受逮捕或者拘留，但有严重犯罪情形，依照法定程序予以逮捕或者拘留的不在此限。

领事官员不受监禁，但为执行已经发生法律效力的判决的不在此限。

第13条 领事官员的寓所不受侵犯。

领事官员的文书和信件不受侵犯。

领事官员的财产不受侵犯，但本条例第十四条另有规定的除外。

第14条 领事官员和领馆行政技术人员执行职务的行为享有司法和行政管辖豁免。领事官员执行职务以外的行为的管辖豁免，按照中国与外国签订的双边条约、协定或者根据对等原则办理。

领事官员和领馆行政技术人员享有的司法管辖豁免不适用于下列各项民事诉讼：

（一）涉及未明示以派遣国代表身份所订的契约的诉讼；

（二）涉及在中国境内的私有不动产的诉讼，但以派遣国代表身份所拥有的为领馆使用的不动产不在此限；

（三）以私人身份进行的遗产继承的诉讼；

（四）因车辆、船舶或者航空器在中国境内造成的事故涉及损害赔偿的诉讼。

第15条 领馆成员可以被要求在司法或者行政程序中到场作证，但没有义务就其执行职务所涉及事项作证。领馆成员有权拒绝以鉴定人身份就派遣国的法律提出证词。

领事官员拒绝作证，不得对其采取强制措施或者给予处罚。

领馆行政技术人员和领馆服务人员除执行职务所涉及事项外，不得拒绝作证。

第20条 领馆和领馆成员携带自用的枪支、子弹入出境，必须经中国政府批准，并且按照中国政府的有关规定办理。

第21条 与领事官员、领馆行政技术人员、领馆服务人员共同生活的配偶及未成年子女，分别享有领事官员、领馆行政技术人员、领馆服务人员根据本条例第七条、第十七条、第十八条、第十九条的规定所享有的特权与豁免，但身为中国公民或者在中国永久居留的外国人除外。

第二百七十三条 使用我国通用语言、文字原则

人民法院审理涉外民事案件，应当使用中华人民共和国通用的语言、文字。当事人要求提供翻译的，可以提供，费用由当事人承担。

条文注解

人民法院在审理涉外案件时，必须使用我国通用的语言、文字，这是国家主权的体现，不能有任何变通。即使审判人员通晓外语，也不能使用外语对外国当事人进行询问、审判。外国当事人提供的有关诉讼材料，也必须附有中文译文。

相关规定

◎司法解释及文件

《最高人民法院关于适用〈中华人民共和国民事诉讼法〉的解释》（法释〔2022〕11号 2022年4月1日修正）

第525条 当事人向人民法院提交的书面材料是外文的，应当同时向人民法院提交中文翻译件。

当事人对中文翻译件有异议的，应当共同委托翻译机构提供翻译文本；当事人对翻译机构的选择不能达成一致的，由人民法院确定。

第二百七十四条 委托中国律师代理诉讼原则

外国人、无国籍人、外国企业和组织在人民法院起诉、应诉，需要委托律师代理诉讼的，必须委托中华人民共和国的律师。

条文注解

外国当事人可以亲自在我国人民法院起诉或者应诉，进行诉讼活动，也可以委托他人代理诉讼。但是委托律师代理诉讼的，只能委托中国的律师，而不能委托别国律师，包括外国当事人本国的律师以及除我国以外的其他任何一个国家的律师。在此还需说明的是，本条规定仅指在需要委托律师代理诉讼的情况下，必须委托中国律师。不排斥外国当事人委托本国律师以非律师身份担任诉讼代理人；不排斥外国当事人委托其本国公民或者其他国家的公民作为诉讼代理人；不排斥外国驻华使领馆官员，受本国公民的委托，以个人名义而非官方名义担任该国当事人的诉讼代理人；不排斥外国当事人委托中国公民作为诉讼代理人。

相关规定

◎司法解释及文件

《最高人民法院关于适用〈中华人民共和国民事诉讼法〉的解释》（法释〔2022〕11号 2022年4月1日修正）

第526条 涉外民事诉讼中的外籍当事人，可以委托本国人为诉讼代理人，也可以委托本国律师以非律师身份担任诉讼代理人；外国驻华使领馆官员，受本国公民的委托，可以以个人名义担任诉讼代理人，但在诉讼中不享有外交或者领事特权和豁免。

第527条 涉外民事诉讼中，外国驻华使领馆授权其本馆官员，在作为当事人

的本国国民不在中华人民共和国领域内的情况下,可以以外交代表身份为其本国国民在中华人民共和国聘请中华人民共和国律师或者中华人民共和国公民代理民事诉讼。

第二百七十五条　委托授权书的公证与认证

在中华人民共和国领域内没有住所的外国人、无国籍人、外国企业和组织委托中华人民共和国律师或者其他人代理诉讼,从中华人民共和国领域外寄交或者托交的授权委托书,应当经所在国公证机关证明,并经中华人民共和国驻该国使领馆认证,或者履行中华人民共和国与该所在国订立的有关条约中规定的证明手续后,才具有效力。

条文注解

需要履行本条规定的公证、认证手续的授权委托书,仅指在我国领域内没有住所的外国当事人从我国领域外寄交或者托交的。对于在我国领域内有住所的外国当事人递交的授权委托书,以及外国当事人在我国领域内虽无住所,但在我国领域内作短期停留,如旅行、探亲、讲学、经商时,于我国领域内递交的授权委托书,一般无需履行本条规定的公证、认证手续。

相关规定

◎司法解释及文件

《最高人民法院关于适用〈中华人民共和国民事诉讼法〉的解释》(法释〔2022〕11号　2022年4月1日修正)

第521条　外国人参加诉讼,应当向人民法院提交护照等用以证明自己身份的证件。

外国企业或者组织参加诉讼,向人民法院提交的身份证明文件,应当经所在国公证机关公证,并经中华人民共和国驻该国使领馆认证,或者履行中华人民共和国与该所在国订立的有关条约中规定的证明手续。

代表外国企业或者组织参加诉讼的人,应当向人民法院提交其有权作为代表人参加诉讼的证明,该证明应当经所在国公证机关公证,并经中华人民共和国驻该国使领馆认证,或者履行中华人民共和国与该所在国订立的有关条约中规定的证明手续。

本条所称的"所在国",是指外国企业或者组织的设立登记地国,也可以是办理了营业登记手续的第三国。

第522条　依照民事诉讼法第二百七十一条[434]以及本解释第五百二十一条规定,需要办理公证、认证手续,而外国当事人所在国与中华人民共和国没有建立外交关系的,可以经该国公证机关公证,经与中华人民共和国有外交关系的第三国驻该国使领馆认证,再转由中华人民共和国驻第三国使领馆认证。

第523条　外国人、外国企业或者组织的代表人在人民法院法官的见证下签署授权委托书,委托代理人进行民事诉讼的,人民法院应予认可。

第524条　外国人、外国企业或者组织的代表人在中华人民共和国境内签署授权委托书,委托代理人进行民事诉讼,经中华人民共和国公证机构公证的,人民法院应予认可。

---

[434]《民事诉讼法》(2023年修正)第275条。

《全国法院涉外商事海事审判工作座谈会会议纪要》(2022年1月24日)

5.【"有明确被告"的认定】原告对住所地在中华人民共和国领域外的被告提起诉讼,能够提供被告存在的证明的,即符合民事诉讼法第一百二十二条第二项规定的"有明确的被告"。被告存在的证明可以是处于有效期内的被告商业登记证、身份证明、合同书等文件材料,不应强制要求原告就上述证明办理公证认证手续。

6.【境外公司的诉讼代表人资格认定】在中华人民共和国领域外登记设立的公司因出现公司僵局、解散、重整、破产等原因,已经由登记地国法院指定司法管理人、清算管理人、破产管理人的,该管理人可以代表该公司参加诉讼。

管理人应当提交登记地国法院作出的判决、裁定及其公证认证手续等相关文件证明其诉讼代表资格。人民法院应当对上述证据组织质证,另一方当事人仅以登记地国法院作出的判决、裁定未经我国法院承认为由,否认管理人诉讼代表资格的,人民法院不予支持。

7.【外籍当事人委托公民代理的手续审查】根据民事诉讼法司法解释第五百二十八条、第五百二十九条[435]的规定,涉外民事诉讼中的外籍当事人委托本国人为诉讼代理人或者委托本国律师以非律师身份担任诉讼代理人,外国驻华使领馆官员受本国公民委托担任诉讼代理人的,不适用民事诉讼法第六十一条第二款第三项的规定,无须提交当事人所在社区、单位或者有关社会团体的推荐函。

8.【外国当事人一次性授权的手续审查】外国当事人一次性授权诉讼代理人代理多个案件或者一个案件的多个程序,该授权办理了公证认证或者司法协助协定规定的相关证明手续,诉讼代理人有权在授权委托书的授权范围和有效期内从事诉讼代理行为。对方当事人以该诉讼代理人的授权未就单个案件或者程序办理公证认证或者证明手续为由提出异议的,人民法院不予支持。

9.【境外寄交管辖权异议申请的审查】当事人从中华人民共和国领域外寄交或者托交管辖权异议申请的,应当提交其主体资格证明以及有效联系方式;未提交的,人民法院对其提出的管辖权异议不予审查。

第二十四章　管　辖

第二百七十六条　特殊地域管辖

因涉外民事纠纷,对在中华人民共和国领域内没有住所的被告提起除身份关系以外的诉讼,如果合同签订地、合同履行地、诉讼标的物所在地、可供扣押财产所在地、侵权行为地、代表机构住所地位于中华人民共和国领域内的,可以由合同签订地、合同履行地、诉讼标

---

[435]《民诉法司法解释》(2022年修正)第526条、第527条。

的物所在地、可供扣押财产所在地、侵权行为地、代表机构住所地人民法院管辖。

除前款规定外,涉外民事纠纷与中华人民共和国存在其他适当联系的,可以由人民法院管辖。

条文注解

本条是2023年民事诉讼法修正时修改的条文。本条进一步扩大了我国法院对涉外民事案件的管辖权,将管辖纠纷的类型拓展至非财产权益纠纷,同时,增设"适当联系原则"作为涉外民事案件管辖依据。

相关规定

◎司法解释及文件

《最高人民法院关于涉外民商事案件管辖若干问题的规定》(法释〔2022〕18号 2022年11月14日)

第1条 基层人民法院管辖第一审涉外民商事案件,法律、司法解释另有规定的除外。

第2条 中级人民法院管辖下列第一审涉外民商事案件:

(一)争议标的额大的涉外民商事案件。

北京、天津、上海、江苏、浙江、福建、山东、广东、重庆辖区中级人民法院,管辖诉讼标的额人民币4000万元以上(包含本数)的涉外民商事案件;

河北、山西、内蒙古、辽宁、吉林、黑龙江、安徽、江西、河南、湖北、湖南、广西、海南、四川、贵州、云南、西藏、陕西、甘肃、青海、宁夏、新疆辖区中级人民法院,解放军各战区、总直属军事法院,新疆维吾尔自治区高级人民法院生产建设兵团分院所辖各中级人民法院,管辖诉讼标的额人民币2000万元以上(包含本数)的涉外民商事案件。

(二)案情复杂或者一方当事人人数众多的涉外民商事案件。

(三)其他在本辖区有重大影响的涉外民商事案件。

法律、司法解释对中级人民法院管辖第一审涉外民商事案件另有规定的,依照相关规定办理。

第3条 高级人民法院管辖诉讼标的额人民币50亿元以上(包含本数)或者其他在本辖区有重大影响的第一审涉外民商事案件。

第4条 高级人民法院根据本辖区的实际情况,认为确有必要的,经报最高人民法院批准,可以指定一个或数个基层人民法院、中级人民法院分别对本规定第一条、第二条规定的第一审涉外民商事案件实行跨区域集中管辖。

依据前款规定实行跨区域集中管辖的,高级人民法院应及时向社会公布该基层人民法院、中级人民法院相应的管辖区域。

第5条 涉外民商事案件由专门的审判庭或合议庭审理。

第6条 涉外海事海商纠纷案件、涉外知识产权纠纷案件、涉外生态环境损害赔偿纠纷案件以及涉外环境民事公益诉讼案件,不适用本规定。

第7条 涉及香港、澳门特别行政区和台湾地区的民商事案件参照适用本规定。

第8条 本规定自2023年1月1日起施行。本规定施行后受理的案件适用本规定。

第9条 本院以前发布的司法解释与本规定不一致的,以本规定为准。

《最高人民法院关于涉外民商事案件诉讼管辖若干问题的规定》（法释〔2002〕5号　2020年12月29日修正）

第1条　第一审涉外民商事案件由下列人民法院管辖：

（一）国务院批准设立的经济技术开发区人民法院；

（二）省会、自治区首府、直辖市所在地的中级人民法院；

（三）经济特区、计划单列市中级人民法院；

（四）最高人民法院指定的其他中级人民法院；

（五）高级人民法院。

上述中级人民法院的区域管辖范围由所在地的高级人民法院确定。

《全国法院涉外商事海事审判工作座谈会会议纪要》（2022年1月24日）

1.【排他性管辖协议的推定】涉外合同或者其他财产权益纠纷的当事人签订的管辖协议明确约定由一国法院管辖，但未约定该管辖协议为非排他性管辖协议的，应推定该管辖协议为排他性管辖协议。

2.【非对称管辖协议的效力认定】涉外合同或者其他财产权益纠纷的当事人签订的管辖协议明确约定一方当事人可以从一个以上国家的法院中选择某国法院提起诉讼，而另一方当事人仅能向一个特定国家的法院提起诉讼，当事人以显失公平为由主张该管辖协议无效的，人民法院不予支持；但管辖协议涉及消费者、劳动者权益或者违反民事诉讼法专属管辖规定的除外。

3.【跨境消费者网购合同管辖协议的效力】网络电商平台使用格式条款与消费者订立跨境网购合同，未采取合理方式提示消费者注意合同中包含的管辖条款，消费者根据民法典第四百九十六条的规定主张该管辖条款不成为合同内容的，人民法院应予支持。

网络电商平台虽已尽到合理提示消费者注意的义务，但该管辖条款约定在消费者住所地国以外的国家法院诉讼，不合理加重消费者寻求救济的成本，消费者根据民法典第四百九十七条的规定主张该管辖条款无效的，人民法院应予支持。

4.【主从合同约定不同管辖法院的处理】主合同和担保合同分别约定不同国家或者地区的法院管辖，且约定不违反民事诉讼法专属管辖规定的，应当依据管辖协议的约定分别确定管辖法院。当事人主张根据《最高人民法院关于适用〈中华人民共和国民法典〉有关担保制度的解释》第二十一条第二款的规定，根据主合同确定管辖法院的，人民法院不予支持。

《全国法院涉港澳商事审判工作座谈会纪要》（法发〔2008〕8号　2008年1月21日）

一、关于案件管辖权

1. 人民法院受理涉港澳商事案件，应当参照《中华人民共和国民事诉讼法》第四编和《最高人民法院关于涉外民商事案件诉讼管辖若干问题的规定》确定案件的管辖。

2. 有管辖权的人民法院受理的涉港澳商事案件，如果被告以存在有效仲裁协议为由对人民法院的管辖权提出异议，受理案件的人民法院可以对案件管辖问题作出裁定。如果认定仲裁协议无效、失效或者内容不明确无法执行的，在作出裁定前应当按照《最高人民法院关于人民法院处理与涉外仲裁及外国仲裁事项有关问题的通知》（法发〔1995〕18号）逐级上报。

3. 人民法院受理涉港澳商事案件后，被告以存在有效仲裁协议为由对人民法院的管辖权提出异议，且在人民法院受理商事案件的前后或者同时向另一人民法院提起确认仲裁协议效力之诉的，应分别以下情况处理：

（1）确认仲裁协议效力之诉受理在先或者两案同时受理的，受理商事案件的人民法院应中止对管辖权异议的审理，待确认仲裁协议效力之诉审结后，再恢复审理并就管辖权问题作出裁定。

（2）商事案件受理在先且管辖权异议尚未审结的，对于被告另行提起的确认仲裁协议效力之诉，人民法院应不予受理；受理后发现其他人民法院已经先予受理当事人间的商事案件并正在就管辖权异议进行审理的，应当将案件移送受理商事案件的人民法院在管辖权异议程序中一并解决。

（3）商事案件受理在先且人民法院已经就案件管辖权问题作出裁定，确认仲裁协议无效的，被告又向其他人民法院提起确认仲裁协议效力之诉，人民法院应不予受理；受理后发现上述情况的，应裁定驳回当事人的起诉。

4. 下级人民法院违反《最高人民法院关于涉外民商事案件诉讼管辖若干问题的规定》受理涉港澳商事案件并作出实体判决的，上级人民法院可以程序违法为由撤销下级人民法院的判决，将案件移送有管辖权的人民法院审理。

5. 人民法院受理破产申请后，即使该人民法院不享有涉外民商事案件管辖权，但根据《中华人民共和国企业破产法》第二十一条的规定，有关债务人的涉港澳商事诉讼仍应由该人民法院管辖。

6. 内地人民法院和香港特别行政区法院或者澳门特别行政区法院都享有管辖权的涉港澳商事案件，一方当事人向香港特别行政区法院或者澳门特别行政区法院起诉被受理后，当事人又向内地人民法院提起相同诉讼，香港特别行政区法院或者澳门特别行政区法院是否已经受理案件或作出判决，不影响内地人民法院行使管辖权，但是否受理由人民法院根据案件具体情况决定。

内地人民法院已经受理当事人申请认可或执行香港特别行政区法院或者澳门特别行政区法院就相同诉讼作出的判决的，或者香港特别行政区法院、澳门特别行政区法院的判决已获内地人民法院认可和执行的，内地人民法院不应再受理相同诉讼。

7. 人民法院受理的涉港澳商事案件，如果被告未到庭应诉，即使案件存在不方便管辖的因素，在被告未提出管辖权异议的情况下，人民法院不应依职权主动适用不方便法院原则放弃对案件的管辖权。

第二百七十七条　协议管辖

涉外民事纠纷的当事人书面协议选择人民法院管辖的，可以由人民法院管辖。

● 条文注解

本条是 2023 年民事诉讼法修正时新增的条文。本条进一步完善涉外协议管辖规则，明确无论与争议有实际联系的地点是否在我国领域内，当事人均可以协议选择我国法院管辖。

● 相关规定

◎司法解释及文件

《最高人民法院关于适用〈中华人民共和国民事诉讼法〉的解释》（法释〔2022〕11号　2022年4月1日修正）

第 529 条　涉外合同或者其他财产权益纠纷的当事人，可以书面协议选择被告住所地、合同履行地、合同签订地、原告住所地、标的物所在地、侵权行为地等与争议有实际联系地点的外国法院管辖。

根据民事诉讼法第三十四条和第二百七十三条[436]规定,属于中华人民共和国法院专属管辖的案件,当事人不得协议选择外国法院管辖,但协议选择仲裁的除外。

《全国法院涉外商事海事审判工作座谈会会议纪要》（2022年1月24日）

1.【排他性管辖协议的推定】涉外合同或者其他财产权益纠纷的当事人签订的管辖协议明确约定由一国法院管辖,但未约定该管辖协议为非排他性管辖协议的,应推定该管辖协议为排他性管辖协议。

2.【非对称管辖协议的效力认定】涉外合同或者其他财产权益纠纷的当事人签订的管辖协议明确约定一方当事人可以从一个以上国家的法院中选择某国法院提起诉讼,而另一方当事人仅能向一个特定国家的法院提起诉讼,当事人以显失公平为由主张该管辖协议无效的,人民法院不予支持;但管辖协议涉及消费者、劳动者权益或者违反民事诉讼法专属管辖规定的除外。

第二百七十八条　应诉管辖

当事人未提出管辖异议,并应诉答辩或者提出反诉的,视为人民法院有管辖权。

条文注解

本条是2023年民事诉讼法修正时新增的条文,增设了涉外案件默示管辖的规则,即当事人未提出异议并应诉答辩或反诉的,视为人民法院有管辖权。

第二百七十九条　专属管辖

下列民事案件,由人民法院专属管辖:

(一)因在中华人民共和国领域内设立的法人或者其他组织的设立、解散、清算,以及该法人或者其他组织作出的决议的效力等纠纷提起的诉讼;

(二)因与在中华人民共和国领域内审查授予的知识产权的有效性有关的纠纷提起的诉讼;

(三)因在中华人民共和国领域内履行中外合资经营企业合同、中外合作经营企业合同、中外合作勘探开发自然资源合同发生纠纷提起的诉讼。

条文注解

本条是2023年民事诉讼法修正时改动较大的条文,进一步扩大了我国对涉外案件的专属管辖范围。除了继续坚持中外合资经营企业合同、中外合作经营企业合同、中外合作勘探开发自然资源合同专属管辖外,新增了两类专属管辖案件：一是法人或者非法人组织的设立、解散、清算,以及该机关作出的决议的效力等提起的诉讼；二是因在我国领域内审查授予的知识产权的有效性等提起的诉讼。

对专属管辖案件,我国人民法院享有绝对的管辖权,不能由其他任何国家法院管辖,也不允许当事人协议选择其他国家的法院管辖。当然,这一规定并不排除在

---

[436]《民事诉讼法》（2023年修正）第34条和第279条。

履行这些合同中发生争议，双方当事人可以根据合同中的仲裁条款或者以其他方式达成的书面仲裁协议，向我国的仲裁机构或者国外的仲裁机构申请以仲裁的方式解决纠纷。

相关规定

◎司法解释及文件

《最高人民法院关于适用〈中华人民共和国民事诉讼法〉的解释》（法释〔2022〕11号　2022年4月1日修正）

第529条　涉外合同或者其他财产权益纠纷的当事人，可以书面协议选择被告住所地、合同履行地、合同签订地、原告住所地、标的物所在地、侵权行为地等与争议有实际联系地点的外国法院管辖。

根据民事诉讼法第三十四条和第二百七十三条[437]规定，属于中华人民共和国法院专属管辖的案件，当事人不得协议选择外国法院管辖，但协议选择仲裁的除外。

第531条　中华人民共和国法院和外国法院都有管辖权的案件，一方当事人向外国法院起诉，而另一方当事人向中华人民共和国法院起诉的，人民法院可予受理。判决后，外国法院申请或者当事人请求人民法院承认和执行外国法院对本案作出的判决、裁定的，不予准许；但双方共同缔结或者参加的国际条约另有规定的除外。

外国法院判决、裁定已经被人民法院承认，当事人就同一争议向人民法院起诉的，人民法院不予受理。

第二百八十条　管辖权冲突的处理

当事人之间的同一纠纷，一方当事人向外国法院起诉，另一方当事人向人民法院起诉，或者一方当事人既向外国法院起诉，又向人民法院起诉，人民法院依照本法有管辖权的，可以受理。当事人订立排他性管辖协议选择外国法院管辖且不违反本法对专属管辖的规定，不涉及中华人民共和国主权、安全或者社会公共利益的，人民法院可以裁定不予受理；已经受理的，裁定驳回起诉。

条文注解

本条是2023年民事诉讼法修正时新增的条文。本条旨在妥善协调国际民商事诉讼管辖权冲突，即平行诉讼的问题。一方面，我国法院可以受理他国法院已经受理的案件。另一方面，对排他性管辖协议持开放态度，对不违反专属管辖规定，不涉及中华人民共和国主权、安全或者社会公共利益的排他性管辖协议予以充分尊重。

相关规定

◎司法解释及文件

《最高人民法院关于适用〈中华人民共和国民事诉讼法〉的解释》（法释〔2022〕11号　2022年4月1日修正）

第531条　中华人民共和国法院和外国法院都有管辖权的案件，一方当事人向外国法院起诉，而另一方当事人向中华人

---

[437]　《民事诉讼法》（2023年修正）第279条。

民共和国法院起诉的，人民法院可予受理。判决后，外国法院申请或者当事人请求人民法院承认和执行外国法院对本案作出的判决、裁定的，不予准许；但双方共同缔结或者参加的国际条约另有规定的除外。

外国法院判决、裁定已经被人民法院承认，当事人就同一争议向人民法院起诉的，人民法院不予受理。

第二百八十一条　外国法院先于我国法院受理的处理

人民法院依据前条规定受理案件后，当事人以外国法院已经先于人民法院受理为由，书面申请人民法院中止诉讼的，人民法院可以裁定中止诉讼，但是存在下列情形之一的除外：

（一）当事人协议选择人民法院管辖，或者纠纷属于人民法院专属管辖；

（二）由人民法院审理明显更为方便。

外国法院未采取必要措施审理案件，或者未在合理期限内审结的，依当事人的书面申请，人民法院应当恢复诉讼。

外国法院作出的发生法律效力的判决、裁定，已经被人民法院全部或者部分承认，当事人对已经获得承认的部分又向人民法院起诉的，裁定不予受理；已经受理的，裁定驳回起诉。

条文注解

本条是 2023 年民事诉讼法修正时新增的条文。第一，对于平行诉讼，当事人以外国法院已经先于我国法院受理为由，书面申请我国法院中止诉讼的，我国法院可以裁定中止诉讼。第二，如果存在属于当事人协议选择我国法院管辖、纠纷属于我国法院专属管辖、由我国法院审理明显更为方便的情形，则国内诉讼不予中止。第三，考虑到中止诉讼必然影响我国法院诉讼进程，规定了在外国法院未采取必要措施审理案件，或者未在合理期限内审结的，我国法院应当恢复诉讼。

第二百八十二条　不方便管辖

人民法院受理的涉外民事案件，被告提出管辖异议，且同时有下列情形的，可以裁定驳回起诉，告知原告向更为方便的外国法院提起诉讼：

（一）案件争议的基本事实不是发生在中华人民共和国领域内，人民法院审理案件和当事人参加诉讼均明显不方便；

（二）当事人之间不存在选择人民法院管辖的协议；

（三）案件不属于人民法院专属管辖；

（四）案件不涉及中华人民共和国主权、安全或者社会公共利益；

（五）外国法院审理案件更为方便。

裁定驳回起诉后，外国法院对纠纷拒绝行使管辖权，或者未采取必要措施审理案件，或者未在合理期限内审结，当事人又向人民法院起诉的，人民法院应当受理。

条文注解

本条是 2023 年修正时新增的条文。本条将此前司法解释中的"不方便管辖原则"上升为法律条文，同时增设了兜底条款。在外国法院未正当受理或审理原告起诉时，我国法院可以行使管辖权以保护当事人的合法权益。

相关规定

◎司法解释及文件

《最高人民法院关于适用〈中华人民共和国民事诉讼法〉的解释》（法释〔2022〕11号 2022年4月1日修正）

第530条 涉外民事案件同时符合下列情形的，人民法院可以裁定驳回原告的起诉，告知其向更方便的外国法院提起诉讼：

（一）被告提出案件应由更方便外国法院管辖的请求，或者提出管辖异议；

（二）当事人之间不存在选择中华人民共和国法院管辖的协议；

（三）案件不属于中华人民共和国法院专属管辖；

（四）案件不涉及中华人民共和国国家、公民、法人或者其他组织的利益；

（五）案件争议的主要事实不是发生在中华人民共和国境内，且案件不适用中华人民共和国法律，人民法院审理案件在认定事实和适用法律方面存在重大困难；

（六）外国法院对案件享有管辖权，且审理该案件更加方便。

第二十五章 送达、调查取证、期间

第二百八十三条 送达方式

人民法院对在中华人民共和国领域内没有住所的当事人送达诉讼文书，可以采用下列方式：

（一）依照受送达人所在国与中华人民共和国缔结或者共同参加的国际条约中规定的方式送达；

（二）通过外交途径送达；

（三）对具有中华人民共和国国籍的受送达人，可以委托中华人民共和国驻受送达人所在国的使领馆代为送达；

（四）向受送达人在本案中委托的诉讼代理人送达；

（五）向受送达人在中华人民共和国领域内设立的独资企业、代表机构、分支机构或者有权接受送达的业务代办人送达；

（六）受送达人为外国人、无国籍人，其在中华人民共和国领域内设立的法人或者其他组织担任法定代表人或者主要负责人，且与该法人或者其他组织为共同被告的，向该法人或者其他组织送达；

（七）受送达人为外国法人或者其他组织，其法定代表人或者主要负责人在中华人民共和国领域内的，向其法定代表人或者主要负责人送达；

（八）受送达人所在国的法律允许邮寄送达的，可以邮寄送达，自邮寄之日起满三个月，送达回证没有退回，但根据各种情况足以认定已经送达的，期间届满之日视为送达；

（九）采用能够确认受送达人收悉的电子方式送达，但是受送达人所在国法律禁止的除外；

（十）以受送达人同意的其他方式送达，但是受送达人所在国法

> 律禁止的除外。
> 　　不能用上述方式送达的，公告送达，自发出公告之日起，经过六十日，即视为送达。

▣条文注解

本条是 2023 年民事诉讼法修正时修改的条文。本条丰富了涉外送达手段，在充分保障受送达人程序权利的前提下，优化涉外送达制度。增加相关自然人与法人或非法人组织之间替代送达的适用情形，增加即时通讯工具、特定电子系统等电子送达方式，赋予以受送达人同意的其他方式送达的法律效力，并缩短公告送达期限为 60 日。

▣相关规定

◎司法解释及文件

《**最高人民法院关于适用〈中华人民共和国民事诉讼法〉的解释**》（法释〔2022〕11号　2022年4月1日修正）

第 532 条　对在中华人民共和国领域内没有住所的当事人，经用公告方式送达诉讼文书，公告期满不应诉，人民法院缺席判决后，仍应当将裁判文书依照民事诉讼法第二百七十四条[438]第八项规定公告送达。自公告送达裁判文书满三个月之日起，经过三十日的上诉期当事人没有上诉的，一审判决即发生法律效力。

第 533 条　外国人或者外国企业、组织的代表人、主要负责人在中华人民共和国领域内的，人民法院可以向该自然人或者外国企业、组织的代表人、主要负责人送达。

外国企业、组织的主要负责人包括该企业、组织的董事、监事、高级管理人员等。

第 534 条　受送达人所在国允许邮寄送达的，人民法院可以邮寄送达。

邮寄送达时应当附有送达回证。受送达人未在送达回证上签收但在邮件回执上签收的，视为送达，签收日期为送达日期。

自邮寄之日起满三个月，如果未收到送达的证明文件，且根据各种情况不足以认定已经送达的，视为不能用邮寄方式送达。

第 535 条　人民法院一审时采取公告方式向当事人送达诉讼文书的，二审时可径行采取公告方式向其送达诉讼文书，但人民法院能够采取公告方式之外的其他方式送达的除外。

《**最高人民法院关于涉外民事或商事案件司法文书送达问题若干规定**》（法释〔2006〕5号　2020年12月29日修正）

为规范涉外民事或商事案件司法文书送达，根据《中华人民共和国民事诉讼法》（以下简称民事诉讼法）的规定，结合审判实践，制定本规定。

第 1 条　人民法院审理涉外民事或商事案件时，向在中华人民共和国领域内没有住所的受送达人送达司法文书，适用本规定。

第 2 条　本规定所称司法文书，是指起诉状副本、上诉状副本、反诉状副本、答辩状副本、传票、判决书、调解书、裁定书、支付令、决定书、通知书、证明书、送达回证以及其他司法文书。

第 3 条　作为受送达人的自然人或者企业、其他组织的法定代表人、主要负责人在中华人民共和国领域内的，人民法院

---

[438]《民事诉讼法》（2023年修正）第 283 条。

可以向该自然人或者法定代表人、主要负责人送达。

第4条　除受送达人在授权委托书中明确表明其诉讼代理人无权代为接收有关司法文书外，其委托的诉讼代理人为民事诉讼法第二百六十七条[439]第（四）项规定的有权代其接受送达的诉讼代理人，人民法院可以向该诉讼代理人送达。

第5条　人民法院向受送达人送达司法文书，可以送达给其在中华人民共和国领域内设立的代表机构。

受送达人在中华人民共和国领域内有分支机构或者业务代办人的，经该受送达人授权，人民法院可以向其分支机构或者业务代办人送达。

第6条　人民法院向在中华人民共和国领域内没有住所的受送达人送达司法文书时，若该受送达人所在国与中华人民共和国签订有司法协助协定，可以依照司法协助协定规定的方式送达；若该受送达人所在国是《关于向国外送达民事或商事司法文书和司法外文书公约》的成员国，可以依照该公约规定的方式送达。

依照受送达人所在国与中华人民共和国缔结或者共同参加的国际条约中规定的方式送达的，根据《最高人民法院关于依据国际公约和双边司法协助条约办理民商事案件司法文书送达和调查取证司法协助请求的规定》办理。

第7条　按照司法协助协定、《关于向国外送达民事或商事司法文书和司法外文书公约》或者外交途径送达司法文书，自我国有关机关将司法文书转递受送达人所在国有关机关之日起满六个月，如果未能收到送达与否的证明文件，且根据各种情况不足以认定已经送达的，视为不能用该种方式送达。

第8条　受送达人所在国允许邮寄送达的，人民法院可以邮寄送达。

邮寄送达时应附有送达回证。受送达人未在送达回证上签收但在邮件回执上签收的，视为送达，签收日期为送达日期。

自邮寄之日起满三个月，如果未能收到送达与否的证明文件，且根据各种情况不足以认定已经送达的，视为不能用邮寄方式送达。

第9条　人民法院依照民事诉讼法第二百六十七条[440]第（八）项规定的公告方式送达时，公告内容应在国内外公开发行的报刊上刊登。

第10条　除本规定上述送达方式外，人民法院可以通过传真、电子邮件等能够确认收悉的其他适当方式向受送达人送达。

第11条　除公告送达方式外，人民法院可以同时采取多种方式向受送达人进行送达，但应根据最先实现送达的方式确定送达日期。

第12条　人民法院向受送达人在中华人民共和国领域内的法定代表人、主要负责人、诉讼代理人、代表机构以及有权接受送达的分支机构、业务代办人送达司法文书，可以适用留置送达的方式。

第13条　受送达人未对人民法院送达的司法文书履行签收手续，但存在以下情形之一的，视为送达：

（一）受送达人书面向人民法院提及了所送达司法文书的内容；

（二）受送达人已经按照所送达司法

---

[439]《民事诉讼法》（2023年修正）第283条。
[440] 同上。

文书的内容履行；

（三）其他可以视为已经送达的情形。

第 14 条　人民法院送达司法文书，根据有关规定需要通过上级人民法院转递的，应附申请转递函。

上级人民法院收到下级人民法院申请转递的司法文书，应在七个工作日内予以转递。

上级人民法院认为下级人民法院申请转递的司法文书不符合有关规定需要补正的，应在七个工作日内退回申请转递的人民法院。

第 15 条　人民法院送达司法文书，根据有关规定需要提供翻译件的，应由受理案件的人民法院委托中华人民共和国领域内的翻译机构进行翻译。

翻译件不加盖人民法院印章，但应由翻译机构或翻译人员签名或盖章证明译文与原文一致。

第 16 条　本规定自公布之日起施行。

《最高人民法院关于涉港澳民商事案件司法文书送达问题若干规定》（法释〔2009〕2 号　2009 年 3 月 9 日）

为规范涉及香港特别行政区、澳门特别行政区民商事案件司法文书送达，根据《中华人民共和国民事诉讼法》的规定，结合审判实践，制定本规定。

第 1 条　人民法院审理涉及香港特别行政区、澳门特别行政区的民商事案件时，向住所地在香港特别行政区、澳门特别行政区的受送达人送达司法文书，适用本规定。

第 2 条　本规定所称司法文书，是指起诉状副本、上诉状副本、反诉状副本、答辩状副本、传票、判决书、调解书、裁定书、支付令、决定书、通知书、证明书、送达回证等与诉讼相关的文书。

第 3 条　作为受送达人的自然人或者企业、其他组织的法定代表人、主要负责人在内地的，人民法院可以直接向该自然人或者法定代表人、主要负责人送达。

第 4 条　除受送达人在授权委托书中明确表明其诉讼代理人无权代为接收有关司法文书外，其委托的诉讼代理人为有权代其接受送达的诉讼代理人，人民法院可以向该诉讼代理人送达。

第 5 条　受送达人在内地设立有代表机构的，人民法院可以直接向该代表机构送达。

受送达人在内地设立有分支机构或者业务代办人并授权其接受送达的，人民法院可以直接向该分支机构或者业务代办人送达。

第 6 条　人民法院向在内地没有住所的受送达人送达司法文书，可以按照《最高人民法院关于内地与香港特别行政区法院相互委托送达民商事司法文书的安排》或者《最高人民法院关于内地与澳门特别行政区法院就民商事案件相互委托送达司法文书和调取证据的安排》送达。

按照前款规定方式送达的，自内地的高级人民法院或者最高人民法院将有关司法文书递送香港特别行政区高等法院或者澳门特别行政区终审法院之日起满三个月，如果未能收到送达与否的证明文件且不存在本规定第十二条规定情形的，视为不能适用上述安排中规定的方式送达。

第 7 条　人民法院向受送达人送达司法文书，可以邮寄送达。

邮寄送达时应附有送达回证。受送达人未在送达回证上签收但在邮件回执上签收的，视为送达，签收日期为送达日期。

自邮寄之日起满三个月，虽未收到送达与否的证明文件，但存在本规定第十二条规定情形的，期间届满之日视为送达。

自邮寄之日起满三个月，如果未能收

到送达与否的证明文件，且不存在本规定第十二条规定情形的，视为未送达。

第 8 条 人民法院可以通过传真、电子邮件等能够确认收悉的其他适当方式向受送达人送达。

第 9 条 人民法院不能依照本规定上述方式送达的，可以公告送达。公告内容应当在内地和受送达人住所地公开发行的报刊上刊登，自公告之日起满三个月即视为送达。

第 10 条 除公告送达方式外，人民法院可以同时采取多种法定方式向受送达人送达。

采取多种方式送达的，应当根据最先实现送达的方式确定送达日期。

第 11 条 人民法院向在内地的受送达人或者受送达人的法定代表人、主要负责人、诉讼代理人、代表机构以及有权接受送达的分支机构、业务代办人送达司法文书，可以适用留置送达的方式。

第 12 条 受送达人未对人民法院送达的司法文书履行签收手续，但存在以下情形之一的，视为送达：

（一）受送达人向人民法院提及了所送达司法文书的内容；

（二）受送达人已经按照所送达司法文书的内容履行；

（三）其他可以确认已经送达的情形。

第 13 条 下级人民法院送达司法文书，根据有关规定需要通过上级人民法院转递的，应当附申请转递函。

上级人民法院收到下级人民法院申请转递的司法文书，应当在七个工作日内予以转递。

上级人民法院认为下级人民法院申请转递的司法文书不符合有关规定需要补正的，应当在七个工作日内退回申请转递的人民法院。

《全国法院涉外商事海事审判工作座谈会会议纪要》（2022 年 1 月 24 日）

10.【邮寄送达退件的处理】人民法院向在中华人民共和国领域内没有住所的受送达人邮寄送达司法文书，如邮件被退回，且注明原因为"该地址查无此人""该地址无人居住"等情形的，视为不能用邮寄方式送达。

11.【电子送达】人民法院向在中华人民共和国领域内没有住所的受送达人送达司法文书，如受送达人所在国法律未禁止电子送达方式的，人民法院可以依据民事诉讼法第二百七十四条[441]的规定采用电子送达方式，但违反我国缔结或参加的国际条约规定的除外。

受送达人所在国系《海牙送达公约》成员国，并在公约项下声明反对邮寄方式送达的，应推定其不允许电子送达方式，人民法院不能采用电子送达方式。

12.【外国自然人的境内送达】人民法院对外国自然人采用下列方式送达，能够确认受送达人收悉的，为有效送达：

（一）向其在境内设立的外商独资企业转交送达；

（二）向其在境内担任法定代表人、公司董事、监事和高级管理人员的企业转交送达；

（三）向其同住成年家属转交送达；

（四）通过能够确认受送达人收悉的其他方式送达。

13.【送达地址的认定】在中华人民共和国领域内没有住所的当事人未填写送达地址确认书，但在诉讼过程中提交的书

---

[441]《民事诉讼法》（2023 年修正）第 283 条。

面材料明确载明地址的，可以认定该地址为送达地址。

14.【管辖权异议文书的送达】对涉外商事案件管辖权异议程序的管辖权异议申请书、答辩书等司法文书，人民法院可以仅在相对方当事人之间进行送达，但管辖权异议裁定书应当列明并送达所有当事人。

第二百八十四条 域外调查取证

当事人申请人民法院调查收集的证据位于中华人民共和国领域外，人民法院可以依照证据所在国与中华人民共和国缔结或者共同参加的国际条约中规定的方式，或者通过外交途径调查收集。

在所在国法律不禁止的情况下，人民法院可以采用下列方式调查收集：

（一）对具有中华人民共和国国籍的当事人、证人，可以委托中华人民共和国驻当事人、证人所在国的使领馆代为取证；

（二）经双方当事人同意，通过即时通讯工具取证；

（三）以双方当事人同意的其他方式取证。

▌条文注解

本条是 2023 年民事诉讼法修正时新增的条文，增设了域外调查取证方式的规定。在所在国法律不禁止的情况下，对具有中华人民共和国国籍的当事人、证人，可以委托中华人民共和国驻当事人、证人所在国的使领馆代为取证；在所在国法律不禁止且双方当事人同意的情况下，可以通过即时通讯工具或其他方式取证，以此拓宽法院查明案件事实的渠道。

第二百八十五条 答辩期间

被告在中华人民共和国领域内没有住所的，人民法院应当将起诉状副本送达被告，并通知被告在收到起诉状副本后三十日内提出答辩状。被告申请延期的，是否准许，由人民法院决定。

第二百八十六条 上诉期间

在中华人民共和国领域内没有住所的当事人，不服第一审人民法院判决、裁定的，有权在判决书、裁定书送达之日起三十日内提起上诉。被上诉人在收到上诉状副本后，应当在三十日内提出答辩状。当事人不能在法定期间提起上诉或者提出答辩状，申请延期的，是否准许，由人民法院决定。

▌条文注解

民事诉讼法在涉外民事诉讼程序中所规定的期间，与诉讼期间的一般规定有所不同。一是法定期间长一些，二是当事人可以申请延长法定期间。

▌相关规定

◎司法解释及文件

《最高人民法院关于适用〈中华人民共和国民事诉讼法〉的解释》（法释〔2022〕11号 2022年4月1日修正）

第536条 不服第一审人民法院判决、裁定的上诉期，对在中华人民共和国领域内有住所的当事人，适用民事诉讼法第一百七十一条规定的期限；对在中华人民共和国领域内没有住所的当事人,适用民事诉讼法第二百七十六条[442]规定的期限。当事人的上诉期限均已届满没有上诉的,第一审人民法院的判决、裁定即发生法律效力。

第二百八十七条　审理期间

人民法院审理涉外民事案件的期间,不受本法第一百五十二条、第一百八十三条规定的限制。

◎条文注解

对涉外民事案件,民事诉讼法没有对人民法院审理的期限作出限制。这样规定主要是从审判实际出发,并不意味着审理涉外案件可以无期限地拖延。人民法院审理涉外案件时,应当依照民事诉讼法对各程序阶段规定的期间进行,尽可能使案件及早审结。

◎相关规定

◎司法解释及文件

《最高人民法院关于适用〈中华人民共和国民事诉讼法〉的解释》(法释〔2022〕11号　2022年4月1日修正)

第537条　人民法院对涉外民事案件的当事人申请再审进行审查的期间,不受民事诉讼法第二百一十一条[443]规定的限制。

《全国法院涉外商事海事审判工作座谈会会议纪要》(2022年1月24日)

15.【外国法院判决、仲裁裁决等作为证据的认定】一方当事人将外国法院作出的发生法律效力的判决、裁定或者外国仲裁机构作出的仲裁裁决作为证据提交,人民法院应当组织双方当事人质证后进行审查认定,但该判决、裁定或者仲裁裁决认定的事实,不属于民事诉讼法司法解释第九十三条第一款规定的当事人无须举证证明的事实。一方当事人仅以该判决、裁定或者仲裁裁决未经人民法院承认为由主张不能作为证据使用的,人民法院不予支持。

16.【域外公文书证】《最高人民法院关于民事诉讼证据的若干规定》第十六条规定的公文书证包括外国法院作出的判决、裁定,外国行政机关出具的文件,外国公共机构出具的商事登记、出生及死亡证明、婚姻状况证明等文件,但不包括外国鉴定机构等私人机构出具的文件。

公文书证在中华人民共和国领域外形成的,应当经所在国公证机关证明,或者履行相应的证明手续,但是可以通过互联网方式核查公文书证的真实性或者双方当事人对公文书证的真实性均无异议的除外。

17.【庭审中翻译费用的承担】诉讼过程中翻译人员出庭产生的翻译费用,根据《诉讼费用交纳办法》第十二条第一款的规定,由主张翻译或者负有翻译义务的一方当事人直接预付给翻译机构,人民法院不得代收代付。

人民法院应当在裁判文书中载明翻译费用,并根据《诉讼费用交纳办法》第二十九条的规定确定由败诉方负担。部分胜诉、部分败诉的,人民法院根据案件的具体情况决定当事人各自负担的数额。

21.【查明域外法的途径】人民法院审理案件应当适用域外法律时,可以通过下列途径查明:

---

[442]《民事诉讼法》(2023年修正)第286条。
[443]《民事诉讼法》(2023年修正)第215条。

(1) 由当事人提供；

(2) 由中外法律专家提供；

(3) 由法律查明服务机构提供；

(4) 由最高人民法院国际商事专家委员提供；

(5) 由与我国订立司法协助协定的缔约相对方的中央机关提供；

(6) 由我国驻该国使领馆提供；

(7) 由该国驻我国使领馆提供；

(8) 其他合理途径。

通过上述途径提供的域外法律资料以及专家意见，应当在法庭上出示，并充分听取各方当事人的意见。

22.【委托国际商事专家委员提供咨询意见】人民法院委托最高人民法院国际商事专家委员就审理案件涉及的国际条约、国际商事规则、域外法律的查明和适用等法律问题提供咨询意见的，应当通过高级人民法院向最高人民法院国际商事法庭协调指导办公室办理寄交书面委托函，写明需提供意见的法律所属国别、法律部门、法律争议等内容，并附相关材料。

23.【域外法专家出庭】当事人可以依据民事诉讼法第八十二条的规定申请域外法专家出庭。

人民法院可以就专家意见书所涉域外法的理解，对出庭的专家进行询问。经法庭准许，当事人可以对出庭的专家进行询问。专家不得参与域外法查明事项之外的法庭审理活动。专家不能现场到庭的，人民法院可以根据案件审理需要采用视频方式询问。

24.【域外法内容的确定】双方当事人提交的域外法内容相同或者当事人对相对方提交的域外法内容无异议的，人民法院可以作为域外法依据予以确定。当事人对相对方提交的域外法内容有异议的，人民法院应当结合质证认证情况进行审查认定。人民法院不得仅以当事人对域外法内容存在争议为由认定不能查明域外法。

25.【域外法查明不能的认定】当事人应当提供域外法的，人民法院可以根据案件具体情况指定查明域外法的期限并可依据当事人申请适当延长期限。当事人在延长期限内仍不能提供的，视为域外法查明不能。

26.【域外法查明费用】对于应当适用的域外法，根据涉外民事关系法律适用法第十条第一款的规定由当事人提供的，查明费用由当事人直接支付给查明方，人民法院不得代收代付。人民法院可以根据当事人的诉讼请求和具体案情，对当事人因查明域外法而发生的合理费用予以支持。

第二十六章　仲　裁

第二百八十八条　或裁或审原则

涉外经济贸易、运输和海事中发生的纠纷，当事人在合同中订有仲裁条款或者事后达成书面仲裁协议，提交中华人民共和国涉外仲裁机构或者其他仲裁机构仲裁的，当事人不得向人民法院起诉。

当事人在合同中没有订有仲裁条款或者事后没有达成书面仲裁协议的，可以向人民法院起诉。

> **相关规定**

◎法　律

《仲裁法》（2017年9月1日）

第9条　仲裁实行一裁终局的制度。裁决作出后，当事人就同一纠纷再申请仲裁或者向人民法院起诉的，仲裁委员会或者人民法院不予受理。

裁决被人民法院依法裁定撤销或者不予执行的，当事人就该纠纷可以根据双方重新达成的仲裁协议申请仲裁，也可以向人民法院起诉。

◎司法解释及文件

《全国法院涉外商事海事审判工作座谈会会议纪要》（2022年1月24日）

90.【申请确认仲裁协议效力之诉案件的范围】当事人之间就仲裁协议是否成立、生效、失效以及是否约束特定当事人等产生争议，当事人申请人民法院予以确认，人民法院应当作为申请确认仲裁协议效力案件予以受理，并针对当事人的请求作出裁定。

91.【申请确认仲裁协议效力之诉与仲裁管辖权决定的冲突】根据《最高人民法院关于确认仲裁协议效力几个问题的批复》第三条的规定，仲裁机构先于人民法院受理当事人请求确认仲裁协议效力的申请并已经作出决定，当事人向人民法院提起申请确认仲裁协议效力之诉的，人民法院不予受理。

92.【放弃仲裁协议的认定】原告向人民法院起诉时未声明有仲裁协议，被告在首次开庭前未以存在仲裁协议为由提出异议，视为其放弃仲裁协议。原告其后撤回起诉，不影响人民法院认定双方当事人已经通过诉讼行为放弃了仲裁协议。

被告未应诉答辩且缺席审理的，不应视为其放弃仲裁协议。人民法院在审理过程中发现存在有效仲裁协议的，应当裁定驳回原告起诉。

93.【仲裁协议效力的认定】根据仲裁法司法解释第三条的规定，人民法院在审查仲裁协议是否约定了明确的仲裁机构时，应当按照有利于仲裁协议有效的原则予以认定。

94.【"先仲后诉"争议解决条款的效力认定】当事人在仲裁协议中约定争议发生后"先仲裁、后诉讼"的，不属于仲裁法司法解释第七条规定的仲裁协议无效的情形。根据仲裁法第九条第一款关于仲裁裁决作出后当事人不得就同一纠纷向人民法院起诉的规定，"先仲裁、后诉讼"关于诉讼的约定无效，但不影响仲裁协议的效力。

95.【仅约定仲裁规则时仲裁协议效力的认定】当事人在仲裁协议中未约定明确的仲裁机构，但约定了适用某仲裁机构的仲裁规则，视为当事人约定该仲裁机构仲裁，但仲裁规则有相反规定的除外。

96.【约定的仲裁机构和仲裁规则不一致时的仲裁协议效力认定】当事人在仲裁协议中约定内地仲裁机构适用《联合国国际贸易法委员会仲裁规则》仲裁的，一方当事人以该约定系关于临时仲裁的约定为由主张仲裁协议无效的，人民法院不予支持。

97.【主合同与从合同争议解决方式的认定】当事人在主合同和从合同中分别约定诉讼和仲裁两种不同的争议解决方式，应当分别按照主从合同的约定确定争议解决方式。

当事人在主合同中约定争议解决方式为仲裁，从合同未约定争议解决方式的，主合同中的仲裁协议不能约束从合同的当事人，但主从合同当事人相同的除外。

最高院裁判观点

湖南某建筑公司与常德某学校不服执行裁定申诉案【《最高人民法院公报》2016年第8期】

裁判要旨：（1）当事人自愿达成合法有效协议或仲裁条款选定仲裁机构解决其争议纠纷，是采用仲裁方式解决争议纠纷的前提。如果当事人没有约定其争议纠纷由仲裁机构解决，通常情况下，仲裁机构无权对该争议纠纷予以仲裁。（2）当事人在主合同中约定其争议纠纷由仲裁机构解决，对于没有约定争议纠纷解决方式的补充协议可否适用该约定，其关键在于主合同与补充协议之间是否具有可分性。如果主合同与补充协议之间相互独立且可分，在没有特别约定的情况下，对于两个完全独立且可分的合同或协议，其争议解决方式应按合同或补充协议约定处理。如果补充协议是对主合同内容的补充，必须依附于主合同而不能独立存在，则主合同所约定的争议解决条款也适用于补充协议。

第二百八十九条　仲裁程序中的保全

当事人申请采取保全的，中华人民共和国的涉外仲裁机构应当将当事人的申请，提交被申请人住所地或者财产所在地的中级人民法院裁定。

条文注解

仲裁机关将当事人请求保全的申请提交人民法院执行后，如果发生保全错误，应当由申请人赔偿被申请人的损失，而不应由仲裁机关或者人民法院赔偿。

相关规定

◎**司法解释及文件**

《最高人民法院关于适用〈中华人民共和国民事诉讼法〉的解释》（法释〔2022〕11号　2022年4月1日修正）

第540条　依照民事诉讼法第二百七十九条[444]规定，中华人民共和国涉外仲裁机构将当事人的保全申请提交人民法院裁定的，人民法院可以进行审查，裁定是否进行保全。裁定保全的，应当责令申请人提供担保，申请人不提供担保的，裁定驳回申请。

当事人申请证据保全，人民法院经审查认为无需提供担保的，申请人可以不提供担保。

第二百九十条　仲裁裁决的执行

经中华人民共和国涉外仲裁机构裁决的，当事人不得向人民法院起诉。一方当事人不履行仲裁裁决的，对方当事人可以向被申请人住所地或者财产所在地的中级人民法院申请执行。

相关规定

◎**法　律**

《仲裁法》（2017年9月1日）

第72条　涉外仲裁委员会作出的发生法律效力的仲裁裁决，当事人请求执行的，如果被执行人或其财产不在中华人民共和国领域内，应当由当事人直接向有管辖权的外国法院申请承认和执行。

---

[444]《民事诉讼法》（2023年修正）第289条。

◎ 司法解释及文件

《最高人民法院关于适用〈中华人民共和国民事诉讼法〉的解释》（法释〔2022〕11号 2022年4月1日修正）

第538条 申请人向人民法院申请执行中华人民共和国涉外仲裁机构的裁决，应当提出书面申请，并附裁决书正本。如申请人为外国当事人，其申请书应当用中文文本提出。

最高院裁判观点

大庆某建工公司、曲阜分公司与某工程公司施工合同纠纷案【《最高人民法院公报》2016年第9期】

裁判要旨：关于仲裁裁决的执行，其确定管辖的连接点只有两个，一是被执行人住所地，二是被执行的财产所在地。民事诉讼法属于公法性质的法律规范，法律没有赋予权利即属禁止。虽然民事诉讼法没有明文禁止当事人协商执行管辖法院，但对当事人就执行案件管辖权的选择限定于上述两个连接点之间，当事人只能依法选择向其中一个有管辖权的法院提出执行申请。民事诉讼法有关应诉管辖的规定适用于诉讼程序，不适用于执行程序。因此，当事人通过协议方式选择，或通过不提管辖异议、放弃管辖异议等默认方式自行确定向无管辖权的法院申请执行的，不予支持。

第二百九十一条 仲裁裁决不予执行的情形

对中华人民共和国涉外仲裁机构作出的裁决，被申请人提出证据证明仲裁裁决有下列情形之一的，经人民法院组成合议庭审查核实，裁定不予执行：

（一）当事人在合同中没有订有仲裁条款或者事后没有达成书面仲裁协议的；

（二）被申请人没有得到指定仲裁员或者进行仲裁程序的通知，或者由于其他不属于被申请人负责的原因未能陈述意见的；

（三）仲裁庭的组成或者仲裁的程序与仲裁规则不符的；

（四）裁决的事项不属于仲裁协议的范围或者仲裁机构无权仲裁的。

人民法院认定执行该裁决违背社会公共利益的，裁定不予执行。

条文注解

人民法院对涉外仲裁机构的司法审查监督范围，限于仲裁程序方面的问题，不涉及实体方面的问题，即对裁决在认定事实和适用法律上是否有错误不做审查。上述所列情形，均属于程序性问题。接受执行申请的人民法院，对涉外仲裁机构作出的裁决应当依法审查其是否违背社会公共利益。经审查认为不违背社会公共利益的，应当按照本法第三编规定的执行程序予以执行。经审查认为违背社会公共利益的，则应当作出裁定不予执行。

相关规定

◎ 法 律

《仲裁法》（2017年9月1日）

第71条 被申请人提出证据证明涉

外仲裁裁决有民事诉讼法第二百五十八条[445]第一款规定的情形之一的,经人民法院组成合议庭审查核实,裁定不予执行。

◎司法解释及文件

《最高人民法院关于适用〈中华人民共和国民事诉讼法〉的解释》（法释〔2022〕11号 2022年4月1日修正）

第539条 人民法院强制执行涉外仲裁机构的仲裁裁决时,被执行人以有民事诉讼法第二百八十一条[446]第一款规定的情形为由提出抗辩的,人民法院应当对被执行人的抗辩进行审查,并根据审查结果裁定执行或者不予执行。

《最高人民法院关于审理仲裁司法审查案件若干问题的规定》（法释〔2017〕22号 2017年12月26日）

为正确审理仲裁司法审查案件,依法保护各方当事人合法权益,根据《中华人民共和国民事诉讼法》《中华人民共和国仲裁法》等法律规定,结合审判实践,制定本规定。

第1条 本规定所称仲裁司法审查案件,包括下列案件：

（一）申请确认仲裁协议效力案件；

（二）申请执行我国内地仲裁机构的仲裁裁决案件；

（三）申请撤销我国内地仲裁机构的仲裁裁决案件；

（四）申请认可和执行香港特别行政区、澳门特别行政区、台湾地区仲裁裁决案件；

（五）申请承认和执行外国仲裁裁决案件；

（六）其他仲裁司法审查案件。

第2条 申请确认仲裁协议效力的案件,由仲裁协议约定的仲裁机构所在地、仲裁协议签订地、申请人住所地、被申请人住所地的中级人民法院或者专门人民法院管辖。

涉及海事海商纠纷仲裁协议效力的案件,由仲裁协议约定的仲裁机构所在地、仲裁协议签订地、申请人住所地、被申请人住所地的海事法院管辖；上述地点没有海事法院的,由就近的海事法院管辖。

第3条 外国仲裁裁决与人民法院审理的案件存在关联,被申请人住所地、被申请人财产所在地均不在我国内地,申请人申请承认外国仲裁裁决的,由受理关联案件的人民法院管辖。受理关联案件的人民法院为基层人民法院的,申请承认外国仲裁裁决的案件应当由该基层人民法院的上一级人民法院管辖。受理关联案件的人民法院是高级人民法院或者最高人民法院的,由上述法院决定自行审查或者指定中级人民法院审查。

外国仲裁裁决与我国内地仲裁机构审理的案件存在关联,被申请人住所地、被申请人财产所在地均不在我国内地,申请人申请承认外国仲裁裁决的,由受理关联案件的仲裁机构所在地的中级人民法院管辖。

第4条 申请人向两个以上有管辖权的人民法院提出申请的,由最先立案的人民法院管辖。

第5条 申请人向人民法院申请确认仲裁协议效力的,应当提交申请书及仲裁协议正本或者经证明无误的副本。

申请书应当载明下列事项：

---

[445] 《民事诉讼法》（2023年修正）第291条。

[446] 同上。

（一）申请人或者被申请人为自然人的，应当载明其姓名、性别、出生日期、国籍及住所；为法人或者其他组织的，应当载明其名称、住所以及法定代表人或者代表人的姓名和职务；

（二）仲裁协议的内容；

（三）具体的请求和理由。

当事人提交的外文申请书、仲裁协议及其他文件，应当附有中文译本。

第6条 申请人向人民法院申请执行或者撤销我国内地仲裁机构的仲裁裁决、申请承认和执行外国仲裁裁决的，应当提交申请书及裁决书正本或者经证明无误的副本。

申请书应当载明下列事项：

（一）申请人或者被申请人为自然人的，应当载明其姓名、性别、出生日期、国籍及住所；为法人或者其他组织的，应当载明其名称、住所以及法定代表人或者代表人的姓名和职务；

（二）裁决书的主要内容及生效日期；

（三）具体的请求和理由。

当事人提交的外文申请书、裁决书及其他文件，应当附有中文译本。

第7条 申请人提交的文件不符合第五条、第六条的规定，经人民法院释明后提交的文件仍然不符合规定的，裁定不予受理。

申请人向对案件不具有管辖权的人民法院提出申请，人民法院应当告知其向有管辖权的人民法院提出申请，申请人仍不变更申请的，裁定不予受理。

申请人对不予受理的裁定不服的，可以提起上诉。

第8条 人民法院立案后发现不符合受理条件的，裁定驳回申请。

前款规定的裁定驳回申请的案件，申请人再次申请并符合受理条件的，人民法院应予受理。

当事人对驳回申请的裁定不服的，可以提起上诉。

第9条 对于申请人的申请，人民法院应当在七日内审查决定是否受理。

人民法院受理仲裁司法审查案件后，应当在五日内向申请人和被申请人发出通知书，告知其受理情况及相关的权利义务。

第10条 人民法院受理仲裁司法审查案件后，被申请人对管辖权有异议的，应当自收到人民法院通知之日起十五日内提出。人民法院对被申请人提出的异议，应当审查并作出裁定。当事人对裁定不服的，可以提起上诉。

在中华人民共和国领域内没有住所的被申请人对人民法院的管辖权有异议的，应当自收到人民法院通知之日起三十日内提出。

第11条 人民法院审查仲裁司法审查案件，应当组成合议庭并询问当事人。

第12条 仲裁协议或者仲裁裁决具有《最高人民法院关于适用〈中华人民共和国涉外民事关系法律适用法〉若干问题的解释（一）》第一条规定情形的，为涉外仲裁协议或者涉外仲裁裁决。

第13条 当事人协议选择确认涉外仲裁协议效力适用的法律，应当作出明确的意思表示，仅约定合同适用的法律，不能作为确认合同中仲裁条款效力适用的法律。

第14条 人民法院根据《中华人民共和国涉外民事关系法律适用法》第十八条的规定，确定确认涉外仲裁协议效力适用的法律时，当事人没有选择适用的法律，适用仲裁机构所在地的法律与适用仲裁地的法律将对仲裁协议的效力作出不同认定的，人民法院应当适用确认仲裁协议有效的法律。

第15条　仲裁协议未约定仲裁机构和仲裁地,但根据仲裁协议约定适用的仲裁规则可以确定仲裁机构或者仲裁地的,应当认定其为《中华人民共和国涉外民事关系法律适用法》第十八条中规定的仲裁机构或者仲裁地。

第16条　人民法院适用《承认及执行外国仲裁裁决公约》审查当事人申请承认和执行外国仲裁裁决案件时,被申请人以仲裁协议无效为由提出抗辩的,人民法院应当依照该公约第五条第一款(甲)项的规定,确定确认仲裁协议效力应当适用的法律。

第17条　人民法院对申请执行我国内地仲裁机构作出的非涉外仲裁裁决案件的审查,适用《中华人民共和国民事诉讼法》第二百三十七条[447]的规定。

人民法院对申请执行我国内地仲裁机构作出的涉外仲裁裁决案件的审查,适用《中华人民共和国民事诉讼法》第二百七十四条[448]的规定。

第18条　《中华人民共和国仲裁法》第五十八条第一款第六项和《中华人民共和国民事诉讼法》第二百三十七条[449]第二款第六项规定的仲裁员在仲裁该案时有索贿受贿,徇私舞弊,枉法裁决行为,是指已经由生效刑事法律文书或者纪律处分决定所确认的行为。

第19条　人民法院受理仲裁司法审查案件后,作出裁定前,申请人请求撤回申请的,裁定准许。

第20条　人民法院在仲裁司法审查案件中作出的裁定,除不予受理、驳回申请、管辖权异议的裁定外,一经送达即发生法律效力。当事人申请复议、提出上诉或者申请再审的,人民法院不予受理,但法律和司法解释另有规定的除外。

第21条　人民法院受理的申请确认涉及香港特别行政区、澳门特别行政区、台湾地区仲裁协议效力的案件,申请执行或者撤销我国内地仲裁机构作出的涉及香港特别行政区、澳门特别行政区、台湾地区仲裁裁决的案件,参照适用涉外仲裁司法审查案件的规定审查。

第22条　本规定自2018年1月1日起施行,本院以前发布的司法解释与本规定不一致的,以本规定为准。

《最高人民法院关于仲裁司法审查案件报核问题的有关规定》(法释〔2021〕21号 2021年12月24日)

第1条　本规定所称仲裁司法审查案件,包括下列案件:

(一)申请确认仲裁协议效力案件;

(二)申请撤销我国内地仲裁机构的仲裁裁决案件;

(三)申请执行我国内地仲裁机构的仲裁裁决案件;

(四)申请认可和执行香港特别行政区、澳门特别行政区、台湾地区仲裁裁决案件;

(五)申请承认和执行外国仲裁裁决案件;

(六)其他仲裁司法审查案件。

第2条　各中级人民法院或者专门人民法院办理涉外涉港澳台仲裁司法审查案件,经审查拟认定仲裁协议无效,不予执行或者撤销我国内地仲裁机构的仲裁裁

---

[447]《民事诉讼法》(2023年修正)第248条。
[448]《民事诉讼法》(2023年修正)第291条。
[449]《民事诉讼法》(2023年修正)第248条。

决，不予认可和执行香港特别行政区、澳门特别行政区、台湾地区仲裁裁决，不予承认和执行外国仲裁裁决，应当向本辖区所属高级人民法院报核；高级人民法院经审查拟同意的，应当向最高人民法院报核。待最高人民法院审核后，方可依最高人民法院的审核意见作出裁定。

各中级人民法院或者专门人民法院办理非涉外涉港澳台仲裁司法审查案件，经审查拟认定仲裁协议无效，不予执行或者撤销我国内地仲裁机构的仲裁裁决，应当向本辖区所属高级人民法院报核；待高级人民法院审核后，方可依高级人民法院的审核意见作出裁定。

第3条 本规定第二条第二款规定的非涉外涉港澳台仲裁司法审查案件，高级人民法院经审查，拟同意中级人民法院或者专门人民法院以违背社会公共利益为由不予执行或撤销我国内地仲裁机构的仲裁裁决的，应当向最高人民法院报核，待最高人民法院审核后，方可依最高人民法院的审核意见作出裁定。

第4条 依据本规定第二条第二款由高级人民法院审核的案件，高级人民法院应当在作出审核意见之日起十五日内向最高人民法院报备。

第5条 下级人民法院报请上级人民法院审核的案件，应当将书面报告和案件卷宗材料一并上报。书面报告应当写明审查意见及具体理由。

第6条 上级人民法院收到下级人民法院的报核申请后，认为案件相关事实不清的，可以询问当事人或者退回下级人民法院补充查明事实后再报。

第7条 上级人民法院应当以复函的形式将审核意见答复下级人民法院。

第8条 在民事诉讼案件中，对于人民法院因涉及仲裁协议效力而作出的不予受理、驳回起诉、管辖权异议的裁定，当事人不服提起上诉，第二审人民法院经审查拟认定仲裁协议不成立、无效、失效、内容不明确无法执行的，须按照本规定第二条的规定逐级报核，待上级人民法院审核后，方可依上级人民法院的审核意见作出裁定。

第9条 本规定自2018年1月1日起施行，本院以前发布的司法解释与本规定不一致的，以本规定为准。

《全国法院涉外商事海事审判工作座谈会会议纪要》（2022年1月24日）

98.【申请执行仲裁裁决案件的审查依据】人民法院对申请执行我国内地仲裁机构作出的非涉外仲裁裁决案件的审查，适用民事诉讼法第二百四十四条[450]的规定。人民法院对申请执行我国内地仲裁机构作出的涉外仲裁裁决案件的审查，适用民事诉讼法第二百八十一条[451]的规定。

人民法院根据前款规定，对被申请人主张的不予执行仲裁裁决事由进行审查。对被申请人未主张的事由或其主张事由超出民事诉讼法第二百四十四条[452]第二款、第二百八十一条[453]第一款规定的法定事由范围的，人民法院不予审查。

人民法院应当根据民事诉讼法第二百

---

[450]《民事诉讼法》（2023年修正）第248条。
[451]《民事诉讼法》（2023年修正）第291条。
[452]《民事诉讼法》（2023年修正）第248条。
[453]《民事诉讼法》（2023年修正）第291条。

四十四条[454]第三款、第二百八十一条[455]第二款的规定,依职权审查执行裁决是否违反社会公共利益。

99.【申请撤销仲裁调解书】仲裁调解书与仲裁裁决书具有同等法律效力。当事人申请撤销仲裁调解书的,人民法院应予受理。人民法院应当根据仲裁法第五十八条的规定,对当事人提出的撤销仲裁调解书的申请进行审查。当事人申请撤销涉外仲裁调解书的,根据仲裁法第七十条的规定进行审查。

100.【境外仲裁机构在我国内地作出的裁决的执行】境外仲裁机构以我国内地为仲裁地作出的仲裁裁决,应当视为我国内地的涉外仲裁裁决。当事人向仲裁地中级人民法院申请撤销仲裁裁决的,人民法院应当根据仲裁法第七十条的规定进行审查;当事人申请执行的,根据民事诉讼法第二百八十一条[456]的规定进行审查。

101.【违反法定程序的认定】违反仲裁法规定的仲裁程序、当事人选择的仲裁规则或者当事人对仲裁程序的特别约定,可能影响案件公正裁决,经人民法院审查属实的,应当认定为仲裁法第五十八条第一款第三项规定的情形。

102.【超裁的认定】仲裁裁决的事项超出当事人仲裁请求或者仲裁协议约定的范围,经人民法院审查属实的,应当认定构成仲裁法第五十八条第一款第二项、民事诉讼法第二百四十四条[457]第二款第二项规定的"裁决的事项不属于仲裁协议范围"的情形。

仲裁裁决在查明事实和说理部分涉及仲裁请求或者仲裁协议约定的仲裁事项范围以外的内容,但裁决项未超出仲裁请求或者仲裁协议约定的仲裁事项范围,当事人以构成仲裁法第五十八条第一款第二项、民事诉讼法第二百四十四条[458]第二款第二项规定的情形为由,请求撤销或者不予执行仲裁裁决的,人民法院不予支持。

103.【无权仲裁的认定】作出仲裁裁决的仲裁机构非仲裁协议约定的仲裁机构、裁决事项系法律规定或者当事人选择的仲裁规则规定的不可仲裁事项,经人民法院审查属实的,应当认定构成仲裁法第五十八条第一款第二项、民事诉讼法第二百四十四条[459]第二款第二项规定的"仲裁机构无权仲裁"的情形。

104.【重新仲裁的适用】申请人申请撤销仲裁裁决,人民法院经审查认为存在应予撤销的情形,但可以通过重新仲裁予以弥补的,人民法院可以通知仲裁庭重新仲裁。

人民法院决定由仲裁庭重新仲裁的,通知仲裁庭在一定期限内重新仲裁并在通知中说明要求重新仲裁的具体理由,同时裁定中止撤销程序。仲裁庭在人民法院指定的期限内开始重新仲裁的,人民法院应当裁定终结撤销程序。

仲裁庭拒绝重新仲裁或者在人民法院指定期限内未开始重新仲裁的,人民法院应当裁定恢复撤销程序。

---

[454] 《民事诉讼法》(2023年修正)第248条。
[455] 《民事诉讼法》(2023年修正)第291条。
[456] 同上。
[457] 《民事诉讼法》(2023年修正)第248条。
[458] 同上。
[459] 同上。

最高院裁判观点

湖南某中学与丁某民间借贷纠纷执行案【（2020）最高法执监 87 号】

裁判要旨：人民法院只有在仲裁裁决违背公共利益的情况下，方可依职权裁定不予执行仲裁裁决。本案不存在执行主体或执行标的涉犯罪线索的情形。即便认为本案涉嫌非法集资犯罪，根据非法集资刑事案件若干问题的意见，亦应当裁定中止执行，将有关材料移送公安机关或者检察机关，而不属于对仲裁裁决裁定不予执行的情形。因此，径行以本案涉及非法集资犯罪为由认定应不予执行仲裁裁决属认定事实及适用法律错误。

第二百九十二条 仲裁裁决不予执行的法律后果

仲裁裁决被人民法院裁定不予执行的，当事人可以根据双方达成的书面仲裁协议重新申请仲裁，也可以向人民法院起诉。

条文注解

这里"双方达成的书面仲裁协议"指的是重新达成的仲裁协议，而不是原有的仲裁协议。当事人双方能够重新达成仲裁协议的，可以向仲裁机构申请仲裁；达不成仲裁协议的，可以向人民法院提起诉讼，解决争议。

最高院裁判观点

1. 运某有限公司与深圳市中某城商业投资控股有限公司申请确认仲裁协议效力案【最高人民法院指导案例 196 号】

裁判要旨：（1）当事人以仲裁条款未成立为由请求确认仲裁协议不存在的，人民法院应当按照申请确认仲裁协议效力案件予以审查。（2）仲裁条款独立存在，其成立、效力与合同其他条款是独立、可分的。当事人在订立合同时对仲裁条款进行磋商并就提交仲裁达成合意的，合同成立与否不影响仲裁条款的成立、效力。

2. 深圳市实某共盈投资控股有限公司与深圳市某局申请确认仲裁协议效力案【最高人民法院指导案例 197 号】

裁判要旨：当事人未在仲裁庭首次开庭前对仲裁协议的效力提出异议的，应当认定当事人接受仲裁庭对案件的管辖权。虽然案件重新进入仲裁程序，但仍是对同一纠纷进行的仲裁程序，当事人在重新仲裁开庭前对仲裁协议效力提出异议的，不属于《中华人民共和国仲裁法》第二十条第二款规定的"在仲裁庭首次开庭前提出"的情形。

3. 中国工商银行股份有限公司岳阳分行与刘某良申请撤销仲裁裁决案【最高人民法院指导案例 198 号】

裁判要旨：实际施工人并非发包人与承包人签订的施工合同的当事人，亦未与发包人、承包人订立有效仲裁协议，不应受发包人与承包人的仲裁协议约束。实际施工人依据发包人与承包人的仲裁协议申请仲裁，仲裁机构作出仲裁裁决后，发包人请求撤销仲裁裁决的，人民法院应予支持。

4. 高某宇与深圳市云丝路创新发展基金企业、李某申请撤销仲裁裁决案【最高人民法院指导案例 199 号】

裁判要旨：仲裁裁决裁定被申请人赔偿与比特币等值的美元，再将美元折算成人民币，属于变相支持比特币与法定货币之间的兑付交易，违反了国家对虚拟币金融监管的规定，违背了社会公共利益，人民法院应当裁定撤销仲裁裁决。

第二十七章 司法协助

第二百九十三条 司法协助的原则

根据中华人民共和国缔结或者参加的国际条约，或者按照互惠原则，人民法院和外国法院可以相互请求，代为送达文书、调查取证以及进行其他诉讼行为。

外国法院请求协助的事项有损于中华人民共和国的主权、安全或者社会公共利益的，人民法院不予执行。

条文注解

我国人民法院对外国法院请求协助的事项，并非无条件地予以协助。外国法院请求的事项不能有损于我国的主权、安全和社会公共利益，例如，不能以我国为民事案件的被告，不能就属于我国法院专属管辖的案件送达文书和调查取证，不能就涉及我国国家秘密的事项作为调查内容等。此外，如果外国法院请求协助的事项不属于人民法院的职权范围，人民法院也不予协助。

相关规定

◎司法解释及文件

《最高人民法院关于依据国际公约和双边司法协助条约办理民商事案件司法文书送达和调查取证司法协助请求的规定》（法释〔2013〕6号 2020年12月29日修正）

为正确适用有关国际公约和双边司法协助条约，依法办理民商事案件司法文书送达和调查取证请求，根据《中华人民共和国民事诉讼法》《关于向国外送达民事或商事司法文书和司法外文书的公约》（海牙送达公约）、《关于从国外调取民事或商事证据的公约》（海牙取证公约）和双边民事司法协助条约的规定，结合我国的司法实践，制定本规定。

第1条 人民法院应当根据便捷、高效的原则确定依据海牙送达公约、海牙取证公约，或者双边民事司法协助条约，对外提出民商事案件司法文书送达和调查取证请求。

第2条 人民法院协助外国办理民商事案件司法文书送达和调查取证请求，适用对等原则。

第3条 人民法院协助外国办理民商事案件司法文书送达和调查取证请求，应当进行审查。外国提出的司法协助请求，具有海牙送达公约、海牙取证公约或双边民事司法协助条约规定的拒绝提供协助的情形的，人民法院应当拒绝提供协助。

第4条 人民法院协助外国办理民商事案件司法文书送达和调查取证请求，应当按照民事诉讼法和相关司法解释规定的方式办理。

请求方要求按照请求书中列明的特殊方式办理的，如果该方式与我国法律不相抵触，且在实践中不存在无法办理或者办理困难的情形，应当按照该特殊方式办理。

第5条 人民法院委托外国送达民商事案件司法文书和进行民商事案件调查取证，需要提供译文的，应当委托中华人民共和国领域内的翻译机构进行翻译。

翻译件不加盖人民法院印章，但应由翻译机构或翻译人员签名或盖章证明译文与原文一致。

第6条 最高人民法院统一管理全国

各级人民法院的国际司法协助工作。高级人民法院应当确定一个部门统一管理本辖区各级人民法院的国际司法协助工作并指定专人负责。中级人民法院、基层人民法院和有权受理涉外案件的专门法院，应当指定专人管理国际司法协助工作；有条件的，可以同时确定一个部门管理国际司法协助工作。

第7条 人民法院应当建立独立的国际司法协助登记制度。

第8条 人民法院应当建立国际司法协助档案制度。办理民商事案件司法文书送达的送达回证、送达证明在各个转递环节应当以适当方式保存。办理民商事案件调查取证的材料应当作为档案保存。

第9条 经最高人民法院授权的高级人民法院，可以依据海牙送达公约、海牙取证公约直接对外发出本辖区各级人民法院提出的民商事案件司法文书送达和调查取证请求。

第10条 通过外交途径办理民商事案件司法文书送达和调查取证，不适用本规定。

第11条 最高人民法院国际司法协助统一管理部门根据本规定制定实施细则。

第12条 最高人民法院以前所作的司法解释及规范性文件，凡与本规定不一致的，按本规定办理。

《中华人民共和国最高人民法院与新加坡共和国最高法院关于法律查明问题的合作谅解备忘录》（2022年4月3日）

第1条 适用范围

当中华人民共和国和新加坡共和国的法院在审理国际民商事案件中需要适用对方国家的法律时，各参与方可以依据本备忘录请求对方针对其民事和商事的国内法和司法实践或相关事项，提供信息和意见。

第2条 有权提出请求的机构

提供信息和意见的请求将由双方有法律查明需求的法院提出（"请求法院"）。该请求只能就正在进行的民事或商事诉讼提出。

第3条 请求书的内容

提供信息和意见的请求书将包括：

1. 请求法院的名称；
2. 提出请求案件的性质；
3. 请求的具体法律事项；
4. 对请求作出答复所需要的事实、假设和其它辅助性信息。

提出请求时，不具体指明诉讼当事方或其作为当事方的诉讼。

第4条 请求的传递

来自中华人民共和国法院的请求由中华人民共和国最高人民法院向新加坡共和国最高法院传递，来自新加坡共和国法院的请求由新加坡共和国最高法院向中华人民共和国最高人民法院传递。就本备忘录而言，递交请求的参与方简称"请求方"，收到请求的参与方简称"接收方"。

第5条 请求的接收和答复

中华人民共和国最高人民法院负责接收通过或由新加坡共和国最高法院传递的请求并进行答复。

新加坡共和国最高法院负责接收通过或由中华人民共和国最高人民法院传递的请求并进行答复。

第6条 答复的内容

接收方将以客观公正的方式向请求方提供信息和意见。在适当的情况下，答复将尽可能充分地对请求中包含的各项请求逐一回应，必要时可附正确理解信息所必需的任何其他文件，包括但不限于法律文本、相关判例、司法裁决、司法解释、法院指令等。

第 7 条　答复的传递

各参与方按照各自程序将答复直接提交给对方。

第 8 条　信息的澄清

接收方可以要求请求方对请求作进一步澄清,澄清请求将按照本备忘录第四条的规定送交请求方。

第 9 条　答复时间期限

接收方将尽快对提供信息和意见的请求作出答复。如在收到请求后六十日内无法作出答复,接收方将及时通知请求方。

如果接收方要求请求方对请求作进一步澄清,请求方将尽快答复澄清请求。但是,如果在收到澄清请求后三十天内不能作出答复,请求方将及时通知接收方。

第 10 条　答复的效力

1. 答复所提供的信息和意见仅供参考使用,对请求法院在任何正在进行或未来的诉讼中裁判任何法律问题或在其他方面都不具有约束力。请求法院可根据其国内法、惯例和习惯,以其认为适当的方式使用答复中提供的信息和意见。

2. 为避免疑义:

a. 请求法院有权将接收方的答复提供给请求案件的当事方,并请当事方就答复作出陈词;和

b. 请求法院有权通过请求方就答复提出要求提供进一步信息和意见的请求。

3. 接收方不对所提供的信息和意见承担责任。

第 11 条　不予答复的情形

如果接收方认为对提出的请求进行答复可能危害本国国家主权、安全、社会公共利益的,可不予答复,并立即通知请求方。

第 12 条　语言文字

1. 请求及任何附件使用接收方的官方语言文字或附以该官方语言文字的译本。

2. 答复及任何附件使用接收方的官方语言文字,并附以请求方官方语言文字的译本。

3. 就上文第 1 款和第 2 款而言,中华人民共和国最高人民法院的官方语言文字为中文,新加坡共和国最高法院的官方语言文字为英文。

第 13 条　联络部门

中华人民共和国最高人民法院指定最高人民法院国际合作局,新加坡共和国最高法院指定最高法院注册处为本备忘录项下联络部门。各参与方的请求和答复将由该联络部门通过指定的电子邮箱或其它认可的方式传递。

第 14 条　与其它外国法查明方式的关系

本备忘录的适用不妨碍两国法院在审理国际民商事案件时通过国际公约、双边条约、国内法律等其他方式查明对方国家的法律。

第 15 条　争端解决

在解释或执行本备忘录时如出现任何争议或分歧,将在各参与方互相理解和尊重的基础上通过友好协商解决,而不向任何第三方、法院、仲裁庭或任何其他审判机构提出。

第 16 条　修订

本备忘录可在任何时候经各参与方相互同意以书面形式修订。各参与方同意的任何修订将在各参与方同意的日期生效,并将视为本备忘录不可分割的一部分。

任何修订均不损害在该修订日期之前或截至该修订日期发出或收到的任何提供信息或意见的请求或收到的任何答复。

第 17 条　生效和终止

本备忘录将于 2022 年 4 月 3 日生效。任何参与方可以书面通知另一参与方终止本备忘录。在收到前述书面通知六个月

后，本备忘录终止。

本备忘录不构成任何条约或法律，也不在参与方之间根据国内法或国际法规定设立任何具有法律约束力的权利或义务。

本备忘录于2021年12月3日在中华人民共和国和新加坡共和国签署，一式两份，中英文正本各一份，两种文本具有同等效力。

第二百九十四条　司法协助的途径

请求和提供司法协助，应当依照中华人民共和国缔结或者参加的国际条约所规定的途径进行；没有条约关系的，通过外交途径进行。

外国驻中华人民共和国的使领馆可以向该国公民送达文书和调查取证，但不得违反中华人民共和国的法律，并不得采取强制措施。

除前款规定的情况外，未经中华人民共和国主管机关准许，任何外国机关或者个人不得在中华人民共和国领域内送达文书、调查取证。

条文注解

关于允许外国驻华使领馆官员在不违反我国法律的前提下，在我国领域内直接向其本国国民送达文书和调查取证的问题，需要说明三点：第一，外国驻华使领馆只能向其本国国民，而不得向我国公民或者第三国公民送达文书或者调查取证；第二，其他任何外国机关、组织以及个人，均不得擅自在我国领域内送达文书和调查取证；第三，外国驻华使领馆在我国领域内向其本国国民送达文书或者调查取证的行为，除了不得违反我国法律外，还

不得通过采取强制措施的方式完成。

相关规定

◎司法解释及文件

《最高人民法院关于适用〈中华人民共和国民事诉讼法〉的解释》（法释〔2022〕11号　2022年4月1日修正）

第547条　与中华人民共和国没有司法协助条约又无互惠关系的国家的法院，未通过外交途径，直接请求人民法院提供司法协助的，人民法院应予退回，并说明理由。

第二百九十五条　司法协助请求使用的文字

外国法院请求人民法院提供司法协助的请求书及其所附文件，应当附有中文译本或者国际条约规定的其他文字文本。

人民法院请求外国法院提供司法协助的请求书及其所附文件，应当附有该国文字译本或者国际条约规定的其他文字文本。

第二百九十六条　司法协助程序

人民法院提供司法协助，依照中华人民共和国法律规定的程序进行。外国法院请求采用特殊方式的，也可以按照其请求的特殊方式进行，但请求采用的特殊方式不得违反中华人民共和国法律。

第二百九十七条　申请外国承认和执行

人民法院作出的发生法律效力

的判决、裁定，如果被执行人或者其财产不在中华人民共和国领域内，当事人请求执行的，可以由当事人直接向有管辖权的外国法院申请承认和执行，也可以由人民法院依照中华人民共和国缔结或者参加的国际条约的规定，或者按照互惠原则，请求外国法院承认和执行。

在中华人民共和国领域内依法作出的发生法律效力的仲裁裁决，当事人请求执行的，如果被执行人或者其财产不在中华人民共和国领域内，当事人可以直接向有管辖权的外国法院申请承认和执行。

◎ 条文注解

对我国涉外仲裁机构作出的发生法律效力的仲裁裁决，当事人请求执行的，如果被执行人或者其财产不在我国领域内，则应当由当事人直接向有管辖权的外国法院申请承认和执行。这一途径，是我国参加的1958年《纽约公约》以及我国签订的双边司法协助条约中所确定的。对于我国涉外仲裁机构的裁决，不必再经过我国人民法院请求外国法院承认和执行。

◎ 相关规定

◎司法解释及文件

《最高人民法院关于适用〈中华人民共和国民事诉讼法〉的解释》（法释〔2022〕11号　2022年4月1日修正）

第548条　当事人在中华人民共和国领域外使用中华人民共和国法院的判决书、裁定书，要求中华人民共和国法院证明其法律效力的，或者外国法院要求中华人民共和国法院证明判决书、裁定书的法律效力的，作出判决、裁定的中华人民共和国法院，可以本法院的名义出具证明。

第二百九十八条　外国申请承认和执行

外国法院作出的发生法律效力的判决、裁定，需要人民法院承认和执行的，可以由当事人直接向有管辖权的中级人民法院申请承认和执行，也可以由外国法院依照该国与中华人民共和国缔结或者参加的国际条约的规定，或者按照互惠原则，请求人民法院承认和执行。

◎ 相关规定

◎司法解释及文件

《最高人民法院关于适用〈中华人民共和国民事诉讼法〉的解释》（法释〔2022〕11号　2022年4月1日修正）

第541条　申请人向人民法院申请承认和执行外国法院作出的发生法律效力的判决、裁定，应当提交申请书，并附外国法院作出的发生法律效力的判决、裁定正本或者经证明无误的副本以及中文译本。外国法院判决、裁定为缺席判决、裁定的，申请人应当同时提交该外国法院已经合法传唤的证明文件，但判决、裁定已经对此予以明确说明的除外。

中华人民共和国缔结或者参加的国际条约对提交文件有规定的，按照规定办理。

第542条　当事人向中华人民共和国有管辖权的中级人民法院申请承认和执行外国法院作出的发生法律效力的判决、裁定的，如果该法院所在国与中华人民共和国没有缔结或者共同参加国际条约，也没有互惠关系的，裁定驳回申请，但当事人向人民法院申请承认外国法院作出的发生法律效力的离婚判决的除外。

承认和执行申请被裁定驳回，当事人可以向人民法院起诉。

第544条 对外国法院作出的发生法律效力的判决、裁定或者外国仲裁裁决，需要中华人民共和国法院执行的，当事人应当先向人民法院申请承认。人民法院经审查，裁定承认后，再根据民事诉讼法第三编的规定予以执行。

当事人仅申请承认而未同时申请执行的，人民法院仅应对是否承认进行审查并作出裁定。

第545条 当事人申请承认和执行外国法院作出的发生法律效力的判决、裁定或者外国仲裁裁决的期间，适用民事诉讼法第二百四十六条[460]的规定。

当事人仅申请承认而未同时申请执行的，申请执行的期间自人民法院对承认申请作出的裁定生效之日起重新计算。

第546条 承认和执行外国法院作出的发生法律效力的判决、裁定或者外国仲裁裁决的案件，人民法院应当组成合议庭进行审查。

人民法院应当将申请书送达被申请人。被申请人可以陈述意见。

人民法院经审查作出的裁定，一经送达即发生法律效力。

文书范本

申请书（当事人申请承认和执行外国法院生效判决、裁定或仲裁裁决用）

申 请 书

申请人：×××，男/女，××××年××月××日出生，×族，……（写明工作单位和职务或者职业），住……。联系方式：……。

法定代理人/指定代理人：×××，……。

委托诉讼代理人：×××，……。

被申请人：×××，……。

……

（以上写明当事人和其他诉讼参加人的姓名或者名称等基本信息）

请求事项：

请求承认和执行××国××法院××××年××月××作出的……号民事判决/××国××仲裁机构作出的……号仲裁裁决。

事实和理由：

……（写明事实和理由）。

此致

××××中级人民法院

---

[460] 《民事诉讼法》（2023年修正）第250条。

附：1. 本申请书副本×份
　　2. 外国法院判决书或者仲裁裁决书正本或者经证明无误的副本以及中文译本

申请人（签名或者盖章）
××××年××月××日

文书制作要点提示：

①申请人是法人或者其他组织的，写明名称、住所，另起一行写明法定代表人、主要负责人及其姓名、职务、联系方式。

②简明扼要写清楚事实理由。

③外国法律文书需要一并提交中文译本。

第二百九十九条　外国法院裁判的承认与执行

人民法院对申请或者请求承认和执行的外国法院作出的发生法律效力的判决、裁定，依照中华人民共和国缔结或者参加的国际条约，或者按照互惠原则进行审查后，认为不违反中华人民共和国法律的基本原则且不损害国家主权、安全、社会公共利益的，裁定承认其效力；需要执行的，发出执行令，依照本法的有关规定执行。

条文注解

我国人民法院对外国法院判决、裁定的审查，仅限于审查外国法院的判决、裁定是否符合我国法律规定的承认和执行外国法院判决、裁定的条件，对其裁判中的事实认定和法律适用问题不予以审查。需要说明一点，承认外国法院的判决、裁定和执行外国法院的判决、裁定，是一个既有联系又有区别的问题。承认外国法院的判决、裁定是认可外国法院的判决、裁定在确定当事人权利义务方面与本国法院的判决、裁定有同等效力，是执行此判决、裁定的前提条件。但是承认并非必然伴随执行，只有具有执行内容的判决、裁定才发生执行的问题。例如外国法院单纯准许离婚的判决（不牵涉财产分割）、确认收养关系的判决等有关身份关系的判决，就只存在承认的问题，而不发生执行的问题。

相关规定

◎司法解释及文件

《最高人民法院关于适用〈中华人民共和国民事诉讼法〉的解释》（法释〔2022〕11号　2022年4月1日修正）

第544条　对外国法院作出的发生法律效力的判决、裁定或者外国仲裁裁决，需要中华人民共和国法院执行的，当事人应当先向人民法院申请承认。人民法院经审查，裁定承认后，再根据民事诉讼法第三编的规定予以执行。

当事人仅申请承认而未同时申请执行的，人民法院仅对应否承认进行审查并作出裁定。

第545条　当事人申请承认和执行外国法院作出的发生法律效力的判决、裁定或者外国仲裁裁决的期间，适用民事诉讼法第二百四十六条[461]的规定。

当事人仅申请承认而未同时申请执行的,申请执行的期间自人民法院对承认申请作出的裁定生效之日起重新计算。

第546条 承认和执行外国法院作出的发生法律效力的判决、裁定或者外国仲裁裁决的案件,人民法院应当组成合议庭进行审查。

人民法院应当将申请书送达被申请人。被申请人可以陈述意见。

人民法院经审查作出的裁定,一经送达即发生法律效力。

《最高人民法院关于内地与香港特别行政区法院相互认可和执行当事人协议管辖的民商事案件判决的安排》[462]　**(法释〔2008〕9号　2008年7月3日)**

根据《中华人民共和国香港特别行政区基本法》第九十五条的规定,最高人民法院与香港特别行政区政府经协商,现就当事人协议管辖的民商事案件判决的认可和执行问题作出如下安排:

第1条 内地人民法院和香港特别行政区法院在具有书面管辖协议的民商事案件中作出的须支付款项的具有执行力的终审判决,当事人可以根据本安排向内地人民法院或者香港特别行政区法院申请认可和执行。

第2条 本安排所称"具有执行力的终审判决":

(一) 在内地是指:

1. 最高人民法院的判决;

2. 高级人民法院、中级人民法院以及经授权管辖第一审涉外、涉港澳台民商事案件的基层人民法院(名单附后)依法不准上诉或者已经超过法定期限没有上诉的第一审判决,第二审判决和依照审判监督程序由上一级人民法院提审后作出的生效判决。

(二) 在香港特别行政区是指终审法院、高等法院上诉法庭及原讼法庭和区域法院作出的生效判决。

本安排所称判决,在内地包括判决书、裁定书、调解书、支付令;在香港特别行政区包括判决书、命令和诉讼费评定证明书。

当事人向香港特别行政区法院申请认可和执行判决后,内地人民法院对该案件依法再审的,由作出生效判决的上一级人民法院提审。

第3条 本安排所称"书面管辖协议",是指当事人为解决与特定法律关系有关的已经发生或者可能发生的争议,自本安排生效之日起,以书面形式明确约定内地人民法院或者香港特别行政区法院具有唯一管辖权的协议。

本条所称"特定法律关系",是指当事人之间的民商事合同,不包括雇佣合同以及自然人因个人消费、家庭事宜或者其他非商业目的而作为协议一方的合同。

本条所称"书面形式"是指合同书、信件和数据电文(包括电报、电传、传真、电子数据交换和电子邮件)等可以有形地表现所载内容,可以调取以备日后查用的形式。

书面管辖协议可以由一份或者多份书面形式组成。

除非合同另有规定,合同中的管辖协议条款独立存在,合同的变更、解除、终止或者无效,不影响管辖协议条款的

---

[461]《民事诉讼法》(2023年修正)第250条。

[462] 人民法院审理涉及我国香港特别行政区、澳门特别行政区和台湾地区的民事诉讼案件,可以参照适用涉外民事诉讼程序的特别规定。

效力。

第4条 申请认可和执行符合本安排规定的民商事判决，在内地向被申请人住所地、经常居住地或者财产所在地的中级人民法院提出，在香港特别行政区向香港特别行政区高等法院提出。

第5条 被申请人住所地、经常居住地或者财产所在地在内地不同的中级人民法院辖区的，申请人应当选择向其中一个人民法院提出认可和执行的申请，不得分别向两个或者两个以上人民法院提出申请。

被申请人的住所地、经常居住地或者财产所在地，既在内地又在香港特别行政区的，申请人可以同时分别向两地法院提出申请，两地法院分别执行判决的总额，不得超过判决确定的数额。已经部分或者全部执行判决的法院应当根据对方法院的要求提供已执行判决的情况。

第6条 申请人向有关法院申请认可和执行判决的，应当提交以下文件：

（一）请求认可和执行的申请书；

（二）经作出终审判决的法院盖章的判决书副本；

（三）作出终审判决的法院出具的证明书，证明该判决属于本安排第二条所指的终审判决，在判决作出地可以执行；

（四）身份证明材料：

1. 申请人为自然人的，应当提交身份证或者经公证的身份证复印件；

2. 申请人为法人或者其他组织的，应当提交经公证的法人或者其他组织注册登记证书的复印件；

3. 申请人是外国籍法人或者其他组织的，应当提交相应的公证和认证材料。

向内地人民法院提交的文件没有中文文本的，申请人应当提交证明无误的中文译本。

执行地法院对于本条所规定的法院出具的证明书，无需另行要求公证。

第7条 请求认可和执行申请书应当载明下列事项：

（一）当事人为自然人的，其姓名、住所；当事人为法人或者其他组织的，法人或者其他组织的名称、住所以及法定代表人或者主要负责人的姓名、职务和住所；

（二）申请执行的理由与请求的内容，被申请人的财产所在地以及财产状况；

（三）判决是否在原审法院地申请执行以及已执行的情况。

第8条 申请人申请认可和执行内地人民法院或者香港特别行政区法院判决的程序，依据执行地法律的规定。本安排另有规定的除外。

申请人申请认可和执行的期间为二年。

前款规定的期间，内地判决到香港特别行政区申请执行的，从判决规定履行期间的最后一日起计算，判决规定分期履行的，从规定的每次履行期间的最后一日起计算，判决未规定履行期间的，从判决生效之日起计算；香港特别行政区判决到内地申请执行的，从判决可强制执行之日起计算，该日为判决上注明的判决日期，判决对履行期间另有规定的，从规定的履行期间届满后开始计算。

第9条 对申请认可和执行的判决，原审判决中的债务人提供证据证明有下列情形之一的，受理申请的法院经审查核实，应当裁定不予认可和执行：

（一）根据当事人协议选择的原审法院地的法律，管辖协议属于无效。但选择法院已经判定该管辖协议为有效的除外；

（二）判决已获完全履行；

（三）根据执行地的法律，执行地法院对该案享有专属管辖权；

（四）根据原审法院地的法律，未曾

出庭的败诉一方当事人未经合法传唤或者虽经合法传唤但未获依法律规定的答辩时间。但原审法院根据其法律或者有关规定公告送达的，不属于上述情形；

（五）判决是以欺诈方法取得的；

（六）执行地法院就相同诉讼请求作出判决，或者外国、境外地区法院就相同诉讼请求作出判决，或者有关仲裁机构作出仲裁裁决，已经为执行地法院所认可或者执行的。

内地人民法院认为在内地执行香港特别行政区法院判决违反内地社会公共利益，或者香港特别行政区法院认为在香港特别行政区执行内地人民法院判决违反香港特别行政区公共政策的，不予认可和执行。

第10条　对于香港特别行政区法院作出的判决，判决确定的债务人已经提出上诉，或者上诉程序尚未完结的，内地人民法院审查核实后，可以中止认可和执行程序。经上诉，维持全部或者部分原判决的，恢复认可和执行程序；完全改变原判决的，终止认可和执行程序。

内地地方人民法院就已经作出的判决按照审判监督程序作出提审裁定，或者最高人民法院作出提起再审裁定的，香港特别行政区法院审查核实后，可以中止认可和执行程序。再审判决维持全部或者部分原判决的，恢复认可和执行程序；再审判决完全改变原判决的，终止认可和执行程序。

第11条　根据本安排而获认可的判决与执行地法院的判决效力相同。

第12条　当事人对认可和执行与否的裁定不服的，在内地可以向上一级人民法院申请复议，在香港特别行政区可以根据其法律规定提出上诉。

第13条　在法院受理当事人申请认可和执行判决期间，当事人依相同事实再行提起诉讼的，法院不予受理。

已获认可和执行的判决，当事人依相同事实再行提起诉讼的，法院不予受理。

对于根据本安排第九条不予认可和执行的判决，申请人不得再行提起认可和执行的申请，但是可以按照执行地的法律依相同案件事实向执行地法院提起诉讼。

第14条　法院受理认可和执行判决的申请之前或者之后，可以按照执行地法律关于财产保全或者禁制资产转移的规定，根据申请人的申请，对被申请人的财产采取保全或强制措施。

第15条　当事人向有关法院申请执行判决，应当根据执行地有关诉讼收费的法律和规定交纳执行费或者法院费用。

第16条　内地与香港特别行政区法院相互认可和执行的标的范围，除判决确定的数额外，还包括根据该判决须支付的利息、经法院核定的律师费以及诉讼费，但不包括税收和罚款。

在香港特别行政区诉讼费是指经法官或者司法常务官在诉讼费评定证明书中核定或者命令支付的诉讼费用。

第17条　内地与香港特别行政区法院自本安排生效之日（含本日）起作出的判决，适用本安排。

第18条　本安排在执行过程中遇有问题或者需要修改，由最高人民法院和香港特别行政区政府协商解决。

《内地与澳门特别行政区关于相互认可和执行民商事判决的安排》（法释〔2006〕2号 2006年3月21日）

根据《中华人民共和国澳门特别行政区基本法》第九十三条的规定，最高人民法院与澳门特别行政区经协商，就内地与澳门特别行政区法院相互认可和执行民商事判决事宜，达成如下安排：

第1条　内地与澳门特别行政区民商事案件（在内地包括劳动争议案件，在澳门特别行政区包括劳动民事案件）判决的相互认可和执行，适用本安排。

本安排亦适用于刑事案件中有关民事损害赔偿的判决、裁定。

本安排不适用于行政案件。

第2条 本安排所称"判决"，在内地包括：判决、裁定、决定、调解书、支付令；在澳门特别行政区包括：裁判、判决、确认和解的裁定、法官的决定或者批示。

本安排所称"被请求方"，指内地或者澳门特别行政区双方中，受理认可和执行判决申请的一方。

第3条 一方法院作出的具有给付内容的生效判决，当事人可以向对方有管辖权的法院申请认可和执行。

没有给付内容，或者不需要执行，但需要通过司法程序予以认可的判决，当事人可以向对方法院单独申请认可，也可以直接以该判决作为证据在对方法院的诉讼程序中使用。

第4条 内地有权受理认可和执行判决申请的法院为被申请人住所地、经常居住地或者财产所在地的中级人民法院。两个或者两个以上中级人民法院均有管辖权的，申请人应当选择向其中一个中级人民法院提出申请。

澳门特别行政区有权受理认可判决申请的法院为中级法院，有权执行的法院为初级法院。

第5条 被申请人在内地和澳门特别行政区均有可供执行财产的，申请人可以向一地法院提出执行申请。

申请人向一地法院提出执行申请的同时，可以向另一地法院申请查封、扣押或者冻结被执行人的财产。待一地法院执行完毕后，可以根据该地法院出具的执行情况证明，就不足部分向另一地法院申请采取处分财产的执行措施。

两地法院执行财产的总额，不得超过依据判决和法律规定所确定的数额。

第6条 请求认可和执行判决的申请书，应当载明下列事项：

（一）申请人或者被申请人为自然人的，应当载明其姓名及住所；为法人或者其他组织的，应当载明其名称及住所，以及其法定代表人或者主要负责人的姓名、职务和住所；

（二）请求认可和执行的判决的案号和判决日期；

（三）请求认可和执行判决的理由、标的，以及该判决在判决作出地法院的执行情况。

第7条 申请书应当附生效判决书副本，或者经作出生效判决的法院盖章的证明书，同时应当附作出生效判决的法院或者有权限机构出具的证明下列事项的相关文件：

（一）传唤属依法作出，但判决书已经证明的除外；

（二）无诉讼行为能力人依法得到代理，但判决书已经证明的除外；

（三）根据判决作出地的法律，判决已经送达当事人，并已生效；

（四）申请人为法人的，应当提供法人营业执照副本或者法人登记证明书；

（五）判决作出地法院发出的执行情况证明。

如被请求方法院认为已充分了解有关事项时，可以免除提交相关文件。

被请求方法院对当事人提供的判决书的真实性有疑问时，可以请求作出生效判决的法院予以确认。

第8条 申请书应当用中文制作。所附司法文书及其相关文件未用中文制作的，应当提供中文译本。其中法院判决书未用中文制作的，应当提供由法院出具的中文译本。

第9条 法院收到申请人请求认可和

执行判决的申请后,应当将申请书送达被申请人。

被申请人有权提出答辩。

第10条　被请求方法院应当尽快审查认可和执行的请求,并作出裁定。

第11条　被请求方法院经审查核实存在下列情形之一的,裁定不予认可:

(一)根据被请求方的法律,判决所确认的事项属被请求方法院专属管辖;

(二)在被请求方法院已存在相同诉讼,该诉讼先于待认可判决的诉讼提起,且被请求方法院具有管辖权;

(三)被请求方法院已认可或者执行被请求方法院以外的法院或仲裁机构就相同诉讼作出的判决或仲裁裁决;

(四)根据判决作出地的法律规定,败诉的当事人未得到合法传唤,或者无诉讼行为能力人未依法得到代理;

(五)根据判决作出地的法律规定,申请认可和执行的判决尚未发生法律效力,或者因再审被裁定中止执行;

(六)在内地认可和执行判决将违反内地法律的基本原则或者社会公共利益;在澳门特别行政区认可和执行判决将违反澳门特别行政区法律的基本原则或公共秩序。

第12条　法院就认可和执行判决的请求作出裁定后,应当及时送达。

当事人对认可与否的裁定不服的,在内地可以向上一级人民法院提请复议,在澳门特别行政区可以根据其法律规定提起上诉;对执行中作出的裁定不服的,可以根据被请求方法律的规定,向上级法院寻求救济。

第13条　经裁定予以认可的判决,与被请求方法院的判决具有同等效力。判决有给付内容的,当事人可以向该方有管辖权的法院申请执行。

第14条　被请求方法院不能对判决所确认的所有请求予以认可和执行时,可以认可和执行其中的部分请求。

第15条　法院受理认可和执行判决的申请之前或者之后,可以按照被请求方法律关于财产保全的规定,根据申请人的申请,对被申请人的财产采取保全措施。

第16条　在被请求方法院受理认可和执行判决的申请期间,或者判决已获认可和执行,当事人再行提起相同诉讼的,被请求方法院不予受理。

第17条　对于根据本安排第十一条(一)、(四)、(六)项不予认可的判决,申请人不得再行提起认可和执行的申请。但根据被请求方的法律,被请求方法院有管辖权的,当事人可以就相同案件事实向当地法院另行提起诉讼。

本安排第十一条(五)项所指的判决,在不予认可的情形消除后,申请人可以再行提起认可和执行的申请。

第18条　为适用本安排,由一方有权限公共机构(包括公证员)作成或者公证的文书正本、副本及译本,免除任何认证手续而可以在对方使用。

第19条　申请人依据本安排申请认可和执行判决,应当根据被请求方法律规定,交纳诉讼费用、执行费用。

申请人在生效判决作出地获准缓交、减交、免交诉讼费用的,在被请求方法院申请认可和执行判决时,应当享有同等待遇。

第20条　对民商事判决的认可和执行,除本安排有规定的以外,适用被请求方的法律规定。

第21条　本安排生效前提出的认可和执行请求,不适用本安排。

两地法院自1999年12月20日以后至本安排生效前作出的判决,当事人未向对方法院申请认可和执行,或者对方法院拒绝受理的,仍可以本安排生效后提出申请。

澳门特别行政区法院在上述期间内作出的判决，当事人向内地人民法院申请认可和执行的期限，自本安排生效之日起重新计算。

第22条 本安排在执行过程中遇有问题或者需要修改，应当由最高人民法院与澳门特别行政区协商解决。

第23条 为执行本安排，最高人民法院和澳门特别行政区终审法院应当相互提供相关法律资料。

最高人民法院和澳门特别行政区终审法院每年相互通报执行本安排的情况。

第24条 本安排自2006年4月1日起生效。

《最高人民法院关于认可和执行台湾地区法院民事判决的规定》（法释〔2015〕13号 2015年6月29日）

为保障海峡两岸当事人的合法权益，更好地适应海峡两岸关系和平发展的新形势，根据民事诉讼法等有关法律，总结人民法院涉台审判工作经验，就认可和执行台湾地区法院民事判决，制定本规定。

第1条 台湾地区法院民事判决的当事人可以根据本规定，作为申请人向人民法院申请认可和执行台湾地区有关法院民事判决。

第2条 本规定所称台湾地区法院民事判决，包括台湾地区法院作出的生效民事判决、裁定、和解笔录、调解笔录、支付命令等。

申请认可台湾地区法院在刑事案件中作出的有关民事损害赔偿的生效判决、裁定、和解笔录的，适用本规定。

申请认可由台湾地区乡镇市调解委员会等出具并经台湾地区法院核定、与台湾地区法院生效民事判决具有同等效力的调解文书的，参照适用本规定。

第3条 申请人同时提出认可和执行台湾地区法院民事判决申请的，人民法院先按照认可程序进行审查，裁定认可后，由人民法院执行机构执行。

申请人直接申请执行的，人民法院应当告知其一并提交认可申请；坚持不申请认可的，裁定驳回其申请。

第4条 申请认可台湾地区法院民事判决的案件，由申请人住所地、经常居住地或者被申请人住所地、经常居住地、财产所在地中级人民法院或者专门人民法院受理。

申请人向两个以上有管辖权的人民法院申请认可的，由最先立案的人民法院管辖。

申请人向被申请人财产所在地人民法院申请认可的，应当提供财产存在的相关证据。

第5条 对申请认可台湾地区法院民事判决的案件，人民法院应当组成合议庭进行审查。

第6条 申请人委托他人代理申请认可台湾地区法院民事判决的，应当向人民法院提交由委托人签名或者盖章的授权委托书。

台湾地区、香港特别行政区、澳门特别行政区或者外国当事人签名或者盖章的授权委托书应当履行相关的公证、认证或者其他证明手续，但授权委托书在人民法院法官的见证下签署或者经中国大陆公证机关公证证明是在中国大陆签署的除外。

第7条 申请人申请认可台湾地区法院民事判决，应当提交申请书，并附有台湾地区有关法院民事判决文书和民事判决确定证明书的正本或者经证明无误的副本。台湾地区法院民事判决为缺席判决的，申请人应当同时提交台湾地区法院已经合法传唤当事人的证明文件，但判决已经对此予以明确说明的除外。

申请书应当记明以下事项：

（一）申请人和被申请人姓名、性别、年龄、职业、身份证件号码、住址（申请人或者被申请人为法人或者其他组织的，应当记明法人或者其他组织的名称、地址、法定代表人或者主要负责人姓名、职务）和通讯方式；

（二）请求和理由；

（三）申请认可的判决的执行情况；

（四）其他需要说明的情况。

第 8 条 对于符合本规定第四条和第七条规定条件的申请，人民法院应当在收到申请后七日内立案，并通知申请人和被申请人，同时将申请书送达被申请人；不符合本规定第四条和第七条规定条件的，应当在七日内裁定不予受理，同时说明不予受理的理由；申请人对裁定不服的，可以提起上诉。

第 9 条 申请人申请认可台湾地区法院民事判决，应当提供相关证明文件，以证明该判决真实并且已经生效。

申请人可以申请人民法院通过海峡两岸调查取证司法互助途径查明台湾地区法院民事判决的真实性和是否生效以及当事人得到合法传唤的证明文件；人民法院认为必要时，也可以就有关事项依职权通过海峡两岸司法互助途径向台湾地区请求调查取证。

第 10 条 人民法院受理认可台湾地区法院民事判决的申请之前或者之后，可以按照民事诉讼法及相关司法解释的规定，根据申请人的申请，裁定采取保全措施。

第 11 条 人民法院受理认可台湾地区法院民事判决的申请后，当事人就同一争议起诉的，不予受理。

一方当事人向人民法院起诉后，另一方当事人向人民法院申请认可的，对认可的申请不予受理。

第 12 条 案件虽经台湾地区有关法院判决，但当事人未申请认可，而是就同一争议向人民法院起诉的，应予受理。

第 13 条 人民法院受理认可台湾地区法院民事判决的申请后，作出裁定前，申请人请求撤回申请的，可以裁定准许。

第 14 条 人民法院受理认可台湾地区法院民事判决的申请后，应当在立案之日起六个月内审结。有特殊情况需要延长的，报请上一级人民法院批准。

通过海峡两岸司法互助途径送达文书和调查取证的期间，不计入审查期限。

第 15 条 台湾地区法院民事判决具有下列情形之一的，裁定不予认可：

（一）申请认可的民事判决，是在被申请人缺席又未经合法传唤或者在被申请人无诉讼行为能力又未得到适当代理的情况下作出的；

（二）案件系人民法院专属管辖的；

（三）案件双方当事人订有有效仲裁协议，且无放弃仲裁管辖情形的；

（四）案件系人民法院已作出判决或者中国大陆的仲裁庭已作出仲裁裁决的；

（五）香港特别行政区、澳门特别行政区或者外国的法院已就同一争议作出判决且已为人民法院所认可或者承认的；

（六）台湾地区、香港特别行政区、澳门特别行政区或者外国的仲裁庭已就同一争议作出仲裁裁决且已为人民法院所认可或者承认的。

认可该民事判决将违反一个中国原则等国家法律的基本原则或者损害社会公共利益的，人民法院应当裁定不予认可。

第 16 条 人民法院经审查能够确认台湾地区法院民事判决真实并且已经生效，而且不具有本规定第十五条所列情形的，裁定认可其效力；不能确认该民事判决的真实性或者已经生效的，裁定驳回申请人的申请。

裁定驳回申请的案件，申请人再次申

请并符合受理条件的,人民法院应予受理。

第17条 经人民法院裁定认可的台湾地区法院民事判决,与人民法院作出的生效判决具有同等效力。

第18条 人民法院依据本规定第十五条和第十六条作出的裁定,一经送达即发生法律效力。

当事人对上述裁定不服的,可以自裁定送达之日起十日内向上一级人民法院申请复议。

第19条 对人民法院裁定不予认可的台湾地区法院民事判决,申请人再次提出申请的,人民法院不予受理,但申请人可以就同一争议向人民法院起诉。

第20条 申请人申请认可和执行台湾地区法院民事判决的期间,适用民事诉讼法第二百三十九条[463]的规定,但申请认可台湾地区法院有关身份关系的判决除外。

申请人仅申请认可而未同时申请执行的,申请执行的期间自人民法院对认可申请作出的裁定生效之日起重新计算。

第21条 人民法院在办理申请认可和执行台湾地区法院民事判决案件中作出的法律文书,应当依法送达案件当事人。

第22条 申请认可和执行台湾地区法院民事判决,应当参照《诉讼费用交纳办法》的规定,交纳相关费用。

第23条 本规定自2015年7月1日起施行。《最高人民法院关于人民法院认可台湾地区有关法院民事判决的规定》(法释〔1998〕11号)、《最高人民法院关于当事人持台湾地区有关法院民事调解书或者有关机构出具或确认的调解协议书向人民法院申请认可人民法院应否受理的批复》(法释〔1999〕10号)、《最高人民法院关于当事人持台湾地区有关法院支付命令向人民法院申请认可人民法院应否受理的批复》(法释〔2001〕13号)和《最高人民法院关于人民法院认可台湾地区有关法院民事判决的补充规定》(法释〔2009〕4号)同时废止。

《最高人民法院关于人民法院受理申请承认外国法院离婚判决案件有关问题的规定》(法释〔2000〕6号 2020年12月29日修正)

1998年9月17日,我院以法〔1998〕86号通知印发了《关于人民法院受理申请承认外国法院离婚判决案件几个问题的意见》,现根据新的情况,对人民法院受理申请承认外国法院离婚判决案件的有关问题重新作如下规定:

一、中国公民向人民法院申请承认外国法院离婚判决,人民法院不应以其未在国内缔结婚姻关系而拒绝受理;中国公民申请承认外国法院在其缺席情况下作出的离婚判决,应同时向人民法院提交作出该判决的外国法院已合法传唤其出庭的有关证明文件。

二、外国公民向人民法院申请承认外国法院离婚判决,如果其离婚的原配偶是中国公民的,人民法院应予受理;如果其离婚的原配偶是外国公民的,人民法院不予受理,但可告知其直接向婚姻登记机关申请结婚登记。

三、当事人向人民法院申请承认外国法院离婚调解书效力的,人民法院应予受理,并根据《关于中国公民申请承认外国法院离婚判决程序问题的规定》进行审查,作出承认或不予承认的裁定。

自本规定公布之日起,我院法〔1998〕86号通知印发的《关于人民法院

---

[463] 《民事诉讼法》(2023年修正)第250条。

受理申请承认外国法院离婚判决案件几个问题的意见》同时废止。

《最高人民法院关于中国公民申请承认外国法院离婚判决程序问题的规定》（法释〔民〕〔1991〕21号 2020年12月29日修正）

第1条 对与我国没有订立司法协助协议的外国法院作出的离婚判决，中国籍当事人可以根据本规定向人民法院申请承认该外国法院的离婚判决。

对与我国有司法协助协议的外国法院作出的离婚判决，按照协议的规定申请承认。

第2条 外国法院离婚判决中的夫妻财产分割、生活费负担、子女抚养方面判决的承认执行，不适用本规定。

第3条 向人民法院申请承认外国法院的离婚判决，申请人应提出书面申请书，并须附有外国法院离婚判决书正本及经证明无误的中文译本。否则，不予受理。

第4条 申请书应记明以下事项：

（一）申请人姓名、性别、年龄、工作单位和住址；

（二）判决由何国法院作出，判结结果、时间；

（三）受传唤及应诉的情况；

（四）申请理由及请求；

（五）其他需要说明的情况。

第5条 申请由申请人住所地中级人民法院受理。申请人住所地与经常居住地不一致的，由经常居住地中级人民法院受理。

申请人不在国内的，由申请人原国内住所地中级人民法院受理。

第6条 人民法院接到申请书，经审查，符合本规定的受理条件的，应当在7日内立案；不符合的，应当在7日内通知申请人不予受理，并说明理由。

第7条 人民法院审查承认外国法院离婚判决的申请，由三名审判员组成合议庭进行，作出的裁定不得上诉。

第8条 人民法院受理申请后，对于外国法院离婚判决书没有指明已生效或生效时间的，应责令申请人提交作出判决的法院出具的判决已生效的证明文件。

第9条 外国法院作出离婚判决的原告为申请人的，人民法院应责令其提交作出判决的外国法院已合法传唤被告出庭的有关证明文件。

第10条 按照第八条、第九条要求提供的证明文件，应经该外国公证部门公证和我国驻该国使、领馆认证，或者履行中华人民共和国与该所在国订立的有关条约中规定的证明手续。同时应由申请人提供经证明无误的中文译本。

第11条 居住在我国境内的外国法院离婚判决的被告为申请人，提交第八条、第十条所要求的证明文件和公证、认证有困难的，如能提交外国法院的应诉通知或出庭传票的，可推定外国法院离婚判决书为真实和已经生效。

第12条 经审查，外国法院的离婚判决具有下列情形之一的，不予承认：

（一）判决尚未发生法律效力；

（二）作出判决的外国法院对案件没有管辖权；

（三）判决是在被告缺席且未得到合法传唤情况下作出的；

（四）该当事人之间的离婚案件，我国法院正在审理或已作出判决，或者第三国法院对该当事人之间作出的离婚案件判决已为我国法院所承认；

（五）判决违反我国法律的基本原则或者危害我国国家主权、安全和社会公共利益。

第13条 对外国法院的离婚判决的承认，以裁定方式作出。没有第十二条规定的情形的，裁定承认其法律效力；具有第十二条规定的情形之一的，裁定驳回申请人的申请。

第14条　裁定书以"中华人民共和国××中级人民法院"名义作出，由合议庭成员署名，加盖人民法院印章。

第15条　裁定书一经送达，即发生法律效力。

第16条　申请承认外国法院的离婚判决，申请人应向人民法院交纳案件受理费人民币100元。

第17条　申请承认外国法院的离婚判决，委托他人代理的，必须向人民法院提交由委托人签名或盖章的授权委托书。委托人在国外出具的委托书，必须经我国驻该国的使、领馆证明，或者履行中华人民共和国与该所在国订立的有关条约中规定的证明手续。

第18条　人民法院受理离婚诉讼后，原告一方变更请求申请承认外国法院离婚判决，或者被告一方另提出承认外国法院离婚判决申请的，其申请均不受理。

第19条　人民法院受理承认外国法院离婚判决的申请后，对方当事人向人民法院起诉离婚的，人民法院不予受理。

第20条　当事人之间的婚姻虽经外国法院判决，但未向人民法院申请承认的，不妨碍当事人一方另行向人民法院提出离婚诉讼。

第21条　申请人的申请为人民法院受理后，申请人可以撤回申请，人民法院以裁定准予撤回。申请人撤回申请后，不得再提出申请，但可以另向人民法院起诉离婚。

第22条　申请人的申请被驳回后，不得再提出申请，但可以另行向人民法院起诉离婚。

《最高人民法院关于内地与香港特别行政区法院相互认可和执行婚姻家庭民事案件判决的安排》（法释〔2022〕4号　2022年2月14日）

根据《中华人民共和国香港特别行政区基本法》第九十五条的规定，最高人民法院与香港特别行政区政府经协商，现就婚姻家庭民事案件判决的认可和执行问题作出如下安排。

第1条　当事人向香港特别行政区法院申请认可和执行内地人民法院就婚姻家庭民事案件作出的生效判决，或者向内地人民法院申请认可和执行香港特别行政区法院就婚姻家庭民事案件作出的生效判决的，适用本安排。

当事人向香港特别行政区法院申请认可内地民政部门所发的离婚证，或者向内地人民法院申请认可依据《婚姻制度改革条例》（香港法例第178章）第Ⅴ部、第ⅤA部规定解除婚姻的协议书、备忘录的，参照适用本安排。

第2条　本安排所称生效判决：

（一）在内地，是指第二审判决，依法不准上诉或者超过法定期限没有上诉的第一审判决，以及依照审判监督程序作出的上述判决；

（二）在香港特别行政区，是指终审法院、高等法院上诉法庭及原讼法庭和区域法院作出的已经发生法律效力的判决，包括依据香港法律可以在生效后作出更改的命令。

前款所称判决，在内地包括判决、裁定、调解书，在香港特别行政区包括判决、命令、判令、讼费评定证明书、定额讼费证明书，但不包括双方依据其法律承认的其他国家和地区法院作出的判决。

第3条　本安排所称婚姻家庭民事案件：

（一）在内地是指：

1. 婚内夫妻财产分割纠纷案件；
2. 离婚纠纷案件；
3. 离婚后财产纠纷案件；
4. 婚姻无效纠纷案件；
5. 撤销婚姻纠纷案件；
6. 夫妻财产约定纠纷案件；
7. 同居关系子女抚养纠纷案件；
8. 亲子关系确认纠纷案件；
9. 抚养纠纷案件；
10. 扶养纠纷案件（限于夫妻之间扶养纠纷）；
11. 确认收养关系纠纷案件；
12. 监护权纠纷案件（限于未成年子女监护权纠纷）；
13. 探望权纠纷案件；
14. 申请人身安全保护令案件。

（二）在香港特别行政区是指：
1. 依据香港法例第179章《婚姻诉讼条例》第Ⅲ部作出的离婚绝对判令；
2. 依据香港法例第179章《婚姻诉讼条例》第Ⅳ部作出的婚姻无效绝对判令；
3. 依据香港法例第192章《婚姻法律程序与财产条例》作出的在讼案待决期间提供赡养费令；
4. 依据香港法例第13章《未成年人监护条例》、第16章《分居令及赡养令条例》、第192章《婚姻法律程序与财产条例》第Ⅱ部、第ⅡA部作出的赡养令；
5. 依据香港法例第13章《未成年人监护条例》、第192章《婚姻法律程序与财产条例》第Ⅱ部、第ⅡA部作出的财产转让及出售财产令；
6. 依据香港法例第182章《已婚者地位条例》作出的有关财产的命令；
7. 依据香港法例第192章《婚姻法律程序与财产条例》在双方在生时作出的修改赡养协议的命令；
8. 依据香港法例第290章《领养条例》作出的领养令；

9. 依据香港法例第179章《婚姻诉讼条例》、第429章《父母与子女条例》作出的父母身份、婚生地位或者确立婚生地位的宣告；
10. 依据香港法例第13章《未成年人监护条例》、第16章《分居令及赡养令条例》、第192章《婚姻法律程序与财产条例》作出的管养令；
11. 就受香港法院监护的未成年子女作出的管养令；
12. 依据香港法例第189章《家庭及同居关系暴力条例》作出的禁制骚扰令、驱逐令、重返令或者更改、暂停执行就未成年子女的管养令、探视令。

第4条 申请认可和执行本安排规定的判决：

（一）在内地向申请人住所地、经常居住地或者被申请人住所地、经常居住地、财产所在地的中级人民法院提出；

（二）在香港特别行政区向区域法院提出。

申请人应当向符合前款第一项规定的其中一个人民法院提出申请。向两个以上有管辖权的人民法院提出申请的，由最先立案的人民法院管辖。

第5条 申请认可和执行本安排第一条第一款规定的判决的，应当提交下列材料：

（一）申请书；

（二）经作出生效判决的法院盖章的判决副本；

（三）作出生效判决的法院出具的证明书，证明该判决属于本安排规定的婚姻家庭民事案件生效判决；

（四）判决为缺席判决的，应当提交法院已经合法传唤当事人的证明文件，但判决已经对此予以明确说明或者缺席方提出申请的除外；

（五）经公证的身份证件复印件。

申请认可本安排第一条第二款规定的离婚证或者协议书、备忘录的，应当提交下列材料：

（一）申请书；

（二）经公证的离婚证复印件，或者经公证的协议书、备忘录复印件；

（三）经公证的身份证件复印件。

向内地人民法院提交的文件没有中文文本的，应当提交准确的中文译本。

第6条 申请书应当载明下列事项：

（一）当事人的基本情况，包括姓名、住所、身份证件信息、通讯方式等；

（二）请求事项和理由，申请执行的，还需提供被申请人的财产状况和财产所在地；

（三）判决是否已在其他法院申请执行和执行情况。

第7条 申请认可和执行判决的期间、程序和方式，应当依据被请求方法律的规定。

第8条 法院应当尽快审查认可和执行的请求，并作出裁定或者命令。

第9条 申请认可和执行的判决，被申请人提供证据证明有下列情形之一的，法院审查核实后，不予认可和执行：

（一）根据原审法院地法律，被申请人未经合法传唤，或者虽经合法传唤但未获得合理的陈述、辩论机会的；

（二）判决是以欺诈方法取得的；

（三）被请求方法院受理相关诉讼后，请求方法院又受理就同一争议提起的诉讼并作出判决的；

（四）被请求方法院已经就同一争议作出判决，或者已经认可和执行其他国家和地区法院就同一争议所作出的判决的。

内地人民法院认为认可和执行香港特别行政区法院判决明显违反内地法律的基本原则或者社会公共利益，香港特别行政区法院认为认可和执行内地人民法院判决明显违反香港特别行政区法律的基本原则或者公共政策的，不予认可和执行。

申请认可和执行的判决涉及未成年子女的，在根据前款规定审查决定是否认可和执行时，应当充分考虑未成年子女的最佳利益。

第10条 被请求方法院不能对判决的全部判项予以认可和执行时，可以认可和执行其中的部分判项。

第11条 对于香港特别行政区法院作出的判决，一方当事人已经提出上诉，内地人民法院审查核实后，可以中止认可和执行程序。经上诉，维持全部或者部分原判决的，恢复认可和执行程序；完全改变原判决的，终止认可和执行程序。

内地人民法院就已经作出的判决裁定再审的，香港特别行政区法院审查核实后，可以中止认可和执行程序。经再审，维持全部或者部分原判决的，恢复认可和执行程序；完全改变原判决的，终止认可和执行程序。

第12条 在本安排下，内地人民法院作出的有关财产归一方所有的判项，在香港特别行政区将被视为命令一方向另一方转让该财产。

第13条 被申请人在内地和香港特别行政区均有可供执行财产的，申请人可以分别向两地法院申请执行。

两地法院执行财产的总额不得超过判决确定的数额。应对方法院要求，两地法院应当相互提供本院执行判决的情况。

第14条 内地与香港特别行政区法院相互认可和执行的财产给付范围，包括判决确定的给付财产和相应的利息、迟延履行金、诉讼费，不包括税收、罚款。

前款所称诉讼费，在香港特别行政区是指讼费评定证明书、定额讼费证明书核定或者命令支付的费用。

第15条 被请求方法院就认可和执

行的申请作出裁定或者命令后,当事人不服的,在内地可以于裁定送达之日起十日内向上一级人民法院申请复议,在香港特别行政区可以依据其法律规定提出上诉。

第 16 条 在审理婚姻家庭民事案件期间,当事人申请认可和执行另一地法院就同一争议作出的判决的,应当受理。受理后,有关诉讼应当中止,待就认可和执行的申请作出裁定或者命令后,再视情终止或者恢复诉讼。

第 17 条 审查认可和执行判决申请期间,当事人就同一争议提起诉讼的,不予受理;已经受理的,驳回起诉。

判决获得认可和执行后,当事人又就同一争议提起诉讼的,不予受理。

判决未获认可和执行的,申请人不得再次申请认可和执行,但可以就同一争议向被请求方法院提起诉讼。

第 18 条 被请求方法院在受理认可和执行判决的申请之前或者之后,可以依据其法律规定采取保全或者强制措施。

第 19 条 申请认可和执行判决的,应当依据被请求方有关诉讼收费的法律和规定交纳费用。

第 20 条 内地与香港特别行政区法院自本安排生效之日起作出的判决,适用本安排。

第 21 条 本安排在执行过程中遇有问题或者需要修改的,由最高人民法院和香港特别行政区政府协商解决。

第 22 条 本安排自 2022 年 2 月 15 日起施行。

《全国法院涉外商事海事审判工作座谈会会议纪要》(2022 年 1 月 24 日)

33.【审查标准及适用范围】人民法院在审理申请承认和执行外国法院判决、裁定案件时,应当根据民事诉讼法第二百八十九条[464]以及民事诉讼法司法解释第五百四十四条[465]第一款的规定,首先审查该国与我国是否缔结或者共同参加了国际条约。有国际条约的,依照国际条约办理;没有国际条约,或者虽然有国际条约但国际条约对相关事项未作规定的,具体审查标准可以适用本纪要。

破产案件、知识产权案件、不正当竞争案件以及垄断案件因具有较强的地域性、特殊性,相关判决的承认和执行不适用本纪要。

34.【申请人住所地法院管辖的情形】申请人申请承认外国法院判决、裁定,但被申请人在我国境内没有住所地,且其财产也不在我国境内的,可以由申请人住所地的中级人民法院管辖。

35.【申请材料】申请人申请承认和执行外国法院判决、裁定,应当提交申请书并附下列文件:

(1)判决书正本或者经证明无误的副本;

(2)证明判决已经发生法律效力的文件;

(3)缺席判决的,证明外国法院合法传唤缺席方的文件。

判决、裁定对前款第 2 项、第 3 项的情形已经予以说明的,无需提交其他证明文件。

申请人提交的判决及其他文件为外文的,应当附有加盖翻译机构印章的中文译本。

申请人提交的文件如果是在我国领域外形成的,应当办理公证认证手续,或者履行中华人民共和国与该所在国订立的有

---

[464] 《民事诉讼法》(2023 年修正)第 299 条。
[465] 《民诉法司法解释》(2022 年修正)第 542 条。

关国际条约规定的证明手续。

36.【申请书】申请书应当载明下列事项：

（1）申请人、被申请人。申请人或者被申请人为自然人的，应当载明其姓名、性别、出生年月、国籍、住所及身份证件号码；为法人或者非法人组织的，应当载明其名称、住所地，以及法定代表人或者代表人的姓名和职务；

（2）作出判决的外国法院名称、裁判文书案号、诉讼程序开始日期和判决日期；

（3）具体的请求和理由；

（4）申请执行判决的，应当提供被申请人的财产状况和财产所在地，并说明该判决在我国领域外的执行情况；

（5）其他需要说明的情况。

37.【送达被申请人】当事人申请承认和执行外国法院判决、裁定，人民法院应当在裁判文书中将对方当事人列为被申请人。双方当事人都提出申请的，均列为申请人。

人民法院应当将申请书副本送达被申请人。被申请人应当在收到申请书副本之日起十五日内提交意见；被申请人在中华人民共和国领域内没有住所的，应当在收到申请书副本之日起三十日内提交意见。被申请人在上述期限内不提交意见的，不影响人民法院审查。

38.【管辖权异议的处理】人民法院受理申请承认和执行外国法院判决、裁定案件后，被申请人对管辖权有异议的，应当自收到申请书副本之日起十五日内提出；被申请人在中华人民共和国领域内没有住所的，应当自收到申请书副本之日起三十日内提出。

人民法院对被申请人提出的管辖权异议，应当审查并作出裁定。当事人对管辖权异议裁定不服的，可以提起上诉。

39.【保全措施】当事人向人民法院申请承认和执行外国法院判决、裁定，人民法院受理申请后，当事人申请财产保全的，人民法院可以参照民事诉讼法及相关司法解释的规定执行。申请人应当提供担保，不提供担保的，裁定驳回申请。

40.【立案审查】申请人的申请不符合立案条件的，人民法院应当裁定不予受理，同时说明不予受理的理由。已经受理的，裁定驳回申请。当事人不服的，可以提起上诉。人民法院裁定不予受理或者驳回申请后，申请人再次申请且符合受理条件的，人民法院应予受理。

41.【外国法院判决的认定标准】人民法院应当根据外国法院判决、裁定的实质内容，审查认定该判决、裁定是否属于民事诉讼法第二百八十九条[466]规定的"判决、裁定"。

外国法院对民商事案件实体争议作出的判决、裁定、决定、命令等法律文书，以及在刑事案件中就民事损害赔偿作出的法律文书，应认定属于民事诉讼法第二百八十九条[467]规定的"判决、裁定"，但不包括外国法院作出的保全裁定以及其他程序性法律文书。

42.【判决生效的认定】人民法院应当根据判决作出国的法律审查该判决、裁定是否已经发生法律效力。有待上诉或者处于上诉过程中的判决、裁定不属于民事诉讼法第二百八十九条[468]规定的"发生法律效力的判决、裁定"。

---

[466]《民事诉讼法》（2023年修正）第299条。
[467] 同上。
[468] 同上。

43.【不能确认判决真实性和终局性的情形】人民法院在审理申请承认和执行外国法院判决、裁定案件时,经审查,不能够确认外国法院判决、裁定的真实性,或者该判决、裁定尚未发生法律效力的,应当裁定驳回申请。驳回申请后,申请人再次申请且符合受理条件的,人民法院应予受理。

44.【互惠关系的认定】人民法院在审理申请承认和执行外国法院判决、裁定案件时,有下列情形之一的,可以认定存在互惠关系:

(1) 根据该法院所在国的法律,人民法院作出的民商事判决可以得到该国法院的承认和执行;

(2) 我国与该法院所在国达成了互惠的谅解或者共识;

(3) 该法院所在国通过外交途径对我国作出互惠承诺或者我国通过外交途径对该法院所在国作出互惠承诺,且没有证据证明该法院所在国曾以不存在互惠关系为由拒绝承认和执行人民法院作出的判决、裁定。

人民法院对于是否存在互惠关系应当逐案审查确定。

45.【惩罚性赔偿判决】外国法院判决的判项为损害赔偿金且明显超出实际损失的,人民法院可以对超出部分裁定不予承认和执行。

46.【不予承认和执行的事由】对外国法院作出的发生法律效力的判决、裁定,人民法院按照互惠原则进行审查后,认定有下列情形之一的,裁定不予承认和执行:

(一) 根据中华人民共和国法律,判决作出国法院对案件无管辖权;

(二) 被申请人未得到合法传唤或者虽经合法传唤但未获得合理的陈述、辩论机会,或无诉讼能力的当事人未得到适当代理;

(三) 判决通过欺诈方式取得;

(四) 人民法院已对同一纠纷作出判决,或者已经承认和执行第三国就同一纠纷做出的判决或者仲裁裁决。

外国法院作出的发生法律效力的判决、裁定违反中华人民共和国法律的基本原则或国家主权、安全、社会公共利益的,不予承认和执行。

47.【违反仲裁协议作出的外国判决的承认】外国法院作出缺席判决后,当事人向人民法院申请承认和执行该判决,人民法院经审查发现纠纷当事人存在有效仲裁协议,且缺席当事人未明示放弃仲裁协议的,应当裁定不予承认和执行该外国法院判决。

48.【对申请人撤回申请的处理】人民法院受理申请承认和执行外国法院判决、裁定案件后,作出裁定前,申请人请求撤回申请的,可以裁定准许。

人民法院裁定准许撤回申请后,申请人再次申请且符合受理条件的,人民法院应予受理。

申请人无正当理由拒不参加询问程序的,按申请人自动撤回申请处理。

49.【承认和执行外国法院判决的报备及通报机制】各级人民法院审结当事人申请承认和执行外国法院判决案件的,应当在作出裁定后十五日内逐级报至最高人民法院备案。备案材料包括申请人提交的申请书、外国法院判决及其中文译本、人民法院作出的裁定。

人民法院根据互惠原则进行审查的案件,在作出裁定前,应当将拟处理意见报本辖区所属高级人民法院进行审查;高级人民法院同意拟处理意见的,应将其审查意见报最高人民法院审核。待最高人民法院答复后,方可作出裁定。

第三百条 不予承认和执行的情形

对申请或者请求承认和执行的外国法院作出的发生法律效力的判决、裁定，人民法院经审查，有下列情形之一的，裁定不予承认和执行：

（一）依据本法第三百零一条的规定，外国法院对案件无管辖权；

（二）被申请人未得到合法传唤或者虽经合法传唤但未获得合理的陈述、辩论机会，或者无诉讼行为能力的当事人未得到适当代理；

（三）判决、裁定是通过欺诈方式取得；

（四）人民法院已对同一纠纷作出判决、裁定，或者已经承认第三国法院对同一纠纷作出的判决、裁定；

（五）违反中华人民共和国法律的基本原则或者损害国家主权、安全、社会公共利益。

▶ 条文注解

本条是2023年民事诉讼法修正时新增的条文，在立法层面为承认和执行外国法院判决、裁定的审查提供了明确指引。当事人申请承认和执行外国法院判决、裁定的，除条款中所列的法定情形外，原则上应予以承认和执行。

▶ 相关规定

◎司法解释及文件

《最高人民法院关于适用〈中华人民共和国民事诉讼法〉的解释》（法释〔2022〕11号 2022年4月1日修正）

第541条 申请人向人民法院申请承认和执行外国法院作出的发生法律效力的判决、裁定，应当提交申请书，并附外国法院作出的发生法律效力的判决、裁定正本或者经证明无误的副本以及中文译本。外国法院判决、裁定为缺席判决、裁定的，申请人应当同时提交该外国法院已经合法传唤的证明文件，但判决、裁定已经对此予以明确说明的除外。

中华人民共和国缔结或者参加的国际条约对提交文件有规定的，按照规定办理。

第542条 当事人向中华人民共和国有管辖权的中级人民法院申请承认和执行外国法院作出的发生法律效力的判决、裁定的，如果该法院所在国与中华人民共和国没有缔结或者共同参加国际条约，也没有互惠关系的，裁定驳回申请，但当事人向人民法院申请承认外国法院作出的发生法律效力的离婚判决的除外。

承认和执行申请被裁定驳回的，当事人可以向人民法院起诉。

《全国法院涉外商事海事审判工作座谈会会议纪要》（2022年1月24日）

46.【不予承认和执行的事由】对外国法院作出的发生法律效力的判决、裁定，人民法院按照互惠原则进行审查后，认定有下列情形之一的，裁定不予承认和执行：

（一）根据中华人民共和国法律，判决作出国法院对案件无管辖权；

（二）被申请人未得到合法传唤或者虽经合法传唤但未获得合理的陈述、辩论机会，或者无诉讼能力的当事人未得到适当代理；

（三）判决通过欺诈方式取得；

（四）人民法院已对同一纠纷作出判决，或者已经承认和执行第三国就同一纠纷做出的判决或者仲裁裁决。

外国法院作出的发生法律效力的判决、裁定违反中华人民共和国法律的基本原则或者国家主权、安全、社会公共利益的，不予承认和执行。

第三百零一条　外国法院无管辖权的认定

有下列情形之一的，人民法院应当认定该外国法院对案件无管辖权：

（一）外国法院依照其法律对案件没有管辖权，或者虽然依照其法律有管辖权但与案件所涉纠纷无适当联系；

（二）违反本法对专属管辖的规定；

（三）违反当事人排他性选择法院管辖的协议。

条文注解

本条是2023年民事诉讼法修正时新增的条文。我国法院在认定外国法院对案件无管辖权时，主要审查是否符合外国法律规定、是否违反我国法律的专属管辖规定、以及是否符合当事人意思自治。

相关规定

◎司法解释及文件

《全国法院涉外商事海事审判工作座谈会会议纪要》（2022年1月24日）

47.【违反仲裁协议作出的外国判决的承认】外国法院作出缺席判决后，当事人向人民法院申请承认和执行该判决，人民法院经审查发现纠纷当事人存在有效仲裁协议，且缺席当事人未明示放弃仲裁协议的，应当裁定不予承认和执行该外国法院判决。

第三百零二条　同一纠纷的处理

当事人向人民法院申请承认和执行外国法院作出的发生法律效力的判决、裁定，该判决、裁定涉及的纠纷与人民法院正在审理的纠纷属于同一纠纷的，人民法院可以裁定中止诉讼。

外国法院作出的发生法律效力的判决、裁定不符合本法规定的承认条件的，人民法院裁定不予承认和执行，并恢复已经中止的诉讼；符合本法规定的承认条件的，人民法院裁定承认其效力；需要执行的，发出执行令，依照本法的有关规定执行；对已经中止的诉讼，裁定驳回起诉。

条文注解

本条是2023年民事诉讼法修正时新增的条文。当事人申请承认和执行外国法院裁判，所涉争议与我国法院正在审理案件属于同一纠纷的，我国法院可以中止审理。我国法院裁定承认外国法院裁判的，则驳回当事人对同一纠纷的起诉；裁定不予承认和执行，则恢复已经中止的诉讼。

第三百零三条　对裁定不服的救济

当事人对承认和执行或者不予承认和执行的裁定不服的，可以自裁定送达之日起十日内向上一级人民法院申请复议。

条文注解

本条是2023年修正中新增的条文。

对于我国法院裁定承认和执行或者不予承认和执行的裁定不服的,当事人可以自裁定送达之日起十日内向上一级人民法院申请复议。

相关规定

◎司法解释及文件

《全国法院涉外商事海事审判工作座谈会会议纪要》(2022年1月24日)

49.【承认和执行外国法院判决的报备及通报机制】各级人民法院审结当事人申请承认和执行外国法院判决案件的,应当在作出裁定后十五日内逐级报至最高人民法院备案。备案材料包括申请人提交的申请书、外国法院判决及其中文译本、人民法院作出的裁定。

人民法院根据互惠原则进行审查的案件,在作出裁定前,应当将拟处理意见报本辖区所属高级人民法院进行审查;高级人民法院同意拟处理意见的,应将其审查意见报最高人民法院审核。待最高人民法院答复后,方可作出裁定。

第三百零四条 外国仲裁裁决的承认和执行

在中华人民共和国领域外作出的发生法律效力的仲裁裁决,需要人民法院承认和执行的,当事人可以直接向被执行人住所地或者其财产所在地的中级人民法院申请。被执行人住所地或者其财产不在中华人民共和国领域内的,当事人可以向申请人住所地或者与裁决的纠纷有适当联系的地点的中级人民法院申请。人民法院应当依照中华人民共和国缔结或者参加的国际条约,或者按照互惠原则办理。

条文注解

本条是2023年民事诉讼法修正时修改的条文。首先,当事人可以直接向被执行人住所地或者其财产所在地的中级人民法院申请承认和执行。其次,被执行人住所地或者其财产不在我国领域内的,当事人可以向申请人住所地或者与裁决的纠纷有适当联系的地点的中级人民法院申请。本条通过增加申请人住所地或适当联系地的规定,增加了我国法院管辖的连接点。

相关规定

◎法　律

《全国人民代表大会常务委员会关于我国加入〈承认及执行外国仲裁裁决公约〉的决定》(1986年12月2日)

第六届全国人民代表大会常务委员会第十八次会议决定:

中华人民共和国加入《承认及执行外国仲裁裁决公约》,并同时声明:

(一)中华人民共和国只在互惠的基础上对在另一缔约国领土内作出的仲裁裁决的承认和执行适用该公约;

(二)中华人民共和国只对根据中华人民共和国法律认定为属于契约性和非契约性商事法律关系所引起的争议适用该公约。

附件:

承认及执行外国仲裁裁决公约

(1958年6月10日订于纽约)

第一条

一、仲裁裁决,因自然人或法人间之争议而产生且在声请承认及执行地所在国以外之国家领土内作成者,其承认及执行适用本公约。本公约对于仲裁裁决经声请承认及执行地所在国认为非内国裁决者,亦适用之。

二、"仲裁裁决"一词不仅指专案选

派之仲裁员所作裁决，亦指当事人提请仲裁之常设仲裁机关所作裁决。

三、任何国家得于签署、批准或加入本公约时，或于本公约第十条通知推广适用时，本交互原则声明该国适用本公约，以承认及执行在另一缔约国领土内作成之裁决为限。任何国家亦得声明，该国唯于争议起于法律关系，不论其为契约性质与否，而依提出声明国家之国内法认为系属商事关系者，始适用本公约。

第二条

一、当事人以书面协定承允彼此间所发生或可能发生之一切或任何争议，如关涉可以仲裁解决事项之确定法律关系，不论为契约性质与否，应提交仲裁时，各缔约国应承认此项协定。

二、称"书面协定"者，谓当事人所签订或在互换函电中所载明之契约仲裁条款或仲裁协定。

三、当事人就诉讼事项订有本条所称之协定者，缔约国法院受理诉讼时应依当事人一造之请求，命当事人提交仲裁，但前述协定经法院认定无效、失效或不能实行者不在此限。

第三条

各缔约国应承认仲裁裁决具有拘束力，并依援引裁决地之程序规则及下列各条所载条件执行之。承认或执行适用本公约之仲裁裁决时，不得较承认或执行内国仲裁裁决附加过苛之条件或征收过多之费用。

第四条

一、声请承认及执行之一造，为取得前条所称之承认及执行，应于声请时提具：

（甲）原裁决之正本或其正式副本。

（乙）第二条所称协定之原本或其正式副本。

二、倘前述裁决或协定所用文字非为援引裁决地所在国之正式文字，声请承认及执行裁决之一造应备具各该文件之此项文字译本。译本应由公设或宣誓之翻译员或外交或领事人员认证之。

第五条

一、裁决唯有于受裁决援用之一造向声请承认及执行地之主管机关提具证据证明有下列情形之一时，始得依该造之请求，拒予承认及执行：

（甲）第二条所称协定之当事人依对其适用之法律有某种无行为能力情形者，或该项协定依当事人作为协定准据之法律系属无效，或未指明以何法律为准时，依裁决地所在国法律系属无效者；

（乙）受裁决援用之一造未接获关于指派仲裁员或仲裁程序之适当通知，或因他故，致未能申辩者；

（丙）裁决所处理之争议非为交付仲裁之标的或不在其条款之列，或裁决载有关于交付仲裁范围以外事项之决定者，但交付仲裁事项之决定可与未交付仲裁之事项划分时，裁决中关于交付仲裁事项之决定部分得予承认及执行；

（丁）仲裁机关之组成或仲裁程序与各造间之协议不符，或无协议而与仲裁地所在国法律不符者；

（戊）裁决对各造尚无拘束力，或业经裁决地所在国或裁决所依据法律之国家之主管机关撤销或停止执行者。

二、倘声请承认及执行地所在国之主管机关认定有下列情形之一，亦得拒不承认及执行仲裁裁决：

（甲）依该国法律，争议事项系不能以仲裁解决者；

（乙）承认或执行裁决有违该国公共政策者。

第六条

倘裁决业经向第五条第一项（戊）款所称之主管机关声请撤销或停止执行，受理援引裁决案件之机关得于其认为适当时延缓关于执行裁决之决定，并得依请求执行一造之声请，命他造提供妥适之担保。

第七条

一、本公约之规定不影响缔约国间所订关于承认及执行仲裁裁决之多边或双边协定之效力，亦不剥夺任何利害关系人可依援引裁决地所在国之法律或条约所认许之方式，在其许可范围内，援用仲裁裁决之任何权利。

二、1923年日内瓦仲裁条款议定书及1927年日内瓦执行外国仲裁裁决公约在缔约国间，于其受本公约拘束后，在其受拘束之范围内不再生效。

第八条

一、本公约在1958年12月31日以前听由任何联合国会员国及现为或嗣后成为任何联合国专门机关会员国或国际法院规约当事国之任何其他国家，或经联合国大会邀请之任何其他国家签署。

二、本公约应予批准。批准文件应送交联合国秘书长存放。

第九条

一、本公约听由第八条所称各国加入。

二、加入应以加入文件送交联合国秘书长存放为之。

第十条

一、任何国家得于签署、批准或加入时声明将本公约推广适用于由其负责国际关系之一切或任何领土。此项声明于本公约对关系国家生效时发生效力。

二、嗣后关于推广适用之声明应向联合国秘书长提出通知为之，自联合国秘书长收到此项通知之日后第九十日起，或自本公约对关系国家生效之日起发生效力，此两日期以较迟者为准。

三、关于在签署、批准或加入时未经将本公约推广适用之领土，各关系国家应考虑可否采取必要步骤将本公约推广适用于此等领土，但因宪政关系确有必要时，自须征得此等领土政府之同意。

第十一条

下列规定对联邦制或非单一制国家适用之：

（甲）关于本公约内属于联邦机关立法权限之条款，联邦政府之义务在此范围内与非联邦制缔约国之义务同；

（乙）关于本公约内属于组成联邦各州或各省之立法权限之条款，如各州或各省依联邦宪法制度并无采取立法行动之义务，联邦政府应尽速将此等条款提请各州或各省主管机关注意，并附有利之建议；

（丙）参加本公约之联邦国家遇任何其他缔约国经由联合国秘书长转达请求时，应提供叙述联邦及其组成单位关于本公约特定规定之法律及惯例之情报，说明以立法或其他行动实施此项规定之程度。

第十二条

一、本公约应自第三件批准或加入文件存放之日后第九十日起发生效力。

二、对于第三件批准或加入文件存放后批准或加入本公约之国家，本公约应自各该国存放批准或加入文件后第九十日起发生效力。

第十三条

一、任何缔约国得以书面通知联合国秘书长宣告退出本公约。退约应于秘书长收到通知之日一年后发生效力。

二、依第十条规定提出声明或通知之国家，嗣后得随时通知联合国秘书长声明本公约自秘书长收到通知之日一年后停止适用于关系领土。

三、在退约生效前已进行承认或执行程序之仲裁裁决，应继续适用本公约。

第十四条

缔约国除在本国负有适用本公约义务之范围外，无权对其他缔约国援用本公约。

第十五条

联合国秘书长应将下列事项通知第八条所称各国：

（甲）依第八条所为之签署及批准；

（乙）依第九条所为之加入；

（丙）依第一条、第十条及第十一条所为之声明及通知；

（丁）依第十二条本公约发生效力之日期；

（戊）依第十三条所为之退约及通知。

第十六条

一、本公约应存放联合国档库，其中文、英文、法文、俄文及西班牙文各本同一作准。

二、联合国秘书长应将本公约正式副本分送第八条所称各国。

◎ **司法解释及文件**

《最高人民法院关于适用〈中华人民共和国民事诉讼法〉的解释》（法释〔2022〕11号 2022年4月1日修正）

第543条 对临时仲裁庭在中华人民共和国领域外作出的仲裁裁决，一方当事人向人民法院申请承认和执行的，人民法院应当依照民事诉讼法第二百九十条[469]规定处理。

《最高人民法院关于审理仲裁司法审查案件若干问题的规定》（法释〔2017〕22号 2017年12月26日）

第1条 本规定所称仲裁司法审查案件，包括下列案件：

（一）申请确认仲裁协议效力案件；

（二）申请执行我国内地仲裁机构的仲裁裁决案件；

（三）申请撤销我国内地仲裁机构的仲裁裁决案件；

（四）申请认可和执行香港特别行政区、澳门特别行政区、台湾地区仲裁裁决案件；

（五）申请承认和执行外国仲裁裁决案件；

（六）其他仲裁司法审查案件。

第16条 人民法院适用《承认及执行外国仲裁裁决公约》审查当事人申请承认和执行外国仲裁裁决案件时，被申请人以仲裁协议无效为由提出抗辩的，人民法院应当依照该公约第五条第一款（甲）项的规定，确定确认仲裁协议效力应当适用的法律。

第21条 人民法院受理的申请确认涉及香港特别行政区、澳门特别行政区、台湾地区仲裁协议效力的案件，申请执行或者撤销我国内地仲裁机构作出的涉及香港特别行政区、澳门特别行政区、台湾地区仲裁裁决的案件，参照适用涉外仲裁司法审查案件的规定审查。

《最高人民法院关于仲裁司法审查案件报核问题的有关规定》（法释〔2021〕21号 2021年12月24日）

第2条 各中级人民法院或者专门人民法院办理涉外涉港澳台仲裁司法审查案件，经审查拟认定仲裁协议无效，不予执行或者撤销我国内地仲裁机构的仲裁裁决，不予认可和执行香港特别行政区、澳门特别行政区、台湾地区仲裁裁决，不予承认和执行外国仲裁裁决，应当向本辖区所属高级人民法院报核；高级人民法院经审查拟同意的，应当向最高人民法院报核。待最高人民法院审核后，方可依最高人民法院的审核意见作出裁定。

各中级人民法院或者专门人民法院办理非涉外涉港澳台仲裁司法审查案件，经

---

[469]《民事诉讼法》（2023年修正）第304条。

审查拟认定仲裁协议无效,不予执行或者撤销我国内地仲裁机构的仲裁裁决,应当向本辖区所属高级人民法院报核;待高级人民法院审核后,方可依高级人民法院的审核意见作出裁定。

《最高人民法院关于内地与香港特别行政区相互执行仲裁裁决的补充安排》(法释〔2020〕13号　2021年5月18日)

《最高人民法院关于内地与香港特别行政区相互执行仲裁裁决的补充安排》于2020年11月9日由最高人民法院审判委员会第1815次会议通过,并于2020年11月26日公告:本司法解释第一条、第四条自2020年11月27日起施行,第二条、第三条在香港特别行政区完成有关程序后,由最高人民法院公布施行日期。

现香港特别行政区已完成有关程序,本司法解释第二条、第三条自2021年5月19日起施行。

依据《最高人民法院关于内地与香港特别行政区相互执行仲裁裁决的安排》(以下简称《安排》)第十一条的规定,最高人民法院与香港特别行政区政府经协商,作出如下补充安排:

一、《安排》所指执行内地或者特别行政区仲裁裁决的程序,应解释为包括认可和执行内地或者香港特别行政区仲裁裁决的程序。

二、将《安排》序言及第一条修改为:"根据《中华人民共和国香港特别行政区基本法》第九十五条的规定,经最高人民法院与香港特别行政区(以下简称香港特区)政府协商,现就仲裁裁决的相互执行问题作出如下安排:

"一、内地人民法院执行按香港特区《仲裁条例》作出的仲裁裁决,香港特区法院执行按《中华人民共和国仲裁法》作出的仲裁裁决,适用本安排。"

三、将《安排》第二条第三款修改为:"被申请人在内地和香港特区均有住所地或者可供执行财产的,申请人可以分别向两地法院申请执行。应对方法院要求,两地法院应当相互提供本方执行仲裁裁决的情况。两地法院执行财产的总额,不得超过裁决确定的数额。"

四、在《安排》第六条中增加一款作为第二款:"有关法院在受理执行仲裁裁决申请之前或者之后,可以依申请并按照执行地法律规定采取保全或者强制措施。"

五、本补充安排第一条、第四条自2020年11月27日起施行,第二条、第三条在香港特别行政区完成有关程序后,由最高人民法院公布施行日期。

《最高人民法院关于内地与香港特别行政区相互执行仲裁裁决的安排》(法释〔2000〕3号　2000年1月24日)

根据《中华人民共和国香港特别行政区基本法》第九十五条的规定,经最高人民法院与香港特别行政区(以下简称香港特区)政府协商,香港特区法院同意执行内地仲裁机构(名单由国务院法制办公室经国务院港澳事务办公室提供)依据《中华人民共和国仲裁法》所作出的裁决,内地人民法院同意执行在香港特区按香港特区《仲裁条例》所作出的裁决。现就内地与香港特区相互执行仲裁裁决的有关事宜作出如下安排:

一、在内地或者香港特区作出的仲裁裁决,一方当事人不履行仲裁裁决的,另一方当事人可以向被申请人住所地或者财产所在地的有关法院申请执行。

二、上条所述的有关法院,在内地指被申请人住所地或者财产所在地的中级人民法院,在香港特区指香港特区高等法院。

被申请人住所地或者财产所在地在内地不同的中级人民法院辖区内的,申请人可以选择其中一个人民法院申请执行裁决，不得分别向两个或者两个以上人民法院提出申请。

被申请人的住所地或者财产所在地，既在内地又在香港特区的，申请人不得同时分别向两地有关法院提出申请。只有一地法院执行不足以偿还其债务时，才可就不足部分向另一地法院申请执行。两地法院先后执行仲裁裁决的总额，不得超过裁决数额。

三、申请人向有关法院申请执行在内地或者香港特区作出的仲裁裁决的，应当提交以下文书：

（一）执行申请书；

（二）仲裁裁决书；

（三）仲裁协议。

四、执行申请书的内容应当载明下列事项：

（一）申请人为自然人的情况下，该人的姓名、地址；申请人为法人或者其他组织的情况下，该法人或其他组织的名称、地址及法定代表人姓名；

（二）被申请人为自然人的情况下，该人的姓名、地址；被申请人为法人或者其他组织的情况下，该法人或其他组织的名称、地址及法定代表人姓名；

（三）申请人为法人或者其他组织的，应当提交企业注册登记的副本。申请人是外国籍法人或者其他组织的，应当提交相应的公证和认证材料；

（四）申请执行的理由与请求的内容，被申请人的财产所在地及财产状况。

执行申请书应当以中文文本提出，裁决书或者仲裁协议没有中文文本的，申请人应当提交正式证明的中文译本。

五、申请人向有关法院申请执行内地或者香港特区仲裁裁决的期限依据执行地法律有关时限的规定。

六、有关法院接到申请人申请后，应当按执行地法律程序处理及执行。

七、在内地或者香港特区申请执行的仲裁裁决，被申请人接到通知后，提出证据证明有下列情形之一的，经审查核实，有关法院可裁定不予执行：

（一）仲裁协议当事人依对其适用的法律属于某种无行为能力的情形；或者该项仲裁协议依约定的准据法无效；或者未指明以何种法律为准时，依仲裁裁决地的法律是无效的；

（二）被申请人未接到指派仲裁员的适当通知，或者因他故未能陈述意见的；

（三）裁决所处理的争议不是交付仲裁的标的或者不在仲裁协议条款之内，或者裁决载有关于交付仲裁范围以外事项的决定的；但交付仲裁事项的决定可与未交付仲裁的事项划分时，裁决中关于交付仲裁事项的决定部分应当予以执行；

（四）仲裁庭的组成或者仲裁庭程序与当事人之间的协议不符，或者在有关当事人没有这种协议时与仲裁地的法律不符的；

（五）裁决对当事人尚无约束力，或者业经仲裁地的法院或者按仲裁地的法律撤销或者停止执行的。

有关法院认定依执行地法律，争议事项不能以仲裁解决的，则可不予执行该裁决。

内地法院认定在内地执行该仲裁裁决违反内地社会公共利益，或者香港特区法院决定在香港特区执行该仲裁裁决违反香港特区的公共政策，则可不予执行该裁决。

八、申请人向有关法院申请执行在内地或者香港特区作出的仲裁裁决，应当根据执行地法院有关诉讼收费的办法交纳执行费用。

九、1997年7月1日以后申请执行在内地或者香港特区作出的仲裁裁决按本安排执行。

十、对1997年7月1日至本安排生效之日的裁决申请问题，双方同意：

1997年7月1日至本安排生效之日因故未能向内地或者香港特区法院申请执行，申请人为法人或者其他组织的，可以在本安排生效后六个月内提出；如申请人为自然人的，可以在本安排生效后一年内提出。

对于内地或香港特区法院在1997年7月1日至本安排生效之日拒绝受理或者拒绝执行仲裁裁决的案件，应允许当事人重新申请。

十一、本安排在执行过程中遇有问题和修改，应当通过最高人民法院和香港特区政府协商解决。

《最高人民法院关于香港仲裁裁决在内地执行的有关问题的通知》（法〔2009〕415号 2009年12月30日）

近期，有关人民法院或者当事人向我院反映，在香港特别行政区做出的临时仲裁裁决、国际商会仲裁院在香港作出的仲裁裁决，当事人可否依据《关于内地与香港特别行政区相互执行仲裁裁决的安排》（以下简称《安排》）在内地申请执行。为了确保人民法院在办理该类案件中正确适用《安排》，统一执法尺度，现就有关问题通知如下：

当事人向人民法院申请执行在香港特别行政区做出的临时仲裁裁决、国际商会仲裁院等国外仲裁机构在香港特别行政区作出的仲裁裁决的，人民法院应当按照《安排》的规定进行审查。不存在《安排》第七条规定的情形的，该仲裁裁决可以在内地得到执行。

《最高人民法院关于内地与香港特别行政区法院就仲裁程序相互协助保全的安排》（法释〔2019〕14号 2019年9月26日）

根据《中华人民共和国香港特别行政区基本法》第九十五条的规定，最高人民法院与香港特别行政区政府经协商，现就内地与香港特别行政区法院关于仲裁程序相互协助保全作出如下安排：

第1条 本安排所称"保全"，在内地包括财产保全、证据保全、行为保全；在香港特别行政区包括强制令以及其他临时措施，以在争议得以裁决之前维持现状或者恢复原状、采取行动防止目前或者即将对仲裁程序发生的危害或者损害，或者不采取可能造成这种危害或者损害的行动、保全资产或者保全对解决争议可能具有相关性和重要性的证据。

第2条 本安排所称"香港仲裁程序"，应当以香港特别行政区为仲裁地，并且由以下机构或者常设办事处管理：

（一）在香港特别行政区设立或者总部设于香港特别行政区，并以香港特别行政区为主要管理地的仲裁机构；

（二）中华人民共和国加入的政府间国际组织在香港特别行政区设立的争议解决机构或者常设办事处；

（三）其他仲裁机构在香港特别行政区设立的争议解决机构或者常设办事处，且该争议解决机构或者常设办事处满足香港特别行政区政府订立的有关仲裁案件宗数以及标的金额等标准。

以上机构或者常设办事处的名单由香港特别行政区政府向最高人民法院提供，并经双方确认。

第3条 香港仲裁程序的当事人，在仲裁裁决作出前，可以参照《中华人民共和国民事诉讼法》《中华人民共和国仲裁法》以及相关司法解释的规定，向被申请人住所地、财产所在地或者证据所在地的内地中级人民法院申请保全。被申请人住所地、财产所在地或者证据所在地在不同人民法院辖区的，应当选择向其中一个人民法院提出申请，不得分别向两个或者两个以上人民法院提出申请。

当事人在有关机构或者常设办事处受理仲裁申请后提出保全申请的,应当由该机构或者常设办事处转递其申请。

在有关机构或者常设办事处受理仲裁申请前提出保全申请,内地人民法院采取保全措施后三十日内未收到有关机构或者常设办事处提交的已受理仲裁案件的证明函件的,内地人民法院应当解除保全。

第4条 向内地人民法院申请保全的,应当提交下列材料:

(一)保全申请书;

(二)仲裁协议;

(三)身份证明材料:申请人为自然人的,应当提交身份证件复印件;申请人为法人或者非法人组织的,应当提交注册登记证书的复印件以及法定代表人或者负责人的身份证件复印件;

(四)在有关机构或者常设办事处受理仲裁案件后申请保全的,应当提交包含主要仲裁请求和所根据的事实与理由的仲裁申请文件以及相关证据材料、该机构或者常设办事处出具的已受理有关仲裁案件的证明函件;

(五)内地人民法院要求的其他材料。

身份证明材料系在内地以外形成的,应当依据内地相关法律规定办理证明手续。

向内地人民法院提交的文件没有中文文本的,应当提交准确的中文译本。

第5条 保全申请书应当载明下列事项:

(一)当事人的基本情况:当事人为自然人的,包括姓名、住所、身份证件信息、通讯方式等;当事人为法人或者非法人组织的,包括法人或者非法人组织的名称、住所以及法定代表人或者主要负责人的姓名、职务、住所、身份证件信息、通讯方式等;

(二)请求事项,包括申请保全财产的数额、申请行为保全的内容和期限等;

(三)请求所依据的事实、理由和相关证据,包括关于情况紧急,如不立即保全将会使申请人合法权益受到难以弥补的损害或者将使仲裁裁决难以执行的说明等;

(四)申请保全的财产、证据的明确信息或者具体线索;

(五)用于提供担保的内地财产信息或者资信证明;

(六)是否已在其他法院、有关机构或者常设办事处提出本安排所规定的申请和申请情况;

(七)其他需要载明的事项。

第6条 内地仲裁机构管理的仲裁程序的当事人,在仲裁裁决作出前,可以依据香港特别行政区《仲裁条例》《高等法院条例》,向香港特别行政区高等法院申请保全。

第7条 向香港特别行政区法院申请保全的,应当依据香港特别行政区相关法律规定,提交申请、支持申请的誓章、附同的证物、论点纲要以及法庭命令的草拟本,并应当载明下列事项:

(一)当事人的基本情况:当事人为自然人的,包括姓名、地址;当事人为法人或者非法人组织的,包括法人或者非法人组织的名称、地址以及法定代表人或者主要负责人的姓名、职务、通讯方式等;

(二)申请的事项和理由;

(三)申请标的所在地以及情况;

(四)被申请人就申请作出或者可能作出的回应以及说法;

(五)可能会导致法庭不批准所寻求的保全,或者不在单方面申请的情况下批准该保全的事实;

(六)申请人向香港特别行政区法院作出的承诺;

(七)其他需要载明的事项。

第8条 被请求方法院应当尽快审查当事人的保全申请。内地人民法院可以要求申请人提供担保等，香港特别行政区法院可以要求申请人作出承诺、就费用提供保证等。

经审查，当事人的保全申请符合被请求方法律规定的，被请求方法院应当作出保全裁定或者命令等。

第9条 当事人对被请求方法院的裁定或者命令等不服，按被请求方相关法律规定处理。

第10条 当事人申请保全的，应当依据被请求方有关诉讼收费的法律和规定交纳费用。

第11条 本安排不减损内地和香港特别行政区的仲裁机构、仲裁庭、当事人依据对方法律享有的权利。

《最高人民法院关于内地与澳门特别行政区相互认可和执行仲裁裁决的安排》（法释〔2007〕17号 2007年12月12日）

根据《中华人民共和国澳门特别行政区基本法》第九十三条的规定，经最高人民法院与澳门特别行政区协商，现就内地与澳门特别行政区相互认可和执行仲裁裁决的有关事宜达成如下安排：

第1条 内地人民法院认可和执行澳门特别行政区仲裁机构及仲裁员按照澳门特别行政区仲裁法规在澳门作出的民商事仲裁裁决，澳门特别行政区法院认可和执行内地仲裁机构依据《中华人民共和国仲裁法》在内地作出的民商事仲裁裁决，适用本安排。

本安排没有规定的，适用认可和执行地的程序法律规定。

第2条 在内地或者澳门特别行政区作出的仲裁裁决，一方当事人不履行的，另一方当事人可以向被申请人住所地、经常居住地或者财产所在地的有关法院申请认可和执行。

内地有权受理认可和执行仲裁裁决申请的法院为中级人民法院。两个或者两个以上中级人民法院均有管辖权的，当事人应当选择向其中一个中级人民法院提出申请。

澳门特别行政区有权受理认可仲裁裁决申请的法院为中级法院，有权执行的法院为初级法院。

第3条 被申请人的住所地、经常居住地或者财产所在地分别在内地和澳门特别行政区的，申请人可以向一地法院提出认可和执行申请，也可以分别向两地法院提出申请。

当事人分别向两地法院提出申请的，两地法院都应当依法进行审查。予以认可的，采取查封、扣押或者冻结被执行人财产等执行措施。仲裁地法院应当先进行执行清偿；另一地法院在收到仲裁地法院关于经执行债权未获清偿情况的证明后，可以对申请人未获清偿的部分进行执行清偿。两地法院执行财产的总额，不得超过依据裁决和法律规定所确定的数额。

第4条 申请人向有关法院申请认可和执行仲裁裁决的，应当提交以下文件或者经公证的副本：

（一）申请书；
（二）申请人身份证明；
（三）仲裁协议；
（四）仲裁裁决书或者仲裁调解书。

上述文件没有中文文本的，申请人应当提交经正式证明的中文译本。

第5条 申请书应当包括下列内容：

（一）申请人或者被申请人为自然人的，应当载明其姓名及住所；为法人或者其他组织的，应当载明其名称及住所，以及其法定代表人或者主要负责人的姓名、职务和住所；申请人是外国籍法人或者其他组织的，应当提交相应的公证和认证材料；

（二）请求认可和执行的仲裁裁决书或者仲裁调解书的案号或识别资料和生效日期；

（三）申请认可和执行仲裁裁决的理由及具体请求，以及被申请人财产所在地、财产状况及该仲裁裁决的执行情况。

第6条 申请人向有关法院申请认可和执行内地或者澳门特别行政区仲裁裁决的期限，依据认可和执行地的法律确定。

第7条 对申请认可和执行的仲裁裁决，被申请人提出证据证明有下列情形之一的，经查核实，有关法院可以裁定不予认可：

（一）仲裁协议一方当事人依对其适用的法律在订立仲裁协议时属于无行为能力的；或者依当事人约定的准据法，或当事人没有约定适用的准据法而依仲裁地法律，该仲裁协议无效的；

（二）被申请人未接到选任仲裁员或者进行仲裁程序的适当通知，或者因他故未能陈述意见的；

（三）裁决所处理的争议不是提交仲裁的争议，或者不在仲裁协议范围之内；或者裁决载有超出当事人提交仲裁范围的事项的决定，但裁决中超出提交仲裁范围的事项的决定与提交仲裁事项的决定可以分开的，裁决中关于提交仲裁事项的决定部分可以予以认可；

（四）仲裁庭的组成或者仲裁程序违反了当事人的约定，或者在当事人没有约定时与仲裁地的法律不符的；

（五）裁决对当事人尚无约束力，或者业经仲裁地的法院撤销或者拒绝执行的。

有关法院认定，依执行地法律，争议事项不能以仲裁解决的，不予认可和执行该裁决。

内地法院认定在内地认可和执行该仲裁裁决违反内地法律的基本原则或者社会公共利益，澳门特别行政区法院认定在澳门特别行政区认可和执行该仲裁裁决违反澳门特别行政区法律的基本原则或者公共秩序，不予认可和执行该裁决。

第8条 申请人依据本安排申请认可和执行仲裁裁决的，应当根据执行地法律的规定，交纳诉讼费用。

第9条 一方当事人向一地法院申请执行仲裁裁决，另一方当事人向另一地法院申请撤销该仲裁裁决，被执行人申请中止执行且提供充分担保的，执行法院应当中止执行。

根据经认可的撤销仲裁裁决的判决、裁定，执行法院应当终结执行程序；撤销仲裁裁决申请被驳回的，执行法院应当恢复执行。

当事人申请中止执行的，应当向执行法院提供其他法院已经受理申请撤销仲裁裁决案件的法律文书。

第10条 受理申请的法院应当尽快审查认可和执行的请求，并作出裁定。

第11条 法院在受理认可和执行仲裁裁决申请之前或者之后，可以依当事人的申请，按照法院地法律规定，对被申请人的财产采取保全措施。

第12条 由一方有权限公共机构（包括公证员）作成的文书正本或者经公证的文书副本及译本，在适用本安排时，可以免除认证手续在对方使用。

第13条 本安排实施前，当事人提出的认可和执行仲裁裁决的请求，不适用本安排。

自1999年12月20日至本安排实施前，澳门特别行政区仲裁机构及仲裁员作出的仲裁裁决，当事人向内地申请认可和执行的期限，自本安排实施之日起算。

第14条 为执行本安排，最高人民法院和澳门特别行政区终审法院应当相互提供相关法律资料。

最高人民法院和澳门特别行政区终审法院每年相互通报执行本安排的情况。

第15条　本安排在执行过程中遇有问题或者需要修改的，由最高人民法院和澳门特别行政区协商解决。

第16条　本安排自2008年1月1日起实施。

《最高人民法院关于内地与澳门特别行政区就仲裁程序相互协助保全的安排》（法释〔2022〕7号　2022年2月24日）

根据《中华人民共和国澳门特别行政区基本法》第九十三条的规定，经最高人民法院与澳门特别行政区协商，现就内地与澳门特别行政区关于仲裁程序相互协助保全作出如下安排。

第1条　本安排所称"保全"，在内地包括财产保全、证据保全、行为保全；在澳门特别行政区包括为确保受威胁的权利得以实现而采取的保存或者预行措施。

第2条　按照澳门特别行政区仲裁法规向澳门特别行政区仲裁机构提起民商事仲裁程序的当事人，在仲裁裁决作出前，可以参照《中华人民共和国民事诉讼法》《中华人民共和国仲裁法》以及相关司法解释的规定，向被申请人住所地、财产所在地或者证据所在地的内地中级人民法院申请保全。被申请人住所地、财产所在地或者证据所在地在不同人民法院辖区的，应当选择向其中一个人民法院提出申请，不得分别向两个或者两个以上人民法院提出申请。

在仲裁机构受理仲裁案件前申请保全，内地人民法院采取保全措施后三十日内未收到仲裁机构已受理仲裁案件的证明函件的，内地人民法院应当解除保全。

第3条　向内地人民法院申请保全的，应当提交下列材料：

（一）保全申请书；

（二）仲裁协议；

（三）身份证明材料：申请人为自然人的，应当提交身份证件复印件；申请人为法人或者非法人组织的，应当提交注册登记证书的复印件以及法定代表人或者负责人的身份证件复印件；

（四）在仲裁机构受理仲裁案件后申请保全的，应当提交包含主要仲裁请求和所根据的事实与理由的仲裁申请文件以及相关证据材料、仲裁机构出具的已受理有关仲裁案件的证明函件；

（五）内地人民法院要求的其他材料。

身份证明材料系在内地以外形成的，应当依据内地相关法律规定办理证明手续。

向内地人民法院提交的文件没有中文文本的，应当提交中文译本。

第4条　向内地人民法院提交的保全申请书应当载明下列事项：

（一）当事人的基本情况：当事人为自然人的，包括姓名、住所、身份证件信息、通讯方式等；当事人为法人或者非法人组织的，包括法人或者非法人组织的名称、住所以及法定代表人或者主要负责人的姓名、职务、住所、身份证件信息、通讯方式等；

（二）请求事项，包括申请保全财产的数额、申请行为保全的内容和期限等；

（三）请求所依据的事实、理由和相关证据，包括关于情况紧急，如不立即保全将会使申请人合法权益受到难以弥补的损害或者将使仲裁裁决难以执行的说明等；

（四）申请保全的财产、证据的明确信息或者具体线索；

（五）用于提供担保的内地财产信息或者资信证明；

（六）是否已提出其他保全申请以及保全情况；

（七）其他需要载明的事项。

第 5 条　依据《中华人民共和国仲裁法》向内地仲裁机构提起民商事仲裁程序的当事人，在仲裁裁决作出前，可以根据澳门特别行政区法律规定，向澳门特别行政区初级法院申请保全。

在仲裁机构受理仲裁案件前申请保全的，申请人应当在澳门特别行政区法律规定的期间内，采取开展仲裁程序的必要措施，否则该保全措施失效。申请人应当将已作出必要措施及作出日期的证明送交澳门特别行政区法院。

第 6 条　向澳门特别行政区法院申请保全的，须附同下列资料：

（一）仲裁协议；

（二）申请人或者被申请人为自然人的，应当载明其姓名以及住所；为法人或者非法人组织的，应当载明其名称、住所以及法定代表人或者主要负责人的姓名、职务和住所；

（三）请求的详细资料，尤其包括请求所依据的事实和法律理由、申请标的的情况、财产的详细资料、须保全的金额、申请行为保全的详细内容和期限以及附同相关证据，证明权利受威胁以及解释恐防受侵害的理由；

（四）在仲裁机构受理仲裁案件后申请保全的，应当提交该仲裁机构出具的已受理有关仲裁案件的证明；

（五）是否已提出其他保全申请以及保全情况；

（六）法院要求的其他资料。

如向法院提交的文件并非使用澳门特别行政区的其中一种正式语文，则申请人应当提交其中一种正式语文的译本。

第 7 条　被请求方法院应当尽快审查当事人的保全申请，可以按照被请求方法律规定要求申请人提供担保。

经审查，当事人的保全申请符合被请求方法律规定的，被请求方法院应当作出保全裁定。

第 8 条　当事人对被请求方法院的裁定不服的，按被请求方相关法律规定处理。

第 9 条　当事人申请保全的，应当根据被请求方法律的规定交纳费用。

第 10 条　本安排不减损内地和澳门特别行政区的仲裁机构、仲裁庭、仲裁员、当事人依据对方法律享有的权利。

第 11 条　本安排在执行过程中遇有问题或者需要修改的，由最高人民法院和澳门特别行政区协商解决。

第 12 条　本安排自 2022 年 3 月 25 日起施行。

《全国法院涉外商事海事审判工作座谈会会议纪要》（2022 年 1 月 24 日）

105.【《纽约公约》第四条的理解】申请人向人民法院申请承认和执行外国仲裁裁决，应当根据《纽约公约》第四条的规定提交相应的材料，提交的材料不符合《纽约公约》第四条规定的，人民法院应当认定其申请不符合受理条件，裁定不予受理。已经受理的，裁定驳回申请。

106.【《纽约公约》第五条的理解】人民法院适用《纽约公约》审理申请承认和执行外国仲裁裁决案件时，应当根据《纽约公约》第五条的规定，对被申请人主张的不予承认和执行仲裁裁决事由进行审查。对被申请人未主张的事由或者其主张事由超出《纽约公约》第五条第一款规定的法定事由范围的，人民法院不予审查。

人民法院应当根据《纽约公约》第五条第二款的规定，依职权审查仲裁裁决是否存在裁决事项依我国法律不可仲裁，以及承认和执行仲裁裁决是否违反我国公共政策。

107.【未履行协商前置程序不违反约定程序】人民法院适用《纽约公约》审理

申请承认和执行外国仲裁裁决案件时，当事人在仲裁协议中约定"先协商解决，协商不成再提请仲裁"的，一方当事人未经协商即申请仲裁，另一方当事人以对方违反协商前置程序的行为构成《纽约公约》第五条第一款丁项规定的仲裁程序与各方之间的协议不符为由主张不予承认和执行仲裁裁决的，人民法院不予支持。

108.【违反公共政策的情形】人民法院根据《纽约公约》审查承认和执行外国仲裁裁决案件时，如人民法院生效裁定已经认定当事人之间的仲裁协议不成立、无效、失效或者不可执行，承认和执行该裁决将与人民法院生效裁定相冲突的，应当认定构成《纽约公约》第五条第二款乙项规定的违反我国公共政策的情形。

109.【承认和执行程序中的仲裁保全】当事人向人民法院申请承认和执行外国仲裁裁决，人民法院受理申请后，当事人申请财产保全的，人民法院可以参照民事诉讼法及相关司法解释的规定执行。申请人应当提供担保，不提供担保的，裁定驳回申请。

111.【涉港澳台案件参照适用本纪要】涉及香港特别行政区、澳门特别行政区和台湾地区的商事海事纠纷案件，相关司法解释未作规定的，参照本纪要关于涉外商事海事纠纷案件的规定处理。

最高院裁判观点

1. 斯某斯克蜂蜜加工公司申请承认和执行外国仲裁裁决案【最高人民法院指导案例200号】

裁判要旨：仲裁协议仅约定通过快速仲裁解决争议，未明确约定仲裁机构的，由临时仲裁庭作出裁决，不属于《承认及执行外国仲裁裁决公约》第五条第一款规定的情形，被申请人以采用临时仲裁不符合仲裁协议约定为由，主张不予承认和执行该临时仲裁裁决的，人民法院不予支持。

2. 德某甘·可可托维奇诉上海恩某餐饮管理有限公司、吕某劳务合同纠纷案【最高人民法院指导案例201号】

裁判要旨：（1）国际单项体育组织内部纠纷解决机构作出的纠纷处理决定不属于《承认及执行外国仲裁裁决公约》项下的外国仲裁裁决。（2）当事人约定，发生纠纷后提交国际单项体育组织解决，如果国际单项体育组织没有管辖权则提交国际体育仲裁院仲裁，该约定不存在准据法规定的无效情形的，应认定该约定有效。国际单项体育组织实际行使了管辖权，涉案争议不符合当事人约定的提起仲裁条件的，人民法院对涉案争议依法享有司法管辖权。

第三百零五条　涉及外国国家的民事诉讼

涉及外国国家的民事诉讼，适用中华人民共和国有关外国国家豁免的法律规定；有关法律没有规定的，适用本法。

条文注解

本条是2023年民事诉讼法修正时新增的条文。涉及外国国家的民事诉讼，适用我国有关外国国家豁免的法律规定；没有规定的，适用本法。

相关规定

◎法　律

《外国国家豁免法》（2023年9月1日）

第1条　为了健全外国国家豁免制度，明确中华人民共和国的法院对涉及外国国家及其财产民事案件的管辖，保护当事人合法权益，维护国家主权平等，促进对外友好交往，根据宪法，制定本法。

第2条　本法所称的外国国家包括：
（一）外国主权国家；
（二）外国主权国家的国家机关或者组成部分；
（三）外国主权国家授权行使主权权力且基于该项授权从事活动的组织或者个人。

第3条　外国国家及其财产在中华人民共和国的法院享有管辖豁免，本法另有规定的除外。

第4条　外国国家通过下列方式之一明示就特定事项或者案件接受中华人民共和国的法院管辖的，对于就该事项或者案件提起的诉讼，该外国国家在中华人民共和国的法院不享有管辖豁免：
（一）国际条约；
（二）书面协议；
（三）向处理案件的中华人民共和国的法院提交书面文件；
（四）通过外交渠道等方式向中华人民共和国提交书面文件；
（五）其他明示接受中华人民共和国的法院管辖的方式。

第5条　外国国家有下列情形之一的，视为就特定事项或者案件接受中华人民共和国的法院管辖：
（一）作为原告向中华人民共和国的法院提起诉讼；
（二）作为被告参加中华人民共和国的法院受理的诉讼，并就案件实体问题答辩或者提出反诉；
（三）作为第三人参加中华人民共和国的法院受理的诉讼；
（四）在中华人民共和国的法院作为原告提起诉讼或者作为第三人提出诉讼请求时，由于与该起诉或者该诉讼请求相同的法律关系或者事实被提起反诉。

外国国家有前款第二项规定的情形，但能够证明其作出上述答辩之前不可能知道有可主张豁免的事实的，可以在知道或者应当知道该事实后的合理时间内主张管辖豁免。

第6条　外国国家有下列情形之一的，不视为接受中华人民共和国的法院管辖：
（一）仅为主张豁免而应诉答辩；
（二）外国国家的代表在中华人民共和国的法院出庭作证；
（三）同意在特定事项或者案件中适用中华人民共和国的法律。

第7条　外国国家与包括中华人民共和国在内的其他国家的组织或者个人进行的商业活动，在中华人民共和国领域内发生，或者虽然发生在中华人民共和国领域外但在中华人民共和国领域内产生直接影响的，对于该商业活动引起的诉讼，该外国国家在中华人民共和国的法院不享有管辖豁免。

本法所称商业活动是指非行使主权权力的关于货物或者服务的交易、投资、借贷以及其他商业性质的行为。中华人民共和国的法院在认定一项行为是否属于商业活动时，应当综合考虑该行为的性质和目的。

第8条　外国国家为获得个人提供的劳动或者劳务而签订的合同全部或者部分在中华人民共和国领域内履行的，对于因该合同引起的诉讼，该外国国家在中华人民共和国的法院不享有管辖豁免，但有下列情形之一的除外：
（一）获得个人提供的劳动或者劳务是为了履行该外国国家行使主权权力的特定职能；
（二）提供劳动或者劳务的个人是外交代表、领事官员、享有豁免的国际组织驻华代表机构工作人员或者其他享有相关豁免的人员；
（三）提供劳动或者劳务的个人在提

起诉讼时具有该外国国家的国籍,并且在中华人民共和国领域内没有经常居所;

(四)该外国国家与中华人民共和国另有协议。

第9条 对于外国国家在中华人民共和国领域内的相关行为造成人身伤害、死亡或者造成动产、不动产损失引起的赔偿诉讼,该外国国家在中华人民共和国的法院不享有管辖豁免。

第10条 对于下列财产事项的诉讼,外国国家在中华人民共和国的法院不享有管辖豁免:

(一)该外国国家对位于中华人民共和国领域内的不动产的任何权益或者义务;

(二)该外国国家对动产、不动产的赠与、遗赠、继承或者因无人继承而产生的任何权益或者义务;

(三)在管理信托财产、破产财产或者进行法人、非法人组织清算时涉及该外国国家的权益或者义务。

第11条 对于下列知识产权事项的诉讼,外国国家在中华人民共和国的法院不享有管辖豁免:

(一)确定该外国国家受中华人民共和国法律保护的知识产权归属及相关权益;

第12条 外国国家与包括中华人民共和国在内的其他国家的组织或者个人之间的商业活动产生的争议,根据书面协议被提交仲裁的,或者外国国家通过国际投资条约等书面形式同意将其与包括中华人民共和国在内的其他国家的组织或者个人产生的投资争端提交仲裁的,对于需要法院审查的下列事项,该外国国家在中华人民共和国的法院不享有管辖豁免:

(一)仲裁协议的效力;

(二)仲裁裁决的承认和执行;

(三)仲裁裁决的撤销;

(四)法律规定的其他由中华人民共和国的法院对仲裁进行审查的事项。

第13条 外国国家的财产在中华人民共和国的法院享有司法强制措施豁免。

外国国家接受中华人民共和国的法院管辖,不视为放弃司法强制措施豁免。

第14条 有下列情形之一的,外国国家的财产在中华人民共和国的法院不享有司法强制措施豁免:

(一)外国国家以国际条约、书面协议或者向中华人民共和国的法院提交书面文件等方式明示放弃司法强制措施豁免;

(二)外国国家已经拨出或者专门指定财产用于司法强制措施执行;

(三)为执行中华人民共和国的法院的生效判决、裁定,对外国国家位于中华人民共和国领域内、用于商业活动且与诉讼有联系的财产采取司法强制措施。

第15条 下列外国国家的财产不视为本法第十四条第三项规定的用于商业活动的财产:

(一)外交代表机构、领事机构、特别使团、驻国际组织代表团或者派往国际会议的代表团用于、意图用于公务的财产,包括银行账户款项;

(二)属于军事性质的财产,或者用于、意图用于军事的财产;

(三)外国和区域经济一体化组织的中央银行或者履行中央银行职能的金融管理机构的财产,包括现金、票据、银行存款、有价证券、外汇储备、黄金储备以及该中央银行或者该履行中央银行职能的金融管理机构的不动产和其他财产;

(四)构成该国文化遗产或者档案的一部分,且非供出售或者意图出售的财产;

(五)用于展览的具有科学、文化、历史价值的物品,且非供出售或者意图出售的财产;

（六）中华人民共和国的法院认为不视为用于商业活动的其他财产。

第16条　对于外国国家及其财产民事案件的审判和执行程序，本法没有规定的，适用中华人民共和国的民事诉讼法律以及其他相关法律的规定。

第17条　中华人民共和国的法院向外国国家送达传票或者其他诉讼文书，应当按照下列方式进行：

（一）该外国国家与中华人民共和国缔结或者共同参加的国际条约规定的方式；

（二）该外国国家接受且中华人民共和国法律不禁止的其他方式。

通过前款方式无法完成送达的，可以通过外交照会方式送交该外国国家外交部门，外交照会发出之日视为完成送达。

按照本条第一款、第二款规定的方式进行送达的诉讼文书，应当依照该外国国家与中华人民共和国缔结或者共同参加的国际条约的规定附上有关语言的译本，没有相关国际条约的，附上该外国国家官方语言的译本。

向外国国家送达起诉状副本时，应当一并通知该外国国家在收到起诉状副本后三个月内提出答辩状。

外国国家在对其提起的诉讼中就实体问题答辩后，不得再就诉讼文书的送达方式提出异议。

第18条　经送达完成，外国国家未在中华人民共和国的法院指定期限内出庭的，法院应当主动查明该外国国家是否享有管辖豁免。对于外国国家在中华人民共和国的法院不享有管辖豁免的案件，法院可以缺席判决，但应当在诉讼文书送达之日的六个月以后。

中华人民共和国的法院对外国国家作出的缺席判决，应当按照本法第十七条的规定送达。

外国国家对中华人民共和国的法院缺席判决提起上诉的期限为六个月，从判决书送达之日起计算。

第19条　中华人民共和国外交部就以下有关国家行为的事实问题出具的证明文件，中华人民共和国的法院应当采信：

（一）案件中的相关国家是否构成本法第二条第一项中的外国主权国家；

（二）本法第十七条规定的外交照会是否送达以及何时送达；

（三）其他有关国家行为的事实问题。

对于前款以外其他涉及外交事务等重大国家利益的问题，中华人民共和国外交部可以向中华人民共和国的法院出具意见。

第20条　本法规定不影响外国的外交代表机构、领事机构、特别使团、驻国际组织代表团、派往国际会议的代表团及上述机构的相关人员根据中华人民共和国的法律、中华人民共和国缔结或者参加的国际条约享有的特权与豁免。

本法规定不影响外国国家元首、政府首脑、外交部长及其他具有同等身份的官员根据中华人民共和国的法律、中华人民共和国缔结或者参加的国际条约以及国际习惯享有的特权与豁免。

第21条　外国给予中华人民共和国国家及其财产的豁免待遇低于本法规定的，中华人民共和国实行对等原则。

第22条　中华人民共和国缔结或者参加的国际条约同本法有不同规定的，适用该国际条约的规定，但中华人民共和国声明保留的条款除外。

第23条　本法自2024年1月1日起施行。

第三百零六条　施行时间

本法自公布之日起施行，《中华人民共和国民事诉讼法（试行）》同时废止。

附录

基层人民法院管辖第一审知识产权民事、行政案件标准

（法〔2022〕109号）

地区	民事案件诉讼标的额（不含本数）	基层人民法院	管辖区域
北京市	不受诉讼标的额限制	北京市东城区人民法院	东城区、通州区、顺义区、怀柔区、平谷区、密云区
		北京市西城区人民法院	西城区、大兴区
		北京市朝阳区人民法院	朝阳区
		北京市海淀区人民法院	海淀区
		北京市丰台区人民法院	丰台区、房山区
		北京市石景山区人民法院	石景山区、门头沟区、昌平区、延庆区
天津市	500万元以下	天津市滨海新区人民法院	滨海新区、东丽区、宁河区
		天津市和平区人民法院	和平区、南开区、红桥区、西青区、武清区、宝坻区、蓟州区
		天津市河西区人民法院	河东区、河西区、河北区、津南区、北辰区、静海区
河北省	100万元以下	石家庄高新技术产业开发区人民法院	石家庄高新技术产业开发区、长安区、裕华区、栾城区、藁城区、新乐市、晋州市、深泽县、灵寿县、行唐县、赵县、辛集市
		石家庄铁路运输法院	新华区、桥西区、鹿泉区、正定县、井陉县、井陉矿区、赞皇县、平山县、高邑县、元氏县、无极县
		唐山高新技术产业开发区人民法院	唐山市
		秦皇岛市山海关区人民法院	秦皇岛市

续表

地区	民事案件诉讼标的额（不含本数）	基层人民法院	管辖区域
		邯郸市永年区人民法院	永年区、复兴区、丛台区、涉县、武安市、广平县、曲周县、鸡泽县、邱县、馆陶县
		邯郸经济技术开发区人民法院	邯郸经济技术开发区、冀南新区、峰峰矿区、邯山区、肥乡区、磁县、成安县、临漳县、魏县、大名县
		邢台经济开发区人民法院	邢台市
		保定高新技术产业开发区人民法院	保定市及定州市
		张家口市桥东区人民法院	张家口市
		承德市双滦区人民法院	承德市
		沧州市新华区人民法院	沧州市
		廊坊市安次区人民法院	廊坊市
		衡水市桃城区人民法院	衡水市
		容城县人民法院	雄安新区
山西省	100万元以下	山西转型综合改革示范区人民法院	山西转型综合改革示范区
		太原市杏花岭区人民法院	太原市
		大同市云冈区人民法院	大同市
		阳泉市郊区人民法院	阳泉市
		长治市潞州区人民法院	长治市
		晋中市太谷区人民法院	晋中市
		晋城市城区人民法院	晋城市
		朔州市朔城区人民法院	朔州市
		忻州市忻府区人民法院	忻州市
		汾阳人民法院	吕梁市
		临汾市尧都区人民法院	临汾市
		运城市盐湖区人民法院	运城市

续表

地区	民事案件诉讼标的额（不含本数）	基层人民法院	管辖区域
内蒙古自治区	100万元以下	呼和浩特市新城区人民法院	呼和浩特市
		包头市石拐区人民法院	包头市
		乌海市乌达区人民法院	乌海市
		赤峰市红山区人民法院	赤峰市
		通辽市科尔沁区人民法院	通辽市
		鄂尔多斯市康巴什区人民法院	鄂尔多斯市
		呼伦贝尔市海拉尔区人民法院	呼伦贝尔市
		巴彦淖尔市临河区人民法院	巴彦淖尔市
		乌兰察布市集宁区人民法院	乌兰察布市
		乌兰浩特市人民法院	兴安盟
		锡林浩特市人民法院	锡林郭勒盟
		阿拉善左旗人民法院	阿拉善盟
辽宁省	100万元以下	沈阳高新技术产业开发区人民法院	沈阳市
		大连市西岗区人民法院	大连市［中国（辽宁）自由贸易试验区大连片区除外］
		大连经济技术开发区人民法院	中国（辽宁）自由贸易试验区大连片区
		鞍山市千山区人民法院	鞍山市
		抚顺市东洲区人民法院	抚顺市
		本溪市平山区人民法院	本溪市
		丹东市振安区人民法院	丹东市
		锦州市古塔区人民法院	锦州市
		营口市西市区人民法院	营口市
		阜新市海州区人民法院	阜新市
		辽阳市太子河区人民法院	辽阳市

续表

地区	民事案件诉讼标的额（不含本数）	基层人民法院	管辖区域
		铁岭市银州区人民法院	铁岭市
		朝阳市龙城区人民法院	朝阳市
		盘山县人民法院	盘锦市
		兴城市人民法院	葫芦岛市
吉林省	100万元以下	长春新区人民法院	长春市
		吉林市船营区人民法院	吉林市
		四平市铁西区人民法院	四平市
		辽源市龙山区人民法院	辽源市
		梅河口市人民法院	通化市
		白山市浑江区人民法院	白山市
		松原市宁江区人民法院	松原市
		白城市洮北区人民法院	白城市
		珲春市人民法院	延边朝鲜族自治州
		珲春林区基层法院	延边林区中级法院辖区
		临江林区基层法院	长春林区中级法院辖区
黑龙江省	100万元以下	哈尔滨市南岗区人民法院	南岗区、香坊区、阿城区、呼兰区、五常市、巴彦县、木兰县、通河县
		哈尔滨市道里区人民法院	道里区、道外区、双城区、尚志市、宾县、依兰县、延寿县、方正县
		哈尔滨市松北区人民法院	松北区、平房区
		齐齐哈尔市铁锋区人民法院	齐齐哈尔市
		牡丹江市东安区人民法院	牡丹江市
		佳木斯市向阳区人民法院	佳木斯市
		大庆高新技术产业开发区人民法院	大庆市
		鸡西市鸡冠区人民法院	鸡西市

续表

地区	民事案件诉讼标的额（不含本数）	基层人民法院	管辖区域
		鹤岗市南山区人民法院	鹤岗市
		双鸭山市岭东区人民法院	双鸭山市
		伊春市伊美区人民法院	伊春市
		七台河市桃山区人民法院	七台河市
		黑河市爱辉区人民法院	黑河市
		海伦市人民法院	绥化市
		大兴安岭地区加格达奇区人民法院	大兴安岭地区
		绥北人民法院	农垦中级法院辖区
上海市	不受诉讼标的期限制	上海市浦东新区人民法院	各自辖区
		上海市徐汇区人民法院	
		上海市长宁区人民法院	
		上海市闵行区人民法院	
		上海市金山区人民法院	
		上海市松江区人民法院	
		上海市奉贤区人民法院	
		上海市黄浦区人民法院	
		上海市杨浦区人民法院	
		上海市虹口区人民法院	
		上海市静安区人民法院	
		上海市普陀区人民法院	
		上海市宝山区人民法院	
		上海市嘉定区人民法院	
		上海市青浦区人民法院	
		上海市崇明区人民法院	

续表

地区	民事案件诉讼标的额（不含本数）	基层人民法院	管辖区域
江苏省	500万元以下	南京市玄武区人民法院	玄武区、栖霞区
		南京市秦淮区人民法院	秦淮区
		南京市建邺区人民法院	建邺区
		南京市雨花台区人民法院	雨花台区
		南京市江宁区人民法院	江宁区（秣陵街道及禄口街道除外）
		江宁经济技术开发区人民法院	江宁区秣陵街道及禄口街道、溧水区、高淳区
		南京江北新区人民法院	南京江北新区、鼓楼区、浦口区、六合区
		江阴市人民法院	江阴市
		宜兴市人民法院	宜兴市
		无锡市惠山区人民法院	惠山区
		无锡市滨湖区人民法院	滨湖区、梁溪区
		无锡市新吴区人民法院	新吴区、锡山区
		徐州市鼓楼区人民法院	鼓楼区、丰县、沛县
		徐州市铜山区人民法院	铜山区、泉山区
		睢宁县人民法院	睢宁县、邳州市
		新沂市人民法院	新沂市
		徐州经济技术开发区人民法院	云龙区、贾汪区、徐州经济技术开发区
		常州市天宁区人民法院	天宁区
		常州市钟楼区人民法院	钟楼区
		常州高新技术产业开发区人民法院	新北区
		常州市武进区人民法院	武进区
		常州市金坛区人民法院	金坛区
		溧阳市人民法院	溧阳市

续表

地区	民事案件诉讼标的额（不含本数）	基层人民法院	管辖区域
		常州经济开发区人民法院	常州经济开发区
		张家港市人民法院	张家港市
		常熟市人民法院	常熟市
		太仓市人民法院	太仓市
		昆山市人民法院	昆山市
		苏州市吴江区人民法院	吴江区
		苏州市相城区人民法院	相城区
		苏州工业园区人民法院	苏州工业园区、吴中区
		苏州市虎丘区人民法院	虎丘区、姑苏区
		南通通州湾江海联动开发示范区人民法院	崇川区、通州区、海门区、海安市、如东县、启东市、如皋市、南通经济技术开发区、通州湾江海联动开发示范区
		连云港市连云区人民法院	连云区、海州区、赣榆区
		连云港经济技术开发区人民法院	东海县、灌云县、灌南县、连云港经济技术开发区
		淮安市淮安区人民法院	淮安区、洪泽区、盱眙县、金湖县
		淮安市淮阴市人民法院	淮阴区、清江浦区、涟水县、淮安经济技术开发区
		盐城市亭湖区人民法院	亭湖区、建湖县、盐城经济技术开发区
		射阳县人民法院	响水县、滨海县、阜宁县、射阳县
		盐城市大丰区人民法院	盐都区、大丰区、东台市
		扬州市广陵区人民法院	广陵区、江都区、扬州经济技术开发区、扬州市生态科技新城、扬州市蜀冈-瘦西湖风景名胜区
		仪征市人民法院	邗江区、仪征市

续表

地区	民事案件诉讼标的额（不含本数）	基层人民法院	管辖区域
		高邮市人民法院	宝应县、高邮市
		镇江市京口区人民法院	京口区、润州区
		丹阳市人民法院	丹阳市、句容市
		镇江经济开发区人民法院	丹徒区、扬中市、镇江经济技术开发区
		靖江市人民法院	姜堰区、靖江市、泰兴市
		泰州医药高新技术产业开发区人民法院	海陵区、泰州医药高新技术产业开发区（高港区）、兴化市
		沭阳县人民法院	沭阳县、泗阳县
		宿迁市宿城区人民法院	宿城区、宿豫区、泗洪县
浙江省	500万元以下	杭州市拱墅区人民法院	拱墅区
		杭州市西湖区人民法院	西湖区
		杭州市滨江区人民法院	滨江区
		杭州市萧山区人民法院	萧山区
		杭州市余杭区人民法院	余杭区
		杭州市临平区人民法院	临平区
		杭州市钱塘区人民法院	钱塘区
		杭州铁路运输法院	上城区、富阳区、临安区、建德市、桐庐县、淳安县
		宁波市海曙区人民法院	海曙区、江北区
		宁波市北仑区人民法院	北仑区
		宁波市镇海区人民法院	镇海区
		宁波市鄞州区人民法院	鄞州区、象山县、宁波高新技术产业开发区
		杭州市奉化区人民法院	奉化区、宁海县
		余姚市人民法院	余姚市
		慈溪市人民法院	慈溪市
		温州市鹿城区人民法院	鹿城区

续表

地区	民事案件诉讼标的额（不含本数）	基层人民法院	管辖区域
		温州市瓯海区人民法院	龙湾区、瓯海区
		瑞安市人民法院	瑞安市、龙港市、平阳县、苍南县、文成县、泰顺县
		乐清市人民法院	洞头区、乐清市、永嘉县
		湖州市吴兴区人民法院	吴兴区、南浔区
		德清县人民法院	德清县
		长兴县人民法院	长兴县
		安吉县人民法院	安吉县
		嘉兴市南湖区人民法院	南湖区、平湖市、嘉善县、海盐县
		嘉兴市秀洲区人民法院	秀洲区
		海宁市人民法院	海宁市
		桐乡市人民法院	桐乡市
		绍兴市柯桥区人民法院	越城区、柯桥区
		绍兴市上虞区人民法院	上虞区
		诸暨市人民法院	诸暨市
		嵊州市人民法院	嵊州市
		新昌县人民法院	新昌县
		金华市婺城区人民法院	婺城区、武义县
		金华市金东区人民法院	金东区、兰溪市、浦江县
		义乌市人民法院	义乌市
		东阳市人民法院	东阳市、磐安县
		永康市人民法院	永康市
		衢州市衢江区人民法院	柯城区、衢江区、龙游县
		江山市人民法院	江山市、常山县、开化县
		舟山市普陀区人民法院	定海区、普陀区、岱山县、嵊泗县

续表

地区	民事案件诉讼标的额（不含本数）	基层人民法院	管辖区域
		台州市椒江区人民法院	椒江区、黄岩区、路桥区
		温岭市人民法院	温岭市
		临海市人民法院	临海市
		玉环市人民法院	玉环市
		天台县人民法院	三门县、天台县、仙居县
		丽水市莲都区人民法院	莲都区、青田县、缙云县
		云和县人民法院	龙泉市、遂昌县、松阳县、云和县、庆元县、景宁畲族自治县
安徽省	100万元以下	合肥高新技术开发区人民法院	合肥市
		濉溪县人民法院	淮北市
		利辛县人民法院	亳州市
		灵璧县人民法院	宿州市
		蚌埠市禹会区人民法院	蚌埠市
		阜阳市颍东区人民法院	阜阳市
		淮南市大通区人民法院	淮南市
		滁州市南谯区人民法院	滁州市
		六安市裕安区人民法院	六安市
		马鞍山市花山区人民法院	马鞍山市
		芜湖经济技术开发区人民法院	芜湖市
		宁国市人民法院	宣城市
		铜陵市义安区人民法院	铜陵市
		池州市贵池区人民法院	池州市
		安庆市迎江区人民法院	安庆市
		黄山市徽州区人民法院	黄山市

续表

地区	民事案件诉讼标的额（不含本数）	基层人民法院	管辖区域
福建省	100万元以下	福州市鼓楼区人民法院	鼓楼区、台江区、仓山区、晋安区
		福州市马尾区人民法院	马尾区、长乐区、连江县、罗源县
		福清市人民法院	福清市、闽侯县、闽清县、永泰县
		平潭综合实验区人民法院	平潭综合实验区
		厦门市思明区人民法院	思明区
		厦门市湖里区人民法院	湖里区、中国（福建）自由贸易试验区厦门片区
		厦门市集美区人民法院	集美区、同安区、翔安区
		厦门市海沧区人民法院	海沧区［中国（福建）自由贸易试验区厦门片区除外］
		漳州市长泰区人民法院	芗城区、龙文区、龙海区、长泰区、南靖县、华安县
		漳浦县人民法院	漳浦县、云霄县、诏安县、东山县、平和县
		泉州市洛江区人民法院	鲤城区、丰泽区、洛江区、泉州经济技术开发区
		泉州市泉港区人民法院	泉港区、惠安县、泉州台商投资区
		晋江市人民法院	晋江市
		石狮市人民法院	石狮市
		南安市人民法院	南安市
		德化县人民法院	安溪县、永春县、德化县
		三明市沙县区人民法院	三元区、沙县区、建宁县、泰宁县、将乐县、尤溪县
		明溪县人民法院	永安市、明溪县、清流县、宁化县、大田县
		莆田市城厢区人民法院	城厢区、秀屿区

续表

地区	民事案件诉讼标的额（不含本数）	基层人民法院	管辖区域
		莆田市涵江区人民法院	荔城区、涵江区
		仙游县人民法院	仙游县
		南平市延平区人民法院	延平区、建瓯市、顺昌县、政和县
		武夷山市人民法院	建阳区、邵武市、武夷山市、浦城县、光泽县、松溪县
		龙岩市新罗区人民法院	新罗区、永定区、漳平市
		连城县人民法院	上杭县、武平县、长汀县、连城县
		宁德市蕉城区人民法院	蕉城区、东侨经济技术开发区、古田县、屏南县、周宁县、寿宁县
		福鼎市人民法院	福安市、柘荣县、福鼎市、霞浦县
江西省	100万元以下	南昌高新技术产业开发区人民法院	东湖区、青云谱区、青山湖区、红谷滩区、南昌高新技术产业开发区
		南昌经济技术开发区人民法院	南昌县、进贤县、安义县、西湖区、新建区、南昌经济技术开发区
		九江市濂溪区人民法院	九江市
		景德镇市珠山区人民法院	景德镇市
		芦溪县人民法院	萍乡市
		新余市渝水区人民法院	新余市
		鹰潭市月湖区人民法院	鹰潭市
		赣州市章贡区人民法院	赣州市
		万载县人民法院	宜春市
		上饶市广信区人民法院	上饶市
		吉安市吉州区人民法院	吉安市
		宜黄县人民法院	抚州市

续表

地区	民事案件诉讼标的额（不含本数）	基层人民法院	管辖区域
山东省	100万元以下	济南市历下区人民法院	历下区、槐荫区
		济南市市中区人民法院	市中区、历城区
		济南市天桥区人民法院	天桥区、济阳区、商河县
		济南市长清区人民法院	长清区、平阴县
		济南市章丘区人民法院	章丘区、济南高新技术产业开发区
		济南市莱芜区人民法院	莱芜区、钢城区
		青岛市市南区人民法院	市南区、市北区
		青岛市黄岛区人民法院	黄岛区
		青岛市崂山区人民法院	崂山区
		青岛市李沧区人民法院	李沧区、城阳区
		青岛市即墨区人民法院	即墨区、莱西市
		胶州市人民法院	胶州市、平度市
		淄博市周村区人民法院	张店市、周村区、淄博高新技术产业开发区
		沂源县人民法院	淄川区、博山区、临淄区、桓台县、高青县、沂源县
		枣庄市市中区人民法院	市中区、峄城区、台儿庄市
		滕州市人民法院	薛城区、山亭区、滕州市
		东营市垦利区人民法院	东营市
		烟台市芝罘区人民法院	芝罘区
		招远市人民法院	龙口市、莱州市、招远市、栖霞市
		烟台经济技术开发区人民法院	蓬莱区、烟台经济技术开发区
		烟台高新技术产业开发区人民法院	福山区、牟平区、莱山区、莱阳市、海阳市、烟台高新技术产业开发区

续表

地区	民事案件诉讼标的额（不含本数）	基层人民法院	管辖区域
		潍坊市潍城区人民法院	潍坊区、坊子区、诸城市、安丘市
		潍坊市奎文区人民法院	寒亭区、奎文区、高密市、昌邑市、潍坊高新技术产业开发区、潍坊滨海经济技术开发区
		寿光市人民法院	青州市、寿光市、临朐县、昌乐县
		曲阜市人民法院	曲阜市、邹城市、微山县、泗水县
		嘉祥县人民法院	鱼台县、金乡县、嘉祥县、汶上县、梁山县
		济宁高新技术产业开发区人民法院	任城区、兖州区、济宁高新技术产业开发区
		泰安高新技术产业开发区人民法院	泰安市
		威海市环翠区人民法院	威海市
		日照市东港区人民法院	日照市
		临沂市兰山区人民法院	兰山区
		临沂市罗庄区人民法院	罗庄区、兰陵县、临沂高新技术产业开发区
		临沂市河东区人民法院	河东区、郯城县、沂水县、莒南县、临沭县、临沂经济技术开发区
		费县人民法院	沂南县、费县、平邑县、蒙阴县
		德州市德城区人民法院	德州市
		聊城市茌平区人民法院	东昌府区、茌平区
		临清市人民法院	临清市、阳谷县、莘县、东阿县、冠县、高唐县
		滨州经济技术开发区人民法院	滨州市
		成武县人民法院	定陶区、曹县、单县、成武县
		东明县人民法院	牡丹区、东明县
		菏泽经济开发区人民法院	巨野县、郓城县、鄄城县、菏泽经济开发区

续表

地区	民事案件诉讼标的额（不含本数）	基层人民法院	管辖区域
河南省	500万元以下	郑州市管城回族区人民法院	管城回族区、金水区、中原区、惠济区、上街区、巩义市、荥阳市
		郑州航空港经济综合实验区人民法院	二七区、郑州高新技术产业开发区、郑州经济技术开发区、郑州航空港经济综合实验区、中牟县、新郑市、新密市、登封市
		开封市市龙亭区人民法院	开封市
		洛阳市老城区人民法院	洛阳市
		平顶山市湛河区人民法院	平顶山市
		安阳市龙安区人民法院	安阳市
		鹤壁市山城区人民法院	鹤壁市
		新乡市卫滨区人民法院	新乡市
		修武县人民法院	焦作市
		清丰县人民法院	濮阳市
		许昌市魏都区人民法院	许昌市
		漯河市召陵区人民法院	漯河市
		三门峡市湖滨区人民法院	三门峡市
		南阳高新技术产业开发区人民法院	南阳市
		商丘市睢阳区人民法院	商丘市
		罗山县人民法院	信阳市
		扶沟县人民法院	周口市
		遂平县人民法院	驻马店市
		济源市人民法院	济源市

地区	民事案件诉讼标的额（不含本数）	基层人民法院	管辖区域
湖北省	500万元以下	武汉市江岸区人民法院	江岸区、黄陂区、新洲区
		武汉市江汉区人民法院	江汉区、硚口区、东西湖区
		武汉市洪山区人民法院	武昌区、青山区、洪山区
		武汉经济技术开发区人民法院	汉阳区、蔡甸区、汉南区、武汉经济技术开发区
		武汉东湖新技术开发区人民法院	江夏区、武汉东湖新技术开发区
		南漳县人民法院	枣阳市、宜城市、南漳县、保康县、谷城县、老河口市
		襄阳高新技术产业开发区人民法院	襄州区、襄城区、樊城区、襄阳高新技术产业开发区
		宜昌市三峡坝区人民法院	宜昌市、神农架林区
		大冶市人民法院	黄石市
		十堰市张湾区人民法院	十堰市
		荆州市荆州区人民法院	荆州区、沙市区、江陵县、监利市、洪湖市
		石首市人民法院	松滋市、公安县、石首市
		荆门市东宝区人民法院	荆门市
		鄂州市华容区人民法院	鄂州市
		孝感市孝南区人民法院	孝南区、汉川市、孝昌县
		安陆市人民法院	应城市、云梦县、安陆市、大悟县
		黄冈市黄州区人民法院	黄州区、浠水县、蕲春县、武穴市、黄梅县、龙感湖管理区
		麻城市人民法院	团风县、红安县、麻城市、罗田县、英山县
		通城县人民法院	咸宁市
		随县人民法院	随州市
		宣恩县人民法院	恩施土家族苗族自治州
		天门市人民法院	仙桃市、天门市、潜江市

续表

地区	民事案件诉讼标的额（不含本数）	基层人民法院	管辖区域
湖南省	100万元以下	长沙市天心区人民法院	天心区、雨花区
		长沙市岳麓区人民法院	岳麓区、望城区
		长沙市开福区人民法院	开福区、芙蓉区
		长沙县人民法院	长沙县
		济阳市人民法院	浏阳市
		宁乡市人民法院	宁乡市
		株洲市天元区人民法院	株洲市
		湘潭市岳塘区人民法院	湘潭市
		衡阳市雁峰区人民法院	衡阳市
		邵东市人民法院	邵阳市
		岳阳市岳阳楼区人民法院	岳阳市
		津市市人民法院	常德市
		张家界市永定区人民法院	张家界市
		益阳市资阳区人民法院	益阳市
		娄底市娄星区人民法院	娄底市
		郴州市苏仙区人民法院	郴州市
		祁阳市人民法院	永州市
		怀化市鹤城区人民法院	怀化市
		吉首市人民法院	湘西土家族苗族自治州

续表

地区	民事案件诉讼标的额（不含本数）	基层人民法院	管辖区域
广东省	广州市、深圳市、佛山市、东莞市、中山市、珠海市、惠州市、肇庆市、江门市：1000万元以下；其他区域：500万元以下	广州市越秀区人民法院	各自辖区
		广州市海珠区人民法院	
		广州市荔湾区人民法院	
		广州市天河区人民法院	
		广州市白云区人民法院	
		广州市黄埔区人民法院	
		广州市花都区人民法院	
		广州市番禺区人民法院	
		广州市南沙区人民法院	
		广州市从化区人民法院	
		广州市增城区人民法院	
		深圳市区福田人民法院	各自辖区
		深圳市罗湖区人民法院	
		深圳市盐田区人民法院	
		深圳市南山区人民法院	
		深圳市宝安区人民法院	
		深圳市龙岗区人民法院	
		深圳前海合作区人民法院	
		深圳市龙华区人民法院	
		深圳市坪山区人民法院	
		深圳市光明区人民法院	
		深圳市深汕特别合作区人民法院	

地区	民事案件诉讼标的额（不含本数）	基层人民法院	管辖区域
		佛山市禅城区人民法院	佛山市
		东莞市第一人民法院	各自辖区
		东莞市第二人民法院	
		东莞市第三人民法院	
		中山市第一人民法院	各自辖区
		中山市第二人民法院	
		珠海市香洲区人民法院	珠海市（横琴粤澳深度合作区除外）
		横琴粤澳深度合作区人民法院	横琴粤澳深度合作区
		惠州市惠城区人民法院	惠州市
		肇庆市端州区人民法院	肇庆市
		江门市江海区人民法院	江门市
		汕头市金平区人民法院	金平区、潮阳区、潮阳区
		汕头市龙湖区人民法院	龙湖区、澄海区、濠江区、南澳县
		阳江市江城区人民法院	阳江市
		清远市清城区人民法院	清远市
		揭阳市榕城区人民法院	揭阳市
		湛江市麻章区人民法院	湛江市
		茂名市电白区人民法院	茂名市
		梅州市梅县区人民法院	梅州市
		翁源县人民法院	韶关市
		潮州市潮安区人民法院	潮州市
		汕尾市城区人民法院	汕尾市
		东源县人民法院	河源市
		云浮市云安区人民法院	云浮市

续表

地区	民事案件诉讼标的额（不含本数）	基层人民法院	管辖区域
广西壮族自治区	100万元以下	南宁市良庆区人民法院	南宁市
		柳州市柳江区人民法院	柳州市
		桂林市叠彩区人民法院	桂林市
		梧州市万秀区人民法院	梧州市
		北海市海城区人民法院	北海市
		防城港市防城区人民法院	防城港市
		钦州市钦北区人民法院	钦州市
		贵港市覃塘区人民法院	贵港市
		玉林市福绵区人民法院	玉林市
		百色市田阳区人民法院	百色市
		贺州市平桂区人民法院	贺州市
		河池市宜州区人民法院	河池市
		来宾市兴宾区人民法院	来宾市
		崇左市江州区人民法院	崇左市
海南省	500万元以下	海口市琼山区人民法院	海口市、三沙市
		琼海市人民法院	海南省第一中级人民法院辖区
		儋州市人民法院	海南省第二中级人民法院辖区
		三亚市城郊人民法院	三亚市
重庆市	500万元以下	重庆两江新区人民法院（重庆自由贸易试验区人民法院）	重庆市第一中级人民法院辖区
		重庆市渝中区人民法院	重庆市第二中级人民法院、第三中级人民法院、第四中级人民法院、第五中级人民法院辖区

续表

地区	民事案件诉讼标的额（不含本数）	基层人民法院	管辖区域
四川省	100万元以下	四川天府新区成都片区人民法院（四川自由贸易试验区人民法院）	四川天府新区成都直管区、中国（四川）自由贸易试验区成都天府新区片区及成都青白江铁路港片区、龙泉驿区、双流区、简阳市、浦江县
		成都高新技术产业开发区人民法院	成都高新技术产业开发区、成华区、新津区、邛崃市
		成都市锦江区人民法院	锦江区、青羊区、青白江区、金堂县
		成都市武侯区人民法院	金牛区、武侯区、温江区、崇州市
		成都市郫都区人民法院	新都区、郫都区、都江堰市、彭州市、大邑县
		自贡市自流井区人民法院	自贡市
		攀枝花市东区人民法院	攀枝花市
		泸州市江阳区人民法院	泸州市
		广汉市人民法院	德阳市
		绵阳高新技术产业开发区人民法院	绵阳市
		广元市利州区人民法院	广元市
		遂宁市船山区人民法院	遂宁市
		内江市市中区人民法院	内江市
		乐山市市中区人民法院	乐山市
		南充市顺庆区人民法院	南充市
		宜宾市翠屏区人民法院	宜宾市
		华蓥市人民法院	广安市
		达州市通川区人民法院	达州市
		巴中市巴州区人民法院	巴中市
		雅安市雨城区人民法院	雅安市
		仁寿县人民法院	眉山市
		资阳市雁江区人民法院	资阳市
		马尔康市人民法院	阿坝藏族羌族自治州
		康定市人民法院	甘孜藏族自治州
		西昌市人民法院	凉山彝族自治州

续表

地区	民事案件诉讼标的额（不含本数）	基层人民法院	管辖区域
贵州省	100万元以下	修文县人民法院	贵阳市
		六盘水市钟山区人民法院	六盘水市
		遵义市播州区人民法院	遵义市
		铜仁市碧江区人民法院	铜仁市
		兴义市人民法院	黔西南布依族苗族自治州
		毕节市七星关区人民法院	毕节市
		安顺市平坝区人民法院	安顺市
		凯里市人民法院	黔东南苗族侗族自治州
		都匀市人民法院	黔南布依族苗族自治州
云南省	100万元以下	昆明市盘龙区人民法院	盘龙区、东川区、嵩明县、寻甸回族彝族自治县
		昆明市官渡区人民法院	呈贡区、官渡区、宜良县、石林彝族自治县
		安宁市人民法院	五华区、西山区、晋宁区、安宁市、富民县、禄劝彝族苗族自治县
		盐津县人民法院	昭通市
		曲靖市麒麟区人民法院	曲靖市
		玉溪市红塔区人民法院	玉溪市
		腾冲市人民法院	保山市
		禄丰市人民法院	楚雄彝族自治州
		开远市人民法院	红河哈尼族彝族自治州
		砚山县人民法院	文山壮族苗族自治州
		宁洱哈尼族彝族自治县人民法院	普洱市
		勐海县人民法院	西双版纳傣族自治州
		漾濞彝族自治县人民法院	大理白族自治州
		瑞丽市人民法院	德宏傣族景颇族自治州
		玉龙纳西族自治县人民法院	丽江市

续表

地区	民事案件诉讼标的额（不含本数）	基层人民法院	管辖区域
		泸水市人民法院	怒江傈僳族自治州
		香格里拉市人民法院	迪庆藏族自治州
		双江拉祜族佤族布朗族傣族自治县人民法院	临沧市
西藏自治区	100万元以下	拉萨市城关区人民法院	拉萨市
		日喀则市桑珠孜区人民法院	日喀则市
		山南市乃东区人民法院	山南市
		林芝市巴宜区人民法院	林芝市
		昌都市卡若区人民法院	昌都市
		那曲市色尼区人民法院	那曲市
		噶尔县人民法院	阿里地区
陕西省	100万元以下	西安市新城区人民法院	新城区
		西安市碑林区人民法院	碑林区
		西安市莲湖区人民法院	莲湖区
		西安市雁塔区人民法院	雁塔区
		西安市未央区人民法院	未央区
		西安市灞桥区人民法院	灞桥区、阎良区、临潼区、高陵区
		西安市长安区人民法院	长安区、鄠邑区、周至县、蓝田县
		宝鸡市陈仓区人民法院	宝鸡市
		铜川市印台区人民法院	咸阳市
		大荔县人民法院	渭南区
		延安市宝塔区人民法院	延安市
		榆林市榆阳区人民法院	榆林市
		汉中市南郑区人民法院	汉中市
		安康市汉滨区人民法院	安康市
		商洛市商州区人民法院	商洛市

续表

地区	民事案件诉讼标的额（不含本数）	基层人民法院	管辖区域
甘肃省	100万元以下	兰州市城关区人民法院	城关区、七里河区、西固区、安宁区、红古区、榆中县
		兰州新区人民法院	兰州新区、永登县、皋兰县
		嘉峪关市城区人民法院	嘉峪关市
		金昌县人民法院	金昌市
		白银市白银区人民法院	白银市
		天水市秦州区人民法院	天水市
		玉门市人民法院	酒泉市
		张掖市甘州区人民法院	张掖市
		武威市凉州区人民法院	武威市
		定西市安定区人民法院	定西市
		两当县人民法院	陇南市
		平凉市崆峒区人民法院	平凉市
		庆阳市西峰区人民法院	庆阳市
		临夏县人民法院	临夏回族自治州
		夏河县人民法院	甘南藏族自治州
青海省	100万元以下	西宁市城东区人民法院	西宁市
		互助土族自治县人民法院	海东市
		德令哈市人民法院	海西蒙古族藏族自治州
		共和县人民法院	海南藏族自治州
		门源回族自治县人民法院	海北藏族自治州
		玉树市人民法院	玉树藏族自治州
		玛沁县人民法院	果洛藏族自治州
		尖扎县人民法院	黄南藏族自治州

续表

地区	民事案件诉讼标的额（不含本数）	基层人民法院	管辖区域
宁夏回族自治区	100万元以下	银川市西夏人民法院	金凤区、西夏区、贺兰县
		灵武市人民法院	兴庆区、永宁县、灵武市
		石嘴山市大武口区人民法院	石嘴山市
		吴忠市大武口区人民法院	吴忠市
		固原市原州区人民法院	固原市
		中卫市沙坡头区人民法院	中卫市
新疆维吾尔自治区	100万元以下	乌鲁木齐市天山区人民法院	天山区、沙依巴克区、达坂城区、乌鲁木齐县
		乌鲁木齐市新市区人民法院	乌鲁木齐高新技术产业开发区（新市区）、水磨沟区、乌鲁木齐经济技术开发区（头屯河区）、米东区
		克拉玛依市克拉玛依区人民法院	克拉玛依市
		克拉玛依市克拉玛依区人民法院	克拉玛依市
		吐鲁番市高昌区人民法院	吐鲁番市
		哈密市伊州区人民法院	哈密市
		昌吉市人民法院	昌吉回族自治州
		博乐市人民法院	博尔塔拉蒙古自治州
		库尔勒市人民法院	巴音郭楞蒙古自治州
		阿克苏市人民法院	阿克苏地区
		阿图什市人民法院	克孜勒苏柯尔克孜自治州
		喀什市人民法院	喀什地区
		和田市人民法院	和田地区
		伊宁市人民法院	伊犁哈萨克自州直辖奎屯市、伊宁市、霍尔果斯市、伊宁、霍城县、巩留县、新源县、昭苏县、特克斯县、尼勒克县、察布查尔锡伯自治县

续表

地区	民事案件诉讼标的额（不含本数）	基层人民法院	管辖区域
		塔城市人民法院	塔城地区
		阿勒泰市人民法院	阿勒泰地区
新疆生产建设兵团	100万元以下	阿拉尔市人民法院（阿拉尔垦区人民法院）	各自所属中级人民法院辖区
		铁门关市人民法院（库尔勒垦区人民法院）	
		图木舒克市人民法院（图木休克垦区人民法院）	
		双河市人民法院（塔斯海垦区人民法院）	
		五家渠市人民法院（五家渠垦区人民法院）	
		车排子垦区人民法院	
		石河子市人民法院	
		额敏垦区人民法院	
		北屯市人民法院（北屯垦区人民法院）	
		乌鲁木齐垦区人民法院	
		哈密垦区人民法院	
		和田垦区人民法院	

图书在版编目（CIP）数据

民事诉讼法实务手册／马金风，郭帅编著. —2版. —北京：中国法制出版社，2023.9
ISBN 978-7-5216-3850-9

Ⅰ.①民… Ⅱ.①马… ②郭… Ⅲ.①中华人民共和国民事诉讼法-法律解释 Ⅳ.①D925.105

中国国家版本馆CIP数据核字（2023）第161890号

策划编辑：王彧
责任编辑：王悦

封面设计：周黎明

民事诉讼法实务手册
MINSHI SUSONGFA SHIWU SHOUCE

编著／马金风，郭帅
经销／新华书店
印刷／三河市紫恒印装有限公司
开本／880毫米×1230毫米　32开　　　　　　　　　　印张／22　字数／834千
版次／2023年9月第2版　　　　　　　　　　　　　　　2023年9月第1次印刷

中国法制出版社出版
书号 ISBN 978-7-5216-3850-9　　　　　　　　　　　　定价：76.00元

北京市西城区西便门西里甲16号西便门办公区
邮政编码：100053　　　　　　　　　　　　　　　　　传真：010-63141852
网址：http：//www.zgfzs.com　　　　　　　　　　　编辑部电话：010-63141830
市场营销部电话：010-63141612　　　　　　　　　　　印务部电话：010-63141606

（如有印装质量问题，请与本社印务部联系。）